R. Gupta's®

Popular Master Guide

NTA–UGC-NET

Junior Research Fellowship & Assistant Professor Exam

URDU

خزینۂ ادب

Khazeen-E-Adab

برائے یو-جی-سی، نیٹ و جے-آر-ایف

Also Useful for SET Exam

Dr. M.S. Ansari *(JRF 1996)* &
M. Arshad Ansari *(NET 2014)*

2027 EDITION

RAMESH PUBLISHING HOUSE, NEW DELHI

Published by
O.P. Gupta *for* Ramesh Publishing House

Admin. Office
12-H, New Daryaganj Road, Opp. Officers Mess,
New Delhi-110002 ✆ 23275224, 23245124

E-mail: info@rameshpublishinghouse.com
For Online Shopping: www.rameshpublishinghouse.com

Showroom
- Balaji Market, Nai Sarak, Delhi-110006 ✆ 23282525 📱 9354373464
- 4457, Nai Sarak, Delhi-110006

Book Code: R-1806

ISBN: 978-93-87604-53-7

Price: ₹ 595

Printed at: Deepak Offset, Delhi

Inside the Book

PREVIOUS YEARS' PAPERS

Previous Years' Paper, January 2026 (Exam held on 02/01/2026) 1-28

Previous Years' Paper, June 2025 (Exam held on 25/06/2025) 1-24

Previous Years' Paper, January 2025 (Exam held on 21/01/2025) 1-24

Previous Years' Paper, September 2024 (Exam held on 02/09/2024) 1-24

Previous Years' Paper, December 2023 (Exam held on 12/12/2023) 1-28

Previous Years' Paper, February 2023 (Exam held on 22/02/2023) 1-28

Previous Years' Paper, June 2022 (Exam held on 23/09/2022) 1-32

Previous Years' Paper, June 2021 (Exam held on 24/11/2021) 1-32

Previous Years' Paper, June 2020 (Exam held on 04/11/2020) 1-28

Previous Years' Paper, December 2019 1-20

Previous Years' Paper, June 2019 21-34

Previous Years' Paper, July 2018 35-48

Previous Years' Paper, November 2017 49-64

Previous Years' Paper, January 2017 65-77

Previous Years' Paper, July 2016 78-92

Previous Years' Paper, December 2015 93-100

Previous Years' Paper, June 2015 101-108

Previous Years' Paper, December 2014 109-116

STUDY MATERIAL

نمبر شمار	مضامین	صفحہ
1	ہند آریائی کی مختصر تاریخ	3
2	اردو کی ابتداء سے متعلق مختلف نظریات	5
3	اردو ساخت کے بنیادی عناصر	7
4	اردو کی لسانی انفرادیت	9
5	دکنیات	10
6	اردو شاعری شمالی ہند میں	22
7	عہد میر و سودا	25
8	لکھنؤ میں اردو شاعری	31
9	دلی میں اردو شاعری بہ عہد غالب	43
10	اردو شاعری میں نئے رجحانات	49
11	شعرائے عہد جدید	81
12	ترقی پسند شعراء	92
13	شعرائے عہد حاضر	105
14	اردو نثر کا آغاز	119
15	اردو نثر عہد غالب تک	121
16	اردو نثر کا عہد زریں	130
17	اردو میں ناول و افسانہ نگاری	148
18	اردو ڈرامہ نگاری	183
19	اردو میں طنز و مزاح نگاری	191
20	اردو مقالات و صحافت	196
21	تنقید اصول اور نظریات	203
22	اردو میں تحقیق اور اہم محقق	223
23	بلاغت	230
24	مختلف دبستان و تحریکیں	235
25	شعری اور نثری اصناف	252
26	مختلف اصناف سے متعلق نمائندہ کردار	277
27	خطاب و القاب	278
28	اقوال	281
29	اردو کے چند اہم رسائل و جرائد	284
30	سوالات برائے مشق	286

Previous Years' Paper

National Testing Agency (NTA)

UGC-NET Junior Research Fellowship & Assistant Professor Eligibility Exam

URDU, January-2026

(Exam held on 02/01/2026)

PAPER-II

Note: *This paper contains* **hundred (100)** *objective type questions of* **two (2)** *marks each.* **All** *questions are* **compulsory**.

.1 نظیر اکبر آبادی کی نظم ''مفلسی'' کس ہیئت میں ہے ؟

.1 مخمس
.2 مثلث
.3 مسدس
.4 مثمن

.2 ''حکایت نصیحت گری مرغ اسیر ونافہمی صیاد کی'' ذیل کی کس مثنوی میں شامل ہے؟

.1 بکٹ کہانی
.2 کدم راؤپدم راؤ
.3 گلزار نسیم
.4 سحر البیان

.3 ڈی لٹ جسے ملا ہے سووہ بھی ہے لکچرر — پی ایچ ڈی جو ہوا ہے سووہ بھی ہے لکچرر
پٹنہ کا جو پڑھا ہے سووہ بھی ہے لکچرر — انگلینڈ جو گیا ہے سووہ بھی ہے لکچرر
بے رنگ جو پھرا ہے سووہ بھی ہے لکچرر

یہ پیروڈی کس نے کی ہے؟

.1 کنہیالال کپور
.2 سید محمد جعفری
.3 مجید لاہوری
.4 رضا نقوی واہی

4. اگر کسی لفظ میں دو کوز آوازیں آئیں تو ان میں سے پہلی کوز آواز کو دندانی آواز میں بدل دینا کس زبان کی امتیازی صوتی خصوصیت ہے؟

1. برج بھاشا
2. میواتی
3. دکنی
4. قنوجی

5. ولیؔ نے دہلی میں کس کے مشورے پر اپنے کلام میں دکنی کی بجائے فارسی کے الفاظ استعمال کیے تھے؟

1. خان آرزو
2. سعد اللہ گلشن
3. شاکر ناجیؔ
4. آبروؔ

6. سات سہیلی ایک پیو چوندھر پیو پیو ہوئے
جس پر پیو کا پیار ہے سو دھن برلی کوئے
یہ دوہا کس کتاب میں شامل ہے؟

1. سب رس
2. بوستان خیال
3. فسانۂ عجائب
4. کربل کتھا

7. تنویر احمد علوی کے مطابق "تالیف متن" سے کیا مراد ہے؟

1. ماخذ کی جستجو اور معیار بندی
2. علمی کتب خانے اور فہرستیں
3. مشرقی ادبیات کا علمی خزانہ
4. نایاب نسخوں تک رسائی

8. "غبار خاطر" میں کل کتنے خطوط شامل ہیں؟

1. 23
2. 24
3. 25
4. 26

9. نظم ''ذوق وشوق'' کے ابتدائی حصّہ میں کس شہر کی منظر کشی کی گئی ہے؟

1. مکّہ معظمہ
2. مدینہ منورہ
3. دمشق
4. بغداد

10. ''ایہام کو برتنے کی اس شعوری کوشش کی وجہ سے ناجی کی شاعری جذبہ واحساس سے عاری ہوگئی'' یہ قول کس کا ہے؟

1. نورالحسن نقوی
2. ڈاکٹر گیان چند جین
3. مولوی عبدالحق
4. ڈاکٹر جمیل جالبی

11. ''خشک چشمے کے کنارے'' کس کی تصنیف ہے؟

1. باقر مہدی
2. خلیل الرحمان اعظمی
3. ناصر کاظمی
4. مظہر امام

12. ''بوستان خیال'' کا دیباچہ کس نے لکھا ہے؟

1. میر تقی میرؔ
2. اسداللہ خاں غالبؔ
3. مصطفٰی خاں شیفتہؔ
4. محمد تقی خیال

13. اردو کو زبان کے معنی میں استعمال کرنے کی قدیم ترین مثال کس شاعر کے دیوان میں ملتی ہے؟

1. دیوان آبروؔ
2. دیوان میر محمدی مائلؔ
3. دیوان فائزؔ
4. دیوان حاتمؔ

14. نظم ''شکست زنداں کا خواب'' جوشؔ ملیح آبادی کے کس شعری مجموعہ میں شامل ہے؟

1. شعلہ وشبنم
2. نقش ونگار
3. روح ادب
4. سنبل وسلاسل

15. روح کی منتقلی کا واقعہ کدم راؤ پدم راؤ کے علاوہ ذیل کی کس مثنوی میں ملتا ہے؟

1. قطب مشتری
2. پھول بن
3. سحر البیان
4. بکٹ کہانی

16. حسرت موہانی کس کے شاگرد تھے؟

1. ثاقب لکھنوی
2. صفی لکھنوی
3. جلیل مانکپوری
4. تسلیم

17. درج ذیل شعر میں صنعت تلمیح کے علاوہ کون سی صنعت استعمال کی گئی ہے؟

اکیلا ہو کے رہ دنیا میں چاہے گر بہت جینا
ہوئی ہے فیض تنہائی سے عمر خضر طولانی

1. رد العجز علی الصدر
2. تجنیس
3. حسن تعلیل
4. مکر شاعرانہ

18. ''لطائف السعادت'' کس کی تصنیف ہے؟

1. سعادت علی خاں
2. سعادت علی منٹو
3. انشاءاللہ خاں
4. مظہر علی ولاؔ

19. ''چنو اور منو'' پریم چند کے کس افسانہ کے کردار ہیں؟

1. معصوم بچہ
2. گلّی ڈنڈا
3. سوانگ
4. قاتل کی ماں

20. "اگر آپ کشت کاری کے اصول سے واقف نہیں تو آپ کسان نہیں بن سکتے" مذکورہ قول کس کا ہے؟

1. شکیل الرحمٰن
2. گوپی چند نارنگ
3. شمس الرحمٰن فاروقی
4. کلیم الدین احمد

21. "اگر دروازہ نہ بھی ہو تو ہم اس سرنگ کو توڑ کر دروازہ بنالیں گے' اوپر سے ڈھادیں گے' کھول دیں گے اسے۔ تب پہلی دھوپ اور ایک سہانا خوب صورت دن اس اندھیری سرنگ میں پرویش کرے گا"

یہ اقتباس کس ناول سے اخذ کیا گیا ہے؟

1. حسرت تعمیر
2. پڑاؤ
3. فائرایریا
4. خدا کی بستی

22. قدیم اردو ادب پر تحقیقی کام سب سے پہلے کس نے شروع کیا؟

1. گارساں دتاسی
2. مولوی عبدالحق
3. قاضی عبدالودود
4. سنیتی کمار چٹرجی

23. کس شاعر کو ادبی ڈکٹیٹر کہا جاتا ہے؟

1. نسیمؔ
2. آتشؔ
3. مصحفیؔ
4. ناسخؔ

24. "قصہ کبوتر' کبوتری کا" کس ناول کا دیباچہ ہے؟

1. اداس نسلیں
2. خدا کی بستی
3. ایک چادر میلی سی
4. بستی

25. مثل ہی سے، نہ الفاظ تلازم سے، یہ خالی ہے
ہر اک فقرہ کہانی کا گواہِ بے خیالی ہے

اس شعر سے کس داستان کا آغاز ہوتا ہے؟

1. بوستان خیال
2. فسانۂ عجائب
3. آرائش محفل
4. نوطرز مرصع

26. اخبار کے ادارتی صفحہ پر اخبار کے نام کی تختی کے نیچے شائع ہونے والا مضمون کیا کہلاتا ہے؟

1. کالم
2. بین الاقوامی خبر
3. فیچر
4. اداریہ

27. ذیل کے وہ کون سے ماہر لسانیات ہیں جو مغربی ہندی کے وجود کو تسلیم نہیں کرتے۔ ان کے نزدیک مغربی ہندی ایک طرح کی فرضی اور خیالی زبان ہے؟

1. شوکت سبزواری
2. سہیل بخاری
3. سنیتی کمار چٹرجی
4. پروفیسر گیان چند جین

28. "فردوس بریں" کتنے ابواب پر مشتمل ہے؟

1. چھ
2. سات
3. آٹھ
4. نو

29. "غیرت بیگم" نذیر احمد کے کس ناول کا کردار ہے؟

1. ایامی
2. فسانۂ مبتلا
3. بنات النعش
4. رویائے صادقہ

30. ''جو احسان ولیؔ نے اردو شاعری پر کیا تھا وہی احسان گلکرسٹ نے اردو نثر پر کیا ہے''

یہ قول کس کا ہے؟

1. ڈاکٹر محی الدین قادری زور 2. میر امن

3. مرزا کاظم علی جواں 4. مولوی عبدالحق

31. خودی کا نشیمن ترے دل میں ہے
فلک جس طرح آنکھ کے تل میں ہے

یہ شعر کس نظم سے ماخوذ ہے؟

1. لالۂ صحرائی 2. شعاعِ امید

3. ساقی نامہ 4. ذوق وشوق

32. نقل کا فلسفیانہ تصور ارسطو نے کس سے حاصل کیا تھا؟

1. سقراط 2. افلاطون

3. ہومر 4. لان جائنس

33. 1932 میں شائع شدہ افسانوی مجموعہ کون سا ہے، جس کے افسانوں میں توہم پرستی، بداعتقادی، اندھی تقلید اور رجعت پسندی کے خلاف احتجاج تھا؟

1. کونپل 2. سوزِ وطن

3. سدا بہار پھول 4. انگارے

34. ''بس یہی وہ مقام ہے جہاں میرا قلم رک جاتا ہے اور اپنے آپ میں یوں الجھ جاتا ہوں جیسے گھنے جنگل میں کھو گیا ہوں۔ لچھو رانی کی گرہستی کی گاڑی بڑے مزے میں چلی جا رہی ہے''

یہ اقتباس کس افسانے سے ماخوذ ہے؟

1. بابا لوگ 2. پہیّہ

3. بابے 4. پیاسی چڑیا

35. ''کرامت کا مکان'' کس ڈرامے کے ایک سین کا عنوان ہے؟

1. ضحاک
2. آگرہ بازار
3. یہودی کی لڑکی
4. آفتاب محبت

36. کس بادشاہ کی تخت نشینی کے بعد ''حیدر آباد ایجوکیشنل کانفرنس'' کی بنیاد رکھی گئی؟

1. میر عثمان علی خاں
2. میر محبوب علی خان
3. نواب سکندر جاہ
4. نواب افضل الدولہ

37. ''حسین اور انقلاب'' کس کا لکھا ہوا مرثیہ ہے؟

1. وحید اختر
2. جوش ملیح آبادی
3. جمیل مظہری
4. نجم آفندی

38. صوتیات کے اعتبار سے ذیل میں حنکی مصمتہ کون سا ہے؟

1. چ
2. س
3. ر
4. ب

39. ''خزانہ رحمت'' گجری زبان کے کس شاعر کی تصنیف ہے؟

1. شیخ بہاالدین باجن
2. قاضی محمود دریائی
3. شاہ علی جیو گام دھنی
4. خوب محمد چشتی

40. ''حلقۂ ارباب ذوق'' کا قیام کب عمل میں آیا؟

1. 16 نومبر 1939
2. 16 اکتوبر 1939
3. 16 مارچ 1939
4. 16 جون 1939

41. ذیل میں ایک دعویٰ اور اس کی ایک دلیل دی گئی ہے۔ ان کو پڑھیے اور صحیح جواب کی نشاندہی کیجیے۔

دعویٰ: شمالی ہند کے شعرا نے ایہام گوئی کا اثر ولیؔ سے اخذ کیا۔

دلیل: شمالی ہند کے شعرا صنعت ایہام سے واقف تھے۔

1. دعویٰ اور دلیل دونوں درست ہیں اور دلیل دعویٰ کی درست وضاحت ہے۔
2. دعویٰ اور دلیل دونوں درست ہیں مگر دلیل دعویٰ کی درست وضاحت نہیں ہے۔
3. دعویٰ درست ہے مگر دلیل درست نہیں ہے۔
4. دعویٰ درست نہیں ہے مگر دلیل درست ہے۔

42. ذیل میں ایک دعویٰ اور اس کی ایک دلیل دی گئی ہے۔ ان کو پڑھیے اور صحیح جواب کی نشاندہی کیجیے۔

دعویٰ: غالب کی شاعری نے اردو شاعری کو فکری وسعت عطا کی۔

دلیل: یہ شعر اس دعویٰ کی دلیل ہے:

یہ مسائل تصوف یہ ترا بیان غالبؔ
تجھے ہم ولی سمجھتے جو نہ بادہ خوار ہوتا

1. دعویٰ اور دلیل دونوں درست ہیں اور دلیل دعویٰ کی درست وضاحت ہے۔
2. دعویٰ اور دلیل دونوں درست ہیں مگر دلیل دعویٰ کی درست وضاحت نہیں ہے۔
3. دعویٰ درست ہے مگر دلیل درست نہیں ہے۔
4. دعویٰ درست نہیں ہے مگر دلیل درست ہے۔

43. ذیل میں ایک دعویٰ اور اس کی ایک دلیل دی گئی ہے۔ ان کو پڑھیے اور صحیح جواب کی نشاندہی کیجیے۔

دعویٰ: اردو میں انشائیے کسی ایک موضوع پر نہیں لکھے گئے۔

دلیل: انشائیہ کے لیے موضوع کی کوئی قید نہیں ہے۔

1. دعویٰ اور دلیل دونوں درست ہیں اور دلیل دعویٰ کی درست وضاحت ہے۔
2. دعویٰ اور دلیل دونوں درست ہیں مگر دلیل دعویٰ کی درست وضاحت نہیں ہے۔
3. دعویٰ درست ہے مگر دلیل درست نہیں ہے۔
4. دعویٰ درست نہیں ہے مگر دلیل درست ہے۔

44. ذیل میں ایک دعویٰ اور اس کی ایک دلیل دی گئی ہے۔ ان کو پڑھیے اور صحیح جواب کی نشاندہی کیجیے۔

دعویٰ: اردو تنقید کی تاریخ کا طویل عرصہ ''مشرقی شعریات'' کا مرہون منت رہا ہے۔

دلیل: مقدمۂ شعر و شاعری خالص مشرقی تنقیدی تصورات پر مبنی ہے۔

1. دعویٰ اور دلیل دونوں درست ہیں اور دلیل دعویٰ کی درست وضاحت ہے۔
2. دعویٰ اور دلیل دونوں درست ہیں مگر دلیل دعویٰ کی درست وضاحت نہیں ہے۔
3. دعویٰ درست ہے مگر دلیل درست نہیں ہے۔
4. دعویٰ درست نہیں ہے مگر دلیل درست ہے۔

45. ذیل میں ایک دعویٰ اور اس کی ایک دلیل دی گئی ہے۔ ان کو پڑھیے اور صحیح جواب کی نشاندہی کیجیے۔

دعویٰ: آغا حشر کاشمیری کو ہندوستانی ڈراموں کا شیکسپیر کہا جاتا ہے۔

دلیل: آغا حشر نے انگریزی ڈراموں کے ترجمے بھی کیے ہیں۔

1. دعویٰ اور دلیل دونوں درست ہیں اور دلیل دعویٰ کی درست وضاحت ہے۔
2. دعویٰ اور دلیل دونوں درست ہیں مگر دلیل دعویٰ کی درست وضاحت نہیں ہے۔
3. دعویٰ درست ہے مگر دلیل درست نہیں ہے۔
4. دعویٰ درست نہیں ہے مگر دلیل درست ہے۔

46. ذیل میں ایک دعویٰ اور اس کی ایک دلیل دی گئی ہے۔ ان کو پڑھیے اور صحیح جواب کی نشاندہی کیجیے۔

دعویٰ: شمس الرحمان فاروقی جدیدیت کے علمبردار ناقد ہیں۔

دلیل: انہوں نے کلاسیکی ادب پر زیادہ توجہ دی ہے۔

1. دعویٰ اور دلیل دونوں درست ہیں اور دلیل دعویٰ کی درست وضاحت ہے۔
2. دعویٰ اور دلیل دونوں درست ہیں مگر دلیل دعویٰ کی درست وضاحت نہیں ہے۔
3. دعویٰ درست ہے مگر دلیل درست نہیں ہے۔
4. دعویٰ درست نہیں ہے مگر دلیل درست ہے۔

47. ذیل میں ایک دعویٰ اور اس کی ایک دلیل دی گئی ہے۔ ان کو پڑھیے اور صحیح جواب کی نشاندہی کیجیے۔

دعویٰ: پریم چند ایک بڑے فکشن نگار ہیں۔

دلیل: انہوں نے ہندی اور اردو دونوں زبانوں میں کہانیاں لکھی ہیں۔

1. دعویٰ اور دلیل دونوں درست ہیں اور دلیل دعویٰ کی درست وضاحت ہے۔
2. دعویٰ اور دلیل دونوں درست ہیں مگر دلیل دعویٰ کی درست وضاحت نہیں ہے۔
3. دعویٰ درست ہے مگر دلیل درست نہیں ہے۔
4. دعویٰ درست نہیں ہے مگر دلیل درست ہے۔

48. ذیل میں ایک دعویٰ اور اس کی ایک دلیل دی گئی ہے۔ ان کو پڑھیے اور صحیح جواب کی نشاندہی کیجیے۔

دعویٰ: ''آگ کا دریا'' اردو کا ایک شاہکار ناول ہے۔

دلیل: یہ موضوع اور فن کے معیار پر پورا اترتا ہے۔

1. دعویٰ اور دلیل دونوں درست ہیں اور دلیل دعویٰ کی درست وضاحت ہے۔
2. دعویٰ اور دلیل دونوں درست ہیں مگر دلیل دعویٰ کی درست وضاحت نہیں ہے۔
3. دعویٰ درست ہے مگر دلیل درست نہیں ہے۔
4. دعویٰ درست نہیں ہے مگر دلیل درست ہے۔

49. ذیل میں ایک دعویٰ اور اس کی ایک دلیل دی گئی ہے۔ ان کو پڑھیے اور صحیح جواب کی نشاندہی کیجیے۔

دعویٰ: ''مقدمہ شعر و شاعری'' سے قبل اردو میں کوئی تنقیدی تصورات نہیں ملتے۔

دلیل: وجہی نے اپنی مثنوی ''قطب مشتری'' میں شاعری کے بارے میں اپنے تنقیدی خیالات کا اظہار کیا ہے۔

1. دعویٰ اور دلیل دونوں درست ہیں اور دلیل دعویٰ کی درست وضاحت ہے۔
2. دعویٰ اور دلیل دونوں درست ہیں مگر دلیل دعویٰ کی درست وضاحت نہیں ہے۔
3. دعویٰ درست ہے مگر دلیل درست نہیں ہے۔
4. دعویٰ درست نہیں ہے مگر دلیل درست ہے۔

50. ذیل میں ایک دعویٰ اور اس کی ایک دلیل دی گئی ہے۔ ان کو پڑھیے اور صحیح جواب کی نشاندہی کیجیے۔

دعویٰ: سورداس برج بھاشا کا سب سے بڑا شاعر ہے۔

دلیل: اس نے برج بھاشا میں رام چرتر مانس جیسا شاہکار تخلیق کیا۔

1. دعویٰ اور دلیل دونوں درست ہیں اور دلیل دعویٰ کی درست وضاحت ہے۔
2. دعویٰ اور دلیل دونوں درست ہیں مگر دلیل دعویٰ کی درست وضاحت نہیں ہے۔
3. دعویٰ درست ہے مگر دلیل درست نہیں ہے۔
4. دعویٰ درست نہیں ہے مگر دلیل درست ہے۔

51. تاریخِ اجرا کے اعتبار سے صحیح زمانی ترتیب کی نشاندہی کیجیے۔

(A) دہلی اردو اخبار
(B) اردو گائیڈ
(C) اخبار جام جہاں نما
(D) سید الاخبار

1. A, B, C, D
2. C, A, D, B
3. D, B, C, A
4. B, C, A, D

52. تاریخِ تصنیف کے اعتبار سے درج ذیل داستانوں کی صحیح زمانی ترتیب کی نشاندہی کیجیے۔

(A) رانی کیتکی کی کہانی
(B) باغ و بہار
(C) سب رس
(D) نوطرز مرصع

1. C, D, B, A
2. B, C, D, A
3. D, C, A, B
4. A, B, C, D

53. مصنفین کی تاریخ پیدائش کے اعتبار سے صحیح زمانی ترتیب کی نشاندہی کیجیے۔

(A) گوپی چند نارنگ
(B) وزیر آغا
(C) وہاب اشرفی
(D) وارث علوی

1. A, B, C, D
2. B, A, D, C
3. B, D, A, C
4. D, C, B, A

54. تاریخ اشاعت کے اعتبار سے فیض احمد فیضؔ کے شعری مجموعوں کی صحیح زمانی ترتیب کی نشاندہی کیجیے۔

(A) نقش فریادی
(B) زنداں نامہ
(C) شام شہر یاراں
(D) دست صبا

1. A, B, D, C
2. A, B, C, D
3. A, C, B, D
4. A, D, B, C

55. درج ذیل زبانوں کی صحیح زمانی ترتیب کی نشاندہی کیجیے۔

(A) کلاسیکی سنسکرت
(B) شورسینی پراکرت
(C) مغربی ہندی
(D) پالی

1. D, B, C, A
2. C, A, D, B
3. A, D, B, C
4. B, C, D, A

56. درج ذیل خودنوشتوں کی اشاعت کے اعتبار سے صحیح زمانی ترتیب کی نشاندہی کیجیے۔

(A) آشفتہ بیانی میری
(B) تواریخ عجیب
(C) اس آباد خرابے میں
(D) اپنی تلاش میں

1. A, B, C, D
2. B, A, D, C
3. C, D, B, A
4. D, C, A, B

57. سنہ تصنیف کے اعتبار سے درج ذیل مثنویوں کی صحیح زمانی ترتیب کی نشاندہی کیجیے۔

(A) پھول بن
(B) کدم راؤ پدم راؤ
(C) گلزار نسیم
(D) قطب مشتری

1. C, B, A, D
2. D, B, C, A
3. A, C, D, B
4. B, D, A, C

58. پیدائش کے اعتبار سے محققین کی صحیح زمانی ترتیب کی نشاندہی کیجیے۔

(A) مولوی عبدالحق
(B) قاضی عبدالودود
(C) امتیاز علی عرشی
(D) مسعود حسین خاں

1. A, B, C, D
2. D, C, B, A
3. A, B, D, C
4. C, D, A, B

59. مختلف اداروں کے قیام کے اعتبار سے صحیح زمانی ترتیب کی نشان دہی کیجیے۔

(A) محمڈن اینگلو اورینٹل کالج
(B) سائنٹفک سوسائٹی
(C) محمڈن ایجوکیشنل کانفرنس
(D) علی گڑھ مسلم یونیورسٹی

1. A, B, D, C
2. C, D, B, A
3. D, C, B, A
4. B, A, C, D

60. سنہ وفات کے اعتبار سے مصنفین کی صحیح زمانی ترتیب کی نشاندہی کیجیے۔

(A) کنہیالال کپور
(B) پطرس بخاری
(C) سجاد حیدر یلدرم
(D) مولوی عبدالحق

1. A, B, C, D
2. B, D, C, A
3. B, C, D, A
4. C, B, D, A

61. تاریخ اشاعت کے اعتبار سے شہریار کے شعری مجموعوں کی صحیح زمانی ترتیب کی نشاندہی کیجیے۔

(A) ہجر کے موسم
(B) ساتواں در
(C) اسم اعظم
(D) خواب کا در بند ہے

1. A, C, B, D
2. B, C, D, A
3. C, B, A, D
4. C, A, B, D

62. دبستان دہلی کے شعرا کی تاریخ پیدائش کے اعتبار سے صحیح زمانی ترتیب کی نشاندہی کیجیے۔

(A) میر حسنؔ
(B) مومنؔ
(C) میر تقی میرؔ
(D) مضمونؔ

1. B, C, D, A
2. C, A, B, D
3. D, C, A, B
4. A, B, C, D

63. پیدائش کے اعتبار سے ناقدین ادب کی صحیح زمانی ترتیب کی نشاندہی کیجیے۔

(A) الطاف حسین حالیؔ
(B) شمس الرحمان فاروقی
(C) احتشام حسین
(D) شبلی نعمانی

1. A, B, C, D
2. A, D, C, B
3. D, C, A, B
4. D, C, B, A

64. ذیل کے شعرا کی سنہ وفات کے اعتبار سے صحیح زمانی ترتیب کی نشاندہی کیجیے۔

(A) مخدومؔ
(B) میرا جی
(C) ن۔م۔راشد
(D) ساحرؔ لدھیانوی

1. D, C, B, A
2. B, A, C, D
3. D, A, B, C
4. B, A, D, C

65. تاریخ پیدائش کے اعتبار سے درج ذیل ناول نگاروں کی صحیح زمانی ترتیب کی نشاندہی کیجیے۔

(A) نذیر احمد (B) رتن ناتھ سرشار

(C) رشیدۃ النسا (D) مرزا ہادی رسوا

1. B, A, C, D
2. C, D, B, A
3. A, B, C, D
4. D, A, C, B

66. ذیل میں دو زمرے صحیح ہیں اور دو غلط۔ صحیح زمروں کی نشان دہی کیجئے۔

(A) سانیٹ —— شعرستان

(B) مخمس —— شکوہ جواب شکوہ

(C) پیروڈی —— غالب جدید شعرا کی محفل میں

(D) رباعی —— روپ

1. (A) اور (D)
2. (B) اور (A)
3. (C) اور (D)
4. (B) اور (C)

67. ذیل میں دو زمرے صحیح ہیں اور دو غلط۔ صحیح زمروں کی نشان دہی کیجئے۔

(A) فرضی لطیفہ، برق کلیسا، ایک لڑکا

(B) چکلے، تاج محل، گریز

(C) تنہائی، مجھ سے پہلی سی محبت مری محبوب نہ مانگ، شکست زنداں کا خواب

(D) چاند تاروں کا بن، حویلی، انقلاب

1. (A) اور (C)
2. (A) اور (D)
3. (B) اور (C)
4. (B) اور (D)

68. ذیل میں دو زمرے صحیح ہیں اور دو غلط۔ صحیح زمروں کی نشاندہی کیجئے۔

(A) کرشن چندر —— بمبئی سے بھوپال تک (B) ممتاز مفتی —— لبیک

(C) خدیجہ مستور —— پوپھٹے (D) شاہد احمد دہلوی —— چھٹا دریا

1. (A) اور (B)
2. (C) اور (A)
3. (B) اور (C)
4. (A) اور (D)

69. ذیل میں دو زمرے صحیح ہیں اور دو غلط۔ صحیح زمروں کی نشان دہی کیجیے۔

(A) ''راستہ بند ہے'' جیلانی بانو کا ناول ہے۔
(B) ''چوٹیں''عصمت چغتائی کا افسانوی مجموعہ ہے۔
(C) ''حسرت تعمیر'' کے خالق اختر اورینوی ہیں۔
(D) ''فائر ایریا'' غیاث احمد گدی کا ناول ہے۔

1. (C) اور (D)
2. (A) اور (C)
3. (B) اور (C)
4. (A) اور (B)

70. ذیل میں دو زمرے صحیح ہیں اور دو غلط۔ صحیح زمروں کی نشان دہی کیجیے۔

(A) باغ و بہار کے پہلے درویش کا تعلق ملک یمن سے ہے۔
(B) باغ و بہار کے تیسرے درویش کا تعلق چین سے ہے۔
(C) باغ و بہار کے چوتھے درویش کا تعلق عجم سے ہے۔
(D) باغ و بہار کے دوسرے درویش کا تعلق ملک فارس سے ہے۔

1. (B) اور (D)
2. (B) اور (A)
3. (A) اور (D)
4. (D) اور (C)

71. ذیل میں دو زمرے صحیح ہیں اور دو غلط۔ صحیح زمروں کی نشان دہی کیجیے۔

(A) ''ہندوستانی لسانیات''مولوی عبد الحق کی تصنیف ہے۔
(B) ''لسانیاتی جائزۂ ہند'' کے مرتب جارج ابراہم گریرسن ہیں۔
(C) ''داستان زبان اردو'' کے مصنف ڈاکٹر سید محی الدین قادری زور ہیں۔
(D) ''کیفیہ''پنڈت دتاتریا کیفی کی تصنیف ہے۔

1. (A) اور (C)
2. (D) اور (C)
3. (A) اور (D)
4. (B) اور (D)

72. ذیل میں دو زمرے صحیح ہیں اور دو غلط۔ صحیح زمروں کی نشان دہی کیجیے۔

(A) نظم معری میں قافیہ کی پابندی نہیں ہوتی ہے۔
(B) ''جنگل کی شہزادی''ایک معری نظم ہے۔
(C) ''جاتری''کا شمار معری نظم میں ہوتا ہے۔
(D) نظم معری کو انگریزی میں بلینک ورس کہتے ہیں۔

1. (A) اور (B)
2. (B) اور (C)
3. (A) اور (C)
4. (A) اور (D)

73. ذیل میں دو زمرے صحیح ہیں اور دو غلط۔ صحیح زمروں کی نشان دہی کیجئے۔

(A) آغا حشر کاشمیری کا پہلا ڈراما ''آفتاب محبت'' ہے۔

(B) ''مٹی کی گاڑی'' کے نام سے حبیب تنویر نے ڈراما اسٹیج کیا۔

(C) ''پیسہ اور پرچھائیں'' ابراہیم یوسف کے ریڈیائی ڈرامے ہیں۔

(D) ''حبّہ خاتون'' کے نام سے اپیندر ناتھ اشک کا ڈراما مشہور ہے۔

1. (B) اور (C) 2. (C) اور (D) 3. (A) اور (B) 4. (A) اور (D)

74. ذیل میں دو زمرے صحیح ہیں اور دو غلط۔ صحیح زمروں کی نشان دہی کیجئے۔

اردو کے برج بھاشا سے ماخوذ ہونے کا نظریہ کس نے پیش کیا؟

(A) محمود شیرانی۔۔۔۔ سنیتی کمار چٹرجی (B) محمد حسین آزاد۔۔۔۔۔ حکیم شمس اللہ قادری

(C) روڈولف ہورنلے۔۔۔۔چرنجی لال (D) گریرسن۔۔۔۔۔۔۔۔۔میر امن

1. (A) اور (B) 2. (B) اور (C) 3. (C) اور (D) 4. (A) اور (D)

75. ذیل میں دو زمرے صحیح ہیں اور دو غلط صحیح زمروں کی نشان دہی کیجئے۔

(A) حدائق السحر فی دقائق الشعر۔۔۔رشید الدین وطواط

(B) لباب الالباب۔۔۔۔۔۔۔۔محمد عوفی

(C) المعجم فی معائیر اشعار العجم ۔۔۔۔۔۔۔۔رودکی سمرقندی

(D) شعرائے ہند۔۔۔۔۔۔۔۔۔میر تقی میر

1. (A) اور (B) 2. (B) اور (C) 3. (C) اور (D) 4. (A) اور (C)

76. ذیل میں پریم چند کے ناول اور ان کا سنہ اشاعت درج ہے۔ صحیح جوڑ کی نشان دہی کیجیے:

LIST-I		LIST-II	
A.	بیوہ	I.	1905
B.	غبن	II.	1927
C.	گوشۂ عافیت	III.	1930
D.	ہم خرما و ہم ثواب	IV.	1920

Choose the correct answer from the options given below :

1. A-I, B-II, C-III, D-IV
2. A-II, B-III, C-IV, D-I
3. A-IV, B-II, C-I, D-III
4. A-III, B-I, C-IV, D-II

77. ذیل میں اصناف اور کتابوں کے نام درج ہیں۔ درست جوڑ کی نشاندہی کیجیے:

LIST-I		LIST-II	
A.	سفر نامہ	I.	غبار خاطر
B.	سوانح	II.	اس آباد خرابے میں
C.	مکاتیب	III.	حیات جاوید
D.	خود نوشت	IV.	مسافران لندن

Choose the correct answer from the options given below :

1. A-III, B-I, C-II, D-IV
2. A-IV, B-III, C-I, D-II
3. A-I, B-II, C-IV, D-III
4. A-II, B-IV, C-I, D-III

78. کتابیں اور ان کے تراجم درج ہیں۔ صحیح جوڑ کی نشان دہی کیجیے:

LIST-I		LIST-II	
A.	اخلاق محسنی	I.	نوطرز مرصع
B.	حاتم طائی	II.	اخلاق ہندی
C.	چہار درویش	III.	گنج خوبی
D.	مفرح القلوب	IV.	آرائش محفل

Choose the correct answer from the options given below :

1. A-III, B-IV, C-I, D-II
2. A-II, B-I, C-III, D-IV
3. A-I, B-II, C-IV, D-III
4. A-IV, B-III, C-II, D-I

79. ذیل کے مصرعوں کے درست جوڑ لگا کر شعر مکمل کریں اور صحیح جوڑ کی نشان دہی کیجیے:

LIST-I		LIST-II	
A.	وہ جی گیا جو عشق میں جی سے اتر گیا	I.	بے اختیار آ کے رہا بے خبر گیا
B.	دنیا میں حال آمد و رفتِ بشر نہ پوچھ	II.	شیرازہ آج دفترِ غم کا بکھر گیا
C.	دل کا علاج کیجیے اب یا نہ کیجیے	III.	عیسیٰ کو ہو نوید کہ بیمار مر گیا
D.	فانی کی ذات سے غمِ ہستی کی تھی نمود	IV.	اپنا جو کام تھا وہ غمِ یار کر گیا

Choose the correct answer from the options given below :

1. A-II, B-III, C-IV, D-I
2. A-III, B-I, C-IV, D-II
3. A-I, B-III, C-II, D-IV
4. A-III, B-IV, C-I, D-II

80. ذیل میں کتابوں اور مصنفوں کے نام دیے گئے ہیں۔ ان کے صحیح جوڑ کی نشاندہی کیجیے:

LIST-I		LIST-II	
A.	اردو مثنوی شمالی ہند میں	I.	گوپی چند نارنگ
B.	اردو مثنویات	II.	گیان چند جین
C.	اردو مثنوی کا ارتقا	III.	امیر احمد علوی
D.	ہندوستانی قصوں سے ماخوذ اردو مثنویاں	IV.	عبدالقادر سروری

Choose the correct answer from the options given below :

1. A-II, B-III, C-IV, D-I
2. A-III, B-II, C-IV, D-I
3. A-I, B-III, C-II, D-IV
4. A-IV, B-II, C-I, D-III

81. ذیل میں ڈرامہ نگاروں اور ان کے ڈراموں کے نام درج ہیں۔ صحیح جوڑ کی نشان دہی کیجیے:

LIST-I		LIST-II	
A.	بہرام جی فریدوں جی	I.	چرن داس چور
B.	حبیب تنویر	II.	سوکھے درخت
C.	ابراہیم یوسف	III.	خورشید
D.	آغا حشر کاشمیری	IV.	آنکھ کا نشہ

Choose the correct answer from the options given below :

1. A-II, B-I, C-III, D-IV
2. A-IV, B-II, C-III, D-I
3. A-I, B-III, C-II, D-IV
4. A-III, B-I, C-II, D-IV

82. رسائل اوران کے مدیران کے نام درج ہیں۔ صحیح جوڑ کی نشان دہی کیجیے:

LIST-I		LIST-II	
A.	مخزن	I.	رام چندر
B.	عصمت	II.	اسپر نگر
C.	فوائد الناظرین	III.	راشدالخیری
D.	قرآن السعدین	IV.	شیخ عبدالقادر

Choose the correct answer from the options given below :

1. A-I, B-II, C-III, D-IV
2. A-III, B-IV, C-II, D-I
3. A-II, B-I, C-IV, D-III
4. A-IV, B-III, C-I, D-II

83. ذیل میں ناول گنو دان کے کردار اور ان کے رشتے درج ہیں - کر داروں اوران کے رشتوں کے صحیح جوڑ کی نشان دہی کیجیے:

LIST-I		LIST-II	
A.	ہوری۔ دھنیا	I.	ساس اور بہو
B.	ہوری۔ گوبر	II.	بہنیں
C.	دھنیا۔ جھنیا	III.	شوہر اور بیوی
D.	روپا۔ سونا	IV.	باپ اور بیٹا

Choose the correct answer from the options given below :

1. A-I, B-II, C-III, D-IV
2. A-I, B-III, C-II, D-IV
3. A-III, B-IV, C-I, D-II
4. A-IV, B-II, C-I, D-III

84. ذیل میں افسانے اوران کے افسانہ نگاروں کے نام درج ہیں۔ صحیح جوڑ کی نشان دہی کیجیے:

LIST-I		LIST-II	
A.	سلمی	I.	کرشن چندر
B.	بالکونی	II.	کلام حیدری
C.	الف لام میم	III.	غیاث احمد گدی
D.	پیاسی چڑیا	IV.	رشید جہاں

Choose the correct answer from the options given below :

1. A-I, B-II, C-III, D-IV
2. A-II, B-I, C-III, D-IV
3. A-IV, B-I, C-II, D-III
4. A-II, B-III, C-I, D-IV

85. دبستان لکھنو کے شعرا اور ان کا پیدائشی مقام درج ہے۔ صحیح جوڑ کی نشان دہی کیجیے:

LIST-I		LIST-II	
A.	سید انشااللہ خاں انشا	I.	فیض آباد
B.	ناسخ	II.	دہلی
C.	پنڈت دیاشنکر نسیم	III.	مرشد آباد
D.	مرزا دبیر	IV.	لکھنو

Choose the correct answer from the options given below :

1 A-III, B-I, C-IV, D-II
2 A-I, B-II, C-III, D-IV
3 A-II, B-IV, C-I, D-III
4 A-IV, B-III, C-II, D-I

86. ذیل میں دیے گئے شاعروں اور ان کی نظموں کے صحیح جوڑ کی نشان دہی کیجیے:

LIST-I		LIST-II	
A.	میراجی	I.	خاک ہند
B.	اسماعیل میرٹھی	II.	حسن کوزہ گر
C.	برج نارائن چکبست	III.	کلرک کا نغمۂ محبت
D.	ن۔م۔راشد	IV.	آثار سلف

Choose the correct answer from the options given below :

1. A-III, B-IV, C-I, D-II
2. A-III, B-IV, C-II, D-I
3. A-II, B-IV, C-I, D-III
4. A-II, B-I, C-IV, D-III

87. ذیل میں کتابوں اور مصنفین کے نام درج ہیں۔ صحیح جوڑ کی نشان دہی کیجیے:

LIST-I		LIST-II	
A.	رشید الدین وطواط	I.	قابوس نامہ
B.	شمس قیس رازی	II.	چہار مقالہ
C.	عروضی سمرقندی	III.	حدائق السحر فی دقائق الشعر
D.	امیر کیکاؤس بن اسکندر ابن قابوس	IV.	المعجم فی معائیر اشعار العجم

Choose the correct answer from the options given below :

1. A-IV, B-III, C-II, D-I
2. A-I, B-III, C-IV, D-II
3. A-II, B-IV, C-I, D-III
4. A-III, B-IV, C-II, D-I

88. ذیل میں تحریکیں، ادارے اور ان سے وابستہ مصنفین کے نام درج ہیں۔ صحیح جوڑ کی نشان دہی کیجیے :

LIST-I		LIST-II	
A.	دلی کالج	I.	سجاد ظہیر
B.	علی گڑھ تحریک	II.	نظم طباطبائی
C.	دارالترجمہ حیدر آباد	III.	مولانا صدرالدین آزردہ
D.	ترقی پسند تحریک	IV.	چراغ علی

Choose the correct answer from the options given below :

1. A-I, B-II, C-III, D-IV
2. A-III, B-IV, C-II, D-I
3. A-IV, B-III, C-I, D-II
4. A-II, B-I, C-IV, D-III

89. ذیل میں اقبال کی نظموں کے عنوان اور مجموعہ کلام درج ہیں۔ صحیح جوڑ کی نشان دہی کیجیے :

LIST-I		LIST-II	
A.	ساقی نامہ	I.	ضرب کلیم
B.	شعاع امید	II.	بال جبریل
C.	خضر راہ	III.	ارمغان حجاز
D.	ابلیس کی مجلس شوریٰ	IV.	بانگ درا

Choose the correct answer from the options given below :

1. A-II, B-I, C-IV, D-III
2. A-I, B-III, C-II, D-IV
3. A-IV, B-II, C-III, D-I
4. A-II, B-III, C-I, D-IV

90. ذیل میں کتابوں اور مصنفوں کے نام دیئے گئے ہیں۔ ان کے صحیح جوڑ کی نشان دہی کیجیے :

LIST-I		LIST-II	
A.	اردو قصیدہ نگاری کا تنقیدی جائزہ	I.	ڈاکٹر ابو محمد سحر
B.	اردو میں قصیدہ نگاری	II.	ظفر احمد صدیقی
C.	تاریخ قصائد اردو	III.	ڈاکٹر محمود الٰہی
D.	قصیدہ، اصل ہیت اور حدود	IV.	جلال الدین احمد جعفری

Choose the correct answer from the options given below :

1. A-II, B-I, C-III, D-IV
2. A-I, B-IV, C-II, D-III
3. A-III, B-I, C-IV, D-II
4. A-III, B-I, C-II, D-IV

91-95. سوالات کے جواب ذیل میں دیئے گئے اقتباس کی روشنی میں دیجیے:

''اس عہد کے کتنے ہی مقدس علما ہیں جن کے حالات پڑھیے تو معلوم ہوتا ہے کہ گو موسیقی کے اشتغال سے دامن بچائے رہے، لیکن فن کے ماہر اور نکتہ شناس تھے۔ ملاّ مبارک کے حالات میں خصوصیت کے ساتھ اس کی تصریح ملتی ہے کہ ہندوستانی موسیقی کا عالم و ماہر تھا۔ اکبر نے اسے تان سین کا گانا سنایا تو صرف اتنی داد ملی کہ ''ہاں گالیتا ہے''!

ملاّ عبدالقادر بدایونی جیسا متشرّع اور متصلّب شخص بین بجانے میں پوری مہارت رکھتا تھا۔ اور فیضیؔ نے ضروری سمجھا تھا کہ اکبر کی خدمت میں اس کی سفارش کرتے ہوئے اس مشّاقی کا ذکر کردے۔ علامہ سعد اللہ شاہجہانی جن کی فضیلت علمی اور ثقاہت طبع کا تمام معاصر اعتراف کرتے ہیں، موسیقی اور سنگیت کی ہر شاخ پر نظر رکھتے تھے اور ماہرانہ رائے دے سکتے تھے؛ ان کے استاد ملاّ عبدالسلام لاہوری تھے۔ ان کے حلقۂ درس کی عالمگیریوں نے سمرقند اور بخارا تک کو مسخّر کرلیا تھا، اور جب شاہجہان نے شہزادوں کی تعلیم کے لیے تمام علمائے مملکت پر نظر ڈالی تھی، تو نظرِ انتخاب نے انہی کی سفارش کی تھی۔ لیکن ان کے ذوق موسیقی کا یہ حال تھا کہ جس طرح ہدآیہ اور بزودیؔ کے مقامات حل کیا کرتے تھے، اسی طرح موسیقی کی مشکلات بھی حل کردیا کرتے تھے۔ شیخ معالیؔ خان، جو ملاّ طاہر پٹنی محدث گجرات کے خاندان سے تعلق رکھتے تھے، اور قاضی القضاۃ شیخ عبدالوہاب گجراتی کے پوتے تھے، ان کے حالات میں صاحب مآثر الامرا نے لکھا ہے کہ موسیقی کے شیفتہ اور اس کی باریکیوں کے دقیقہ سنج تھے۔ ملاّ شفیعائے یزدی مخاطب بہ دانشمندؔ خان کہ سرآمدِ علمائے عصر تھا اور شاہجہان کے دربار میں اس کا مباحثہ ملاّ عبدالحکیم سیالکوٹی سے معلوم و مشہور ہے، ہندوستان آتے ہی ہندوستانی موسیقی میں ایسا باخبر ہوگیا کہ وقت کے باکمالانِ فن کو اس کے فضل و کمال کا اعتراف کرنا پڑا''

91. مندرجہ بالا اقتباس میں ملاّ شفیعائے یزدی کا مباحثہ شاہ جہاں کے دربار میں کس سے ہوا تھا؟

(1) ملا عبدالقادر بدایونی سے
(2) ملا عبدالحکیم سیال کوٹی سے
(3) ملا فیضی سے
(4) ملا عبدالسلام لاہوری سے

92. شاہ جہاں نے شہزادوں کی تعلیم کے لیے کس کا انتخاب کیا تھا؟

(1) ملا مبارک
(2) شیخ معالی خاں
(3) علامہ سعد اللہ شاہ جہانی
(4) ملا شفیعائے یزدی

93. مندرجہ بالا اقتباس کس کتاب سے ماخوذ ہے؟

(1) آب حیات (2) غبار خاطر

(3) اردوئے معلی (4) سفر نامہ روم و مصر و شام

94. تان سین کے گانے کی مہارت کو کس نے قابل اہمیت نہیں سمجھا؟

(1) ملامبارکؔ (2) اکبرؔ

(3) فیضیؔ (4) عبدالحکیم

95. ملا عبدالقادر بدایونی کس ساز کا ماہر تھا؟

(1) بین (2) طبلہ

(3) شہنائی (4) بانسری

96-100. مندرجہ ذیل شعری حصے کو غور سے پڑھیے اور اس سے متعلق سوالات کا جواب دیجئے:

جو کُیٔ ہے باغباں اس پھول بن کا چمن لایا ہے یوں تازہ سخن کا

کتے یک شہر مشرق کے کدن تھا کہ اس کا ناوں سوں کنچن پٹن تھا

حصار اس کا تھا دریا کے کنارے دسے خندق ہو دریا تس بَندھارے

عجب تاثیر تھا واں کی ہوا کا سدا ہنگام تھا نشو و نما کا

سُکی لکڑی اگر کوئی لاکو گاڑے وہ لکڑی سبز ہو شاخاں کو کاڑے

سدا خوش حال تھے سب لوگ واں کے تھے خاطر جمع، واں کے ساکناں کے

اَتھا اس شہر کا اک نامور شاہ سلکھّن سلطنت کے برج کا ماہ

مہر بانی کے وہ آسمان کا سُور جہاں پرور کہکر تھا جگ میں مشہور

96. مندرجہ بالا شعری اقتباس میں شہر کا حصار کہاں ہے؟

(1) جھیل کے کنارے (2) دریا کے کنارے

(3) سمندر کے کنارے (4) خندق کے کنارے

97. مندرجہ بالا شعری اقتباس میں بادشاہ کس نام سے مشہور ہے؟

(1) جہاں پرور (2) عالم پناہ

(3) ظل اللہ (4) صاحبقراں

98. مندرجہ بالا شعری اقتباس میں مشرق میں جو شہر تھا اس کا کیا نام ہے؟

(1) کدن (2) عدن

(3) چن پٹن (4) کنچن پٹن

99. مندرجہ بالا شعری اقتباس میں شہر کے لوگ خاطر جمع سے کیوں رہتے ہیں؟

(1) بدحالی کی وجہ سے (2) قناعت کی وجہ سے

(3) خوش حالی کی وجہ سے (4) امن وانصاف کی وجہ سے

100. مندرجہ بالا شعری اقتباس کس کتاب سے ماخوذ ہے؟

(1) قطب مشتری (2) کدم راؤ پدم راؤ

(3) پھول بن (4) طوطی نامہ

ANSWERS

1	2	3	4	5	6	7	8	9	10
(1)	(3)	(4)	(3)	(2)	(1)	(1)	(2)	(2)	(4)
11	**12**	**13**	**14**	**15**	**16**	**17**	**18**	**19**	**20**
(3)	(2)	(2)	(1)	(2)	(4)	(3)	(3)	(3)	(4)
21	**22**	**23**	**24**	**25**	**26**	**27**	**28**	**29**	**30**
(3)	(1)	(4)	(3)	(2)	(4)	(1)	(4)	(2)	(4)

31	32	33	34	35	36	37	38	39	40
(3)	(2)	(4)	(2)	(3)	(1)	(2)	(1)	(1)	(2)
41	**42**	**43**	**44**	**45**	**46**	**47**	**48**	**49**	**50**
(2)	(3)	(1)	(3)	(2)	(2)	(2)	(1)	(4)	(3)
51	**52**	**53**	**54**	**55**	**56**	**57**	**58**	**59**	**60**
(2)	(1)	(3)	(4)	(3)	(2)	(4)	(1)	(4)	(4)
61	**62**	**63**	**64**	**65**	**66**	**67**	**68**	**69**	**70**
(3)	(3)	(2)	(2)	(3)	(1)	(4)	(3)	(3)	(3)
71	**72**	**73**	**74**	**75**	**76**	**77**	**78**	**79**	**80**
(4)	(4)	(3)	(2)	(1)	(*)	(2)	(1)	(2)	(1)
81	**82**	**83**	**84**	**85**	**86**	**87**	**88**	**89**	**90**
(4)	(4)	(3)	(3)	(1)	(1)	(4)	(2)	(1)	(3)
91	**92**	**93**	**94**	**95**	**96**	**97**	**98**	**99**	**100**
(2)	(3)	(2)	(1)	(1)	(2)	(1)	(4)	(3)	(3)

YOUR SPACE

Previous Years' Paper

National Testing Agency (NTA)

UGC-NET Junior Research Fellowship & Assistant Professor Eligibility Exam

URDU, June-2025

(Exam held on 25/06/2025)

PAPER-II

Note: *This paper contains* ***hundred (100)*** *objective type questions of* ***two (2)*** *marks each.* ***All*** *questions are* ***compulsory***.

1. ابن نشاطی کی مثنوی ''پھول بن'' کا موضوع کیا ہے؟

1. داستان محبت
2. سماجیات
3. علم
4. جنگ

2. ذیل میں ڈراما 'یہودی کی لڑکی' کے دوسرے ایکٹ کے چار سین دیئے گئے ہیں اور ان کے عنوانات بھی درج ہیں۔ سین اور عنوان کا درست جوڑ ملائیں۔

Match List I with List II

List I	List II
A. پہلا سین	I. محل
B. دوسرا سین	II. کرامت کا مکان
C. تیسرا سین	III. شاہی محل
D. چوتھا سین	IV. دربار

Choose the correct answer from the options given below:

1. A-I, B-II, C-III, D-IV
2. A-III, B-IV, C-II, D-I
3. A-II, B-III, C-I, D-IV
4. A-IV, B-I, C-III, D-II

3. 'ب' اور 'پ' کی آوازوں کو مخرج کے اعتبار سے، کس لسانی نام سے جانا جاتا ہے؟

1. انفی
2. معکوسی
3. دولبی
4. دندانی

4. ذیل میں دو زمرے صحیح ہیں اور دو غلط، دو غلط زمروں کی نشاندہی کیجیے۔

A. "سب رس" کی تصنیف کے زمانے میں دلی پر جہانگیر بادشاہ کی حکومت تھی۔

B. "سب رس" میں بہتر کرداروں کا اژدہام نظر آتا ہے۔

C. "سب رس" میں جو بات بہت متاثر کرتی ہے وہ ذخیرۂ الفاظ کا امتزاج ہے۔

D. وجہی کی وفات سترہویں صدی کے ربع سوم (1671-1656) کے دوران میں ہوتی ہے۔

Choose the correct answer from the options given below:

1. **C & A Only**
2. **B & A Only**
3. **C & D Only**
4. **A & B Only**

5. "تحقیق کی زبان کو امکان کی حد تک آرائش اور مبالغے سے پاک ہونا چاہیے"

یہ کس کا قول ہے؟

1. گیان چند جین
2. قاضی عبدالودود
3. امتیاز علی عرشی
4. رشید حسن خاں

6. ڈراما "انار کلی" میں اکبر، انار کلی کو کس طرح کی سزا کا حکم دیتا ہے؟

1. دیوار میں چنوانے کا
2. دیوار میں گاڑنے کا
3. دیوار میں دفن کرنے کا
4. دیوار میں قید کرنے کا

7. ذیل میں ناول اور ان کے کردار درج ہیں۔ درست جوڑ کی نشاندہی کیجیے۔

Match List I with List II

List I	List II
A. ختونیا	I. ایک چادر میلی سی
B. سلطانہ	II. آگ کا دریا
C. گوتم	III. خدا کی بستی
D. رانو	IV. فائر ایریا

Choose the correct answer from the options given below:

1. A-I, B-II, C-III, D-IV
2. A-II, B-IV, C-I, D-III
3. A-III, B-I, C-IV, D-II
4. A-IV, B-III, C-II, D-I

8. ذیل میں سے کون سی کتاب حیدر بخش حیدری کی نہیں ہے؟

1. لیلیٰ مجنوں
2. طوطا کہانی
3. آرائش محفل
4. اخلاق ہندی

9. "دکنی شاعری کی بڑی روایت سراپا نگاری تھی۔ سراپا نگاری کے فن نے ولی کو بالآخر 'بت پرست' بنا دیا۔"
ولی کی شاعری پر یہ جملہ کس نے کہا؟

1. تبسم کاشمیری
2. سید عبد اللہ
3. جمیل جالبی
4. فرمان فتح پوری

10. ہندستان میں پہلی بار دار الاشاعت کا قیام کہاں عمل میں آیا؟

1. دلی کالج
2. دار الترجمہ
3. فورٹ ولیم کالج
4. عثمانیہ یونیورسٹی

11. ذیل میں دیئے گئے اصناف کی ابتدا کے لحاظ سے درست زمانی ترتیب کی نشاندہی کیجیے۔

A. داستان

B. افسانہ

C. ڈراما

D. ناول

Choose the correct answer from the options given below:

1. D, A, C & B
2. B, C, A & D
3. C, D, B & A
4. A, C, D & B

12. ملا وجہی نے سب رس میں جا بجا اشعار کا استعمال کیا ہے، ذیل میں دیئے گئے مصرعے کو درست مصرعے سے ملا کر شعر مکمل کریں۔

"سات سہیلی ایک پیو چوندھر پیو پیو ہوئے"

1. پر ایک بال کوں سو ہزار جیب آوے
2. گر پیو سوں مل پوچھ ہونے منگتا ہے
3. جنے جو علم سکھا سو عقل تے آیا ہے
4. جس پیو کا کا پیار ہے سو دھن بری کوئے

13. اور کوئی طلب ابنائے زمانہ سے نہیں

مجھ پہ احساں جو نہ کرتے، تو یہ احساں ہوتا

درج بالا شعر نصاب میں شامل کس انشائیے میں استعمال ہوا ہے۔؟

1. غالب جدید شعرا کی محفل میں
2. چینی شاعر
3. مجھے میرے دوستوں سے بچاؤ
4. شامت اعمال

14. درج ذیل قصیدے کے مصرعوں کو درست ترتیب میں رکھ کر صحیح جواب کی نشاندہی کریں۔

A. ہر گز عراقی و عربی کا نہ تھا شمار
B. رکھتا نہیں ہے دست عناں کا بیک قرار
C. جن کے طویلے بیچ کوئی دن کی بات ہے
D. ہے چرخ جب سے ابلق ایام پر سوار

Choose the correct answer from the options given below:

1. A, D, B & C 2. C, A, D & B 3. B, C, A & D 4. D, B, C & A

15. ذیل میں دو زمرے صحیح ہیں اور دو غلط، غلط زمروں کی نشاندہی کیجیے۔

A. برہان الدین جانم کی صوفیانہ شاعری پر عربی اور فارسی کی روایت کا گہرا سایہ نظر آتا ہے۔

B. عبدل اپنی زبان کو ہندوی کہتا ہے۔

C. 'عشق نامہ' کے مصنف امین الدین اعلی ہیں۔

D. نصرتی کا 'علی نامہ' خالص صوفیانہ نظم ہے۔

Choose the correct answer from the options given below:

1. **B & C Only** 2. **A & B Only** 3. **A & D Only** 4. **B & D Only**

16. ذیل کے مصرعوں کے درست جوڑ لگا کر شعر مکمل کیجیے۔

Match List I with List II

List I	List II
A. آگہی دام شنیدن جس قدر چاہے بچھائے	I. خبر ہے لاش پہ اس بے وفا کے آنے کی
B. خوشی نہ ہو مجھے کیوں کر قضا کے آنے کی	II. طرفہ عالم ہے تیرے حسن کی بیداری کا
C. زباں پہ آہ کے ساتھ اس کا نام آتا ہے	III. مدعا عنقا ہے اپنے عالم تقریر کا
D. رنگ سوتے میں چمکتا ہے طرحداری کا	IV. یہ درد کیا شب فرقت میں کام آتا ہے

Choose the correct answer from the options given below:

1. A-IV, B-I, C-III, D-II
2. A-II, B-IV, C-I, D-III
3. A-III, B-I, C-II, D-IV
4. A-IV, B-III, C-II, D-I

17. "رودررس" کس طرح کے احساس کو ظاہر کرتا ہے؟

1. ہیبت
2. حسرت
3. حیرت
4. مزاح

18. "رگ وید" کس زبان کا پہلا مستند نمونہ ہے؟

1. ہند آریائی
2. دراوڑی
3. مغربی ہندی
4. ہند ایرانی

19. ذیل میں مصنف اور ان کی کتابوں کے نام درج ہیں۔ درست جوڑ کی نشاندہی کیجیے۔

Match List I with List II

List I	List II
A. نصیر الدین ہاشمی	I. اردو ساخت کے بنیادی عناصر
B. مسعود حسین خان	II. دکن میں اردو
C. مرزا خلیل احمد بیگ	III. مقدمہ تاریخ زبان اردو
D. نصیر احمد خان	IV. اردو کی لسانی تشکیل

Choose the correct answer from the options given below:

1. A-I, B-II, C-III, D-IV
2. A-III, B-I, C-IV, D-II
3. A-IV, B-II, C-I, D-III
4. A-II, B-III, C-IV, D-I

20. ذیل میں اصناف اور کتابوں کے نام درج ہیں۔ درست جوڑ کی نشاندہی کیجیے۔

Match List I with List II

List I	List II
A. تذکرہ	I. ضحاک
B. افسانہ	II. گلشن بے خار
C. ڈراما	III. بوستان خیال
D. داستان	IV. تماشا گھر

Choose the correct answer from the options given below:

1. A-I, B-II, C-III, D-IV
2. A-IV, B-III, C-II, D-I
3. A-II, B-IV, C-I, D-III
4. A-III, B-IV, C-I, D-II

21. ذیل میں سے کون سا تذکرہ 'غلام ہمدانی مصحفی کا ہے؟

1. تذکرہ شعرائے اردو
2. گلشن بے خار
3. گلشن ہند
4. تذکرہ ہندی

22. ذیل میں دو زمرے صحیح ہیں اور دو غلط، صحیح زمروں کی نشاندہی کیجیے۔

A. انشائیہ 'پاسبان' کے تخلیق کار رشید احمد صدیقی ہیں۔

B. الفاظ کے الٹ پھیر سے رشید احمد صدیقی مزاح پیدا کرنے کا ہنر جانتے ہیں۔

C. 'غبار خاطر' کے پہلے ایڈیشن کا دیباچہ حبیب الرحمٰن خان شیروانی نے لکھا تھا۔

D. 'داستان عہد گل' ایک اہم سفرنامہ ہے۔

Choose the correct answer from the options given below:

1. C & D Only
2. B & C Only
3. A & C Only
4. A & B Only

23. ذیل میں تحریکات و رجحانات اور ان سے وابستہ مصنفین کے نام درج ہیں، درست جوڑ کی نشاندہی کیجیے۔

Match List I with List II

List I	List II
A. ذکاء اللہ	I. ایہام گوئی
B. میراجی	II. سرسید تحریک
C. شیخ ظہور الدین حاتم	III. حلقہ ارباب ذوق
D. خواجہ احمد عباس	IV. ترقی پسند ادبی تحریک

Choose the correct answer from the options given below:

1. A-I, B-III, C-II, D-IV
2. A-IV, B-I, C-III, D-II
3. A-II, B-III, C-I, D-IV
4. A-III, B-IV, C-II, D-I

24. ذیل میں دیئے گئے مصرعوں کی ترتیب کو غزل کی ترتیب کے اعتبار سے درست کر کے اشعار کو مکمل کیجیے۔

A. عشق سے طبیعت نے زیست کا مزہ پایا

B. خوں کیا ہوا دیکھا، گم کیا ہوا پایا

C. درد کی دوا پائی، درد بے دوا پایا

D. غنچہ پھر لگا کھلنے، آج ہم نے اپنا دل

Choose the correct answer from the options given below:

1. B, D, C & D
2. A, C, D & B
3. D, B, A & C
4. C, B, D & A

25. ذیل میں درج جملہ کس مشہور ادیب کا ہے؟

"ہماری تہذیب غزل میں اور غزل ہماری تہذیب میں ڈھلی ہے۔"

1. فراق گورکھپوری
2. رشید احمد صدیقی
3. کلیم الدین احمد
4. گوپی چند نارنگ

26. ذیل میں شاعروں کے نام اور ان سے متصف خصوصیات / شناخت درج ہیں۔ درست جوڑ کی نشاندہی کیجیے۔

Match List I with List II

List I	List II
A. ریاض خیرآبادی	I. خمریات
B. خواجہ میردرد	II. ایہام
C. مومن خاں مومن	III. تصوف
D. شیخ ظہور الدین حاتم	IV. معاملہ بندی

Choose the correct answer from the options given below:

1. A-II, B-IV, C-I, D-III
2. A-III, B-I, C-II, D-IV
3. A-I, B-III, C-IV, D-II
4. A-IV, B-II, C-III, D-I

27. ذیل میں تحریکات و رجحانات اور ان سے متعلق تنقید نگاروں کے نام درج ہیں۔ درست جوڑ کی نشاندہی کیجیے۔

Match List I with List II

List I	List II
A. قمر رئیس	I. رومانوی تحریک
B. شمیم حنفی	II. ترقی پسند ادبی تحریک
C. وہاب اشرفی	III. جدیدیت
D. مجنوں گورکھپوری	IV. مابعد جدیدیت

Choose the correct answer from the options given below:

1. A-III, B-IV, C-I, D-II
2. A-II, B-III, C-IV, D-I
3. A-IV, B-I, C-II, D-III
4. A-III, B-I, C-II, D-IV

28. ذیل کے مصنفین کی سال وفات کے اعتبار سے درست زمانی ترتیب کی نشاندہی کیجیے۔

A. محمد حسین آزاد
B. الطاف حسین حالی
C. مولوی نذیر احمد
D. سر سید احمد خاں

Choose the correct answer from the options given below:

1. A, B, D & C
2. D, A, C & B
3. B, C, A & D
4. C, D, B & A

29. ذیل کے دو زمرے صحیح ہیں اور دو غلط، صحیح زمروں کی نشاندہی کیجیے۔

A. نصیر الدین ہاشمی اردو کا رشتہ دراوڑ سے جوڑتے ہیں۔

B. سید سلیمان ندوی اردو کا ارتقا سندھ میں ڈھونڈتے ہیں۔

C. حافظ محمود خان شیرانی پنجابی سے اردو کا رشتہ جوڑتے ہیں۔

D. سہیل بخاری کہتے ہیں کہ اردو کے قواعد کا خاکہ پالی میں ملے گا۔

Choose the correct answer from the options given below:

1. B & C Only
2. B & A Only
3. A & D Only
4. D & B Only

30. دہلی ورنیکلر ٹرانسلیشن سوسائٹی کی بنیاد کس نے رکھی؟

1. مسٹر ٹیلر
2. مسٹر فلیکس بوترو
3. ڈاکٹر اشپرنگر
4. ڈاکٹر کارگل

31. ذیل میں مصنف اور ان کی تخلیقات درج ہیں۔ درست جوڑ کی نشاندہی کیجیے۔

Match List I with List II

List I	List II
A. رشید احمد صدیقی	**I.** چینی شاعر
B. کنہیا لال کپور	**II.** کپور کا فن
C. احمد جمال پاشا	**III.** اسی آباد خرابے میں
D. اختر الایمان	**IV.** وکیل صاحب

Choose the correct answer from the options given below:

1. A-IV, B-I, C-II, D-III
2. A-I, B-III, C-IV, D-II
3. A-III, B-II, C-I, D-IV
4. A-IV, B-II, C-III, D-I

32. ذیل میں سے کس شاعر نے قصیدہ کو شجر ممنوعہ سمجھ کر اسے ہاتھ تک نہیں لگایا؟

1. مومن
2. غالب
3. آتش
4. ذوق

33. پیدائش کے اعتبار سے ذیل میں دیئے گئے شعرا کی درست زمانی ترتیب کی نشاندہی کیجیے۔

A. میراجی
B. مخدوم
C. ن۔م۔راشد
D. فیض

Choose the correct answer from the options given below:

1. A, D, B & C
2. D, A, C & B
3. B, C, D & A
4. C, B, A & D

34. ذیل میں دو زمرے صحیح ہیں اور دو غلط، غلط زمروں کی نشاندہی کیجیے۔

A. ہوری ناول 'گؤدان' کا ہیرو ہے۔

B. 'ایک چادر میلی سی' کے لیے راجندر سنگھ بیدی کو ساہتیہ اکادمی انعام سے نوازا گیا۔

C. 'فسانہ آزاد' ایک مربوط پلاٹ کا ناول ہے۔

D. پریم چند نے اصلاح معاشرہ اور تعلیم نسواں کی بنیاوں پر اپنے ناول کی بنیادیں استوار کی ہیں۔

Choose the correct answer from the options given below:

1. A & C Only
2. C & D Only
3. B & D Only
4. B & C Only

35. ان میں سے کس شاعر نے قطب شاہی خاندان کے چار بادشاہوں کا زمانہ دیکھا؟

1. نصرتی
2. ابن نشاطی
3. غواصی
4. وجہی

36. "وہ صنف سخن جس میں مرد شاعر عورتوں کے جذبات کا اظہار عورتوں کی زبان، محاورے اور روزمرہ میں کرتے ہیں۔"

درج بالا قول کا تعلق کس صنف شاعری سے ہے۔؟

1. ریختی
2. ہزل
3. واسوخت
4. گیت

37. سن پیدائش کے اعتبار سے ذیل میں دیئے گئے ناقدوں کی درست زمانی ترتیب کی نشاندہی کیجیے۔

A. کلیم الدین احمد
B. احتشام حسین
C. مجنوں گورکھپوری
D. آل احمد سرور

Choose the correct answer from the options given below:

1. C, A, D & B
2. B, C, A & D
3. A, D, B & C
4. D, B, C & A

38. ''میں چائے کے لیے روسی فنجان کام میں لاتا ہوں۔ یہ معمولی پیالیوں سے بہت چھوٹے
ہوتے ہیں۔ اگر بے ذوقی کے ساتھ پیجئے تو دو گھونٹ میں ختم ہو جائیں۔ مگر خدانخواستہ
میں ایسی بے ذوقی کا مرتکب کیوں ہونے لگا۔''

درج بالا اقتباس کس کی تحریر سے ماخوذ ہے؟

1. مولانا ابوالکلام آزاد
2. اختر الایمان
3. شبلی نعمانی
4. سر سید احمد خاں

39. ذیل میں نقاد اور ان کی کتابوں کے نام درج ہیں۔ درست جوڑ کی نشاندہی کیجیے۔

Match List I with List II

List I	List II
A. قدامہ ابن جعفر	I. کتاب العمدہ
B. ابن قتیبہ	II. مقدمہ فی التاریخ
C. ابن رشیق	III. نقد الشعر
D. ابن خلدون	IV. کتاب المعارف

Choose the correct answer from the options given below:

1. **A-I, B-II, C-III, D-IV**
2. **A-III, B-IV, C-I, D-II**
3. **A-IV, B-III, C-II, D-I**
4. **A-II, B-I, C-IV, D-III**

40. آریاؤں کی آمد کے وقت شمالی ہند کے میدانوں میں کون سی قومیں آباد تھیں؟

1. دراوڑی اور آسٹری
2. آسٹری اور پہلوی
3. آرمینی اور آسٹری
4. ہندستانی اور آسیائی

41. ذیل میں درج تحریکات ورجحانات کی درست زمانی ترتیب کی نشاندہی کیجیے۔

A. ترقی پسند ادبی تحریک
B. اصلاح زبان کی تحریک
C. حلقۂ اربابِ ذوق
D. سرسید تحریک

Choose the correct answer from the options given below:

1. A, B, C & D
2. B, D, A & C
3. C, A, D & B
4. D, C, B & A

42. "شمسہ تاجدار" کس داستان کا کردار ہے؟

1. فسانۂ عجائب
2. سب رس
3. رانی کیتکی کی کہانی
4. بوستان خیال

43.

مانند نقشِ نعل، زمیں سے بجز فنا
ہرگز نہ اٹھ سکے وہ، اگر بیٹھے ایک بار

یہ کس شاعر کے مشہور قصیدے کا شعر ہے؟

1. ذوق
2. مومن
3. غالب
4. سودا

44. ذیل میں دو زمرے صحیح ہیں اور دو غلط، صحیح زمروں کی نشاندہی کیجیے۔

A. غالب کی زبان کسی قدر فارسی آمیز تھی۔
B. مومن خاں مومن کا آبائی پیشہ طبابت تھا۔
C. جوش کے شعری مجموعوں کے نام ہیں روح کائنات، شعرستان، شبنمستان۔
D. فراق گورکھپوری کے شعری مجموعوں کے نام ہیں فکر و نشاط، سرود خروش، سنبل و سلاسل۔

Choose the correct answer from the options given below:

1. A & B Only
2. B & C Only
3. C & D Only
4. B & D Only

45. ''مغربی ہندی دراصل کھڑی بولی، ہریانی، برج بھاشا، قنوجی اور بندیلی کے مجموعے کا نام ہے۔'' یہ کس ماہر لسانیات کا قول ہے؟

1. سنیتی کمار چٹرجی
2. مسعود حسین خان
3. گریرسن
4. تھامس آرنلڈ

46. ذیل میں شعری اصناف اور شعرا کے نام درج ہیں۔ شعرا کی شناخت کے اعتبار سے درست جوڑ کی نشاندہی کیجیے۔

Match List I with List II

List I	List II
A. جمیل مظہری	I. مثنوی
B. مرزا رفیع سودا	II. مرثیہ
C. فراق گورکھپوری	III. قصیدہ
D. ابن نشاطی	IV. غزل

Choose the correct answer from the options given below:

1. A-II, B-III, C-IV, D-I
2. A-III, B-IV, C-I, D-II
3. A-IV, B-III, C-I, D-II
4. A-I, B-II, C-III, D-IV

47. ذیل میں درج اشعار ناول ''امراؤ جان ادا'' کے مختلف حصوں کی ابتدا میں جس ترتیب سے استعمال ہوئے ہیں، ان کی درست ترتیب کی نشاندہی کیجیے۔

A. دل پھڑکنے کی اجازت صیاد۔۔۔۔ شبِ اوّل کی گرفتاری کی

B. لطف ہے کون سی کہانی میں۔۔۔۔ آپ بیتی کہوں کہ جگ بیتی

C. اک حال میں انساں کی بسر ہو نہیں سکتی۔۔۔۔ اب رنگ طبیعت کا بدل جائے تو اچھا

D. ابتدا آوارگی کی جوشش وحشت کا سبب۔۔۔۔ ہم تو سمجھیں ہیں مگر ناصح کو سمجھائیں کیا

Choose the correct answer from the options given below:

1. D, B, C & A
2. C, D, A & B
3. A, C, B & D
4. B, D, A & C

48. ارسطو کے نظریہ تنقید میں سب سے زیادہ اہم لفظ کون سا ہے؟

1. جذبات　　　2. جمال

3. نقل　　　4. عقل

49. کسی واقعے یا حادثے سے فوری تحریک ملنے پر جو روداد لکھی جاتی ہے، اسے کیا کہتے ہیں؟

1. یادنگاری　　　2. رپورتاژنگاری

3. خاکہ نگاری　　　4. سفرنامہ نگاری

50. درج ذیل نثری کتب کی درست زمانی ترتیب کی نشاندہی کیجیے۔

A. باغ و بہار　　　B. معراج العاشقین

C. کربل کتھا　　　D. فسانۂ عجائب

Choose the correct answer from the options given below:

1. A, C, D & B　　2. D, B, A & C　　3. B, C, A & D　　4. C, D, B & A

51. ذیل میں دو زمرے صحیح ہیں اور دو غلط، غلط زمروں کی نشاندہی کیجیے۔

A. 'اکتشافی تنقید' کے بنیاد گذار حامدی کاشمیری ہیں۔

B. 'العمدہ' کے مصنف ابن قتیبہ ہیں۔

C. 'نقد الشعر' جاحظ کی لکھی ہوئی کتاب ہے۔

D. 'کاشف الحقائق' کے مصنف امداد امام اثر ہیں۔

Choose the correct answer from the options given below:

1. B & C Only　　2. A & B Only　　3. C & D Only　　4. B & D Only

52. ذیل میں ڈرامے اور ان کے کرداروں کے نام درج ہیں، درست جوڑ کی نشاندہی کیجیے۔

Match List I with List II

List I	List II
A. بختیار	I. اندر سبھا
B. تذکرہ نویس	II. انارکلی
C. گلفام	III. آگرہ بازار
D. نوشابہ	IV. ضحاک

Choose the correct answer from the options given below:

1. A-I, B-II, C-IV, D-III
2. A-IV, B-I, C-II, D-III
3. A-II, B-III, C-I, D-IV
4. A-III, B-IV, C-II, D-I

53. حبیب تنویر نے ڈراما "آگرہ بازار" میں کس شاعر کے کلام کو شامل کیا ہے؟

1. ل۔احمد اکبر آبادی	2. نظیر اکبر آبادی

3. میر تقی میر	4. مرزا غالب

54. پیدائش کے اعتبار سے غیر افسانوی نثر نگاروں کی درست زمانی ترتیب کی نشاندہی کیجیے

A. سجاد حیدر یلدرم	B. مرزا فرحت اللہ بیگ

C. پطرس بخاری	D. مولوی عبدالحق

Choose the correct answer from the options given below:

1. A, D, C & B	2. B, C, A & D

3. C, B, D & A	4. D, A, B & C

55. ذیل میں دو زمرے صحیح ہیں اور دو غلط، صحیح زمروں کی نشاندہی کیجیے۔

A. لکھنؤ کی مذہبی ثقافت کی وجہ سے مرثیہ نگاری کو عروج حاصل ہوا۔

B. دور تعمیر کے مرثیہ گویوں میں خلیق کی شخصیت سب سے قد آور ہے۔

C. مرزا دبیر کے انتقال پر میر انیس نے قطعہ تاریخ کہا۔

D. مرثیہ اودھ کے تہذیبی ماحول میں ثواب کمانے کا ذریعہ تھی۔

Choose the correct answer from the options given below:

**1. C & B Only	2. D & C Only**

**3. A & D Only	4. D & B Only**

56. ذیل میں دو زمرے صحیح ہیں اور دو غلط، دو صحیح زمروں کی نشاندہی کیجیے۔

A. نظیر اکبر آبادی خود نئی روش کے موجد ہیں۔

B. 10 مئی 1886 کو انجمن پنجاب کا پہلا یادگار مشاعرہ ہوا۔

C. آزاد کی نظموں کا مجموعہ "نظم آزاد" میں ان کی دو تقریریں بھی شامل ہیں۔

D. الطاف حسین حالی 1837 میں دہلی میں پیدا ہوئے۔

Choose the correct answer from the options given below:

**1. A & C Only	2. A & B Only**

**3. B & D Only	4. B & C Only**

57. ذیل میں دو زمرے صحیح ہیں اور دو غلط، دو صحیح زمروں کی نشاندہی کیجیے۔

A. شبلی کے مطابق نظیر اکبر آبادی کو اہل زبان کم مانتے ہیں۔

B. نظیر کی شخصیت کا سب سے بڑا اور اہم پہلوان کا عوامی کردار ہے۔

C. نظیر کی نظموں میں ہندستانی زندگی اپنی تمام اچھائیوں اور برائیوں کے ساتھ جی اٹھی ہے۔

D. نظیر اکبر آبادی کی پیدائش 1930 میں ہوئی۔

Choose the correct answer from the options given below:

1. A & C Only **2. B & A Only** **3. B & C Only** **4. D & B Only**

58. ''قصیدہ کی بنیاد محض تقلیدی مضامین پر نہیں بلکہ شاعر کے جوش اور ولولے پر ہو تو شعر کی ایک نہایت ضروری صنف ہے۔'' یہ قول کس کا ہے؟

1. شبلی
2. حالی
3. محمود الٰہی
4. ابو محمد سحر

59. ذیل کے مصرعوں کے درست جوڑ لگا کر شعر مکمل کیجیے۔

Match List I with List II

List I	List II
A. آزاد کچھ ہوئے ہیں اسیران زندگی	I. بے اختیار آکے رہا بے خبر گیا
B. دل کا علاج کیجیے اب یا نہ کیجیے	II. تم دل میں پہلے آئے کہ دل پیشتر گیا
C. دنیا میں حال آمد و رفت بشر نہ پوچھ	III. یعنی جمال یار کا صدقہ اتر گیا
D. میں نے دیا کہ تم نے لیا دل تمھیں کہو	IV. اپنا جو کام تھا وہ غم یار کر گیا

Choose the correct answer from the options given below:

1. A-III, B-IV, C-I, D-II
2. A-I, B-II, C-III, D-IV
3. A-II, B-III, C-IV, D-I
4. A-IV, B-I, C-II, D-III

60. ذیل میں دو زمرے صحیح ہیں اور دو غلط، غلط زمروں کی نشاندہی کیجیے۔

A. یگانہ 'غالب شکن' کہے جاتے ہیں۔

B. یگانہ چنگیزی کے مجموعہ کلام 'گنجینہ' کو کیفی اعظمی نے ترتیب دیا۔

C. شعری مجموعہ 'نغمۂ ساز' کے شاعر کلیم عاجز ہیں۔

D. 'آتش گل' کے شاعر جگر مرادآبادی ہیں۔

Choose the correct answer from the options given below:

1. A & C Only **2. B & D Only** **3. B & C Only** **4. A & B Only**

61. ''زمرد'' کس ناول کا کردار ہے؟

1. توبۃ النصوح
2. فردوس بریں
3. امراؤ جان ادا
4. فسانہ آزاد

62. ذیل میں نظم نگاراوران کی نظموں کے نام درج ہیں۔درست جوڑ کی نشاندہی کیجیے۔

Match List I with List II

List I	List II
A. الطاف حسین حالی	I. صبح امید
B. اختر الایمان	II. نشاط امید
C. محمد حسین آزاد	III. شعاع امید
D. علامہ اقبال	IV. باز آمد

Choose the correct answer from the options given below:

1. A-IV, B-III, C-II, D-I
2. A-II, B-IV, C-I, D-III
3. A-I, B-II, C-III, D-IV
4. A-III, B-I, C-IV, D-II

63. پھر کوئی فرمان، اے رب جلیل

ذہن کے غار حرا میں کب سے ہے

فکر، محوِ انتظار جبرئیل

درج بالا مصرعے شاعری کی کس صنف سے تعلق رکھتے ہیں؟

1. سانیٹ
2. ریختی
3. ترائیلے
4. ثلاثی

64. "ادب کے سماجی مطالعے کی روایت.......... سے شروع ہوتی ہے، جس میں حقیقت اور فنون لطیفہ کے رشتے پر غور کرکے فن کو نقل کی نقل قرار دیا تھا۔"

ذیل میں درج مناسب نام سے اوپر کی خالی جگہ کو پُر کیجیے۔

1. ٹی۔ایس۔ایلیٹ
2. آئی۔اے۔رچرڈس
3. افلاطون
4. لان جائنس

65. جی نہ لگے گا روح کا، اپنے ندیم کے بغیر

جائیں گے سب سوئے جناں، آتش و خاک و باد و آب

مذکورہ بالا شعر کس شاعر کا ہے؟

1. حسرت موہانی
2. اصغر گونڈوی
3. شاد عظیم آبادی
4. فراق گورکھپوری

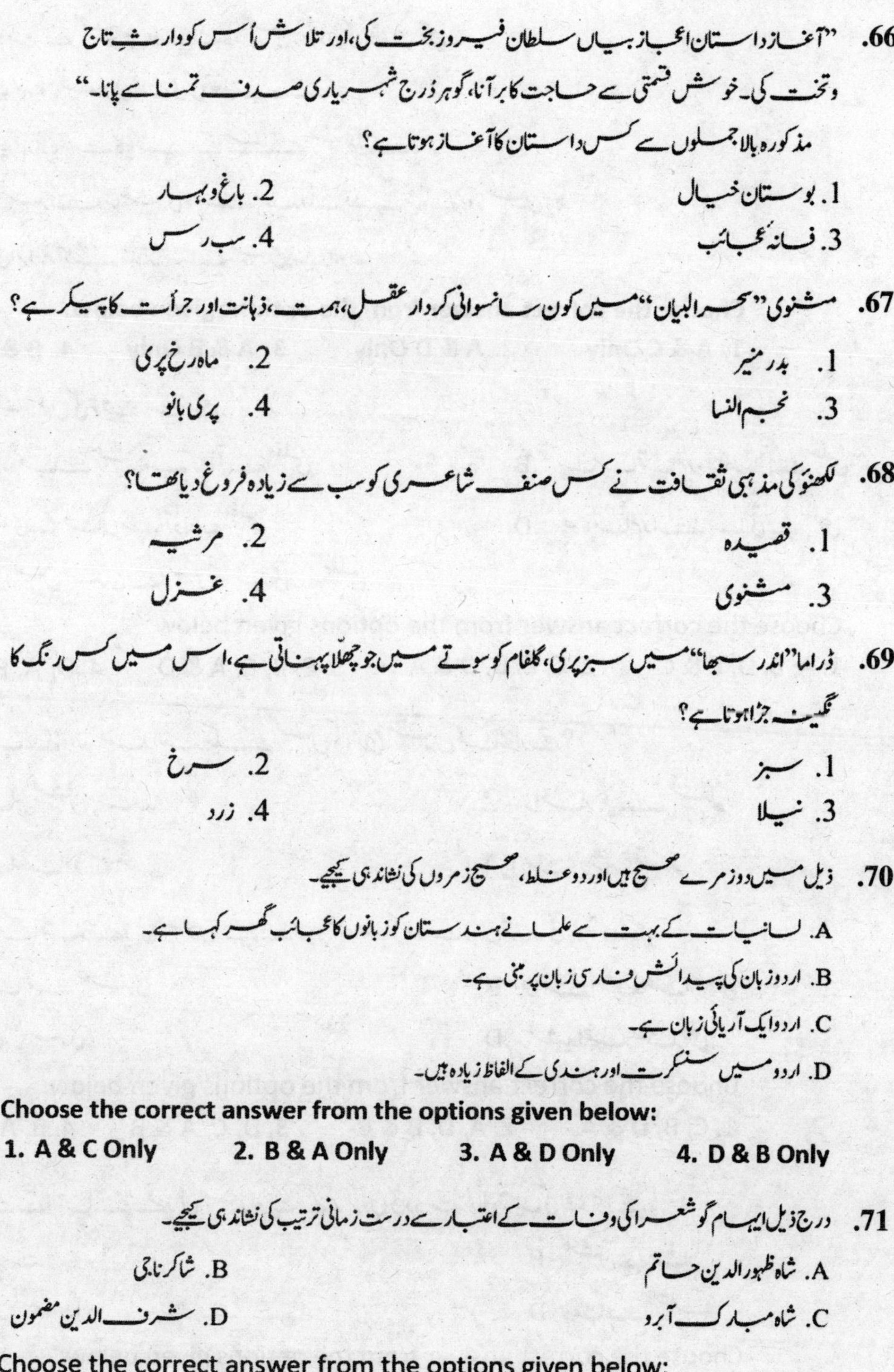

66. ''آغاز داستان اعجاز بیاں سلطان فیروز بخت کی، اور تلاش اُس کو وارثِ تاج وتخت کی۔ خوش قسمتی سے حاجت کا بر آنا، گوہر دُرج شہریاری صدفِ تمنا سے پانا۔''

مذکورہ بالا جملوں سے کس داستان کا آغاز ہوتا ہے؟

1. بوستان خیال
2. باغ و بہار
3. فسانۂ عجائب
4. سب رس

67. مثنوی ''سحر البیان'' میں کون سا نسوانی کردار عقل، ہمت، ذہانت اور جرأت کا پیکر ہے؟

1. بدر منیر
2. ماہ رخ پری
3. نجم النسا
4. پری بانو

68. لکھنؤ کی مذہبی ثقافت نے کس صنف شاعری کو سب سے زیادہ فروغ دیا تھا؟

1. قصیدہ
2. مرثیہ
3. مثنوی
4. غزل

69. ڈراما ''اندر سبھا'' میں سبز پری، گلفام کو سوتے میں جو چھلّا پہناتی ہے، اس میں کس رنگ کا نگینہ جڑا ہوتا ہے؟

1. سبز
2. سرخ
3. نیلا
4. زرد

70. ذیل میں دو زمرے صحیح ہیں اور دو غلط، صحیح زمروں کی نشاندہی کیجیے۔

A. لسانیات کے بہت سے علما نے ہندستان کو زبانوں کا عجائب گھر کہا ہے۔

B. اردو زبان کی پیدائش فارسی زبان پر مبنی ہے۔

C. اردو ایک آریائی زبان ہے۔

D. اردو میں سنسکرت اور ہندی کے الفاظ زیادہ ہیں۔

Choose the correct answer from the options given below:

1. A & C Only 2. B & A Only 3. A & D Only 4. D & B Only

71. درج ذیل ایہام گو شعرا کی وفات کے اعتبار سے درست زمانی ترتیب کی نشاندہی کیجیے۔

A. شاہ ظہور الدین حاتم

B. شاکر ناجی

C. شاہ مبارک آبرو

D. شرف الدین مضمون

Choose the correct answer from the options given below:

1. C, D, B & A 2. A, B, D & C 3. B, C, A & D 4. D, B, C & A

72. ذیل میں دو زمرے صحیح ہیں اور دو غلط، صحیح زمروں کی نشاندہی کیجیے۔

A. کدم راؤ پدم راؤ، فخر دین نظامی کی تصنیف ہے۔

B. کدم راؤ پدم راؤ کا قصہ کایا کلپ کے مسئلے سے جنم لیتا ہے۔

C. وجہی کی شہرت و شاعری کا ستارہ عبداللہ قطب شاہ کے دور میں چمکا۔

D. ابن نشاطی ابراہیم قطب شاہ کے زمانے میں پیدا ہوا۔

Choose the correct answer from the options given below:

1. A & C Only 2. A & D Only 3. A & B Only 4. B & D Only

73. ذیل کے مصرعوں کی ترتیب درست کیجیے۔

A. یہ دکھ وہ جانے جس پہ کہ آتی ہے مفلسی

B. پیاسا تمام روز بٹھاتی ہے مفلسی

C. جب آدمی کے حال پہ آتی ہے مفلسی

D. بھوکا تمام رات سلاتی ہے مفلسی

E. کس کس طرح سے اس کو ستاتی ہے مفلسی

Choose the correct answer from the options given below:

1. A, B, D, E & C 2. C, E, B, D & A 3. E, B, C, A & D 4. D, A, B, C & E

74. مرزا غالب کے والد عبداللہ بیگ کس کی فوج میں کماندار تھے؟

1. راجا ہریش چندر
2. راجا رنجیت سنگھ
3. راجا بختاور سنگھ
4. بہادر شاہ ظفر

75. وفات کے اعتبار سے ذیل میں دیئے گئے ادبا و شعرا کی درست زمانی ترتیب کی نشاندہی کیجیے۔

A. شفیق فاطمہ شعریٰ

B. خواجہ احمد عباس

C. جمیل مظہری

D. رشید احمد صدیقی

Choose the correct answer from the options given below:

1. C, B, D & A 2. A, D, B & C 3. D, C, A & B 4. B, A, C & D

76. سن اشاعت کے اعتبار سے ذیل میں دیئے گئے تذکروں کی درست زمانی ترتیب کی نشاندہی کیجیے۔

A. گلشن ہند

B. گلشن بے خار

C. نکات الشعرا

D. طبقات الشعرا

Choose the correct answer from the options given below:

1. C, D, A & B 2. D, B, C & A 3. B, A, C & D 4. A, C, D & B

77. ذیل میں دو زمرے صحیح ہیں اور دو غلط، صحیح زمروں کی نشاندہی کیجیے۔

A. "ارشاد نامہ" امین الدین اعلیٰ کی لکھی ہوئی کتاب ہے۔

B. "سکھ سہیلا" کے مصنف برہان الدین جانم ہیں۔

C. "خوش نامہ" کے مصنف کا نام میران جی شمس العشاق ہے۔

D. "تلاوۃ الوجود" کے مصنف کا نام عبد اللہ حسینی ہے۔

Choose the correct answer from the options given below:

1. **A & C Only**
2. **A & B Only**
3. **D & A Only**
4. **B & C Only**

78. 'گھوشال بابو' کس ناول کا کردار ہے؟

1. خدا کی بستی
2. آگ کا دریا
3. بستی
4. فائر ایریا

79. ذیل میں دو زمرے صحیح ہیں اور دو غلط، صحیح زمروں کی نشاندہی کیجیے۔

A. فضلی کا نام محمد افضل علی تھا۔

B. سب رس کا بادشاہ عقل ملک سیستان کا حکمران تھا۔

C. رانی کیتکی کی کہانی کی سب سے بڑی خوبی یہ ہے کہ فارسی الفاظ و تراکیب اور محاورات سے پاک ہے۔

D. باغ و بہار طبع زاد داستان ہے۔

Choose the correct answer from the options given below:

1. **A & B Only**
2. **B & C Only**
3. **A & D Only**
4. **C & D Only**

80. ذیل میں دو زمرے صحیح ہیں اور دو غلط، دو صحیح زمروں کی نشاندہی کیجیے۔

A. جوش کو استعمال الفاظ پر غیر معمولی قدرت ہے۔

B. اردو میں اقبال کے صرف پانچ مجموعے ہیں۔

C. اکبر الہ آبادی مجید الہ آبادی کے شاگرد تھے۔

D. محمد حسین آزاد دلی کالج کے طالب علم رہ چکے ہیں۔

Choose the correct answer from the options given below:

1. **A & D Only**
2. **A & B Only**
3. **C & D Only**
4. **D & B Only**

.81 نذیر احمد کے ناول توبۃ النصوح کے کردار اور ان کے رشتے درج ہیں۔ کرداروں اور ان کے رشتوں کے درست جوڑ کی نشاندہی کیجیے۔

Match List I with List II

List I	List II
A. کلیم اور مرزا ظاہر دار بیگ	I. بیٹا اور باپ
B. فہمیدہ اور نصوح	II. بیٹی اور باپ
C. نعیمہ اور نصوح	III. بیوی اور شوہر
D. کلیم اور نصوح	IV. دوست

Choose the correct answer from the options given below:

1. A-III, B-IV, C-I, D-II
2. A-II, B-I, C-III, D-IV
3. A-IV, B-III, C-II, D-I
4. A-I, B-II, C-IV, D-III

.82 تاریخ پیدائش کے اعتبار سے ذیل کے انشائیہ نگاروں کی درست زمانی ترتیب کی نشاندہی کیجیے۔

A. مشتاق احمد یوسفی
B. رشید احمد صدیقی
C. سجاد حیدر یلدرم
D. احمد جمال پاشا

Choose the correct answer from the options given below:

1. C, B, A & D 2. B, A, D & C 3. D, B, C & A 4. A, B, C & D

.83 ذیل میں دو زمرے صحیح ہیں اور دو غلط، غلط زمروں کی نشاندہی کیجیے۔

A. رسالہ 'اردوئے معلیٰ' کے مدیر سر سید احمد خان تھے۔
B. 'غربت' کا لفظ یگانہ چنگیزی کے کلام میں بار بار آیا ہے۔
C. فانی بدایونی کا مدفن حیدر آباد ہے۔
D. 'روپ' فراق کی رباعیوں کا مجموعہ ہے۔

Choose the correct answer from the options given below:

1. **A & C Only** 2. **B & D Only** 3. **C & D Only** 4. **A & B Only**

.84 ذیل میں دو زمرے صحیح ہیں اور دو غلط، صحیح زمروں کی نشاندہی کیجیے۔

A. اردو کو "گھر بھاکا" کا نام شاہ میراں جی شمس العشاق نے دیا تھا۔
B. خوش نامہ اور خوش نغز مکالمے کی شکل میں لکھی گئی نظمیں ہیں۔
C. میراں جی شمس العشاق کے زمانے میں 'دوہا' کو شاہی سرپرستی حاصل تھی۔
D. شمس العشاق کی زبان پر عربی اور فارسی کے اثرات بہت نمایاں ہے۔

Choose the correct answer from the options given below:

1. **B & C Only** 2. **A & D Only** 3. **A & B Only** 4. **B & D Only**

85. "اس محنت سے وہ گلاب سا بدن سارا پسینے پسینے ہو رہا ہے، جس طرح سے شام ہوئی اور دن پہاڑ سا چھاتی سے ٹلا۔ میں دوڑ کر پروانے کی طرح جیسے شمع کے گرد پھرتا ہے، تصدق ہوا۔ اس عرصے میں بادل پھٹ گیا اور چاند نکل آیا۔"

درج بالا نثری اقتباس کس داستان سے ماخوذ ہے؟

1. فسانۂ عجائب
2. بوستان خیال
3. رانی کیتکی کی کہانی
4. باغ و بہار

86. مندرجہ ذیل قول کس ماہر لسانیات کا ہے؟

"جب آریا پنجاب میں آکر آباد ہو گئے اور انھوں نے وہاں اپنی موجودگی کا احساس دلایا تبھی سے شمالی ہند کے غیر آریائی عوام نے آریائی زبان کو اختیار کرنا شروع کر دیا تھا"۔

1. مسعود حسین خان
2. سنیتی کمار چٹرجی
3. گریرسن
4. محی الدین قادری زور

87. ذیل میں دو زمرے صحیح ہیں اور دو غلط، صحیح زمروں کی نشاندہی کیجیے۔

A. ولی اردو شاعری کے بابا آدم ہیں۔

B. خواجہ میر درد کا زیادہ تر کلام نظم کی شکل میں ملتا ہے۔

C. "ذکر میر" میر تقی میر کی خود نوشت ہے۔

D. "سحر البیان" کے خالق دیا شنکر نسیم ہیں۔

Choose the correct answer from the options given below:

1. A & C Only
2. B & A Only
3. A & D Only
4. D & B Only

88. متھرا کے علاقے میں کون سی پراکرت رائج تھی؟

1. ماگدھی
2. شورسینی
3. اردھ ماگدھی
4. پیشاچی

89. ذیل میں دو زمرے صحیح ہیں اور دو غلط، دو غلط زمروں کی نشاندہی کیجیے۔

A. حقائق کی بازیافت تحقیق کا مقصد ہے۔

B. تحقیق کسی امر کو اس کی اصل شکل میں دیکھنے کی کوشش ہے۔

C. تحقیق میں دعوے سند کے بغیر قبول کیے جاتے ہیں۔

D. محقق کو خطابت سے پرہیز نہیں کرنا چاہیے۔

Choose the correct answer from the options given below:

1. B & C Only
2. C & A Only
3. C & D Only
4. D & B Only

.90 کس ڈرامے کے سرنامے پر "انسان کے بھیجوں پر زندہ رہنے والے شہنشاہ کی کہانی" درج ہے

.1 خانہ جنگی .2 رستم سہراب

.3 ضحاک .4 آگرہ بازار

.91-95 مندرجہ ذیل نثری اقتباس کو غور سے پڑھیے اور اس سے متعلق سوالوں کے جواب دیجیے۔

"ہندوستانی شوہر اور تعلیم یافتہ بیوی کے درمیان جو کھینچ تان ملتی ہے اس کا ایک سبب یہ بھی ہے کہ شوہر چارپائی پر سے حکومت کرنا چاہتا ہے اور بیوی ڈرائنگ روم سے گھنٹی بجاتی ہے۔ روشن خیال بیوی شہرت کی آرزومند ہوتی ہے۔ دوسری طرف شوہر یہ چاہتا ہے کہ بیوی تو صرف فردِ خاندان ہونے پر صبر کرے اور خود فخرِ خاندان نہیں بلکہ فخرِ کائنات قرار دیا جائے۔

موتی لال نہرو رپورٹ سے پہلے ہندوستانیوں پر دو مصیبت نازل تھیں۔ ایک ملیریا کی دوسری مس میو المعروف بہ مادر ہند کی۔ ملیریا کا انسداد کچھ تو کونین سے کیا گیا بقیہ کا کثرت اموات سے۔ مس میو کے تدارک میں ہندو مسلمان دونوں چارپائی پر سر بزانو اور چوراہوں پر دست و گریباں ہیں۔ نہرو رپورٹ اور مادر ہند دونوں میں ایک نسبت ہے۔ ایک نے مسلمانوں کے سیاسی حقوق کو اہمیت نہ دی۔ دوسری نے ہندوؤں کے معاشرتی رسوم و روایات کی توہین کی۔"

.91 روشن خیال بیوی کو اس مضمون میں کس جملے سے طنز کا نشانہ بنایا گیا ہے؟

.1 ڈرائنگ روم سے گھنٹی بجانے ۔۔۔ کی خواہش کے سبب

.2 فخر کائنات ہونے کی خواہش ۔۔۔۔ کے سبب

.3 فخر خاندان ہونے کی خواہش ۔۔۔۔ کی وجہ سے

.4 دست و گریباں ہونے ۔۔۔۔۔۔۔ کی وجہ سے

.92 موتی لال نہرو رپورٹ سے پہلے ہندوستانیوں پر دو کون سی مصیبتیں نازل ہوئی تھیں؟

.1 چارپائی اور ڈرائنگ روم .2 ملیریا اور مس میو

.3 گھنٹی اور شہرت .4 کونین اور موت

.93 اس اقتباس میں "ہندو مسلمان دونوں چارپائی پر سر بزانو اور چوراہوں پر دست و گریباں ہیں۔" کس وجہ سے؟

.1 مس میو کے تدارک کے لیے .2 موتی لال نہرو رپورٹ کے لیے

.3 اپنے حقوق کی بازیابی کے لیے .4 سیاسی مفادات کے حصول کے لیے

94. مذکورہ بالا اقتباس میں 'کونین' کا کیا معنی ہے؟

1. دونوں جہان کے مالک کی رحم دلی۔
2. ایک خاص قسم کی دوا ہے۔
3. ایک خاص طرح کا مشروب ہے۔
4. ایک خاص طرح کی گولی ہے جس کے کھانے سے موت واقع ہو جاتی ہے۔

95. مذکورہ بالا اقتباس کس انشائیہ سے ماخوذ ہے؟

1. وکیل صاحب
2. مجھے میرے دوستوں سے بچاؤ
3. چارپائی
4. شامت اعمال

96-100. مندرجہ ذیل شعری حصے کو غور سے پڑھیے اور اس سے متعلق سوالات کے جواب دیجیے۔

زباں سے ذکر اگر چھیڑیئے، تو پیدا ہو ہوا یہ باغ جہاں میں، شگفتگی کا جوش کرے ہے وا لب غنچہ، دو ہزار سخن کچھ انبساط ہوائے چمن سے دور نہیں قفس میں بیضے کی بھی، شوق نغمہ سنجی سے اثر سے باد بہاری کے لہلہانے میں	نفس کے تار سے، آواز خوش تراز بم وزیر کلید قفل دلِ تنگ و خاطر دل گیر چمن میں موج تکلم کی کھول کر زنجیر جو وا ہو غنچہ منقار، بلبل تصویر عجب نہیں کہ ہو مرغ چمن، بلند صفیر زمیں پہ، ہم سر سنبل ہے، موج نقش حصیر

96. درج بالا شعری حصے کے دوسرے مصرعے میں لفظ "منقار" کا استعمال ہوا ہے۔ اس کا لفظی معنی کیا ہے؟

1. چونچ
2. زبان
3. دانت
4. ہونٹ

97. درج بالا شعری اقتباس کے خالق کون ہیں؟

1. مرزا غالب
2. مرزا محمد رفیع سودا
3. شیخ ابراہیم ذوق
4. میر تقی میر

98. درج بالا شعری حصے کے میں لفظ "کلیدِ قفلِ دلِ تنگ" کا استعمال ہوا ہے۔ یہ کون سی ترکیب ہے؟

1. مرکب توصیفی
2. مرکب اضافی
3. مرکب عطفی
4. مرکب جاریہ

99. درج بالا شعری حصے کے دوسرے مصرعے میں لفظ "حصیر" کا استعمال ہوا ہے۔ اس کا لفظی معنی کیا ہے؟

1. چٹائی
2. لہر
3. اڑن کھٹولہ
4. لحاف

100. درج بالا شعری حصے کا تعلق کس صنفِ شاعری سے ہے؟

1. غزل
2. نظم
3. قطعہ
4. قصیدہ

ANSWERS

1	2	3	4	5	6	7	8	9	10
(1)	(2)	(3)	(4)	(4)	(2)	(4)	(4)	(1)	(3)
11	**12**	**13**	**14**	**15**	**16**	**17**	**18**	**19**	**20**
(4)	(4)	(3)	(4)	(3)	(*)	(1)	(1)	(4)	(3)
21	**22**	**23**	**24**	**25**	**26**	**27**	**28**	**29**	**30**
(4)	(4)	(3)	(2)	(2)	(3)	(2)	(2)	(1)	(2)
31	**32**	**33**	**34**	**35**	**36**	**37**	**38**	**39**	**40**
(1)	(3)	(3)	(2)	(4)	(1)	(1)	(1)	(2)	(1)
41	**42**	**43**	**44**	**45**	**46**	**47**	**48**	**49**	**50**
(2)	(4)	(4)	(1)	(3)	(1)	(4)	(3)	(2)	(3)
51	**52**	**53**	**54**	**55**	**56**	**57**	**58**	**59**	**60**
(1)	(3)	(2)	(4)	(3)	(1)	(3)	(2)	(1)	(3)
61	**62**	**63**	**64**	**65**	**66**	**67**	**68**	**69**	**70**
(2)	(2)	(4)	(3)	(3)	(3)	(3)	(2)	(1)	(1)
71	**72**	**73**	**74**	**75**	**76**	**77**	**78**	**79**	**80**
(1)	(3)	(2)	(3)	(*)	(1)	(4)	(4)	(2)	(1)
81	**82**	**83**	**84**	**85**	**86**	**87**	**88**	**89**	**90**
(3)	(1)	(4)	(3)	(4)	(2)	(1)	(2)	(3)	(3)
91	**92**	**93**	**94**	**95**	**96**	**97**	**98**	**99**	**100**
(1)	(2)	(1)	(2)	(3)	(1)	(3)	(2)	(1)	(4)

Previous Years' Paper

National Testing Agency (NTA)

UGC-NET Junior Research Fellowship & Assistant Professor Eligibility Exam

URDU, January-2025

(Exam held on 21/01/2025)

PAPER-II

Note: *This paper contains* ***hundred (100)*** *objective type questions of* ***two (2)*** *marks each.* ***All*** *questions are* ***compulsory****.*

1. اداروں سے وابستہ ادیبوں کے درست جوڑ بتائیں۔

List I	List II
A. کاظم علی جواں	I. سائنٹفک سوسائٹی
B. سرسید احمد خان	II. فورٹ ولیم کالج
C. شبلی نعمانی	III. دلی کالج
D. ماسٹر رام چندر	IV. دارالمصنفین

Choose the correct answer from the options given below:

1. A-II, B-I, C-IV, D-III
2. A-III, B-II, C-I, D-IV
3. A-III, B-I, C-IV, D-II
4. A-IV, B-II, C-I, D-III

2. ذیل میں دی گئی کتابوں اور مصنفین کے درست جوڑ ملائیں۔

List I	List II
A. ڈاکٹر محمد حسن	I. تنقید اور عملی تنقید
B. کلیم الدین احمد	II. ادب اور انقلاب
C. احتشام حسین	III. ادبی تنقید
D. اختر حسین رائے پوری	IV. سخن ہائے گفتنی

Choose the correct answer from the options given below:

1. A-II, B-III, C-I, D-IV
2. A-IV, B-II, C-I, D-III
3. A-III, B-IV, C-I, D-II
4. A-I, B-II, C-IV, D-III

3. مصنف اور کتابوں کے صحیح جوڑ کی نشاندہی کیجیے۔

List I	List II
A. کدم راؤ پدم راؤ	I. ابراہیم عادل شاہ
B. خوش نامہ	II. برہان الدین جانم
C. ارشاد نامہ	III. شمس العشاق
D. کتاب نورس	IV. نظامی

Choose the correct answer from the options given below:

1. A-I, B-III, C-IV, D-II
2. A-II, B-I, C-III, D-IV
3. A-III, B-IV, C-I, D-II
4. A-IV, B-III, C-II, D-I

4. ذیل میں دیئے گئے استاد اور شاگرد کے صحیح زمروں کی نشاندہی کریں۔

A. مرزا دبیر۔۔۔میر ضمیر
B. مومن۔۔۔۔غالب
C. اقبال۔۔۔۔۔ظفر
D. ذوق۔۔۔شاہ نصیر

Choose the correct answer from the options given below:

1. A and D Only
2. A and B Only
3. B and C Only
4. C and D Only

5. اصناف کے اعتبار سے ادیبوں کے درست زمرے کی نشاندہی کیجیے۔

A. شبلی نعمانی۔۔۔۔۔۔۔۔۔افسانہ نگار
B. یوسف حسین کمبل پوش۔۔۔سفر نامہ نگار
C. پطرس بخاری۔۔۔۔۔۔۔۔انشائیہ نگار
D. مولوی عبدالحق۔۔۔۔۔۔۔۔مارکسی نقاد

Choose the most appropriate answer from the options given below:

1. A and C Only
2. B and C Only
3. A and B Only
4. B and D Only

6. نظم "کسان" جوش ملیح آبادی کے کس شعری مجموعے میں شامل ہے؟

1. عرش وفرش
2. آیات ونغمات
3. حرف وحکایت
4. شعلہ وشبنم

7. "ادبی تحقیق مسائل اور تجزیہ" کے مصنف کا نام ہے۔

1. گیان چند جین
2. رشید حسن خان
3. حنیف نقوی
4. ظفر احمد صدیقی

8. "محقق کو خطابت سے احتراز واجب ہے" یہ کس کا قول ہے؟

1. قاضی عبدالودود
2. حنیف نقوی
3. ظفر احمد صدیقی
4. رشید حسن خان

9. ذیل میں دو صحیح اشعار کے زمروں کی نشاندہی کریں۔

A. اس دور میں زندگی بشر کی۔۔۔۔۔ بیمار کی رات ہو گئی ہے
B. آنکھوں میں جو بات ہو گئی ہے۔۔۔۔ کیوں غم سے نجات ہو گئی ہے
C. مدت سے خبر ملی نہ دل کی۔۔۔۔۔ تصویر حیات ہو گئی ہے
D. جب دل کی وفات ہو گئی ہے۔۔۔۔ ہر چیز کی رات ہو گئی ہے

Choose the correct answer from the options given below:

1. B and D Only
2. A and D Only
3. B and C Only
4. C and D Only

10. بکٹ کہانی کی ہئیت کیا ہے؟

1. مخمس
2. مثنوی
3. مسدس
4. مثلث

11. ذیل کے قصیدہ نگاروں کی تاریخ پیدائش کے اعتبار سے درست زمانی ترتیب کی نشاندہی کیجیے۔

A. محسن کاکوروی
B. غالب
C. ذوق
D. سودا

Choose the correct answer from the options given below:

1. B, C, A, D
2. C, D, A, B
3. B, D, A, C
4. D, C, B, A

12. تاریخ وفات کے اعتبار سے ڈراما نگاروں کی درست ترتیب کی نشاندہی کیجیے۔

A. امتیاز علی تاج
B. محمد حسن
C. آغا حشر کاشمیری
D. حبیب تنویر

Choose the correct answer from the options given below:

1. A, D, C, B
2. C, A, B, D
3. D, A, C, B
4. B, C, D, A

13. ولزلی نے فورٹ ولیم کالج کے قیام کا جواز اور اس کے مقاصد کی تجویز کب پیش کی؟

1. 18 اگست 1800
2. 4 مئی 1800
3. یکم مئی 1801
4. 16 جولائی 1802

14. وفات کے اعتبار سے درست زمانی ترتیب کی نشاندہی کیجیے۔

A. شفیق فاطمہ شعری
B. فیض احمد فیض
C. جوش ملیح آبادی
D. کلیم عاجز

Choose the correct answer from the options given below:

1. B, A, C, D
2. C, A, B, D
3. C, B, A, D
4. D, C, B, A

15. کتاب 'اقبال کا فن' کے مصنف کون ہیں؟

1. کلیم الدین احمد
2. گوپی چند نارنگ
3. مشتاق احمد
4. مشفق خواجہ

16. جگر مرادآبادی کے شعری مجموعوں کی نشاندہی کیجیے۔

1. داغ جگر، آتش گل، گل نغمہ
2. نشاط روح، سرود زندگی، شعلۂ طور
3. داغ جگر، شعلۂ طور، آتش گل
4. شعلۂ ساز، مشعل، داغ جگر

17. درج ذیل میں سے دو صحیح زمروں کی نشاندہی کریں۔

A. رعنائی تعمیر میں، رونق میں، صفا میں ــــــــ یا غازہ ہے یا ساغر و مینا کی کرامات

B. میں کیسے سمجھتا کہ تو ہے یا کہ نہیں ہے ــــــــ ہر دم متغیر تھے خرد کے نظریات

C. یوروپ میں بہت روشنیٔ علم و ہنر ہے ــــــــ حق یہ ہے کہ بے چشمہ حیواں ہے یہ ظلمات

D. احساس مروت کو کچل دیتے ہیں آلات ــــــــ تدبیر کو تقدیر کے شاطر نے کیا مات

Choose the correct answer from the options given below:

1. B and D Only
2. A and B Only
3. B and C Only
4. C and D Only

18. ذیل کے شعرا کی تاریخ وفات کے اعتبار سے درست زمانی ترتیب کی نشاندہی کیجیے۔

A. ساحر لدھیانوی
B. جاں نثار اختر
C. میرا جی
D. ن م راشد

Choose the correct answer from the options given below:

1. C, D, B, A
2. A, B, D, C
3. B, D, A, C
4. D, C, B, A

19. ذیل میں شاعروں کے اعتبار سے دیئے گئے نظموں کے عناوین کی دو درست زمروں کی نشاندہی کریں۔

A. مفلسی، آدمی نامہ، بنجارہ نامہ،
B. چکلے، تاج محل، کسان
C. حویلی، انقلاب، بازیابی
D. فرضی لطیفہ، برق کلیسا، دربار دہلی

Choose the correct answer from the options given below:

1. B and D Only
2. A and D Only
3. B and C Only
4. C and D Only

20. ذیل میں سے "ادبی ڈکٹیٹر" کسے کہا جاتا ہے؟

1. حاتم
2. انشا
3. ناسخ
4. آتش

21. محمد حسین آزاد نے نظم "شب قدر" انجمن پنجاب کے کس جلسے میں پیش کی تھی؟

1. اپریل 1874
2. مئی 1874
3. جون 1874
4. اگست 1874

22. ذیل میں دی گئی کتابوں اور ان کے مصنفین کے درست زمرے کی نشاندہی کیجیے۔

A. جلال و جمال۔۔۔۔ساحر لدھیانوی
B. جھنکار۔۔۔۔۔۔کیفی اعظمی
C. آبگینے۔۔۔۔۔عرش ملسیانی
D. تاریک سیارہ۔۔۔۔اختر الایمان

Choose the most appropriate answer from the options given below:

1. A and D Only
2. B and D Only
3. B and C Only
4. C and D Only

23. تاریخ وفات کے اعتبار سے درست زمانی ترتیب کی نشاندہی کیجیے۔

A. رشید احمد صدیقی
B. سجاد حیدر یلدرم
C. کنہیا لال کپور
D. پطرس بخاری

Choose the correct answer from the options given below:

1. C, B, D, A
2. A, C, B, D
3. B, D, A, C
4. A, B, C, D

24. ذیل میں سے کس شہر میں میر انیس مرثیہ پڑھنے نہیں گئے؟

1. بنارس
2. حیدر آباد
3. پٹنہ
4. دلی

25. سن اشاعت کے اعتبار سے صحیح ترتیب کی نشاندہی کیجیے؟

1. بال جبریل، بانگ درا، ارمغان حجاز، ضرب کلیم
2. ضرب کلیم، بانگ درا، بال جبریل، ارمغان حجاز
3. بانگ درا، بال جبریل، ضرب کلیم، ارمغان حجاز
4. بانگ درا، بال جبریل، ارمغان حجاز، ضرب کلیم

26. فیض کی نظم "مجھ سے پہلی سی محبت میرے محبوب نہ مانگ" کس مجموعہ کلام میں شامل ہے؟

1. نقش فریادی
2. دست صبا
3. زنداں نامہ
4. شام شہر یاراں

27. مرثیے کے اجزائے ترکیبی کی درست ترتیب کی نشاندہی کیجیے۔

A. آمد
B. رخصت
C. سراپا
D. چہرہ

Choose the correct answer from the options given below:

1. C, B, A, D
2. B, C, A, D
3. A, C, B, D
4. D, C, B, A

28. فورٹ ولیم کے مصنفین میں سے کسے "جدید ہندی نثر" کا بانی کہا جاتا ہے؟

1. للولال جی
2. تارنی چرن مترا
3. نہال چند لاہوری
4. حیدر بخش حیدری

29. نظم "شعاع امید" کو شاعر نے کتنے ذیلی حصوں میں تقسیم کیا ہے؟

1. تین
2. چار
3. پانچ
4. چھ

30. تحریک اور رجحانات سے وابستہ ادیبوں کے درست زمرے کی نشاندہی کیجیے۔

A. سردار جعفری۔۔۔۔۔۔۔۔۔ترقی پسند تحریک
B. شیخ ظہور الدین حاتم۔۔۔۔۔۔۔۔۔ایہام گوئی
C. گوپی چند نارنگ۔۔۔۔۔۔۔۔۔رومانی تحریک
D. شمیم حنفی۔۔۔۔۔۔۔۔۔حقیقت نگاری

Choose the most appropriate answer from the options given below:

1. A and B Only
2. B and C Only
3. A and D Only
4. C and D Only

31. تاریخ پیدائش کے اعتبار سے درست زمانی ترتیب کی نشاندہی کیجیے۔

A. آتش
B. دیا شنکر نسیم
C. مصحفی
D. انشا

Choose the correct answer from the options given below:

1. D, A, B, C
2. C, A, B, D
3. C, D, A, B
4. B, A, C, D

32. نظریات کے اعتبار سے ناقدوں کے درست زمرے کی نشاندہی کیجیے۔

A. محمد حسن۔۔۔۔۔۔۔۔۔۔تاثراتی نقاد

B. شبیہ الحسن۔۔۔۔۔۔۔۔نفسیاتی نقاد

C. سجاد ظہیر۔۔۔۔۔۔۔۔اسلوبیاتی نقاد

D. قمر رئیس۔۔۔۔۔۔۔۔۔مارکسی نقاد

Choose the most appropriate answer from the options given below:

1. A and B Only
2. B and C Only
3. A and D Only
4. B and D Only

33. ذیل میں سے دو درست اقوال کے زمرے کی نشاندہی کیجیے۔

A. خواجہ میر درد صوفیا کے نقشبندی سلسلے سے تعلق رکھتے تھے۔

B. قائم ایک عہد ساز شاعر ہیں۔

C. سودا نے شاہ حاتم کی شاگردی اختیار کی۔

D. میر تقی میر نے اکبر آباد کی جانب ہجرت کی۔

Choose the most appropriate answer from the options given below:

1. A and B Only
2. A and C Only
3. B and C Only
4. C and D Only

34. ذیل کے دو درست زمرے کی نشاندہی کیجیے۔

A. فیض احمد فیض۔۔۔۔۔ سرِ وادیٔ سینا

B. قرۃ العین حیدر۔۔۔۔۔ابن بطوطہ کے تعاقب میں

C. رشید احمد صدیقی۔۔۔۔خنداں

D. الیاس احمد گدی۔۔۔۔ہم وحشی ہیں

Choose the most appropriate answer from the options given below:

1. A and D Only
2. B and C Only
3. A and C Only
4. C and D Only

35. تاریخ پیدائش کے اعتبار سے درست زمانی ترتیب کی نشاندہی کیجیے۔

A. خواجہ احمد فاروقی

B. اعجاز حسین

C. احتشام حسین

D. کلیم الدین احمد

Choose the correct answer from the options given below:

1. A, C, D, B
2. B, D, C, A
3. C, B, D, A
4. D, C, B, A

36. "دریائے لطافت" کا موضوع کیا ہے؟

1. تاریخ
2. لسانیات
3. سماجیات
4. سیاسیات

37. میر بہادر علی حسینی کی تصنیف "نثر بے نظیر" کس مثنوی کی نثری شکل ہے؟

1. قطب مشتری
2. سحرالبیان
3. گلزار نسیم
4. زہر عشق

38. ان میں سے کس شاعر کا نام قصیدے کے لیے مشہور ہے؟

1. میر
2. سودا
3. سوز
4. درد

39. دو صحیح زمروں کی نشاندہی کریں۔

A. ابوالکلام آزاد کی نثر میں رومانیت کا عنصر مفقود ہے۔

B. "اردو ادب میں رومانی تحریک" مجنوں گورکھپوری کی تصنیف ہے۔

C. یلدرم کو رومانیت کے دور عروج کا مطلع اول کہا جاتا ہے۔

D. رومانیت کے فروغ میں رسالہ "مخزن" کا اہم کردار ہے۔

Choose the correct answer from the options given below:

1. B and D Only
2. A and D Only
3. A and C Only
4. C and D Only

40. خالی جگہ کو مناسب لفظ سے پُر کریں۔

آئی۔اے رچرڈ کے مطابق "تنقید کی بنیاد کسی مصنف کے کام کی۔۔۔۔ ہے"

1. تشریح
2. تقابل
3. تنقیص
4. مدلل توضیح

41. ذیل میں دیئے گئے کتابوں اور ان کے مصنفین کے درست جوڑ کی نشاندہی کیجیے۔

A. معراج العاشقین۔۔۔قطب شاہ

B. خوش نامہ۔۔۔۔۔برہان الدین جانم

C. پرت نامہ۔۔۔۔۔فیروز

D. نوسرہار۔۔۔۔۔اشرف بیابانی

Choose the most appropriate answer from the options given below:

1. C and D Only
2. B and D Only
3. A and C Only
4. B and C Only

42. نظم "آدمی نامہ" کس ہیئت میں لکھی گئی؟

1. مربع
2. مسدس
3. مخمس
4. مسبع

43. دو صحیح زمروں کی نشاندہی کریں۔

A. دکن میں قدیم اردو کی اشاعت کا سلسلہ وہاں کے مقامی صوفیا کی تصنیف و تالیف سے شروع ہوتا ہے۔

B. بیجاپور میں وجہی کی قطب مشتری 1612 میں لکھی گئی۔

C. "کتاب نورس" علم موسیقی سے متعلق ایک مختصر دکنی نظم ہے۔

D. جانم کے یہاں عربی و فارسی اسالیب کا استعمال اول سے آخر تک نظر آتا ہے۔

Choose the correct answer from the options given below:

1. B and C Only
2. C and D Only
3. A and C Only
4. B and D Only

44. عرفان صدیقی کے شعری مجموعہ "عشق نامہ" کی اشاعت اول کا سن کیا ہے؟

1. 1999
2. 1998
3. 1997
4. 2008

45. کتابوں اور مصنفین کے درست جوڑ ملائیں۔

List I	List II
A. رومانوی تحریک	I. رشید حسن خاں
B. تنقید شعر العجم	II. گیان چند جین
C. اردو املا	III. محمد حسن
D. تحقیق کا فن	IV. محمود شیرانی

Choose the correct answer from the options given below:

1. A-III, B-II, C-IV, D-I
2. A-III, B-IV, C-I, D-II
3. A-II, B-IV, C-I, D-III
4. A-I, B-II, C-IV, D-III

46. مصنف اور کتابوں کے صحیح جوڑ کی نشاندہی کیجیے۔

List I	List II
A. سنگ میل	I. ڈپٹی نذیر احمد
B. افسانہ	II. مسعود حسن رضوی ادیب
C. روحِ انیس	III. مجنوں گورکھپوری
D. تعزیرات ہند	IV. اختر حسین رائے پوری

Choose the correct answer from the options given below:

1. A-II, B-III, C-I, D-IV
2. A-IV, B-II, C-I, D-III
3. A-IV, B-III, C-II, D-I
4. A-I, B-II, C-IV, D-III

47. فنکار کی شناخت کے اعتبار سے درست جوڑ کی نشاندہی کریں۔

List I	List II
A. احتشام حسین	I. ناول نگار
B. پنڈت دتاتریہ کیفی	II. شاعر
C. ڈپٹی نذیر احمد	III. ماہر لسانیات
D. مرزا غالب	IV. نقاد

Choose the correct answer from the options given below:

1. A-I, B-II, C-III, D-IV
2. A-II, B-IV, C-I, D-III
3. A-IV, B-III, C-I, D-II
4. A-III, B-II, C-IV, D-I

48. پنڈت دیا شنکر نسیم کے استاد کا نام کیا ہے؟

1. ناسخ
2. آتش
3. مصحفی
4. انشا

49. قصیدے کے اجزائے ترکیبی کی درست ترتیب کی نشاندہی کیجیے۔

A. حسنِ طلب B. گریز

C. مدح D. تشبیب

Choose the correct answer from the options given below:

1. C, B, A, D
2. B, C, A, D
3. A, D, C, B
4. D, B, C, A

50. "دیوان زادہ" کیا ہے؟

1. ناول
2. افسانہ
3. شاعری
4. خاکہ

51. ابن نشاطی کس بادشاہ کے عہد کا شاعر ہے؟

1. قلی قطب شاہ
2. عبداللہ قطب شاہ
3. ابراہیم قطب شاہ
4. علی عادل شاہ

52. زمانی اعتبار سے ذیل کے تنقیدی رجحانات کی درست ترتیب کی نشاندہی کیجیے۔

A. مارکسی تنقید B. ساختیاتی تنقید

C. شکاگو اسکول D. نو تنقید

Choose the correct answer from the options given below:

1. A, D, C, B
2. B, C, A, D
3. A, C, D, B
4. C, D, B, A

53. تاریخ اشاعتِ اوّل کے اعتبار سے فراق گورکھپوری کے شعری مجموعے کی صحیح ترتیب کی نشاندہی کیجیے۔

A. گلبانگ B. گل نغمہ

C. پچھلی رات D. غزلستان

Choose the correct answer from the options given below:

1. B, D, A, C
2. A, B, C, D
3. C, D, B, A
4. A, C, B, D

54. کتابوں اور مصنفین کے درست جوڑ ملائیں۔

List I	List II
A. عملی تنقید	I. میر بہادر علی حسینی
B. خمخانۂ جاوید	II. لالہ سری رام
C. کربل کتھا	III. احتشام حسین
D. نثر بے نظیر	IV. فضل علی فضلی

Choose the correct answer from the options given below:

1. A-I, B-II, C-IV, D-III
2. A-III, B-II, C-IV, D-I
3. A-III, B-IV, C-I, D-II
4. A-I, B-II, C-III, D-IV

55. ذیل میں دی گئی کتابوں اور ان کے مصنفین کے درست جوڑ کی نشاندہی کیجیے۔

A. شریف زادہ-------مرزا رسوا

B. نرملا----------کملیشور

C. پت جھڑ کی آواز-----قرۃ العین حیدر

D. آنگن----------جمیلہ ہاشمی

Choose the most appropriate answer from the options given below:

1. A and B Only
2. B and C Only
3. A and C Only
4. C and D Only

56. فراق گورکھپوری کو ان کے کس شعری مجموعے پر "گیان پیٹھ "ایوارڈ سے نوازا گیا؟

1. شعلہ ساز
2. گل نغمہ
3. غزلستان
4. روپ

57. تاریخ پیدائش کے اعتبار سے درست زمانی ترتیب کی نشاندہی کیجیے۔

A. انیس

B. دبیر

C. ضمیر

D. شاد

Choose the correct answer from the options given below:

1. C, B, A, D
2. B, D, A, C
3. C, D, A, B
4. A, B, D, C

58. اصناف کے اعتبار سے مصنفین کی بنیادی شناخت کی نشاندہی کریں۔

A. منٹو۔۔۔۔۔۔۔۔۔۔۔ناول نگار
B. بیدی۔۔۔۔۔۔۔۔۔۔افسانہ نگار
C. امانت لکھنوی۔۔۔۔۔۔۔ڈرامانگار
D. رجب علی بیگ سرور۔۔۔انشائیہ نگار

Choose the most appropriate answer from the options given below:

1. A and D Only
2. B and C Only
3. A and C Only
4. B and D Only

59. اصناف کے اعتبار سے شاعروں کی بنیادی شناخت کی نشاندہی کریں۔

A. میر تقی میر۔۔۔۔غزل گو
B. سودا۔۔۔۔۔۔۔مرثیہ نگار
C. انیس۔۔۔۔۔۔قصیدہ نگار
D. اخترالایمان۔۔۔۔۔۔نظم گو

Choose the most appropriate answer from the options given below:

1. B and D Only
2. B and C Only
3. A and C Only
4. A and D Only

60. فورٹ ولیم کالج میں سب سے زیادہ کتابیں کس نے لکھی ہیں؟

1. میر شیر علی افسوس
2. مرزا علی لطف
3. میر امن
4. حیدر بخش حیدری

61. میر تقی میر کی "فیض میر" کا موضوع کیا ہے؟

1. آپ بیتی
2. تاریخ
3. تعلیم و تربیت
4. مغلیہ سلطنت کا عروج وزوال

62. صنف کے اعتبار سے شاعروں کی صحیح نشاندہی کیجیے۔

List I	List II
A. قصیدہ نگار	I. نظیر اکبر آبادی
B. غزل گو	II. مرزا دبیر
C. نظم نگار	III. رفیع سودا
D. مرثیہ نگار	IV. میر تقی میر

Choose the correct answer from the options given below:

1. A-IV, B-III, C-I, D-II
2. A-IV, B-II, C-I, D-III
3. A-III, B-IV, C-I, D-II
4. A-I, B-II, C-IV, D-III

63. پیدائش کے اعتبار سے درست زمانی ترتیب کی نشاندہی کیجیے۔

A. میراں جی شمس العشاق

B. ملا وجہی

C. خواجہ بندہ نواز گیسودراز

D. ولی دکنی

Choose the correct answer from the options given below:

1. A, D, B, C
2. C, A, B, D
3. D, C, B, A
4. A, C, B, D

64. ذیل میں دو زمرے صحیح ہیں اور دو غلط ہیں، صحیح زمروں کی نشاندہی کریں۔

A. جگر مرادآبادی۔۔۔۔ آتش گل

B. یگانہ چنگیزی۔۔۔۔ گل نغمہ

C. مجروح سلطان پوری۔۔۔۔ غزل

D. شہریار۔۔۔۔ آیات وجدانی

Choose the correct answer from the options given below:

1. A and C Only
2. B and D Only
3. A and D Only
4. B and C Only

65. 'تذکرہ شعرائے اردو' کے مصنف کا نام کیا ہے؟

1. میر حسن دہلوی
2. میر تقی میر
3. محمد حسین آزاد
4. مصحفی

66. کتابوں اور مصنفین کے درست جوڑ ملائیں۔

List I	List II
A. شعرائے اردو کے تذکرے	I. عبدالستار دلوی
B. لسانی تحقیق	II. امتیاز علی خاں عرشی
C. مکاتیب غالب	III. خلیق انجم
D. متنی تنقید	IV. حنیف نقوی

Choose the correct answer from the options given below:

1. A-IV, B-I, C-II, D-III
2. A-II, B-IV, C-I, D-III
3. A-III, B-II, C-IV, D-I
4. A-I, B-II, C-IV, D-III

.67 اصناف اور تصنیف کے درست جوڑ ملائیں۔

List I	List II
A. زندہ رود	I. تنقید
B. ایک طویل ملاقات	II. سفر نامہ
C. دوزخی	III. سوانح حیات
D. میزان	IV. خاکہ

Choose the correct answer from the options given below:

1. A-II, B-I, C-III, D-IV
2. A-IV, B-II, C-I, D-III
3. A-III, B-II, C-IV, D-I
4. A-I, B-IV, C-II, D-III

.68 کتابوں اور مصنفین کے درست جوڑ ملائیں۔

List I	List II
A. احتشام حسین	I. دلی میں اردو شاعری کا فکری اور تہذیبی پس منظر
B. خلیل الرحمٰن اعظمی	II. تلاش و توازن
C. محمد حسن	III. روایت اور بغاوت
D. قمر رئیس	IV. مقدمہ کلام آتش

Choose the correct answer from the options given below:

1. A-II, B-III, C-I, D-IV
2. A-III, B-IV, C-I, D-II
3. A-II, B-I, C-III, D-IV
4. A-I, B-II, C-IV, D-III

.69 صنف اور تصنیف کے درست جوڑ کی نشاندہی کریں۔

List I	List II
A. چند ہم عصر	I. سفر نامہ
B. ساحل اور سمندر	II. خاکہ
C. آب گم	III. رپورتاژ
D. پودے	IV. انشائیہ

Choose the correct answer from the options given below:

1. A-IV, B-III, C-II, D-I
2. A-II, B-I, C-IV, D-III
3. A-III, B-IV, C-I, D-II
4. A-I, B-II, C-IV, D-III

70. ذیل میں دی گئی کتابوں اور مصنفین کے درست جوڑ ملائیں۔

List I	List II
A. کاشف الحقائق	I. شبلی نعمانی
B. شعر العجم	II. امداد امام اثر
C. گلشن بے خار	III. سید سلیمان ندوی
D. خیام	IV. مصطفیٰ خاں شیفتہ

Choose the correct answer from the options given below:

1. A-III, B-I, C-IV, D-II
2. A-IV, B-II, C-I, D-III
3. A-II, B-I, C-IV, D-III
4. A-II, B-III, C-IV, D-I

71. ذیل میں سے وہ کون شاعر ہے جس نے سب سے پہلے دلی چھوڑ کر دوسرے شہر کی جانب ہجرت کی؟

1. سودا
2. میر
3. فغاں
4. حاتم

72. میر حسن نے اپنی مثنوی "گلزار ارم" میں کس شہر کی مدح کی ہے؟

1. لکھنؤ
2. عظیم آباد
3. دلی
4. فیض آباد

73. کتابوں اور مصنفین کے درست جوڑ ملائیں۔

List I	List II
A. نصرتی	I. علی نامہ
B. وجہی	II. پھول بن
C. نشاطی	III. طوطی نامہ
D. غواصی	IV. قطب مشتری

Choose the correct answer from the options given below:

1. A-III, B-II, C-IV, D-I
2. A-II, B-IV, C-I, D-III
3. A-III, B-IV, C-I, D-II
4. A-I, B-IV, C-II, D-III

74. دو صحیح زمروں کی نشاندہی کریں۔

A. بحث و تکرار حالی کا مضمون ہے۔

B. ماسٹر رام چندر دلی کالج کے طالب علم تھے۔

C. انشائیہ اور مضمون میں کوئی بنیادی فرق نہیں ہے۔

D. اردو مضمون نگاری کے فروغ میں رسالہ تہذیب الاخلاق کی خدمات ناقابل فراموش ہیں

Choose the correct answer from the options given below:

1. A and C Only
2. B and D Only
3. C and D Only
4. B and C Only

75. ذیل میں سے آتش کے کلام پر مقدمہ کس نے لکھا ہے؟

1. وحید اختر
2. بلراج کومل
3. مظہر امام
4. خلیل الرحمٰن اعظمی

76. "کلیات ولی" کس نے مرتب کیا؟

1. نورالحسن ہاشمی
2. جمیل جالبی
3. شمس الرحمٰن فاروقی
4. آل احمد سرور

77. زمانی اعتبار سے نظریات کی درست ترتیب بتائیں۔

A. ادب کا افادی نظریہ

B. جدیدیت کا نظریہ

C. مارکسی نظریہ

D. حلقۂ ارباب ذوق

Choose the correct answer from the options given below:

1. A, C, B, D
2. B, C, A, D
3. A, C, D, B
4. D, C, B, A

78. کتاب "الشعر والشعرا" کے مصنف کون ہیں؟

1. ابن رشیق
2. ابن قتیبہ
3. امیر کیکاؤس
4. عبدالقاہر جرجانی

79. درج ذیل میں سے کون صرف غزل کے شاعر ہیں؟

1. حالی
2. شبلی
3. مجروح
4. کلیم عاجز

80. صنف اور تصنیف کے درست جوڑ کی نشاندہی کریں۔

List I	List II
A. شام اودھ	I. ڈراما
B. سات کھیل	II. افسانہ
C. بے کار دن بے کار راتیں	III. طنز و مزاح
D. سنگ و خشت	IV. ناول

Choose the correct answer from the options given below:

1. A-II, B-I, C-III, D-IV
2. A-I, B-II, C-IV, D-III
3. A-III, B-IV, C-I, D-II
4. A-IV, B-I, C-II, D-III

81. دو صحیح زمروں کی نشاندہی کریں۔

A. ریختی خالص اردو صنف سخن ہے۔

B. مستزاد کے لیے بھی ایک بحر مقرر ہوتی ہے۔

C. ترائیلے آٹھ مصرعوں پر مبنی ایک مغربی صنف سخن ہے، جو اردو میں رائج ہے۔

D. ہائیکو ایک ایسی صنف سخن ہے جس میں پانچ مصرعوں پر مشتمل 19 سالے ہوتے ہیں۔

Choose the correct answer from the options given below:

1. B and D Only
2. A and B Only
3. A and C Only
4. C and D Only

82. "حسرت تعمیر" کے ناول نگار کون ہیں۔

1. شوکت صدیقی
2. اختر اورینوی
3. کوثر چاندپوری
4. عبداللہ حسین

83. درج ذیل نثری کتب کی درست زمانی ترتیب کی نشاندہی کیجیے۔

A. کربل کتھا
B. معراج العاشقین
C. رانی کیتکی کی کہانی
D. فسانہ آزاد

Choose the correct answer from the options given below:

1. B, C, D, A
2. A, C, B, D
3. C, D, A, B
4. B, A, C, D

84. "تحقیق کسی امر کو اس کی اصل شکل میں دیکھنے کی کوشش ہے" یہ کس کا قول ہے؟

1. محمود شیرانی
2. قاضی عبدالودود
3. تنویر احمد علوی
4. رشید حسن خان

85. غزل کے نقطہ آغاز اور نقطہ اختتام سے متعلق ذیل میں کون سی بات درست ہے؟

1. ردیف و قافیہ
2. بیت الغزل اور مقطع
3. مطلع اور مقطع
4. حسن مطلع اور ردیف

86. درج ذیل میں سے دو صحیح زمروں کی نشاندہی کریں۔

A. پہنچا جو آپ کو تو پہنچا خدا کے تیئں۔۔۔۔۔۔ معلوم اب ہوا کہ بہت میں بھی دور تھا
B. تھا مستعار حسن سے اس کے جو نور تھا۔۔۔۔۔۔ پیدا ہر ایک نالے سے شور نشور تھا
C. کہنے لگا کہ دیکھ کے چل راہ بے خبر۔۔۔۔ میں بھی کسو کا سر پر غرور تھا
D. کل پاؤں ایک کاسہ سر پر جو آ گیا۔۔۔۔ سمجھے نہ ہم تو فہم کا اپنی قصور تھا

Choose the correct answer from the options given below:

1. B and D Only
2. A and B Only
3. B and C Only
4. A and C Only

87. صد جلوہ رو برو ہے جو مژگاں اٹھایئے

طاقت کہاں کہ دید کا احساں اٹھایئے

یہ کس کا شعر ہے؟

1. سواد
2. غالب
3. میر
4. شاہ نصیر

88. ابن رشیق نے اپنی کتاب "العمدہ فی صناعت الشعر" میں شعر کی عمارت کے چار اجزائے ترکیبی بتائے ہیں۔ ذیل میں کون سا ہے؟

1. لفظ، وزن، معنی، قافیہ
2. لفظ، بحر، وزن، قافیہ
3. لفظ، بحر، قافیہ، ردیف
4. وزن، بحر، قافیہ، ردیف

89. مثنوی "خواب و خیال" کے مصنف ہیں۔

1. میر اثر
2. مومن خاں مومن
3. میر حسن
4. خواجہ میر درد

90. "گلشن بے خار" کس نوع کی تصنیف ہے؟

1. سوانح
2. تذکرہ
3. تاریخ
4. لسانیات

91-95. مندرجہ ذیل اقتباس کو غور سے پڑھیں اور سوالات کے جواب دیں۔

"دکنی اردو میں ادب کے ارتقا کو بخوبی سمجھنے کے لیے ہم اس کو کئی ادوار میں تقسیم کر سکتے ہیں۔ پہلا دور جو تمام تر صوفیانہ ادب پر مشتمل ہے وہ لسانیات کے نقطہ نظر سے بہت اہمیت کا حامل ہے اور اس کا زمانہ بہمنی سلطنت کے خاتمے تک پھیلا ہوا ہے۔ جو شخص ہندستان کی تھوڑی بہت تاریخ سے بھی آگاہ ہے، اسے معلوم ہوگا کہ پندرھویں صدی کا خاتمہ ہونے کے پہلے ہی بہمنی سلطنت ٹوٹ پھوٹ کے پانچ حصوں میں تقسیم ہوگئی تھی۔ تخلیق ادب کی نظر سے ان میں بیجاپور اور گولکنڈہ کو بہت اہمیت حاصل ہے۔ بیجاپور میں عادل شاہی ریاست قائم ہوئی اور گولکنڈہ میں قطب شاہی۔ ان دونوں ریاستوں میں ادب اور دوسرے فنون کی بہت ترقی ہوئی۔ بادشاہوں سے لے کر عام لوگوں تک میں شاعری اور ادب کا ذوق دکھائی دیتا ہے۔ اس طرح ہم بیجاپور اور گولکنڈہ میں ترقی کرنے والے اردو ادب کو اس کی ترقی کا دوسرا دور کہہ سکتے ہیں۔ یہ دونوں ریاستیں جس طرح تقریباً ایک ساتھ قائم ہوئی تھیں، اُسی طرح ایک ساتھ ہی مغل شہنشاہ اورنگ زیب کے ہاتھوں سلطنت مغلیہ کا ایک جز بن گئیں۔ ان کے بعد تیسرا دور وہ کہا جا سکتا ہے، جس میں مغل دور اقتدار میں اردو ادب کا ایک بڑا سرمایہ جمع ہوگیا۔"

91. دکنی ادب کا پہلا دور کس طرح کے ادب پر مشتمل ہے؟

1. مذہبی ادب
2. صوفیانہ ادب
3. احتجاجی ادب
4. رومانی ادب

92. بہمنی سلطنت کتنے حصوں میں منقسم ہوگئی؟

1. چار حصوں میں
2. تین حصوں میں
3. پانچ حصوں میں
4. دو حصوں میں

93. گولکنڈہ میں کون سی ریاست قائم ہوئی؟

1. عادل شاہی
2. عماد شاہی
3. برید شاہی
4. قطب شاہی

94. دکن کی کن ریاستوں میں کب سے بادشاہوں سے لے کر عوام تک میں شاعری اور ادب کا ذوق دکھائی دیتا ہے؟

1. ریاست بیجاپور کے قیام کے بعد
2. ریاست گولکنڈہ کے قیام کے بعد
3. ریاست گولکنڈہ اور بیجاپور کے قیام کے بعد
4. دکن پر اورنگ زیب کے تسلط کے بعد

3. ذیل میں دو زمرے صحیح ہیں اور دو غلط ۔صحیح زمروں کی نشاندہی کیجیے۔

(A) "اردو کی نثری داستانیں" اور "اردو مثنویاں شمالی ہند میں" گیان چند جین کی اہم کتابیں ہیں۔

(B) رشید حسن خاں نے گلزارِ نسیم، باغ و بہار، فسانۂ عجائب اور مثنویاتِ شوق کو نئے اصولوں کے تحت ترتیب دے کر شائع کیا۔

(C) قاضی عبدالودود نے دہلی سے ایک تحقیقی رسالہ "عصری آگہی" بھی نکالا۔

(D) محی الدین قادری زور کی ایک اہم کتاب "یوروپ میں دکنی مخطوطات" بھی ہے۔

1. A اور C
2. A اور B
3. C اور D
4. B اور C

4. تاریخِ اشاعت کے اعتبار سے صحیح ترتیب کی نشاندہی کیجئے ۔

(A) یہودی کی لڑکی
(B) اندر سبھا
(C) ضحاک
(D) انار کلی

Choose the correct answer from the options given below :

1. D, C, B, A
2. B, A, D, C
3. A, B, C, D
4. B, C, D, A

5. سورج نے دیا اپنی شعاعوں کو یہ پیغام
دنیا ہے عجب چیز کبھی صبح کبھی شام

یہ مصرعے علامہ اقبال کی کس نظم سے ماخوذ ہیں؟

1. ذوق و شوق
2. شعاعِ اُمید
3. مسجد قرطبہ
4. خصرِ راہ

6. شیر علی افسوس نے "گلستانِ سعدی" کا ترجمہ اردو میں کس نام سے کیا ؟

1. داستانِ سعدی
2. باغِ اُردو
3. حکایاتِ سعدی
4. بہارِ اُردو

Previous Years' Paper

National Testing Agency (NTA)

UGC-NET Junior Research Fellowship & Assistant Professor Eligibility Exam

URDU, September-2024

(Exam held on 02/09/2024)

PAPER-II

Note: *This paper contains* **hundred (100)** *objective type questions of* **two (2)** *marks each.* **All** *questions are* **compulsory**.

1. تاریخِ وفات کے اعتبار سے صحیح ترتیب کی نشاندہی کیجیے۔

(A) گوپی چند نارنگ

(B) کلیم الدین احمد

(C) شمس الرحمٰن فاروقی

(D) احتشام حسین

Choose the correct answer from the options given below :

1. D, B, C, A
2. C, B, D, A
3. B, D, A, C
4. C, D, B, A

2. داستان اور ان کے کرداروں کی روشنی میں صحیح جوڑوں کی نشاندہی کیجیے:

	List I		List II
(A)	سب رس	(I)	انجمن آرا
(B)	فسانۂ عجائب	(II)	نظر
(C)	بوستانِ خیال	(III)	کنور ادے بھان
(D)	رانی کیتکی کی کہانی	(IV)	ملکہ شمسہ

Choose the correct answer from the options given below :

1. (A)-(III), (B)-(II), (C)-(I), (D)-(IV)
2. (A)-(II), (B)-(I), (C)-(IV), (D)-(III)
3. (A)-(IV), (B)-(II), (C)-(I), (D)-(III)
4. (A)-(I), (B)-(III), (C)-(II), (D)-(IV)

98. مذکورہ بالا اشعار میں کس موقع کی منظر کشی کی گئی ہے؟

1. شہزادے کی پیدائش
2. جشن نوروز
3. بدر منیر اور بے نظیر کی ملاقات
4. جشن عید

99. مذکورہ بالا اشعار کس مثنوی سے ماخوذ ہیں؟

1. سحر البیان
2. زہر عشق
3. قطب مشتری
4. گلزار نسیم

100. درج بالا اشعار حسّیہ کے کس تمثال کی نمائندگی کر رہے ہیں؟

1. سمعی
2. لمسی
3. شامی
4. بصری

ANSWERS

1	2	3	4	5	6	7	8	9	10
(1)	(3)	(4)	(1)	(2)	(4)	(2)	(1)	(2)	(2)
11	**12**	**13**	**14**	**15**	**16**	**17**	**18**	**19**	**20**
(4)	(*)	(1)	(3)	(2)	(3)	(3)	(1)	(2)	(3)
21	**22**	**23**	**24**	**25**	**26**	**27**	**28**	**29**	**30**
(1)	(2)	(3)	(4)	(3)	(1)	(4)	(1)	(1)	(1)
31	**32**	**33**	**34**	**35**	**36**	**37**	**38**	**39**	**40**
(3)	(4)	(2)	(3)	(2)	(2)	(2)	(2)	(4)	(4)
41	**42**	**43**	**44**	**45**	**46**	**47**	**48**	**49**	**50**
(1)	(3)	(3)	(3)	(2)	(3)	(3)	(2)	(4)	(3)
51	**52**	**53**	**54**	**55**	**56**	**57**	**58**	**59**	**60**
(2)	(1)	(1)	(2)	(3)	(2)	(*)	(2)	(4)	(4)
61	**62**	**63**	**64**	**65**	**66**	**67**	**68**	**69**	**70**
(3)	(3)	(2)	(1)	(1)	(1)	(3)	(2)	(2)	(3)
71	**72**	**73**	**74**	**75**	**76**	**77**	**78**	**79**	**80**
(3)	(4)	(4)	(2)	(4)	(1)	(3)	(2)	(3)	(4)
81	**82**	**83**	**84**	**85**	**86**	**87**	**88**	**89**	**90**
(3)	(2)	(4)	(2)	(3)	(4)	(2)	(1)	(1)	(2)
91	**92**	**93**	**94**	**95**	**96**	**97**	**98**	**99**	**100**
(2)	(3)	(4)	(3)	(1)	(1)	(2)	(1)	(1)	(1)

95. دکنی ادب کے ارتقائی مراحل کو سمجھنے کے لیے کیا کرنا چاہیے؟

1. کئی ادوار میں تقسیم کرنا چاہیے۔
2. پانچ ادوار میں تقسیم کرنا چاہیے۔
3. تین ادوار میں تقسیم کرنا چاہیے۔
4. مکمل تاریخ کا مطالعہ کرنا چاہیے۔

96-100. درجہ ذیل شعری حصے کو غور سے پڑھیں اور سوالات کے جوابات دیں۔

یہ مژدہ جو پہنچا تو نقارچی	لگا ہر جگہ بادلہ اور زری
بنا ٹھاٹھ نقار خانے کا سب	مہیا کر اسباب عیش و طرب
غلاف ان پہ بانات پر زر کے ٹانک	شتابی سے نقاروں کو سینک سانک
دیا چوب کو پہلے بن سے ملا	لگی پھیلنے ہر طرف کو صدا
کہا زیر نے بم سے بہر شگوں	کہ دوں دوں خوشی کی خبر کیوں نہ دوں
بجے شادیانے جو وااس گھڑی	ہوئی گرد و پیش آ کے خلقت کھڑی
بہم مل کے بیٹھے جو شہنا نواز	بنا منہ سے پھر کی، لگا اس پہ ساز
سروں پہ وہ سرپیچ معمول کے	خوشی سے ہوئے گال گل پھول کے
نکوروں میں نوبت کی شہنا کی دھن	سگھڑ سننے والوں کو کرتی تھی سن
ترھئی اور قرنائے شادی کے دم	لگے بھرنے زیل اور کھرج میں بہم
سنی جھانج نے جو خوشی کی نوا	تھر کنے لگا تالیوں کو بجا

96. مذکورہ بالا اشعار کے تمثال میں سازینہ کی کون سی کیفیت پیدا ہو رہی ہے؟

1. آمیختہ
2. منفرد
3. باطنی آہنگ
4. ظاہری آہنگ

97. اس مصرعے میں کون سی صنعت کا استعمال ہوا ہے؟

"کہ دوں دوں خوشی کی خبر کیوں نہ دوں"

1. صنعت تضاد
2. صنعت تکرار
3. صنعت ایہام
4. صنعت تلمیح

7. تاریخ پیدائش کے اعتبار سے صحیح ترتیب کی نشاندہی کیجیے۔

(A) محمود شیرانی
(B) محمد حسین آزاد
(C) سید سلیمان ندوی
(D) نصیر الدین ہاشمی

Choose the correct answer from the options given below :

1. B, A, C, D
2. B, D, A, C
3. D, A, B, C
4. A, B, C, D

8. تاریخِ پیدائش کے اعتبار سے صحیح ترتیب کی نشاندہی کیجیے۔

(A) پریم چند
(B) پنڈت رتن ناتھ سرشار
(C) عبدالحلیم شرر
(D) مرزا ہادی رسوا

Choose the correct answer from the options given below :

1. A, B, C, D
2. D, C, B, A
3. B, D, C, A
4. C, D, A, B

9. کس ناول کے پہلے باب کا عنوان "پریوں کا غول" ہے؟

1. فسانۂ آزاد
2. فردوسِ بریں
3. آگ کا دریا
4. بستی

10. مصنف اور کتاب کے اعتبار سے صحیح جوڑوں کی نشاندہی کیجیے:

List I		List II	
(A)	مولانا ابو الکلام آزاد	(I)	اسباب بغاوت ہند
(B)	سر سید احمد خاں	(II)	دربار اکبری
(C)	مولوی عبدالحق	(III)	چند ہم عصر
(D)	محمد حسین آزاد	(IV)	غبار خاطر

Choose the correct answer from the options given below :

1. (A)-(IV), (B)-(II), (C)-(III), (D)-(I)
2. (A)-(II), (B)-(III), (C)-(IV), (D)-(I)
3. (A)-(III), (B)-(IV), (C)-(I), (D)-(II)
4. (A)-(IV), (B)-(I), (C)-(III), (D)-(II)

11. ذیل میں دو زمرے صحیح ہیں اور دو غلط۔صحیح زمروں کی نشاندہی کیجیے۔

(A) زہے نشاط اگر کیجیے اُسے تحریر ۔۔مرزا غالب

(B) ہوا جب کفر ثابت ہے وہ تمغائے مسلمانی۔۔مرزا محمد رفیع سودا

(C) ہاں ، مہِ نو ! سنیں ہم اُس کا نام ۔۔خواجہ محمد ابراہیم ذوق

(D) سمت کاشی سے چلا جانبِ متھرا بادل ۔۔محسن کاکوروی

1. A اور B
2. B اور D
3. C اور D
4. A اور C

12. ذیل میں دو زمرے صحیح ہیں اور دو غلط۔ صحیح زمروں کی نشاندہی کیجیے۔

(A) ہندوستانی لسانیات۔۔محی الدین قادری زور

(B) اردو لسانیات۔۔گیان چند جین

(C) اردو کی لسانی تشکیل۔۔سہیل بخاری

(D) صوتیات اور فونیمیات۔۔اقتدار حسین

1. D اور A
2. C اور B
3. C اور A
4. D اور B

13. ذیل میں دو زمرے صحیح ہیں اور دو غلط۔صحیح زمروں کی نشاندہی کیجیے۔

(A) "کربل کتھا" محمد شاہ بادشاہ دہلی کے زمانے میں تصنیف ہوئی۔

(B) فضلی نے " کربل کتھا" یا" دہ مجلس" کو روضۃ الشہداکا ترجمہ کہا ہے۔

(C) "کربل کتھا" عہدِ بہمنی میں تصنیف ہوئی۔

(D) "کربل کتھا " میں تین مقدمے اور پندرہ مجلسیں ہیں۔

1. A اور B
2. B اور C
3. C اور D
4. A اور D

14. علامہ شبلی نعمانی کی تصنیف ''شعر العجم'' حصہ چہارم کتنے فصلوں میں منقسم ہے ؟

1. دو
2. تین
3. چار
4. پانچ

15. اُردو کا پہلا روزنامہ ''اُردو گائڈ'' کس شہر سے جاری ہوا؟

1. بمبئی
2. دہلی
3. کلکتہ
4. لاہور

16. ذیل میں دو زمرے صحیح ہیں اور دو غلط صحیح زمروں کی نشاندہی کیجیے۔

(A) پابند نظم میں وزن و بحر کے ساتھ قافیوں اور ردیف کی پابندی بھی کی جاتی ہے۔

(B) پابند نظم میں وزن و بحر کے ساتھ قافیوں اور ردیف کی بالکل پابندی نہیں کی جاتی ہے۔

(C) علامہ اقبال نے "شکوہ جوابِ شکوہ" نظم مسدس کی ہیئت میں لکھی۔

(D) اقبال کی نظم "شکوہ جوابِ شکوہ" معریٰ نظم کی عمدہ مثال ہے۔

1. A اور B
2. A اور C
3. C اور D
4. B اور D

17. ''دہلی ورناکلر ٹرانسلیشن سوسائٹی'' کو کس نے قائم کیا؟

1. فلکس بُترو
2. ڈاکٹر اشپرنگر
3. مسٹر کارگل
4. مسٹر ٹیلر

18. صحیح جوڑوں کی نشاندہی کیجیے:

List I		List II	
(A)	عزیز احمد	(I)	فن شاعری
(B)	شمس الرحمٰن فاروقی	(II)	عرضِ نغمہ
(C)	نیاز فتح پوری	(III)	اپنی کہانی
(D)	گوپی ناتھ امن	(IV)	شعریات

Choose the correct answer from the options given below :

1. (A)-(II), (B)-(IV), (C)-(I), (D)-(III)
2. (A)-(I), (B)-(IV), (C)-(II), (D)-(III)
3. (A)-(IV), (B)-(III), (C)-(I), (D)-(II)
4. (A)-(III), (B)-(IV), (C)-(II), (D)-(I)

19. "بمبئی سے بھوپال تک" کس کے رپورتاژ کا نام ہے؟

1. صفیہ اختر
2. ممتاز مفتی
3. عادل رشید
4. عصمت چغتائی

20. تنقید نگار اور ان کی کتابوں کی روشنی میں صحیح جوڑوں کی نشاندہی کیجیے:

List I		List II	
(A)	امداد امام اثر	(I)	معاصر ادب کے پیش رو
(B)	احتشام حسین	(II)	ساختیات پس ساختیات اور مشرقی شعریات
(C)	محمد حسن	(III)	کاشف الحقائق
(D)	گوپی چند نارنگ	(IV)	روایت اور بغاوت

Choose the correct answer from the options given below :

1. (A)-(II), (B)-(III), (C)-(IV), (D)-(I)
2. (A)-(III), (B)-(IV), (C)-(I), (D)-(II)
3. (A)-(IV), (B)-(II), (C)-(III), (D)-(I)
4. (A)-(III), (B)-(I), (C)-(II), (D)-(IV)

21. سنِ اشاعت کے اعتبار سے صحیح ترتیب کی نشاندہی کیجیے۔

(A) حیاتِ جاوید
(B) حیاتِ سعدی
(C) یادگارِ غالب
(D) الفاروق

Choose the correct answer from the options given below :

1. B, C, A, D
2. A, B, C, D
3. B, C, D, A
4. D, A, C, B

22. تاریخ وفات کے اعتبار سے صحیح ترتیب کی نشاندہی کیجئے ۔

(A) چکبست
(B) حالی
(C) اقبال
(D) اکبر الہ آبادی

Choose the correct answer from the options given below :

1. C, B, D, A
2. D, B, C, A
3. B, D, A, C
4. A, B, C, D

23. ذیل میں دو زمرے صحیح ہیں اور دو غلط صحیح زمروں کی نشاندہی کیجیے۔

(A) مسافرانِ ایران۔۔۔۔سر سید احمد خاں
(B) چلنا ہے تو چمن کو چلیے۔۔۔۔مجتبیٰ حسین
(C) کولمبس کے دیس میں۔۔۔۔یوسف ناظم
(D) ابن بطوطہ کے تعاقب میں۔۔۔۔ابن انشاء

1. B اور C
2. C اور D
3. A اور B
4. D اور A

24. میں کتابِ دل میں حالِ غم لکھتا
رہا
ہر ورق اک بابِ تاریخِ جہاں بنتا
گیا

یہ شعر کس مجموعے میں شامل ہے؟

1. نشاطِ روح
2. گلِ نغمہ
3. آتشِ گل
4. آیاتِ وجدانی

25. نظم اور شاعر کے اعتبار سے صحیح جوڑوں کی نشاندہی کیجیے:

List I		List II	
(A)	بازیابی	(I)	جوش ملیح آبادی
(B)	حویلی	(II)	اکبر الہ آبادی
(C)	جنگل کی شہزادی	(III)	مخدوم محی الدین
(D)	دربار دہلی	(IV)	شفیق فاطمہ شعریٰ

Choose the correct answer from the options given below :

1. (A)-(III), (B)-(IV), (C)-(II), (D)-(I)
2. (A)-(I), (B)-(II), (C)-(IV), (D)-(III)
3. (A)-(IV), (B)-(III), (C)-(I), (D)-(II)
4. (A)-(II), (B)-(IV), (C)-(III), (D)-(I)

26. ذیل میں دو زمرے صحیح ہیں اور دو غلط ۔صحیح زمروں کی نشاندہی کیجیے۔

(A) تاثراتی تنقید میں والٹر پیٹر کا نام بہت اہم ہے۔
(B) مارکسی تنقید سے تنقید کا وہ دبستان مراد ہے جو کارل مارکس کے نظریات کا علمبردار ہے ۔
(C) مارکسی تنقید میں ترقی پسند تحریک کے نظریات کی نفی ملتی ہے ۔
(D) تاثراتی تنقیدمیں فرائڈ کے نظریات کی تبلیغ کی گئی ہے۔

1. C اور D
2. B اور C
3. A اور B
4. A اور D

27. قیام کے اعتبار سے صحیح جواب کی نشاندہی کیجیے۔

(A) ایم اے او کالج
(B) فورٹ ولیم کالج
(C) دارالترجمہ
(D) دہلی کالج

Choose the correct answer from the options given below :

1. B, A, D, C
2. B, D, A, C
3. A, B, C, D
4. D, C, A, B

28. سنِ اشاعت کے اعتبار سے صحیح ترتیب کی نشاندہی کیجیے۔

(A) آجکل
(B) سب رس
(C) ساقی
(D) اُردوئے معلّیٰ

Choose the correct answer from the options given below :

1. D, C, B, A
2. D, A, B, C
3. A, C, B, D
4. C, A, D, B

29. "حکایت نصیحت گریِ مرُغِ اسیر و نافہميِ صیادکی"
کس مثنوی میں شامل ہے؟

1. زہرِ عشق
2. سحر البیان
3. گلزارِ نسیم
4. قطب مشتری

30. تاریخ پیدائش کے اعتبارسے صحیح ترتیب کی نشاندہی کیجیے۔

(A) اختر الایمان
(B) مخدوم محی الدین
(C) میراجی
(D) ن۔م۔ راشد

Choose the correct answer from the options given below :

1. B, D, C, A
2. A, D, B, C
3. C, B, D, A
4. B, A, C, D

31. ''شاعری کا زمانہ رخصت ہوا، اب فلسفے کا زمانہ ہے اور فلسفہ ہی علم و صداقت کا سر چشمہ ہے۔''
یہ خیال کس مغربی ادیب کا ہے؟

1. افلاطون
2. ارسطو
3. آئی اے رِچرڈس
4. ٹی ایس ایلیٹ

32. چمن میں ہے یہ درختانِ سبز پر
جوبن
کہ زہر کھاتے ہیں سبزانِ خطۂ
کشمیر

یہ شعر کس قصیدہ گو کا ہے؟

1. سودا
2. ذوق
3. غالب
4. محسن کاکوروی

33. کتاب اور مصنف کے اعتبار سے صحیح جوڑوں کی نشاندہی کیجیے:

List I		List II	
(A)	سر سیداحمد خان اور ان کا عہد	(I)	سید عبداللہ
(B)	مطالعہ سرسیداحمد خان	(II)	خلیق احمد نظامی
(C)	سرسید اور ان کے نامور رفقا	(III)	ثریا حسین
(D)	سید احمد خان	(IV)	عبدالحق

Choose the correct answer from the options given below :

1. (A)-(I), (B)-(II), (C)-(III), (D)-(IV)
2. (A)-(IV), (B)-(I), (C)-(II), (D)-(III)
3. (A)-(III), (B)-(IV), (C)-(I), (D)-(II)
4. (A)-(II), (B)-(III), (C)-(IV), (D)-(I)

34. تاریخ پیدائش کے اعتبار سے صحیح ترتیب کی نشاندہی کیجیے۔

(A) مرزا غالب
(B) ذوق
(C) محمد رفیع سودا
(D) جمیل مظہری

Choose the correct answer from the options given below :

1. B, D, C, A
2. C, D, A, B
3. C, B, A, D
4. D, A, B, C

35. ذیل میں دو زمرے صحیح ہیں اور دو غلط صحیح زمروں کی نشاندہی کیجیے۔

(A) یادیں ۔۔سجاد ظہیر
(B) چھٹا دریا ۔۔فکر تونسوی
(C) لبیک ۔۔جگن ناتھ آزاد
(D) پودے۔۔۔ابراہیم جلیس

1. A اور B
2. A اور C
3. C اور D
4. A اور D

36. ذیل میں دو زمرے صحیح ہیں اور دو غلط صحیح زمروں کی نشاندہی کیجیے۔

(A) مرزا غالب کی پندرہ برس کی عمر میں شادی ہوگئی۔

(B) غالب سلجوقی ترکوں کی نسل سے تعلق رکھتے تھے۔

(C) غالب کی وفات ۱۵ ،فروری ۱۸۷۰ء کو ہوئی۔

(D) مہر نیم روز ، غالب کی تصنیف ہے۔

1. D اور C
2. C اور B
3. C اور A
4. D اور B

37. کتاب اور مصنف کے اعتبار سے صحیح جوڑوں کی نشاندہی کیجیے:

List I		List II	
(A)	نکات الشعرا	(I)	شاد عظیم آبادی
(B)	دستنبو	(II)	میر تقی میر
(C)	صورت خیال	(III)	علامہ اقبال
(D)	ضرب کلیم	(IV)	مرزا غالب

Choose the correct answer from the options given below :

1. (A)-(II), (B)-(III), (C)-(IV), (D)-(I)
2. (A)-(I), (B)-(II), (C)-(IV), (D)-(III)
3. (A)-(III), (B)-(II), (C)-(IV), (D)-(I)
4. (A)-(II), (B)-(IV), (C)-(I), (D)-(III)

38. ناول اور ان کے کرداروں کی روشنی میں صحیح جوڑوں کی نشاندہی کیجیے:

List I		List II	
(A)	امراؤ جان ادا	(I)	سہدیو
(B)	ایک چادر میلی سی	(II)	نعیمہ
(C)	فائر ایریا	(III)	بسم اللہ
(D)	توبۃ النصوح	(IV)	تلوکا

Choose the correct answer from the options given below :

1. (A)-(III), (B)-(IV), (C)-(I), (D)-(II)
2. (A)-(II), (B)-(III), (C)-(IV), (D)-(I)
3. (A)-(I), (B)-(IV), (C)-(III), (D)-(II)
4. (A)-(II), (B)-(IV), (C)-(III), (D)-(I)

39. فارسی تنقید کو ایک خود مختار تنقیدی روایت کی حیثیت دینے میں ذیل میں سے کون شامل نہیں ہے؟

1. امیر کیکاؤس
2. نظامی عروضی سمرقندی
3. قدامہ ابن جعفر
4. رشید الدین وطواط

40. ذیل میں دو زمرے صحیح ہیں اور دو غلط، صحیح زمروں کی نشاندہی کیجیے۔

(A) اشرف صبوحی کے خاکوں کا مجموعہ "دلی کی چند عجیب ہستیاں" ہے۔
(B) "اردو ادب میں خاکہ نگاری" پروفیسر شمیم حنفی کی تصنیف ہے۔
(C) "آزادی کے بعد دہلی میں خاکہ نگاری" ڈاکٹر صابرہ سعید کی تصنیف ہے۔
(D) رشید احمد صدیقی کے خاکوں کے مجموعے کا نام "ہم نفسانِ رفتہ" ہے۔

1. A اور D
2. B اور C
3. A اور C
4. C اور D

41. ذیل میں دو زمرے صحیح ہیں اور دو غلط ۔ صحیح زمروں کی نشاندہی کیجیے۔

(A) "فونیمیات" میں کسی زبان کی ہم آوازوں کو معلوم کرنے کے اصولوں کا مطالعہ کرتے ہیں۔
(B) "صوتیات" میں آوازوں کے بیان کرنے کے طریقوں کا جائزہ لیا جاتا ہے۔
(C) "معنیات" وہ علم ہے جس میں "لفظ" کے بجائے "جملوں" کا مطالعہ کیا جاتا ہے۔
(D) دکنی اردو کا ایک لفظ "نکو" تلگو سے مستعار ہے۔

1. C اور B
2. B اور A
3. D اور C
4. D اور A

42. صحیح جوڑوں کی نشاندہی کیجیے:

List I		List II	
(A)	محب ہند	(I)	عبدالحلیم شرر
(B)	مخزن	(II)	ماسٹر رام چندر
(C)	زمانہ	(III)	منشی دیا نرائن نگم
(D)	دلگداز	(IV)	شیخ عبد القادر

Choose the correct answer from the options given below :

1. (A)-(II), (B)-(IV), (C)-(III), (D)-(I)
2. (A)-(I), (B)-(II), (C)-(III), (D)-(IV)
3. (A)-(III), (B)-(I), (C)-(II), (D)-(IV)
4. (A)-(IV), (B)-(II), (C)-(I), (D)-(III)

43. "وہ جو شاعری کا سبب ہوا" کس کا شعری مجموعہ ہے؟

1. شاد عظیم آبادی
2. یگانہ چنگیزی
3. مجروح سلطان پوری
4. کلیم عاجز

44. "یا مرشد اللہ!ذرا متوجہ ہو۔ یہ فقیر، جو اِس حالت میں گرفتار ہے۔ چین کے بادشاہ کا بیٹا ہے۔ نازو نعمت سے پرورش پائی، اور بہ خوبی تربیت ہوا۔"

داستان " باغ و بہار " میں یہ بیان کس درویش کا ہے؟

1. پہلے درویش کا
2. دوسرے درویش کا
3. تیسرے درویش کا
4. چوتھے درویش کا

45. درج ذیل میں دو زمرے صحیح ہیں اور دو غلط۔ صحیح زمروں کی نشاندہی کیجیے۔

(A) قرۃالعین حیدر کے افسانوں کا پہلا مجموعہ "روشنی کی رفتار" ہے۔

(B) قرۃالعین حیدر کے افسانوں کا پہلا مجموعہ "ستاروں سے آگے" ہے۔

(C) قرۃالعین حیدر کا پہلا ناول "آگ کا دریا" ہے۔

(D) قرۃالعین حیدر کا پہلا ناول "میرے بھی صنم خانے" ہے۔

1. C اور D
2. A اور B
3. B اور D
4. A اور C

46. تاریخِ وفات کے اعتبار سے صحیح ترتیب کی نشاندہی کیجیے۔

(A) خواجہ احمد عباس
(B) قرۃ العین حیدر
(C) عصمت چغتائی
(D) راجندر سنگھ بیدی

Choose the correct answer from the options given below :

1. D, A, C, B
2. D, A, B, C
3. C, B, A, D
4. B, C, D, A

47. فارسی کتاب ملاّ واعظ حسین کاشفی کی '' اخلاق محسنی '' کا "گنج خوبی"کے نام سے اردو میں ترجمہ کس نے کیا تھا؟

1. میر محمد تقی خیال
2. رجب علی بیگ سرور
3. میر امن
4. فضل علی فضلی

48. خواجہ امان دہلوی کی ترجمہ شدہ "بوستانِ خیال" کی پہلی جلد " حدائق انظار" پر کس نے دیباچہ قلم بند کیا تھا؟

1. سرسید احمد خاں
2. مرزا اسد اللہ غالب
3. خواجہ الطاف حسین حالی
4. میر تقی میر

49. ''ایک ذرا تہران تک'' کس کا سفر نامہ ہے؟

1. مجتبیٰ حسین
2. سرسید احمد خاں
3. ابن انشاء
4. شبلی نعمانی

50. "غبارِ خاطر" کو سب سے پہلے کس نے مرتب کیا؟

1. محمد اجمل خان
2. لالہ پنڈی داس
3. غلام رسول مہر
4. مالک رام

51. تاریخِ پیدائش کے اعتبار سے صحیح ترتیب کی نشاندہی کیجیے۔

(A) امتیاز علی خاں عرشی
(B) عبدالحق
(C) گیان چند جین
(D) قاضی عبدالودود

Choose the correct answer from the options given below :

1. C, B, A, D
2. B, D, A, C
3. B, C, D, A
4. D, B, C, A

52. صحیح جوڑوں کی نشاندہی کیجیے:

	List I		List II
(A)	ضحاک	(I)	شاعر
(B)	نوشابہ	(II)	راہب
(C)	فریدوں	(III)	فوجی افسر
(D)	وزیر اعظم	(IV)	رقاصہ

Choose the correct answer from the options given below :

1. (A)-(II), (B)-(III), (C)-(IV), (D)-(I)
2. (A)-(I), (B)-(II), (C)-(IV), (D)-(III)
3. (A)-(III), (B)-(IV), (C)-(I), (D)-(II)
4. (A)-(IV), (B)-(II), (C)-(III), (D)-(I)

53. ذیل میں دو زمرے صحیح ہیں اور دو غلط۔صحیح زمروں کی نشاندہی کیجیے۔

(A) "بوستان خیال" کا سب سے پہلے ترجمہ اردو میں محمد حسین آزاد نے "محشر خیال " کے نام سے کیا۔

(B) "بوستان خیال" کا سب سے پہلے ترجمہ اردو میں عالم علی نے "زبدۃ الخیال" کے نام سے کیا۔

(C) مرزا غالب کے بھتیجے خواجہ امان دہلوی نے فارسی کی" بوستان خیال" کا اردو ترجمہ کیا۔

(D) خواجہ امان دہلوی نے فارسی کی "بوستان خیال" کا اردو ترجمہ عہدِ میر میں کیا۔

1. B اور A
2. D اور C
3. C اور A
4. C اور B

54. مثنوی اور مثنوی نگار کے اعتبار سے صحیح جوڑوں کی نشاندہی کیجیے:

List I		List II	
(A)	چندر بدن و مہیار	(I)	ملک محمد خوشنود
(B)	ہشت بہشت	(II)	غواصی
(C)	پھول بن	(III)	مقیمی
(D)	طوطی نامہ	(IV)	ابن نشاطی

Choose the correct answer from the options given below :

1. (A)-(II), (B)-(III), (C)-(IV), (D)-(I)
2. (A)-(III), (B)-(I), (C)-(IV), (D)-(II)
3. (A)-(I), (B)-(III), (C)-(IV), (D)-(II)
4. (A)-(II), (B)-(III), (C)-(I), (D)-(IV)

55. "خدا کی صنعت" کس کی نظم ہے؟

1. میرا جی
2. الطاف حسین حالی
3. اسمٰعیل میرٹھی
4. اکبر الہ آبادی

56. ذیل میں دو زمرے صحیح ہیں اور دو غلط۔صحیح زمروں کی نشاندہی کیجیے۔

(A) وا حسرتا! کہ یارنے کھینچا ستم سے ہاتھ۔۔مومن خاں مومن

(B) وہ صنم جب سوں بسا دیدۂ حیراں میں آ ۔۔ولی دکنی

(C) وہ جی گیا جو عشق میں جی سے گزر گیا ...فانی بدایونی

(D) دل کو سکون روح کو آرام آ گیا ...اصغر گونڈوی

1. B اور C
2. A اور D
3. A اور C
4. B اور D

57. "اُردو ایہام پر زیادہ تر ہندی شاعری کا اثر ہوا اور ہندی میں یہ چیز سنسکرت سے پہنچی۔"
یہ قول کس کا ہے؟

1. محمد حسین آزاد
2. مرزا مظہر جانِ جاناں
3. مولوی عبدالحق
4. ناسخ

58. "اگر آپ کشت کاری کے اصول سے واقف نہیں تو آپ کسان نہیں بن سکتے۔ اسی طرح اگر آپ اصولِ تنقید سے واقف نہیں تو آپ نقاد نہیں بن سکتے۔ اردو میں اصولِ تنقید کی ترتیب اور تشریح ابھی تک نہیں ہوئی۔"
یہ خیال کس نقاد کا ہے؟

1. خواجہ الطاف حسین حالی
2. آلِ احمد سرور
3. کلیم الدین احمد
4. احتشام حسین

59. افسانہ نگار اور ان کے مجموعوں کی روشنی میں صحیح جوڑوں کی نشاندہی کیجیے:

List I		List II	
(A)	اقبال مجید	(I)	الاؤ
(B)	جیلانی بانو	(II)	ٹھنڈا گوشت
(C)	سہیل عظیم آبادی	(III)	تماشا گھر
(D)	سعادت حسن منٹو	(IV)	راستہ بند ہے

Choose the correct answer from the options given below :

1. (A)-(II), (B)-(III), (C)-(IV), (D)-(I)
2. (A)-(IV), (B)-(III), (C)-(II), (D)-(I)
3. (A)-(III), (B)-(IV), (C)-(I), (D)-(II)
4. (A)-(III), (B)-(II), (C)-(IV), (D)-(I)

60. اردو اخبار "ہمدرد" کس نے جاری کیا تھا؟

1. محمد علی جوہر
2. ظفر علی خاں
3. نیاز فتح پوری
4. حسن نظامی

61. احد علی خاں یکتا کا تذکرہ "دستور الفصاحت" کس محقق نے ترتیب دیا؟

1. محی الدین قادری زور
2. رشید حسن خاں
3. امتیاز علی خاں عرشی
4. گیان چند جین

62. "رانی چتراوت" کس مثنوی کا کردار ہے؟

1. قطب مشتری
2. گلزار نسیم
3. پھول بن
4. بکٹ کہانی

63. "مہتاب" کس مثنوی کا کردار ہے؟

1. قطب مشتری
2. کدم راؤ پدم راؤ
3. پھول بن
4. بکٹ کہانی

64. ڈراما "اندر سبھا" میں راجہ اندر کی سبھا میں سب سے پہلے اپنے گانے
اور رقص پیش کرنے کون سی پری آتی ہے؟

1. سبز پری
2. نیلم پری
3. پکھراج پری
4. جوگن پری

65. تاریخ وفات کے اعتبار سے صحیح ترتیب کی نشاندہی کیجیے۔

(A) حسرت موہانی
(B) فانی بدایونی
(C) شاد عظیم آبادی
(D) یگانہ چنگیزی

Choose the correct answer from the options given below :

1. B, C, D, A
2. C, B, A, D
3. A, C, D, B
4. C, A, D, B

66. اُردو کا وہ کون سا شاعر ہے جس نے سب سے پہلے اپنا دیوان بہ اعتبارِ
حروفِ تہجی ترتیب دیا تھا؟

1. ولی دکنی
2. سراج اورنگ آبادی
3. حسن شوقی
4. قلی قطب شاہ

67. لچھو رانی، کا کردار غیاث احمد گدی کے کس
افسانے میں ہے؟

1. بابا لوگ
2. پہیّہ
3. منظر و پس منظر
4. ڈورتھی جون سین

68. صحیح جوڑوں کی نشاندہی کیجیے:

	List I		List II
(A)	آتش بلند دل کی نہ تھی، ورنہ اے کلیم	(I)	یگانہ چنگیزی
(B)	خِرد کا نام جنوں پڑ گیا، جنوں کا خِرد	(II)	فانی بدایونی
(C)	سُنا ہے رنگِ زمانہ کا اعتبار نہیں	(III)	میر تقی میر
(D)	دنیا میں حالِ آمد و رفتِ بشر نہ پوچھ	(IV)	حسرت موہانی

Choose the correct answer from the options given below :

1. (A)-(III), (B)-(IV), (C)-(I), (D)-(II)
2. (A)-(II), (B)-(III), (C)-(IV), (D)-(I)
3. (A)-(III), (B)-(II), (C)-(IV), (D)-(I)
4. (A)-(I), (B)-(II), (C)-(III), (D)-(IV)

69. تاریخ اشاعت کے اعتبار سے صحیح ترتیب کی نشاندہی کیجیے۔

(A) باغ و بہار
(B) سب رس
(C) فسانۂ عجائب
(D) کربل کتھا

Choose the correct answer from the options given below :

1. C, B, D, A
2. D, A, B, C
3. D, A, C, B
4. B, D, A, C

70. انشائیہ اور انشائیہ نگاروں کے اعتبار سے صحیح جوڑوں کی نشاندہی کیجیے:

	List I		List II
(A)	کنہیا لال کپور	(I)	وکیل صاحب
(B)	احمد جمال پاشا	(II)	انا گھر میں مرغیوں کا
(C)	رشید احمد صدیقی	(III)	چینی شاعر
(D)	مشتاق احمد یوسفی	(IV)	کپور کا فن

Choose the correct answer from the options given below :

1. (A)-(I), (B)-(III), (C)-(II), (D)-(IV)
2. (A)-(II), (B)-(IV), (C)-(I), (D)-(III)
3. (A)-(IV), (B)-(I), (C)-(III), (D)-(II)
4. (A)-(III), (B)-(IV), (C)-(I), (D)-(II)

71. ذیل میں دو زمرے صحیح ہیں اور دو غلط صحیح زمروں کی نشاندہی کیجیے۔

(A) افسانہ "اپنے دکھ مجھے دے دو " کا ایک اہم کردار مدن ہے۔

(B) افسانہ "اپنے دکھ مجھے دے دو " میں ایک کردار داتارام دین ہے۔

(C) راجندر سنگھ بیدی کے افسانوی مجموعے "اپنے دکھ مجھے دے دو" میں افسانہ "لمبی لڑکی" شامل ہے۔

(D) بیدی کے افسانوی مجموعے "اپنے دکھ مجھے دے دو " میں اُن کا افسانہ"یوکلپٹس " شامل نہیں ہے۔

1. B اور A
2. C اور B
3. D اور C
4. C اور A

72. ذیل میں دو زمرے صحیح ہیں اور دو غلط صحیح زمروں کی نشاندہی کیجیے۔

(A) میرا جی ..سمندر کا بلاوا

(B) ن م راشد ..حب وطن

(C) مخدوم محی الدین ... باز آمد

(D) ساحر لدھیانوی ..چکلے

1. B اور A
2. C اور B
3. D اور A
4. D اور C

73. بقول مولانا محمد حسین آزاد کس شاعر نے مرقع کو ایسی اونچی محراب پر سجایا ہے کہ یہاں تک کسی کا ہاتھ نہیں پہنچتا؟

1. سودا
2. ذوق
3. محسن
4. غالب

74. صحیح جوڑوں کی نشاندہی کیجیے:

List I		List II	
(A)	حیدر بخش حیدری	(I)	گلشن ہند
(B)	شیر علی افسوس	(II)	باغ اردو
(C)	مرزا علی لطف	(III)	شکنتلا
(D)	کاظم علی جوان	(IV)	گلزار دانش

Choose the correct answer from the options given below :

1. (A)-(IV), (B)-(I), (C)-(III), (D)-(II)
2. (A)-(II), (B)-(I), (C)-(IV), (D)-(III)
3. (A)-(IV), (B)-(II), (C)-(I), (D)-(III)
4. (A)-(I), (B)-(III), (C)-(II), (D)-(IV)

75. جانے کا نہیں شور سخن کا
مرے ہر گز
اس شعر کا دوسرا مصرعہ
کون سا ہے؟

1. پر آپ کو نی رات ہی مہمان رہیگا
2. تا حشر مرے سر پہ یہ احسان رہیگا
3. محشر تنیں خالی نہ یہ میدان رہیگا
4. تاحشر جہاں میں مرا دیوان رہیگا

76. کس بادشاہ نے وجہی سے " بیانِ عشق " میں کتاب لکھنے کی فرمائش کی جسے وجہی نے اپنے لئے باعثِ فخر جانا اور تعمیلِ حکم میں "سب رس" جیسی کتاب لکھ ڈالی۔

1. عبداللہ قطب شاہ
2. علی عادل شاہ
3. محمد قلی قطب شاہ
4. ابو الحسن قطب شاہ

77. عہدِ عباسی میں تنقید وتذکرہ سے متعلق ابتدائی کتابوں میں شامل "الشعر والشعرا" کے مصنف کون ہیں؟

1. ابن قتیبہ
2. ابن رشیق
3. ابن خلدون
4. عبدالقاہر جرجانی

78. "سائنٹفک سوسائٹی " کے قیام کا اہم مقصد کیا تھا؟

1. انگریزی سے اُردو میں کتابوں کو ترجمہ کرنا
2. لوگوں میں سائنسی شعور کو فروغ دینا
3. جدید ادبی اصناف کو پروان چڑھانا
4. سائنسی علوم پر کتابیں یکجا کرنا

79. درج ذیل میں دو زمرے صحیح ہیں اور دو غلط صحیح زمروں کی نشاندہی کیجیے۔

(A) بازگوئی ...سریندر پرکاش
(B) پڑاؤ ...غیاث احمد گدی
(C) ماچس...احمد ہمیش
(D) شہر افسوس...عبداللہ حسین

1. D اور A
2. A اور B
3. C اور B
4. C اور D

80. ڈراما "انار کلی " میں انار کلی سے پہلے اکبر کی منظورِ نظر کنیز کون تھی؟

1. عنبر
2. ستارہ
3. دلآرام
4. ثریّا

81. اردو کس اپ بھرنش سے نکلی ہے؟

1. مہاراشٹری اپ بھرنش
2. ماگدھی اپ بھرنش
3. شورسینی اپ بھرنش
4. اردھ ماگدھی اپ بھرنش

82. درج ذیل میں دو زمرے صحیح ہیں اور دو غلط صحیح زمروں کی نشاندہی کیجیے۔

(A) ڈراما "ضحاک" پہلی بار رسالہ "آجکل" اگست ۱۹۷۷ء میں شائع ہوا۔
(B) ڈراما "ضحاک" پہلی بار "عصری ادب" میں جنوری۔اپریل ۱۹۷۷ء میں شائع ہوا۔
(C) محمد حسن کے مطابق ضحاک کی کہانی نئی نہیں ہے۔ ضحاک کا پورا قصہ فردوسی کے شاہنامے میں موجود ہے۔
(D) محمد حسن کے مطابق ڈراما ضحاک کا بنیادی ماخذ مثنوی کدم راؤ پدم راؤ ہے۔

1. A اور B
2. B اور C
3. C اور D
4. A اور D

83. تاریخِ اشاعت کے اعتبار سے صحیح ترتیب کی نشاندہی کیجیے۔

(A) موازنۂ انیس و دبیر
(B) مقدمۂ شعرو شاعری
(C) آبِ حیات
(D) اُردو تنقید پر ایک نظر

Choose the correct answer from the options given below :

1. D, A, B, C
2. C, B, D, A
3. B, D, A, C
4. C, B, A, D

84. ہم نے دیکھا ہی تھا دنیا کو ابھی
اس کے بغیر
لیجیے بیچ میں پھر دیدہ ٔ تر آ گئے
ہیں

یہ شعر کس شاعر کا ہے؟

1. اصغر گونڈوی
2. عرفان صدیقی
3. جگر مرادآبادی
4. کلیم عاجز

85. ذیل میں دو زمرے صحیح ہیں اور دو غلط صحیح زمروں کی نشاندہی کیجیے۔

(A) غواصی کی مثنوی "سیف الملوک اور بدیع الجمال" گولکنڈہ میں لکھی گئی۔

(B) غواصی کی مثنوی " سیف الملوک اور بدیع الجمال" بیجا پور میں لکھی گئی۔

(C) نصرتی کی مثنوی"علی نامہ" تاریخی رزمیہ ہے۔

(D) نصرتی کی دوسری مثنوی "گلشن عشق" بھی تاریخی رزمیہ ہے۔

1. C اور D
2. D اور A
3. C اور A
4. C اور B

86. وہ کون سا علم ہے جس کے ذریعے زبان کی ماہیت ، تشکیل اور ارتقاسے متعلق بحث کی جاتی ہے۔

1. عمرانیات
2. لسانیات
3. سماجیات
4. تاریخ

87. ذیل میں دو زمرے صحیح ہیں اور دو غلط صحیح زمروں کی نشاندہی کیجیے۔

(A) ترقی پسند تحریک کے پہلے مینی فسٹوپر دستخط کرنے والوں میں ڈاکٹر محمد دین تاثیر بھی شامل تھے۔

(B) سجاد ظہیر کی صدارت میں ترقی پسندتحریک کی پہلی کانفرنس منعقد ہوئی۔

(C) اکتوبر ۱۹۴۵ء میں ترقی پسند کانفرنس حیدر آباد میں منعقد ہوئی۔

(D) "اردو میں ترقی پسند ادبی تحریک" عزیز احمد کی تصنیف ہے۔

1. B اور D
2. C اور D
3. A اور C
4. B اور C

88. ''منجھو" کس ناول کا کردار ہے؟

1. گئو دان
2. فائر ایریا
3. ٹیڑھی لکیر
4. اُداس نسلیں

89. کس مثنوی میں ، برہنی یا فراق کی ماری عورت کو ساون کے مہینے سے لے کر آخر تک اپنے شوہر کی یاد میں تڑپتے دکھایا گیاہے؟

1. بکٹ کہانی
2. کدم راؤ پدم راؤ
3. پھول بن
4. قطب مشتری

.90 "قدیم اردو کی تشکیل براہِ راست دو ابہ کی کھڑی اور جمنا پار کی ہریانوی کے زیرِ اثر ہوئی۔"
یہ قول کس ماہرِ لسانیات کا ہے؟

1. گیان چند جین
2. سہیل احمد بخاری
3. گریرسن
4. مسعود حسین خاں

.91-95 مندرجہ ذیل میں دیئے گئے شعری اقتباس کی روشنی میں جواب دیجئے:

یک بیک طبل بجا، فوج میں گرجے بادل کوہ تھرّائے ، زمیں ہل گئی ، گونجا جنگل
پھول ڈھالوں کے چمکنے لگے ، تلواروں کے پھل مرنے والوں کو نظر آنے لگی شکلِ اجل
واں کے چاؤش بڑھانے لگے دل لشکر کا فوجِ اسلام میں نعرہ ہوا یا حیدر کا

شور میدانیوں میں تھا کہ دلیرو نکلو! نیزہ بازی کرو ، رہواروں کو پھیرو نکلو!
نہر قابو میں ہے ، اَب پیاسوں کو گھیرو نکلو! غازیو! صف سے بڑھو ، غول سے شیرو! نکلو!
رستمو! دادِ وَغادو، کہ یہ دن داد کا ہے سامنا حیدرِ کرّار کی اولاد کا ہے

شور سادات میں تھا ، یا شہِ مرداں مددے! کعبۂ دیں مددے، قبلۂ ایماں مددے!
قوّتِ بازوئے پیغمبرِ ذی شاں مددے! دمِ تائید ہے ، اے فخرِ سلیماں مددے!
تیسرا فاقہ ہے ، طاقت میں کمی ہے مولا! طلبِ قوّتِ ثابت قدمی ہے مولا!

.91 درج بالا اشعار کس مرثیہ گو کی تخلیق ہیں؟

1. ہاشم علی
2. ضمیر
3. مرزا دبیر
4. میر انیس

.92 چاؤش کسے کہتے ہیں؟

1. نقیب، جو میدان جنگ میں سپاہیوں کو جوش دلانے والی باتیں بآوازِ بلند کہتے ہیں۔
2. دف کی ایک قسم
3. بانسری
4. ہاتھیوں کا غول

.93 شہِ مرداں، سے کیا مراد ہے؟

1. حضرت علی کرم اللہ وجہہ
2. حضرت امام حسین
3. حضرت امام حسن
4. حضرت عثمان غنی

94. پہلے بند کے تیسرے مصرعے کے "پھول اور پھل" میں کون سی صنعت ہے؟

1. صنعتِ تلمیح
2. حسنِ طلب
3. صنعتِ ایہام تناسب
4. تجاہلِ عارفانہ

95. حیدرِ کرّار سے کیا مراد ہے؟

1. حضرت امام حسین
2. حضرت علی کرم اللہ وجہہ
3. حضرت عمر فاروق
4. حضرت امام حسن

96-100. ذیل میں دیئے گئے اقتباس کی روشنی میں جواب دیجئے:

مغل اعظم جلال الدین محمد اکبر شہنشاہِ ہند کی محل سرا میں موسم بہار کی ایک دوپہر۔ ظہر کی نماز اداہوئے ڈیڑھ گھنٹہ کے قریب وقت ہو چکا ہے۔ ستونوں اور محرابوں کے سایے طویل ہونے شروع ہو گئے ہیں۔ بیگمیں دوپہر کی استراحت ختم کرنے والی ہیں۔ معمر خادمائیں دوسرے وقت کے کاموں میں مصروف ہو چکیں، لیکن ابھی رونق اور چہل پہل کا وہ ہنگامہ برپا نہیں ہواجو مشرقی حکمرانوں کی محل سراؤں کو نشاط و طرب کی دنیا بنائے رکھتاہے۔

ایک کشادہ اور بلند بارہ دری جو حرم کے صحن اور پرانے پائیں باغ کے درمیان واقع ہے اور پائیں باغ میں ملازمین حرم کے جدید حجرے تعمیر ہو جانے کے باعث اب بیگموں کے استعمال میں نہیں رہی۔ الگ تھلگ اور صحن حرم سے دور ہونے کی وجہ سے نوجوانوان کنیزوں اور خواصوں کی مرغوب آرام گاہ ہےجہاں وہ اس وقت بھی بڑی بوڑھیوں کی نظروں اور طعنوں سےمحفوظ ہو کر اپنی فراغت کا بقیہ وقت اطمینان اور بے فکری سے گزاررہی ہیں۔

96. پائیں باغ، کسے کہتے ہیں؟

1. بچوں کے کھیلنے کا گھر کے باہر بڑا باغ
2. وہ باغیچہ جو مکان کی سطح سے نشیب میں ہو
3. آموں کا باغ
4. قبرستان کے قریب کا باغ

97. استراحت ،کے کیا معنی ہیں؟

1. دسترخوان
2. آرام
3. کھیل کود
4. باورچی خانے کے کام

98. خواص، کسے کہتے ہیں؟

1. شہزادیاں
2. ملکہ
3. خواجہ سرا
4. امیروں کی کنیزیں اور خدمت گار

99. محل سرا کسے کہتے ہیں؟

1. بادشاہوں، نوابوں اور راجاؤں کے مطبخ
2. بادشاہوں کے اصطبل
3. بادشاہوں، نوابوں اور راجاؤں کے زنان خانے
4. بادشاہوں کے کتب خانے

100. درج بالا اقتباس کس کتاب سے ماخوذ ہے؟

1. فردوسِ بریں
2. بوستانِ خیال
3. آثار الصنادید
4. انار کلی

ANSWERS

1	**2**	**3**	**4**	**5**	**6**	**7**	**8**	**9**	**10**
(1)	(2)	(2)	(2)	(2)	(2)	(1)	(3)	(2)	(4)
11	**12**	**13**	**14**	**15**	**16**	**17**	**18**	**19**	**20**
(2)	(1)	(1)	(2)	(3)	(2)	(1)	(2)	(4)	(2)
21	**22**	**23**	**24**	**25**	**26**	**27**	**28**	**29**	**30**
(3)	(3)	(*)	(2)	(3)	(3)	(2)	(1)	(3)	(1)
31	**32**	**33**	**34**	**35**	**36**	**37**	**38**	**39**	**40**
(1)	(2)	(3)	(3)	(1)	(4)	(4)	(1)	(3)	(1)
41	**42**	**43**	**44**	**45**	**46**	**47**	**48**	**49**	**50**
(2)	(1)	(4)	(4)	(3)	(1)	(3)	(2)	(*)	(1)
51	**52**	**53**	**54**	**55**	**56**	**57**	**58**	**59**	**60**
(2)	(3)	(4)	(2)	(3)	(1)	(3)	(3)	(3)	(1)
61	**62**	**63**	**64**	**65**	**66**	**67**	**68**	**69**	**70**
(3)	(2)	(1)	(3)	(2)	(4)	(2)	(1)	(4)	(4)
71	**72**	**73**	**74**	**75**	**76**	**77**	**78**	**79**	**80**
(4)	(3)	(2)	(3)	(4)	(1)	(1)	(1)	(2)	(3)
81	**82**	**83**	**84**	**85**	**86**	**87**	**88**	**89**	**90**
(3)	(2)	(4)	(2)	(3)	(2)	(3)	(3)	(1)	(4)
91	**92**	**93**	**94**	**95**	**96**	**97**	**98**	**99**	**100**
(4)	(1)	(1)	(3)	(2)	(2)	(2)	(4)	(3)	(4)

Previous Years' Paper

National Testing Agency (NTA)

UGC-NET Junior Research Fellowship & Assistant Professor Eligibility Exam

URDU, December-2023

(Exam held on 12/12/2023)

PAPER-II

Note: *This paper contains* ***hundred (100)*** *objective type questions of* ***two (2)*** *marks each.* ***All*** *questions are* ***compulsory***.

1. رتن ناتھ سرشار کے ناول 'فسانۂ آزاد' کا مختصر شکل میں ہندی میں ترجمہ کس نے کیا تھا؟

(1) سجاد حسین (2) پریم چند
(3) مہر چند (4) للولال جی

2. ڈاکٹر محی الدین زور کے مطابق کس دکنی شاعر کی غزلیں دلّی میں اردو شاعری کا چسکا پیدا کرنے کا باعث بنیں؟

(1) شاہ عبداللہ عاشق (2) سید محمد فراقی
(3) ولی اللہ قادری (4) شاہ حسین ذوقی

3. اردو کا قدیم شاعر چندر بھان برہمن کس بادشاہ کا منشی تھا؟

(1) شاہ جہاں (2) دارا شکوہ
(3) اورنگ زیب (4) شجاع

4. شاہ نصیر کی شاعری سُن کر کس نے کہا تھا کہ "مضمون دلّی اور زبان لکھنؤ کی خوب ہے۔"؟

(1) ناسخ (2) ذوق
(3) غالب (4) مومن

5. اردو کا سب سے قدیم نام کیا ہے؟

(1) دکنی (2) گجری

(3) ہندوی (4) دہلوی

6. اپ بھرنش کے کیا معنی ہیں؟

(1) صاف اور نکھری ہوئی زبان (2) گنجلک زبان

(3) سمجھ میں نہ آنے والی زبان (4) بگڑی ہوئی زبان

7. جمیل جالبی کے مطابق کس قدیم مثنوی کے ابتدائی اور آخری صفحات غائب ہیں؟

(1) طوطی نامہ (2) کدم راؤ پدم راؤ

(3) قطب مشتری (4) پھول بن

8. کس ڈرامے میں چھند، ٹھمری اور بسنت دُھن ملار وغیرہ استعمال کیا گیا ہے؟

(1) آگرہ بازار (2) اندر سبھا

(3) ضحاک (4) یہودی کی لڑکی

9. رامیشوری اور ونود کس افسانے کے کردار ہیں؟

(1) قاتل کی ماں (2) اپنا دکھ مجھے دے دو

(3) لاجونتی (4) نیا قانون

10. عصمت چغتائی کے ناول 'ٹیڑھی لکیر' کے متعلق غلط جواب کی نشاندہی کیجیے۔

(1) یہ ناول 1947 میں شائع ہوا تھا۔ (2) اس ناول میں 'شمن' ایک مرکزی کردار ہے۔

(3) یہ سوانحی انداز کا ناول ہے۔ (4) یہ ناول تقسیم ہند کے تناظر میں لکھا گیا ہے۔

11. درج ذیل اقتباس کس کتاب سے ماخوذ ہے؟

"آج لگن کوئی اس جہان میں، ہندوستان میں، ہندی زبان میں، اس لطافت، اس چھنداں سوں، نظم ہور نثر ملا کر، گُلا کریوں نیں بولیا۔ اس بات کوں، اس نبات کوں یوں کوئی آب حیات میں نیں گھولیا، یوں غیب کا علم نیں کھولیا۔"

(1) سب رس　　(2) تاج الحقائق

(3) طوطی نامہ　　(4) گل معرفت

12. قرۃ العین حیدر کے ناول "آگ کا دریا" کے متعلق غلط جواب کی نشاندہی کیجیے۔

(1) ناول میں ورجینا وولف کے اشاراتی انداز کو برتا گیا ہے۔

(2) ناول کے شروع میں ٹی ایس ایلیٹ کی نظم کا ترجمہ دیا گیا ہے۔

(3) ناول کا کینوس سلطنت عہد مغلیہ تک پھیلا ہوا ہے۔

(4) ناول کی ابتدا بودھ مذہب کے عروج کے زمانے سے ہوتی ہے۔

13. درج ذیل میں کون سا افسانوی مجموعہ راجندر سنگھ بیدی کا نہیں ہے؟

(1) دانہ ودام　　(2) کوکھ جلی

(3) لمبی لڑکی　　(4) سڑک کے کنارے

14. ذیل کے کرداروں کا تعلق اردو کے کس ڈرامے سے ہے؟

"نوشابہ، راہب، وزیر، فریدون"

(1) یہودی کی لڑکی　　(2) مرقع شباب

(3) انار کلی　　(4) ضحاک

15. اردو کی کس داستان میں "نقشِ سلیمانی" اور "لوحِ طلسم" کا ذکر ہوا ہے؟

(1) باغ و بہار　　(2) نو طرز مرصع

(3) فسانۂ عجائب　　(4) بوستانِ خیال

16. اردو میں پہلی بار کس ناول میں شعور کی رو کی تکنیک کا استعمال ہوا تھا؟

(1) آگ کا دریا
(2) گریز
(3) لندن کی ایک رات
(4) شکست

17. "نقاد کو نہ تو کلاسیکوں کے بندھے ٹکے اصولوں کی لکیر کا فقیر ہونا چاہیے اور نہ رومانیوں کی طرح سارے اصولوں سے بالاتر ہونا چاہیے۔ بلکہ اُسے زمانے کے تقاضوں کے مطابق خود اصول وضع کرنے چاہئیں۔"

یہ خیال کس مغربی ادیب کا ہے؟

(1) ارسطو
(2) افلاطون
(3) ٹی ایس ایلیٹ
(4) میتھیو آرنلڈ

18. ابن قتیبہ نے شعر کی کتنی قسمیں بتلائی ہیں؟

(1) دو
(2) تین
(3) چار
(4) پانچ

19. "المعجم فی معاییر اشعار العجم" کس کی تصنیف ہے؟

(1) شمس قیس رازی
(2) نظامی عروضی سمرقندی
(3) رشید الدین وطواط
(4) محمد عوفی

20. ذیل میں سے کس کتاب کے مصنف رشید الدین وطواط ہیں؟

(1) حدائق السحر فی دقائق الشعر
(2) لباب الالباب
(3) چہار مقالہ
(4) قابوس نامہ

21. دھونی کا نظریہ کس نے پیش کیا؟

(1) آنندوردھن
(2) بھرت مُنی
(3) ابھینوگپت
(4) آچاریہ شنکک

22. شبلی کے نزدیک شاعری کن دو چیزوں کا نام ہے؟

(1) تفحص الفاظ اور محاکات
(2) تخیل اور تفحص الفاظ
(3) محاکات اور تخیل
(4) تخیل اور جوش

23. "مرزا غالب اور ہند مغل جمالیات" کس کی تصنیف ہے؟

(1) شکیل الرحمٰن
(2) وہاب اشرفی
(3) ابوالکلام قاسمی
(4) شمس الرحمٰن فاروقی

24. ادبی و تحقیقی جریدہ 'معیار' کس شہر سے شائع ہوتا تھا؟

(1) دلّی
(2) بھوپال
(3) پٹنہ
(4) حیدرآباد

25. قصہ مہر افروز و دلبر' کس کی تصنیف ہے؟

(1) عیسوی خاں بہادر
(2) فضل علی فضلی
(3) میر محمد حسین عطا خاں تحسین
(4) رجب علی بیگ سرور

26. تیری محفل سے اٹھاتا غیر مجھ کو کیا مجال
دیکھتا تھا میں کہ تو نے بھی اشارہ کر دیا
یہ شعر کس شاعر کا ہے؟

(1) یاس یگانہ چنگیزی (2) داغ دہلوی

(3) حسرت موہانی (4) شاد عظیم آبادی

27. افسانہ 'پیاسی چڑیا' کس افسانوی مجموعے میں شامل ہے؟

(1) تماشا گھر (2) بابا لوگ

(3) الاؤ (4) روشنی کی رفتار

28. برنگِ کوہ رہ خاموش حرفِ ناسزا سُن کر
کہ تا بد گو صدائے غیب سے کھینچے پشیمانی
اس شعر میں ''حرفِ ناسزا'' کے معنی کی نشاندہی کیجیے۔

(1) شوخی کی ادا (2) نازیبا

(3) آزاد کلمہ (4) بخش دینا

29. سرسید احمد خاں نے ''سائنٹفک سوسائٹی'' کہاں قائم کی تھی؟

(1) علی گڑھ (2) بجنور

(3) غازی پور (4) دہلی

30. ٹی ایس ایلیٹ کے سنہ پیدائش اور سنہ وفات کی نشاندہی کیجیے۔

(1) 1889-1966 (2) 1888-1965

(3) 1860-1970 (4) 1880-1976

31. کس نقاد نے ایک کتاب "موازنہ انیس و دبیر" لکھ کر یہ ثابت کرنے کی کوشش کی کہ انیس، دبیر سے بڑے مرثیہ نگار ہیں؟

(1) خواجہ الطاف حسین حالی (2) شمس الرحمٰن فاروقی

(3) شبلی نعمانی (4) قمر رئیس

32. درج ذیل میں کون سی تصنیف رشید احمد صدیقی کی نہیں ہے؟

(1) خنداں (2) گنج ہائے گراں مایہ

(3) آشفتہ بیانی میری (4) مجالس رنگین

33. ہر ذرہ ہے عالم میں خورشید حقیقی
یوں بوجھ کے بلبل ہوں ہر اک غنچہ دہاں کا

اس شعر میں "خورشید حقیقی" سے کیا مراد ہے؟

(1) عشق حقیقی (2) محبوب کا چہرہ

(3) خدا کا نور (4) چاند کی روشنی

34. "حلقۂ ارباب ذوق" کا پہلا نام کیا تھا؟

(1) بزم داستاں گویاں (2) مجلس ادبائے اردو

(3) حلقۂ ادب شناس (4) بزم شعرائے اردو

35. جس نظم میں کسی دور کے مصائب یا کسی شہر پر نازل ہونے والی آفات کا ذکر کیا جاتا ہے، اُسے کیا کہتے ہیں؟

(1) واسوخت (2) شہر نامہ

(3) شہر آشوب (4) خمریات

36. پانچ پانچ مصرعوں والی نظم کو کیا کہتے ہیں؟

(1) مثلث (2) مربع

(3) مخمس (4) مثمن

37. عبدالحلیم شرر کے متعلق غلط جواب کی نشاندہی کیجیے۔

(1) عبدالحلیم شرر لکھنؤ میں پیدا ہوئے۔

(2) وہ نو سال کی عمر میں کلکتہ چلے گئے۔

(3) انھوں نے 1887 میں رسالہ 'دلگداز' نکالنا شروع کیا۔

(4) شرر کا انتقال 1935ء میں ہوا۔

38. "دہلی اردو اخبار" 12 جولائی 1857 سے کس نام سے شائع ہونے لگا؟

(1) اخبار دہلی (2) اخبار الظفر

(3) دہلی گزٹ (4) آئینۂ سکندری

39. بے سبب زلزلہ عالم میں نہیں آتا ہے

کوئی بے تاب تہہِ خاک تڑپتا ہوگا

اس شعر میں کون سی صنعت ہے؟

(1) استعارہ (2) مجاز مرسل

(3) حسن تعلیل (4) مکر شاعرانہ

40. وہ کون مغربی ادیب تھا جو ارسطو کا استاد اور سقراط کا شاگرد رشید تھا؟

(1) آئی اے رچرڈس (2) میتھیو آرنلڈ

(3) لون جائنس (4) افلاطون

41. ذیل میں دو زمرے صحیح ہیں اور دو غلط۔ صحیح زمروں کی نشاندہی کیجئے:

(A) اردو برج بھاشا سے نکلی ہے۔ محمد حسین آزاد

(B) اردو پنجابی سے نکلی ہے۔ سید سلیمان ندوی

(C) اردو دکن میں پیدا ہوئی۔ نصیر الدین ہاشمی

(D) اردو سندھ میں محمد بن قاسم کی آمد کے بعد پیدا ہوئی۔ مسعود حسین خاں

(1) (A)اور(B) (2) (A)اور (C)

(3) (B)اور (D) (4) (A)اور(D)

42. ذیل میں دو زمرے صحیح ہیں اور دو غلط۔ صحیح زمروں کی نشاندہی کیجئے:

(A) مولوی عبدالحق نے 'نام دیو مالی' کے عنوان سے خاکہ لکھا ہے۔

(B) رشید احمد صدیقی کے خاکوں کا پہلا مجموعہ 'ہم نفسان رفتہ' ہے۔

(C) عصمت چغتائی نے 'دوزخی' کے عنوان سے اپنے بھائی عظیم بیگ چغتائی کا خاکہ لکھا تھا۔

(D) 'قاعدہ بے قاعدہ' فکر تونسوی کے خاکوں کا مجموعہ ہے۔

(1) (A)اور(C) (2) (A)اور(B)

(3) (C)اور(B) (4) (D)اور (C)

43. ذیل میں دو زمرے صحیح ہیں اور دو غلط۔ صحیح زمروں کی نشاندہی کیجئے:

(A) خوشامد کب کریں عالی طبیعت اہل دولت کی۔ سودا

(B) عجب ناداں ہیں وہ، جن کو ہے عُجب تاج سلطانی۔ ذوق

(C) زہے نشاط اگر کیجیے اُسے تحریر۔ سودا

(D) کرے ہے والبِ غنچہ در ہزار سخن۔ ذوق

(1) (A)اور (D) (2) (A)اور(B)

(3) (C)اور(D) (4) (B)اور (C)

44. ذیل میں دو زمرے صحیح ہیں اور دو غلط۔ صحیح زمروں کی نشاندہی کیجئے:

(A) شاد عظیم آبادی کی غزلوں کا دیوان 'نغمہ الہام' ہے۔

(B) شاد عظیم آبادی کی غزلوں کا دیوان 'نقش و نگار' ہے۔

(C) شاد عظیم آبادی کا اصل نام سید علی محمد ہے۔

(D) شاد عظیم آبادی کا اصل نام غلام محمد اختر ہے۔

(1) (A) اور (D) (2) (D) اور (C)

(3) (A) اور (C) (4) (B) اور (C)

45. ذیل میں دو زمرے صحیح ہیں اور دو غلط۔ صحیح زمروں کی نشاندہی کیجئے:

(A) مجاز کا پہلا شعری مجموعہ "آہنگ" ہے۔

(B) "ذکر حافظ" سجاد ظہیر کی تصنیف ہے۔

(C) "اردو ناول کی تنقیدی تاریخ" اسلوب احمد انصاری کی تصنیف ہے۔

(D) "نئی نظم کا سفر" شہریار کی تصنیف ہے۔

(1) (A) اور (B) (2) (B) اور (C)

(3) (D) اور (C) (4) (D) اور (B)

46. ذیل کے اشعار میں دو صحیح اور دو غلط ہیں۔ صحیح زمروں کی نشاندہی کیجئے:

(A) سلگنا اور شے ہے جل کے مر جانے سے کیا ہوگا ۔۔۔۔ جو ہم سے ہو رہا ہے کام پروانے سے کیا ہوگا

(B) پگھلنا اور شے ہے جل کے مر جانے سے کیا ہوگا ۔۔۔۔ جو ہم سے ہو رہا ہے کام پروانے سے کیا ہوگا

(C) دل ہے تو دھڑکنے کا بہانہ کوئی ڈھونڈے ۔۔۔۔ مورت کی طرح بے حس و بے جان سا کیوں ہے

(D) دل ہے تو دھڑکنے کا بہانہ کوئی ڈھونڈے ۔۔۔۔ پتھر کی طرح بے حس و بے جان سا کیوں ہے

(1) (C) اور (A) (2) (D) اور (A)

(3) (D) اور (C) (4) (A) اور (B)

47. ذیل میں دو زمرے صحیح ہیں اور دو غلط۔ صحیح زمروں کی نشاندہی کیجئے:

(A) میر تقی میر آگرہ میں پیدا ہوئے۔

(B) میر کا انتقال 1812 میں لکھنؤ میں ہوا۔

(C) میر دلی میں اپنے ماموں خان آرزو کے ساتھ رہے۔

(D) میر اپنے معاصر غالب کی بہت قدر کرتے تھے۔

(1) (B) اور (C) (2) (C) اور (D)

(3) (A) اور (D) (4) (A) اور (C)

48. ذیل میں دو زمرے صحیح ہیں اور دو غلط۔ صحیح زمروں کی نشاندہی کیجئے:

(A) مخدوم کا پہلا مجموعہ کلام ''سرخ سویرا'' اور دوسرا ''گل تر'' ہے۔

(B) مجاز کے شعری مجموعے ''خون کی لکیر'' اور ''نئی دنیا کو سلام'' ہیں۔

(C) علی سردار جعفری کے شعری مجموعے ''تلخیاں'' اور ''پرچھائیاں'' ہیں۔

(D) جذبی کا پہلا شعری مجموعہ ''فروزاں'' اور دوسرا ''سخن مختصر'' ہے۔

(1) (A) اور (B) (2) (C) اور (D)

(3) (A) اور (D) (4) (B) اور (D)

49. ذیل میں دو زمرے صحیح ہیں اور دو غلط۔ صحیح زمروں کی نشاندہی کیجئے:

(A) نو مصرعوں پر مشتمل بند کو مقسع کہتے ہیں۔

(B) مسبع کے ہر بند میں آٹھ مصرعے ہوتے ہیں۔

(C) دس مصرعوں پر مشتمل بند کو معشر کہتے ہیں۔

(D) مثمن کے ہر بند میں چھ مصرعے ہوتے ہیں۔

(1) (D) اور (C) (2) (C) اور (A)

(3) (A) اور (B) (4) (C) اور (B)

50. ذیل میں دو زمرے صحیح ہیں اور دو غلط۔ صحیح زمروں کی نشاندہی کیجئے:

(A) ''موضوع سخن''،فیض کی نظم ہے۔

(B) ''کسان''،جوش کی نظم ہے۔

(C) ''اے عشق کہیں لے چل''مجاز کی نظم ہے۔

(D) ''نذرِ علی گڑھ''جاں نثار اختر کی نظم ہے۔

(1) (B)اور (C)
(2) (A)اور (B)
(3) (C)اور (D)
(4) (B)اور (D)

51. ذیل میں دو زمرے صحیح ہیں اور دو غلط۔ صحیح زمروں کی نشاندہی کیجئے:

(A) ولی کو علی عادل شاہ ثانی کے دربار میں ملک الشعرا کی حیثیت حاصل تھی۔

(B) وجہی نے مثنوی''قطب مشتری''1635ء میں لکھی۔

(C) غواصی سلطان عبد اللہ قطب شاہ کے دربار کا ملک الشعرا تھا۔

(D) ابن نشاطی کی مثنوی''پھول بن''فارسی قصے''بساتین الانس''کا دکنی ترجمہ ہے۔

(1) (B)اور (D)
(2) (A)اور (C)
(3) (A)اور (B)
(4) (C)اور (D)

52. ذیل میں دو زمرے صحیح ہیں اور دو غلط۔ صحیح زمروں کی نشاندہی کیجئے:

(A) یگانہ چنگیزی کا شعری مجموعہ ''آیات وجدانی'' ہے۔

(B) ''غزل''مجروح سلطان پوری کا شعری مجموعہ ہے۔

(C) جگر مراد آبادی کے شعری مجموعے کا نام ''نشاط روح'' ہے۔

(D) کلیم عاجز کے شعری مجموعے کا نام ''آتش گل'' ہے۔

(1) (A)اور (C)
(2) (B)اور (C)
(3) (A)اور (B)
(4) (C)اور (D)

53. ذیل میں دو زمرے صحیح ہیں اور دو غلط۔ صحیح زمروں کی نشاندہی کیجئے:

(A) 'یادگار غالب' غالب کی تصنیف ہے۔

(B) 'حیات جاوید' سرسید کی تصنیف ہے۔

(C) 'حیات سعدی' حالی کی تصنیف ہے۔

(D) 'سفر نامہ روم و مصر و شام' شبلی کی تصنیف ہے۔

(1) (A)اور(B) (2) (B)اور (C)

(3) (C)اور(D) (4) (B)اور (D)

54. ذیل میں دو زمرے صحیح ہیں اور دو غلط۔ صحیح زمروں کی نشاندہی کیجئے:

(A) 'بستی' شوکت صدیقی کا ناول ہے۔

(B) 'خدا کی بستی' انتظار حسین کا ناول ہے۔

(C) 'خواب باقی ہیں' آل احمد سرور کی خود نوشت ہے۔

(D) 'مسافران لندن' سرسید احمد خاں کا سفر نامہ ہے۔

(1) (A)اور (B) (2) (B)اور (C)

(3) (A)اور (C) (4) (C)اور (D)

55. ذیل میں دو زمرے صحیح ہیں اور دو غلط۔ صحیح زمروں کی نشاندہی کیجئے:

(A) نصرتی، علی عادل شاہ کے دربار کا ملک الشعرا تھا۔

(B) ''گلشن عشق'' نصرتی کی تصنیف ہے۔

(C) ''گلشن عشق'' میں ثریا اور بختیار اہم کردار ہیں۔

(D) نصرتی نے کوئی قصیدہ نہیں لکھا ہے۔

(1) (C)اور (D) (2) (B)اور (D)

(3) (A)اور (D) (4) (A)اور (B)

56. ذیل میں دو زمرے صحیح ہیں اور دو غلط۔ صحیح زمروں کی نشاندہی کیجئے:

(A) ''خدوخال'' فکر تونسوی کے خاکوں کا مجموعہ ہے۔

(B) ''شیش محل'' رشید احمد صدیقی کے خاکوں کا مجموعہ ہے۔

(C) ''دلی کا ایک یادگار مشاعرہ'' مرزا فرحت اللہ بیگ کا تحریر کردہ خاکہ ہے۔

(D) مرزا فرحت اللہ بیگ نے ''ایک وصیت کی تعمیل میں'' کے عنوان سے سر سید احمد خاں کا خاکہ لکھا تھا۔

(1) (A) اور (B) (2) (A) اور (C)

(3) (C) اور (D) (4) (A) اور (D)

57. ذیل میں دو زمرے صحیح ہیں اور دو غلط۔ صحیح زمرون کی نشاندہی کیجئے:

(A) علی گڑھ تحریک کا بیج 1857ء کی جنگ آزادی سے پھوٹا تھا۔

(B) سر سید احمد خاں پر راجہ رام موہن رائے کے اثرات تھے۔

(C) سر سید کی تصنیف ''اُمہات الامہ'' میں تاریخی صداقتوں کو پیش کیا گیا ہے۔

(D) سر سید احمد خاں مغربی علوم کے مخالف اور مشرقی علوم کے پیروکار تھے۔

(1) (A) اور (C) (2) (B) اور (C)

(3) (A) اور (B) (4) (C) اور (D)

58. ذیل میں دو زمرے صحیح ہیں اور دو غلط۔ صحیح زمروں کی نشاندہی کیجئے:

(A) سورج نے دیا اپنی شعاعوں کو یہ پیغام - چھوڑو چمنستان و بیابان و در و بام

(B) سورج نے دیا اپنی شعاعوں کو یہ پیغام - دنیا ہے عجب چیز کبھی صبح کبھی شام

(C) پھر میرے تجلی کدہ دل میں سما جاؤ - چھوڑو چمنستان و بیابان و در و بام

(D) پھر میرے تجلی کدہ دل میں سما جاؤ - دنیا ہے عجب چیز کبھی صبح کبھی شام

(1) (A) اور (B) (2) (B) اور (D)

(3) (B) اور (C) (4) (C) اور (D)

59. شاعر اور اُن کے شعری مجموعے کے اعتبار سے دو زمرے صحیح ہیں اور دو غلط۔ صحیح زمرے کی نشاندہی کیجیے۔

(A) فیض احمد فیض - نقش فریادی

(B) مخدوم محی الدین - سُرخ سویرا

(C) اختر الایمان - گماں کا ممکن

(D) ن۔م۔راشد - یادیں

(1) (A)اور(B) (2) (B)اور(C)

(3) (C)اور(D) (4) (A)اور(D)

60. ذیل میں دو زمرے صحیح ہیں اور دو غلط۔ صحیح زمروں کی نشاندہی کیجئے:

(A) ڈپٹی نذیر احمد کا اصل وطن بجنور تھا۔

(B) ڈپٹی نذیر احمد کو ریاست حیدر آباد سے پنشن ملتی تھی۔

(C) سر سید احمد خاں نے ڈپٹی نذیر احمد کو شمس العلما کا خطاب دیا تھا۔

(D) ڈپٹی نذیر احمد کا انتقال 1918 میں ہوا تھا۔

(1) (A)اور (B) (2) (A)اور (C)

(3) (C)اور (D) (4) (B)اور (D)

61. ذیل میں دو زمرے صحیح ہیں اور دو غلط۔ صحیح زمروں کی نشاندہی کیجئے:

(A) 'بکٹ کہانی' کے اجزائے ترتیب کے لحاظ سے بارہواں مہینہ اساڑھ کا ہوتا ہے۔

(B) 'بکٹ کہانی' کے بعد شمالی ہند کی دوسری اہم شعری تصنیف 'عاشور نامہ' ہے۔

(C) 'بکٹ کہانی' میں داستان عشق غزل کی ہیئت میں ہے۔

(D) 'عاشور نامہ' میں قصباتی زبان سے اجتناب کیا گیا ہے۔

(1) (D)اور(B) (2) (B)اور(C)

(3) (B)اور(A) (4) (C)اور (D)

62. ذیل میں دو زمرے صحیح ہیں اور دو غلط۔ صحیح زمروں کی نشاندہی کیجئے:

(A) ہم رشتہ زبانوں کے گروہ کو لسانی خاندان کہتے ہیں۔

(B) سر ولیم جونز نے تقابلی لسانیات کی بنیاد قائم کی۔

(C) محمود شیرانی نے دہلی اور گرد و نواح کو اردو کا مولد و مسکن بتایا۔

(D) سنسکرت اور فارسی میں کوئی لسانی مماثلت نہیں۔

(1) (B) اور (A) (2) (C) اور (A)

(3) (D) اور (C) (4) (B) اور (D)

63. امداد امام اثر کے مطابق دو زمرے صحیح ہیں اور دو غلط۔ صحیح زمروں کی نشاندہی کیجئے:

(A) قصیدہ عروضی ترکیب میں غزل سے مشابہ ہے۔

(B) غزل پانچ شعر سے کم اور قصیدہ اکیس شعر سے کم کا نہیں ہوتا۔

(C) شاعر قصیدے میں ذہنیہ اور داخلیہ مضامین باندھتا ہے۔

(D) قصیدے میں اخلاقی مسائل اور تدبیر منزل کی ضرورت نہیں۔

(1) (C) اور (A) (2) (C) اور (B)

(3) (A) اور (D) (4) (B) اور (A)

64. ذیل میں دو زمرے صحیح ہیں اور دو غلط۔ صحیح زمروں کی نشاندہی کیجئے:

(A) 'جلاوطن'، قرۃ العین حیدر کا افسانہ ہے۔

(B) 'میلہ گھومنی'، علی عباس حسینی کا افسانہ ہے۔

(C) 'نور و نار'، کرشن چندر کا افسانہ ہے۔

(D) 'بچھو پھوپھی'، راجندر سنگھ بیدی کا افسانہ ہے۔

(1) (B) اور (C) (2) (C) اور (D)

(3) (A) اور (D) (4) (A) اور (B)

65. ذیل میں دوزمرے صحیح ہیں اور دو غلط۔ صحیح زمروں کی نشاندہی کیجئے:

(A) جوش کا پہلا شعری مجموعہ "روح ادب" ہے۔

(B) "دربار دہلی" اسماعیل میرٹھی کی نظم ہے۔

(C) "چاند تاروں کا بن" ن۔م۔راشد کی نظم ہے۔

(D) اقبال کا شعری مجموعہ "ارمغان حجاز" ہے۔

(1) (A) اور (D)

(2) (A) اور (B)

(3) (C) اور (D)

(4) (B) اور (D)

66. مثنوی اور مثنوی نگار کے اعتبار سے صحیح جوڑوں کی نشاندہی کیجئے:

List I		List II	
(A)	بہارِ عشق	(I)	غواصی
(B)	گلشن عشق	(II)	ولی
(C)	میناستونتی	(III)	نصرتی
(D)	در تعریف شہر سورت	(IV)	مرزا شوق

Choose the correct answer from the options given below :

(1) (A)-(I), (B)-(IV), (C)-(II), (D)-(III)

(2) (A)-(III), (B)-(II), (C)-(I), (D)-(IV)

(3) (A)-(IV), (B)-(III), (C)-(I), (D)-(II)

(4) (A)-(IV), (B)-(II), (C)-(III), (D)-(I)

67. داستان اور داستان نگار کی روشنی میں صحیح جوڑوں کی نشاندہی کیجئے:

List I		List II	
(A)	قصہ مہر وماہ	(I)	مظہر علی خاں ولا
(B)	بیتال پچیسی	(II)	حیدر بخش حیدری
(C)	مذہب عشق	(III)	مرزا علی لطف
(D)	گلشن ہند	(IV)	نہال چند لاہوری

Choose the correct answer from the options given below :

(1) (A)-(I), (B)-(III), (C)-(II), (D)-(IV)

(2) (A)-(II), (B)-(III), (C)-(IV), (D)-(I)

(3) (A)-(II), (B)-(I), (C)-(IV), (D)-(III)

(4) (A)-(II), (B)-(III), (C)-(I), (D)-(IV)

68. ایہام گو شعرا کے نام اور تخلص کی روشنی میں صحیح جوڑوں کی نشاندہی کیجئے۔

List I		List II	
(A)	شیخ نجم الدین شاہ مبارک	(I)	مضموںؔ
(B)	شیخ شرف الدین	(II)	آبروؔ
(C)	شیخ ظہور الدین	(III)	یک رنگؔ
(D)	غلام مصطفٰے خاں	(IV)	حاتمؔ

Choose the correct answer from the options given below :

(1) (A)-(II), (B)-(III), (C)-(I), (D)-(IV)

(2) (A)-(I), (B)-(III), (C)-(IV), (D)-(II)

(3) (A)-(II), (B)-(I), (C)-(IV), (D)-(III)

(4) (A)-(III), (B)-(II), (C)-(I), (D)-(IV)

69. تذکرہ اور تذکرہ نگار کے اعتبار سے صحیح جوڑوں کی نشاندہی کیجئے:

List I		List II	
(A)	مخزن نکات	(I)	میر حسن
(B)	چمنستان شعرا	(II)	مصحفی
(C)	تذکرہ شعرائے اردو	(III)	لچھمی نرائن شفیق
(D)	تذکرۂ ہندی	(IV)	قائم چاندپوری

Choose the correct answer from the options given below :

(1) (A)-(IV), (B)-(I), (C)-(III), (D)-(II)

(2) (A)-(II), (B)-(III), (C)-(I), (D)-(IV)

(3) (A)-(I), (B)-(II), (C)-(III), (D)-(IV)

(4) (A)-(IV), (B)-(III), (C)-(I), (D)-(II)

70. صحیح جوڑوں کی نشاندہی کیجئے:

List I		List II	
(A)	افلاطون	(I)	اطالوی شاعر و مصنف
(B)	ارسطو	(II)	ممتاز انگریزی نقاد
(C)	دانتے	(III)	"جمہوریہ" (ری پبلک) کا مصنف
(D)	آئی اے رچرڈس	(IV)	"بوطیقا" کا مصنف

Choose the correct answer from the options given below :

(1) (A)-(II), (B)-(I), (C)-(IV), (D)-(III)

(2) (A)-(I), (B)-(II), (C)-(III), (D)-(IV)

(3) (A)-(IV), (B)-(II), (C)-(I), (D)-(III)

(4) (A)-(III), (B)-(IV), (C)-(I), (D)-(II)

71. افسانہ اور افسانہ نگار کے اعتبار سے صحیح جوڑوں کی نشاندہی کیجئے:

List I		List II	
(A)	نظارہ درمیاں ہے	(I)	سہیل عظیم آبادی
(B)	چھوٹی آپا	(II)	جیلانی بانو
(C)	اندھیرے اور اجالے	(III)	قرۃ العین حیدر
(D)	جنت کی تلاش	(IV)	عصمت چغتائی

Choose the correct answer from the options given below :

(1) (A)-(III), (B)-(IV), (C)-(I), (D)-(II)

(2) (A)-(II), (B)-(III), (C)-(IV), (D)-(I)

(3) (A)-(IV), (B)-(II), (C)-(I), (D)-(III)

(4) (A)-(I), (B)-(II), (C)-(III), (D)-(IV)

72. کتاب اور مصنف کے اعتبار سے صحیح جوڑوں کی نشاندہی کیجئے:

List I		List II	
(A)	انتقادیات	(I)	آل احمد سرور
(B)	تنقیدی حاشیے	(II)	احتشام حسین
(C)	تنقیدی اشارے	(III)	مجنوں گورکھپوری
(D)	تنقیدی جائزے	(IV)	نیاز فتح پوری

Choose the correct answer from the options given below :

(1) (A)-(III), (B)-(IV), (C)-(II), (D)-(I)

(2) (A)-(II), (B)-(I), (C)-(IV), (D)-(III)

(3) (A)-(IV), (B)-(III), (C)-(I), (D)-(II)

(4) (A)-(I), (B)-(II), (C)-(III), (D)-(IV)

73. کتاب اور مصنف کے اعتبار سے صحیح جوڑوں کی نشاندہی کیجئے:

List I		List II	
(A)	اس آباد خرابے میں	(I)	مرزا غالب
(B)	خواب باقی ہیں	(II)	آل احمد سرور
(C)	غبار خاطر	(III)	اخترالایمان
(D)	اردوئے معلیٰ	(IV)	مولانا ابوالکلام آزاد

Choose the correct answer from the options given below :

(1) (A)-(I), (B)-(III), (C)-(IV), (D)-(II)

(2) (A)-(III), (B)-(II), (C)-(IV), (D)-(I)

(3) (A)-(II), (B)-(III), (C)-(I), (D)-(IV)

(4) (A)-(IV), (B)-(I), (C)-(III), (D)-(II)

74. کتاب اور مصنف کے اعتبار سے صحیح جوڑوں کی نشاندہی کیجئے:

List I		List II	
(A)	شناسا چہرے	(I)	وزیر آغا
(B)	تنقیدی افکار	(II)	محمد حسن
(C)	اردو شاعری کا مزاج	(III)	قمر رئیس
(D)	تلاش و توازن	(IV)	شمس الرحمٰن فاروقی

Choose the correct answer from the options given below :

(1) (A)-(I), (B)-(II), (C)-(III), (D)-(IV)

(2) (A)-(IV), (B)-(III), (C)-(II), (D)-(I)

(3) (A)-(II), (B)-(III), (C)-(I), (D)-(IV)

(4) (A)-(II), (B)-(IV), (C)-(I), (D)-(III)

75. مصنف اوراس کی تصنیف کی روشنی میں صحیح جوڑوں کی نشاندہی کیجئے :

List I		List II	
(A)	شبلی نعمانی	(I)	تریاق مسموم
(B)	الطاف حسین حالی	(II)	اورنگ زیب عالم گیر پر ایک نظر
(C)	سرسید احمد خاں	(III)	تاریخ ہندوستان
(D)	مولوی ذکاءاللہ	(IV)	اسباب بغاوت ہند

Choose the correct answer from the options given below :

(1) (A)-(I), (B)-(III), (C)-(IV), (D)-(II)

(2) (A)-(II), (B)-(III), (C)-(I), (D)-(IV)

(3) (A)-(III), (B)-(II), (C)-(IV), (D)-(I)

(4) (A)-(II), (B)-(I), (C)-(IV), (D)-(III)

76. تاریخ پیدائش کے اعتبار سے صحیح ترتیب کی نشاندہی کیجیے ؟

(A) ذوق (B) مرزا غالب

(C) سودا (D) میر انیس

Choose the correct answer from the options given below:

(1) B, A, C, D (2) C, A, B, D

(3) D, B, C, A (4) A, B, C, D

77. تاریخ وفات کے اعتبار سے صحیح ترتیب کی نشاندہی کیجئے۔

(A) شاد عظیم آبادی (B) مومن خاں مومن

(C) اسداللہ خاں غالب (D) میر تقی میر

Choose the correct answer from the options given below:

(1) A, C, B, D (2) C, B, D, A

(3) D, B, C, A (4) A, B, C, D

78. تاریخ پیدائش کے اعتبار سے صحیح ترتیب کی نشاندہی کیجئے۔

(A) اکبرالہ آبادی (B) اصغر گونڈوی

(C) فانی بدایونی (D) حسرت موہانی

Choose the correct answer from the options given below:

(1) D, A, C, B (2) A, D, C, B

(3) B, C, A, D (4) C, D, A, B

79. ذیل کی نظموں میں زمانی ترتیب کی نشاندہی کیجئے۔

(A) ایک لڑکا (B) لالۂ صحرا

(C) آدمی نامہ (D) داستان بے نظیر

Choose the correct answer from the options given below:

(1) D, C, B, A (2) C, D, A, B

(3) B, C, D, A (4) A, B, C, D

80. زمانی اعتبار سے صحیح ترتیب کی نشاندہی کیجئے۔

(A) ارسطو (B) لون جائنس

(C) افلاطون (D) میتھیو آرنلڈ

Choose the correct answer from the options given below:

(1) B, C, A, D (2) D, A, C, B

(3) C, A, B, D (4) D, B, A, C

81. تاریخ اشاعت کے اعتبار سے درج ذیل مثنویوں کی صحیح ترتیب کی نشاندہی کیجئے۔

(A) طوطی نامہ (B) گلشن عشق

(C) قطب مشتری (D) یوسف زلیخا

Choose the correct answer from the options given below:

(1) A, C, D, B (2) B, C, A, D

(3) D, A, C, B (4) C, A, B, D

82. تاریخ اشاعت کے اعتبار سے درج ذیل ناولوں کی صحیح ترتیب کی نشاندہی کیجیے۔

(A) آگ کا دریا (B) چاندنی بیگم

(C) میرے بھی صنم خانے (D) آخر شب کے ہم سفر

Choose the correct answer from the options given below:

(1) A, B, D, C (2) C, B, A, D

(3) C, A, D, B (4) D, A, C, B

83. تاریخ وفات کے اعتبار سے صحیح ترتیب کی نشاندہی کیجیے۔

(A) مرزا فرحت اللہ بیگ (B) مولانا ابوالکلام آزاد

(C) رشید احمد صدیقی (D) کنہیا لال کپور

Choose the correct answer from the options given below:

(1) A, B, C, D (2) B, C, A, D

(3) D, A, C, B (4) B, A, D, C

84. بہ اعتبار پیدائش زمانی ترتیب کی نشاندہی کیجیے۔

(A) خواجہ الطاف حسین حالی (B) سرسید احمد خاں

(C) ڈپٹی نذیر احمد (D) مولوی ذکاء اللہ

Choose the correct answer from the options given below:

(1) A, C, D, B (2) B, C, D, A

(3) D, C, A, B (4) C, D, B, A,

85. ذیل میں زمانی ترتیب کی نشاندہی کیجیے۔

(A) نہ سپہر۔۔امیر خسرو (B) لباب الالباب۔۔محمد عوفی

(C) ہیم چندر شبدانوشاسن۔۔ ہیم چندر (D) واحد باری۔۔اشرف بیابانی

Choose the correct answer from the options given below:

(1) A, B, C, D (2) C, B, A, D

(3) B, C, D, A (4) D, A, B, C

86. ذیل میں دو بیانات دیئے گئے ہیں۔ دونوں کو غور سے پڑھنے کے بعد صحیح جواب کی نشاندہی کیجئے:

بیان۔ I : غالب کو فارسی زبان سے غیر معمولی دلچسپی تھی۔ انھیں فارسی نثر و نظم دونوں پر عبور تھا۔

بیان۔ II : غالب اردو سے زیادہ اپنے فارسی کلام پر فخر کرتے تھے۔

(1) دونوں بیان I اور II صحیح ہیں۔ (2) دونوں بیان I اور II غلط ہیں۔

(3) بیان I صحیح اور بیان II غلط ہے۔ (4) بیان I غلط اور بیان II صحیح ہے۔

87. ذیل میں دو بیانات دیئے گئے ہیں۔ دونوں کو غور سے پڑھنے کے بعد صحیح جواب کی نشاندہی کیجئے:

بیان ۔I : نصرتی کا پورا نام محمد حشمت اللہ تھا۔

بیان۔II : نصرتی عادل شاہ ثانی کے دربار کا ملک الشعرا تھا۔

(1) دونوں بیان I اور II صحیح ہیں۔ (2) دونوں بیان I اور II غلط ہیں۔

(3) بیان I صحیح اور بیان II غلط ہے۔ (4) بیان I غلط اور بیان II صحیح ہے۔

88. ذیل میں دو بیانات دیئے گئے ہیں۔ دونوں کو غور سے پڑھنے کے بعد صحیح جواب کی نشاندہی کیجئے:

بیان۔I : میر امن نے 1801ء کے شروع میں باغ و بہار لکھنا شروع کیا اور 1802ء کے وسط میں مکمل کیا۔

بیان۔II : باغ و بہار پہلی دفعہ 1802ء میں منشی نولکشور پریس، لکھنؤ میں چھپی۔

(1) دونوں بیان I اور II صحیح ہیں۔ (2) دونوں بیان I اور II غلط ہیں۔

(3) بیان I صحیح اور بیان II غلط ہے۔ (4) بیان I غلط اور بیان II صحیح ہے۔

89. ذیل میں دو بیانات دیئے گئے ہیں۔ دونوں کو غور سے پڑھنے کے بعد صحیح جواب کی نشاندہی کیجئے:

بیان۔I : میر کی "دریائے عشق" اور مصحفی کی "بحر المحبت" ایک ہی قبیل کی مثنویاں ہیں۔

بیان۔II : مثنوی "خاور نامہ" میں رستمی نے عشق مجازی کو موضوع بنایا ہے۔

(1) بیان I غلط اور بیان II صحیح ہے۔ (2) بیان I صحیح اور بیان II غلط ہے۔

(3) بیان I اور بیان II دونوں غلط ہیں۔ (4) بیان I اور بیان II دونوں صحیح ہیں۔

90. ذیل میں دو بیانات دیئے گئے ہیں۔ دونوں کو غور سے پڑھنے کے بعد صحیح جواب کی نشاندہی کیجئے:

بیان-I : "انشائیہ کا خالق اس شخص کی طرح ہے جو دفتر کی چھٹی کے بعد اپنے گھر پہنچتا ہے۔ نیم دراز ہو کر حقے کی نے ہاتھ میں لیے انتہائی بشاشت اور مسرت سے اپنے احباب سے محو گفتگو ہو جاتا ہے۔" --- سید محمد حسنین

بیان-II: "انشائیہ نگار کے لیے قوتِ انشا سے خاطر خواہ مصرف لینا ضروری ہے۔ خیالات میں وہ سالمیت اور تنظیم واتحاد پیدا نہ ہونے دے جو مقالوں کی امتیازی خصوصیت ہے۔" --- وزیر آغا

(1) بیان I غلط اور بیان II صحیح ہے۔
(2) بیان I صحیح اور بیان II غلط ہے۔
(3) بیان I اور بیان II دونوں غلط ہیں۔
(4) بیان I اور بیان II دونوں صحیح ہیں۔

91-95. سوالات کے جواب ذیل میں دیئے گئے اشعار کی روشنی میں دیجئے:

اے یوسفِ چشم زخمِ یعقوب وے رشکِ برادرانِ منکوب
اے دلبر دلبرِ دغل باز وے دیو سوارِ عرش پرواز
اے آب تہہ زمینِ نیرنگ وے نقب دوانِ باغِ گلرنگ
اے پردہ کشائے بے حجابی وے دزدِ حنائے دست یابی
اے رہ رو رُو بہ رہ نہادہ وے صر صر گل بہ باد دادہ
اے بے سرو برگ گلشن آرا وے لعل نمائے سنگِ خارا
اے بے خبرِ طلسمِ صورت وے بے بصر رُخِ ضرورت
اے باعثِ عزم میہمانی وے صاحبِ بزمِ میزبانی
اے آئینہ دارِ خود نمائی وے سُرمۂ چشمِ آشنائی

91. مذکورہ بالا اقتباس کے پہلے شعر میں "یوسف" سے کس کی جانب اشارہ ہے؟

(1) حضرت یوسف علیہ السلام
(2) عزیز مصر
(3) تاج الملوک
(4) بہرام وزیر زادہ

92. اس شعری اقتباس کے پہلے شعر میں "یعقوب" سے کس کی طرف اشارہ ہے؟

(1) حضرت یوسف کے والد محترم
(2) حضرت یوسف کے بھائی
(3) مصر کا بادشاہ
(4) زین الملوک

93. اس شعری اقتباس کے پہلے شعر میں ”برادرانِ منکوب“ کی ترکیب آئی ہے۔ یہاں لفظ منکوب کے کیا معنی ہیں؟

(1) فرمانبردار (2) دوست

(3) بے وقوف اور بے شعور (4) تباہ، بدحال، بدنصیب

94. اس شعری اقتباس کے تیسرے شعر میں ”آب تہہ زمین نیر نگ“ سے کس کی طرف اشارہ ہے؟

(1) زین الملوک (2) دلبر بیسوا

(3) بکاؤلی (4) تاج الملوک

95. یہ شعری اقتباس ایک خط کا ہے۔ یہ خط کس نے کس کو لکھا تھا؟

(1) فیروز شاہ نے ماہ رخ کو لکھا تھا۔ (2) بے نظیر نے بدر منیر کے باپ کو لکھا تھا۔

(3) بکاؤلی نے تاج الملوک کو لکھا تھا۔ (4) حمالہ دیونی نے اپنے بھائی کو لکھا تھا۔

96-100. سوالات کے جواب ذیل میں دیئے گئے اقتباس کی روشنی میں دیجئے:

یہ کم ترین بادشاہ زادہ عجم کا ہے۔ میرے ولی نعمت وہاں کے بادشاہ تھے اور سوائے میرے کوئی فرزند نہ رکھتے تھے۔ میں جوانی کے عالم میں مصاحبوں کے ساتھ چوپڑ، گنجفہ، شطرنج، تختہ نرد کھیلا کرتا یا سوار ہو سیر و شکار میں مشغول رہتا۔ ایک دن کا یہ ماجرا ہے کہ سواری تیار کروا کر اور سب یار آشناؤں کو لے کر میدان کی طرف نکلا۔ باز، بہری، جرّہ، باشا، سُرخاب اور تیتروں پر اُڑاتا ہوا دور نکل گیا۔ عجب طرح کا ایک قطعہ بہار کا نظر آیا کہ جیدھر نگاہ جاتی تھی، کوسوں تلک سبز اور پھولوں سے لعل زمین نظر آتی تھی۔ یہ سماں دیکھ کر گھوڑوں کی باگیں ڈال دیاں اور قدم قدم سیر کرتے ہوئے چلے جاتے تھے۔ ناگاہ اُس صحرا میں دیکھا کہ ایک کالا ہرن، اُس پر زربفت کی جھول اور بھنور کلی مرصع کی اور گھونگرو سونے کے زردوزی پٹے میں ٹکے ہوئے گلے میں پڑے، خاطر جمع سے اُس میدان میں (کہ جہاں انسان کا دخل نہیں اور پرندہ پَر نہیں مارتا) چرتا پھرتا ہے۔ ہمارے گھوڑوں کے سُم کی آہٹ پا کر چوکنّا ہوا اور سر اُٹھا کر دیکھا اور آہستہ آہستہ چلا۔

96. مذکورہ بالا اقتباس میں ”ولی نعمت“ کس کے لیے استعمال ہوا ہے؟

(1) والد کے لیے (2) نانا کے لیے

(3) چچا کے لیے (4) ماموں کے لیے

97. مذکورہ بالا اقتباس میں لفظ ”گنجفہ“ کس کھیل سے متعلق ہے؟

(1) مرغ کا کھیل (2) بٹیر کا کھیل

(3) تاش کا کھیل (4) ڈنڈے کا کھیل

98. مذکورہ بالا اقتباس کس درویش سے متعلق ہے؟

(1) پہلے درویش (2) دوسرے درویش

(3) تیسرے درویش (4) چوتھے درویش

99. مذکورہ بالا اقتباس میں لفظ "سرخاب" کے کیا معنی ہیں؟

(1) ایک قسم کا گھوڑا (2) ہرن کی ایک قسم

(3) ایک قسم کا پرندہ (4) منقش لباس

100. مذکورہ بالا اقتباس میں لفظ "زربفت" سے کیا مراد ہے؟

(1) سنہری کپڑا (2) سنہری گھوڑا

(3) ریشمی جوڑا (4) سبزہ زار

ANSWERS

1	2	3	4	5	6	7	8	9	10
(2)	(2)	(2)	(3)	(3)	(4)	(2)	(2)	(1)	(1,4)
11	**12**	**13**	**14**	**15**	**16**	**17**	**18**	**19**	**20**
(1)	(3)	(4)	(4)	(3)	(3)	(4)	(3)	(1)	(1)
21	**22**	**23**	**24**	**25**	**26**	**27**	**28**	**29**	**30**
(1)	(3)	(1)	(3)	(1)	(3)	(2)	(2)	(3)	(2)
31	**32**	**33**	**34**	**35**	**36**	**37**	**38**	**39**	**40**
(3)	(4)	(3)	(1)	(3)	(3)	(4)	(2)	(3)	(4)
41	**42**	**43**	**44**	**45**	**46**	**47**	**48**	**49**	**50**
(2)	(1)	(1)	(3)	(1)	(2)	(4)	(3)	(*)	(2)
51	**52**	**53**	**54**	**55**	**56**	**57**	**58**	**59**	**60**
(4)	(3)	(3)	(4)	(4)	(2)	(3)	(3)	(1)	(1)
61	**62**	**63**	**64**	**65**	**66**	**67**	**68**	**69**	**70**
(3)	(1)	(4)	(4)	(1)	(3)	(3)	(3)	(4)	(4)
71	**72**	**73**	**74**	**75**	**76**	**77**	**78**	**79**	**80**
(1)	(3)	(2)	(4)	(4)	(2)	(3)	(2)	(1)	(3)
81	**82**	**83**	**84**	**85**	**86**	**87**	**88**	**89**	**90**
(4)	(3)	(1)	(2)	(2)	(1)	(4)	(3)	(2)	(3)
91	**92**	**93**	**94**	**95**	**96**	**97**	**98**	**99**	**100**
(3)	(4)	(4)	(4)	(3)	(1)	(3)	(3)	(3)	(1)

Previous Years' Paper (Solved)

National Testing Agency (NTA)

UGC-NET Junior Research Fellowship & Assistant Professor Eligibility Exam

URDU, February-2023

(Online exam held on 22/02/2023)

PAPER-II

Note: *This paper contains* **hundred (100)** *objective type questions of* **two (2)** *marks each.* **All** *questions are* ***compulsory***.

1. "ہمارے ادب کو قومی آزادی کی تحریک کی ترجمانی کرنی چاہیے۔ اسے سامراجیوں اور ظلم کرنے والے امیروں کی مخالفت کرنا چاہیے۔ اسے مزدوروں اور کسانوں اور تمام مظلوم انسانوں کی طرف داری اور حمایت کرنا چاہیے۔ اس میں عوام کے دکھ سکھ،ان کی بہترین خواہشوں اور تمناؤں کا اظہار اس طرح کرنا چاہیے جس سے ان کی انقلابی قوت میں اضافہ ہو اور وہ متحد و منظم ہوکر اپنی جدوجہد کوکامیاب بنا سکیں۔"
ترقی پسند ادیبوں کے جلسے میں یہ باتیں کس نے اپنی تقریر میں کہی تھیں؟

(1) مولانا حسرت موہانی (2) مولوی عبدالحق

(3) سجاد ظہیر (4) اختر حسین رائے پوری

2. رباعی کے دیگر دو نام کیا ہیں؟

(1) دو بیتی اور ترانہ (2) دوبیتی اور قطعہ

(3) قطعہ اور چہار بیت (4) چہار بیت اور مثمن

3. درج ذیل ابیات کس مثنوی سے لیے گئے ہیں؟

پھرنا جو وطن کا مدعا ہے　　اب صفحے پہ یوں قلم پھرا ہے
کہنے لگی وہ مراد پائی　　بولا وہ جو یاں سے ہو رہائی

(1) سحرالبیان (2) گلزار نسیم

(3) قطب مشتری (4) پھول بن

4. محمد حسین آزادنے نظم "شب قدر" انجمن پنجاب کے کس جلسے میں پیش کی تھی؟

(1) 19/ اپریل 1874 (2) 30/ مئی 1874

(3) 30/ جون 1874 (4) 13/ اگست 1874

5. نظم " آدمی نامہ" کس ہیئت میں لکھی گئی ہے؟

(1) مربع (2) مسدس

(3) مخمس (4) مسبع

6. نظم " شعاع امید " کو شاعر نے کتنے ذیلی حصوں میں تقسیم کیا ہے؟

(1) دو (2) تین

(3) چار (4) پانچ

7. "مابعد جدیدیت سرے سے لیک دینے، فارمولے وضع کرنے یا تخلیق کار کے لیے ہدایت نامے جاری کرنے کا فلسفہ ہے ہی نہیں۔"

یہ خیال کس نقاد کا ہے؟

(1) شمس الرحمٰن فاروقی (2) گوپی چند نارنگ

(3) وہاب اشرفی (4) قمر رئیس

8. عالم سوزو ساز میں وصل سے بڑھ کے ہے فراق
وصل میں مرگ آرزو، ہجرت میں لذت طلب
عین وصال میں مجھے حوصلہ نظر نہ تھا
گرچہ بہانہ جو رہی میری نگاہ بے ادب

یہ اشعار کس نظم سے ماخوذ ہیں؟

(1) لالہ صحرائی (2) ساقی نامہ

(3) گریز (4) ذوق و شوق

9. زہے نشاط اگر کیجیے اسے تحریر
عیاں ہو خامے سے تحریر نغمہ جائے صریر

مندرجہ بالا شعر کا تعلق قصیدے کے کس جزو سے ہے؟

(1) گریز (2) تشبیب

(3) مدح (4) حسن طلب

10. حلقہ ارباب ذوق کا قیام کب عمل میں آیا؟

(1) 1935 (2) 1936

(3) 1938 (4) 1939

11. دو غزلہ" کسے کہتے ہیں؟"

(1) مختلف وزن اور مختلف ردیف میں کہی گئی دو غزلیں۔

(2) تین تین اشعار کی دو مختلف الوزن غزلیں۔

(3) ایسی غزل جس کے اشعار ، تعداد کے لحاظ سے جفت ہوں یعنی دو سے تقسیم ہو جائیں۔

(4) ایسی غزل جسے مکمل کرنے کے بعد شاعر نے اسی زمین اور اسی ردیف و قافیہ میں نئے مطلع کے ساتھ مزید اشعار کہے ہوں۔

12. ترقی پسند مصنفین کی دوسری کل ہند کانفرنس کب اور کس شہر میں منعقد ہوئی تھی؟

(1) دسمبر 1938 کلکتہ (2) مارچ 1938 الہ آباد

(3) اگست 1938 الہ آباد (4) مئی 1942 دہلی

13. لندن میں ہندوستانی ترقی پسند ادیبوں کے پہلے مینی فیسٹو پر کتنے ادیبوں نے دستخط کیے تھے؟

(1) چار (2) پانچ

(3) چھ (4) سات

14. ان میں شوکت سبزواری کی کتاب کون سی ہے؟

(1) ہندوستانی لسانیات (2) زبان اور علم زبان

(3) اردو لسانیات (4) مقدمہ تاریخ زبان اردو

15. غزل کے نقطہ آغاز اور نقطہ اختتام سے متعلق ذیل میں سے کون سی بات درست ہے؟

(1) ردیف و قافیہ (2) مطلع اور مقطع

(3) بیت الغزل اور مقطع (4) مقطع اور مطلع

16. درج ذیل میں سے غالب کا شعر کون سا ہے؟

(1) ہم نے دیکھا ہی تھا اس کو ابھی دنیا کے بغیر

لیجیے بیچ میں پھر دیدہ تر آ گئے ہیں

(2) مستی عیش دو عالم کی نہیں پروا مجھے

دیکھنے والا ہوں میں اس نرگس مخمور کا

(3) کیا سناتے ہو کہ ہے ہجر میں جینا مشکل

تم سے بے رحم پہ مرنے سے تو آساں ہوگا

(4) فرصت کاروبار شوق کسے

ذوق نظارہ جمال کہاں

17. کس علم میں ہم کسی زبان میں استعمال ہونے والی اہم اور تفاعلی آوازوں کا تعین کرتے ہیں؟\

(1) فونیات (2) مارفونیمیات

(3) مارفیمیات (4) فونیمیات

18. دل ہے تو دھڑکنے کا بہانہ کوئی ڈھونڈے
پتھر کی طرح بے حس و بے جان سا کیوں ہے
اس شعر میں کون سی خصوصیت ہے؟

(1) تشبیہہ اور استعارہ (2) تشبیہہ اور استفہامیہ انداز

(3) حسن تعلیل (4) طباق ایجابی

19. کلیات میر پہلی بار کب اور کہاں سے شائع ہوا؟

(1) دہلی 1810 (2) کلکتہ 1811

(3) لکھنؤ 1814 (4) بنارس 1825

20. درج ذیل بیانات کو غور سے پڑھیے اور صحیح بیان کی نشاندہی کیجیے:-

(1) برج بھاشا ادبی لباس میں سب سے پہلے سولہویں صدی عیسوی میں جلوہ گر ہوتی ہے۔

(2) برج بھاشا ادبی لباس میں سب سے پہلے سترہویں صدی عیسوی میں جلوہ گر ہوتی ہے۔

(3) برج بھاشا ادبی لباس میں سب سے پہلے پندرہویں صدی عیسوی میں جلوہ گر ہوتی ہے۔

(4) برج بھاشا ادبی لباس میں سب سے پہلے اٹھارہویں صدی عیسوی میں جلوہ گر ہوتی ہے۔

21. "اردو تنقید کا حال مشاعروں جیسا ہے، مشاعروں میں شعروں کی شعریت یا عدم شعریت کی بنا پر تعریف یا مذمت نہیں ہوتی ہے۔ تعریف اور مذمت دونوں کا سبب غیر متعلق ہوتا ہے۔"
یہ خیال کس نقّادکا ہے؟

(1) محمد حسن (2) وزیر آغا

(3) کلیم الدین احمد (4) احتشام حسین

22. "ولی کی زبان" کے عنوان سے کس کا مضمون ہے جسے کلیات ولی کے مرتب نے اپنے مقدمے کے بعد شامل کر لیا ہے؟

(1) عبدالسلام ندوی (2) عبد الستار صدیقی

(3) عبد القادر سروری (4) نصیر الدین ہاشمی

23. ملا نصرتی کے حالات زندگی اور کلام پر کس ادیب نے ایک مبسوط کتاب لکھی ہے؟

(1) رشید احمد صدیقی (2) مولوی عبدالحق

(3) رشید حسن خاں (4) گیان چند جین

24. ڈراما " انار کلی " میں بختیار کون ہے؟

(1) سلیم کا بے تکلف دوست (2) اکبر کا بیٹا

(3) کنیزوں کا داروغہ (4) انار کلی کا بھائی

25. میر امن سے قبل " قصہ چہار درویش" کا اردو ترجمہ کس نے کیا تھا؟

(1) فضل علی فضلی (2) عطا حسین خاں تحسین

(3) شاہ عالم خاں (4) رجب علی بیگ سرور

26. سبز پری کا کردار کس ڈرامے میں ہے؟

(1) یہودی کی لڑکی (2) آگرہ بازار

(3) ضحاک (4) اندر سبھا

27. جان گلکرسٹ فورٹ ولیم کالج کلکتہ کے کیاتھے؟

(1) ہندوستانی شعبے کے پروفیسر اور صدر

(2) پرنسپل

(3) بانی

(4) مشیر اعلی

28. مرنے کے دن قریب ہیں شاید کہ اے حیات
تجھ سے طبیعت اپنی بہت سیر ہو گئی

اس شعر پر کس ناول کا اختتام ہوا ہے؟

(1) اداس نسلیں (2) فردوس بریں

(3) امراو جان ادا (4) توبۃ النصوح

29. افسانہ "جوار بھاٹا" کس کی تخلیق ہے؟

(1) سریندر پرکاش (2) غیاث احمد گدی

(3) سہیل عظیم آبادی (4) اقبال مجید

30. کس محقق نے پٹنہ سے ایک تحقیقی رسالہ "معاصر" نکالا تھا؟

(1) اختر اورینوی (2) عطاکاکوی

(3) قاضی عبدالودود (4) شین اختر

31. "شاعری کے لیے ایک شیریں دیوانگی اور تنقید کے لیے ایک مقدّس سنجیدگی کی ضرورت ہوتی ہے۔"

یہ قول کس نقّاد کا ہے؟

(1) امداد امام اثر (2) احتشام حسین

(3) شبلی نعمانی (4) آل احمد سرور

32. فقط موتیوں کی پڑی پاے زیب
کہ جس کے قدم سے گہر پاے زیب
اس بیت میں کون سی صنعت ہے؟

(1) تجنیس تام (2) تجنیس مفروق

(3) تجنیس مرکب متشابہ (4) تجنیس خطی

33. "ترایلے " کتنے مصروں پر مشتمل ہوتی ہے؟

(1) پانچ (2) چھ

(3) سات (4) آٹھ

34. سنسکرت شاعری میں رس کا نظریہ کس نے پیش کیا ہے؟

(1) اچاریہ کنتک (2) ابھینو گپت

(3) آنند وردھن (4) بھرت منی

35. 'مسافران لندن ' کے نام سے سر سیّد کے علاوہ کس نے سفر نامہ لکھا ہے؟

(1) سیّد مہدی علی خاں (2) محمد سمیع اللہ خاں

(3) خواجہ وحید الدین خاں (4) حبیب الرحمٰن خاں شیروانی

36. رسالہ 'فواد الناظرین ' کس نے جاری کیا تھا؟

(1) ماسٹر رام چندر (2) مولوی محمد باقر

(3) مولوی چراغ علی (4) ماسٹر پیارے لال

37. رسالہ 'محبّ ہند ' کس نے شایع کیا تھا؟

(1) چمن لال (2) ماسٹر وزیر علی

(3) ماسٹر رام چندر (4) ہر دیو سنگھ

38. 'مستزاد' کی کتنی قسمیں ہیں ؟

(1) دو (2) تین

(3) چار (4) پانچ

39. 'آثار الصنا دید ' کا پہلا ایڈیشن کب اور کہاں سے شایع ہوا تھا؟

(1) بدایوں/1845 (2) کانپور/1850

(3) آگرہ/1848 (4) دہلی/1847

40. احوال اس فقیر کا اے دوستاں سنو
یعنی جو مجھ پہ بیتی ہے وہ داستاں سنو
جو کچھ کہ شاہ عشق نے مجھ سے کیا سلوک
تفصیل وار کرتا ہوں اس کا بیاں سنو

داستان "باغ و بہار " میں اپنی گفتگو کا آغاز ان اشعار سے کون سا درویش کرتا ہے؟

(1) پہلا درویش (2) دوسرا درویش

(3) تیسرا درویش (4) چوتھا درویش

41. ذیل میں دو زمرے صحیح ہیں اور دو غلط ۔

A - محمود شیرانی ، نصیر الدین ہاشمی ، مسعود حسین خاں ، جگن ناتھ آزاد

B - محمود شیرانی ، نصیر الدین ہاشمی ، مسعود حسین خاں، گوپی چند نارنگ

C - محمود شیرانی ، نصیر الدین ہاشمی ، گوپی چند نارنگ ،مرزا خلیل بیگ

D - محمود شیرانی ، نصیر الدین ہاشمی ، مسعود حسین خاں، قمر رئیس

صحیح زمروں کی نشاندہی کیجیے۔

(1) A اور B (2) B اور D

(3) C اور D (4) B اور C

42. نظموں اور شعرا کے لحاظ سے درج ذیل میں سے دو صحیح زمروں کی نشاندہی کیجیے ۔

A - آدمی نامہ -بنجارا نامہ -خاک ہند

B - فرضی لطیفہ -برق کلیسا -دربار دہلی

C - مناجات بیوہ -برکھا رت – آثار سلف

D - کسان -جنگل کی شہزادی – شکست زنداں کا خواب

(1) A اور B (2) B اور C

(3) B اور D (4) A اور D

43. شعرا اور ان کے مجموعہ کلام کے لحاظ سے درج ذیل میں دیے گئے دو صحیح زمروں کی نشاندہی کیجیے۔

A - اسم اعظم -ساتواں در -شام ہونے والی ہے

B - نشاط روح -سرود زندگی -چراغ سخن

C - عشق نامہ -کینوس – شب درمیاں

D - گل نغمہ -روح کائنات – جب فصل بہاراں آئی تھی

(1) A اور B (2) B اور C

(3) A اور C (4) B اور D

44. درج ذیل میں سے دو زمروں کے اشعار صحیح ہیں اور دو غلط ۔

A - وحدت عاشق و معشوق کی تصویر ہوں میں نل کا ایثار تو اخلاص دمن مجھ کو دیا

B - وحدت عاشق و معشوق کی تصویر ہوں میں عشق نے کیا چمن سرو و سمن مجھ کو دیا

C - اس نظر کے اٹھنے میں ، اس نظر کے جھکنے میں اشک بھر کے اٹھی تھی میری بے گناہی بھی

D - اس نظر کے اٹھنے میں ، اس نظر کے جھکنے میں نغمہ سحر بھی ہے ،آہ صبح گاہی بھی

صحیح زمروں کی نشاندہی کیجیے

(1) A اور B (2) A اور C

(3) B اور C (4) A اور D

45. درج ذیل میں سے دو زمروں کے اشعار صحیح ہیں اور دو غلط ۔

A - نالہ و آہ کی تفصیل نہ پوچھو مجھ سوں درد کہتی ہے مرا، زلف ترے کان میں آ

B - نالہ و آہ کی تفصیل نہ پوچھو مجھ سوں دفتر عشق بسا ،عشق کے دیوان میں آ

C - اب شوق سے تم محفل اغیار میں بیٹھو یا ں گوشہء خلوت میں عجب لطف اٹھا ہے

D - اب شوق سے تم محفل اغیار میں بیٹھو نظروں میں مروّت ہے نہ آنکھوں میں حیا ہے

صحیح زمروں کی نشاندہی کیجیے۔

(1) A اور B (2) B اور C

(3) C اور D (4) A اور C

46. ذیل کے دو زمرے صحیح ہیں اور دو غلط۔

A - الفاروق ، سفر نامہ روم و مصر و شام ، حیات جاوید ، مسافران لندن

B - مسافران لندن ، ابن بطوطہ کے تعاقب میں ، غبار خاطر ،الفاروق

C الفاروق، سیرت النبی، الغزالی، حیات جاوید

D - سفر نامہ روم و مصر و شام ، مسافران لندن، جاپان چلو جاپان چلو،ابن بطوطہ کے تعاقب میں

صحیح زمروں کی نشاندہی کیجیے۔

(1) B اور A (2) D اور C

(3) B اور C (4) A اورD

47. ذیل میں دو زمرے صحیح ہیں اور دو غلط۔

A -غشائی آوازیں: غ،ق،ک

B - خنکی آوازیں: ج،چ،ف

C - دندانی آوازیں: د،ن،س

D - کوز آوازیں: ٹ،چ،ڈ

صحیح زمروں کی نشاندہی کیجیے۔

(1) A اور C (2) A اورD

(3) B اور C (4) D اورC

48. ذیل میں دو زمرے صحیح ہیں اور دو غلط۔

A - کھیل لڑکوں کا سمجھتے تھے محبت کے تئیں ہے بڑا حیف ہمیں اپنی بھی نادانی کا

B - جان گھبراتی ہے اندوہ سے تن میں کیا کیا ہے بڑا حیف ہمیں اپنی بھی نادانی کا

C - کفر کچھ چاہیے اسلام کی رونق کے لیے حسن زنّار ہے تسبیح سلیمانی کا

D - کفر کچھ چاہیے اسلام کی رونق کے لیے معتقد کون ہے میرؔ ایسی مسلمانی کا

صحیح زمروں کی نشاندہی کیجیے۔

(1) A اور D (2) B اور C

(3) C اور D (4) A اورC

49. ذیل میں بولیوں کے دو صحیح اور دو غلط زمرے ہیں۔
A - کھڑی بولی ، بندیلی ، گجراتی، ہریانی
B - کھڑی بولی ، ہریانی، برج بھاشا، قنوجی
C - کھڑی بولی ، ہریانی، بہاری، قنوجی
D - کھڑی بولی ،قنوجی، بندیلی، ہریانی
صحیح زمروں کی نشاندہی کیجیے۔

(1) B اور D
(2) A اور D
(3) D اور C
(4) B اور C

50. ذیل میں دو زمرے صحیح ہیں اور دو غلط ۔
A - ملا نصرتی، ملا وجہی ،غواصی ، مقیمی
B - عبد ل، جنیدی ، ابن نشاطی ، ملا نصرتی
C - ابن نشاطی، ملا وجہی، غواصی، جنیدی
D - عبد ل، ملا نصرتی، مقیمی، سیّد میران ہاشمی
صحیح زمروں کی نشاندہی کیجیے۔

(1) A اور B
(2) C اور D
(3) A اور D
(4) B اور C

51. ذیل میں دو شعر صحیح ہیں اور دو غلط ۔
A - آگہی دام شنیدن ،جس قدر چاہے بچھائے موئے آتش دیدہ ہے حلقہ مری زنجیر کا
B - خوشی نہ ہومجھے کیونکر قضا کے آنے کی خبر ہے لاش پہ اس بے وفا کے آنے کی
C - ہر طرف ہے جہل کا بازار گرم اہل فن کیونکر نہ کھائیں پیچ و تاب
D - بڑھ گئیں تم سے تو مل کر اور بھی بیتابیاں اضطرابِ شوق نے اِک حشر برپا کر دیا
صحیح اشعار کی نشاندہی کیجیے۔

(1) B اور C
(2) C اور D
(3) A اور D
(4) A اور B

52. ذیل میں دو زمرے صحیح ہیں اور دو غلط -

A - انقلاب ، حویلی، صبح امید ، چاند تاروں کا بن

B - مستقبل، دربار دہلی ، فرضی لطیفہ ، برقِ کلیسا

C - دلِ بے قرار سو جا ، جاتری ، سمندر کا بلاوا، کلرک کا نغمۂ محبت

D - بدلی کا چاند ، جنگل کی شہزادی، شکستِ زنداں کا خواب ،کسان

صحیح زمروں کی نشاندہی کیجیے۔

(1) A اور C

(2) B اور D

(3) B اور C

(4) A اور D

53. ذیل میں دو زمرے صحیح ہیں اور دو غلط -

A - غالب شخص اور شاعر، تاریخ جمالیات ، ادب اور زندگی ، تنقیدی جائزے

B - موازنہ انیس و دبیر، داستانِ تاریخ اُردو، شعر العجم ، الفاروق

C - تنقید اور عملی تنقید ، ادب اور سماج ، روایت اور بغاوت، افکار و مسائل

D - اُردو زبان اور فنِ داستان گوئی، سخنہائے گفتنی، عملی تنقید، اُردو شاعری پر ایک نظر

صحیح زمروں کی نشاندہی کیجیے۔

(1) A اور B

(2) B اور C

(3) C اور A

(4) C اور D

54. ذیل کے بیانات میں دو صحیح ہیں اور دو غلط -

A - رشید احمد صدیقی بیسویں صدی عیسوی کے ایک اہم خاکہ نگار اور انشائیہ نگار ہیں۔

B - اختر الایمان نے نظم نگاری کے علاوہ 'خواب باقی ہیں ' جیسی اہم خود نوشت سوانح لکھی۔

C - 'مجھے میرے دوستوں سے بچاؤ' مشتاق احمد یو سفی کا انشائیہ ہے۔

D - مکتوباتی ادب میں ' اردوئے معلی' کو خصوصی اہمیت حاصل ہے۔

صحیح بیانات کی نشاندہی کیجیے۔

(1) A اور C

(2) A اور D

(3) A اور B

(4) C اور D

55. ذیل میں دو زمرے صحیح ہیں اور دو غلط۔
A - پھول بن ، بکٹ کہانی ، تضحیک روزگار ، قطب مشتری
B - نشاط روح ، اسم اعظم ، عشق نامہ ، گلِ نغمہ
C - شب قدر، آثار سلف ، باز آمد ، تاج محل
D - اندر سبھا، بوستان خیال، ضحاک، آگرہ بازار
صحیح زمروں کی نشاندہی کیجیے۔

(1) B اور C (2) A اور B

(3) A اور D (4) C اور D

56. ذیل میں دو زمرے صحیح ہیں اور دو غلط۔
A - تھی وہ اک شخص کے تصوّر سے اب وہ رعنائی خیال کہاں
B - ایسا آساں نہیں لہو رونا ذوق نظارہ جمال کہاں
C - وہ فراق اور وہ وصال کہاں اب وہ رعنائی خیال کہاں
D - وہ فراق اور وہ وصال کہاں وہ شب و روز ماہ و سال کہاں

صحیح زمروں کی نشاندہی کیجیے۔

(1) A اور C (2) A اور D

(3) C اور B (4) C اور D

57. ذیل میں اشعار کے دو زمرے صحیح ہیں اور دو غلط۔
A - ٹھنڈی ٹھنڈی وہ ہوائیں، وہ بیاباں ،وہ سحر لوٹی جاتی تھی لہکتے ہوئے سبزے پہ نظر
B - ٹھنڈی ٹھنڈی وہ ہوائیں، وہ بیاباں ،وہ سحر دم بہ دم جھومتے تھے ، وجد کے عالم میں شجر
C - وہ اک جواں کا حملہ کفارر و کنا بڑھتے ہوئے ہجوم کا ہر واررروکنا
D - وہ اک جواں کا حملہ کفار رو کنا وہ چھوٹے چھوٹے ہاتھوں پہ تلوار روکنا
صحیح زمروں کی نشاندہی کیجیے۔

(1) A اور B (2) B اور C

(3) C اور D (4) A اور D

58. شاعروں کے اعتبار سے درج ذیل اشعار میں دو زمرے صحیح ہیں اور دو غلط -

A. تیرے وحشی نے گرفتاری سے بچنے کے لیے   رم کیا اتنا کہ آہو نے ختن لگنے لگا   کلیم عاجز
B. اس کے ہی ہاتھ میں ہے شاخ تعلق کی بہار   چھو لیا ہے تو نئے برگ و ثمر آ گئے ہیں   عرفان صدیقی
C. ملے جو دل تو یہ کہنا کہ اپنی منزل پر   سحر کا بھولا ہوا وقت شام آتا ہے   جگر مرادآبادی
D. ہوا کے دوش پہ جاتا ہے کاروان نفس   عدم کی راہ میں کوئی پیادہ پا نہ ملا   یاس یگانہ چنگیزی

صحیح زمرے کی نشاندہی کیجیے-

(1) A اور B   (2) C اور D

(3) B اور D   (4) A اور C

59. شاعروں کے اعتبار سے درج ذیل اشعار میں دو زمرے صحیح ہیں اور دو غلط

A - ایساآساں نہیں لہو رونا   دِل میں طاقت جگر میں حال کہاں   غالب
B - خاطر مایوس میں نقش امید وصل یار   نور ہے صحرا میں گویا اک چراغ دود کا   حسرت
C - آیا کہ دل گیا کوئی پوچھے تو کیا کہوں   یہ جانتا ہوں دل ادھر آیا اُدھر گیا   جگر
D - دل آگاہ نے بیکار میری راہ کھوٹی کی   بہت اچھا تھا انجام سفر سے بے خبر ہونا   مجروح

صحیح زمرےکی نشاندہی کیجیے-

(1) A اور B   (2) B اور C

(3) C اور D   (4) A اورD

60. ذیل کےدو بیانات صحیح ہیں اور دو غلط

A -' ہندوستانی لسانیات کا خاکہ' گراہم بیلی کی انگریزی کتاب کا ترجمہ ہے-
B - 'اُردو کی لسانی تشکیل ' گیان چند جین کی مشہور کتاب ہے-
C - 'ہند آریائی اور ہندی ' سنیتی کمار چٹرجی کی انگریزی کتاب کا ترجمہ ہے-
D - 'مقدمہ تاریخ زبان اُردو' کے مصنّف مسعود حسین خاں ہیں -

صحیح بیانات کی نشاندہی کیجیے-

(1) A اور B   (2) B اور C

(3) C اور D   (4) B اورD

61. ذیل کے دو زمرے صحیح ہیں اور دو غلط۔
A - سب رس ، فسانہ عجائب ، خدا کی بستی ، گردشِ رنگِ چمن
B - سب رس، باغ و بہار ، فسانہ عجائب، بوستانِ خیال
C - کفن،ہتک ،اپنے دُکھ مُجھے دے دو، چوتھی کا جوڑا
D - انار کلی ، آگرہ بازار ، ضحاک، آخری آدمی
صحیح زمروں کی نشاندہی کیجیے۔

(1) A اور B
(2) B اور C
(3) C اور D
(4) A اور D

62. ذیل میں دو زمرے صحیح اور دو غلط ہیں۔
A - ملا وجہی ، میر امن، رجب علی بیگ سرور ، میر محمد تقی خیال
B - میر امن ، امتیاز علی تاج ، حبیب تنویر، محمد حسن
C - انشا اللہ خاں انشا، حبیب تنویر ،فضل علی فضلی، امانت لکھنوی
D - آغا حشر کاشمیری ، امتیاز علی تاج، حبیب تنویر، محمد حسن
صحیح زمروں کی نشاندہی کیجیے۔

(1) A اور B
(2) B اور C
(3) C اور D
(4) A اور D

63. ذیل میں دو زمرے صحیح اور دو غلط ہیں۔
A - سب رس سے قبل ملا وجہی قطب مشتری لکھ چکے تھے ۔
B - باغ و بہار گل کرسٹ کی فرمائش پر لکھی گئی تھی۔
C - 'آگرہ بازار' امتیاز علی تاج کا مشہور ڈراما ہے۔
D - فسانہ عجائب 'رانی کیتکی کی کہانی' سے قبل لکھی گئی تھی۔
صحیح زمروں کی نشاندہی کیجیے۔

(1) A اور B
(2) B اور C
(3) C اور D
(4) A اور C

64. نظموں اور شعرا کے لحاظ سے درج ذیل میں سے دو صحیح زمروں کی نشاندہی کیجیے۔

A - رامائن کا آخری سین -خاکِ ہند ، حب وطن
B - تنہائی ، صبح آزادی ، باز آمد
C - کلرک کا نغمئہ محبت -جاتری-سمندر کا بلاوا
D - چکلے -گریز-انقلاب

(1) A اور B (2) A اور C
(3) B اور C (4) C اور D

65. ذیل میں دو زمرے صحیح ہیں اور دو غلط -

A - نظیر ، اکبر، حالی، جوش
B - جگر ، اصغر، حسرت ، فانی
C - غیاث احمد گدّی ، اقبال ، میر محمد تقی خیال
D - مُلا وجہی،چکبست،عبد اللہ حسین ، خواجہ احمد عباس

(1) A اور C (2) B اور D
(3) C اور D (4) A اور B

66. شاعر اور مصرعوں کے لحاظ سے صحیح جوڑ کی نشاندہی کیجیے۔

A.	جگر مرادآبادی	I.	جب تُو نظر آیا مجھے تنہا نظر آیا
B.	اصغر گونڈ وی	II.	ہم صفیرانِ چمن کچھ آشیانے کی کہو
C.	یگانہ چنگیزی	III.	وہ مجھ پہ چھا گئے میں زمانے پہ چھا گیا
D.	فراق گورکھ پوری	IV.	زبان گنگ تک آیا نہ ماجرا دِل کا

(1) A-I, B-II, C-III, D-IV
(2) A-IV, B-II, C-III, D-I
(3) A-II, B-III, C-I, D-IV
(4) A-III, B-I, C-IV, D-II

67. محقق اور اُن کی کتاب کے لحاظ سے صحیح جوڑ کی نشاندہی کیجیے۔

A.	قاضی عبد الودود	I.	محمد تقی میر
B.	گیان چند جین	II.	غالب بحیثیت محقق
C.	محمود شیرانی	III.	اردو کی نثری داستانیں
D.	جمیل جالبی	IV.	تنقیدِ شعر العجم

(1) A-II, B-III, C-IV, D-I (2) A-IV, B-III, C-II, D-I

(3) A-I, B-II, C-III, D-IV (4) A-III, B-I, C-II, D-IV

68. داستان اور اُس کے کردار کے لحاظ سے صحیح جوڑ کی نشاندہی کیجیے۔

A.	رانی کیتکی کی کہانی	I.	بہزاد خاں
B.	باغ و بہار	II.	دل آرام
C.	بوستانِ خیال	III.	کنور اُدے بھان
D.	فسانہ عجائب	IV.	معز الدین

(1) A-IV, B-II, C-I, D-III (2) A-III, B-I, C-IV, D-II

(3) A-I, B-II, C-III, D-IV (4) A-II, B-III, C-IV, D-I

69. شاعر اور اُن کی وابستگی کے لحاظ سے صحیح جوڑ کی نشاندہی کیجیے۔

A.	مجروح سلطان پوری	I.	علی گڑھ تحریک
B.	مختار صدیقی	II.	ترقی پسند ادبی تحریک
C.	عمیق حنفی	III.	جدیدیت
D.	خواجہ الطاف حسین حالی	IV.	حلقہ اربابِ ذوق

(1) A-II, B-IV, C-III, D-I (2) A-IV, B-II, C-I, D-III

(3) A-I, B-III, C-II, D-IV (4) A-III, B-I, C-IV, D-II

70. نوعیت کے لحاظ سے کتاب /مضمون کے صحیح جوڑ کی نشاندہی کیجیے۔

A.	اس آباد خرابے میں	I.	سوانح حیات
B.	نام دیو مالی	II.	انشائیہ
C.	الفاروق	III.	خاکہ
D.	سائیکل کی سواری	IV.	خود نوشت سوانح

(1) A-IV, B-II, C-I, D-III
(2) A-III, B-IV, C-II, D-I
(3) A-IV, B-III, C-I, D-II
(4) A-IV, B-III, C-II, D-I

71. شاعر اور دبستان کے اعتبار سے صحیح جوڑ کی نشاندہی کیجیے۔

A.	مومن	I.	دبستانِ عظیم آباد
B.	ناسخ	II.	دبستانِ رام پور
C.	راسخ	III.	دبستانِ دہلی
D.	امیر	IV.	دبستانِ لکھنؤ

(1) A-III, B-II, C-I, D-IV
(2) A-II, B-III, C-I, D-IV
(3) A-III, B-IV, C-I, D-II
(4) A-II, B-III, C-IV, D-I

72. شاعروں کے نام اور تخلص کے اعتبار سے صحیح جواب کی نشاندہی کیجیے۔

A.	سراج الدین علی	I.	حاتم
B.	نجم الدین	II.	ناجی
C.	محمد شاکر	III.	آبرو
D.	ظہور الدین	IV.	خان آرزو

(1) A-IV, B-III, C-II, D-I
(2) A-III, B-II, C-IV, D-I
(3) A-I, B-II, C-III, D-IV
(4) A-IV, B-III, C-I, D-II

73. مثنوی اور اُس کے کردار کی روشنی میں صحیح جوڑ کی نشاندہی کیجیے۔

A.	گلزار نسیم	I.	سمن بر
B.	قطب مشتری	II.	مسعود شاہ
C.	پھول بن	III.	محمودہ
D.	سحر البیان	IV.	مریخ خاں

(1) A-I, B-II, C-III, D-IV (2) A-III, B-IV, C-I, D-II

(3) A-IV, B-II, C-I, D-III (4) A-II, B-I, C-III, D-IV

74. شاعر اور مثنوی کے اعتبار سے صحیح جواب کی نشاندہی کیجیے۔

A.	مقیمی	I.	یوسف زلیخا
B.	غواصی	II.	علی نامہ
C.	ملک خوشنود	III.	سیف الملوک و بدیع الجمال
D.	نصرتی	IV.	چندر بدن و مہیار

(1) A-II, B-I, C-IV, D-III (2) A-IV, B-III, C-I, D-II

(3) A-IV, B-I, C-II, D-III (4) A-III, B-II, C-I, D-IV

75. بولی اور اس کے علاقے کے صحیح جوڑ کی نشاندہی کیجیے۔

A.	لہندا	I.	جالون
B.	برج بھاشا	II.	فرخ آباد
C.	بندیلی	III.	مغربی پنجاب
D.	قنوجی	IV.	متھرا

(1) A-III, B-II, C-I, D-IV (2) A-III, B-IV, C-I, D-II

(3) A-IV, B-III, C-II, D-I (4) A-II, B-III, C-IV, D-I

76. زمانی اعتبار سے نظم نگاروں کی صحیح ترتیب کی نشاندہی کیجیے۔

A - شفیق فاطمہ شعریٰ ، اقبال ، فیض،حالی

B - حالی، اقبال،فیض، شفیق فاطمہ شعریٰ

C - اقبال، شفیق فاطمہ شعریٰ،فیض،حالی

D - فیض،اقبال، شفیق فاطمہ شعریٰ،حالی

(1) D (2) A

(3) C (4) B

77. صنفی اعتبار سے صحیح ترتیب کی نشاندہی کیجیے۔

A - ٹیڑھی لکیر، سوانگ،شاردا،شانتی

B - امراؤجان ادا،ٹیڑھی لکیر،شاردا، سوانگ

C - ٹیڑھی لکیر،شاردا،اُداس نسلیں ،بستی

D - دل کا چراغ، شاردا،شانتی،دیوار

(1) A (2) B

(3) D (4) C

78. زمانی اعتبار سے صحیح ترتیب کی نشاندہی کیجیے۔

A - میر تقی میر ،مرزاغالب،عرفان صدیقی،فراق گورکھپوری

B - مرزاغالب ، میر تقی میر ،فراق گورکھپوری، عرفان صدیقی

C - میر تقی میر ،مرزاغالب ،فراق گورکھپوری، عرفان صدیقی

D - فراق گورکھپوری، عرفان صدیقی، میر تقی میر ، مرزاغالب

(1) B (2) C

(3) A (4) D

79. زمانی اعتبار سے صحیح ترتیب کی نشاندہی کیجیے۔

A - فضل علی فضلی ،رجب علی بیگ سرور، محمد حسن، امتیاز علی تاج

B - فضل علی فضلی، رجب علی بیگ سرور، امتیاز علی تاج،محمد حسن

C - امتیاز علی تاج، رجب علی بیگ سرور ،فضل علی فضلی، محمد حسن

D - محمد حسن، رجب علی بیگ سرور ،فضل علی فضلی،امتیاز علی تاج

(1) D (2) C

(3) B (4) A

80. سال وفات کے اعتبار سے صحیح ترتیب کی نشاندہی کیجیے۔

A - گیان چند جین ، محی الدین قادری زور، مسعود حسین خاں ، گوپی چند نارنگ

B - محی الدین قادری زور ،گیان چند جین ، مسعود حسین خاں ، گوپی چند نارنگ

C - محی الدین قادری زور، مسعود حسین خاں ،گیان چند جین ، گوپی چند نارنگ

D - مسعود حسین خاں ، محی الدین قادری زور، گوپی چند نارنگ، گیان چند جین

(1) A (2) B

(3) C (4) D

81. زمانہ آغاز کے اعتبار سے ادبی تحریک یا رجحان کی صحیح ترتیب کی نشاندہی کیجیے۔

A - حلقہ اربابِ ذوق ، رومانی تحریک ، ترقی پسند تحریک ، ما بعد جدیدیت

B - ترقی پسند تحریک، رومانی تحریک، ما بعد جدیدیت ،حلقہ ارباب ذوق

C - رومانی تحریک، ترقی پسند تحریک، حلقہ اربابِ ذوق، ما بعد جدیدیت

D - رومانی تحریک، ترقی پسند تحریک، ما بعد جدیدیت، حلقہ ارباب ذوق

(1) A (2) C

(3) B (4) D

82. سنہ وفات کے اعتبار سے صحیح ترتیب کی نشاندہی کیجیے۔

A - عصمت چغتائی،سعادت حسن منٹو، راجندر سنگھ بیدی، قرۃ العین حیدر

B - سعادت حسن منٹو، عصمت چغتائی، قرۃ العین حیدر، راجندر سنگھ بیدی

C - راجندر سنگھ بیدی، سعادت حسن منٹو، عصمت چغتائی، قرۃ العین حیدر

D - سعادت حسن منٹو، راجندر سنگھ بیدی، عصمت چغتائی، قرۃ العین حیدر

(1) B (2) C

(3) A (4) D

83. زمانی اعتبار سے شعرا کی صحیح ترتیب کی نشاندہی کیجیے۔

A - شہریار ، مومن ، شاد عظیم آبادی ، جگر مرادآبادی

B - مومن ، شاد عظیم آبادی ،شہریار، جگر مرادآبادی

C - مومن ، شاد عظیم آبادی، جگر مرادآبادی، شہریار

D - شاد عظیم آبادی، شہریار، جگر مرادآبادی، مومن

(1) A (2) C

(3) D (4) B

84. سالِ پیدائش کے لحاظ سے صحیح ترتیب کی نشاندہی کیجیے۔

A - ملا وجہی، ولی، آبرو، میر

B - ولی، وجہی،میر، آبرو

C - وجہی،ولی،میر،آبرو

D - آبرو، وجہی، ولی، میر

(1) C　　(2) D

(3) A　　(4) B

85. زمانی اعتبار سے درج ذیل مثنوی نگاروں کی صحیح ترتیب کی نشاندہی کیجیے۔

A - نظامی بیدری، ملا وجہی، دیا شنکر نسیم ، میر حسن

B -نظامی بیدری، ملا وجہی، میر حسن، دیا شنکر نسیم

C - میر حسن، دیا شنکر نسیم، ملا وجہی،نظامی بیدری

D - دیا شنکر نسیم، میر حسن، نظامی بیدری، ملا وجہی

(1) D　　(2) C

(3) B　　(4) A

86. ذیل میں دو بیانات دیے گئے ہیں ، ایک میں دعوٰی کیا گیا ہے اور دوسرے میں دلیل دی گئی ہے۔ دونوں کو غور سے پڑھنے کے بعد نیچے دیے ہوئے جوابات میں سے صحیح جواب کی نشاندہی کیجیے۔

دعویٰ: 'اکبر کے دربار کا مشہور شاعر عبد الرحیم خانِ خاناں برج بھاشا کا مشہور شاعر گزرا ہے۔'

دلیل : اسی لیے برج بھاشا اہم زبان بن گئی تھی۔

(1) دعویٰ اور دلیل دونوں غلط ہیں ۔　　(2) دعویٰ غلط ہے مگر دلیل صحیح ہے۔

(3) دعویٰ اور دلیل دونوں صحیح ہیں ۔　　(4) دعویٰ صحیح ہے مگر دلیل غلط ہے۔

87. ذیل میں دو بیانات دیے گئے ہیں ، ایک میں دعوٰی کیا گیا ہے اور دوسرے میں دلیل دی گئی ہے۔ دونوں کو غور سے پڑھنے کے بعد نیچے دیے ہوئے جوابات میں سے صحیح جواب کی نشاندہی کیجیے۔

دعویٰ: 'عملی و ادبی سطح پر سر سیّد ایک عہد ساز شخصیت کے مالک ہیں۔'

دلیل : چوں کہ انھوں نے خیال انگیز مضامین لکھے۔

(1) دعویٰ اور دلیل دونوں صحیح ہیں ۔　　(2) دعویٰ اور دلیل دونوں غلط ہیں ۔

(3) دعویٰ صحیح ہے مگر دلیل غلط ہے۔　　(4) دعویٰ غلط ہے مگر دلیل صحیح ہے۔

88. ذیل میں دو بیانات دیے گئے ہیں ، ایک میں دعوٰی کیا گیا ہے اور دوسرے میں دلیل دی گئی ہے۔ دونوں کو غور سے پڑھنے کے بعد نیچے دیے ہوئے جوابات میں سے صحیح جواب کی نشاندہی کیجیے۔

دعویٰ: "سیف الملوک و بدیع الجمال " حسن شوقی کی مشہور مثنوی ہے۔
دلیل : حسن شوقی قطب شاہی عہد کا اہم شاعر تھا۔

(1) دعویٰ غلط ہے اور دلیل بھی غلط ہے۔

(2) دعویٰ صحیح ہے اور دلیل بھی صحیح ہے۔

(3) دعویٰ صحیح ہے اور دلیل غلط ہے۔

(4) دعویٰ غلط ہے اور دلیل صحیح ہے۔

89. ذیل میں دو بیانات دیے گئے ہیں ، ایک میں دعوٰی کیا گیا ہے اور دوسرے میں دلیل دی گئی ہے۔ دونوں کو غور سے پڑھنے کے بعد نیچے دیے ہوئے جوابات میں سے صحیح جواب کی نشاندہی کیجیے۔

دعویٰ: "باغ و بہار " کی مقبولیت کا بہت بڑا راز اُس کی فصاحت اور سلاست میں ہے ۔
دلیل : اس کتاب کا شمار اُردو کی اہم داستانوں میں ہوتا ہے۔

(1) دعویٰ غلط ہے اور دلیل بھی غلط ہے۔

(2) دعویٰ صحیح ہے اور دلیل بھی صحیح ہے۔

(3) دعویٰ صحیح ہے اور دلیل غلط ہے۔

(4) دعویٰ غلط ہے اور دلیل صحیح ہے۔

90. ذیل میں دو بیانات دیے گئے ہیں ، ایک میں دعوٰی کیا گیا ہے اور دوسرے میں دلیل دی گئی ہے۔ دونوں کو غور سے پڑھنے کے بعد نیچے دیے ہوئے جوابات میں سے صحیح جواب کی نشاندہی کیجیے۔

دعویٰ : مرزا رُسوا کا شاہکار ناول "امراؤ جان ادا" ہے ۔
دلیل : اس ناول کی شہرت صرف اس کے کردار امراؤ جان ادا کی شاعری کی وجہ سے ہو ئی ۔

(1) دعویٰ غلط ہے اور دلیل صحیح ہے۔

(2) دعویٰ غلط ہے اور دلیل بھی غلط ہے۔

(3) دعویٰ صحیح ہے اور دلیل بھی صحیح ہے۔

(4) دعویٰ صحیح ہے اور دلیل غلط ہے۔

91-95. سوال کا جواب ذیل میں دیے گئے اشعار کی روشنی میں دیجیے۔

جاگی مرغ سحر کے غل سے	اٹھی نکہت سی فرشِ گل سے
منہ دھونے جو آنکھ مَلتی آئ	پُر آب وہ حوض چشم پائی
دیکھا تو وہ گل ہَوا ہوا ہے	کچھ اور ہی گُل کھلا ہوا ہے
گھبرائی کہ ہیں کدھر گیا گل	جھنجھلائی کہ کون دے گیا جُل
تھَرائیں خواصیں صورتِ بید	ایک ایک سے پوچھنے لگی بھید
نرگس نے نگاہ بازیاں کیں	سوسن نے زباں درازیاں کیں
پتّا بھی پتے کو جب نہ پایا	کہنے لگیں کیا ہوا خدایا
شبنم کے سوا چرانے والا	تھا اوپری کون آنے والا
لرزاں تھی زمیں یہ دیکھ کہرام	تھی سبزے سے راست مو بر اندام
جو نخل تھا سوچ میں کھڑا تھا	جو برگ تھا ہاتھ مَل رہا تھا

91. مذکورہ بالا اقتبا س کے پہلے شعر میں مرغ سحر کے غل سے کس کے جاگنے کا ذکر ہے ؟

(1) حسن آرا (2) بکاؤلی

(3) رانی چتراوت (4) روح افزا پری

92. اس اقتباس کے تیسرے شعر میں کون سی صنعت لائی گئی ہے ؟

(1) براعت استہلال (2) واصل الشفتین

(3) وا سع الشفتین (4) حشو ملیح

93. مندرجہ بالا اقتباس میں کون سے اشعار محاورے کے استعمال سے اور خوبصورت ہو گئے ہیں ؟

(1) 1 اور 5 (2) 1 اور 8

(3) 1، 5 اور 8 (4) 3، 4 اور 6

94. اس اقتباس کے نویں (9) شعر میں " تھی سبزے سے راست مو بر اندام" کا کیا مفہوم ہے ؟

(1) زمین پر سبزے لہلہا رہے تھے۔

(2) سبزے کی کثرت سے زمین ڈھک گئی تھی۔

(3) زمین بالکل نرم ہو گئی تھی ۔

(4) خوف کی وجہ سے رونگٹے کھڑے ہو گئے تھے۔

95. زمین جس کہرام کو دیکھ کر لرزاں تھی، وہ کہرام کیوں برپا تھا؟

(1) محل کے اندر تک سرنگ کھودنے کی وجہ سے

(2) چور کے داخل ہونے کی وجہ سے

(3) انگوٹھی بدل لینے کی وجہ سے

(4) پھول چوری ہو نے کی وجہ سے

.96-100

سوال کا جواب ذیل میں دیے گئے اقتباس کی روشنی میں دیجیے۔

" ملکہ نے آداب بجا لاکرالتماس کیا کہ یہ لونڈی وہی گنہگار ہے ،جو غضب سلطانی کے باعث ، اس جنگل میں پہنچی ۔ اور یے سب تماشے خدا کے ہیں جو آپ دیکھتے ہیں ۔ یہ سُنتے ہی پادشاہ کے لہو نے جوش مارا ،اُٹھ کر محبت سے گلے لگا لیا، اور ہاتھ پکڑ کے ،اپنے تخت کے پاس کرسی بچھوا کر ، حکم بیٹھنے کا کیا۔ لیکن پادشاہ حیران اور متعجب بیٹھے تھے، فرمایا کہ پادشاہ بیگم کو کہو کہ پادشاہ زادیوں کو اپنے ساتھ لے کر جلد آویں ۔ جب وے آئیں ،ما،بہنوں نے پہچانااور گلے مل کر روئیں اور شکر کیا۔ ملکہ نے اپنی والدہ اور چھہوں ہمشیروں کے رُو بہ رُو اتنا کچھ نقد اور جواہر رکھا کہ خزانہ تمام عالم کا اس کے پا سنگ میں نہ چڑھے۔ پھر پادشاہ نے سب کو ساتھ بٹھا کر ،.خاصہ نوش جان فرمایا۔"

96. مذکورہ بالا اقتباس میں ملکہ کس کی خدمت میں آداب بجا لائی؟

(1) بادشاہ کی خدمت میں (2) ماں کی خدمت میں

(3) ہمشیرہ کی خدمت میں (4) بھائی کی خدمت میں

97. مذکورہ بالا اقتباس میں " وہی گنہگار" سے کیا مراد ہے؟

(1) ملکہ بہ ذات خود (2) بادشاہ کی بڑی بیٹی

(3) بادشاہ کی بیگم (4) مہمان خاتون

98. بادشاہ نے کسے اپنے تخت کے پاس کرسی بچھوا کر بیٹھنے کا حکم دیا؟

(1) اپنی بیگم کو (2) "ملکہ "کو

(3) لونڈی کو (4) درباریوں کو

99. مذکورہ بالا اقتباس میں " پادشاہ بیگم " کون ہے؟

(1) بادشاہ کی منہ بولی بیٹی

(2) بادشاہ کی بڑی بہن

(3) بادشاہ کی بیگم

(4) بادشاہ کی ماں

100. مذکورہ بالا اقتباس میں " خاصہ "کا کیا مفہوم ہے؟

(1) والدین کے لیے تیار کیا ہوا کھانا

(2) رات کا بچا ہوا سالن

(3) درویشوں کا مرغوب کھانا

(4) بادشاہ یا امرا کا کھانا

ANSWERS

1	2	3	4	5	6	7	8	9	10
(1)	(1)	(2)	(1)	(3)	(2)	(2)	(4)	(2)	(4)
11	**12**	**13**	**14**	**15**	**16**	**17**	**18**	**19**	**20**
(4)	(1)	(3)	(3)	(2)	(4)	(4)	(2)	(2)	(1)
21	**22**	**23**	**24**	**25**	**26**	**27**	**28**	**29**	**30**
(3)	(2)	(2)	(1)	(2)	(4)	(1)	(3)	(3)	(3)
31	**32**	**33**	**34**	**35**	**36**	**37**	**38**	**39**	**40**
(4)	(3)	(4)	(4)	(2)	(1)	(3)	(1)	(4)	(3)
41	**42**	**43**	**44**	**45**	**46**	**47**	**48**	**49**	**50**
(4)	(3)	(3)	(4)	(2)	(2)	(1)	(4)	(1)	(2)
51	**52**	**53**	**54**	**55**	**56**	**57**	**58**	**59**	**60**
(1)	(2)	(4)	(2)	(1)	(2)	(2)	(3)	(1)	(3)
61	**62**	**63**	**64**	**65**	**66**	**67**	**68**	**69**	**70**
(2)	(4)	(1)	(2)	(4)	(4)	(1)	(2)	(1)	(3)
71	**72**	**73**	**74**	**75**	**76**	**77**	**78**	**79**	**80**
(3)	(1)	(2)	(2)	(2)	(4)	(3)	(2)	(3)	(2)
81	**82**	**83**	**84**	**85**	**86**	**87**	**88**	**89**	**90**
(2)	(4)	(2)	(3)	(3)	(4)	(3)	(1)	(2)	(4)
91	**92**	**93**	**94**	**95**	**96**	**97**	**98**	**99**	**100**
(2)	(3)	(4)	(4)	(4)	(1)	(1)	(2)	(3)	(4)

Previous Years' Paper (Solved)

National Testing Agency (NTA)

UGC-NET Junior Research Fellowship & Assistant Professor Eligibility Exam

URDU, JUNE-2022

(Online exam held on 23-09-2022)

PAPER-II

Note: *This paper contains* **hundred (100)** *objective type questions of* **two (2)** *marks each.* **All** *questions are* **compulsory**.

1. داستان اوراس کے کردار کے صحیح جوڑ کی نشاندہی کیجیے؟

A	رانی کیتکی کی کہانی	I	ملکہ نوبہار
B	فسانۂ عجائب	II	بیدار بخت
C	بوستان خیال	III	راجہ سورج بھان
D	باغ و بہار	IV	ملکہ مہر نگار

(1) A–I B II C-III D–IV
(2) A–III B–IV C–I D–II
(3) A–IV B–III C–II D–I
(4) A–II B–I C–IV D–II

2. مصنفین اور کتابوں کے اعتبار سے درست جوڑ کی نشاندہی کیجیے۔

A	فضل علی خاں فضلی	I	سب رس
B	حبیب تنویر	II	ضحاک
C	محمد حسن	III	کربل کتھا
D	ملا وجہی	IV	آگرہ بازار

(1) A–I B–II C–III D–IV
(2) A–IV B–III C–I D–II
(3) A–III B–IV C–II D–I
(4) A–II B–I C–IV D–III

3. علویت(SUBLIMITY) کانظریہ کس مغربی نقاد نے پیش کیا؟

(1) آئی اے رچرڈس
(2) میتھیو آرنلڈ
(3) ارسطو
(4) لان جائنس

4. علم معنیات کولسانیات میں پہلی بار کس نے علاحدہ شق کے طور پر پیش کیا؟

(1) بریل
(2) لے سنگ
(3) ڈی۔سورس
(4) پروفیسر ایلن

5. تاریخ وفات کے اعتبار سے صحیح ترتیب کی نشاندہی کیجیے۔

A امتیاز علی خاں عرشی، قاضی عبدالودود، مجنوں گورکھپوری، محی الدین قادری زور
B محی الدین قادری زور، امتیاز علی خاں عرشی، قاضی عبدالودود، مجنوں گورکھپوری
C محی الدین قادری زور، قاضی عبدالودود، مجنوں گورکھپوری، امتیاز علی خاں عرشی
D مجنوں گورکھپوری، امتیاز علی خاں عرشی، قاضی عبدالودود، محی الدین قادری زور

(1) B
(2) C
(3) D
(4) A

6. اپنے بے خواب کواڑوں کومقفل کرلو
اب یہاں کوئی نہیں کوئی نہیں آئے گا

یہ مصرعے کس نظم کا حصہ ہیں؟

(1) سمندر کا بلاوا
(2) تنہائی
(3) حویلی
(4) گریز

7. ناقداور اُن کی تصنیف کے اعتبار سے دو زمرے صحیح ہیں اور دو غلط۔

A آل احمد سرور۔۔ مسرت سے بصیرت تک

B مجنوں گورکھپوری۔۔ روایت اور بغاوت

C محمد حسن۔۔ شناسا چہرے

D شمس الرحمٰن فاروقی۔۔ نئے اور پُرانے چراغ

صحیح زمروں کی نشاندہی کیجئے۔

(1) B **اور** D (2) B **اور** C

(3) A **اور** C (4) A **اور** D

8. ایسی نظم کو کیا کہیں گے، جس میں شاعر محبوب کو جلی کٹی سُنا کر کسی اور سے دل لگانے کی دھمکی دیتا ہے؟

(1) شہر آشوب (2) واسوخت

(3) ریختی (4) دوبیتی

9. ناول "فردوس بریں" کے پہلے باب کا کیا عُنوان ہے؟

(1) فردوس بریں (2) پریوں کا غول

(3) پھر وہی عالم عناصر (4) بلغان خاتون کا سفر

10. دلی کالج کے پہلے پرنسپل کون تھے؟

(1) ڈاکٹر اشپر نگر (2) مسٹر فلکس بترو

(3) مسٹر جے۔ایچ ٹیلر (4) جان گلکرسٹ

11. ذیل میں دو بیانات دیے گئے ہیں، جن میں سے ایک دعویٰ ہے اور ایک دلیل۔

دونوں کو غور سے پڑھیے اور ذیل میں دیے گئے جوابات میں سے صحیح جواب کی نشاندہی کیجیے۔

دعویٰ: غالبؔ اردو کے بہت بڑے شاعر تھے۔

دلیل: اس لیے کہ انھیں بہادر شاہ ظفر کے دربار سے خطاب ملا تھا۔

(1) دعویٰ درست ہے، دلیل بھی درست ہے۔

(2) دعویٰ درست ہے، لیکن دلیل درست نہیں ہے۔

(3) دلیل درست ہے، دعویٰ غلط ہے۔

(4) دعویٰ درست نہیں ہے، دلیل بھی درست نہیں ہے۔

12. ''خواب باقی ہیں'' کس کی خودنوشت ہے؟

(1) جوش ملیح آبادی (2) عبدالماجد دریابادی

(3) آل احمد سرور (4) اخترالایمان

13. ذیل میں دو زمرے مکمل شعر کی حیثیت سے صحیح ہیں اور دو غلط۔

A دل کو نہ پوچھ معرکۂ حسن و عشق میں
اکثر ترے بغیر بھی آرام آ گیا

B دل کو سکون ، روح کو آرام آ گیا
بے اختیار لب پہ ترا نام آ گیا

C دل کو سکون، روح کو آرام آ گیا
موت آگئی کہ دوست کا پیغام آ گیا

D دل کو نہ پوچھ معرکۂ حسن و عشق میں
کیا جانیے غریب کہاں کام آ گیا

صحیح زمروں کی نشاندہی کیجیے۔

(1) A اور C (2) A اور B

(3) B اور C (4) C اور D

14. ذیل میں دوزمرے صحیح ہیں اور دو غلط۔

A ملاوجہی۔ابن نشاطی۔غواصی

B نظامی بیدری ، ملاوجہی ،ابن نشاطی

C ملک خوشنود ، مقیمی ، رستمی

D ابن نشاطی ،ملاوجہی ،نظامی بیدری

صحیح زمروں کی نشاندہی کیجئے۔

(1) D **اور** B

(2) A **اور** B

(3) C **اور** A

(4) D **اور** A

15. ذیل میں دوزمرے صحیح ہیں اور دو غلط۔

A جو گیا ،لمبی لڑکی ،ٹرمینس سے پرے، یوکلپٹس

B نئی بیوی ،معصوم بچّہ ،بدنصیب ماں ،شانتی

C پالی ہِل کی ایک رات ،روشنی کی رفتار، دیوالہ، روشنی

D نیا قانون، موزیل، ہتک ،شکوہ شکایت

صحیح زمروں کی نشاندہی کیجیے۔

(1) C **اور** D

(2) A **اور** B

(3) A **اور** C

(4) B **اور** C

16. ہوس کو ہے نشاطِ کار کیا کیا

نہ ہو مرنا تو جینے کا مزا کیا

اس شعر میں کون سی صنعت ہے؟

(1) استعارہ (2) طباق

(3) مجازمرسل (4) کنایہ

17. ان میں سے نظامی عروضی سمرقندی کی تصنیف کون سی ہے؟

(1) لباب الالباب (2) قابوس نامہ

(3) چہار مقالہ (4) خجستہ نامہ

18. افسانوی مجموعہ ''روشنی کی رفتار'' میں کون کون سے افسانے شامل ہیں؟

(1) آوارہ گرد 'حسب نسب' نظارہ درمیاں ہے' قلندر

(2) کہرے کے پیچھے' نظارہ درمیاں ہے' حسب نسب' دوسیّاح

(3) قلندر' ہاؤسنگ سوسائٹی 'نظارہ درمیاں ہے 'کارمن

(4) جلاوطن 'ڈالن والا' قلندر 'فقیروں کی پہاڑی

19. ڈراما ''یہودی کی لڑکی'' میں کُل کتنے سین ہیں؟

(1) سترہ (2) انیس

(3) اٹھارہ (4) بیس

20. شاعر اور اُن کے شعری مجموعے کے اعتبار سے دو زمرے صحیح ہیں اور دو غلط

A ن۔م۔راشد ۔۔ایران میں اجنبی

B اخترالایمان ۔۔بنتِ لمحات

C جذبی ۔۔نئی دنیا کو سلام

D سردار جعفری ۔۔فروزاں

صحیح زمروں کی نشاندہی کیجیے۔

(1) B اور C
(2) A اور B
(3) C اور D
(4) B اور D

.21 تاج الملوک کس مثنوی کا کردار ہے؟

(1) سحرالبیان
(2) کدم راؤ پدم راؤ
(3) گلزار نسیم
(4) بکٹ کہانی

.22 ان میں سے کون سی نظم اخترالایمان کی ہے؟

(1) حویلی
(2) بازآمد
(3) بازگشت
(4) آثار سلف

.23 شاعر اور ان کی نظم کے اعتبار سے دو زمرے صحیح ہیں اور دو غلط۔

A میراجی ۔ بازیابی

B جوش ملیح آبادی ۔ جنگل کی شہزادی

C شفیق فاطمہ شعری ۔ سمندر کا بلاوا

D اسمٰعیل میرٹھی ۔ آثارِ سلف

صحیح زمروں کی نشاندہی کیجیے۔

(1) A اور D
(2) A اور C
(3) B اور D
(4) C اور D

24. زمانی اعتبار سے صحیح ترتیب کی نشاندہی کیجیے۔

A حالی، نظیر ، جوش، اقبال

B نظیر، جوش، حالی، اقبال

C اقبال، نظیر، جوش ، حالی

D نظیر، حالی، اقبال ، جوش

(1) B (2) D

(3) C (4) A

25. ''شامت اعمال'' کس کا انشائیہ ہے؟

(1) یوسف ناظم (2) احمد جمال پاشا

(3) مجتبیٰ حسین (4) انجم مانپوری

26. لغت میں درج ذیل الفاظ کی ترتیب کیا ہوگی؟

A ہجر، مرگ، شوق، وصل

B شوق، مرگ، وصل، ہجر

C وصل، شوق، مرگ، ہجر

D شوق، مرگ، ہجر، وصل

(1) A (2) B

(3) C (4) D

27. مسمط کی کتنی قسمیں ہیں؟

(1) آٹھ (2) بارہ

(3) سولہ (4) دس

28. ذیل میں دو زمرے صحیح ہیں اور دو غلط۔

A ہوا جب کفر ثابت ہے وہ تمغائے مسلمانی ذوقؔ

B نمک خوان تکلم ہے فصاحت میری انیسؔ

C کروں پہلے توحید یزداں رقم میر حسنؔ

D ضیغم ڈکارتا ہوا نکلا کچھار سے انیسؔ

صحیح زمروں کی نشاندہی کیجیے۔

(1) C اور A (2) C اور B

(3) D اور B (4) A اور D

29. ذیل میں دو زمرے صحیح ہیں اور دو غلط۔

A فورٹ ولیم کالج کے قیام کا مقصد نو وارد انگریز افسروں کو اردو سکھانا تھا۔

B دار الترجمہ عثمانیہ اورنگ آباد میں قائم ہوا۔

C علی گڑھ تحریک کے بانی اقبال تھے۔

D دلّی کالج کے قیام کا مقصد ہندوستانیوں کو اردو زبان میں عصری اور سائنسی علوم کی تعلیم دینا تھا۔

صحیح زمروں کی نشاندہی کیجیے۔

(1) D اور C (2) B اور A

(3) A اور D (4) C اور B

30. ذیل میں دو زمرے صحیح ہیں اور دو غلط۔

A میر ضمیرؔ ، مرزا دبیرؔ ، میر خلیقؔ

B میر ضمیرؔ ،میر خلیقؔ ،مرزا فصیحؔ

C میر ضمیرؔ ،میر انیسؔ ،مرزا فصیحؔ

D جوشؔ، جمیل مظہری ،وحید اختر

صحیح زمروں کی نشاندہی کیجئے۔

(1) B اور A
(2) D اور B
(3) B اور C
(4) A اور D

31. افسانہ نگار اور اُن کے افسانے کے اعتبار سے دو زمرے صحیح ہیں۔

A قرۃ العین حیدر ۔ صرف ایک سگریٹ

B کرشن چندر ۔ فقیروں کی پہاڑی

C راجند سنگھ بیدی ۔ گرہن

D سعادت حسن منٹو ۔ نیا قانون

صحیح زمروں کی نشاندہی کیجیے۔

(1) A اور D
(2) B اور D
(3) C اور D
(4) A اور C

32. تاریخ وفات کے اعتبار سے صحیح ترتیب کی نشاندہی کیجیے۔

A امداد امام اثر، محمد حسن، کلیم الدین احمد، شمس الرحمٰن فاروقی

B کلیم الدین احمد، امداد امام اثر، محمد حسن، شمس الرحمٰن فاروقی

C محمد حسن، امداد امام اثر، شمس الرحمٰن فاروقی، کلیم الدین احمد

D امداد امام اثر، کلیم الدین احمد، محمد حسن، شمس الرحمٰن فاروقی

(1) C (2) D

(3) B (4) A

33. ارسطو کی کتاب کا اردو میں ''بوطیقا'' کے نام سے ترجمہ کس نے کیا ہے؟

(1) سلیم احمد (2) عزیز احمد

(3) مولوی عبدالحق (4) سید عابد حسین

34. ذیل میں دو زمرے صحیح ہیں اور دو غلط۔

A رباعی میں عام طور پر اخلاق وتصوف، پند وموعظت اور حکمت وغیرہ کے مضامین ہوتے ہیں۔

B رباعی میں تین مصرعے ہوتے ہیں۔

C رباعی کے تمام مصرعوں میں خیال غیر مربوط ہوتا ہے۔

D رباعی عربی زبان کا لفظ ہے۔

دو صحیح زمروں کی نشاندہی کیجیے۔

(1) A اور C (2) B اور D

(3) A اور D (4) B اور C

35. ذیل میں دو زمرے صحیح ہیں اور دو غلط۔

A ''فسانۂ آزاد'' پریم چند کی تضنیف ہے۔

B ''اداس نسلیں'' کے مصنف شوکت صدیقی ہیں۔

C ناول ''بستی'' انتظار حسین کی تصنیف ہے۔

D افسانوی مجموعہ ''بابا لوگ'' کے مصنف غیاث احمد گدّی ہیں۔

صحیح زمروں کی نشاندہی کیجیے۔

(1) B اور C　　(2) C اور D

(3) B اور D　　(4) A اور D

36. ذیل میں ناولوں اوران کے کرداروں کے نام درج ہیں۔ صحیح جوڑ کی نشاندہی کیجیے۔

خدا کی بستی	I	چھمّی جان	A
گئودان	II	سُلطانہ	B
فسانۂ آزاد	III	نعیم	C
اداس نسلیں	IV	داتا دین	D

(1) D–I　C-III　B–IV　A–II

(2) D–I　C–II　B–III　A–IV

(3) D–IV　C–III　B–II　A–I

(4) D–II　C–IV　B–I　A–III

37. ''ناٹیہ شاستر'' کس کی تصنیف ہے؟

(1) آچاریہ شنکک　　(2) ابھینو گپت

(3) آچاریہ بھرت منی　　(4) آنند وردھن

38. ''ہندوستان کی جدید زبانوں کی پیدائش پراکرتوں سے نہیں بلکہ اپ بھرنشوں سے ہوتی ہے۔''

یہ رائے کس نے دی ہے؟

(1) محی الدین قادری زورؔ　　(2) شوکت سبزواری

(3) مسعود حسین خاں　　(4) مرزا خلیل احمد بیگ

39. ''ادبی تحقیق مسائل اور تجزیہ'' کس کی تصنیف ہے؟

(1) ڈاکٹر شین اختر
(2) رشید حسن خاں
(3) جمیل جالبی
(4) گیان چند جین

40. ذیل میں دو بیانات دیے گئے ہیں، ایک میں دعویٰ کیا گیا ہے اور دوسرے میں دلیل دی گئی ہے۔ دونوں کو غور سے پڑھنے کے بعد ذیل میں دیے گئے جوابات میں سے صحیح جواب کی نشاندہی کیجیے۔

دعویٰ: پریم چند ایک عظیم افسانہ نگار ہیں۔

دلیل: کیونکہ انھوں نے ہندی میں بھی افسانے لکھے۔

(1) دعویٰ صحیح ہے اور دلیل بھی صحیح ہے۔
(2) دعویٰ غلط ہے اور دلیل صحیح ہے۔
(3) دعویٰ غلط ہے اور دلیل بھی غلط ہے۔
(4) دعویٰ صحیح ہے اور دلیل غلط ہے۔

41. صحیح جوڑ کی نشاندہی کیجیے۔

پنجاب میں اردو	I	ڈاکٹر مسعود حسین خاں	A
زبان اور علم زبان	II	محمود شیرانی	B
مقدمہ تاریخ زبان اردو	III	عبدالقادر سروری	C
اردو زبان کی تاریخ	IV	مرزا خلیل احمد بیگ	D

(1) A–I B–II C-III D–IV
(2) A–III B–I C–II D–IV
(3) A–I B–III C–II D–IV
(4) A–IV B–III C–II D–I

42. زمانی اعتبار سے صحیح ترتیب کی نشاندہی کیجیے۔

A رانی کیتکی کی کہانی، باغ و بہار، سب رس

B باغ و بہار، سب رس، بوستان خیال

C سب رس، کربل کتھا، بوستان خیال

D فسانۂ عجائب، سب رس، باغ و بہار

(1) B (2) D

(3) C (4) A

43. صحیح جوڑ کی نشاندہی کیجیے؟

بازآمد	I	برج نرائن چکبست	A
چکلے	II	میراجی	B
خاک ہند	III	اخترالایمان	C
جاتری	IV	ساحرلدھیانوی	D

(1) D–I C-III B–IV A–II

(2) D–II C–IV B–III A–I

(3) D–I C–IV B–II A–III

(4) D–II C–I B–IV A–III

44. ذیل میں دو زمرے صحیح ہیں اور دو غلط۔

A مشرقی ہندوستان کی زبانیں ۔ بنگالی، آسامی، اڑیا، بہاری

B شمالی مغربی ہندوستان کی زبانیں ۔ لہندا، سندھی، مغربی، پنجابی

C بنگالی، آسامی، اڑیا، میتھلی ۔ جنوبی ہندوستان کی زبانیں

D پنجابی، سندھی، بھوجپوری ۔ مغربی ہندوستان کی زبانیں

صحیح زمروں کی نشاندہی کیجیے۔

(1) D اور B (2) B اور A

(3) B اور C (4) D اور A

45. ذیل میں دو زمرے صنف کے لحاظ سے صحیح ہیں

A فسانۂ آزاد ، فردوس بریں، گئودان ، ہم وحشی ہیں

B روشنی کی رفتار، بابالوگ ، الاؤ ، تماشا گھر

C بجوکا ، ایک لڑکی ، ٹھنڈا گوشت ، فائر ایریا

D ٹیڑھی لکیر ، توبۃ النصوح ، خدا کی بستی ، آگ کا دریا

صحیح زمروں کی نشاندہی کیجیے۔

(1) B اور C (2) C اور D

(3) B اور D (4) A اور D

46. دارالترجمہ جامعہ عثمانیہ کس کی نگرانی میں قائم ہوا؟

(1) مولوی عبدالحق (2) وحید الدین سلیم

(3) عنایت اللہ دہلوی (4) شبلی نعمانی

47. رپورتاژ ''پودے'' کے مصنف کون ہیں؟

(1) حمید اختر (2) کرشن چندر

(3) قرۃ العین حیدر (4) عصمت چغتائی

48. ''سب رس'' میں شہزادے کو کس چیز کی تلاش ہے؟

(1) آب حیات
(2) جادوئی انگوٹھی
(3) طلسمی پھول
(4) بولنے والا طوطا

49. ذیل میں دو زمرے صحیح ہیں اور دو غلط۔

A مافوق الفطری عناصر داستان کے بنیادی جزو ہیں۔

B میر امن کی بنیادی شناخت ''گنج خوبی'' کی وجہ سے ہے۔

C ''سب رس'' غواصی کی تصنیف ہے۔

D اردو داستانوں میں ہماری تہذیب و معاشرت کی بھرپور عکاسی ملتی ہے۔

صحیح زمروں کی نشاندہی کیجیے۔

(1) C **اور** A
(2) C **اور** B
(3) A **اور** D
(4) B **اور** C

50. درج ذیل شعرا کو اُن کی اصناف سے جوڑیے:

I	واسوخت	A	امجد حیدر آبادی
II	مسدس	B	میر انیس
III	رباعی	C	میر تقی میر
IV	مرثیہ	D	حالی

(1) A–IV B–I C–II D–III
(2) A–III B–IV C–II D–I
(3) A–III B–IV C–I D–II
(4) A–III B–I C–IV D–II

51. شاعری کے سلسلے میں مطالعۂ کائنات اور تفحص الفاظ کو کس نقاد نے ضروری قرار دیا؟

(1) سید احتشام حسین (2) الطاف حسین حالی

(3) شمس الرحمٰن فاروقی (4) کلیم الدین احمد

52. درج ذیل میں سے کس رسالے نے رومانوی تحریک کو فروغ دیا؟

(1) شب خون (2) مخزن

(3) سب رس (4) شاعر

53. ذیل میں دو زمرے صحیح ہیں اور دو غلط۔

A لندن کے سفر میں سرسیّد کے ساتھ حامد اور محمود شامل تھے۔

B ''ابن بطوطہ کے تعاقب میں،، شبلی کا سفرنامہ ہے۔

C ''مجھے میرے دوستوں سے بچاؤ،، احمد جمال پاشا کا انشائیہ ہے۔

D مجتبیٰ حسین کا سفرنامہ ''جاپان چلو جاپان چلو،، کی پہلی اشاعت 1983 میں ہوئی۔

صحیح زمروں کی نشاندہی کیجیے

(1) B اور A (2) A اور D

(3) C اور B (4) D اور C

54. ''ادب الکاتب،، کس کی تصنیف ہے؟

(1) قدامہ ابن جعفر (2) جاحظ

(3) عبدالقاہر جرجانی (4) ابن قتیبہ

55. دہلی ورنا کولر ٹرانسلیشن سوسائٹی کس کی کوششوں سے قائم ہوئی؟

(1) کرنل ہالرائیڈ (2) لارڈ ولزلی

(3) ڈاکٹر اشپرنگر (4) مسٹر فلیکس بترو

56. کوئی ویرانی سی ویرانی ہے

دشت کو دیکھ کے گھر یاد آیا

اس شعر میں کون سی خصوصیت ہے؟

(1) ایہام (2) تہہ داری

(3) مبالغہ (4) استعارہ

57. سہد یورمانی کس ناول کا کردار ہے؟

(1) اُداس نسلیں (2) خدا کی بستی

(3) فائر ایریا (4) گئودان

58. 'باغ و بہار' کا تیسرا درویش کس ملک کے بادشاہ کا بیٹا تھا؟

(1) چین (2) مصر

(3) عجم (4) یمن

59. "تحقیق کسی امر کو اس کی اصلی شکل میں دیکھنے کی کوشش ہے"۔ یہ کس کا قول ہے؟

(1) قاضی عبدالودود (2) مالک رام

(3) حنیف نقوی (4) گیان چند جین

60. 'سندر لال' کس افسانے کا کردار ہے۔؟

(1) اپنے دُکھ مجھے دے دو (2) لاجونتی

(3) لمبی لڑکی (4) ببّل

61. شاعر کی نظموں کے لحاظ سے دو زمرے صحیح ہیں اور دو غلط۔

A اک مس سیمیں بدن سے ، مستقبل ،شہر آشوب

B مادرِ وطن ، بے ثباتی دُنیا ، بیر بہوٹی

C اے عشق کہیں لے چل، او دیس سے آنے والے بتا ، وادیٔ گنگا میں ایک رات

D نذر علی گڑھ ، آوارہ ، چاند تاروں کا بن

صحیح زمروں کی نشاندہی کیجئے۔

(1) B اور C (2) C اور D

(3) A اور D (4) A اور B

62. سراسر عشق کے ہے اس میں رازاں کئے سو عشق بازی عشق بازاں

یہ شعر کس مثنوی سے ماخوذ ہے؟

(1) پھول بن (2) قطب مشتری

(3) بکٹ کہانی (4) کدم راؤ پدم راؤ

63. ذیل میں دو زمرے صحیح ہیں اور دو غلط۔

A ''سب رس'' اور قطب مشتری'' ملا وجہی کی تصانیف ہیں۔

B ''رانی کیتکی کی کہانی'' کا اسلوب عربی وفارسی آمیز ہے۔

C ''فسانۂ عجائب'' دہلی میں لکھی گئی۔

D میر امن دہلی میں پیدا ہوئے۔

صحیح زمروں کی نشاندہی کیجیے۔

(1) B اور A (2) D اور C

(3) A اور D (4) C اور B

.64 زمانی اعتبار سے صحیح ترتیب کی نشاندہی کیجیے۔

A آب حیات، پنجاب میں اردو، مقدمہ تاریخ زبان اردو، اردو زبان کی تاریخ

B اردو زبان کی تاریخ، آب حیات، مقدمہ تاریخ زبان اردو، پنجاب میں اردو

C پنجاب میں اردو، آب حیات، اردو زبان کی تاریخ، مقدمہ تاریخ زبان اردو

D آب حیات، پنجاب میں اردو، اردو زبان کی تاریخ، مقدمہ تاریخ زبان اردو

(1) B (2) A

(3) D (4) C

.65 ذیل میں دو زمرے درست ہیں اور دو غلط۔

A سید احتشام حسین ۔ہندوستانی لسانیات کا خاکہ

B اردو زبان کی تاریخ ۔مرزا خلیل احمد بیگ

C شوکت سبزواری ۔زبان اور علم زبان

D داستان زبان اردو جدید ۔شوکت سبزواری

صحیح زمروں کی نشاندہی کیجیے۔

(1) D اور B (2) B اور A

(3) D اور C (4) D اور A

.66 ان میں سے کون سی کتاب آل احمد سرور کے مضامین کا مجموعہ ہے؟

(1) لفظ و معنی (2) تلاش و توازن

(3) مسرت سے بصیرت تک (4) مضامینِ نو

67. صحیح جوڑ کی نشاندہی کیجیے؟

جگر مرادآبادی	I	اسم اعظم	A
جذبؔی	II	آتشِ گل	B
اصغر گونڈوی	III	سخن مختصر	C
شہریار	IV	نشاطِ روح	D

(1) A–I B–III C-II D–IV

(2) A–IV B–III C–I D–II

(3) A–IV B–I C–II D–III

(4) A–II B–III C–IV D–I

68. صحیح جوڑ کی نشاندہی کیجیے۔

کلیم عاجز	I	عشق نامہ	A
فراق گورکھپوری	II	وہ جو شاعری کا سبب ہوا	B
عرفان صدیقی	III	گلِ نغمہ	C
یگانہ چنگیزی	IV	آیاتِ وجدانی	D

(1) A–III B–I C-II D–IV

(2) A–IV B–III C–II D–I

(3) A–III B–IV C–I D–II

(4) A–II B–I C–III D–IV

69. ذیل میں دو زمرے صحیح ہیں اور دو غلط۔

A امداد امام اثر ،شبلی ،رشید حسن خاں

B سلام العجمی ،عبدالقاہر جرجانی ،ابن رشیق

C حالی ،آل احمد سرور، محمد حسن

D گیان چند جین ،جمیل جالبی ،مجنوں گورکھپوری

دو صحیح زمروں کی نشاندہی کیجیے۔

(1) A اور B　　(2) C اور D

(3) A اور D　　(4) B اور C

70. ذیل میں دو زمرے صحیح ہیں اور دو غلط۔

A　داستان ''باغ و بہار'' ترجمہ ہے لیکن طبع زاد معلوم ہوتی ہے۔

B　ڈراما ''ضحاک'' کسان تحریک کے پس منظر میں لکھا گیا ہے۔

C　ثریّا' ڈراما انارکلی کا کردار ہے۔

D　امانت لکھنوی ایک کامیاب داستان نویس تھے۔

صحیح زمروں کی نشاندہی کیجیے۔

(1) A اور C　　(2) B اور A

(3) C اور B　　(4) D اور B

71. ان میں سے کون دبستانِ لکھنؤ کا شاعر ہے؟

(1) شاہ مبارک آبرو　　(2) شیخ امام بخش ناسخ

(3) مظہر جان جاناں　　(4) خواجہ میر درد

72. محققین اور کتابوں کے اعتبار سے صحیح جواب کی نشاندہی کیجیے۔

I	دکن میں اُردو	A	محی الدین قادری زور
II	چند ہم عصر	B	نصیر الدین ہاشمی
III	سرگزشتِ غالب	C	رشید حسن خاں
IV	انشا اور تلفظ	D	مولوی عبدالحق

(1)	D–IV	C-I	B–III	A–II
(2)	D–I	C–III	B–II	A–IV
(3)	D–II	C–IV	B–I	A–III
(4)	D–III	C–II	B–IV	A–I

73. زمانی اعتبار سے صحیح ترتیب کی نشاندہی کیجیے۔

A ماسٹر رام چندر، مجروح سلطان پوری، ناسخ

B بیگ احساس، ماسٹر رام چندر، مجروح سلطان پوری

C ناسخ، مولوی عبدالحق، شمیم حنفی

D مولوی عبدالحق، ناسخ، شمیم حنفی

(1) A (2) B

(3) C (4) D

74. تاریخ ولادت کے اعتبار سے صحیح ترتیب کی نشاندہی کیجیے۔

A مخدوم محی الدین، فیض احمد فیض، چکبست، ساحر لدھیانوی

B چکبست، مخدوم محی الدین، فیض احمد فیض، ساحر لدھیانوی

C فیض احمد فیض، چکبست، ساحر لدھیانوی، مخدوم محی الدین

D چکبست، فیض احمد فیض، ساحر لدھیانوی، مخدوم محی الدین

(1) D (2) C

(3) B (4) A

75. کس نظم میں خواتین ہی کی زبان میں اُن کے جذبات کی ترجمانی کی جاتی ہے؟

(1) دوبیتی (2) شہر آشوب

(3) ریختی (4) غزل

76. تاریخ ولادت کے اعتبار سے صحیح ترتیب کی نشاندہی کیجیے۔

A رتن ناتھ سرشار، عبدالحلیم شرر، انتظار حسین، مرزا ہادی رُسوا

B عبدالحلیم شرر، رتن ناتھ سرشار، مرزا ہادی رُسوا، انتظار حسین

C رتن ناتھ سرشار، عبدالحلیم شرر، مرزا ہادی رُسوا، انتظار حسین

D رتن ناتھ سرشار، مرزا ہادی رُسوا، عبدالحلیم شرر، انتظار حسین

(1) C (2) B

(3) A (4) D

77. سفرنامہ اور سفرنامہ نگار کے صحیح جوڑ کی نشاندہی کیجیئے۔

ابن انشا	I	جاپان چلو جاپان چلو	A
سرسیّد	II	سفرنامہ رُوم ومصروشام	B
مجتبیٰ حسین	III	مسافران لندن	C
شبلی نعمانی	IV	ابن بطوطہ کے تعاقب میں	D

(1) D–I C-II B–IV A–III

(2) D–IV C–III B–II A–I

(3) D–I C–II B–III A–IV

(4) D–III C–IV B–I A–II

78. ''غالب جدید شعراء کی محفل میں'' کس کا انشائیہ ہے؟

(1) رشید احمد صدیقی (2) پطرس بخاری

(3) کنہیالال کپور (4) مشتاق احمد یوسفی

79. ذیل میں دو زمرے صحیح ہیں اور دو غلط۔

A اردو اسٹیج ڈراموں کے فروغ میں پارسی تھیٹریکل کمپنیوں کا اہم رول رہا ہے۔

B آغا حشر کاشمیری کو اردو ڈرامے کا شیکسپیئر کہا جاتا ہے۔

C مکالموں کے بغیر بھی ڈرامے لکھے جاسکتے ہیں۔

D ڈراما ''اندر سبھا'' کے مصنف حبیب تنویر ہیں۔

صحیح زمروں کی نشاندہی کیجیے۔

(1) B اور C (2) A اور B

(3) D اور B (4) C اور D

80. لغت میں درج ذیل شعرا کے تخلص کی ترتیب کیا ہوگی؟

A اصغر، مومن، میر، فانی

B اصغر، فانی، مومن، میر

C میر، مومن، فانی، اصغر

D اصغر، میر، مومن، فانی

(1) A (2) B

(3) C (4) D

81. ذیل میں دو زمرے صحیح ہیں اور دو غلط۔

A ''اردوئے معلّٰی'' غالب کے خطوط کا مجموعہ ہے۔

B ''اس آباد خرابے میں'' خطوط کا مجموعہ ہے۔

C ''ورود مسعود'' میں کل سترہ ابواب ہیں۔

D ''خواب باقی ہیں'' سردار جعفری کی خودنوشت ہے۔

صحیح زمروں کی نشاندہی کیجیے

(1) B اور C

(2) D اور A

(3) D اور B

(4) A اور C

82. میں کیسے سمجھتا کہ تو ہے یا کہ نہیں ہے

ہردم متغیر تھے خرد کے نظریات

اس شعر میں شاعر کس سے مخاطب ہے؟

(1) حضرت جبریلؑ سے

(2) خدا سے

(3) آدم علیہ السلام سے

(4) اسرافیل علیہ السلام سے

83. عبدالقادر سروری نے 'مارفیم' کے لیے کون سا اردو لفظ استعمال کیا ہے؟

(1) تشکیلیات

(2) تشکیلہ

(3) روپ

(4) رُخ

84. ذیل میں دو بیانات دیے گئے ہیں، جن میں سے ایک دعویٰ ہے اور ایک دلیل۔

دونوں کو غور سے پڑھیے اور ذیل میں دیے گئے جوابات میں سے صحیح جواب کی نشاندہی کیجیے۔

دعویٰ: میر امن اردو کے ایک اہم داستان نویس ہیں۔

دلیل: کیونکہ انھوں نے بوستانِ خیال جیسی داستان لکھی۔

(1) دعویٰ غلط ہے، دلیل صحیح ہے۔

(2) دعویٰ صحیح ہے، دلیل غلط ہے۔

(3) دعویٰ صحیح ہے، دلیل بھی صحیح ہے۔

(4) دعویٰ غلط ہے، دلیل بھی غلط ہے۔

85. جملوں کی ساخت کے مطالعے کو کیا کہتے ہیں؟

(1) صرف

(2) نحو تفصیلی

(3) نحو ترکیبی

(4) مفعولی حالت

86. ذیل میں دو بیانات دیے گئے ہیں، جن میں سے ایک دعویٰ ہے اور ایک دلیل۔

دونوں کو غور سے پڑھیے اور ذیل میں دیے گئے جوابات میں سے صحیح جواب کی نشاندہی کیجیے۔

دعویٰ: امداد امام اثر اُردو کے اہم نقّاد ہیں۔

دلیل: کیونکہ انھوں نے تنقیدی کتاب ''کاشف الحقائق'' لکھی۔

(1) دعویٰ صحیح ہے اور دلیل بھی صحیح ہے۔ (2) دعویٰ غلط ہے اور دلیل بھی غلط ہے۔

(3) دعویٰ صحیح ہے لیکن دلیل غلط ہے۔ (4) دعویٰ غلط ہے لیکن دلیل صحیح ہے۔

87. کسی تصنیف کے مختلف نسخوں کا مقابلہ کر کے درست متن تیار کرنے کا عمل کیا کہلاتا ہے؟

(1) تسوید (2) تصحیف

(3) تدوین (4) تحریف

88. ذیل میں دو بیانات دیے گئے ہیں، جن میں سے ایک دعویٰ ہے اور ایک دلیل۔

دونوں کو غور سے پڑھیے اور ذیل میں دیے گئے جوابات میں سے صحیح جواب کی نشاندہی کیجیے۔

دعویٰ: کسی بھی زبان کا ادب ترجمے سے ثروت مند ہوتا ہے۔

دلیل: ترجمے کی بدولت مختلف زبانوں کے ادب اور علوم سے واقفیت ہوتی ہے۔

(1) دعویٰ صحیح ہے اور دلیل بھی صحیح ہے۔ (2) دعویٰ غلط ہے اور دلیل بھی غلط ہے۔

(3) دعویٰ صحیح ہے لیکن دلیل غلط ہے۔ (4) دعویٰ غلط ہے لیکن دلیل صحیح ہے۔

89. ذیل میں دو زمرے صحیح ہیں اور دو غلط۔

A شہزادہ گلفام ڈراما ''اندر سبھا'' کا کردار ہے۔

B ''ضحاک'' حبیب تنویر کا ڈراما ہے۔

C ''یہودی کی لڑکی'' اور ''رستم وسہراب'' آغا حشر کاشمیری کے ڈرامے ہیں۔

D ''بوستان خیال'' ملاوجہی کی تصنیف ہے۔

صحیح زمروں کی نشاندہی کیجیے۔

(1) D اور A
(2) B اور D
(3) C اور B
(4) A اور C

90. ذیل میں دوزمرے صحیح ہیں اور دو غلط۔

A قدامہ ابن جعفر ، ابن رشیق ، ابن قتیبہ

B شمس قیس رازی، عروضی سمر قندی، امتیاز علی عرشی

C قاضی عبدالودود ، امتیاز علی عرشی ، احتشام حسین

D کلیم الدین احمد ، وزیر آغا ، گوپی چند نارنگ

صحیح زمروں کی نشاندہی کیجیے۔

(1) B اور C
(2) A اور D
(3) A اور C
(4) C اور D

91-95. سوالات کے جواب ذیل میں دیے گئے اقتباس کی روشنی میں دیجیے۔

اتنی محنت کچھ نیک نہ لگی، اُس کا فائدہ ظاہر نہ ہوا۔ اے شاہزادے! تیری یہ حالت بے کسی کی دیکھ کر مجھے یاد آیا اور یہ جی میں ٹھہرایا، کسوطرح تجھ کو مَلِک صادق کے پاس لے چلوں اور تیرے چچا کا ظلم بیان کروں۔ غالب ہے کہ وہ دوستی تمھارے باپ کی یاد کرکر، ایک بوزنہ جو باقی ہے، تجھے دے۔ تب ان کی مدد سے تیرا ملک تیرے ہاتھ آوے۔ اور چین وماچین کی سلطنت تو بہ خاطر جمع کرے۔ اور بالفعل اس حرکت سے تیری جان بچتی ہے۔ اگر اور کچھ نہ ہو، تو اس ظالم کے ہاتھ سے سوائے اس تدبیر

کے اور کوئی صورت مخلصی کی نظر نہیں آتی۔ میں نے اُس کی زبانی یہ سب کیفیت سُن کر کہا کہ دادا جان! اب تو میری جان کا مختار ہے۔ جو میرے حق میں بھلا ہو، سو کر۔ میری تسلی کر کے، آپ عطر اور بخور اور جو کچھ وہاں کے لے جانے کی خاطر مناسب جانا، خرید کرنے بازار میں گیا۔

دوسرے دن میرے اُس کافر چچا کے پاس، جو بجائے ابو جہل کے تھا، گیا اور کہا: جہاں پناہ! شہ زادے کے مارڈالنے کی ایک صورت میں نے دل میں ٹھہرائی ہے، اگر حکم ہو تو عرض کروں۔ وہ کم بخت خوش ہو کر بولا: وہ کیا تدبیر ہے؟ تب مبارک نے کہا کہ اُس کے مارڈالنے میں سب طرح آپ کی بدنامی ہے، مگر میں اُسے باہر جنگل میں لے جا کر ٹھکانے لگاؤں اور گاڑ داب کر چلا آؤں۔ ہرگز کوئی محرم نہ ہوگا کہ کیا ہوا۔ یہ بندش مبارک سے سن کر بولا کہ بہت مبارک۔ میں یہ چاہتا ہوں کہ وہ سلامت نہ رہے۔ اُس کا دغدغہ میرے دل میں ہے۔ اگر مجھے اِس فکر سے تو چھڑاوے گا، تو اس خدمت کے عوض بہت کچھ پاوے گا۔ جہاں تیرا جی چاہے لے جا کر کھپادے اور مجھے یہ خوش خبری لادے۔

91. مذکورہ بالا اقتباس میں لفظ ''بوزنہ'' کا کیا مفہوم ہے؟

(1) شیر
(2) کتا
(3) بندر
(4) بھالو

92. مذکورہ بالا اقتباس کس درویش سے متعلق ہے؟

(1) پہلے
(2) چوتھے
(3) دوسرے
(4) تیسرے

93. مذکورہ بالا اقتباس میں ''ابو جہل'' سے کون مراد ہے؟

(1) وزیر
(2) شہزادے کا چچا
(3) غلام
(4) جنوں کا بادشاہ

94. مذکورہ بالا اقتباس میں مبارک نے شاہزادے کو مارنے کے لیے کون سی تدبیر تجویز کی؟

(1) زہر دے کر مار دینے کی　　(2) شیر کے پنجرے میں ڈال دینے کی

(3) پھانسی پر لٹکا دینے کی　　(4) جنگل میں مار کر گاڑ دینے کی

95. مذکورہ بالا اقتباس میں ملک صادق کون ہے؟

(1) جنوں کا بادشاہ　　(2) تیسرا درویش

(3) چین وما چین کا بادشاہ　　(4) ایران کا بادشاہ

96-100. بلبلوں کی وہ صدائیں، وہ گلوں کی خوش بوٗ　　دل کو الجھاتے تھے، سُنبل کے وہ پُرخم گیسو

قمریاں کہتی تھیں، شمشا پہ یاہو، یاہو!　　فاختہ کی، یہ صدا سرو پہ تھی، کوٗ کوٗ کوٗ

وقت تسبیح کا تھا عشق کا دم بھرتے تھے

اپنے معبوٗد کی، سَب حمد وثنا کرتے تھے

آئے سجّادۂ طاعت پہ، اِمام دو جہاں　　اُس طرف طبل بجایاں ہوئی لشکر میں اَذاں

وہ مُصلّی کہ زباں جِن کی، حدیث وقُرآن　　وہ نمازی، کہ جو ایماں کے تن پاک کی جاں

زاہد ایسے تھے کہ مُمتاز تھے، ابراروں میں

عابد ایسے تھے کہ سجدے کیے، تلواروں میں

کیا جوانانِ خوش اَطوار تھے، سُبحان اللہ　　کیا رفیقانِ وفادار تھے، سُبحان اللہ

صَف درو غازی وجرّار تھے، سُبحان اللہ　　زاہد وعابد وآبرار تھے، سُبحان اللہ

زن وفرزند سے فُرقت ہوئی، مسکن چھوڑا

مگر احمدؐ کے نواسے کا، نہ دامن چھوڑا

اللہ اللہ! عجب فوج، عجب غازی تھے　　عجب اَسوار تھے بے مِثل، عجب تازی تھے
لائقِ مدح وسزاوارِ سرافرازی تھے　　گو بُہت کم تھے، پہ آمادۂ جاں بازی تھے
پیاس ایسی تھی کہ آ آ گئی جاں ہونٹوں پر
صابر ایسے تھے کہ پھیری نہ زباں ہونٹوں پر

96. مندرجہ بالا شعری اقتباس کے تیسرے بند میں ''رفیقانِ وفادار'' سے کن کی طرف اشارہ ہے؟

(1) حضرت علی کے وفادار ساتھی۔　(2) حضرت عثمان کے وفادار ساتھی۔
(3) حضرت امام حسن کے ساتھی۔　(4) حضرت امام حسین کے وفادار ساتھی۔

97. مندرجہ بالا اشعار میں ''امام دو جہاں'' سے شاعر نے کس کی شخصیت کی طرف اشارہ کیا ہے؟

(1) حضرت علی　(2) حضرت امام حسن
(3) حضرت امام حسین　(4) حضور اکرم صلی اللہ علیہ وسلم

98. ''مگر احمد کے نواسے کا نہ دامن چھوڑا'' سے کیا مراد ہے؟

(1) حضرت امام حسن کا ساتھ دیا　(2) حضرت زین العابدین کا ساتھ دیا
(3) رات کے اندھیرے میں نکل بھاگے　(4) حضرت امام حسین کا ساتھ دیا

99. مندرجہ بالا اشعار میں لفظ ''سجادۂ طاعت'' کے کیا مراد ہے؟

(1) جانماز　(2) منبر
(3) آرام کرسی　(4) تکیہ

100. اس شعری اقتباس کے تیسرے بند میں لفظ "صف در و جرّار" کے کیا معنی ہیں؟

(1) تیراندازی کا ماہر (2) دلیر اور بہادر

(3) دشمنوں سے صلح کرنے والا (4) رحم دل

ANSWERS

1	2	3	4	5	6	7	8	9	10
(2)	(3)	(4)	(2)	(1)	(2)	(3)	(2)	(2)	(3)
11	**12**	**13**	**14**	**15**	**16**	**17**	**18**	**19**	**20**
(2)	(3)	(4)	(3)	(2)	(2)	(3)	(2)	(3)	(2)
21	**22**	**23**	**24**	**25**	**26**	**27**	**28**	**29**	**30**
(3)	(2, 3)	(3)	(2)	(2)	(2)	(1)	(2)	(3)	(2)
31	**32**	**33**	**34**	**35**	**36**	**37**	**38**	**39**	**40**
(3)	(2)	(2)	(3)	(2)	(4)	(3)	(3)	(2)	(4)
41	**42**	**43**	**44**	**45**	**46**	**47**	**48**	**49**	**50**
(2)	(3)	(4)	(2)	(3)	(1)	(2)	(1)	(3)	(3)
51	**52**	**53**	**54**	**55**	**56**	**57**	**58**	**59**	**60**
(2)	(2)	(2)	(4)	(4)	(2)	(3)	(3)	(1)	(2)
61	**62**	**63**	**64**	**65**	**66**	**67**	**68**	**69**	**70**
(1)	(1)	(3)	(2)	(2)	(3)	(3)	(1)	(4)	(1)
71	**72**	**73**	**74**	**75**	**76**	**77**	**78**	**79**	**80**
(2)	(3)	(3)	(3)	(3)	(4)	(1)	(3)	(2)	(2)
81	**82**	**83**	**84**	**85**	**86**	**87**	**88**	**89**	**90**
(4)	(2)	(2)	(2)	(3)	(1)	(3)	(1)	(4)	(2)
91	**92**	**93**	**94**	**95**	**96**	**97**	**98**	**99**	**100**
(3)	(2)	(2)	(4)	(1)	(4)	(3)	(4)	(1)	(2)

Previous Years' Paper (Solved)

National Testing Agency (NTA)

UGC-NET Junior Research Fellowship & Assistant Professor Eligibility Exam

URDU, JUNE-2021

(Online exam held on 24-11-2021)

PAPER-II

Note: *This paper contains* ***hundred (100)*** *objective type questions of* ***two (2)*** *marks each.* ***All*** *questions are* ***compulsory***.

1. آریائی زبان کا عہد وسطی کس زمانے کو کہا جاتا ہے؟

(1) ۵۰۰ ق م تا ۶۰۰ء
(2) ۶۰۰ء تا ۱۰۰۰ء
(3) ۲۰۰۰ ق م تا ۵۰۰ ق م
(4) ۱۰۰۰ء تا ۱۵۰۰ء

2. ذیل میں دیئے ہوئے شعراء میں سے کس کا مدفن دلّی میں نہیں ہے؟

(1) مرزا غالب
(2) میر تقی میرؔ
(3) میر درؔد
(4) مومن خان مومن

3. نہیں محتاج زیور کا، جسے خوبی خدا نے دی
کہ جیسے خوش نما لگتا ہے، دیکھو چاند بن گہنے

باغ و بہار میں یہ شعر کس کے قصے میں شامل ہے؟

(1) آزاد بخت
(2) پہلے درویش
(3) خواجہ سگ پرست
(4) تیسرے درویش

4. "سب رس" میں 'غیر' کس کی بیٹی ہے؟

(1) ہجر
(2) رقیب
(3) نظر
(4) قامت

5. غالب کو "بلبل ہند" کس شاعر نے کہا تھا؟

(1) داغ
(2) اقبال
(3) حالی
(4) مومن

6. "مجموعہ نغز" کس کی تصنیف ہے؟

(1) میر حسن
(2) قدرت اللہ قاسم
(3) لچھمی نرائن شفیق
(4) قدرت اللہ شوق

7. مندرجہ ذیل میں سے کونسی نظم نظیر اکبر آبادی کی نہیں ہے؟

(1) جنم کنھیاجی
(2) مفلسی
(3) شہر آشوب
(4) برکھارت

8. "صبح امید" اور "شہر آشوب اسلام" کس کی نظمیں ہیں؟

(1) آزاد
(2) حالی
(3) شبلی
(4) اکبر

9. انجمن آرا کس ملک کی شاہزادی تھی؟

(1) زرنگار
(2) بہارستان
(3) عشق آباد
(4) حسن آباد

10. 'زہد' پہاڑ پر نظر کی ملاقات کس سے ہوتی ہے؟

(1) رزق
(2) رقیب
(3) قامت
(4) خضر

11. نظم 'مفلسی' کی ہئیت کیا ہے؟

(1) مثمن
(2) مخمس
(3) مسدس
(4) مسبع

12. "تجزیے" کس کی کتاب ہے؟

(1) تنویر احمد علوی
(2) آل احمد سرور
(3) رشید حسن خاں
(4) گیان چند جین

13. سبحہ گرداں ہی میرؔ ہم تو رہے - دست کوتاہ تا سبو نہ گیا

اس شعر میں سبحہ گرداں کے کیا معنی ہیں؟

(1) قرآن پڑھنے والے
(2) تسبیح پڑھنے والے
(3) نماز پڑھنے والے
(4) طواف کرنے والے

14. اے ترک غمزہ زن کہ مقابل نشستہ در دیدہ ام خلیدہ و در دل نشستہ

یہ غزل اردو کے کس ڈرامے میں استعمال کی گئی ہے؟

(1) ضحاک
(2) یہودی کی لڑکی
(3) اندر سبھا
(4) انار کلی

15. "بوستان خیال" میں صاحبقران اکبر کسے کہا گیا ہے؟

(1) سلطان اسمٰعیل
(2) خورشید تاج بخش
(3) شاہزادہ بدر منیر
(4) معز الدین

16. کون سا سفر نامہ ابن انشا کا نہیں ہے؟

(1) ابن بطوطہ کے تعاقب میں
(2) چلتے ہو تو چین کو چلیے
(3) آوارہ گرد کی ڈائری
(4) جاپان چلو جاپان چلو

17. "اگر سودا نہ ہوتے تو اردو قصیدے کو زیر بحث لانا بھی فضول تھا"
سودا کے تعلق سے یہ رائے کس ناقد کی ہے ؟

(1) کلیم الدین احمد (2) امداد امام اثر

(3) آل احمد سرور (4) حالی

18. "ایسا صبورِ بے ملال اور ایسا شکورِ بے زوال کہ عام ہیں عطیات اُس کے اور مسرت بخش ہیں بلیات اُس کے"
یہ نثری ٹکڑا کس کتاب سے ماخوذ ہے ؟

(1) فسانۂ عجائب (2) معراج العاشقین

(3) دیباچہ کدم راؤ پدم راؤ (4) کربل کتھا

19. "ایک گرجا ایک خندق" کس کا افسانوی مجموعہ ہے ؟

(1) عصمت چغتائی (2) سعادت حسن منٹو

(3) سہیل عظیم آبادی (4) کرشن چندر

20. مجیب الرحمن کس ادیب کا اصل نام ہے ؟

(1) سہیل عظیم آبادی (2) اختر اورینوی

(3) مجنوں گورکھپوری (4) پطرس بخاری

21. 'فائر ایریا' میں رحمت میاں کس گاؤں کا رہنے والا ہے ؟

(1) ست پور (2) رسول پور

(3) دھرم پور (4) اورنگ آباد

22. امراؤ جان کا پہلا مجرا کس کے یہاں ہوتا ہے ؟

(1) نواب جعفر علی خاں (2) نواب سلطان علی خاں

(3) راجہ شیودھیان سنگھ (4) نواب شجاعت علی خاں

23. "کربل کتھا" کی پانچویں مجلس میں کس کی شہادت کا ذکر ہے؟

(1) حضرت علیؓ (2) حضرت عباس

(3) امام حسین (4) مسلم بن عقیل

24. خواجہ امان دہلوی نے کس کی فرمائش پر " بوستان خیال" کا ترجمہ کیا؟

(1) مہاراجہ شیودان سنگھ (2) مرزا غالب

(3) نواب رامپور (4) نواب سعید خاں

25. حالی کے اشعار پطرس بخاری کے کس مضمون میں شامل ہیں؟

(1) مرید پور کا پیر (2) لاہور کا جغرافیہ

(3) کتے (4) سنیما کا عشق

26. ترا اندیشہ افلاکی نہیں ہے
تری پرواز لولاکی نہیں ہے
یہ مانا اصل شاہینی ہے تیری
تری آنکھوں میں بےباکی نہیں ہے

کس شعری صنف سے تعلق ہے؟

(1) قطعہ (2) رباعی

(3) مسدس (4) مثنوی

27. جانے کا نہیں شور سخن کا مرے ہرگز

درج ذیل مصرعوں میں سے صحیح مصرع کی مدد سے میر کا شعر مکمل کیجیے۔

(1) تاحشر مرے سر پہ یہ احسان رہے گا

(2) محشر تئیں خالی نہ یہ میدان رہے گا

(3) تاحشر جہاں میں مرا دیوان رہے گا

(4) پر آپ کوئی رات ہی مہمان رہے گا

28. "اردو کا ابتدائی زمانہ" کس کی تصنیف ہے؟

(1) شوکت سبزواری
(2) شمس الرحمٰن فاروقی
(3) مسعود حسین خاں
(4) سید سلیمان ندوی

29. "رانی کیتکی کی کہانی" میں پھول کلی کون ہے؟

(1) کنور کی ماں
(2) کیتکی کی ماں
(3) مالن
(4) ہیروئن

30. بے نظیر کس ڈرامے کا کردار ہے؟

(1) ضحاک
(2) انارکلی
(3) یہودی کی لڑکی
(4) آگرہ بازار

31. سر سید نے لندن کے سفر کا آغاز ہندوستان کے کس شہر سے کیا تھا؟

(1) غازی پور
(2) علی گڑھ
(3) بنارس
(4) مراد آباد

32. رانی ستونتی اور دیدبانو کس مثنوی کے کردار ہیں؟

(1) قطب مشتری (2) پھول بن

(3) کدم راؤ پدم راؤ (4) بکٹ کہانی

33. "برسات کی سڑی گرمی پڑ رہی ہو، کسی گھریلو تقریب میں آپ دیکھیں گے کہ محلہ نہیں سارے قصبے کی عورتیں، خواہ کسی سائز، عمر، مزاج یا مصرف کی ہوں، رونق افروز ہیں اور یہ بتانے کی ضرورت نہیں کہ ہر عورت کی گود میں دو ایک بچے اور زبان پر پانچ سات کلمات خیر ضرور ہوں گے۔ کتنی زیادہ عورتیں کتنی کم جگہ میں آجاتی ہیں اس کا اندازہ کوئی نہیں کر سکتا"

یہ اقتباس کس مضمون کا ہے؟

(1) وکیل صاحب (2) شامت اعمال

(3) چارپائی (4) لاہور کا جغرافیہ

34. ہر ایک خار ہے گل ہر گل ہے ایک ساغرِ عیش
ہر ایک دشتِ چمن ہر چمن بہشت نظیر

یہ شعر ذوق کے رائیہ قصیدہ کے کس جزو سے ماخوذ ہے؟

(1) خاتمہ (2) تشبیب

(3) گریز (4) مدح

35. "حلقۂ اربابِ ذوق" کا پہلا جلسہ کس کے گھر پر منعقد ہوا؟

(1) میراجی (2) نصیر احمد جامعی

(3) ن م راشد (4) اعجاز حسین بٹالوی

36. "ہندوستانی ترقی پسند تحریک دنیا میں ترقی پسندی کی تحریک، اشتراکیت کے اصولوں کے پرچار، فاشزم کے خلاف تمدنی اور ادبی محاذ قایم کرنے کی تحریک کا ایک حصہ ہے"

یہ بیان کس ترقی پسند نقاد کا ہے؟

(1) محمد حسن　　(2) احتشام حسین

(3) قمر رئیس　　(4) ممتاز حسین

37. "آیات ونغمات" کس شاعر کا شعری مجموعہ ہے؟

(1) فراق گورکھپوری　　(2) جوش ملیح آبادی

(3) فانی بدایونی　　(4) جگر مراد آبادی

38. "ماورا" کی اشاعت کس سنہ میں ہوئی؟

(1) 1957　　(2) 1960

(3) 1961　　(4) 1962

39. سنو سکھیو! کہ رُت آسوج آئی
پیارے کی خبر اب لگ نہ پائی

کس مثنوی کا شعر ہے؟

(1) گلزار نسیم　　(2) قطب مشتری

(3) بکٹ کہانی　　(4) کدم راؤ پدم راؤ

40. جمیلہ کس شاہزادی کی ماں کا نام ہے؟

(1) انجمن آرا　　(2) بکاؤلی

(3) بدر منیر　　(4) مہر نگار

41. ذیل میں دو زمرے صحیح ہیں:

(A) میر انیس لکھنؤ میں پیدا ہوئے۔

(B) میر انیس خلیق کے بیٹے تھے۔

(C) ناسخ کی ولادت فیض آباد میں ہوئی۔

(D) نظیر آگرے میں پیدا ہوئے۔

دو صحیح زمروں کی نشاندہی کیجئے :

(1) (A) اور (B)
(2) (B) اور (C)
(3) (C) اور (D)
(4) (A) اور (C)

42. ذیل میں دو زمرے صحیح ہیں۔

(A) دہلی کالج کے اساتذہ۔ سر سید احمد خاں، ماسٹر رام چندر

(B) دہلی کالج کے اساتذہ۔ مفتی صدر الدین آزردہ، امام بخش صہبائی

(C) دہلی کالج کے اساتذہ۔ ماسٹر رام چندر، مولوی ذکاء اللہ

(D) دہلی کالج کے اساتذہ۔ امام بخش صہبائی، جان گلکرسٹ

صحیح زمرے کی نشاندہی کیجئے:

(1) (B) اور (C)
(2) (A) اور (B)
(3) (C) اور (D)
(4) (A) اور (D)

43. ذیل میں سے دو زمرے صحیح ہیں۔

(A) فورٹ ولیم کالج، اکرام علی، بینی نارائن

(B) فورٹ ولیم کالج، سر سید احمد خاں، میر امن

(C) فورٹ ولیم کالج، حیدر بخش حیدری، ذکاء اللہ

(D) فورٹ ولیم کالج، مظہر علی ولا، شیر علی افسوس

صحیح زمرے کی نشاندہی کیجئے:

(1) (A) اور (B)
(2) (A) اور (D)
(3) (B) اور (C)
(4) (C) اور (D)

44. ذیل میں سے دو زمرے صحیح ہیں۔

(A) سرسید کے معاصرین: تلوک چند محروم، ذکاءاللہ۔

(B) سرسید کے معاصرین: محسن الملک، نظم طباطبائی۔

(C) سرسید کے معاصرین: چراغ علی، محسن الملک۔

(D) سرسید کے معاصرین: محسن الملک، ذکاءاللہ۔

صحیح زمرے کی نشاندہی کیجئے:

(1) (A) اور (B)
(2) (B) اور (C)
(3) (C) اور (D)
(4) (B) اور (D)

45. زمانی اعتبار سے دو زمرے صحیح ہیں۔

(A) میر تقی میرؔ، ذوقؔ، میراجی

(B) غالبؔ، میر درد، ن۔م۔راشدؔ

(C) خان آرزوؔ، میر تقی میرؔ، میر دردؔ

(D) میراجی، ن۔م۔راشدؔ، قیوم نظر

صحیح زمرے کی نشاندہی کیجئے:

(1) (C) اور (D)
(2) (A) اور (C)
(3) (A) اور (D)
(4) (B) اور (C)

46. اصناف کے اعتبار سے دو صحیح زمروں کی نشاندہی کیجئے۔

(A) لال باغ۔ تین عورتیں۔ گل نغمہ۔ ڈولی

(B) تنہائی۔ لال باغ۔ گریز۔ باز گشت

(C) حویلی۔ تنہائی۔ کسان۔ چھلے

(D) بستی۔ واردات۔ ایک لڑکا۔ انار کلی

(1) (A) اور (D)
(2) (B) اور (C)
(3) (C) اور (D)
(4) (A) اور (C)

47. ذیل میں سے دو زمرے شعر کی حیثیت سے صحیح ہیں۔

(A) جذبۂ بے اختیار شوق دیکھا چاہیئے
مدعا عنقا ہے اپنے عالم تقریر کا

(B) جذبۂ بے اختیار شوق دیکھا چاہیئے
سینۂ شمشیر سے باہر ہے دم شمشیر کا

(C) نظر میں کھٹکے ہے بن تیرے گھر کی آبادی
ہمیشہ روتے ہیں ہم دیکھ کر در و دیوار

(D) نظر میں کھٹکے ہے بن تیرے گھر کی آبادی
کہ ہوگئے مرے دیوار و در، در و دیوار

صحیح زمرے کی نشاندہی کیجئے:

(1) (B) اور (C)
(2) (A) اور (B)
(3) (C) اور (D)
(4) (B) اور (D)

48. دبستان کے لحاظ سے دو زمرے صحیح ہیں۔

(A) میر تقی میر، یگانہ چنگیزی، ولی دکنی

(B) قلی قطب شاہ، مرزا غالب، جمیلؔ مظہری

(C) میر تقی میرؔ، مرزا غالب، مومن خان مومنؔ

(D) قلی قطبؔ شاہ، ولیؔ دکنی، ملا وجہیؔ

صحیح زمرے کی نشاندہی کیجیے:

(1) (A) اور (C) (2) (B) اور (D)

(3) (C) اور (D) (4) (A) اور (B)

49. ایک ہی میدان کے ہونے کی حیثیت سے ذیل کے دو زمرے صحیح ہیں:

(A) ارسطو، مولوی عبد الحق، محی الدین قادری زور

(B) قاضی عبد الودود، افلاطون، ابن خلدون

(C) ٹی ایس ایلیٹ، احتشام حسین، ارسطو

(D) محی الدین قادری زور، قاضی عبد الودود، مولوی عبد الحق

صحیح زمرے کی نشاندہی کیجئے:

(1) (C) اور (D) (2) (A) اور (C)

(3) (B) اور (D) (4) (A) اور (D)

50. کالم کے بارے میں کون سے دو زمرے صحیح ہیں نشاندہی کیجئے:

(A) کالم کے موضوعات مقرر ہوتے ہیں چھوٹے بڑے ہر موضوع پر کالم نہیں لکھا جا سکتا۔

(B) کالم میں ایک معمولی سی بات کو غیر معمولی طریقے سے پیش کرنے کو کالم نگار کا ہنر تسلیم کیا جاتا ہے۔

(C) یہ ضروری نہیں کہ ایک اخبار میں ایک کالم ہو کسی بھی اخبار میں بیک وقت کئی کالم ہو سکتے ہیں۔

(D) کالم ہم عصر صحافت کا کوئی اہم جزو نہیں۔ اخبار میں اس سے صرف نظر کیا جا سکتا ہے۔

(1) (A) اور (C)　　(2) (B) اور (A)

(3) (B) اور (C)　　(4) (D) اور (B)

51. ذیل میں سے دو زمرے ڈرامہ نگار اور ان کے ڈرامے کے لحاظ سے صحیح ہیں:

(A) امانت لکھنوی : اندر سبھا : محمد حسن : ضحاک۔

(B) آغا حشر : انار کلی : محمد حسن : اندر سبھا۔

(C) امتیاز علی تاج : ضحاک : حبیب تنویر : یہودی کی لڑکی۔

(D) حبیب تنویر : آگرہ بازار : آغا حشر : یہودی کی لڑکی۔

صحیح زمرے کی نشاندہی کیجئے:

(1) (A) اور (B)　　(2) (B) اور (C)

(3) (A) اور (D)　　(4) (C) اور (D)

52. ذیل میں سے دو زمرے شاعر اور ان کی نظم کے لحاظ سے صحیح ہیں:

(A) اکبر الہ آبادی : برق کلیسا، فرضی لطیفہ، دربار دہلی۔

(B) شفیق فاطمہ شعریٰ: باز گشت، باز آمد، تاج محل۔

(C) میراجی : کلرک کا نغمۂ محبت، جاتری، سمندر کا بلاوا۔

(D) ساحر لدھیانوی: تاج محل، گریز، صبح امید۔

صحیح زمرے کی نشاندہی کیجئے:

(1) (A) اور (B)　　(2) (A) اور (C)

(3) (B) اور (C)　　(4) (C) اور (D)

53. ذیل میں سے دو زمرے مکمل شعر کی حیثیت سے صحیح ہیں۔

(A) غم رہا جب تک کہ دم میں دم رہا
اس میں مجنوں کا ولے ماتم رہا

(B) سنتے ہیں لیلیٰ کے خیمے کو سیاہ
دم کے جانے کا نہایت غم رہا

(C) غم رہا جب تک کہ دم میں دم رہا
دم کے جانے کا نہایت غم رہا

(D) سنتے ہیں لیلیٰ کے خیمے کو سیاہ
اس میں مجنوں کا ولے ماتم رہا

صحیح زمرے کی نشاندہی کیجئے:

(1) (A) اور (D)
(2) (B) اور (C)
(3) (A) اور (B)
(4) (C) اور (D)

54. ذیل میں سے دو زمرے تصنیف کے کردار کے لحاظ سے صحیح ہیں :

(A) زین الملوک، محمودہ، تاج الملوک

(B) بکاولی، تاج الملوک، ماہ رخ

(C) نجم النساء، محمودہ، زین الملوک

(D) فیروز شاہ، نجم النساء، ماہ رخ

صحیح زمرے کی نشاندہی کیجئے:

(1) (A) اور (C)
(2) (B) اور (C)
(3) (A) اور (D)
(4) (C) اور (D)

55. ذیل میں سے دو زمرے صحیح ہیں:

(A) جمیل مظہری: جنبش سے میرے خامہ افسوں طراز کی۔

(B) مرزا غالب: نمک خوان تکلم ہے فصاحت میری۔

(C) مرزا دبیر: ضیغم ڈکارتا ہوا نکلا کچھار سے۔

(D) میر انیس: مرثیہ عارف۔

صحیح زمرے کی نشاندہی کیجئے:

(1) (A) اور (D)　　(2) (A) اور (C)

(3) (B) اور (C)　　(4) (B) اور (D)

56. ذیل میں دو زمرے درست اور دو غلط ہیں:

(A) ڈپٹی نذیر احمد، محمد حسین آزاد، شوکت سبزواری۔

(B) محمود شیرانی، مسعود حسین خاں، سید سلیمان ندوی۔

(C) شوکت سبزواری، مسعود حسین خاں، محمد حسین آزاد۔

(D) شبیہ الحسن، ڈپٹی نذیر احمد، نصیر الدین ہاشمی۔

دو درست زمروں کی نشاندہی کیجئے :

(1) (B) اور (C)　　(2) (A) اور (B)

(3) (A) اور (D)　　(4) (C) اور (D)

57. ذیل میں دو زمرے صنف کے اعتبار سے صحیح ہیں۔

(A) سودا، ذوق، محسن کاکوری

(B) دبیرؔ، انیسؔ، خلیقؔ

(C) ذوقؔ، دبیر، محسن کاکوری

(D) انیسؔ، سوداؔ، ذوقؔ

صحیح زمرے کی نشاندہی کیجیے :

(1) (A) اور (C)   (2) (A) اور (B)

(3) (B) اور (D)   (4) (C) اور (D)

58. ذیل میں سے دو زمرے صنف کے لحاظ سے صحیح ہیں :

(A) آب حیات، گلشن بے خار، نکات الشعراء

(B) نکات الشعراء، خمخانۂ جاوید، طبقات الشعراء

(C) آب حیات، مقدمہ شعر و شاعری، طبقات الشعراء

(D) شعر العجم، اس آباد خرابے میں، گلشن بے خار

صحیح زمرے کی نشاندہی کیجیے:

(1) (A) اور (D)   (2) (A) اور (B)

(3) (B) اور (C)   (4) (C) اور (D)

59. ذیل میں سے دو زمرے صنف کے لحاظ سے صحیح ہیں:

(A) فائر ایریا، آگ کا دریا، ہم وحشی ہیں۔

(B) ٹیڑھی لکیر، اداس نسلیں، فائر ایریا۔

(C) فسانہ آزاد، توبۃ النصوح، ایک چادر میلی سی۔

(D) واردات، ٹھنڈا گوشت، آگ کا دریا۔

صحیح زمرے کی نشاندہی کیجئے :

(1) (B) اور (C) (2) (A) اور (C)

(3) (A) اور (B) (4) (B) اور (D)

60. ذیل میں دو زمرے صحیح ہیں۔

(A) گریز، بین، تشبیب۔

(B) رخصت، آمد، بین۔

(C) تشبیب، گریز، حسن طلب۔

(D) مقطع، بین، تشبیب۔

صحیح زمرے کی نشاندہی کیجئے :

(1) (A) اور (B) (2) (B) اور (C)

(3) (C) اور (D) (4) (A) اور (D)

61. ذیل میں دو زمرے صنف کے لحاظ سے صحیح ہیں۔

(A) ابن بطوطہ کے تعاقب میں، جاپان چلو جاپان چلو، مسافرانِ لندن۔

(B) حیات جاوید، مسافران لندن، سفر نامہ روم و مصر و شام۔

(C) سفر نامہ روم و مصر و شام، مسافران لندن، جاپان چلو جاپان چلو۔

(D) الفاروق، ابن بطوطہ کے تعاقب میں، حیات جاوید۔

صحیح زمروں کی نشاندہی کیجئے :

(1) (B) اور (C) (2) (C) اور (D)

(3) (A) اور (B) (4) (A) اور (C)

62. ذیل میں سے دو زمرے صحیح ہیں۔

(A) مرزا محمد رفیع سوداؔ - ہوا جب کفر ثابت ہے وہ تمغائے مسلمانی

(B) شیخ ابراہیم ذوق - زہے نشاط اگر کیجئے اسے تحریر

(C) مرزا محمد رفیع سوداؔ - ہیں مری آنکھوں میں اشکوں کے تماشا گوہر

(D) شیخ ابراہیم ذوق - تضحیک روزگار

صحیح زمرے کی نشاندہی کیجئے:

(1) (C) اور (D) (2) (B) اور (D)

(3) (A) اور (C) (4) (A) اور (B)

63. ذیل میں دو زمرے صحیح ہیں۔

(A) نظامی بیدری : کدم راؤ پدم راؤ — ابن نشاطی : پھول بن۔

(B) ملا وجہی : پھول بن — میر حسن : گلزار نسیم۔

(C) دیا شنکر نسیم : گلزار نسیم — ابن نشاطی: کدم راؤ پدم راؤ۔

(D) ملا وجہی: قطب مشتری — میر حسن : سحر البیان۔

صحیح زمرے کی نشاندہی کیجئے :

(1) (A) اور (C)　　(2) (B) اور (D)

(3) (C) اور (D)　　(4) (A) اور (D)

64. ذیل میں دو زمرے صنفِ انشائیہ کے لحاظ سے صحیح ہیں:

(A) چینی شاعر، اس آباد خرابے میں، خواب باقی ہیں۔

(B) گھر میں آنا مرغیوں کا، شامت اعمال، اردوئے معلیٰ۔

(C) چینی شاعر، لاہور کا جغرافیہ، شامت اعمال۔

(D) چارپائی، چینی شاعر، گھر میں آنا مرغیوں کا۔

صحیح زمرے کی نشاندہی کیجئے :

(1) (A) اور (D)　　(2) (B) اور (C)

(3) (A) اور (B)　　(4) (C) اور (D)

65. ریڈیو فیچر کے بارے میں دو صحیح زمروں کی نشاندہی کیجئے۔

(A) ریڈیو فیچر، ریڈیو ٹاک اور ریڈیو ڈرامے کی ملی جلی شکل ہے۔

(B) ریڈیو فیچر میں حقیقت نہیں ہوتی۔

(C) ریڈیو فیچر کے موضوعات محدود ہوتے ہیں۔

(D) ریڈیو فیچر میں موضوع کے ساتھ ساتھ سرخی کو بھی دل چسپ ہونا چاہئے۔

(1) (A) اور (D)　　(2) (A) اور (B)

(3) (C) اور (D)　　(4) (D) اور (B)

66. صحیح جوڑ کی نشاندہی کیجیے :

(A)	یادیں	(I)	مخدوم محی الدین
(B)	اسم اعظم	(II)	جوش ملیح آبادی
(C)	نقش و نگار	(III)	اختر الایمان
(D)	گل تر	(IV)	شہریار

(1) (I) (D)،(IV) (C)،(III) (B)،(II) (A)

(2) (III) (A)،(IV) (D)،(II) (C)،(I) (B)

(3) (II) (B)،(I) (D)،(IV) (A)،(III) (C)

(4) (II) (C)،(IV) (B)،(III) (A)،(I) (D)

67. صحیح جوڑ کی نشاندہی کیجیے :

(A)	بہادر علی حسینی	(I)	یوسف زلیخا
(B)	مرزا جان طپش	(II)	بہار دانش
(C)	مظہر علی خاں ولا	(III)	نثر بے نظیر
(D)	سید حیدر بخش حیدری	(IV)	بیتال پچیسی

(1) (IV) (C)،(I) (D)،(III) (B)،(II) (A)

(2) (II) (D)،(III) (A)،(IV) (C)،(I) (B)

(3) (IV) (A)،(III) (B)،(I) (D)،(II) (C)

(4) (IV) (B)،(III) (A)،(II) (C)،(I) (D)

68. صحیح جوڑ کی نشاندہی کیجیے :

(A)	ہم وحشی ہیں	(I)	بجوکا
(B)	اپنے دکھ مجھے دیدو	(II)	دل کا چراغ
(C)	بازگوئی	(III)	دوسیاح
(D)	روشنی کی رفتار	(IV)	دیوالہ

(1) (A) (II)، (C) (I)، (B) (IV)، (D) (III)

(2) (B) (I)، (C) (III)، (D) (IV)، (A) (II)

(3) (C) (III)، (B) (I)، (D) (II)، (A) (IV)

(4) (D) (I)، (A) (II)، (B) (IV)، (C) (III)

69. ذیل میں دیئے گئے ڈرامہ نگاروں کے ڈراموں کی نشاندہی کیجیے۔

(A)	آغا حشر کاشمیری	(I)	گوشۂ عافیت
(B)	امتیاز علی تاج	(II)	جھاڑو
(C)	محمد حسن	(III)	سفید خون
(D)	حبیب تنویر	(IV)	گونگی جورو

(1) (A) (I)، (B) (III)، (C) (IV)، (D) (II)

(2) (B) (IV)، (A) (III)، (C) (I)، (D) (II)

(3) (C) (II)، (D) (I)، (A) (IV)، (B) (III)

(4) (D) (I)، (C) (II)، (B) (III)، (A) (IV)

70. صحیح جوڑ کی نشاندہی کیجیے :

(A) شمع فانوس میں ہے اپنی لطافت کے سبب — (I) حسرت

(B) لایا ہے دل پر کتنی خرابی — (II) فانی

(C) دل چرا کر نگاہ ہے خاموش — (III) جگر

(D) یک لحظہ خوشی کا جب انجام نظر آیا — (IV) شاد

(1) (A) (II)،(B) (I)،(C) (III)،(D) (IV)　　(2) (B) (I)،(C) (IV)،(D) (II)،(A) (III)

(3) (A) (IV)،(B) (I)،(C) (II)،(D) (III)　　(4) (D) (I)،(C) (III)،(A) (IV)،(B) (II)

71. ذیل میں دی گئی تصانیت کے مصنفین کی نشاندہی کیجیے :

(A) قدامہ ابن جعفر — (I) کتاب العمدہ

(B) ابن رشیق — (II) اسرار البلاغہ

(C) عروضی سمرقندی — (III) کتاب الخراج وصنعۃ الکتابت

(D) عبدالقاہر جرجانی — (IV) چہار مقالہ

(1) (A) (II)،(B) (III)،(C) (I)،(D) (IV)　　(2) (B) (I)،(C) (II)،(D) (III)،(A) (IV)

(3) (C) (III)،(D) (II)،(A) (I)،(B) (IV)　　(4) (D) (II)،(A) (III)،(B) (I)،(C) (IV)

72. جائے تولد کے اعتبار سے درست جوڑ کی نشاندہی کیجیے :

(A) فیض آباد — (I) مرزا دبیرؔ

(B) دہلی — (II) مرزا غالبؔ

(C) آگرہ — (III) میر انیسؔ

(D) لکھنؤ — (IV) چکبست

(1) (A) (III)،(B) (I)،(C) (II)،(D) (IV)　　(2) (A) (II)،(C) (III)،(B) (IV)،(D) (I)

(3) (A) (I)،(B) (II)،(C) (III)،(D) (IV)　　(4) (A) (II)،(B) (III)،(C) (I)،(D) (IV)

73. مدفن کے اعتبار سے نام کے ساتھ شہر جوڑیئے اور درست جواب کی نشاندہی کیجئے:

(A) میر تقی میرؔ — (I) حیدرآباد

(B) محی الدین قادری زورؔ — (II) دہلی

(C) داغؔ دہلوی — (III) سری نگر

(D) مرزا غالب — (IV) لکھنو

(1) (A) (I)، (B) (II)، (C) (III)، (D) (IV)

(2) (A) (IV)، (B) (III)، (C) (I)، (D) (II)

(3) (A) (II)، (B) (I)، (C) (IV)، (D) (III)

(4) (A) (III)، (B) (IV)، (C) (II)، (D) (I)

74. تصانیف کے نام جوڑ کے درست جواب کی نشاندہی کیجئے :

(A) امانت لکھنوی — (I) انار کلی

(B) محمد حسن — (II) اندر سبھا

(C) امتیاز علی تاج — (III) یہودی کی لڑکی

(D) آغا حشر کاشمیری — (IV) ضحاک

(1) (A) (IV)، (B) (II)، (C) (I)، (D) (III)

(2) (A) (III)، (B) (IV)، (C) (II)، (D) (I)

(3) (A) (II)، (B) (IV)، (C) (I)، (D) (III)

(4) (A) (III)، (B) (II)، (C) (IV)، (D) (I)

75. صحیح جوڑ کی نشاندہی کیجئے :

(A) اسمٰعیل میرٹھی — (I) حب وطن

(B) اختر الایمان — (II) آثار سلف

(C) مخدوم محی الدین — (III) پگ ڈنڈی

(D) چکبست — (IV) انقلاب

(1) (A) (III)، (B) (II)، (C) (I)، (D) (IV)

(2) (B) (II)، (C) (I)، (A) (III)، (D) (IV)

(3) (A) (II)، (B) (III)، (C) (IV)، (D) (I)

(4) (C) (I)، (D) (II)، (B) (III)، (A) (IV)

76. لغت میں درج ذیل الفاظ کی ترتیب کیا ہوگی:

اعظم، اعلیٰ، ارفع، ارتقاء

(1) اعلیٰ، ارفع، ارتقاء، اعظم

(2) ارتقاء، ارفع، اعظم، اعلیٰ

(3) ارفع، ارتقاء، اعلیٰ، اعظم

(4) اعظم، اعلیٰ، ارفع، ارتقاء

77. درج ذیل نام لغت کی ترتیب میں لکھیے:

حالیؔ، شبلیؔ، اصغرؔ، امیرؔ

(1) شبلیؔ، حالیؔ، امیرؔ، اصغرؔ

(2) امیرؔ، اصغرؔ، حالیؔ، شبلیؔ

(3) اصغرؔ، امیرؔ، حالیؔ، شبلیؔ

(4) حالیؔ، شبلیؔ، اصغرؔ، امیرؔ

78. ذیل میں سے اصناف کے اعتبار سے صحیح زمرے کی نشاندہی کیجیے:

(A) خدا کی بستی، اداس نسلیں، بستی

(B) ایک لڑکی، الاؤ، بابا لوگ

(C) ایک لڑکا، چھلے، حویلی

(D) چارپائی، تماشا گھر، کسان

(1) (A)، (C)، (D)

(2) (B)، (C)، (D)

(3) (A)، (B)، (D)

(4) (A)، (B)، (C)

79. ذیل میں مصنفین کے لحاظ سے صحیح زمرے کی نشاندہی کیجیے:

(A) لفظ و معنی، انداز گفتگو کیا ہے، تنقیدی افکار

(B) تنقید اور احتساب، نئے مقالات، تخلیقی عمل

(C) افسانہ اور اس کی غایت، ترجیحات، ادب اور جمالیات

(D) ادب اور نظریہ، نئے پرانے چراغ، تنقید کیا ہے

(1) (A)، (B)، (C)

(2) (A)، (B)، (D)

(3) (B)، (C)، (D)

(4) (A)، (C)، (D)

80. صحیح زمانی ترتیب کی نشاندہی کیجیے:

(1) سر وادئ سینا، دست صبا، نقش فریادی، زنداں نامہ

(2) نقش فریادی، دست صبا، زنداں نامہ، سر وادئ سینا

(3) دست صبا، زنداں نامہ، سر وادئ سینا، نقش فریادی

(4) زنداں نامہ، دست صبا، نقش فریادی، سر وادئ سینا

81. ذیل میں سے کچھ افسانوں کے نام (A)، (B)، (C) اور (D) کے تحت درج ہیں۔ انہیں غور سے پڑھیے اور انتظار حسین کے افسانوں کے صحیح زمرے کی نشاندہی کیجیے:

(A) آخری آدمی، قیوما کی دکان، اجنبی پرندے

(B) زرد کتا، حسب نسب، جلاوطن

(C) کایاکلپ، کٹا ہوا ڈبہ، جنگل

(D) کچھوے، وہ جو کھو گئے، پرچھائیں

(1) (A)، (B)، (D)
(2) (B)، (C)، (D)
(3) (A)، (C)، (D)
(4) (A)، (B)، (C)

82. سنہ ولادت کے اعتبار سے صحیح ترتیب کی نشاندہی دیجئے:

(1) مجروح-فراق-شہریار-جذبی

(2) فراق-جذبی-مجروح-شہریار

(3) شہریار-مجروح-جذبی-فراق

(4) جذبی-شہریار-فراق-مجروح

83. سنہ وفات کے لحاظ سے صحیح ترتیب کی نشاندہی کیجئے :

(1) نذیر احمد-رتن ناتھ سرشار-عبدالحلیم شرر-مرزا رسوا

(2) سرشار-نذیر احمد-عبدالحلیم شرر-مرزا رسوا

(3) مرزا رسوا-سرشار- شرر-نذیر احمد

(4) رتن ناتھ سرشار-نذیر احمد-عبدالحلیم شرر-مرزا رسوا

84. صحیح ترتیب کی نشاندہی کیجئے:

(1) توبتہ النصوح-فسانہ آزاد-امراؤ جان ادا-ملک العزیز ورجنا

(2) فسانہ آزاد-ملک العزیز ورجنا-امراؤ جان ادا-توبتہ النصوح

(3) توبتہ النصوح-فسانۂ آزاد-ملک العزیز ورجنا-امراؤجان ادا

(4) ملک العزیز ورجنا-توبتہ النصوح-فسانۂ آزاد-امراؤجان ادا

85. زمانی اعتبار سے ترتیب کونسی درست ہے:

(1) ولیؔ، مومنؔ، شادؔ، فراقؔ (2) مومنؔ، ولیؔ، فراقؔ، شادؔ

(3) فراقؔ، مومنؔ، ولیؔ، شادؔ (4) شادؔ، مومنؔ، فراقؔ، ولیؔ

86. ذیل میں دو بیانات درج ہیں، ایک میں دعویٰ پیش کیا گیا ہے اور ایک میں دلیل۔ دونوں کو غور سے پڑھ کر درج ذیل میں سے صحیح جواب کی نشاندہی کیجئے:

دعویٰ : غالب کو دبستانِ دہلی کا شاعر کہنا مناسب نہیں۔

دلیل : اس لئے کہ اُن کے اشعار کو ادق، مہمل اور مشکل بھی کہا گیا ہے۔

(1) دعویٰ درست نہیں ہے، دلیل درست ہے۔ (2) دعویٰ بھی درست نہیں ہے اور دلیل بھی درست نہیں۔

(3) دعویٰ درست ہے اور دلیل بھی درست ہے۔ (4) دعویٰ درست ہے اور دلیل درست نہیں۔

87. ذیل میں دو بیانات درج ہیں، ایک میں دعویٰ پیش کیا گیا ہے اور ایک میں دلیل۔ آپ کو ان بیانات کو پڑھنے کے بعد درست جواب کی نشاندہی کرنا ہے:

دعویٰ : علی گڑھ تحریک ایک مصالحانہ تحریک تھی۔

دلیل : اس لئے کہ اُس میں انگریزوں کے ساتھ صلح کے ساتھ رہنے کی ترغیب دی گئی تھی۔

(1) دعویٰ درست ہے اور دلیل بھی درست۔ (2) دعویٰ درست نہیں ہے، دلیل درست ہے۔

(3) دعویٰ درست ہے، دلیل درست نہیں ہے۔ (4) دعویٰ درست نہیں ہے، دلیل بھی درست نہیں ہے۔

88. ذیل میں دو بیانات قلمبند کیے ہیں، جن میں ایک دعویٰ ہے اور ایک دلیل ہے۔ دونوں بیانات کو غور سے پڑھنے کے بعد ذیل میں دیئے گئے جوابات میں سے درست جواب کی نشاندہی کیجئے۔

دعویٰ : راجندر سنگھ بیدی بڑا افسانہ نگار تھا۔

دلیل : کیونکہ اُس کو اپنے ناولٹ پر ساہتیہ اکادمی ایوارڈ ملا تھا۔

(1) دعویٰ درست ہے اور دلیل بھی درست ہے۔
(2) دعویٰ درست نہیں ہے اور دلیل درست ہے۔
(3) دعویٰ درست ہے اور دلیل درست نہیں ہے۔
(4) دعویٰ بھی درست نہیں ہے، دلیل بھی درست نہیں ہے۔

89. ذیل میں دو بیانات دئے گئے ہیں۔ ایک میں دعویٰ کیا گیا ہے اور دوسرے میں دلیل دی گئی ہے۔ دونوں کو غور سے پڑھنے کے بعد ذیل میں دیئے گئے جوابات میں سے صحیح جواب کی نشاندہی کیجئے۔

دعویٰ : مرزا غالب ایک عظیم شاعر تھے۔

دلیل : کیونکہ اُنھوں نے فارسی میں بھی شاعری کی۔

(1) دعویٰ صحیح ہے اور دلیل غلط ہے۔
(2) دعویٰ غلط ہے اور دلیل صحیح ہے۔
(3) دعویٰ غلط ہے اور دلیل بھی غلط ہے۔
(4) دعویٰ صحیح ہے اور دلیل بھی صحیح ہے۔

90. ذیل میں دو بیانات دیئے گئے ہیں۔ جن میں سے ایک دعویٰ ہے اور ایک دلیل۔ دونوں کو غور سے پڑھنے کے بعد صحیح جواب کی نشاندہی کیجئے۔

دعویٰ : قصیدہ ایک اعلیٰ صنف سخن ہے۔

دلیل : اسے سن کر بادشاہ شاعر کو انعام و اکرام سے نوازتا ہے۔

(1) دعویٰ غلط ہے اور دلیل صحیح ہے۔
(2) دعویٰ صحیح ہے اور دلیل بھی صحیح ہے۔
(3) دعویٰ صحیح ہے اور دلیل غلط ہے۔
(4) دعویٰ غلط ہے اور دلیل بھی غلط ہے۔

.91-95 سوالات کے جواب ذیل میں دیئے گئے اشعار کی روشنی میں دیکھئے:

کہتا ہوں تجے پند کی ایک بات — کہ ہے فایدا اِس تنے دھات دھات
جو بے ربط بولے تو بیتاں پچیس — بھلا ہے جو یک بیت بولے سلیس
سلاست نہیں جس کری بات میں — پڑیا جاے کیوں بُز لیکر ہات میں
جسے بات کے ربط کا نام نیں — اُسے شعر کہنے سوں کچ کام نیں
نکو کرتوں کئی بولنے کا ہوَس — اگر خوب بولے تو یک بیت بس
ہنر ہے تو کچ نازکی برت یاں — کہ موٹا نہیں باندتے رنگ کیاں
وو کچ شعر کے فن میں مشکل اچھے — کہ لفظ ہور معنی یو سب مل اَچھے
اُسی لفظ کو شعر میں لیا تیں توں — کہ لیایا ہے اُستاد جس لفظ کوں
اگر فام ہے شعر کا تجھ کوں چھند — چُنے لفظ لیا ہور معنی بلند
رکھیا ایک معنی اگر زور ہے — وَلے بھی مزا بات کا ہور ہے
اگر خوب محبوب جیوں سور ہے — سنوارے تو نورٌ علیٰ نور ہے
اگر لاک عیــــــاں اَچھے نار میں — ہنر ہودِ سے خوب سنگار میں

.91 مثنوی قطب مشتری کے اس اقتباس میں کس کی شرح میں یہ ہدایات پیش کی گئی ہیں؟

(1) قصیدہ کی شرح میں
(2) مثنوی کی شرح میں
(3) شعر کی شرح میں
(4) مرثیہ کی شرح میں

.92 قطب مشتری کے اس اقتباس میں 'فام' کن معنوں میں استعمال ہوا ہے؟

(1) ہئیت
(2) فخر
(3) فرار
(4) فہم

93. اس اقتباس میں "دھات دھات" کن معنوں میں استعمال ہوا ہے ؟

(1) سونا چاندی
(2) طرح طرح کا
(3) آئے دن
(4) صبح و شام

94. ملا وجہی نے قطب مشتری کے اس اقتباس میں "سور" کو کس معنی میں استعمال کیا ہے ؟

(1) سورج
(2) سوراشٹر
(3) سوئی
(4) سر پھرا

95. اس اقتباس میں وجہی نے "نار" کو کس معنی میں استعمال کیا ہے ؟

(1) جہنم
(2) آگ
(3) انار
(4) عورت

96-100. سوالات کے جواب ذیل میں دیئے گئے اقتباس کی روشنی میں دیکھئے:

"اس سے انکار نہیں کیا جاسکتا کہ ادیب کے لئے تخلیق کا کرب ایک جاں گسل لذت کے باوجود روح فرسا ہوتا ہے۔ اس کے شعور کا ہر لمحہ اسی کے لئے وقف ہو جاتا ہے اور اس کی روح گویا اس کے قلم کی نوک میں آجاتی ہے۔ اگر وہ اپنی تسکین کے علاوہ ادیب کے ذمہ کسی قسم کا سماجی فرض بھی سمجھتا ہے تو اسے اپنی ہر تحریر کے اثر کو نظر میں رکھنا پڑتا ہے اور وہ مُستقبل کے اس نقاد سے بے نیاز نہیں ہو سکتا جو تصنیف کے فوری اثر پڑھنے والوں کی راہوں اور تنقیدوں کی روشنی میں فیصلہ کرے گا۔ ایک لحاظ سے نقاد کا کام مصنف سے زیادہ مشکل ہوتا ہے کیونکہ اس کی ذمہ داری رایوں اور تنقیدوں کے اس انبار کو دیکھتے ہوئے بہت زیادہ بڑھ جاتی ہے جو ہر تصنیف کے گرد جمع ہو جاتا ہے۔ ایک اچھا نقاد نہ تو انہیں نظر انداز کر سکتا ہے اور نہ انہیں کی بنیاد پر فیصلہ کر سکتا ہے اس لئے جب وہ اصولِ نقد مُعین کرنے کی کوشش کرے گا تو جہاں اس کے لئے ادب اور ادیب کو اچھی طرح جاننا اور سمجھنا ضروری ہوگا وہیں ہر عہد میں ادب کے متعلق جو راہیں پیش کی گئی ہیں، ان کا سمجھنا بھی ضروری قرار پائے گا۔"

96. اردو ادب کے اہم ناقد پروفیسر احتشام حسین کے مندرجہ بالا اقتباس کی روشنی میں بتایئے کہ ایک اچھا نقاد کیا نظر انداز نہیں کرتا؟

(1) مصنف کی شخصیت

(2) مصنف کا سفر حیات

(3) رایوں اور تنقیدوں کا وہ انبار جو اس مصنف کی اس تخلیق کے بارے میں لکھا گیا ہے۔

(4) مصنف جو رائے اپنے بارے میں پیش کرتا ہے۔

97. اس اقتباس کی روشنی میں بتایئے کہ وہ کونسی کیفیت ہے جو مصنف کے لئے جاں گسل لذت کے باوجود روح فرسا ہوتی ہے؟

(1) مصنف کا مقصد   (2) تخلیق کا کرب

(3) سماج کا خوف   (4) شعورِ ذات

98. مندرجہ بالا اقتباس کی روشنی میں بتایئے کہ نقاد کا کام مصنف کے مقابلے میں کیوں زیادہ مشکل ہے؟

(1) ناقد کو مصنف کو پڑھنا ہوتا ہے

(2) رایوں اور تنقیدوں کے اس انبار کے پیش نظر جو مصنف کے گرد جمع ہو جاتا ہے

(3) یہ تخلیق کار کے شعور کا تجزیہ کرتا ہے

(4) یہ سماج کی نمائندگی کرتا ہے

99. اس اقتباس کی روشنی میں بتایئے کہ کسی تخلیقی فن پارے کے بارے میں مختلف لوگوں کی رایوں اور تنقیدوں کی وجہ سے نقاد کے سامنے کیا مسئلہ پیدا ہوتا ہے؟

(1) کام آسان ہو جاتا ہے   (2) فیصلہ کرنے میں مدد ملتی ہے

(3) ذمہ داری بڑھ جاتی ہے   (4) کوئی فرق نہیں پڑتا

100. اس اقتباس کے پیشِ نظر ادب اور ادیب کو اچھی طرح جاننے اور سمجھنے کے علاوہ ناقد کے لئے کیا ضروری ہے ؟

(1) ہر عہد میں ادب کے متعلق جو رائیں پیش کی گئی ہیں. اُن کا سمجھنا بھی ضروری ہے۔

(2) مصنف کے حالات سے واقف ہونا۔

(3) مصنف کے سماج سے متعلق معلومات فراہم کرنا۔

(4) مصنف کا سیاسی پس منظر جاننے کی کوشش کرنا۔

ANSWERS

1	2	3	4	5	6	7	8	9	10
(1)	(2)	(2)	(2)	(3)	(2)	(4)	(3)	(1)	(1)
11	**12**	**13**	**14**	**15**	**16**	**17**	**18**	**19**	**20**
(2)	(4)	(2)	(4)	(4)	(4)	(2)	(4)	(4)	(1)
21	**22**	**23**	**24**	**25**	**26**	**27**	**28**	**29**	**30**
(2)	(4)	(4)	(1)	(1)	(1, 2)	(3)	(2)	(3)	(4)
31	**32**	**33**	**34**	**35**	**36**	**37**	**38**	**39**	**40**
(3)	(2)	(3)	(2)	(2)	(2)	(2)	(*)	(3)	(2)
41	**42**	**43**	**44**	**45**	**46**	**47**	**48**	**49**	**50**
(2)	(1)	(2)	(3)	(2)	(4)	(1)	(3)	(1)	(3)
51	**52**	**53**	**54**	**55**	**56**	**57**	**58**	**59**	**60**
(3)	(2)	(*)	(3)	(2)	(1)	(2)	(2)	(1)	(2)
61	**62**	**63**	**64**	**65**	**66**	**67**	**68**	**69**	**70**
(4)	(4)	(4)	(4)	(1)	(4)	(*)	(1)	(2)	(3)
71	**72**	**73**	**74**	**75**	**76**	**77**	**78**	**79**	**80**
(4)	(1)	(2)	(3)	(3)	(2)	(3)	(4)	(2)	(2)
81	**82**	**83**	**84**	**85**	**86**	**87**	**88**	**89**	**90**
(3)	(2)	(2, 4)	(3)	(1)	(2)	(1)	(3)	(1)	(3)
91	**92**	**93**	**94**	**95**	**96**	**97**	**98**	**99**	**100**
(3)	(4)	(2)	(1)	(4)	(3)	(2)	(2)	(3)	(1)

Previous Years' Paper (Solved)

National Testing Agency (NTA)

UGC-NET Junior Research Fellowship & Assistant Professor Eligibility Exam

URDU, JUNE-2020

(Online exam held on 04-11-2020)

PAPER-II

Note: *This paper contains* ***hundred (100)*** *objective type questions of* ***two (2)*** *marks each.* ***All*** *questions are* ***compulsory***.

1. ذیل میں سے کس میں کثرت سے مشدد الفاظ پائے جاتے ہیں؟

(1) برج بھاشا (2) گجراتی

(3) کھڑی بولی (4) ہریانوی

2. ذیل میں سے کس صنف میں قافیہ نہیں ہوتا؟

(1) غزل (2) قصیدہ

(3) ہائیکو (4) قطعہ

3. ذیل میں سے کس کی صنفی شناخت اس کے مخصوص موضوع کی بنا پر ہوتی ہے؟

(1) مثنوی (2) غزل

(3) شہر آشوب (4) رباعی

4. اقبالؔ کی نظم – 'لینن خدا کے حضور میں' ان کے کس شعری مجموعہ میں شامل ہے؟

(1) ضربِ کلیم (2) بالِ جبریل

(3) ارمغانِ حجاز (4) بانگِ درا

5. فضلی کی کربل کتھا میں پانچویں مجلس کا آغاز کس جملے سے ہوتا ہے؟

(1) راویان روایت پنج گنج اور مخبران اخبارات پر رنج شہادت حضرت عباس علی کوں تواریخ غم والم میں یوں درج کرتے ہیں۔

(2) راویان اخبارات جاں گداز اور ناقلان حکایات پر سوز و ساز شہادت مسلم ابن عقیل علیہ الصلوۃ من رب الجلیل یوں بیان کرتے ہیں۔

(3) راویان مصایب جگر سوز اور ناقلان نوایب غم اندوز بیان توجہ سید الشہدا طرف کوفہ اور پہونچنا بدشت کربلا۔

(4) ناقلان درد و محن اور مخبران غم و شیون شہادت قاسم ابن حسنؑ یوں بیان کرتے ہیں۔

6. نور ہے صحرا میں گویا اک چراغ طور کا

مصرعہ اول کی نشاندہی کر کے حسرتؔ کا یہ شعر مکمل کیجئے۔

(1) یک قلم بے سود ہے اظہارِ حال آرزو

(2) حسنیؔ، عیشِ دو عالم کی نہیں پروا مجھے

(3) خاطرِ مایوس میں نقشِ امیدِ وصل یار

(4) جاتے جاتے رہ گیا وہ نازنیں صبحِ وصال

7. مرزا محمد رفیع سوداؔ کا مدفن کہاں ہے؟

(1) لکھنؤ (2) دہلی

(3) آگرہ (4) کلکتہ

8. 'نقد الشعر' کس کی کتاب ہے،؛

(1) قدامہ ابن جعفر (2) ابن رشیق

(3) عبد القاہر جرجانی (4) خمس قیس رازی

9. دل میں ذوقِ وصل و یاد یار تک باقی نہیں

غالبؔ کے اس شعر کے مصرعہ ثانی کی نشاندہی کیجئے۔

(1) اس چراغاں کا کروں کیا کار فرما جل گیا

(2) آگ اس گھر میں لگی ایسی کہ جو تھا جل گیا

(3) میری آہِ آتشیں سے بالِ عنقا جل گیا

(4) کچھ خیال آیا تھا وحشت کا کہ صحرا جل گیا

10. کیا اعتبار یاں کا پھر اس کو خوار دیکھا

مصرعہ دوم کی نشاندہی کرکے میر تقی میر کا شعر مکمل کیجئے۔

(1) افسوس ہے کہ ہم نے واں کا نہ بار پایا

(2) آخر اُجاڑ دینا اس کا قرار پایا

(3) واں جاکے صبح دیکھا مُشتِ غبار پایا

(4) جس نے جہاں میں آکر کچھ اعتبار پایا

11. "ریگِ نواحِ کاظم" میں 'کاظم' سے کیا مراد ہے؟

(1) نجفِ اشرف
(2) فلسطین
(3) مکہ معظم
(4) مدینہ منورہ

12. میر تقی میر کس نواب کی دعوت پر لکھنو گئے؟

(1) شجاع الدولہ
(2) واجد علی شاہ
(3) آصف الدولہ
(4) امجد علی شاہ

13. اقبال کے دوسرے اردو، شعری مجموعہ کا کیا نام ہے؟

(1) بالِ جبریل
(2) بانگِ درا
(3) ضربِ کلیم
(4) ارمغان مجاز

14. "ادبی تنقید فن ہے سائنس نہیں، گو سائنسی طریقۂ کار سے مدد لے سکتی ہے اور لے رہی ہے"۔

تنقید سے متعلق یہ قول کس کا ہے؟

(1) احتشام حسین (2) کلیم الدین احمد

(3) محمد حسن (4) آل احمد سرور

15. کس کے کلام میں یاسیت کے گہرے اثرات ملتے ہیں؟

(1) مجروحؔ سلطان پوری (2) کلیم عاجز

(3) عرفان صدیقیؔ (4) فانی بدایونی

16. 'گلِ نغمہ' کس شاعر کا مجموعۂ کلام ہے؟

(1) جگر (2) فانی

(3) فراق (4) ساحر

17. "نہ کہیں عیش تمہارا بھی منغّص ہو جائے

دوستو! درد کو محفل میں نہ تم یاد کرو

ممکن ہے کہ خواجہ میر دردؔ نے فارسی شعر سے یہ مضمون اخذ کیا ہو۔ لیکن یقیناً ان کا شعر، فارسی شعر سے بہت بڑھ گیا ہے۔ اوّل تو فارسی مطلع کے مضمون کو اپنے مقطع میں لانا، جس میں خود دردؔ کا لفظ ہی شاعر کے دعوے پر ذیل کا حکم رکھتا ہے"۔

یہ رائے کس کتاب سے ہے اور کسی کی ہے؟

(1) اردو ادب کی تنقیدی تاریخ - احتشام حسین

(2) مقدمہ شعر و شاعر - حالیؔ

(3) اردو تنقید پر ایک نظر - کلیم الدین احمد

(4) اردو تنقید کا ارتقاء - عبادت بریلوی

18. "منظور علاجِ روشنی ہے مطلوب گلِ بکاؤلی ہے"

یہ شعر کس مثنوی سے ماخوذ ہے؟

(1) پھول بن (2) گلزار نسیم

(3) سحر البیان (4) قطب مشتری

19. قصہ ہماری بے سروپائی کا اب سنو

ٹک اپنا دھیان رکھ کے مرا حال سب سنو

کس واسطے میں آیا ہوں یاں تک تباہ ہو

سارا بیان کرتا ہوں اس کا سبب سنو

باغ و بہار میں ان اشعار سے کس کا قصہ شروع ہوتا ہے؟

(1) پہلے درویش کا

(2) چوتھے درویش کا

(3) آزاد بخت کا

(4) خواجہ سگ پرست کا

20. "حضور پان دیئے، بہوت مان، ہور فرمائے کہ انسان کے وجود بیچ میں کچھ عشق کا بیان کرنا، اپنا ناؤں عیاں کرنا، کچھ نشان دھرنا"۔

یہ اقتباس کس کتاب کا ہے؟

(1) کربل کتھا (2) رانی کیتکی کی کہانی

(3) سب رس (4) بوستان خیال

21. "جب انصاف اندھا ہو جائے تو ناانصافی قانون بن جاتی ہے" یہ مکالمہ ڈرامہ ضحاک میں کس کردار نے ادا کیا ہے؟

(1) استاد (2) شاعر

(3) رقاصہ (4) نوشابہ

22. مجنوں گورکھپوری کس دبستانِ تنقید کے نمائندہ ناقد مانے جاتے ہیں؟

(1) تاثراتی (2) جمالیاتی

(3) اسلوبیاتی (4) سائنٹفک

23. "سب سے زیادہ مقدم اور ضروری چیز جو کہ شاعر کو غیر شاعر سے تمیز دیتی ہے، قوتِ متخیلہ یا تخیل ہے۔ جس کو انگریزی میں امیجینیشن کہتے ہیں۔ یہ قوت جس قدر شاعر میں اعلیٰ درجے کی ہوگی، اسی قدر اس کی شاعری اعلیٰ درجے کی ہوگی"۔

یہ اقتباس کس کتاب سے ماخوذ ہے اور یہ رائے کس کی ہے؟

(1) عبادت بریلوی، اردو تنقید کا ارتقاء

(2) کلیم الدین احمد، اردو تنقید پر ایک نظر

(3) کلیم الدین احمد، عملی تنقید

(4) مقدمہ شعر وشاعری، خواجہ الطاف حسین حالیؔ

24. "جو الفاظ اور جو خاص ترکیبیں اہلِ زبان کی بول چال میں زیادہ مستعمل اور متداول ہیں، ان کو روزمرہ کہتے ہیں۔ روزمرہ، اگرچہ ایک جداگانہ وصف سمجھا جاتا ہے۔ لیکن درحقیقت وہ فصاحت ہی کا ایک فردِ خاص ہے"۔

یہ رائے کس کتاب سے ماخوذ ہے اور کس کی ہے؟

(1) کاشف الحقائق - امداد امام اثر

(2) مقدمہ شعر وشاعری - حالی

(3) جنوبی وشمالی ہند کی تاریخی مثنویاں - کندن لال کندن

(4) موازنہ اَنیس ودبیر - شبلی نعمانی

25. "الاؤ" کا 1942 کا ایڈیشن کس شہر سے شائع ہوا؟

(1) عظیم آباد (2) دہلی

(3) لاہور (4) لکھنو

26. غزل کے ہر شعر پر مزید تین تین مصرعے لگانا اصطلاح شاعری میں کیا کہلاتا ہے؟

(1) تضمین (2) شہر آشوب

(3) ترکیب بند (4) تخمیس

27. مندرجہ ذیل اشعار میں سے ذوق کے شعر کی نشان دہی کیجیے :

(1) ہے لعل سے نسبت نگہِ چشم کو جن کے

جاتی ہے دو پلکے پہ نظر اُن کی بہ تحقیر

(2) کرے ہے سلب تغیر کو ذاتِ حادث سے

زمانہ عدل سے تیرے بہ اعتدال پذیر

(3) لبریز ہے کیسہ در مکنوں سے جن کا

کب شبہ فروشوں کا حضور اُن کے ہے توقیر

(4) مستغنی ذاتی نہ مہوس کی ہو تسخیر

معدن ہو جہاں سونے کا واں خاک ہے تاثیر

28. مضحکہَ دہر، باب الجنت، صبح صادق

یہ نام کس شاعر کے قصیدوں کے ہیں؟

(1) حاتم (2) ذوق

(3) سودا (4) محسن

29. کرے ہے وا لب غنچہ در ہزار سخن

درجِ ذیل کے صحیح مصرعہ سے شعر مکمل کیجیے۔

(1) جو وا ہو غنچہ منقارِ بلبلِ تصویر

(2) چمن میں موجِ تکلم کی کھول کر زنجیر

(3) نفس کے تار سے آوازِ خوش تر از بم وزیر

(4) تو سبز فیضِ ہوا سے ہو وہ بہ رنگِ شعیر

30. ہوا جب کفر ثابت ہے وہ تمغائے مسلمانی

درجِ ذیل مصرعوں میں سے صحیح مصرعہ کی مدد سے مطلع مکمل کیجیے۔

(1) نہ ہو جوں تیغ بے جوہر وگر نہ ننگِ عریانی

(2) نہیں کچھ جمع سے غنچے کو حاصل جز پریشانی

(3) ہوئی جب تیغ زنگ آلود، کم جاتی ہے پہچانی

(4) نہ ٹوٹی شیخ سے زنّار تسبیحِ سلیمانی

31. "شاعر جو سنے جاتے ہیں مستغنی الاحوال
دیکھے جو کوئی فکر تردد کو تو یاں ہے"

اس شعر میں "مستغنی الاحوال" کے کیا معنی ہیں؟

(1) جاہ و مرتب والا
(2) دولت مند
(3) بے فکرا
(4) دنیوی تفکرات سے بے نیاز

32. "خدا کی بستی" میں نیاز کس سے شادی کرتا ہے؟

(1) سلطانہ
(2) رخشندہ
(3) نوشا کی ماں
(4) دلبری

33. کرتا ہے یہ دو زباں سے یکسر
حمد حق و مدحتِ پیمبر
اس شعر میں 'یک' اور 'دو' میں کون سی صنعت ہے؟

(1) لف و نشر (2) حسنِ تعلیل

(3) ترصیع (4) تضاد

34. "ہمارے پڑھنے کا طریقہ تو سن چکے۔اب مولویوں کی جماعت کا حال بھی سُن لیجئے۔اس جماعت میں تمام کے تمام سرحد پار ہی کے لوگ تھے۔ لمبے لمبے کرتے، بڑی بڑی آستینیں، ڈیڑھ ڈیڑھ دو تھان کی شلواریں شملہ بہ مقدار علم کے لحاظ سے، کئی کئی سیر کے پگڑ۔ لمبی لمبی ڈاڑھیاں۔"
یہ عبارت کس کتاب کی ہے؟

(1) حیات جاوید (2) خواب باقی ہے

(3) نذیر احمد کی کہانی؛ کچھ ان کی کچھ میری زبانی (4) ابن بطوطہ کے تعاقب میں

35. "ادبی تحقیق: مسائل و تجزیہ" کس کی کتاب ہے؟

(1) گیان چند جین (2) رشید حسن خاں

(3) قاضی عبد الودود (4) محی الدین قادری زور

36. "اردو دہلی کی قدیم زبان نہیں بلکہ وہ مسلمانوں کے ساتھ دہلی جاتی ہے،اور چوں کہ مسلمان پنجاب سے ہجرت کر کے جاتے ہیں۔اس لئے ضروری ہے کہ وہ پنجاب سے کوئی زبان اپنے ساتھ لے کر گئے ہوں گے"۔یہ بیان کس کا ہے؟

(1) سید سلیمان ندوی (2) سید محی الدین قادری زور

(3) حافظ محمود شیرانی (4) مسعود حسین خاں

37. ذیل میں سے کون درست نہیں ہے؟

(1) تلفظی صوتیات (2) سمعیاتی صوتیات

(3) سمعی صوتیات (4) تنفسی صوتیات

38. بوستان خیال میں طلسم اجرام واجسام کو کون فتح کرتا ہے ؟

(1) خورشید تاج بخش (2) معز الدین

(3) بدر منیر (4) جمشید خود پرست

39. ترجمہ سے متعلق "دریافت اور بازیافت" کے عنوان سے تحریر کردہ مضمون کا مصنف کون ہے ؟

(1) محمد حسن (2) محمد حسن عسکری

(3) شمس الرحمٰن فاروقی (4) ظ۔ انصاری

40. ولیؔ کی شاعری میں کیا نہیں ہے ؟

(1) تخلیقیت (2) تصوف

(3) قنوطیت (4) رجائیت

41. ذیل میں دو زمرے درست ہیں اور دو غلط :

(A) محمد حسین آزاد، گوپی چند نارنگ، محمد حسن

(B) محی الدین قادری زور، مجنوں گورکھپوری، احتشام حسین

(C) محی الدین قادری زور، قاضی عبد الودود، امتیاز علی خان عرشی

(D) گیان چند جین، شکیل الرحمٰن، کلیم الدین احمد

دو درست زمروں کی نشاندہی کیجیے :

(1) (A) اور (B) (2) (B) اور (C)

(3) (C) اور (D) (4) (A) اور (C)

42. ذیل میں دو زمرے صنف کے لحاظ صحیح ہیں۔

(A) امراؤ جان ادا، آگ کا دریا، ٹھنڈا گوشت

(B) آگ کا دریا، خدا کی بستی، بستی

(C) اپنے دکھ مجھے دیدو، ہم وحشی ہیں، روشنی کی رفتار

(D) ہم وحشی ہیں، گودان، اپنے دکھ مجھے دیدو

صحیح زمروں کی نشاندہی کیجئے :

(1) (A) اور (B)
(2) (B) اور (C)
(3) (C) اور (D)
(4) (A) اور (D)

43. ذیل میں دو زمرے صحیح ہیں۔

(A) مطلع، مقطع، ردیف

(B) چہرہ، شہادت، بین

(C) شہادت، گریز، تشبیب

(D) تشبیب، رزم، شہادت

صحیح زمرے کی نشاندہی کیجئے :

(1) (A) اور (C)
(2) (B) اور (C)
(3) (C) اور (A)
(4) (A) اور (B)

44. ذیل میں دو زمرے فن کے اعتبار سے صحیح ہیں۔

(A) پریم چند، کرشن چندر، راجندر سنگھ بیدی

(B) غالب، پریم چند، مومن خان مومن

(C) میر ضمیر، میر خلیق، مرزا دبیر

(D) میر حسن، میر انیس، دیا شنکر کول نسیمؔ

صحیح زمرے کی نشاندہی کیجئے :

(1) (A) اور (B)
(2) (B) اور (C)
(3) (C) اور (D)
(4) (A) اور (C)

45. ذیل میں سے دو زمرے صحیح ہیں۔

(A)	آمد اور رجز	-	مرثیہ
(B)	مدح اور حسنِ طلب	-	قصیدہ
(C)	سراپا اور حسنِ طلب	-	مرثیہ
(D)	آمد اور گریز	-	قصیدہ

صحیح زمرے کی نشاندہی کیجئے :

(1) (A) اور (D) (2) (A) اور (B)
(3) (B) اور (D) (4) (C) اور (A)

46. ذیل میں سے دو زمرے تصنیف کے کردار کے لحاظ سے صحیح ہیں۔

(A) حسن آرا، بکاولی، جمیلہ

(B) بکاولی، راجا اندر، تاج الملوک

(C) حسن آرا، بے نظیر، بکاولی

(D) تاج الملوک، جمیلہ، نجم النساء

صحیح زمرے کی نشاندہی کیجئے :

(1) (A) اور (B) (2) (B) اور (D)
(3) (A) اور (C) (4) (C) اور (D)

47. ذیل میں سے دو زمرے صحیح ہیں۔

(A) فورٹ ولیم کالج، رجب علی بیگ سرور، شیر علی افسوس

(B) فورٹ ولیم کالج، فقیر محمد خاں گویاؔ، میر امنؔ

(C) فورٹ ولیم کالج، شیر علی افسوس، کاظم علی جواںؔ

(D) فورٹ ولیم کالج، میر امن، حیدر بخش حیدری

صحیح زمرے کی نشاندہی کیجئے :

(1) (A) اور (D) (2) (B) اور (C)

(3) (C) اور (D) (4) (B) اور (D)

48. ذیل میں سے دو زمرے مکمل شعر کی حیثیت سے صحیح ہیں۔

(A) ہوا پہ دوڑتا ہے اس طرح سے ابرِ سیاہ
عیاں ہو خامہ سے تحریر نغمہ جائے صریر

(B) زہے نشاط اگر کیجئے اسے تحریر
عیاں ہو خامہ سے تحریر نغمہ جائے صریر

(C) نکل کے سنگ سے گر ہو شرارہ تخم نشاں
زمیں پہ ہمسرِ سنبل ہے موجِ نقش حصیر

(D) اثر سے بادِ بہاری کے لہلہانے میں
زمیں پہ ہمسر سنبل ہے موجِ نقش حقیر

صحیح زمرے کی نشاندہی کیجئے :

(1) (A) اور (B) (2) (C) اور (D)

(3) (B) اور (D) (4) (A) اور (C)

49. ذیل میں دو زمرے درست ہیں اور دو نادرست :

(A) عبدالحلیم شرر، مرزاہادی رسوا، عبداللہ حسین

(B) سعادت حسن منٹو، شوکت صدیقی، ڈپٹی نذیر احمد

(C) راجندر سنگھ بیدی، عبداللہ حسین، اقبال مجید

(D) راجندر سنگھ بیدی، سہیل عظیم آبادی، سریندر پرکاش

دو درست زمروں کی نشاندہی کیجئے :

(1) (A) اور (B) (2) (B) اور (C)

(3) (C) اور (D) (4) (A) اور (D)

50. ایک ہی میدان کے ہونے کی حیثیت سے ذیل میں دو زمرے صحیح ہیں اور دو غلط :

(A) افلاطون، آئی اے رچرڈس، شبلی

(B) امداد امام اثر، احتشام حسین، مجنون گورکھپوری

(C) ارسطو، مولوی عبدالحق، رشید حسن خان

(D) امتیاز علی خان عرشی، گیان چند جین، رشید حسن خان

دو صحیح زمروں کی نشاندہی کیجئے :

(1) (A) اور (B)
(2) (B) اور (C)
(3) (B) اور (D)
(4) (A) اور (C)

51. اصناف کے اعتبار سے دو صحیح زمروں کی نشاندہی کیجئے :

(A) ہم وحشی ہیں - ایک لڑکی - خواب باقی ہیں

(B) شامت اعمال - وکیل صاحب - جنون لطیفہ

(C) تماشا گھر - چینی شاعر - ایک لڑکا

(D) تنہائی - سمندر کا بلاوا - چھلکے

(1) (A) اور (B)
(2) (B) اور (C)
(3) (D) اور (B)
(4) (D) اور (A)

52. دو صحیح زمروں کی نشاندہی کیجئے :

(A) شاد عظیم آبادی : قاصد کو چلتے وقت قسم دی رسول کی

(B) مجروح سلطانپوری : سر اٹھائے بزم جاناں میں بھلا کس کی مجال

(C) شہریار : دیار دل نہ رہا بزم دوستاں نہ رہی

(D) عرفان صدیقی : نگاہ ساقی نامہرباں یہ کیا جانے

(1) (A) اور (D)
(2) (A) اور (C)
(3) (B) اور (C)
(4) (D) اور (B)

53. ذیل کے دو صحیح زمروں کی نشاندہی کیجئے :

(A) مجتبیٰ حسین : ابن بطوطہ کی تلاش میں

(B) سرسید : مسافرانِ لندن

(C) شبلی نعمانی : سفرنامہ روم و مصر و شام

(D) ابن انشا : جاپان چلو جاپان چلو

(1) (A) اور (B)
(2) (B) اور (C)
(3) (C) اور (D)
(4) (B) اور (D)

54. دو صحیح زمروں کی نشاندہی کیجئے :

(A) بدنصیب : کامتا - اُما - پھول متی

(B) سوانگ : گجندر - شیام دلاری - گنگو

(C) مالکن : شیوداس - رام پیاری - دلاری

(D) نئی بیوی : کامتا - شیوداس - دلاری

(1) (A) اور (C)
(2) (B) اور (D)
(3) (C) اور (D)
(4) (D) اور (A)

55. شاعر کی نظموں کے لحاظ سے دو صحیح زمروں کی نشاندہی کیجئے :

(A) سید سے، تخت کے قابض وہی، بہت ہی عمدہ ہے

(B) آوازۂ قوم، کشمیر، خاک دل

(C) توحید، شہر آشوب، مفلسی

(D) فاختہ کی آواز، گنگا، مادرِ وطن

(1) (B) اور (C)
(2) (C) اور (D)
(3) (A) اور (C)
(4) (A) اور (B)

56. ذیل میں سے دو زمرے صحیح ہیں :

(A) مومن کی غزل میں جدید لب و لہجہ ملتا ہے

(B) غزل کا آرٹ نقاب پوش آرٹ ہے

(C) اقبالؔ کے ہاں تغزلؔ نام کو نہیں ملتا

(D) غزل برہنگی کی تاب لاسکتی ہے، نہ چیخ وپکار اور شور و غوغا کی

صحیح زمرے کی نشاندہی کیجیے :

(1) (A) اور (B) (2) (B) اور (D)

(3) (C) اور (D) (4) (A) اور (D)

57. ذیل میں دو زمرے صحیح ہیں۔

(A) خاکِ ہند - حبّ وطن

(B) باز آمد - مناجاتِ بیوہ

(C) انقلاب - حویلی

(D) گریز - باز گشت

صحیح زمرے کی نشاندہی کیجیے :

(1) (A) اور (B) (2) (A) اور (C)

(3) (A) اور (D) (4) (B) اور (C)

58. درج ذیل کے دو زمرے صحیح ہیں۔ شاعر اور اس کے مجموعے کے لحاظ سے دو صحیح زمروں کی نشان دہی کیجیے :

(A) اصغر گونڈوی آتش گل

(B) جگر مراد آبادی آتش گل

(C) مجروح سلطان پوری غزل

(D) عرفان اسم اعظم

دو صحیح زمروں کی نشاندہی کیجیے :

(1) (A) اور (B) (2) (D) اور (B)

(3) (D) اور (C) (4) (C) اور (B)

59. محقق اور اُن کی مرتبہ کتابوں کے چار زمرے دیئے گئے ہیں ان میں دو صحیح ہیں

(A) قاضی عبدالودود - تذکرہ ابن امین اللہ طوفاں

(B) امتیاز علی عرشی - کلیات میر

(C) رشید حسن خاں - فسانۂ مبتلا

(D) حافظ محمود شیرانی - مجموعہ نغز

صحیح زمرے کی نشاندہی کیجئے :

(1) (A) اور (B)
(2) (C) اور (B)
(3) (D) اور (C)
(4) (D) اور (A)

60. ذیل میں سے دو زمرے درست ہیں۔

(A) ملا وجہی، رجب علی بیگ سرور، انشاء اللہ خاں انشا

(B) اندر سبھا، سب رس، انار کلی

(C) امانت لکھنوی، امتیاز علی تاج، حبیب تنویر

(D) محمد حسن، میر امن، آغا حشر

صحیح زمروں کی نشاندہی کیجئے :

(1) (A) اور (B)
(2) (B) اور (C)
(3) (A) اور (C)
(4) (D) اور (B)

61. ذیل میں دو زمرے صحیح ہیں۔

(A) مرزا ہادی رسوا، انتظار حسین، سریندر پرکاش

(B) راستہ بند ہے، چوٹیں، ایک لڑکی

(C) تماشا گھر، اداس نسلیں، گئودان

(D) ایک چادر میلی سی، ٹیڑھی لکیر، خدا کی بستی

صحیح زمروں کی نشاندہی کیجئے :

(1) (A) اور (B)
(2) (B) اور (C)
(3) (B) اور (D)
(4) (D) اور (A)

62. ذیل میں دو زمرے صحیح ہیں۔

(A) شوکت صدیقی، سعادت حسن منٹو، سریندر پرکاش

(B) آگ کا دریا، اداس نسلیں، بستی

(C) واردات، ٹھنڈا گوشت، چوٹیں

(D) ایک چادر میلی سی، ہم وحشی ہیں، اپنے دکھ مجھے دیدو

صحیح زمروں کی نشاندہی کیجئے :

(1) (A) اور (B)
(2) (B) اور (C)
(3) (C) اور (D)
(4) (A) اور (D)

63. درج ذیل میں دو زمرے صحیح ہیں۔

(A) سجاد حیدر یلدرم، اختر الایمان، مرزا غالب

(B) پطرس بخاری، رشید احمد صدیقی، احمد جمال پاشا

(C) الطاف حسین حالی، مسعود حسین خان، مشتاق احمد یوسفی

(D) لاہور کا جغرافیہ، شامتِ اعمال، چارپائی

صحیح زمروں کی نشاندہی کیجئے :

(1) (A) اور (B)
(2) (B) اور (C)
(3) (B) اور (D)
(4) (D) اور (A)

64. مصنف کے اعتبار سے ذیل کے دو صحیح زمروں کی نشاندہی کیجئے :

(A) الاؤ - روشنی کی رفتار - نظارے

(B) پت جھڑ کی آواز - جگنوؤں کی دنیا - ستاروں سے آگے

(C) نظارے - طلسم خیال - شکاری عورتیں

(D) بابا لوگ - سارا دن دھوپ - پرندہ پکڑنے والی گاڑی

(1) (A) اور (C)
(2) (B) اور (D)
(3) (D) اور (C)
(4) (C) اور (B)

65. ناقد اور اُن کی تصنیف کے اعتبار سے دو زمرے صحیح ہیں۔

(A)	آل احمد سرور	ادب اور نظریہ
(B)	کلیم الدین احمد	ادبی تنقید
(C)	محمد حسن	عملی تنقید
(D)	احتشام حسین	ادب اور سماج

صحیح زمرے کی نشاندہی کیجئے :

(1) (B) اور (A)
(2) (C) اور (B)
(3) (D) اور (C)
(4) (D) اور (A)

66. ذیل کی آوازوں کو اُن کے لسانی نام سے جوڑیئے :

(a)	ب	(i)	دولبی
(b)	ک	(ii)	تالوی
(c)	غ	(iii)	غشائی
(d)	ج	(iv)	حلقی

صحیح جوڑ کی نشاندہی کیجئے :

(1) (a) (i)، (b) (iii)، (c) (iv)، (d) (ii)
(2) (a) (ii)، (b) (i)، (c) (iii)، (d) (iv)
(3) (a) (iii)، (b) (ii)، (c) (iv)، (d) (i)
(4) (a) (iv)، (b) (i)، (c) (ii)، (d) (iii)

67. مصنفین کے نام جوڑیئے :

(a)	قصہ مہر وماہ	(i)	نہال چند لاہوری
(b)	باغ اردو	(ii)	میر امن
(c)	گنج خوبی	(iii)	حیدر بخش حیدری
(d)	مذہب عشق	(iv)	شیر علی افسوس

(1) (a) (iv)، (b) (ii)، (c) (i)، (d) (iii)
(2) (a) (iii)، (b) (iv)، (c) (ii)، (d) (i)
(3) (a) (i)، (b) (iv)، (c) (iii)، (d) (ii)
(4) (a) (ii)، (b) (i)، (c) (iv)، (d) (iii)

68. کرداروں کو صحیح افسانوں سے جوڑیئے:

(a)	عبدالرحیم سینڈو	(i)	شادی
(b)	جمیل	(ii)	جنازے
(c)	راحت	(iii)	نظارہ درمیاں ہے
(d)	خورشید عالم	(iv)	باپو گوپی ناتھ

(1) (a) (ii)، (b) (iii)، (c) (iv)، (d) (i)
(2) (a) (iii)، (b) (ii)، (c) (iv)، (d) (i)
(3) (a) (i)، (b) (iii)، (c) (iv)، (d) (ii)
(4) (a) (iv)، (b) (i)، (c) (ii)، (d) (iii)

69. مصنف اور ناول کے حوالے سے صحیح جوڑ کی نشاندہی کیجیے :

(a)	ڈپٹی نظیر احمد	(i)	فردوس بریں
(b)	قرۃالعین حیدر	(ii)	توبۃ النصوح
(c)	عبدالحلیم شرر	(iii)	آگ کا دریا
(d)	انتظار حسین	(iv)	بستی

(1) (a) (iv)، (b) (iii)، (c) (ii)، (d) (i)
(2) (a) (iii)، (b) (iv)، (c) (ii)، (d) (i)
(3) (a) (ii)، (b) (iii)، (c) (i)، (d) (iv)
(4) (a) (iii)، (b) (iv)، (c) (ii)، (d) (i)

70. تذکرے اور تذکرہ نگاروں کے اعتبار سے صحیح جواب کی نشاندہی کیجیے :

(a)	کریم الدین	(i)	گلشن بے خار
(b)	میر تقی میرؔ	(ii)	شعرائے اردو
(c)	میر حسن	(iii)	طبقات الشعراء
(d)	شیفتہ	(iv)	نکات الشعراء

(1) (a) (iii)، (b) (iv)، (c) (ii)، (d) (i)
(2) (a) (iv)، (b) (iii)، (c) (i)، (d) (ii)
(3) (a) (i)، (b) (iv)، (c) (ii)، (d) (iii)
(4) (a) (ii)، (b) (i)، (c) (iii)، (d) (iv)

71. مصنفین اور کتابوں کے اعتبار سے صحیح جواب کی نشاندہی کیجیے۔

(a)	امداد امام اثر	(i)	اردو تنقید پر ایک نظر
(b)	آل احمد سرور	(ii)	تنقیدی جائزے
(c)	احتشام حسین	(iii)	نئے پرانے چراغ
(d)	کلیم الدین احمد	(iv)	کاشف الحقائق

(1) (a) (iii)،(b) (iv)،(c) (i)،(d) (ii)
(2) (a) (ii)،(b) (i)،(c) (iv)،(d) (iii)
(3) (a) (i)،(b) (ii)،(c) (iii)،(d) (iv)
(4) (a) (iv)،(b) (iii)،(c) (ii)،(d) (i)

72. مصنفین اور کتابوں کے اعتبار سے صحیح جواب کی نشاندہی کیجیے۔

(a)	سوانح مولانا روم	(i)	مقدمہ شعر و شاعری
(b)	محمد حسین آزاد	(ii)	مخزن نکات
(c)	الطاف حسین حالیؔ	(iii)	آب حیات
(d)	قائم	(iv)	شبلی نعمانی

(1) (a) (iv)،(b) (iii)،(c) (i)،(d) (ii)
(2) (a) (iii)،(b) (iv)،(c) (ii)،(d) (i)
(3) (a) (iv)،(b) (i)،(c) (iii)،(d) (ii)
(4) (a) (iv)،(b) (ii)،(c) (i)،(d) (iii)

73. مدفن کے اعتبار سے صحیح جوڑ کی نشاندہی کیجیے:

(a)	غالبؔ	(i)	دہلی
(b)	سوداؔ	(ii)	سری نگر کشمیر
(c)	فانیؔ	(iii)	لکھنؤ
(d)	محی الدین قادری زور	(iv)	حیدرآبد

(1) (a) (i)،(b) (iii)،(c) (iv)،(d) (ii)
(2) (a) (ii)،(b) (i)،(c) (iv)،(d) (iii)
(3) (a) (iv)،(b) (i)،(c) (iii)،(d) (ii)
(4) (a) (ii)،(b) (i)،(c) (iv)،(d) (iii)

74. شاعر اور اشعار کے اعتبار سے صحیح جوڑ کی نشاندہی کیجیے :

(a) حسرت موہانی
(b) عرفان صدیقی
(c) مرزا غالبؔ
(d) میر تقی میرؔ

(i) کہاں سے آتے ہیں یہ گھر اُجالتے ہوئے لفظ
چھپا ہے کیا مری مٹی میں ماہ پارہ کوئی

(ii) اتنا نہ تجھ سے ملتے نہ دل کو کھو کے روتے
جیسا کیا تھا ہم نے ویسا ہی یار پایا

(iii) یک قدم بے سود ہے اظہار حال آرزو
حسنِ بے پروا کے آگے عشق نامنظور کا

(iv) حال دل نہیں معلوم، لیکن اس قدر یعنی
ہم نے بار بار ڈھونڈا، تم نے بارہا پایا

(1) (a) (i)، (b) (ii)، (c) (iii)، (d) (iv)
(2) (a) (iii)، (b) (i)، (c) (iv)، (d) (ii)
(3) (a) (ii)، (b) (iii)، (c) (iv)، (d) (i)
(4) (a) (iv)، (b) (ii)، (c) (iii)، (d) (i)

75. ذیل میں دی گئیں اصناف کو ان کے معروف شعراء سے جوڑ یئے :

(a) رباعی
(b) شہر آشوب
(c) ریختی
(d) قطعہ

(i) میر تقی میر
(ii) امجد حیدر آبادی
(iii) حالی
(iv) انشاء

صحیح جوڑ کی نشاندہی کیجیے :

(1) (a) (ii)، (b) (i)، (c) (iv)، (d) (iii)
(2) (a) (i)، (b) (ii)، (c) (iii)، (d) (iv)
(3) (a) (iii)، (b) (iv)، (c) (i)، (d) (ii)
(4) (a) (iv)، (b) (iii)، (c) (ii)، (d) (i)

76. کون پہلے پیدا ہوا؟ صحیح ترتیب بتایئے :

(1) علی سردار جعفری - اخترالایمان - ساحر لدھیانوی - فراق
(2) فراق - علی سردار جعفری - اخترالایمان - ساحر لدھیانوی
(3) اخترالایمان - فراق - ساحر لدھیانوی - علی سردار جعفری
(4) فراق - اخترالایمان - علی سردار جعفری - ساحر لدھیانوی

77. ترتیب زمانی کے اعتبار سے درج ذیل ناقدین کی صحیح ترتیب کیا ہوگی؟

(1) امداد امام اثر، وزیر آغا، شمس الرحمٰن فاروقی، احتشام حسین

(2) امداد امام اثر، احتشام حسین، وزیر آغا، شمس الرحمٰن فاروقی

(3) وزیر آغا، امداد امام اثر، شمس الرحمٰن فاروقی، احتشام حسین

(4) شمس الرحمٰن فاروقی، احتشام حسین، امداد امام اثر، وزیر آغا

78. 'بوستان خیال' کی ترجمہ شدہ جلدوں کی صحیح ترتیب کی نشاندہی کیجئے:

(1) حدایق انظار - بدر الآثار - ریاض الابصار - شمس الانوار

(2) حدایق انظار - ریاض الابصار - شمس الانوار - بدر الآثار

(3) ریاض الابصار - حدایق انظار - شمس الانوار - بدر الآثار

(4) شمس الانوار - بدر الآثار - حدایق انظار - ریاض الابصار

79. صحیح ترتیب کی نشان زد کیجئے :

(1) ولی دکنی - رنگین - میر سوز

(2) ذوق - غالب - انشاء

(3) حاتم - تاباں - عبدالحیٔ

(4) مومن - مصحفی - داغ

80. درج ذیل تخلیقات کی صحیح زمانی ترتیب بہ لحاظ سنہ تصنیف بتائیے :

(1) سب رس، طوطی نامہ، سیف الملوک، قطب مشتری

(2) قطب مشتری، سیف الملوک، طوطی نامہ، سب رس

(3) سیف الملوک، طوطی نامہ، قطب مشتری، سب رس

(4) طوطی نامہ، سب رس، سیف الملوک، قطب مشتری

81. بال جبریل کی نظموں کی صحیح ترتیب بتایئے :

(1) مسجد قرطبہ، فرشتوں کا گیت، دعا، لینن

(2) دعا، مسجد قرطبہ، لینن، فرشتوں کا گیت

(3) فرشتوں کا گیت، دعا، مسجد قرطبہ، لینن

(4) لینن، دعا، مسجد قرطبہ، فرشتوں کا گیت

82. زمانی اعتبار سے صحیح ترتیب کی نشاندہی کیجیے :

(1) اصلاح زبان کی روایت، علی گڑھ تحریک، حلقۂ ارباب ذوق، مابعد جدیدیت

(2) علی گڑھ تحریک، حلقۂ ارباب ذوق، اصلاح زبان کی روایت، مابعد جدیدیت

(3) اصلاح زبان کی روایت، مابعد جدیدیت، علی گڑھ تحریک، مابعد جدیدیت

(4) حلقۂ ارباب ذوق، علی گڑھ تحریک، اصلاح زبان کی روایت، مابعد جدیدیت

83. تاریخ ولادت کے اعتبار سے صحیح ترتیب کی نشاندہی کیجیے۔

(1) محمد حسین آزادؔ، الطاف حسین حالیؔ، شبلی نعمانی، احتشام حسین (2) الطاف حسین حالیؔ، احتشام حسین، شبلی نعمانی، محمد حسین آزادؔ

(3) شبلی نعمانی، محمد حسین آزادؔ، احتشام حسین، الطاف حسین حالیؔ (4) احتشام حسین، شبلی نعمانی، الطاف حسین حالیؔ، محمد حسین آزادؔ

84. تاریخ ولادت کے اعتبار سے صحیح ترتیب کی نشاندہی کیجیے۔

(1) آل احمد سرور، احتشام حسین، کلیم الدین احمد، محی الدین قادری زور

(2) احتشام حسین، محی الدین قادری زور، آل احمد سرور، کلیم الدین احمد

(3) کلیم الدین احمد، آل احمد سرور، محی الدین قادری زور، احتشام حسین

(4) محی الدین قادری زور، کلیم الدین احمد، احتشام حسین، آل احمد سرور

85. تاریخ وفات کے اعتبار سے صحیح ترتیب کی نشاندہی کیجیے۔

(1) سوداؔ، غالبؔ، ذوقؔ (2) غالبؔ، سوداؔ، ذوقؔ

(3) ذوقؔ، غالبؔ، سوداؔ (4) سوداؔ، ذوقؔ، غالبؔ

86. ذیل میں دو بیانات دیئے گئے ہیں جن میں سے ایک دعویٰ ہے اور ایک دلیل ہے۔ دونوں کو غور سے پڑھیے اور ذیل میں دیئے گئے جوابات میں سے صحیح جواب کی نشاندہی کیجیے :

دعویٰ : خدا کی بستی ایک شاہکار ناول ہے۔

دلیل : کیوں کہ اسے پہلا آدم جی انعام ملا تھا۔

(1) دعویٰ صحیح ہے اور دلیل بھی صحیح ہے (2) دعویٰ صحیح ہے لیکن دلیل غلط ہے

(3) دلیل صحیح ہے لیکن دعویٰ غلط ہے (4) دعویٰ غلط ہے اور دلیل بھی غلط ہے

87. ذیل میں دو بیانات دیئے گئے ہیں جن میں سے ایک دعویٰ ہے اور ایک دلیل ہے۔ دونوں کو غور سے پڑھیے اور ذیل میں دیئے گئے جوابات میں سے صحیح جواب کی نشاندہی کیجئے :

دعویٰ : مابعد جدیدیت ادبی تفہیم و تخلیق کے کلّی وجدان کا رجحان ہے۔

دلیل : کیوں کہ اس میں ادبی عمل کے تمام ممکنہ وسائل کو بروئے کار لایا جاتا ہے۔

(1) دعویٰ صحیح ہے اور دلیل بھی صحیح ہے
(2) دعویٰ صحیح ہے لیکن دلیل غلط ہے
(3) دلیل صحیح ہے لیکن دعویٰ غلط ہے
(4) دعویٰ غلط ہے اور دلیل بھی غلط ہے

88. ذیل میں چار بیانات درج کئے گئے ہیں۔ صحیح بیان کی نشاندہی کیجئے۔

(1) بہترین شعر وہ ہے جو سب سے زیادہ جھوٹ ہو۔
(2) شعر کی عمارت تین چیزوں سے اٹھتی ہے۔ لفظ، وزن، معنیٰ۔
(3) شاعری صنعت گری نہیں ہے۔
(4) معانی شہد کی مانند ہیں اور الفاظ پیالے کی مانند

89. ذیل میں چار بیانات درج کئے گئے ہیں۔ صحیح بیان کی نشاندہی کیجئے۔

(1) تنقید گیسوئے ادب کا کنگھا ہے۔
(2) تنقید ادب کے جسم کا کوڑھ ہے۔
(3) نقادوں میں نفرت کا جذبہ بہت شدید نہیں ہوتا۔
(4) نقاد پر بھروسہ کرنے سے پہلے ہر ممکن بات کا یقین کر لو۔

90. ذیل میں چار بیانات درج کئے گئے ہیں۔ صحیح بیان کی نشاندہی کیجئے۔

(1) خیالات ماخوذ، واقفیت لامحدود، نظر سطحی، فہم وادراک غیر معمولی۔

(2) حالی قصیدے کو بے حد پسند کرتے تھے۔

(3) حالی نے کہا کہ وزن اور قافیے سے شعر میں حُسن پیدا ہوتا ہے۔

(4) حالی سے پہلے ہماری شاعری دماغ والوں کی دنیا تھی۔

91-95. سوالات کے جواب ذیل میں دیئے گئے اقتباس کی روشنی میں دیکھئے :

"قلعہ التمونت کے پھاٹک پر حسین کو روکا گیا۔ اور چونکہ اندر داخل ہونے کا اجازت نامہ نہیں پیش کر سکا۔ لہذا وہی خط جو شیخ علی وجودی نے لکھ دیا تھا، اس سے لے کر قلعدار کے پاس بھیجا گیا۔ پھر رکن الدین خورشاہ کا ہنوز عنفوانِ شباب تھا مگر چونکہ ان لوگوں کے عقیدے میں امام پیدا ہوتے ہی امام ہوتا ہے لہذا ان کی تقدس و وجاہت میں نوعمری

سے کوئی فرق نہیں آنے پاتا۔ ان کے نزدیک اگر رتبۂ امامت حاصل ہو تو ایک چھ برس کا بچہ اور ساٹھ برس کا بوڑھا دونوں یکساں معصوم ہیں۔ اور دونوں کے احکام یکساں طریقے سے واجب التعمیل ہیں۔ یہ سلطنت اور یہ مذہب دونوں حسن بن صباح کی بے نظیر کوششوں سے قائم ہوئے تھے جس کو اب ڈیڑھ سو برس گزر چکے تھے۔ اور باوجودیکہ دنیا میں بڑے بڑے انقلاب ہو گئے مگر اس خاندان کا وہی دور دورہ رہا۔ بعض دلیر اور الوالعزم حملہ آوروں نے دو ایک مرتبہ یہاں کی پولیٹکل قوت کو ضرر پہنچایا مگر مذہبی اثرات پہلے سے زیادہ ترقی پر ہیں اور التمونت کا قلعہ اسی طرح مامون و محفوظ چلا آتا ہے جس پر مخالفت کے ساتھ کوئی پرندہ بھی پر نہیں مار سکتا۔"

91. درجِ بالا اقتباس کی روشنی میں بتایئے کہ قلعہ التمونت کے پھاٹک پر حسین کو کیوں روکا گیا؟

(1) وہ دشمن کا آدمی تھا
(2) وہ اجازت نامہ پیش نہیں کر سکا
(3) وہ ایک خطرناک بیماری میں مبتلا تھا
(4) وہ کم صورت تھا

92. مندرجہ بالا اقتباس کے حوالے سے صحیح واقعہ کی نشاندہی کیجیے :

(1) حسین کو قلعہ التمونت کے پھاٹک کے باہر روکا گیا تھا
(2) حسین کو قلعہ التمونت کے پھاٹک پر روکا گیا
(3) حسین کو قلعہ التمونت کے پھاٹک کے اندر روکا گیا تھا
(4) حسین کو قلعہ التمونت کے پھاٹک تک پہنچنے سے پہلے روکا گیا تھا

93. درج بالا اقتباس کی روشنی میں صحیح جواب کی نشاندہی کیجیے۔

(1) بعض دلیر اور الوالعزم حملہ آوروں نے یہاں کی پولٹیکل قوت کو فائدہ ضرور پہنچایا۔
(2) بعض دلیر اور الوالعزم حملہ آوروں نے یہاں کی پولٹیکل قوت کو کوئی نقصان نہیں پہنچایا۔
(3) بعض دلیر اور الوالعزم حملہ آوروں نے دو ایک مرتبہ یہاں کی پولٹیکل قوت کو ضرر پہنچایا۔
(4) بعض دلیر اور الوالعزم حملہ آوروں نے یہاں کی پولٹیکل قوت کو دو ایک مرتبہ سنبھال لیا۔

94. دیئے گئے اقتباس کی روشنی میں درست جواب کی نشاندہی کیجیے۔

(1) رتبۂ امامت میں عمر سے بڑا فرق پڑتا ہے۔
(2) رتبۂ امامت میں چھ برس کے بچے اور ساٹھ برس کے بوڑھے میں معصومیت کے اعتبار سے کوئی فرق نہیں ہوتا۔
(3) رتبۂ امامت پر فائز چھ (6) برس کا بچہ اور ساٹھ (60) برس کا بوڑھا یکساں معصوم نہیں ہوتے۔
(4) رتبۂ امامت پر فائز ہونے کے لئے ایک خاص عمر مخصوص ہے۔

95. مندرجہ بالا اقتباس کی روشنی میں صحیح بیان کی نشاندہی کیجئے :

(1) قلعہ دار کے پاس بھیجا گیا خط شیخ علی وجودی نے لکھ دیا تھا۔

(2) شیخ علی وجودی کا لکھا ہوا خط رکن الدین کے پاس بھیجا گیا تھا۔

(3) حسن بن صباح کا لکھا ہوا خط شیخ علی وجودی کے پاس بھیج دیا گیا تھا۔

(4) رتبہ امامت پر فائز ہونے کے لئے ایک خاص عمر مخصوص ہے۔

96-100. سوالات کے جواب ذیل میں دیئے گئے اشعار کی روشنی میں دیجئے :

اُدھر آسماں پر درخشندہ قد — ادھر یہ زمیں پر مہ چاردہ
پڑا عکس دونوں کا جوں نہر میں — لگا لوٹنے چاند ہر لہر میں
نظر آئے اتنے جو یک بار چاند — زمانے کے منہ کو لگے چار چاند
عجب طرح کا حُسن تھا جاں فزا — کہ مہ رو برو جس کے تھا ٹھیکرا
کہوں اُس کی پوشاک کا کیا بیاں — فقط ایک پشواز آبِ رواں
زِ بس موتیوں کی تھی سنجاف گل — کہے تو وہ بیٹھی تھی موتی میں تل
اور اک اوڑھنی جوں ہوا میں حباب — جسے دیکھ شبنم کو آوے حجاب
صباحت، صفا اُس میں جھلکی ہوئی — پڑی سر سے کاندھے پہ ڈھلکی ہوئی
گریباں میں تکمہ اک الماس کا — ستارہ سا مہتاب کے پاس کا
وہ کرتی، وہ انگیا جواہر نگار — نیا باغ اور ابتداء کی بہار
وہ چھب تختی اور اس کی کرتی کا چاک — تڑاقے کی انگیا کسی ٹھیک ٹھاک
ترکیب اور چاند سا وہ بدن — وہ بازو پہ ڈھلکے ہوئے نورتن

96. ان اشعا[ر] میں بتایئے کہ یکایک بہت سارے چاند ایک ساتھ کیسے نظر آئے؟

(1) ...نی کی لہروں میں نظر آیا
(2) شیش محل پر چاند کا عکس پڑا
(3) ...نور پر چاند حاوی ہو گیا
(4) ستاروں نے چاند کی صورت اختیار کی

97. ان اشعار میں ماہ رُخ ...ف کی گئی ہے؟

(1) نجم النساء
(2) بدر منیر
(3)
(4) بے نظیر

98. اس اقتباس میں ابِ رواں کن معنوں میں استعمال ہوا ہے؟

(1) ایک قسم کا کپڑا (2) بہتا ہوا پانی

(3) بہتی ہوئی ندی (4) فوارہ

99. سنجاف، گریباں، کرتی، انگیا کا تعلق کس سے ہے؟

(1) مشروبات (2) زیورات

(3) لباس (4) سنگار

100. اس اقتباس میں چاند کس کے سامنے ٹھیکرا لگنے لگا؟

(1) بدر منیر کے حسن کے سامنے (2) باغ کے پھولوں کے رنگ کے سامنے

(3) زمانے کے منہ کو چار چاند لگنے سے (4) بازو پہ بندھے نورتن کے سبب سے

ANSWERS

1	2	3	4	5	6	7	8	9	10
(3)	(3)	(3)	(2)	(2)	(3)	(1)	(1)	(2)	(4)
11	**12**	**13**	**14**	**15**	**16**	**17**	**18**	**19**	**20**
(4)	(3)	(1)	(4)	(4)	(3)	(2)	(2)	(2)	(3)
21	**22**	**23**	**24**	**25**	**26**	**27**	**28**	**29**	**30**
(3)	(1, 4)	(4)	(4)	(3)	(4)	(2)	(3)	(2)	(4)
31	**32**	**33**	**34**	**35**	**36**	**37**	**38**	**39**	**40**
[illegible]	(3)	(4)	(3)	(2)	(3)	(4)	(2)	(3)	(3)
[illegible]	**42**	**43**	**44**	**45**	**46**	**47**	**48**	**49**	**50**
(4	(2)	(4)	(4)	(2)	(1)	(3)	(3)	(4)	(3)
51	**[illegible]**	**53**	**54**	**55**	**56**	**57**	**58**	**59**	**60**
(3)	[illegible]	(2)	(1)	(3)	(2)	(2)	(4)	(4)	(3)
61	**[illegible]**	**63**	**64**	**65**	**66**	**67**	**68**	**69**	**70**
(3)	[illegible]	(3)	(2)	(4)	(1)	(2)	(4)	(3)	(1)
71	**[illegible]**	**[illegible]**	**74**	**75**	**76**	**77**	**78**	**79**	**80**
(4)	[illegible]	(1	(2)	(1)	(2)	(2)	(2)	(3)	(2)
81	**82**	**[illegible]**	**84**	**85**	**86**	**87**	**88**	**89**	**90**
(2)	(1)	[illegible]	*)	(4)	(2)	(1)	(1)	(2)	(3)
91	**92**	**[illegible]**	**[illegible]**	**95**	**96**	**97**	**98**	**99**	**100**
(2)	(2)	[illegible]	[illegible]	(1)	(1)	(2)	(1)	(3)	(1)

Previous Paper (Solved)

NTA UGC-NET URDU, DECEMBER–2019*

PAPER-II

Note: *This Paper contains* **hundred (100)** *objective type questions of* **two (2)** *marks each.* **All** *questions are* **compulsory**.

1. مجتبیٰ حسین نے اپنے سفرنامہ ''جاپان چلو جاپان چلو'' میں جاپان کی قدیم راجدھانی کا کیا نام لکھا ہے؟

(1) اوساکا (2) یوکومایا (3) کیوشو (4) کیوٹو

2. ذیل میں سے دو زمرے صحیح ہیں؟

(A) پلٹ پلٹ کے قفس ہی کی سمت جانا ہوا — کسی نے راہ بتائی نہ آشیانے کی

(B) دشوار تو نہیں غم ہستی کا خاتمہ — ان کی خوشی نہیں ہے تو ان کی ہنسی سہی

(C) زندگی کی دوسری کروٹ تھی موت — زندگی کروٹ بدل کے چپ رہی

(D) آتی رہے گی خیراب اس زندگی کو موت — یہ تو ہوا کہ موت میری زندگی ہوئی

صحیح زمرے کی نشاندہی کیجیے:

(1) (A) اور (B) (2) (A) اور (D) (3) (B) اور (C) (4) (C) اور (D)

3. ذیل میں سے دو زمرے صحیح ہیں؟

(A) مانگے ہے پھر کسی کو لب بام پر ہوس — زلف سیاہ رُخ پہ پریشاں کیے ہوئے

(B) اک نوبہار ناز کو تاکے ہے پھر نگاہ — بیٹھے رہیں تصور جاناں کیے ہوئے

(C) برسوں ہوئے ہیں چاک گریباں کیے ہوئے

(D) مدت ہوئی ہے یار کو مہماں کیے ہوئے — عرصہ ہوا ہے دعوت مژگاں کیے ہوئے

صحیح زمرے کی نشاندہی کیجیے:

(1) (A) اور (B) (2) (A) اور (C) (3) (C) اور (D) (4) (B) اور (C)

4. ''سب رس'' میں 'عافیت شہر' کے بادشاہ کا نام کیا ہے؟

(1) عابد (2) عقل (3) ناموس (4) نظر

5. ذیل میں ایک دعویٰ اور ایک دلیل دی گئی ہے۔ انہیں غور سے پڑھیے اور صحیح زمرے کی نشاندہی کیجئے؟

دعویٰ: اردو مراثی سانحہ کربلا کے بہترین عکاس ہیں۔

دلیل: اس میں سانحہ کربلا کے تمام ممکنہ پہلوؤں کا موثر طریقے سے احاطہ کیا گیا ہے۔

(1) دعویٰ صحیح ہے اور دلیل غلط ہے (2) دلیل صحیح ہے وار دعویٰ غلط ہے

(3) دعویٰ غلط ہے اور دلیل بھی غلط ہے (4) دعویٰ صحیح ہے اور دلیل بھی صحیح ہے

6. ذیل میں سے کس کا تعلق معنیات سے نہیں ہے؟

(1) تاثر (2) تصور (3) تخالف (4) ترادف

7. آنچ پھولوں پہ نہ آنے دے مگر

شہریار کے اس مصرع کو ذیل کے مصرعوں میں سے صحیح مصرعہ چن کر شعر مکمل کیجئے:

(1) ان گھٹاؤں کو مچل جانے دے (2) خس وخاشاک کو جل جانے دے

(3) موسم دل کو بدل جانے دے (4) اور کچھ رات کو ڈھل جانے دے

8. مولانا محمد حسین آزاد نے کس کی شاعری کے بارے میں لکھا ہے کہ وہ تہواروں کی آبداری نشتروں میں بھر دیتے ہیں؟

(1) مرزا محمد رفیع سودا (2) خواجہ میر درد (3) محمد تقی میر (4) انشاء

9. ذیل میں سے دو زمرے صحیح ہیں۔

(A) زعفران، ستارہ، عنبر (B) سلیم، ستارہ، بسم اللہ (C) ولارام، کافور، سلیم (D) فیض علی، سلیم، انارکلی

صحیح زمرے کی نشاندہی کیجئے:

(1) (A) اور (B) (2) (A) اور (C) (3) (B) اور (D) (4) (D) اور (C)

10. ذیل میں سے دو زمرے صحیح ہیں۔

(A) مراۃ العروس، فسانہ آزاد، امراؤ جان ادا (B) فسانہ آزاد، گئودان، مراۃ العروس

(C) منصور موہنا، قیس ولبنیٰ، یوسف ونجمہ (D) ایک لڑکی پاؤں میں پھول، زعفران میں پھول

صحیح زمرے کی نشاندہی کیجئے:

(1) (A) اور (B) (2) (B) اور (C) (3) (C) اور (D) (4) (B) اور (D)

11. ذیل میں دوزمرے زمانی اعتبار سے درست ہیں۔

(A) ملاّ وجہی، انشاء اللہ خاں انشاء، میر امن
(B) میر امن، رجب علی بیگ سرور، ملاّ وجہی
(C) انشاء اللہ خاں انشاء، میر امن، رجب علی بیگ سرور
(D) میر امن، رجب علی بیگ سرور، ملاّ وجہی

صحیح زمرے کی نشاندہی کیجئے:

(1) (A) اور (B) (2) (A) اور (C) (3) (B) اور (D) (4) (B) اور (C)

12. ''سمندر دور ہے'' کس کا افسانوی مجموعہ ہے؟

(1) سعادت حسن منٹو (2) کرشن چندر (3) خواجہ احمد عباس (4) غیاث احمد گدی

13. درج ذیل ناقدین کو ان کے زمانے کے اعتبار سے حال سے ماضی کی طرف بڑھتے ہوئے کونسی ترتیب صحیح ہے؟

(1) شمس الرحمٰن فاروقی، محمد حسن، شبیہ الحسن، احتشام حسین
(2) محمد حسن، شمس الرحمٰن فاروقی، شبیہ الحسن، احتشام حسین
(3) احتشام حسین، شبیہ الحسن، شمس الرحمٰن فاروقی، محمد حسن
(4) شبیہ الحسن، محمد حسن، شمس الرحمٰن فاروقی، احتشام حسین

14. ذیل میں سے دوزمرے صحیح ہیں۔

(A) تھا مستعار حسن سے اس کے جو نور تھا — خورشید میں بھی اس ہی کا ذرہ ظہور تھا
(B) مجلس میں رات ایک ترے پرتوے بغیر — اس شوخ کو بھی راہ پہ زنا ضرور تھا
(C) کل پاؤں ایک کاسہ سر پر جو آ گیا — میں بھی کمبھو کسو کا سر پر ضرور تھا
(D) پہنچا جو آپ کو تو میں پہنچا ندا کے تئیں — معلوم اب ہوا کہ بہت میں بھی دور

صحیح زمرے کی نشاندہی کیجئے:

(1) (A) اور (B) (2) (A) اور (C) (3) (A) اور (D) (4) (C) اور (D)

15. درج ذیل ناقدین کو زمانی اعتبار سے کیسے لکھا جائے گا؟

(1) محمد حسین آزاد، امداد امام اثر، وزیر آغا، شکیل الرحمٰن
(2) امداد امام اثر، محمد حسین آزاد، شکیل الرحمٰن، وزیر آغا
(3) شکیل الرحمٰن، محمد حسین آاد، امداد امام اثر، وزیر آغا
(4) امداد امام اثر، محمد حسین آزاد، شکیل الرحمٰن، وزیر آغا

16. انتقال کے اعتبار سے صحیح ترتیب کی نشاندہی کیجئے:

(1) قاضی عبدالودود، گیان چند جین، جمیل جالبی، محی الدین قادری زور
(2) محی الدین قادری زور، قاضی، عبدالودود، گیان چند جین، جمیل جالبی
(3) گیان چند جین، جمیل جالبی، محی الدین قادری زور، قاضی عبدالودود
(4) جمیل جالبی، گیان چند جین، قاضی عبدالودود، محی الدین قادری زور

17. ذیل میں سے دو زمرے صحیح ہیں۔

(A) گنگو، گومتی، معصوم بچہ (B) پھول متی، پنڈت اجودیاناتھ، بدنصیب،

(C) دیوناتھ، گوپا، شکوہ شکایت (D) شیوداس، رام پیاری، روشنی

صحیح زمرے کی نشاندہی کیجئے:

(1) (A) اور (C) (2) (A) اور (B) (3) (A) اور (D) (4) (B) اور (C)

18. کس قصیدہ نگار کو میر نے "سرآمد شعرائے ہندی" لکھا ہے؟

(1) حاتم (2) قلی قطب شاہ (3) ولی (4) سودا

19. تری باندی کی باندی ہو رہوں گی
جو کچھ مجھ کو کہے گا سو کروں گی

کس مثنوی کا شعر ہے؟

(1) سحرالبیان (2) گلزار نسیم (3) پھول بن (4) بکٹ کہانی

20. رات کو رو رو صبح کیا یا دن کو جوں توں شام کیا

ذیل کے مصرعوں سے مصرعہ اوّل کی نشاندہی کر کے شعر پورا کیجئے:

(1) میر کے دین و مذہب کو اب پوچھتے کیا ہو ان نے تو (2) ناحق ہم مجبوروں پر یہ تہمت ہے مختاری کی

(3) عہد جوانی رو رو کاٹا پیری میں لیں آنکھیں موند (4) یاں کے سپید و سیہ میں ہم کو دخل جو ہے سو اتنا ہے

21. زمانی اعتبار سے صحیح ترتیب کی نشاندہی کیجئے

(1) نظامی بیدری، ملاّ وجہی، میر حسن، دیاشنکر نسیم (2) ملاّ وجہی، نظامی بیدری، دیاشنکر نسیم، میر حسن

(3) دیاشنکر نسیم، ملاّ وجہی، نظامی بیدری، میر حسن (4) میر حسن، دیاشنکر نسیم، نظامی بیدری، ملاّ وجہی

22. ذیل میں ایک دعویٰ اور ایک دلیل دی گئی ہے۔ انہیں غور سے پڑھیے اور صحیح زمرے کی نشاندہی کیجئے:

دعویٰ : بیدی عورتوں کی نفسیات کی عکاسی کا بہت بڑا فنکار ہے۔

دلیل : اس نے مختلف صورتحال میں عورتوں کی چنندہ نفسیات کی فنکارانہ عکاسی کی ہے۔

(1) دعویٰ صحیح ہے اور دلیل غلط ہے (2) دعویٰ غلط ہے اور دلیل صحیح ہے

(3) دعویٰ غلط ہے اور دلیل بھی غلط ہے (4) دعویٰ صحیح ہے اور دلیل بھی صحیح ہے

23. ذیل میں سے کسے نحویات کے مطالعے میں شامل نہیں کیا جاتا؟

(1) جزو (2) جزو متصل (3) ترکیب (4) اجزائے ترکیبی

24. راجندر سنگھ بیدی کے افسانہ ''یو کلپٹس،، میں للّھی کا اصل نام کیا ہے؟

(1) لکشمی رانی (2) لکھن متی (3) لکشمی رام داس (4) لکشمی داس

25. مصنفین کے حساب سے تصانیف جوڑیئے:

(A) عصمت چغتائی	(i) ایک چادر میلی سی
(B) راجندر سنگھ بیدی	(ii) ٹیڑھی لکیر
(C) شوکت صدیقی	(iii) بستی
(D) انتظار حسین	(iv) خدا کی بستی

درست جواب کی نشاندہی کیجیے:

(1) (A)(i)(B)(iii)(C)(iv)(D)(ii)

(2) (A)(ii)(B)(i)(C)(iv)(D)(iii)

(3) (A)(iii)(B)(ii)(C)(i)(D)(iv)

(4) (A)(ii)(B)(iii)(C)(i)(D)(iv)

26. چھوڑوں گی نہ میں ہند کی تاریک فضا کو
جب تک نہ اُٹھیں خواب سے مردانِ گراں خواب!
خاور کی امیدوں کا یہی خاک ہے مرکز
اقبال کے اشکوں سے یہی خاک ہے سیراب!
چشم مہ و پروین ہے اسی خاک سے روشن
یہ خاک کہ ہے جس کا خوف ریزہ دُرِ ناب!

یہ اشعار اقبال کی کس نظم سے ماخوذ ہیں؟

(1) لالہ صحرا (2) شعاع امید (3) ذوق وشوق (4) مینن خدا کے حضور میں

27. ہاں سنبھل جا اب کہ زہرہ اہل دل کے آب ہیں
کتنے طوفاں تیری کشتی کے لئے بے تاب ہیں
اس شعر پر جوش ملیح آبادی کی کونسی نظم ختم ہوتی ہے؟
(1) جنگل کی شہزادی (2) کسان (3) شکست زنداں کا خواب (4) وفاداران ازلی کا پیام

28. ذیل میں سے دوزمرے صحیح ہیں
(A) مخدوم محی الدین - چاندتاروں کا بن، انتظار، آج کی رات نہ جانا
(B) فیض احمد فیض - کہاں جاؤ گے، یاد، کشے
(C) اختر الایمان - کتبہ، واپسی، نارسائی
(D) نظیر اکبر آبادی - خوشامد، برسات کی بہاریں، آواز
صحیح زمرے کی نشاندہی کیجیے:
(1) (A) اور (B) (2) (A) اور (C) (3) (B) اور (D) (4) (C) اور (B)

29. ذیل میں سے دوزمرے صحیح ہیں۔
(A) نارائن باوار سالو، نیکی رام ۔ لاجونتی
(B) جوگیا، ہیمنت صاحب جی ۔ ببل
(C) درباری لال، سیتا، مہتا گردھاری لال ۔ لمبی لڑکی
(D) کندن چپلن فادر، خشر لکھی ۔ یوکلپٹس
صحیح زمرے کی نشاندہی کیجئے:
(1) (A) اور (B) (2) (B) اور (C) (3) (C) اور (D) (4) (A) اور (D)

30. درج ذیل میں سے مشتاق احمد یوسفی کے انشائیہ کی نشاندہی کیجیے:
(1) چینی شاعر (2) جنون لطیفہ (3) شامت اعمال (4) وکیل صاحب

31. کس ناقد نے کہا ہے کہ معنی کی ندرت مومن کے کام میں ایسی ہے کہ جس کے باعث ہر شخص کی نظر آسانی سے اس تک پہنچ سکے۔
اس وصف میں وہ مرزا (غالب) سے بھی سبقت لے گئے ہیں؟
(1) مولانا الطاف حسین حالی (2) محمد حسین آزاد (3) مجنوں گورکھپوری (4) شکیل الرحمٰن

32. اب کہاں جاؤں کروں کیا، کیونکہ راہ آگے کی لوں
اس جنگل میں کوئی اب مشکل کشا میرا نہیں
بے کسی ہوئی ختم مجھ پر اس جنگل میں میرے سر
باپ نہیں، دادا نہیں اور کوئی چچا میرا نہیں
یہ اشعار کس کتاب میں شامل ہیں؟
(1) رانی کیتکی کی کہانی (2) باغ و بہار (3) کربل کتھا (4) فسانہ عجائب

33. ذیل میں سے دو زمرے صحیح ہیں۔

(A) مطلع اور وزن۔غزل　　(B) نشیب اور گریز۔قصیدہ

(C) شہادت اور دعا۔مرثیہ　　(D) چار مصرعے اور سترہ سالمے۔ہائیکو

صحیح زمرے کی نشاندہی کیجیے:

(1) (A) اور (D)　　(2) (A) اور (B)　　(3) (A) اور (C)　　(4) (B) اور (D)

34. مثنویوں کے اعتبار سے مصنفین کے نام شامل کیجیے:

(A) پھول بن　　(i) ملا وجہی　　(B) سحرالبیان　　(ii) ابن نشاطی

(C) گلزارنسیم　　(iii) میر حسن　　(D) قطب مشتری　　(iv) دیا شنکر نسیم

درج ذیل میں سے صحیح جوڑ کی نشاندہی کیجیے:

(1) (iv)(D)(i)(C)(ii)(B)(iii)(A)

(2) (iv)(D)(iii)(C)(i)(B)(ii)(A)

(3) (i)(D)(iv)(C)(iii)(B)(ii)(A)

(4) (iii)(D)(i)(C)(ii)(B)(iv)(A)

35. افسانوی مجموعوں کے اعتبار سے مصنفین کے نام سے جوڑیے:

(A) ہم وحشی ہیں　　(i) راجندر سنگھ بیدی　　(B) اپنے دکھ مجھے دے دو　　(ii) عصمت چغتائی

(C) راستہ بند ہے　　(iii) کرشن چندر　　(D) چوٹیں　　(iv) جیلانی بانو

صحیح جوڑ کی نشاندہی کیجیے:

(1) (ii)(D)(iv)(C)(i)(B)(iii)(A)

(2) (iv)(D)(iii)(C)(ii)(B)(i)(A)

(3) (iv)(D)(i)(C)(iii)(B)(ii)(A)

(4) (iii)(D)(i)(C)(iv)(B)(ii)(A)

36. ذیل میں درج اجزائے ترکیبی کی صحیح ترتیب کی نشاندہی کیجیے:

(1) آمد، رخصت، سراپا، چہرہ　　(2) رخصت، آمد، چہرہ، سراپا

(3) چہرہ، سراپا، رخصت، آمد　　(4) سراپا، چہرہ، رخصت، آمد

37. ب اور پ اور پھ تینوں دولبی بندشیہ آوازیں ہیں۔ان تینوں میں صوتی رق کہاں سے پیدا ہوتا ہے؟

(1) خشا (2) صوت تانت

(3) حلقومی جوف (4) انفی جوف

38. اختر الایمان کی کس نظم کے کردار جبیبہ اور مضائی قصائی ہیں؟

(1) ایک لڑکا (2) پگ ڈنڈی (3) باز آمد (4) عہد وفا

39. غالب کا دیباچہ بوستان خیال کی کس جلد میں شامل ہے؟

(1) ریاض الابصار (2) شمس الانوار (3) حدایق انظار (4) نجم الاسرار

40. ''شمعیں کٹی ہوئی ہیں لیکن سب کی تصاویر ایک البم میں جمع کر کے اپنے پاس رکھ چھوڑتے ہیں اور تعطیلات میں ایک ایک کو خط لکھتے رہتے ہیں۔دوسری قسم جلالی لباء کی ہے۔ان کا شجرہ جلال الدین اکبر سے ملتا ہے۔اس لئے ہندوستان کا تخت وتاج ان کی ملکیت سمجھا جاتا ہے۔''

یہ کس انشائیہ نگار کی تحریر ہے؟

(1) رشید احمد صدیقی (2) مرزا فرحت اللہ بیگ (3) احمد جمال پاشا (4) پطرس بخاری

41. ذیل میں سے دوزمرے صحیح ہیں۔

(1) دانہ دوام، گرہن، کوکھ جلی، اپنے دکھ مجھے دے

(2) روشنی کی رفتار، ایک چادر میلی سی، شکست، اپنے دکھ مجھے دے

(3) ستاروں سے آگے، شیشے کے گھر، پت جھڑ کی آواز، روشنی کی رفتار

(4) اپنے دکھ مجھے دے، گنجے فرشتے، دل کسی کا دوست نہیں، آگ کا دریا

صحیح زمرے کی نشاندہی کیجیے:

(1) (A) اور (B) (2) (B) اور (C) (3) (A) اور (C) (4) (D) اور (A)

42. ذیل میں لکھی گئی کتابوں کو ان کے مصنفین سے جوڑیئے:

(A) نئی تنقید (i) مجنوں گورکھپوری (B) عکس اور آئینے (ii) محمد حسن

(C) ادبی تنقید (iii) جمیل جالبی (D) افسانہ اور اس کی غایت (iv) احتشام حسین

(1) (A)(ii)(B)(iii)(C)(iv)(D)(ii) (2) (A)(iii)(B)(ii)(C)(i)(D)(iv)

(3) (A)(iii)(B)(iv)(C)(ii)(D)(i) (4) (A)(iv)(B)(ii)(C)(iii)(D)(i)

43. ذیل میں سے دو زمرے صحیح ہیں۔

(A) چپک رہا ہے بدن پر لہو سے پیراہن
ہماری جیب کو اب حاجت رفو کیا ہے

(B) رہی نہ طاقت گفتار اور اگر ہو بھی
کوئی بتاؤ کہ وہ شوخ تند خو کیا ہے

(C) ہر اک بات یہ کہتے ہو تم کہ تو کیا ہے
تمہیں کہو کہ یہ انداز گفتگو کیا ہے

(D) ہوا ہے شہ کا مصاحب پھرے ہے اتراتا
وگر نہ خوف بد آموزی عدو کیا ہے

صحیح زمرے کی نشاندہی کیجیے:

(1) (A)اور(B) (2) (A)اور(C) (3) (A)اور(D) (4) (B)اور(D)

44. صحیح ترتیب کی نشاندہی کیجئے:

(1) اشرف بیابانی، محمد قلی قطب شاہ، وجہی، محمد قطب شاہ
(2) وجہی، اشرف بیابانی، محمد قلی قطب شاہ، محمد قطب شاہ
(3) اشرف بیابانی، محمد قلی قطب شاہ، محمد قطب شاہ، وجہی
(4) محمد قلی قطب شاہ، وجہی، اشرف بیابانی، محمد قطب شاہ

45. ذیل میں سے دو زمرے صحیح ہیں۔

(A) میر امن، میر شیر علی افسوس، نہال چند لاہوری
(B) نام دیومالی، کندن، نندان
(C) شب گزیدہ، دراشکوہ، حضرت جان
(D) آسمان روشن ہے، شکست، ضدی

صحیح زمرے کی نشاندہی کیجیے:

(1) (A)اور(B) (2) (B)اور(C) (3) (A)اور(C) (4) (C)اور(D)

46. نزع میں فانی چپکے چپکے تو نے یہ کس کا نام لیا
کیوں کر کافر تیری زباں پر اب بھی خدا کا نام نہیں

فانی کا یہ مقطع سن کر کس شاعر نے کہا:

''خدا کی قسم وہ مقطع کہا ہے کہ اگر ساری عمر بھی پڑھے جاؤ تو سننے والے کو نیا لطف آئے گا۔''

(1) مجروح (2) جوش (3) حسرت (4) آرزو

47. پریم چند کے ناولوں کی زمانی اعتبار سے صحیح ترتیب کیا ہے:

(1) بیوہ، گئودان، اسرار معابدہ، میدان عمل
(2) گئودان، اسرار معابدہ، بیوہ، میدان عمل
(3) میدان عمل، گئودان، اسرار معابدہ، بیوہ
(4) اسرار معابدہ، بیوہ، میدان عمل، گئودان

48. فعل اپنے معنی کے اعتبار سے کل کتنے طرح کے ہوتے ہیں؟

(1) چار قسم کے (2) تین قسم کے (3) دو قسم کے (4) پانچ قسم کے

49. ذیل کی کونسی کتاب کہاں لکھی گئی جوڑیے:

(A) باغ و بہار (i) حیدرآباد (B) سب رس (ii) دلّی

(C) فسانۂ عجائب (iii) کلکتہ (D) بوستان خیال (فارسی) (iv) لکھنؤ

(1) (A)(ii)(B)(iii)(C)(iv)(D)(i)

(2) (A)(i)(B)(iv)(C)(ii)(D)(iii)

(3) (A)(iii)(B)(i)(C)(iv)(D)(ii)

(4) (A)(ii)(B)(iv)(C)(i)(D)(iii)

50. ''تعلیم وتدریس کا پیشہ شریف پیشہ ہے۔ تعلیم ہی نے ہمیں انسان بنایا ہے۔ تعلیم حکومتوں سے بے نیاز ہوتی ہے۔ ہمارا فرض ہے کہ انسان نے اپنے شاندار تہذیبی سفر میں جو کچھ بھی سیکھا ہے وہ آنے والی نسلوں کو سکھائیں''

یہ عبارت کس کتاب کی ہے؟

(1) خواب باقی ہیں (2) ورود مسعود (3) مضامین سرسید (4) ضحاک

51. ذیل میں سے دو زمرے صحیح ہیں۔

(A) لازم المبتدی، نوسر بار، واحد باری (B) قطب مشتری، سب رس، میز بانی نامہ

(C) گلشن عشق، علی نامہ، تاریخ اسکندری (D) دیوان جوشش، دیوان رضا، دستور الفصاحت

صحیح زمرے کی نشاندہی کیجیے:

(1) (A) اور (B) (2) (A) اور (C) (3) (A) اور (D) (4) (B) اور (C)

52. اس زمانے میں بھی یہ ظرف ہمارا دیکھو

غم وہ رکھتے ہیں جو شرمندہ فریاد نہیں

کلیم عاجز کے اس شعر میں 'ظرف' کن معنوں میں استعمال ہوا ہے؟

(1) برتن (2) تدبیر (3) جگہ (4) حوصلہ

53. ذیل میں دو زمرے صحیح ہیں۔

(A) تنقیدی افکار، لفظ و معنی، شعر، غیر شعر اور نثر (B) مسرت سے بصیرت تک، تنقید کیا ہے، نظر اور نظریے

(C) ادب اور سماج، تنقیدی جائزے، تنقیدی اشارے (D) عملی تنقید، اردو تنقید پر ایک نظر، تنقید اور عملی تنقید

صحیح زمرے کی نشاندہی کی کیجیے:

(1) (A) اور (B) (2) (C) اور (D) (3) (A) اور (C) (4) (B) اور (D)

54. ترکیبوں کی چستی اور انداز بیان کی پختگی کے اعتبار سے اندر سبھا ڈرامہ ہونے کے باوجود ایسے مرتبے پر ہے جہاں انیسویں صدی کا شاید ہی کوئی ڈرامہ پہنچا ہو' اندر سبھا سے متعلق یہ بیان کس کا ہے؟

(1) محمد عمر نورا ہی (2) مسعود حسن رضوی (3) امتیاز علی تاج (4) مسیح الزماں

55. ''اتنا مزا اور اتنی مٹھاس اتنا زہر اور اتنی فنی دلی جذبات کی اتنی نازک مصوری اور اتنا طوفانی جوش۔۔۔۔ایک معجزہ معلوم ہوتا ہے۔''

یہ تبصرہ کس کی شاعری کے تعلق سے کیا گیا ہے؟

(1) میرؔ (2) سودا (3) ورد (4) مصحفی

56. ذیل میں دو زمرے زمانی اعتبار سے صحیح ہیں؟

(A) محمود شیرانی، مولوی عبدالحق، امتیاز علی خاں عرشی، مالک رام

(B) مولوی عبدالحق، محمود شیرانی، قاضی عبدالودود، امتیاز علی خاں عرشی

(C) محمود شیرانی، قاضی عبدالودود، امتیاز علی خاں عرشی، مالک رام

(D) مولوی عبدالحق، امتیاز علی خاں عرشی، مالک رام، محمود شیرانی

(1) (B) اور (C) (2) (A) اور (D) (3) (C) اور (D) (4) (B) اور (D)

57. زمانی اعتبار سے صحیح ترتیب کی نشاندہی کیجیے:

(1) میرے بھی صنم خانے میں، سفینۂ غم دل، آگ کا دریا، آخر شب کے ہمسفر

(2) سفینۂ غم دل، آگ کا دریا، آخر شب کے ہمسفر، میرے بھی صنم خانے

(3) آگ کا دریا، آخر شب کے ہمسفر، میرے بھی صنم خانے میں، سفینۂ غم دل

(4) آخر شب کے ہمسفر، آگ کا دریا، سفینۂ غم دل، میرے بھی صنم خانے میں

58. وفات کے اعتبار سے صحیح ترتیب کی نشاندہی کیجیے:

(1) پطرس بخاری، سجاد حیدر یلدرم، احمد جمال پاشا، مشتاق احمد یوسفی

(2) سجاد حیدر یلدرم، احمد جمال پاشا، مشتاق احمد یوسفی، پطرس بخاری

(3) سجاد حیدر یلدرم، پطرس بخاری، احمد جمال پاشا، مشتاق احمد یوسفی

(4) پطرس بخاری، احمد جمال پاشا، سجاد حیدر یلدرم، مشتاق احمد یوسفی

59. ذیل میں سے دوزمرے درست ہیں۔

(A) بے نظیر، بدر منیر، فیروز شاہ (B) فیروز شاہ، بے نظیر، نجم النساء

(C) فیروز شاہ، ماہِ رخ، سلیم (D) علیم، نصوح، منقوخاں

صحیح زمرے کی نشاندہی کیجیے:

(1) (A) اور (C) (2) (C) اور (D) (3) (D) اور (B) (4) (A) اور (B)

60. ''ٹوٹا تارہ'' کس کا افسانہ ہے؟

(1) سہیل عظیم آبادی (2) کرشن چندر (3) اقبال مجید (4) جیلانی بانو

61. گرنی تھی ہم پہ برق تجلی نہ طور پر
دیتے ہیں بادہ حرف رخ خوند دیکھ کر

غالب کے اس شعر میں کونسی صنعت پائی جاتی ہے؟

(1) صنعت تجنس (2) صنعت عباس (3) صنعت تلمیح (4) صنعت تفریق

62. ذیل میں سے دوزمرے صحیح ہیں۔

(A) دلچسپ، دلکش، مینابازار (B) مینابازار، دلکش، شعاع امید

(C) نیکی کا پھل، طاہرہ، خوفناک محبت (D) روٹی نامہ، خوشامد، دل کی پیاس

صحیح زمرے کی نشاندہی کیجیے

(1) (B) اور (C) (2) (C) اور (D) (3) (A) اور (C) (4) (A) اور (B)

63. ذیل میں ایک دعویٰ اور ایک دلیل دی گئی ہے۔ انہیں غور سے پڑھیے اور صحیح زمرے کی نشاندہی کیجیے:

دعویٰ : ناول امراؤ جان ادا لکھنؤ کی تہذیبی زندگی کا ایک مرقع ہے

دلیل : مرزا رسوا نے لکھنؤ کی تہذیبی فضا کو ناول میں مرکزی حیثیت دی ہے۔

(1) دعویٰ صحیح ہے اور دلیل غلط ہے (2) دلیل صحیح ہے اور دعویٰ غلط ہے

(3) دعویٰ صحیح ہے اور دلیل بھی صحیح ہے (4) دعویٰ غلط ہے اور دلیل بھی غلط ہے

64. ''قلی قطب شاہ کے دربار سے ملک الشعراء کا اعزاز کسے ملا تھا''؟

(1) ابن نشاطی (2) وجہی (3) نصرتی (4) مقیمی

65. ذیل میں سے دو زمرے صحیح ہیں۔

(A) غیروں پہ کھل نہ جائے کہیں راز دیکھنا میری طرف بھی غمزہ خمار دیکھنا

(B) مت رکھیو گرد تارک عشاق پر قدم پامال ہو نہ جائے کہیں شان دیکھنا

(C) ناکامیوں کا گاہ گلہ گاہ شکر ہے شوقِ وصال واندو، ہجراں نہیں رہا

(D) دل قابل محبت جاناں نہیں رہا وہ ولولہ وہ جوش وہ طغیاں نہیں رہا

صحیح زمرے کی نشاندہی کیجیے:

(1) (A) اور (B) (2) (B) اور (C) (3) (C) اور (D) (4) (A) اور (D)

66. ذیل میں ایک دعویٰ اور ایک دلیل دی گئی ہے۔ انہیں غور سے پڑھیے اور صحیح زمرے کی نشاندہی کیجیے:

دعویٰ : میر حسن اُردو کے سب سے بڑے مثنوی نگار ہیں۔

دلیل : کیونکہ انہوں نے گیارہ مثنویاں لکھی ہیں۔

(1) دعویٰ صحیح ہے اور دلیل بھی صحیح ہے (2) دعویٰ صحیح ہے اور دلیل غلط ہے

(3) دعویٰ غلط ہے اور دلیل صحیح ہے (4) دعویٰ بھی غلط ہے اور دلیل بھی غلط ہے

67. ذیل میں لکھے گئے تذکروں کے مؤلفین کے نام جوڑیئے:

(A) تذکرہ ہندی (i) میر تقی میر (B) نکات الشعراء (ii) میر حسن

(C) تذکرہ شعرائے اردو (iii) شیفتہ (D) گلشن بے وفا (iv) مصحفی

(1) (A)(iv)(B)(i)(C)(ii)(D)(iii)

(2) (A)(ii)(B)(iv)(C)(i)(D)(iii)

(3) (A)(i)(B)(iii)(C)(iv)(D)(ii)

(4) (A)(iii)(B)(iv)(C)(ii)(D)(i)

68. ''کسی گاؤں کے کنارے ایک بڑھیا کی جھونپڑی تھی۔ کھٹیا اور بدھنا پانی سے بھرا ہوا تھا اور وہ پورے دن چرغا کاٹتی تھی۔ کتا کوزے کے نزدیک گیا۔ چاہا کہ لوٹے کو اٹھا دے، عورت نے ڈانٹا، لوٹا اس کے منہ سے چھوٹا، گھڑے پر گرا، مٹکا پھوٹا، باقی باسن لڑھک گئے۔ پانی بہہ چکا؟

یہ عبارت کس داستان کی ہے؟

(1) فسانہ عجائب (2) بوستان خیال (3) رانی کیتکی کی کہانی (4) باغ و بہار

69. رباعی کا ابتدائی نام کیا ہے؟

(1) قطعہ (2) ترانہ (3) گیت (4) مربع

70. نظامی بیدری کی مثنوی'' میں کدم راو اور پدم راو کا آپس میں کیا رشتہ ہے؟

(1) باپ بیٹے کا (2) راجا اور وزیر کا (3) دادا اور پوتے کا (4) نانا اور نانی کا

71. ذیل میں ایک دعویٰ اور ایک دلیل دی گئی ہے۔ انہیں غور سے پڑھیے اور صحیح زمرے کی نشاندہی کیجیے:

دعویٰ : آگ کا دریا اردو کا ایک شاہکار ناول ہے۔

دلیل : اس ناول میں موضوع کو انتہائی فنکارانہ انداز میں پیش کیا گیا ہے۔

(1) دعویٰ صحیح ہے اور دلیل غلط ہے (2) دعویٰ صحیح ہے اور دلیل بھی صحیح ہے

(3) دعویٰ غلط ہے اور دلیل بھی غلط ہے (4) دعویٰ غلط ہے اور دلیل صحیح ہے

72. پوچھا ''کوئی وجہ''

''وقت آنے پر معلوم ہو جائے گا''

''میں ابھی جاننا چاہتا ہوں

''تمہیں میرا حکم ماننا پڑے گا''

یہ مکالمہ ناول ''گئو دان'' کے کن دو کرداروں کے درمیان ہے۔

(1) رائے صاحب اور زور پال سنگھ (2) اونکار ناتھ اور سورج پرتاپ سنگھ

(3) جھنگری سنگھ او پیشوری (4) رام سیوک اور گوبر

73. ناول ''امراؤ جان ادا'' کتنے حصوں پر مشتمل ہے؟

25(1) 23(2) 24(3) 21(4)

74. بوستان خیال کی جلدوں کے مترجمین کے صحیح نام جوڑیے:

(A) ضیاالانوار (i) محسن علی خاں (B) عدایق انتقار (ii) مقرب حسین خاں

(C) کاشف الاسرار (iii) خواجہ قمرالدین (D) نورالانوار (iv) خواجہ امان دہلوی

(1) (A)(iii)(B)(iv)(C)(ii)(D)(i)

(2) (A)(ii)(B)(iii)(C)(iv)(D)(i)

(3) (A)(i)(B)(iv)(C)(ii)(D)(iii)

(4) (A)(iv)(B)(ii)(C)(iii)(D)(i)

75. کونسی غزل کس شاعر کی ہے جوڑیے:

(A) سمر گہ عید میں دور سبو تھا (i) مومن (B) محرم نہیں ہے تو ہی نوا پائے راز کا (ii) حسرت

(C) کسی کا ہوا آج، کل تھا کسی کا (iii) غالب (D) دل میں خیال یار نے مخمور کر دیا (iv) میر

(1) (A)(ii)(B)(iii)(C)(iv)(D)(i)

(2) (A)(iv)(B)(iii)(C)(i)(D)(ii)

(3) (A)(ii)(B)(iv)(C)(iii)(D)(i)

(4) (A)(i)(B)(iii)(C)(iv)(D)(ii)

76. ذیل میں سے دو زمرے صحیح ہیں:

(A) حسن بے پروا کو خود بین وخود آراء کر دیا
کیا کیا میں نے کہ اظہار تمنا کر دیا

(B) پیہم دیا پیالۂ مے نے بر ملا دیا
نیرنگ روزگار کا عالم دکھا دیا

(C) ایسی پھر شب نصیب ہو کہ نہ ہو
خوب تر تھی وہ عشق وعقل کی جنگ

(D) کٹ گیا قید میں ماہِ رمضاں بھی حسرت
گرچہ سامان سحر کا تھا نہ افطاری کا

صحیح زمرے کی نشاندہی کیجیے:

(1) (A)اور(D) (2) (A)اور(B) (3) (A)اور(C) (4) (B)اور(D)

77. ذیل میں سے دو زمرے صحیح ہیں۔

(A) کنور ادے بھان، راجا جگت پرکاش، راجا سورج بھان (B) راجا بھگت پرکاش، چتر سین، نبھا ناتھ

(C) مدن بان، رانی کیتکی، ولارام (D) رانی کیتکی، مہندر گر، مدن بان

صحیح زمرے کی نشاندہی کیجئے:

(1) (A) اور (B) (2) (B) اور (C) (3) (C) اور (D) (4) (A) اور (D)

78. تصانیف کے اعتبار سے مصنفین کا نام جوڑیے:

(A) توبتہ النصوح (i) قرۃ العین حیدر (B) فردوس بریں (ii) عبدالحلیم شرر

(C) گئودان (iii) ڈپٹی نذیر احمد (D) آگ کا دریا (iv) پریم چند

صحیح زمرے کی نشاندہی کیجئے:

(1) (A)(iv)(B)(iii)(C)(i)(D)(ii) (2) (A)(iii)(B)(ii)(C)(iv)(D)(i)

(3) (A)(i)(B)(iii)(C)(ii)(D)(iv) (4) (A)(ii)(B)(iii)(C)(i)(D)(iv)

79. نظم ''شعاع امید'' اقبال کے کس شعری مجموعے میں شامل ہے؟

(1) ضرب کلیم (2) بانگِ درا (3) بال جبریل (4) ارمغان حجاز

80. درج ذیل محققین کی زمانی ترتیب کونسی صحیح ہے؟

(1) جمیل جالبی، رشید حسن خاں، مولوی عبدالحق، قاضی عبدالودود

(2) رشید حسن خاں، جمیل جالبی، مولوی عبدالحق، قاضی عبدالودود

(3) قاضی عبدالودود، مولوی عبدالحق، رشید حسن خاں، جمیل جالبی

(4) مولوی عبدالحق، قاضی عبدالودود، رشید حسن خاں، جمیل جالبی

81. ذیل میں ڈرامہ 'انارکلی' کے دو زمرے صحیح ہیں۔

(A) باب اول ۔ عشق ۔ منظر اول، دوم، سوم اور چہارم

(B) باب چہارم ۔ عشق اور رقص ۔ منظر اول، دوم، سوم اور چہارم

(C) باب دوم ۔ رقص ۔ منظر اول، دوم، سوم اور چہارم

(D) باب سوم ۔ موت اور عشق ۔ منظر اول، دوم، سوم اور چہارم

صحیح زمرے کی نشاندہی کیجیے:

(1) (A) اور (B) (2) (B) اور (C) (3) (A) اور (C) (4) (C) اور (D)

82. مصنفین کے اعتبار سے کتابوں کے نام جوڑیے:

(A) عبداللہ حسین (i) امراؤ جان ادا (B) انتظار حسین (ii) اداس نسلیں

(C) الیاس احمد گدی (iii) بستی (D) مرزا ہادی رسوا (iv) فائر ایریا

ذیل میں سے صحیح جواب کی نشاندہی کیجیے:

(1) (A)(ii)(B)(iv)(C)(i)(D)(iii)

(2) (A)(i)(B)(ii)(C)(iii)(D)(iv)

(3) (A)(iii)(B)(ii)(C)(i)(D)(iv)

(4) (A)(ii)(B)(iii)(C)(iv)(D)(i)

83. ''نجومی پنڈت جفرداس حاضر ہوئے۔ بہت سوچ بچار کر برہمنوں نے عرض کی: مہاراج کا بول بالا جاء وحشم مرتبہ دو بالا رہے۔ ہماری پوتھی کہتی ہے: بھگوان کی دیا سے شہزادے کا چندرماں جی ہے۔ چھٹا سورج ہے جو گرہ ہے وہ بھلی ہے۔''

کس داستان کی عبارت ہے؟

(1) سب رس (2) رانی کیتکی کی کہانی (3) فسانہ عجائب (4) بوستان خیال

84. ''ادب کا پہلا اور آخری مقصد مسرت بہم پہنچانا ہے۔''

یہ قول کس مغربی نقاد کا ہے؟

(1) نان جانٹس (2) ٹی۔ایس۔ایلیٹ (3) ارسطو (4) میتھو آرنلڈ

85. ذیل میں سے دو زمرے وطنی اعتبار سے صحیح ہیں

(A) قلی قطب شاہ، وجہی (B) میر تقی میر، غالب (C) آتش، کلیم عاجز (D) شاہ عظیم آبادی، فانی بدایونی

صحیح زمرے کی نشاندہی کیجیے

(1) (C) اور (D) (2) (A) اور (D) (3) (A) اور (B) (4) (B) اور (C)

86. ہائیکو کل کتنے مصرعوں اور سالموں پر مشتمل ہوتی ہے؟

(1) تین مصرعوں اور سترہ (17) سالموں پر (2) چار مصرعوں اور پندرہ (15) سالموں پر

(3) آٹھ مصرعوں اور بارہ (12) سالموں پر (4) سات مصرعوں اور چودہ (14) سالموں پر

87. مصمت کو کس اور نام سے جانتے ہیں؟

(1) صحیح (2) حرکت (3) علت (4) اعراب

88. ذیل میں سے دوز مرے صحیح ہیں:

(A) فیض، سردار جعفری۔ساحر: ترقی پسند تحریک

(B) ساحر لدھیانوی۔مخدوم محی الدین۔اقبال: رومانوی تحریک

(C) حالی۔شبلی۔محسن الملک۔علی گڑھ تحریک

(D) مخدوم محی الدین۔اختر الایمان۔اقبال: جدیدیت

صحیح زمرے کی نشاندہی کیجیے:

(1) (A) اور (B) (2) (B) اور (C) (3) (C) اور (D) (4) (A) اور (C)

89. آٹھ مختلف ہیئتوں کا مجموعی نام کیا ہے؟

(1) مسبع (2) معشر (3) مثمن (4) مسمغہ

90. ذیل میں سے دوز مرے صحیح ہیں:

(A) روز اول سے چمن میں حسن کے — نہیں ہوا پیدا اترا جانی ہنوز

(B) ہے حسن تیرا ہمیشہ یکساں — جنت سے یہاں کیوں کے بادے

(C) کیوں کہ ملنا صنم کا ترک کروں — دلبری اختیار کھوتی ہے

(D) اقلیم دلبری کا وہ دلربا ہے والی — ہے جس پہ صادق مفہوم بے معانی

صحیح زمرے کی نشاندہی کیجیے:

(1) (B) اور (C) (2) (A) اور (D) (3) (B) اور (D) (4) (C) اور (D)

91-95 سوالات کے جواب اس اقتباس کی روشنی میں دیجیے:

سورج نے دیا اپنی شعاعوں کو یہ پیغام
دنیا ہے عجب چیز کبھی صبح کبھی شام
مدت سے تم آوارہ ہو پہنائے فضا میں
بڑھتی ہی چلی جاتی ہے بے مہریٔ ایام
نے ریت کے ذروں پہ چمکنے میں ہے راحت
نے مثلِ صبا خوف گل ولالہ میں آرام

پھر میرے تجلی کدۂ دل میں سما جاؤ
چھوڑو چمنستان و بیان و درو بام
آفاق کے ہر گوشہ سے اٹھتی ہیں شعاعیں
بچھڑے ہوئے خورشید سے ہوتی ہیں ہم آغوش
اک شور ہے مغرب میں اُجالا نہیں ممکن
افرنگ مشینوں کے دھوئیں سے ہے یہ پوش
مشرق نہیں کو لذت نظارہ سے محروم
لیکن صفتِ عالم لاہوت ہے خاموش
پھر ہم کو اسی سینۂ روشن میں چھپائے
اے مہر جہاں تاب نہ کر ہم کو فراموش

91. آفاق کے ہر گوشے سے اٹھنے والی شعاعیں کس سے ہم آغوش ہوتی ہیں؟

(1) محبوب (2) خورشید (3) راہی (4) فلک

92. لذت نظارہ سے کون محروم نہیں ہے؟

(1) مشرق (2) مغرب

(3) شمال (4) جنوب

93. نظم کا یہ اقتباس کس شاعر کی تخلیق ہے؟

(1) الطاف حسین حالی (2) علامہ اقبال (3) فیض احمد فیض (4) برج برائن چکبست

94. عالم لاہوت کی صفت نظم میں کیا بتائی گئی ہے؟

(1) صداقت (2) بے مہری (3) خاموشی (4) فریاد

''اس کی آواز لرز رہی تھی۔ نیاز نے اس کو پیار سے ڈانٹا۔ پاگل مت بنو۔ اور اس کو اپنے دونوں بازوؤں پر اٹھالیا۔ سلطانہ نے کوئی مزاحمت نہ کی وہ سہمی ہوئی سی اس کے سینے سے لگ گئی۔ نیاز اس کو بازوؤں پر اٹھائے ہوئے کمرے کے باہر آگیا۔ بارش کے قطرے کھڑکی کے شیشوں پر درختوں پر بج رہے تھے۔ جوافزا نے بھرتی ہوئی درختوں سے گزرتی تو ایسا محسوس ہوتا کہ کوئی زور زور سے قہقہے لگا رہا ہے۔''

95. اس نظم کا عنوان بتایئے جس کا یہ اقتباس ہے؟

(1) لالہ صحرا (2) ساقی نامہ (3) شعاع امید (4) ذوق وشوق

96. مذکورہ بالا اقتباس میں نیاز اور سلطانہ کے درمیان کیا رشتہ ہے؟

(1) شوہر اور بیوی (2) سوتیلا باپ اور سوتیلی بیٹی (3) چچا اور بھتیجی (4) ماموں اور بھانجی

97. مذکورہ بالا اقتباس کس ناول سے ماخوذ ہے؟

(1) اداس نسلیں (2) ٹیڑھی لکیر (3) خدا کی بستی (4) بستی

98. مذکورہ بالا اقتباس جس ناول سے ماخوذ ہے اس کے تخلیق کار کون ہیں؟

(1) انتظار حسین (2) عصمت چغتائی (3) شوکت صدیقی (4) عبداللہ حسین

99. مذکورہ بالا اقتباس کے کس فصل سے ماخوذ ہے؟

(1) فصل چہارم (2) فصل ہشتم (3) فصل سوم (4) فصل دوم

100. مذکورہ بالا اقتباس کس حصے سے ماخوذ ہے؟

(1) دوسرے (2) پانچویں (3) آٹھویں (4) چوتھے

ANSWERS

1	2	3	4	5	6	7	8	9	10
(4)	(2)	(*)	(3)	(4)	(1)	(2)	(2)	(2)	(*)
11	**12**	**13**	**14**	**15**	**16**	**17**	**18**	**19**	**20**
(2)	(2)	(1)	(3)	(1)	(2)	(2)	(4)	(4)	(4)
21	**22**	**23**	**24**	**25**	**26**	**27**	**28**	**29**	**30**
(1)	(4)	(4)	(3)	(2)	(2)	(2)	(1)	(4)	(2)
31	**32**	**33**	**34**	**35**	**36**	**37**	**38**	**39**	**40**
(1)	(3)	(2)	(3)	(1)	(3)	(2)	(3)	(3)	(4)
41	**42**	**43**	**44**	**45**	**46**	**47**	**48**	**49**	**50**
(3)	(3)	(2)	(3)	(3)	(2)	(4)	(2)	(3)	(4)
51	**52**	**53**	**54**	**55**	**56**	**57**	**58**	**59**	**60**
(2)	(4)	(1)	(4)	(1)	(1)	(1)	(1)	(4)	(1)
61	**62**	**63**	**64**	**65**	**66**	**67**	**68**	**69**	**70**
(3)	(3)	(3)	(2)	(4)	(2)	(1)	(4)	(2)	(2)
71	**72**	**73**	**74**	**75**	**76**	**77**	**78**	**79**	**80**
(2)	(1)	(1)	(1)	(2)	(1)	(4)	(2)	(1)	(4)
81	**82**	**83**	**84**	**85**	**86**	**87**	**88**	**89**	**90**
(3)	(4)	(3)	(1)	(3)	(1)	(1)	(4)	(4)	(1)
91	**92**	**93**	**94**	**95**	**96**	**97**	**98**	**99**	**100**
(2)	(1)	(2)	(3)	(3)	(2)	(3)	(3)	(2)	(2)

Previous Paper (Solved)

UGC-NET/JRF URDU, JUNE-2019*

PAPER-II

Note: *This Paper contains* **hundred (100)** *objective type questions of* **two (2)** *marks each.* **All** *questions are* **compulsory**.

1. ''ایسا بادشاہ سلطنت پناہ کہ زمام ایالت وسرفرازی اور عنانِ عدالت د بندہ نوازی بیچ ملک ہندوستا کے کف کفایت اور قبضہ دریت اوس کے میں آئی اور طلیعۂ سپاہ اوس کی نے جس طرف منہ دکھلایا، صبح اقبال مطلع رمانی واماں سے طالع ہو منھ دکھلائے۔''

یہ عبارت کس کتاب کی ہے؟

(1) بوستان خیال　(2) کربل کتھا　(3) فسانۂ عجائب　(4) سب رس

2. ع لطف اگر یہ ہے بتاں صندل پیشانی کا

درج ذیل مصرعوں میں سے صحیح مصرعے کی مدد سے مطلع مکمل کیجئے۔

(1) حسن زنار پے تسبیح سلیمانی کا　(2) حسن کیا صبح کے پھر چہرۂ نورانی کا

(3) نقش کا سا ہے سماں میری بھی حیرانی کا　(4) تنگ احوال ہے اس یوسف زندانی کا

3. ''العمدہ'' کس کی تصنیف ہے؟

(1) احمد عبدالحمید　(2) ابن قتیبہ　(3) قدامہ ابن جعفر　(4) ابن رشیق

4. ''تضحیک روزگار'' کس قسم کا قصیدہ ہے؟

(1) مدحیہ　(2) بہاریہ　(3) ہجویہ　(4) نعتیہ

5. ''تنقید اور ادب میں ناگزیر ربط ہے۔ تنقید ادب کی پیروی کرتی ہے، ادب سے الگ ہو کر یہ سانس نہیں لے سکتی۔'' یہ کس نقاد کا بیان ہے؟

(1) مجنوں گورکھپوری　(2) کلیم الدین احمد　(3) شمس الرحمٰن فاروقی　(4) محمد حسن

6. برے ان پہ وقت آ کے پڑنے لگے اب　　وہ دنیا میں بس کر اجڑنے لگے اب
بھرے ان کے میلے بچھڑنے لگے اب　　بنے تھے وہ جیسے بگڑنے لگے اب
ہری کھیتیاں جل گئیں لہلہا کر
گھٹا کھل گئی سارے عالم پہ چھا کر

اس بند کے خالق کون ہیں؟

(1) الطاف حسین حالی　(2) نظیر اکبر آبادی　(3) جوش ملیح آبادی　(4) برج نرائن چکبست

7. ''ترجمہ نگاری کا فن'' کس کی مرتب کردہ کتاب ہے؟

(1) قمر رئیس　(2) رشید حسن خاں　(3) محمد حسن　(4) شمس الرحمٰن فاروقی

8. ''غزل کی اصلاح تمام اصناف سخن میں سب سے زیادہ اہم اور ضروری ہے۔''
یہ کس بیان کا ہے؟

(1) محمد حسین آزاد　(2) شبلی　(3) امداد امام اثر　(4) حالی

9. ''اندر سبھا اور اندر سبھائیں'' کس کی تصنیف ہے؟

(1) ابراہیم یوسف　(2) بادشاہ حسین　(3) اے۔ بی اشرف　(4) حاتم رامپوری

10. ع　　دنیاں حیراں ہوگئی ہے
اس کے مصرعِ اوّل کی نشاندہی ذیل کے مصرعوں میں سے کیجیے۔

(1) اس نرگس ناز میں تھی جو بات　(2) آئینہ دکھا دیا یہ کس نے
(3) اے موت بشر کی زندگی آج　(4) انساں کو خریدتا ہے انساں

11. ''مثنوی گلزار نسیم'' میں بکاؤلی کی شادی کا پیغام لے کر کون جاتا ہے؟

(1) رانی چتراوت　(2) روح افزا　(3) جمیلہ　(4) حسن آرا

12. ''غرض کہ یہ خیال کرنا ٹھیک نہیں کہ سرسید کو جو کچھ کامیابی ہوئی وہ صرف اس وجہ سے ہوئی کہ ان کی کوششیں زمانہ کے مقتضا کے مطابق تھیں۔'' یہ عبارت کس کتاب کی ہے؟

(1) یادگار غالب　(2) حیات جاوید　(3) سرسید اور ان کے نامور نقاد　(4) آب حیات

13. داستان ''بوستان خیال'' کس بادشاہ کے زمانے میں لکھی گئی؟

(1) جہاندار شاہ (2) محمد شاہ (3) شاہ عالم (4) اکبر شاہ ثانی

14. کلیات غالب فارسی کی کل گیارہ مثنویوں کو اردو زبان میں کس نے منتقل کیا ہے؟

(1) مالک رام (2) علی سردار جعفری (3) ظ۔انصاری (4) حنیف نقوی

15. ''عروض، آہنگ اور بیان'' کس کی کتاب ہے؟

(1) احتشام حسین (2) شمس الرحمٰن فاروقی

(3) کلیم الدین احمد (4) وزیر آغا

16. غیرِ حیرت ہے اس آئینہ رو کی کسے

راز کے پردے میں جس کی خامشی آواز ہے

یہ شعر کس کا ہے؟

(1) میر (2) سراج (3) ولی (4) آبرو

17. ''مہذب قوموں کی پیروی'' کس کا مضمون ہے؟

(1) محمد حسین آزاد (2) سر سید (3) حالی (4) امداد خام اثر

18. مندرجہ ذیل میں سے ریڈیو فیچر کے بارے میں کون سا بیان درست ہے؟

(1) ریڈیو فیچر میں نہ بیانیہ ہوتا ہے اور نہ حقیقت (2) اس کا موضوع بہت محدود ہوتا ہے

(3) ریڈیو فیچر کی زبان مشکل اور ادق ہونی چاہئے (4) ریڈیو فیچر میں حقائق پیش کئے جاتے ہیں

19. کالی داس کی لازوال تخلیق ''شکنتلا'' کا ترجمہ ان میں سے کس نے کیا تھا؟

(1) للّو لال جی (2) نہال چند لاہوری (3) مرزا کاظم علی جوان (4) شیر علی افسوس

20. ''اپنے دکھ مجھے دے دو'' میں مدن کس چیز کا کاروبار کرتا ہے؟

(1) لکڑی کا (2) گندے بروزے کا

(3) برتنوں کا (4) کپڑے کا

21. ''آج کل یوروپ میں شاعر کے کمال کا اندازہ اس بات سے بھی کیا جاتا ہے کہ اس نے اور شعرا سے کس قدر زیادہ الفاظ، خوش سلیقی اور شائستگی سے استعمال کیے ہیں۔''

(1) احتشام حسین (2) الطاف حسین حالی (3) کلیم الدین احمد (4) محمد حسن

22. اُردو کے دہلی اور نواح دہلی میں پیدا ہونے کا نظریہ کس نے دیا؟

(1) محمد حسین (2) مسعود حسین خاں (3) محی الدین قادری زور (4) شمس اللہ قادری

23. ''ورودِ مسعود'' کے آٹھویں باب کا عنوان کیا ہے؟

(1) دیارِ فرنگ (2) بنگلہ ایک رنگ بھون (3) مرحوم دہلی کالج (4) جامعہ ملیہ اسلامیہ

24. نظر خلق سے چھپ سکتے نہیں اہل صفا — تہ دریا سے بھی جا ڈھونڈ نکالا گوہر
کور باطن کو ہو کیا جوہر دانش کی شناخت — کہ پرکھتا نہیں جز دیدہ بینا گوہر
قصیدے کے یہ اشعار کس شاعر کے ہیں؟

(1) سودا (2) ذوق (3) مصحفی (4) غالب

25. تمناؤں میں الجھایا گیا ہوں
کھلونے دے کے بہلایا گیا ہوں
یہ کس کا مطلع ہے؟

(1) فانی بدایونی (2) اصغر گونڈوی (3) شاہ عظیم آبادی (4) جگر مرادآبادی

26. آل احمد سرور کس سنہ میں انٹرنیشنل اور نیشنلسٹ کانگریس کے اجلاس میں شرکت کے لئے ماسکو گئے

(1) 1960 (2) 1955 (3) 1972 (4) 1990

27. رباعی کس بحر میں کہی جاتی ہے؟

(1) بحر مضارع (2) بحر وافر (3) بحر رجز (4) بحر وزج

28. ''یوں تو میں اکثر آپ کی آواز سنا کرتی تھی مگر کبھی بلانے کی جرأت نہ ہوئی مگر آج آپ کی غزل نے بے چین کر دیا، بے ساختہ منہ سے واہ نکل گیا۔ ادھر کسی صاحب نے کہا یہاں آیئے، میں اپنی جگہ پر آپ ہی شرمندہ ہوئی۔ جی میں آہ چپ رہوں مگر دل نہ ماتا۔''

(1) فردوس (2) امراؤ جان ادا (3) ٹیڑھی لکیر (4) خدا کی بستی

29. ''آغا حشر اور اردو ڈراما'' کس کی تصنیف ہے؟

(1) صفدر آہ (2) انجمن آرا انجم (3) عشرت رحمانی (4) حاتم رامپوری

30. پلا آتشیں آب پیر مغاں
کہ بھولے مجھے گرم و سرد جہاں

اس شعر سے 'سحر البیان' کے کس باب کا آغاز ہوتا ہے؟

(1) داستان حمام کے نہانے کی اطاعت میں (2) داستان سواری کی تیاری کے حکم میں

(3) داستان پرستان میں لے جانے کی (4) داستان بدر منیر کی تعریف میں

31. 'سلامتی' کس ناول کا کردار ہے؟

(1) گئودان (2) امراؤ جان ادا (3) ایک چادر میلی سی (4) آگ کا دریا

32. والٹر پیٹر کی تنقید کا تعلق کس داستان سے ہے؟

(1) مارکسی (2) جمالیاتی (3) تاثراتی (4) نفسیاتی

33. سودا کے بارے میں کس نے لکھا ہے کہ ''وہ اپنے قلم کی نوک زہر میں بجھا لیتے تھے۔ اور نظموں سے آگ کی لپٹیں نکلنے لگتی تھیں۔''؟

(1) احتشام (2) محمد حسن (3) آل احمد سرور (4) کلیم الدین احمد

34. یہ موج نفس کیا ہے! تلوار ہے خودی کیا ہے؟ تلوار کی دھار ہے!
خودی کیا ہے؟ رازِ درونِ حیات خودی کیا ہے؟ بیداری کائنات!
خودی جلوہ بدست و خلوت پسند سمندر ہے اک بوند پانی میں بند!

اوپر دیے ہوئے اشعار اقبال کی کس نظم سے ماخوذ ہیں؟

(1) لالۂ صحرائی (2) شعاع امید (3) ذوق و شوق (4) ساقی نامہ

35. ''وہ دن بھر گھر میں تنہا پڑی رہے گی۔ کس سے ہنسے گی، کس سے بولے گی؟ یہ سوچ کر اس کا دل لرز جاتا۔ جوں جوں وقت قریب آتا تھا۔ اس کے حواس معطل ہوتے جاتے تھے۔ وہ کام کرتے کرتے جیسے کھو جاتی تھی اور ٹکٹکی باندھ کر کسی چیز کی طرف دیکھنے لگتی تھی۔''

یہ اقتباس پریم چند کی کس کہانی سے لیا گیا ہے؟

(1) مالکن (2) نئی بیوی (3) معصوم بچہ (4) سوانگ

36. ابنِ انشا نے فلپائن کا سفر کس سنہ میں کیا؟

(1) 1963 (2) 1972 (3) 1964 (4) 1974

37. ''آرائش محفل''، فورٹ ولیم کالج کے کس مصنف کی کتاب ہے؟

(1) میر امن (2) حیدر بخش حیدری

(3) کاظم علی جوان (4) للو لال جی

38. ''یہ اسکیم نظام سقّے کے وقت سے چلی آتی ہے لیکن مصیبت یہ ہے کہ نظام کے اپنے ہاتھ کے لکھے ہوئے اہم مسودات بعض تو تلف ہو چکے ہیں اور جو باقی ہیں ان کے پڑھنے میں بہت دقت پیش آ رہی ہے؟
یہ اقتباس کس مضمون کا ہے؟

(1) وکیل صاحب (2) لاہور کا جغرافیہ (3) کپور کا فن (4) چینی شاعر

39. فضلی کی کربل کتھا مرتبہ مالک رام اور مختار الدین احمد میں کل کتنی مجلسیں ہیں؟

(1) 10 (2) 12 (3) 7 (4) 9

40. ''دھرتی کی یہ بیٹیاں مرد کو تو یوں سمجھتی تھیں، جیسے بادل کا ٹکڑا اور جس کی طرف بارش کے لئے منہ اٹھا کر دیکھنا ہی پڑتا ہے۔ نہ برسے تو منتیں مانتی ہیں، جادو ٹونے کرنے پڑتے ہیں۔''
یہ اقتباس راجندر سنگھ بیدی کے کس افسانے سے لیا گیا ہے؟

(1) اپنے دکھ مجھے دیدو (2) لاجونتی (3) ببل (4) گرم کوٹ

41. نعیمہ، صالحہ اور فہمیدہ کس ناول کے کردار ہیں؟

(1) بستی (2) امراؤ جان (3) فردوس بریں (4) توبتہ النصوح

42. ''سودا کی نظموں کا تجزیہ تفصیل کیا جائے تو عوام خصوصاً مسلمانوں کے اندازِ معاشرت کا خاکہ بہت صفائی سے کھینچا جا سکتا ہے۔''؟

(1) کلیم الدین احمد (2) محمد حسن عسکری (3) شیخ چاند (4) احتشام حسین

43. امتیاز علی تاج کی موت کس طرح ہوئی؟

(1) زینے سے گر کر (2) کار کے حادثے میں (3) ان کو قتل کیا گیا (4) طبعی موت

44. عالمِ آب وخاک میں تیرے ظہور سے فروغ!

ذرۂ ریگ کو دیا تو نے طلوعِ آفتاب!

شوکت سنجر وسلیم، تیرے جلال کی نمود!

فقرِ جنید وبایزید، تیرا جمالِ بے نقاب!

اوپر دیے ہوئے شعر اقبال کی کس نظم سے لیے گئے ہیں؟

(1) شعاعِ امید (2) ذوق وشوق (3) لینن خدا کے حضور (4) ساقی نامہ

45. درج ذیل محققین میں سے کس نے غالب کا دیوان مرتب کیا ہے؟

(1) محی الدین قادری زور (2) امتیاز علی خاں عرشی (3) گیان چند جین (4) قاضی عبدالودود

46. میر حسن کی وفات کس شہر میں ہوئی؟

(1) کانپور (2) فیض آباد (3) لکھنؤ (4) دہلی

47. ''پھول متی'، پریم چند کے کس افسانہ کا کردار ہے؟

(1) بدنصیب ماں (2) نئی بیوی (3) قاتل کی ماں (4) مالکن

48. فورٹ ولیم کالج سے وابستہ منی للولال جی کا آبائی وطن کہاں تھا؟

(1) راجستھان (2) دلی (3) گجرات (4) مرشد آباد

49. دل یتیموں کا شیشے سے نازک بات کہتے میں پھوٹ جاتا ہے

دل پدر مردوں کا حباب نمن مارتے پھونک ٹوٹ جاتا ہے

یہ اشعار کس کتاب میں ہیں؟

(1) فسانۂ عجائب (2) کربل کتھا (3) باغ وبہار (4) بوستان خیال

50. ''فن کی نظر سے ان کی شاعری میں نقائص ہیں۔ تخیل کی نظر سے طرح طرح کی ناہمواریاں ہیں۔ مگر ان کی صداقت اور انسان دوستی سب پر پردہ ڈال دیتی ہے۔''

احتشام حسین نے یہ بات کس شاعر کے لیے کہی ہے؟

(1) سودا (2) میر (3) نظیر اکبرآبادی (4) مصحفی

51. ناول ''آگ کا دریا'' کے کردار 'کمال' کا پورا نام کیا ہے؟

(1) ابوالمنصور کمال الدین (2) سلطان کمال الدین (3) منصور شاہ کمال (4) پروفیسر کمال احمد

52. یہ سچ نہیں ہے۔ کیا کوئی دنیا میں ایسا بھی ہے جو اپنے شہنشاہ سے محبت نہ کرتا ہو؟

یہ مکالمہ کس ڈرامے کا حصہ ہے؟

(1) ضحاک (2) آگرہ بازار (3) انارکلی (4) یہودی کی لڑکی

53. ہم میں باقی نہیں اب خالدِ جاں باز کا رنگ

دل پہ غالب ہے فقط حافظِ شیراز کا رنگ

یہ شعر کس کا ہے؟

(1) اکبر الٰہ آبادی (2) مرزا غالب (3) جوش ملیح آبادی (4) اسماعیل میرٹھی

54. باغ و بہار میں قصّے کا آغاز کس ملک کے بادشاہ کے ذکر سے ہوتا ہے؟

(1) روم (2) فارس (3) عجم (4) چین

55. ''رانی کیتکی کی کہانی'' میں جکتپر کاش کے گرو کہاں رہتے ہیں؟

(1) جنگل میں (2) محل میں (3) پہاڑ پر (4) سمندر میں

56. مرزا دبیر کی پیدائش کس شہر میں ہوئی؟

(1) لکھنؤ (2) دلّی (3) فیض آباد (4) الٰہ آباد

57. میر انیس اور مرزا دبیر نے کس ہیئت میں مرثیے کہے ہیں؟

(1) مربع (2) مخمس (3) مسدس (4) مثمن

58. ''لسانیات کا یہ اٹل اصول ہے کہ بول چال کی زبان جتنی تیزی سے بدلتی ہے۔ ادب کی زبان اس کا ساتھ نہیں دے سکتی''

یہ بیان کس کا ہے؟

(1) محمود شیرانی (2) مسعود حسین خاں (3) سید سلیمان ندوی (4) شوکت سبزواری

59. ''اصول تحقیق و تدوین متن'' کس کی کتاب ہے؟

(1) خلیق انجم (2) تنویر احمد علوی (3) گیان چند جین (4) رشید حسن خاں

60. ملکہ شمسہ تاجدار اور ملکہ نو بہار گلشن افروز کس داستان کے کردار ہیں؟

(1) سب رس (2) فسانۂ عجائب (3) بوستان خیال (4) داستان امیر حمزہ

61. ذوق کے بعد بہادر شاہ ظفر نے کس کی شاگردی اختیار کی؟

(1) مومن خاں مومن (2) مرزا غالب (3) شیفتہ (4) صدرالدین آزردہ

62. ذیل میں مندرج مصنفین میں سے ''کاشف الحقائق'' کس کی تصنیف ہے؟

(1) شبلی (2) محمد حسین آزاد (3) امداد امام اثر (4) کلیم الدین احمد

63. پسر جسٹن کی حکایت کس داستان میں شامل ہے؟

(1) باغ و بہار (2) فسانۂ عجائب (3) بوستان خیال (4) سب رس

64. ذیل میں سے کس شاعر نے صنف ریختی میں طبع آزمائی نہیں کی؟

(1) جان صاحب (2) انشا (3) درد (4) رنگین

65. چمن میں آج نسیم بہار آپہنچی نوید نکہت گل بے شمار آپہنچی
صدائے قمری وصورت ہزار آپہنچی جنوں کی فوج کی دل پر پکار آپہنچی
ہزار شکر کہ فصل بہار آپہنچی

یہ بند کس شعری ہیئت میں لکھا گیا ہے؟

(1) مسبع (2) مثمن (3) مخمس (4) معشر

66. ''تفسیر غالب'' کے عنوان سے درج ذیل میں سے کس محقق نے غالب پر کتاب لکھی ہے؟

(1) گیان چند جین (2) قاضی عبدالودود (3) امتیاز علی خاں عرشی (4) رشید حسن خاں

67. کم بولنا ادا ہے ہر چند پر نہ اتنا
مند جائے چشمِ عاشق، تو بھی وہ منہ نہ کھولے

یہ شعر ''باغ و بہار'' میں کس درویش کی سیر میں شامل ہے؟

(1) پہلا درویش (2) دوسرا درویش (3) تیسرا درویش (4) چوتھا درویش

68. تذکرہ ''چمنستان شعرا'' کو کس نے مرتب کیا؟

(1) مولوی عبدالحق (2) رشید حسن خاں (3) جمیل جالبی (4) قاضی عبدالودود

69. درج ذیل میں سے کون سا شعری مجموعہ جوش ملیح آبادی کا نہیں ہے؟

(1) روح کائنات (2) نقش ونگار (3) فکرونشاط (4) سرودوخروش

70. نظم ''آدمی نامہ'' کس ہیئت میں ہے؟

(1) مربع (2) مخمس (3) مسدس (4) مثمن

71. ناول امراؤ جان ادا میں امراؤ، خورشید، امیر جان اور بسم اللہ جب ساون کے مہینے میں لگنے والے عیش باغ کے میلے میں جانے کے لیے تیار ہو رہی تھیں تو وہ کون سا دن تھا؟

(1) پیر (2) جمعرات (3) جمعہ (4) ہفتہ

72. کر گیا روشن ہمیں پھر سے کوئی بدرِ منیر
ہم تو سمجھے تھے کہ سورج کو گہن لگنے لگا

اس شعر کے تخلیق کار کون ہیں؟

(1) مجروح سلطان پوری (2) شہریار (3) یگانہ چنگیزی (4) عرفان صدیقی

73. مثنوی گلزار نسیم میں بکاؤلی جمیلہ کے ساتھ روح افزا کی خبر لینے جاتی ہے تو کتنے دن بعد لوٹتی ہے؟

(1) سات (2) پندرہ (3) دس (4) پانچ

74. ''جنرل کمیٹی آف پبلک انسٹرکشن'' کی دلی شاخ کے سکریٹری جوزف ہنری ٹیلر (Joseph Henry Tailor) کی سفارشات اور پورٹ کے تحت کس ادارے کا قیام عمل میں آیا؟

(1) فورٹ ولیم کالج (2) دلی کالج

(3) دلی پبلک لائبریری (4) دارالترجمہ

75. ''گریز'' کس کی نظم کا عنوان ہے؟

(1) مخدوم (2) ساحر (3) شفیق فاطمہ شعریٰ (4) اختر الایمان

76. سرخ یوں ہے رنگ آسمانی لیے
که کھلیا کمل پھول پانی لیے
یہ شعر کس مثنوی کا ہے؟
(1) قطب مشتری (2) پھول بن (3) طوطی نامہ (4) سیف الملوک و بدیع الجمال

77. مسعود حسین خاں کے مورث اعلیٰ کا نام کیا ہے؟
(1) شبیر حسن خاں (2) عنایت حسین خاں (3) حسین خاں (4) عبداللہ حسین خاں

78. کس ادیب کی پیدائش مکہ مکرمہ میں ہوئی؟
(1) ابوالکلام آزاد (2) سید سلیمان ندوی (3) محمد حسین آزاد (4) مولوی کریم الدین

79. مشرقی شعریات میں ذیل کے ناقدین میں سے ''نفسیاتی تنقید'' پر کس کی کتاب ہے؟
(1) مجنوں گورکھپوری (2) کلیم الدین احمد (3) شمس الرحمٰن فاروقی (4) شبیہ الحسن

80. صحیح زمرے کی نشاندہی کیجیے؟
(الف) ناول: ہم وحشی ہیں۔ فائر ایریا۔ ضحاک
(ب) افسانہ: باز آمد۔ الاؤ۔ راستہ بند ہے
(ج) ڈرامہ: فٹ پاتھ کے شہزادے۔ اسیر حرص۔ دیکھ رہے ہیں نین
(د) انشائیہ: شامت اعمال۔ روشنی۔ جنون لطیفہ
(1) د (2) ج (3) الف (4) ب

81. ''اردو قصیدہ نگاروں میں سودا سب کے سرخیل ہیں''۔ یہ قول کس کا ہے؟
(1) مصحفی (2) محمد حسین آزاد (3) لالہ سری رام (4) عبدالسلام ندوی

82. دل گیا رسوا ہوئے آخر کو سودا ہوگیا
اس دو روزہ زیست میں ہم پر بھی کیا کیا ہوگیا
کس کا شعر ہے؟
(1) مومن (2) میر (3) سودا (4) غالب

83. ذیل میں سے کون سی کتاب شبلی نعمانی کی ہے؟

(1) مقدمہ شعروشاعری (2) سخندان فارس (3) شعرالعجم (4) آب حیات

84. قطعہ میں کم سے کم کتنے مصرعے ہوتے ہیں؟

(1) دو (2) چار (3) چھ (4) آٹھ

85. ''بارش ہوئی، کسانوں کے دل ہرے ہوگئے۔ کتنی خوشی، کتنی مسرت تھی۔ اس دن مسرت کا جام گویا چھلکا پڑتا تھا۔ زمین کی جیسے پیاس ہی نہ بجھتی تھی، پیاسے کسان اس طرح اچھل رہے تھے جیسے بوندیں نہیں اشرفیاں برس رہی ہوں۔''

یہ اقتباس کس ناول سے ماخوذ ہے؟

(1) فائر انڈیا (2) اداس نسلیں (3) آگ کا دریا (4) گئودان

86. غالب کی فارسی مثنوی ''چراغ دیر'' کا منظوم ترجمہ کس نے کیا ہے؟

(1) کالی داس گپتا رضا (2) علی سردار جعفری (3) حنیف نقوی (4) ظ۔انصاری

87. فراق اولاً کس شاعر سے متاثر ہوئے تھے؟

(1) داغ (2) امیر مینائی (3) اصغر گونڈوی (4) حفیظ جالندھری

88. ''اردو املا'' کے نام سے ایک مبسوط اور ضخیم کتاب کس محقق نے ترتیب دی ہے؟

(1) مسعود حسین رضوی ادیب (2) رشید حسن خاں (3) حنیف نقوی (4) قاضی عبدالودود

89. ''باغ و بہار'' میں پہلا درویش کس کا بیٹا ہے؟

(1) چین کے بادشاہ کا (2) خواجہ سگ پرست کا (3) خواجہ احمد کا (4) فارس کے بادشاہ کا

90. ''اب مجھے اس سے دلچسپی ہونے لگی۔ یہاں تک کہ بعض وقت اپنا کام چھوڑ کر اسے دیکھا کرتا۔ مگر اسے کچھ خبر نہ ہوتی کہ کوئی دیکھ رہا ہے یا اس کے پاس کیا ہو رہا ہے۔ وہ اپنے کام میں مگن رہتا؟

یہ عبارت کس کی تحریر کردہ ہے؟

(1) رشید احمد صدیقی (2) فرحت اللہ بیگ (3) مولوی عبدالحق (4) ابن انشا

91. درج ذیل نظم نگاروں میں کون دہلی میں پیدا ہوا؟

(1) الطاف حسین حالی (2) نظیر اکبرآبادی (3) مخدوم محی الدین (4) ساحر لدھیانوی

92. ''یہودی کی لڑکی'' انگریزی کے کس ڈرامے سے ماخوذ ہے؟

(1) پیزارو (Pizarro) (2) ونٹرس ٹیل (Winters Tale)

(3) کنگ لیئر (King Lear) (4) دی۔جیوش (The Jewess)

93. ''غبار خاطر'' پہلی بار کب شائع ہوئی؟

(1) مئی 1946 (2) جنوری 1942 (3) جولائی 1947 (4) اگست 1950

94. ملا وجہی نے ''قطب مشتری'' میں کن شعرا کا ذکر کرتے ہوئے کہا ہے کہ ''اگر وہ آج ہوتے تو میرے شعر کو زیادہ رواج ملتا۔''

(1) نظامی۔ہاشمی (2) فیروز۔محمود (3) بندہ نواز گیسو دراز۔اکبر حسینی (4) شاہ کوچک دلی۔خسرو

95. ''میری رائے میں عورت سے بڑا سیاست داں کوئی نہیں۔وہ جو گھر میں حکومت کر سکتی ہے، ملک میں بھی راج کر سکتی ہے۔تمہارے خیال میں یہ سارے نسوانی حربے جن کی بدولت عورتیں مردوں کی کمائی، شخصیت، یہاں تک کہ تخیل تک کو غصب کر لیتی ہیں، کوئی اہمیت ہی نہیں رکھتے۔''

درج بالا اقتباس کس ناول سے ماخوذ ہے؟

(1) امراؤ جان ادا (2) آگ کا دریا (3) ایک چادر میلی سی (4) ٹیڑھی لکیر

96. 'آب حیات' میں میر مستحسن علی خلیق کا بیان کس دور کے تحت کیا گیا ہے؟

(1) دوسرا دور (2) تیسرا دور (3) چوتھا دور (4) پانچواں دور

97. ''اس مجموعے کی اشاعت ایک طرح کا اعتراف شکست ہے۔شاید ہی اس میں دو چار نظمیں قابل برداشت ہوں۔''

کس شاعر نے یہ بات اپنے مجموعہ کلام کے بارے میں لکھی ہے؟

(1) جاں نثار اختر (2) میرا جی (3) ن۔م۔راشد (4) فیض احمد فیض

98. درج ذیل قصائد میں سے کون سا قصیدہ ہے جس میں کسی کی مدح نہیں کی گئی ہے؟

(1) زہے نشاط اگر کیجیے اسے تحریر (2) ہوا جب کفر ثابت ہے وہ تمغائے مسلمانی

(3) تضحیک روزگار (4) ہیں مری آنکھ میں اشکوں کے تماشا گوہر

99. ''غالب کی جمالیات'' کے نام سے کس تنقید نگار کی کتاب شائع ہوئی ؟

(1) شکیل الرحمٰن (2) مجنوں گورکھپوری (3) امداد امام اثر (4) گوپی چند نارنگ

100. ''جمبو جیٹ یعنی بوئنگ 747 میں جگہ بہت ہوتی ہے، اندر سے یہ جہاز نہیں دیوان خانہ بلکہ سنیما ہال نظر آتا ہے۔ اس فرق کے ساتھ کہ وہاں لوگ پھینٹے باندھے کوکاکولا اور مونگ پھلی بیچتے دکھائی دیتے ہیں، یہاں شائستہ اور مہربان بی بیاں آپ پر ہزار جان سے نہ سہی، مروت سے مسکراہٹوں کا چھڑکاؤ کرتی گزرتی ہیں۔''

یہ عبارت کس کتاب کی ہے؟

(1) مسافران لندن (2) سفرنامہ روم ومصر وشام (3) ابن بطوطہ کے تعاقب (4) جاپان چلو جاپان چلو

ANSWERS

1	2	3	4	5	6	7	8	9	10
(2)	(2)	(4)	(3)	(2)	(1)	(*)	(4)	(1)	(2)
11	**12**	**13**	**14**	**15**	**16**	**17**	**18**	**19**	**20**
(4)	(2)	(2)	(3)	(2)	(3)	(2)	(4)	(3)	(2)
21	**22**	**23**	**24**	**25**	**26**	**27**	**28**	**29**	**30**
(2)	(2)	(1)	(2)	(3)	(1)	(4)	(2)	(2)	(1)
31	**32**	**33**	**34**	**35**	**36**	**37**	**38**	**39**	**40**
(3)	(3)	(1)	(4)	(1)	(2)	(2)	(2)	(2)	(1)
41	**42**	**43**	**44**	**45**	**46**	**47**	**48**	**49**	**50**
(4)	(4)	(3)	(2)	(2)	(3)	(1)	(3)	(2)	(3)
51	**52**	**53**	**54**	**55**	**56**	**57**	**58**	**59**	**60**
(1)	(1)	(1)	(1)	(3)	(2)	(3)	(2)	(2)	(3)
61	**62**	**63**	**64**	**65**	**66**	**67**	**68**	**69**	**70**
(2)	(3)	(2)	(3)	(3)	(1)	(3)	(1)	(1)	(2)
71	**72**	**73**	**74**	**75**	**76**	**77**	**78**	**79**	**80**
(3)	(4)	(1)	(2)	(2&4)	(1)	(3)	(1)	(4)	(2)
81	**82**	**83**	**84**	**85**	**86**	**87**	**88**	**89**	**90**
(4)	(2)	(3)	(2)	(4)	(3)	(2)	(2)	(3)	(3)
91	**92**	**93**	**94**	**95**	**96**	**97**	**98**	**99**	**100**
(2)	(4)	(1)	(2)	(4)	(4)	(4)	(3)	(1)	(3)

Previous Paper (Solved)

UGC-NET URDU, JULY-2018

PAPER-II

Note: *This paper contains* **hundred (100)** *objective type questions of* **two (2)** *marks each.* **All** *questions are* **compulsory**.

1. ''درشرح شعرگوید'' کا عنوان کس مثنوی میں قائم کیا گیا ہے ؟

(1) سیف الملوک بدیع الجمال (2) قطب مشتری

(3) گلشن عشق (4) خواب وخیال

2. ''ٹیری لین کی پتلون'' کس کا افسانہ ہے ؟

(1) سعادت حسن منٹو (2) جیلانی بانو (3) کرشن چندر (4) خواجہ احمد عباس

3. ذیل میں سے کس نے ہیئت کو المیہ کی جان بتایا ہے ؟

(1) افلاطون (2) ارسطو (3) بھرت منی (4) لان جائی نس

4.

وہ مکھڑے کا عالم وہ کنگھی کا رنگ　　شب ماہ ہو دیکھ کر جس کو دنگ

ستم تس پہ سرمے کی تحریر سی　　کھینچی ہاتھ کافر کے شمشیر سی

وہ پشواز اک ڈانک کی جگمگی　　ستاروں کی تھی آنکھ جس پر لگی

یہ اشعار کس مثنوی کے ہیں ؟

(1) گلزارِ نسیم (2) سحر البیان (3) خواب وخیال (4) زہرِ عشق

5.

یہ آگہی مری مجھے رکھتی ہے بے قرار　　خوابیدہ اس شرر میں ہیں آتش کدے ہزار

یہ امتیاز رفعت و پستی اسی سے ہے　　گل میں مہک، شراب میں مستی اسی سے ہے

بستان و بلبل وگل و بو ہے یہ آگہی

اصلِ کشاکشِ من وتو ہے یہ آگہی

یہ بند اقبال کی کس نظم سے لیا گیا ہے ؟

(1) شمع (2) شمع و پروانہ (3) دردِ عشق (4) گلِ پژمردہ

6. فریدوں محمد حسن کے کس ڈرامے کا کردار ہے ؟

(1) پیسہ اور پرچھائیں (2) فٹ پاتھ کے شہزادے (3) تماشا اور تماشائی (4) ضحاک

7. ناول ''امراؤ جان ادا'' میں گوہر کس کا لڑکا ہے ؟

(1) بوا حسینی (2) بنو ڈومنی (3) نواب اکبر علی خاں (4) امیر جان

8. ع تم ہمارے کسی طرح نہ ہوئے

درج ذیل مصرعوں سے شعر مکمل کیجیے۔

(1) رنج راحت فضا نہیں ہوتا (2) اثر اس کو ذرا نہیں ہوتا (3) ورنہ دنیا میں کیا نہیں ہوتا (4) جب کوئی دوسرا نہیں ہوتا

9. مکالمہ کس صنف ادب کے لئے لازمی جُزو ہے ؟

(1) ناول (2) افسانہ (3) ڈراما (4) انشائیہ

10. ہیں مستحیل خاک سے اجزائے نوخطاں

کیا سہل ہے زمیں سے نکلنا نبات کا

کس کا شعر ہے ؟

(1) غالب (2) ناسخ (3) میر (4) سودا

11. ''خون کے دھبے'' کس کے ڈراموں کا مجموعہ ہے ؟

(1) آغا حشر کاشمیری (2) امتیاز علی تاج (3) محمد حسن (4) حبیب تنویر

12. نصرتی کی مثنوی ''گلشنِ عشق'' میں کون سا قصہ بیان ہوا ہے ؟

(1) قصہ گل بکاؤلی (2) قصہ ہیر رانجھا

(3) سسی پنّو کی داستانِ محبت (4) منوہر اور مدھ مالتی کی روداد محبت

13. ''پاسباں'' کے مصنف کون ہیں ؟

(1) کنھیالال کپور (2) پطرس (3) رشید احمد صدیقی (4) حالی

14. نصرت الملک بہادر، مجھے بتلا کہ مجھے

تجھ سے جو اتنی ارادت ہے تو کس بات سے ہے

تو سکندر ہے، مرا فخر ہے ملنا تیرا

گو شرف خضر کی بھی مجھ کو ملاقات سے ہے

یہ اشعار قصیدے کے کس جزو کے ہیں ؟

(1) تشبیب (2) گریز (3) مدح (4) دعا

15. جعفر زٹلی کی تخلیقات کو کس محقق نے ''زٹل نامہ'' کے نام سے حواشی وتعلیقات کے ساتھ مرتب کیا ہے ؟

(1) امتیاز علی خاں عرشی (2) قاضی عبدالودود (3) رشید حسن خاں (4) مسعود حسین خاں

16. درج ذیل میں سے سعادت حسن منٹو کے افسانوی مجموعے کی نشان دہی کیجیے۔

(1) لمبی لڑکی (2) لذت سنگ (3) اندھی دنیا (4) ایک بات

17. ''رس کی انوکھی لہریں'' کس کی نظم ہے ؟

(1) اختر الایمان (2) مخدوم محی الدین (3) میرا جی (4) فراق

18. ''بساطِ رقص'' کس کا شعری مجموعہ ہے ؟

(1) علی سردار جعفری (2) جوش ملیح آبادی (3) مجروح سلطان پوری (4) مخدوم محی الدین

19. '' شکست زنداں کا خواب'' کس کی نظم ہے ؟

(1) مخدوم محی الدین (2) اختر الایمان (3) میرا جی (4) جوش ملیح آبادی

20. صحیح جوڑ کی نشاندہی کیجیے :

(1) احتشام حسین : غالب کی بت شکنی (2) آل احمد سرور : ادب اور زندگی

(3) کلیم الدین احمد: لفظ ومعنی (4) محمد حسن : تنقید کیا ہے

21. شام بھی تھی دھواں دھواں، حسن بھی تھا اُداس اُداس
دل کو کئی کہانیاں یاد سی آکے رہ گئیں

یہ کس کا شعر ہے ؟

(1) فراق (2) جوش (3) اقبال (4) داغ

22. ''یہ درست ہے کہ نظیر کے پاس کوئی عمیق فلسفیانہ نظر نہیں ہے، مگر وہ زندگی کے مسائل میں اس طرح رچے بسے ہوئے ہیں کہ انھیں سب باتیں اپنے آپ معلوم ہیں''

نظیر کے بارے میں یہ خیال کس ناقد کے قلم کا مرہونِ منّت ہے ؟

(1) کلیم الدین احمد (2) احتشام حسین (3) آلِ احمد سرور (4) محمد حسن

23. ''دیوانِ ریختی'' کس کی تصنیف ہے ؟

(1) نظامی بیدری (2) ہاشمی بیجاپوری (3) غوّاصی (4) نصرتی

24. ''جھوٹی اور بے اصل باتوں کا چپکانا، زمین آسمان کے قلابے ملانا اور مبالغہ واغراق کا طوفان اٹھانا، فی الحقیقت شاعر کا کمال نہیں ہے، بلکہ جس قدر اُس کی طبیعت ان باتوں سے اِبا کرتی ہے، اُسی قدر جاننا چاہئے کہ وہ شاعری سے زیادہ مناسبت رکھتا ہے۔''

یہ عبارت کس کتاب سے ماخوذ ہے ؟

(1) نیرنگِ خیال (2) خطوط غالب (3) غبارِ خاطر (4) یادگارِ غالب

25. ''تمھاری دادی لکھتی ہیں کہ رہائی کا حکم ہو چکا تھا۔ یہ بات سچ ہے، اگر سچ ہے تو جواں مرد ایک بار دونوں قیدوں سے چھوٹ گیا۔ نہ قید حیات رہی، نہ قید فرنگ۔ ہاں صاحب! وہ لکھتی ہیں کہ پنشن کا روپیا مل گیا تھا، وہ تجہیز و تکفین کے کام آیا۔''

یہ عبارت غالب نے اپنے خط میں کس کو لکھی تھی ؟

(1) میر مہدی مجروح (2) مرزا حاتم علی مہر (3) یوسف مرزا (4) شہزادہ بشیر الدین

26. ذیل میں کچھ افسانوی مجموعوں کے نام الف، ب، ج اور د کے تحت درج ہیں۔ انھیں غور سے پڑھیے اور کرشن چندر کے افسانوی مجموعوں کے صحیح زمرے کی نشاندہی کیجیے۔

الف ۔ نظارے، زندگی کے موڑ پر، ٹوٹے ہوئے تارے

ب ۔ ان داتا، تین غنڈے، عشق پر زور نہیں

ج ۔ سمندر دور ہے، حسن اور حیوان ، میں انتظار کروں گا

د ۔ کتاب کا کفن، زندگی کے موڑ پر، نظارے

زمرہ :

(1) الف، ب، ج (2) ب، ج، د (3) الف، ج، د (4) الف، د

27. ماں کو وہ پوچھے تو آوارہ وطن بتلانا

نام خواہر کا فقط رانڈ دولہن بتلانا

بھائی کو قیدئ زنجیر و رسن بتلانا

باپ کو سیّد بے گور و کفن بتلانا

دیکھو غیرت سے میں ہو جاؤنگی پانی پانی

ہند کے آگے نہ تم مانگیو جانی پانی

قید خانۂ شام کے حال میں کہے ہوئے مرثیہ کا یہ بند کس کی تخلیق ہے ؟

(1) میر انیس (2) مرزا دبیر (3) جوش (4) حالی

28. شہزادہ معزالدین کس داستان کا ہیرو ہے ؟

(1) باغ و بہار (2) فسانۂ عجائب (3) بوستانِ خیال (4) سب رس

29. ''صرف ایک سگریٹ'' کس کا افسانہ ہے ؟

(1) خواجہ احمد عباس (2) راجندر سنگھ بیدی (3) کرشن چندر (4) سعادت حسن منٹو

30. عیش بائی طوائف کس مثنوی کا کردار ہے ؟

(1) گلزارِ نسیم (2) سحر البیان (3) زہرِ عشق (4) خواب و خیال

31. ''رانی کیتکی کی کہانی'' میں راجا جگت پرساد کے گرو کا کیا نام ہے ؟

(1) سورج بھان (2) ویریندر پرتاپ (3) مہندر گر (4) منوہر لال

32. ''مجھے جو کمبختی لگی، دروازہ بند نہ کیا، ایک بڑھیا شیطان کی خالا، اس کا خدا کرے منہہ کالا، ہاتھ میں تسبیح لٹکائے، برقع اوڑھے، دروازہ کھلا پا کر ندھڑک چلی آئی اور سامنے ملکہ کے کھڑے ہو کر، ہاتھ اُٹھا کر دُعا دینے لگی کہ الٰہی! تیری نتھ چوڑی سہاگ کی سلامت رہے اور کماؤ کی پگڑی قائم رہے! میں غریب رنڈیا فقیرنی ہوں۔ ایک بیٹی میری ہے کہ وہ دوجی سے پورے دنوں دردزہ میں مرتی ہے اور مجھ کو اتنی وسعت نہیں ہے کہ اَدھی کا تیل چراغ میں جلاؤں، کھانے پینے کو تو کہاں سے لاؤں۔''

یہ عبارت کس کی لکھی ہوئی ہے ؟

(1) خواجہ امان دہلوی (2) میر امن (3) انشاء (4) رجب علی بیگ سرور

33. بھلا تر ڈِبے جا سے اس میں کیا حاصل

اٹھا چکے ہیں زمیندار جن زمینوں کو

درج بالا شعر پر کس مضمون کا اختتام ہوتا ہے ؟

(1) سرگذشت عہدِ گل (2) آمد میں آورد (3) سرسید احمد اور اردو لٹریچر (4) سلام ہو نجد پر

34. ''اقبال کی شاعری میں رومانوی اثرات بہت نمایاں طور پر نظر آتے ہیں۔''

کس ناقد نے یہ بات کہی ہے ؟

(1) احتشام حسین (2) شمس الرحمٰن فاروقی (3) کلیم الدین احمد (4) محمد حسن

35. سعادت حسن منٹو کے کس افسانے کا کردار غلام علی ہے ؟

(1) یزید (2) چغد (3) سڑک کے کنارے (4) بابو گوپی ناتھ

36. ''نئی دھرتی، نئے انسان'' کس کا افسانوی مجموعہ ہے ؟

(1) حیات اللہ انصاری (2) خواجہ احمد عباس (3) کرشن چندر (4) سعادت حسن منٹو

37. کلیم الدین احمد کی کتاب ''اُردو شاعری پر ایک نظر'' کتنی جلدوں میں چھپی ہے؟

(1) ایک (2) دو (3) تین (4) پانچ

38. ''سب رس'' میں حُسن کے غلام کا نام کیا ہے ؟

(1) خیال (2) نظر (3) غمزہ (4) توبہ

39. ''خمخانۂ جاوید'' کیا ہے ؟

(1) اِنشائیہ (2) تذکرہ (3) سوانح (4) خودنوشت

40. ذیل میں کچھ نظموں کے نام الف، ب، ج اور د کے تحت درج ہیں۔ انھیں غور سے پڑھیے اور سرور جہان آبادی کی نظموں کے صحیح زمرے کی نشاندہی کیجیے۔

الف ۔ خاکِ وطن، لکشمن جی، شیون عروس

ب ۔ نیرنگِ زمانہ، دربار اکبر، قومی نوحہ

ج ۔ پھولوں کا کنج، مادرِ ہند، گردِ کارواں

د ۔ بدنصیب بنگال، شمع انجمن، کارزارِ ہستی

زمرہ :

(1) الف، ب، ج (2) ب، ج، د (3) الف، ج، د (4) الف، ب، د

41. ''دنیا مقامِ امتحان ہے۔ ہم تم یہاں امتحان دینے آئے ہیں۔ امتحان کا نام سنتے ہی میں چونک پڑا، آنکھ کھول کر دیکھا، تو کچھ نہ تھا۔''

یہ عبارت ''نیرنگِ خیال'' کے کس مضمون کا آخری حصّہ ہے ؟

(1) گلشنِ امید کی بہار (2) سیرِ زندگی

(3) انسان کسی حال میں خوش نہیں رہتا (4) علوم کی بدنصیبی

42. سعادت حسن منٹو نے اپنے بھائی سعید حسن کا ذکر کس افسانے میں کیا ہے ؟

(1) ۱۹۱۹ کی بات (2) عشقِ حقیقی (3) رام کھلاون (4) شاردا

43. مثنوی ''سحر البیان'' میں جنوں کے بادشاہ کا بیٹا کس پر عاشق ہوا ؟

(1) ماہِ رخ (2) بدرِ منیر (3) نجم النساء (4) حسن بانی

44. ''تسلسل''، کس کی نظم ہے ؟

(1) جوش ملیح آبادی (2) سرور جہان آبادی (3) علی سردار جعفری (4) اختر الایمان

45. کس ادیب کے مضامین کا مجموعہ ''سنگ وخشت'' ہے ؟

(1) رشید احمد صدیقی (2) کرشن چندر (3) کنہیالال کپور (4) پطرس بخاری

46. ''دل کسی کا دوست نہیں''، کس کا افسانوی مجموعہ ہے ؟

(1) راجندر سنگھ بیدی (2) کرشن چندر (3) سعادت حسن منٹو (4) خواجہ احمد عباس

47. احوال اِس فقیر کا اے دوستاں سنو
یعنی جو مجھ پہ بیتی ہے وہ داستاں سنو
جو کچھ کہ شاہِ عشق نے مجھ سے کیا سُلوک
تفصیل وار کرتا ہوں اُس کا بیاں سنو

اِن اشعار سے ''باغ وبہار'' کے کس درویش نے اپنے سیر کی ابتدا کی ؟

(1) پہلے درویش کی (2) دوسرے درویش کی (3) تیسرے درویش کی (4) چوتھے درویش کی

48. ''دفتر ماتم''، کس کے مرثیوں کا مجموعہ ہے ؟

(1) دبیرؔ (2) حالی (3) انیس (4) جوش

49. ''اے جناب میرن صاحب ،السلام علیکم! حضرت آداب، کہو صاحب آج اجازت ہے''

غالب نے یہ خط کس کے نام لکھا تھا ؟

(1) میر سرفراز حسین (2) میر اشرف (3) میر مہدی (4) میر نصیر الدین

50. ''شعر شور انگیز'' جلد اول کے دیباچے کے آخری باب کا عنوان کیا ہے ؟

(1) غالب کی میری (2) دریائے اعظم (3) شعر شور انگیز (4) انسانی تعلقات کی شاعری

51. ''کلام میں چند چیزوں کو ایک حکم کے تحت جمع کرنا''۔ کون سی صنعت کہلاتی ہے ؟

(1) تقسیم (2) تفریق (3) جمع (4) جمع وتفریق

52. ''علوم کی بد نصیبی''، کس کا مضمون ہے ؟

(1) سر سید احمد خاں (2) محمد حسین آزاد (3) ابوالکلام آزاد (4) شبلی نعمانی

53. ''جھوری کاچھی''، پریم چند کے کس افسانے کا کردار ہے ؟

(1) نمک کا داروغہ (2) بڑے گھر کی بیٹی (3) روشنی (4) دو بیل

54. ذیل میں ایک دعویٰ ہے اور اُس کی ایک دلیل ہے۔ اسے غور سے پڑھیے اور صحیح جواب کی نشاندہی کیجیے۔

دعویٰ : اُردو ایک شیریں زبان ہے۔

دلیل : اُردو زبان میں مختلف زبانوں کی آوازوں پر مبنی الفاظ شامل ہیں۔

(1) دعویٰ صحیح ہے اور دلیل بھی صحیح ہے (2) دعویٰ غلط ہے اور دلیل بھی غلط ہے

(3) دعویٰ صحیح ہے، مگر دلیل غلط ہے (4) دعویٰ غلط ہے، مگر دلیل صحیح ہے

55. ''اِسرارِ قدرت''، کس کی نظم ہے ؟

(1) سرور جہان آبادی (2) نظم طباطبائی (3) اقبال (4) نظیر اکبر آبادی

56. ''مُرشد''، کس کا مضمون ہے ؟

(1) پطرس بخاری (2) محمد حسین آزاد (3) رشید احمد صدیقی (4) فرحت اللہ بیگ

57. ذیل میں سے کون نواب مرزا سلطان کی بیوی بنتی ہے ؟

(1) بسم اللہ جان (2) خورشید جان (3) رام دئی (4) امراؤ جان

58. ''کسی بات کے حسن و قبح کا مدار زیادہ تر اُسی عہد کے اربابِ اقتدار کی پسند یا ناپسند پر ہوتا ہے۔ بادشاہ کے مانند مقتدر شخص کسی غلطی کا مرتکب نہیں ہو سکتا۔''

یہ اقتباس مضامینِ رشید کے کس انشائیہ سے لیا گیا ہے ؟

(1) پاسبان (2) گواہ (3) چارپائی (4) دھوبی

59. سراپا میں جس جا نظر کیجیے
وہیں عمر اپنی بسر کیجیے

یہ شعر کس مثنوی سے ماخوذ ہے ؟

(1) خواب و خیال (2) زہر عشق (3) مذہب عشق (4) گلزار نسیم

60. ''برف حکیم صاحب کی ایسی کمزوری ہے جس پر وہ نہ کبھی قابو پا سکے۔ گرمی کے موسم میں برف نہ دستیاب ہو اور یہ معلوم ہو کہ صرف قطب شمالی پر مل سکتی ہے تو وہ اپنے تانگے پر قطب شمالی کے لیے روانہ ہو جائیں گے۔''

یہ اقتباس مضامینِ رشید کے کس انشائیے سے لیا گیا ہے ؟

(1) وکیل صاحب (2) پاسبان (3) شیطان کی آنت (4) مغالطہ

61. بے ترتیبی کس صنفِ نثر کی خصوصیت ہے ؟

(1) افسانہ (2) ناول (3) سفرنامہ (4) انشائیہ

62. ''میں نے یہ گفتگو سن کر، دونوں یاجوج ماجوج سے کہا کہ واسطے خدا کے مجھ پر رحم کرو، ابھی مجھ میں ایک رمق جان باقی ہے۔ جب مر جاؤں گا، جو تمہارا جی چاہے گا سو کیجو۔''

''باغ و بہار'' میں یہ جملے کس درویش کی زبان سے ادا ہوئے ہیں ؟

(1) پہلے درویش (2) دوسرے درویش (3) تیسرے درویش (4) چوتھے درویش

63. ذیل میں سے کس کے بارے میں بوطیقا میں بالکل ذکر نہیں ہے ؟

(1) المیہ (2) غنائیہ (3) رزمیہ (4) طربیہ

64. ''میں یہ نہیں کہتا کہ پیغام اور شاعری میں کوئی بیر ہے، شرط یہ ہے کہ پیغام شعری تجربہ بن جائے۔''

یہ بیان کس کا ہے ؟

(1) شمس الرحمٰن فاروقی (2) کلیم الدین احمد (3) احتشام حسین (4) آلِ احمد سرور

65. افسانہ ''آوارہ گرد'' کا کردار اوٹو کروگر کس ملک کا باشندہ تھا ؟

(1) فرانس (2) جرمنی (3) برطانیہ (4) امریکہ

66. نظیر اکبرآبادی کی نظم ''برسات کی بہاریں'' کی ہیئت کیا ہے ؟

(1) مسدس (2) مخمس (3) مثلث (4) مربع

67. الحاقیانہ میں کون سا عمل شامل نہیں ہے ؟

(1) سابقہ (2) لاحقہ (3) وسطیہ (4) حلقیہ

68. ہندآریائی قدیم دور کب سے کب تک تسلیم کیا جاتا ہے ؟

(1) 2000 ق م تا 1000 ق م (2) 1500 ق م تا 500 ق م

(3) 1000 ق م تا 500 ق م (4) 800 ق م تا 500 ق م

69. کون سی مثنوی میں ہیروئن خودکشی کر لیتی ہے ؟

(1) سحرالبیان (2) زہرعشق (3) قطب مشتری (4) پھول بن

70. ''شعر کی عمارت چار چیزوں سے اٹھتی ہے۔لفظ، وزن، معنی اور قافیہ''

یہ بیان کس کا ہے ؟

(1) ابن قتیبہ (2) قدامہ ابن جعفر (3) عبدالقادر جرجانی (4) ابن رشیق

71. ''کشتیِ مسکیں''، ''جان پاک'' اور''دیوار یتیم''، کو اقبال نے کس نظم میں استعمال کیا ہے ؟

(1) شکوہ (2) حقیقت حسن (3) خضرراہ (4) شعاع اُمید

72. ذیل میں سے کس نے ادب کی تنقید میں نفسیات کا سہارا لیا ہے ؟

(1) آئی۔اے۔رچرڈس (2) ارسطو (3) ٹی۔ایس۔ایلیٹ (4) لان جائی نس

73. ''گلشن عشق''، کس کی مثنوی ہے ؟

(1) ملّا وجہی (2) نصرتی (3) ہاشمی (4) سراج

74. ''جو کیفیت وہ یعنی شاعر آپ اٹھاتا ہے اس کے لیے ڈھونڈتا رہتا ہے کہ کیسے لفظ ہوں اور کس طرح انھیں ترتیب دوں تاکہ جو کیفیت اس کے دیکھنے سے میرے دل پر طاری ہے، وہی کیفیت سننے والوں کے دل پر چھا جائے۔''

یہ بیان کس کا ہے ؟

(1) محمد حسین آزاد (2) شبلی (3) حالی (4) محمد حسن

75. ''انگارے'' میں سجّاد ظہیر کے کتنے افسانے ہیں ؟

(1) پانچ (2) تین (3) چار (4) ایک

76. ''آج تمام شاعروں کا پہلا سماجی فریضہ ہے کہ وہ ان لوگوں کے ساتھ ہو جائیں جو دنیا کو بدل دینا چاہتے ہیں۔انھیں اسی طرح آزادی نصیب ہوسکتی ہے۔
''یہ بیان کس کا ہے ؟

(1) محمد حسن (2) آلِ احمد سرور (3) احتشام حسین (4) محمد حسین آزاد

77. ''سیاست میں شاہ پرست، مذہب میں کیتھولک اور ادب میں کلاسکیت کا قائل ہوں۔'' یہ اعلان کس مغربی ناقد نے کیا تھا ؟

(1) لان جائی نس (2) آئی۔اے۔رچرڈس (3) ٹی۔ایس۔ایلیٹ (4) والٹر پیٹر

78. ''ادب سیاسی، مذہبی اور اخلاقی موضوعات سے مدد لیتا ہے، لیتا رہا ہے مگر یہ مذہب کا خادم ہے نہ سیاست کا نقیب، نہ اخلاق کا نائب۔ادب ہرجائی ہے اور ادب کا ہرجائی پن ہی اس کی دولت ہے۔''
یہ بیان کس کا ہے ؟

(1) آل احمد سرور (2) کلیم الدین احمد (3) محمد حسن (4) احتشام حسین

79. ''نغمۂ ساز'' کس کا شعری مجموعہ ہے ؟

(1) مجاز (2) سرور جہان آبادی (3) فراق گورکھپوری (4) مخدوم محی الدین

80. ''مضمون تو سب پیدا کر سکتے ہیں۔شاعر کا معیارِ کمال یہی ہے کہ مضمون ادا کن لفظوں میں کیا گیا ہے۔اور بندش کیسی ہے۔''
یہ بیان کس کا ہے ؟

(1) حالی (2) محمد حسین آزاد (3) شبلی (4) شمس الرحمٰن فاروقی

81. ''وہ نقاد جو معاصر ادب کا مطالعہ کرنے سے جی نہیں چراتا، ہر طرح اس میں مصروف اور منہمک ہوتا ہے، ہماری تعریف اور احترام کا مستحق ہوتا ہے۔''
یہ قول کس کا ہے ؟

(1) کلیم الدین احمد (2) آلِ احمد سرور (3) احتشام حسین (4) شمس الرحمٰن فاروقی

82. شورسینی اپ بھرنش کے اثرات کب تک رہے ؟

(1) 800 سنہ عیسوی تک (2) 900 سنہ عیسوی تک (3) 1000 سنہ عیسوی تک (4) 1100 سنہ عیسوی تک

83. لب شیریں کا وصف کرتے ہیں
بات گویا نبات اپنی ہے
بات اور نبات میں کون سی صنعت ہے ؟

(1) تضاد (2) تجنیس تام (3) تجنیس ناقص وزائد (4) ترصیع

84. دلیل صبح روشن ہے ستاروں کی تنک تابی
افق سے آفتاب اُبھرا گیا دورِ گراں یابی
اس شعر سے اقبال کی کون سی نظم شروع ہوتی ہے ؟

(1) خضر راہ (2) شعاع (3) طلوع اسلام (4) مسجد قرطبہ

85. ''اقبال انسانیت کو فطرت کا محبوب ترین اور مکمل ترین جوہر سمجھتے ہیں۔ اُن کے خیال میں فطرت ہستی ابھی خوب سے خوب تر کی جستجو میں ہے، اُن کا فلسفۂ حیات زندگی اور موت دونوں کا ایک بلند تصور رکھتا ہے۔''
اقبال کے تعلق سے یہ تبصرہ کس کا ہے ؟

(1) احتشام حسین (2) کلیم الدین احمد (3) آلِ احمد سرور (4) سجاد ظہیر

86. کس شاعر کو ترقی پسندوں میں شمار نہیں کیا جاتا ؟

(1) مخدوم محی الدین (2) معین احسن جذبی (3) فیض احمد فیض (4) اصغر

87. روئے آنسو اس قدر ہم ہجر میں
اشک کے طوفان سے دریا ہو گیا
اس شعر میں لفظ حشو قبیح کی نشان دہی کیجیے۔

(1) طوفان (2) ہجر (3) دریا (4) اشک

88. ''نیرنگِ خیال'' کے حصہ دوم میں کتنے مضامین شامل ہیں ؟

(1) چار (2) پانچ (3) چھ (4) سات

89. کب ڈوبے گا سرمایہ پرستی کا سفینہ
دنیا ہے تری منتظرِ روزِ مکافات
درج بالا شعر پر اقبال کی کون سی نظم ختم ہوتی ہے ؟

(1) تصویرِ درد (2) شمع و شاعر (3) لینن خدا کے حضور میں (4) زہد و رندی

90. ''زندگی اے زندگی'' کس کا آخری شعری مجموعہ ہے ؟

(1) علی سردار جعفری (2) اختر الایمان (3) مخدوم محی الدین (4) خلیل الرحمن اعظمی

91. ذیل میں سے کون سی کتاب فارسی شعریات سے متعلق نہیں ہے ؟

(1) قابوس نامہ (2) چہار مقالہ (3) حدایق السحر فی وقایق الشعر (4) طبقات الشعرا

92. ''اتال تجھے میں کیا کہوں، نہ کہوں تو چُپ بی کیوں رہوں۔ توں تو بہوت دانا بہوت عاقل ہے ولے ہشیار، دل رُبا شہر دیدار کوں انپڑیا بہوت مشکل ہے۔ باٹ میں جنس جنس کی محنت حائل ہے۔ اس دریا میں کیس غرقاب کیس ساحل ہے۔''

یہ عبارت کس کتاب سے ماخوذ ہے ؟

(1) رانی کیتکی کی کہانی (2) سب رس (3) فسانہ عجائب (4) باغ و بہار

93. منٹو کے کس افسانے کا مرکزی کردار راج کشور ہے ؟

(1) بانجھ (2) بابو گوپی ناتھ (3) میرا نام رادھا ہے (4) شریفن

94. '' ٹیکسی حاجی علی سے ہوتے ہوئے تار دیو میں داخل ہوئی۔ وہاں سے اوپرا ہاؤس ہوتے ہوئے ہارن بائی روڈ پر جا پہنچی، جس کا نام اب مہاتما گاندھی روڈ ہو گیا ہے۔''

یہ عبارت راجندر سنگھ بیدی کے کس افسانے سے ماخوذ ہے ؟

(1) دس منٹ بارش میں (2) لاجونتی (3) ببل (4) پان شاپ

95. ''پھول متی اور کامتا'' پریم چند کے کس افسانے کے کردار ہیں ؟

(1) قاتل کی ماں (2) بدنصیب ماں (3) معصوم بچہ (4) مالکن

96. پطرس بخاری نے پرانی سائیکل کا ذکر کس انشائیے میں کیا ہے ؟

(1) ہاسٹل میں پڑھنا (2) لاہور کا جغرافیہ (3) دوست کے نام (4) مرحوم کی یاد میں

97. ''سہ دری کے چوکے پر آج پھر صاف ستھری جازم بچھی تھی۔ ٹوٹی پھوٹی کھپریل کی جھریوں میں سے دھوپ کے آڑے ترچھے قتلے پورے دالان میں بکھرے ہوئے تھے۔ محلّے ٹولے کی عورتیں خاموش اور سہمی ہوئی سی بیٹھی تھیں۔ جیسے کوئی بڑی واردات ہونے والی ہو، ماؤں نے بچے چھاتیوں سے لگا لیے تھے۔''

درج بالا اقتباس کس افسانے سے ماخوذ ہے ؟

(1) حسب نسب (2) چوتھی کا جوڑا (3) بدنصیب ماں (4) پوس کی رات

98. چاروں طرف تھا بسکہ ہجومِ سپاہِ شام
گویا سیاہ پوش تھا آب رواں تمام
ماتم یہ تھا کہ مالک کوثر تھا تشنہ کام
بالکل الٹ دیئے تھے حبابوں نے اپنے جام
دریا جو دور پیاس میں تھا شہ کی فوج سے
منہ پر طمانچے مارتا تھا دستِ موج سے

مرثیہ کے اس بند میں کون سی صنعت کا استعمال ہوا ہے ؟

(1) استتباع (2) ادماج
(3) حسنِ تعلیل (4) جمع

99. اس رخش کے منہ پر کوئی دن چڑھ نہیں سکتا
چلنے میں یہ سرعت ہے کہ سن بڑھ نہیں سکتا

اس شعر میں کون سی صنعت نمایاں ہے ؟

(1) تفریق (2) تقسیم
(3) مبالغہ (4) جمع

100. ابھینو گپت نے کون سا نظریہ پیش کیا ہے ؟

(1) سادھارنی کرن (2) رس
(3) دھونی (4) ابھویکتی واد

ANSWERS

1	2	3	4	5	6	7	8	9	10
(2)	(4)	(2)	(2)	(1)	(4)	(2)	(3)	(3)	(3)
11	**12**	**13**	**14**	**15**	**16**	**17**	**18**	**19**	**20**
(3)	(4)	(3)	(3)	(3)	(2)	(3)	(4)	(4)	(1)
21	**22**	**23**	**24**	**25**	**26**	**27**	**28**	**29**	**30**
(1)	(2)	(2)	(4)	(3)	(4)	(2)	(3)	(2)	(2)
31	**32**	**33**	**34**	**35**	**36**	**37**	**38**	**39**	**40**
(3)	(2)	(3)	(4)	(4)	(2)	(2)	(1)	(2)	(4)
41	**42**	**43**	**44**	**45**	**46**	**47**	**48**	**49**	**50**
(2)	(3)	(3)	(4)	(3)	(2)	(3)	(1)	(3)	(3)
51	**52**	**53**	**54**	**55**	**56**	**57**	**58**	**59**	**60**
(3)	(2)	(4)	(3)	(4)	(3)	(3)	(2)	(1)	(3)
61	**62**	**63**	**64**	**65**	**66**	**67**	**68**	**69**	**70**
(4)	(3)	(2)	(2)	(2)	(2)	(4)	(2)	(2)	(4)
71	**72**	**73**	**74**	**75**	**76**	**77**	**78**	**79**	**80**
(3)	(1)	(2)	(1)	(1)	(3)	(3)	(1)	(3)	(3)
81	**82**	**83**	**84**	**85**	**86**	**87**	**88**	**89**	**90**
(4)	(3)	(3)	(3)	(3)	(4)	(4)	(2)	(3)	(4)
91	**92**	**93**	**94**	**95**	**96**	**97**	**98**	**99**	**100**
(4)	(2)	(3)	(3)	(2)	(4)	(2)	(3)	(3)	(4)

Previous Paper (Solved)

UGC-NET URDU, November-2017

PAPER-II

نوٹ : اس پرچہ میں پچاس (50) معروضی سوالات ہیں جن میں ہر ایک کے لئے دو (2) مارکس مختص ہیں۔ تمام سوالات کے جواب مطلوب ہیں۔

1. یوسف نام کا کردار باغ و بہار کے کس درویش کے قصے میں ہے ؟

(1) پہلے درویش (2) دوسرے درویش (3) تیسرے درویش (4) چوتھے درویش

2. ''اس مجموعے کی اشاعت ایک طرح سے اعتراف شکست ہے، شاید اس میں دو چار نظمیں قابل قبول ہوں۔''

فیض نے اپنے کس مجموعے کی تمہید میں مندرجہ بالا بات کہی ہے ؟

(1) زنداں نامہ (2) دستِ صبا (3) نقش فریادی (4) دستِ تہہ سنگ

3. ''دستور الفصاحت'' اور ''تاریخ محمدی'' کس محقق نے مرتب کی ہیں ؟

(1) امتیاز علی خان عرشی (2) مسعود حسین خان (3) رشید حسن خان (4) محی الدین قادری زور

4. ان بتوں کی محبت بھی کیا چیز ہے
دلگی دلگی میں خدا مل گیا

شعر کے صحیح بحر کی نشاندہی کیجئے :

(1) متدارک مثمن سالم (2) متدارک مثمن سالم مضاحت
(3) متدارک مثمن مقطوع مخبوں (4) متدارک مثمن مخبون، ضاحت

5. ''گلزارِ نسیم'' میں کس روپ میں بکاؤلی تاج الملوک سے ملنے جاتی ہے ؟

(1) حسن آرا کے (2) مہر نگار کے (3) فرخ ابن فیروز کے (4) خورشید کے

6. اسلوبیاتی تنقید میں چار ابعاد شامل ہوتے ہیں :

(الف) صوتیات (ب) صرفیات (ج) نحویات (د) عصبیات

ذیل میں سے کون سا زمرہ صحیح ہے ؟

(1) عصبات، صوتیات (2) صرفیات، نحویات
(3) صوتیات، صرفیات اور نحویات (4) عصبیات، صرفیات

7. ڈراما اندر سبھا میں شہزادہ گلفام پر کون سی پری عاشق ہوتی ہے ؟

(1) پکھراج پری (2) نیلم پری (3) سبز پری (4) لال پری

8. ''سوانح مولانا روم'' کس کی تصنیف ہے ؟

(1) الطاف حسین حالی (2) سر سید احمد خان (3) محمد حسین آزاد (4) شبلی نعمانی

9. اقبالؔ کی نظم ''آفتاب'' کس سے ماخوذ یا ترجمہ ہے ؟

(1) ماخوذ از ایمرسن (2) ترجمہ از بھرتری (3) ماخوذ از ولیم کوپر (4) ترجمہ از گائتری

10. ذیل میں سے کس نے معاشرے کے بنیادی ڈھانچے، ذیلی ڈھانچے اور اعلیٰ ڈھانچے کا تصور دیا ہے ؟

(1) اینگلز (2) لینن (3) مارکس (4) روزہ لگزم برگ

11. ''شعر کی مدح و ذم میں بہت کچھ کہا گیا ہے اور جس قدر اس کی مذمت کی گئی ہے وہ بہ نسبت مدح کے زیادہ قرین قیاس ہے۔'' یہ خیال کس ناقد کا ہے ؟

(1) کلیم الدین احمد (2) شبلی نعمانی (3) حالی (4) احتشام حسین

12. پھر دیکھیے انداز گل افشانیٔ گفتار

صحیح مصرعے سے شعر مکمل کیجئے :

(1) اک بات ہے اعجاز مسیحا مرے آگے (2) ہوتا ہے شب و روز تماشا مرے آگے

(3) رکھ دے کوئی پیمانۂ صہبا مرے آگے (4) رہنے دو ابھی ساغر و مینا مرے آگے

13. ''ترکی حور'' کس کا ڈراما ہے ؟

(1) حبیب تنویر (2) آغا حشرؔ (3) امتیاز علی تاج (4) امانت لکھنوی

14. ذیل میں لسانیات کی صحیح تعریف کون سی ہے ؟

(1) زبان کے مطالعے کو لسانیات کہتے ہیں

(2) زبان کے صوری اور معنوی پہلوؤں کے سائنسی مطالعے کو لسانیات کہتے ہیں

(3) زبان کے معنوی پہلوؤں کے سائنسی مطالعے کو لسانیات کہتے ہیں

(4) زبان کے صوری پہلوؤں کے سائنسی مطالعے کو لسانیات کہتے ہیں

15. ''باب الجنت'' کس شاعر کے قصیدے کو عنوان ؟

(1) سودا (2) محسن کاکوروی (3) غالب (4) میر

16. آسماں تری لحد پر شبنم افشانی کرے

سبزۂ نورستہ اس گھر کی نگہبانی کرے

اقبال کی کس نظم کا اختتام درج بالا شعر پر ہوتا ہے ؟

(1) داغ (2) سید کی لوحِ تربت (3) والدہ مرحومہ کی یاد میں (4) مرزا غالب

17. حسرت موہانی کا تذکرہ ''تذکرۃ الشعراء'' قسط وار کس رسالے میں شائع ہوا ؟

(1) دل گداز (2) مخزن (3) اردوئے معلیٰ (4) نگار

18. باغ و بہار کو اردو زبان کے لیے ''بیش بہا اضافہ'' کس نے قرار دیا تھا ؟

(1) گل کرسٹ (2) غالب (3) کلیم الدین احمد (4) گیان چند جین

19. ذیل میں سے کون آٹھ مختلف ہیئتوں کا مجموعی نام ہے ؟

(1) مسبّع (2) مثمّن (3) معشّر (4) مسمّط

20. ذیل کے بیانات کو غور سے پڑھیے اور نیچے دیے گئے صحیح زمرے کی نشاندہی کیجیے :

(الف) 'ساس' عصمت چغتائی کا افسانہ ہے۔ (ب) 'چاندنی بیگم' قرۃ العین حیدر کا ناول ہے۔

(ج) 'روشنی' پریم چند کا افسانہ ہے (د) 'سودائی' کرشن چندر کا ناول ہے۔

زمرہ :

(1) الف، ب، د (2) ب، ج، د (3) الف، ب، ج (4) الف، ج، د

21. 'ہیئتی تنقید' کس کی کتاب ہے ؟

(1) خلیق انجم (2) محمد حسن (3) رشید حسن خان (4) کلیم الدین احمد

22. کس مثنوی میں ہیروئن خودکشی کر لیتی ہے ؟

(1) خواب و خیال (2) زہر عشق (3) گلشن عشق (4) سحر البیان

23. '' مجھے میرے بزرگوں سے بچاؤ' کس کا مضمون ہے ؟

(1) سجاد حیدر یلدرم (2) پطرس بخاری (3) فرحت اللہ بیگ (4) کنہیا لال کپور

24. مضمون '' آمد میں آورد' رشید احمد صدیقی کی کس کتاب میں شامل ہے ؟

(1) آشفتہ بیانی میری (2) ہم نفسانِ رفتہ (3) گنج ہائے گراں مایہ (4) مضامینِ رشید

25. ذیل میں سے کس شاعر نے کوئی 'شہر آشوب' نہیں لکھا ؟

(1) محمد رفیع سودا (2) خواجہ میر درد (3) مصحفی (4) انشا

26. شیخ برہان الدین کس افسانے کا کردار ہے ؟

(1) میری موت (2) یہ غازی یہ تیرے پراسرار بندے (3) بارہ گھنٹے (4) روشنی کی رفتار

27. اٹھ کہ پیدا ہوئی ظلمت افقِ خاور پر

بزم میں شعلہ نوائی سے اُجالا کر دیں

اردو شاعری میں بیداری کا یہ پیغام کس شاعر کا عطیہ ہے ؟

(1) جوش (2) مجاز (3) اقبال (4) سردار جعفری

28. بڑا ہے درد کا رشتہ، یہ دل غریب سہی

ذیل کے مصرعوں کی مدد سے صحیح مصرعۂ ثانی کی نشاندہی کیجیے :

(1) جو کوئے یار سے نکلے تو سوئے دار چلے
(2) گرہ میں لے کے گریباں کا تار تار چلے
(3) تمہارے نام پہ آئیں گے غمگسار چلے
(4) ہمارے اشک تری عاقبت سنوار چلے

29. بہادر شاہ ظفر کی تخت نشینی پر ذوق نے کون سا قصیدہ کہا تھا ؟

(1) زہے نشاط اگر کیجیے تحریر
(2) ہے آج جو یوں خوش نما سحر، رنگِ شفق
(3) واہ واہ کیا معتدل ہے باغ عالم میں ہوا
(4) پیری میں پُر ضرور ہے جامِ شراب ناب

30. لسانیات کے زاویے سے لفظ کے معنوی مطالعے کے کل کتنے پہلو ہو سکتے ہیں ؟

(1) دو (2) چار (3) تین (4) پانچ

31. پریم چند کا افسانہ 'بد نصیب کی ماں' کل کتنے حصوں پر مشتمل ہے ؟

(1) تین (2) چار (3) پانچ (4) سات

32. قطب شاہ اور مشتری کے درمیان کٹھن منزلیں کس کی رہنمائی میں طے پاتی ہیں ؟

(1) زہرہ (2) دائی (3) عطارد (4) مریخ

33. ''فسانۂ عجائب'' میں جانِ عالم کا وطن کہاں ہے ؟

(1) ختن (2) شام (3) کنعان (4) خراسان

34. ذیل میں سے کس نے مہذب ہونے کے لیے اپنی روایات کی پاسداری کو ضروری تصور کیا ہے ؟

(1) ٹی ایس ایلیٹ (2) آئی۔اے۔رچرڈس (3) ارسطو (4) لون جائی نس

35. مدن بان اور مہندر گر کس تصنیف کے کردار ہیں ؟

(1) اپنے دکھ مجھے دے دو (2) آگ کا دریا (3) رانی کیتکی کی کہانی (4) کدم راؤ پدم راؤ

36. ذیل میں کون سا تنقیدی دبستان موضوع اور فکر کی عظمت کو پہلا مقام دیتا ہے ؟

(1) نفسیاتی تنقید (2) تاثراتی تنقید (3) متنی تنقید (4) جمالیاتی تنقید

37. حرف روی کا تعلق کس سے ہے ؟

(1) ردیف (2) مطلع (3) مقطع (4) قافیہ

38. قرۃ العین حیدر نے اپنے ناول 'سفینۂ غمِ دل' کا عنوان فیض کی کس نظم سے اخذ کیا ہے ؟

(1) صبحِ آزادی (1947) (2) مجھ سے پہلی سی محبت مرے محبوب نہ مانگ

(3) زرد پتے (4) ہم جو تاریک راہوں میں مارے گئے

39. ترقی پسند مصنفین کی دوسری کل ہند کانفرنس کس شہر میں منعقد ہوئی ؟

(1) لکھنؤ (2) کلکتہ (3) حیدرآباد (4) دہلی

40. پاپی لوگ پہاڑ دے، پتھر جن کے چت

رنگ ملاوا کبھی کبھی، نین ملاوا نت

اس گیت کے بول کو کس ناول میں استعمال کیا گیا ہے ؟

(1) چاندنی بیگم (2) نرملا (3) ٹیڑھی لکیر (4) ایک چادر میلی سی

41. کون سا افسانوی مجموعہ راجندر سنگھ بیدی کا نہیں ہے ؟

(1) گرہن (2) کوکھ جلی (3) دو ہاتھ (4) دانہ و دام

42. ''رانی کیتکی'' کی کہانی میں کیتکی کے والدین کے اسما کا کون سا زمرہ درست ہے ؟

(1) راجا جگت پرکاش اور لتا (2) راجا جگت پرکاش اور مالتی

(3) راجا جگت پرکاش اور کچھی (4) راجا جگت پرکاش اور پھول متی

43. کلیم الدین احمد نے اعلیٰ تعلیم کس ادارے سے حاصل کی ؟

(1) آکسفورڈ (2) کیمبرج (3) کولمبیا یونیورسٹی (4) ہارورڈ یونیورسٹی

44. کون سا افسانوی مجموعہ حیات اللہ انصاری کا نہیں ہے ؟

(1) انوکھی مصیبت (2) بھرے بازار میں (3) شکستہ کنگورے (4) باسی پھول

45. ''اردو تنقید کا حال مشاعروں جیسا ہے، مشاعروں میں شعروں کی شعریت یا عدم شعریت کی بنا پر تعریف یا مذمت نہیں ہوتی ہے، تعریف اور مذمت دونوں کا سبب غیر متعلق ہے۔ یہی حال تنقید کا بھی ہے۔''

یہ بیان کس ناقد کا ہے ؟

(1) الطاف حسین حالی (2) عبدالرحمٰن بجنوری (3) کلیم الدین احمد (4) احتشام حسین

46. کون سی مثنوی ''بساتین الانس'' کا ترجمہ ہے ؟

(1) سحرالبیان (2) من لگن (3) پھول بن (4) خاور نامہ

47. اردو کی ابتدا کا سلسلہ سندھ سے کس نے جوڑا ہے ؟

(1) محمد حسین آزاد (2) محمود شیرانی (3) سید سلیمان ندوی (4) مسعود حسین خان

48. مقیمی کس دور کا شاعر ہے ؟

(1) مغلیہ (2) قطب شاہی (3) بہمنی (4) عادل شاہی

49. ''پر یہ سردار جی نہیں مرتے تھے۔ میں مرتا تھا۔''

خواجہ احمد عباس کا کون سا افسانہ اس عبارت پر ختم ہوتا ہے ؟

(1) ابابیل (2) میری موت (3) سردار جی (4) وہ ہاتھ

50. ''چہار مقالہ'' کا مصنف کون ہے ؟

(1) عنصر المعالی (2) شمس قیس رازی (3) نظامی عروضی (4) شبلی نعمانی

ANSWERS

1	2	3	4	5	6	7	8	9	10
(1)	(3)	(1)	(1)	(3)	(3)	(3)	(4)	(4)	(3)
11	**12**	**13**	**14**	**15**	**16**	**17**	**18**	**19**	**20**
(3)	(3)	(2)	(2)	(1)	(3)	(3)	(1)	(4)	(3)
21	**22**	**23**	**24**	**25**	**26**	**27**	**28**	**29**	**30**
(2)	(2)	(4)	(4)	(2)	(1)	(3)	(3)	(2)	(4)
31	**32**	**33**	**34**	**35**	**36**	**37**	**38**	**39**	**40**
(3)	(3)	(1)	(1)	(3)	(4)	(4)	(1)	(2)	(4)
41	**42**	**43**	**44**	**45**	**46**	**47**	**48**	**49**	**50**
(3)	(1)	(2)	(4)	(3)	(3)	(3)	(4)	(2)	(3)

PAPER-III

نوٹ : اس پرچہ میں پچھتر (75) معروضی سوالات ہیں جن میں ہرایک کے لئے دو (2) مارکس مختص ہیں۔ تمام سوالات کے جواب مطلوب ہیں۔

1. شعور کی رو کی ٹیکنک کے کچھ اجزا دیے گئے ہیں۔ انھیں غور سے پڑھیئے اور صحیح زمرے کی نشاندہی کیجیے۔

(الف) براہ راست اندورنی خودکلامی (ب) بالواسطہ اندرونی خودکلامی

(ج) آزاد تلازمۂ خیال (د) فلیش بیک

زمرہ :

(1) الف، ب، ج (2) ب، ج، د (3) الف، ج، د (4) الف، ب، د

2. زمانے کے انداز بدلے گئے نیا راگ ہے ساز بدلے گئے

ہوا اس طرح فاش راز فرنگ کہ حیرت میں ہے شیشہ باز فرنگ

یہ اشعار کس صنف شاعری سے تعلق رکھتے ہیں ؟

(1) قصیدہ (2) مثنوی (3) رباعی (4) غزل

3. خواجہ احمد عباس کے افسانوی مجموعہ ''دیا جلے ساری رات'' میں کل کتنے افسانے شامل ہیں ؟

(1) آٹھ (2) گیارہ (3) دس (4) نو

4. ''شیشے کا گھر'' کس کا افسانوی مجموعہ ہے ؟

(1) جیلانی بانو (2) منٹو (3) قرۃ العین حیدر (4) انتظار حسین

5. بیرن ہمری ناؤ پڑی بیچ سمندر دھار

کھیون ہارو چل بسے اب پار کرو کرتار

اس گیت کے بول کو قرۃ العین حیدر نے اپنے کس ناول میں استعمال کیا ہے ؟

(1) میرے بھی صنم خانے (2) سفینۂ غم دل (3) چاندنی بیگم (4) آخر شب کے ہمسفر

6. مثنوی ''گلزار نسیم'' کا اصل فارسی قصہ کس کا لکھا ہوا ہے ؟

(1) مولوی شمس الدین (2) تعشق دہلوی (3) عزت اللہ بنگالی (4) نہال چند لاہوری

7. ''لینن'' کے عنوان سے اقبال کے علاوہ کس دوسرے شاعر نے نظم لکھی ؟

(1) مجاز (2) جوش (3) فیض (4) سردار جعفری

8. ایک ایک لفظ اور ایک ایک مصرعہ پر بحث کر کے اس کا تجزیہ کرنا اور اصل متن کا تعین کرنا کس تنقید کا کام ہے ؟

(1) سائنٹفک تنقید (2) ساختیاتی تنقید (3) متنی تنقید (4) اسلوبیاتی تنقید

9. ''زمزمۂ قیصری'' کس کی نظم ہے ؟

(1) میراجی (2) حالی (3) محمد حسین آزاد (4) سرور جہاں آبادی

10. ''گاتی کا دوپٹہ، چمک میں برق ہے، کلاہ زریں بالائے فرق ہے۔''

اس عبارت میں ''بالائے فرق'' کے کیا معنی ہیں ؟

(1) ہتھیلی پر (2) سر پر (3) آسمان پر (4) کھونٹی پر

11. شور میدانوں میں تھا کہ دلیرو نکلو
نیزہ بازی کرو، واروں کو پھیرو نکلو
نہر قابو میں ہے، اب پیاسوں کو گھیرو، نکلو
نمازیوں! صف سے بڑھو، غول سے شیرو، نکلو
رستمو! دادِ وغا دو کہ یہ دن داد کا ہے
سامنا حیدر کرّار کی اولاد کا ہے

یہ بند کس کے مرثیہ کا ہے ؟

(1) مرزا دبیر (2) میر انیس (3) مرزا سودا (4) میر ضاحک

12. ''دریائے لطافت'' کس فن کی کتاب ہے ؟

(1) داستان (2) واسوخت (3) غزل (4) قواعد وزبان

13. ''میں آٹھویں رجب ۱۲۱۲ھ میں روبکاری کے واسطے یہاں بھیجا گیا ۔۔۔۔ ۷ار رجب ۱۲۲۵ھ کو میرے واسطے حکم حبس دوام صادر ہوا۔''

یہ جملے غالب نے اپنے خط میں کس کو لکھے تھے ؟

(1) میر مہدی مجروح (2) مرزا تفتہ (3) نواب علاء الدین خان علائی (4) نیّر رخشاں

14. کس قدر ہرزہ سرا ہوں کہ عیاذاً باللہ
یک قلم خارجِ آداب وقار تمکیں

یہ شعر قصیدۂ غالب کے کس جزو سے متعلق ہے ؟

(1) دعا (2) مدح (3) گریز (4) تشبیب

15. ''پتنگ ایسا بنا، ایسا لڑا کہ نزدیک و دور مشہور ہے، ستر پچھتّر تار ڈور، اس کا پتنگ خیراتی یا چھنگے کے ہاتھ کا، لڑائی کی گھات کا، رستم کی عافیت تنگ کرنے والا، منحنی ہاتھ پاؤں پر مولوی عمدو نے ایسا لڑایا، عمداً اتنا بڑھایا کہ کروڑ بیوں سے اس میں عبادت چھوٹی، دوڑ دوڑ کر ڈور لوٹی، آنکھ بچا کر پیٹا توڑا، فرشتے خاں کا پتنگ نہ چھوڑا۔''

یہ عبارت کس داستان کی ہے ؟

(1) سب رس (2) رانی کیتکی کی کہانی (3) باغ و بہار (4) فسانۂ عجائب

16. خرابہ دلّی کا دہ چند بہتر لکھنؤ سے تھا
وہیں میں کاش مرجاتا سراسیمہ نہ آتا یاں
یہ شعر کس کا ہے ؟
(1) مصحفی (2) میر حسن (3) میر تقی میر (4) انشا

17. ''کتا'' کس کا انشائیہ ہے ؟
(1) کنھیالال کپور (2) خواجہ حسن نظامی (3) پطرس بخاری (4) رشید احمد صدیقی

18. ناول ''امراؤ جان ادا'' میں نان شبینہ کا محتاج کون ہے ؟
(1) کاظم علی (2) میر اولاد علی (3) پیارے صاحب (4) مولوی صاحب

19. ''عقل نور ہے۔ عقل کی دوڑ بہوت دور ہے، عقل ہے تو آدمی کہواتے، عقل ہے تو خدا کوں پاتے۔ عقل اچھے تو تمیز کرے، بُرا اور بھلا جانے، عقل اچھے تو اپس کوں ہور دوسرے کوں پچھانے، عقل نے میر، عقل نے پیر، عقل نے بادشاہ، عقل نے فقیر''
یہ عبارت کس کی لکھی ہوئی ہے ؟
(1) قلی قطب شاہ (2) ملّا وجہی (3) غوّاصی (4) نظامی بیدری

20. ''بڈھا سود خور'' کس کا افسانہ ہے ؟
(1) حیات اللہ انصاری (2) پریم چند (3) علی عباس حسینی (4) عصمت چغتائی

21. ''ہے چرخ جب سے ابلق ایام پر سوار'' کس کا قصیدہ ہے ؟
(1) مومن (2) سودا (3) ذوق (4) غالب

22. جیلانی بانو کے کردار ''اڈو'' کا اصلی نام کیا ہے ؟
(1) آدم داؤد (2) آدم شیخ (3) آدم علی خان (4) آدم علی کشمیری

23. قرۃ العین حیدر نے اپنے ناولوں کے عنوانات شعرا کے کلام سے اخذ کیا ہے۔ اسے غور سے پڑھیے اور صحیح زمرے کی نشاندہی کیجیے۔
(الف) سفینۂ غمِ دل - فیض احمد فیض
(ب) آخر شب کے ہمسفر - علامہ اقبال
(ج) گردشِ رنگ چمن - مرزا غالب
(د) آگ کا دریا - جگر مرادآبادی
زمرہ :
(1) الف، ب، ج، د (2) ب، ج، د (3) الف، ج، د (4) الف، ب، ج

24. ذیل میں سے کون سا نقاد تاثراتی تنقید میں شامل نہیں ہے ؟

(1) فرق گورکھپوری (2) مہدی افادی (3) محمد حسن عسکری (4) آل احمد سرور

25. ''انقلاب کی اس خونی تصویر میں رومانیت جھلکتی ہے۔ یہ ایک طرح کی ادبی دہشت گردی ہے۔ یہ ایک ذہنی اور جذباتی بلوہ ہے جو ایک درمیانی طبقہ کے انقلاب پرست نوجوان کے لیے ابتدا میں شاید جائز ہو تو ہو، جس سے ایک اشترا کی شاعر کو دور رہنا چاہئے''

نوجوان ترقی پسند شاعروں کی منفی شاعری پر یہ کس کی تنقید ہے ؟

(1) فیض احمد فیض (2) سردار جعفری (3) احتشام حسین (4) سجاد ظہیر

26. ''اگرچہ شاعر کی حیثیت سے انھوں نے شراب کی جا بجا تعریف کی ہے مگر اعتقاداً اس کو بہت برا جانتے تھے اور اپنے فعل پر سخت نادم تھے، باوجود اس کے انھوں نے کبھی اپنے اس فعل کو چھپایا نہیں۔'' یہ عبارت کس کتاب سے ماخوذ ہے ؟

(1) یادگارِ غالب (2) حیاتِ جاوید (3) غبارِ خاطر (4) خطوطِ غالب

27. قاضی عبدالودود نے تحقیق کی کیا تعریف کی ہے ؟

(1) حقایق کی بازیافت تحقیق کا مقصد ہے

(2) تحقیق سچائی کی تلاش ہے

(3) تحقیق کسی امر کو اس کی اصل شکل میں دیکھنے کی کوشش ہے

(4) تحقیق دراصل تلاش و جستجو کے ذریعے حقایق کو معلوم کرنے اور ان کی تصدیق کا نام ہے۔

28. ''تنقید شعرالعجم'' کس کی تصنیف ہے ؟

(1) شبلی نعمانی (2) سید سلیمان ندوی (3) قاضی عبدالودود (4) محمود شیرانی

29. ''موم کی مریم'' کس کا افسانہ ہے ؟

(1) عصمت چغتائی (2) خواجہ احمد عباس (3) کرشن چندر (4) جیلانی بانو

30. ''شبنم'' کس کا ناول ہے ؟

(1) جیلانی بانو (2) عصمت چغتائی (3) عزیز احمد (4) قرۃ العین حیدر

31. دعویٰ : پریم چند اردو کے سب سے بڑے ناول نگار ہیں۔

دلیل : انھوں نے اردو ادب کو گئودان جیسا شاہکار ناول دیا۔

(1) دعویٰ غلط ہے مگر دلیل صحیح ہے (2) دعویٰ بھی غلط ہے اور دلیل بھی غلط ہے

(3) دعویٰ صحیح ہے مگر دلیل غلط ہے (4) دعویٰ صحیح ہے اور دلیل بھی صحیح ہے

32. ''امریکی بنجارہ نامہ'' کس کی نظم ہے ؟

(1) اختر الایمان (2) جوش ملیح آبادی (3) میراجی (4) فراق گورکھپوری

33. ”نظم اور کلام موزوں کے باب میں چند خیالات“

اس عنوان کا لکچر محمد حسین آزاد نے کس سنہ میں دیا تھا ؟

(1) 1868ء (2) 1865ء (3) 1867ء (4) 1870ء

34. ”یہ کوئی نہ سمجھے کہ میں اپنی بے رونقی اور تباہی کے غم میں مرتا ہوں، جو کچھ دکھ مجھ کو ہے اُس کا بیان تو معلوم! مگر اس بیان کی طرف اشارہ کرتا ہوں۔“

یہ عبارت مرزا غالب کے کس خط سے ماخوذ ہے ؟

(1) میر مہدی مجروح کے نام (2) ہرگوپال تفتہ کے نام (3) میاں دادخان سیاح کے نام (4) نواب یوسف مرزا کے نام

35. دریغ آدم زاں ہمہ بوبوستاں

تہی دست رفتن سوے دوستاں

اس فارسی شعر سے اقبال نے اپنی کس نظم کا آغاز کیا ہے ؟

(1) مسجد قرطبہ (2) خضر راہ (3) ذوق وشوق (4) ساقی نامہ

36. وہ کون سا شاعر ہے جس کے کلام میں ہندوستانی صنمیات کا سب سے زیادہ اثر ہے ؟

(1) حسرت (2) فانی (3) جذبی (4) فراق

37. اندر سبھا امانت میں کتنے دیو ہیں ؟

(1) تین (2) دو (3) ایک (4) چار

38. افسانہ ”ہم وحشی ہیں“ کا موضوع کیا ہے ؟

(1) ذات پات کے مسائل

(2) حاکمِ وقت کے خلاف احتجاج

(3) طوائف

(4) فسادات

39. کتاب ”غبارِ خاطر“ پہلی بار کس سنہ میں شائع ہوئی ؟

(1) 1945ء (2) 1946ء (3) 1944ء (4) 1942ء

40. شعر میں کسی شخص کا ذکر اس کی صفات کے ساتھ کیا جائے، صفات خواہ خوبی ہو یا برائی، کس صنعت میں آتا ہے ؟

(1) ترصیع (2) تلمیح (3) تجنیس محرف (4) تنسیق الصفات

41. تا کہ ہو آساں پیکارِ حیات

کر رہا ہوں فاش اسرار حیات

کس کا شعر ہے ؟

(1) علی سردار جعفری (2) اقبال (3) مجاز (4) جان نثار اختر

.42 ذیل میں سے کون سا نقاد نفسیاتی تنقید کے لیے نہیں جانا جاتا ہے ؟

(1) وحید الدین سلیم (2) وزیر آغا (3) ریاض احمد (4) مہدی افادی

.43 افسانوی مجموعہ ''میں کون ہوں'' کا مصنف کون ہے ؟

(1) کرشن چندر (2) سعادت حسن منٹو (3) خواجہ احمد عباس (4) جیلانی بانو

.44 قافیہ کے لغوی معنی کیا ہیں ؟

(1) شعر کا حسن (2) پیچھے چلنے والا (3) آگے چلنے والا (4) شعر کا وزن

.45 طاعت میں تا رہے نہ مے وانگبیں کی لاگ
دوزخ میں ڈال دے کوئی لے کر بہشت میں

''انگبیں'' کے کیا معنی ہیں ؟

(1) خود احتسابی (2) اندرون بینی (3) عمدہ قسم کی شراب (4) شہد

.46 کون پرس جونا گرے پاؤ تھیں کون رکھ جونا ڈلے باؤ تھیں

یہ شعر کس کا ہے ؟

(1) نصرتی (2) ہاشمی (3) نظامی (4) شوقی

.47 آج پھر حُسن دلآرا کی وہی دھج ہوگی
وہی خوابیدہ سی آنکھیں وہی کاجل کی لکیر
رنگ رخسار پہ ہلکا سا وہ غازے کا غبار
صندلی ہاتھ پہ دھندلی سی حنا کی تحریر

درج بالا شعری ٹکڑا فیض کی کس نظم سے ماخوذ ہے ؟

(1) تنہائی (2) موضوع سخن

(3) بول (4) مجھ سے پہلی سی محبت میرے محبوب نہ مانگ

.48 ''دیکھنا وہ لالٹینیں جگمگانے لگیں۔ اٹھو اٹھو استقبال کرکے لاؤ، اس مشاعرے میں وہ بزرگ آئے ہیں جن کے دیدار ہماری آنکھوں کا سُرمہ ہوئے۔''

یہ اقتباس ''آب حیات'' کے کس دور کا آغاز ہے ؟

(1) دوسرے (2) چوتھے (3) پہلے (4) پانچویں

.49 زبان کے نحوی نظام کے مطالعے میں کس کو شامل نہیں کیا جاتا ؟

(1) ترکیب (2) جزو (3) جزو متصل (4) تصریف

50. ''فسانۂ عجائب'' میں شامیانے کے تلے مسندِ جواہر نگار پر، کس کو بٹھایا جاتا ہے ؟

(1) شہزادہ (2) جان عالم (3) مہر نگار (4) ملکہ

51. ہندوستانی لسانیات کے مصنف کون ہیں ؟

(1) محی الدین قادری زور (2) شوکت سبزواری (3) مسعود حسین خان (4) نصیر الدین ہاشمی

52. ''دنیادار المکافات'' کس کی نظم ہے ؟

(1) الطاف حسین حالی (2) اسماعیل میرٹھی (3) نظیر اکبر آبادی (4) محمد حسین آزاد

53. ''ہر کسی سے اس کی لیاقت کے مطابق اور ہر کسی کو اس کی ضرورت کے مطابق۔'' اس اصول کا تعلق تنقید کے کس دبستان سے ہے ؟

(1) سائنٹفک تنقید (2) مارکسی تنقید (3) نفسیاتی تنقید (4) ترقی پسند تنقید

54. ''ابہام شاعری کی سب سے بڑی خوبی اور تنقید کی سب سے بڑی لعنت ہے کیوں کہ شاعری میں تو ابہام نئے نئے معنی کے دروازے کھولتا ہے اور تنقید میں ابہام کے باعث نفسِ مطلب کا دم گھٹ جاتا ہے۔'' یہ رائے کس ناقد کی ہے ؟

(1) کلیم الدین احمد (2) محمد حسن (3) شمس الرحمٰن فاروقی (4) احتشام حسین

55. ''گردِ کارواں'' کس کی کتاب ہے ؟

(1) پطرس بخاری (2) کنہیالال کپور (3) رشید احمد صدیقی (4) فکر تونسوی

56. وکی میاں قرۃ العین حیدر کے کس ناول کا کردار ہے ؟

(1) سفینۂ غمِ دل (2) گردشِ رنگ چمن (3) میرے بھی صنم خانے (4) چاندنی بیگم

57. صنفی لحاظ سے کون سا زمرہ درست ہے ؟

(1) مالن، پہلی مفارقت، ایران میں اجنبی ،عہد وفا (2) گلِ تر، ایک خواب اور، سڑک کے کنارے ،لمبی لڑکی

(3) گونگی جورو، خاکِ پروانہ، کاغذ کی ناؤ، عروسِ کربلا (4) شہیدِ وفا، شخصیتیں، جامن والیاں، ہمارا گاؤں

58. ''تضحیک روزگار'' کیا ہے ؟

(1) مثنوی (2) قصیدہ (3) داستان (4) ناول

59. ''نادراتِ شاہی '' کو کس نے مرتب کیا ؟

(1) مولوی عبدالحق (2) امتیاز علی خان عرشی (3) رشید حسن خان (4) محی الدین قادری

60. زین العابدین کس کا افسانہ ہے ؟

(1) خواجہ احمد عباس (2) حیات اللہ انصاری (3) راجندر سنگھ بیدی (4) کرشن چندر

61. یاں لب پہ لاکھ لاکھ سخن اضطراب میں

واں ایک خاموشی تری سب کے جواب میں

درج بالا شعر پر کس شعری اصطلاح کا انطباق ہوتا ہے ؟

(1) مقفّیٰ (2) مسجّع (3) مردّف (4) ایطائے خفی

62. کلیم الدین احمد کی تصنیف ''اپنی تلاش میں'' کیا ہے ؟

(1) سفرنامہ (2) انشائیوں کا مجموعہ (3) خطوط کا مجموعہ (4) خودنوشت

63. چل چکی ہے پیشوائی کو نسیم باغ مصر!

ذیل کے مصرعوں سے صحیح شعر مکمل کیجیے :

(1) ابرِ غم زلفِ جہاں پر بال جنبا ہے تو کیا

(2) آج اپنا خون پانی سے بھی ارزاں ہے تو کیا

(3) آج یوسف مبتلائے چاہ کنعاں ہے تو کیا

(4) آج اگر نامہربانی میر ساماں ہے تو کیا

64. ''ساون میں دیا پھر مہ شوال دکھائی'' اس قصیدے میں ممدوح کون ہے ؟

(1) بہادر شاہ ظفر (2) مرزا فخرو (3) اکبر شاہ ثانی (4) سلیمان شکوہ

65. بلغان خاتون کا ذکر کس ناول میں ہے ؟

(1) آگ کا دریا (2) فسانۂ آزاد (3) معرکہ کربلا (4) فردوسِ بریں

66. مثنوی قطب مشتری میں عُطارِد کا دلچسپ مشغلہ کیا ہے ؟

(1) شاعری کرنا (2) عورتوں کی تصویریں جمع کرنا (3) قسمت بتانا (4) علاج کرنا

67. انشا کہاں پیدا ہوئے ؟

(1) فیض آباد (2) لکھنؤ (3) مرشد آباد (4) کانپور

.68 نقل کی نقل کا نظریہ کس نے پیش کیا ؟

(1) سموئل جانسن (2) ارسطو (3) افلاطون (4) ڈرائیڈن

.69 بھرت منی نے رس کی کتنی قسمیں بتائی ہیں ؟

(1) آٹھ (2) دس (3) بارہ (4) چار

.70 ''موازنہ انیس و دبیر'' میں بلاغت کی جزئیات کے ضمن میں کتنی مثالیں پیش کی گئی ہیں ؟

(1) اٹھارہ (2) تیرہ (3) بارہ (4) چودہ

.71 سعادت حسن منٹو کے افسانوی مجموعوں کے متعلق بیانات درج ہیں۔ انھیں غور سے پڑھیے اور صحیح زمرے کی نشاندہی کیجیے :

(الف) دھواں، نمرود کی خدائی، جنازے، گلاب کا پھول

(ب) کالی شلوار، چغد، رتی ماشہ تولہ، سڑک کے درمیان

(ج) شیطان، نیلی رگیں، لذت سنگ، نئے غلام

(د) بادشاہت کا خاتمہ، آتش پارے، ٹھنڈا گوشت، شکاری عورتیں

زمرہ :

(1) الف، ب، ج، د (2) الف، ج، د (3) ب، ج، د (4) الف، د

.72 پھر مجھے دیدۂ تر یاد آیا

دل جگر تشنۂ فریاد آیا

اس شعر کی کیا خاص بات ہے ؟

(1) قافیہ اور ردیف کا مدغم ہونا (2) امیجری کا ہونا

(3) صنعتِ مراعات النظیر کا ہونا (4) دوسرے مصرعے میں قافیہ کا نہ ہونا

.73 ''غزل میں ردیف جھانجھن کا حکم رکھتی ہے۔'' یہ بیان کس کا ہے ؟

(1) شمس الرحمٰن فاروقی (2) مسعود حسین خان (3) فراق گورکھپوری (4) مسعود حسن رضوی ادیب

.74 ''جس بحر میں کوئی اسم یا لفظ نہ آسکے، اس کی تدبیر خاقانی اور فردوسی سے بھی نہ ہوگی۔ میں کیا کروں گا! تمہارا نام آسکتا ہے لیکن الف دبتا رہتا ہے۔ خدا کے واسطے اس کی تدبیر سرور صاحب سے پوچھنا۔'' یہ عبارت کس کی ہے ؟

(1) محمد حسین آزاد (2) مولانا حالی (3) غالب (4) شبلی

75. خسرو انجم کے آیا صرف میں شب کو تھا گنجینۂ گوہر کھلا
ہیں کواکب کچھ، نظر آتے ہیں کچھ دیتے ہیں دھوکہ یہ بازیگر کھلا
درج بالا اشعار کس صنف شاعری کے ہیں ؟

(1) مثنوی (2) قصیدہ (3) مرثیہ (4) رباعی

ANSWERS

1	2	3	4	5	6	7	8	9	10
(1)	(2)	(4)	(3)	(3)	(3)	(4)	(3)	(2)	(2)
11	**12**	**13**	**14**	**15**	**16**	**17**	**18**	**19**	**20**
(2)	(4)	(3)	(3)	(4)	(3)	(3)	(2)	(2)	(1)
21	**22**	**23**	**24**	**25**	**26**	**27**	**28**	**29**	**30**
(2)	(3)	(3)	(4)	(4)	(1)	(3)	(4)	(4)	(3)
31	**32**	**33**	**34**	**35**	**36**	**37**	**38**	**39**	**40**
(1)	(4)	(3)	(2)	(3)	(4)	(2)	(4)	(2)	(4)
41	**42**	**43**	**44**	**45**	**46**	**47**	**48**	**49**	**50**
(1)	(4)	(3)	(2)	(4)	(3)	(2)	(4)	(4)	(2)
51	**52**	**53**	**54**	**55**	**56**	**57**	**58**	**59**	**60**
(1)	(3)	(2)	(3)	(2)	(4)	(1)	(2)	(2)	(3)
61	**62**	**63**	**64**	**65**	**66**	**67**	**68**	**69**	**70**
(1)	(4)	(3)	(1)	(4)	(2)	(3)	(3)	(1)	(4)
71	**72**	**73**	**74**	**75**					
(4)	(1)	(2)	(3)	(2)					

Previous Paper (Solved)

UGC-NET URDU, JANUARY-2017

PAPER-II

اس پرچے میں پچاس (50) معروضی سوالات ہیں، جن میں ہر ایک کے لئے دو (2) نمبر مختص ہیں۔ تمام سوالات کے جواب مطلوب ہیں۔

1. درج ذیل میں سرسید کے سفرنامے کی نشاندہی کیجیے :

(1) آئینہ فرنگ (2) مسافرانِ لندن

(3) سیر ایران (4) عجائبات فرنگ

2. ''میر امّن کو اُردو نثر میں وہی مرتبہ حاصل ہے جو میر تقی میر کو شاعری میں حاصل ہے۔'' یہ بیان کس کا ہے؟

(1) شبلی (2) حالی

(3) نذیر احمد (4) سرسید احمد خاں

3. ''عیارالشعرا'' کا موضوع کیا ہے؟

(1) تاریخ (2) داستان

(3) تنقید (4) تذکرہ

4. قلی قطب شاہ نے دکن کی اُردو کے علاوہ اور کس زبان میں شاعری کی ہے؟

(1) مراٹھی (2) ملیالم

(3) تلگو (4) تمل

5. ناصر کاظمی کا اصل نام کیا ہے؟

(1) ناصر رضا (2) ناصر علی

(3) قاسم رضا (4) ضامن علی

6. اردو کا مسکن ''دوآبۂ گنگ وجمن'' کس نے قرار دیا ہے؟

(1) مسعود حسین خاں

(2) محی الدین قادری زور

(3) شوکت سبزواری

(4) محمود شیرانی

7. ولی کے اس مصرعۂ اولیٰ سے مکمل کیجیے :

مجنوں ہوں ترے غم کوں بیاباں سوں کہوں گا

(1) جلتا ہوں شب و روز ترے غم میں اے ساجن

(2) قرباں پری مکھ پہ ہوئی چوب سی جل کر

(3) مجھ پر نہ کرو ظلم، تم اے لیلیٰ خوباں

(4) تعریف ترے قد کی، الف وار مری جن

8. ''اردو میں ہندی دوہوں کی بنیاد پر ایہام گوئی نے ترقی کی'' یہ کس کا قول ہے؟

(1) مسعود حسین خاں

(2) مولوی عبدالحق

(3) مولانا محمد حسین آزاد

(4) حامد حسن قادری

9. کون سا جزو شعور کی رو کی تکنیک میں شامل نہیں ہے؟

(1) براہِ راست اندرونی خودکلامی

(2) بالواسطہ اندرونی خودکلامی

(3) آزاد تلازمۂ خیال

(4) مکالمہ

10. ذیل میں سے کس شاعر نے کوئی قصیدہ نہیں کہا ؟

(1) خواجہ میر درد (2) محمد رفیع سودا

(3) ذوق (4) غالب

11. تجھ مُکھ کی پرستش میں گئی عمر مری ساری

شعر مکمل کیجیے۔

(1) ٹک مہر کے پانی سوں تو آگ بجھاتی جا

(2) اے بُت کی پجن ہاری ٹک اس کو پجاتی جا

(3) ٹک پاؤں کے جھانجھر کی جھنکار سناتی جا

(4) یک بار اسے موہن چھاتی سوں لگاتی جا

12. صحیح جوڑ کی نشاندہی کیجیے۔

(1) گوہر مرزا - آگ کا دریا

(2) تلوکا - شکست

(3) رخشندہ - صفینۂ غم دل

(4) خوجی - ابن الوقت

13. ذیل میں سے کون سا جزو نحویات سے متعلق نہیں ہے ؟

(1) ترکیب (2) جزو

(3) جزو متصل (4) صوت رکن

14. اُردو میں تقابلی مطالعے کی ابتدا کس نے کی ؟

(1) محمود شیرانی (2) عبدالرحمٰن بجنوری

(3) شبلی نعمانی (4) امداد امام اثر

15. میر کی آپ بیتی کا کیا نام ہے ؟

(1) مزا میر (2) ذکر میر

(3) نکات الشعرا (4) بیان میر

16. دبیر کا پورا نام کیا ہے ؟

(1) مرزا کرامت علی (2) مرزا فصاحت علی

(3) مرزا سلامت علی (4) مرزا وجاہت علی

17. اِن میں سے کون ایہام گو شعرا میں شمار نہیں ہوتا ؟

(1) آبرو (2) ناجی

(3) مضمون (4) فائز

18. درج ذیل میں سے کون سی نظم قطعہ کی ہیئت میں ہے ؟

(1) مدرسۂ علی گڑھ (2) فرضی لطیفہ

(3) یاد طفلی (4) فضائے برشگال

19. فسانۂ عجائب میں وزیر زادے کو تبدیلِ روح کا عمل کون سکھاتا ہے ؟

(1) انجمن آرا (2) چڑی مار

(3) جادوگر (4) جان عالم

20. مفروضہ کا تعلق کس سے ہے ؟

(1) تنقید (2) تخلیق

(3) تفسیر (4) تحقیق

21. کون سی شاخ اسلوبیات میں شامل نہیں ہے ؟

(1) صوتیات (2) مارفیمیات

(3) معنیات (4) سماجی لسانیات

22. 'حضور سنگھ' کس ناول کا کردار ہے ؟

(1) گئودان (2) ایک چادر میلی سی

(3) ٹیڑھی لکیر (4) لندن کی ایک رات

23. قصیدہ کے اجزا کی صحیح ترتیب کی نشاندہی کیجیے۔

(1) تشبیب - مدح - گریز - دُعا

(2) تشبیب - گریز - دعا - مدح

(3) تشبیب - گریز - مدح - دعا

(4) دعا - تشبیب - مدح - گریز

24. رات محفل میں تری ہم بھی کھڑے تھے چپ کے

جیسے تصویر لگا دے کوئی دیوار کے ساتھ

یہ شعر کس کا ہے ؟

(1) غالب (2) میر

(3) فانی (4) مومن

25. درج ذیل نظریہ کس کا ہے ؟

''میں یہ نہیں کہتا کہ پیغام اور شاعری میں کوئی بَیر ہے شرط یہ ہے کہ پیغام شعری تجربہ بن جائے۔''

(1) شمس الرحمٰن فاروقی (2) کلیم الدین احمد

(3) آلِ احمد سرور (4) شبلی

26. ''شعرِ نو'' کس کی تصنیف ہے ؟

(1) محمد حسن

(2) احتشام حسین

(3) کلیم الدین احمد

(4) شمس الرحمٰن فاروقی

27. ''ادب سیاسی، مذہبی اور اخلاقی موضوعات سے مدد لیتا ہے، لیتا رہا ہے، مگر یہ مذہب کا خادم ہے نہ سیاست کا نقیب، نہ اخلاق کا نائب۔ ادب ہرجائی ہے اور ادب کا ہرجائی پن ہی اس کی دولت ہے، یہ معلومات نہیں، تاثرات عطا کرتا ہے۔ یہ علم نہیں عرفان دیتا ہے، یہ نظریہ نہیں نظر بخشتا ہے۔''

(1) محمد حسن (2) آلِ احمد سرور

(3) کلیم الدین احمد (4) شبلی

28. ''فانی یاسیت کے امام ہیں۔'' یہ قول کس کا ہے ؟

(1) رشید احمد صدیقی (2) کلیم الدین احمد

(3) احتشام حسین (4) آل احمد سرور

29. کس فکشن نگار کے یہاں جیمس جوائس اور ورجینیاولف کا اثر واضح طور پر نظر آتا ہے ؟

(1) حیات اللہ انصاری (2) عصمت چغتائی

(3) خواجہ احمد عباس (4) قرۃ العین حیدر

30. انشاء اللہ خاں انشا کا تعلق کس دبستان شاعری سے ہے ؟

(1) دبستان دہلی (2) دبستان لکھنؤ

(3) دبستان عظیم آباد (4) دبستان رام پور

31. ''سلیم کے عشق کا راز طشتِ ازبام ہو چکا ہے۔''
یہ جملہ ڈراما ''انارکلی'' کے باب سوم کے کس منظر کی ابتدا ہے ؟

(1) منظر اول (2) منظر دوم

(3) منظر سوم (4) منظر چہارم

32. بار بار اس کے در پہ جاتا ہوں
حالت اب اضطراب کی سی ہے
اس میں کون سا لفظ مشبہ بہ ہے؟

(1) حالت (2) اضطراب

(3) سی (4) بیقراری

33. عشق کے مضراب سے نغمۂ تارِ حیات
عشق سے نورِ حیات، عشق سے نارِ حیات
یہ شعر اقبال کی کس نظم کا ہے؟

(1) عقل و دل (2) مسجدِ قرطبہ

(3) حسن و عشق (4) عشق و موت

34. دیکھ سکتا نہیں میں گل کوں ہر یک خار کے ساتھ
سراج اورنگ آبادی کے اس مصرعۂ اولیٰ کے مصرعۂ ثانی کی نشاندہی کیجیے۔

(1) اپنے ہمراہ رقیبوں کوں نہ لا، ہائے نہ لا

(2) مرغِ بسمل سالہو بیچ رُلا، ہائے رُلا

(3) نہیں تو یک پل میں مرا جان چلا، ہائے چلا

(4) دل مرا کیوں نہ پکارے کہ جلا، ہائے جلا

35. ''سبیل ہدایت'' کس کا مجموعہ ہے؟

(1) میر تقی میر

(2) مرزا مظہر جان جاناں

(3) محمد رفیع سودا

(4) خواجہ بندہ نواز گیسودراز

36. ''فیض کس نظریے کا شاعر نہیں، احساسات کا شاعر ہے'' کس کا قول ہے؟

(1) آل احمد سرور (2) سجاد ظہیر

(3) ن۔م۔ راشد (4) کلیم الدین احمد

37. سرسید کی سائنٹفک سوسائٹی کا قیام کہاں عمل میں آیا؟

(1) بجنور (2) علی گڑھ

(3) مرادآباد (4) غازی پور

38. 'چتر سین' کس مثنوی کا کردار ہے؟

(1) زہرِ عشق (2) خواب و خیال

(3) گلزارِ نسیم (4) دریائے عشق

39. پروفیسر محمد حسن تنقید کے کس دبستان سے متعلق تھے؟

(1) جمالیاتی تنقید (2) مارکسی تنقید

(3) تاثراتی تنقید (4) مشرقی تنقید

40. مرزا سلامت علی دبیر کہاں پیدا ہوئے؟

(1) لکھنؤ (2) دہلی

(3) آگرہ (4) فیض آباد

41. کون سی تحریک مصالحانہ تحریک ہے؟

(1) ترقی پسند تحریک (2) جدید تحریک

(3) رومانوی تحریک (4) سرسید تحریک

42. لائی حیات، آئے قضا لے چلی چلے
اپنی خوشی نہ آئے، نہ اپنی خوشی چلے
یہ شعر کس کا ہے؟

(1) خواجہ میر درد (2) میر تقی میر
(3) ذوق (4) مومن

43. میر انیس کس شہر میں پیدا ہوئے ؟
(1) دہلی (2) فیض آباد
(3) لکھنؤ (4) امروہہ

44. ''دولت کا مغالطہ عجیب و غریب ہے۔ دولت مند اپنے آپ کو سب سے زیادہ طاقت ور، عقل مند، قوم پرست، طُرفہ یہ کہ سب سے زیادہ معقول بھی سمجھتا ہے۔ کبھی بحیثیت مجموعی کبھی علیحدہ علیحدہ۔''
یہ اقتباس مضامین رشید کے کس انشائیہ سے ماخوذ ہے ؟
(1) پاسباں (2) ارہر کا کھیت
(3) مغالطہ (4) کارواں پیداست

45. سودا کے اس شعر کو مصرعۂ ثانی سے مکمل کیجیے :
یہ رنجش میں ہم کو ہے بے اختیاری
(1) تجھے تیری کھا کر قسم دیکھتے ہیں
(2) جو نامہ اسے کر رقم دیکھتے ہیں
(3) جو کچھ دوست اپنے سے ہم دیکھتے ہیں
(4) ہم اپنا ہی دم اور قدم دیکھتے ہیں

46. اجتماعی لاشعور کا نظریہ کس نے پیش کیا ؟
(1) فرائڈ (2) ایڈلر
(3) ژونگ (یونگ) (4) شبیہ الحسن

47. رجب علی بیگ سرور کا مدفن کہاں ہے ؟
(1) بنارس (2) لکھنؤ
(3) کان پور (4) فیض آباد

48. ''شعرائے اُردو کے تذکرے'' کس کی تحقیقی کتاب ہے ؟
(1) قاضی عبدالودود (2) حافظ محمود شیرانی
(3) حنیف احمد نقوی (4) رشید حسن خاں

49. ''باغ و بہار'' زرد بیل پر سوار ہو کر آنے والے نوجوان کی عمر کتنی بتائی گئی ہے ؟
(1) چودہ تا پندرہ (2) پندرہ تا سولہ
(3) اٹھارہ تا بیس (4) انیس تا بیس

50. ''تنقیدی حاشیے'' کس کے مضامین کا مجموعہ ہے ؟
(1) احتشام حسین (2) آل احمد سرور
(3) مجنوں گورکھپوری (4) محمد حسن

ANSWERS

1	2	3	4	5	6	7	8	9	10
(2)	(4)	(4)	(3)	(1)	(3)	(3)	(3)	(4)	(1)
11	**12**	**13**	**14**	**15**	**16**	**17**	**18**	**19**	**20**
(2)	(3)	(4)	(3)	(2)	(3)	(4)	(2)	(4)	(4)
21	**22**	**23**	**24**	**25**	**26**	**27**	**28**	**29**	**30**
(4)	(2)	(3)	(2)	(2)	(1)	(2)	(1)	(4)	(2)
31	**32**	**33**	**34**	**35**	**36**	**37**	**38**	**39**	**40**
(1)	(2)	(2)	(1)	(3)	(3)	(4)	(3)	(2)	(2)
41	**42**	**43**	**44**	**45**	**46**	**47**	**48**	**49**	**50**
(4)	(3)	(2)	(3)	(1)	(3)	(1)	(3)	(2)	(3)

PAPER-III

اس پرچے میں پچھتر (75) معروضی سوالات ہیں، جن میں ہر ایک کے لیے دو (2) نمبر مختص ہیں۔

تمام سوالات کے جواب مطلوب ہیں۔

1. دکن میں اردو کے اوّلین نمونے ہمیں کس دور میں ملتے ہیں ؟

(1) بہمنی دور (2) عادل شاہی دور

(3) قطب شاہی دور (4) آصف جاہی دور

2. ہریانوی کا دوسرا نام کیا ہے ؟

(1) مغربی ہندی (2) بانگڑو

(3) پنجابی (4) قنوجی

3. ''بھاگ متی'' کس مثنوی کا کردار ہے ؟

(1) قطب مشتری (2) گلزارنسیم

(3) سحرالبیان (4) زہرِ عشق

4. موت سے کس کو رستگاری ہے

آج وہ کل ہماری باری ہے

یہ شعر کس مثنوی کا ہے ؟

(1) سحرالبیان (2) گلزارنسیم

(3) زہرِ عشق (4) شعلۂ عشق

5. ذیل میں ایک دعویٰ اور اس کی ایک دلیل دی گئی ہے۔ اسے غور سے پڑھیے اور صحیح جواب کی نشاندہی کیجیے :

دعویٰ : ترقی پسند تحریک نے اُردو شعروادب کو ایک نئی سوچ دی۔ **دلیل :** اس تحریک نے رجعت پرستی کے خلاف صدائے احتجاج بلند کی۔

(1) دعویٰ غلط ہے مگر دلیل صحیح ہے۔

(2) دعویٰ بھی غلط ہے اور دلیل بھی غلط ہے۔

(3) دعویٰ صحیح ہے اور دلیل بھی صحیح ہے۔

(4) دعویٰ صحیح ہے مگر دلیل غلط ہے۔

6. ''تضحیکِ روزگار'' کس قسم کا قصیدہ ہے ؟

(1) ہجویہ (2) فخریہ

(3) وعظیہ (4) خطابیہ

7. ذیل کے شعر میں وہ کون سا لفظ ہے جس میں ایہام ہے؟

میکش کو ہوس ایاغ کی ہے پروانے کو لو چراغ کی ہے

(1) میکش (2) پروانہ

(3) ایاغ (4) لو

8. پطرس بخاری کا اصل نام کیا تھا ؟

(1) سید اسداللہ بخاری

(2) سید احمد شاہ بخاری

(3) سید محمد شاہ بخاری

(4) سید سجاد احمد بخاری

9. مصحفی کے تحریر کردہ تذکرے کا نام کیا ہے ؟

(1) خوش معرکۂ زیبا (2) گلشنِ ہند

(3) عِقد ثریا (4) مجموعۂ نغز

10. ''ننھی کی نانی'' کس لقب سے یاد کی گئی تھی ؟

(1) آمنہ بی (2) سکینہ بی

(3) افشاں (4) بسم اللہ کی ماں

11. ''جہانِ غالب'' کس کی کتاب ہے ؟

(1) کالی داس گپتا رضا (2) علی سردار جعفری

(3) خورشید الاسلام (4) قاضی عبدالودود

12. کس مثنوی کے ذیلی عنوانات شعر سے قائم کئے گئے ہیں ؟

(1) گلشنِ عشق (2) خواب و خیال

(3) پھول بن (4) علی نامہ

13. شبلی کی نظم ''صبح امید'' کو مسدّس حالی پر ترجیح

دینے والا نقاد کون ہے ؟

(1) آل احمد سرور

(2) کلیم الدین احمد

(3) احتشام حسین

(4) شمس الرحمٰن فاروقی

14. ''اُردو شاعری میں ایک کیٹس پیدا ہوا تھا جسے ترقی

پسند بھیریئے اٹھا لے گئے۔'' جعفر علی خاں اثر

نے کس شاعر کے تعلق سے یہ کہا تھا ؟

(1) فیض (2) مجاز

(3) مخدوم (4) مجروح

15. ترقی پسند مصنفین کی دوسری کل ہند کانفرنس کی

صدارت کس نے کی تھی ؟

(1) سجاد ظہیر (2) پریم چند

(3) مُلک راج آنند (4) سروجنی نائیڈو

16. مثنوی ''کدم راؤ پدم راؤ'' میں کدم راؤ کہاں کا راجا ہے ؟

(1) محبوب گڑھ (2) ہیرانگر

(3) رام نگر (4) کدم گڑھ

17. نظم ''شمع و شاعر'' اقبال کے کس مجموعے میں شامل ہے ؟

(1) بال جبریل (2) ضرب کلیم

(3) بانگِ درا (4) ارمغان حجاز

18. ''فانی یاسیت کے امام ہیں۔'' یہ قول کس کا ہے ؟

(1) رشید احمد صدیقی (2) کلیم الدین احمد

(3) احتشام حسین (4) آل احمد سرور

19. ڈراما 'انارکلی' میں انارکلی کی بہن کا کیا نام ہے ؟

(1) عنبر (2) ثریا

(3) نوشابہ (4) طاہرہ

20. کلیاتِ سراج کو پہلی بار ترتیب دے کر کس نے شائع کیا ؟

(1) مولوی عبدالحق

(2) محی الدین قادری زور

(3) عبدالقادر سروری

(4) نصیرالدین ہاشمی

21. ارے واہ صلح ہوئی تو کیا، وہی آگ دل میں بھری رہی

وہی خو رہی وہی بُو رہی وہی فطرتِ بشری رہی

اس شعر کا خالق کون ہے ؟

(1) سراج اورنگ آبادی (2) یگانہ چنگیزی

(3) خواجہ میر درد (4) شاد عظیم آبادی

22. خالق نے دیے تھے چار فرزند دانا، عاقل، ذکی، خردمند

اس شعر میں کون سی صنعت ہے ؟

(1) ترصیع (2) تنسیق الصفات

(3) لف ونشر مرتب (4) مراعات النظیر

23. پریم چند کے افسانہ ''مالکن'' میں شیوداس اور رام پیاری کا رشتہ کیا ہے ؟

(1) سُسُر اور بہو کا (2) باپ اور بیٹی کا

(3) میاں اور بیوی کا (4) بھائی اور بہن کا

24. ذیل میں ایک دعویٰ اور اس کی ایک دلیل دی گئی ہے۔ اسے غور سے پڑھیے اور صحیح جواب کی نشاندہی کیجیے :

دعویٰ : قلعۂ معلّٰی میں ابتداً ذوق دہلوی کو مرزا غالب سے بڑا شاعر تسلیم کیا جاتا تھا۔

دلیل : ذوق دہلوی نے کثرت سے غزلیں کہی ہیں۔

(1) دعویٰ غلط ہے مگر دلیل صحیح ہے۔

(2) دعویٰ صحیح ہے مگر دلیل غلط ہے۔

(3) دعویٰ بھی صحیح ہے اور دلیل بھی صحیح ہے۔

(4) دعویٰ بھی غلط ہے اور دلیل بھی غلط ہے۔

25. ناول ''امراؤ جان ادا'' میں امراؤ کا پہلا مجرا کہاں ہوا تھا ؟

(1) دلارام کی بارہ دری میں

(2) نواب جعفر علی خاں کے یہاں

(3) نواب محمود علی خاں کے یہاں

(4) نواب شجاعت علی خاں کے یہاں

26. نظم طباطبائی کا اصل نام کیا ہے ؟

(1) سید امیر علی (2) سید حیدر علی

(3) سید امجد علی (4) سید سراج علی

27. سرسید نے اپنی کتاب ''آئینِ اکبری'' پر تقریظ لکھنے کی فرمائش کس سے کی تھی ؟

(1) شبلی (2) حالی

(3) مولانا صہبائی (4) غالب

28. قرۃ العین حیدر کے کس افسانے کے کردار نُصرت الدین، آغا فرہاد بیگ اور تمارا خان ہیں ؟

(1) ستاروں سے آگے

(2) شیشے کے گھر

(3) نظارہ درمیاں ہے

(4) یہ غازی یہ تیرے پُر اسرار بندے

29. ناسخ سے اوسط علی رشک کا کیا رشتہ تھا ؟

(1) بھانجے (2) شاگرد

(3) متبنّٰی (4) فرزند

30. ''عمدہ منتخبہ'' کیا ہے ؟

(1) انتخاب اشعار

(2) علم بیان پر مبنی کتاب

(3) تذکرہ شعرائے اردو

(4) صوفیائے کرام کے ملفوظات

31. ''عدلِ جہانگیر'' کس کی نظم ہے ؟

(1) سرور جہان آبادی (2) نظم طباطبائی

(3) حالی (4) شبلی

32. ''ایک روپیہ ایک پھول'' کس کا افسانہ ہے ؟

(1) کرشن چندر (2) حیات اللہ انصاری

(3) خواجہ احمد عباس (4) راجندر سنگھ بیدی

33. ''مجاور'' حبیب تنویر کے کس ڈرامے کا کردار ہے ؟

(1) چرن داس چور (2) آگرہ بازار

(3) شطرنج کے مہرے (4) مٹی کی گاڑی

34. ''ہندوستان چھوڑ دو'' کس کا افسانہ ہے ؟

(1) عصمت چغتائی (2) قرۃ العین حیدر

(3) خواجہ احمد عباس (4) کرشن چندر

35. ''گرد آفرید'' آغا حشر کے کس ڈرامے کا کردار ہے ؟

(1) ترکی حور (2) مرید شک

(3) یہودی کی لڑکی (4) رستم سہراب

36. آپ کے عنایت نامے کے آنے سے تین طرح کی خوشی مجھ کو حاصل ہوئی - ایک تو یہ کہ آپ نے مجھ کو یاد کیا، دوسرے آپ کی طرزِ عبارت مجھ کو پسند آئی، تیسرے آپ حضرت علامہ عبدالجلیل اور آزاد مغفور کی یادگار ہیں اور میں ان کے حسنِ کلام کا معتقد۔

مرزا غالب نے یہ عبارت اپنے خط میں کس کو لکھی ہے ؟

(1) مرزا حاتم علی مہر

(2) یوسف مرزا

(3) غلام حسین بلگرامی

(4) مولانا عباس رفعت

37. ولی کے نہ تھے کوچے اوراق مصور تھے

جو شکل نظر آئی تصویر نظر آئی

یہ شعر کس شاعر کا ہے ؟

(1) مومن خاں مومن (2) مرزا غالب

(3) میر تقی میر (4) داغ دہلوی

38. ''ترانہ'' کس کی رباعیات کا مجموعہ ہے ؟

(1) فراق (2) رواں

(3) جوش (4) یگانہ

39. کس طرح سے ہو تسکینِ شوق کیسا رنگ

ملیں گے آج ہم اُن سے، رقیب سے مل کے

یہ شعر کس ناول میں درج ہے ؟

(1) توبتہ النصوح (2) امراؤ جان ادا

(3) ذاتِ شریف (4) ٹیڑھی لکیر

40. انجمن پنجاب لاہور کے تحت پہلا مشاعرہ کب ہوا تھا ؟

(1) یکم مئی 1874 (2) 8 مئی 1874

(3) 10 مئی 1874 (4) 15 مئی 1874

41. کس شاعر نے شاعری کو نگینے جڑنے سے مشابہ قرار دیا ہے ؟

(1) آرزو لکھنوی (2) شاد عظیم آبادی

(3) آتش لکھنوی (4) ناسخ

42. افسانہ ''بدنصیب ماں'' میں پنڈت اجودھیاناتھ کے کتنے لڑکے ہیں ؟

(1) دو (2) تین

(3) چار (4) پانچ

43. نقش فریادی ہے کس کی شوخیِ تحریر کا

کاغذی ہے پیرہن ہر پیکرِ تصویر کا

یہ شعر کس بحر میں ہے ؟

(1) کامل مثمن سالم

(2) رمل مثمن محذوف

(3) رمل مثمن مخبون محذوف مقطوع

(4) رمل مسدس مخبون محذوف

44. ''سب رس'' میں کون سا کردار قلعۂ ہجراں میں زندگی گزارنے کے ساتھ وصلِ محبوب کی دعائیں بھی مانگتا ہے؟

(1) عشق (2) عقل

(3) دل (4) حُسن

45. ہم ہیں مشتاق اور وہ بیزار یا الٰہی یہ ماجرا کیا ہے

اس شعر میں کون سی صنعت استعمال ہوئی ہے؟

(1) حسنِ تعلیل (2) تجاہلِ عارفانہ

(3) مراعات النظیر (4) تضاد

46. کچھ قفس میں اِن دنوں لگتا ہے جی آشیاں اپنا ہوا برباد کیا

یہ شعر کس کا ہے؟

(1) غالب (2) مومن

(3) ذوق (4) میر

47. 'سری کنٹھ سنگھ' اور 'لال بہاری سنگھ' کس افسانے کے کردار ہے؟

(1) عشق پر زور نہیں

(2) جلاوطن

(3) بڑے گھر کی بیٹی

(4) میرا نام رادھا ہے

48. ''گلِ صد برگ'' کیا ہے؟

(1) خطوط کا مجموعہ (2) خاکوں کا مجموعہ

(3) مضامین کا مجموعہ (4) افسانوں کا مجموعہ

49. 'وصیت نامہ' کس مثنوی کا حصہ ہے؟

(1) قطب مشتری (2) گلزارنسیم

(3) زہرِعشق (4) سحرالبیان

50. ''بھرے بازار'' کس کا افسانوی مجموعہ ہے؟

(1) سعادت حسن منٹو (2) پریم چند

(3) حیات اللہ انصاری (4) خواجہ احمد عباس

51. ''نشاطِ روح'' کس کا شعری مجموعہ ہے؟

(1) فانی (2) اصغر

(3) حسرت (4) جگر

52. لچھمی نرائن شفیق اورنگ آبادی کے تذکرے کا نام کیا ہے؟

(1) تذکرۂ ہندی

(2) تذکرۂ ریختہ گویاں

(3) مخزن نکات

(4) تذکرۂ چمنستانِ شعرا

53. ذیل میں کون سا زمرہ منٹو کے افسانوں پر مشتمل ہے؟

(1) ٹھنڈا گوشت، لحاف، کالی شلوار

(2) ٹوبہ ٹیک سنگھ، میرا نام رادھا ہے، چھوکری کی لوٹ

(3) کالی شلوار، ٹھنڈا گوشت، موذیل

(4) بابو گوپی ناتھ، نجات، نیا قانون

54. ڈراما ''انارکلی'' میں باب دوم کے منظر سوم کا عنوان کیا ہے؟

(1) شیش محل

(2) سلیم کا ایوان

(3) قلعۂ لاہور کا ایک ایوان

(4) انارکلی کا حجرہ

55. حالی کے نزدیک ''اصلیت'' سے کیا مراد ہے؟

(1) مضمون حقیقتِ نفس الامری پر مبنی ہو

(2) بیان میں اصلیت سے سرِ مو تجاوز نہ ہو

(3) جس بات پر شعر کی بنیاد رکھی گئی ہو

(4) مضمون انسانی فطرت کے خلاف نہ ہو

56. مرشد کا مقولہ ہے اور میرا تجربہ کہ اگر انسان کو بدترین دشمن کی تلاش ہو تو اس کو اپنے عزیزوں میں مل جائیں گے اور بہترین دوست کی ضرورت ہو تو غیروں کا جائزہ لینا چاہیے۔

یہ عبارت ''مضامین رشید'' کے کس مضمون کا ابتدائیہ ہے؟

(1) مرشد　(2) مثلث

(3) پاسبان　(4) کارواں پیداست

57. ''رانی کیتکی کی کہانی'' میں کیتکی کے والد کا نام کیا ہے؟

(1) راجا سورج بھان سنگھ

(2) کنور اودے بھان

(3) مہندر گر

(4) راجا جگت پرکاش

58. مٹی ہیں گل جو اور کسی بوستاں کے ہیں
کانٹے عزیز گلشنِ ہندوستاں کے ہیں

یہ شعر کس کا ہے؟

(1) اقبال　(2) جوش

(3) چکبست　(4) اکبر الہ آبادی

59. شیفتہ اور غالب کی موت کس سنہ میں ہوئی؟

(1) 1869　(2) 1868

(3) 1867　(4) 1866

60. ''ہندوستان کے جس مایۂ ناز شاعر یعنی مولانا الطاف حسین حالی پانی پتی نے آج سے کئی برس پہلے یہ اشعار قلم بند کیئے تھے۔ اس کو کیا معلوم تھا کہ جوں جوں زمانہ گزرتا جائے گا اس کے المناک الفاظ روز بروز صحیح تر ہوتے جائیں گے۔ آج ہندوستان کی یہ حالت ہے۔ وغیرہ وغیرہ.....''

یہ اقتباس ''مضامین پطرس'' کے کس مضمون سے اخذ کیا گیا ہے؟

(1) مرحوم کی یاد میں

(2) سویرے جو کل آنکھ میری کھلی

(3) انجام بخیر

(4) مُریدپور کا پیر

61. مثنوی گلزار نسیم پہلی بار کب شائع ہوئی؟

(1) 1844　(2) 1852

(3) 1846　(4) 1842

62. گل برگ کوئی اس کو کہے ہے کوئی یاقوت
ٹک ہونٹ ہلا تو بھی کہ اک بات ٹھہر جائے

یہ شعر کس کا ہے؟

(1) ولی (2) سراج اورنگ آبادی

(3) میر تقی میر (4) فائز دہلوی

63. 'سندرلال' اور 'لال چند' کس افسانے کے کردار ہے ؟

(1) بھولا (2) لاجونتی

(3) گرہن (4) دانہ و دام

64. مضامین پطرس کے کس مضمون میں ''اجنبی'' نام کا کردار شامل ہے ؟

(1) میں ایک میاں ہوں (2) انجام بخیر

(3) مرحوم کی یاد میں (4) مرید پور کا پیر

65. 'کریمہ بیگم' کس ناول کا کردار ہے ؟

(1) امراؤ جان ادا (2) توبتہ النصوح

(3) لندن کی ایک رات (4) آگ کا دریا

66. ع ہنستے ہنستے رو دیا کرتے تھے سب بے اختیار
صحیح مصرعے سے شعر مکمل کیجیے۔

(1) چہرۂ ساقی نمایاں صاف پیمانے میں تھا

(2) اک نئی ترکیب کا درد اپنے افسانے میں تھا

(3) مرتے مرتے ہوش باقی تیرے دیوانے میں تھا

(4) میں نہ تھا وحشی کوئی اس آئینہ خانے میں تھا

67. راجندر سنگھ بیدی ابتدا میں کس نام سے لکھتے تھے ؟

(1) مُحسن لاہوری (2) احسان لاہوری

(3) کسیر سنگھ (4) مُکند سنگھ

68. تم مخاطب بھی ہو، قریب بھی ہو
تم کو دیکھیں کہ تم سے بات کریں

یہ شعر کس کا ہے ؟

(1) فانی (2) حسرت

(3) جگر (4) فراق

69. ''اندازِ گل افشانیٔ گفتار'' مجھ میں علی گڑھ کے ہی ''پیمانہ و صہبا'' سے آیا۔ کسی معقول اجنبی سے ملتا تو بے اختیار سوال کرتا ''علی گڑھ میں بھی پڑھا ہے۔'' وہ کہتا نہیں تو افسوس ہوتا، کیسی کمی رہ گئی۔'' یہ اقتباس ''مضامینِ رشید'' کے کس مضمون سے اخذ کیا گیا ہے ؟

(1) سرگذشتِ عہدِ گل (2) مغالطہ

(3) آمد میں آورد (4) اپنی یاد میں

70. سرخ یوں ہے رنگ آسمانی لیے
کہ کھلیا کمل پھول پانی لیے
یہ کس مثنوی کا شعر ہے ؟

(1) گلشنِ عشق (2) قطب مشتری

(3) علی نامہ (4) ہشت بہشت

71. مرزا دبیر کس کے شاگرد تھے ؟

(1) میر خلیق (2) مصحفی

(3) میر ضمیر (4) میر ضاحک

72. ''سب رس'' میں کون سا کردار گرفتاری کے بعد خود کو کیمیا گر بتاتا ہے ؟

(1) رقیب (2) قامت

(3) غمزہ (4) نظر

73. ذیل میں ایک دعویٰ اور اس کی ایک دلیل دی گئی ہے۔

اسے غور سے پڑھیے اور صحیح جواب کی نشاندہی کیجیے :

دعویٰ : علامہ اقبال کو شاعرِ مشرق کہا جاتا ہے۔

دلیل : کیونکہ اقبال نے مشرقی فکر وفلسفہ کی ترجمانی کی ہے۔

(1) دعویٰ صحیح ہے اور دلیل غلط ہے۔

(2) دعویٰ غلط ہے اور دلیل صحیح ہے۔

(3) دعویٰ صحیح ہے اور دلیل بھی صحیح ہے۔

(4) دعویٰ غلط ہے اور دلیل بھی غلط ہے۔

74. رشید احمد صدیقی اپنے کس مضمون میں ناولَ توبتہ النصوح کا ذکر کرتے ہیں ؟

(1) اپنی یاد میں (2) پاسبان

(3) سرگزشتِ عہد گُل (4) سلام ہو نجد پر

75. ''دیا جلے ساری رات'' کس کا افسانوی مجموعہ ہے ؟

(1) کرشن چندر (2) خواجہ احمد عباس

(3) راجندر سنگھ بیدی (4) حیات اللہ انصاری

ANSWERS

1	2	3	4	5	6	7	8	9	10
(1)	(2)	(1)	(3)	(3)	(1)	(4)	(2)	(3)	(4)
11	**12**	**13**	**14**	**15**	**16**	**17**	**18**	**19**	**20**
(4)	(1)	(2)	(2)	(3)	(2)	(3)	(1)	(2)	(3)
21	**22**	**23**	**24**	**25**	**26**	**27**	**28**	**29**	**30**
(2)	(3)	(1)	(2)	(4)	(2)	(4)	(4)	(2)	(3)
31	**32**	**33**	**34**	**35**	**36**	**37**	**38**	**39**	**40**
(4)	(1)	(3)	(1)	(4)	(3)	(3)	(4)	(2)	(2)
41	**42**	**43**	**44**	**45**	**46**	**47**	**48**	**49**	**50**
(3)	(3)	(2)	(3)	(4)	(2)	(3)	(3)	(3)	(3)
51	**52**	**53**	**54**	**55**	**56**	**57**	**58**	**59**	**60**
(2)	(4)	(3)	(3)	(3)	(2)	(4)	(3)	(1)	(4)
61	**62**	**63**	**64**	**65**	**66**	**67**	**68**	**69**	**70**
(1)	(3)	(2)	(2)	(3)	(2)	(1)	(4)	(4)	(2)
71	**72**	**73**	**74**	**75**					
(3)	(4)	(3)	(4)	(2)					

Previous Paper (Solved)

UGC-NET URDU, JULY-2016

PAPER-II

اس پرچے میں پچاس (50) معروضی سوالات ہیں، جن میں ہر ایک کے لئے دو (2) نمبر مختص ہیں۔ تمام سوالات کے جواب مطلوب ہیں۔

1. ملا وجہی کا اصل نام کیا ہے؟

(1) اسداللہ (2) عبداللہ (3) رحمت اللہ (4) قطب اللہ

2. شہر پٹنہ سے رسالہ 'معیار' کس نے جاری کیا تھا؟

(1) شاد عظیم آبادی (2) قاضی عبدالودود (3) کلیم الدین احمد (4) وہاب اشرفی

3. 'صبح فردا' کس کی نظم ہے؟

(1) فیض احمد فیض (2) مخدوم محی الدین (3) علی سردار جعفری (4) اختر الایمان

4. زینت اور جمال منٹو کے کس افسانے کے کردار ہیں؟

(1) بائی بائی (2) ڈرپوک (3) برمی لڑکی (4) رتی : ماشہ : تولہ

5. درج ذیل میں سے کس شاعر نے خود کو ''گلشنِ معنی کا عندلیب'' کہا ہے؟

(1) مصحفی (2) آتش (3) میر درد (4) ناسخ

6. کس مثنوی کو دکنی زبان کا شاہنامہ کہا گیا ہے؟

(1) خوب ترنگ (2) یوسف زلیخا (3) علی نامہ (4) پھول بن

7. 'در مدحِ عقل' اور 'در مذمت طمع' یہ ذیلی عنوانات کس داستان کے ہیں؟

(1) بوستانِ خیال (2) آرائش محفل (3) سب رس (4) رانی کیتکی کی کہانی

8. اے خدا کے بندو اور اس مکان کے رہنے والو! میں غریب مسافر ہوں، اگر اپنے پاس بلاؤ اور رہنے کو جگہ دو تو بڑی بات ہے۔ یہ عبارت 'باغ و بہار' کے کس درویش کی کہانی سے ماخوذ ہے؟

(1) سیر پہلے درویش کی (2) سیر دوسرے درویش کی
(3) سیر تیسرے درویش کی (4) سیر چوتھے درویش کی

9. شاد عظیم آبادی کے شعری مجموعے کا نام کیا ہے؟

(1) نغمۂ الہام (2) نو بہاراں (3) آتش گل (4) گل کدہ

10. یگانہ چنگیزی کا اصل نام کیا ہے؟

(1) مرزا حامد حسین (2) مرزا واجد حسین (3) مرزا اطہر حسین (4) مرزا عاشق حسین

11. عشق میں صبر و رضا درکار ہے
مصرع ثانی کی نشاندہی کیجیے۔

(1) نرگسِ باغِ حیا درکار ہے (2) دل رُبائی کیوں ادا درکار ہے
(3) دلبرِ رنگیں ادا درکار ہے (4) فکر اسباب وفا درکار ہے

12. ذیل میں ایک دعویٰ اور ایک دلیل دی گئی ہے۔ انھیں غور سے پڑھیے اور صحیح زمرے کی نشاندہی کیجیے :

دعویٰ : گؤدان پریم چند کا شاہکار ناول ہے۔

دلیل : کیونکہ یہ پریم چند کا آخری ناول ہے۔

(1) دعویٰ غلط ہے، دلیل صحیح ہے۔ (2) دعویٰ صحیح ہے، دلیل غلط ہے۔
(3) دعویٰ صحیح ہے، دلیل بھی صحیح ہے۔ (4) دعویٰ غلط ہے، دلیل بھی غلط ہے۔

13. مثنوی گلزارِ نسیم میں پری روح افزا کی ماں کا نام کیا ہے؟

(1) حسن آرا (2) محمودہ (3) سمن پری (4) جمیلہ

14. 'کاغذی پیرہن' کس کا شعری مجموعہ ہے؟

(1) معین احسن جذبی (2) خلیل الرحمٰن اعظمی (3) فیض احمد فیض (4) مخدوم محی الدین

15. ناول 'ایک چادر میلی سی' میں چودھری مہربان داس کا بھائی کون ہے؟

(1) تاراسنگھ (2) گیان چند (3) جگو (4) گھنشیام

16. اچھی تنقید محض تخریبی نہیں ہوتی، محض خامیوں یا کوتاہیوں کو نہیں دیکھتی، وہ بلندیوں کو دیکھتی ہے اور یہ اندازہ لگاتی ہے کہ یہ بلندی کیسی ہے؟ یہ خیال کس نقاد کا ہے؟

(1) احتشام حسین (2) کلیم الدین احمد (3) آل احمد سرور (4) محمد حسن

17. افسانہ 'شغل' میں رام دئی کس کی لڑکی ہے؟

(1) پنڈت (2) سنتو چمار (3) کالو (4) رام پرشاد

18. سراپا میں جس جا نظر کیجیے وہیں عمر اپنی بسر کیجیے

یہ شعر کس مثنوی سے اخذ کیا گیا ہے؟

(1) خواب و خیال (2) گلزار نسیم (3) زہر عشق (4) سحرالبیان

19. 'گلشن عشق' میں کس کی داستانِ عشق بیان ہوئی ہے؟

(1) لیلیٰ مجنوں (2) ہیر رانجھا (3) منوہر اور مدھ مالتی (4) سسی پنو

20. ''گھسیٹا'' کس کے افسانے کا کردار ہے؟

(1) راجندر سنگھ بیدی (2) عصمت چغتائی (3) حیات اللہ انصاری (4) سعادت حسن منٹو

21. ''خواب و خیال'' کا تعلق کس صنفِ ادب سے ہے؟

(1) ڈراما (2) افسانہ (3) ناول (4) داستان

22. درج ذیل میں سے ماہرین لسانیات نے کسے ہند آریائی زبانوں کے عہدِ وسطیٰ اور عہدِ جدید کو ملانے والی کڑی کہا ہے؟

(1) اپ بھرنشوں (2) پراکرتوں (3) جدید زبانوں (4) سنسکرت

23. زندگی کیا ہے عناصر میں ظہورِ ترتیب موت کیا ہے انھیں اجزا کا پریشاں ہونا یہ کس کا شعر ہے؟

(1) جوشؔ (2) چکبستؔ (3) اقبالؔ (4) داغؔ

24. ''انھوں نے اپنی نظموں میں ذاتی احساسات، غموں اور کشمکشوں کو آواز عطا کی ہے اس میں اُن کا سماجی شعور بھی ابھر آیا ہے۔'' احتشام حسین نے یہ رائے کس شاعر کے بارے میں دی ہے؟

(1) جاں نثار اختر (2) سردار جعفری (3) اخترالایمان (4) مجروح سلطان پوری

25. ''جا کر کسی کھترانی یا ٹھکرائن کے چرنوں پر سر رکھو تو معلوم ہو کہ چرنوں پر سر رکھنے کا کیا پھل ملتا ہے۔ پھر یہ سر تمھاری گردن پر نہ رہے گا۔''

یہ اقتباس پریم چند کے کس افسانہ سے لیا گیا ہے؟

(1) گھاس والی (2) زادِ راہ (3) جلوس (4) عیدگاہ

26. گراں گزرے گا حرفِ آرزو اس طبع نازک پر نگاہِ شوق اس مضمون رنگیں کو ادا کر دے

(1) فراقؔ (2) داغؔ (3) فانیؔ (4) حسرت موہانیؔ

27. ذکر میرا ہی وہ کرتا تھا صریحاً لیکن

میں نے پوچھا تو کہا خیر یہ مذکور نہ تھا

یہ کس کا شعر ہے؟

(1) آتشؔ (2) مصحفیؔ (3) میر دردؔ (4) فانیؔ

28. مدن بان اور جوگی مہندر کس داستان کے کردار ہیں؟

(1) رانی کیتکی کی کہانی (2) بوستانِ خیال (3) فسانۂ عجائب (4) آرائش محفل

29. نظیر اکبرآبادی کی کس نظم میں نسرین، موتیا، سمن، سورج مکھی، گلاب، نرگس، بیلا، داؤدی، لالہ اور جوہی پھولوں کا ذکر آیا ہے؟

(1) سواریاں (2) آئینہ (3) توکل (4) خواب غفلت

30. خطوط کا اصل جوہر خلوص و اعتماد ہے۔ اپنا خلوص اور دوسرے پر اعتماد۔ خطوط میں قابلیت کا اظہار نہ کرنا چاہیے۔ شرافت، خوش طبعی اور خیر اندیشی سے کام لینا چاہیے۔

یہ عبارت رشید احمد صدیقی کے کس مضمون سے ماخوذ ہے؟

(1) ارہر کا کھیت (2) دھوبی (3) اپنی یاد میں (4) وکیل صاحب

31. ''کہتے ہیں جس کو عشق'' کس کا افسانوی مجموعہ ہے؟

(1) کرشن چندر (2) اختر حسین رائے پوری

(3) خواجہ احمد عباس (4) ممتاز شیریں

32. ''اندر سبھا امانت'' میں راجہ اندر کی سبھا میں جوگن کے آنے کی اطلاع راجہ کو کون دیتا ہے؟

(1) کالا دیو (2) لال پری (3) پکھراج پری (4) لال دیو

33. مندرجہ ذیل عبارت کس داستان سے ماخوذ ہے ؟

”آخر جب بہت بیاکل ہوئی۔ تب دائی سے کہا اور ڈھیر سارا انعام دیا۔ وہ اس جوان کو کسونہ کسی ڈھب سے پوشیدہ میری دھراہر میں لے آئی۔ تب یہ بھی مجھے چاہنے لگا۔ بہت دن اس عشق مشک کٹے۔ ایک روز چوکیدار نے آدھی رات کو ہتھیار باندھے اور محل میں آتے دیکھ کر اسے پکڑا اور راجا سے کہا، اسے حکم قتل کہا۔ سب ارکان دولت نے کہہ سُن کر جان بخشی کروائی۔“

(1) رانی کیتکی کی کہانی (2) بوستانِ خیال (3) باغ و بہار (4) فسانۂ عجائب

34. ذیل میں ایک دعویٰ اور ایک دلیل دی گئی ہے۔ انھیں غور سے پڑھیے اور صحیح زمرے کی نشاندہی کیجیے :

دعویٰ : نظیر اکبرآبادی کی شاعری کی جڑیں عوامی زندگی میں پیوست ہیں۔

دلیل : کیوں کہ انھوں نے اپنی شاعری میں ہندوستانی معاشرت اور تہذیب کے عناصر کو موضوع بنایا ہے۔

(1) دعویٰ صحیح ہے اور دلیل بھی صحیح ہے۔ (2) دعویٰ غلط ہے اور دلیل صحیح ہے۔

(3) دعویٰ صحیح ہے اور دلیل غلط ہے۔ (4) دعویٰ غلط ہے اور دلیل بھی غلط ہے۔

35. اے انفس و آفاق میں پیدا ترے آیات - حق یہ ہے کہ ہے زندہ و پابندہ تری ذات

اقبال کی کس نظم کا آغاز اس شعر سے ہوتا ہے ؟

(1) مرزا غالب (2) نانک

(3) حضورِ رسالت مآب میں (4) لینن خدا کے حضور میں

36. گوتم نیلمبر کس ناول کا کردار ہے ؟

(1) آگ کا دریا (2) بستی (3) آخر شب کے ہمسفر (4) کارِ جہاں دراز ہے

37. ناول ”لندن کی ایک رات“ کب شائع ہوا ؟

(1) 1939 (2) 1940 (3) 1938 (4) 1937

38. ہم نہیں اُن میں جو پڑھ لیتے ہیں طوطے کی طرح

مکتبِ عشق و وفا تجربہ آموز بھی تھا

اِس شعر سے ناول ”امراؤ جان ادا“ کا کون سا حصہ شروع ہوتا ہے ؟

(1) (5) (2) (6) (3) (3) (4) (4)

39. فراق گورکھپوری کی کتاب 'من آنم' کیا ہے؟

(1) افسانوی مجموعہ ہے (2) شعری مجموعہ ہے (3) خطوط کا مجموعہ ہے (4) مضامین کا مجموعہ ہے

40. ''مجھے مادرِ وطن کی حمایت کے لیے تمھیں قتل کرنا پڑے تو میں اس ناگوار فرض سے بھی منہ نہ موڑ سکوں گا۔ آنکھوں سے آنسو جاری ہوں گے لیکن تلوار تمھاری گردن پر ہوگی۔ ہمارے مذہب میں قوم کے مقابلے کسی چیز کی حقیقت نہیں۔''

یہ اقتباس پریم چند کی کس کہانی سے لیا گیا ہے؟

(1) جلوس (2) جیل (3) قاتل (4) نجات

41. قرۃ العین حیدر نے ''آگ کا دریا'' کے آغاز میں کس مغربی شاعر کی نظم کا ٹکڑا درج کیا ہے؟

(1) ملٹن (2) دانتے (3) گوئٹے (4) ٹی۔ ایس۔ ایلیٹ

42. شعر فہمی اور کتاب فہمی میں وہ ایک مستثنٰی آدمی تھے۔ کیسا ہی مشکل مضمون ہو وہ ایک سرسری نظر میں اُس کی تہہ تک پہنچ جاتے تھے۔

یہ عبارت کس کتاب سے ماخوذ ہے؟

(1) سی پارۂ دل (2) یادگار غالب (3) یادوں کی برات (4) غبارِ خاطر

43. منقو خاں کس ناول کا کردار ہے؟

(1) فردوس بریں (2) فتح اندلس (3) مینا بازار (4) زوال بغداد

44. یہ بات یاد رکھنی چاہیے کہ شاعر اور اُس کے کلام کے رتبے کا اندازہ اس کے کلام کی قلت اور کثرت سے نہیں ہوتا بلکہ اس بات سے ہوتا ہے کہ اس کے منتخب اور برگزیدہ اشعار کس درجے کے ہیں؟

یہ عبارت کس کتاب سے ماخوذ ہے؟

(1) مقالاتِ سرسید (2) مقالات شبلی (3) غبارِ خاطر (4) یادگارِ غالب

45. ''ہمارے ملک میں عقل و دانش کا کتنا زبردست قحط ہے۔ آپ ہماری مملکت کے چنے ہوئے لوگ ہیں، جن کے ہاتھوں میں ہماری باگ ڈور ہے۔ مستقل آپ کی طرف دیکھ رہا ہے۔ آپ اس مملکت کے معمار ہیں اور آپ جیسے ذہین اور فاضل لوگ زندگی کی سنگین سچائیوں کو نہیں دیکھ سکتے، اگر آپ روز چار شہریوں کو پھانسی دیں گے تو شہر غصے اور نفرت سے اُبل پڑے گا۔''

مندرجہ بالا اقتباس کس ڈرامے سے لیا گیا ہے؟

(1) محل سرا (2) یہودی کی لڑکی (3) ضحاک (4) پیسہ اور پرچھائیں

46. ''حوروش، غیرتِ سرو، خجلت زدہ شمشاد، زریں کمر، نازک بدن، سیم بر، چست و چالاک، کمسن، الڑھ پن کے دن، اچھلتی کودتی مردانہ وار پیادہ اور جوہر نگار ہوادار پر ایک آفتاب محشر سوار، گرد پریوں کی قطار، تاج مرصع کج سر پر لباس شاہانہ پر تکلف دربر .... شکار کھیلتی سیر کرتی چلی آتی ہے۔''

مندرجہ بالا عبارت کس داستان سے ماخوذ ہے؟

(1) طلسمِ ہوش ربا (2) سب رس (3) فسانۂ عجائب (4) بوستانِ خیال

47. تذکرہ 'چمنستان شعرا' کے مصنف کا پورا نام کیا ہے؟

(1) بھگوان داس ہندی (2) برج موہن دتاتریہ (3) لچھمی نرائن شفیق (4) لالہ سری رام

48. 'زہدورندی' کس کی نظم ہے؟

(1) اقبال (2) جوش ملیح آبادی (3) اکبر الہ آبادی (4) سردار جعفری

49. ہر ورق ہر صفحے میں اک شعرِ شور انگیز ہے

عرصۂ محشر ہے عرصہ مرے بھی دیوان کا

یہ شعر میر کے کس دیوان میں شامل ہے؟

(1) دوم (2) اول (3) سوم (4) پنجم

50. ''نظر کا وجود ہی اردو شاعری کی بے نظیر تنقید ہے۔''

یہ جملہ کس ناقد کے رشحہ قلم کا عطیہ ہے؟

(1) احتشام حسین (2) کلیم الدین احمد (3) محمد حسن (4) محمد حسن عسکری

ANSWERS

1	2	3	4	5	6	7	8	9	10
(1)	(2)	(3)	(4)	(3)	(3)	(3)	(4)	(1)	(2)
11	**12**	**13**	**14**	**15**	**16**	**17**	**18**	**19**	**20**
(4)	(2)	(1)	(2)	(4)	(3)	(2)	(1)	(3)	(3)
21	**22**	**23**	**24**	**25**	**26**	**27**	**28**	**29**	**30**
(2)	(1)	(2)	(3)	(1)	(4)	(3)	(1)	(2)	(3)
31	**32**	**33**	**34**	**35**	**36**	**37**	**38**	**39**	**40**
(3)	(1)	(3)	(1)	(4)	(1)	(1)	(4)	(3)	(3)
41	**42**	**43**	**44**	**45**	**46**	**47**	**48**	**49**	**50**
(4)	(2)	(1)	(4)	(3)	(3)	(3)	(1)	(4)	(2)

PAPER-III

یہ پرچے میں پچھتر (75) معروضی سوالات ہیں، جن میں ہر ایک کے لیے دو (2) مارکس مختص ہیں۔ تمام سوالات کے جواب مطلوب ہیں۔

1. 'بیر بہوٹی' کس کی نظم ہے ؟
(1) محمد حسین آزاد (2) نظم طباطبائی (3) سرور جہان آبادی (4) سیماب اکبرآبادی

2. ناول 'معصومہ' کتنے ابواب پر مشتمل ہے ؟
(1) چار (2) پانچ (3) چھ (4) سات

3. 'لیچیاں، آلوچے اور الائچیاں' کس کا افسانہ ہے ؟
(1) سعادت حسن منٹو (2) عصمت چغتائی (3) راجندر سنگھ بیدی (4) قرۃ العین حیدر

4. مثنوی 'قطب مشتری' میں مشتری ابتداً کس نام سے مشہور تھی ؟
(1) پدمنی (2) ستیہ وتی (3) بھاگ متی (4) مدمالتی

5. 'مضامین پطرس' کے پہلے ایڈیشن پر دیباچہ کس نے لکھا تھا ؟
(1) شوکت تھانوی (2) رشید احمد صدیقی (3) کنھیالال کپور (4) مرزا فرحت اللہ بیگ

6. ''قاضی صاحب کی تحریروں سے تحقیق کو جو طاقت ور عناصر ملتے ہیں اُن میں ظاہری سطح پر سب سے نمایاں چیز تحقیق کی زبان ہے اور وہ اسلوب جو معنویت سے معمور اور رنگینی سے محفوظ ہے۔'' قاضی عبدالودود کے تعلق سے یہ رائے کس کی ہے ؟
(1) مالک رام (2) رشید حسن خاں (3) کلیم الدین احمد (4) کالی داس گپتا رضا

7. 'رامائن کا ایک سین' کس کی نظم ہے ؟
(1) چکبست (2) فراق گورکھپوری (3) جوش ملیح آبادی (4) پنڈت دیاشنکر نسیم

8. ''غالب جدید شعرا کی ایک مجلس میں'' کس کا مضمون ہے ؟
(1) رشید احمد صدیقی (2) خواجہ حسن نظامی (3) کنھیالال کپور (4) پطرس بخاری

9. ''پھول سرخ ہیں'' کس کا افسانہ ہے ؟
(1) غلام عباس (2) ممتاز مفتی (3) عصمت چغتائی (4) کرشن چندر

10. 'تسلسل' کس کی نظم ہے ؟
(1) حالی (2) شبلی (3) علی سردار جعفری (4) اخترالایمان

11. نظیر اکبرآبادی کی کس نظم کو مجنوں گورکھپوری نے روسو کے ''معاشرتی عہد نامہ'' کے مماثل قرار دیا ہے ؟
(1) آدمی نامہ (2) بنجارہ نامہ (3) ہولی (4) کلجگ

.12 منٹو کے افسانوی مجموعہ 'چغد' میں کل کتنے افسانے ہیں ؟

(1) نو (2) سات (3) آٹھ (4) دس

.13 ہم ہیں کعبہ، ہم ہیں بت خانہ، ہمیں ہیں کائنات ہو سکے تو خود کو بھی ایک بار سجدہ کیجیے یہ شعر کس کا ہے ؟

(1) فیض احمد فیض (2) فراق گورکھپوری (3) مجروح سلطانپوری (4) خلیل الرحمٰن اعظمی

.14 تاریخی لحاظ سے کون سی ترتیب درست ہے ؟

(1) سنگ وخشت، نرم گرم، بال وپر، دلیل سحر (2) نوکِ نشتر، شیشہ و تیشہ، بال وپر، نرم گرم

(3) سنگ وخشت، نوک نشتر، چنگ و رباب، بال وپر (4) سنگ وخشت، چنگ و رباب، شیشہ و تیشہ، نوکِ نشتر

.15 مثنوی قطب مشتری کا کردار 'عطارد' پیشے کے اعتبار سے کیا ہے ؟

(1) سپاہی (2) مصور (3) معالج (4) اتالیق

.16 ذیل میں ایک دعویٰ اور ایک دلیل دی گئی ہے۔ انھیں غور سے پڑھیے اور صحیح زمرے کی نشاندہی کیجیے :

دعویٰ : غزل اُردو شاعری کی آبرو ہے۔ **دلیل :** کیونکہ غزل اُردو شاعری کی سب سے زیادہ مقبول صنف ہے۔

(1) دعویٰ صحیح ہے، دلیل غلط ہے۔ (2) دلیل صحیح ہے، دعویٰ غلط ہے۔

(3) دعویٰ صحیح ہے، دلیل بھی صحیح ہے۔ (4) دعویٰ غلط ہے، دلیل بھی غلط ہے۔

.17 کس ناول میں فلیش بیک کی تکنیک استعمال ہوئی ہے ؟

(1) ابن الوقت (2) ٹیڑھی لکیر (3) ایک چادر میلی سی (4) امراؤ جان ادا

.18 ناول ''آگ کا دریا'' میں سرجو ندی کے کنارے 'شیام کرن' گھوڑے سے کون اُترتا ہے ؟

(1) گوتم نیلمبر (2) شنکر (3) ابوالمنصور کمال الدین (4) چمپا احمد

.19 حالی نے مرزا غالب کا مرثیہ کس ہیئت میں لکھا ہے ؟

(1) غزل (2) ترجیع بند (3) مسدس (4) ترکیب بند

.20 شمس الرحمٰن فاروقی کے مطابق شاعر اپنے تجربے کو قاری تک پہنچانے کے لیے کن تین مرحلوں سے گزرتا ہے ؟

(1) اظہار، ترسیل، ابلاغ (2) ادراک، احساس، ترسیل

(3) اظہار، ادراک، ابلاغ (4) ترسیل، ادراک، اظہار

.21 ''حکایت نصیحت گریِ مُرغِ اسیر و نافہمیِ صیاد کی'' یہ سرخی کس مثنوی میں ہے ؟

(1) گلشن عشق (2) زہر عشق (3) سحرالبیان (4) گلزار نسیم

.22 اخترالایمان نے اپنی کس نظم کو دوسری جنگ عظیم کا پس منظر بتایا ہے ؟

(1) جمود (2) کل کی بات (3) بازآمد (4) قلوپطرہ

23. فی زمانہ یہی حال دکن کا ہے۔ لکھنؤ اُجڑ کے دکن آباد ہوا۔ میں تو گیا نہیں مگر سُنا ہے کہ محلّے لکھنؤ والوں سے آباد ہیں۔
یہ عبارت کس ناول سے ماخوذ ہے؟
(1) فسانۂ آزاد (2) ابن الوقت (3) امراؤ جان ادا (4) گؤدان

24. نظم معریٰ، اُردو میں کہاں سے آئی ؟
(1) عربی (2) فارسی (3) ترکی (4) انگریزی

25. شمس العشاق، کس کا لقب ہے؟
(1) برہان الدین جانم (2) امین الدولہ اعلیٰ (3) سید میران حسینی (4) میران جی

26. ''انگارے کی جلن سے گھبرا کے اُس نے ہاتھ کھینچا تو روپیہ نیچے گر گیا۔ جلدی سے اٹھا کر اُس نے پھر ایک بار نوٹ کو غور سے دیکھا۔ روپے پر تین شیروں کی تصویر بنی تھی۔''
یہ عبارت جیلانی بانو کے کس افسانے سے ماخوذ ہے؟
(1) اڈّو (2) موم کی مریم (3) پرایا گھر (4) سچ کے سوا

27. داستان 'رانی کیتکی کی کہانی' میں راجا جگت پرکاش کون ہے؟
(1) کنور اودھے بھان کا والد (2) رانی کیتکی کا والد
(3) راجا سورج بھان کا بھائی (4) مدن بان کا چچا

28. 'میری موت' کس کا افسانہ ہے؟
(1) کرشن چندر (2) حیات اللہ انصاری (3) خواجہ احمد عباس (4) پریم چند

29. 'آتش گل' کس کے کلام کا مجموعہ ہے؟
(1) اصغر (2) فراق (3) جگر (4) فانی

30. پطرس بخاری نے مضمون ''لاہور کا جغرافیہ'' میں خیالی طلبا کی کون سی قسم بتائی ہے؟
(1) پہلی قسم (2) دوسری قسم (3) تیسری قسم (4) چوتھی قسم

31. درج ذیل میں سے کس نے ''قابوس نامہ'' لکھی؟
(1) عنصر المعالی (2) شمس قیس رازی (3) فردوسی (4) سعدی

32. تم ماہِ شبِ چار دہم تھے مرے گھر کے پھر کیوں نہ رہا گھر کا یہ نقشہ کوئی دن اور غالبؔ نے یہ شعر کس کی وفات پر کہا تھا؟
(1) میر تقی میر (2) ذوق (3) بہادر شاہ ظفر (4) زین العابدین عارف

33. ''یہ آپ کا شعور نہیں ہے جو آپ کے وجود کو طے کرتا ہے۔ اس کے برعکس یہ آپ کا سماجی وجود ہے، جو آپ کے شعور کو طے کرتا ہے۔'' یہ کس کا بیان ہے؟

(1) لینن (2) اینگلز (3) مارکس (4) احتشام حسین

34. ''بیرم'' اور ''ارسلان'' آغا حشر کے کس ڈرامے کے کردار ہیں؟

(1) خواب ہستی (2) سفید خون (3) خوبصورت بلا (4) سلور کنگ

35. راجندر سنگھ بیدی کا پہلا افسانوی مجموعہ کون سا ہے؟

(1) گرہن (2) دانہ و دام (3) ہاتھ ہمارے قلم ہوتے کوکھ جلی

36. ''بابو'' بیدی کے کس افسانے کا کردار ہے؟

(1) صرف ایک سگریٹ (2) تلادان (3) غلامی (4) وہ بڑھا

37. ''کتاب کا کفن'' کس کا افسانوی مجموعہ ہے؟

(1) پریم چند (2) اختر حسین رائے پوری

(3) اوپیندر ناتھ اشک (4) کرشن چندر

38. ''ہمارے وہم و خیال کا ایک فریب ہی ہے کہ سروسامانِ کار اپنے سے باہر ڈھونڈتے رہتے ہیں۔ اگر یہ پردۂ فریب ہٹا کر دیکھیں تو صاف نظر آئے کہ وہ ہم سے باہر نہیں ہے، خود ہمارے اندر ہی موجود ہے۔ عیش و مسرت کی جن گل شگفتگیوں کو ہم چاروں طرف ڈھونڈتے ہیں اور نہیں پاتے، وہ ہمارے نہال خانۂ دل کے چمن زاروں میں ہمیشہ کھلتے اور مرجھاتے رہتے ہیں، لیکن محرومی ساری یہ ہوئی کہ ہمیں چاروں طرف کی خبر ہے مگر خود اپنی خبر نہیں۔''

یہ تحریر کس اردو نثر نگار کی ہے؟

(1) مولانا ابوالکلام آزاد (2) مولانا محمد حسین آزاد (3) رتن ناتھ سرشار (4) عبدالحلیم شرر

39. لکھنا مجھے نسبت کا اگر ہو کہیں سامان حقدار ہوں میں نیگ کی میرا بھی رہے دھیان
لے آنا دلہن کو مری تربت پہ میں قربان اور مر گئی پیچھے تو رہے دل میں سب ارمان
خوشنود مری روح کو کر دیجیو بھائی
حق نیگ کا تم قبر پہ رکھ دیجیو بھائی

مرثیے کا یہ بند کس نے کہا ہے؟

(1) ضمیر (2) خلیق (3) انیس (4) دبیر

40. اختر الایمان کا سالِ ولادت کیا ہے؟

(1) 1916 (2) 1918 (3) 1915 (4) 1920

41. چھوٹی سے چھوٹی اور بامعنی لسانی اکائی کو کیا کہتے ہیں؟

(1) صوت رکن (2) لفظ (3) فقرہ (4) پابند مارفیم

42. اک نو بہارِ ناز کو تاکے ہے پھر نگاہ - چہرہ فروغ مے سے گلستان کیے ہوئے

اس شعر میں کون سی خصوصیت پائی جاتی ہے؟

(1) ایجری (2) مکر شاعرانہ (3) مراعات النظیر (4) تشبیہ

43. درج ذیل میں سے کون وزن اور قافیے کو شعر کے لیے ضروری نہیں سمجھتا؟

(1) حالی (2) شبلی (3) آل احمد سرور (4) شمس الرحمن فاروقی

44. ذیل میں سے کون سا کردار لاجونتی کی پاکستان سے واپسی کی خوشخبری سندرلال کو سناتا ہے؟

(1) رسالو (2) نیکی رام (3) لال چند (4) کالکا پرشاد

45. کبھی زلف اٹھادے تو منہ نظر آوے

اسی امید پر گزرے ہے صبح و شام مری

اِس شعر میں کون سی صنعت ہے؟

(1) تجنیسِ تام (2) تنسیق الصفات (3) لف ونشر مرتب (4) لف ونشر غیر مرتب

46. اُردو شاعری کی ایک ہیئت معشر ہے۔ اس کے ہر بند میں کتنے مصرعے ہوتے ہیں؟

(1) تین (2) تیرہ (3) نو (4) دس

47. انگارے کے مصنفین نفسیاتی نقطۂ نظر سے فرائڈ فنّی نقطۂ نظر سے جسمیں جوائس اور معاشی نقطۂ نظر سے کارل مارکس کے مقلد تھے۔ یہ رائے کس ناقد کی ہے؟

(1) حسن عسکری (2) کلیم الدین احمد (3) آل احمد سرور (4) شمس الرحمن فاروقی

48. مثنوی 'ہشت بہشت' کس کی تصنیف ہے؟

(1) عبدل (2) مقیمی (3) ملک خوشنود (4) نصرتی

49. نظم ''طلوع اسلام'' علامہ اقبال کے کس شعری مجموعے میں شامل ہے؟

(1) بال جبریل (2) ارمغان حجاز (3) بانگِ درا (4) ضرب کلیم

50. 'اس آباد خرابے میں' صنف کے اعتبار سے کیا ہے ؟

(1) سوانح (2) خودنوشت (3) سفرنامہ (4) ناول

51. 'نمک کا داروغہ' کس کا افسانہ ہے ؟

(1) علی عباس حسینی (2) حیات اللہ انصاری (3) سہیل عظیم آبادی (4) پریم چند

52. راجندر سنگھ بیدی کے افسانوی مجموعہ 'دانہ و دام' کا پہلا افسانہ کون سا ہے ؟

(1) بیل (2) بھولا (3) لاجونتی (4) گرم کوٹ

53. اقرار میں تھی جو بے حیائی شرمائی لجائی مسکرائی یہ کس مثنوی کا شعر ہے ؟

(1) سحرالبیان (2) زہرعشق (3) گلزارِنسیم (4) دریائے عشق

54. ''اندرسبھا امانت'' میں راجہ اندر کی سبھا میں انسان کی موجودگی کی اطلاع راجہ اندر کو کس نے دی ؟

(1) جوگن (2) گلفام (3) لال دیو (4) لال پری

55. ''چھوئی موئی'' کس کے افسانوں کا مجموعہ ہے ؟

(1) کرشن چندر (2) قرۃ العین حیدر (3) خواجہ احمد عباس (4) عصمت چغتائی

56. ''زبیدہ'' کس کا ڈراما ہے ؟

(1) حبیب تنویر (2) خواجہ احمد عباس (3) محمد مجیب (4) سردار جعفری

57. مندرجہ ذیل شعر کس شاعر کا ہے ؟

اے نورجان و دیدہ ترے انتظار میں
مدت ہوئی پلک سوں پلک آشنا نہیں

(1) ولی اورنگ آبادی (2) سراج اورنگ آبادی (3) ابن نشاطی (4) ہاشمی بیجاپوری

58. کس مثنوی کے زیادہ تر کردار سیاروں کے نام پر ہیں ؟

(1) زہرعشق (2) قطب مشتری (3) گلشنِ عشق (4) خواب و خیال

59. 'نیرنگِ خیال' کے کس مضمون میں ذیلی سرخیاں وقت، غصہ، عشق، افواہ یا شہرت اور حُسن کی پری ہیں ؟

(1) انسان کسی حال میں خوش نہیں رہتا (2) سچ اور جھوٹ کا رزم نامہ
(3) سیرِ زندگی (4) اُردو انگریزی انشا پردازی پر کچھ خیالات

60. زمیں نور کی، آسماں نور کا جدھر دیکھو اودھر سماں نور کا یہ شعر کس مثنوی سے اخذ کیا گیا ہے ؟

(1) گلزارنسیم (2) سحرالبیان (3) زہرعشق (4) علی نامہ

61. ناول 'امراؤ جان ادا' میں شہر فیض آباد کے لیے کون سا نام آیا ہے؟

(1) حویلی (2) محل (3) بنگلہ (4) سرائے

62. افسانہ 'گولی' میں نمبر وَن ٹینس پلیئر کون ہے؟

(1) شفقت (2) نکہت (3) عائشہ (4) طلعت

63. کس ناول کا کردار 'طورِ معنیٰ' ہے؟

(1) منصور موہنا (2) فردوسِ بریں (3) گردشِ رنگِ چمن (4) اسرارِ معابد

64. لان جائنس نے عظیم ادب کی کتنی خوبیاں بیان کی ہیں؟

(1) پانچ (2) سات (3) آٹھ (4) چار

65. کون سا مجموعہ جوش کا نہیں ہے؟

(1) نقش و نگار (2) آتشِ گل (3) فکرونشاط (4) سموم و صبا

66. گل بکاوَلی کا قصّہ کس مثنوی میں نظم ہوا ہے؟

(1) خواب و خیال (2) قطب مشتری (3) گلشنِ عشق (4) گلزارنسیم

67. مرزا ظاہردار بیگ، نذیر احمد کے کس ناول کا کردار ہے؟

(1) فسانۂ مبتلا (2) توبتہ النصوح (3) بنات النعش (4) مراۃ العروس

68. 'آتشِ گل' کس کے کلام کا مجموعہ ہے؟

(1) اصغر (2) فراق (3) جگر (4) فانی

69. خواجہ احمد عباس کے کس افسانے کے کردار غلام رسول اور شیخ برہان الدین ہیں؟

(1) ابابیل (2) زعفران کے پھول (3) میری موت (4) دیا جلے ساری رات

70. جوش ملیح آبادی کا پہلا شعری مجموعہ کون سا ہے؟

(1) روح ادب (2) فکر و نشاط (3) شعلہ و شبنم (4) نقش و نگار

71. کس نے کہا کہ شاعر اپنے تجربے کو اظہار، ترسیل اور ابلاغ کی تین منزلوں کی مدد سے قاری تک پہنچاتا ہے؟

(1) حالی (2) شبلی (3) احتشام حسین (4) شمس الرحمٰن فاروقی

.72 ذیل میں ایک دعویٰ اور ایک دلیل دی گئی ہے۔ انھیں غور سے پڑھیے اور صحیح زمرے کی نشاندہی کیجیے : **دعویٰ** : اردو ایک شیریں زبان ہے۔
دلیل : کیوں کہ یہ ہندوستان کی 24 زبانوں میں سے ایک ہے۔

(1) دعویٰ صحیح ہے اور دلیل بھی صحیح ہے۔ (2) دعویٰ غلط ہے اور دلیل صحیح ہے۔
(3) دعویٰ صحیح ہے اور دلیل غلط ہے۔ (4) دعویٰ غلط ہے اور دلیل بھی غلط ہے۔

.73 لفظ 'اکبر' میں کُل کتنے صوت رکن ہیں ؟

(1) دو (2) تین (3) چار (4) پانچ

.74 غبارِ خاطر کُل کتنے خطوط پر مشتمل ہے ؟

(1) 24 (2) 25 (3) 26 (4) 27

.75 ذیل میں سے کون سا افسانوی مجموعہ جیلانی بانو کا نہیں ہے ؟

(1) پرایا گھر (2) بات پھولوں کی (3) روشنی کی رفتار (4) روشنی کا مینار

ANSWERS

1	2	3	4	5	6	7	8	9	10
(3)	(2)	(1)	(3)	(2)	(2)	(1)	(3)	(4)	(4)
11	**12**	**13**	**14**	**15**	**16**	**17**	**18**	**19**	**20**
(2)	(1)	(3)	(4)	(3)	(3)	(4)	(3)	(4)	(1)
21	**22**	**23**	**24**	**25**	**26**	**27**	**28**	**29**	**30**
(4)	(4)	(3)	(4)	(4)	(1)	(2)	(3)	(3)	(3)
31	**32**	**33**	**34**	**35**	**36**	**37**	**38**	**39**	**40**
(1)	(4)	(3)	(2)	(2)	(2)	(4)	(1)	(3)	(3)
41	**42**	**43**	**44**	**45**	**46**	**47**	**48**	**49**	**50**
(2)	(1)	(1)	(3)	(4)	(4)	(3)	(3)	(3)	(2)
51	**52**	**53**	**54**	**55**	**56**	**57**	**58**	**59**	**60**
(4)	(2)	(3)	(3)	(4)	(2)	(2)	(2)	(4)	(2)
61	**62**	**63**	**64**	**65**	**66**	**67**	**68**	**69**	**70**
(3)	(4)	(2)	(1)	(2)	(4)	(2)	(3)	(3)	(1)
71	**72**	**73**	**74**	**75**					
(4)	(3)	(1)	(1)	(3)					

UGC-NET URDU, December 2015, Paper-II (Solved)

نوٹ:-اس پرچہ میں پچاس (50) معروضی سوالات ہیں جن میں ہر ایک کے لئے دو (2) مارکس مختص ہیں۔تمام سوالات کے جواب مطلوب ہیں۔

1. مثنوی ''کدم راؤ پدم راؤ'' بہمنی خاندان کے کس سلطان کے زمانے میں لکھی گئی؟
(1) علاء الدین بہمن شاہ (2) فیروز شاہ بہمنی
(3) ہمایوں شاہ (4) احمد شاہ بہمنی

2. ''بوستانِ خیال'' کس کی مثنوی ہے؟
(1) میر تقی میر (2) سراج اورنگ آبادی
(3) ولی (4) میر اثر

3. ''موازنۂ انیس و دبیر'' کا مصنف کون ہے؟
(1) عبدالرحمٰن بجنوری (2) شبلی نعمانی
(3) امداد امام اثر (4) سلیمان ندوی

4. ''حدائق الانظار'' کس داستان کا حصّہ ہے؟
(1) بوستانِ خیال (2) داستان امیر حمزہ
(3) آرائشِ محفل (4) الف لیلیٰ

5. اس میں سے خواجہ حسن نظامی کا انشائیہ کون سا ہے؟
(1) کُتے (2) چارپائی
(3) مچھر (4) جوتا

6. ناول ''آگ کا دریا'' سب سے پہلے کب شائع ہوا؟
(1) 1959 (2) 1969
(3) 1949 (4) 1979

7. ''ہم نے آفتاب کا طلوع و غروب دیکھا ہے، شفق کی سرخی دیکھی ہے، خوش نما اور خشبودار پھول دیکھے ہیں، خوش نوا چڑیاں دیکھی ہیں، نغمہ خوان ندیاں دیکھی ہیں، ناچتے ہوئے آبشار دیکھے ہیں۔اسی کی بدولت نفس کی تہذیب ہوتی ہے۔یہ اس کا مقصد اولیٰ ہے۔'' مذکورہ عبارت کس کی ہے؟
(1) پریم چند (2) چودھری فضل حق
(3) علی سردار جعفری (4) مہدی افادی

8. نوفل بادشاہ کا ذکر کس داستان میں ہے؟
(1) فسانۂ عجائب (2) باغ و بہار
(3) سب رس (4) قصہ مہر افروز و دلبر

9. رکن الدین خور شاہ کس ناول کا کردار ہے؟
(1) فسانۂ آزاد (2) آگ کا دریا
(3) فردوس بریں (4) ابن الوقت

10. کسی چیز کی ایسی وجہ بیان کرنا جو حقیقی نہ ہو لیکن ظاہری طور پر پسندیدہ اور نادر ہو۔کیا کہلاتی ہے؟
(1) تجاہل عارفانہ (2) تجنیس
(3) حسن تعلیل (4) مرجز

11. فدا وطن پہ جو ہو آدمی دلیر ہے وہ
جو یہ نہیں تو فقط ہڈیوں کا ڈھیر ہے وہ
اس شعر کا خالق کون ہے؟
(1) میر تقی میر (2) چکبست
(3) نظیر اکبر آبادی (4) حالی

12. ''طبقات الشعراء'' کس کا تذکرہ ہے؟
(1) میر حسن (2) آشفتہ
(3) مصحفی (4) قدرت اللہ شوق

13. ''فجر ہوتے جو گئی آج مری آنکھ جھپک'' کس کا قصیدہ ہے؟
(1) ذوق (2) سودا
(3) غالب (4) محسن

14. نظم ''ہندوستانی بچوں کا قومی گیت'' اقبال کے کس مجموعے میں شامل ہے؟
(1) بال جبریل (2) ضرب کلیم
(3) بانگ درا (4) ارمغانِ حجاز

15. ان میں سے ''علی سردار جعفری'' کی کتاب کون سی ہے؟
(1) پیغمبرانِ سخن (2) جوئے شیر
(3) دستِ وفا (4) فروزاں

16. ''ایک چادر میلی سی'' کے لیے راجندر سنگھ بیدی کو کس انعام سے نوازا گیا؟
(1) غالب ایوارڈ (2) اقبال سمان
(3) ساہتیہ اکیڈمی انعام (4) سویت لینڈ نہرو ایوارڈ

17. ''غزل شاعری نہیں، عطرِ شاعری ہے'' کس کا قول ہے؟
(1) فراق گورکھپوری (2) رشید احمد صدیقی
(3) میر تقی میر (4) غالب

18. ا''نقوشِ زنداں'' کس کے خطوط کا مجموعہ ہے؟
(1) فیض (2) سردار جعفری

(3) مخدوم (4) سجاد ظہیر

19. "میں عورت ہوں، کمزور ہوں، اوچھی ہوں۔ تم مرد ہو، مضبوط ہو، عالی ہمت ہو۔ یہ کمینہ پروری تمہاری شان سے بعید ہے۔ میں کبھی تمہاری تھی، گو اب اتفاقات مجھے تم سے الگ کیے دیتے ہیں۔ لیکن میری لاج تمہارے ہاتھ میں ہے۔" مذکورہ عبارت پریم چند کی کس کہانی میں ہے؟
(1) زادِ راہ (2) بڑے گھر کی بیٹی
(3) نگاہِ ناز (4) گھاس والی

20. "گنج خوبی" کس کتاب کا ترجمہ ہے؟
(1) دستور العشاق (2) تنبیہ الغافلین
(3) انوارِ سہیلی (4) نوطرز مرصع

21. شعور کی رو کی تکنیک سب سے پہلے کس ناول میں استعمال ہوئی ہے؟
(1) آگ کا دریا (2) اُداس نسلیں
(3) لندن کی ایک رات (4) شب گزیدہ

22. مرنے کے دِن قریب ہیں شاید کہ اے حیات!
تجھ سے طبیعت اپنی بہت سیر ہو گئی
یہ شعر ناول "امراؤ جان ادا" کے کس حصہ میں استعمال ہوا ہے؟
(1) ناول کے ابتدائیہ میں (2) ناول کے شروع میں
(3) ناول کے بیچ میں (4) ناول کے اختتام پر

23. اقبال کے کس شعری مجموعے میں نظم "ہندی مسلمان" شامل ہے؟
(1) ضربِ کلیم (2) بال جبرئیل
(3) بانگ درا (4) ارمغانِ حجاز

24. تذکرہ "گلشن بے خار" کا مصنف کون ہے؟
(1) عبد السلام ندوی (2) قدرت اللہ شوق
(3) شیفتہ (4) عبد الباری آسی

25. ان میں سے کون سی کتاب شمس الرحمٰن فاروقی کی ہے؟
(1) نئی نظم کا سفر (2) اثبات و نفی
(3) ادبی تنقید (4) تنقیدی اظہار

26. عبد القادر نے اقبال کے مجموعے بانگِ درا کی کون سی نظم کو بانگ درا کا دِل کہا ہے؟
(1) پرندے کی فریاد (2) شکوہ
(3) شمع و شاعر (4) نیا شوالہ

27. "ناول کی جگہ وہاں ہوتی ہے جہاں تاریخ کے صفحے سادہ ہوتے ہیں۔" یہ قول کس کا ہے؟
(1) احسن فاروقی (2) علی عباس حسینی
(3) سہیل بخاری (4) یوسف مسرت

28. مولوی عبد الحق کی پیدائش کہاں ہوئی؟
(1) لکھنؤ (2) دہلی
(3) لاہور (4) میرٹھ

29. "جہلم میں ناؤ پر" اور "آنگن" کس کی کہانیاں ہیں؟
(1) قرۃ العین حیدر (2) کرشن چندر
(3) خواجہ احمد عباس (4) علی عباس حسینی

30. "ناول زندگی کی کتاب ہوتا ہے۔" یہ قول کس کا ہے؟
(1) رالف فاکس (2) ہیزی جیمس
(3) ای ایم فاسٹر (4) ڈی ایچ لارنس

31. درج ذیل میں سے کون سا تصور شبلی کے تصور تنقید کا حصہ نہیں ہے؟
(1) احساس و ادراک (2) تشبیہ و استعارہ
(3) محاکات (4) اصلیت

32. "ایوانِ غزل" میں جیلانی بانو نے کس شہر کی تہذیب کی عکاسی کی ہے؟
(1) لکھنؤ (2) حیدر آباد
(3) رامپور (4) بھوپال

33. "طلسم اجرام و اجسام" کا تعلق کس داستان سے ہے؟
(1) مذہب عشق (2) بستانِ حکمت
(3) بوستانِ خیال (4) طوطی نامہ

34. "متنی تنقید" کس کی کتاب ہے؟
(1) تنویر احمد علوی (2) خلیق انجم
(3) قاضی عبد الودود (4) رشید حسن خان

35. "غزل جتنی بدنام ہے، اتنی مجھے عزیز ہے۔" کس کا قول ہے؟
(1) کلیم الدین احمد (2) رشید احمد صدیقی
(3) احتشام حسین (4) فراق گورکھپوری

36. "گئودان" کا کون سا کردار لو لگنے سے مرتا ہے؟
(1) گوبر (2) دھنیا
(3) پروفیسر مہتا (4) ہوری

37. اردو میں ڈرامے سب سے پہلے کہاں لکھے گئے؟
(1) دہلی (2) لکھنؤ
(3) بمبئی (4) لاہور

38. شاد عظیم آبادی کے مجموعے کا نام کیا ہے؟

(1) سروشِ مستی (2) محرابِ غزل
(3) نشاطِ روح (4) خفانِ آرزو

39. ''فیض کسی نظریے کا نہیں، احساس کا شاعر ہے۔'' کس کا قول ہے؟
(1) علی سردار جعفری (2) قمر رئیس
(3) ن۔م۔راشد (4) محمد حسن

40. جو صاحبِ تہذیب ہیں اور صاحبِ جوہر ان میں بھی نہیں قوم کے ہمدرد میسر
ہے سر میں ہوا حرص کی دل میں ہوسِ زر نے ملک کے حامی ہیں نہ ہی قوم کے رہبر
بس زر کی پرستش انہیں فرضِ ازلی ہے
بُت ہے تو یہی ہے، جو خدا ہے تو یہی ہے
مذکورہ بند کس شاعر کا ہے؟
(1) نظیر اکبر آبادی (2) الطاف حسین حالی
(3) چکبست (4) اقبال

41. پریم چند کون سا رسالہ نکالتے تھے؟
(1) دلگداز (2) ہنس
(3) زمانہ (4) نقوش

42. درج ذیل لوک گیت کے ٹکڑے کو قرۃ العین حیدر نے کس افسانے میں استعمال کیا ہے؟
کاگا سب تن کھائیو، چن چن کھائیو ماس
دوئی نیناں مت کھائیو، پیا ملن کی آس
(1) نظارہ درمیان ہے (2) فوٹو گرافر
(3) آوارہ گرد (4) روشنی کی رفتار

43. تاثراتی تنقید کو کس ناقد نے ''جدید تنقید'' یا ''تخلیقی تنقید'' کہا ہے؟
(1) اسپنگارن (2) والٹر پیٹر
(3) ٹی ایس ایلیٹ (4) آسکر وائلڈ

44. کون سا افسانوی مجموعہ پریم چند کا نہیں ہے؟
(1) واردات (2) زادِ راہ
(3) اَن داتا (4) پریم بتیسی

45. نظیر اکبر آبادی کہاں پیدا ہوئے؟
(1) آگرہ (2) لکھنؤ
(3) فتح پور سیکری (4) دہلی

46. ''انقلاب'' کس کا ناول ہے؟
(1) حیات اللہ انصاری (2) کرشن چندر
(3) خواجہ احمد عباس (4) شوکت صدیقی

47. منٹو نے اپنے افسانے ''کھول دو'' میں سکینہ کو کتنی بار مردہ قرار دیا ہے؟
(1) تین (2) چار
(3) دو (4) پانچ

48. ظہورِ نرگس و گل، جلوۂ سمیع و بصیر
نسیم نکہتِ گل، مظہرِ لطیف و خبیر
مذکورہ شعر کس کے قصیدے کا ہے؟
(1) سودا (2) ذوق
(3) مومن (4) مصحفی

49. مثنوی ''سحر البیان'' کس بحر میں لکھی گئی ہے؟
(1) بحرِ متقارب (2) بحرِ متدراک
(3) نہرج (4) مثمن

50. اللہ اللہ اسد اللہ کے نواسوں کا جلال
چاند سے چہروں پہ بَل کھائے ہوئے زلفوں کے بال
نیچے کاندھوں پہ رکھے ہوئے مانند ہلال
گرچہ بچپن تھا پہ رستم کو سمجھتے تھے وہ ژال
صف سے گھوڑوں کو بڑھا کر جو پلٹ جاتے تھے
مورچے لشکرِ کفار کے ہٹ جاتے تھے
یہ بند کس کے مرثیہ کا ہے؟
(1) مرزا سلامت علی دبیر (2) میر ببر علی انیس
(3) میر خلیق (4) مرزا سودا

Answers

Qns	Ans	Qns	Ans	Qns	Ans	Qns	Ans
(1)	4	(2)	2	(3)	2	(4)	1
(5)	3	(6)	1	(7)	1	(8)	2
(9)	3	(10)	3	(11)	2	(12)	4
(13)	2	(14)	3	(15)	1	(16)	3
(17)	1	(18)	4	(19)	3	(20)	3
(21)	3	(22)	4	(23)	1	(24)	3
(25)	2	(26)	3	(27)	2	(28)	4
(29)	2	30)	4	(31)	4	(32)	2
(33)	3	(34)	2	(35)	4	(36)	4
(37)	2	(38)	1	(39)	3	(40)	3
(41)	2	(42)	1	(43)	1	(44)	3
(45)	4	(45)	3	(47)	2	(48)	2
(49)	1	(50)	2				

نوٹ:-اس پرچہ میں پچھتر (75) معروضی سوالات ہیں ہر ایک کے لئے دو(2) مارکس مختص ہیں۔تمام سوالات کے جواب مطلوب ہیں۔

1. ''باغ وبہار'' کا پہلا درویش کس کا بیٹا تھا؟
(1) بادشاہ آزاد بخت (2) فارس کا شاہزادہ
(3) ملک التجار خواجہ احمد (4) عجم کا شاہزادہ

2. ان میں کون سی تصنیف رجب علی بیگ سرور کی نہیں ہے؟
(1) فسانۂ عجائب (2) مذہب عشق
(3) شرارِ عشق (4) شگوفۂ محبت

3. درج ذیل میں سے کون سا کردار ''فسانۂ عجائب'' کا نہیں ہے؟
(1) شہزادہ جان عالم (2) ملکہ مہر نگار
(3) محمودہ (4) انجمن آرا

4. شبلی کے خطوط کا تیسرا مجموعہ کس نے ترتیب دیا تھا؟
(1) سید سلیمان ندوی (2) منشی امین الدین زبیری
(3) عبدالسلام ندوی (4) صباح الدین عبدالرحمان

5. خواجہ امان دہلوی نے کس داستان کا ترجمہ کیا؟
(1) طلسمِ ہوش ربا (2) قصہ چہار درویش
(3) بوستانِ خیال (4) قصہ حاتم طائی

6. غزل کس زبان کا لفظ ہے؟
(1) ترکی (2) اُزبک
(3) عربی (4) ہندی

7. ''گلاب کی واپسی'' کس کا ڈرامہ ہے؟
(1) خواجہ احمد عباس (2) آغا حشر
(3) محمد مجیب (4) حبیب تنوری

8. ان میں سے کون سا مجموعہ مخدوم محی الدین کا نہیں ہے؟
(1) سرخ سویرا (2) رخسارِ سحر
(3) بساطِ رقص (4) گل تر

9. ''خطباتِ احمدیہ'' کل کتنے خطبات پر مشتمل ہے؟
(1) دس (2) بارہ
(3) چودہ (4) سولہ

10. ان میں سے کون سی مثنوی میر تقی میر کی نہیں ہے؟
(1) دریائے عشق (2) جوشِ عشق
(3) ہنگامۂ عشق (4) خواب وخیال

11. ''اندازِ نظر'' اور ''حرف آشنا'' کس کے شعری مجموعے ہیں؟
(1) سردار جعفری (2) معین جذبی
(3) مجاز (4) جان نثار اختر

12. یگانہ کی غزلوں کا انتخاب ''گنجینہ'' کس نے ترتیب دیا تھا؟
(1) کیفی اعظمی (2) علی سردار جعفری
(3) حسرت موہانی (4) پرانے خدا

13. کرشن چندر کے پہلے افسانوی مجموعے کا کیا نام ہے؟
(1) ہم وحشی ہیں (2) زندگی کے موڑ پر
(3) طلسمِ خیال (4) پُرانیا خُدا

14. ''سروری کے چوکے پر آج پھر صاف ستھری جازم بچھی تھی۔ٹوٹی کھپریل کی جھرّیوں سے دھوپ کے آڑھے ترچھے قتلے پورے دالان میں بکھرے ہوئے تھے۔محلّے ٹوٹے کی عورتیں خاموش اور سہمی بیٹھی تھیں جیسے بڑی واردات ہونے والی ہو۔''
مذکورہ عبارت کس کے افسانے کی ہے؟
(1) عصمت چغتائی (2) کرشن چندر
(3) احمد علی (4) سعادت حسن منٹو

15. پنجاب کے دیہات کی معاشرت کی عکاسی کس افسانہ نگار نے کی ہے؟
(1) پریم چند (2) راجندر سنگھ بیدی
(3) حیات اللہ انصاری (4) قاضی عبدالستار

16. خواجہ احمد عباس کا پہلا افسانہ کون سا ہے؟
(1) ایک لڑکی (2) نیلی ساڑی
(3) ابابیل (4) میں کون ہوں

17. بیرن! ہمری ناؤ پڑی بیچ سمندر دھار

کھیون ہار و چل بسے اب پار کرو کرتار

اس گیت کے ٹکڑے کو قرۃ العین نے اپنے کس ناول میں استعمال کیا ہے؟

(1) کارِ جہاں دراز ہے (2) چاندنی بیگم

(3) سفینۂ غمِ دل (4) میرے بھی صنم خانے

18. صدق خلیل بھی ہے عشق، صبر حسین بھی ہے عشق

معرکۂ وجود میں بدر و حنین بھی ہے عشق

(1) خضرِ راہ (2) مسجد قرطبہ

(3) طلوعِ اسلام (4) ذوق و شوق

19. درج ذیل میں سے کون سا مجموعہ جوش ملیح آبادی کا ہے؟

(1) کلیم (2) شعر انقلاب

(3) سریلی بانسری (4) حرف و حکایت

20. درج ذیل میں سے کون سی اصطلاح صوتیات سے متعلق نہیں ہے؟

(1) تلفظ کار (2) مقام تلفظ

(3) صوت کار (4) طریقۂ تلفظ

21. ان میں سے آغا حشر کاشمیری کا کون سا ڈراما المیہ ہے؟

(1) مارِ آستین (2) اسیر حرص

(3) آنکھ کا نشہ (4) رستم و سہراب

22. فضل دین منٹو کے کس افسانے کا کردار ہے؟

(1) ٹوبہ ٹیک سنگھ (2) نیا قانون

(3) کھول دو (4) غسل خانہ

23. ان میں سے کون افسانہ نگار فلم ساز بھی ہے؟

(1) علی عباس حسینی (2) قرۃ العین حیدر

(3) رشید جہاں (4) خواجہ احمد عباس

24. مرزا دبیر کی جائے پیدائش کہاں ہے؟

(1) لکھنؤ (2) دلّی

(3) فیض آباد (4) حیدر آباد

25. ''آثار الصنادید'' کا دوسرا ایڈیشن کس سن میں شائع ہوا؟

(1) 1850 (2) 1854

(3) 1853 (4) 1852

26. حبیب تنویر کا ڈراما ''آگرہ بازار'' سب سے پہلے کہاں اسٹیج ہوا؟

(1) دہلی یونیورسٹی کیمپس (2) جامعہ ملیہ اسلامیہ کیمپس

(3) سری رام سینٹر دہلی (4) این-ایس-ڈی-اوپن ایر تھیٹر

27. ''حقیقت کو اس کی مختلف شکلوں میں پہچاننے کے لیے ہر افسانے کے مواد کا مطالعہ سماجی اور معاشی رجحانات، طبقاتی تضاد اور جہدِ حیات کی روشنی میں کرنا چاہئے۔''

یہ کس تنقید نگار کا بیان ہے؟

(1) آل احمد سرور (2) احتشام حسین

(3) عابد علی عابد (4) محمد حسن

28. ''بانگ درا'' کی پہلی نظم کون سی ہے؟

(1) ترانۂ ملّی (2) ہمالہ

(3) ترانۂ ہندی (4) نیا شوالہ

29. عمل سے زندگی بنتی ہے جنت بھی جہنم بھی

یہ خاکی اپنی فطرت میں نہ نوری ہے نہ ناری ہے

یہ شعر اقبال کی کس نظم سے ماخوذ ہے؟

(1) شمع و شاعر (2) شمع و پروانہ

(3) طلوع اسلام (4) خضرِ راہ

30. آغا حشر کاشمیری کا پہلا ڈراما کون سا ہے؟

(1) آفتابِ محبت (2) بلوا منگل

(3) یہودی کی لڑکی (4) ترکی حور

31. حبشی مبارک اور بادشاہ ملک صادق کس داستان کے کردار ہیں؟

(1) فسانۂ عجائب (2) بوستانِ خیال

(3) آرائشِ محفل (4) باغ و بہار

32. ایمان کی سند ہے محبت حُسین کی مثلِ نماز فرض ہے طاعت حسین کی

ہفتاد حج ہیں ایک زیارت حسین کی واجب ہے کائنات پہ بیعت حسین کی

دنیا و دیں کا بیرتِ مولا سے چین ہے

ایمان، زبردست جناب حسین ہے

مذکورہ بند کس کے مرثیہ کا ہے؟

(1) سلامت علی دبیر (2) مرزا سودا

(3) میر ضاحک (4) میر انیس

33. نصیرالدین ہاشمی نے کس داستان کے بارے میں لکھا ہے ''یہ تصوف کی بہترین کتاب ہے، جس کو فرضی قصہ کے طور پر لکھا ہے۔''

(1) نوطرز مرصّع (2) سب رس

(3) قصہ مہر افروز و دلبر (4) باغ و بہار

34. انگارے کے مصنفین نفسیاتی نقطۂ نظر سے فرائڈ، فنی نقطہ نظرے سے جیمس جوائس اور معاشی نقطۂ نظر سے کارل مارکس کے مقلد تھے۔

یہ بیان کس ناقد کا ہے؟

(1) محمد حسن عسکری (2) کلیم الدین احمد

(3) آل احمد سرور (4) رشید احمد صدیقی

35. کس مثنوی کو دکنی زبان کا شاہنامہ قرار دیا گیا ہے؟

(1) گلشنِ عشق (2) علی نامہ

(3) تاریخ اسکندری (4) یوسف زلیخا

36. ذیل میں سے کون سا بیان پریم چند کا ہے؟

(1) ہمیں حسن کا معیار مقرر کرنا ہوگا

(2) ہمیں حُسن کا معیار تبدیل کرنا ہوگا

(3) ہمیں حسن کا معیار طئے کرنا ہوگا

(4) ہمیں حسن کا معیار بلند کرنا ہوگا

37. آگ ہے، اولادِ ابراہیم ہے، نمرود ہے
کیا کسی کو پھر کسی کا امتحاں مقصود ہے

اس شعر میں کس صنعت کا استعمال کیا گیا ہے؟

(1) استعارہ (2) تشبیہ

(3) تلمیح (4) کنایہ

38. میر انیس نے لکھنؤ سے باہر کہاں مرثیہ پڑھا تھا؟

(1) کلکتہ (2) دہلی

(3) بھوپال (4) حیدر آباد

39. ''قبال انسانیت کو فطرت کا محبوب ترین اور مکمل ترین جوہر سمجھتے ہیں۔ ان کے خیال میں فطرت ہستی ابھی خوب سے خوب تر کی جستجو میں ہے۔ ان کا فلسفۂ حیات زندگی اور موت دونوں کا ایک بلند تصور رکھتا ہے۔''

یہ رائے کس کی ہے؟

(1) آل احمد سرور (2) مجنوں گورکھپوری

(3) احتشام حسین (4) عزیز احمد

40. کلی پہ بیلے کی کس ادا سے پڑا ہے شبنم کا ایک موتی
نہیں، یہ ہیرے کی کیل پہنے کوئی پری مسکرا رہی ہے

اس شعر میں ہیرے کی کیل سے کیا مراد ہے؟

(1) بیلا (2) کلی

(3) شبنم کی بوند (موتی) (4) پری

41. ''غالب بحیثیت محقق'' کس کی تصنیف ہے؟

(1) عبدالرحمان بجنوری (2) رشید حسن خان

(3) مختار الدین احمد آرزو (4) قاضی عبدالودود

42. ''جس قید خانے میں جہاں صبح روز مسکراتی ہو، جہاں دوپہر روز چمکے، شفق ہر روز نکھرے، پرند ہر صبح و شام چہکیں، اسے قید خانہ ہونے پر بھی عیش و مسرت کے سامانوں سے خالی کیوں سمجھ لیا جائے؟''

مذکورہ عبارت کس کتاب سے لی گئی ہے؟

(1) نیرنگ خیال (2) غبارِ خاطر

(3) سی پارۂ دل (4) فردوسِ بریں

43. مرگریٹ، جیمس کرا کسلے اور میری پاول کس ناول کے کردار ہیں؟

(1) کارِ جہاں دراز ہے (2) اُداس نسلیں

(3) گریز (4) ایسی بلندی، ایسی پستی

44. قرۃ العین حیدر کی پیدائش کس شہر میں ہوئی؟

(1) بجنور (2) علی گڑھ

(3) لکھنؤ (4) دہلی

45. کون سی تنقیدی کتاب احتشام حسین کی نہیں ہے؟

(1) تنقیدی جائزے (2) تنقید اور عملی تنقید

(3) تنقیدی تناظر (4) ذوقِ ادب اور شعور

46. کس داستان کا ترجمہ انگریزی، فرانسیسی، پرتگالی زبانوں میں ہوا؟

(1) داستان امیر حمزہ (2) بوستانِ خیال

(3) باغ و بہار (4) فسانۂ عجائب

47. ہندوستانی ترقی پسند ادیبوں کی انجمن کے پہلے صدر کون مقرر ہوئے؟

(1) محمد دین تاثیر (2) اقبال

(3) ملک راج آنند (4) سجاد ظہیر

48. ''سیر زندگی'' کس کا مضمون ہے؟

(1) حالی (2) پطرس بخاری

(3) شبلی (4) محمد حسین آزاد

49. شورسینی پراکرت کا مرکز کہاں تھا؟

(1) حیدرآباد (2) لاہور

(3) متھرا (4) کلکتہ

50. ''میں ایک میاں ہوں۔'' کس کا انشائیہ ہے؟

(1) کنہیالال کپور (2) فرحت اللہ بیگ

(3) رشید احمد صدیقی (4) پطرس بخاری

51. ''ڈاسنہ اسٹیشن کا مسافر'' کس شاعر کی نظم ہے؟

(1) فیض (2) مجاز

(3) اختر الایمان (4) جان نثار اختر

52. تیری آمد کی تصدق، ترے جلوؤں کے نثار

آ، مری قبر پہ آ، حشر کا سامان بھی لا

کس کا شعر ہے؟

(1) حسرت (2) فانی

(3) فراق (4) شاد

53. ''فریبِ ہستی'' اور ''سہاگن بیوہ'' کس شاعر کی نظمیں ہیں؟

(1) حالی (2) سرور جہان آبادی

(3) چکبست (4) جوش ملیح آبادی

54. ''جانوروں میں گدھا سب سے بے وقوف سمجھا جاتا ہے۔ جب ہم کسی کو پرلے درجے کا احمق کہنا چاہتے ہیں تو اُسے گدھا کہتے ہیں۔''

یہ عبارت کس کے افسانے کی ہے؟

(1) کرشن چند (2) پریم چند

(3) حیات اللہ انصاری (4) سعادت حسن منٹو

55. ''اندر سبھا امانت'' میں کتنی پریاں ہیں؟

(1) تین (2) پانچ

(3) چار (4) چھ

56. ''مستقبل'' اور ''مدرسہ علی گڑھ'' کس کی نظمیں ہیں؟

(1) محمد حسین آزاد (2) شبلی نعمانی

(3) الطاف حسین حالی (4) اکبرالہ آبادی

57. ثناء اللہ کس شاعر کا اصلی نام ہے؟

(1) ن-م-راشد (2) میراجی

(3) اختر الایمان (4) جان نثار اختر

58. قرۃ العین حیدر کے ناولوں کی زمانی لحاظ سے کون سی ترتیب درست ہے؟

(1) آگ کا دریا، آخر شب کے ہم سفر، سفینۂ غمِ دل، میرے بھی صنم خانے

(2) میرے بھی صنم خانے، آخر شب کے مسافر، آگ کا دریا، سفینۂ غمِ دل

(3) میرے بھی صنم خانے، آگ کا دریا، صفینۂ غمِ دل، آخر شب کے ہم سفر

(4) میرے بھی صنم خانے، سفینۂ غمِ دل، آگ کا دریا، آخر شب کے ہم سفر

59. ''نقد الشعر'' کا مصنف کون ہے؟

(1) قدامہ ابن جعفر (2) جاحظ

(3) ابن قتیبہ (4) ابن خلدون

60. شبیہ الحسن کا تعلق کس تنقیدی دبستان سے ہے؟

(1) مارکسی تنقید (2) اسلوبیاتی تنقید

(3) جمالیاتی تنقید (4) نفسیاتی تنقید

61. تصنیف ''دھونیہ لوک'' میں دھونی کا نظریہ کس نے پیش کیا ہے؟

(1) ابھینو گپت (2) آچاریہ بھٹنا یک

(3) آنند وردھن (4) آچاریہ شنکک

62. اردو کی کس معروف مثنوی میں ''مذہب عشق'' کا نثری قصہ منظوم ہوا ہے؟

(1) خواب و خیال (2) قطب مشتری

(3) گلشنِ عشق (4) گلزارِ نسیم

63. غالب نے کس شہر کو اپنے خط میں ''دارالسرور'' کے نام سے یاد کیا ہے؟

(1) بنارس (2) لکھنؤ

(3) رام پور (4) کلکتہ

64. مرزا صاحب! میں نے وہ تحریر ایجاد کی کہ مراسلہ کو مکالمہ بنا دیا۔ مرزا صاحب سے کون مراد ہے؟

(1) مرزا تفتہ (2) مرزا حاتم علی مہر

(3) مرزا قادر بخش (4) مرزا یوسف

65. ''دونوں (غالب اور گوئٹے) اقلیم سخن کے شہنشاہ ہیں۔ تہذیب و تمدن، تعلیم، تربیت، فطرت، کوئی زندگی کا ایسا پہلو نہیں جس پر دونوں کا اثر نہ پڑا ہو......شاعری کا دونوں پر خاتمہ ہو گیا۔''

یہ خیالات کس ناقد کے ہیں؟

(1) عبدالحلیم شرر (2) آل احمد سرور

(3) عبدالرحمان بجنوری (4) مالک رام

66. سر سید نے ''آئین اکبری'' پر تفریظ لکھنے کی فرمائش کس سے کی تھی؟

(1) شبلی (2) حالی

(3) غالب (4) مولانا صہبائی

67. ''خمخانۂ جاوید'' کیا ہے؟

(1) تنقید (2) تذکرہ

(3) سوانح (4) خودنوشت

68. ناول ''فسانۂ آزاد'' کس اخبار میں قسط وار چھپا؟

(1) اودھ پنچ (2) اودھ اخبار

(3) اُردو اخبار (4) جامِ جہاں نما

69. قصیدے کا دوسرا جزو کیا کہلاتا ہے؟

(1) مدح (2) تشبیب

(3) گریز (4) دعا

70. شمالی ہند میں شعرائے اُردو کا پہلا تذکرہ کون سا ہے؟

(1) مخزنِ نکات (2) تذکرہ گردیزی

(3) تذکرہ میر حسن (4) نکات الشعراء

71. کرشن چندر کے افسانے ''اَن داتا'' کا موضوع کیا ہے؟

(1) انقلابِ روس (2) پہلی جنگِ عظیم

(3) تقسیمِ ہند (4) قحطِ بنگال

72. ''عیارستان'' کس کی کتاب ہے؟

(1) مختارالدین احمد (2) مالک رام

(3) قاضی عبدالودود (4) امتیاز علی خان عرشی

73. ذیل میں سے کون سا تذکرہ پروفیسر محمود شیرانی نے مرتب کیا ہے؟

(1) تذکرہ مجموعۂ احمد (2) تذکرہ مسرت افزا

(3) تذکرہ دستورالفصاحت (4) تذکرہ گلشنِ ہند

74. ''ادبی تحقیق: مسائل و تجزیہ'' کس کی کتاب ہے؟

(1) محی الدین قادری زور (2) قاضی عبدالودود

(3) رشید حسن خان (4) امتیاز علی خان عرشی

75. ان میں سے کون سی کتاب ڈاکٹر محی الدین قادری زور کی ہے؟

(1) تزکِ جہانگیری (2) عاشورنامہ

(3) اصولِ تحقیق (4) اُردو شہ پارے

Answers

Qns	Ans	Qns	Ans	Qns	Ans	Qns	Ans
(1)	3	(2)	2	(3)	3	(4)	2
(5)	3	(6)	3	(7)	1	(8)	2
(9)	2	(10)	3	(11)	4	(12)	2
(13)	3	(14)	1	(15)	2	(16)	3
(17)	2	(18)	4	(19)	4	(20)	3
(21)	4	(22)	1	(23)	4	(24)	2
(25)	2	(26)	2	(27)	2	(28)	2
(29)	3	30)	1	(31)	4	(32)	1
(33)	2	(34)	3	(35)	2	(36)	2
(37)	3	(38)	4	(39)	1	(40)	3
(41)	4	(42)	2	(43)	3	(44)	2
(45)	3	(45)	3	(47)	3	(48)	4
(49)	3	(50)	4	(51)	3	(52)	2
(53)	4	(54)	2	(55)	3	(56)	4
(57)	2	(58)	4	(59)	1	(60)	4
(61)	3	(62)	4	(63)	3	(64)	2
(65)	3	(66)	3	(67)	2	(68)	2
(69)	3	(70)	4	(71)	4	(72)	3
(73)	1	(74)	3	(75)	4		

نوٹ:-اس پرچہ میں پچاس (50) معروضی سوالات ہیں جن میں ہر ایک کے لئے دو (2) مارکس مختص ہیں۔تمام سوالات کے جواب مطلوب ہیں۔

1. محمد قلی قطب شاہ نے اپنے کلیات میں کل کتنے تخلص استعمال کئے ہیں؟
(1) بارہ (2) پندرہ
(3) سترہ (4) بیس

2. ذیل کے کس فکشن نگار کی کہانیوں میں جیمس جوائس اور ورجینا وولف کا اثر واضح طور پر نظر آتا ہے؟
(1) قرۃ العین حیدر (2) منٹو
(3) خواجہ احمد عباس (4) کرشن چندر

3. ''لمبی سڑک'' کس کا افسانوی مجموعہ ہے؟
(1) کرشن چندر (2) راجندر سنگھ بیدی
(3) عصمت چغتائی (4) قرۃ العین حیدر

4. بے نظیر اور بدر منیر کے راز محبت کی خبر ماہ رخ پری کو کس نے دی؟
(1) جن (2) نجم النساء
(3) دیو (4) کل کا گھوڑا

5. نظیر اکبر آبادی نے کس عمر اور سنہ میں وفات پائی؟
(1) 1825ء-75 برس (2) 1827ء-80 برس
(3) 1830ء-90 برس (4) 1835ء-94 برس

6. نہ گورِ سکندر ہے نہ قبر دارا + مٹے ناموں کے نشان کیسے کیسے
یہ شعر کس کا ہے؟
(1) مجروح (2) جوش
(3) حسرت (4) آتش

7. ذیل میں سے کس کتاب کا تعلق مثنوی سے نہیں ہے؟
(1) دریائے عشق (2) شعلۂ عشق
(3) آتشیں پیرہن (4) مرثیہ مُرغ

8. نظم ''ابلیس کی مجلسِ شوریٰ'' اقبال کے کس شعری مجموعہ سے ماخوذ ہے؟
(1) بانگِ درا (2) بالِ جبرئیل
(3) ضربِ کلیم (4) ارمغانِ حجاز

9. خطوط غالب کی وہ کون سی خصوصیت ہے جو بیک نظر متاثر کرتی ہے؟
(1) تصوف کے مضامین (2) عشقیہ تصورات
(3) بے تکلف اندازبیاں اور بذلہ سنجی (4) محیّر العقول واقعات

10. درج ذیل میں سے کون اقبال کا شارح ہے؟
(1) شمس الرحمن فاروقی (2) حامدی کاشمیری
(3) یوسف سلیم چشتی (4) نظم طباطبائی

11. کون سا ڈرامہ محمد حسن کا نہیں ہے؟
(1) یہ کس کا خون ہے (2) مور پنکھی
(3) تماشا اور تماشائی (4) ضحاک

12. نہ پوچھ حال مرا، چوب خشک صحرا ہوں + لگا کے آگ مجھے کارواں روانہ ہوا
یہ شعر کس کا ہے؟
(1) شاد (2) ناسخ
(3) مومن (4) آتش

13. اس میں پطرس کا انشائیہ کون سا ہے؟
(1) کُتّے (2) ارہر کا کھیت
(3) مچھر (4) عالم بالا

14. ان میں سے کون سا کردار افسانہ ''دبّل'' کا نہیں ہے؟
(1) درباری لال (2) بہاری لال
(3) سیتا (4) رام لال

15. المیہ کو تمام اصنافِ ادب کا جوہر کس نے کہا ہے؟
(1) ارسطو (2) افلاطون
(3) جانسن (4) دانتے

16. خواجہ میر درد کا مدفن کہاں ہے؟
(1) حیدرآباد (2) لکھنؤ
(3) دہلی (4) رام پور

17. جب شاعر کسی شعر کے دونوں مصرعوں میں ہم وزن الفاظ علی الترتیب لائے تو اس صنعت کو کیا کہیں گے؟
(1) توسیع (2) تفریع
(3) ترصیع (4) تلمیح

18. ''ہماری کسوٹی پر اب وہ کھرا اترے گا جس میں تفکر ہو، آزادی کا جذبہ ہو، حُسن کا جوہر ہو، تعمیر کی روح ہو، زندگی کی حقیقتوں کی روشنی ہو۔''
یہ کس کا قول ہے؟
(1) سر سید احمد خان (2) منشی پریم چند
(3) آل احمد سرور (4) ممتاز حسین

19. مندرجہ ذیل میں منظوم ڈراما کون سا ہے؟
(1) انارکلی (2) اندر سبھا
(3) کھیتی (4) ضحاک

20. آغا حشر کاشمیری کہاں پیدا ہوئے؟
(1) لاہور (2) کشمیر
(3) بنارس (4) لکھنؤ

21. امیر تیمور سے بہادر شاہ ظفر تک بادشاہوں کے حالات سرسید کی کس تصنیف میں درج ہیں؟
(1) آثارالصنادید (2) تبیین الکلام
(3) اسباب بغاوت ہند (4) جام جم

22. سرسید نے سائنٹفک سوسائٹی کے لئے کون سا میگزین جاری کیا تھا؟
(1) تہذیب الاخلاق (2) سید الاخبار
(3) علی گڑھ انسٹی ٹیوٹ گزٹ (4) صدائے علی گڑھ

23. ''اسے تو بس تم اور میں ہی پڑھیں گے۔ تم اس لئے کہ اس کے مصنف ہو اور میں اس لئے کہ تمہارا استاد ہوں۔'' آتش نے یہ جملہ کس سے مخاطب ہو کر کہا تھا؟
(1) امیر مینائی (2) دیا شنکر نسیم
(3) شوق لکھنوی (4) میر انیس

24. ان میں سے کون سا بیان درست ہے؟
(1) وہ گپ بھی ہانک دے تو سند معلوم ہوتی ہے۔
(2) حالی سے پہلے ہماری شاعری دل والوں کی دنیا تھی۔
(3) غالب کو خدائے سخن کہا جاتا ہے۔
(4) اُردو ادب کی تنقیدی تاریخ کے مصنف ڈاکٹر اعجاز حسین ہیں۔

25. ''یادیں'' اور ''بنتِ لمحات'' کس شاعر کے مجموعہ کلام ہیں
(1) سردار جعفری (2) جان نثار اختر
(3) جوش (4) اختر الایمان

26. کس مزاح نگار کی تحریروں میں علی گڑھ جا بہ جا جلوہ گر ہوتا ہے؟
(1) رشید احمد صدیقی (2) پطرس بخاری
(3) مرزا فرحت اللہ بیگ (4) کنہیا لال کپور

27. مثنوی ''قطب مشتری'' میں کون سی پری شہزادہ محمد قلی پر عاشق ہوتی ہے؟
(1) سبز پری (2) جل پری
(3) گلفام پری (4) مہتاب پری

28. ''سب رس'' کس بادشاہ کی فرمائش پر لکھی گئی
(1) ابراہیم قطب شاہ (2) عبداللہ قطب شاہ
(3) محمد قطب شاہ (4) سلطان قلی قطب شاہ

29. مثنوی ''سیف الملوک و بدیع الجمال'' کا سنہ تصنیف کیا ہے
(1) 1033ھ (2) 1035ھ
(3) 1037ھ (4) 1039ھ

30. ''گلشن عشق'' کی ہیروئین مدمالتی کس راجہ کی بیٹی تھی؟
(1) رام راج (2) راجہ سورمل
(3) راجہ ٹوڈرمل (4) دھرم راج

31. سودا کو اُردو قصیدہ کا ''نقاشِ اول'' کس نے کہا ہے؟
(1) میر تقی میر (2) شیفتہ
(3) مصحفی (4) محمد حسین آزاد

32. ''رنگ سانولا، چیچک کے داغ بہت تھے۔ کہتے تھے کہ نو دفعہ چیچک نکلی تھی۔ مگر رنگت اور داغ کچھ ایسے مناسب اور موزوں واقع ہوئے تھے کہ چمکتے تھے اور بھلے معلوم ہوتے تھے۔'' ذوق کے بارے میں یہ کس کا قول ہے؟
(1) شبلی (2) حالی
(3) محمد حسین آزاد (4) غالب

33. ''مرثیہ کے ذریعہ اخلاق کی بہترین تعلیم دی جا سکتی ہے۔'' یہ کس کا قول ہے؟
(1) مرزا دبیر (2) میر انیس
(3) حالی (4) غالب

34. کلیم الدین احمد نے کس نقاد کے لئے کہا ہے کہ اس کے خیالات ماخوذ اور نظر سطحی ہے؟
(1) آل احمد سرور (2) مجنوں گورکھپوری
(3) شبلی (4) حالی

35. ''ادب کا مقصد نہ ذہنی عیاشی سمجھتا ہوں، نہ اشتراکیت کا پرچار۔'' یہ کس کا قول ہے؟
(1) محمد حسن (2) شمس الرحمٰن فاروقی
(3) آل احمد سرور (4) احتشام حسین

36. درج ذیل میں سید احتشام حسین کی کتاب نشان زد کیجئے۔
(1) فکر روشن (2) ذوقِ ادب اور شعور
(3) تخلیق و تنقید (4) ادب اور سماجیات

37. درّاج کی پرواز میں ہے شرکت شاہیں
حیرت میں ہے صیاد یہ شاہیں ہے کو درّاج

درج بالا شعر میں درّاج سے کس پرندے کی طرف اشارہ ہے؟

(1) کبوتر (2) زاغ

(3) بٹیر (4) تیتر

38. ان میں سے اقبال کی کون سی نظم ماخوذ نہیں ہے؟

(1) ایک مکڑا اور مکھی (2) ایک پہاڑ اور گلہری

(3) ابر کہسار (4) بچے کی دعا

39. "زمانے نے اس کی سحر البیانی پر تمام شعراء اور تذکرہ نویسوں سے محضر شہادت لکھوایا" محمد حسین آزاد نے یہ جملہ کس مثنوی کے تعلق سے کہا تھا؟

(1) گلزارِ نسیم (2) زہرِ عشق

(3) سحر البیان (4) خواب وخیال

40. اِن میں سے سعادت حسن منٹو کا خاکوں پر مشتمل مجموعہ کون سا ہے؟

(1) سیاہ حاشیئے (2) نمرود کی خدائی

(3) گنجے فرشتے (4) خالی بوتلیں، خالی ڈبے

41. کس افسانے کی تخلیق پر عصمت چغتائی پر فحاشی کا الزام لگا اور انھیں معطون کیا گیا؟

(1) ننھی نانی (2) لحاف

(3) بچھو پھوپی (4) کلیاں

42. حاتم کو "مردِ جاہل"، کس تذکرے میں کہا گیا ہے؟

(1) گلشنِ ہند (2) مخزنِ نکات

(3) نکات الشعراء (4) گلشن بے خار

43. ولی کا وہ ہم عصر شاعر کون ہے جس کا ذکر خود ولی نے اپنے کلام میں کیا ہے؟

(1) سید محمد فراقی (2) سراج اورنگ آبادی

(3) فقیر اللہ آزاد (4) داؤد اورنگ آبادی

44. "ادب کی بہت سی تعریفیں کی گئی ہیں لیکن میرے خیال میں اس کی بہترین تعریف تنقید حیات ہے۔" یہ کس کا قول ہے؟

(1) آل احمد سرور (2) رشید احمد صدیقی

(3) ڈاکٹر ملک راج آنند (4) پریم چند

45. ان میں سے کون سا ڈراما آغا حشر کا نہیں ہے؟

(1) زودِ پشیماں (2) آنکھ کا نشہ

(3) بلوا منگل (4) سیتا بن باس

46. ڈراما انارکلی کس سنہ میں لکھا گیا؟

(1) 1922ء (2) 1924ء

(3) 1928ء (4) 1932ء

47. عشق کی گرمی سے ہے معرکۂ کائنات

علم مقام صفات، عشق تماشائے ذات

عشق سکون وثبات، عشق حیات وممات

علم ہے پیدا سوال عشق ہے پنہاں جواب

درج بالا اشعار اقبال کے کس شعری مجموعے سے ماخوذ ہے؟

(1) بانگِ درا (2) بال جبرئیل

(3) ضرب کلیم (4) ارمغانِ حجاز

48. اقبال نے اپنی نظم میں غالب کو کس شاعر کا ہم نوا بتایا ہے؟

(1) کیٹس (2) ورڈس ورتھ

(3) شکشپیر (4) گوئٹے

49. "محمد حسین آزاد میں تنقید کا مادہ بالکل نہیں ہے۔" یہ قول کس سے منسوب ہے؟

(1) سید احتشام حسین (2) شمس الرحمٰن فاروقی

(3) کلیم الدین احمد (4) آل احمد سرور

50. اقبال کو فاشسٹ شاعر کس نے کہا تھا؟

(1) علی سردار جعفری (2) ممتاز حسین

(3) اختر حسین رائے پوری (4) وارث علوی

Answers

Qns	Ans	Qns	Ans	Qns	Ans	Qns	Ans
(1)	3	(2)	1	(3)	2	(4)	3
(5)	3	(6)	4	(7)	3	(8)	4
(9)	3	(10)	3	(11)	1	(12)	4
(13)	1	(14)	4	(15)	1	(16)	3
(17)	3	(18)	2	(19)	2	(20)	3
(21)	4	(22)	3	(23)	2	(24)	2
(25)	4	(26)	1	(27)	4	(28)	2
(29)	2	30)	4	(31)	3	(32)	3
(33)	3	(34)	4	(35)	3	(36)	2
(37)	4	(38)	3	(39)	3	(40)	3
(41)	2	(42)	3	(43)	1	(44)	4
(45)	1	(45)	1	(47)	3	(48)	4
(49)	3	(50)	3				

نوٹ:-اس پرچہ میں پچھتر (75) معروضی سوالات ہیں ہر ایک کے لئے دو (2) مارکس مختص ہیں۔ تمام سوالات کے جواب مطلوب ہیں۔

1. ''مثنوی پھول بن'' میں سمن بر کس کی بیٹی ہے؟
(1) کنچن پٹن کے بادشاہ (2) ملکِ خراساں کے پردھان
(3) ختن کے سوداگر (4) ملکِ عجم کے بادشاہ

2. محمد حسین آزاد کے دماغ تک انگریزی لالٹینوں کی روشنی نہ پہنچنے کی بات کس نقاد نے کہی تھی؟
(1) کلیم الدین احمد (2) احتشام حسین
(3) آل احمد سرور (4) شمس الرحمٰن فاروقی

3. ''خواب وخیال'' کس کی مثنوی ہے؟
(1) مصحفی (2) میر تقی میر
(3) میر حسن (4) قائم

4. افسانہ ''ہتک'' میں میونسپل کمیٹی کے داروغۂ صفائی کو سوگندھی کس نام سے پکارتی ہے؟
(1) دلال (2) ساہوکار
(3) سیٹھ (4) حولدار

5. یہ ذیلی عنوان کس مثنوی کا ہے؟
''داستان تیاری میں باغ کی''
(1) گلزارِ نسیم (2) زہرِ عشق
(3) پھول بن (4) سحر البیان

6. ''لندن کی ایک رات'' میں جین سے عشق کون کرتا ہے؟
(1) اعظم (2) راؤ
(3) عارف (4) خان صاحب

7. اِن میں کون سا کردار ''فسانۂ آزاد'' کا نہیں ہے؟
(1) آزاد (2) حسن آرا
(3) نازو (4) نواب امین الدین حیدر

8. ''ضمائر کے لیے وافر الفاظ کس زبان کی لسانی خصوصیت ہے؟
(1) دکنی اُردو (2) اودھی
(3) گجری (4) مراٹھی

9. ''لٹریری قابلیت کے لحاظ سے مرزا جیسا جامع حیثیات آدمی خسرو اور فیضی کے بعد آج تک ہندوستان کی خاک سے نہیں اٹھا۔''
یہ عبارت کس کتاب سے ماخوذ ہے؟
(1) مقالاتِ سرسید (2) مقالاتِ شبلی
(3) یادگارِ غالب (4) غبارِ خاطر

10. کتاب ''مضامین رشدی'' میں کل کتنے مضامین ہیں؟
(1) 19 (2) 20
(3) 22 (4) 23

11. ''ایک چادر میلی سی'' کس رسالے میں دو قسطوں میں شائع ہوا تھا؟
(1) نگار (2) نقوش
(3) زمانہ (4) سوغات

12. ماگدھی پراکرت کا چلن کس علاقے میں تھا؟
(1) جنوبی بہار (2) متھرا
(3) دلی اور اُس کے گرد و نواح (4) پنجاب

13. ''غبارِ خاطر'' کے پہلے ایڈیشن کا دیباچہ کس نے لکھا تھا؟
(1) حکیم اجمل خان (2) حبیب الرحمٰن خان شیروانی
(3) مولانا عبدالماجد دریا آبادی (4) مولانا شوکت علی

14. ''مضامین پطرس'' کے کس مضمون کا کردار امجد ہے؟
(1) ہاسٹل میں پڑھنا (2) انجام بخیر
(3) میں ایک میاں (4) سنیما کا عاشق

15. ''پھول بن'' میں کس نے اپنا روپ جوگن کا بنایا؟
(1) ملک آرا (2) مانی
(3) سمن بر (4) ہمایوں فال

16. ناول ''توبۃ النصوح'' کا بنیادی موضوع کیا ہے؟
(1) تعددِ ازدواج کی خرابی۔

(2) بیواؤں کے نکاحِ ثانی کی ضرورت۔

(3) تربیتِ اولاد، والدین کی ذمہ داری

(4) آدابِ معاشرت میں دوسری قوموں کی تقلید نہ کرنا

17. ''کریم'' کس ناول کا کردار ہے؟

(1) ٹیڑھی لکیر (2) فردوسِ بریں

(3) توبتہ النصوح (4) امراؤجان ادا

18. ''مجموعہ نظم حالی'' میں کل کتنی نظمیں شامل ہیں؟

(1) پندرہ (2) سولہ

(3) سترہ (4) اٹھارہ

19. اِن میں سے کون سی نظم محمد حسین آزاد کی نہیں ہے؟

(1) حسرتِ وطن (2) خاکِ وطن

(3) یادِ وطن (4) مادرِ وطن

20. نوشابہ اور فریدون محمد حسن کے کس ڈرامے کے کردار ہیں؟

(1) محل سرا (2) فٹ پاتھ کے شہزادے

(3) ضحاک (4) کہرے کا چاند

21. اگر اس لڑکے کو کوئی کامل استاد مل گیا اور اس نے اس کو سیدھے راستے
پر ڈال دیا تو لاجواب شاعر بن جائے گا ورنہ مہمل بکنے لگے گا۔''
یہ عبارت کس کتاب سے ماخوذ ہے؟

(1) خطوط غالب (2) سی پارۂ دل

(3) نیرنگِ خیال (4) یادگارِ غالب

22. ان میں سے کون سی کتاب تقابلی مطالعہ کی اچھی مثال ہے؟

(1) مقدمہ شعروشاعری (2) مقدمہ تاریخ زبان اُردو

(3) موازنہ انیس ودبیر (4) آب حیات

23. اشتراکی نظریے پر مبنی تنقید کا تعلق کس تنقیدی دبستان سے ہے؟

(1) تاثراتی تنقید (2) ساختیاتی تنقید

(3) مارکسی تنقید (4) سائنٹی فک تنقید

24. مولانا محمد حسین آزاد کی کون سی کتاب تمثیلی اسلوب میں لکھی گئی ہے؟

(1) آب حیات (2) سخن دانِ فارس

(3) دربارِ اکبری (4) نیرنگ خیال

25. شبلی نعمانی کے تنقیدی نظریات کی کون سی دو اہم خصوصیات ہے؟

(1) اصلیت وادراک (2) مطالعۂ کائنات اور تفحصِ الفاظ

(3) سادگی اور جوش (4) محاکات اور تخیل

26. واجد علی شاہ کے پہلے ڈرامے کا نام کیا ہے؟

(1) پری خانہ (2) جوگیا میلے

(3) رادھا کنھیا کا قصہ (4) چھتیس ایجادی رہس

27. مرزا دبیر کس کے شاگرد تھے؟

(1) خلیق (2) آتش

(3) ضمیر (4) دلگیر

28. کس نے ''زندگی کے لیے تنقید کو اتنا ہی ضروری بتایا جتنی کہ سائنس''؟

(1) میتھو آرنلڈ (2) جانسن

(3) ایلیٹ (4) افلاطون

29. میتھو آرنلڈ نے کس بنیاد پر گوئٹے کو بائرن پر ترجیح دی ہے؟

(1) تخلیقی شعود (2) تحقیقی شعور

(3) تنقیدی شعور (4) تبلیغی شعور

30. دانتے کی شہرۂ آفاق کتاب کا نام کیا ہے؟

(1) قانون (2) پیراڈائزلاسٹ

(3) ڈیوائن کامیڈی (4) نشاۃ الثانیہ

31. ''نکات الشعراء'' کے مرتب کون ہیں؟

(1) حبیب الرحمٰن خان شیروانی (2) شمس الرحمٰن فاروقی

(3) خلیق انجم (4) رشید حسن خان

32. ''ناٹیہ شاستر'' کس کی تصنیف ہے؟

(1) ابھینو گیت (2) بھرت منی

(3) آنندوردھن (4) آچاریہ شنکک

33. مراثی انیس کی کل کتنی جلدیں ہیں؟

(1) تین (2) چار

(3) پانچ (4) چھے

34. ''کفِ گل فروش'' کیا ہے؟

(1) داستان (2) سوانح

(3) مکتوب (4) افسانے

35. ان میں سے کس ناول کا عنوان کسی مصرعے کے ٹکڑے پر نہیں ہے؟
(1) گردشِ رنگِ چمن (2) میرے بھی صنم خانے
(3) آگ کا دریا (4) چاندنی بیگم

36. ''ٹیڑھی لکیر'' کس کا افسانہ ہے؟
(1) عصمت (2) منٹو
(3) بیدی (4) احمد علی

37. ان میں سے کون سا جرو شعور کی رو کی تکنک کا حصّہ نہیں ہے؟
(1) خود کلامی (2) آزاد تلازمۂ خیال
(3) براہ راست اندرونی خود کلامی (4) مکالمہ

38. کون سا افسانہ عصمت چغتائی کا نہیں ہے؟
(1) بچھو پھوپھی (2) عشق پر زور نہیں
(3) نورو نار (4) ننھی کی نانی

39. ٹرین مغربی جرمنی کی سرحد میں داخل ہو چکی تھی۔ حد نظر تک لالہ کے تختے لہلہا رہے تھے۔ دیہات کی شفاف سڑکوں پر کاریں زناٹے سے گزرتی جاتی تھیں۔ ندیوں میں بطخیں تیر رہی تھیں۔
یہ عبارت قرۃ العین حیدر کے کس افسانے سے ماخوذ ہے؟
(1) جلاوطن (2) یہ غازی، یہ تیری پُر اسرار بندے
(3) ہاؤسنگ سوسائٹی (4) ستاروں سے آگے

40. افسانہپ ''کالو بھنگی'' میں خلجی کی حیثیت کیا ہے؟
(1) ڈاکٹر (2) کمپاؤنڈر
(3) اسٹور کیپر (4) سوئپر

41. ناول'' آگ کا دریا'' کا عنوان کس شاعر کے شعر سے ماخوذ ہے؟
(1) جگر مراد آبادی (2) فراق گورکھپوری
(3) فیض احمد فیض (4) مرزا غالب

42. ''شعلۂ طور'' اور'' آتش گل''، کس کے شعری مجموعے ہیں؟
(1) فانی بدایونی (2) اصغر گونڈوی
(3) جگر مراد آبادی (4) حسرت موہانی

43. ''سورداس'' پریم چند کے کس ناول کا کردار ہے؟
(1) چوگانِ ہستی (2) میدانِ عمل
(3) گوشۂ عافیت (4) جلوۂ ایثار

44. افسانہ'' جلاوطن''، قرۃ العین حیدر کے کس افسانوی مجموعہ میں شامل ہے؟
(1) ستاروں سے آگے (2) شیشے کا گھر
(3) پت جھڑ کی آواز (4) روشنی کی رفتار

45. ''نذیر احمد نے مراۃ العروس لکھ کر زمانہ سوسائیٹی پر ایک اتہام باندھا ہے۔'' یہ قول کس کا ہے؟
(1) حالی (2) شبلی
(3) سرسید (4) محمد حسین آزاد

46. حالیؔ کو اُردو کا ڈرائیڈن کس نے کہا تھا؟
(1) احتشام حسین (2) آل احمد سرور
(3) مجنوں گورکھپوری (4) کلیم الدین احمد

47. پریم چند کا پہلا افسانہ'' دنیا کا انمول رتن'' کس سنہ میں لکھا گیا؟
(1) 1904 (2) 1905
(3) 1906 (4) 1907

48. ''دریائے لطافت'' کا موضوع کیا ہے؟
(1) قرونِ اولیٰ کی تاریخ (2) درسِ اخلاق
(3) زبان وقواعد (4) فلسفۂ تعلیم

49. ''آگ کا دریا'' 30 فیصدی شاعری اور ستر فیصد نثر ہے؟ یہ کس کا قول ہے؟
(1) محمد حسن (2) سید احتشام حسین
(3) شمس الرحمٰن فاروقی (4) آل احمد سرور

50. ''اودھ پنچ'' کیا تھا؟
(1) دہلی کا ماہانہ رسالہ (2) لکھنؤ کا ہفت روزہ اخبار
(3) اُردو کا سائنسی رسالہ (4) ایک جاسوسی اخبار

51. صنفی لحاظ سے کون سا زمرہ درست ہے؟
(1) امراؤ جان ادا، فردوسِ بریں، قریبِ عمل، سیب کا درخت

(2) خیالستان، پردۂ غفلت، باپ کا گناہ، میدانِ عمل

(3) زندگی کے موڑ پر، باسی پھول، ہمارا گاؤں، دل فروش

(4) کھیتی، صیدِ زبوں، گناہ کی دیوار، پیسہ اور پرچھائیں

52. دیپالی سرکار کس ناول کا کردار ہے؟

(1) خدا کی بستی (2) آخرِ شب کے ہم سفر

(3) شریف زادہ (4) آگ کا دریا

53. آبِ حیات کے کس دور میں میر تقی میر کا ذکر ہوا ہے؟

(1) تیسرے (2) چوتھے

(3) پانچویں (4) پہلے

54. انجمن پنجاب، لاہور کے دوسرے جلسے میں الطاف حسین حالی نے کون سی نظم پڑھی تھی؟

(1) حب الوطن (2) برکھارت

(3) نشاطِ امید (4) کلمتہ الحق

55. ڈپٹی نذیر احمد رشتے میں راشد الخیری کے کیا تھے؟

(1) چچا (2) خالو

(3) پھوپھا (4) ماموں

56. اُردو کا مولد پنجاب ہے۔ یہ نظریہ کس کا ہے؟

(1) محمد حسین آزاد (2) مسعود حسین خان

(3) محمود شیروانی (4) سید سلیمان ندوی

57. کس زبان کے اثرات دکنی زبان نے قبول کیے؟

(1) کنڑی (2) کوکنی

(3) گجری (4) تامل

58. ناول ''مراۃ جان ادا'' میں مولوی صاحب کس کے کہنے پر نیم کے پیڑ پر چڑھ جاتے ہیں؟

(1) خورشید جان (2) بسم اللہ جان

(3) رام دئی (4) بوا حسینی

59. ناول ''گئودان'' میں روپا کس کی بیٹی ہے؟

(1) ہیرا (2) بھولا

(3) ہوری (4) رائے صاحب

60. ''ہندوستان کی جدید زبانوں کی پیدائش پراکرتوں سے نہیں بھرنشوں سے ہوئی۔'' یہ نظریہ کس کا ہے؟

(1) محی الدین قادری زور (2) مسعود حسین

(3) عبدالقادر سروری (4) شوکت سبزواری

61. ''حب وطن'' کس کی نظم ہے؟

(1) نظیر اکبر آبادی (2) الطاف حسین حالی

(3) محمد حسین آزاد (4) برج نرائن چکبست

62. کس نے اپنی کتاب کے دوسرے ایڈیشن میں لکھا ہے کہ اُردو کھڑی بولی اور ہریانی کی آمیزش نکلی ہے؟

(1) سید سلیمان ندوی (2) شوکت سبزواری

(3) مسعود حسین خان (4) محی الدین قادری زور

63. قسطنطنیہ میں کتنے صوت کرن ہیں؟

(1) دو (2) چار

(3) چھ (4) آٹھ

64. ان میں سے کون سا افسانہ ایک شام کو شروع ہوتا ہے اور دوسری شام کو ختم ہو جاتا ہے؟

(1) بجوک (2) کھول دو

(3) نیا قانون (4) کفن

65. جب قطع کی مسافتِ شبِ آفتان نے + جلوہ کیا سحر کا رخ بے حجاب نے یہ کس کا شعر ہے؟

(1) میر انیس (2) مرزا دبیر

(3) میر خلیق (4) میر ضمیر

66. ان میں سے کون سی نظم الطاف حسین حالی کی نہیں ہے؟

(1) مناجات بیوہ (2) حب وطن

(3) برکھارت (4) یونیورسٹی ڈپوٹیشن

67. اِن میں عہدِ وسطیٰ کی ادبی پراکرت کون نہیں ہے؟

(1) مہاراشٹری (2) شورسینی

(3) ماگدھی (4) بندیلی

68. خواجہ حالی نے کل کتنے شخصی مرثیے لکھے ہیں؟

(1) 5　　(2) 4

(3) 3　　(4) 6

69. ''میرا طریقہ یہ ہے کہ مکتوب الیہ کو آواز دیتا ہوں اور کام کی بات شروع کر دیتا ہوں۔''

یہ قول کس کا ہے؟

(1) سرسید احمد خان　　(2) ابوالکلام آزاد

(3) مرزا غالب　　(4) میر مہدی مجروح

70. افسانہ ''کھول دو'' میں کل کتنے کردار ہیں

(1) آٹھ　　(2) دس

(3) چار　　(4) تین

71. ناول توبتہ النصوح میں کون کردار خواب دیکھتا ہے؟

(1) نصوح　　(2) مرزا ظاہر دار بیگ

(3) کلیم　　(4) فہمیدہ

72. ''ناٹک ساگر'' کس کی تصنیف ہے؟

(1) عشرت رحمانی　　(2) صفدر آہ

(3) مسعود حسن رضوی ادیب　　(4) نورالٰہی و محمد عمر

73. ''بازگشت'' کس کی نظم ہے؟

(1) اختر الایمان　　(2) مجاز

(3) جوش ملیح آبادی　　(4) سرور جہاں آبادی

74. افسانہ ''بڑے گھر کی بیٹی'' میں آنندی کے باپ کا نام ہے؟

(1) روپ سنگھ　　(2) کنور سنگھ

(3) بھوپ سنگھ　　(4) رام سنگھ

75. غم عشق اگرچہ جاں گسل ہے پہ کہاں بچپن کہ دل ہے
غمِ عشق گر نہ ہوتا غمِ روزگار ہوتا

اس شعر میں کون سی صنعت استعمال ہوئی ہے؟

(1) لف ونشر مرتب　　(2) لف ونشر غیر مرتب

(3) حسن تعلیل　　(4) استعارہ

Answers

Qns	Ans	Qns	Ans	Qns	Ans	Qns	Ans
(1)	4	(2)	1	(3)	2	(4)	3
(5)	4	(6)	1	(7)	4	(8)	1
(9)	3	(10)	2	(11)	2	(12)	1
(13)	1	(14)	3	(15)	3	(16)	3
(17)	3	(18)	1	(19)	2	(20)	3
(21)	4	(22)	3	(23)	3	(24)	4
(25)	4	(26)	3	(27)	3	(28)	3
(29)	3	30)	3	(31)	1	(32)	2
(33)	4	(34)	3	(35)	4	(36)	2
(37)	4	(38)	3	(39)	2	(40)	2
(41)	1	(42)	3	(43)	1	(44)	2
(45)	3	(45)	3	(47)	4	(48)	3
(49)	3	(50)	2	(51)	4	(52)	2
(53)	1	(54)	3	(55)	3	(56)	3
(57)	3	(58)	2	(59)	3	(60)	2
(61)	3	(62)	3	(63)	2	(64)	4
(65)	1	(66)	4	(67)	4	(68)	1
(69)	3	(70)	3	(71)	1	(72)	4
(73)	1	(74)	3	(75)	2		

نوٹ:-اس پرچہ میں پچاس (50) معروضی سوالات ہیں جن میں ہر ایک کے لئے دو (2) مارکس مختص ہیں۔تمام سوالات کے جواب مطلوب ہیں۔

1. زمانی اعتبار سے صحیح زمرے کی نشان دہی کیجئے۔
(A) اشرف بیابانی-محمد قطب شاہ-حسن شوقی-ابن نشاطی-وجہی
(B) اشرف بیابانی-ابن نشاطی-حسن شوقی-محمد قلی قطب شاہ-وجہی
(C) اشرف بیابانی-حسن شوقی-ابن نشاطی-محمد قلی قطب شاہ-وجہی
(D) اشرف بیابانی-حسن شوقی-محمد قلی قطب شاہ-وجہی-ابن نشاطی

2. مثنوی ''علی نامہ'' کا سال تصنیف کیا ہے؟
(A) 1663ء (B) 1664ء
(C) 1665ء (D) 1666ء

3. میر امن نے باغ و بہار کے علاوہ ارکونسی کتاب لکھی؟
(A) کنج معانی (B) گنج خوبی
(C) باغ اُردو (D) سنگھاسن بتیسی

4. کس مشہور ادیب وصحافی کی پیدائش مکہ معظمہ میں ہوئی؟
(A) سرسید (B) ابوالکلام آزاد
(C) مولوی محمد باقر (D) محمد حسین آزاد

5. مثنوی ''علی نامہ'' میں دکن کے کس بادشاہ کے دور حکومت کے واقعات بیان کئے گئے ہیں؟
(A) علی عادل شاہ ثانی (B) ابراہیم عادل شاہ ثانی
(C) محمد قلی قطب شاہ (D) عبداللہ قطب شاہ

6. علی عادل شاہ ثانی شاہی کی دیوان میں کل کتنے قصیدے شامل ہیں؟
(A) نو (B) آٹھ
(C) سات (D) چھ

7. ''نقش فریادی'' کی روشنی میں فیض کی شاعری پر تبصرہ کرتے ہوئے یہ جملہ کس نے لکھا تھا؟
''فیض کسی مرکزی نظریے کا شاعر نہیں صرف احساسات کا شاعر ہے۔''
(A) میراجی (B) ن-م-راشد
(C) سید احتشام حسین (D) رشید احمد صدیقی

8. ''سندرلال'' بیدی کے کس افسانے کا کردار ہے؟
(A) گرہن (B) اپنے دکھ مجھے دے دو
(C) لاجونتی (D) گرم کوٹ

9. ''فسادی'' اور ''پردے کے پیچھے'' کس کے افسانے ہیں؟
(A) عصمت چغتائی (B) خواجہ احمد عباس
(C) حیات اللہ انصاری (D) قرۃ العین حیدر

10. ''رانو'' اور ''تلوکا'' کس ناول کے مرکزی کردار ہیں؟
(A) ایک چادر میلی سی (B) شکست
(C) ٹیڑھی لکیر (D) کارجہاں دراز ہے

11. ''زمانے نے اس کی سحر بیانی پر تمام شعراء اور تذکرہ نویسوں سے منحصر شہادت لکھوایا''، مثنوی سحرالبیان سے متعلق یہ بیان کس کا ہے؟
(A) مرزا مظہر جان جاناں (B) محمد حسین آزاد
(C) میرامن (D) شاہ سعداللہ گلشن

12. میر حسن کا اصلی نام کیا ہے؟
(A) مرزا غلام حسن (B) میر غلام حسین
(C) مرزا غلام حسین (D) میر غلام حسن

13. اے شمع تیری عمر طبیعی ہے ایک رات
ہنس کر گزار یا اسے رو کر گذار دے
اس شعر میں کونسی صنعت استعمال ہوئی ہے؟
(A) مراۃ النظیر (B) تضاد
(C) حسن تعلیل (D) تلمیح

14. 'شوخی وظرافت'، تخیل کی بلند پروازی اور تہہ داری کس شاعر کے کلام کی خصوصیات ہیں؟
(A) غالب (B) فراق
(C) نظیر اکبرآبادی (D) ناسخ

15. نظیر اکبرآبادی کہاں اور کس سنہ میں پیدا ہوئے؟
(A) لکھنؤ، 1734ء (B) اکبرآباد، 1736ء
(C) آگرہ، 1738ء (D) دہلی، 1740ء

16. کونسی تصنیف شبلی کی نہیں ہے؟
(A) المامون (B) علم الکلام
(C) شمس الضحیٰ (D) الغزالی

17. ناول ''ایوان غزل'' کس کی تصنیف ہے؟
(A) قرۃ العین حیدر (B) جیلانی بانو
(C) عبدالحلیم شرر (D) عصمت چغتائی

18. ناول ''شریف زادہ'' اور ''اختری بیگم'' کے مصنف کون ہیں؟
(A) مرزا ہادی رسوا (B) عبدالحلیم شرر
(C) عزیز احمد (D) رتن ناتھ سرشار

19. ان میں سے کس شاعر کو گیان پیٹھ ایوارڈ سے نوازا گیا؟
(A) فراق گورکھپوری (B) اختر الایمان
(C) مخدوم محی الدین (D) فیض احمد فیض

20. ان میں کونسا افسانہ سعادت حسن منٹو کا نہیں ہے؟
(A) چغد (B) یزید
(C) لذت سنگ (D) حماقتیں

21. جلوۂ گل ہے فضائے وادیٔ پُر خار میں
سرخ تکمہ سے قبائے سبزۂ کہسار میں
سرخ تکمہ سے سرور جہاں آبادی کی مراد کیا ہے؟
(A) بٹیر (B) بہر بہوٹی
(C) جگنو (D) شہد کی مکھی

22. شاعری میں محسن کاکوروی کے استاد کون تھے؟
(A) جلال لکھنوی (B) امیر مینائی
(C) داغ (D) انیس

23. ان میں سے کونسا شاعر ''اُردو شاعری کے عہد زرّیں'' سے تعلق نہیں رکھتا؟
(A) سودا (B) میر تقی میر
(C) آتش (D) درد

24. ''نظم دل افروز'' کس شاعر کا شعری مجموعہ ہے؟
(A) مولانا محمد حسین آزاد (B) مولانا الطاف حسین حالی
(C) سرور جہاں آبادی (D) چکبست

25. میر تقی میر کی وفات کس سنہ میں ہوئی؟
(A) 1810ء (B) 1812ء
(C) 1814ء (D) 1816ء

26. ان میں سے کس شاعر نے اصلاح، زبان کی کوشش کی اور اس پر خود بھی سختی سے عمل کیا اور اپنے شاگردوں سے بھی اس پر عمل کرایا؟
(A) آتش (B) دیا شنکر نسیم
(C) سودا (D) ناسخ

27. کس شیر کی آمد ہے کہ رن کانپ رہا ہے
....
مصرع ثانی کی نشان دہی کیجئے۔
(A) رستم کا جگر زیر کفن کانپ رہا ہے۔
(B) رن ایک طرف چرخ کہن کانپ رہا ہے۔
(C) خود عرش خداوند زمین کانپ رہا ہے۔
(D) اپنا ہی نہیں سب کا ہی تن کانپ رہا ہے۔

28. ذیل میں سے ایک دعویٰ اور دلیل دی گئی ہے۔ انہیں غور سے پڑھیئے اور صحیح زمرے کی نشان دہی کیجئے۔
دعویٰ: میر کو خدائے سخن کہا گیا ہے۔
دلیل: کیونکہ میر نے اُردو کو چھ دیوان دئے ہیں۔
(A) دعویٰ صحیح ہے اور دلیل غلط ہے۔
(B) دعویٰ بھی صحیح ہے اور دلیل بھی صحیح ہے۔
(C) دعویٰ غلط ہے اور دلیل صحیح ہے۔
(D) دعویٰ بھی غلط ہے اور دلیل بھی غلط ہے۔

29. مرثیے کے اجزائے ترکیبی کی صحیح ترتیب کے زمرے کی نشان دہی کیجئے۔
(A) چہرہ-سراپا-رخصت-آمد-جنگ-رجز-شہادت-بین
(B) چہرہ-رجز-سراپا-شہادت-بین-آمد-جنگ-رخصت
(C) چہرہ-رخصت-سراپا-جنگ-آمد-رجز-شہادت-بین
(D) چہرہ-سراپا-رخصت-آمد-رجز-جنگ-شہادت-بین

30. خطابیہ قصیدہ کی پہچان کیا ہے؟
(A) خطابیہ قصیدے میں تشبیب اور گریز کے اجزاء نہیں ہوتے بلکہ شاعر براہ راست مدح سے قصیدے کی ابتداء کرتا ہے۔
(B) خطابیہ قصیدے میں مدح کے بغیر شاعر تشبیب اور گریز سے قصیدہ کو مکمل کرتا ہے۔
(C) خطابیہ قصیدے میں شاعر صرف دعائیہ اشعار پر اکتفا کرتا ہے۔
(D) خطابیہ قصیدے میں شاعر ممدوح کی صرف ہجو کرتا ہے۔

31. کس شاعر نے مرثیے کو مسدس کی خصوص ہیئت بخشی؟
(A) میر خلیق (B) میر ضاحک
(C) میر ضمیر (D) میر انیس

32. ریختی کا پہلا صاحب دیوان شاعر کون ہے؟
(A) حاتم (B) ہاشمی
(C) آبرو (D) ناجی

33. ناول امراؤ جان ادا میں امراؤ جان کی پرورش کس نے کی؟
(A) خانم (B) بسم اللہ جان
(C) خورشید (D) بوا حسینی

34. مشرقی ہندی کی خاص بولیاں کتنی ہیں؟
(A) دو (B) تین
(C) چار (D) پانچ

35. ذیل کی کس داستان میں بندر کو تقریر کرتے ہوئے دکھایا گیا ہے؟
(A) قصۂ مہر افروز و دلبر (B) فسانۂ عجائب
(C) عجائب القصص (D) فسانۂ آزاد

36. ان میں سے کس زمرے کا تعلق شاعری سے ہے؟
(A) صبح زندگی-حُسن کا ڈاکو-ایامی-شب زندگی
(B) پی کہاں-ستاروں سے آگے-دوزخی-ماہ عجم
(C) آسماں روشن ہے-دھواں-طلسم خیال-گرہن
(D) زنداں نامہ-خون کی لکیر-پرچھائیاں-سیف وسبو

37. ناول ''آگ کا دریا'' کا آغاز کس شاعر کی نظم سے ہوتا ہے۔
(A) ٹی-ایس-ایلیٹ (B) فیض احمد فیض
(C) وڑس ورتھ (D) کیٹس

38. مرزا غالب کو کس الزام میں جیل جانا پڑا؟
(A) دھوکہ دہی (B) قمار بازی
(C) بغاوت (D) مئے نوشی

39. ''میں نے اپنے مضامین میں جابجا شاعرانہ انداز بیاں یا جذباتی اُسلوب کے خلاف آواز بلند کی ہے۔'' آل احمد سرور کا یہ قول ان کی کس کتاب کے دیباچہ سے ماخوذ ہے۔
(A) تنقید کیا ہے (B) نظر اور نظریہ
(C) ادب اور نظریے (D) مسرت سے بصیرت تک

40. تنقید کے بعض مغربی اصولوں کو اُردو شعر و ادب پر منطبق کرنے کی کوشش کس نقاد نے زیادہ کی ہے؟
(A) اختر حسین رائے پوری (B) شبلی نعمانی
(C) کلیم الدین احمد (D) نیاز فتح پوری

41. غالب سے متعلق چونکا دینے والے حقائق کس نے پیش کیئے؟
(A) قاضی عبدالودود (B) قاضی عبدالغفار
(C) حافظ محمود شیرانی (D) امیر حسن عابدی

42. کس محقق نے ''خالق باری'' کو ضیاء الدین خسرو کی تصنیف ثابت کیا ہے؟
(A) محی الدین قادری زور (B) حافظ محمود شیرانی
(C) قاضی عبدالودود (D) امتیاز علی خان عرشی

43. ان میں سے کون نقاد نظریاتی طور پر مارکسی نقطۂ نظر کا حامل ہے؟
(A) آل احمد سرور (B) کلیم الدین احمد
(C) شمس الرحمٰن فاروقی (D) محمد حسن

44. شبلی نعمانی کی تصنیف ''شعراء العجم'' کتنی جلدوں پر مشتمل ہے؟
(A) چار (B) پانچ
(C) چھے (D) سات

45. ''ترقی پسند ادب'' کا مصنف کون ہے؟
(A) سجاد ظہیر (B) فیض احمد فیض
(C) خلیل الرحمٰن اعظمی (D) عزیز احمد

46. ''سوگندھی'' منٹو کے کس افسانے کا مرکزی کردار ہے؟
(A) ہتک (B) کالی شلوار
(C) بلاوز (D) ٹھنڈا گوشت

47. ''پورن اور اوشا'' عصمت چغتائی کے کس ناول کے کردار ہیں؟
(A) معصومہ (B) ضدّی
(C) ایک قطرۂ خون (D) ٹیڑھی لکیر

48. نظم ''انقلاب اور سرمایہ داری'' کے شاعر کا نام کیا ہے؟
(A) جوش (B) مخدوم
(C) مجاز (D) سردار جعفری

49. ان میں کونسی بولی ''اُو'' کا لہجہ نہیں رکھتی؟
(A) کھڑی بولی (B) بندیلی
(C) برج (D) قنوجی

50. ''نظر اور نظریے'' اور ''نئے پرانے چراغ'' کس نقاد کی کتابیں ہیں؟
(A) خواجہ احمد فاروقی (B) احتشام حسین
(C) کلیم الدین احمد (D) آل احمد سرور

Answers

Qns	Ans	Qns	Ans	Qns	Ans	Qns	Ans
(1)	D	(2)	C	(3)	B	(4)	B
(5)	A	(6)	D	(7)	B	(8)	C
(9)	A	(10)	A	(11)	B	(12)	D
(13)	B	(14)	A	(15)	D	(16)	C
(17)	B	(18)	A	(19)	A	(20)	D
(21)	B	(22)	B	(23)	C	(24)	A
(25)	A	(26)	D	(27)	B	(28)	A
(29)	D	30)	A	(31)	C	(32)	B
(33)	A	(34)	B	(35)	B	(36)	D
(37)	A	(38)	B	(39)	A	(40)	C
(41)	A	(42)	B	(43)	D	(44)	B
(45)	D	(45)	A	(47)	B	(48)	C
(49)	A	(50)	D				

UGC-NET URDU, December-2014, Paper-III (Solved)

نوٹ:- یہ پرچہ پچھتر (75) معروضی سوالات پر مشتمل ہے۔ ہر سوال کے لئے دو (2) نمبر مختص ہیں۔ تمام سوالات کے جواب لازمی ہیں۔

1. ان میں سے کونسا بیان درست ہے؟
(A) سلطنت گولکنڈہ کی دفتری زبان ہمیشہ اُردو رہی ہے؟
(B) وجہی محمد قلی قطب شاہ کا درباری شاعر تھا۔
(C) نصرتی پیدائشی اندھا تھا۔
(D) شاہی کے دیوان میں کل آٹھ قصیدے ملتے ہیں۔

2. مثنوی ''کدم راؤ پدم راؤ'' خاندانِ بہمنی کے کس بادشاہ کے دور میں لکھی گئی؟
(A) نظام شاہ بہمنی (B) فیروز شاہ بہمنی
(C) احمد شاہ ولی بہمنی (D) عبداللہ شاہ بہمنی

3. خوب رو خوب کام کرتے ہیں
....
صحیح مصرع ثانی کی نشان دہی کیجئے۔
(A) اپنے جلوؤں کو عام کرتے ہیں
(B) یک نگہ میں غلام کرتے ہیں
(C) دور سے ہی سلام کرتے ہیں
(D) عشق کا احترام کرتے ہیں۔

4. نظم ''گاندھی نامہ'' کس کی تخلیق ہے؟
(A) شبلی نعمانی (B) ظفر علی خان
(C) ساغر نظامی (D) اکبرالہ آبادی

5. ابن نشاطی کی مثنوی ''پھول بن'' کس صورت میں ہے؟
(A) قصہ در قصہ کی تکنیک میں ہے
(B) آپ بیتی کے انداز میں ہے
(C) ملفوظات کی شکل میں ہے
(D) پند و نصائح کے روپ میں ہے

6. یہ ہے وہ کہانی جس میں ہندی چھٹ
کسی اور بولی کا نہ میل ہے نہ پُٹ
یہ بیان کس کہانی کے بارے میں ہے؟
(A) راحت زمانی کی مزیدار کہانی (B) سنگھاسن بتیسی
(C) رانی کیتکی کی کہانی (D) بیتال پچیسی

7. انشائیہ ''پاسبان'' کس کی تخلیق ہے؟
''فیض کسی مرکزی نظریے کا شاعر نہیں صرف احساسات کا شاعر ہے۔''
(A) مشتاق احمد یوسفی (B) رشید احمد صدیقی
(C) پطرس بخاری (D) کنہیا لال کپور

8. سے کم مضامین لکھ کر مزاح نگاری میں بلند مقام حاصل کرنے والے مصنف کی نشان دہی کیجئے۔
(A) شوکت تھانوی (B) رشید احمد صدیقی
(C) کنہیا لال کپور (D) پطرس بخاری

9. ''جدیدیت، تجزیہ و تفہیم'' کا مرتب کون ہے؟
(A) مُظفر حنفی (B) احتشام حسین
(C) شمس الرحمٰن فاروقی (D) گوپی چند نارنگ

10. مجاز کا پہلا مجموعۂ کلام کس نام سے شائع ہوا؟
(A) سازِ نو (B) شب تاب
(C) آہنگ (D) دھڑکنیں

11. ان میں کونسا افسانہ خواجہ احمد عباس کا نہیں ہے؟
(A) ایک لڑکی (B) سردار جی
(C) انتقام (D) میں ہوں خانہ بدوش

12. ''مکتی بودھ'' کس کا افسانوی مجموعہ ہے؟
(A) کرشن چندر (B) راجندر سنگھ بیدی
(C) عصمت چغتائی (D) حیات اللہ انصاری

13. ان میں کونسا افسانہ کرشن چندر کا نہیں ہے؟
(A) اتار چڑھاؤ (B) پورے چاند کی رات
(C) دسواں پل (D) بالکونی

14. کس مثنوی میں رعایتِ لفظی کا زیادہ استعمال ملتا ہے؟
(A) گلزارِ نسیم (B) دریائے عشق
(C) سحرالبیان (D) زہرِ عشق

15. ''صلیبیں مرے دریچے میں'' کس نوعیت کی کتاب ہے؟
(A) شعری مجموعہ (B) سفرنامہ
(C) ڈراما (D) خطوط کا مجموعہ

16. ''عودِ ہندی'' کیا ہے؟

(A) خطوط کا مجموعہ (B) گیت اور دوہوں کا مجموعہ
(C) انشائیوں کا مجموعہ (D) اُردو قواعد

17. صنائع لفظی میں خیفا کے تحت کیا ہوتا ہے؟
(A) تمام حروف منقوط ہوتے ہیں۔
(B) ایک کلمہ منقوط اور دوسرا غیر منقوط ہوتا ہے۔
(C) تمام حروف لکھنے میں جدا ہوتے ہیں۔
(D) تمام حروف غیر منقوط ہوتے ہیں۔

18. کسی ادیب کی زندگی کے اہم واقعات اور تصانیف کو سنہ اور تاریخ وار درج کیا جائے تو اُسے تحقیقی اصطلاح میں کیا کہتے ہیں؟
(A) توقیف (B) تصحیف
(C) توقیت (D) تعلیقہ

19. دکن کا وہ کونسا شاعر جس نے سا شاری عشق اور جنون کی کیفیت میں صحرانوردی اختیار کی؟
(A) ہاشمی بیجاپوری (B) سراج اورنگ آبادی
(C) ولی دکنی (D) ابنِ نشاطی

20. ان میں سے کون نقاد پہلے ترقی پسند تحریک کا علم بردار رہا اور بعد میں جدیدیت کے رجحان سے بھی خاصا متاثر ہوا؟
(A) اختر حسین رائے پوری (B) خواجہ احمد فاروقی
(C) آل احمد سرور (D) اختر اورینوی

21. ان میں سے کونسا مجموعۂ مضامین سید احتشام حسین کا نہیں ہے؟
(A) افکار و مسائل (B) اعتبار نظر
(C) روایت اور بغاوت (D) تنقید جدید

22. ان میں سے کس نقاد نے ڈراما نگاری میں بھی اہم مقام حاصل کیا؟
(A) محمد حسن (B) خورشید الاسلام
(C) ظ-انصاری (D) باقر مہدی

23. ان میں سے کس نقاد نے شاعری اور ناول نگاری کے میدان میں بھی طبع آزمائی کی ہے؟
(A) کلیم الدین احمد (B) شمس الرحمٰن فاروقی
(C) سید احتشام حسین (D) آل احمد سرور

24. ذیل میں سے تاثراتی تنقید کے نمائندہ نقاد کی نشان دہی کیجیے۔
(A) احتشام حسین (B) آل احمد سرور
(C) فراق گورکھپوری (D) مجنوں گورکھپوری

25. تذکرہ ہندی گویان، کس کی تصنیف ہے؟
(A) قائم (B) مصحفی
(C) شفیق اورنگ آبادی (D) ابراہیم خاں خلیل

26. ملو جو ہم سے تو مل لو کہ ہم بہ نوکِ گیاہ
مثالِ قطرۂ شبنم رہے، رہے نہ رہے
یہ کس کا شعر ہے؟
(A) نظیرؔ (B) میرؔ
(C) سودا (D) جوشؔ

27. صحیح زمانی ترتیب کے زمرے کی نشان دہی کیجیے۔
(A) دست صبا، سرِ وادیِ سینا، نقش فریادی، زنداں نامہ
(B) نقش فریادی، دست صبا، سر وادیِ سینا، زنداں نامہ
(C) نقش فریادی، دستِ صبا، زنداں نامہ، سر وادیِ سینا
(D) سر وادیِ سینا، زنداں نامہ، دستِ صبا، نقش فریادی

28. کیا فرق داغ و گل میں کہ جس گل میں بو نہ ہو
کس کام کا وہ دل ہے کہ جس دل میں تُو نہ ہو
کس کی غزل کا مطلع ہے؟
(A) فیضؔ (B) فراقؔ
(C) درد (D) میر

29. کون سی کتاب مرزا ہادی رسوا کی نہیں ہے؟
(A) ذات شریف (B) امراؤ جان ادا
(C) لکھنؤ کا دسترخوان (D) شریف زادہ

30. انشاء اللہ خاں کی تصنیف کون سی ہے؟
(A) نوطرزِ مرصّع (B) داستانِ امیر حمزہ
(C) طلسم ہوش ربا (D) سلکِ گہر

31. 'بین' کس صنفِ شاعری کا لازمی جزو ہے
(A) قصیدہ (B) واسوخت
(C) مرثیہ (D) مثنوی

32. ان میں سے کون سا نقاد ترقی پسند تحریک کا شدید مخالف تھا؟
(A) ممتاز حسین (B) مجنوں گورکھپوری
(C) عقیل رضوی (D) محمد حسن عسکری

33. نظیر کا وجود ہی اُردو شاعری کی بے نظیر تنقید ہے؟

یہ قول کس کا ہے؟

(A) احتشام حسین (B) عبدالقادر سروری

(C) مغنی تبسّم (D) کلیم الدین احمد

34. 'جوگی کا سچّا روپ' کس کی تخلیق ہے؟

(A) راشد (B) میراجی

(C) ناصر (D) نظیرؔ

35. سجدہ شکر میں ہے شاخ ثمر دار ہر ایک
دیکھ کر باغِ جہاں میں کرمِ عزّت وجل
اس شعر میں کون سی صنعت ہے؟

(A) تجنیس تام (B) ترصیع

(C) حسنِ تعلیل (D) تلمیح

36. کون سی نظم اقبال کی نہیں ہے؟

(A) تصویر درد (B) بدلی کا چاند

(C) صبح کا ستارہ (D) شعاع امید

37. کس افسانے میں بیٹے اپنی ماں کو بھیک مانگنے کا ذریعہ بناتے ہیں؟

(A) مہالکشمی کا پُل (B) دو ہاتھ

(C) پت جھڑ کی آواز (D) آخری کوشش

38. کس افسانے میں تکنیک کا نیا تجربہ ملتا ہے؟

(A) کفن (B) روپیہ آنہ پائی

(C) فوٹو گرافر (D) ٹوبہ ٹیک سنگھ

39. نظیر اکبر آبادی کی نظموں کی بنیاد پر ایک یادگار تہذیبی ڈراما کس نے لکھا تھا؟

(A) آغا حشر کاشمیری (B) امتیاز علی تاج

(C) حبیب تنویر (D) محمد حسن

40. ''وضع نسخہ'' کسے کہتے ہیں؟

(A) قلمی نسخہ (B) جعلی نسخہ

(C) وحید نسخہ (D) دستخطی

41. مخطوطے کے آخر میں کاتب کی اختتامیہ عبارت کو کیا کہتے ہیں؟

(A) ترقیمہ (B) توقیت

(C) مبیضہ (D) تبییض

42. کھڑی بولی - ہریانی، برج بھاشا، قنوجی اور بندیلی (ان پانچوں بولیوں) کے مجموعے کو مغربی ہندی کا نام کس نے دیا؟

(A) سنیتی کمار چڑجی (B) رام بابو سکسینہ

(C) پروفیسر تھامس آرنلڈ (D) گریرسن

43. کس شاعر کی غزلوں میں معاملہ بندی کے عناصر نمایاں ہیں؟

(A) ناسخ (B) حالی

(C) مومن (D) یقین

44. سُنی کسی نے نہیں غم کی داستاں میری
وہ کم سخن ہوں کہ گویا نہیں زباں میری
اس شعر میں کس صنعت کا استعمال ہوا ہے؟

(A) ایہام (B) تجنیس

(C) لف ونشر (D) مبالغہ

45. ''شاعری کوئی ایسا کمال نہیں جسے آدمی اپنا پیشہ بنالے اور اس پر ناز کرے۔'' یہ دعویٰ کس شاعر کا ہے؟

(A) حاتم (B) درد

(C) آتش (D) سودا

46. خلیل الرحمٰن اعظمی کا پہلا شعری مجموعہ ''آئینہ خانے میں'' کس سنہ میں شائع ہوا؟

(A) 1950 (B) 1955

(C) 1965 (D) 1970

47. ''ترقی پسند مصنفین کا عنوان میرے خیال میں ناقص ہے'' یہ اعتراض کس کا ہے؟

(A) سردار جعفری (B) پریم چند

(C) فیض احمد فیض (D) ن-م-راشد

48. 'باغ و بہار' اور 'فسانۂ عجائب' کو کس محقق نے تشریحات، اختلاف و نسخ اور فرہنگ کے ساتھ مرتب کیا ہے؟

(A) مختار الدین احمد (B) خان رشید

(C) قاضی عبدالودوُد (D) رشید حسن خان

49. دیکھ تو دِل کہ جاں سے اٹھتا ہے۔

....

مصرعِ ثانی کی نشان دہی کیجیے

(A) شعلہ اک صبح یاں سے اٹھتا ہے
(B) یہ دھواں سا کہاں سے اٹھتا ہے
(C) جو تیرے آستاں سے اٹھتا ہے
(D) کب یہ تجھ ناتواں سے اٹھتا ہے

50. دردِ دل سے وسطے پیدا کیا انسان کو
ورنہ طاعت کے لئے کچھ کم نہ تھے کروبیاں
اس شعر میں 'کروبیاں' کے کیا معنی ہیں؟
(A) کرّ و فر (B) تزک واحتشام
(C) فرشتے (D) تلخ یا کرخت گفتگو

51. اعجاز اس چراغِ ہدایت کا ہے یہی
روشن تر از سحر ہے زمانے میں شام ہند
مصرعِ اوّل میں چراغِ ہدایت کسے بتایا گیا ہے؟
(A) نانک (B) رام
(C) غالب (D) سوامی رام تیرتھ

52. شبلی نے کس کی موت پر مرثیہ کہا ہے؟
(A) دوست کا سانحۂ ارتحال (B) والدہ کی یاد میں
(C) سرسید کا انتقال (D) چھوٹے بھائی کی موت

53. وائے ناکامی متاعِ کارواں جاتا رہا
کارواں کے دل سے احساسِ زیاں جاتا رہا
اقبال کی کس ظم سے موخوذ ہے
(A) جوابِ شکوہ (B) شمع وشاعر
(C) خضرراہ (D) طلوعِ اسلام

54. آہ کیجئے تو آن جاتی ہے
اور نہ کیجئے تو جان جاتی ہے
مندرجہ بالا شعر میں کس معنوی صنعت کا استعمال ہوا ہے؟
(A) مزاوجت (B) ایہام
(C) مشاکلت (D) ارصاد

55. مبادا ہو کوئی ظالم ترا گریباں گیر
مرے لہو کو تو دامن سے دھو ہوا سو ہوا
'باغ و بہار' میں یہ شعر آیا ہے، کس کا ہے؟
(A) قائم چاندپوری (B) میر امّن
(C) سودا (D) سوز

56. ''شعرالعجم'' کی کتنی جلدیں ہیں؟
(A) ایک (B) دو
(C) چھ (D) پانچ

57. اس طرح کہ ہر اک پیڑ کوئی مندر ہے
کوئی اجڑا ہوا بے نور پرانا مندر
فیض کی کس نظم کی یہ ابتدائی سطریں ہیں؟
(A) زنداں کی ایک شام (B) صبحِ آزادی
(C) میرے دِل میرے مسافر (D) شام

58. کون سا بیان صحیح ہے؟
(A) 'چاندنی بیگم' عصمت چغتائی کا ناول ہے۔
(B) 'اودھ پنچ' ایک مشہور رسالے کا نام ہے۔
(C) 'نرملا' کے مصنف بیدی ہیں۔
(D) قرۃ العین کے ناول کا نام ''غالب'' ہے۔

59. کون سی نظم نظیر کی ہی ہے؟
(A) چاندنی (B) ہولی
(C) عید (D) چاندتارے

60. 'دیوان زادہ' کس کی تخلیق ہے؟
(A) مرزا مظہر جانِ جاناں (B) مُصحفی
(C) حاتم (D) بیان

61. نظم ''ابلیس کی مجلسِ شوریٰ'' اقبال کے کس مجموعے میں ہے؟
(A) ارمغان حجاز (B) بانگ درا
(C) بالِ جبریل (D) ضرب کلیم

62. خشت بنیاد کلیسا بن گئی خاک حجاز
ہوگئی رسوا زمانے میں کلاہِ لالہ رنگ
یہ شعر 'خضرراہ' کے کس حصّے سے ماخوذ ہے؟
(A) سرمایہ ومحنت (B) دنیائے اسلام
(C) زندگی (D) صحرانوردی

63. کون سا ناول قرۃ العین حیدر کا نہیں ہے؟
(A) چاندنی بیگم (B) لہو کے پھول
(C) گردشِ رنگِ چمن (D) آگ کا دریا

64. کس کا تعلق علم لسانیات سے نہیں ہے؟

(A) محی الدین قادری زورؔ (B) مسعود حسین خاں
(C) سرسید احمد خاں (D) شوکت سبزواری

65. کون سا شعر خواجہ میر دردؔ کا ہے؟
(A) عشق سے تو نہیں ہوں میں واقف
دل کو شعلہ سا کچھ لپٹتا ہے
(B) کیا ہمیں کام اِن گلوں سے اے صبا
ایک دم آئے اِدھر اُدھر چلے
(C) شفا اپنی تقدیر ہی میں نہ تھی
کہ مقدور تک تو دوا کر چلے
(D) جو تجھ بن نہ جینے کو کہتے تھے ہم
سو اس عہد کو اب وفا کر چلے

66. 'لندن کی ایک رات' کس کی تصنیف ہے؟
(A) راجندر سنگھ بیدی (B) عزیز احمد
(C) سجاد ظہیر (D) کرشن چندر

67. فکر انسان پر تری ہستی سے یہ روشن ہوا
ہے پرِ مرغِ تخیل کی رسائی تا کجا
غالب کی تعریف میں کہا گیا یہ شعر کس کا ہے؟
(A) حالی (B) مومن
(C) داغ (D) اقبال

68. 'آگرہ بازار' کس کا ڈرامہ ہے؟
(A) محمد حسن (B) امتیاز علی تاج
(C) حبیب تنویر (D) آغا حشر

69. ڈرامہ 'یہودی کی لڑکی' کا مصنف کون ہے؟
(A) حبیب تنویر (B) محمد حسن
(C) امتیاز علی تاج (D) آغا حشر

70. نثر کی کس صنف کو ذہنی ترنگ کہا گیا ہے؟
(A) افسانہ (B) انشائیہ
(C) مقالہ (D) مضمون

71. کون سی مثنوی میر حسن کی نہیں ہے؟
(A) دریائے عشق (B) مثنوی شادی
(C) سحر البیان (D) گلزار ارم

72. عجز و نیاز اپنا، اپنی طرف ہے سارا
اس مشتِ خاک کو ہم مسجود جانتے ہیں
یہ کس کا شعر ہے؟
(A) میر دردؔ (B) سوداؔ
(C) میر تقی میرؔ (D) میر سوز

73. شبنم نے بھر دیے تھے کٹورے گلاب کے
یہ کس شاعر کا مصرع ہے؟
(A) میر خلیق (B) میر انیس
(C) میر اثر (D) مرزا دبیر

74. سراپا آرزو ہونے نے بندہ کر دیا ہم کو
وگرنہ ہم خدا تھے گر دلِ بے مدعا ہوتے
یہ کس کا شعر ہے؟
(A) غالبؔ (B) میرؔ
(C) سودا (D) فائز دہلوی

75. کہ معشوق جاں نیں وہاں بھائے کیوں
پیالا پیا بن پیا جائے کیوں
یہ کس شاعر کا شعر ہے؟
(A) وجہی (B) محمد علی قطب شاہ
(C) نصرتی (D) غواصی

Answer

Qns	Ans	Qns	Ans	Qns	Ans	Qns	Ans
(1)	B	(2)	C	(3)	B	(4)	D
(5)	A	(6)	C	(7)	B	(8)	D
(9)	A	(10)	C	(11)	D	(12)	B
(13)	A	(14)	A	(15)	D	(16)	A
(17)	B	(18)	C	(19)	B	(20)	C
(21)	D	(22)	A	(23)	B	(24)	C
(25)	B	(26)	A	(27)	C	(28)	C
(29)	C	30)	D	(31)	C	(32)	D
(33)	D	(34)	D	(35)	C	(36)	B
(37)	D	(38)	B	(39)	C	(40)	B
(41)	A	(42)	D	(43)	C	(44)	A
(45)	B	(45)	A	(47)	B	(48)	D
(49)	B	(50)	C	(51)	B	(52)	D
(53)	B	(54)	A	(55)	C	(56)	D
(57)	D	(58)	B	(59)	D	(60)	C
(61)	A	(62)	B	(63)	B	(64	C
(65)	B	(66)	C	(67)	D	(68)	C
(69)	D	(70)	B	(71)	A	(72)	C
(73)	B	(74)	B	(75)	A		

UGC-NET URDU

خزینۂ ادب

Khazeen-E-Adab

ہند آریائی کی مختصر تاریخ

ماہر لسانیات نے دنیا کی زبانوں کو آٹھ خاندانوں میں تقسیم کیا ہے، جس میں سب سے اہم خاندان ہند یوروپی خاندان ہے۔ ہند آریائی زبان ہند یوروپی خاندان سے نکلی ہے۔ شمالی ہند میں ہند آریائی زبانوں کے آغاز کا سلسلہ ۱۵۰۰ قبل مسیح میں شروع ہوتا ہے۔ شمالی ہند میں آریوں کی آمد کے سبب جس زبان کی نشو ونما ہوئی اسے ویدک سنسکرت کہتے ہیں جو شستہ، شائستہ، منضبط ہوکر کلاسیکی سنسکرت کہلائی۔ ماہر لسانیات نے ہند آریائی زبان کو تین ادوار میں تقسیم کیا ہے۔

(الف) قدیم ہند آریائی۔ (۱۵۰۰ قبل مسیح سے ۵۰۰ قبل مسیح):

یہ آریائی بان کا سب سے قدیم دور ہے، اس دور کا ادبی نقش رگ وید میں ملتا ہے۔ ڈاکٹر سدیشور ورما نے قدیم ہند آریائی کو پانچ حصوں میں تقسیم کیا ہے۔

۱- ویدکی منزل: اس میں چار وید لکھے گئے۔

۲- عہد مانتی کی منزل: اس عہد میں پانِنی کی اشٹ ادھیائے اور پاتنجلی کی مہابھاشیہ لکھی گئی۔

۳- رامیہ منزل: اسے ادبی منزل بھی کہا جاتا ہے، جس میں مہابھارت جیسی کتابیں لکھی گئیں۔

۴- دیبوی منزل: اس عہد میں سنسکرت سرکاری زبان میں مستعمل ہوئی، اس کا مذہب سے تعلق ٹوٹ گیا۔

۵- ٹکسالی منزل: اس عہد میں سنسکرت اصول وقواعد کی پابندیوں کی وجہ سے محصور ہوکر رہ گئی۔

(ب) وسطی ہند آریائی: اس عہد کو دو حصوں میں تقسیم کیا گیا ہے:

(۱) پراکرتوں کا زمانہ۔ (۵۰۰ قبل مسیح سے ۶۰۰ عیسوی تک) اس عہد کی پراکرتوں کی پانچ واضح شکلیں نظر آتی ہیں:

A۔ مہاراشٹری پراکرت: یہ مہاراشٹر کے علاقے میں بولی جاتی تھی

B۔ شورسینی پراکرت: یہ متھرا اور اس کے آس پاس کے علاقے میں بولی جاتی تھی۔

C۔ ماگدھی پراکرت: یہ مشرقی ہند میں بولی جاتی تھی جو غیر مہذب مانی جاتی تھی۔

D۔ اردھ ماگدھی پراکرت: یہ اودھ اور مشرقی یوپی میں بولی جاتی تھی۔

E۔ پشاچی پراکرت: یہ زبان مغربی پنجاب اور کشمیر میں بولی جاتی تھی۔

(۲) اپ بھرنشوں کا زمانہ (۶۰۰ عیسوی سے ۱۰۰۰ عیسوی

تک)۔اپ بھرنش کے معنی ہیں بھرشٹ زبان، اس زمانے میں پڑھے لکھے لوگ اَن پڑھ لوگوں کی زبان کواپ بھرنش کہتے تھے۔اس وقت اپ بھرنش کی پانچ نمایاں قسمیں تھیں جو پراکرت کے بطن سے پیدا ہوئی تھیں۔

A۔ شورسینی اپ بھرنش:

B۔ ماگدھی اپ بھرنش:

C۔ اردھ ماگدھی اپ بھرنش:

D۔ مہاراشٹری اپ بھرنش:

E۔ براچڈاور کیکئی اپ بھرنش۔

(ت) جدید ہندآریائی : (۱۰۰۰ عیسوی سے تاحال)

۱۰۰۰ء کے قریب۔مختلف اپ بھرنشوں سے مختلف جدید ہند آریائی زبانوں کا ابھار شروع ہوا، جن کی درجہ بندی درج ذیل طریقے سے کی گئی ہے:

A۔ شورسینی اپ بھرنش: اس سے کھڑی بولی، راجستھانی، گجراتی، مشرقی پنجابی زبانیں نکلیں۔

B۔ ماگدھی اپ بھرنش: یہ بنگال میں گوڑاور ڈھکئی کہلائی جس سے آسامی اور بنگالی زبانیں نکلیں۔اڑیسہ میں یہ اتکل کہلائی جس سے اڑیہ زبان نکلی۔

C۔ اردھ ماگدھی اپ بھرنش : اس سے اودھی، بھوج پوری، چھتیس گڑھی زبانیں نکلیں۔

D۔ مہاراشٹری اپ بھرنش: اس سے مراٹھی زبان نکلی۔

E۔ براچڈاور کیکئی اپ بھرنش: براچڑ سے سندھی اور کیکئی سے لہندازبان نکلی ہے۔

اردو کی اصل شورسینی اپ بھرنش ہے جو شورسینی پراکرت سے پیدا ہوئی۔اس کا حدود عربہ مدھیہ دیش ہے جہاں سنسکرت پروان چڑھی۔شمالی ہند میں گیارہویں، بارہویں صدی کے دوران ابھرنے والی زبان کوہم پیش اردو کہہ سکتے ہیں جس کا ڈھانچہ ارہٹ کی بنیادوں پر قائم ہے جو کہ اپ بھرنش کے دور آخر کی یادگار ہے جسے ہم قدیم ہندی کہہ سکتے ہیں جو برج، کھڑی، ہریانی بولی کے علاقوں میں بولی جاتی تھی، ان بولیوں کا وجود اس وقت تک عمل میں نہیں آیا تھا۔

☆☆☆

اردو کی ابتدا سے متعلق مختلف نظریات

اردو زبان جو آج دنیا کی چند ترقی یافتہ زبانوں میں سے ایک ہے اسے معرض وجود میں آنے کے لئے مختلف مراحل سے گزرنا پڑا ہے۔ وہ کون سی مقامی بولی تھی جس کی بنیاد پر اردو کی عالیشان عمارت کھڑی ہوئی اور اس بولی کا تعلق ہندوستان کے کس علاقے سے تھا، اس مسئلے پر ماہر لسانیات کے درمیان کافی اختلاف پایا جاتا ہے جو درج ذیل ہے۔

محمد حسین آزاد:

محمد حسین آزاد نے اردو کا ابتدائی سرچشمہ برج بھاشا میں تلاش کیا ہے، ان کا کہنا ہے ''اتنی بات ہر شخص جانتا ہے کہ ہماری اردو زبان برج بھاشا سے نکلی ہے اور برج بھاشا خالص ہندوستانی زبان ہے۔'' انھوں نے اپنا نظریہ اپنی تصنیف ''آب حیات'' میں پیش کیا۔ اردو کو برج سے ماخوذ کرنے کا نظریہ سب سے پہلے روڈولف ہورنلے نے پیش کیا۔ آزاد سے قبل پرامن، سرسید، امام بخش صہبائی اور آزاد کے بعد سید شمس اللہ قادری نے اردو کو برج کے ساتھ منسوب کیا ہے، لیکن ماہر لسانیات کا کہنا ہے کہ آزاد وغیرہ کی یہ رائے کسی لسانی تجزیئے پر مبنی نہیں بلکہ ان لوگوں نے روایتاً اس خیال کا اظہار کر دیا ہے۔ ماہرین نے لسانی تجزیہ کی روشنی میں یہ بات ثابت کرنے کی کوشش کی ہے کہ ان دونوں زبانوں میں ماں بیٹی کا رشتہ نہیں بلکہ بہنوں کا رشتہ ہے۔

محمود شیرانی:

پروفیسر شیرانی نے اپنی کتاب ''پنجاب میں اردو'' میں یہ ثابت کرنے کی کوشش کی ہے کہ اردو کی تہ میں جو بنیادی بولی ہے اس کا تعلق سرزمین پنجاب سے ہے، وہ لکھتے ہیں ''اردو دہلی کی قدیم زبان نہیں بلکہ وہ مسلمانوں کے ساتھ دہلی جاتی ہے اور چونکہ مسلمان پنجاب سے ہجرت کر کے جاتے ہیں اس لئے ضروری ہے کہ وہ پنجاب سے کوئی زبان اپنے ساتھ لے گئے ہوں۔'' شیرانی نے اپنے نظریئے کو ثابت کرنے کے لئے کچھ تاریخی شواہد پیش کئے ہیں اور ساتھ ہی ان لسانی خصوصیات کی نشاندہی کی ہے جو پنجابی اور قدیم اردو کے درمیان مشترک ہیں۔ اردو کے پنجابی سے ماخوذ ہونے کا نظریہ شیر علی سرخوش نے اپنے تذکرے ''اعجاز سخن اور جارج گریرسن اپنی تحریروں میں شیرانی سے پہلے پیش کر چکے تھے، لیکن پروفیسر مسعود حسین نے اپنی تصنیف ''مقدمہ تاریخ زبان اردو'' میں شیرانی کے نظریہ کی تنقید کی ہے اور لسانی تجزیہ اور اس زمانے کی مختلف بولیوں کے تقابلی مطالعہ سے یہ بات ثابت کی ہے کہ

پروفیسر شیرانی نے قدیم اردو اور دکنی کی جن خصوصیات کی نسبت پنجابی کی طرف کی ہے وہ دہلی اور نواح دہلی کی بولیوں بالخصوص ہریانی میں بھی موجود ہیں۔

مسعود حسین خاں:

پروفیسر مسعود حسین خاں نے اپنی تصنیف ''مقدمہ تاریخ زبان اردو'' میں اردو کی ابتداء سے متعلق نواح دہلی کی بولیوں پر زور دیا ہے۔ دہلی چار بولیوں کے سنگم پر واقع ہے، مغرب میں ہریانی، جنوب مغرب میں میواتی، جنوب مشرق میں برج بھاشا اور شمال مشرق میں کھڑی بولی۔ بقول مسعود حسین خاں ''ہریانی نے قدیم اردو کی تشکیل میں حصہ لیا، کھڑی بولی نے جدید اردو کا ڈول تیار کیا، برج بھاشا نے اردو کا معیاری لب ولہجہ متعین کرنے میں مدد دی، میواتی نے قدیم اردو پر اپنے اثرات چھوڑے۔''

مسعود حسین خاں کے اس نظریئے کی تائید ژول بلاک اور ڈاکٹر محی الدین قادری زور کی تحریروں سے ہوتی ہے لیکن ان دونوں ماہر لسانیات نے صرف ہریانی کی اہمیت سے متعلق بعض اشارے کئے ہیں جب کہ مسعود حسین خاں نے لسانی تجزیوں پر پرکھ کر اسے مستقل نظریہ کے طور پر پیش کیا ہے۔

سید سلیمان ندوی:

سید سلیمان ندوی نے اپنی تصنیف ''نقوش سلیمانی'' میں اردو کی جائے پیدائش سندھ کو قرار دیتے ہیں، ان کا قرین قیاس یہی ہے کہ چونکہ مسلمان سب سے پہلے سندھ میں آئے چنانچہ عربی وسندھی کے میل جول سے اردو زبان تیار ہوئی۔ وہ لکھتے ہیں کہ '' جسے ہم اردو کہتے ہیں اس کا ہیولیٰ وادی سندھ میں تیار ہوا۔ گرچہ مولانا سید سلیمان ندوی اور ان کے ہم خیال نقادوں کے اس خیال سے اتفاق نہیں کیا جاسکتا کہ اردو زبان اپنے آغاز وابتداء میں تمام تر باہر سے آنے والے مسلمانوں کی رہینِ منت ہے پھر بھی اس حقیقت سے انکار نہیں کیا جاسکتا کہ اردو زبان کو ترقی دینے اس کا حلقہ اثر بڑھانے اور ادبی علمی رنگ وآہنگ عطا کرنے میں مسلمانوں کا بہت بڑا ہاتھ رہا ہے۔

نصیر الدین ہاشمی:

انھوں نے اپنی تصنیف ''دکن میں اردو'' میں یہ بات ثابت کی ہے کہ چونکہ مسلمان سب سے پہلے کارومنڈل میں آئے، چنانچہ ان کے اور مقامی بولیوں کے ربط وضبط سے اردو سب سے پہلے دکن میں پیدا ہوئی، لیکن ان کی یہ بات صحیح نہیں ہے، کیوں کہ جو مسلمان دکن میں آئے ان کی زبان عربی تھی، دکن کی زبان دراوڑ تھی۔ عربی اور دراوڑ زبان کے ربط سے ایک تیسرے لسانی خاندان ہند آریائی کی بولی کا وجود میں آنا ممکن نہیں ہے۔

ڈاکٹر شوکت سبزواری سہیل احمد بخاری:

ڈاکٹر شوکت سبزواری نے اپنی تصنیف ''داستان زبان اردو''، سہیل احمد بخاری نے اپنی تصنیف ''اردو کے روپ'' اوران کے تتبع میں گیان چندر جین نے کھڑی بولی کو اردو کا اصل قرار دیا ہے۔ ان کا خیال ہے کہ اردو زبان کی تہ میں پائی جانے والی بولی دہلی، مغربی یوپی اور میرٹھ کے نواح میں بولی جانے والی زبان ہے اور ان علاقوں میں بولی جانے والی زبان کھڑی بولی کے علاوہ کوئی دوسری زبان نہیں تھی۔

اب رہا یہ سوال کہ ان نظریات میں سے کون سا نظریہ صحیح اور زیادہ قابل قبول ہے تو اس سلسلے میں کوئی قطعی بات کہنا آسان نہیں ہے۔ ان کے تجزیہ سے یہ ضرور کہا جاسکتا ہے کہ اردو ایک ہندوستانی زبان ہے نہ کی بدیسی زبان اور یہ نہ سندھ میں پیدا ہوئی نہ جنوب میں نہ پنجابی سے نکلی ہے نہ برج بھاشا سے بلکہ نواح دہلی کی بولیوں میں عربی، فارسی الفاظ کی شمولیت اور کھڑی بولی کے ترقی یافتہ شکل اختیار کرنے سے زبان اردو کا آغاز ہوا۔

☆☆☆

اردو ساخت کے بنیادی عناصر

اردو ایک جدید ہند آریائی زبان ہے جو شورسینی اپ بھرنش کی کھڑی بولی کی ترقی یافتہ شکل ہے، اس پر برج، ہریانی، میواتی، پنجابی اور جنوبی ہند کی بولیوں کے اثرات ہیں۔ اپنی صرفی ونحوی خصوصیات میں اگر یہ ہندی سے قریب تر ہے تو بے شمار محاورے اور ترکیبیں، اسما وافعال وغیرہ اس نے عربی وفارسی زبان سے مستعار لئے ہیں، اگرچہ دوسری زبانوں کے الفاظ اختیار کرنے میں اردو نے اپنے ماحول اور حالات کو مدنظر رکھتے ہوئے بہت سی صوتی ومعنوی تبدیلیاں کی ہیں۔

اردو رسم خط اگرچہ نستعلیق ہے جو عربی رسم خط نسخ اور فارسی رسم خط تعلیق کے میل سے بنا ہے جو دائیں طرف سے بائیں طرف لکھا جاتا ہے۔ جو کہ سامی خاندان کی زبانوں کی خصوصیت ہے۔ سامی خاندان کی زبانیں اشتقاقی زبانیں ہیں یعنی کسی مصدر یا مادے میں صوتی اور صرفی تبدیلیوں سے الفاظ بناتی ہیں، لیکن اردو نے اپنی ضروریات کے تحت وہ آوازیں جو عربی اور فارسی حروف سے ادا نہیں ہوتی تھیں ان کے لئے ہندوستانی زبانوں سے حروف اخذ کئے مثلاً معکوسی آوازیں بھی ٹ، ڈ، ڑ، ہکاری آوازیں جیسے بھ، پھ، تھ،

دھ، چھ، کھ، گھ، وغیرہ، چونکہ ان ہکاری آوازوں کو اردو رسم الخط میں مفرد حروف کی حیثیت سے شامل نہیں کیا گیا ہے، چنانچہ تین معکوسی آوازوں کی شمولیت سے اردو کے حروف تہجی کی تعداد ۳۶ ہے۔

اردو میں اسماء زیادہ تر عربی و فارسی سے آئے ہیں لیکن افعال زیادہ تر ہندآریائی خاندان کی زبانوں سے ماخوذ ہیں، اردو نے اگرچہ دیگر زبانوں کے الفاظ کو اپنے اندر سمولیا ہے لیکن وہ اپنے کچھ اصولوں پر سختی سے کاربند رہی ہے، مثلاً اضافت اور تراکیب کے معاملہ میں اس کا انحصار عربی و فارسی زبانوں پر ہے۔

اردو قواعد کا نظام فارسی اصولوں پر مرتب کیا گیا ہے، اردو قواعد کی پہلی تصنیف فارسی زبان میں انشاء اللہ خاں انشاء کی لکھی ہوئی ''دریائے لطافت'' ہے۔ مرزا قتیل، خان آرزو، امام بخش صہبائی نے بھی اردو کی قواعد و بلاغت پر کتابیں تصنیف کیں۔ بیسویں صدی میں جلال لکھنوی، حسرت موہانی، مولوی عبدالحق، برج موہن وتاتریا کیفی وغیرہ نے اردو قواعد سے متعلق تصانیف پیش کیں، اس طرح ان لوگوں نے اردو کی ساخت کو متعین کردیا، پنڈت برج موہن کیفی لکھتے ہیں ''اردو ایک غیر صرفی اور پنج میل زبان ہے''۔ لہٰذا تذکیر و تانیث کے سلسلے میں اس کے اصولوں میں بڑی لچک ہے۔ یوں تو ہ، ی، نون کو علامت تانیث کے طور پر استعمال کیا جاتا ہے، لیکن پنڈت کیفی نے ایک عام اصول یہ بتایا کہ ''ایک لفظ جو کسی زبان خواہ سنسکرت یا عربی سے ہماری زبان میں داخل ہوا اس کی جنس اس کے مرادف یا قریب المعنی لفظ کی جنس کے موافق ہوگی جو پہلے سے ہمیں معلوم ہے۔''

زبان ایک نمو پذیر شے ہے، چنانچہ اس کا ہر جزو ترکیبی مسلسل تغیرات کا نتیجہ ہے جیسے جیسے تغیر ہوتا ہے زبان ترقی کرتی جاتی ہے۔ چنانچہ بہت سے الفاظ کو وقت کے ساتھ اردو میں متروک قرار دیا جاتا رہا ہے، کچھ وقت اور مقام کا اثر بھی اس پر پڑتا رہتا ہے۔ زبان ایک سماجی مظہر ہے چنانچہ اس کی ساخت میں بھی سماجی ارتقاء کے ساتھ تراش خراش ہوتی رہتی ہے۔

☆☆☆

اردو کی لسانی انفرادیت

اردو کی لسانی انفرادیت اسی پہلو سے نمایاں ہے کہ یہ ایک مخلوط اور جمہوری زبان ہے، بقول مولوی عبدالحق:

"مخلوط زبان وہ ہے جو دو یا دو سے زیادہ زبانوں کے آپس میں گھل مل جانے سے ایک نئی صورت اختیار کرے اور ان کا اطلاق ان زبانوں میں سے کسی ایک پر نہ ہو جن سے مل کر وہ بنی ہے۔

اردو مصادر کا زیادہ تر حصہ ہند آریائی زبانوں کا ہے جیسے کرنا، کھانا، پینا، لکھنا، پڑھنا، آنا جانا وغیرہ۔ اردو میں ہند ایرانی مصادر بھی مستعمل رہے ہیں جیسے بخشنا، خریدنا، قبولنا وغیرہ۔

اردو کے اقسام کلمہ مثلاً سے، پر، کو، تک، در، بر، واسطے، لئے وغیرہ مختلف زبانوں سے آئے ہیں۔ اردو کے اعداد بھی کئی زبانوں سے آئے ہیں، جیسے دو، دوسرا، دوم، ثانی وغیرہ۔

اردو اضافت بھی مخلوط ہے جو کا، کی، کے، را، ری، رے کے ساتھ زیر لگا کر بھی بنتی ہے۔

اردو اپنے مزاج کے اعتبار سے بھی دوسری زبانوں سے الگ ہے۔ یہ دوسری زبانوں کے الفاظ کو اپنے مخصوص سانچے میں ڈھال کر اختیار کرتی ہے، مثلاً اردو میں اول حرف متحرک ہوتا ہے یعنی لفظ کی ابتدا ساکن حرف سے نہیں ہوتی، چنانچہ اردو میں دوسری زبانوں کے الفاظ کے حروف اول متحرک ہو جاتے ہیں جیسے ہندی لفظ پریم، اردو زبان میں پ کی حرکت کے ساتھ بولا جاتا ہے یا انگریزی کا لفظ Scool اردو میں اسکول بولا جاتا ہے۔ اسی طرح اردو میں حرف آخر ساکن ہو جاتا ہے جیسے ہندی کا لفظ شانتی اردو میں شانت ہو جاتا ہے۔

اردو کا رسم الخط ہندوستان کی تمام زبانوں سے زیادہ جامع اور کشادہ ہے جس کے ذریعہ ہر قسم کی آواز کو بہ آسانی ادا کیا جاسکتا ہے جس میں عربی، فارسی اور ہندی کے حروف موجود ہیں۔

اردو میں جمع بنانے کے لئے ہند آریائی طریقوں کے ساتھ عربی، فارسی طریقے بھی مستعمل رہے ہیں۔

ان لسانی خصوصیات کی بنا پر یہ کہا جاسکتا ہے کہ اردو گذشتہ سات سو سالوں سے پورے ہندوستان کی مشترک زبان بنی رہی ہے۔ اس نے ہندوستان کی مختلف زبانوں کے اثرات قبول کئے ہیں، ہر علاقے کی تہذیب و تمدن کو اپنے اندر سمویا ہے، اسے لشکر میں، بازار میں، دربار میں، خانقاہوں میں یکساں مقبولیت حاصل رہی ہے، چنانچہ اس نے ملک کے ہر مذہب اور ہر قوم کے لوگوں کے دلوں میں اپنی جگہ بنالی ہے۔

☆☆☆

دکنیات

اگرچہ اردو زبان شمالی ہند میں دہلی اور نواح دہلی میں پیدا ہوئی لیکن اس نے اپنے ارتقائی مراحل شمالی ہند کے ساتھ ساتھ دکن میں بھی طے کئے، ابتداء میں شمالی ہند سے آنے والی اس زبان کو ہندی، ہندوی اور گجری سے موسوم کیا گیا لیکن قطب شاہی اور عادل شاہی ریاستوں کے قیام کے بعد اس کا نام دکنی پڑا۔

شمالی ہند میں اردو کے ابتدائی نقوش ہمیں بارہویں صدی میں ملتے ہیں۔ شمالی ہند کی اس زبان کے اثرات دکن میں چودھویں صدی کے اواخر اور پندرہویں صدی کے اوائل میں ظاہر ہوئے، عام خیال ہے کہ دکن میں ۱۲۹۴ء میں علاء الدین خلجی کے سپہ سالار ملک کافور کے حملوں سے اردو زبان کے لئے راہ ہموار ہوئی، لیکن ان حملوں سے پہلے ہی شمالی ہند سے آنے والے صوفیاء و بزرگان دین کی تبلیغی سرگرمیوں سے اردو کی نشو ونما کے لئے راہ ہموار ہو چکی تھی، ان بزرگان دین نے عربی، فارسی کے بجائے ایسی زبان کو وسیلۂ اظہار بنایا جسے عوام آسانی سے سمجھ سکتے تھے۔ اس طرح اردو زبان دکن میں ایک مشترکہ زبان کی حیثیت سے متعارف ہوئی۔

دکن میں اردو کی ترقی واشاعت کے امکانات صحیح معنوں میں اس وقت روشن ہوئے جب دہلی کے سلطان محمد بن تغلق نے ۱۳۲۷ء میں دولت آباد کو اپنا پایۂ تخت بنایا۔ محمد تغلق کے ساتھ ایک بہت بڑی آبادی بشمول علماء وفضلاء وصوفیاء کرام دہلی سے دکن میں منتقل ہوئی۔ اتنی بڑی آبادی کے دکن پہنچ جانے سے شمالی ہند میں بولی جانے والی زبان کو دکن میں پھلنے پھولنے کا بہترین موقع نصیب ہوا۔ سیاسی نقطۂ نظر سے اس واقعے کی حیثیت جو بھی ہو لیکن تشکیل زبان کے لحاظ سے یہ واقعہ غیر معمولی اہمیت کا حامل ہے۔

محمد بن تغلق کے تبدیلی دارالسلطنت کے بیس سال بعد اس کے امیر علاء الدین حسن بہمن شاہ نے محمد تغلق سے بغاوت کر کے دکن میں خود مختار اور آزاد بہمنی سلطنت قائم کی، اس سلطنت کے زیر سایہ اردو زبان کو تیزی سے پھلنے پھولنے کا موقع ملا۔ بہمنی سلاطین نے باہمی اتحاد، میل جول اور تمدن ومعاشرت کو مستحکم کرنے کے لئے مقامی روایات، دیسی رسم ورواج کی حوصلہ افزائی کے ساتھ ایک ایسی زبان کی سرپرستی کی جو مختلف طبقوں اور علاقوں کے درمیان ربط ضبط اور معاملات ومعاشرت کا ذریعہ بن سکے۔ اس مقصد کے لئے دکنی یا قدیم اردو ایک ایسی زبان تھی جس نے مقامی اثرات تیزی سے اپنا کر بین الاقوامی زبان کی حیثیت اختیار کر لی تھی۔

پندرہویں صدی کا خاتمہ ہونے سے پہلے بہمنی سلطنت ٹوٹ پھوٹ کر پانچ حصوں میں تقسیم ہوگئی۔ تخلیق ادب کی نظر سے ان میں بیجاپور اور گولکنڈہ کو بہت اہمیت

حاصل ہے۔ بیجاپور میں عادل شاہی اور گولکنڈہ میں قطب شاہی سلطنت قائم ہوئی۔ ان دونوں ریاستوں میں ادب اور دوسرے علوم وفنون کی بہت ترقی ہوئی۔ اس عہد میں بادشاہوں سے لے کر عوام تک میں شاعری اور ادب کا ذوق دکھائی دیتا ہے۔

بہمنی سلطنت:

بہمنی سلطنت کا قیام ۱۳۴۷ء میں علاء الدین حسن بہمنی کے ہاتھوں عمل میں آیا، اس نے محمد تغلق سے بغاوت کر کے دکن میں ایک آزاد اور خود مختار ریاست کی داغ بیل ڈالی۔

خواجہ بندہ نواز گیسو دراز:

سب سے پہلا نام جس سے دکنی اردو ادب کی ابتداء کی جاسکتی ہے، خواجہ بندہ نواز گیسو دراز کا ہے۔ یہ دلی کے صوفی بزرگ خواجہ نصیر الدین چراغ دہلی کے شاگرد تھے، بندہ نواز ۱۳۹۹ء کے قریب گلبرگہ آئے۔ ان کے گلبرگہ پہنچنے کے وقت وہاں فیروز شاہ بہمنی کی حکومت تھی۔ بندہ نواز کی زبان کھڑی بولی ہے جس پر برج اور پنجابی کا اثر ہے۔

معراج العاشقین: یہ خواجہ بندہ نواز گیسو دراز کی تصنیف ہے جسے اردو کی پہلی نثری کتاب مان کر شائع کیا گیا ہے۔ حالانکہ اس کا انتساب گیسو دراز سے مشکوک ہے۔

گیسو دراز کی دوسری تصانیف: شکار نامہ، تلاوۃ الوجود، ہدایت نامہ۔

نظامی بیدری: مثنوی کدم راؤ پدم راؤ:

احمد شاہ بہمنی کے دور میں یہ مثنوی فخر الدین نظامی بیدری نے ۱۴۳۰ء سے ۱۴۳۵ء کے درمیان تصنیف کی۔ یہ مثنوی اردو کی پہلی منظوم داستان ہے۔ اس سے پہلے کی تصنیفیں مذہبی اور صوفیانہ ہیں۔ اس مثنوی میں کل ۱۸۶۵، اشعار ہیں۔ مثنوی کے دو مرکزی کرداروں کے نام پر اسے کدم راؤ پدم راؤ کا نام دے دیا گیا ہے۔

اس مثنوی کی بنیاد اس قصہ پر ہے کہ راجہ کدم راؤ کسی ناگن کو نیچ ذات کے سانپ کوڑیال سے میل کھاتے ہوئے دیکھ کر عورتوں سے متنفر ہو گیا اور دنیاوی دلچسپیوں سے کنارہ کش ہو کر جوگی اکھر ناتھ کا معتقد ہو گیا۔ جوگی راجہ کے جسم پر قبضہ کر کے خود راجہ بن گیا اور راجہ کدم راؤ طوطا بن کر ادھر اُدھر بھٹکنے پر مجبور ہو گیا۔ اس نے اپنے وزیر پدم راؤ کو حقیقت حال سے آگاہ کیا، وزیر ایک ناگ تھا، اس نے سوتے میں جوگی کو ڈس لیا جس سے اس کی موت ہو گئی۔ کدم راؤ پہلے دوبارہ اپنے جسم میں داخل ہو گیا اور پہلے کی طرح زندگی گذارنے لگا۔

ہندوی روایات کی حامل ہونے کی وجہ سے اس مثنوی کی زبان بہت مشکل ہے۔ لسانی خصوصیات کے اعتبار سے یہ گجری اردو سے قریب تر ہے۔

عادل شاہی سلطنت:

عادل شاہی سلطنت کا قیام ۱۴۹۰ء میں بیجاپور میں یوسف عادل شاہ کے ہاتھوں وجود میں آیا۔اس دور کے ابتداء میں صوفیوں کے اثرات جاری تھے، چنانچہ اس عہد کی ابتدائی تصانیف تصوف سے متعلق ہیں۔

میران جی شمس العشاق:

ان کی پیدائش ۱۴۹۷ء میں مکہ میں ہوئی۔ وفات ۱۵۶۲ء میں بیجاپور میں ہوئی۔انھوں نے اپنی زندگی میں کئی تخلیقات اردو میں پیش کیں۔ان کی سبھی تصنیفیں تصوف کے اصول واعمال کے بیان میں ہیں، جن میں خوش نامہ، خوش نغز، شہادۃ الحقیقت، شرح مرغوب القلوب اہم ہیں۔

شاہ برہان الدین جانم:

مدت حیات ۱۵۵۴ء تا ۱۵۹۹ء

برہان الدین جانم میران جی کے صاحبزادے تھے، ان کی تصانیف بھی تصوف کے موضوع سے تعلق رکھتی ہیں۔ جن میں سکھ سہیلا، ارشاد نامہ، وصیت الہادی، بشارت الذکر، کلمۃ الحقائق ذکر جلی، ہشت مسائل بہت اہم ہیں۔

امین الدین اعلیٰ:

متوفی ۱۶۷۵ء۔ یہ برہان الدین جانم کے صاحبزادے اور جانشین ہیں۔ یہ بھی اپنے اسلاف کے راستے پر چلے اور تصوف پر اپنی تصنیفات چھوڑ گئے، جن میں محبّ نامہ، رموز السالکین، گنج مخفی، وجود یہ اہم ہیں۔

ابراہیم عادل شاہ ثانی:

مدت حیات ۱۵۸۵ء تا ۱۶۲۶ء۔

ابراہیم عادل شاہ ثانی صرف دکھنی زبان اور اس کی شاعری سے ہی محبت نہیں رکھتا تھا، بلکہ ہندوستان کی فن موسیقی میں بھی کامل تھا۔

کتاب نورس: یہ ابراہیم عادل شاہ ثانی کی تصنیف ہے جو کہ سنگیت پر مبنی گیتوں کا مجموعہ ہے۔اس کتاب کا دیباچہ فارسی کے مشہور شاعر ظہوری نے فارسی زبان میں سہ نثر کے نام سے لکھا ہے۔اس کتاب کو ڈاکٹر نذیر احمد نے کتاب نورس کے نام سے شائع کیا۔

رستمی:

اس کا نام کمال خاں تھا، یہ اردو اور فارسی دونوں زبانوں میں شعر کہتا تھا۔

خاور نامہ: یہ مثنوی رستمی نے ۱۶۴۹ء میں تصنیف کی جو ایک فارسی نظم کا ترجمہ ہے، اس میں ۲۴ ہزار اشعار ہیں۔ یہ نہ صرف دکن کی سب سے طویل ہے بلکہ اردو کی سب سے پہلی باقاعدہ رزمیہ نظم بھی ہے۔

عبدل:

یہ ابراہیم عادل بادشاہ ثانی کا درباری شاعر تھا۔

ابراہیم نامہ: یہ مثنوی عبدل نے ابراہیم عادل شاہ ثانی کی مدح میں لکھی ہے جو کہ ۱۶۱۲ء کی تصنیف ہے۔ اس میں عبدل نے بیجاپور کی زندگی کی ایسی تفصیلات فراہم کی ہیں کہ اکثر مقامات پر بیجاپور کی تہذیب کے زندہ مرقع سامنے آجاتے ہیں۔

علی عادل شاہ ثانی:

علی عادل شاہ ثانی ۱۶۵۶ء میں تخت نشین ہوا۔ یہ خود شاعر تھا اور اس کا تخلص شاہیؔ تھا۔

کلیات شاہیؔ: یہ علی عادل شاہ ثانی کا مجموعہ کلام ہے جو کہ اردو اور ہندی دونوں زبانوں میں کلیات شاہی کے نام سے چھپ چکا ہے۔ کلیات شاہیؔ میں غزلیں، قصیدے اور مثنویات سب موجود ہیں۔ فارسی روایات کے باوجود شاہی کے یہاں ہندوستانی مزاج اور مقامی روایات کا اثر نمایاں طور پر دکھائی دیتا ہے۔ اس کی پوری شاعری مے اور معشوق کے ارد گرد گھومتی ہے۔

نصرتی:

اس کا نام محمد نصرت تھا۔ ۱۶۷۴ء میں نصرتی کو کسی دشمن نے قتل کر دیا تھا۔ نصرتی کو علی عادل شاہ شاہیؔ کے دور میں ملک الشعراء کا خطاب ملا۔ نصرتی نے مثنوی کے علاوہ غزل اور قصیدے بھی لکھے ہیں، کئی نقادوں نے نصرتی کو اردو قصیدے کا پہلا شاعر کہا ہے۔ اس کی تین تصانیف جو مثنوی کی شکل میں ہیں درج ذیل ہیں:

گلشن عشق: نصرتیؔ نے گلشن عشق نبی بن عبدالصمد کی تحریک پر لکھی جو ۱۶۵۷ء کی تصنیف ہے۔ یہ ایک بزمیہ مثنوی ہے جس میں تقریباً چار ہزار اشعار میں منوہر، مدھومالتی، چندرسین، چمپاوت کے عشق کا قصہ بیان کیا ہے۔ مثنوی کے قصہ میں کوئی نئی بات نہیں ہے۔ وہی حسن و عشق کی داستان جو اس زمانے کی تمام مثنویوں میں تھوڑے فرق کے ساتھ ملتی ہے، وہی طلسمی فضا، پریوں کی موجودگی، ہیرو کا مصیبتوں اور طوفانوں سے مردانہ وار مقابلہ کرتے ہوئے ہیروئن کو حاصل کرلینا۔ لیکن نصرتی نے اپنے فن کا بھرپور مظاہرہ کرتے ہوئے فرسودہ موضوعات میں بھی بڑی دلکشی پیدا کردی ہے، یہ مثنوی تخلیقی اعتبار سے کافی بلند ہے۔ اس کا انداز بیان اس وقت کی تمام مثنویوں کے مقابلہ میں بہت ترقی یافتہ ہے، مثنوی کے تمام سرے باہم مربوط ہیں۔ اظہار بیان میں بڑی روانی، زور بیان، جوش اظہار میں یہ مثنوی اپنی مثال آپ ہے۔ نصرتی کی شاعری دکنی ادب کا نقطۂ عروج ہے۔

علی نامہ: نصرتیؔ کی علی نامہ ایک طویل رزمیہ مثنوی ہے جو

۱۶۶۵ء میں لکھی گئی۔ یہ مثنوی نصرتی نے قاضی کریم اللہ اور شاہ نوراللہ کی فرمائش پر لکھی۔ یہ مثنوی شاہ نامہ کے انداز پر لکھی گئی ہے، اس لئے اسے دکنی ادب کا شاہ نامہ کہا گیا ہے۔اس مثنوی میں علی عادل شاہ ثانی کے دورِ حکومت کے ابتدائی دس برسوں کے واقعات بیان کئے گئے ہیں۔

تاریخ اسکندری: نصرتی کی یہ مثنوی بیجاپور کی تباہی یا نصرتی کے انتقال کے باعث ادھوری رہ گئی، یہ مثنوی فتح نامہ بہلول خاں کے نام سے بھی مشہور ہے جو سکندر عادل شاہ کے زمانے پر مشتمل ہے۔ اس میں سپہ سالار بہلول خاں کے ذریعہ شیواجی کی شکست کا ذکر ہے۔

ہاشمی بیجاپوری اور دیوانِ ریختی:

ہاشمی عادل شاہی دور کا ایک مشہور شاعر ہے۔ یہ پیدائشی نابینا تھا۔ اس نے ۱۲/ہزار اشعار پر مشتمل یوسف زلیخا جیسی شاہ کار مثنوی لکھی جو کہ ملا جامی کی فارسی تصنیف یوسف زلیخا کا آزاد ترجمہ ہے۔

ہاشمی نے ہندی شعراء کے طرز پر اپنی کئی نظموں میں عورتوں کی طرف سے مردوں کے لئے محبت اور ہجر کے جذبات ظاہر کئے ہیں۔ ایسی نظموں کی زبان سہل شیریں طرزادا کافی دلکش ہے۔ ان نظموں کی بنیاد پر بہت سے نقادوں نے ہاشمی کو ریختی کا موجد قرار دیا ہے۔ لیکن اس کا ریختی کا موجد ہونا بحث طلب ہے، کیوں کہ ریختی بعد میں جس ماحول میں پروان چڑھی وہ دکن کے ماحول سے مختلف تھا۔ لیکن اس بات میں شک نہیں کہ اس کی کئی غزلوں میں ریختی کا رنگ جھلکتا ہے۔

قطب شاہی سلطنت:

قطب شاہی سلطنت کا قیام گولکنڈہ میں ۱۵۰۸ء میں ہوا جس میں کل آٹھ بادشاہ ہوئے۔

محمد قلی قطب شاہ اور انتخاب کلیات:

محمد قلی قطب شاہ کی ولادت ۱۵۲۵ء میں ہوئی اور وفات ۱۶۱۲ء میں ہوئی۔ اس کے والد کا نام ابراہیم قلی قطب شاہ تھا۔ محمد قلی قطب شاہ ۱۵۸۰ء میں گولکنڈہ کے پانچویں بادشاہ کی حیثیت سے تخت نشیں ہوا۔ محمد قلی قطب شاہ اردو ادب کا اہم شاعر ہے۔ اس نے اردو کے علاوہ فارسی اور تیلگو زبان میں بھی شاعری کی ہے۔ اس کا تخلص معانی، قطب، قطب شاہ وغیرہ ہے۔ ڈاکٹر محی الدین قادری زور کا خیال ہے کہ محمد قلی قطب شاہ تیلگو میں ترکمان کے تخلص سے شاعری کرتا تھا۔ محمد قلی قطب شاہ کو اردو کا پہلا صاحب دیوان شاعر کہا جاتا ہے۔ غالباً یہ پہلا شاعر ہے جس نے قصیدے کا باقاعدہ آغاز کیا۔

محمد قلی قطب شاہ کے دیوان کو ۱۶۱۶ء میں پہلی بار محمد قطب شاہ نے مرتب کیا، پھر ۱۹۱۴ء میں ڈاکٹر محی الدین قادری زور نے جدید ترتیب کے ساتھ شائع کیا۔ یہ اردو کا

پہلا شاعر ہے جس کے متعلق قطعی طور سے کہا جا سکتا ہے کہ اس نے ہندوستانی زندگی کے رنگا رنگ حسن اور ماحول میں ڈوب کر شاعری کی جس طرح اسے مسلمانوں کے تیوہاروں، عہد، شبرات وغیرہ سے محبت ہے، اسی طرح بسنت، ہولی، دیوالی کی تفریحات میں بھی وہ پر جوش طریقے سے شریک ہوتا ہے۔ اس کی شاعری مقامی رنگ میں اس قدر ڈوبی ہوئی ہے کہ اس کے مجموعے سے اس وقت کے مذہبی خیالات، رہن سہن، عیش وعشرت اور زندگی کے دوسرے مسائل کے بارے میں بہت کچھ معلوم ہو سکتا ہے۔ اس نے اپنی بارہ پیاریوں کی توصیف میں بہت سی نظمیں کہی ہیں، ان کے سراپا حسن کا بیان سنسکرت کے عشقیہ شاعروں کی یاد دلاتا ہے۔

اس کی کلیات میں مثنویاں، قصائد، مراثی، غزلیات، رباعیات جیسی تمام اصناف میں تخلیقات موجود ہیں۔ اس کی تخلیقات کے موضوع میں بھی تنوع ہے۔ عصر جدید کے شعراء کی طرح اس نے الگ الگ موضوعات پر بھی نظمیں کہی ہیں، جن کے مطالعے سے ظاہر ہوتا ہے کہ وہ ہندوستانی جذبات اور خیالات کو فارسی صنائع بدائع سے سجا کر پیش کرنے کی صلاحیت رکھتا ہے۔

محمد قطب شاہ:

یہ محمد قلی قطب شاہ کا بھتیجا اور داماد تھا جو اس کا جانشیں ہوا اور ۱۶۱۱ء سے ۱۶۲۵ء تک حکومت کی۔

محمد قطب شاہ خود ایک بڑا شاعر اور شاعروں کا سر پرست تھا۔ اس کا دیوان بھی دستیاب ہو چکا ہے۔ اس کا تخلص ظل اللہ تھا۔

عبداللہ قطب شاہ:

یہ محمد قطب شاہ کا بیٹا اور اس کا جانشین تھا۔ اس نے ۱۶۲۵ء سے ۱۶۷۲ء تک حکومت کی۔ یہ بھی شاعر تھا، اس کا بھی مجموعہ کلام دستیاب ہے۔ اس کے درباری شعراء میں غواصی، قطبی، ابن نشاطی طبعی، جنیدی، امین وغیرہ خاص ہیں۔

وجہی:

اس کا نام ملا اسداللہ ہے۔ اس کی وفات ۱۶۵۹ء میں ہوئی۔ یہ محمد قلی قطب شاہ کے عہد کا شاعر ونثر نگار ہے۔ اس نے گولکنڈہ میں چار بادشاہوں کا عہد دیکھا۔

مثنوی قطب مشتری:

قطب مشتری اردو کی پہلی طبع زاد مثنوی ہے جسے ملا وجہی ۱۶۰۹ء میں تصنیف کیا۔ یہ مثنوی محمد قلی قطب شاہ اور مشتری کی داستان محبت ہے۔ بادشاہ کی محبوبہ کا نام بھاگ متی تھا، بادشاہ نے اس کا نام حیدر محل رکھا، وجہی نے اپنی مثنوی میں اس کا نام مشتری رکھا ہے۔ شہزادے کا نام قطب رکھا ہے، اسی مناسبت سے مثنوی کا نام قطب مشتری ہے۔

اس مثنوی کا قصہ اس طرح ہے کہ بادشاہ ابراہیم قطب شاہ کے یہاں ایک بیٹا پیدا ہوتا ہے جو بلا کا خوبصورت اور حسین ہوتا ہے۔ ایک حسینہ کو اپنے خواب میں دیکھتے ہی اس پر عاشق ہو جاتا ہے، وہ حسینہ مشتری ہے جسے مثنوی میں وجہی نے بنگال کی راجکماری دکھایا ہے۔ مشکلوں کا سفر طے کرنے کے بعد دونوں کی شادی ہو جاتی ہے۔ مثنوی کا پلاٹ سادہ اور سپاٹ ہے۔ قصے میں فوق الفطری عناصر ملتے ہیں، مثلاً دیو، سانپ، پریاں، اژدھے وغیرہ۔

مثنوی میں کرداروں کی تعداد بارہ ہے۔ وجہیؔ نے کرداروں کا نام ستاروں کے نام پر رکھا ہے۔ ابراہیم قطب شاہ جو کہ ہیرو کا باپ ہے۔ محمد قلی قطب شاہ جو ہیرو ہے، مشتری مثنوی کی ہیروئن ہے۔ زہرہ مشتری کی بہن ہے اور مریخ خان کی محبوبہ ہے۔ مریخ خاں حلب کے بادشاہ شاہ سرطان کے وزیر اسد خاں کا بیٹا ہے۔ میروان مشتری کی دائی اور رازدار ہے۔ سلکھن پری، مہتاب پری کی کنیز اور رازدار ہے۔

مثنوی قطب مشتری میں اپنے معاشرے کی بھرپور عکاسی ملتی ہے۔ اس عہد کے تمام رسم ورواج، تہذیب وتمدن، عادت واطوار کی تصویریں سامنے آجاتی ہیں۔ مثنوی فنی اعتبار سے بہت بلند ہے۔ اس کے اشعار زنجیر کی کڑیوں کی طرح ایک دوسرے میں پیوستہ ہیں۔ لیکن مثنوی کی زبان آسان نہیں ہے، اس میں جہاں عربی فارسی کے الفاظ ہیں وہیں سنسکرت کے تدبھو اور تت سم لفظوں کی کمی نہیں ہے۔

سَب رس:

یہ ملا وجہی کی نثری داستان ہے، جسے اس نے ۱۶۳۵ءمیں عبداللہ قطب شاہ کے عہد میں تصنیف کیا۔ سب رس کی دریافت کا سہرا مولوی عبدالحق کے سر ہے۔ انھوں نے اس کتاب کو ۱۹۳۲ء میں اپنے مقدمے کے ساتھ شائع کیا۔ انھوں نے یہ دعویٰ کیا ہے کہ سب رس وجہیؔ کی طبع زاد داستان نہیں ہے بلکہ فتاحی نیشاپوری کی تصنیف قصہ حسن ودل کا چربہ ہے۔

سب رس کو ایک کامیاب تمثیل قرار دیا گیا ہے۔ اس میں تصوف کے مسائل کو تمثیلی انداز میں پیش کیا گیا ہے۔ تمثیل ایک ایسا طویل استعارہ ہے جو اپنے اندر ایک داستان کی وسعت رکھتا ہے۔ اس میں غیر مادی اشیاء کو مادی حیثیت سے پیش کیا جاتا ہے۔ خیالات واحساسات کو جسمانی شکل دے دی جاتی ہے۔ وجہی نے عقل وعشق کے درمیان پائی جانے والی کشمکش جیسی عالمگیر حقیقت کو ایک طویل تمثیل کے روپ میں پیش کیا ہے۔ تصوف ومعرفت کے مختلف مسائل کو رمزیہ انداز میں بیان کیا ہے۔ عشق، عقل، ناموس، حسن، خیال، غمزہ، دل، زلف، اور قامت کو انسانی پیکر عطا کیا گیا ہے۔ داستان میں عقل وعشق دو طاقتور بادشاہوں کی جنگ کی داستان ہے۔

قصہ کا مقام یونان ہے۔ یہاں کے بادشاہ کو عقل کا نام دیا گیا ہے اور کائنات کے ہر ہر ذرے کا اس کا تابع

اور فرماں بردار ہونا عقل کے سلسلے میں اہمیت رکھتا ہے۔ عقل کے بیٹے کو دل اور عشق کی بیٹی کو حسن بتایا گیا ہے۔ نظر دل کا دوست ہے۔ ظاہر میں بھی اہل دل نظر کے ذریعہ ہی حسن کا مشاہدہ کرتے ہیں۔ زہد کو ایک پہاڑ بتایا ہے۔ رقیب کو سبک سار شہر کا محافظ بتایا ہے جو شہر کی دیوار کی راہ میں حائل ہے اور یہ حقیقت بھی ہے کہ دیدار حسن کی راہ میں رقیب حائل ہوتا ہے۔ اس طرح وجہی نے نہ صرف خیالات واحساسات کو انسانی پیکر عطا کیا ہے بلکہ موجودات جیسے دل، زلف، قامت کو بھی جسم عطا کیا ہے۔ چونکہ وجہی نے خیالات کو داستان کی شکل میں پیش کیا ہے اس لئے اس میں پلاٹ، کردار، ماحول کی موجودگی کے علاوہ داستانی روایت بھی موجود ہے اور ہر تمثیلی داستان کی طرح اس داستان کی دو سطحیں ہیں ایک داستانی دوسری صوفیانہ۔

غواصی:

غواصی عبداللہ قطب شاہ کے عہد کا شاعر ہے۔ اس کی حیثیت ملک الشعراء کی تھی۔

مثنوی مینا ستونتی:

غواصی کی تصنیف ہے۔ اس کا مرکزی خیال عصمت، حیا اور عفت ہیں۔ اس مثنوی میں بادشاہ بالا کنور کی حسین وجمیل لڑکی چندا اور ایک چرواہے لورک کے عشق کا قصہ ہے۔ چندا بہت سامال واسباب لے کر کے لورک کے ساتھ فرار ہو جاتی ہے، لورک کی بیوی مینا ہے۔ بادشاہ اس کے حسن وجمال کے بارے میں سن کر ایک کٹنی کو اس کے پاس بھیجتا ہے مگر مینا اپنی عصمت کے سلسلے میں اتنی پختہ ہے کہ وہ کٹنی کی باتوں میں نہیں آتی۔ بادشاہ خود مینا کے گھر جا کر اس کی بات سن کر بہت متاثر ہوتا ہے، چندا اور لورک کو پکڑوا کرلاتا ہے۔ چندا کو سنگ سار کرا دیتا ہے اور لورک کو مینا کے پاس بھیج دیتا ہے۔

سیف الملوک بدیع الجمال:

غواصی نے یہ مثنوی ۱۶۲۴ء میں سلطان محمد قطب شاہ کے عہد میں لکھی لیکن اس کے انتقال کے بعد ۱۶۳۵ء میں عبداللہ قطب شاہ کے حضور میں پیش کی۔ یہ مثنوی غواصی نے قطب مشتری کے جواب میں لکھی۔ اس کا قصہ الف لیلا سے ماخوذ ہے۔ الف لیلا میں بادشاہ محمد بن سبا نک اور تاجر حسن کے تحت سیف الملوک اور بدیع الجمال کا قصہ ہے جو ۷۵۷ ویں رات سے شروع ہو کر ۷۷۸ ویں رات پر ختم ہوتا ہے۔ غواصی نے اسی قصے کا بیان اس مثنوی میں کیا ہے۔ سیف الملوک مصر کا شہزادہ ہے اور بدیع الجمال چین کی شہزادی ہے۔ شہزادہ بدیع الجمال کی تصویر دیکھ کر اس پر عاشق ہو جاتا ہے۔ ہزار مشکلوں سے گذر کر اسے حاصل کرتا ہے۔

اس مثنوی سے غواصی کی قادر الکلامی کا اندازہ ہوتا ہے۔ دو ہزار اشعار پر مشتمل یہ مثنوی اپنے اسلوب کی

سلاست، روانی اور شعری نزاکتوں کی بدولت اس زمانے کی دوسری مثنویوں کے مقابلے میں کہیں زیادہ ترقی یافتہ معلوم ہوتی ہے۔

طوطی نامہ:

یہ مثنوی غواصی کی ۱۶۳۱ء کی تصنیف ہے جو کہ ضیا نخشبی کی نثری تصنیف طوطی نامہ سے ماخوذ ہے۔اس کا اصل ماخذ سنسکرت کی کتاب شکا سب تتی ہے۔جس میں طوطے کی زبان سے ستر کہانیاں کہلوائی گئی ہیں۔ غواصی نے ۴۵ کہانیوں کو مثنوی کا موضوع بنایا ہے اور اسے داستان نہیں بلکہ بوستان کہا ہے۔

ابن نشاطی:

مثنوی پھول بن: ابن نشاطی کا نام محمد مظہر الدین ابن شیخ فخر الدین تھا جو گولکنڈہ کا باشندہ تھا اور عبداللہ قطب شاہ کے دربار کا معزز عہدیدار تھا۔ مثنوی پھول بن ابن نشاطی نے ۱۶۵۵ء میں لکھی، اس کا قصہ فارسی کی مذہبی تصنیف بساط الانس سے ماخوذ ہے۔ اس مثنوی کو دکنی کا انمول رتن کہا گیا ہے۔مثنوی میں شاعر نے داستان کا انداز اختیار کیا ہے اور قصہ در قصہ سناتا چلا گیا ہے۔مثنوی میں تین مرکزی قصے ہیں یہ سارے قصے نصیحت آمیز ہیں۔

مثنوی میں عبداللہ قطب شاہ کی مدح میں ۳۸ شعر ہیں۔ پھول بن میں کچن پٹن کے بادشاہ کی کہانی پیش کی گئی ہے جو خواب میں ایک درویش کو دیکھتا ہے اور اس کی تلاش میں اپنے خادم کو روانہ کرتا ہے۔خادم درویش کو تلاش کر کے بادشاہ کی خدمت میں پیش کرتا ہے۔ یہ درویش بادشاہ کو قصے سناتا ہے۔ پہلا قصہ کشمیر کے بادشاہ کا ہے جو دو محبت کرنے والوں کو ملاتا ہے۔ دوسرا قصہ ایک ایسے راجا کا ہے جو کہ جوگیوں کا بڑا عقیدت مند تھا۔ جن کے وزیر نے دھوکے سے اس کی سلطنت پر قبضہ کرلیا تھا جسے بعد میں راجا نے دوبارہ حاصل کیا۔ تیسرا قصہ مصر کے شہزادہ ہمایوں فال اور عجم کی شہزادی سمن بر کے عشق کا ہے۔

ابن نشاطی نے اپنی اس مثنوی میں اپنی ادبی شان اور شاعرانہ صلاحیت کا بھرپور استعمال کیا ہے۔اس کی زبان اس کے ہمعصر شعراء کی زبان کے مقابلے میں زیادہ صاف اور نکھری ہوئی نظر آتی ہے۔ ایسا غالباً اس وجہ سے تھا کہ وہ شاعر ہونے کے ساتھ ساتھ بہترین انشاپرداز بھی تھا۔ اس کی مثنوی میں دوسرے شعراء کی طرح عربی فارسی الفاظ کے املا میں غلطیاں نظر نہیں آتیں۔ اس نے نہایت سادگی و پرکاری کے ساتھ اکثر و بیشتر صنعتوں کو اپنی مثنوی میں استعمال کیا ہے۔

گجرات:

پندرہویں صدی میں گجرات میں کئی بڑے بڑے صوفی شاعر پیدا ہوئے جو اپنی زبان کو کبھی ہندی کہتے تھے کبھی گوجری، ان میں سے چند اہم کے نام اور ان کی

تصانیف درج ذیل ہیں:

شیخ بہاءالدین باجن:

مدت حیات ۱۳۸۸ء سے ۱۵۰۶ء۔ انھیں موسیقی سے عشق تھا۔ چنانچہ باجن تخلص اختیار کیا۔ ان کی تصانیف میں خزائن رحمت اور جنگ نامہ ساڑی و پشواز اہم ہیں۔

شاہ علی جیو گام دھنی:

یہ صوفی بزرگ تھے، جنھوں نے ایک صوفیانہ نظم جو اہر اسرار اللہ لکھی۔

خوب محمد چستی:

متوفی ۱۶۱۴ء۔ ان کی تصانیف درج ذیل ہیں:

مثنوی خوب ترنگ: یہ مثنوی خوب محمد چستی نے ۱۶۷۸ء میں لکھی۔

امواج خوبی: یہ کتاب خوب محمد چستی نے مثنوی خوب ترنگ کی شرح کے طور پر فارسی میں لکھی۔

چھند چھنداں: یہ خوب محمد چستی کا منظوم رسالہ ہے جو فارسی اور ہندی عروض سے متعلق ہے۔

رسالہ بھید بھاؤ: خوب محمد چستی کا یہ رسالہ علم بدیع سے متعلق ہے۔

ولی اورنگ آبادی:

ولادت ۱۶۵۰ء، وفات ۱۷۲۰ء۔ ولی کا نام ولی محمد، ولی اللہ یا شاہ محمد ولی اللہ تھا۔ محمد حسین آزاد نے ولی کو اردو شاعری کا باوا آدم کہا ہے۔ یہ بات تاریخی اعتبار سے تو درست نہیں کہ وَلی کو اردو کا پہلا شاعر مانا جائے مگر اس نقطہ نظر سے یہ خیال صحیح ہے کہ وہ دکن کے سب سے بڑے شاعر تھے اور انھیں کے چراغ فن سے شمالی ہند میں بھی اردو شاعری کے چراغ جلے۔ وَلی ۱۷۰۰ء میں دلی گئے تو وہاں کے مشہور صوفی شاعر سعد اللہ گلشن سے ملے جو اس سے پہلے بھی ان کے مرشد کی حیثیت رکھتے تھے۔ سعد اللہ گلشن نے وَلی کو فارسی کے موضوعات اور خیالات کو اپنی زبان میں پیش کرنے کا مشورہ دیا۔

وَلی کا دیوان ۱۷۲۰ء میں دلی پہنچا۔ فرانسیسی عالم گارسان دتاسی نے فرانس سے ان کا دیوان ۱۸۳۸ء میں شائع کیا۔ ان کے دیوان میں غزل، مثنوی، قصیدہ وغیرہ ہر طرح کی نظمیں ہیں۔ وَلی نے اپنی غزلوں میں زیادہ تر محبت کے جذبات کا بیان مختلف صورتوں سے کیا ہے۔ یہ جذبہ محبت وسعت اختیار کر کے مسلک تصوف کا عشق بن گیا ہے۔ اردو شاعری میں ابتداء سے ہی تصوف کے خیالات جاری وساری رہے ہیں۔ ولی نے بھی ان خیالات کو بڑی خوبصورتی کے ساتھ پیش کیا ہے۔ غزلوں کی ایک بڑی خوبی یہ بتائی جاتی ہے کہ ان میں عام قلبی جذبات کو آپ بیتی کی شکل میں پیش کیا جا سکتا ہے۔ تصوف بھی باطنیت اور داخلیت کا اظہار کرتا ہے، اس لئے وَلی کی غزل ایک سچے

عاشق کے حقیقی خیالات پیش کرتی ہے۔

ولؔی کی شاعری کا تجزیہ کرنے سے ایک بات ضرور واضح ہوجاتی ہے کہ ان پر فارسی شاعروں کا گہرا اثر تھا۔ ان کے خیالات بھی کہیں کہیں ان سے ملتے جلتے ہیں، مگر ان میں اتنی صداقت پائی جاتی ہے کہ وہ باہر سے مانگے ہوئے نہیں معلوم ہوتے۔ ولؔی کی شاعری میں جمالیاتی احساس بہت گہرا ہے، وہ محبوب کے حسن کی بڑی دلکش تصویر میں اپنی غزلوں میں پیش کرتے ہیں۔ یہی وجہ ہے کہ انھیں اردو شاعری کا سب سے بڑا سراپا نگار قرار دیا گیا ہے۔ غزل کی وہ روایت جو آئندہ دور میں اپنے عروج کو پہنچی اس کا سرچشمہ ولی کی غزلیں ہیں۔ جتنے مضامین غزل سے وابستہ ہیں وہ سب کم وبیش ولی کے یہاں ملتے ہیں۔ غرض ولؔی کی شاعری زبان وبیان ، معنی ومطالب کے اعتبار سے سراپا اعجاز ہے۔ ولؔی کا یہ امتیاز ہے کہ اردو غزل نے جو رخ اختیار کیا اس کے رہبر ولی ہی رہے۔

سراج اورنگ آبادی:

کلیات: دکنی شعراء میں ولؔی کے بعد اردو کے سب سے بڑے شاعر سراؔج اورنگ آبادی ہیں۔ بچپن ہی سے ان پر مجنونانہ کیفیت طاری ہوگئی۔ مجذوبیت کے عالم میں انھوں نے فارسی زبان میں بہت سے شعر کہے جو ضائع ہوگئے۔

سراؔج کی کلیات میں غزلیں، مثنویاں، قصیدے، رباعیات وغیرہ شامل ہیں۔ یوں تو ان کا سارا کلام شعریت سے بھرپور ہے۔ لیکن وہ اپنی مثنوی بوستان خیال اور اپنی غزلوں کی وجہ سے مشہور ہیں۔ مثنوی بوستان خیال میں ۱۱۶۰/اشعار ہیں جو ان کی دو دن کی ریاضت کا نتیجہ ہیں۔ یہ مثنوی سراج کی آپ بیتی ہے جسے پڑھتے ہوئے ہمارے سامنے عاشق اور شاعر کی زندگی کی حقیقی تصویر کھنچ جاتی ہے۔

سراج کی غزلیں بھی بڑی دلکش ، حسین اور پر اثر ہیں۔ غزل میں انھوں نے ولؔی کا تتبع کیا ہے۔ ان کی غزلیں ان کے جذبات واحساسات کی آئینہ دار ہیں۔ ایسا محسوس ہوتا ہے کہ وہ اپنے اشعار کے ذریعہ اپنی کیفیت عشق اپنے محبوب تک پہنچانا چاہتے ہیں۔ گرچہ سراج کی غزلوں میں بھی عشق ومحبت کی باتوں اور والہانہ جذبات کا برملا اظہار ملتا ہے۔ لیکن اس عہد کے دوسرے شعراء کے برخلاف ان کے یہاں سطحی جذباتیت اور جنسی کیفیت کے بجائے ایک طرح کی سرمستی وسرشاری کا احساس ہوتا ہے۔

دکنی اردو کی لسانی خصوصیات:

دکنی اردو کی لسانی خصوصیات کچھ تو شمالی ہند کی بولیوں کی دین ہیں جن کے خمیر سے یہ زبان تیار ہوئی اور کچھ مقامی لسانی اثرات کا نتیجہ ہیں۔ ذیل میں دکنی اردو کی لسانی خصوصیات صوتیات، صرف ونحو اور قواعد کے اعتبار سے بیان کی جاتی ہے۔

صوتی خصوصیات:

(۱) دکنی اردو کی ایک دلچسپ صوتی خصوصیت ق کی خ میں تبدیلی ہے جیسے اخل (عقل) وخت (وقت) بندوخ (بندوق) مزاخ (مزاق) وغیرہ۔

(۲) دکنی اردو میں بعض ہکاری آوازوں میں ہ حذف کردی جاتی ہے جیسے سکیاں (سکھیاں) سُک (سکھ) پوچ (پوچھ) وغیرہ۔

(۳) اس کے برعکس جہاں ہکاریت نہیں ہے وہاں ہکاریت پیدا کردی جاتی ہے مثلاً جھل (جل) پرچھم (پرچم) جھگمگ (جگمگ) وغیرہ۔

(۴) کہیں کہیں ہکاریت تقلیب صوت کے طور پر ظاہر ہوتی ہے جیسے چھیتڑے (چیتھڑے) کھندا (کندھا) وغیرہ۔

(۵) دکنی اردو میں ایسے بے شمار الفاظ ملتے ہیں جن میں درمیانی ہ حذف کردی جاتی ہے مثلاً مج (مجھ) کچ (کچھ) آنک (آنکھ) وغیرہ

(۶) آوازوں کا مشدّد ہونا بھی دکنی اردو کی ایک اہم صوتی خصوصیت ہے جیسے ہوّا (ہوا) گلاّ (گلا) حلّق (حلق) وغیرہ۔

(۷) دکنی اردو میں اگر کسی لفظ میں دو معکوسی آوازیں پائی جاتی ہیں تو پہلی معکوسی آواز غیر معکوسی آواز میں بدل جاتی ہے جیسے تھنڈ (ٹھنڈ) تکڑا (ٹکڑا) تاٹ (ٹاٹ) وغیرہ۔

(۸) مصوتوں کی طوالت و تخفیف بھی دکنی اردو کی اہم صوتی خصوصیت ہے۔

(۹) دکنی اردو میں مصوتوں کو انفیانے کا رجحان بھی ملتا ہے جیسے جینت (جیت) برسانت (برسات) وغیرہ۔

صرفی خصوصیات:

(۱) دکنی اردو میں الفاظ کی جمع بنانے کے مختلف قائدے ہیں جو الفاظ مصمتوں پر ختم ہوتے ہیں ان کی جمع ان کے اضافے سے بنائی جاتی ہے جیسے باتاں، علماں، عاملاں بلبلاں وغیرہ۔

(۲) جو الفاظ مصوتوں پر ختم ہوتے ہیں ان کی جمع ے کے اضافے سے بنائی جاتی ہے، جیسے راجے، ویدے وغیرہ۔

(۳) ہائے مختفی پر ختم ہونے والے الفاظ کی جمع بناتے وقت ہائے مختفی کو یاں سے بدل دیا جاتا ہے جیسے فرشتیاں، ستاریاں وغیرہ۔

(۴) دکنی اردو میں احترامی ضمیروں میں آپ اور اپنا کے علاوہ اپ، اپسا، اپی، اپن، اپناں، اپنیاں وغیرہ کا استعمال ہوتا ہے۔

(۵) بعض دکنی مصدر فعلی مادے میں محض ن کے اضافے سے تشکیل دے دیئے جاتے ہیں جیسے چلن، دیکھن وغیرہ۔

(۷) دکنی اردو میں ایسے بہت سے افعال مفرد استعمال ہوئے ہیں جن کے بدلے میں جدید اردو میں مرکب شکلیں رائج ہوگئی ہیں مثلاً اندیشنا (اندیشہ کرنا) پورانا

(پورا کرنا) خرچنا (خرچ کرنا) وغیرہ۔

(۸) دکنی اردو میں چ تاکیدی کا استعمال کثرت سے ملتا ہے، یہ مراٹھی زبان سے مستعار ہے۔ اس کے استعمال سے ہی کے معنی پیدا ہوتے ہیں۔

(۹) دکنی اردو کا ایک کلیدی لفظ نکو ہے جو نہیں کے معنی میں استعمال ہوتا ہے، یہ بھی مراٹھی سے مستعار ہے۔

(۱۰) دکنی اردو میں حرف عطف اور کے ساتھ ساتھ ہور کا استعمال بھی ملتا ہے۔ ہور پنجابی زبان سے مستعار ہے۔

نحوی خصوصیات

(۱) دکنی اردو میں فعل فاعل کی تجنیس کے تابع رہتا ہے جب کہ جدید اردو میں فاعلی نے کے تداخل سے یہ مفعول کے تابع ہوجاتا ہے جیسے لڑکا روٹی کھایا (لڑکے نے روٹی کھائی) لڑکا روٹیاں کھایا (لڑکوں نے روٹی کھائی)۔

دکنی اردو اور جدید اردو میں یہ نحوی اختلاف صرف زمانہ ماضی مطلق میں دیکھنے کو ملتا ہے، جب کہ زمانہ حال اور زمانہ مستقبل میں نحوی ساختوں میں فرق نہیں ہے۔

(۲) دکھنی اردو کی دوسری بڑی نحوی خصوصیت یہ ہے کہ اگر اسم جمع مؤنث ہے تو اس کا اثر جملے کی ساخت پر دور تک پڑتا ہے، جیسے کالیاں، گوریاں، سکیاں کو جگ میں جوتھیاں سوبسریا۔

☆☆☆

اردو شاعری شمالی ہند میں

یہ اَمر تعجب خیز ہے کہ جو زبان نواح دہلی میں پیدا ہوئی وہ بہت دنوں تک وہاں صرف بول چال کی زبان بنی رہی، ادبی زبان کی حیثیت حاصل نہیں کرسکی۔ دل بہلانے کے لئے کچھ الفاظ یا کچھ مصرعے اس زبان کے استعمال کئے گئے لیکن ادبی حیثیت بدستور فارسی زبان کو حاصل رہی، اردو میں باقاعدہ شعری تصنیف کے طور پر ہمیں تیرہویں صدی کے اواخر میں امیر خسرو (۱۲۵۳ء تا ۱۳۲۵ء) کا کلام ملتا ہے۔ انھوں نے اپنے گیت، غزلیں، اور پہیلیاں زبان دہلی میں تصنیف کیں۔ اس طرح خسرو وہ پہلے شاعر ہیں جنھوں نے اردو میں ریختہ گوئی کی روایت قائم کی جس میں کھڑی بولی کی جھلک نظر آتی ہے۔ یہ صحیح ہے کہ بعض تحریفات کی وجہ سے خسرو کی شعری تصنیفات مستند نہیں رہ گئی ہیں لیکن بقول پروفیسر مسعود حسین خاں: ''خسرو کے صاحب دیوان ہندی شاعر ہونے میں کوئی شبہ نہیں ہے۔''

امیر خسرو کی شاعری کے بعد شمالی ہند میں پورے تین سو سال تک سناٹا چھایا رہا اور مستقل شعری تصنیف کے طور پر سترہویں صدی کے اوائل میں ہمیں محمد افضل پانی پتی (متوفی ۱۶۲۵ء) کی تصنیف بکٹ کہانی ملتی ہے جو ہندی

زبان کے بارہ ماسہ کی طرز پر لکھی گئی ہے جس میں اپنے محبوب کے ہجر میں بے قرار عورت کے جذبات کا اظہار سال کے بارہ مہینوں کے لحاظ سے کیا گیا ہے۔ پروفیسر مسعود حسین خاں نے بکٹ کہانی کو شمالی ہند کی شاعری کا پہلا مستند نمونہ قرار دیا ہے۔

بکٹ کہانی کے بعد شمالی ہند کی دوسری اہم شعری تصنیف روشن علی سہارن پوری کا عاشور نامہ ہے جو واقعات کربلا سے متعلق ایک طویل رزمیہ نظم ہے۔ سترہویں صدی کی آخری اور اہم شعری تصنیف اسماعیل امروہوی کی تخلیق کردہ وفات نامہ بی بی فاطمہ ہے۔

مذکورہ بالا شعری تصانیف کے علاوہ ضیاء الدین خسرو کی خالق باری، اجے چند بھٹناگر کی مثل خالق باری، حکیم یوسفی کی قصیدہ درلغات ہندی، شیخ عبداللہ انصاری کی فقہ ہندی جیسی شعری تخلیقات کا سراغ ملتا ہے۔ اٹھارہویں صدی کے ابتداء میں ولؔی کی دلی آمد سے شمالی ہند میں اردو شاعری کا باقاعدہ آغاز ہوتا ہے۔ ولؔی کی شاعری سے متاثر ہوکر بہت سے شعراء نے اردو زبان کو اپنے جذبات واحساسات کا وسیلۂ اظہار بنایا۔ جن میں چند اہم شعراء کا مختصر اُتعارف درج ذیل ہے:

خان آرزو:

خان آرزو کی ولادت ۱۶۸۷ء مین دہلی میں ہوئی اور وفات ۱۷۵۶ء میں لکھنؤ میں ہوئی۔ ان کا نام سراج الدین علی خاں تھا۔ خان آرزو پہلے عالم ہیں جنھوں نے سنسکرت اور فارسی کے باہمی لسانی تعلق پر اظہار خیال کیا ہے۔ ان کو تمام ایہام گویوں کا استاذ کہا جاتا ہے۔ خان آرزو کے تلامذہ میں آبؔرو، مضمؔون، سوؔدا، میؔر کا نام اہم ہے۔ خان آرزو نے نوادر الالفاظ کے نام سے ایک لغت تیار کی۔

شاہ مبارک آبؔرو:

ان کا نام نجم الدین تخلص آبرو تھا۔ یہ گوالیار کے ایک مشہور صوفی خاندان مین ۱۶۸۸ء میں پیدا ہوئے۔ ان کی وفات ۱۷۳۳ء میں ہوئی۔ ان کا شمار ایہام گو شعراء میں ہوتا ہے۔ انھوں نے زیادہ تر غزلیں کہی ہیں۔ ان کا دیوان ڈاکٹر محمد حسن نے مرتب کیا۔ آبرو نے ایک مثنوی آرائش معشوق کے نام سے لکھی جس میں سراپا کے انداز میں محبوب کے حسن وجمال اور لباس کا بیان کیا گیا ہے۔

ناجؔی:

ناجی کا نام سید محمد شاکر تھا۔ ان کا انتقال ۱۷۴۷ء میں ہوا۔ ان کا شمار ایہام گوئی کے نمایاں شاعروں میں ہوتا ہے۔ ان کی طبیعت کا رجحان مزاح اور ظرافت کی طرف تھا۔ یہ نادر شاہی حملے کے عینی شاہد تھے اور اس تباہ حالی کو ایک بہت ہی غم انگیز نظم کی شکل میں پیش کیا تھا۔ ان کا دیوان شائع ہو چکا ہے۔

شاہ حاتم:

ان کا نام شیخ ظہور الدین تھا۔ ولادت ۱۶۹۹ء میں دلی میں ہوئی۔ انتقال ۱۷۸۳ء میں ہوا۔ حاتم نے اپنا ایک دیوان تیار کیا جس میں پرانے طرز کی شاعری کی تمام خصوصیتیں پائی جاتی تھیں۔ لیکن جب شاعری کا رنگ بدلا تو انھوں نے پرانا ڈھنگ چھوڑ کر اس زبان میں شاعری کی جو زیادہ پُر اثر اور ماہرانہ تھی۔ کچھ اپنے پرانے دیوان سے لے کر اور کچھ نئی تخلیقات سے انھوں نے ایک دوسرا مجموعہ تیار کیا جس کا نام ''دیوان زادہ'' رکھا۔ حاتم شروع میں ایہام گو تھے ، بعد میں اس کی مخالفت کی۔

مرزا مظہر جان جاناں:

ان کا نام شمس الدین ، عرفیت جان جاناں تھی۔ ۱۶۹۹ء میں دہلی میں ولادت ہوئی۔ ۱۷۸۱ء میں کسی دشمن نے انھیں ماردیا۔ مظہر جان جاناں نقشبندیہ سلسلے کے صوفی بزرگ تھے۔ یہ پہلے شاعر تھے، جنھوں نے ایہام گوئی کی مخالفت کی۔ انھوں نے زبان کو درست کرنے اور شاعری کو ان صنائع سے بچانے کی سعی کی جو شاعری کو محض الفاظ کا گورکھ دھندا بنا دیتے تھے۔ فارسی کے عالم ہونے کی وجہ سے ان کی زبان میں فارسی تراکیب کا استعمال کثرت سے ملتا ہے۔

فائز دہلوی:

ان کا نام صدر الدین محمد اور تخلص فائز تھا۔ ۱۶۹۰ء میں دلی میں پیدا ہوئے ،ان کو بلند منصب حاصل تھا۔ پروفیسر مسعود حسن رضوی نے ان کا اردو دیوان اپنے مقدمے اور تحقیقی نوٹ کے ساتھ شائع کیا ہے۔ ان کا خیال ہے کہ فائز شمالی ہند کے پہلے شاعر ہیں جنھوں نے اپنا دیوان مرتب کیا۔ لیکن ان کی یہ رائے درست نہیں ہے کیوں کہ آبرو کا دیوان ان سے پہلے مرتب ہو چکا تھا۔

فغاں:

متوفی ۱۷۷۳ء۔ ان کا نام اشرف علی خاں تھا۔ احمد شاہ بادشاہ کی دودھ پلائی کے بیٹے تھے۔ مگر جب دلی میں تباہی آئی تو یہ اودھ کے نواب شجاع الدولہ کے دربار میں آئے اور یہاں سے پٹنہ چلے گئے۔ پٹنہ میں مہاراجہ شتاب رائے نے ان کی بڑی توقیر و تعظیم کی۔ ان کا ایک اردو اور ایک فارسی دیوان ملتا ہے۔

تاباں:

ان کا نام میر عبدالحئی تخلص تاباں تھا۔ دلی کے رہنے والے تھے یہ بہت خوبصورت تھے، انھیں یوسف ثانی کہا جاتا تھا۔ ان کا دیوان شائع ہو چکا ہے۔ انھوں نے نظمیں بھی لکھی ہیں مگر ان کی غزلوں کو اردو شاعری میں خاص مقام حاصل ہے۔

☆☆☆

عہدِ میر و سوداؔ

مرزا محمد رفیع سوداؔ:

مرزا محمد رفیع نام سوداؔ تخلص تھا، ان کی ولادت ۱۷۱۲ء میں دہلی میں ہوئی اور انتقال ۱۷۸۱ء میں لکھنؤ میں ہوا۔ سودا کے والد کا نام محمد شفیع تھا جن کا پیشہ سوداگری تھا۔ سودا اردو میں شاہ حاتم کے شاگرد تھے، فارسی میں سراج الدین علی خاں آرزو سے اصلاح لیتے تھے۔ یہ دہلی میں خواجہ بسنت علی خاں، سیف الدولہ احمد علی خاں پھر غازی الدین عماد الملک سے وابستہ رہے، جب دہلی پر تباہی آئی تو عماد الملک کے ساتھ فرخ آباد پہنچے جہاں نواب مہربان خاں رِند نے انہیں اپنے یہاں ملازم رکھ لیا۔ کچھ عرصہ بعد سوداؔ فیض آباد پہنچ کر شجاع الدولہ کے ملازم ہوئے اور آصف الدولہ کے ساتھ لکھنؤ آئے۔

سوداؔ بحیثیت قصیدہ گو:

دلی میں جب اردو شاعری کا آغاز ہوا تو شعراء نے ہر صنف سخن میں طبع آزمائی کی لیکن زیادہ زور مثنوی اور غزل پر رہا، جہاں تک قصیدے کا سوال ہے تو ہمیں اس سلسلے میں بڑی مایوسی ہوتی ہے۔ کچھ قصائد ضرور لکھے گئے لیکن ان کی تعداد بہت کم ہے، سوداؔ نے قصیدہ گوئی کے فن کو لیا اور اس بزم کو زینت بخشی، انھوں نے فارسی قصیدہ گوئی کا پورا تتبع کیا اور ایک ایسی زبان میں جو ابھی بہت ترقی یافتہ نہیں کہی جا سکتی تھی اس میں بلند، لطیف اور نازک خیالات بڑی خوبصورتی اور کمال کے ساتھ پیش کئے ہیں۔ انھوں نے قصیدہ گوئی کو ایک فن کا مرتبہ بخشا، چنانچہ مصحفی نے انھیں قصیدہ گوئی کا ''نقاش اول'' قرار دیا ہے۔

سوداؔ کو قصیدہ گوئی کے فن سے پوری مناسبت تھی، اس کے لئے جس بلند تخیل، مضمون آفرینی، خیال بندی، قدرت زبان اور ذہنی اپج کی ضرورت ہوتی ہے وہ سوداؔ میں بدرجہ اتم موجود تھی۔ اردو شاعری میں قصیدے کی روایت نہ ہونے کے باوجود انھوں نے ایسے بلند پایہ قصیدے لکھے جو اردو شاعری میں نقش اول بن گئے اور موجودہ دور کے نقاد انھیں نقش آخر قرار دینے پر مجبور ہوئے۔

سوداؔ نے مختلف اور متنوع موضوعات پر قصیدے لکھے ہیں، انھوں مذہبی پیشواؤں اور ہادیوں کی مدح میں قصیدے لکھے ہیں تو کچھ بادشاہوں اور نوابوں کی تعریف میں۔ سودا نے اپنے دور کے حالات سے متاثر ہو کر بھی کچھ قصیدے لکھے ہیں جس سے ان کے گہرے سماجی شعور کا اندازہ ہوتا ہے۔

سوداؔ کے قصائد فنی معیار پر بھی پورے اترتے ہیں۔ ان میں قصیدے کے تمام اجزائے ترکیبی مکمل ہوتے ہیں۔ قصیدے کی ابتداء تشبیب سے ہوتی ہے۔ اس میں جن

مضامین کا ذکر ہوتا ہے ان کا قصیدے کے موضوع سے براہ راست کوئی تعلق نہیں ہوتا لیکن ان کے ذریعہ شاعر قصیدے میں آنے والے موضوعات کے لئے زمین ہموار کرتا ہے۔ قصیدے کے اس حصے میں شاعر کو اپنا زورِ طبع دکھانے اور شاعرانہ صلاحیتوں کو نمایاں کرنے کا موقع ملتا ہے۔ سوداؔ کے قصیدے عمدہ تشبیبوں سے مالامال ہیں جن میں غیر معمولی تنوع ہے۔ جب بہار کا ذکر کرتے ہیں تو ایسا منظر پیش کرتے ہیں جیسے بہار اپنی تمام تر سروسامانیوں کے ساتھ کھڑی مسکرا رہی ہے۔ شکایت زمانہ پر اترتے ہیں تو شہر آشوب تیار کردیتے ہیں۔ تعلّی میں ارسطو، افلاطون کو پیچھے چھوڑ جاتے ہیں۔

تشبیب کے بعد گریز کا مسئلہ آتا ہے۔ یہ دراصل تشبیب اور مدح کو ملانے والی کڑی ہے۔ تشبیب اور مدح دونوں کے مضامین بالکل مختلف ہوتے ہیں۔ شاعر کا کمال اسی میں ہے کہ دونوں میں ایسا ربط پیدا کردے کہ سامع تشبیب کے بعد مدحیہ اشعار سننے کا مشتاق ہوجائے اور ایسا نہ محسوس ہو کہ شاعر جان بوجھ کر مدح کررہا ہے بلکہ ایسا محسوس ہو کہ بات سے بات نکل آئی ہے۔ سوداؔ کی تمام گریزوں میں یہ خوبی پائی جاتی ہے۔

اس کے بعد مدح کا نمبر آتا ہے۔ مدح کے مضامین محدود اور مقرر ہوتے ہیں۔ ممدوح کے چند اوصاف مثلاً علم واخلاق، سخاوت وجرأت، عدل وانصاف وغیرہ کو طرح طرح سے بیان کیا جاتا ہے۔ قصیدہ نگار انھیں چند اوصاف کے بیان میں اپنی بلند خیال اور پروازِ فکر کے جوہر دکھاتا ہے۔ جدّت آفرینی ومبالغہ آمیزی سے ایک سماں باندھنے کی کوشش کرتا ہے۔ سوداؔ نے اپنے تخیل اور اسلوب کے ذریعہ قصیدے کے اس حصے کو ناقابل بیان شکوہ وعظمت ادا کی۔ سوداؔ کے قصائد کے یہ حصے فارسی کے بہترین قصائد کے مقابلے میں رکھے جاسکتے ہیں۔

سوداؔ کے بعض قصائد سے پتہ چلتا ہے کہ وہ گہرا سماجی شعور رکھتے تھے۔ انھوں نے قصیدوں میں اپنے زمانے کے سیاسی ومعاشرتی حالات کا بہترین نقشہ پیش کیا ہے۔ اپنے زمانے کے تہذیبی ومعاشرتی زوال وانحطاط پر ماتم کیا ہے۔ ایسے قصائد میں ان کا قصیدہ تضحیک روزگار خصوصی اہمیت کا حامل ہے۔ یہ قصیدہ بظاہر گھوڑے کی ہجو ہے لیکن اصل میں یہ فوجی نظام کی ابتری کا مرثیہ ہے۔

مرزا محمد رفیع سودا سے متعلق دیگر اہم معروضی معلومات درج ذیل ہیں:

سوداؔ نے قصیدے کو شہر آشوب سے روشناس کرایا۔

سوداؔ کے قصیدوں کی تعداد ۱۵۳ ہے۔

مصحفی نے سودا کو نقاش اول نظم قصیدہ در زبان ریختہ کہا ہے۔

بقول رام بابو سکسینہ سودا کے اردو قصائد بڑے بڑے فارسی استادوں کے ٹکڑ کے ہیں، بعض تو عرفیؔ وخاقانیؔ کے معرکۃ الآراء قصیدوں کو بھلا دیتے ہیں۔

قصیدہ تضحیک روزگار، قصیدہ شہر آشوب، قصیدہ لامیہ، قصیدہ مضحکہ دہر، قصیدہ صبح صادق، قصیدہ باب الجنت،

ہجوشیدی فولادخاں کوتوال شاہ جہاں آباد وغیرہ سودا کے مشہور قصائد ہیں۔

زرگرپسر وشیشہ گر، سبیل ہدایت سودا کی مثنویاں ہیں۔

عبرت الغافلین سودا کا رسالہ ہے۔

میر سوز:

ان کا نام سید محمد میر تھا پہلے تخلص میر رکھا مگر جب میر تقی میر کا نام ہندوستان کے فلک شاعری پر چھا گیا تو انھوں نے اپنا تخلص میر سے بدل کر سوز کرلیا۔ یہ دہلی کے رہنے والے تھے، بعد میں فرخ آباد میں نواب مہربان خاں رند کے ملازم ہوئے وہاں سے لکھنؤ ہوتے ہوئے مرشد آباد کی راہ لی۔ پھر لکھنؤ لوٹ آئے۔ لکھنؤ کے نواب آصف الدولہ نے انھیں اپنا استاد مقرر کرلیا۔ یہیں ۱۷۹۸ء میں سوز کا انتقال ہوا۔ سوز شاعری کے علاوہ شہسواری، تیراندازی میں ماہر تھے۔ فن موسیقی اچھی طرح جانتے تھے، ستار بجانے میں ان کو کمال حاصل تھا۔

خواجہ میر درد:

خواجہ میر درد ۱۷۲۱ء میں دہلی میں پیدا ہوئے اور ۱۷۸۵ء میں دہلی میں ہی ان کا انتقال ہوا۔ درد کے والد محمد ناصر عندلیب ایک صوفی بزرگ اور شاعر تھے۔ تصوف درد کو ورثے میں ملا تھا۔ چنانچہ وہ اردو کے سب سے بڑے صوفی شاعر ہوئے۔

درد کا شمار اپنے عہد کے ممتاز صوفیوں اور بزرگوں میں ہوتا ہے۔ ان کی شاعری پر تصوف کا گہرا اثر ہے۔ ان کی نگاہ ظاہر سے کم الجھتی ہے، وہ خارجیت کے بجائے داخلیت کے دلدادہ ہیں، ان کی پوری شاعری اسی داخلیت پسندی کی تشریح ہے۔

درد کی شاعری کا محور محبت ہے۔ انھوں نے جتنی باتیں کہی ہیں سب کا تعلق دنیائے محبت سے ہے۔ یہ محبت حقیقی بھی ہے مجازی بھی۔ ذاتِ خداوندی، وحدۃ الوجود، انسانی عظمت اور فنا وبقا کے مضامین سب محبت حقیقی کے مظہر ہیں۔ لیکن درد کی شاعری کا دائرہ ماورائی محبت تک ہی محدود نہیں۔ محبت نے ان کے دل میں جوگداز اور نرمی پیدا کردی تھی اس کے نتیجے میں ان کے یہاں درد انسانیت کے چراغ روشن ہوگئے تھے اور ان کا سماجی شعور بیدار ہوگیا تھا۔ انھوں نے اپنے زمانے کے سماجی اور سیاسی انتشار کو اپنا موضوع بنایا ہے۔

درد کے یہاں عشق حقیقی کے ساتھ عشق مجازی بھی پوری آب وتاب کے ساتھ موجود ہے۔ ان کے یہاں بھی حسن یار کی بے ساختہ اداؤں اور محبوب کے ہزار رنگ جلوؤں کی جھلک اسی طرح ملتی ہے جس طرح ان کے ہمعصر شعراء کے یہاں ملتی ہے۔ غالباً یہی وجہ ہے کہ درد صوفی ہونے کے باوجود زندگی سے بیزار نہیں تھے، انھوں نے اپنی غزلوں میں محبت کے ہزاروں روپ پیش کئے ہیں

جن میں بڑی رعنائی، دلکشی اور رنگینی ہے۔

خواجہ میر دردؔ کے فن کو اعتبار بخشنے میں ان کے مخصوص انداز بیان، نرم لب ولہجہ، رمزیت واشاریت کو بڑا دخل ہے۔ دردؔ نے اردو غزل کو نئی علامتیں اور نئے استعارے دیئے۔ ان کے یہاں ایسے نشتر کثرت سے ملتے ہیں جو جذبے کی شدت کی وجہ سے میرؔ کے نشتروں کے قریب پہنچ گئے ہیں۔ چنانچہ محمد حسین آزاد، دردؔ کی شاعری پر تبصرہ کرتے ہوئے لکھتے ہیں ''دردؔ تلواروں کی آبداری نشتروں میں بھر دیتے ہیں۔''

دردؔ کی تصانیف میں احکام الصلوٰۃ، علم الکتاب، درد دل، شمع محفل، آہ سرد، نالہ درد، واردات وغیرہ اہم ہیں۔

خواجہ میر اثرؔ:

ان کا نام میر سید محمد تخلص اثرؔ تھا۔ ولادت ۱۷۳۵ء میں دلی میں ہوئی، انتقال ۱۷۹۴ء میں دلی میں ہوا۔ میر اثرؔ خواجہ میر دردؔ کے چھوٹے بھائی تھے، اور شاعری میں انھیں کے شاگرد تھے۔

مثنوی خواب وخیال:

میر اثر نے ایک نظم ''خواب وخیال'' تصنیف کی جسے بعض تبصرہ نگار اعلیٰ درجہ کی مثنوی شمار کرتے ہیں۔ اس مثنوی میں نہ کوئی مسلسل قصہ ہے نہ داستان نہ مصوری نہ سیرت نگاری، صرف زبان کی صفائی اور مواصلت میں عریاں نگاری کی ایجاد کا شرف ہے۔

یہ مثنوی دراصل میر اثرؔ کی آپ بیتی ہے۔ اس میں انھوں نے اپنے مجازی عشق کی داستان بیان کی ہے۔ اثرؔ اسے عام نہیں کرنا چاہتے تھے، لیکن دوستوں نے سنا اور نقل کرلیا۔ تو یہ قصہ عام ہوگیا۔ رسوائی کے خوف سے میر اثرؔ نے اس میں اضافہ کیا اور یہ ثابت کرنے کی کوشش کی کہ عشق حقیقی کا یہ قصہ مجاز کے پیرائے میں بیان کیا گیا ہے۔

اس مثنوی کا حسن دو باتوں میں پوشیدہ ہے اول تو یہ کہ اس میں کیفیات قلبی اور معاملات عشق کا بڑا بے ساختہ اور پر اثر بیان ملتا ہے۔ دوسرے یہ کہ اس میں زبان بہت صاف ستھری اور سلیس ہے۔

مثنوی کا موضوع غزل سے مناسبت رکھتا ہے۔ مثنوی کا بیشتر حصہ فارسی اشعار اور میر دردؔ کی غزلوں سے بھرا ہوا ہے۔ اس میں ٹکنیک کے تقاضوں کو بالکل نظر انداز کردیا گیا ہے۔

میر تقی میرؔ:

میر کا نام محمد تقی تھا۔ ان کی ولادت آگرہ میں ۱۷۲۳ء میں ہوئی۔ انتقال لکھنؤ میں ۱۸۱۰ء میں ہوا۔ ان کے والد کا نام علی متقی تھا جو صوفی بزرگ تھے۔ دس گیارہ برس کی عمر میں میرؔ کے والد کا انتقال ہوگیا۔ میر دہلی آئے یہاں صمصام الدولہ نے ایک روپیہ ماہوار وظیفہ مقرر۔ کچھ دنوں بعد میر آگرہ واپس آگئے۔ صمصام الدولہ کے انتقال کے بعد

میر دوبارہ دہلی گئے اور اپنے سوتیلے ماموں خان آرزو کے یہاں پناہ لی۔ سعادت امروہوی کے کہنے پر میر پہلے سے ہی شعر کہتے تھے۔ خان آرزو کی توجہ سے اس میں ماہر ہو گئے۔ دہلی اجڑنے کے بعد میر ۱۷۸۱ء میں لکھنؤ آئے اور نواب آصف الدولہ کے ملازم ہو گئے۔

میر کی غزل گوئی:

اردو شاعری کو درد واثر اور سوز وگداز سے مالا مال کرنے والے شاعر کا نام میر تقی میر ہے۔ ان کے درد وغم کا سرچشمہ ان کی ذات اور زمانہ دونوں ہی تھے۔ ان کی شاعری ایک دکھے ہوئے دل کی آواز اور جاگیر دارانہ تمدن کی مجروح انسانیت کی کراہ تھی۔ میر کی شاعری کو المیہ رنگ وآہنگ ان طوفانوں نے بخشا تھا جس سے وہ اپنی ذاتی زندگی اور ماحول دونوں میں گذرے تھے۔ بچپن ہی میں سایہ پدری سے محروم ہو گئے۔ بھائیوں اور رشتہ داروں کی سرد مہری نے دکھوں میں اضافہ کیا۔ معاشی پریشانیاں مستقل آزار تھیں۔

میر کے باہر کی دنیا ان کے اندر کی دنیا سے کم پامال نہیں تھی۔ ان کا دل محبوب نے پامال کیا تھا تو نادر شاہ اور احمد شاہ ابدالی کے حملوں نے دلی کی اینٹ سے اینٹ بجادی تھی۔ ان کی شاعری اسی شکستہ زندگی کا ماتم ہے جس کا احساس ہمیں ان کی غزلوں کا مطالعہ کرتے وقت ہوتا ہے۔ ان کی غزلوں سے پتہ چلتا ہے کہ شاعر نے خارجی ماحول کی عکاسی گہرے فنی شعور کے ساتھ کی ہے اور اپنے گرد وپیش کا جو اثر لیا ہے اسے اپنی شخصیت کا جز بنا کر غزل کے پردے میں ظاہر کر دیا ہے۔

میر کی شاعری کا خاص موضوع عشق ومحبت ہے۔ محبت سے متعلق میر کے بیانات رسمی نہیں بلکہ یہ محبت کی چوٹ کھائے ہوئے دل کے تجربات ہیں۔ میر کے حالات زندگی سے پتہ چلتا ہے کہ وہ کسی پری تمثال کے عاشق تھے۔ عشق کے ساتھ ناکامیاں ومحرومیاں ہمیشہ سے وابستہ رہی ہیں۔ میر کو بھی محبت میں ناکامی ہوئی۔ اسی آفتاب غم سے پھوٹنے والی کرنوں کا المیہ رقص ہمیں ان کی شاعری میں ملتا ہے۔ ان کے اشعار کی داخلیت جسے فراق بھیتری چوٹ کہتے ہیں، ہمارے دل کو تڑپاتی اور نشتر کا کام کرتی ہے۔

میر کی شاعری میں عشق مجازی کے ساتھ ساتھ عشق حقیقی کے جلوے بھی نظر آتے ہیں۔ ان کی طبیعت میں صبر ورضا، دردمندی، خودداری غموں سے تباہ کرنے کی صلاحیت اور قناعت اسی تصوف کی دین ہے، چنانچہ دنیا کی بے ثباتی، انسانی عظمت، بے خودی اور وحدت الوجود جیسے تصوف کے موضوعات کا بیان میر کی شاعری میں کثرت سے ملتا ہے۔

میر اپنے خیالات کو بہترین انداز میں پیش کرنے کا ہنر جانتے تھے۔ انھوں نے جو اسلوب اپنایا وہ موضوع اور مواد کے ساتھ پوری طرح ہم آہنگ ہے۔ میر کی شاعری میں جو چیز ہمیں سب سے زیادہ متاثر کرتی ہے وہ ہے ان کے جذبات کی صداقت اور سادگی۔ میر کے اشعار میں نرمی اور گھلاوٹ کے ساتھ بلا کی غنائیت، موسیقیت اور ترنم ہے۔

میر یہ نغمگی مترنم الفاظ، چھوٹی بحروں اور نغمگی سے مناسبت رکھنے والی ردیف وقافیہ کے انتخاب سے پیدا کرتے ہیں۔

میر تشبیہات واستعارات کا استعمال کرتے ہیں اور ان کی مدد سے اپنے پیکر تراشتے ہیں جن میں زندگی کی حرارت ہوتی ہے۔رمزیت واشاریت جو غزل کی جان ہے میر کے یہاں خاصے کی چیز ہے۔ شاعری کی انھیں خصوصیات کی وجہ سے میر کو خدائے سخن کہا گیا ہے۔

میر تقی میر سے متعلق اہم معروضی معلومات درج ذیل ہیں:

☆ میر کے دیوانوں کی تعداد سات ہے جن میں ایک فارسی اور چھ اردو زبان میں ہیں۔

☆ میر کی مثنویاں: مثنوی شعلہ عشق، مثنوی دریائے عشق، مثنوی جوش عشق، مثنوی اعجاز عشق وغیرہ۔

ذکر میر: اس میں میر نے فارسی میں آپ بیتی لکھی ہے۔

فیض میر: یہ میر کا فارسی زبان کا رسالہ ہے جس میں انھوں نے اپنے بیٹے کی تعلیم لئے کچھ صوفی فقراء کی کہانیاں لکھی ہیں۔

نکات الشعراء: میر نے ۱۷۵۲ء میں فارسی زبان میں اردو شعراء کا تذکرہ لکھا ہے۔

شاعر بے داغ، قنوطیت کا امام، خدائے سخن میر تقی کو کہا جاتا ہے۔

میر کے کچھ اشعار بہتّر نشتر کے نام سے مشہور ہیں۔

میر نے غزل میں داخلیت کو انتہا تک پہنچایا۔

میر عسکری، میر فیض علی، میر تقی میرؔ کے بیٹے تھے۔

محمد حسن میر کے سوتیلے بھائی تھے۔ جو میر سے بڑے تھے۔

محمد رضی میرؔ کے چھوٹے بھائی تھے۔

☆☆☆

لکھنؤ میں اردو شاعری

میر غلام حسن:

ان کی ولادت ۱۷۳۷ء میں دہلی میں ہوئی۔ وفات ۱۷۸۶ء میں لکھنؤ میں ہوئی۔ یہ میر ضاحکؔ کے بیٹے تھے، اپنے والد کے ساتھ دہلی سے فیض آباد آئے پھر آصف الدولہ کے ساتھ لکھنؤ چلے آئے۔

مثنوی سحر البیان:

میر حسنؔ نے مثنوی سحر البیان ۱۷۸۴ء میں نواب آصف الدولہ کے عہد میں تصنیف کی۔ انھوں نے اس مثنوی کی تصنیف پر میر حسنؔ کو ایک شال عنایت فرمائی، مثنوی کا پلاٹ بظاہر طبع زاد ہے لیکن اس کے مختلف اجزاء الف لیلا، قدیم فارسی مثنویوں اور داستانوں میں مل جاتے ہیں۔ سحر البیان فرضی اور طبع زاد ہونے کے باوجود حقیقت سے بہت قریب ہے۔ ایسا محسوس ہوتا ہے کہ میر حسنؔ قصہ کو ایک کینوس کے طور پر استعمال کر کے اس پر اپنے عہد کے نقوش اجاگر کرنا چاہتے تھے اور مختلف فرضی کرداروں کے ذریعہ اپنے عہد کی چلتی پھرتی تصویر پیش کرنا چاہتے تھے۔ ان کی اس مثنوی کے پیچھے مخصوص عہد کی پرچھائیاں صاف نظر آتی ہیں، ان کے فرضی کرداروں اور چہروں میں لکھنوی تہذیب کی نمائندگی کرنے والے چہرے نظر آتے ہیں جو اپنی خوبیوں اور خامیوں کے ساتھ اپنا وجود رکھتے ہیں۔

اس مثنوی میں شہزادہ بے نظیر اور شہزادی بدر منیر کے عشق کی داستان بیان ہوئی ہے، داستان میں بادشاہ کے کافی عرصہ بعد ایک اولاد ہوتی ہے، نجومیوں کے مطابق اسے بارہ سال تک کھلے آسمان کے نیچے جانے کی اجازت نہیں ہوتی۔ ایک روز پری ماہ رخ شہزادے کے مکان کے اوپر سے گزرتی ہے اور اس پر عاشق ہو جاتی ہے اور اسے اپنے ساتھ لے جا کر ایک باغ میں رکھتی ہے۔ اسے گھومنے پھرنے کے لئے ایک گھوڑا دیتی ہے، شہزادہ اسی گھوڑے پر سوار ہو کر بدر منیر کے باغ میں پہنچ جاتا ہے۔ پھر شہزادہ بے نظیر اور شہزادی بدر منیر ایک دوسرے پر فریفتہ ہو جاتے ہیں۔ اس بات کی خبر دیو کے ذریعہ پری ماہ رخ کو ہو جاتی ہے۔ وہ اسے ایک کنویں میں بند کر دیتی ہے، وزیرزادی نجم النساء شہزادے کو کنویں کی قید سے آزاد کراتی ہے اور بے نظیر و بدر منیر کی شادی ہو جاتی ہے۔

سحر البیان کے خصوصی کرداروں میں بے نظیر، بدر منیر، نجم النساء، ماہ رخ فیروز شاہ ہیں۔ بے نظیر کہانی کا ہیرو ہے۔ اس کردار میں ارتقاء نہیں ملتا۔ اس میں وہ تمام خوبیاں موجود ہیں جو کسی مثالی ہیرو میں ملتی ہیں۔ اپنی تمام خوبیوں کے باوجود بے حسی اور بے عملی کی تصویر نظر آتا ہے۔ اس میں حالات سے مقابلہ کرنے کی تاب نہیں ہے جب

بھی کوئی براوقت پڑتا ہے تو شجاعت کا مظاہرہ کرنے کے بجائے وہ آنسو بہاتا ہے۔ اس طرح بے نظیر ایک انفعالیت پسند معاشرے کا کامیاب نمائندہ نظر آتا ہے۔

کہانی کی ہیروئن بدرمنیر کا کردار بڑی حد تک بے نظیر سے ملتا جلتا ہے کیوں کہ وہ دونوں کا تعلق ایک ہی طبقے سے ہے۔ بے نظیر کی طرح وہ بھی بے عملی کا شکار نظر آتی ہے۔ بے نظیر سے شدید محبت ہونے کے باوجود اسے پانے کی کوئی تدبیر کرنے کے بجائے صرف روتی دھوتی ہے۔

سحرالبیان میں سب سے زیادہ فعال اور متحرک کردار وزیرزادی نجم النساء کا ہے۔ کوئی اہم واقعہ ہوتا ہے تو وہ بے نظیر اور بدرمنیر کی طرح گھبرانے کے بجائے عملی قدم اٹھاتی ہے اور ہر طرح کی قربانی دینے کے لئے تیار ہوجاتی ہے۔ وہ اپنی سہیلی کے کام آنا اپنا فرض سمجھتی ہے۔ فیروز شاہ سے محبت ہوجانے کے بعد بھی وہ اپنی محبت کو کامیاب بنانے کے بجائے بدرمنیر کی محبت کو کامیاب بنانے کے لئے کوشاں رہتی ہے۔ اس طرح نجم النساء فعالیت کارکردگی، ایثار وقربانی کا نمونہ پیش کرکے اس بات کا ثبوت دیتی ہے کہ ابھی معاشرے میں انفعالیت کا زہر پوری طرح سرایت نہیں کرسکا ہے۔ ابھی راکھ میں چنگاریاں باقی ہیں۔

میرحسن کی مثنوی اپنی معنویت، فضا آفرینی، کردار نگاری اور گہرے سماجی شعور کے ساتھ اپنی زبان وبیان اور بے مثال اسلوب کی وجہ سے اردو شاعری میں ایک اہم مقام رکھتی ہے۔

جرأت:

ان کا نام یحییٰ امان تھا، شیخ قلندر بخش کے نام سے مشہور ہوئے۔ ان کی ولادت ۱۷۴۹ء میں دہلی میں ہوئی۔ انتقال ۱۸۰۹ء میں لکھنؤ میں ہوا۔ جرأت دہلی سے فیض آباد آئے پھر لکھنؤ آکر شاہ عالم کے بیٹے مرزا سلیمان شکوہ کے دربار سے وابستہ ہوگئے۔ کہا جاتا ہے کہ جرأت نابینہ تھے اور شاعری کے علاوہ موسیقی اور علم نجوم میں بھی کامل تھے، ستار خوب بجاتے تھے۔ سلیمان شکوہ کے دربار میں پہلی نشست حاصل کرنے کے لئے جرأت، انشآ، مصحفیؔ میں چوٹیں چلا کرتی تھیں۔

جرأت محبت کے جذبات ایسے انداز سے پیش کرتے تھے کہ اس میں کبھی کبھی ایک طرح کی فحاشی کا رنگ جھلکنے لگتا تھا۔ دھیرے دھیرے ان کا یہ انداز لکھنؤ کی خصوصیات میں شمار ہونے لگا۔ جذبات انسانی کی پیش کش میں جرأت نے صرف عاشقانہ معاملہ بندی کو اپنا لیا تھا اور اسی کو وہ مختلف طریقوں سے پیش کرتے تھے۔ میرتقی میرؔ نے جرأت کی شاعری کو چوما چاٹی کی شاعری کہا ہے۔

انشاءاللہ خاں انشآ:

ان کی ولادت ۱۷۵۲ء میں مرشدآباد میں ہوئی اور انتقال ۱۸۱۷ء میں لکھنؤ میں ہوا۔ انشآ اپنے والد ماشاءاللہ خاں مصور کے ساتھ فیض آباد آئے۔ پھر فرخ آباد اور وہاں

سے ۱۷۷۹ء میں دہلی پہنچ کر شاہ عالم کے دربار سے وابستہ ہو گئے۔ دہلی میں ۱۸ر سال رہ کر لکھنؤ آئے اور مرزا سلیمان شکوہ کے دربار سے وابستہ ہوئے۔ آخری وقت میں دیوانگی مسلط ہوئی اسی حالت میں انتقال ہوا۔ سلیمان شکوہ کے دربار میں انشاء اور مصحفی میں خوب معرکہ آرائی رہی۔ ان کا کلیات شائع ہو چکا ہے۔ جن میں غزلوں کے علاوہ مثنویاں، قصیدے، قطعات، منظومات شامل ہیں۔

رانی کیتکی کی کہانی:

رانی کیتکی کی کہانی انشاء اللہ خاں کی ایک مایہ ناز تصنیف ہے، انشاء اللہ کے بیان کے مطابق انھوں نے یہ کتاب نواب صاحبزادہ حسین علی کی فرمائش پر لکھی۔ یہ کتاب ٹھیٹھ ہندوستانی زبان میں لکھی گئی ہے، اس میں عربی فارسی الفاظ کا استعمال نہیں ہوا ہے۔ اس کتاب سے انشاء کی علمیت کا جوہر سامنے آتا ہے، انھوں نے اس بات کو ممکن کر دیا ہے کہ اردو اگر بالکل نہیں تو حتی الامکان عربی اور فارسی سے دامن ضرور بچا سکتی ہے۔

انشاء کی یہ داستان طبع زاد ہے، اس میں انھوں نے رانی کیتکی اور کنور رودے بھان کے عشق کا قصہ بیان کیا ہے، اس کا پلاٹ بہت مربوط ہے۔ دیگر داستانوں کی طرح یہاں بھی فوق الفطری عناصر پائے جاتے ہیں، جیسے پیش کرنے کے لئے داستان گو مجبور ہے۔ اس داستان میں گرو مہندر اور راجا اندر دو فوق الفطری ہستیاں ہیں، جن کے بیان سے اس میں قدیم داستانوں کا رنگ جھلکتا ہے۔ انشاء نے اس داستان میں معاشرت کا نقشہ بہت خوبی سے پیش کیا ہے، اس میں انھوں نے لکھنؤ کے دربار شاہی اس کی شان وشوکت اور آن بان کا ذکر تفصیل سے کیا ہے، چوں کہ لکھنؤ کے بادشاہوں کو موسیقی سے بہت لگاؤ تھا، اس لئے راگ راگنیوں کا تذکرہ بھی ہوا ہے، رانی کیتکی کی کہانی اردو کی واحد داستان ہے جس نے ہندو معاشرت وتہذیب کو تخلیق کا روپ دے کر زندہ رکھا ہے۔

انشاء نے اپنے زور بیان، جدت طبع سے پلاٹ، واقعہ نگاری، مرقع نگاری، کردار نگاری اور مکالمہ نگاری کے ساتھ ساتھ منظر نگاری کا حق ادا کرتے ہوئے ایک کامیاب داستان لکھی ہے جو ہندی اور اردو دونوں زبانوں میں بے حد مقبول ہوئی۔

☆ انشاء اللہ خاں انشاؔء کی دیگر تصانیف کا ذکر ذیل میں درج کیا جاتا ہے:۔

☆ سلک گہر نثر اردو میں انشاؔء کی غیر منقوط تصنیف ہے۔

☆ دریائے لطافت: یہ ۱۸۰۷ء میں کسی ہندوستانی مصنف کے ذریعہ لکھی گئی اردو زبان کی پہلی قواعد ہے جو ۱۸۴۸ء میں مرشد آباد سے شائع ہوئی۔

☆ مثنوی بے نقطہ، مثنوی شکار نامہ، مثنوی شکایت زمانہ، مثنوی مرغ نامہ انشاء کی مثنویاں ہیں۔

رنگین:

ان کا نام سعادت یار خاں تھا، ان کی ولادت دلی میں ہوئی۔ انتقال ۱۸۳۴ء لکھنؤ میں ہوا۔ یہ ایک تجارت پیشہ شاعر تھے، یہ بھی مرزا سلیمان شکوہ کے دربار سے وابستہ تھے، ان کی تصنیفات میں چار دیوان کئی مثنویاں ایک نثری تصنیف مجالس رنگین کے نام سے ہے جس میں انھوں نے شاعروں، مشاعروں اور ادبی مجلسوں کا تذکرہ کیا ہے۔ رنگین کی اہمیت ادب میں اس لئے ہے کہ انھوں نے عورتوں کی بول چال میں انھیں کی زندگی سے تعلق رکھنے والے مسائل پر بہت سی نظمیں لکھی ہیں اور یہ دعویٰ کیا ہے کہ وہی اس طرز کے موجد ہیں، رنگین نے اس صنف سخن کو ریختی کے نام سے منسوب کیا ہے، اس میں انشاؔ بھی ان کے شریک تھے۔ قطعی طور سے یہ نہیں کہا جا سکتا کہ ریختی کے موجد انشاء ہیں، یا رنگین۔ کچھ لوگوں کا خیال ہے کہ دکن کے مشہور شاعر ہاشمی بیجاپوری نے پہلے پہل ریختی لکھی۔

رنگین کے چاروں دیوانوں کا مجموع نام چار عنصر رنگین ہے اور مثنویوں کے نام مثنوی دل پذیر، مثنوی ایجاد رنگین، مثنوی مظہر العجائب ہیں۔

مصحفی:

ان کا نام غلام ہمدانی مصحفی تھا، ولادت ۱۷۴۷ء میں ہوئی۔ یہ امروہہ کے رہنے والے تھے، زیادہ وقت دلی میں گذرا، یہ لکھنؤ آکر مرزا سلیمان شکوہ کے دربار سے وابستہ ہوئے۔ یہی پر ۱۸۲۴ء میں ان کا انتقال ہوا۔ مصحفی بہت پر گو شاعر تھے۔ محمد حسین آزاد نے 'آب حیات' میں لکھا ہے کہ تنگ دستی سے مجبور ہو کر مصحفی اپنے اشعار فروخت بھی کر دیا کرتے تھے۔ پھر بھی ان کے آٹھ دیوان ملتے ہیں۔

مصحفی نے فارسی میں تین تصانیف عقد ثریا، تذکرہ ہندی اور ریاض الفصحاء کے نام سے لکھی ہیں جن میں فارسی اور اردو شعراء کے حالات اور ان کی تخلیقات پر تنقید کی گئی ہے۔ اس کے علاوہ ایک مختصر رسالہ اپنے حالات پر بھی لکھا ہے۔

ناسخ:

ان کا نام امام بخش تخلص ناسخ تھا، ولادت ۱۷۷۱ء میں فیض آباد میں ہوئی، بچپن ہی میں لکھنؤ آ گئے تھے۔ ان کا انتقال ۱۸۳۸ء میں لکھنؤ میں ہوا۔ ناسخ نے کبھی دربار سے اپنا رشتہ نہیں جوڑا مگر ان کے چاروں طرف وہی ماحول تھا، اس لئے ان کی شاعری میں انھیں قدروں کی جھلک ملتی ہے۔ دربار نے انہیں اپنا پابند بنانا چاہا مگر وہ اپنی خودداری کے باعث ایسا نہ کر سکے۔ نواب غازی الدین حیدر نے ملک شعراء کا خطاب دینا چاہا لیکن ناسخ نے اسے قبول نہیں کیا اور نواب کے ڈر سے دائرہ شاہ اجمل الٰہ آباد میں رہے۔ اسی طرح انھیں لکھنؤ چھوڑ کر بنارس، فیض آباد اور کانپور میں بھی رہنا پڑا۔ انھیں نظام کے دیوان چندولال

شاداں نے حیدر آباد بلانا چاہا لیکن یہ اس کے لئے تیار نہ ہوئے۔

ناسخ جس طرح شاعری میں یکتا تھے، اسی طرح ان کی زندگی بھی عجیب تھی، وہ بہت موٹے تازے اور بھدے جسم کے تھے ورزش کا بہت شوق تھا۔ کھانا رات دن میں صرف ایک بار کھاتے تھے مگر وہ پانچ سیر کے قریب ہوتا تھا۔

ناسخ کی غزلیں شوکت الفاظ اور نازک خیالی کی وجہ سے یقیناً بلند ہیں لیکن اثر آفرینی سے محروم ہیں۔ نقاد عام طور پر ان کی شاعری کو لفظی شعبدہ بازی قرار دیتے ہیں جو سوز و درد سے خالی صرف تخیل کی غیر متوازن پرواز ہے۔ حالانکہ ہمیں ناسخ کے یہاں بھی ایسے اشعار ملتے ہیں جن میں دہلوی شاعری کا دل دھڑکتا ہوا محسوس ہوتا ہے۔ لکھنؤ اسکول کی انفرادیت دراصل ناسخ ہی کی دین ہے۔ انھیں ادبی ڈکٹیٹر کہا جاتا ہے۔

ناسخ نے تین دیوان چھوڑے ہیں۔ ایک مثنوی مذہبی موضوع پر لکھی جس کا نام سراج نظم ہے۔

آتش:

ان کا نام خواجہ حیدر علی تخلص آتش تھا۔ ان کے والد کا نام خواجہ علی بخش تھا جو دلی سے فیض آباد چلے آئے تھے، آتش کی ولادت ۱۷۷۸ء میں فیض آباد میں ہوئی۔ نواب محمد تقی کے ساتھ لکھنؤ آ گئے، یہیں پر ۱۸۴۷ء میں ان کی وفات ہوئی۔ آتش کی شخصیت میں بڑی دلکشی تھی۔ ان کی ضرورتیں بہت کم، خواہشیں نہ ہونے کے برابر تھیں۔ بڑے لوگوں سے کبھی نہ ملتے تھے، مفلس محتاج لوگوں کے ساتھ بیٹھ کر خوش ہوتے تھے، وہ ایک لمبا گیروا لباس پہنتے تھے، ہاتھ میں موٹا ڈنڈا ہوتا تھا، کمر میں تلوار لٹکتی رہتی تھی، بھنگ پینے کے عادی تھے۔ آتش، مصحفی کے شاگرد تھے، ان کے دو دیوان شائع ہوئے ہیں۔

آتش کی غزل گوئی:

آتش کی شاعری ایک طرح سے لکھنؤ کے اس رنگ سے ملتی جلتی ہے جس کو ناسخ نے رواج دیا تھا، ان کی شاعری بھی صنائع سے بھری ہوئی ہے، کہیں کہیں تو ایسا معلوم ہوتا ہے کہ وہ بھی جذبات سے معریٰ ہو کر صرف لفظوں اور صنعتوں کے لئے شعر کہتے تھے۔ لیکن اگر اس قسم کے اشعار کو الگ کر لیا جائے تو آتش کا دوسرا رنگ جس میں جذبات و تاثرات کا زور ہے بول چال کی خالص زبان میں بڑی روانی کے ساتھ ظاہر ہوتا ہے اور زبان کی خوبی کے ساتھ ساتھ جذبات و احساسات کی ترجمانی بھی ملتی ہے۔ کچھ صوفی خانوادے سے تعلق رکھنے اور کچھ آزاد زندگی بسر کرنے کے باعث ایک طرح کی قناعت اور خودداری جو ان میں پیدا ہو گئی تھی اس کی جھلک ان کی شاعری میں قدم قدم پر دکھائی دیتی ہے۔ اگرچہ ناسخ زبان کے بہت بڑے عالم تھے، مگر یہ بات پورے اعتماد کے ساتھ کہی جاسکتی ہے کہ آتش کی زبان ان سے زیادہ دلکش اور پسندیدہ ہے۔

آتش کا خیال تھا کہ شاعری ایک فن ہے جس میں لفظوں کا اچھے سے اچھا استعمال ہونا چاہئے، اس لئے ان کے یہاں فن کے ساتھ ساتھ جذبات اس طرح شامل ہیں کہ انھیں الگ نہیں کیا جاسکتا۔

آتش مسلک تصوف سے بہت قریب تھے، جب کہ لکھنؤ کے شعراء نے تصوف سے دل نہیں لگایا۔ اس لئے آتش کی آواز لکھنؤ کے ایوان شاعری میں کچھ نئی نئی معلوم ہوتی ہے، ان کے یہاں دنیا کو ٹھکرا دینے، جدوجہد کر کے آگے بڑھنے اور آزاد زندگی بسر کرنے کا جذبہ اتنا شدید ہے کہ وہ صرف لکھنؤ ہی نہیں پوری اردو شاعری میں اپنا ایک بلند مقام بنالیتے ہیں۔ اپنی غزلوں میں وہ تصوف کے نازک سے نازک جذبات اور عشق کے عمیق سے عمیق خیالات ظاہر کرتے ہیں، ان کے یہاں اخلاقی مسائل کا ذکر بار بار آتا ہے جس سے پتہ چلتا ہے کہ وہ زندگی میں جدوجہد اور تلاش حسن کو انسانی فریضہ سمجھتے تھے۔

آتش کی شاعری میں دہلی کے شعراء جیسا افلاطونی عشق یا لکھنوی شعراء کی ہوسناکی اور جنسیت زدگی نہیں ہے۔ عشق کے متعلق وہ صحت مند اور مثبت زاویہ نگاہ رکھتے ہیں، ان کے یہاں زندگی سے بھرپور عاشق کی نفسیات کی تصویریں نظر آتی ہیں۔ آتش کی شاعری میں رجائیت کی جھلک نظر آتی ہے۔ وہ ہجر کے نہیں وصال کے شاعر ہیں۔ ہجر کی صعوبتوں اور مایوسیوں سے ان کی شاعری پاک ہے وہ اپنے لئے ایسے حسن کا انتخاب کرتے ہیں جس پر خزاں کا سایہ بھی نہ پڑے۔

اپنے شگفتہ اور رنگین خیالات کو پیش کرنے کے لئے آتش نے مناسب ومتوازن پیرایہ زبان اور اسلوب بھی استعمال کیا ہے۔ مضمون اور اسلوب کے اعتبار سے آتش غالب کے بھی پیش رو نظر آتے ہیں۔ غرض یہ کہ آتش نے فکر حسین کے لئے دلآویز اسلوب سے کام لیا۔ ان کے اشعار میں چھپی ہوئی فکر کی بجلیاں، ان کا نشاطیہ آہنگ، دل میں اتر جانے والا صاف اور سادہ لب ولہجہ ان کی شاعری کو ہمیشہ زندہ رکھے گا۔

نسیم:

ان کا نام پنڈت دیاشنکر کول تھا۔ والد کا نام گنگا پرشاد کول تھا۔ نسیم کی ولادت ۱۸۱۱ء میں لکھنؤ میں ہوئی، ان کا انتقال ۱۸۴۳ء میں لکھنؤ میں ہوا۔ نسیم آتش کے شاگرد تھے۔ یہ امجد علی بادشاہ کی فوج میں بخشی تھے۔

مثنوی گلزار نسیم:

یہ مثنوی فورٹ ولیم کالج کے مصنف نہال چند لاہوری کے نثری قصہ ''مذہب عشق'' کا منظوم ترجمہ ہے، اس مثنوی میں جو کہانی پیش کی گئی ہے وہ نہ تو ہندی الاصل ہے، نہ ہی ایرانی لوک کتھاؤں سے اس کا تعلق ہے۔ بلکہ اس کی تشکیل میں ہندی اور ایرانی دونوں روایتوں کا ہاتھ ہے، اس میں ہندو مسلم تہذیب کے ملے جلے اثرات نمایاں

ہیں۔ شہزادے کے گل بکاؤلی کی تلاش میں نکلنے سے شادی ہو جانے تک ایرانی رنگ ہے اور اندر سبھا کے واقعہ سے گل بکاؤلی کے دوبارہ پیدا ہونے تک ہندوستانی رنگ غالب ہے۔ کرداروں میں زین الملوک تاج الملوک جیسے فارسی اور چیز سین چتر ادت جیسے ہندی نام بھی اسی حقیقت کی طرف اشارہ کرتے ہیں۔

کہانی پن کے اعتبار سے مثنوی میں کوئی ندرت اور نیا پن نہیں ہے۔ وہی عشق ومحبت کے روایتی انداز، شہزادے، شہزادی کی آنکھ مچولی، طلسمی فضا، مافوق الفطرت عناصر کی بھرمار، شجاعت اور بہادری سے کہیں زیادہ قسمت کی یاوری سے گوہر مقصود کو حاصل کر لینے جیسے واقعات کی بہتات ہے۔ دراصل جس عہد سے اس مثنوی کا تعلق ہے س میں لوگوں کی دلچسپیاں ایسے ہی غیر فطری اور مصنوعی واقعات تک محدود تھیں۔ لیکن فرضی ہونے کے باوجود بھی مثنوی گلزار نسیم اپنے عہد کی معاشرت اور تہذیب وتمدن کی آئینہ دار ہے۔ یہ مثنوی زبان کا چٹخارا اور تفریح طبع کا سامان تو فراہم کرتی ہے، ساتھ ہی اپنے مخصوص عہد کے مزاج ومعاشرت، نظریہ جہات، عقائد، توہمات اور اجتماعی ذہن کی نباض اور آئینہ دار ہے۔ مثنوی اپنے متعلقہ معاشرے کی ذہنی، سماجی اور تہذیبی دستاویز کی حیثیت رکھتی ہے۔

مثنوی گلزار نسیم کی اہمیت اس کی فنی خوبیوں کی وجہ سے زیادہ ہے۔ یہ مثنوی لکھنؤ کے شائستہ ترین ادبی مذاق کی آئینہ دار ہے۔ لکھنوی تہذیب کے تصنع اور نزاکت کا واضح اثر مثنوی کے اسلوب اور لب ولہجہ میں نظر آتا ہے۔ نسیم نے صنائع بدائع، بندشوں کی چستی اور تشبیہات واستعارات پر اتنا زور صرف کیا ہے کہ جس کے نتیجے میں مثنوی کی فضا رنگوں کے امتزاج سے کافی رنگین ہوگئی ہے۔ الفاظ کے رکھ رکھاؤ اور تراش خراش سے ظاہری حسن تو یقیناً پیدا ہو گیا ہے، لیکن مثنوی اس سوز وگداز اور نشریت سے محروم ہوگئی ہے، جس کا احساس سحر البیان کے سادہ وسلیس لب ولہجہ میں ہوتا ہے۔ پھر بھی کہا جاسکتا ہے کہ صنائع وبدائع کی زیادتی سے کلام میں تصنع اور آورد تو یقیناً پیدا ہو گیا ہے، لیکن نسیم نے ان کا استعمال اتنے فنکارانہ انداز میں کیا ہے کہ ہم اس تصنع سے پیدا ہونے والے حسن اور استعجاب میں کھو جاتے ہیں۔ نسیم کی انھیں فنکارانہ صلاحیتوں کی وجہ سے یہ مثنوی اردو زبان کا زندہ جاوید کارنامہ بن گئی ہے۔

مثنوی گلزار نسیم کے کردار:

بادشاہ زین الملوک، شہزادہ تاج الملوک، ہیروئن بکاولی، چتر سین، چتر اوٹ، دلبر بیوا، دیونی حمالہ، محمودہ، جمیلہ پری، سمن پری، روح افزاء پری وغیرہ۔

نواب مرزا شوق لکھنوی:

ان کا نام حکیم تصدق حسین خاں تھا، نواب مرزا کے نام سے پکارے جاتے تھے، والد کا نام مرزا آغا علی تھا۔ ان

کا انتقال لکھنؤ میں ۱۸۷۱ء میں ہوا۔ مرزا شوق آتش لکھنوی کے شاگرد تھے۔

مثنوی زہر عشق:

مثنوی زہر عشق شوق لکھنوی کی شہرہ آفاق تخلیق ہے۔ مرزا شوق لکھنؤ کی زوال آمادہ تعیش پسند سوسائٹی کے ایک نمائندہ تھے، رنگین مزاج رامش ورنگ کے دلدادہ تھے۔ ان کی رنگین مزاجی اور لکھنؤ کی مخصوص تہذیب کا عکس پوری طرح ان کی مثنوی میں موجود ہے۔ فحش اور مخرب الاخلاق قرار دیئے جانے کے باوجود یہ مثنوی اپنے فنی محاسن کی وجہ سے ایک نمائندہ تخلیقی شاہ کار سمجھی جاتی ہے۔

مثنوی کا پلاٹ سادہ اور عام زندگی میں پیش آنے والے واقعات سے عبارت ہے۔ ایک دولت مند سوداگر کی رنگین مزاج لڑکی مہ جبیں اپنے سامنے کے کوٹھے پر ایک نوجوان کو دیکھ کر اس کی محبت میں گرفتار ہو جاتی ہے۔ چوری چھپے ملاقاتیں ہوتی ہیں۔ لیکن وہ راز محبت کے ظاہر ہو جانے پر بدنامی کے خوف سے ہیرو سے آخری ملاقات کر کے گھر آ کر خودکشی کر لیتی ہے۔ عاشق بھی صدمہ کی تاب نہ لا کر زہر کھا کر خودکشی کی کوشش کرتا ہے۔

اس طرح یہ مثنوی روایتی عشق ومحبت کی ایک عام کہانی پر مشتمل ہے جس میں فلسفہ وتصوف کے بجائے زندگی میں پیش آنے والے واقعات بیان کئے گئے ہیں۔ وہ بھی ایسے واقعات جنھیں شریف آدمی پڑھنا بھی پسند نہ کرے۔ لیکن شوق نے اپنی زبان وبیان کی سحر آفرینی، فنکارانہ تصویر کشی اور جذبات نگاری سے اس عام کہانی کو اردو شاعری کا ایک زندہ جاوید شاہ کار بنا دیا ہے۔

اس مثنوی میں جذبات کی گرمی اور دلوں کو تڑپا دینے والی جو کیفیت پائی جاتی ہے اس سے اندازہ ہوتا ہے کہ شوق نے ہیرو کے پردے میں خود اپنے دکھی دل کی کیفیت بیان کی ہے۔ شوق کے اسی تاثر سے بھرے انداز بیان نے مثنوی کو غیر معمولی مقبولیت بخشی ہے۔ آل احمد سرور مثنوی زہر عشق کو لکھنؤ کی سب سے اچھی مثنوی قرار دیتے ہیں۔ نیاز فتح پوری فرماتے ہیں کہ ''مثنوی زہر عشق کی حسرتناک موسیقی نے سارے شہر کو دیوانہ بنا دیا۔'' اسے مخرب الاخلاق قرار دینے والے اہل نظر بھی اس کی فنی خوبیوں کا اعتراف کرنے پر مجبور ہیں۔ مولانا حالی لکھتے ہیں کہ: ''جو شاعری اس مثنوی کے لکھنے میں صرف کی ہے اگر وہ اس کو اچھی طرح صرف کرتا اور روشنی کے فرشتے سے تاریکی کے فرشتے کا کام نہ لیتا تو آج اردو زبان میں اس مثنوی کا جواب نہ ہوتا۔''

اس طرح مثنوی زہر عشق اپنی فنی خوبیوں، زبان کی سادگی، نغمگی، اثر انگیزی اور کرداروں کے فطری اور حقیقت سے قریب تر ہونے کی وجہ سے تمام دوسری مثنویوں سے بڑھ کر ہے۔

میر انیس

ان کا نام میر ببر علی تھا۔ والد مرثیہ گو مستحسن خلیق

تھے۔ انیس کا تخلص پہلے حزین تھا۔ آتش کے کہنے پر انیس تخلص اختیار کیا۔ ان کی ولادت ۱۸۰۲ء میں فیض آباد میں ہوئی۔ ۱۸۷۴ء میں لکھنؤ میں گوشۂ لحد آباد کیا۔

انیس کی مرثیہ نگاری:

میر انیس کا نام فن مرثیہ گوئی کو درجۂ کمال تک پہنچانے میں سرفہرست ہے۔ ان کے قلم سے ایسے مرثیے وجود میں آئے جن کا کوئی مقابلہ نہ کرسکا، ان کی شاعری میں وہ خصوصیتیں پائی جاتی ہیں جو ایک عظیم فنکار کے لئے ضروری ہیں۔ مرثیوں میں ہر طرح کے لوگوں کی کردار نگاری ہوتی ہے۔ ان میں اچھے، برے، دوست، دشمن، بوڑھے، جوان، بچے، عورت، آقا، غلام بھی ہوتے ہیں۔ ان کے ایک دوسرے کے ساتھ تعلقات کہیں پیچیدہ کہیں سادہ، کہیں جذبات وخیالات مرکب اور متصادم ہیں۔ مگر انیس کا کمال یہ ہے کہ وہ ان میں سے ہر ایک کا ذکر ان کے مزاج اور ماحول کے مطابق کرتے ہیں یہ دیکھ کر ایسا معلوم ہوتا ہے کہ وہ نفسیات انسانی کے بڑے ماہر تھے۔

انیس کے پاس الفاظ کا ایسا خزانہ تھا کہ وہ ملتے جلتے جذبات اور پیچیدہ حالات کی مصوری بالکل فطری انداز میں کرسکتے تھے، ان کے لئے مسئلہ یہ تھا کہ وہ ایک مذہبی اور تاریخی واقعے پر نظمیں لکھتے تھے اور اس میں اپنی طرف سے کچھ گھٹانے بڑھانے کو وہ گناہ سمجھتے تھے۔ اس کے علاوہ ان کی نظر میں امام حسینؓ اور ان کے رفقاء ملکوتی صفات سے آراستہ تھے اس لئے وہ بہت سوچ سمجھ کر ان کے بارے میں وہ باتیں کہہ سکتے تھے جن کا ذکر تاریخ کے صفحات میں نہیں تھا۔ مگر ان کی قوت مشاہدہ اتنی قوی تھی کہ وہ ان واقعات کی تفصیل بھی بیان کرسکتے تھے جو اس عالم میں ممکن تھے۔ یہیں شاعر کی قوت متخیلہ کا امتحان ہوتا ہے اور میر انیس اس میں کامل اترتے ہیں۔

انیس کے مرثیوں کا مطالعہ کرتے وقت جو وصف ہمیں سب سے زیادہ متاثر کرتا ہے وہ ہے ان کی واقعہ نگاری۔ وہ جس واقعے یا جذبے کو بیان کرنا چاہتے ہیں اس کی تصویر کھینچ دیتے ہیں۔ ان کے یہاں شاعرانہ واقعہ نگاری کی مثالیں کثرت سے ملتی ہیں۔ واقعہ نگاری میں حسن اور تاثیر پیدا کرنے کے لئے کہیں کہیں بہت زیادہ مبالغہ اور شاعرانہ خیال آرائی سے کام لیا ہے جس سے بہ ظاہر حقیقت نگاری بہت متاثر نظر آتی ہے۔ تخیل کی چمک دمک کے سامنے اصل واقعہ کچھ ماند پڑ گیا ہے، لیکن شاعرانہ صداقت کے اعتبار سے اس میں کوئی قباحت نہیں۔ شاعرانہ صداقت اور تاریخ نگاری میں فرق ہوتا ہے۔

منظر کشی کے لئے جس بلند تخیل اور مشاہدے کی گہرائی اور زور بیان کی ضرورت ہوتی ہے وہ سب میر انیس کے یہاں بدرجہ اتم موجود ہیں۔ انھوں نے مختلف مناظر کی اتنی حسین اور دلکش تصویریں پیش کی ہیں کہ وہ اصل سے بھی زیادہ حسین اور دلکش نظر آتی ہیں۔ جذبات نگاری میں بھی انیس کو کمال حاصل ہے۔ انیس جذبات کی مختلف کیفیات اور

مدارج کوملحوظ رکھتے ہوئے جذبات کی عکاسی کرتے ہیں جن حالات میں جو جذبات پیدا ہونے چاہئیں وہی جذبات وہ پیش کرتے ہیں، کہیں کوئی جذبہ خلاف فطرت نظر نہیں آتا۔

انیسؔ کے مرثیوں میں قابل قدر حد تک ترتیب وتسلسل ہے، ان مرثیوں میں مختلف واقعات بیان کئے گئے ہیں، لیکن تمام واقعات باہم اس طرح جڑے ہوئے ہیں کہ کسی طرح کا خلا محسوس نہیں ہوتا۔ وہ ایک بات کے بعد دوسری بات اس طرح شروع کرتے ہیں کہ ذہن کو دھچکا نہیں لگتا بلکہ اس طرح اپنی بات آگے بڑھاتے ہیں کہ ذہن اس کے لئے تیار رہتا ہے۔

میر انیسؔ کوزبان وبیان کے اعتبار سے بڑی مہارت حاصل تھی۔ اس وقت لکھنؤ میں صنائع بدائع کا استعمال کبھی کبھی بڑے نامناسب طریقے سے ہوتا تھا۔ مگر انیس نے اپنی شاعری کو اس سے بچانے کی کوشش کی۔ ان کی زبان آسان، شیریں صاف تھی، اس کے علاوہ وہ اسے وقت، مقام اور صورت حال کے مطابق ڈھالنے میں کمال رکھتے تھے۔ ان کے متعلق کہا جاتا ہے کہ انھوں نے جس منظر کی تصویر کشی ہے وہ مثالی ہوتے ہوئے بھی اصلیت سے بہت قریب رہتی ہے۔ اظہار جذبات میں دنیا کے بہت کم شاعر ان کے برابر رکھے جاسکتے ہیں۔

انیسؔ کے مرثیے اخلاقی اور انسانی جذبات کا بڑا خزانہ ہیں۔ جن کے مطالعہ سے انسان میں عزت نفس اور پاکیزہ جذبات بیدار ہوجاتے ہیں۔ انیسؔ کی شاعری کا موضوع جیسا باوقار اور بلند تھا، اس کے لئے انھوں نے ویسے ہی اسلوب کا استعمال بھی کیا اور مرثیہ نگاری کوفن کے اعلیٰ ترین جوہروں سے آراستہ کردیا۔

مرزا دبیرؔ

ان کا نام سلامت علی تھا۔ ان کے والد مرزا غلام حسین تھے۔ دبیرؔ کی ولادت ۱۸۰۳ء میں دلی میں ہوئی۔ یہ سات برس کی عمر میں اپنے والد کے ساتھ لکھنؤ آگئے۔ ان کا انتقال ۱۸۷۵ء میں لکھنؤ میں ہوا۔ دبیرؔ نے میر ضمیر کی شاگردی اختیار کی۔

دبیر کی مرثیہ گوئی:

دبیر دہلی میں پیدا ہوئے تھے لیکن ان کا کلام لکھنؤ کی شاعری سے متاثر ہے۔ ان کے خیالات بہت بلند اور نازک طرز بڑا مشکل تھا، اس میں صنائع کی بہتات سے اور بھی پیچیدگی پیدا ہوجاتی تھی۔ اس میں شبہ نہیں کہ مرزا دبیرؔ بڑے عالم تھے اور کربلا کے المیہ کو بڑی تفصیل سے جانتے اور بیان کرسکتے تھے۔ مگر انھوں نے فن کے ان نازک آلات سے کام نہیں لیا جن کا استعمال میر انیسؔ نے کیا تھا۔ اپنے وقت میں تو انھوں نے لوگوں کو بہت متاثر کیا مگر جب صنائع کا شعبدہ ختم ہوا تو ان کی شاعری کسی قدر مصنوعی معلوم ہونے لگی۔ مرثئے کے لئے جو وزن وقار اور احساس عظمت ضروری ہے وہ دبیرؔ کے یہاں مفقود ہے۔ جب کسی کلام

کے سننے والے لفظوں کے معنی اور صنعتوں کے پوشیدہ اسرار کی تلاش میں لگ جائیں تو اس کا اثر ضرور ہی کم ہوگا، یہی بات مرزا دبیر کے کلام میں پائی جاتی ہے۔

شوکت الفاظ اور رعایت لفظی کے ساتھ ساتھ سراپا نگاری اور رزم نگاری دبیر کا نمایاں وصف ہے۔ انھوں نے اس میدان میں خوب جوہر دکھائے۔

دبیر نے اپنے ہر مرثیے میں سراپا مختلف انداز سے لکھا ہے کہ کہیں ان پر تکرار اور تقلید کا الزام نہ آئے۔ دبیر رزم نگاری میں جزئیات نگاری سے کام لیتے ہیں اور کچھ ایسا نقشہ پیش کرتے ہیں کہ رزم گاہ کی سچی تصویر ہماری آنکھوں کے سامنے کھنچ جاتی ہے۔

دبیر کے مرثیوں کا ایک نمایاں وصف ان کا علمی رنگ اور موضوعاتی رنگارنگی ہے، انھوں نے اپنے مرثیوں میں تاریخی روایات کثرت سے پیش کی ہیں، جس سے ان کے مرثیے واقعات اور روایات کا بیش بہا خزانہ بن گئے ہیں۔ دبیر نے بڑی کامیابی کے ساتھ اپنے مرثیوں میں قرآنی تلمیحات، تاریخی واقعات، احادیث اور روایات کو پیش کیا ہے جس سے ان کے مرثیوں میں علمی وزن اور وقار پیدا ہو گیا ہے۔

جہاں کچھ نقادوں نے دبیر کی مشکل پسندی اور اظہار علمیت میں ان کی فنی عظمت کا جواز تلاش کرنے کی کوشش کی ہے۔ وہیں بہت سے نقادوں نے اسے ایک عیب قرار دیا ہے اور یہ بات بڑی حد تک صحیح ہے کیوں کہ شاعر اگر اپنے اشعار سے قاری و سامع کے ذہن و دل کو مسخر نہ کر سکے اور اپنے کلام کی اثر آفرینی سے دلوں میں چٹکیاں نہ لے سکے تو شاعر کو اپنے مقصد میں کامیاب نہیں قرار دیا جا سکتا۔ غالباً اسی بات کو پیش نظر رکھتے ہوئے بہت سے اہل نظر میر انیس کی ہمعصری کے ساتھ ساتھ ان کی مشکل پسندی اور اظہار علمیت کو ان کی شہرت و عظمت کی راہ کا روڑا قرار دیتے ہیں۔

نظیر اکبرآبادی:

نظیر کا نام شیخ ولی محمد تھا۔ ان کے والد شیخ محمد فاروق تھے۔ ان کی ولادت ۱۷۴۰ء میں دہلی میں ہوئی۔ نظیر احمد شاہ ابدالی کے حملے کے وقت آگرہ آئے اور پوری زندگی یہیں بسر کی۔ ۱۸۳۰ء میں آگرہ ہی میں نظیر کا انتقال ہوا اور اپنے محلے تاج گنج میں اپنے گھر میں دفن ہوئے۔ نظیر کے دو دیوان شائع ہو چکے ہیں۔ ایک میں ان کی نظمیں ہیں جس کا نام کلیات نظیر ہے۔ دوسرے میں صرف ان کی غزلیں ہیں۔

نظیر کی نظم نگاری:

نظیر اکبرآبادی کو ہندوستانی ادبیات میں جو عظمت حاصل ہے وہ ان کی نظموں کی وجہ سے ہے کیوں کہ اس میں ہندوستانی زندگی اپنی تمام اچھائیوں اور برائیوں کے ساتھ جی اٹھی ہے۔ ان کی کلیات کا ایک حصہ کرشن جی، مہادیو جی،

بھیروں جی وغیرہ پر لکھی ہوئی نظموں سے بھرا ہوا ہے۔ نظیر سے پہلے زیادہ تر شعراء عام موضوعات پر لکھنے اور عوام کی زندگی کی تصویر کشی کرنے سے بچتے تھے۔ مگر نظیر نے اونچے طبقے کی خیالات میں ایک ایسا چور دروازہ بنا دیا جس میں سے ہو کر عوام کا جلوس قصر ادب میں گھس آیا۔ شاعری کی اس عظیم روایت کے ساتھ نظیر اکبر آبادی کا نام ہمیشہ زندہ رہے گا، دراصل یہ وہی روایت تھی جسے امیر خسرو نے جنم دیا تھا مگر درمیان میں زندگی سے اس کا پہلے جیسا گہرا تعلق نہیں رہ گیا تھا۔ نظیر نے اسے مستحکم، وسیع اور مقبول عام بنایا، اس طرح یہ کہنا غلط نہ ہوگا کہ نظیر نے اردو شاعری کو جمہوری مزاج عطا کیا اور عام انسان کی زندگی کو اپنے فن کی اساس بنایا۔

یہ کہنا ٹھیک نہیں ہوگا کہ نظیر کے یہاں اردو شاعری کی وہ روایات بالکل نہیں ہیں جنھیں سافتی تہذیب اور ایرانی اثرات نے جنم دیا تھا اور نہ ہی یہی کہنا ٹھیک ہوگا کہ دور حاضر کی حقیقت پسندی اور قومی شعور کا آغاز نظیر کی شاعری میں دیکھا جا سکتا ہے کیوں کہ یہ دونوں باتیں ناممکن تھیں مگر ان کی شاعری میں جو سچائی جو وطن پرستی، عام زندگی کی جو واقفیت، انسان کی جو محبت جو وسعت قلبی اور جو سادگی ملتی ہے وہ اس سے پہلے کسی شاعر کے یہاں نہیں ملتی۔ نظیر کی نظموں کا مطالعہ کرتے وقت ایسا معلوم ہوتا ہے کہ ہم قدم جمائے زمین پر کھڑے ہیں، ہمارے چاروں طرف انسان بے کھٹکے چل پھر رہے ہیں، اپنے دیس کے جاڑے، گرمی، برسات آتے ہیں اور ہم ان جانے بوجھے موسموں کا لطف اٹھانے لگتے ہیں۔ الگ الگ گروہوں اور ذاتوں کے لوگ متعدد مذہبوں اور طبقوں سے تعلق رکھنے والے، جانور چڑیاں سب موجود ہیں اور ساری فضا وہ ہے جس میں ہم رہتے ہیں۔ ان چھوٹے چھوٹے موضوعات پر زندہ نظمیں لکھنا کسی چھوٹے اور معمولی شاعر کے بس کی بات نہیں۔ یہ وہی کر سکتا ہے جس کا دل ہمدردی سے لبریز، مشاہدہ گہرا اور عوامی زندگی کا احساس قوی ہو، نظیر کے تجربے کا میدان اتنا وسیع ہے کہ وہ ہندوستانی زندگی کے بارے میں سبھی کچھ جانتے ہوئے معلوم ہوتے ہیں۔

یہ درست ہے کہ نظیر کے پاس کوئی عمیق فلسفیانہ نظر نہیں ہے مگر وہ زندگی کے مسائل میں اس طرح رچے بسے ہوئے ہیں کہ انھیں سب باتیں اپنے آپ معلوم ہیں۔ وہ مفلسی کے اسباب، زندگی اور مذہب کے تعلق، طبقاتی اختلافات، انسانیت کی ضروریات سب جانتے ہیں اور یہ دیکھ کر حیرت ہوتی ہے کہ ان کی سیدھی سادھی نظموں میں یہ تمام باتیں کیسے سما گئی ہیں۔ جب وہ برسات، آندھی، اندھیری رات، آٹا، دال، تیراکی وغیرہ پر لکھتے ہیں، تو یہ محسوس نہیں ہوتا کہ یہ باتیں ان کے منھ سے نکل رہی ہیں، بلکہ انھوں نے ان کو ہر مرقع اور ہر نگاہ سے دیکھا ہے۔ نظیر نے زندگی کو جیسا دیکھا اور پایا تھا ویسی ہی اس کی مصوری کردی، مگر ہر محل پر ان کا نقطۂ نظر عوام کا نقطہ نظر ہے، یہ درست ہے کہ وہ ملک کے معاشی مسائل کو سائنسی طریقے سے نہیں جانتے تھے، طبقات کے داخلی تصادم کا کوئی خاص

علم نہیں رکھتے تھے مگر ایک سچے انسان دوست ہونے کے باعث وہ عوام کے دکھ سکھ کا اندازہ لگا لیتے تھے کیوں کہ وہ انھیں میں سے ایک تھے۔

نظیر کی نظموں کا مطالعہ کرتے وقت ان کی زبان پر خاص توجہ کرنی چاہئے کیوں کہ ان کی زبان آگرہ کی بول چال کی زبان سے بہت قریب ہے۔ اس میں کہیں کہیں کھڑی بولی اور برج کا میل ہے۔ اختصار کے ساتھ ہم کہہ سکتے ہیں کہ تمام عظیم شعراء کی طرح زبان کا استعمال نظیر کی شخصیت کا پتہ دیتا ہے۔ فن کی نظر سے ان کی شاعری میں نقائص ہیں، تخیل کی نظر سے طرح طرح کی ناہمواریاں ہیں، مگر ان کی صداقت اور انسانیت دوستی سب پر پردہ ڈال دیتی ہے۔ نظیر نے اپنا طرز سب سے الگ نکالا وہ نہ دلی کے مرکز میں رکھے جا سکتے ہیں اور نہ لکھنؤ کے مرکز میں وہ خود نئی روش کے موجد ہیں اور کسی بنے بنائے راستے پر چلنے کے بجائے اپنی الگ راہ بنانے والے ہیں۔ یہ خصوصیت انہیں اس لئے حاصل ہوئی تھی کیوں کہ انھوں نے زندگی کو سمجھنے میں کسی فلسفہ یا روایت کا سہارا نہیں لیا بلکہ اس میں خود ڈوب گئے اور وہ لکھا جو کسی اور نے نہیں لکھا۔

☆☆☆

دلی میں اردو شاعری

بہ عہد غالب

شاہ نصیر:

ان کا نام نصیر الدین تھا، میاں کلو کے نام سے پکارے جاتے تھے، والد کا نام غریب اللہ تھا۔ شاہ نصیر کی ولادت ۱۷۶۰ء میں دلی میں ہوئی۔ وفات ۱۸۳۳ء میں حیدرآباد میں ہوئی۔

شاہ نصیر شاہ عالم کے دربار سے وابستہ تھے، جب دربار کی حالت خراب ہوئی تو تلاش معاش میں دوبار لکھنؤ اور چار بار حیدرآباد گئے۔ لکھنؤ میں پہلی مرتبہ شاہ نصیر نے انشاء، جرأت، مصحفی کے ان کے مناقشوں میں حصہ لیا۔ جب دوسری دفعہ گئے تو شیخ ناسخ کا بول بالا تھا۔ شاہ نصیر اپنی جگہ نہ بنا سکے۔ حیدرآباد میں دیوان چندولال شاداں نے از راہ سرپرستی انھیں اعزاز سے جگہ دی۔ ان کی وجہ سے حیدرآباد میں خاصی ادبی فضا پیدا ہوگئی اور بہت سے لوگ ان کے شاگرد ہو گئے۔ حیدرآباد ہی سے ان کا دیوان شائع ہوا۔

شاہ نصیر کی زبان مشکل اور طرز ادا تصنع سے بھرا ہوا ہے۔ نئی تشبیہیں اور تمثیلیں تلاش کرنے میں وہ حقیقت سے

اور جذبے سے بہت دور جا پڑے ہیں، شعر مشکل ہی نہیں بے مزہ بھی ہو جاتا تھا۔ کہا جاتا ہے کہ ان کی شاعری پر لکھنؤ کا اثر ہے۔ اپنے عہد میں وہ بہت بڑے شاعر قرار دیئے جاتے تھے مگر آج ان کا کلام بے روح قسم کی صناعی معلوم ہوتا ہے۔ شاہ نصیر کے شاگردوں میں مومنؔ، ذوقؔ، ظفرؔ، آزردہ اہم ہیں۔

مومنؔ:

ان کا نام محمد مومنؔ خان تھا۔ والد حکیم غلام نبی خان تھے، مومنؔ کا آبائی پیشہ حکمت تھا، ان کی ولادت ۱۸۰۰ء میں دہلی میں ہوئی، وفات بھی ۱۸۵۲ء میں دہلی میں ہوئی۔ مومن شاہ نصیر کے شاگرد تھے۔

مومن کی غزل گوئی:

مومن نے یوں تو بہت سے اصناف سخن میں طبع آزمائی کی ہے، مگر ان کی شہرت غزلوں کی وجہ سے ہے، جن کا اہم وصف معاملہ بندی ہے۔ ان کی غزلوں کا دائرہ حسن و عشق تک محدود ہے، لیکن اس محدود دائرے میں بھی انھوں نے درجہ کمال حاصل کیا۔ انھوں نے اگرچہ غزل کا دائرہ محدود کر دیا لیکن معاملات عشق کی جزئیات کو بڑی خوبصورتی اور فنکاری کے ساتھ پیش کیا ہے، یہ کہنا درست ہوگا کہ مومن نے ایک مخصوص اور مختصر دائرے کے اندر عاشقانہ جذبات کو جن نئے نئے طریقوں سے پیش کیا ہے وہ دوسرے شاعروں کے یہاں مشکل سے ملے گا۔ ان کے خیالات میں صداقت بھی ہے اور نفسیاتی کیفیت بھی، لیکن گہرائی نہیں ہے۔

مومنؔ اپنی شاعری ایک اعتبار سے اس روایت کا تتبع کرتے ہیں جسے لکھنؤ میں جرأت نے رواج دیا تھا، یعنی وہ بھی کبھی کبھی کھلی ہوئی معاملہ بندی کا اظہار شوخ انداز میں کرتے ہیں۔ یہ جذبہ محبت، خواہش نفس کا ترجمان ہے، جس میں بلندی اور پاکیزگی نہیں پائی جاتی۔ اسی لئے ان کے محبوب کا تصور عامیانہ نظر آتا ہے، مومن نے اپنی شاعری میں جو باتیں کہی ہیں وہ آسمانی اور ماڈرائی نہیں ہیں بلکہ اسی زمین کی باتیں ہیں اس لئے کسی کو اجنبی اور نامانوس نہیں معلوم ہوتیں۔ پھر مومن نے عام شعری روایات کے برخلاف اشاروں کنایوں میں اپنی بات کہنے کے بجائے براہ راست اور صاف لفظوں میں اپنی باتیں کہی ہیں۔

مومن نے اپنے طرز انداز کو مؤثر بنانے کے لئے طنز سے بڑا کام لیا ہے۔ ان کے طنز میں چھیڑ چھاڑ اور البیلا پن ہے۔ ان کے طنز میں تیزی اور زہر نا کی نہیں ہوتی، بلکہ اس میں ایک نرمی اور کسک ہوتی ہے جس سے ان کی غزل ایک خاصے کی چیز بن جاتی ہے۔ ان غزلوں میں زندگی سے بھرپور ایک نشاطیہ آہنگ ملتا ہے لیکن ان کا یہ نشاطیہ لہجہ کبھی فحاشی وابتذال کی سرحدوں کو نہیں چھوتا۔

مومنؔ کی زبان کسی قدر فارسی آمیز ہے۔ صنائع بدائع کے زیادہ استعمال سے کہیں کہیں مشکل بھی معلوم ہوتی

ہے لیکن باوجود اس کے ان کا اسلوب اسی طرز کے دوسرے شاعروں سے مختلف ہے۔ کیوں کہ ایک مخصوص پر کیف انداز کے علاوہ وہ جذبات محبت کے معمولی اظہار میں بھی کوئی ایسی پیچیدگی پیدا کرتے ہیں جو دلکش تو ہوتی ہے لیکن سمجھنے میں دشواری کا سبب بنتی ہے اور خیالوں کی چھوٹی ہوئی کڑیوں کو اپنی طرف سے جوڑنے ہی پر مطلب نکلتا ہے۔ لیکن اس میں شبہ نہیں کہ ان کی غزلوں میں حسین بے ساختگی، لذت اور کیفیت کی فراوانی ہے۔ جو فکر کا بدل بن جاتی ہے۔ مومن کی غزلیں اردو شاعری کا بہترین ورثہ ہیں۔

ذوقؔ

ان کا نام شیخ محمد ابراہیم، تخلص ذوق تھا۔ والد کا نام شیخ محمد رمضان تھا، ذوقؔ کی ولادت ۱۷۸۹ء میں دلی میں ہوئی۔ ان کا انتقال ۱۸۵۴ء میں دہلی میں ہوا۔ ذوق نے ابتدائی تعلیم حافظ غلام رسول سے حاصل کی، بعد میں شاہ نصیر سے اصلاح لیتے رہے۔ اکبر شاہ ثانی نے ذوق کو خاقانی ہند کا خطاب دیا۔ بہادر شاہ ظفر ذوقؔ کے شاگرد تھے۔ تخت پر بیٹھنے کے بعد انھوں نے اپنے استاذ کو ملک الشعراء بنایا۔

ذوقؔ کی قصیدہ گوئی:

سوداؔ کے بعد ذوقؔ اردو زبان کے سب سے بڑے قصیدہ گو شاعر ہیں۔ ذوق کے قصیدے کا موضوع صرف درباری مداحی ہے، کیوں کہ ان کی عمر کا زیادہ تر حصہ اکبر شاہ ثانی اور بہادر شاہ ظفؔر کی مداحی میں گذرا۔ ذوقؔ نے قصیدہ گوئی کے لئے فارسی شعراء کے شاہ کار قصائد کو اپنا معیار بنانے کے بجائے سودا کے قصائد کو اپنا معیار بنایا۔ اس لئے ان کے فن کو تقلیدی ہی کہا جا سکتا ہے۔ لیکن اس سے ذوق کی عظمت سے انکار نہیں کیا جا سکتا، ان کی زبان سوداؔ سے زیادہ صاف اور رواں ہے لیکن فکر وجذبے کے معاملے میں وہ پیچھے رہ گئے ہیں، سوداؔ کا جوش خروش ان کے یہاں نہیں ملتا۔

ذوق نے قصیدے کے فنی تقاضوں کو بڑی حد تک پورا کیا ہے۔ گو کہ ان کی سادہ شخصیت کی طرح سادہ اسلوب قصیدے کے لئے موزوں نہیں کیوں کہ قصیدے کے لئے پرشکوہ اور گھن گرج والے لب ولہجہ کی ضرورت ہوتی ہے۔ پھر بھی ذوقؔ نے بھاری اور ثقیل تراکیب سے یہ کمی بڑی حد تک پوری کردی ہے۔ قصیدے کے اجزاء ترکیبی میں بڑا توازن نظر آتا ہے۔ قصیدے کی ابتداء تشبیب سے ہوا کرتی ہے۔ ذوقؔ نے تشبیب میں اپنی صناعی اور فنکارانہ صلاحیت کا خوب مظاہرہ کیا ہے، کہیں کہیں کثرت مبالغہ سے تشبیب کے اشعار کی فضا بہت متاثر ہوگئی ہے اور ان کی تخلیق کردہ تصاویر بڑی دھندلی ہوگئی ہے، لیکن جہاں توازن سے کام لیا ہے، ان کی تشبیبوں میں غضب کا حسن پیدا ہوگیا ہے، محاکات اور منظر نگاری اپنے شباب پر نظر آتی ہے۔

تشبیب کے بعد گریز کا نمبر آتا ہے۔ وہ تشبیب سے گریز کی طرف فطری انداز میں رخ کرتے ہیں۔ ذوق کی گریزیں عام طور پر بہت کامیاب ہیں ان میں بڑی موزونی

و برجستگی دکھائی دیتی ہے۔ گریز کے بعد مدح کا مرحلہ آتا ہے۔ مدح کے مضامین محدود و مقرر ہوتے ہیں۔ شاعر مدح میں اپنا زور بیان صرف کرتا ہے اور اپنی بلندیٔ خیال اور پروازِ فکر کے جوہر دکھاتا ہے۔ جدت آفرینی اور مبالغہ آمیزی سے ایک سماباندھنے کی کوشش کرتا ہے۔ ذوقؔ نے مدح میں بڑا زورِ طبع دکھایا ہے۔ مبالغہ آرائی، پرشکوہ الفاظ وتراکیب اور زورِ بیان سے ایک طلسمی فضا پیدا کردی ہے۔ صنائع بدائع اور دلکش تشبیہات واستعارات سے اپنے مدحیہ مضامین میں رنگ بھرنے کی کوشش کی ہے۔ مدحیہ مضامین میں ذوقؔ سوداؔ سے بھی آگے نکل گئے ہیں۔ مبالغہ آرائی میں ان کا کوئی جواب نہیں ہے۔

قصیدہ دعائیہ اشعار پر ختم ہوتا ہے۔ اس میں شاعر ممدوح کے لئے دعا اور دشمنوں کے لئے بددعا کرتا ہے۔ ذوق کے دعائیہ اشعار بڑے سادہ اور پرخلوص ہوتے ہیں۔ ذوق کی ایک خصوصیت یہ بھی ہے کہ ان کی شاعری میں لطف زبان پر زیادہ زور دیا گیا ہے، وہ لفظی صنعت گری کے شوقین ہیں اور صنعتوں کا جوہر خوب دکھاتے ہیں۔ ان کے قصائد علوم وفنون کی بے شمار اصطلاحات سے بھرے ہوئے ہیں۔

اس طرح ذوق کے قصائد بڑی حد تک معیاری ہیں۔ اپنی علمیت اور معنی آفرینی میں وہ ایک امتیازی شان رکھتے ہیں۔ ذوق نے علمی اصطلاحات کو استعمال کرکے قصائد کی افادیت میں اضافہ کردیا ہے۔ لیکن کہیں کہیں ان اصطلاحات کی وجہ سے قصائد کا حسن غارت ہوگیا ہے اور ان کی شگفتگی اور شعریت بری طرح متاثر ہوئی ہے۔ دراصل ذوق نے ان علمی اصطلاحات کے ذریعہ اپنے قصائد میں شکوہ پیدا کرنے کے ساتھ اپنی علمیت اور ہمہ دانی کا اظہار کرنا چاہا ہے، وہ اپنے مقصد میں بڑی حد تک کامیاب بھی ہوگئے ہیں۔

غالبؔ:

ان کا نام مرزا اسد اللہ خاں تھا۔ پہلے اسدؔ پھر غالبؔ تخلص اختیار کیا، گھر پر مرزا نوشتہ کے نام سے پکارے جاتے تھے۔ ان کے والد کا نام عبداللہ بیگ خاں تھا۔ ۱۸۴۹ء میں مغل دربار سے نجم الدولہ دبیر الملک کا خطاب عطا ہوا۔ ذوقؔ کے انتقال کے بعد بہادر شاہ ظفر نے غالبؔ کو اپنا استاذ بنایا۔ غالب کی ولادت ۲۷؍دسمبر ۱۷۹۷ء کو آگرہ میں ہوئی۔ ان کا انتقال ۲۷ برس کی عمر میں ۱۵؍فروری ۱۸۶۹ء کو دہلی میں ہوا۔ دلی میں غالب کو بہت سی مشکلات کا سامنا کرنا پڑا۔ ان کے چچا کی پنشن کئی اعزا میں بٹ گئی اور غالبؔ کو جو حصہ ملنا چاہئے تھا وہ نہیں ملا۔ چنانچہ غالب کو تیس سال کی عمر میں کلکتہ جانا پڑا، وہاں تقریباً ۲ سال رہ کر انھوں نے اپنا حق حاصل کرنے کی کوشش کی جس میں ان کو ناکامی ہوئی۔

غالبؔ بحیثیت غزل گو:

اسی عہد میں نہیں بلکہ اردو ادب کی تاریخ میں غالب

کا نام غیر معمولی عظمت کا حامل ہے۔ وہ فارسی کے اتنے ہی بڑے اہل قلم تھے جتنے بڑے اردو کے۔ ان کی شخصیت اور شاعری دونوں میں مغل تہذیب کی سب خوبیاں اور خرابیاں سمٹ آئی تھیں اور وہ اس کی جیتی جاگتی علامت تھے۔ جس نظر سے بھی دیکھا جائے وہ ایک طباع شاعر اور مصنف تھے۔

غالبؔ نے اردو شاعری آگرہ ہی میں شروع کر دی تھی، جس پر فارسیت کا غلبہ تھا۔ ان کی فارسی سے محبت اس بات سے ظاہر ہوتی ہے کہ انھوں نے اردو میں بھی ایک مشہور فارسی شاعر بیدلؔ کا تتبع کیا ہے، لیکن پچیس برس کی عمر تک پہنچتے پہنچتے انھوں نے اپنے طرز میں تبدیلی کی اور محض تخیل سے ہٹ کر زندگی کے ان مسائل کی طرف آئے جن کا انھوں نے واقعی تجربہ کیا تھا۔

عام شعری روایت کے مطابق غالبؔ بھی اپنی شعری روایت کا بیشتر مواد حسن وعشق سے ہی حاصل کرتے ہیں، ہمیں غالبؔ کی شاعری کے بیشتر حصہ پر جذبہ عشق ومحبت کی چھاپ نظر آتی ہے۔ غالب حسن کی مختلف کیفیتوں اور عشق ومحبت کی واردات کو اپنے محسوسات اور اپنی داخلیت کی مدد سے لازوال بنا دیتے ہیں۔ وہ حسن کے متعلق سطحی باتیں نہیں کہتے بلکہ انسان کی ذہنی اور جذباتی کیفیت، جسمانی تقاضوں اور اس کے فکر وشعور کے مختلف پہلوؤں کو بیان کرتے ہیں۔

اردو کی عشقیہ شاعری کے بیشتر حصے پر ہمیں درد وغم کا سایہ لہراتا ہوا محسوس ہوتا ہے۔ غالب بھی اس عام اثر سے محفوظ نہیں رہے۔ غالب کی شاعری میں ہمیں غم د یسی زیریں لہریں ملتی ہیں جن کے سوتے غم ذات، غم عشق اور غم دوراں ہر ایک سے پھوٹتے ہیں۔ فکر معاش، عشق بتاں یادِ رفتگاں صرف ایک شاعرانہ احساس ہی نہیں بلکہ غالبؔ کی زندگی کی سب سے بڑی حقیقت ہے۔ جس کے اثرات ان کی پوری شاعری میں محسوس ہوتے ہیں لیکن یہاں بھی غالب کا انداز سب سے نرالا ہے۔ ان کے یہاں صرف غم نہیں بلکہ امید وبیم، عیش وغم آرزو اور شکست آرزو کی رنگا رنگی ملتی ہے۔ وہ غم کو آزار نہیں بناتے بلکہ اسے گوارا کرنے اور اس سے بلند ہونے کی کوشش کرتے ہیں۔ ان کا غم زندگی سے مایوسی وبیزاری اور مریضانہ ذہنیت کی علامت بننے کے بجائے تبسم آمیز طنز میں ڈھل کر صدائے احتجاج بن جاتا ہے۔

غالبؔ غم روزگار سے متاثر ہو کر جن احساسات کا اظہار کرتے ہیں یوں تو وہ ان کے ذاتی تجربوں کا رد عمل ہے، لیکن غالب کا کمال یہ ہے کہ ان کا ذاتی تجربہ ایک دور کے تجربے کی آواز بن گیا ہے۔ اس طرح غالبؔ نے اردو شاعری کو سطحی جذباتیت، غیر صحتمند رومانیت اور لفظی بازیگری کے تنگ دائروں سے نکال کر زندگی اور اس کے تقاضوں سے قریب کر دیا۔

غالبؔ نے مسائل تصوف پر بھی اظہار خیال کیا ہے، حالانکہ غالب جادہ تصوف کے مسافر نہیں تھے، انھوں نے تصوف کو شاعرانہ روایت یا آرائش کلام کے طور پر اپنایا تھا۔

پھر بھی انھوں نے مسائل تصوف کو بڑے فنکارانہ انداز میں بیان کیا ہے۔ ان کے یہاں تصوف کا کوئی مربوط فلسفہ نہیں ملتا۔ غالب نے اسے صرف مابعد الطبیعاتی عقیدے کے طور پر اپنایا تھا، بلکہ وہ اسے اخلاقی برتاؤ اور انسانیت دوستی کا مظہر بھی سمجھتے تھے۔

غالب نے شاعری کی ہیئت میں بھی اپنی جدت طبع کا ثبوت دیا ہے۔ اظہار کے لئے نئے وسیلے تلاش کئے ہیں اور فن کو نئی وسعتیں عطا کی ہیں۔ انھوں نے زبان میں ایک اجتہادی شان پیدا کی۔ فارسی ادبیات اور اردو کے قدیم ورثے کے امتزاج سے انھوں نے ایسی شان پیدا کی ہے جو کم ہی شعراء کے حصے میں آئی۔

غالب کی شاعری میں فکری عناصر کے تجزیہ سے یہ بات اچھی طرح واضح ہو جاتی ہے کہ وہ ہمارے ذہن و دل دونوں کی آسودگی کا سامان فراہم کرتے ہیں۔ وہ بلند مضامین سے لے کر عام زندگی کے موضوعات تک کو اپنا شعری موضوع بناتے ہیں اور فلسفہ تصوف کے ادق مضامین سے لے کر جام سفال تک کی باتیں کرتے ہیں اور ایسے انداز میں کرتے ہیں کہ اس بات میں بڑی دلکشی اور دل آویزی پیدا ہو جاتی ہے۔

غالبؔ بحیثیت قصیدہ گو:

غالبؔ نے اردو میں چند قصائد لکھے ہیں۔ اکثر اردو قصیدے ایرانی شاعروں کے قصائد کے طرز پر لکھے جاتے تھے اور ان کے طرز میں تبدیلی نامناسب سمجھی جاتی تھی۔ لیکن غالب نے اپنے قصائد میں نیا رنگ پیدا کیا اور اپنی راہ آپ بنائی جو بے مثال ہے۔ غالبؔ کے قصیدوں کی سب سے نمایاں خصوصیت یہ ہے کہ انھوں نے مدح سے زیادہ تشبیب پر زور دیا ہے۔ انھیں اس بات پر فخر ہے کہ تشبیب کے معاملہ میں وہ بلند پایہ فارسی شعراء کے مدمقابل ہیں۔

غالبؔ کے قصیدوں سے ان کی علمیت کا اظہار بھی ہوتا ہے اور فن شعر گوئی میں ان کی مہارت کا بھی پتہ چلتا ہے۔ ان کا اصل کارنامہ یہ ہے کہ قصیدہ نگاری میں انھوں نے کسی کی پیروی نہیں کی بلکہ اپنا راستہ آپ نکالا۔ غالبؔ کے قصیدے اپنا انفرادی رنگ رکھتے ہیں۔ تشبیب اور گریز دونوں میں جدت وانفرادیت ہے۔ مدح مختصر سنجیدہ اور باوقار ہے۔ ذوقؔ کی طرح اس میں تصنع اور آورد نہیں ملتی۔ سوداؔ اور ذوقؔ کی طرح وہ ممدوح کے جاہ وجلال، شجاعت وبہادری، عدل وانصاف وغیرہ کی تعریف کرتے ہیں۔ لیکن ان کی طرح شطرنج وآتش بازی کی مداحی نہیں کرتے۔ غالب اپنے قصیدوں میں غزلیں بھی کہتے ہیں لیکن ان غزلوں کا لب ولہجہ قصیدے کے شان وشکوہ سے ہم آہنگ ہے۔

غالب مدح میں سوداؔ اور ذوقؔ کا مقابلہ نہیں کر سکے ہیں کیوں کہ وہ اس مزاج کے نہ تھے۔ وہ خود اس کا اعتراف کرتے ہیں کہ "مدح وستائش میں عرفیؔ وانوریؔ کا ساتھ نہیں دیا جاتا۔" وہ قصیدوں میں سہل ممتنع کے قائل ہیں، ان کے قصائد میں اختصار، برجستگی روانی وسنجیدگی ہے۔

اردو شاعری میں نئے رجحانات

مولانا محمد حسین آزاد:

ان کا نام محمد حسین ، تخلص آزاد تھا۔ والد کا نام محمد باقر تھا، آزاد کی ولادت ۱۸۳۰ء میں دہلی میں ہوئی اور وفات ۱۹۱۰ء میں لاہور میں ہوئی۔

آزاد کی نظم گوئی:

مولانا محمد حسین نے جدید تحریک کی بنیاد ڈالی۔ نئی شاعری کے معمار آزاد ہی سمجھے جاتے ہیں۔ غدر کے بعد جب آزاد نے لاہور کے محکمہ تعلیم میں ملازمت اختیار کی تو وہاں انھیں انگریز فاضلوں کے ربط میں آنے کا موقع ملا۔ وہ خود دلی کالج کے طالب علم رہ چکے تھے۔ علم وفکر کے نئے رجحانات سے آشنا تھے۔ جب انھیں انگریز فاضلوں نے ترغیب دی تو انھوں نے اپنے ہم وطنوں کے سامنے نئی شاعری کا خاکہ پیش کیا۔ اگست ۱۸۶۷ء میں انھوں نے ایک خطبہ دیتے ہوئے مشرقی شاعری خاص کر اردو فارسی شاعری کے نقائص کی طرف توجہ دلائی اور کہا ''شاعری کو انسانی زندگی اور فطرت کے سبھی اجزاء پر روشنی ڈالنے کا فریضہ اٹھانا چاہئے۔ جو بدنصیبی سے نہیں ہوتا۔ اگرچہ ہماری شاعری کے محض کچھ موضوعات میں ہی محدود ہو کر ہمارے اسلاف نے عظیم تخلیقات کی ہیں، مگر اب تک ہم انھیں کی لکیر پیٹ رہے ہیں اور انھیں کے چپائے ہوئے نوالے کھا رہے ہیں''۔ اس طرح انجمن پنجاب کے جلسے میں دیئے گئے اس خطبے کے ذریعہ آزاد نے اپنا جدید نظریہ شعر پیش کیا، آزاد کے اسی خطبے کو اردو نظم کا سنگ بنیاد سمجھنا چاہئے نئی شاعری کا راستہ یہیں سے شروع ہوتا ہے۔

نئی تعلیم اور نئے سماجی شعور کی بدولت جو بدلتی ہوئی اقتصادی حالت کا نتیجہ تھا آزاد کے خیالات بے کار نہیں گئے اور کچھ ہی دن گزرنے پر لاہور میں انجمن پنجاب کے زیر اہتمام ۸ر مئی ۱۸۷۴ء کو وہ پہلا مشاعرہ ہوا، جس میں نئے طرز کی نظمیں پڑھی گئیں۔ اس مشاعرے میں آزاد نے پہلے ایک بے حد معلومات افزا خطبہ دیا پھر شاعری میں اصلیت سے کام لینے، مقامی رنگ پیدا کرنے اور زندگی کی سچی مصوری کرنے کی استدعا کی اور کہا ''ہم کوئل چمپا اور چنبیلی، ارجن اور بھیم، گنگا اور جمنا ہمالیہ اور دوسری مقامی چیزوں کو بالکل بھول گئے ہیں، اب اس بات کی ضرورت ہے کہ ہم ان کی طرف بھی پورا دھیان دیں۔''

آزاد ان روایات سے روگرداں نہیں ہونا چاہتے تھے جو پہلے سے چلی آرہی تھیں، ان کا خیال تھا کہ شاعری کو اس زندگی کی قیادت کا بار قبول کرنا چاہئے جو ہمارے چاروں طرف پھیلی ہوئی ہے۔ محمد حسین آزاد اردو شاعری کے مصلحین میں شمار کئے جاتے ہیں۔ انھوں نے جدید

شاعری کے لئے اپنے خطبوں کے ذریعہ بہت سے مشورے پیش کئے، ان کا مشورہ تھا کہ ہندوستانی شاعروں کو انگریزی شاعری سے فیض یاب ہونا چاہئے وہ لکھتے ہیں ”نئے انداز کے خلعت و زیور جو آج کے مناسب حال ہیں وہ انگریزی صندوقوں میں بند ہیں اور ہمارے پہلو میں دھرے ہیں، مگر ہمیں خبر نہیں۔ ہاں ان صندوقوں کی کنجی ہمارے ہم وطن انگریزی دانوں کے پاس ہے۔“

محمد حسین آزاد کے شعری مجموعے نظم دل افروز اور مجموعہ نظم آزاد کے نام سے شائع ہو چکے ہیں، مثنوی شب قدر، صبح امید، گنج قناعت، دادانصاف، خواب امن، موسم زمستاں، ابر کرم وغیرہ آزاد کی قابل قدر نظمیں ہیں، ان نظموں میں وہ شعری تدابیر سے کام لیتے ہیں۔ ان کی زبان سادہ اور دلکش ہوتی ہے۔ وہ تشبیہ، استعارہ کا خوبصورت استعمال کرتے ہیں۔ تصویر کشی اور تمثیلی انداز اختیار کرنے میں مہارت رکھتے ہیں۔ ان کی شاعری کی یہ خوبیاں نثر میں بھی موجود ہیں اور نظم تو اس کے لئے نہایت موزوں جگہ ہے۔

اس طرح کہا جا سکتا ہے کہ محمد حسین آزاد نے نظم نگاری کے ذریعہ نئے طریقۂ اظہار کی تلاش کی۔ تشبیہ و ترصیع کے بجائے تمثیل نگاری، منظر کشی اور تسلسل بیان سے نظم کا نیا شعری پیکر بنایا۔

حالی:

ان کا نام خواجہ الطاف حسین تھا۔ والد خواجہ ایزد بخش تھے۔ حالی ۱۸۳۷ء میں پانی پت میں پیدا ہوئے۔ ان کی وفات ۱۹۱۴ء میں ہوئی۔ ۱۷ برس کی عمر میں ان کی شادی ہو گئی، حالی کے لئے یہ شادی سخت بندھن ثابت ہوئی۔ وہ ابھی تعلیم حاصل کرنا چاہتے تھے اس لئے چپکے سے دلی چلے آئے۔ حالی نے کسی طرح غالب کے پاس پہنچ کر اپنا کلام سنایا۔ جسے سن کر غالب نے کہا ”میں کسی کو شاعری میں وقت گنوانے کی صلاح نہیں دیتا مگر تمہاری نسبت میرا خیال ہے کہ اگر تم شاعری نہ کرو گے تو ظلم کرو گے۔“ جب حالی کے گھر والوں کو پتہ چلا کہ وہ دلی میں ہیں تو وہ انھیں واپس پانی پت لے آئے۔ غدر کے بعد حالی پھر دلی پہنچے، جہاں ان کی ملاقات شیفتہ سے ہوئی، انھوں نے اپنے بچے کی تعلیم و تربیت کے لئے حالی کو نوکر رکھ لیا۔ ۱۸۶۹ء میں غالب اور شیفتہ دونوں کی موت ہو گئی تو حالی نے لاہور کا راستہ پکڑا، وہاں پنجاب گورنمنٹ بکڈپو میں انھیں ملازمت مل گئی، بعد میں چیفس کالج لاہور میں آٹھ ماہ ٹیچر رہے۔ لاہور سے واپس آنے کے بعد حالی دلی کے اینگلو عربک اسکول میں ٹیچر رہے۔

حالی بحیثیت نظم گو:

غدر کے بعد جب اردو ادب میں نیا انقلاب آیا اور نظم و نثر دونوں کو انسانی زندگی کے قریب آنے کا موقع ملا تو حالی جیسے شاعر نے جدید نظم کو ایک نئی زندگی بخشی، حالی

تربیت روایتی انداز میں ہوئی تھی، لیکن قدرت نے انھیں ذوق سلیم اور ترقی پسند ذہن عطا کیا تھا، مناسب ماحول اور صحیح رہنمائی نے ان کی فطری صلاحیتوں کو جلا بخشی۔ شیفتہ اور غالب کی رہنمائی نے ان کے ادبی سفر کی صحیح سمت متعین کی۔ انجمن لاہور سے وابستگی ان کے ذہنی افق کو وسیع کرنے اور شعر وادب میں صحت مندانہ رجحان اور افادی نقطۂ نظر اپنانے کے سلسلے میں معاون ثابت ہوئی۔ یہیں انگریزی ادب میں پائے جانے والے صحت مندانہ رجحانات سے آگاہی حاصل ہوئی، جس سے ان کے اندر علم دوستی، حب وطن اور غم انسانیت جیسے اوصاف پیدا ہوئے۔ انگریزی شعر وادب کا اثر قبول کرنے کے بعد حالی نیچرل شاعری کی طرف متوجہ ہوتے اور شاعری کو اخلاقی سماجی اور ملکی خیالات کی ترجمانی کا ذریعہ بنایا۔ اسی زمانے میں مولانا محمد حسین آزاد کی تحریک پر انھوں نے انجمن پنجاب لاہور کے مشاعروں میں حصہ لیا اور ان مشاعروں میں برکھارت، نشاط امید، حب وطن، مناظرہ رحم وانصاف جیسی نظمیں پیش کیں۔ یہ نظمیں اپنی ہیئت اور مواد دونوں ہی اعتبار سے اردو شاعری میں نئی ہیں۔

حالی کے اس نئے شاعرانہ رجحان کو سرسید کے خیالات سے کافی قوت ملی۔ سرسید کے حقیقت پسندانہ نقطۂ نظر نے حالی کے فکر وشعور میں پختگی پیدا کی اور ان کے ذہنی سفر کو ایک نئی منزل عطا کی، سرسید کی تحریک سے متاثر ہو کر حالی نے اپنی شاہ کار نظم ''مسدس مدو جزر اسلام'' لکھی۔ یہ ایک نظم ہی نہیں بلکہ ایک مشعل راہ اور سنگ میل کی حیثیت رکھتی ہے جو مسلمانوں کی قومی زندگی کی نشأۃ ثانیہ کے لئے ایک تحریک ہے۔

حالی کی کامیاب نظموں میں ''مناجات بیوہ'' اور ''چپ کی داد'' کا بھی شمار ہوتا ہے۔ ''مناجات بیوہ'' میں حالی نے ایک بیوہ کو خدا کی بارگاہ میں اپنی حالت زار پر فریاد کرتے ہوئے دکھایا ہے۔ یہ نظم تاثر، سوز وگداز اور اثر آفرینی کے لحاظ سے اپنی مثال آپ ہے۔ حالی کی یہ نظم مہاتما گاندھی کو بہت پسند تھی۔

حالی شاعری کے ذریعہ بیداری کا پیغام دینا چاہتے تھے۔ اس وقت شعر گوئی کا ایسا انحطاط ہو چکا تھا کہ لوگ محض لفظی گورکھ دھندھا، صنائع اور چٹپٹی باتوں سے لطف اندوز ہونے کو شاعری کا مقصد سمجھتے تھے۔ اس لئے حالی کی بڑی مخالفت کی گئی، مگر حالی نے اپنا راستہ نہیں بدلا۔ یقینی طور پر ترقی کی تاریخی طاقتیں ان کو مدد دے رہی تھیں۔ اس لئے تھوڑی مدت کے بعد متوسط طبقے کے تعلیم یافتہ حصے میں ان کی نظمیں مقبول ہونے لگیں۔ حالی اپنے مزاج سے ایک واعظ اور معلم تھے۔ نظم جب تک بے حد دلچسپ، خوبصورت اور فرحت بخش نہ ہو پند ونصائح کا بوجھ نہیں اٹھا سکتی۔ حالی کبھی کبھی فنی اعتبار سے یہ خصوصیتیں پیدا کرنے میں ناکام رہ جاتے تھے۔ مگر حقیقت یہ ہے کہ ان کے دل میں جو کچھ تھا وہی ان کی زبان پر آتا تھا۔

حالی صرف ایک شاعر ہی نہیں تھے بلکہ ایک بڑے نقاد بھی تھے۔ وہ شاعری کے بنے بنائے ڈھرے پر چل کر

ہر دل عزیزی حاصل کرنا نہیں چاہتے تھے، اس لئے اپنے مخالفوں کی سخت پروا کئے بغیر نئے اسلوب کی نشر و اشاعت کی، یہ اسلوب انھیں اپنے اغراض و مقاصد کی تبلیغ کے لئے زیادہ کارآمد معلوم ہوتا تھا۔ چونکہ انھوں نے زندگی اور ادب کے رشتے کو سمجھ لیا تھا، اس لئے وہ کبھی محض کہنے کے لئے شاعری نہیں کرتے تھے۔ اس لئے جتنا وقت گذرتا جاتا ہے حالؔی کی برتری اور احترام میں اضافہ ہوتا جوتا ہے۔ وہ نئی شاعری کے پیامبر مانے جاتے ہیں اور بہت سی خامیوں کے باوجود ان کی ترقی پسندی آج بھی بے یقینی اور تذبذب میں مبتلا رہنے والے شاعروں کے لئے خضر راہ ہے۔ حالؔی نے اردو شاعری کو ایک نیا موڑ دے کر اسے زندگی کی حقیقتوں کا ترجمان بنایا۔ انھوں نے اردو شاعری کے سامنے ایک وسیع کینوس پیش کیا۔ چنانچہ اردو شاعری میں آج جو وسعت ہمہ گیری اور عصری تقاضوں سے عہدہ برآ ہونے کی صلاحیت نظر آتی ہے اس کا سہرا حالؔی کے سر ہے۔

حالؔی کی مرثیہ گوئی:

حالؔی ایک قومی مرثیہ خواں ہیں۔ انھوں نے روایتی مرثیے نہ لکھ کر قومی و شخصی مرثیے لکھے۔ اپنی شہرۂ آفاق تصنیف مقدمہ شعر و شاعری میں انھوں نے فن مرثیہ گوئی کو قابل تعریف بتایا ہے۔ ان کے مطابق اس صنف میں سچے جذبات کا اظہار کیا جاسکتا ہے۔ حالؔی نے مقدمہ شعر و شاعری میں اس صنف کے ساتھ جو زیادتیاں کی گئی ہیں ان کا تذکرہ کیا ہے۔ ان کی رائے ہے کہ مرثیہ نگاری کو صرف واقعات کربلا ہی سے نہیں جوڑنا چاہئے، کیوں کہ شاعری کے فرائض صرف اس قصے تک ہی محدود نہیں ہیں۔

حالؔی نے اپنے مرثیوں میں واقعات کربلا کا ذکر نہ کر کے وطن کے موجودہ حالات پر اور شخصی مرثیے لکھے۔ حادثے مرثیے لکھواتے ہیں۔ لیکن جب قومی حادثوں پر بڑی شخصیت مرثیہ لکھے تو وہ مرثیہ نہیں بلکہ رجز بن جاتا ہے۔ جس کے آئینے میں قوم اپنا چہرہ دیکھ کر اپنے عمل کا حساب کرتی ہے۔ حالؔی کی مسدس بھی ایک ایسا ہی احتسابی مرثیہ ہے جو رجز میں ڈھل گیا ہے۔ انھوں نے مسدس سے قوم کے لوگوں کو جگایا، گرتوں کو سنبھالا۔

حالؔی نے کل پانچ شخصی مرثیے لکھے۔ جس میں مرثیہ غالبؔ سب سے کامیاب اور ہر دل عزیز مرثیہ ہے۔ یہ مرثیہ لکھ کر انھوں نے مرثیہ نگاری کی بہترین مثال قائم کی اور اردو شاعری میں شخصی مرثیہ کو رواج دیا۔ اس مرثیہ میں حالؔی کا فن اپنے عروج پر ہے۔ یہ مرثیہ پاکیزہ لب ولہجہ، زبان کی شیرینی اور پر خلوص جذبہ عقیدت کے اظہار کا بہترین نمونہ ہے۔ اس مرثیہ میں حالؔی کے سماجی شعور اور قومی درد کی جھلک نمایاں ہے۔ حالؔی نے غالبؔ کی موت پر اپنے ذاتی غم سے زیادہ اس قومی نقصان پر اپنے غم کا اظہار کیا ہے جو قوم کو غالبؔ جیسے نکتہ رس شاعر، فلسفی، دانشور اور شریف انسان کی موت کی وجہ سے اٹھانا پڑا۔ اس مرثیہ میں انھوں نے غالبؔ کی شخصیت کو اس طرح ابھارا ہے کہ ہندوستان کا ادبی، سماجی

اور تہذیبی پس منظر روشن ہو جاتا ہے۔ حالؔی کے اس مرثیے سے اردو میں ایک نئے طرز کی بنیاد پڑی اور اردو میں ترکیب بند مرثیے کا آغاز ہوا۔

سرورؔ جہاں آبادی:

ان کا نام درگا سہائے تھا۔ پہلے وحشتؔ پھر سرورؔ تخلص اختیار، سرورؔ کی ولادت ۱۸۷۳ء میں قصبہ جہان آباد ضلع پیلی بھیت میں ہوئی اور انتقال سفر الٰہ آباد کے دوران ۱۹۱۰ء میں ہوا۔ اتنی کم مدتِ حیات میں سرورؔ نے اردو شاعری کو دو گرانقدر مجموعے "جام سرور" اور "خم خانہ سرور" عطا کئے۔

سرور کی نظم نگاری:

سرورؔ جہان آبادی اردو زبان کے اولین نظم نگاروں کی نسل سے تعلق رکھتے ہیں، جب کہ انگریزی ادب کے اثرات قبول کر کے ہمارے شعراء فطرت اور کائنات میں بکھرے ہوئے حسن پر نہایت دلکش نظمیں لکھ رہے تھے۔ انھوں نے انیسویں صدی کے آخری دور میں شاعری شروع کی جب کہ محمد حسین آزادؔ، حالؔی، شبلؔی، شررؔ وغیرہ نے نظم نگاری کی شاہ راہ کو اچھی طرح متعارف کرا دیا تھا۔ اردو شاعری کے نئے رنگ کو آگے بڑھانے اور حب الوطنی کے خیالات کو بڑھاوا دینے میں سرور کی نظموں کا بڑا اہم رول رہا ہے۔

سرورؔ کی شہرت ان بلند پایہ نظموں کی وجہ سے ہے جو ان کے شریفانہ جذبات و احساسات کی آئینہ دار ہیں۔ ان کو اپنے وطن اور اس کے ہر ہر ذرہ سے محبت تھی۔ ان کی اس محبت کا اظہار ہمیں ان کی ان نظموں میں ملتا ہے جو وطن پرستانہ جذبات میں ڈوبی ہوئی ہیں۔ ان کی یہ نظمیں سچے جوش اور اعلیٰ خیالات کے ساتھ ساتھ فنی خوبیوں سے بھی مالا مال ہیں۔ ان نظموں کے ایک ایک لفظ سے خاک وطن کے لئے محبت و عقیدت کا دریا بہتا ہوا محسوس ہوتا ہے۔ وہ اپنی نظموں میں اپنے وطن کے پیڑ، پودوں، جانوروں، ندیوں اور پہاڑوں وغیرہ کی بہترین تصویر کشی کرتے ہیں۔ گنگا جی، پریاگ کا سنگم، پدمنی کی چتا، نور جہاں کا مزار، روٹھی رانی جیسی ان کی نظموں کے عنوانات سے ہی اندازہ ہوتا ہے کہ ان کی نظموں میں ہندوستانیت کی روح کس درجہ رچی بسی ہوئی ہے۔ ان کے دور میں غلامی کا احساس اہل وطن میں شدت اختیار کر رہا تھا۔ اور آزادی کی آرزو سینوں میں کروٹیں لے رہی تھی، ایسے دور میں گلزار وطن، خاک وطن، یاد وطن جیسی نظمیں لکھ کر انھوں نے اپنی حب الوطنی کا ثبوت پیش کیا۔

سرورؔ کے کلام میں ایک طرح کے غمناک ماحول کا احساس ہوتا ہے۔ ان کی جذباتیت یا تو پوری طاقت سے حب الوطنی کے خیالات ظاہر کرتے وقت ابھر آتی ہے یا کسی الم ناک کیفیت کی مصوری کرتے وقت، انھوں نے مذہبی اور تاریخی مسائل پر بھی بہت سی نظمیں لکھی ہیں کچھ نظموں میں حسن فطرت کا بیان بڑی کامیابی کے ساتھ کیا ہے۔

سرورؔ کے کلام میں تصنع وتکلف کی جگہ ایک فطری بے ساختگی اور مبالغہ کی جگہ حقیقت پسندی کا احساس ہوتا ہے۔ طرز بیان میں دلکشی اور شگفتگی ہے۔ خشک مضامین کو بھی وہ بڑے دلکش اور شگفتہ انداز میں پیش کرتے ہیں۔ ہندوؤں کے تاریخی واقعات اور مذہبی تصورات کو بیان کرتے ہوئے ہندی کے الفاظ اور ہندوانہ تلمیحات کا استعمال بڑی کامیابی کے ساتھ کیا ہے۔ سرورؔ وطن پرستانہ جذبات میں ڈوبی ہوئی اپنی نظموں کی وجہ سے ہمیشہ یاد کئے جاتے ہیں گے۔

اکبرالہ آبادی:

ان کا پورا نام سید اکبر حسین تھا۔ اکبر کی ولادت ۱۸۴۶ء میں الہ آباد کی تحصیل بارہ میں ہوئی۔ ان کا انتقال ۱۹۲۱ء میں الہ آباد ہی میں ہوا۔ اکبر وحیدؔ الہ آبادی کے شاگرد تھے۔ یہ ۱۸۹۲ء میں جج بنے۔ انھیں خان بہادری کا خطاب ملا۔ اکبر کولسان العصر اور پیامی شاعر کہا جاتا ہے۔

اکبر کی نظم نگاری:

اکبرؔ الہ آبادی کا شمار مزاح وظرافت کے عظیم شعراء میں ہوتا ہے۔ اکبرؔ کی تربیت مشرقی روایات کے مطابق ہوئی تھی۔ وہ مذہب کے سخت پابند تھے۔ نیا نظام جو اپنے ساتھ ایک طرز فکر اور اپنی تہذیب لے کر آیا تھا، اس سے اکبر کسی طرح سمجھوتہ کرنے پر تیار نہیں ہوئے اور اس کے خلاف جنگ چھیڑدی اور اپنے طنزیہ اشعار کے ذریعہ مغربی تہذیب، مذہب بیزاری، روحانی قدروں کی شکست وریخت، مادیت کے بڑھتے ہوئے سیلاب اور ہندوستانیوں کی غلامانہ ذہنیت پر کاری ضرب لگائی، وہ اپنے مسلک میں اتنے سخت نظر آتے ہیں کہ ہر نئی چیز کی مخالفت پر تل جاتے ہیں۔ دراصل انھیں انگریزوں کے خلوص پر شبہ تھا، اس لئے وہ ترقی کے ان پروگراموں پر بھی طنز کرتے ہوئے نظر آتے ہیں جو بظاہر ملک کے باشندوں کے لئے مفید تھے۔

اکبرؔ کا عہد ہندوستانی زندگی میں عظیم تبدیلیوں کا دور تھا اور اکبرؔ کی بڑائی یہ تھی کہ انھوں نے اپنے وقت کی مختلف اقسام کی جدوجہد کو شعوری طریقے سے سمجھنے کی کوشش کی اور چھوٹے بڑے سبھی واقعات کو اپنی شاعری کا موضوع بنایا۔ یہ ایک نئی قسم کی حقیقت پسندی تھی جس میں روز ہونے والی باتوں کو ظرافت اور طنز کا لباس پہنا کر خوبصورت نظم کی شکل میں انھوں نے کامیابی کے ساتھ پیش کیا۔

اکبرؔ جب جوان ہوئے تو ہندوستان پوری طرح انگریزوں کے قبضے میں آچکا تھا اور غدر کی مصیبتوں کے بعد مسلمانوں کا متوسط طبقہ انگریزی راج سے سمجھوتہ کر چکا تھا۔ اکبر بھی سرکاری نوکر بن چکے تھے، مگر ان کی آنکھیں کھلی ہوئی تھیں اور ملک کی بدحالی ان سے دیکھی نہ جاتی تھی۔ نئی زندگی کے مسائل پیچیدہ تھے اور اکبر کبھی منھ موڑ کر ماضی کی طرف لوٹ جاتے تھے اور اسی کے گن گا کر اطمینان حاصل کر لیتے تھے اور کبھی شکست خوردہ ہوکر مایوسی کی باتیں کرنے لگتے تھے، جن روایات کے درمیان اکبر نے آنکھیں کھولی

تھیں، وہ وقت کی حالت کو سمجھنے کے لئے کافی نہیں تھیں۔ اس لئے وہ علم کے بدلے باطنی تحریک پر بھروسہ رکھتے تھے اور اپنے خیالوں ہی کی مدد سے عصر نو کے مسائل کو حل کر لینا چاہتے تھے۔

اکبر نے اپنے خیالات میں مشرق و مغرب میں ایک معین تقسیم کر لی تھی اور سارے اخلاقی اور مذہبی اوصاف ان کو مشرق ہی میں دکھائی دیتے تھے، مغرب اپنی حیوانی طاقت کی بنا پر مشرق کا گلا گھونٹ رہا تھا۔ انھیں یہ بھی اندیشہ تھا کہ مغربی اثر صرف ملک کے مادی ذرائع کو ہی تباہ نہیں کرے گا بلکہ اس کے روحانیت پسند مزاج کو بھی برباد کر دے گا۔ اس لئے ان کے قلم میں جتنا زور ان کے خیالوں میں جتنا جوش اور الفاظ میں جتنا زہر تھا ان سب سے کام لے کر اکبر مشرق کو مغرب سے دور رکھنا چاہتے تھے، وہ کسی حالت میں سائنس اور نئے خیالات کو سودمند نہیں سمجھتے تھے یہ ایک طرح کی مثالیت پسندی تھی جو زندگی کے روحانی نقطہ نظر کا ثمرہ کہی جا سکتی ہے۔ اکبر زندگی کی تبدیلیوں کو حقیر جانتے تھے، ان کا خیال تھا کہ جو لوگ نئے شعور کا ساتھ دے رہے ہیں وہ اخلاقی اصولوں پر ضرب لگا رہے ہیں۔

اکبر کے ان خیالوں کا نتیجہ یہ ہوا کہ وہ انگریزی زبان و ادب کے فیضان، سائنس کی واقفیت، خواتین کی آزادی اور تعلیم، مشین ہر چیز کے خلاف ہو گئے۔ مقدر پر ناقابل شکست اعتقاد رکھنے کے باعث اکبر بدلتی ہوئی صورت حال کی تحقیق سائنسی اعتبار سے نہیں کر سکتے تھے۔ ان کا آخری سہارا مذہب تھا اور جہاں کہیں سے بھی اس پر چوٹ پہنچنے کا خطرہ ہوتا تھا اکبر اس کی مخالفت کرتے اور طنز کے تیر چلاتے تھے۔

اکبر کی خصوصیت یہ تھی کہ انھوں نے انگریزی حکومت کی معاشی لوٹ گھسوٹ کو اچھی طرح سمجھ لیا تھا، وہ ان کی تہذیب کی خارجی صورت کو ایک نقلی پالش سمجھتے تھے، ان کی فرقہ پرستی پیدا کرنے والی پالیسی کی پول کھولتے تھے۔ اس طرح مزاح کی اوٹ میں وہ انگریزی حکومت پر نہایت زوردار حملہ کرتے تھے اور سرکاری ملازم ہوتے ہوئے بھی بات کہنے سے نہیں چوکتے تھے۔ اکبر انگریزی فارسی، عربی اور ہندی لفظوں کا استعمال بڑی آزادی سے کر کے اپنے دل کی بات کسی نہ کسی مزاحیہ رنگ میں کہہ دیتے تھے، اس لئے اکبر اردو کے ایک عظیم شاعر اور مزاح کے سب سے بڑے شاعر سمجھے جاتے ہیں۔

چکبست :

ان کا نام پنڈت برج نرائن چکبست تھا، یہ کشمیری برہمن تھے۔ ان کے والد اودت نرائن چکبست بھی شاعر تھے اور یقین تخلص رکھتے تھے۔ چکبست کی ولادت ۱۸۸۲ء میں فیض آباد میں ہوئی، لکھنؤ میں سکونت اختیار کی۔ ان کا انتقال ۱۹۲۶ء میں رائے بریلی اسٹیشن پر ہوا۔ چکبست کا مجموعہ کلام ۱۹۲۶ء میں انڈین پریس الٰہ آباد سے ''صبح وطن'' کے نام سے شائع ہوا۔

چکبست کی نظم نگاری:

چکبست کی شاعری میں حب الوطنی کا جذبہ ایک مرکزی حیثیت رکھتا ہے۔ ان کی تمام شاعری اسی جذبے کے اردگرد گردش کرتی ہے۔ ان کے وقت میں ہندوستان کی سیاست میں جو ہل چل برپا تھی اور آزادی کی جنگ جس منزل پر تھی، چکبست کی شاعری اس کی علامت کہی جاسکتی ہے۔ قومیت نے جڑ تو پکڑ لی تھی مگر ابھی انگریزی حکومت سے آزاد ہونے کا وہ جذبہ پیدا نہیں ہوا تھا جو انھیں ملک سے نکال باہر کرے، اس لئے چکبست بھی انگریزی حکومت کے سائے میں ہی ہوم رول حاصل کرنے کا خواب دیکھتے تھے۔ ان کی نظمیں ہندو مسلم اتحاد اور حب الوطنی سے لبریز ہیں۔ چکبست آزادی خیال کے بہت بڑے پجاری تھے، اس وقت تقریر وتحریر پر جو پابندیاں عائد کی جاتی تھیں ان کی مخالفت بڑی شدت سے کرتے تھے۔ انھوں نے کچھ مذہبی اور اخلاقی اصلاح سے تعلق رکھنے والی نظمیں بھی کہی ہیں۔ چکبست کی وطنی نظموں میں ''خاکِ ہند''، ''ہمارا وطن دل سے پیارا وطن''، ''وطن کو ہم وطن ہم کو مبارک'' وغیرہ کو وطنیہ شاعری میں ایک اہم مقام حاصل ہے۔

چکبستؔ کی شاعری اپنے عہد کی آئینہ دار ہے۔ اس میں اس دور کی سیاسی تہذیبی اور اصلاحی تحریکوں کی واضح تصویر دیکھی جاسکتی ہے۔ ان نظموں سے یہ اندازہ ہوتا ہے کہ وہ کس طرح ان تحریکوں کی ہمت افزائی کرتے تھے، چنانچہ جب ہوم رول کی بات سامنے آئی تو چکبست نے اسے اپنے دل کی آواز سمجھ کر اپنی خوشی کا اظہار اپنی نظموں جیسے ''آوازۂ ہند''، ''ہوم رول''، ''ہم ہوں گے عیش ہوگا ہوم رول ہوگا'' وغیرہ میں کیا ہے۔

چکبستؔ کے قومی جذبات کا پتہ ان کے مرثیوں سے بھی چلتا ہے۔ انھوں نے اپنے عزیزوں کے علاوہ قومی رہنماؤں اور اہم شخصیتوں کی موت پر مرثیے لکھے، یہ مرثیے ان کے دلی جذبات واحساسات کے ترجمان ہیں۔ اس سے ان کی حب الوطنی اور خادمانِ وطن سے ان کی بے پناہ محبت وعقیدت کا اندازہ ہوتا ہے۔ یہ مرثیے فنی اعتبار سے بھی اہم مقام رکھتے ہیں۔ ان مرثیوں میں ''مرثیہ گوکھلے'' ''مرثیہ بال گنگادھر تلک'' بہت اہم ہیں۔

چکبستؔ نے بہت سی مذہبی نظمیں بھی لکھی ہیں، جن میں ''رامائن کا ایک سین'' بہت اہم ہے۔ اس نظم میں چکبستؔ کی جذبات نگاری، پیکر تراشی اور مکالمہ نگاری کی صلاحیت اپنے عروج پر نظر آتی ہے۔ اس نظم میں ماں بیٹے کی باہمی محبت کا حیرت انگیز مظاہرہ دیکھنے کو ملتا ہے۔ دو عظیم روحیں اپنے کردار عمل سے جن آفاقی صداقتوں کا نمونہ دنیا کے سامنے پیش کرتی ہیں اس کا اظہار چکبستؔ نے بڑے جذباتی اور ڈرامائی انداز میں کیا ہے۔

اس طرح چکبست کی نظمیں مواد اور ہیئت کے اعتبار سے کامیاب تجربے کی حیثیت رکھتی ہیں، ان سے وطن دوستی، اصلاح معاشرہ اور مذہبی جذبات کے ساتھ ساتھ

چکبست کی فنی بصیرت کا اندازہ ہوتا ہے۔ یہ نظمیں اپنے عہد کے اجتماعی شعور کی ترجمان ہیں۔ مجموعی طور پر یہ کہا جا سکتا ہے کہ اس وقت کو دیکھتے ہوئے چکبست ایک انقلابی شاعر تھے۔ کبھی ملک کے قدیم ناموس کی یاد دلا کر کبھی عصر حاضر کی اقتصادی تباہ حالی کی تصویر کشی کر کے کبھی آنے والے مستقبل کا اندازہ لگا کر وہ ملک وقوم کو آگے بڑھانا چاہتے تھے۔

نظم طباطبائی:

ان کا نام سید حیدر علی، تخلص نظم تھا۔ ان کی ولادت ۱۸۵۳ء میں لکھنؤ میں ہوئی۔ نظم نظام کالج حیدر آباد میں پروفیسر تھے۔ ان کا انتقال ۱۹۲۳ء میں حیدر آباد میں ہوا۔

اردو زبان میں پابند نظم کی تاریخ میں نظم طباطبائی کو بلند مقام حاصل ہے۔ انھوں نے ۱۸۹۷ء میں انگریزی شاعر ولیم گرے کی مشہور نظم ایلجی (Elegy) کا اردو زبان میں منظوم ترجمہ کیا، جو عبدالحلیم شرر کے تنقیدی نوٹ کے ساتھ ان کے رسالہ دلگداز میں پہلی بار شائع ہوئی۔ شرر کے مطابق اردو میں اسٹینز افارم یعنی چار مصرعوں والی نظم کی ابتداء اسی نظم سے ہوتی ہے۔ ۳۲ بندوں پر مشتمل اس نظم سے اردو میں اسٹینز افارم بے حد مقبول ہوا۔ اس کی مقبولیت کا اندازہ اس بات سے لگایا جا سکتا ہے کہ بہت سے شعراء مثلاً سجاد حیدر یلدرم، حسرت موہانی، درگا سہائے سرور، تلوک چند محروم وغیرہ نے اس فارم میں نظمیں لکھیں اور اردو میں انگریزی شاعری سے منظوم تراجم کا ایک سلسلہ شروع ہو گیا۔

نظم طباطبائی نے اردو شاعری میں ہیئت کے دو اور تجربے کیے۔ ایک نظم ''اس طرح وطن کی خیر مناتے ہیں'' لکھی۔ جس کے بندوں میں پہلے تین مصرعے ہم وزن ہیں چوتھا مصرعہ ان کے مقابلہ میں چھوٹا ہے۔ اس کے علاوہ نظم معریٰ کی صورت میں ایک نظم لکھی۔ اردو میں نظم معریٰ کے بانیوں میں نظم طباطبائی کا شمار ہوتا ہے۔ ان کی ایک معریٰ نظم دلگداز میں ۱۹۰۰ء ''بلینک ورس یعنی نثر مرجز بہ وزن رباعی'' کے عنوان سے شائع ہوئی۔ اس پر عبدالحلیم شرر نے نوٹ لکھا۔

نظم طباطبائی بحیثیت شاعر کوئی بلند مقام نہ حاصل کر سکے، ان کی اصل شہرت ان کی علمیت اور تنقیدی تحریروں کی وجہ سے ہوئی۔ بہر حال نظم جدید کی تاریخ میں انھیں صف اول میں اس لئے رکھا جاتا ہے کہ انھوں نے اس کے لئے راہیں کشادہ کیں۔ اسٹینز افارم کی ایجاد کرنے اور نظم معریٰ کی بنیاد رکھنے والوں میں ان کا نام پہلی صف میں نظر آتا ہے۔

اسماعیل میرٹھی:

ان کا نام شیخ محمد اسماعیل تھا۔ ان کی ولادت ۱۸۴۴ء میں میرٹھ میں ہوئی۔ وفات ۱۹۱۷ء میں ہوئی۔ اسماعیل اردو کے پہلے شاعر ہیں جنھوں نے خصوصیت کے ساتھ بچوں کے لئے نظمیں لکھیں اور اخلاق کا سبق دیا، اردو کی درسی

کتابیں مرتب کیں۔ یہ اردو کے پہلے شاعر ہیں جنھوں نے انگریزی کی بعض نظموں کا کامیاب تجربہ کیا۔ اسماعیل نے بے قافیہ نظمیں لکھ کر اردو شاعری میں ایک نئے باب کا اضافہ کیا۔ بقول شبلی ''حالی کے بعد اگر کسی نے کچھ سننے کے لائق کہا ہے تو وہ اسماعیل میرٹھی ہیں۔''

علامہ شبلی نعمانی:

شبلی کی ولادت ۱۸۵۷ء میں اعظم گڑھ میں ہوئی۔ ان کا انتقال ۱۹۱۴ء میں ہوا۔ مولانا شبلی جن کا ذکر نثر نگاروں کے ساتھ آئے گا، اردو اور فارسی کے ایک بڑے شاعر تھے۔ مسلم لیگ بن چکی تھی اور مسلمانوں کو متحدہ قومیت سے دور کھینچنے کی کوشش کر رہی تھی۔ مولانا شبلی نے اپنی بہت سی نظموں میں مسلم لیگ کی تنقید کی۔ وہ انگریزی حکومت کی مخالفت ایک مذہبی فریضہ بھی جانتے تھے اور مسلمانوں کو جگاتے ہوئے غلامی کے بندھنوں کو توڑنے کی نصیحت کرتے تھے۔ ان کے کلام میں طنز کی مقدار زیادہ ہوتی تھی۔ کیوں کہ دشمنوں پر چوٹ کرنے میں طنز ایک بڑا ہتھیار ثابت ہوتا ہے۔ شبلی نے بہت زیادہ نظمیں نہیں لکھیں پھر بھی ان کا مجموعہ کلام قابل مطالعہ ہے۔ ان کی نظموں میں ''عدل جہانگیر'' اور ''شہر آشوب اسلام'' بہت مشہور ہیں۔ انھوں نے ایک مثنوی ''صبح امید'' بھی لکھی جس کا موضوع حالی کے مسدس سے ملتا جلتا ہے۔

علامہ اقبال:

ان کا نام شیخ محمد اقبال تھا۔ ان کے اجداد کشمیر کے سپرو برہمن تھے، والد کا نام شیخ نور محمد تھا۔ والدہ امام بی بی تھیں اقبال کی ولادت ۹ نومبر ۱۸۷۷ء میں سیالکوٹ میں ہوئی اور انتقال ۲۱ اپریل ۱۹۳۸ء کو لاہور میں ہوا۔ ابتدائی تعلیم مکتب میں میر حسن سے حاصل کی۔ پھر سیالکوٹ مشن اسکول میں داخل ہوئے، یہیں سے ایف۔ اے پاس کیا۔ لاہور گورنمنٹ کالج سے بی۔ اے اور ایم۔ اے کیا۔ پھر اورینٹل کالج لاہور میں تاریخ، فلسفہ اور سیاست مدن کے استاد مقرر ہوئے، کچھ دنوں بعد گورنمنٹ کالج لاہور میں فلسفہ اور انگریزی کے اسسٹنٹ پروفیسر ہوئے۔ اعلیٰ تعلیم کے لئے ۱۹۰۵ء میں انگلینڈ گئے، وہاں کیمبرج یونیورسٹی سے بیرسٹری کی ڈگری لی۔ جرمنی کی میونخ یونیورسٹی سے ایرانی فلسفے پر پی ایچ ڈی کی ڈگری حاصل کی۔ چھ ماہ تک لندن یونیورسٹی میں عربی کے پروفیسر رہے۔ ۱۹۰۸ء میں وطن واپس آئے۔ ۱۹۲۳ء میں حکومت برطانیہ نے اقبال کو سر کا خطاب عطا کیا۔ اقبال نے شاعری میں ابتداء میں مرزا ارشد گورگانی سے اصلاح لی، پھر داغ دہلوی کی شاگردی اختیار کی۔

اقبال کا عہد:

علامہ اقبال کی جس عہد میں نشوونما اور پرورش ہوئی وہ پورے طور سے غلامی کا عہد تھا۔ پورے ملک پر انگریزوں

کا تسلط تھا۔ انھوں نے اپنے اقتدار کو مستحکم رکھنے کے لئے ظلم وجبر کے ناروا فعل کو روا رکھا تھا، جس سے ہندوستان کی ہر قوم ظلم وجبر برداشت کرنے پر مجبور تھی، چونکہ انگریزوں نے اقتدار مسلمانوں سے چھینا تھا، اس لئے وہ خاص طور سے مسلمانوں کو نشانہ بنا رہے تھے۔ اس وقت ہندوستان میں عظیم تبدیلیاں ہو رہی تھا۔ مسلمانوں میں ایک طرح کی بیداری پیدا ہو چکی تھی جو ان کے دل کو کئی طرف کھینچ رہی تھی۔

ہندوستان کے باہر مسلمان ممالک پر تباہی کے بادل چھائے ہوئے تھے۔ اور لگ بھگ سبھی ملک یوروپ کے پیروں تلے کچلے جا رہے تھے۔ یوروپ کی تہذیب ایشیاء کی تہذیب کو تباہ کر رہی تھی اور ایسا محسوس ہو رہا تھا کہ انسانوں میں اخلاقی فضائل کے اکتساب کی طاقت ختم ہو چکی تھی۔ اقبالؔ ان سب باتوں کو سمجھتے تھے۔ جب انھیں یوروپ میں جا کر رہنے اور وہاں کے حکمراں طبقے سے آشنا ہونے کا موقع ملا تو یہ بات انھوں نے خود اپنی آنکھوں سے دیکھی کہ کس طرح یوروپ سارے ایشیاء کا خون چوس لینا چاہتا ہے۔ اور اپنی تہذیب پھیلانے کے بہانے ان کی قوت نفس تباہ کرنا ضروری سمجھتا ہے، جس سے پسماندہ ممالک پر اسے اپنا قبضہ جمائے رکھنے میں آسانی ہو۔

ہندوستان میں قومیت کا جو جذبا بڑھ رہا تھا ابتداء میں اقبال اس پر فریفتہ تھے، مگر یوروپ جا کر انھیں ایسے خیالات سے پالا پڑا اور قوموں کو آپس میں جھگڑتے دیکھ کر وہ قومیت سے اتنے بددل ہو گئے کہ انھوں نے حب الوطنی اور قومیت کو نوع انسانی کے اتحاد و ترقی کے لئے نقصان دہ بتایا۔ اقبال نے جس ماحول میں اپنے خیالات کو پیش کیا، اس سے وہ رجعت پسند مسلمانوں کے لیڈر سمجھے جانے لگے، کیوں کہ ان کے خیالوں سے یہ ظاہر ہوتا تھا کہ وہ مسلمانوں کو کسی نہ کسی طرح سے ہندوستان کے دوسرے فرقوں سے الگ رکھنا اور ان کا رابطہ باہر کے مسلمانوں سے جوڑنا چاہتے تھے۔ اقبالؔ کسی کے خلاف نہیں تھے، مگر وہ دنیا کی پچھڑی ہوئی قوموں بالخصوص مسلمانوں کو ہر طرح کے مظالم سے بچانا چاہتے تھے، اقبال نے بنی نوع بشر کی روحانی آزادی کے لئے اور ان کی ترقی کے متعلق بہت فیاضانہ اور اعلیٰ خیالات پیش کئے ہیں۔

اگر اقبالؔ کی تخلیقات کا مطالعہ تاریخی حیثیت سے کیا جائے تو معلوم ہوگا کہ وہ ان روایات کو آگے بڑھا رہے تھے جنھیں سرسید اور حالیؔ کی اصلاح پسند تحریکوں نے جنم دیا تھا۔ ان کی شاعری میں ایک لہر ایسی بھی تھی جو اکبر الہ آبادی کی یاد دلاتی ہے۔

اقبال کی شاعری:

اردو ادب کا موجودہ دور نثر کا دور کہا جا سکتا ہے۔ مگر اسی دور نے ایسے شاعر بھی پیدا کئے جو زندگی کے مسائل کو سمجھنے میں فلسفہ اور منطق، تاریخ اور سماجی سائنس سے کام لیتے ہیں۔ ان کی شاعری نوع انسانی کے لئے ویسے ہی

سماجی اور اقتصادی خیال پیش کرتی ہے، جیسے کوئی صاحب فکر مصنف اپنے مقالوں میں بحث ونظر کے بعد پیش کرتا ہے۔ اس کا سب سے اچھا اور نفیس بیان ڈاکٹر اقبال کی شاعری میں ملتا ہے۔ علامہ اقبال کی شاعری کو چار مختلف ادوار میں تقسیم کیا جاسکتا ہے۔

پہلا دور:

اقبال کی شاعری کا یہ دور ۱۹۰۱ء سے ۱۹۰۵ء تک کی شاعری پر مشتمل ہے۔ اس دور کی نظمیں وغزلیں ان کے مجموعہ کلام ''بانگ درا'' میں ملتی ہیں۔ انھوں نے ابتداء میں روایتی انداز کی شاعری کی ہے، وطن کی عظمت کے ترانے گائے ہیں اور فطرت کے حسن کو بے نقاب کیا ہے، ہندوستان کے مختلف حسین مناظر دریا، پہاڑ، ، پھول، پتے انھیں بہت متاثر کرتے ہیں۔ 'ترانہ ہندی'، 'نیا شوالہ'، ان کی حب وطن کی نظمیں ہیں۔ اس دور میں اقبال نے بچوں کے لئے بہت سی نظمیں لکھی ہیں، جیسے 'ایک مکڑی اور مکھی'، 'پہاڑ اور گلہری'، 'ایک گائے اور بکری'، 'بچے کی دعا'، ہمدردی، ماں کا خواب، پیام صبح وغیرہ۔ اس دور میں انھوں نے جدید شاعری کا آغاز کیا اور موضوعاتی نظمیں لکھنا شروع کیں جس میں یوروپی شعراء کی تقلید وتتبع نمایاں ہے۔

دوسرا دور:

۱۹۰۵ء سے لے کر ۱۹۰۸ء تک کا دور اقبال کی شاعری کا دوسرا دور ہے۔ یہ وہ زمانہ ہے جب اقبال حصول تعلیم کے لئے یوروپ گئے تھے۔ اس دور میں انھوں نے بہت کم شاعری کی ہے بلکہ کسی قدر شاعری سے ہی دلبرداشتہ ہوگئے تھے، مگر ارنلڈ کی کوششوں سے دوبارہ اس طرف متوجہ ہوئے تو ان کی شاعری کی زبان فارسی ہوگئی۔ انھوں نے اس دور میں جو کچھ کہا اس میں فلسفہ خودی کے ساتھ فلسفہ بے خودی کی جھلک بھی نظر آتی ہے۔ اقبال نے یوروپی اور اسلامی فلسفہ کا گہرائی سے مطالعہ کیا جس سے ان کی فکر وخیال کی دنیا میں انقلاب برپا ہوا۔ وہ وطن پرستی کے محدود دائرے سے نکل کر آفاقی مسائل کی طرف متوجہ ہوئے۔ جمہوریت اور سرمایہ دارانہ نظام کو تنقید کا نشانہ بنایا، انھوں نے اسلامی حریت، اخوب اور مساوات کی بڑے موثر انداز میں ترجمانی کی اور ایک شاعر کے ساتھ پیمبری کی حیثیت اختیار کرلی۔

تیسرا دور:

۱۹۰۸ء سے اقبال کی شاعری کا تیسرا دور شروع ہوتا ہے جو ۱۹۲۲ء تک پھیلا ہوا ہے۔ اس دور میں انھوں نے فارسی شاعری پر زیادہ توجہ صرف کی جس کا نتیجہ یہ ہوا کہ اردو شاعری میں بھی اس کے اثرات نظر آتے ہیں، اس دور میں علامہ اقبال کی حضورؐ سے عقیدت ومحبت بے انتہا بڑھ گئی تھی۔ ان کی نظم شفا خانہ حجاز اسی دور کی یادگار ہے۔ نظم ''میں اور تو'' میں بھی اقبال کی عقیدت انتہا کو پہنچی ہوئی ہے۔

یوروپ کے سفر نے اقبال کے اندر جو تبدیلی پیدا کی اس کی سب سے اہم وجہ یہ تھی کہ یوروپ کے لوگ قومیت اور وطنیت کے پردے میں دوسری اقوام کو مٹانے کی جو کوشش کررہے تھے یہ راز ان پر آشکارا ہو چکا تھا۔ جنگ بلقان اور جنگ طرابلس سے یہ راز عیاں ہو گیا، اس وقت علامہ اقبال نے شکوہ، جواب شکوہ، فاطمہ بنت عبداللہ اور حضور رسالت مآب کے عنوان سے جو نظمیں لکھیں ان میں مسلمانوں کے جذبات کا اظہار ہے۔ جب دوسری جنگ عظیم شروع ہوئی تو اس کا اثر بھی مسلمانوں پر پڑا، قسطنطنیہ مسلمانوں کے ہاتھوں سے نکل گیا، خلافت بھی نام کی رہ گئی۔ ان سب باتوں کا اقبال نے اثر لیا، اپنی شاعری میں اس پر تبصرہ کیا۔ ان کی نظم ''خضر راہ'' میں ان مسائل کو بخوبی بیان کیا گیا ہے۔

چوتھا دور:

یہ دور ۱۹۲۲ء سے شروع ہوکر ۱۹۳۸ء پھیلا ہے۔ بانگ درا کے بعد اقبال نے جو کچھ کہا وہ سب اس دور میں شامل کیا جاتا ہے۔ اس دور میں علامہ اقبال فلسفہ خودی سے سرشار نظر آتے ہیں۔ بال جبریل جو اس دور کا مجموعہ کلام ہے فلسفہ خودی کی بہتات ہے۔ فلسفہ خودی کے ساتھ اقبال نے سیاست کو بھی موضوع شعر بنایا۔ 'فرمان خدا' میں اشتراکیت کی حمایت کی ہے، ''دلینن خدا کے حضور میں'' مغربی تہذیب وتمدن کی خرابیوں کو لینن کی زبان سے بیان کیا ہے۔ 'ضرب کلیم' بھی اسی دور کی یادگار ہے۔ ضرب کلیم کے بعد 'ارمغان حجاز' شائع ہوا جو زیادہ تر فارسی میں ہے۔ آخر میں ان کا اردو کلام ہے۔ یہ وہ دور ہے جب اقبال علالت اور پریشان حالی کے دور سے گذر رہے تھے۔ اس لئے ارمغان حجاز کے کلام میں جوش کے ساتھ سوز وگداز بھی پایا جاتا ہے۔ اس دور میں کشمیری جن حالات کا شکار تھے ان کا ذکر اشارہ وکنایہ کے ساتھ ساتھ کسی قدر بلند آہنگی کے ساتھ پایا جاتا ہے۔

اقبال کی شاعری میں فنی خوبیاں بھی بدرجہ اتم موجود تھیں۔ ان کے کلام کو جو شہرت اور مقبولیت حاصل ہوئی اس کی وجہ رفعت تخیل کے ساتھ ساتھ فنی وادبی خوبیاں ہیں۔ ان کے یہاں رمزیت، رومانیت، جدید وقدیم طریقہ تنقید کے ساتھ ساتھ حسن الفاظ، لب ولہجے کا رکھ رکھاؤ، روانی، برجستگی جیسی ادبی خوبیاں بھی بدرجہ اتم موجود ہیں۔

اقبال کے فکری سرچشمے:

علامہ اقبال نے قدیم وجدید یعنی مشرقی ومغربی دونوں طرح کی تعلیم پائی تھی۔ انھوں نے ان اقدار وروایات کا تنقیدی مطالعہ کیا تھا۔ آخر میں وہ اس نکتہ پر پہنچے جو اسلام اور اسلامی تعلیمات سے عبارت ہے۔ مشرقی مفکرین میں انھوں نے مجدد الف ثانیؒ، شاہ ولی اللہؒ، اور مولانا روم کے افکار کا خصوصیت سے مطالعہ کیا۔ اسی طرح مغربی مفکرین میں برگساں، نتیشے وغیرہ کے نظریات

وخیالات کا بھی مطالعہ کیا۔ یہی ان کے فکری سرچشمے ہیں۔ لیکن ان کا اصل سرچشمہ اسلام اور شریعت اسلامی ہے۔

علامہ اقبال کے افکار نے ارتقاء کی منزلیں طے کیں، ان میں بڑے نشیب وفراز آئے ان کے اصل افکار وہ ہیں جو آخری دوادوار کی شاعری میں پائے جاتے ہیں۔ ان کے فکر کی اساس قرآن وحدیث ،فقہ پر ہے۔انھوں نے دنیا کو جو امن وشانتی کا گہوارہ اور اس کی ترقی خاص طور سے مسلمانوں کی ترقی وکامیابی کا فلسفہ پیش کیا ہے، اس کا دارومدار پوری طرح شریعت اسلامی پر ہے۔ اس لئے کہا جاسکتا ہے کہ وہ اسلامی مفکر تھے۔انھوں نے برگساں، نتشے اور بعض دوسرے مغربی مفکرین کے خیالات وافکار کا بھی گہرائی سے مطالعہ کیا تھا۔ تاہم آخر میں اس نتیجہ پر پہنچے تھے کہ کامیابی وکامرانی صرف خاک پائے حجاز میں ہے۔

وطنی اور قومی شعور:

علامہ اقبال کا وطنی اور قومی شعور ابتداء میں قدیم شعراء کی طرح مصائب ومشکلات معائب وتنزل کے عناصر لئے ہوئے تھا۔ بعد ازاں اقبال نے اس انداز کو خیر آباد کہا اور اپنی وطنی اور قومی نظموں میں فخریہ بلند حوصلگی اور بلند جذبات کا اظہار کیا۔ انھوں نے اپنی نظم شکوہ میں مسلمانوں کی پوری مذہبی تاریخ فخریہ لب ولہجہ میں بیان کی ہے اور اپنا استحقاق ثابت کیا ہے۔ جواب شکوہ میں مسلمانوں کی پستی وزبوں حالی کی تصویر پیش کی ہے، لیکن اپنی زبان سے نہیں بلکہ خدائے واحد کی زبان سے۔ وطنی جذبات میں اقبال کو جو چیز حائل نظر آتی ہے اسے بھی وہ اپنی نظموں میں بیان کرتے ہیں، مثلاً وطن میں اتحاد واتفاق کی کمی کا بھی ذکر اپنی بعض بعض نظموں میں کیا ہے۔

علامہ اقبال کا وطنی شعور آہستہ آہستہ ارتقاء کی منزلیں طے کرتا ہے، یہاں تک کہ ان کو وطن کا ہر ذرہ دیوتا معلوم ہونے لگتا ہے۔ مگر جلد ہی وہ اس قومی اور وطنی تصور کو خیر آباد کہہ دیتے ہیں اور سرے سے اس کے قائل ہی نہیں رہتے۔

ملی اور اسلامی شعور:

علامہ اقبال کا مطالعہ بہت وسیع تھا، انھوں نے اسلامیات کا گہرائی کے ساتھ مطالعہ کیا تھا، یہی وہ بنیادی چیز تھی جس نے انہیں شاعر مشرق سے شاعر اسلام بنا دیا۔ اقبال کا قومی وملی اور اسلامی شعور اس نتیجے پر پہنچا تھا کہ دنیا کی کامیابی کا ضامن صرف اسلام ہے۔انھوں نے انسان کو کائنات کا مرکز قرار دیتے ہوئے اس نکتہ پر اپنے نظریہ کی بنیاد رکھی۔ یہی وہ نظریہ ہے جو قرآن مجید نے چودہ سوسال پہلے پیش کر کے ایک عظیم انقلاب پیدا کر دیا تھا۔ اقبال کا ملی اور اسلامی شعور یہ تھا کہ دنیا کی کامیابی کا ضامن اسلام ہے۔ حضور اقدسؐ کی ذات پاک اور ان کا پیغام ہی دنیا کو فلاح وکامرانی سے ہم کنار کرسکتا ہے۔

سماجی شعور:

سماجیات پر بھی علامہ اقبال کی بڑی گہری نظر تھی۔

ان کے یہاں حسن انسانی اور حسن فطرت کے بعد سب سے اہم حسن معاشرت ہے۔ ان کا خیال تھا کہ منقسم سماج معاشرے کو کرب وحزن تو دے سکتا ہے لیکن ترقی کے مدارج طے نہیں کراسکتا۔ بعد میں جب ان کا نظریہ بدلا سماج کی ترقی اور کامیابی ان کو صرف اسلامی تعلیمات میں نظر آئی۔

ابتداء میں اقبالؔ جمہوریت کے بھی قائل تھے، اشتراکیت کو بھی پسند کیا۔ اس وقت ان کا خیال تھا کہ یہ نظریات سماج کو ترقی دے سکتے ہیں اور سماج کو کامیابی سے ہم کنار کرسکتے ہیں۔ لیکن آخری منزل تک پہنچتے پہنچتے ان پر ان نظریات کی خرابیاں واضح ہوگئیں اور ایک عمدہ معاشرے کی تشکیل انہیں صرف اسلامی احکام اور تعلیمات پر منحصر نظر آئی۔ چنانچہ انھوں نے اسلام ہی پر معاشرے کی تشکیل وتعمیر کو ضروری قرار دیا۔

فلسفہ خودی:

علامہ اقبال کو ان کے فلسفہ خودی نے سب سے زیادہ شہرت دوام بخشی۔ خودی سے مراد وہ ذاتی استقلال ہے جو ہر مخلوق کے علم وعمل کو ایک خاص انداز میں نمایاں کرتا ہے۔ یہ غیر مادی شے ہے۔ ادراک اور وجدان سے اس کا احساس ممکن نہیں۔ ہر فرد کو فطرت کی طرف سے جو صلاحیتیں عطا ہوئی ہیں جس سے وہ خود بھی بہ خوبی واقف نہیں ہوتا، انھیں صلاحیتوں کے مجموعے کا نام خودی ہے۔ اسی سے انسان کی شخصیت کی تعمیر ہوتی ہے۔

اقبال نے فارسی میں اسرار خودی لکھ کر انسان کے معیار کو بالاتر کردیا۔ اگلے زمانے میں بہت سے شاعروں نے یہی سمجھ رکھا تھا کہ انسان کو اپنی خودی مٹادینی چاہئے۔ اس قسم کے خیالات سب سے پہلے یونان میں پیدا ہوئے۔ جب مسلمانوں نے یونانی کتابوں کا ترجمہ عربی میں کیا تو اس قسم کے خیالات مسلمانوں میں بھی پیدا ہوگئے۔ ان کا خیال تھا کہ انسان کو ہاتھ پاؤں ہلانے کی ضرورت نہیں ہے۔ اسے صرف خدا پر بھروسہ کرکے گوشہ نشینی اختیار کرنی چاہئے۔ اگر کوئی شخص کامیابی پانا چاہتا ہے تو اسے چاہئے کہ خود کو فنا کردے۔ اس قسم کے خیالات نے مسلمانوں کو کاہل اور بے عمل بنادیا تھا۔ اقبالؔ نے اسرار خودی میں ان خیالات کی مخالفت کی، وہ کہتے ہیں کہ خود کو پہچانو، دنیا میں جو کچھ ہے تمہارے لئے ہے، دل سے ڈر اور خوف نکال دو۔

استحکام خودی یعنی جب انسان کو خودی کے وجود کا یقین ہوجائے تو وہ اس کی تکمیل کے لئے کوشاں ہو، عشق استحکام خودی میں سب سے زیادہ مددگار ہے۔ عشق کے ساتھ جہد مسلسل بھی خودی کا حصہ ہے، جس کے بغیر خودی کی تکمیل نہیں ہوسکتی۔ اس لئے علامہ اقبال نے فلسفہ وحدت الوجود کا سہارا لیا اور ہر چیز کے وجود کی نفی کردی۔ اقبالؔ کا فلسفہ خودی آدم کی شناخت کا دوسرا نام ہے، اس کا محور فرد کا احساس خودشناسی ہے۔

خودی کو مختلف مقدمات میں تقسیم کیا جاتا ہے۔ خودی

خود ایک مقدمہ ہے، اسی طرح شرف انسانی یعنی انسان کو تمام کائنات پر فضیلت حاصل ہے۔ انسان خدا کا اصلی مطلوب ہے اور وہ اس کی تلاش میں ہمیشہ سرگرداں رہتا ہے۔ تیسری بات تسخیر فطرت ہے، یہ خودی اور شرف انسانی کا تتمہ قرار دیئے جانے کے لائق ہے۔

فلسفہ بے خودی:

خودی اور بے خودی کے فلسفے میں پہلے کوئی ربط نہ تھا۔ اقبالؔ کا کارنامہ یہ ہے کہ انھوں نے ان دونوں میں ربط پیدا کیا۔ صوفیاء کے یہاں خدا کی ذات میں فنا ہو جانا خودی ہے، مگر اقبال اس کے مخالف ہیں، ان کا خیال ہے کہ اگر قطرہ دریا میں جا کر موتی نہ بنا اور فنا ہو گیا تو یہ سراسر اس کا نقصان ہے، چنانچہ وہ قطرہ کو ایسے دریا کو تلاش کرنے کو کہتے ہیں جس میں ڈوبنے اور ابھرنے دونوں کا امکان ہو۔ قطرہ دراصل فرد ہے۔ فرد کو آزاد نہیں چھوڑا جا سکتا۔ دنیا میں جو قیامت خیزیاں برپا ہیں ان کو فسطائیت، جمہوریت اور اشتراکیت نے پیدا کیا ہے۔ اقبالؔ ان سب میں مفاہمت کرنے کی کوشش کرتے ہیں۔ اسی لئے وہ فلسفہ خودی کی بنیاد روحانیت پر رکھتے ہیں۔ اس طرح فلسفہ بے خودی گویا فلسفہ خودی کا تکملہ قرار پاتا ہے۔

اقبالؔ کے فلسفۂ خودی کی طرح فلسفۂ بے خودی بھی اسلامی تعلیمات سے ماخوذ ہے۔ مثلاً ایک حدیث کا مفہوم ہے کہ جماعت پر اللہ تعالیٰ کا ہاتھ ہوتا ہے، ایک اور حدیث کا مفہوم ہے کہ شیطان جماعت سے بھاگتا ہے۔ بہر حال فلسفہ بے خودی خود شناسی، خود آگاہی اور اتحاد عمل جیسے جذبات انسانی سے عبارت ہے۔ اقبال کے فلسفہ خودی اور بے خودی کے خاطر خواہ نتائج برآمد ہوئے۔ قوم کو بیدار کرنے اور اس کی قوت منفعلہ کو منعکس کرنے کی جو کوشش انھوں نے کی تھی ان کے اثرات بہر حال مرتب ہوئے۔

بانگ درا:

یہ علامہ اقبالؔ کے اردو کلام کا پہلا مجموعہ ہے جو ۱۹۲۴ء میں شائع ہوا۔ اس کا عنوان اس مناسبت سے رکھا کہ جیسے گھنٹی کی آواز کو سن کر قافلہ منزل کی سمت روانہ ہوتا ہے، ویسے ہی ان کے کلام نے خفتہ قوم کو بیدار کر کے راہ نجات پر لگایا ہے۔

اس مجموعہ میں شامل نظموں کے مطالعہ سے اقبال کے ذہنی ارتقاء کو سمجھنے میں مدد ملتی ہے۔ ابتداء میں وہ ایک ایسے وطن پرست شاعر کی حیثیت سے ہمارے سامنے آتے ہیں جس کے لئے خاک وطن کا ہر ذرہ دیوتا کی حیثیت رکھتا ہے۔ لیکن آگے چل کر وہ محدود وطن پرستی کے بت کو توڑ کر وطنیت کا عالم گیر تصور پیش کرتے ہیں۔ اس کے علاوہ اقبال نے اس مجموعہ میں مطالعہ فطرت کے نتیجہ میں مرتب ہونے والے تاثرات و کیفیات کو بھی پیش کیا ہے۔ اس سلسلے میں کوہ ہمالہ، آفتاب صبح، ابر کوہسار، اختر صبح جیسی نظمیں خاص طور سے قابل ذکر ہیں۔ ان نظموں میں منظر نگاری اور تصویر کشی

کے عمدہ نمونے ملتے ہیں۔ اس مجموعہ میں مضامین کا تنوع بہت زیادہ ہے۔ حسن وعشق، تصوف، فطرت نگاری اور مقصد حیات کی تفہیم سبھی کچھ ہے۔ بانگ درا کی مشہور نظمیں درج ذیل ہیں:

ہمالہ، پیام صبح، آفتاب صبح، اختر صبح، ابر کوہسار، تصویر درد، فریاد امت، شمع وشاعر، شکوہ، جواب شکوہ، خضر راہ، نالۂ یتیم، شمع وپروانہ، سید کی لوح تربت، ترانۂ ہندی، چاند اور تارے، مرزا غالب، نیا شوالہ، کنار راوی، گورستان شاہی، ترانہ ملی، نالہ فراق، میں اور تو، التجائے مسافر، عقل ودل، طلوع اسلام وغیرہ۔

بال جبریل:

یہ علامہ اقبال کا اردو میں دوسرا مجموعہ کلام ہے جو ۱۹۳۵ء میں شائع ہوا۔ اس کا عنوان راجہ بھرتری ہری کے اس مضمون سے ماخوذ ہے۔

پھول کی پتی سے کٹ سکتا ہے ہیرے کا جگر

مرد ناداں پر کلام نرم ونازک بے اثر

بال جبریل میں زیادہ تر غزلیات، قطعات، اور رباعیات ہیں۔ علامہ اقبال نے اپنے جن حکیمانہ خیالات کا اظہار فارسی زبان میں کی اتھا اس کی گونج ہمیں اس مجموعے میں سنائی دیتی ہے۔ چنانچہ علامہ اقبال امت مسلمہ کو طلسم مغرب میں گرفتار ہونے پر ہدف تنقید بناتے ہیں اور کجرو رہنماؤں سے ہوشیار رہنے کی تلقین کرتے ہیں۔ مئے خودی میں سرشار ہوکر راز حیات پالینے پر ابھارتے ہیں تو کہیں مرد مومن بن کر کائنات پر چھاجانے کی بات کرتے ہیں۔ بال جبریل میں علامہ اقبال نے تفصیل سے جو دعوت فکر ونظر دی ہے اس کا مقصد مسلمانوں کو عظمت رفتہ کی بازیابی کے لئے اکسانا ہے۔ اس مجموعہ میں شامل مشہور نظمیں درج ذیل ہیں:

مسجد قرطبہ، فرمان خدا، فرشتوں کے گیت، ذوق وشوق، ساقی نامہ، لینن خدا کے حضور میں، لالہ صحرا، جبریل وابلیس، ابلیس کی عرض داشت، طارق کی دعا وغیرہ۔

ضرب کلیم:

یہ اقبال کے اردو کلام کا تیسرا مجموعہ ہے جو ۱۹۳۶ء میں شائع ہوا۔ اس کا عنوان اس مناسبت سے ہے کہ جیسے فرعون کا زور توڑنے کے لئے موسیٰؑ کو بھیجا تھا ویسے ہی یہ کتاب موجودہ عہد کی فرعونیت کو کچلنے میں مددگار ہوگی۔ یہ مجموعہ اقبال کی پختہ عمر کی کاوش فکر کا نتیجہ۔ اس لئے اس میں دوسرے مجموعوں کے مقابلے میں زیادہ گہرائی اور پختگی نظر آتی ہے۔ اس کتاب میں اقبال نے ملت کے سیاسی، مذہبی، ملی اور معاشرتی مسائل پر بڑے فنکارانہ انداز میں روشنی ڈالی ہے، اور بیش قیمت حقائق ونکات پیش کئے ہیں۔ یہ کتاب دراصل موجودہ عہد کے خلاف اعلان جنگ ہے۔ اس عہد میں مروجہ الحاد وتشکیک اور مغربی تہذیب کے پھیلے ہوئے برے اثرات پر اقبال نے تنقیدی نظر ڈالی ہے اور اس بات پر تشویش کا اظہار کیا ہے کہ مسلمان مغربی تہذیب کی کورانہ

تقلید کرتے ہوئے اسلام اور قرآنی تعلیمات سے بے گانہ ہو گئے ہیں۔ اس مجموعے میں شامل اہم نظمیں مندرجہ ذیل ہیں:

مکہ اور جنیوا، سلطان ٹیپو کی وصیت، آزادی فکر، خودی کی زندگی، مرگ خودی، نگاہ شوق، شعاع امید، اہرام مصر، جلال و جمال، رومی، وغیرہ۔

ارمغان حجاز:

یہ اردو زبان میں کلام اقبال کا چوتھا مجموعہ ہے جو ان کے انتقال کے بعد ۱۹۳۸ء میں شائع ہوا۔ ارمغان حجاز کا آدھا حصہ اردو اور آدھا حصہ فارسی میں ہے۔ اس میں شامل مشہور نظموں میں ابلیس کی مجلس شوریٰ، تصویر و مصور، عالم برزخ، حضرت انسان وغیرہ کا شمار ہوتا ہے۔

نظم شکوہ:

یہ نظم علامہ اقبال نے ۱۹۰۹ء میں انجمن حمایت اسلام کے جلسے میں پڑھ کر سنائی۔ یہ وہ زمانہ تھا جب عالم اسلام کے حالات بہت ابتر تھے۔ ایران روس اور برطانیہ کی سازشوں کا شکار ہو چکا تھا۔ سلطان عبدالحمید معزول کئے جا چکے تھے۔ مسلمانوں کو اس پریشانی سے نکالنے کی کوئی تدبیر شاعر کی سمجھ میں نہیں آ رہی تھی۔ وہ ان حالات میں خدائے کارساز کی عدالت کا دروازہ کھٹکھٹاتا ہے اور معذرت کے ساتھ خدا کے حضور اپنا دردِ دل شکوہ کے انداز میں پیش کرتا ہے کہ اے خدا ہم نے دنیا سے بت پرستی ختم کرنے، تیرا پیغام دور دراز تک پہنچانے اور تیرا نام سربلند کرنے کے لئے بہت سی مشقتیں اٹھائی ہیں۔ اپنی کوششوں سے باطل کو صفحہ ہستی سے مٹا دیا، لیکن ہماری قربانیوں کا کوئی صلہ نہیں ملا۔ غیر اقوام تیری رحمتوں سے شادکام ہیں۔ کافروں کو اس دنیا میں سب کچھ حاصل ہے جب کہ ہمیں صرف جنت کے وعدہ پر ٹال دیا گیا ہے۔ آخر میں شاعر اپنی کوتاہیوں کا احساس کر کے خدا سے التجا کرتا ہے کہ مسلمانوں کی پریشانیوں کو دور کر دے اور ان کے دلوں کو جذبہ عشق سے سرشار کر دے۔ شاعر کے نغموں سے امت خفتہ میں بیداری کی لہر دوڑ جائے اور ان کے اندر بادۂ دیرینہ سے پیاس بجھانے کی تڑپ پیدا ہو جائے۔

شکوہ پر حالؔی کے مسدس کا اثر ہے۔ موضوع کی یکسانیت کے ساتھ ساتھ دونوں میں ماضی کی شان و شوکت کا اظہار کیا گیا ہے۔ مسدس کی طرح یہ نظم بھی سادہ اور ہر طرح کی تراش خراش اور تصنع سے پاک ہے اور بڑے واضح اور دوٹوک انداز میں اپنی بات کہی گئی ہے۔

جواب شکوہ:

یہ نظم ایک طرح سے شکوہ کا تتمہ ہے۔ شکوہ میں شاعر نے خدا سے جو شکایتیں کی تھیں، اس نظم میں ان تمام شکایتوں کا جواب دیا گیا ہے۔ اس لئے اس نظم کو سمجھنے کے لئے ضروری ہے کہ اسے شکوہ کے ساتھ ملا کر پڑھا جائے۔

شاعرنظم جواب شکوہ میں خدا کی طرف سے کہتا ہے کہ اگر آج تمہارے حالات خراب ہیں تو اس کے ذمہ دار تم خود ہو، تمہارے اندر ایمانی طاقت نہیں ہے، تمہارے دل عشق الٰہی سے خالی ہیں۔ تمہارے اجداد یقیناً بت شکن تھے، لیکن تم بت تراش ہو، قبروں کی پرستش کرتے ہو۔ تم نے مسلمانوں کو مختلف فرقوں اور ذاتوں میں تقسیم کر رکھا ہے۔ غریب کسی حد تک ہماری طرف متوجہ ہیں لیکن امیر دولت کے نشے میں ہمیں بھولے بیٹھے ہیں۔

اللہ تعالیٰ مسلمانوں کی پریشانیوں کا حل بتاتے ہوئے کہتے ہیں کہ تم اپنے اندر براہیمی ایمان پیدا کرلو تو تمہاری ساری پریشانیاں رفع ہوجائیں۔ مصیبتوں کا نزول تمہیں ہوش میں لانے کے لئے ہے۔ تمہیں کوئی مٹا نہیں سکتا، کیوں کہ تمہیں دنیا کی سربراہی کا فرض نبھانا ہے۔ اس طرح اقبال کی یہ نظم ان کی بیشتر نظموں کی طرح ایک رجائی پیغام پر ختم ہوتی ہے۔

اقبالؔ نے اس نظم میں اپنے پیغام کے لئے مسدس کی ہیئت استعمال کی ہے تاکہ پوری آزادی کے ساتھ واضح انداز میں اپنی بات کہہ سکیں۔ نظم میں شاعر نے سادہ اور عام فہم زبان استعمال کی ہے۔ لہجہ سوز و گداز میں ڈوبا ہوا ہے جس سے اس کی دلکشی اور اثر آفرینی میں کافی اضافہ ہوگیا ہے۔

شمع و شاعر:

اس نظم کا شمار علامہ اقبال کی بہترین نظموں میں ہوتا ہے۔ پروفیسر عبدالقادر نے اس نظم کو بانگ درا کا دل قرار دیا ہے۔ اقبال نے اس نظم میں اپنے خیالات کا اظہار شمع کی زبان سے کیا ہے۔ بظاہر شمع و شاعر دونوں میں یکسانیت ہے۔ دونوں کی قسمت میں جلنا لکھا ہے۔ لیکن دونوں کے درمیان تفریق ہے جیسا کہ شمع سے کئے جانے والے شاعر کے سوال سے ظاہر ہوتا ہے کہ آخر کیا بات ہے کہ شمع جلتی ہے تو پروانے اس پر نثار ہوجاتے ہیں لیکن شاعر کا دل چراغِ لالہ صحرا کی مانند تنہا جلتا رہتا ہے، اور اس کے گرد کوئی پروانہ نہیں ہوتا۔ یعنی شاعر اپنے درد دل کی آگ میں جلتا رہتا ہے اور اس کا درد محسوس کرنے والا اس کی بات سننے والا کوئی نہیں ہوتا۔ شمع شاعر کے تنہا جلنے کے سبب پر روشنی ڈالتے ہوئے کہتی ہے کہ شاعر شہرت کا بھوکا اور عشق کی گرمی سے محروم ہوتا ہے۔ لہٰذا اس کی بات سننے والا کوئی نہیں ہوتا۔

اقبالؔ جیسا شاعر قوم کے ناسازگار حالات پر مایوس نہیں ہوتا۔ لہٰذا وہ شمع کی زبان سے یہ پیغام دیتا ہے کہ مسلمانوں میں بیداری کے آثار نظر آرہے ہیں۔ مغربی طلسم ٹوٹ رہا ہے۔ بظاہر مسلمانوں کے حالات ابتر ہیں لیکن اگر وہ اپنی اصلاح کرلیں اور اپنی حیثیت و مقام پہچان لیں تو وہ اپنا کھویا ہوا مقام حاصل کرسکتے ہیں۔ اس نظم کا خاتمہ اس رجائی پیغام پر ہوتا ہے کہ تاریکی بہت جلد چھٹنے والی ہے آسمان سورج کی ضیاء پاش کرنوں سے جگمگانے والا ہے اور ساری دنیا میں توحید کا ڈنکا بجنے والا ہے۔

اس طرح نظم شمع و شاعر ایک بلند پیغام کی حامل ہے۔ لیکن اس نظم کی کامیابی کا راز صرف اس کے پیغام ہی میں پنہاں نہیں ہے بلکہ شاعر کی فنکارانہ بصیرت اور اس کے جمالیاتی احساس نے اس نظم کو عظمت کی بلندیوں تک پہنچا دیا ہے۔

طلوع اسلام:

نظم طلوع اسلام میں علامہ اقبالؔ ایک رجائی شاعر کے طور پر ہمارے سامنے آتے ہیں۔ وہ اپنی قوم کے لوگوں کو ایک نئے دور اور روشن مستقبل کی نوید دیتے ہیں اور بڑے رجائی انداز میں کہتے ہیں کہ راہ اگر چہ دشوار ہے لیکن منزل صاف نظر آ رہی ہے۔ قوم اگر ہمت نہ ہارے اور حوصلے کے ساتھ راہ پر گامزن رہے تو یقیناً اسے منزل مراد حاصل ہوگی۔

یہ نظم اقبالؔ نے یونانیوں کے مقابلہ میں ترکوں کی فتح سے متاثر ہو کر لکھی تھی۔ اقبالؔ کی نظر میں یہ فتح روشن مستقبل کی بشارت ہے۔ انھیں پورا یقین تھا کہ مسلمانوں کی اقبال مندی کا سورج پھر طلوع ہونے والا ہے۔ مصطفیٰ کمال پاشا کی شکل میں اقبال کو ایک مسیحا نظر آیا جس نے دشمنان اسلام کو شکست دیکر مسلمانوں کا سر بلند کیا۔

علامہ اقبالؔ تمام دنیا کے مسلمانوں بالخصوص ہندوستانی مسلمانوں کو پیغام دیتے ہیں کہ اگر وہ خود شناسی، دلبری و شجاعت، محبت و اخوت جیسے اوصاف سے متصف ہوں اور رنگ و نسل کے امتیاز کو بھلا کر اتحاد و اتفاق پیدا کر لیں تو وہ بھی ترکوں کی طرح آزاد ہو سکتے ہیں۔ اقبال مغربی تہذیب، ملوکیت و سرمایہ داری وغیرہ کی مزمت کرتے ہوئے مسلمانوں کو اچھے اعمال کی دعوت دیتے ہیں۔ اقبالؔ اس پیغام پر اپنی نظم کا خاتمہ کرتے ہیں کہ دنیا پیغام اسلام سننے کے لئے گوش بر آواز ہے۔ لہٰذا مسلمانوں کو یہ پیغام دنیا والوں تک پہنچانا چاہئے۔ اسلامی پیغامات ہی دنیا والوں کو خوش گوار انقلاب سے ہم کنار کر سکتے ہیں۔

خضر راہ:

نظم خضر راہ علامہ اقبالؔ کی ایسی تخلیق ہے جس میں ان کے قومی و سیاسی خیالات و نظریات بے نقاب نظر آتے ہیں۔ اس نظم میں اقبال نے زندگی کی حقیقت، سرمایہ و محنت کی کشمکش، جمہوری نظام کی ناکامی عالمی پیمانے پر امت مسلمہ کی تباہی و بربادی، شریف مکہ کی ضمیر فروشی، خلافت عثمانیہ کے زوال جیسے عصری مسائل کو شعر کے قالب میں ڈھالا ہے۔ اقبال نے اپنے خیالات کا اظہار براہ راست کرنے کے بجائے حضرت خضر کی زبان سے کیا ہے جو انتہائی تجربہ کار اور اپنی دور بینی و بلند نگاہی میں مشہور ہیں۔

نظم کا آغاز شاعر کے قلبی اضطراب کے بیان سے ہوتا ہے کہ اقبال اضطراب کے عالم میں سمندر کی طرف نکل جاتے ہیں، اسی حالت میں ان کی ملاقات حضرت خضرؑ سے ہوتی ہے۔ وہ اپنے ذہن میں ابھرنے والے سوالات خضر کے سامنے رکھتے ہیں، یہ سوالات موجودہ دور کے

حالات اور سیاسی واقعات سے متعلق ہیں۔ سب سے پہلے شاعر خضر کے سرگرداں رہنے کا راز جاننا چاہتا ہے، پھر زندگی کا راز، سلطنت کی حقیقت، سرمایہ ومحنت کے درمیان پائی جانے والی کشمکش اور عالم اسلام میں پھیلی ہوئی ابتری کے بارے میں جاننا چاہتا ہے۔

حضرت خضر صحرانوردی کی مصلحت بتاتے ہوئے کہتے ہیں کہ میری زندگی کا راز یہی صحرانوردی ہے یہ مسلسل سفر زندگی کی علامت ہے۔ زندگی کے راز کے بارے میں انکشاف کرتے ہوئے حضرت خضر کہتے ہیں کہ زندگی جہد مسلسل کا نام ہے۔ اس کے لئے آزادی ضروری ہے، غلامی میں زندگی بہت محدود اور آزادی میں بحر بیکراں ہو جاتی ہے۔ سلطنت کو حضرت خضر سرمایہ داری اور ملک گیری کی ہوس قرار دیتے ہیں۔ سرمایہ داری اور جمہوری نظام کے گھناونے چہرے کو بے نقاب کرنے کے بعد حضرت خضر سرمایہ ومحنت کے موضوع کی طرف آتے ہیں اور بندۂ مزدور تک اپنا یہ پیغام پہنچانا چاہتے ہیں کہ سرمایہ دار اس کو صفحہ ہستی سے مٹادینا چاہتا ہے جب کہ مزدور ہی کے لہو سے سرمایہ دار کے محل کا چراغ روشن ہے۔

حضرت خضر مزدوروں کو یہ خوشخبری سناتے ہیں کہ سرمایہ داروں کا طلسم ٹوٹ چکا ہے۔ اشتراکی نظام کی صورت میں ایک آفتاب تازہ زندگی کے افق پر طلوع ہو چکا ہے۔ اس کے بعد حضرت خضر مسلمانوں کی زبوں حالی کی طرف متوجہ ہوتے ہیں۔ اور ناسازگار حالات میں حضرت خضر ملی اتحاد کو وقت کی سب سے اہم ضرورت قرار دیتے ہیں اور دنیا کے تمام مسلمانوں کو حرم کی پاسبانی کے لئے ایک ہونے کی دعوت دیتے ہیں۔

اقبالؔ ناسازگار حالات سے بھی بددل نہیں ہوتے۔ ان کی رجائیت تاریکی میں بھی روشنی کی کرن ڈھونڈھ لیتی ہے۔ وہ کہتے ہیں کہ مسلمانوں کو مایوس نہیں ہونا چاہئے اور وعدہ خداوندی پر بھروسہ رکھتے ہوئے اپنے دل میں شمع آرزو فروزاں رکھنی چاہئے۔ اس طرح اقبالؔ کی یہ نظم بشارت آمیز پیغام پر ختم ہوتی ہے۔

ذوق وشوق:

ذوق وشوق علامہ اقبال کی بہت اہم نظم ہے جس میں اقبالؔ نے اپنے مقصد حیات سے عشق ومحبت کا اظہار کیا ہے۔ اس نظم میں خدا کی عظمت اور رسول اکرمؐ کی ذات گرامی سے اپنے جذبۂ عقیدت کا اظہار بڑے والہانہ انداز میں کیا ہے۔ شاعر کا جذبہ محبت روایتی حمد ونعت میں ظاہر ہونے کے بجائے بڑے وسیع پس منظر میں ظاہر ہوا ہے، ہر شعر میں مفاہیم کا ایک جہان نو آباد نظر آتا ہے۔ اقبالؔ کے نزدیک وصال عشق کی موت اور فراق جدوجہد اور ذوق زندگی کی علامت ہے۔ وہ انسان کو جمود اور مایوسی کی فضاؤں سے نکال کر حوصلہ، لگن اور ولولے سے بھر دیتا ہے۔

شاعر اپنی نظم کا آغاز صبح کی منظر کشی سے کرتا ہے۔ صبح کا منظر شاعر کے تاریخی وتہذیبی شعور میں تحریک پیدا کرتا

ہے۔ یہ شعور اس کے شوق کو بھڑکا دیتا ہے اور وہ اپنے محبوب سے ملنے کے لئے بیقرار ہو جاتا ہے لیکن وصال ان کے مقدر میں نہیں۔ حضرت جبریل کی آواز اسے اپنے کانوں میں سنائی دیتی ہے کہ محبوب سے دوری اور اس کی محبت کے خیال میں مضطرب رہنا تیرا اصل مقام ہے تجھ جیسے اہل فراق کے لئے جدائی اور جستجو ہی مسرت کا سرچشمہ ہے۔

دوسرے بند میں شاعر نے عالم اسلام کی حق پرستی سے دوری اور مقصد حیات سے بیزاری و بے رغبتی کا ذکر بڑے دردناک انداز میں کیا ہے۔ تیسرے بند میں شاعر اس بیماری کا علاج عشق رسول اور ذوق وشوق کو قرار دیتا ہے۔ چوتھے بند میں شاعر رسول اکرمؐ کی خدمت میں نذرانہ عقیدت پیش کرتے ہوئے آپ کو الکتاب، وجہ تخلیق عالم اور سرچشمہ نور حیات قرار دیتا ہے، اور بتاتا ہے کہ اس ذات اطہر کا عشق ہی سب کچھ ہے۔ زندگی پر مسلط تاریکیاں آپؐ ہی کے نور سے چھٹ سکتی ہیں۔ اس لئے اقبال اس نور سے دنیا کے منور ہونے کے خواہشمند ہیں۔ آخری بند میں اقبال علم وعقل کی ناکامی اور بے بسی کی طرف اشارہ کرتے ہوئے پرزور انداز میں عشق کو مصطفیٰ قرار دیتے ہیں۔ عشق کا تجزیہ کرتے ہوئے وہ وصال کو عشق کی موت اور فراق کو عشق کی اصل حیات اور معراج قرار دیتے ہیں۔

اس طرح یہ نظم اقبالؔ کے نظام فکر کے مختلف گوشوں پر روشنی ڈالتی ہے۔ اس نظم میں ان کا تصور عشق بڑے واضح انداز میں سامنے آتا ہے۔ فراق اور آرزو کو عشق کی معراج قرار دے کر اقبال نے مقصد حیات کے لئے ہمیشہ جدوجہد کرتے رہنے کی جو تعلیم دی ہے، اس سے زندگی سے متعلق ان کے صحتمندانہ نقطہ نظر کا اندازہ ہوتا ہے۔

لینن خدا کے حضور میں:

علامہ اقبالؔ نے یہ نظم اس وقت لکھی جب نظام اشتراکیت کی شکل میں ایک آفتاب تازہ پیدا ہو چکا تھا۔ جابر اور بے رحم سرمایہ دارانہ نظام کے خلاف دبے کچلے محنت کش مزدور بغاوت کر کے نیا انقلاب لانے میں کامیاب ہو چکے تھے۔ اس انقلاب کے پس پردہ نظریات سے اختلاف رکھنے کے باوجود اقبال اس نظام کو کسی قدر پسند کرتے ہیں کیوں کہ یہ نظام دبے کچلے انسانوں کے لئے جذبۂ ہمدردی رکھنے میں اسلام اور اس کے نظریہ عدل ومساوات سے کسی قدر قریب ہے، اپنی اس نظم میں اقبال لینن کے کردار اور خدا کی بارگاہ میں اس کی عرض داشت کے ذریعہ سامراج، سرمایہ داری، بے روح سائنس اور بے دینی تہذیب وتمدن کی سطحیت کا پردہ چاک کرتے ہیں۔

لینن خدا کی بارگاہ میں مظلوم انسانوں کی مجبوری اور خستہ حالی سے دکھی دل اور سینے میں جذبات کا ایک طوفان لئے حاضر ہوتا ہے اور سوال کرتا ہے کہ اے خدا آخر تو کس انسان کا معبود ہے، مشرق والے سفید فام انگریزوں کو اپنا معبود سمجھتے ہیں اور مغربی اقوام مادہ پرستی میں مشغول ہے۔ وہ عملاً غریبوں کا خون چوستے ہیں اور زبان سے عدل

ومساوات کا درس دیتے ہیں۔ ان کی یہ سنگ دلی اس وجہ سے ہے کہ انھوں نے آسمانی پیغام کو چھوڑ کر ان مادی اور سائنسی علوم کو اپنا لیا ہے جو انسانوں کو مردہ دل بے حس اور بے ضمیر بنا دیا کرتے ہیں۔ وہ خدا سے سوال کرتا ہے کہ اے خدا تو بہت عادل و منصف ہے آخر تیری دنیا میں مظلوموں اور غریبوں پر کب تک ظلم ہوتا رہے گا۔ سرمایہ دارانہ نظام کب ختم ہوگا۔ دنیا کے لوگ بڑی بے تابی سے اس دن کا انتظار کر رہے ہیں جب مظلوموں کو نجات ملے گی اور سرمایہ دار ظالموں کا بیڑا غرق ہوگا۔

فنی اعتبار سے یہ اقبالؔ کی ایک کامیاب نظم ہے۔ اس کے ہر شعر سے اقبالؔ کی فکری پختگی اور فنی بصیرت کا اظہار ہوتا ہے۔ فن پر ان کی گرفت اتنی مضبوط ہے کہ ان کے سنجیدہ و سنگین افکار بھی خوبصورت اشعار کے قالب میں ڈھل کر ایک مکمل تخلیق کی شکل اختیار کرتے ہیں۔

مسجد قرطبہ:

علامہ اقبالؔ کی یہ نظم مسجد قرطبہ سے متعلق ہے جو ہسپانوی سرزمین میں واقع ہے۔ اقبالؔ کو اس علاقے کے مخصوص تاریخی پس منظر کی وجہ سے ایک جذباتی لگاؤ ہے اور اس مسجد سے اس وجہ سے بھی جذباتی عقیدت ہے کہ وہ ملت اسلامیہ کی عظمت رفتہ کی امین اور یادگار ہے۔ اس مسجد کے نقش و نگار میں اقبالؔ کو ایک قوم کی عظمت اس کے تمدن اور اس کے شعور کی داستان نظر آتی ہے۔ اقبالؔ نے عام شعراء کی طرح مسجد کی ظاہری ساخت کو موضوع بنانے کے بجائے اس کا مطالعہ زندگی کے وسیع ترین اجتماعی پس منظر اور آفاقی تناظر میں کیا ہے۔ اس نظم میں اقبال نے اپنے نمایاں فکری عناصر اور اہم موضوعات بڑی خوبصورتی سے سمو دیئے ہیں۔ تصور زمان و مکاں، نظریہ حیات و کائنات، مرد مومن کا تخیل، تصور عشق فنون لطیفہ وغیرہ سے متعلق اقبال کے مخصوص نظریات کی روح اس نظم میں سمٹ آئی ہے۔

علامہ اقبالؔ اس نظم کی ابتداء وقت کی اہمیت کے بیان سے کرتے ہیں۔ وقت بڑا جابر اور بے رحم ہوتا ہے، یہ دنیا کی ہر چیز کو فنا کر ڈالنے والا ہے۔ البتہ وہ چیزیں وقت کی دسترس سے باہر ہوا کرتی ہیں جن کی تخلیق و تعمیر عشق کے ہاتھوں ہوا کرتی ہے۔ دوسرے بند میں اقبالؔ نے اپنے فلسفہ عشق کی وضاحت کی ہے جسے ان کے فکری نظام میں مرکزیت حاصل ہے۔ جذبہ عشق زماں و مکاں سے بالاتر ہے۔ اس لئے وہ فنا ہونے والا نہیں اور نہ ہی وہ چیز فنا ہونے والی ہے جسے عشق نے وجود بخشا ہو۔ تیسرے بند میں شاعر مسجد قرطبہ کو مخاطب کر کے کہتا ہے کہ چونکہ تیرا وجود سراسر عشق ہے اس لئے تو بھی لازوال ہے۔ چوتھے شعر میں شاعر مسجد قرطبہ کے جلال و جمال کی تعریف کرتا ہے۔ چونکہ مرد مومن اور مسجد قرطبہ میں جلال و جمال کی صفات مشترک ہیں اس لئے شاعر کا ذہن مسجد سے مرد مومن کی طرف منتقل ہو جاتا ہے، یہاں شاعر نے مسلمانوں کی بہادری، بلند کرداری اور انسانیت دوستی کا تذکرہ بڑے والہانہ انداز میں

کیا ہے۔ پانچویں بند میں شاعر نے مردمومن کے اوصاف کو تفصیل کے ساتھ پیش کیا ہے۔ چھٹے بند میں شاعر مسجد قرطبہ کی تعریف کرتے ہوئے اسے ارباب فن کا کعبہ حرم کا ہم رتبہ اور اسلام کی شان قرار دیتا ہے۔ ساتویں بند میں شاعر مسجد قرطبہ کی ویرانی اوراذان کی صداؤں سے محرومی پر اپنے اضطراب کا اظہار کررہا ہے لیکن اسے یقین ہے کہ مجاہدوں کا قافلہ ادھر ضرور آئے گا اور سرزمین اندلس پر اسلام کا پرچم لہرائے گا۔ آخری بند شاعر کی بھرپور رجائیت کا مظہر ہے۔ انھیں مسلمانوں کے زوال میں بھی ان کے عروج کی تصویر نظر آرہی ہے۔ اس طرح اقبال نے یاس زدہ فضا کو امید کی صحت مند فضا میں بدلنے کی کوشش کی ہے۔

شاد عظیم آبادی:

ان کا نام سید علی محمد تخلص شاؔد تھا۔ کچھ لوگوں کا خیال ہے کہ شاؔد صفیر بلگرامی کو اپنا کلام دکھاتے تھے مگر انھوں نے اپنا استاد الفت حسین فرؔیاد کو مانا ہے۔ شاؔد کی ولادت ۱۸۴۶ء میں عظیم آباد کے محلّہ حاجی گنج میں ہوئی اور وفات ۱۹۲۷ء میں عظیم آباد ہی میں واقع ہوئی۔ شاد نے نظم ونثر دونوں کو انمول تخلیقیں عطا کی ہیں۔ غزلوں کا دیوان نغمہ الہام ان کی وفات کے بعد شائع ہوا۔ ان کی دیگر تخلیقات میں رباعیات شاؔد، سروش ومستی، میخانۂ الہام، مثنوی مادروطن، مثنوی بادۂ عرفان، مثنوی مادر ہند وغیرہ اہم ہیں۔

شاد کی غزل گوئی:

شاد عظیم آبادی نے یوں تو غزل، مثنوی، قصیدہ، مرثیہ اور دوسرے اصناف سخن میں طبع آزمائی کی ہے۔ لیکن ان کی ادبی شخصیت کی شناخت ان کی غزلوں کی وجہ سے ہوتی ہے۔ یہ غزلیں کلاسیکی روایات کی حامل ہوتے ہوئے بھی داغ اور امیر کی غزلوں سے مختلف ہیں۔ انھوں نے غزل کو روایتی تنگنائے سے نکال کر کھلی فضا میں لانے کی کوشش کی اور اسے محض سفلی جذبات کی تسکین کا ذریعہ بنانے اور معاملہ بندی وصنائع بدائع تک محدود رکھنے کے بجائے واردات قلب اور زندگی کی حقیقتوں کا ترجمان بنایا۔

شاؔد کی غزلوں کا سب سے اہم عنصر ان کا حزینہ اور پرسوز لب ولہجہ ہے، لیکن غم کی لے کبھی بہت اونچی ہوکر چیخ وپکار کی صورت نہیں اختیار کرتی، بلکہ ایک لطیف نشتریت ہمارے میں محسوس ہوتی ہے۔ ان کی غزلوں میں عشقیہ، فلسفیانہ، متصوفانہ، اور اخلاقی وسیاسی ہر طرح کے مضامین ملتے ہیں۔ اس طرح ان کی شاعری کا کینوس بہت وسیع ہے لیکن وہ کبھی موضوع کے لئے اپنے فن کو قربان نہیں کرتے۔ وہ اشعار جن میں سیاسی وسماجی حقیقتوں کی طرف اشارہ کیا گیا ہے جن کو پڑھتے ہوئے یہ احساس ہوتا ہے کہ ان میں عصری روح سمٹ آئی ہے۔ ان میں بھی وہ غزل کی روایتوں اور فنی صداقتوں کا پورا احترام کرتے ہیں۔ عشقیہ جذبات کے اظہار میں بھی شاؔد اس سطح کو برقرار رکھتے ہیں، کہیں

ابتذال وسوقیانہ پن اور خام جذبات کا اظہار نہیں ملتا۔ خالص رومانی غزلوں میں بھی روایت کا تقدس ملحوظ رہتا ہے۔

شاؔد کی غزلوں میں صوفیانہ خیالات کا اظہار بھی ہوا ہے۔ اصطلاحی معنوں میں شاؔد صوفی نہ رہے ہوں لیکن وہ ذہنی طور پر تصوف سے بہرحال قریب تھے۔ چنانچہ وہ صوفیانہ عقائد ونظریات کا برملا اظہار نہیں کرتے بلکہ اپنے عرفانی تجربات ومحسوسات کو اتنی خوبصورتی کے ساتھ شعری پیکر میں ڈھالتے ہیں کہ ان کی غزلوں کی شعریت ذرا بھی متاثر نہیں ہوئی۔

شاؔد شعر کو قلبی واردات کا آئینہ سمجھتے ہیں۔ جذبات کی صداقت ان کے نزدیک بہت اہمیت رکھتی ہے۔ آرائش زبان وبیان اور صنائع بدائع کے اسی حد تک قائل ہیں کہ ان سے جذبات کی صداقت مجروح نہ ہونے پائے۔ اس سلسلے میں وہ لکھنوی شعرا کی جارحیت کے مقابلے میں دہلوی شعراء کی داخلیت کو ترجیح دیتے ہیں۔

شاؔد کی غزلیں فکری ومعنوی خوبیوں کے ساتھ ساتھ فنی خوبیوں سے بھی مالامال ہیں۔ زبان کی صفائی وسادگی ان کے اشعار کی نمایاں خوبی ہے۔ الفاظ اتنے شیریں وموزوں استعمال کرتے ہیں کہ وہ اپنی قوت تاثیر سے دل ودماغ کو مسحور کر لیتے ہیں۔ ناقدین کا خیال ہے کہ میرؔ کے سادہ وبے ساختہ انداز بیان میں آتش کی رنگینی بیان کی آمیزش کردی جائے تو شاؔد کا اسلوب وجود میں آتا ہے اس لئے اگر ان کو اس دور سخن کا میرؔ کہا جائے تو بے جا نہ ہوگا۔ ان کے بارے میں نقادوں کا یہ خیال درست ہے کہ غزل کے روبہ انحطاط اثر کو سنبھالنے میں شاؔد کا اہم رول ہے۔ انھوں نے غزل کو نہ صرف سنبھالا بلکہ اس میں ایسی رنگینی وشیرینی بھردی کہ غزل پھر سے زندہ ہوگئی۔

اصغر گونڈوی:

نام اصغر حسین، تخلص اصغؔر تھا۔ ان کی ولادت ۱۸۸۴ء میں گورکھپور میں ہوئی۔ والد ملازمت کے سلسلے میں عرصہ دراز تک گونڈہ میں رہے۔ چنانچہ یہ گونڈوی کہلائے۔ اصغؔر کی وفات ۱۹۳۶ء میں الہ آباد میں ہوئی۔ اصغؔر کے دو چھوٹے چھوٹے مجموعے نشاط روح اور سرود زندگی شائع ہو چکے ہیں۔

اصغر کی غزل گوئی:

اصغؔر عصر حاضر کے شعراء میں اپنی صوفیانہ تخلیقات کے لئے مشہور ہیں۔ ان کا شمار عہد حاضر کے ممتاز غزل گو شعراء میں ہوتا ہے۔ وہ ایک کم گو شاعر تھے۔ انھوں نے بہت کم لکھا ہے لیکن جو کچھ لکھا ہے وہ انتخاب ہے۔ اصغؔر کسی کے مقلد نہیں ہیں۔ ان کی انفرادیت ان کی شاعری کا راز ہے۔ اپنے اسلوب کے لحاظ سے اصغؔر اردو کے تمام شعراء سے الگ ہیں۔ ان کے جذبات وخیالات میں ندرت پائی جاتی ہے جس سے ان کے کلام میں ایک خاص لطف

وشیرینی پیدا ہو جاتی ہے۔

اصغرؔ کے کلام میں آہ وفغاں نہیں ہے، وہ بغیر آہ وفغاں کے عشق کی تمام منزلیں طے کر لیتے ہیں۔ صوفیانہ شاعری ہو یا عشقیہ شاعری وہ کہیں بھی واردات غم میں مبتلا نظر نہیں آتے۔ اصغرؔ کو مسلک صوفیہ سے خاص دلچسپی تھی۔ وہ اپنے کلام میں مذہبی اور صوفیانہ خیالات کثرت سے پیش کرتے تھے۔ وہ تصوف کے رموز کو بڑی خوبصورتی سے پیش کرتے ہیں جن میں ان کے خیالات کو پاکیزگی بھی نظر آتی ہے۔ دنیا کی کشمکش فرواں میں وہ تصوف کا سہارا لیتے ہیں۔

اصغرؔ عشق ومحبت کے آداب سے واقف تھے، اس کی وجہ یہ تھی کہ اس زمانہ میں ادب لطیف کی تحریک نے لوگوں کو بات کرنے کا سلیقہ سکھا دیا تھا۔ اصغرؔ جب مادی حسن اور عشق مجازی پر کچھ کہتے ہیں تو اپنے اسلوب بیان سے شعر میں جان ڈال دیتے ہیں۔ اصغر کے یہاں عشق ناکام ہے وہ مہجوری زیادہ پسند کرتے ہیں، محبوب کے حسن کا لطف ذرا فاصلے سے اٹھاتے ہیں۔ ان کے اشعار میں سوز وگداز پایا جاتا ہے لیکن اس سوز وگداز میں ماتم اور سوگواری نہیں ہے۔

اصغرؔ کے اسلوب بیان سے ان کے کلام میں جان پڑ جاتی ہے جس میں صوتی اور صوری حسن نظر آتا ہے، مضامین میں بلندی پائی جاتی ہے۔ ان کی شاعری میں نشاط کا عنصر ہے۔ انھوں نے اردو غزل کو غازہ بخشا اور اسے رنگین باغ وبہار بنا دیا۔

فانی بدایونی:

ان کا نام شوکت علی خاں تھا۔ پہلے تخلص شوکتؔ تھا لیکن ۱۸۹۹ء میں فانی تخلص اختیار کیا۔ ان کی ولادت ۱۸۷۹ء میں بدایوں میں ہوئی، وفات ۱۹۴۱ء میں حیدر آباد میں واقع ہوئی۔ فانی نے ایل ایل بی پاس کر کے لکھنؤ، آگرہ اور اٹاوہ میں وکالت کی۔ پھر حیدر آباد چلے گئے۔ فانی کی تخلیقات باقیات فانی، کلیات فانی، عرفانیات اور وجدانیات کے نام سے شائع ہو چکی ہیں۔

فانی کی غزل گوئی:

میرؔ کے بعد جس شاعر نے اردو غزل کو غم کا نیا عرفان بخشا وہ فانیؔ بدایونی ہیں۔ سبھی نقادوں نے ان کی غم پسند فطرت کی طرف اشارہ کیا ہے۔ رشید احمد صدیقی نے فانیؔ کو یاسیات کا امام قرار دیا ہے، اس میں شبہ نہیں کہ غم ان کی رگوں میں خون بن کر گردش کرتا ہوں نظر آتا ہے اور ان کے وجود میں سما کر جزءِ ذات بن گیا ہے اور اسی غم کی کرنیں ان کی پوری شاعری میں بکھری ہوئی ہیں۔

فانیؔ کا غم روایتی اور سطحی نہیں ہے۔ بلکہ اس کے پیچھے ایک فلسفیانہ ذہن کارفرما ہے۔ ان کی حقیقت شناس نگاہوں نے زندگی کا قریب سے مطالعہ کیا تھا جس میں غم ان کے سامنے ایک عظیم حقیقت کی شکل میں ظاہر ہوا۔ اس احساس نے ان کے ذہن ودل میں یہ بات اچھی طرح

بتھا دی کہ اس دنیا میں سکون کی تلاش بے معنی ہے، موت ہی زندگی کے غموں کا خاتمہ کرسکتی ہے۔ یہی خیال ان کی شاعری میں مرگ پرستی کی شکل میں ابھرتا ہے اور وہ موت اور لوازم موت کا ذکر بڑے والہانہ انداز میں کرتے ہیں۔

فانؔی کی شاعری میں پائی جانے والی جبر واختیار کی کشمکش ان کے غم آشنا مزاج اور ان کی قنوطیت کی ایک کڑی ہے، اس کشمکش کی طرح تصوف بھی فانی کو ذہنی تسکین کا ایک ذریعہ نظر آتا ہے۔ یہی وجہ ہے کہ تصوف کے بہت سے اجزاء ان کی شاعری میں داخل ہوکر تغزل کا جزو بن گئے ہیں۔ ان کے صوفیانہ خیالات محض روایتی اور سطحی نہیں بلکہ مربوط فلسفے کی ایک کڑی نظر آتے ہیں۔ ایک غم پرور اور موت کے شیدائی کے لئے زندگی بے حقیقت ہوا کرتی ہے۔ اس طرح فانؔی کی شاعری میں ایک مخصوص زاویہ حیات اور ایک مستقل فکری میلان نظر آتا ہے۔

فانؔی کا فلسفہ صرف رسماً اور شاعرانہ روایت کے طور پر ان کی شاعری میں نہیں آیا ہے۔ ان کا تفکر ان کا سوچنے کا انداز ہمیں غالؔب کی یاد دلاتا ہے۔ ان کی شاعری میں بھی غالؔب کی دشوار پسندی، بلند خیالی، معنی آفرینی، فلسفیانہ بصیرت ملتی ہے۔ لیکن اس سے ان کا نزاکت خیال اور بیان کی لطافت متاثر نہیں ہوتی۔

غالؔب کے علاوہ فانؔی نے میؔر کا اثر بھی قبول کیا ہے۔ ان کے جذباتی اشعار میں وہی سوز وگداز، حسرت وحرمان، نشتریت ملتی ہے جو میؔر کا خاصہ ہے۔

فانی کی شاعری صرف اپنی بلند خیالی، فلسفیانہ تفکر اور اثر انگیزی کی وجہ سے ہی اہمیت کی حامل نہیں ہے، بلکہ اس میں وہ تمام فنی خوبیاں موجود ہیں جو بلند پایہ شاعری کے لئے ضروری ہیں۔ اردو غزل کے بارے میں عام شکایت رہی ہے کہ اس میں تفکر کا انتشار بری طرح محسوس ہوتا ہے، لیکن فانؔی کی غزلیں اس عیب سے پاک نظر آتی ہیں۔ تمام اشعار جذبہ خیال کی ایک زنجیر میں مربوط نظر آتے ہیں۔ عموماً تمام ہی اشعار میں غم کی لہریں برقی رو کی طرح دوڑتی ہوئی محسوس ہوتی ہیں۔

فانؔی کو زبان وبیان پر پوری قدرت حاصل ہے، وہ اپنے جمالیاتی احساس کی مدد سے اپنے اشعار میں نکھار اور دلکشی پیدا کرتے ہیں۔ انھیں پر معنی تراکیب تراشنے کا سلیقہ آتا ہے، انھوں نے اردو شاعری کا دامن حسین تراکیبوں سے بھر دیا ہے۔ اس طرح یہ کہا جاسکتا ہے کہ فانؔی اپنے زمانے کے تمام ادبی رجحانات سے متاثر تھے اور انھوں نے اپنی زندگی کے لئے جس راہ کو منتخب کیا تاعمر اسی پر چلتے رہے۔ انھوں نے دور جدید میں عہد ماضی کی چلتی پھرتی تصویر پیش کی۔

حسرؔت موہانی:

ان کا نام فضل الحسن، تخلص حسرؔت تھا۔ حسرت کی ولادت ۱۸۷۵ء میں ضلع اناو کے قصبہ موہان میں ہوئی اور وفات ۱۹۵۱ء میں لکھنؤ میں ہوئی۔ ان کو غزل کا نشاۃ الثانیہ کا

امام کہا جاتا ہے۔ کلیات حسرت، حسرت موہانی کے ۱۳ چھوٹے چھوٹے مجموعوں کو ملا کر شائع کیا گیا ہے۔ حسرت موہانی نے تسلیم کی شاگردی اختیار کی۔ تسلیم نسیم کے اور نسیم مومن کے شاگرد تھے۔

حسرت کی غزل گوئی:

حسرت کو عصر حاضر کا سب سے بڑا غزل گو مانا گیا ہے۔ انھوں نے غزل کو از سر نو زندہ کیا۔ حسرت نے اپنے تنقیدی خیالات کے ذریعہ غزل کی افادیت اور اہمیت واضح کی اور غزل میں انقلابی اصلاحات کر کے اس کی ساکھ کو دوبارہ بحال کیا۔ ان کی غزلیں ان کے خیالات کا عملی ثبوت ہیں۔

حسرت نے تمام قدیم شعراء کے کلام سے استفادہ کیا ہے۔ ان کی غزلوں میں مصحفی، مومن اور میر کے خیالات اور لب ولہجہ کے اثرات صاف طور پر نظر آتے ہیں۔ خاص طور سے مصحفی کی غزلوں کا احساس رنگ اور نشاط آمیز کسک کی جھلک صاف دکھائی دیتی ہے۔ لیکن اساتذہ سخن سے استفادہ کرنے اور ان کا تتبع کرنے کا یہ مطلب نہیں کہ حسرت کی شاعری قدیم شعراء کی صدائے بازگشت ہے۔ بلاشبہ حسرت کی شاعری میں قدیم شعراء کی آواز سنائی دیتی ہے لیکن یہ آواز حسرت کی اپنی آواز کو دبانے میں کامیاب نہیں ہوسکی ہے۔

غزل کی عام روایت کے مطابق حسرت کی غزل کا خاص موضوع حسن و عشق ہے، لیکن ان کا عشق قدیم شعراء کے عشق سے مختلف ہے۔ ان کا عشق رسمی یا کسی بیمار ذہن کا عشق نہیں بلکہ ایک صحت مند ذہن کا عشق ہے، جس کا اظہار غزل کی قدیم روایت کو نبھانے کے لئے نہیں کیا گیا ہے بلکہ اسے زندگی کی ایک حقیقت کے طور پر پیش کیا گیا ہے۔ حسرت کا عشق واضح طور پر ارضی و مادی ہے اس میں جسم کی خوشبو اور جنس کی مہک ہے، لیکن یہ عشق لکھنوی شعراء کی طرح ابتذال ورکاکت کی حدوں میں نہیں داخل ہوتا۔ حسرت کی فطری شرافت اور مشرفیت ان کے عشق کو ایک معصومیت اور پاکیزگی عطا کرتی ہے جس سے ان کے یہاں جسم کی پکار کے ساتھ روح کی پکار ہم آہنگ ہوتی ہوئی دکھائی دیتی ہے۔

حسرت کی غزلوں میں غم کوشی اور حرماں نصیبی کے بجائے ایک رجائیہ اور نشاطیہ لہر ملتی ہے۔ انھیں زندگی کے روشن امکانات پر اعتماد تھا۔ اس لئے ہمیں ان کی زندگی اور شاعری میں مایوسی کے بجائے طربیہ اور نشاطیہ آہنگ ملتا ہے۔ حسرت کی غزلوں میں ان کے سیاسی افکار کی جھلک بہت کم نظر آتی ہے اور غم جاناں کے مقابلے غم دوراں کا تذکرہ نہ ہونے کے برابر ہے۔ لیکن جہاں کہیں انھوں نے اپنے اشعار میں اپنے سیاسی افکار پیش کئے ہیں وہاں جذبات کی شدت، عزم محکم اور ان کے عشق غیر مصلحت آمیز کی کارفرمائیاں ہم پر دیرپا تاثر چھوڑ جاتی ہیں۔

حسرت کی غزلوں کی کامیابی کا راز صرف ان کے

موضوعات ان کے جذبے کی صداقت اوران کے خلوص وسادگی ہی میں مضمر نہیں ہے، بلکہ اس میں بڑی حد تک ان کے اس لب و لہجے کا بھی ہاتھ ہے جس میں ایک کلاسیکی رچاؤ اور قدیم شعراء کی آوازوں کی گونج موجود ہے۔ حسرت نے لکھنؤ اور دہلی دونوں دبستانوں کے شاعروں کی فنی خوبیوں سے استفادہ کیا ہے۔ لکھنوی شعراء سے لوچ، زبان کی نرمی و لطافت لی ہے لیکن لفظی بازیگری اور بے جا تکلف و تصنع سے احتراز کیا، اسی طرح دبستان دہلی کے شعراء سے جذبے کی گرمی اوران کے خلوص وصداقت کا اثر لیا۔ لیکن ان کے لہجے کی مایوسانہ لے سے اپنی غزلوں کو بچائے رکھا۔ اس طرح ان کی غزلوں میں ایک ایسا فنی رچاؤ، سادگی و پرکاری، نشاطیہ کیفیت اورحسن کاری نظر آتی ہے جس نے ان کی غزلوں کو نیا رنگ عطا کیا۔

یاسؔ یگانہ چنگیزی:

ان کا نام مرزا واجد حسین تھا۔ پہلے یاسؔ پھر یگانہ تخلص اختیار کیا۔ ان کی ولادت ۱۸۸۳ء میں عظیم آباد میں ہوئی۔ ۱۹۰۸ء کے آس پاس لکھنؤ آئے۔ ان کی وفات ۱۹۵۶ء میں لکھنؤ میں ہوئی۔ یگانہ خود کو غالبؔ شکن یہاں تک کہ غالبؔ کا چچا کہتے تھے، وہ خود کو مجاہد العصر غالب جنگ سمجھتے تھے۔ انھوں نے غالبؔ ، جوشؔ، اقبالؔ کے خلاف بہت کچھ لکھا۔ یگانہ کے دیوان نشتر یاس، آیات وجدانی، گنجینہ کے نام سے شائع ہو چکے ہیں۔

یگانہؔ بہ حیثیت غزل گو:

یگانہؔ نے عام روش سے ہٹ کر شاعری کی، یہی وجہ ہے کہ انھیں کم سامعین میسر آئے۔ ان کی شاعری کا انداز اچھوتا تیکھا اور انوکھا ہے، ان کے مزاج میں کجی ہے۔ انھوں نے اپنی شاعری میں مکمل زندگی کو موضوع بنایا ہے۔ حلقۂ شاعری میں کسی سے لڑے، کسی کو پچھاڑا، کسی سے دوستی کی۔ لکھنؤ کا قیام ان کو مہنگا پڑا۔ ہمیشہ حریفوں سے ٹکرایا کرتے تھے، انھوں نے اپنے نام میں چنگیزی کا اضافہ کرلیا تھا۔ خود کو غالبؔ کا چچا کہتے تھے۔ اوران کے کلام کی اصلاح کرتے تھے۔ اسی لئے اہل ذوق ان کے دشمن ہو گئے۔ لکھنؤ ان کی سسرال تھی، اس لئے خود کو یہاں کا داماد سمجھتے تھے، لیکن یہاں ان کے قدردان بہت کم تھے۔ وہ خود لکھتے ہیں ”ایک تو استاد یگانہ دوسرے داماد ہوں“۔ مجنون گورکھپوری نے یگانہؔ کی شاعری کے متعلق لکھا ہے:

”جس مشاعرے میں یاسؔ اپنا کلام سناتے تھے تو مشاعرہ برخاست ہونے کے بعد جس طرح لوگوں کی زبانوں پر یاس کے اشعار ہوتے تھے دوسرے اساتذہ کے اشعار بہت کم ہوتے تھے۔ یاسؔ کے بہت کم اشعار ایسے ہوتے ہیں جن میں ہم کو زندگی کے متعلق آگاہیاں نہ ملتی ہوں اور جن سے ہمارے اندر تازگی، توانائی اور تب وتاب زندگی نہ پیدا ہوتی ہو۔ یاسؔ کے اشعار بغیر تفکر کے اچھی طرح نہیں سمجھے جاسکتے۔“

یگانؔہ کی شاعری کا لب ولہجہ ان کے کردار، ان کے نظریات اوران کی فن کارانہ تکمیل کا لہجہ ہے۔ اس لہجے میں ان کی پوری شاعری کی جان ہے۔ یہ لہجہ چیلنج دیتا ہوا، جواب طلب کرتا ہوا اور ہار نہ ماننے والا لہجہ ہے۔ ان کے کلام میں خود پرستی بھی ہے اور حق پرستی بھی۔ بلکہ کہیں کہیں وہ خود پرستی کو حق پرستی سمجھ لیتے ہیں اور ناحق پرستی کو حق پرستی۔ ان کے کلام میں درشتی، دل آزاری یہاں تک کہ بدکلامی بھی ملتی ہے، مگر منافقت نام کو بھی نہیں ملتی۔ یگانہ کا جو باطن ہے وہی ظاہر بھی ہے۔ آزادی، بانکپن، پرزوری ان کے خیال کی خصوصیتیں ہیں۔

یگانؔہ کے کلام میں غم کی زیادتی نہیں ہے۔ خود پرستی، طاقت پرستی، تلخی اور طنز نے ان کے کلام میں جو ہنگامہ خیز فضا پیدا کردی ہے اس میں غم کی آواز دب کر رہ گئی ہے۔ وہ ایک خوددار شاعر تھے، ان کے یہاں میرؔ کی خودداری ملتی ہے۔ یگانہ کے یہاں فلسفیانہ گہرائی و گیرائی بھی ملتی ہے۔ وہ اپنی غزلوں میں زندگی کی حقیقتوں سے روشناس کراتے ہیں۔ ان میں وسعت و گہرائی ہے، ان کی شاعری ان کی زندگی کا پرتو ہے۔

محسن کاکوروی نعتیہ قصیدہ گو:

ان کا نام محمد محسن تھا۔ محسن کی ولادت ۱۸۲۷ء میں کاکوری میں ہوئی اور وفات ۱۹۰۵ء میں ہوئی۔ محسؔن امیر مینائی کے شاگرد تھے۔ انھوں نے نعت گوئی کو بام عروج پر پہنچایا۔ کلیات کے علاوہ مثنوی صبح تجلی اور چراغ کعبہ ان کی یادگار ہیں۔ نعتیہ قصیدے کی محفل میں محسن کاکوروی کا نام سب سے اونچا نظر آتا ہے۔ انھوں نے پانچ نعتیہ قصیدے لکھے، جن کے تاریخی نام گلدستۂ کلام رحمت، ابیات نعت، مدیح خیر المرسلین، نظم دلافروز اور انیس آخرت ہیں۔ محسن کے قصیدہ مدیح خیر المرسلین کو غیر معمولی شہرت حاصل ہوئی۔۔ اس میں شک نہیں کہ ان کا یہ قصیدہ اردو قصیدے کی تاریخ میں ایک منفرد اور امتیازی مقام رکھتا ہے۔ اس قصیدے کی تشبیب جو اس قصیدے کی مقبولیت کی بنیاد ہے یوں تو بہاریہ ہے لیکن محسؔن نے اس کو برسات کے موسم سے ہم آہنگ کردیا ہے۔ مقامی رنگ، ہندوستانی تلمیحات، رسم ورواج اور ہندی الفاظ کی آمیزش اتنی فنکاری سے کی ہے کہ اس کا جواب اردو قصیدہ نگاری میں نہیں ملتا۔

نعتیہ قصائد میں بھی محسؔن نے بڑی حد تک معنی آفرینی، جوش بیان روانی اور برجستگی کی انہیں خوبیوں کو برقرار رکھا ہے جو قصیدہ نگاری کا خاصہ ہے۔ انھوں نے بجا طور پر قصیدہ مدیح خیر المرسلین کو مستانہ قصیدہ کہا ہے۔ ابتداء سے انتہا تک اس قصیدے میں مستانہ فضا قائم رکھنے میں بہترین تعمیری قوت کا ثبوت دیا ہے جس سے پتہ چلتا ہے کہ نعت میں مستانہ قصیدہ کہنے میں ان کو بڑی صلاحیت حاصل ہے۔

کہا جاتا ہے کہ محسن عہد طفلی میں خواب میں سرور کائناتؐ کی زیارت سے مشرف ہوئے۔ بعدازاں عشق

رسولؐ سے ایسے سرشار ہوئے کہ نعت گوئی کو ہی اوڑھنا بچھونا بنالیا۔ محسن کاکوروی کے استاذ امیر بینائی کا اردو شاعری پر احسان ہے کہ انھوں نے نعت گوئی کو ایک مستقل صنف سخن کا درجہ دیا۔ لیکن شاگرد کا کارنامہ یہ ہے کہ اس نے اسے بام عروج پر پہنچادیا۔ محسنؔ کا فن خوبیوں اور خامیوں کا مجموعہ ہے لیکن اس قصیدے میں ان کی خوبیاں حاوی ہیں۔ ماحول سراسر ہندوستانی ہے۔ الفاظ میں بلا کی مٹھاس ہے اور قصیدے کی تاریخ میں یہ بالکل نیا موڑ ہے۔ اگر یہ سلسلہ جاری رہتا تو شاید قصیدے اور نعت کی تاریخ میں ایک دلکش امتزاج نظر آتا، مگر محسن خود ہی اس انداز کے موجد ہیں اور خود ہی خاتم۔

صفی لکھنوی:

ان کا نام سید علی نقی تھا، تخلص صفی اختیار کیا۔ ان کی ولادت لکھنؤ میں ۱۸۶۲ء میں ہوئی۔ انتقال ۱۹۵۰ء میں لکھنؤ ہی میں ہوا۔ صفیؔ نے لکھنؤ کے رنگ شاعری میں بڑی تبدیلی کی۔ وہ اصول شاعری کے شناسا ہی نہیں بلکہ ان سبھی میں کامل تھے۔ انھوں نے غزلوں کے علاوہ بڑی بڑی نظمیں بھی لکھی ہیں، جن میں ہندوستان کے مشہور شہروں کا انتہائی خوبصورت تذکرہ کیا گیا ہے۔ کچھ نظموں میں وہ حالیؔ سے قریب معلوم ہوتے ہیں، کیوں کہ وہ بھی شاعری کے ساتھ ساتھ زندگی میں اصلاح و ترقی چاہتے تھے۔ صفیؔ کی غزلوں کا دیوان صحیفۃ الغزل کے نام سے شائع ہوچکا ہے۔ اپنی زندگی کے آخری پندرہ برسوں میں انھوں نے عمر خیام کی رباعیوں کا اردو میں منظوم ترجمہ کیا اور ان پر فاضلانہ اور تحقیقی نوٹ بھی لکھے۔ صفیؔ کی ایک مثنوی پر ہندوستان اکیڈمی نے ان کو انعام دیا۔

عزیز لکھنوی:

ان کا نام مرزا محمد ہادی، تخلص عزیزؔ تھا۔ ولادت ۱۸۸۲ء میں لکھنؤ میں ہوئی۔ انتقال ۱۹۳۵ء میں لکھنؤ ہی میں ہوا۔ عزیزؔ، صفیؔ لکھنوی کے شاگرد تھے۔ عزیز کا شمار ان شاعروں میں ہوتا ہے جنھوں نے شاعری میں جذباتیت کو اہمیت دی اور نئے مسائل لاکر شاعری کا دائرہ وسیع کیا۔ وہ میرؔ و غالبؔ کے عقیدت مند تھے اور انھیں کی طرح سنجیدہ خیالات اپنی شاعری میں پیش کرتے تھے۔ انھوں نے غالبؔ کی غزلوں پر اکثر غزلیں کہی ہیں۔ غزل کے علاوہ انھوں نے اعلیٰ درجے کے قصیدے بھی لکھے ہیں۔ ان کے قصیدے پیشوایان دین کی مدح میں ہوتے تھے۔ عزیزؔ کے تین مجموعے گل کدہ، انجم کدہ اور صحیفۂ ولا شائع ہوچکے ہیں۔

ریاض خیرآبادی:

ان کا نام سید ریاض احمد، تخلص ریاضؔ تھا۔ ان کی ولادت ۱۸۵۶ء میں خیرآباد میں ہوئی۔ ۱۹۳۴ء میں انتقال ہوا۔ انھوں نے خیرآباد سے ریاض رضواں نام کا اخبار جاری

کیا اور جب مستقل طور پر گورکھپور منتقل ہو گئے تو یہ اخبار بھی وہیں سے نکلنے لگا۔ ان کا مجموعہ کلام ریاض رضواں ان کے انتقال کے بعد شائع ہوا۔ ریاض ایک نیک اور متقی پرہیزگار انسان تھے۔ مگر ان کی شاعری کا خاص موضوع جام و شراب اور میخانہ ہے۔ اس لئے وہ اردو شاعری کی دنیا میں رند پارسا کے نام سے مشہور ہوئے۔

ریاضؔ نے امیرؔ مینائی کی شاگردی اختیار کی، لیکن ان کے کلام میں داغؔ کا رنگ جھلکتا ہے۔ ریاضؔ کی شاعری میں نہ فکر و فلسفہ ہے نہ عریانی و پست خیالی۔ ان کے یہاں سرشاری کی ایک کیفیت ملتی ہے جو ہمیں کیف و سرور کی دنیا میں لے جاتی ہے۔

آرزو لکھنوی:

ان کا نام سید انور حسین تخلص آرزو تھا۔ ولادت ۱۸۷۳ء میں لکھنؤ میں ہوئی۔ وفات ۱۹۵۱ء میں ہوئی۔ آرزؔو جلالؔ کے شاگرد تھے۔

ان کے کلام کے چار مجموعے فغانِ آرزو، جہان آرزو، بیان آرزو اور سریلی بانسری شائع ہو چکے ہیں۔ آرزؔو شاعری کے علاوہ نثر نگاری میں بھی ممتاز تھے، انھوں نے متعدد ڈرامے لکھے جن میں متوالی جوگن، دل جلی بیراگن اور شرارۂ حسن خاص طور پر قابل ذکر ہیں۔ آرزؔو نے قواعد زبان سے متعلق ایک رسالہ نظام اردو کے نام سے تصنیف کیا۔ آرزو کی ناموری کا اصل سبب ان کی غزلیں ہیں۔ ان کا ایک اہم کارنامہ یہ ہے کہ انھوں نے غزل کو ایک نیا روپ دیا۔ آسان ہندی آمیز زبان استعمال کی جسے انھوں نے خالص اردو کا نام دیا۔

☆☆☆

شعرائے عہد جدید

سیماب اکبرآبادی:

ان کا نام سید عاشق حسین، تخلص سیمابؔ تھا۔ ولادت ۱۸۸۰ء میں آگرہ میں ہوئی۔ انتقال ۱۹۵۱ء میں کراچی میں ہوا۔ انھوں نے داغ کی شاگردی اختیار کی۔ سیماب نے جب شاعری شروع کی تو قدیم طرز سخن اپنایا۔ لیکن انگریزی زبان سے شناسائی کے بعد وہ شعر کی مقصدیت پر زور دینے لگے۔ ان کی شاعری میں جو انقلاب آیا اس کا ذکر خود انھوں نے اس طرح سے کیا: "اوائل مشق سخن تک مجھے قدیم تغزل سے دلچسپی تھی لیکن زمانے کے ساتھ علم و معلومات کا دائرہ جس قدر وسیع ہوتا گیا رنگ قدیم سے لگاؤ کم ہوتا گیا، اب شاعری میں بلند خیالات اور بلند انسانی جذبات کی ترجمانی کا حامی ہوں، میں شاعری میں فلسفہ اور حقائق و معارف کے نکات پسند کرتا ہوں۔ میں اس شاعری کا منکر ہوں جس کا موضوع صرف عورت اور اس کے متعلقات ہوں۔"

سیمابؔ اردو شاعری میں اصلاح کے خواہش مند تھے، انھوں نے قصر ادب کے نام سے ایک ادارہ بھی قائم کیا جس کا مقصد نو آموز شعراء کے کلام کی اصلاح اور ان کی تربیت تھا۔ انھوں نے شاعری میں آگرہ اسکول چلانے کی بھی کوشش کی۔ سیمابؔ کے کلام کے مجموعے شعر انقلاب، کار امروز، کلیم عجم، سدرۃ المنتہیٰ کے نام سے شائع ہو چکے ہیں۔

اثر لکھنوی:

ان کا نام نواب جعفر علی خاں، تخلص اثرؔ تھا۔ ولادت ۱۸۸۵ء میں لکھنؤ میں ہوئی۔ وفات ۱۹۶۷ء میں لکھنؤ ہی میں واقع ہوئی۔ انھوں نے عزیزؔ لکھنوی کی شاگردی اختیار کی۔ میر تقی میرؔ اثرؔ کے محبوب شاعر تھے۔ ان کے کلام پر بھی میرؔ کا اثر صاف جھلکتا ہے۔ اثرؔ نے ہر صنف سخن میں طبع آزمائی کی جن میں زیادہ تر غزلیں ہیں۔ انھوں نے بھگوت گیتا کا ترجمہ بھی کیا جو نغمہ جاوید کے نام سے شائع ہو چکا ہے۔ غزلوں کے تین دیوان اثرستان، بہاراں، نو بہاراں شائع ہو چکے ہیں۔ اثرؔ کی غزلیں بہت سادہ مگر رنگین ہوتی ہیں۔ ان کی زبان آسان اور شیریں ہوتی ہے، کبھی کبھی گہرے صوفیانہ اور فلسفیانہ خیالات بھی پیش کرتے ہیں۔ اثرؔ شاعر ہی نہیں ناقد اور محقق بھی تھے، ان کے تنقیدی مضامین کے مجموعے فرہنگ اثرؔ چھان بین، میر انیس کی مرثیہ نگاری کے نام سے شائع ہو چکے ہیں۔

جگر مرادآبادی:

ان کا نام علی سکندر، تخلص جگر تھا، ولادت ۱۸۹۰ء میں

مراد آباد میں ہوئی۔ انتقال ۱۹۶۰ء میں گونڈہ میں ہوا۔ جگر نے داغ، اصغر، رسا اور امیر اللہ تسلیم سے استفادہ کیا۔ ان کے کلام کے تین مجموعے داغ جگر، شعلہ طور، آتش گل کے نام سے شائع ہو چکے ہیں۔ آتش گل پر جگر کو ساہتیہ اکیڈمی سے انعام ملا۔

جگر کی غزل گوئی:

جگر مراد آبادی اردو زبان کے وہ بلند پایہ شاعر ہیں جنھوں نے اپنی زندگی کی تلخیوں کو شراب کی کیفیتوں میں چھپایا ہے۔ شراب ان کی زندگی کا خاص جز رہی ہے اور اسی کا اثر ان کی شاعری پر پڑا ہے۔ ان کے کلام میں بلا کی روانی اور جذباتیت ہے۔ وہ مجاز سے حقیقت تک پہنچتے ہیں۔ ان کے کلام میں کہیں سیاست ہے، کہیں تصوف کہیں، اخلاق کہیں، شراب و رنگ کہیں، غم دوراں کے شکوے ہیں۔ ساتھ ہی محبوب سے دوری اور مہجوری بھی نمایاں ہے۔ مگر ان کی شاعری کا وہی حصہ سب سے زیادہ عمدہ سمجھا جاتا ہے، جس میں انھوں نے رومانیت میں ڈوبے ہوئے گیت گائے ہیں۔ ان کی شاعری میں جو پرکشش حسن ملتا ہے، اس کا راز یہی ہے کہ وہ محبت اور حسن کے پجاری ہیں اور انہیں کا ذکر دل چسپ طریقے سے کرتے رہتے ہیں۔

جگر ایک طرف تو تشنۂ محبت سے سرشار تھے، دوسرے شراب نوشی کا شغل ہمہ وقت جاری رہتا تھا، یہ مستی و بے خودی اور یہ وارفتگی ان کے شعروں سے بھی ٹپکی پڑتی ہے۔ یہی عالم اصل زندگی میں بھی تھا، جھومتے جھامتے مشاعروں میں آتے اور بے خودی کے عالم میں شعر پڑھ کر چلے جاتے۔ ترنم بھی خاص انداز کا تھا اور اتنا مقبول ہوا کہ بہت سے شاعروں نے اس کی نقل کرنے کی کوشش کی۔ آخری ایام میں اصغر گونڈوی کے سمجھانے پر شراب نوشی ترک کردی۔ اس زمانے میں تصوف کی طرف بھی مائل ہوئے۔ شراب نوشی نہ سہی لیکن شعروں میں گاہے بہ گاہے شراب کا ذکر آتا رہا۔ چنانچہ آخری دور میں تصوف اور رندی دونوں ہی شاعری کا موضوع نظر آتے ہیں۔

جگر کے کلام میں بلا کی ندرت ہے، اگر پڑھئے تو محسوس ہوتا ہے کہ ہم اس کائنات ارض وسما میں نئے مشاہدات اور تازہ واردات سے ہم کنار ہو رہے ہیں۔ پرانی باتیں نئی معلوم ہوتی ہیں اور نئی چیزوں میں قدامت کا رنگ جھلکنے لگتا ہے۔ ان کا عصری شعور خاصا بالیدہ ہے، ان کے بارے میں کوئی یہ نہیں کہہ سکتا کہ وہ زمانے کی رفتار سے بے خبر ہیں۔

زبان کے معاملے میں جگر نے اپنے اساتذہ کی پیروی کی ہے۔ مشکل فارسی الفاظ وتراکیب سے ہمیشہ گریز کیا۔ سہل شیریں الفاظ پر ان کی نظر ٹھہرتی ہے، اس لئے زبان رواں اور دلکش ہے۔

غرض جگر مراد آبادی ہماری صدی کے ایک ممتاز غزل گو ہیں جن کی ایک انفرادیت اور مخصوص رنگ تغزل ہے، فکر وشعور کے اعتبار سے وہ اپنے ہمعصروں میں ممتاز

حیثیت کے حامل ہیں۔ غزل کو عصر حاضر کے تقاضوں سے ہم آہنگ کرنے میں جگر نے علامہ اقبال کی روایت کو آگے بڑھایا ہے۔

جوش ملیح آبادی:

ان کا نام شبیر حسن خاں، تخلص جوش تھا۔ جوش کے والد بشیر احمد خاں بشیر، دادا احمد خاں احمد، پردادا فقیر محمد خاں گویا شاعر تھے۔ جوش کی ولادت ۱۸۹۴ء میں ملیح آباد میں ہوئی۔ وفات ۱۹۸۲ء میں کراچی میں ہوئی، انھوں نے عزیز لکھنوی کی شاگردی اختیار کی، ملازمت کی تلاش میں دشواریوں کا سامنا کرنا پڑا، آخر کا دارالترجمہ عثمانیہ حیدرآباد میں ملازمت مل گئی، کچھ مدت وہاں گزارنے کے بعد دہلی آئے اور ایک رسالہ کلیم جاری کیا۔ دہلی میں حکومت ہند کے اردو ماہنامہ آج کل کے مدیر رہے۔

جوش کی نظم نگاری:

بیسویں صدی کے عظیم اردو شاعروں میں جنھوں نے اردو نظم کو مرتبہ کمال تک پہنچایا ان میں جوش ملیح آبادی کا نام سرفہرست ہے۔ اگرچہ جوش نے کچھ غزلیں بھی کہی ہیں لیکن ان کی شہرت کا دارومدار ان کی نظموں پر ہے، ابتداء میں انھیں شاعر فطرت کہا جاتا تھا۔ پھر شاعر انقلاب اور شاعر شباب کہا جانے لگا۔ ان تینوں خطابات سے ان کے شعور کی ترقی پسندی کا اندازہ لگایا جاسکتا ہے۔ جوش کو فطری، رومانی، سیاسی نظمیں لکھنے پر یکساں قدرت حاصل ہے۔

جوش نے تحریک آزادی کی حمایت میں نظمیں کہیں تو انھیں ملک گیر شہرت حاصل ہوئی اور انھیں شاعر انقلاب کے لقب سے یاد کیا جانے لگا۔ ہندوستان کی سیاسی زندگی میں شاید ہی کوئی ایسا واقعہ ہوگا جس پر جوش نے نظمیں نہ لکھی ہوں۔ وہ قوم پرستی، ہندو مسلم اتحاد، حب وطن، جمہوریت، امن اور آزادی خیال کے پجاری ہیں، ان خیالات کو انھوں نے اپنی بہت سی نظموں میں پیش کیا ہے۔ ان کے الفاظ میں آگ کی گرمی اور خیالات میں جوالامکھی کا زور ملتا ہے۔ اسی لئے کبھی کبھی ان کی تخلیقات میں وہ وزن نہیں رہتا جو ایک مفکر شاعر کے یہاں ہونا چاہئے۔ جوش فلسفہ کی نظر سے انسان کو مجبور مانتے ہیں مگر وجود خدا کے منکر ہیں، ساتھ ہی وہ انسان کی آزادی اور ترقی کے گیت بھی گاتے ہیں۔ خیالات کی یہ ناہمواری محض اس لئے ہے کہ وہ عوام اور ان کی تمناؤں کے محبّ ہونے کے باوجود ان کے قریب نہیں ہیں۔ فکروعمل کی یہ دوری کبھی ان کو دہشت پسند بناتی ہے، کبھی رومانی، کبھی رجعت پسند، کبھی ترقی پسند۔ ان سب کے سوتے ان کی زندگی میں ڈھونڈھے جاسکتے ہیں۔

جوش کی ایک حیثیت شاعر فطرت کی ہے، فطرت کی تصویرکشی میں ان کو بڑا لطف ملتا ہے، وہ ان کی ایسی جیتی جاگتی تصویریں کھینچتے ہیں کہ میر انیس کی یاد تازہ ہوجاتی ہے۔ خلیل الرحمن اعظمی جوش کی انقلابی شاعری کے قائل تو نہیں ہیں لیکن مناظر فطرت کی تصویرکشی میں جوش نے جس

مہارت کا ثبوت دیا ہے اس کے قائل ہیں۔ فرماتے ہیں
''جوش نے مناظر فطرت پر جس کثرت سے نظمیں لکھی ہیں اس کی مثال پوری اردو شاعری میں نہیں ملے گی۔''

جوشؔ کی تیسری حیثیت شاعر شباب کی ہے، سبھی رومانی شعراء کے مانند وہ حسن کے پرستار ہیں۔ چاہے وہ فطرت میں ملے چاہے انسانی زندگی میں اور اگر وہ کہیں نہ ملے تو وہ اپنے خیالات کی رومانیت پر بھی فریفتہ ہو سکتے تھے۔ جوش عشق مجازی کے شاعر ہیں اور وصل محبوب کے طلبگار ہیں۔ ہجر کے مصائب برداشت کرنا ان کے بس سے باہر ہے۔ انھیں ہر اچھی صورت پسند ہے، اور وہ بھی اس وقت تک جب تک وصال میسر نہ ہو۔

جوشؔ کی شاعری میں سب سے زیادہ قابل توجہ چیز ہے ایک دلکش اور جاندار زبان۔ جوشؔ کو زبان پر مکمل عبور حاصل ہے۔ انھیں بجا طور پر لفظوں کا بادشاہ کہا گیا ہے۔ مترنم الفاظ کے استعمال اور ان کے انتخاب کا انھیں بڑا سلیقہ ہے۔ ان کی تشبیہوں اور اشعاروں میں بڑی لطافت پائی جاتی ہے۔

جوشؔ کی مشہور نظمیں:

برسات کی شفق، ربودگی، جادو کی سرزمین، مولوی، فتنہ خانقاہ، نقاد، جھریاں، نا آشنا مہمان، برسات کی شام، جوانی کی آمد آمد، آوازوں کی سیڑھیاں، فاختہ کی آواز، البیلی صبح، تاجدار صبح، بدلی کا چاند، آبشار نغمہ، پہلی مفارقت، کسان، آثار انقلاب، مہترانی، مالن، جامن والیاں، خاتون مشرق، وغیرہ۔

جوشؔ کی مرثیہ نگاری:

اردو کے جدید مرثیہ نگاروں میں جوشؔ کا نام سرفہرست ہے۔ انھوں نے مرثیہ کو ایک نئی ترتیب دینے کی کوشش کی، اس میں فکر کا عنصر شامل کیا۔ اردو مرثیے کی تاریخ کو ایک نیا موڑ دے کر اس میں ایک جدید باب کا اضافہ کیا، جوش کا سب سے بڑا کارنامہ یہ ہے کہ انھوں نے اردو مرثیے کو انقلاب اور قومی جذبات سے ہم آہنگ کیا، اگرچہ اس کی مخالفت ہوئی تاہم انھوں نے استقامت کے ساتھ اپنے اس تصور و تخیل کو خوبی کے ساتھ پیش کیا۔

عام روایت کے مطابق جوشؔ کے مرثیے مسدس کی شکل میں ہیں، مگر اندرونی ترتیب اور موضوع کے انتخاب کے لحاظ سے اپنے پیش رؤں سے مختلف ہیں۔ ان میں نظم کا فن اور ٹکنیک استعمال ہوئی ہے۔ اسی بنیاد پر بعض نقادوں نے سرے سے ان کے مرثیہ ہونے پر اعتراض کیا ہے، ان کا خیال ہے کہ انھیں نظم مسدس کہنا زیادہ بہتر ہوگا۔ لیکن حقیقت صرف یہ ہے کہ جوش ایک بڑے نظم نگار تھے، چنانچہ ان کے مرثیوں پر بھی یہ اثرات ثبت ہوئے۔

جوشؔ کے مرثیوں میں مرثیہ کے تمام لوازم موجود ہیں، مثلاً چہرہ، رخصت، رجز، معرکہ، شہادت، بین وغیرہ۔ مرثیوں میں کردار نگاری اور ڈرامائی عناصر کا بھی پتہ چلتا

ہے۔ چونکہ انھوں نے واقعات کربلا کو ان کے ذات وصفات کے پس منظر میں نہیں دیکھا، بلکہ اس کی جگہ انھوں نے بعض سیاسی اور قومی اثرات کے پس منظر میں دیکھا، اس لئے ان کی رمزیہ لوتیز ہوگئی ہے، مگر جوشؔ اسے آخر تک نباہ نہ سکے، بلکہ انھوں نے رزمیہ کی حدوں کو پار کرکے بزمیہ میں قدم رکھ دیا، ان کا مرثیہ ''حسین اور انقلاب'' اس بات کا ثبوت ہے۔

جوشؔ نے متعدد مرثیے لکھے ہیں۔ آوازۂ حق، حسین اور انقلاب، قلم، وحدت انسانی، موجد و مفکر اور حیات وموت ان کے قابل ذکر مرثیے ہیں۔ جوشؔ جدید مرثیہ نگار تھے، اصلاً نظموں کے شاعر تھے، اس لئے انھوں نے ضمنی اور ذیلی باتوں کو بڑی خوبصورتی سے بیان کیا، اور انھیں اس حد تک بڑھا کر پیش کیا کہ اصل کیفیات سامنے آگئیں۔ اس لئے بعض نقادوں کو طوالت و تکرار کا خیال پیدا ہوا۔ جوشؔ نے جدید مرثیہ نگاری میں اضافہ کیا ہے۔ اگر ہماری نظر مرثیہ کے ارتقاء اور عہد بہ عہد اس کی تبدیلیوں پر ہو تو یہ الزام از خود بے اثر ہو جاتا ہے۔ بہر حال فن، تکنیک اور موضوع کے لحاظ سے جوشؔ نے مرثیہ میں گرانقدر اضافہ کیا ہے جس سے جوشؔ کا وقار کافی بلند ہوا ہے۔

فراقؔ گورکھپوری:

ان کا نام رگوپتی سہائے، تخلص فراق تھا۔ والد گورکھ پرشاد عبرتؔ بھی شاعر تھے، ان کی ولادت ۱۸۹۶ء میں گورکھپور میں ہوئی۔ وفات ۱۹۸۲ء میں دہلی میں ہوئی۔ آخری رسومات الٰہ آباد سنگم پر ادا ہوئیں۔ ابتداء میں فراقؔ نے پروفیسر ناصری سے اپنے کلام پر اصلاح کی بعد میں وسیم خیر آبادی کو اپنا کلام دکھانے لگے۔ ان کے شعری مجموعوں میں غزلستان، شعرستان، شبنمستان، نغمہ ساز، روح کائنات. گل نغمہ، گلبانگ اہم ہیں۔ مجموعہ گل نغمہ پر فراقؔ کو گیان پیٹھ ایوارڈ ملا جو اردو شاعری کا پہلا گیان پیٹھ ایوارڈ تھا۔ ان کی رباعیوں کا مجموعہ روپ کے نام سے شائع ہوا۔

فراقؔ کی غزل گوئی:

فراق گورکھپوری کی شاعری فکروفن، موضوع اور اسلوب کے اعتبار سے نئے منفرد آہنگ کی حامل ہے۔ ان کی شاعری ان کی ذات کی داخلی و باطنی گہرائیوں سے لے کر حیات و کائنات کی خارجی وسعتوں تک محیط ہے، وہ ایک ہمہ گیر شخصیت کے مالک ہیں، جس کی تعمیر و تربیت میں ان کے عمیق مطالعہ و مشاہدہ کو بڑا دخل رہا ہے۔ وہ قدیم ہندو کلچر دیومالا، سنسکرت اور ہندی ادب سے گہری واقفیت رکھتے تھے، اسی کے ساتھ مغربی ادب و فلسفہ کا مطالعہ اور اردو، فارسی شعروادب کی روایت سے آگاہی اور وابستگی رکھتے تھے۔ اس وسیع مطالعہ کے پس منظر میں فراقؔ نے اردو شاعری میں موضوع اور اسلوب کی نئی روایتوں کو جنم دیا۔

فراقؔ کے شعری مزاج کی تشکیل میں بہت سے عناصر کارفرما ہیں۔ میرؔ، غالبؔ، مصحفیؔ سے لے کر حسرتؔ

وفاؔنی کے شاعرانہ کمالات سے انھوں نے فیض حاصل کیا ہے۔ ان کے کلام میں پائی جانے والی دردمندی، سوز و گداز اور نشتریت اگر میرؔ کی یاد دلاتی ہے تو ان کا احساس رنگ و نور اور داخلیت و خارجیت کا دلکش امتزاج مصحفی و حسرت سے کسب فیض کی شہادت دیتا ہے۔ ان کے تفکر اور فلسفیانہ بصیرت میں غالبؔ کا رنگ نمایاں ہے۔ فراقؔ کی شاعری کا ایک اہم تشکیلی عنصر ہندوستانیت کی وہ روح ہے جو ان کی ذات اور ان کے ذہن و مزاج میں سما کر صدیوں کی آریائی روح کو تخلیقی اظہار دے کر اس میں اپنے عہد کی دھڑکنوں کو سمونے کی کوشش کی۔

فراقؔ کی غزلوں کا بنیادی موضوع حسن و عشق ہے۔ ان کی غزلوں میں جسم و جمال کی بڑی دل کش اور جاندار تصویریں ملتی ہیں۔ ان تصویروں میں ان کے مخصوص جمالیاتی احساس کے ساتھ ساتھ ان جمالیاتی تصورات کا عکس واضح طور پر محسوس کیا جا سکتا ہے، جہاں سے فراقؔ کے فکری سوتے پھوٹتے ہیں۔ فراقؔ کا تصور عشق افلاطونی اور ماورائی نہیں ہے، وہ مادی اور ارضی ہے، اسی طرح جنس فراق کے لئے شجرۂ ممنوعہ نہیں، ان کے یہاں حسن سے لطف اندوز ہونے کا تصور واضح طور پر ملتا ہے۔ عشق ان کے یہاں صرف جسمانی تسکین کا ذریعہ ہی نہیں بلکہ وجدانی انبساط اور طہارت و تقدس کا سرچشمہ بھی ہے۔

فراق کا تصور عشق محدود نہیں، وہ اپنے اردگرد محبت کا حصار کھینچ کر زندگی کے مسائل اور عصری تقاضوں سے آنکھیں نہیں چراتے۔ عشق کو محبوب کی جلوہ گاہ تک محدود رکھنے کے بجائے اس میں ساری کائنات کو شامل کر لیتے ہیں۔ وہ اپنے عہد کے انسانوں کی زندگی میں پائی جانے والی محرومیوں اور ناکامیوں کو محسوس کرتے ہیں اور اپنی غزلوں میں اس کی عکاسی کرتے ہیں۔ فراق تمام تر انسانی تعلقات کے شاعر ہیں، ان کے بہت سے اشعار میں ایک محدود فضا کا احساس ہوتا ہے، یہ فضائی احساس ہمیں انگریزی شاعر ورڈز ورتھ اور بنگالی شاعر ٹیگور کے لازوال نغموں میں بھی ملتا ہے۔

فراقؔ کی شاعرانہ شخصیت کو عظمت بخشنے میں ان کے لب و لہجہ کو بڑا دخل ہے جس میں بلا کا سوز، دلکشی و رعنائی ہے۔ انھوں نے اپنے ہمہ گیر تجربوں کے نئے لب و لہجہ اور نئے آہنگ کے ساتھ پیش کر کے کائنات غزل کو وسعت بخشی، فراقؔ کی مروجہ تشبیہوں اور استعاروں میں ہندوستانیت کی روح میں پائی جانے والی لطافت پاکیزگی اور ہندی شاعری میں پائی جانے والی ارضیت، نغمگی، موسیقیت اور سرشاری کو اس طرح سمویا ہے کہ ان کی غزلوں میں بڑی دلکشی اور تازگی پیدا ہو گئی ہے۔

حفیظ جالندھری:

نام محمد حفیظ تھا۔ ولادت ۱۹۰۰ء میں جالندھر میں ہوئی۔ انتقال ۱۹۸۲ء میں ہوا۔ حفیظؔ کے کلام کے کئی مجموعے شائع ہو چکے ہیں جن میں نغمہ زار، سوز و ساز، تلخابہ شیریں

بہت اہم ہیں۔ ابتداء میں حفیظ نے سہل، میٹھی اور ہندی سے ملتی جلتی زبان میں جو گیت لکھے اس نے ان کا نام بہت دور دور تک پھیلا دیا۔ ان کے گیتوں کی کامیابی کا راز چھوٹی، سبک اور رواں بحروں کا استعمال ہے۔ وہ ایسے لفظوں کا استعمال کرتے ہیں جو سماعت کو متاثر کرتے ہیں۔ ان کے گیتوں میں ٹوٹی ہوئی کشتی کا ملاح اور شہسوار کربلا خاص طور پر قابل ذکر ہیں۔

مسلمانوں میں حفیظ جالندھری کی مقبولیت ان کی مشہور تخلیق شاہ نامہ اسلام کے سبب ہے، یہ تخلیق پانچ حصوں میں شائع ہوئی۔ تاریخی واقعات کو نظم کرنا اور خاص طور سے ایسے واقعات کو جن سے مذہب کا تعلق ہو اور جن سے کسی قوم کے جذبات وابستہ ہوں، ایک دشوار کام ہے۔ حفیظؔ نے اس طویل نظم میں واقعات بے کم وکاست بیان کیے ہیں، مگر طرز نگارش ایسا ہے کہ کہیں بھی اس کی دلکشی میں کمی نہیں آئی ہے۔

حفیظ نے غزلیں بھی کہی ہیں، مگر یہ روایتی انداز کی ہیں اور تاثیر سے محروم ہیں۔ حفیظ نے جو نظمیں لکھی ہیں ان میں فلسفیانہ گہرائی تو نہیں ہے لیکن اسلوب نگارش جاذب نظر ہے۔ انھوں نے نئے تجربے نہیں کیے، مگر قدیم ہیئتوں کو سلیقے کے ساتھ برتا ہے۔ ان کی کچھ نظمیں سماجی اور سیاسی مسائل سے بھی متعلق ہیں۔ نظموں میں مترنم بحروں اور سبک شیریں الفاظ کا استعمال کرکے انھوں نے اسے سرمایہ مسرت بنا دیا ہے۔

پنڈت آنند نرائن ملاؔ:

ملا کشمیری برہمن تھے، ان کی ولادت ۱۹۰۱ء میں لکھنؤ میں ہوئی۔ لکھنؤ میں پنڈت آنند نرائن ملا نے اس روایت کو آگے بڑھایا جس کا آغاز چکبستؔ نے کیا تھا۔ ابتداء میں انھوں نے کچھ انگریزی نظمیں لکھیں، کچھ فارسی نظموں کے ترجمے انگریزی میں کیے، لیکن بعد میں اردو میں لکھنے لگے۔

ان کے کلام میں گہرائی اور جذبات کی عکاسی ملتی ہے۔ انھوں نے کچھ رومانی نظمیں بھی لکھی ہیں مگر زیادہ سماجی اور سیاسی حالات کا بیان شاعری میں کرتے ہیں۔ خیالات کو ایسے فنکارانہ انداز میں پیش کرتے ہیں کہ ان کی اثر انگریزی بڑھ جاتی ہے۔ گہری حب الوطنی کے ساتھ ان کے نظریات میں انسان دوستی کا جذبہ بہت زوردار ہے۔ ان کے مجموعے جوئے شیر، کچھ ذرے کچھ تارے، میری حدیث عمر گریزاں کے نام سے شائع ہو چکے ہیں۔

اختر شیرانی:

اختر خاں نام اخترؔ تخلص، حافظ محمود خاں شیرانی کے بیٹے تھے۔ ولادت ۱۹۰۵ء میں ٹونک میں ہوئی۔ وفات ۱۹۴۸ء میں لاہور میں ہوئی۔ اخترؔ اردو کے اہم رومانی شاعر مانے جاتے ہیں۔ محبت کا اتنا شیریں بیان کرتے ہیں کہ وہ گیت کی طرح سننے والے پر چھا جاتا ہے۔ صنف نازک سے پیار کا جیسا خوبصورت جذبہ اخترؔ کے یہاں ملتا ہے وہ

کسی اور شاعر کے یہاں شاذ و نادر ہی ملے گا۔ سنجیدہ فکر اور فلسفیانہ مباحث کا اختر کے یہاں گذر نہیں۔ ان کی نظموں میں ہر جگہ کوئی نہ کوئی حسین جلوہ گر ہے۔ دو ہی چیزیں ہیں جس کے لئے اختر بڑی سے بڑی قربانی کرنے پر تیار ہیں۔ محبت اور وطن پرستی۔ انہی دو لفظوں سے وہ تصور کا ایک عالی شان محل کھڑا کر لیتے ہیں۔ ان کے اسلوب میں سادگی کے ساتھ ساتھ ایک طرح کی نشئلی کیفیت بھی ملتی ہے جو پڑھنے والے کو اپنے ساتھ رامش و رنگ میں ڈبو دیتی ہے۔ اختر کے مجموعے شعرستان، صبح بہار، نغمۂ حرم، طیور آوارہ، اختر ستان، شہ رو، لالۂ طور اور شہ ناز شائع ہو چکے ہیں۔

احسان دانش:

نام احسان الحق تھا۔ ولادت ۱۹۱۴ء میں کاندھلہ ضلع مظفر نگر میں ہوئی۔ انتقال ۱۹۸۲ء میں لاہور میں ہوا۔ احسان نے اپنی نظموں کے ذریعہ ایک بہت بڑی خدمت انجام دی، انھوں نے قارئین و سامعین کو ایک مظلوم طبقے کی حالت زار کا احساس دلایا اور طبقاتی بیداری پیدا کی لیکن اس کا حل پیش کرنے میں ناکام رہے۔ اس کا سبب تعلیم کی کمی ہے۔ احسان نے ایک طرف مزدوروں اور ناداروں کی تنگ دستی دیکھی تو دوسری طرف امیروں کا عیش و آرام ان کے ٹھاٹ باٹ اور مظلوموں کی طرف سے ان کی بے حسی کا رویہ۔ یہ سب کچھ انھوں نے دور سے نہیں دیکھا، بلکہ خود اسے جھیلا بھی۔ احسان نے یہی تجربات و مشاہدات اپنی شاعری میں سموئے ہیں۔ وہ معاشرے کے ان دونوں پہلوؤں کی اتنی کامیاب مصوری کرتے ہیں کہ پوری تصویر نظروں کے سامنے گھوم جاتی ہے اور اس تصور کو دیکھنے والا تڑپ جاتا ہے۔

غربت اور امارت کی کامیاب مصوری کے باوجود احسان کی شاعری سطحی رہتی ہے، گہرائی، پیچیدگی اور شدت جذبات سے ان کی شاعری خالی ہے۔ احسان نے کچھ غزلیں بھی کہیں ہیں جو روایتی انداز کی ہیں۔ انھوں نے رومانی نظمیں بھی کہی ہیں جو جاذب نظر ہیں، اس میں وہ شعری آداب کا خیال رکھتے ہیں۔ احسان کے کئی مجموعے شائع ہو چکے ہیں جن میں نوائے کارگر، چراغاں، آتشِ خاموش اہم ہیں۔

میرا جی:

ان کی ولادت ۱۹۱۲ء میں اور وفات ۱۹۴۹ء میں ہوئی۔ ان کا نام ثناء اللہ ہے۔ یہ میرا سین نامی عورت کے عاشق تھے، اس لئے میرا جی تخلص اختیار کیا۔ یہ بتانا محال ہے کہ اردو میں آزاد بحر کا استعمال سب سے پہلے کس نے کیا لیکن یہ بات اعتماد سے کہی جاسکتی ہے کہ میرا جی اور ن۔م۔راشد اس رنگ کے دو بڑے شاعر ہیں۔ میرا جی فرائڈ کے مقلد محض تھے۔ اپنی نظموں، حسین گیتوں اور فکر انگیز مضمونوں میں اسی کے خیالات کا پروپیگنڈہ کرتے تھے۔ میرا جی کے مجموعے کا نام گیت ہی گیت، میرا جی کی

نظمیں، پابند نظمیں، تین رنگ کے نام سے شائع ہو چکے ہیں۔

میراجی کی نظم نگاری:

آزاد نظم نگاروں میں اگر کسی کو صحیح معنی میں باغی شاعر قرار دیا جاسکتا ہے تو وہ میراجی ہیں۔ جو بقول وقار عظیم نئی شاعری کے سب سے زیادہ بدنام رکن ہیں، اس بدنامی میں ان کی شاعری کی ہیئت اور اس کے موضوع دونوں کا برابر کا حصہ ہے۔ میراجی وہ پہلے شاعر ہیں جن کے یہاں خصوصیت کے ساتھ بغاوت ملتی ہے۔ انھوں نے اپنی ذات سے بغاوت کی اور اپنا نام بدل دیا، اپنی شخصیت بدل دی۔ انھوں نے جن چند مخصوص موضوعات پر اظہار خیال کیا ہے وہ نہ صرف ان سے پہلے شجر ممنوعہ کی حیثیت رکھتے تھے بلکہ اس ترقی یافتہ زمانے میں بھی مروجہ اخلاقی اقدار سے اس حد تک متصادم تھے کہ انھیں بہ آسانی بے ہودگی کا نام دیا جاسکتا ہے۔ میراجی کی شاعری کی یہ نہج ورفتار کسی سیل رواں کے بہاؤ یا کسی فیشن کی آندھی کی بخشی ہوئی نہیں تھی۔ یہ سب انھوں نے شعوری طور پر اور اس کے اثرات ونتائج کو ذہن میں رکھ کر کیا تھا۔ رواج عام کے خلاف جو روش انھوں نے اختیار کی تھی تمام مخالفتوں کے باوجود اس پر انھیں پشیمانی کی ضرورت محسوس نہیں ہوئی۔ اس انفرادی ذہانت کی بنیاد پر میراجی یہ اعلان کرتے ہیں ''اکثریت کی نظمیں الگ ہیں، میری نظمیں الگ اور چونکہ زندگی کا اصول ہے کہ ہر بات ہر شخص کے لئے نہیں ہوتی، اس لئے یوں سمجھئے کہ میری نظمیں بھی صرف انھیں لوگوں کے لئے ہیں جو انھیں سمجھنے کے اہل ہوں یا سمجھنا چاہتے ہوں اور اس کے لئے کوشش کرتے ہوں۔''

میراجی کے فکر وفن کے تین نمایاں پہلو ہیں۔ جنسی فعل اور اس کے متعلقات کا بیان، نظموں میں ابہام کی کارفرمائی اور آزاد نظم کی ہیئت کا استعمال۔ یہ ان کی شاعری کے بنیادی ستون ہیں اور ان کی انفرادی پہچان کے امتیازی نشان بھی ہیں۔ میراجی کی شناخت کی انھی تین پہلوؤں کو عام طور پر ہدف ملامت بنایا گیا ہے۔ جنس جوان کا آدرش ہے جس کے آئینے میں وہ دنیا کی ہر بات کو دیکھتے ہیں۔ اپنے بہت سے پوشیدہ گوشوں کے ساتھ ان کی نظموں میں نمایاں نظر آتی ہے جن کی طرف اوروں کی نظر اٹھتی تو ضرور ہوگی مگر وہ انھیں بے نقاب کرنے کی ہمت نہ کرسکے۔

میراجی کی شاعری کا اہم پہلو اور ان کی بغاوت کا نمایاں مظہر آزاد نظم کی ہیئت کا استعمال ہے۔ میراجی کی جنسیت، ابہام اور آزاد نظم ایک دوسرے سے اتنے وابستہ اور پیوستہ ہیں کہ کسی کو کسی سے الگ کرکے دیکھنا اور قابل ترجیح قرار دینا مشکل ہے۔ میراجی کی آزاد نظم موضوعات کی محدودیت کے باوجود اپنی ہیئت اور تکنیک اسلوب اور آہنگ کے اعتبار سے پورا پورا فائدہ اٹھایا ہے۔ لیکن اردو زبان کی لسانی خصوصیات اور اس کی فنی روایات سے کبھی بھی چشم پوشی نہیں کی ہے۔

ن۔م۔راشد:

ان کا نام نظم محمد تھا۔ ولادت ۱۹۱۰ء میں قصبہ اکال گڑھ ضلع گجرانوالہ میں ہوئی۔ انتقال ۱۹۸۰ء میں انگلینڈ میں ہوا۔ پہلے ان کا تخلص گلاب تھا، بعد میں ن۔م۔راشد کے نام سے مشہور ہوئے۔ راشد کے مجموعے ماورا، ایران میں اجنبی، لا انسان، گمان کا عکس، کے نام سے شائع ہو چکے ہیں۔ جدید اردو نظم پر راشد کا احسان ہے کہ انھوں نے اسے نیا رنگ و آہنگ عطا کیا اور اس میں تہ داری پیدا کی۔ ان سے پہلے اردو نظم میں ایک قسم کا اکہرا پن تھا، نظم کے عنوان ہی سے موضوع کا پتہ چل جاتا تھا۔ وہ ایک سیدھی لکیر پر چلتی تھی۔ آغاز ارتقاء، انجام ہر چیز کا پہلے سے ہی اندازہ ہو جاتا تھا۔ اس کے برعکس راشد کی نظم میں گہرائی اور پیچیدگی پائی جاتی ہے۔ اسی لئے قارئین کو ان کے ابہام سے شکایت ہے۔ انھیں انفرادیت پسند، غیر سماجی، جنس زدہ، ذہنی مریض ،شکست خوردہ ذہنیت کا مالک وغیرہ کہا گیا، ان کی شاعری پر عریانی اور فحاشی کا الزام بھی لگایا گیا۔ اصل میں راشد کی نظموں کی تکنیک ایسی ہے کہ جس کی تہ تک بہ آسانی رسائی نہیں ہوتی اور حقیقت تو یہ ہے کہ وہ عوام کے نہیں دانشوروں کے شاعر ہیں۔ ان کی نظمیں غور وفکر کا مطالبہ کرتی ہیں۔ بیکراں رات کے سناٹے، اتفاقات، دریچے کے قریب، رقص، انتقام، اجنبی عورت، حیلہ ساز، داشتہ، نمرود کی خدائی وغیرہ ان کی لازوال نظمیں ہیں۔

اختر الایمان:

ان کی ولادت ۱۹۱۵ء میں نجیب آباد ضلع بجنور میں ہوئی اور انتقال ۱۹۹۶ء میں ہوا۔ انھوں نے اپنی شاعری کی ابتداء غزل سے کی، بعد ازاں نظم گوئی کی طرف متوجہ ہوئے۔ گرداب، زمیں زمیں، یادیں، بنت لمحات، تاریک سیارہ، سب رنگ، سروسامان، نیا آہنگ وغیرہ ان کے شعری مجموعے ہیں۔ ان کے مجموعہ یادیں پر ساہتیہ اکیڈمی سے اوارڈ ملا۔

اختر الایمان کی نظم نگاری:

اختر الایمان نے آزاد نظم کے فن کو نقطہ عروج تک پہنچایا، اور اس ہیئت کو ایک ممتاز مقام عطا کیا۔ انھوں نے اپنی نظموں میں ذاتی احساسات، غموں اور کشمکش کو آواز عطا کی، اس میں ان کا سماجی شعور بھی ابھر آیا ہے۔ وہ ایک علامتی شاعر ہیں، ان کی نظمیں غور وفکر کا مطالبہ کرتی ہیں، ان کی چھوٹی چھوٹی نظموں میں شدت احساس پوری طرح جلوہ گر ہے، اسی لئے بعض اوقات ان کی تہ تک رسائی ممکن نہیں۔ یہ اڑتی پھرتی تتلیاں ہیں جو کبھی ہاتھ میں آجاتی ہیں ،کبھی نہیں۔

اختر الایمان کی ابتدائی نظموں پر رومانی شاعری کے اثرات نمایاں ہیں، اسی رومانی رنگ و آہنگ کی وجہ سے ان کی اس دور کی نظموں میں ایک طرح کی قنوطیت کا احساس

ہوتا ہے۔ نیند سے پہلے، نقش پا، دور کی آواز، لغزش، تصور، تنہائی، وغیرہ میں یہ رنگ کافی نمایاں ہے۔ مگر جلد ہی اختر الایمان اپنی ذات کی خول سے باہر آئے اور اپنے عہد کے ابھرتے ہوئے تقاضوں کو سمجھنے اور عصری زندگی کے مسائل کو اپنی شاعری مین سمونے کی کوشش کی ہے۔ نئے طرز کو اپنانے کے باوجود اختر الایمان نے اپنی شاعری کو نہ تو ن۔م۔راشد اور میراجی کی طرح جنسی گھٹن سے ملوث ہونے دیا اور نہ ہی دوسرے ترقی پسند شعراء کی طرح سطحی جذباتیت کے اظہار کا ذریعہ بنایا۔ وہ ماضی کے ادبی ورثہ سے اپنا رشتہ نہیں توڑتے لیکن ماضی کی صالح روایات سے استفادہ کرتے ہوئے اس کے غیر صحتمند نظریات وعناصر کو نظر انداز کر دیتے ہیں۔ وہ اپنے خیالات کے شعری اظہار کو وقیع بنانے کی غرض سے تاریخی سماجی اور جذباتی ہر پہلو کو پیش نظر رکھتے ہیں۔اختر الایمان سطحی موضوعات سے احتراز کرتے ہوئے زندگی کی تہہ میں اترتے ہیں اور زندگی کے حقائق کا تجزیہ کرتے ہیں۔ جس کی وجہ سے ان کی نظموں میں تفکر کا عنصر خاصا نمایاں ہے۔ یہی وجہ ہے ان کی سیاسی وسماجی نظمیں بصیرت اور تہہ داری کی خصوصیت سے مالا مال ہیں۔

اختر الایمان تلخ سماجی حقائق کے بیان میں جارحانہ انداز اختیار کرنے کے بجائے نرم ومتوازن لب ولہجہ میں اپنی بات کہتے ہیں۔ اور بغاوت پر اکسانے کے بجائے مایوس نہ ہونے کی تلقین کرتے ہیں۔ ان کے اس نرم اور متوازن لب ولہجہ نے ان کی شاعری میں بڑی اثر آفرینی پیدا کر دی ہے، خاص طور سے ان نظموں کے وہ حصے زیادہ متاثر کرتے ہیں جہاں متضاد جذبات وکیفیات کے اظہار نے ڈرامائی انداز اختیار کرلیا ہے۔ یہ نظمیں اپنی شعریت جوش اور خلوص کی وجہ سے بہت متاثر کرتی ہیں۔ آزادی کے بعد، پیمبر گل اور سوالیہ نشان اس لحاظ سے ان کی کامیاب ترین نظمیں ہیں۔

فنی اعتبار سے اختر الایمان کی نظمیں پوری طرح کامیاب ہیں۔ یہ نظمیں ارتقاء کے مختلف مدارج سے گزرتی ہوئی پایہ تکمیل کو پہنچتی ہیں۔ ابتداء مرکزی خیال اور خاتمہ کے موضوعات کے مطابق لب ولہجہ میں اتار چڑھاؤ نظر آتا ہے۔ موضوع اور ماحول کے اعتبار سے وہ ہم آہنگ الفاظ استعمال کرتے ہیں۔ ان کا لہجہ نرم ہوتا ہے اور بڑے دھیمے لہجے میں دل کی بات باہر انڈیلنے کی کوشش کرتے ہیں۔

اختر الایمان نے اپنی نظموں کو موثر بنانے کے لئے علامت نگاری کے لطیف شاعرانہ استعمال کا سہارا لیا ہے۔ تشبیہ واستعارہ کا سہارا لئے بغیر الفاظ کے ذریعہ نمائندہ تصویریں اور بولتے ہوئے لطیف منظر پیش کئے ہیں۔ فرسودہ اور گھسے پٹے الفاظ کے بجائے فارسی، عربی اور ہندی زبان کے ایسے الفاظ استعمال کئے ہیں جو نظم کے موضوع سے پوری طرح ہم آہنگ ہیں۔ فکروفن کی انہیں خوبیوں کی وجہ سے فیض کے بعد اختر الایمان ہی کی شاعری کو سب سے

زیادہ قبول عام حاصل ہوا۔

ساغر نظامی:

نام محمد یار خاں تھا۔ میرٹھ کے رہنے والے تھے۔ ولادت ۱۹۰۵ء میں ہوئی۔ یہ سیماب اکبرآبادی کے شاگرد تھے۔ ابتداء میں ساغر نے صرف گیت، غزل اور رومانی نظمیں لکھیں۔ دھیرے دھیرے انھوں نے سیاسی رنگ بھی پیدا کرلیا، آزادی، سماج واد اور عوام کے حقوق کی باتیں کرنے لگے۔ حب وطن، ہندو مسلم اتحاد اور جہد آزادی کے بارے میں انھوں نے کئی بڑی عمدہ نظمیں لکھی ہیں۔ ان کا طرز ہندی الفاظ کے میل سے نیا پن پیدا کرلیتا ہے۔ وہ نثر بھی لکھتے تھے، کئی رسالوں کے مدیر بھی رہے۔ ان کے کلام اور مضامین کے کئی مجموعے شائع ہوچکے ہیں جن میں بادہ مشرق، رنگ محل، موج وساحل بہت مشہور ہیں۔ ساغر نے ایک طویل نظم نہرو نامہ رزمیہ کے رنگ میں لکھی ہے اور شکنتلا اور انارکلی ناٹکوں کا منظوم ترجمہ کیا ہے۔

☆☆☆

ترقی پسند شعراء

مجاز:

نام اسرار الحق، تخلص مجاز تھا۔ ترقی پسند شعراء میں ہردلعزیز رہے ہیں۔ ان کی ولادت ۱۹۱۱ء میں قصبہ رودولی ضلع بارہ بنکی میں ہوئی، انتقال ۱۹۵۵ء میں لکھنؤ میں ہوا۔ ان کی نظموں کا مجموعہ آہنگ کے نام سے کئی بار شائع ہوچکا ہے۔ یہی مجموعہ شب تاب اور ساز نو کے نام سے بھی شائع ہوا۔ ابتدا میں مجاز نے غزلیں لکھیں لیکن جلد ہی اپنی راہ ڈھونڈھ لی۔ شروع میں مجاز رومانی شاعر تھے اور انقلاب کے بارے میں بھی ان کا نظریہ محض رومانی تصورات یا عالم شباب کے معمولی واقعات سے فیضان لیتا تھا۔ لیکن جیسے جیسے ترقی پسند مصنفین کا شعور بڑھتا گیا مجاز بھی آگے بڑھتے گئے۔ مجاز کو اس وقت کے ہندوستان کے نوجوانوں کی تمناؤں، تصوروں اور بے تاب امنگوں کا شاعر کہا جاسکتا ہے۔۔ ان کا اسلوب بڑا پر اثر، پر کیف اور پرزور ہے۔

انسانی جذبات کی عکاسی میں مجاز کو بڑی مہارت حاصل ہے۔ شخصیت کی تعمیر میں معاشی مسائل کارفرما ہوں یا جذبہ عشق وہ اس کا گہری نظر سے جائزہ لیتے ہیں۔ ہزار زاویے سے اسے پرکھتے ہیں اور پورے فنی آداب کے ساتھ اسے شعر کے پیکر میں ڈھال دیتے ہیں۔ مجاز نے

رومانی نظمیں زیادہ لکھی ہیں اور ان میں بھی فنی بصیرت اورفطرت انسانی سے آگہی کا ثبوت دیا ہے، اس لئے ان میں بھی بہت دلکشی ہے۔ ان کی نظموں میں خانہ بدوش، رات اور ریل، آوارہ، اندھیری رات کا مسافر، نورا، مینابازار، سرمایہ داری، میرا چمن، انقلاب وغیرہ بہت اہم ہیں۔

مجروح سلطان پوری:

نام اسرارالحسن خاں تھا۔ وطن سلطان پور تھا، لیکن ولادت ۱۹۱۹ء میں اعظم گڑھ میں ہوئی۔ انتقال ۲۰۰۰ء میں بمبئی میں ہوا۔ مجروحؔ نے زیادہ تر غزلیں ہی کہی ہیں، جس کا مجموعہ 'غزل' کے نام سے شائع ہو چکا ہے۔ مجروحؔ کی مزاحیہ اور طنزیہ نظموں کا مجموعہ تماشائی کے نام سے شائع ہو چکا ہے۔

مجروحؔ کی غزل گوئی:

ترقی پسند شعراء میں مجروح سلطان پوری بہت مقبول شاعر ہیں۔ دوسرے ترقی پسند شعراء کی طرح وہ بھی رومانی آدرشوں سے انقلاب کی طرح آئے ہیں۔ مجروح غزل کے شاعر ہیں۔ ترقی پسند تحریک نے غزل کو اس لئے اہمیت نہیں دی کہ غزل اس طرح پیغامبری نہیں کرسکتی جس طرح نظم کرسکتی ہے۔ لیکن غزل نے آخرکار اپنی توانائی کا لوہا منوالیا۔ یہ صنف اشاروں میں ہر بات کہہ جاتی ہے اور اس طرح کہتی ہے کہ دل پر زیادہ اثر ہوتا ہے۔ مجروح کی غزل عصری تقاضوں سے منھ نہیں موڑتی۔ ان کی غزلوں میں ناسازگاری زمانہ کا احساس ہے، مگر اس کے آگے سپر ڈال دینے کا رویہ نہیں بلکہ اس سے تبرد آزما ہونے کا حوصلہ ہے۔ یہ زندگی کا ترقی پسندانہ رویہ ہے اور انھیں ان شاعروں کی صف میں لاکھڑا کرتا ہے، جنھوں نے ظلم کے خلاف آواز بلند کی اور مظلوموں کی حمایت کے لئے سینہ سپر ہوگئے۔ مجروح غزل کے شاعر ضرور ہیں مگر روایتی غزل کے نہیں۔ انھوں نے غزل کو ایک نیا انداز دیا۔ ان کے بارے میں یہ رائے درست ہے کہ انھوں نے غزل کی مریضانہ ذہنیت کو دور کیا، اسے ایک مردانہ للکار اور ہمت افزا پکار سے آشنا کیا۔ ان کی غزل کا لہجہ بھی بے باک اور بلند ہے۔

مجروحؔ کی غزل میں عہد حاضر کے سارے کرب، پوری کشمکش، حالات اور واقعات کا عکس سبھی کچھ موجود ہے۔ ان موضوعات کے لئے غزل کا جامہ تنگ نظر آتا ہے تو وہ قطعہ بند اشعار اور کبھی کبھی غزل مسلسل کا سہارا لیتے ہیں۔ عہد حاضر کی تقاضوں کو پورا کرنے کے باوجود مجروح کی غزل غزل ہی رہی۔ اس کی دلکشی نہ صرف باقی رہی بلکہ اور بڑھ گئی۔ اس میں غزل کی بنیادی خصوصیات پوری آب وتاب کے ساتھ موجود ہیں۔ مجروحؔ اپنی چست بندشوں اور دل کش ترکیبوں کے لئے مشہور ہیں۔ فارسی پر ان کو زبردست قدرت حاصل ہے اور اس کے الفاظ کی مدد سے وہ خوبصورت ترکیبیں بناتے ہیں جس سے کلاسکی رچاؤ پیدا

ہوتا ہے۔

ترقی پسند تحریک سے وابستہ ہوکر مجروحؔ نے غزل اور صرف غزل سے اپنا رشتہ استوار کیا اور یہ ثابت کردیا کہ غزل ہرطرح کے ترقی پسندانہ خیال کے اظہار کے لئے ایک کامیاب صنف سخن ہے۔ انھوں نے غزل کی تمام روایات اور آداب کا لحاظ رکھتے ہوئے قلم اٹھایا اور عہد جدید کے تقاضوں کے مطابق اسے ایک کامیاب ذریعہ اظہار بنادیا۔

مخدومؔ:

نام محی الدین ، تخلص مخدومؔ تھا۔ ان کی ولادت ۱۹۰۸ء میں حیدرآباد کے ایک گاؤں میں ہوئی۔ انتقال ۱۹۶۹ء میں ہوا۔ ۱۹۳۶ء میں جب ملک کے مختلف مقامات پر انجمن ترقی پسند مصنفین کی شاخیں قائم ہوئیں تو مخدومؔ نے حیدرآباد میں اس کی شاخ قائم کی۔ اس کا خاطر خواہ اثر ہوا اور حیدرآباد میں اس تحریک کے حامیوں کا ایک حلقہ پیدا ہوگیا۔ مخدومؔ کی شاعری کے مجموعے سرخ سویرا، گل تر، بساط رقص کے نام سے شائع ہوچکے ہیں۔

مخدومؔ کی نظم نگاری:

اردو نظم نگاری میں باغیانہ رنگ اور انقلابی آہنگ پیدا کرنے والوں میں مخدومؔ محی الدین پیش پیش تھے۔ مخدومؔ کو ترقی پسند شعراء میں ایک خصوصی اہمیت حاصل ہے۔ انھوں نے اپنی شاعری کا آغاز عشقیہ اور انقلابی جذبات کے ساتھ کیا۔ ان کے مجموعہ کلام سرخ سویرا اور بساط رقص میں دونوں طرح کی نظمیں ملتی ہیں۔ ایک طرف طیور، سجدہ، انتظار، محبت کی چھاؤں، نامہ حبیب، نورس اور پسیمانی جیسی جمالیاتی کیفیت اور سپردگی وسرمستی میں ڈوبی ہوئی نظمیں ہیں۔ تو دوسری طرف انقلاب، حویلی، جنگ آزادی، اندھیرا، بنگال اور تلنگانہ جیسی انقلابی نظمیں ہیں۔ اقبالؔ اور اسٹالن پر شخصی نظمیں بھی ہیں۔ ان انقلابی نظموں میں بلند آہنگی اور لہجہ کی کرختگی کی جگہ ایک نرمی، سرمستی وسرشاری کا احساس ہوتا ہے جو ان کی عشقیہ نظموں کے ساتھ مخصوص ہے۔ ان نظموں میں رومان اور انقلاب کی آواز ساتھ ساتھ سنائی دیتی ہے اور عشق سے انقلاب کی طرف پیش قدمی میں بھی ان کی مخصوص سپردگی اور والہانہ پن برقرار رہتا ہے۔ بقول خلیل الرحمٰن اعظمی: ''مخدوم انقلاب کا انتظار بھی اپنی خوش جمال محبوبہ کی طرح کرتے ہیں۔''

مخدومؔ کے مجموعہ گل تر میں شامل نظموں جیسے چارہ گر، وقت، چاند تاروں کا بن، بے درد مسیحا، خواہش، لخت جگر، سناٹا، وادی فردا جیسی نظموں کے مطالعہ سے معلوم ہوتا ہے کہ مخدومؔ کا فن برابر ارتقاء کے مراحل طے کرتا رہا ہے۔ چنانچہ ان کی ابتدائی نظموں کی طرح ان نظموں میں تفکر کی کمی اور اکہرے پن کا احساس نہیں ہوتا۔ انھیں خود اس بات کا احساس ہے، چنانچہ وہ لکھتے ہیں ''گل تر اپنی سج دھج، نفس مضمون، حقیقت، ندرت، جمالیاتی کیفیت اور تاثر کے اعتبار سے سرخ سویرا سے مختلف ہے۔'' اس مجموعہ میں کچھ

انگریزی نظموں کے ترجمے بھی ہیں جو منظوم ترجموں کی بہترین مثال ہیں۔ بہت سی نظمیں آزاد فارم میں ہیں۔ ان نظموں میں انسانیت دوستی اور حب الوطنی کے جذبات موجزن ہیں۔ ملکی اور بین الاقوامی تمام ہی زندہ مسائل نے مخدوم کو متاثر کیا ہے۔ مخدوم کی یہ ساری نظمیں انقلابی شاعری میں خوش گوار اضافہ کی حیثیت رکھتی ہیں لیکن چارہ گر، چاندتاروں کا بن خصوصی اہمیت کی حامل ہیں۔ ان نظموں میں شاعر کا داخلی کرب، زخمی احساس اور آرزومندی کا جذبہ جھلکتا ہے اور حقیقت نگاری ارمان وحسرت میں ڈھلتی ہوئی نظر آتی ہے۔

گل تر کے بعد لکھی جانے والی نظموں سے اندازہ ہوتا ہے کہ مخدوم کسی منزل پر بھی اپنے فن سے مطمئن نظر نہیں آتے۔ چنانچہ ان کی تخلیقات میں ٹھہراؤ کی جگہ تخلیقی عمل برابر ارتقاء پزیر نظر آتا ہے۔ مخدوم شاعروں کی اس نسل سے تعلق رکھتے ہیں، جنھوں نے اپنی نظموں میں خیال کی تابناکی کو بنیادی اہمیت دینے کی ذمہ داری قبول کی ہے۔ ساتھ ہی موسیقی اور آہنگ قائم رکھنے کے چیلنج کو قبول کیا ہے۔ وہ ایک بلندفن کار کی حیثیت سے اردو نظم کی تاریخ میں کبھی فراموش نہ کیے جاسکیں گے۔

وامق جونپوری:

نام احمد مجتبیٰ، تخلص وامق تھا۔ ان کی ولادت ۱۹۱۳ء میں کج گاؤں ضلع جونپور میں ہوئی۔ انتقال ۱۹۸۷ء میں جونپور میں ہوا۔ ان کے کلام کے دو مجموعے چیخیں اور جرس شائع ہو چکے ہیں۔ ان ناموں سے یہ اندازہ لگانا مشکل نہیں کہ وامق کا کلام مظلوموں اور محنت کشوں کے کرب کو اپنے اندر سموئے ہوئے ہے۔ دوسری عالم گیر جنگ کے خاتمے پر غریبوں اور مزدوروں کی مشکلات میں بہت اضافہ ہوگیا تھا۔ غریبی اور بے روزگاری بہت بڑھ گئی تھی۔ اشیاء ضرورت بازار میں نایاب ہوگئی تھیں۔ پسماندہ طبقے کی زندگی جو پہلے ہی مشکلوں میں گھری ہوئی تھی اور زیادہ دردناک ہوگئی۔ ترقی پسند تحریک کا آغاز دوسری عالمی جنگ شروع ہونے سے پہلے ہی ہو چکا تھا۔ اب وہ کافی مستحکم ہوگئی تھی۔ جنگ کے بعد حالات نے عوام کو اس تحریک سے بہت قریب کردیا۔ ادیب اور شاعر زیادہ جوش خروش کے ساتھ اپنی تخلیقات سے تحریک کو مستحکم اور منظّم کرنے لگے۔ وامق اس تحریک کے بنیادی ستونوں میں سے ایک تھے۔ ان کے پرکشش اور پرتاثیر کلام نے انھیں صف اول کے شاعروں میں شامل کردیا۔

وامق کی نظمیں بھوکا بنگال، مینابازار، تقسیم پنجاب بہت مقبول ہوئیں۔ ان کی شہرت چاروں طرف پھیل گئی۔ دراصل ان کی شاعری میں فکروفن کا ایسا امتزاج تھا جس نے ہر دل کو موہ لیا۔ لفظوں کا انتخاب، ترتیب مصرعوں کا دروبست نظم کا آہنگ سب مل کر ان کی شاعری کو حسین پیش کش کا مرقع بنادیتے ہیں۔

جذبی:

نام معین احسن، تخلص جذبی تھا۔ ان کی ولادت ۱۹۱۲ء میں قصبہ مبارک پور ضلع اعظم گڑھ میں ہوئی۔ انتقال ۲۰۰۵ء میں علی گڑھ میں ہوا۔ جذبی غزل گو شاعر ہیں۔ ان کے مجموعے فروزاں، سخن مختصر، گداز شب کے نام سے شائع ہو چکے ہیں۔ انھوں نے ڈاکٹریٹ کے لئے ''حالی کا سیاسی شعور'' کے نام سے تحقیقی مقالہ لکھا جو کہ شائع ہو چکا ہے۔

جذبی کی غزل گوئی:

جذبی اس عہد کے باکمال غزل گو شاعر ہیں۔ جنھوں نے نئے دور کے تقاضوں سے غزل کو ہم آہنگ کیا۔ ابتداء میں انھوں نے اپنا کلام فانی بدایونی کو دکھایا اور وہی غم انگیں رنگ اختیار کرلیا جو کہ فانی کی خصوصیت تھی۔ لیکن انجمن ترقی پسند مصنفین کے ربط میں آکر ان کے خیال میں تبدیلی ہوئی۔ مگر اس کے قریب رہتے ہوئے بھی وہ فن کے بارے میں اپنا ایک الگ نقطہ نظر رکھتے ہیں۔ ان کی تخلیقات بڑی دلکش اور پرخیال ہوتی ہیں۔ وہ نوع انسانی کے درد و غم کو فرد کے غم کی شکل میں بڑی خوبی سے پیش کرتے ہیں۔

جذبی کا شعری سرمایہ بہت مختصر ہے لیکن جو بھی ہے انتخاب ہے۔ وہ اس وقت تک شعر نہیں کہتے جب تک کوئی اہم شعری تجربہ نہاں خانہ دل سے باہر نکلنے کے لئے بے تاب نہ ہو جائے۔ وہ اس وقت تک شعر کی تراش خراش میں مشغول رہتے ہیں جب تک وہ فن کا اچھا نمونہ نہ بن جائے۔ جذبی اگرچہ ترقی پسند تحریک میں شامل رہے مگر اس کی بے راہ روی پر انھوں نے تنقید کی اور ہمیشہ اپنا دامن اس سے محفوظ رکھا، وہ ماضی کی صحت مند روایت اور کلاسیکی ادب کے قیمتی سرمائے سے اپنا رشتہ قائم رکھتے ہیں۔

اپنی شاعری کے ابتدائی دور میں جذبی رومانی افسردگی کے حامل نظر آتے ہیں اور حسرت، اصغر و جگر کے قریب ہیں۔ بعد ازاں وہ عصر حاضر کے سنگین مسائل سے متاثر ہوتے ہیں اور ان کی غزل کا دامن وسیع تر ہوتا جاتا ہے۔ انھوں نے شیریں، دلکش اور عام فہم انداز میں اپنے عہد کے احساسات کی ترجمانی کی ہے، چنانچہ ان کے اشعار لوگوں کی زبان پر چڑھ جاتے ہیں۔ بقول خلیل الرحمٰن اعظمی: ''ان کا کلام شروع سے آخر تک ایک ہموار شخصیت کے ذہنی ارتقاء کی ترجمانی ہے۔'' یہ ہموار شخصیت ترقی پسندوں کی انتہا پسندی کی شکار کبھی نہیں ہوئی۔ اس عہد کے نوجوانوں کے جذبات میں جو ہیجان برپا تھا وہ اس کی ترجمانی مجاز کی طرح کرتے نظر آتے ہیں۔

جذبی کے فکر و خیال کی دنیا علامہ اقبال کی طرح وسعت رکھتی ہے، وہ اس دنیا میں ہونے والے خیر و شر کے معرکہ پر نظر ڈالتے ہیں اور غم جہاں کی سوزش محسوس کرتے ہیں۔ انھوں نے محنت کشوں اور غریبوں کی حمایت میں نظمیں کہیں لیکن ان میں نعرہ بازی اور کمیونزم کے پرچار کا انداز کبھی نہیں پیدا ہونے دیا۔ ان کا ہر شعر فن کی کسوٹی پر پورا

اترتا ہے۔ آل احمد سرور کے الفاظ میں جذبی کے خیالات اچھے اور بلند ہیں، ان کا اسلوب بھی تندرست اور جاندار ہے۔ ان کے یہاں فانی کا سوز و گداز، حسرت کی سادگی، جگر کی روانی، اقبال کی غنائیت ملتی ہے۔

جذبی نے غزل کو ایک شائستہ لب ولہجہ عطا کیا، وہ مدھم سروں میں بات کہنے کے عادی ہیں۔ جدید دور میں جب کہ بات کو پیچیدہ اور مبہم بنا کر پیش کرنے کا ذوق پیدا ہوا اور فکر و نظر سے انحراف برتا گیا لیکن جذبی نے مضبوطی سے اپنا قدم اپنے فکری وفنی امتیاز پر جمائے رکھا، انھوں نے الفاظ و معنی کا ربط ہمیشہ برقرار رکھا، اپنے خیالات کی ترسیل واضح الفاظ میں کی۔ جذبی کا فنکارانہ اخلاص اور ان کی شاعری میں پائی جانے والی انسانی دردمندی ہمیں بے حد متاثر کرتی ہے۔ ہماری تہذیب اور ہمارے اقداران کے اشعار میں بہت دلکش انداز میں ظاہر ہوئے ہیں۔

فیض:

فیض احمد نام، فیض تخلص۔ ولادت ۱۹۱۲ء میں سیالکوٹ میں ہوئی۔ انتقال ۲۰ رنومبر ۱۹۸۴ء کو لاہور ہوا۔ فیض کے مجموعہ کلام نقش فریادی، دست صبا، زنداں نامہ، دست تہِ سنگ، سروادی سینا، شامِ شہر یاراں وغیرہ شائع ہو چکے ہیں۔

فیض ترقی پسند شعراء میں بہت بلند مقام رکھتے ہیں۔ اقبال کی طرح وہ بھی ایک پیامی شاعر ہیں اور ترقی پسند تحریک کے میر کارواں بھی۔ وہ ہمیشہ ترقی پسند تحریکوں میں حصہ لیتے رہے ہیں اور وہیں سے فیضان لے کر بڑی بے خوفی اور خوبصورتی سے جمہوریت، آزادئ خیال اور امن وامان کی حمایت میں نظمیں اور مضامین لکھتے رہے ہیں۔ ان کی آواز میں قدیم شعراء کا وزن اور فنکارانہ کمال بھی ملتا ہے اور نئی زندگی کی بے چینی اور انقلابی حوصلہ بھی۔ انھوں نے روایات سے محض اتنا ہٹنے کی کوشش کی ہے جتنا اپنے خیالات کے اظہار کے لئے ضروری سمجھا ہے۔ فیض نے اپنا وقت تجربوں میں نہیں گزرا بلکہ جو بھی ان کی نظمیں پڑھے گا اسے ایک دردانگیز، پرامید اور طاقتور جدّت کا احساس ہوگا۔ فیض کا اسلوب شاعری علامتوں اور پرچھائیوں میں مضمر زور اٹھائے ہوئے دھیرے دھیرے رواں دواں ہوتا ہے جو ان کو بھی متاثر کرتا ہے، ان کے قاری کو بھی ان کو بھی جو ان کے سماجی نظریات کی مخالفت کرتے ہیں۔

فیض کی شاعری کی ابتداء روایتی انداز سے ہوئی۔ اولین تخلیقات میں حسن وعشق کے موضوعات اور اپنے واردات قلبی کو روایتی انداز میں پیش کیا ہے۔ اس دور کی شاعری میں وہ اختر شیرانی سے بہت متاثر نظر آتے ہیں۔ ان کے یہاں بھی حسن ومحبت کے وہی ترانے وہی سرشاری وسرمستی ملتی ہے جو عشقیہ شاعری کے ساتھ مخصوص ہے، نقش فریادی کی ابتدائی نظمیں جیسے خدا وہ وقت نہ لائے کہ سوگوار ہو تم، میری جاں اب بھی اپنا حسن واپس پھیر دے مجھ کو وغیرہ اسی قبیل کی ہیں۔ یہ نظمیں ہلکی پھلکی فکر وشعور سے خالی

لطیف جذبات اور نازک لمحات کی دین ہیں۔ ان میں سماجی کشمکش اور حالات کی تلخی کا احساس بہت کم ملتا ہے۔ جذباتیت اور تخیل آرائی نے ان نظموں میں بڑی دلکشی پیدا کردی ہے۔

فیضؔ کی شاعری کا یہ دور سائے کی طرح اپنی جھلک دکھلا کر بہت جلد گزر گیا۔ سماجی شعور نے غم محبوب کے ساتھ غم روزگار سے بھی آشنا کردیا۔ سماج میں پائی جانے والی ناآسودگی، مایوسی، شکست خوردگی کے احساس نے فیضؔ کو بری طرح متاثر کیا اور ان کے لہجے میں بلا کی اداسی اور مایوسی پیدا ہوگئی۔ یہ اثرات 'نقش فریادی' کی آخری چند نظموں سے نمایاں ہونے لگے تھے۔ دست صبا میں یہ نقوش واضح طور پر ابھر کر سامنے آگئے، سماجی شعور، وسیع تر انسانی رشتوں کے احترام اور تمام انسانوں کے درد مشترک کے احساس نے رومانی اور جذباتی تصورات کی جگہ فیضؔ کو زندگی کا حقیقت پسندانہ مطالعہ کرنے کا عادی بنادیا۔ ترقی پسند تحریک سے وابستگی نے سماجی شعور کو اور پختگی بخشی، غم محبوب کے ساتھ اس نئے غم نے فیضؔ کی شاعری کو نیا رنگ عطا کیا، اب شاعری میں غم عاشقی کے ساتھ غم روزگار بھی نمایاں طور پر جھلکنے لگا۔ ''چند روز اور میری جاں فقط چند ہی روز''، اور سوچ، وغیرہ نظموں میں غم روزگار کے اثرات واضح طور پر نظر آتے ہیں، ابھی فیضؔ کو غم زمانہ کو غم محبوب میں ڈھال لینے کا سلیقہ نہیں آیا تھا جس کی وجہ سے کہیں کہیں ان نظموں میں بے کیفی پیدا ہوگئی ہے۔

ترقی پسند تحریک سے تعلق رکھنے کے باوجود فیضؔ تخلیقی عمل میں اپنے ہم عصر ترقی پسند شعراء سے مختلف نظر آتے ہیں۔ وہ ایک عملی انسان ہیں، زندگی ان کے نزدیک ایک مجاہدہ ہے۔ وہ نظریاتی طور پر ہی نہیں بلکہ عملی طور پر بھی انقلاب کے لئے کوشاں نظر آتے ہیں، لیکن انقلاب پسند ہونے کے باوجود فیضؔ انقلابی شاعری نہیں کرتے، ان کی شاعری میں جھلاہٹ، نعرہ بازی اور خطیبانہ انداز نہیں پیدا ہو پاتا۔ ہاں کہیں کہیں طنز کی نشتریت ضرور محسوس ہوتی ہے۔ اس کی وجہ غالباً یہ ہے کہ فیضؔ کو غم روزگار کو بھی غم محبوب کی طرح رومانوی انداز میں پیش کرنے کا سلیقہ آگیا تھا۔ اس لئے وہ اپنی انقلابی شاعری میں بھی وہی تشبیہات واستعارات اور علامتیں استعمال کرتے ہیں جو عشقیہ مضامین کے ساتھ مخصوص ہیں۔ صبح آزادی، اے دل بے تاب ٹھہر، ہم لوگ، میرے ہمدم میرے دوست جیسی نظمیں اس سلسلے میں بطور مثال پیش کی جاسکتی ہیں۔

فیضؔ کی نظمیں اپنی معنوی وفکری خوبیوں کے ساتھ ان کی فنکارانہ بصیرت کا بھی پتہ دیتی ہیں۔ انھوں نے ماضی کے ادبی ورثے اور کلاسیکی روایات سے انحراف کرنے کے بجائے ان سے خاطر خواہ استفادہ کیا ہے۔ فیضؔ نے ادبی روایت اور لسانی وصوتی موزونیت کو پیش نظر رکھتے ہوئے نئی نئی تراکیب اور تشبیہات ایجاد کی ہیں۔ بہار شمائل، عنبریں آنکھیں، آبشار سکوت، شب گزیدہ سحر جیسی تراکیب فیضؔ کی تخلیقی صلاحیت کی آئینہ دار ہیں۔ فیضؔ ایک ایک لفظ کا

انتخاب بڑے غور وفکر کے بعد کرتے ہیں۔ شعروں میں تراش خراش کا عمل مسلسل جاری رکھتے ہیں اور تمام شعری وسائل کا سہارا لیتے ہیں۔ ان کے اشعار میں دلکش ترنم پایا جاتا ہے۔ پیکر تراشی میں انھیں بڑی مہارت حاصل ہے۔ پرلطف تشبیہوں اور استعاروں سے وہ جیتے جاگتے پیکر تراشتے ہیں۔ فیضؔ، میر وغالبؔ کے ہم پلہ نہ سہی مگر ہمارے عہد کے ایک ممتاز شاعر ہیں۔

علی سردار جعفری:

سردار جعفری کی ولادت ۱۹۱۳ء میں بمقام بلرام پور گونڈہ میں ہوئی۔ ان کا انتقال ۲۰۰۰ء میں بمبئی میں ہوا۔ سردار جعفری موجودہ عہد کے انقلابی شاعر ہیں، انھوں نے مارکسی نصب العین کو اپنایا اور تخلیق ادب میں اسی سے کام لیا، انھیں ترقی پسند تحریک میں حصہ لینے کی وجہ سے کئی بار جیل جانا پڑا۔ انھوں نے لکھنؤ میں مجاز اور سبط حسنؔ کے تعاون سے ایک رسالہ نیا ادب نکالا تھا۔ جعفریؔ نے ابتداء میں کچھ رومانی نظمیں لکھیں لیکن اس کے بعد ان کا شعور سماجی اور سیاسی مسئلوں کو حقیقت پسندی کی نظر سے دیکھتا ہے۔ ان کے اس شعور کا ارتقاء قومی اور بین الاقوامی شعور کے ساتھ ہوا ہے۔ انسان دوستی ان کی شاعری میں پھٹی پڑتی ہے۔ ناانصافی اور ظلم کے خلاف جعفریؔ کے لفظ اور جملے آتش فشاں کے مانند پھٹے پڑتے ہیں۔ ان کا طبقاتی شعور ان کی نظموں میں سچا زور بھر دیتا ہے۔ ان کے مجموعہ کلام خون کی لکیر، ایشیا جاگ اٹھا، امن کا ستارہ، پتھر کی دیوار، ایک خواب اور دیکھنے کے لائق ہیں، سردار جعفری کی ایک مثنوی، نئی دنیا کو سلام، کے نام سے شائع ہوئی جو شہنشاہیت مخالف جذبات سے معمور ہے اور آزاد نظم وزن کے استعمال کا ایک بہت عمدہ نمونہ مانی جاتی ہے۔ جعفری نے ترقی پسند تحریک پر ایک تنقیدی کتاب 'ترقی پسند ادب' کے نام سے لکھی ہے۔ اس کے علاوہ انھوں تے دیوان غالب، دیوان میر اور کبیر بانی کی تالیف وترتیب بھی کی ہے جو ہندی اردو رسم الخط میں ایک ساتھ شائع ہوئے ہیں۔

وجد:

ان کا نام سکندر علی، تخلص وجدؔ تھا۔ ولادت ۱۹۱۴ء میں اورنگ آباد میں ہوئی۔ ان کے کلام کے مجموعے لہو ترنگ آفتاب تازہ، اوراق مصور بیاض مریم کے نام سے شائع ہو چکے ہیں۔ اجنتا الورا اور تاج محل پر وجد کی نظمیں بہت مقبول ہیں۔ وجدؔ نے غزلیں بھی کہی ہیں جن کا موضوع حسن وعشق اور قلبی واردات ہے۔ لیکن اصلاً وہ نظم کے شاعر ہیں۔ اپنے عہد کے سیاسی معاملات اور طبقاتی کشمکش کو انھوں نے بڑی خوبصورتی کے ساتھ اپنی نظموں میں پیش کیا ہے۔ لیکن ان کی نظمیں صرف انھیں موضوعات تک محدود نہیں۔ ان کی شاعری کا کینوس بہت وسیع ہے۔ اپنی شاعری کے بارے میں وجدؔ فرماتے ہیں "میں نے اظہار خیال کے لئے کلاسیکی اسلوب منتخب کیا اور فن شعر کے اصولوں کی پابندی کرنے کی

بھی امکانی کوشش کی ہے۔ شاعری میں نئے تجربے کرنے کی مجھے فرصت نہیں ملی۔ میری شاعری، میری زندگی، انسان کی عظمت اور ترقی ہندوستان کی تاریخ وسیاست اور یہاں کے فنون لطیفہ سے طاقت اور حسن حاصل کرتی رہی ہے۔''

رقاصہ، نیلی ناگن، آثار سحر، خانہ بدوش، معطر لمحے، ان کی دلکش نظمیں ہیں۔

تاباںؔ:

غلام ربانی نام، تاباںؔ تخلص ۱۹۱۴ء میں قائم گنج ضلع فرخ آباد میں پیدا ہوئے۔ انتقال ۱۹۹۳ء میں ہوا۔ ان کے مجموعہ کلام سازلرزاں، حدیث دل، نوائے آوارہ کے نام سے شائع ہو چکے ہیں۔ ۱۹۶۷ء میں چھپے مجموعہ نوائے آوارہ پر تاباں کو ساہتیہ اکیڈمی اوارڈ ملا۔ ان کے علاوہ تاباںؔ کی نظموں کے دو مجموعے شکست زنداں، غم دوراں بھی چھپ چکے ہیں۔ اس میں ان کی سیاسی اور قومی نظمیں شامل ہیں۔

تاباںؔ غزل اور نظم دونوں پر حاکمانہ قدرت رکھتے ہیں۔ ان کی غزلوں میں کلاسیکی رچاؤ ضرور ہے، مگر روایتی انداز کی غزلیں نہیں کہتے۔ سیاسی مسائل اور معاصر حالات کا غزل میں سمونا اگرچہ مشکل ہے لیکن تاباںؔ اپنی کہنہ مشقی اور فنی بصیرت کے سبب اس میں کامیاب نظر آتے ہیں، وہ اس وقت تک کسی شعری تجربہ کو شعر کے قالب میں نہیں ڈھالتے جب تک وہ ان کی شخصیت کا جزو نہ بن جائے، اس کے علاوہ شعری آداب کو وہ کبھی نظر انداز نہیں کرتے۔ تاباںؔ کی بیشتر نظمیں ہنگامی موضوعات سے متعلق ہیں۔ نیز یہ کہ مارکسی نظریہ سے وہ کسی حال میں دست بردار نہیں ہوئے لیکن ان کی نظموں میں شعریت برقرار رہتی ہے اور انھیں مارکسزم کے پروپیگنڈہ کا نام نہیں دیا جا سکتا۔

احمد ندیمؔ قاسمی:

احمد شاہ قاسمی نام، ندیمؔ تخلص، ولادت ۱۹۱۶ء میں سرگودھا پنجاب میں ہوئی۔ انتقال ۲۰۰۶ء میں ہوا۔ احمد ندیم قاسمی ممتاز ترقی پسند افسانہ نگار اور شاعر ہیں۔ ندیمؔ کے کلام پر سرسری نظر ڈالنے سے یہ حقیقت واضح ہو جاتی ہے کہ وہ ایک پیامی شاعر ہیں، لیکن ان کا کلام نثریت اور خطابت جیسے عیبوں سے پاک ہے۔ انھوں نے پنجاب کے دیہاتوں کی تصویر کشی اپنی کہانیوں اور نظموں میں بڑی خوبصورتی سے کی ہے۔ ان کا اسلوب شاعری بڑا جاندار ہے۔ ابتداء میں انھوں نے رومانیت کو ہی اپنایا مگر دھیرے دھیرے ملک کی سیاسی بیداری سے متاثر ہو کر فکر انگیز اور ترقی پسند نظمیں لکھیں۔ ان کی نظمیں انسان دوستی کا جذبہ جگاتی ہیں اور مستقبل کے سنہرے خوابوں کی عکاسی کرتی ہیں۔ ان کے کئی مجموعۂ کلام شائع ہو چکے ہیں جن میں جلال وجمال، شعلہ گل، دست وفا، رم جھم، محیط، دوام وغیرہ بہت مشہور ہیں۔

آزادؔ

نام پنڈت جگن ناتھ، تخلص آزاد تھا۔ ولادت ۱۹۱۸ء میں عیسیٰ خیل میں ہوئی۔ ان کے والد اردو کے مشہور شاعر تلوک چند محروم تھے۔ آزاد ترقی پسند اور جوشیلے خیال کے شاعر ہیں۔ ہندوستان کی آزادی کے بعد کے حوادث کے بخشے ہوئے تجربوں نے ان کلام میں ایسا درد پیدا کر دیا ہے جو ان کا کلام پڑھنے والوں کو بہت متاثر کرتا ہے۔ ان کے یہاں توانائی ملتی ہے، حالات سے تبرد آزما ہونے کا حوصلہ ملتا ہے، قنوطیت سے ان کا کلام بہت دور ہے، ان کے اسلوب پر علامہ اقبال کا اثر بھی دکھائی دیتا ہے۔ ان کے مجموعے بیکراں، ستاروں سے ذروں تک، اپنے وطن میں اجنبی، کہکشاں شائع ہو چکے ہیں۔ جن کے مطالعہ سے اُن کے ترقی پسندانہ خیالات اور انسان دوستی کا احساس ہوتا ہے۔

ساحر لدھیانوی:

نام عبدالحئی، تخلص ساحر تھا۔ والد فضل محمد تھے۔ ساحر کی ولادت ۱۹۲۱ء میں لدھیانہ میں ہوئی۔ انتقال ۱۹۸۰ء میں بمبئی میں ہوا۔ ساحر موجودہ دور کے ایک مقبول ترقی پسند شاعر ہیں۔ وہ بھی اردو کے بہت سے نوجوان شعراء کی طرح رومان سے انقلاب کی طرف آئے ہیں۔ ساحر کی ابتدائی نظموں میں حسن و محبت کا بڑا دلچسپ اور بڑا دل فریب بیان ملتا ہے۔ انھوں نے محبت کے بارے میں بھی طبقاتی شعور کو سامنے رکھا ہے اور بے باک محبت میں جو سماجی رکاوٹیں ہیں ان کا ذکر بڑے غم انگیز اور طنزیہ انداز میں کیا ہے۔ ساحر زیادہ تر انقلابی اور ترقی پسند نظمیں لکھتے ہیں ان کی تشبیہیں حسین اور اشارے لطیف ہوتے ہیں۔ فنی اعتبار سے بھی ساحر موجودہ عہد کے شاعروں میں ممتاز مقام رکھتے ہیں۔ ان کے مجموعہ کلام میں تلخیاں، پرچھائیاں، آؤ کہ کوئی خواب بنیں، کے نام سے شائع ہوئے ہیں۔ فلمی گیتوں کا مجموعہ گاتا جائے بنجارہ بھی چھپ چکا ہے۔

کیفی اعظمی:

نام اطہر حسین، تخلص کیفی تھا۔ ولادت ۱۹۱۸ء میں قصبہ پھول پور ضلع اعظم گڑھ میں ہوئی۔ ان کا انتقال ۲۰۰۲ء میں دہلی میں ہوا۔ کیفی کے کئی مجموعے شائع ہو چکے ہیں۔ ان میں جھنکار، آخر شب، آوارہ سجدے، اور فلمی گیتوں کا مجموعہ میری آواز سنو اہم ہیں۔ آوارہ سجدے پر کیفی کو ساہتیہ اکیڈمی اوارڈ ملا۔ اس کے علاوہ کیفی اعظمی نے ایک مثنوی خانہ جنگی کے نام سے لکھی۔ یہ اردو کی پہلی مثنوی ہے جو قصہ کہانی سے ہٹ کر سیاسی موضوع پر لکھی گئی۔

کیفی اعظمی ایک مقبول ترقی پسند اور انقلابی شاعر ہیں۔ ان کے کلام کے مطالعہ سے پتہ چلتا ہے کہ انھوں نے ابتداء میں رومانیت میں ڈوبی ہوئی نظمیں لکھیں پھر شعوری طور پر قوم پرستی اور آزادی کے گیت گانے لگے۔ وہ کمیونسٹ نظریات میں اعتقاد رکھتے ہیں۔ اور اپنی نظموں میں فنکارانہ طریقے سے انقلابی نظریات پیش کرتے ہیں۔ انھوں نے

ملک اور بیرون ملک میں ہونے والے سیاسی واقعات پر بھی دلچسپ اور پر اثر نظمیں لکھی ہیں۔ عوام کے سکھ دکھ کو انھوں نے اس طرح اپنی نظموں میں سمویا ہے کہ فن اور موضوع ایک ہو جاتے ہیں۔ انھوں نے آزاد وزن کا تجربہ بھی بڑی کامیابی سے کیا ہے۔

اختر انصاری:

نام محمد اختر، تخلص اختر۔ ولادت ۱۹۰۹ء میں بدایوں میں ہوئی۔ اختر انصاری کو شاعر، نقاد اور افسانہ نگار تینوں حیثیتوں سے ایک بلند مقام حاصل ہے۔ اختر ابتداء میں شیلی اور کیٹس سے متاثر ہوئے اور اپنی تخلیقات میں قنوطیت اور غم انگیز جذبات کی تبلیغ کرتے رہے۔ مگر ترقی پسند تحریک سے متاثر ہو کر انھوں نے اپنی شاعری کو سیاسی اور سماجی شعور پیدا کرنے کے کام میں لگایا، ان کی شاعری کے مطالعہ سے اندازہ ہوتا ہے کہ ان کے یہاں بیک وقت کئی شعراء کے اثرات نمایاں ہیں، ایک طرف وہ اختر شیرانی سے متاثر ہیں۔ دوسری طرف جوشؔ اور حفیظؔ کا انداز اختیار کیا ہے۔ اختر کے کئی مجموعے شائع ہو چکے ہیں جن میں روح عصر، آبگینے، خنداں سحر، شعلہ بہ جام مشہور ہیں۔

پرویز شاہدی:

نام سید اکرام حسین، تخلص پرویز تھا۔ ولادت ۱۹۱۰ء میں پٹنہ میں ہوئی۔ انتقال ۱۹۶۷ء میں کلکتہ میں ہوا۔ ان کے مجموعہ کلام رقص حیات، تثلیث حیات کے نام سے شائع ہو چکے ہیں۔ پرویز شاہدی کی ابتدائی نظمیں رومانی ہیں، لیکن ان میں انقلابی شاعری کے ایسے نمونے ہیں جنھیں قابل لحاظ کہا جا سکتا ہے۔ ان کی ابتدائی نظموں میں بھی جوشؔ ملیح آبادی کا اثر نمایاں ہے۔ پرویز شاہدی ان شاعروں میں ہیں جنھوں نے ترقی پسندی اور اشتراکیت کو ایک ہی چیز سمجھا اور اس باب میں ان کے یہاں خاصی شدت ملتی ہے۔ اشتراکیت روس یا چین سے متعلق ہر چیز انھیں عزیز ہے اور ان سے متعلق ان کی نظموں میں وہ عقیدت مندی پائی جاتی ہے جو مذہبی لوگوں میں ہوتی ہے۔

جاں نثار اختر:

جاں نثار کا پورا نام جاں نثار حسین اختر ہے۔ ان کے والد مضطر خیر آبادی بھی شاعر تھے۔ جاں نثار اختر کی ولادت ۱۹۱۴ء میں گوالیار میں ہوئی۔ ان کا انتقال ۱۹۷۶ء میں بمبئی میں ہوا۔ جاں نثار ایک اشتراکی شاعر تھے، چونکہ یہ باضابطہ طور پر اس تحریک سے وابستہ رہے۔ اس لئے ان کے کلام میں وہی صورتیں پائی جاتی ہیں جو عام طور سے ترقی پسندوں کی خاصیت ہے۔ ان کے کئی مجموعے اشاعت پذیر ہوئے، مثلاً تار گریباں، جاوداں، پچھلے پہر خاک دل اور سلاسل۔ ایک مجموعہ گھر آنگن کے نام سے شائع ہوا، جس میں ان کے قطعات اور رباعیاں شامل ہیں۔ ایک مجموعہ ہندوستان ہمارا کے نام سے شائع ہوا جس میں حب الوطنی کے گیت ہیں۔

ان کا سب سے اہم مجموعہ کلام ۱۹۷۵ء میں پچھلے پہر کے نام سے شائع ہوا جو ہر اعتبار سے ان کی شاعری کا ایک نیا آہنگ پیش کرتا ہے۔ ان کی غزلیں ترقی پسندی کی اس چھاپ سے مبرا ہیں جو ترقی پسند شعراء کی پہچان ہے۔ اس مجموعے سے گویا ان کی شاعری کا ایک نیا انداز سامنے آتا ہے۔

سلام مچھلی شہری:

ان کا نام عبدالسلام تھا۔ ولادت قصبہ مچھلی شہر ضلع جونپور میں ہوئی۔ انتقال ۱۹۷۳ء میں ہوا۔ سلام کے مجموعہ کلام میرے نغمے، وسعتیں اور پائل کے نام سے شائع ہوئے۔ مجموعہ میرے نغمے کو انگریزی سرکار نے ضبط کرلیا۔ سلام ابتدا سے ہی ترقی پسند تحریک سے متاثر تھے۔ ان کے سامنے اس تحریک سے وابستہ کئی اہم شاعر تھے، مثلاً فیضؔ، مجازؔ، سردار جعفریؔ، جوشؔ وغیرہ یہ لوگ اس وقت بہت اہم سمجھے جاتے تھے۔ سلامؔ بھی ان سے متاثر تھے، لیکن سلامؔ اپنے طور پر بھی کچھ اس طرح کرنا چاہتے تھے کہ اس میں نیرنگی ہو۔ چنانچہ انھوں نے بعض ہیئتی تجربے بھی کئے لیکن یہ صورت آگے نہیں بڑھ سکی۔

روشؔ صدیقی:

نام شاہد عزیز صدیقی، تخلص روشؔ تھا۔ ولادت ۱۹۰۹ء میں جوالاپور ضلع سہارنپور میں ہوئی۔ وفات ۱۹۷۰ء میں شاہ جہانپور میں ہوئی۔ ان کے انداز فکر کو رومانی کہہ سکتے ہیں۔ جہاں تک سیاسی نظریات کا سوال ہے وہ ایشیا کی بیداری سے متاثر ہوئے ہیں۔ فارسی عربی کے علاوہ ہندی، سنسکرت اور انگریزی سے بھی واقفیت رکھتے تھے۔

روشؔ نے غزل اور نظم دونوں لکھی ہیں۔ لیکن ان کو اپنی نظموں کی وجہ سے امتیاز حاصل ہے۔ ان نظموں میں ایک طرح کا فلسفیانہ اور رمزیت کا رنگ پایا جاتا ہے۔ زبان فارسی آمیز ہے۔ اسلوب پر علامہ اقبال کا اثر ہے۔ روش کی غزلوں کا مجموعہ ''محراب غزل'' کے نام سے شائع ہوا ہے۔ ان کی فلسفیانہ نظم ''کارواں'' بہت مشہور ہے۔

شمیم کرہانی:

ولادت ۱۹۱۶ء میں پارہ غازی پور میں ہوئی، یہ اعظم گڑھ کے رہنے والے تھے۔ کرہانی کچھ مدت تک مذہبی اور رومانی نظمیں لکھتے رہے، پھر ملک کی قومی تحریک سے متاثر ہوکر سیاسی اور انقلابی نظمیں لکھنے لگے، اپنی تخلیقات میں ہندی الفاظ کا بڑی فنکاری سے استعمال کرتے ہیں۔ ان کے مجموعے 'برق وباراں'، روشن اندھیرا، ترانے اور عکس گل کے نام سے شائع ہو چکے ہیں۔

قتیل شفائی:

ان کا اصل نام اورنگ زیب خاں تھا۔ قتیل شفائی کے نام سے مشہور ہوئے۔ ان کی ولادت ۱۹۱۹ء میں ہری پورہ ہزارہ میں ہوئی۔ انتقال ۲۰۰۲ء میں لاہور میں ہوا۔

بحثیت شاعر قتیل شفائی کی تصنیفوں کی تعداد بہت ہے جن میں گجر، جل ترنگ، روزن، مطرب، چھتنار، آموختہ، برگد، سمندر میں سیڑھی، وغیرہ اہم ہیں۔ جھومر اور رنگ رس ان کے گیتوں کے مجموعے ہیں۔ قتیل شفائی کی شاعری میں نغمگی کا عنصر ایک ایسا وصف ہے جو ان کی شاعری کو محبوب اور محترم بناتا ہے۔ وہ ایک ایسے شاعر ہیں جنھوں نے غزل کی روایتوں کا ہمیشہ پاس رکھا۔ ان کے کلام میں حسن ایک وجدانی کیفیت کی طرح موجود ہے۔ ان کے کلام میں جذبہ محبت کی فراوانی ایک سپردگی کا ایسا عالم پیش کرتی ہے جو امتیاز کا درجہ رکھتی ہے، ایسا نہیں ہے کہ قتیلؔ نے اپنی شاعری میں صرف جذبات کی عکاسی کی ہے بلکہ ہمارے سماجی ڈھانچے پر بھی نظر رکھی ہے، ان کے یہاں معاشرے کی اصلاح کا جذبہ ہے۔

علامہ جمیلؔ مظہری:

نام سید کاظم علی، ولادت ۱۹۰۵ء میں پٹنہ میں ہوئی۔ انتقال ۱۹۸۰ء میں ہوا۔ جمیل مظہری کا شمار اس دور کے ان شعراء میں ہوتا ہے جنھیں فن برائے فن کے پجاری اور نئی نسل کے ادب دوست دونوں احترام کی نظر سے دیکھتے ہیں۔ کلکتہ میں قیام کے دوران مولانا ابوالکلام سے تعارف ہوا، جس نے ان کے مضامین اور نظموں میں ہندوستانیت کے جذبات کو ابھار دیا۔ جمیل مظہری کو فلسفے سے خاص دلچسپی ہے۔ اس لئے اپنے کلام میں زندگی کے رموز اور پیچیدہ عناصر کو بہت فنکارانہ جمالیاتی احساس کے ساتھ پیش کرتے ہیں۔ ان کے دوشعری مجموعے فکر جمیل اور نقش جمیل شائع ہو چکے ہیں۔ فکر جمیل غزلوں اور نقش جمیل نظموں کا مجموعہ ہے۔ علامہ جمیل کا ایک ناول ''فرض کی قربان گاہ پر'' بہت مشہور ہے۔

☆☆☆

شعرائے عہد حاضر

مظہرامام

ان کی ولادت ۱۹۲۸ء میں دربھنگہ میں ہوئی۔ ان کا شمار موجودہ عہد کے ممتاز شاعروں میں ہوتا ہے۔ انھوں نے بحثیت نقاد بھی اپنی پہچان بنائی ہے۔ نئی صنف سخن آزاد غزل کی ایجاد کا سہرا بھی ان کے سر ہے۔ زخم تمنا، رشتہ گونگے سفر کا، پچھلے موسم کا پھول، بند ہوتا ہوا بازار، پالکی کہکشاں کی، ان کے شعری مجموعے ہیں۔ مجموعہ پچھلے موسم کا پھول پر مظہر امام کو ساہتیہ اکیڈمی انعام سے نوازا گیا۔ ''آتی جاتی، لہریں، ایک لہر آتی ہوئی، تنقید نما'' ان کے تنقیدی مجموعوں کے نام ہیں۔ اردو کے معاصرین شاعروں میں مظہر امام کے امتیازات بہت روشن ہیں۔ انھوں نے غزل گوئی کے نئے امکانات کو جس طرح پیش کیا ہے وہ ان کی تخلیقی صلاحیت کا مظہر ہے۔ انھوں نے شاعری اس وقت شروع کی جب ترقی پسندی کی ابتداء ہو چکی تھی۔ موصوف اس کے ایک رکن بھی تھے۔ لیکن اشتراکیت نے جس طرح شعروادب کو متاثر کیا وہ ان کے مسلک میں کھری نہیں اتری۔ ان کا مزاج اعتدال پسند تھا۔ چنانچہ فکری سطح پر وہ اپنے ہم عصروں سے الگ ہیں۔

بیکل اتساہی:

ان کا نام محمد شفیع لودی ہے۔ ولادت ۱۹۲۸ء میں موضع کورڈھوال پور ضلع گونڈہ میں ہوئی۔ بیکل اتساہی یوں تو نظم اور غزل کے شاعر ہیں لیکن ان کا اصل میدان گیت ہے۔ خوش گلوئی ان کا خاص وصف ہے، اس لئے مشاعروں میں بہت مقبول ہیں۔ ان کے کئی مجموعے شائع ہو چکے ہیں، جن میں ''نغمہ وترنم، نشاط زندگی، سرور جاوداں، پروائیاں، غزل سانوری'' وغیرہ اہم ہیں۔ بیکل کی شاعری میں نغمگی ایک خاص کیفیت پیدا کرتی ہے، ان کی خوش گلوئی الفاظ کے انتخاب میں ان کی رہنمائی کرتی ہے۔ گیتوں کے زیروبم سے ایک لہر کی کیفیت پیدا ہوتی ہے جو بے حد پرکشش ہوتی ہے، ان کی غزلیں بھی انھیں اوصاف سے مزین ہیں۔ بیکل اتساہی ۱۹۷۶ء میں 'پدم شری' اوارڈ سے نوازے گئے۔

شکیل بدایونی:

نام شکیل احمد، تاریخی نام غفار احمد تھا۔ ان کی ولادت ۱۹۱۶ء میں بدایوں میں ہوئی۔ انتقال ۱۹۷۰ء میں ممبئی میں ہوا۔ نام شکیل بدایونی کے پانچ مجموعے ''رعنائیاں، صنم وحرم، رنگینیاں، شبستاں، نغمہ فردوس'' شائع ہو چکے ہیں۔ آخری مجموعہ نعت پر مشتمل ہے۔

یوں تو شکیل بدایونی بحثیت شاعر ہندوپاک میں مشہور ومعروف ہیں۔ لیکن فلمی دنیا کی مصروفیتوں سے ان کی

تخلیقی صلاحیتیں جو ادبی لحاظ سے بہت اہم ہو سکتی تھیں نہ ہو پائیں۔ ان کے کلام کے مطالعہ سے پتہ چلتا ہے کہ الفاظ کے برتاؤ میں زیادہ تر روایتی طریقۂ کار ہی اپناتے ہیں، پھر بھی کہیں کہیں ان کی انفرادیت نظر آجاتی ہے۔ ان کے کلام میں عصری مسائل کا ذکر بھی نہیں ہوتا۔ وہ غزل کو اس طور اور طریقے سے برتتے رہے جو کلاسیکی انداز کہا جا سکتا ہے۔ ان کی شاعری پر جگرؔ کے اثرات نمایاں ہیں۔

فضا ابن فیضی:

نام فیض الحسن تھا۔ ولادت ۱۹۲۳ء میں مئوناتھ بھنجن، اعظم گڑھ میں ہوئی۔ انتقال ۲۰۰۹ء میں ہوا۔ فیضی نے غزل، نظم، رباعی سب کہی ہیں۔ ان کے مجموعہ کلام سفینہ زرگل، شعلہ نیم زور، دریچہ سیم وسخن، سرشاخ طوبیٰ، پس دیوار حرف، سبزہ معنی بیگانہ کے نام سے شائع ہو چکے ہیں۔ فیضی عہد حاضر کے بے حد خوش فکر اور خوش گو شاعر ہیں۔ وہ زبان و بیان پر کلاسیکی شعور رکھتے ہوئے نئے انداز بیان کا احساس دلاتے رہے ہیں۔ ان کے کلام میں روانی اور شگفتگی پائی جاتی ہے۔ ڈاکٹر محمد حسن نے لکھا ہے کہ ''فضا کی غزلوں میں ربودگی ہے، یہ دولت عصری دردمندی کو سمیٹ لینے سے ملتی ہے۔ فضا کی غزل صرف دل کے مرثیے سے نہیں بلکہ دور حاضر کے درد و داغ و جستجو و آرزو کی پوری داستان سے عبارت ہے جو خلوص و آگہی اور بانکپن کے ساتھ نظم ہوئی ہے۔'' یہ بیان اپنی جگہ بالکل درست ہے اور فضا ابن فیضی کی جہتوں کو واضح کرتا ہے۔

منیب الرحمٰن:

ولادت ۱۹۲۴ء میں آگرہ میں ہوئی۔ ان کا مجموعہ کلام ''بازدید اور نقطہ موہوم'' کے نام سے شائع ہو چکا ہے۔ منیب الرحمن کسی ادبی اسکول سے وابستہ نہ تھے، اس لئے انھیں کی طرح ترقی پسند شاعر نہیں کہا جا سکتا، لیکن یہ کہا جا سکتا ہے کہ جس طرح کی شاعری حلقہ ارباب ذوق کے حوالے سے سامنے آرہی تھی، اس سے انھیں کسی نہ کسی طرح وابستہ کیا جا سکتا ہے۔ ان کے اشعار قدرے پیچیدہ اور معنوی لحاظ سے مبہم ہوتے ہیں۔ ان کی شاعری میں سب سے دلکش چیز خواب آگیں تصورات ہیں جن میں بعض ایسے اسرار و رموز در آئے ہیں جن کی تشریح و تعبیر مختلف طریقے سے کی جا سکتی ہے۔

ناصر کاظمی:

ان کی ولادت ۱۹۲۵ء میں انبالہ میں ہوئی، ان کی شعری تصانیف ''برگ نے، دیوان، پہلی بارش، نشاط خواب'' کے نام سے شائع ہو چکی ہیں۔ ناصر کاظمی اپنی انفرادی فکر کی وجہ سے جدید شعرا میں بہت مقبول ہیں، ان کی فکری بساط عشق و محبت کی زمین پر بچھی ہوئی ہے۔ بعض ناقدین کا کہنا ہے کہ ان کے مجموعے ''برگ نے'' اور دیوان میں عشق و محبت کی تہ داریاں تو ہیں لیکن ان کا تعلق اجتماعی اور

سماجی زندگی سے نہیں ہے، یہ بات پوری طرح سے درست نہیں ہے اس لئے کہ عشق ومحبت بھی سماجی زندگی کا ایک حصہ ہے، اسے کتنا بھی انفرادی بنایا جائے لیکن اس کا تعلق اس ثقافت سے وابستہ ہے جو ہماری روایت کی امین ہیں، یعنی جڑوں کے بغیر شعری تخلیق کا مرحلہ سامنے آ ہی نہیں سکتا۔ ناصر کاظمی ایک ایسے شاعر ہیں جنھیں آج احترام کی نظر سے دیکھا جاتا ہے۔ انھوں نے غزل کی روایت کی توسیع کی اور اپنی انفرادیت کو بھی قائم رکھا۔

رفعت سروش:

ان کا اصل نام سید شوکت علی ہے، رفعت سروش کے نام سے مشہور ہوئے۔ ولادت ۱۹۲۶ء میں نگینہ ضلع بجنور میں ہوئی، ابتدائی دنوں میں رومانی اور عشقیہ شاعری سے رغبت رہی لیکن ترقی پسند تحریک کے سبب اپنی شاعری کا رخ بدل دیا، اور اس تحریک سے وابستہ ہو گئے۔ انھوں نے منظوم ریڈیائی ڈرامے پر اہم کام کئے۔ اسٹیج ڈرامے بھی لکھے۔ ان کے ڈراموں میں جہاں آرا، شاہ جہاں کا خواب، عروج آدم، شعور آگہی، اس دیوار کے سائے میں، بہت اہم سمجھے جاتے ہیں۔

رفعت سروش بسیار گو شاعر ہیں۔ ان کے شعری مجموعوں کی تعداد کافی ہے، جیسے وادی گل، ذکر اس پری وش کا، روشنی کا سفر، وادی غزل، میری صدا کا غبار، شاخ گل، سر شام، خانوادۂ نور وغیرہ۔ اس تفصیل سے ان کی شاعری کی نوعیت کا اندازہ ہوتا ہے۔ انھوں نے ایک طرف کلاسیکی ادب کی طرف توجہ دی تو دوسری طرف ترقی پسند اور جدید رویے کو بھی اپنانے کی کوشش کی ہے۔ کلاسیکی شعراء کے مطالعے نے انھیں زبان کا شعور بخشا اور جب وہ ترقی پسند تحریک سے وابستہ ہوئے تو موضوعات کے تنوع کے باوجود زبان وبیان کی سالمیت سے غافل نہیں ہوئے۔ رفعت سروش بنیادی طور پر انسان کی مثبت قدروں کے شاعر ہیں، اس لئے ان کو وہ صورتیں پسند ہیں جن سے زندگی تابناک اور رخشندہ ہوتی ہے۔ مساوات، استحصال، جبر وظلم اونچ نیچ ذات پات ان تمام امور سے وہ نبرد آزما ہوتے ہیں۔ ان کی شاعری میں انسان دوستی کا پیغام کلیدی حیثیت رکھتا ہے۔

ادا جعفری:

نام عزیز جہاں، تخلص اداؔ ہے۔ ولادت ۱۹۲۹ء میں بدایوں میں ہوئی۔ ان کے تفصیلی حالات ان کی خودنوشت ''جو رہی سو بے خبری رہی'' میں درج ہیں۔ اداؔ جعفری کے مجموعے کلام ''ساز ڈھونڈھتی رہی، شہر درد، غزالاں تم تو واقف ہو، ساز سخن بہانہ ہے'' وغیرہ شائع ہو چکے ہیں۔ ابتداء میں رفعت سروش نے رومانیت سے رشتہ رکھا، پھر حقیقت نگاری کی طرف مائل ہو گئیں، شروع میں سماج میں موجود نظام کی ناہمواریوں کو نظم کرنا شروع کیا، ان کے کلام کے مطالعے سے اندازہ لگایا جا سکتا ہے کہ وہ ذہنی طور پر ترقی پسند رہی ہیں، آزادی اور مساوات کی علم بردار ہیں۔ حالانکہ

ترقی پسندی کے ساتھ ان کا واسطہ جدیدیت سے بھی پڑا، لیکن انھوں نے اپنی شاعری کو اپنے ہی رنگ میں محفوظ رکھا، اور جدیدیت کے ذیل میں خود کو کسی ابتلا کا شکار نہیں کیا۔

راہی معصوم رضا:

راہی معصوم رضا کی ولادت ۱۹۲۷ء میں غازی پور میں ہوئی۔ انتقال ۱۹۹۳ء میں ممبئی میں ہوا، راہی بنیادی طور پر ایک شاعر ہیں، ان کے کئی مجموعے شائع ہو چکے ہیں، جیسے ''نیا سال، موج گل، موج صبا، رقص مے، اجنبی راستے'' وغیرہ لیکن انھوں نے اپنا راستہ بدل دیا اور ہندی کی طرف راجع ہو گئے۔ لیکن ہندی میں بحثیت شاعر انھیں کوئی جگہ نہیں مل سکی، لیکن ان کا ایک ناول ''آدھا گاؤں'' جو ہندی اردو کی یکساں میراث ہے، اس کی اہمیت تسلیم کی گئی۔ راہی کی اہمیت اس لئے بھی ہے کہ انھوں نے یاس یگانہ چنگیزی اور طلسم ہوش ربا، پر کتابیں لکھیں جو بہت اہم ہیں۔ راہی ابتداء سے ترقی پسند رہے، غریبوں اور مفلسوں کے مسائل سے اپنے فن کو جلا بخشتے رہے۔

ابن انشاء:

نام شیر محمد خاں۔ ولادت ۱۹۲۷ء میں ضلع جالندھر میں ہوئی۔ انتقال ۱۹۷۸ء میں لندن میں ہوا۔ تدفین کراچی میں ہوئی۔ ابن انشاء کی تصنیفات و تالیفات کی فہرست بہت طویل ہے جس میں ''چاند نگر، اس بستی کے ایک کوچے میں'' قابل لحاظ شعری مجموعے ہیں۔ ابن انشاء بنیادی طور پر شاعر ہیں، ان کی متانت اور سنجیدگی ان کی ہر تخلیق سے نمایاں ہے۔ ان کے یہاں میر، نظیر اور کبیر کی تجدید ہوتی ہے، یہ الگ بات ہے کہ طنز و مزاح میں بھی ان کا رنگ نمایاں ہے، دوسرے مجموعے سے یہ بھی اندازہ ہوتا ہے کہ وہ جدیدیت سے متاثر تھے، تنہائی اور غم ان کے خاص موضوع بن گئے تھے۔ ابن انشاء کے یہاں چاند ایک خاص تصور کے تحت ابھرا ہے، ان کی بعض نظموں اور غزلوں میں اسی مناسبت سے کئی چیزیں سامنے آئی ہیں، جن سے خصوصی طور پر چاند سے متاثر ہونا ثابت ہوتا ہے، انشاء کی دیگر تصنیفات میں ''اندھا کنواں، گلوں کا بستہ، مجبور، شہر پناہ، چینی نظمیں، سانس کی پھانس، برف کی پوٹلی، آوارہ گرد کی ڈائری وغیرہ اہم ہیں۔

بلراج کومل:

ان کی ولادت ۱۹۲۸ء میں سیالکوٹ پاکستان میں ہوئی۔ یہ عرصہ دراز سے دلی میں مقیم ہیں، بلراج کومل بنیادی طور پر ایک شاعر ہیں۔ انسانی ہمدردیاں ان کی تخلیقات کا اہم پہلو ہیں۔ براہ راست مشاہدے، سامنے کے تجربات اور زندہ انسانوں کے تئیں تحرک انگیز ردعمل سے قوت تخلیق حاصل کرتے ہیں۔ ان کے مجموعہ کلام میں ''لمبی بارش، رشتہ دل، میری نظمیں، ناریل کا پیڑ، پرندوں بھرا آسمان، شہر میں اک تحریر'' وغیرہ اہم ہیں۔

بلراج کومل زندگی کی بعض ایسی تلخیوں سے گزرے ہیں جن کے اثرات ان کا دور تک پیچھا کرتے ہیں۔ جن میں سے ایک تقسیم ملک کے بعد فرقہ وارانہ فسادات ہیں۔ ان کی ابتدائی شاعری میں اس کے نقوش صاف طور پر دیکھے جاسکتے ہیں۔ ان کی بعض نظموں میں ان کے دکھ درد کا ماجرا جھلکتا ہے لیکن وہ اپنے غم اپنی الجھن، اپنی ذہنی پژمردگی کو چھپانے کا وصف جانتے ہیں۔ اس لئے ان کی شاعری میں اس کا اظہار علامتی طور پر ہوا ہے۔ بلراج کومل بھیڑ میں الگ تھلگ نہیں دکھائی دیتے، بلکہ بھیڑ ہی کے ایک فرد کی حیثیت سے اپنے احساسات کی ترجمانی کرتے ہیں، گویا ان کی شاعری سماج کے ایک رکن کی حیثیت سے اس کے ساتھ مل کر سوچنے کا عمل ہے۔

منیر نیازی:

نام محمد شیر خاں نیازی ہے۔ ۱۹۲۸ء میں ہردو خانپور ضلع ہوشیار پور میں پیدا ہوئے۔ انھیں نئی نظم کے حوالے سے امتیاز حاصل ہے، نظم نگاری کی جہتوں میں جدت کی تلاش ان کا مدعا رہا ہے اور اس بات مین انھوں نے اپنی انفرادیت قائم کرلی ہے۔ ان کے کئی مجموعے اشاعت پذیر ہوچکے ہیں جیسے ''جنگل میں دھنک، تیز ہوا اور تنہا پھول، دشمنوں کے درمیان شام'' وغیرہ۔

منیر نیازی تحیر کے شاعر ہیں۔ اور نا معلوم کیفیتوں کا سراغ لگانا چاہتے ہیں۔ جانی پہچانی چیزوں کو بھی اپنی شاعرانہ حسیات سے نیا رخ دے دیتے ہیں۔ اور روز مرہ کے مظاہر تازہ ہوکر اتنے اجنبی ہوجاتے ہیں کہ ان کی اپنی شکل معدوم ہوجاتی ہے۔ منیر کی شاعری میں ہجرت کے بعض پہلو بھی نہایت فنکارانہ طور پر ابھرتے ہیں۔ اس ضمن میں دشمنوں کا خوف تخلیقاتی جہات اختیار کرلیتا ہے۔ جس سے ہیبت ناکی اور آسیب زدگی کی فضا قائم ہوجاتی ہے۔ ان مناظر میں اجڑے ہوئے شہر ایک خاص نہج اختیار کرلیتے ہیں۔ آفت زدہ اور مصیبت آگیں کیفیات کی بستیاں ان کے شعری مناظر مین عصری واقعات کو نئی سمت عطا کردیتی ہیں۔ منیر کی غزلوں کا اپنے عہد کے کم وکیف پر محیط ایک الگ رنگ ہے۔ خوف اور بے اعتباری ان کی غزل کا مزاج بناتی ہے۔ کہیں کہیں والہانہ سرشاری کا بھی عنصر پایا جاتا ہے۔ غرض یہ کہ منیر نیازی اپنے ڈھنگ کے ایک الگ شاعر ہیں جو عام طور سے گھسی پٹی راہ سے بہت دور کھڑے نظر آتے ہیں۔

عمیق حنفی:

ان کا نام عبدالعزیز حنفی ہے۔ قلمی نام عمیق حنفی سے مشہور ہوئے۔ حنفی کی ولادت ۱۹۲۸ء میں مہو چھاونی ضلع اندور میں ہوئی۔ عمیق حنفی کے مجموعہ کلام ''سندباد، شب گزشت، شجر صدا، سلسلۃ الجرس'' ایسے ہیں جنھیں بڑی قدر کی نگاہ سے دیکھا جاتا ہے۔ یوں تو عمیق حنفی نے غزلیں بھی کہیں ہیں لیکن وہ بنیادی طور پر ایک نظم نگار تھے۔ ان کی

نظمیں عصری حسیت سے معمور ہیں۔ موضوعات کو برتنے کا ان کا اپنا ایک خاص انداز ہے جو کسی کا تتبع نہیں بلکہ ان کی انفرادی فکر کا نتیجہ ہے۔ ان کی نظمیں ''تجدید، آئینہ خانے کے قیدی، اتر آئی شام، ایک رات، دیت نام، سمندر، بے وقوف آندھیاں، خیر الانام وغیرہ ایسی ہیں جن سے ان کے اندر جو بگولا رقص کر رہا ہوتا ہے وہ باہر آتا ہے جس میں حالیہ زندگی کی تفسیر و تعبیر نظر آتی ہے۔ اپنی نظم کھجراہو میں عمیق حنفی نے نئی اور پرانی تہذیب کے بدلتے ہوئے تیور پر ایک طائرانہ نگاہ ڈالی ہے۔ اس کے جنسی مناظر کی عکاسی کرتے ہوئے رفعت اور روحانیت کے سفر تک پہنچنے کی سعی کی ہے اور آخری مرحلے میں کھجراہو جنسی آلودگی کا نشان نہیں بلکہ ترفع کے امکانات کی خبر دیتا ہے۔

عاشور کاظمی:

ان کی ولادت ۱۹۳۲ء میں فرید پور سادات، پانی پت میں ہوئی۔ یہ فی الحال برمنگھم میں مقیم ہیں۔ عاشور کاظمی کی کئی ادبی حیثیتیں ہیں۔ شاعری کے علاوہ انھوں نے طنزیہ مضامین اور انشایئے بھی قلمبند کئے ہیں۔ ان کے کئی شعری مجموعے شائع ہو چکے ہیں جیسے ''صراط مستقیم، بربط احساس، چراغ منزل اور حرف جنوں''۔ یوں تو عاشور کاظمی ایک ترقی پسند ہیں لیکن ان کی نگارشات کا مطالعہ کیجئے تو اندازہ ہوگا کہ مذہبی قدریں ان کی فکر کی اساس ہیں۔ ان کے اشعار مختلف معنوی جہات کے حامل ہیں اور یہ سب ایک خاص طرح کا کیف پیش کرتے ہیں جن میں احساس جمال بھی ہے اور فکر کی گہرائی بھی۔ عاشور کاظمی اپنے وطن سے دور ہو کر نئے نئے تجربات اور مشاہدات سے رشتہ قائم رکھنے پر مجبور ہیں۔ ان کے بعض اشعار میں اگر صرف مغربی مفکرین کے افکار پر نگاہ رکھتے ہوئے معنی تلاش کئے جائیں تو ایک عجیب صورت ابھرتی ہے۔ وہاں جس طرح سائنسی ایجادات کے کام سرانجام دئے جا رہے ہیں وہ اظہر من الشمس ہے۔ سچ تو یہ ہے کہ انسان کی کلوننگ کی بات ہو رہی ہے جو گویا انسان اب خدا بننے کے لئے ہاتھ پیر مار رہا ہے۔ عاشور کاظمی کو انسان کی یہ تگ ودو لایعنی معلوم ہوتی ہے۔ عاشور کاظمی اردو کے فروغ کے لئے مسلسل کوشش کر رہے ہیں۔

احمد فراز:

احمد فراز کی پیدائش ۱۹۳۳ء میں لاہور میں ہوئی۔ یہ پاکستان کے نہایت مقبول شاعر ہیں۔ اب تک ان کے کئی مجموعے شائع ہو چکے ہیں جن میں ''تنہا تنہا، درد آشوب، نایافت، شب خوں، جاناں جاناں، میرے خواب ریزہ ریزہ، بے آواز گلی کوچوں میں، نابینہ شہر میں آئینہ'' وغیرہ بہت اہم ہیں۔

احمد فراز کی شاعری کی طرف توجہ کیجئے تو اندازہ ہوتا ہے کہ وہ رومانی کیف وکم کے شاعر ہیں، ان کے سامنے گوشت پوست کی محبوبائیں ہیں جو ہر وقت مچلتی رہتی ہیں۔ یعنی نسائی حسن و جمال سے متاثر احمد فراز اپنی شاعری کو عشق

وعاشقی سے زیادہ جمالیاتی احساس سے بہرہ ور کردیتے ہیں۔یہی وجہ ہے کہ ان کی شاعری عوام میں تو مقبول ہی ہے خواص میں بڑی خاموشی سے اس سے لطف لیتے ہیں۔سہل ممتنع شعر کہنا اور اسے عوام وخواص نے ذہن میں مرتسم کردینا آسان نہیں ہے۔احمد فراز یہ کام بہ آسانی کرلیتے ہیں۔ان کے یہاں آرٹ سے زیادہ کرافٹ ہے۔کہا جاتا ہے کہ آرٹ کرافٹ سے آگے کی چیز ہے۔آرٹ گہرائی کا طالب ہوتا ہے اور کرافٹ میں عام طور سے عمق کا پیدا کرنا مشکل ہوتا ہے،لیکن احمد فراز آرٹ اور کرافٹ کے بیچ و بیچ نظر آتے ہیں۔وہ جب کرافٹ سے آرٹ کی طرف سفر کرتے ہیں تو ہمیں مایوس نہیں کرتے اور سہل ممتنع کی کیفیت برقرار رہتی ہے۔کبھی کبھی تو ایسا محسوس ہوتا ہے کہ اس شاعر کے سامنے الفاظ ہاتھ باندھے کھڑے ہیں وہ انھیں جس طرح چاہتا ہے استعمال کرتا ہے،ایسے استعمال سے معنوی کیفیت دوچند ہوجاتی ہے۔

شاذ تمکنت:

ان کا نام سید مصلح الدین تھا۔ولادت ۱۹۳۳ء میں حیدرآباد میں ہوئی۔انھوں نے غزل،نظم کے علاوہ منظوم ڈرامے اور گیت بھی لکھے ہیں،ان کے مجموعے ''تراشیدہ، بیاض شب، نیم خواب، ورق انتخاب'' شائع ہوچکے ہیں۔شاذ تمکنت بنیادی طور پر ترقی پسند شاعر تھے لیکن انھوں نے اپنے اشعار کو عوامی پن سے دور ہی رکھا نعرے بازی سے گریز کیا اور لہجہ نرم رکھا،یوں تو وہ ایک نظم گو شاعر کی حیثیت سے مشہور ہیں لیکن ان کی غزلیں بھی فنی وجمالیاتی احساسات سے بہرہ ور ہیں۔وزیر آغا نے شاذ تمکنت کی شاعری کے بعض پہلوؤں پر روشنی ڈالتے ہوئے ان کی تشبیہات واستعارات پر نگاہ ڈالی ہے وہ کہتے ہیں کہ ایسے استعارے سارے حسی نظام کو جھنجھوڑتے ہیں، یہ ایک ایسی صفت ہے جو انھیں شعراء کی صف میں ایک منفرد مقام عطا کرتی ہے۔بعض نقادوں نے شاذ تمکنت کی نظموں میں ملکی مسائل سے ان کی دلچسپی کو واضح کرنے کی کوشش کی ہے، نیز ان کے احساس وجذبات اور عصری آگہی پر بھی روشنی ڈالی ہے۔

مخمور سعیدی:

ان کا نام صاحبزادہ سلطان محمد خاں یوسف زئی ہے۔یہ مخمور سعیدی کے نام سے مشہور ہوئے۔ولادت ۱۹۳۴ء میں راجستھان کے شہر ٹونک میں ہوئی۔مخمور سعیدی کے شعری مجموعے ''واحد متکلم، سیاہ وسفید، آتے جاتے لمحوں کی صدا، گفتنی، سب رنگ'' کے نام سے شائع ہوچکے ہیں۔اگر ان مجموعوں میں شامل بہترین نظموں اور غزلوں کا انتخاب کرلیا جائے تو اندازہ ہوگا کہ مخمور ایک اعتدال پسند شاعر ہیں جن کے یہاں دور کی کوڑی لانے کا کوئی عمل نہیں ہے۔وہ زمانے کی چیرہ دستی اور حالات کی بالادستی سے مسلسل متاثر رہے ہیں، لیکن ان کے احساسات ہمیشہ

باوقار اور معیاری تخلیقی عمل میں مبدل ہوتے رہے ہیں۔ مخمور سعیدی کی دلچسپی نظم سے بھی تھی اور غزل سے بھی۔ ان کی نظموں میں علامت وابہام کا فقدان ہے، لیکن وہ واقعات وسانحات کو نئی تخلیقی جہت عطا کرنے پر قادر ہیں۔ ابہام کی کمی کہیں بھی ان کی نظموں کو کمزور نہیں بناتی۔

بشیر بدر:

ان کی ولادت ۱۹۳۵ء میں کانپور میں ہوئی۔ بشیر بدر بحیثیت غزل گو معروف ہیں، ان کے تین مجموعے ''اکائی، امیج اور آمد'' شائع ہو چکے ہیں۔ ان کی دوسری کتابوں میں ''بیسویں صدی میں غزل اور آزادی کے بعد اردو غزل کا تنقیدی مطالعہ'' اہم سمجھی جاتی ہیں۔ مجموعہ اکائی کا مطالعہ کرنے سے اندازہ ہوتا ہے کہ بشیر بدر کی بنیادی روش ایک خالق کی ہے، یہ بات اور ہے کہ جو چیز خلق ہو کر سامنے آتی ہے وہ جدید شعری رویہ سے ہم آہنگ معلوم ہوتی ہے۔ ان کی غزلوں میں بٹن، کوٹ، زپ، ٹائی، رکشا، موٹر، ٹیپ وغیرہ ایسے الفاظ ہیں جن کے استعمال سے کوئی بھی غزل اپنی عمومی اور روایتی روش سے بہت دور ہو جاتی ہے اور اپنے خدوخال کے اعتبار سے نئی معلوم ہوتی ہے۔ بشیر بدر نے صرف اتنا ہی نہیں کیا کہ آج کی تہذیب سے وابستہ کچھ الفاظ لے لئے اور نیا رنگ پیدا کرنے کے لئے انھیں اپنی غزلوں میں پیش کر دیا بلکہ ان الفاظ سے ایسے نئے پیکروں کی تخلیق کی ہے جو بنیادی طور پر شعری رنگ و آہنگ رکھتے ہیں۔ بشیر بدر کی جدیدیت ان کی اپنی جدیدیت حسیت کا نتیجہ معلوم ہوتی ہے۔

وحید اختر:

وحید اختر کی ولادت ۱۹۳۵ء میں اورنگ آباد دکن میں ہوئی۔ وحید اختر ادب میں دو حیثیتوں سے ممتاز رہے ہیں۔ ایک شاعر دوسرے نقاد، ان کی شاعری کے تین مجموعے ''پتھروں کا مغنی، شب کا رزمیہ، زنجیر کا نغمہ'' شائع ہو چکے ہیں۔ جہاں تک وحید اختر کی غزلوں کا تعلق ہے انھوں نے اس سلسلے میں کوئی نیا تجربہ نہیں کیا، شاید وہ غزل کے فارم سے مطمئن تھے۔ اس اطمینان نے انہیں محض اپنے موضوعات کو انفرادی تجربے اور مشاہدے سے اس کی پرانی سج دھج کے ساتھ قائم رکھنا سکھایا، ان کے یہاں عشق و محبت کا کیف بھی ہے اور ہجر کے دلکش موضوعات بھی۔ وحید اختر کی انانیت مشہور تھی، کہیں کہیں غزلوں میں ان کا تیور نجی اور حسی بن کر ابھرا ہے۔ ان کے یہاں فلسفیانہ شعور کی نشاندہی بھی کی جاتی ہے، لیکن ان کا فلسفہ ذاتی ہی رہتا ہے، اور کائنات کی پیچیدگیوں سے نہیں الجھتا۔ وحید اختر کی بعض نظمیں ان کے انقلابی تیور کا بھی پتہ دیتی ہیں۔ آخری وقتوں میں انھوں نے مرثیہ نگاری کی طرف بھی توجہ دی ہے۔ کہا جا سکتا ہے کہ وحید اختر کے یہاں عصری حسیت بہت ہے جو ان کی شاعری کو قابل مطالعہ بناتی ہے۔

شہریار:

ان کا نام کنور محمد اخلاق خاں ہے۔ شاذ تمکنت کی تجویز انھوں نے اپنا نام شہریار رکھ لیا۔ ان کی ولادت ۱۹۳۶ء میں بریلی میں ہوئی۔ شہریار کے اب تک چھ مجموعے شائع ہو چکے ہیں: ''اسم اعظم، ساتواں در، ہجر کے موسم، خواب کا در بند ہے، نیند کی کرچیں، میرے حصے کی زمین۔'' ان سارے مجموعوں کو ان کی کلیات ''حاصل سیر جہاں''مین اکٹھا کر دیا گیا ہے۔

شہریار کی شاعری کے زمانے کی طرف توجہ کیجئے تو اندازہ ہوگا کہ انھوں نے ترقی پسندوں کا دور بھی دیکھا ہے جدیدیت اور مابعد جدیدیت کا بھی۔لیکن شہریار ان ادبی تحریکات سے متاثر نہیں ہوئے۔ ان کے یہاں بعض تحریکوں کے اثرات ہلکے سائے کی طرح دیکھے جاسکتے ہیں، لیکن ایسا نہیں ہے کہ وہ ان میں اس طرح رچ بس گئے ہوں کہ وہاں سے نکلنا آسان نہ ہو، گویا شہریار ایک محتاط رویے کے شاعر ہیں۔وہ اپنے ذہن کو آزاد رکھنے میں اور کوئی نظریہ ان کے پیر کی زنجیر نہیں بنتی۔ ان کی اپنی فکر اپنی سوچ ہے جہاں ماورائیت کے لئے بہت کم جگہ ہے اور عرضی اور حقیقی تجربوں اور مشاہدوں کا میدان وسیع ہے۔ اگر صرف جنسی اور نسائی عقبی زمین مین شہریار کی شاعری کا جائزہ لیا جائے تو احساس ہوگا کہ ان کے یہاں عورت، محبت اور اس سے متعلق رشتہ زمینی ہے، مثالی نہیں۔ شہریار اپنے جذبہ کی شدت کو لگام دینا جانتے ہیں۔ لہٰذا ان کے یہاں مرنے سے زیادہ جینے کا عمل ملتا ہے۔شہریار اپنے فنی ربط کی وجہ سے نہ تو یاسیات کے شکار ہوتے ہیں نہ ہی کسی انقلاب آفریں تشدد کا پتہ دیتے ہیں۔ یہ بات ان کے ہم عصروں میں انھیں ممتاز کرتی ہے۔

ساقی فاروقی:

ان کا نام قاضی محمد شمشاد بنی فاروقی ہے۔ ولادت ۱۹۳۶ء میں گورکھ پور میں ہوئی۔ساقی فاروقی بحیثیت شاعر بین الاقوامی شہرت کے حامل ہیں۔ جو تتبع اور نقل سے دور ہر معاملے میں اپنی فکر اور سوچ کو افضل رکھتے ہیں۔ ان کی شاعری کے مجموعوں میں ''پیاس کا صحرا، رڈار، بہرام کی واپسی، حاجی بھائی پانی والا'' بے حد معروف ہیں۔ ساقی فاروقی نے نثری نظم سے بھی دلچسپی لی ہے، اس میں بھی ان کی جودت طبع سب سے الگ ہے۔ سچ تو یہ ہے کہ ان کی شاعری کا تعلق مقصدیت سے کم خارجی اور بالائی کیفیات ان کے کلام کا قوام نہیں بناتیں بلکہ ذات مرکزی حیثیت رکھتی ہے اور اس معاملے میں بھی ان کی کوشش ہوتی ہے کہ داخلیت پسند شعراء سے الگ رہیں۔ ساقی نے انگریزی نظمیں بھی لکھی ہیں جو مختلف رسالوں میں شائع ہو چکی ہیں۔

مظفر حنفی:

ان کا نام محمد ابوالمظفر ہے۔ ولادت ۱۹۳۶ء کو کھنڈوا

میں ہوئی۔ مظفر حنفی ایک پرگو شاعر اور ادیب ہیں۔ انھوں نے شاعری کو تو مرکزی حیثیت دے رکھی ہے۔ اس کے علاوہ افسانہ نگاری اور تحقیق وتنقید سے بھی وابستہ رہے ہیں۔ ان کی شاعری کے حوالے سے جو کتابیں شائع ہوئی ہیں ان میں ''پانی کی زباں، تیکھی غزلیں، عکس ریز، صریر خامہ، دیپک راگ، یم بہ یم، طلسم حرف، پردہ سخن کا، یا اخی'' وغیرہ ہیں۔

مظفر حنفی بنیادی طور پر غزل کے شاعر ہیں اس سلسلے میں ان کا انفرادی لہجہ نمایاں ہے۔ الفاظ کو وہ ایک خاص طریقے سے برتنے میں اپنی مہارت کا ثبوت فراہم کرتے ہیں۔ مظفر اپنے لہجے کو بے حد تیکھا رکھتے ہیں، لیکن اس کے باوجود جارحیت نہیں نظر آتی۔ طنز نگاری، مظفر حنفی کا عمومی مزاج ہے۔ جدید شعراء میں ان کی آواز اپنے تیکھے انداز کی وجہ سے پہچانی جاتی ہے۔ مظفر حنفی کی طنز نگاری محض تقلیدی نہیں وہ اپنے لب ولہجہ کی متانت انتہائی سنگین موقعوں پر بھی نہیں کھوتے، اس لئے ان کے طنز پر غصہ نہیں آتا بلکہ سوچنے سمجھنے کا رجحان پیدا ہوتا ہے۔

خلیل الرحمٰن اعظمی:

ولادت ۱۹۲۷ء سیدھا سلطان پور ضلع اعظم گڑھ میں ہوئی۔ انتقال ۱۹۷۸ء میں علی گڑھ میں ہوا۔ خلیل الرحمٰن اردو ادب میں تین حیثیتوں سے ممتاز ہیں۔ ایک حیثیت شاعر کی ہے، دوسرے نقاد اور تیسرے محقق کی۔ ان کا مجموعہ کلام ''کاغذی پیرہن، نیا عہد نامہ، آئینہ خانے، آسماں اے آسماں، زندگی اے زندگی'' کے نام سے شائع ہو چکے ہیں۔

خلیل الرحمٰن اعظمی جدید غزل گو شاعر ہیں جو ابتداء میں ترقی پسند تحریک سے وابستہ تھے، بعد میں جدیدیت سے جڑ گئے، ان کا ذہن فطری طور پر غزل سے مناسبت رکھتا ہے۔ انھوں نے اساتذہ کے کلام کا بغور مطالعہ کیا، وہ میرؔ کے طرز اسلوب سے خاص طور سے متاثر نظر آتے ہیں۔ یہ حقیقت بھی ہے کہ ان کے کلام میں ایک طرح کی نشتریت ہے، حزن وملال کا اندازہ بھی وہی ہے، لیکن وہ ٹیس جو میرؔ کے یہاں ہے ان کے یہاں نہیں ملتی۔ لیکن مجموعی اعتبار سے حزن ویاس کا داخلی کرب ان کے کلام کو امتیاز بخشتا ہے۔ خلیل الرحمٰن کی شاعری کا تجزیہ کرتے وقت ہمیں اس بات کو بھی ذہن میں رکھنا ہوگا کہ آج کے زمانے اور میرؔ کے زمانے میں بڑا فرق ہے، حالات بھی بدل گئے ہیں، مشاہدے اور تجربے کی کیفیت بھی یکساں نہیں ہے۔ بعض انسانی جذبات کی ہم آہنگی کے باوجود وقت کے بُعد نے اضطراب وہیجان کے کیف کو بھی نیا رنگ عطا کیا ہے، اس لئے آج کا اسلوب وہ نہیں ہوسکتا جو میر کا تھا۔ اگر اس بات کو ذہن میں رکھا جائے تو دونوں کے یہاں جو حد فاصل ہے اس کا جواز مل جائے گا۔

ابتداء میں خلیل الرحمٰن اعظمی ترقی پسند رہے تھے لیکن اس طرح کی بلند آہنگی انھیں کبھی پسند نہیں تھی، چنانچہ ان کے یہاں دھیمی آواز کا ایک ایسا احساس ہوتا ہے جو یقیناً ان کی

اپنی آواز ہے۔ ابتداء ہی سے انھیں یہ احساس تھا کہ شاعری کا مقدر کسی نہ کسی سطح پر ابہام سے قائم ہوتا ہے۔ لہٰذا انھوں نے اپنی شاعری خصوصاً غزل کو ایک ایسا لب ولہجہ عطا کیا جس میں پیش روؤں کی گونج تو تھی لیکن انفرادیت بھی قائم تھی۔ وہ اپنے دور کی حسیت کے شاعر تھے، لہٰذا ان کی غزلوں میں بھی آج کے بہت سارے المیے کی کیفیتیں روشن ہیں۔ گویا وہ داخلی کیفیات کے شاعر ہیں۔ مجموعہ 'نیا عہد نامہ' سے ان کی داخلیت ظاہر ہوتی ہے۔ جس میں ایک طرح کی دردمندی کا احساس ہر جگہ ملتا ہے۔ خلیل الرحمٰن اعظمی جدیدیت کے ایک رکن ہوتے ہوئے بھی اپنی شاعری کو لایعنی سطح پر نہیں لے جاتے، کہیں کہیں ایسا محسوس ہوتا ہے کہ ترقی پسندی سے علاحدگی کے باوجود وہ جدیدیت کو اس سے ہم آہنگ کرنے کی کوشش کرتے ہیں۔

خلیل الرحمٰن کی غزلوں میں محبت اور عشق کے موضوع پر قلم اٹھایا گیا ہے لیکن عشق سے متعلق سطحی باتیں وہ نہیں کرتے، نہ ہی ان کے یہاں چھیڑ چھاڑ کا ذکر ملتا ہے۔ عشق کا بیان وہ کیفیات اور احساسات کی شکل میں کرتے ہیں۔ خلیل الرحمٰن کا اسلوب بیان بھی دلکش ہے۔ ان کے یہاں صنعت ایہام کا خوبصورت استعمال ملتا ہے۔ یہ اثر ان کے یہاں اساتذہ کے کلام سے آیا ہے۔ الفاظ کی بندش خوبصورت اور معنی خیز ہوتی ہے۔ وہ جدیدیت سے متاثر ہیں۔ اس لئے اپنے اشعار میں تراکیب کا استعمال کم کرتے ہیں۔ اس طرح کہا جاسکتا ہے کہ خلیل الرحمٰن اعظمی کا لب ولہجہ نیا ہوتے ہوئے بھی اجنبی اور انوکھا نہیں معلوم ہوتا ہے۔

ندا فاضلی:

ندا فاضلی کی ولادت ۱۹۳۸ء میں دہلی میں ہوئی۔ انھوں نے ایک باشعور شاعر کی حیثیت سے اپنی شناخت کسی ازم سے متاثر نہیں ہونے دی۔ ان پر نہ تو ترقی پسندی کے گہرے اثرات پائے جاتے ہیں نہ تو جدیدیت کے۔ لہٰذا ان کا کلام افراط وتفریط سے پاک ہے۔ نظم، غزل کے علاوہ دوہا نگاری میں ندا فاضلی کا خاص میلان ہے۔ ان کے کئی مجموعے جیسے ''لفظوں کا پل، مورناچ، کھویا ہوا سب کچھ، اے شہر میرے ساتھ چل'' وغیرہ شائع ہو چکے ہیں۔ ندا فاضلی کی غزلیں ہوں کہ نظمیں کہ گیت سب میں ان کی انفرادیت نمایاں ہے۔ ان کا بے تکلف انداز بیان صاف پہچانا جاتا ہے۔ ان کی جدّت یا جدیدیت ان کے مزاج کا میلان ہے۔ ندا فاضلی کی شاعری میں پایا جانے والا غم کہیں سے مستعار نہیں بلکہ ان کا ذاتی غم ہے۔ وہ محض اپنے غم کے اظہار پر ہی بس نہیں کرتے۔ 'لفظوں کے پل' کی اکثر نظموں میں جنسی گھٹن کی عمومی فضا ملتی ہے۔ انھیں جنسی پیچیدگیوں کے اظہار کا ایسا ملکہ ہے کہ اس میدان میں ان کا کوئی حریف نظر نہیں آتا۔ ندا فاضلی شاعری کی طرح ادبی دنیا میں اپنی تازہ کار نثر سے بھی پہچانے جاتے ہیں۔ موضوع چاہے کیسا بھی ہو، ان کا طرز نگارش اسے پر کشش

اور قابل توجہ بنا دیتا ہے۔ ان کے لفظوں میں طنز و مزاح کی دلکشی بھی ہے اور بات سے بات پیدا کرنے کی سنجیدگی بھی۔ انھوں نے اپنی خود نوشت ''دیواروں کے بیچ'' مرتب کی ہے۔

فہمیدہ ریاض:

ان کی ولادت ۱۹۴۵ء میں میرٹھ میں ہوئی۔ ان کا مجموعہ کلام ''پیمبر کی زبان'' کے نام سے شائع ہوا۔ جس کے مطالعہ سے اندازہ ہوتا ہے کہ فہمیدہ پروٹسٹ کی شاعرہ ہیں۔ تانیثی تحریک میں ان کی ایک خاص جگہ ہے۔ ان کے یہاں جس طرح کی بے باکی اور جسارت ملتی ہے وہ عمومی طور پر شاعرات کی شاعری کا مزاج نہیں۔ ان کا انحراف بہتوں کے لئے مثالی بن گیا۔ ابتداء میں ان کی آواز اتنی تیز نہین تھی۔ ان کی نظموں کی فضا اداسی اور مایوسی سے عبارت تھی اور بغاوت کی لہر اتنی تیز نہیں تھی۔ لیکن آگے چل کر ان کی آواز بہت تیز ہو جاتی ہے اور کہیں کہیں مردوں سے بڑی بے باکی سے لوہا لینے لگتی ہیں۔ اور آخر میں ایک مکمل باغی عورت سامنے آجاتی ہے، وہ سماجی ناہمواریوں پر ضرب لگانے کی کوشش کرتی ہے اور دیمک زدہ معاشرے کی بیخ کنی پر آمادہ ہے۔ جنسی معاملات پر کھل کر لکھنا اور اس ضمن میں مردوں کے رویوں کی پول کھولنا فہمیدہ کی شاعری کا مرکزی نکتہ بن جاتا ہے۔ ان کے یہاں عورتوں کے مساوی حقوق کے لئے ایک تڑپ ہے جو ان کے پیشتر کلام میں جاری وساری ہے۔

پروین شاکر:

ان کی ولادت ۱۹۵۲ء میں کراچی میں ہوئی۔ انتقال ۱۹۹۶ء میں اسلام آباد کے نزدیک سڑک حادثے میں ہوا۔ ان کے مجموعہ کلام ''خوشبو، صد برگ، خود کلامی، انکار'' نام سے شائع ہو چکے ہیں۔ کلیات کا نام ''ماہ تمام'' ہے۔ پروین شاکر کی شاعری میں آورد نہیں ہے بلکہ ان کے یہاں احساسات ہی احساسات ہیں اور یہ احساسات عورتوں کے مخصوص حالات پر مبنی ہیں۔ ان کا نسوانی لہجہ نرم ہونے کے باوجود بہت انقلابی معلوم ہوتا ہے۔ کیوں کہ انھوں نے عشق ومحبت کے حوالے سے جو اشعار کہے ہیں اس میں ایک ایسی داستان چھپی ہے جس میں ٹیس ہی ٹیس ہے۔ پروین شاکر ایک طرح سے عورتوں کی یا محبت کرنے والی خواتین کی نمائندہ بن کر سامنے آتی ہیں جو اپنے تمام تر حوصلوں کے باوجود وہ راہ اختیار نہیں کر سکتیں جو ایسے حالات میں ایک مرد کر سکتا ہے۔

پروین شاکر بہت نرم دل خاتون تھیں، ان کے اندر ہمدردی کوٹ کوٹ کر بھری تھی۔ وہ نسائی تحریک سے وابستہ تھیں۔ ان کی فکر ایک خاص طرح کی تھی جو بیداری اور بے باکی پر ختم ہوتی تھی۔ ان کے لہجے کی انفرادیت عام قاری بھی محسوس کر سکتا ہے۔

عنبر بہرائچی:

ان کا پورا نام محمد ادریس عنبر ہے۔ ولادت ۱۹۴۹ء میں سکندر پور ضلع بہرائچ میں ہوئی۔ عنبر بہرائچی ادبی لحاظ سے بے حد فعال رہے ہیں، اردو کے علاوہ کبھی کبھی ہندی اور انگریزی میں بھی لکھتے ہیں۔ ان کی کتاب ''اقبال ایک ادھین'' ہندی میں شائع ہوئی۔ انھوں نے بدھ کی تعلیمات پر مبنی ایک رزمیہ ''مہا بھشکرمن'' لکھا۔ ان کی نظموں اور غزلوں کا مجموعہ ''دوب'' کے نام سے شائع ہوا۔ مجموعہ ''سوکھی ٹہنی پر ہریل'' کے لئے انھیں ساہتیہ اکیڈمی اوارڈ ملا۔

عنبر بہرائچی کی شاعری کا ایک سرسری مطالعہ بتادے گا کہ شمالی ہند کی بولیوں پر ان کی بڑی گہری نظر ہے۔ اودھی، برج، بھوجپوری زبانوں پر انھیں قدرت حاصل ہے۔ ساتھ ہی متعلقہ تہذیبی اور ثقافتی زندگی سے بھی ان کی آشنائی ہے۔ ان کی شاعری کا پس منظر عام طور سے ہندوستان کی دیہی زندگی اور معاشرت ہے، یہ اپنے آپ میں بے حد اہم ہے۔ آج جب دیہاتوں سے ہٹ کر شہری زندگی پر ساری توجہ صرف کی جارہی ہے ایسے میں عنبر کی دیہات سے وابستگی ان کی اپنی انفرادی فکر کو نشان زد کرتی ہے۔ عنبر بہرائچی اپنے شعری آفاق کو کافی وسیع رکھنا چاہتے ہیں۔ لہٰذا اردو کا قدیم وجدید ادب تو ان کے مطالعے میں ہے ہی، سنسکرت اور فارسی کے کلاسیکس سے بھی ان کی واقفیت قابل رشک ہے۔

حنیف ترین:

ان کا نام حفیظ شاہ خان ترین ہے۔ ان کے کئی مجموعے شائع ہو چکے ہیں جیسے ''رباب صحرا، کتاب صحرا، بعید عین الوطن، کشت غزل نما، ابابیلیں نہیں آتیں'' وغیرہ۔ ان کی شاعری کے مطالعہ سے اندازہ ہوتا ہے کہ وہ کسی ازم کے شکار نہیں ہیں۔ آزادانہ طریقے سے تخلیقی مرحلے سے گزرتے ہیں۔ ان کی شاعری کا منصب انسانی قدروں کی شناخت ہے اور ایسی ہی قدروں کو اپنی شاعری کے ذریعہ وسعت دینے کی کوشش کی ہے۔ ان کے کلام میں سعودی عرب کے موسم اور ماحول کا جگہ جگہ ذکر ملتا ہے، یہ سعودی عرب میں ملازم رہے ہیں۔ وہ عربی اور ہندی تہذیب واقدام کی کوشش کرتے نظر آتے ہیں۔ ایک طرح سے ان کے یہاں اپنی تہذیبی روایت کی حفاظت کا پاس ملتا ہے۔ ان کی نگاہ میں اردو والوں پر بے حسی طاری رہتی ہے جس سے انہیں نکلنا چاہیے۔ یہ مرکزی تصور ان کی شاعری کا قوام ہے۔

حبیب جالب:

ان کی ولادت ۱۹۲۸ء کو میامی افغانہ ضلع ہوشیار پور میں ہوئی۔ ان کی شاعری میں جنرل ایوب، جنرل یحییٰ، بھٹو اور ضیاء الحق کے زمانے کی تصویریں نمایاں ہیں۔ وہ انھیں بہت بے باکی سے پیش کرتے ہیں۔ ان کی نظموں اور

غزلوں میں ان کا باغیانہ لہجہ صاف جھلکتا ہے۔ ان کے شعری مجموعے ''برگ آوارہ، سرمقتل، عہد ستم، گوشے میں قفس کے، ذکر بہتے خون کا'' کے نام سے شائع ہو چکے ہیں۔ ان کی شاعری کا آغاز ایک اچھے غزل گو کی طرح ہوا۔ بعض موضوعات بالخصوص یاد ماضی کے لحاظ سے ان میں اور دیگر اہم شاعروں جیسے ناصر کاظمی، حفیظ ہوشیار پوری وغیرہ میں مماثلت بڑی آسانی سے تلاش کی جاسکتی ہے۔ لیکن جالب کے کلام میں یہ موضوع ذاتی زندگی اور رومانی تجربات کے ساتھ مستقل وابستگی نہ رکھ سکے۔ بہت جلد جالب نے اپنی نظموں کے ساتھ ساتھ غزل میں بھی سیاسی حالات وواقعات کا ذکر کیا۔ یہاں تک کہ یہ غزل کے حسن پر گراں محسوس ہونے لگتے ہیں۔ حبیب جالب ایک طرح کا پیغام دیتے رہے اور وہ پیغام ہے حکومت کے خلاف سینہ سپر ہونے کا۔ ان کے اشعار میں شاعر کا باغیانہ ذہن کام کرتا ہوا نظر آتا ہے۔

گوپال متل:

ان کی ولادت ۱۹۰۷ء میں مالیر کوٹلہ میں ہوئی۔ ان کی حیثیت ایک صحافی اور شاعر کی ہے۔ انھوں نے لدھیانہ سے رسالہ ''صبح امید'' اور دہلی سے ایک ماہنامہ ''تحریک'' جاری کیا۔ متل کا مجموعہ کلام ''دوراہا، صحرا میں اذان، شرارنامہ، سچے بول'' ان کی زندگی میں ہی اشاعت پذیر ہو چکے تھے۔ لیکن کلیات ان کی وفات کے بعد شائع ہوا۔

متل کی شاعری میں جو چیز خاص طور سے سامنے آتی ہے وہ ہے زبان پر ان کی غیر معمولی قدرت۔ خیالات بھی ایک خاص انداز سے شعری پیکر اختیار کرتے ہیں۔ کہیں کہیں ان کا بے تکلف انداز بیان بہت دلکش ہو جاتا ہے۔ ان کے تشبیہ اور استعارے میں ندرت کا اندازہ ہوتا ہے۔

☆☆☆

(پہلی کاپی ختم ۶/دسمبر ۲۰۱۵ء)

اردو نثر کا آغاز

اردو زبان کی ابتدا اگرچہ شمالی ہند میں ہوئی لیکن اس نے ادبی ارتقاء کی منزلیں پہلے دکن میں طے کیں۔ دکن میں اردو کے ابتدائی دور تشکیل میں اسے صوفیوں سے جو سہارا ملا اس نے نثر نگاری کی داغ بیل ڈال دی، دکنی ادب میں خواجہ بندہ نواز گیسودراز کی کئی نثری تصانیف کا تذکرہ ملتا ہے۔ ان میں خصوصیت سے معراج العاشقین، شکارنامہ، تلاوۃ الوجود کو انھیں کی نثری تخلیق قرار دیا جاتا ہے، ان کا وجود تو ہے لیکن ان کا انتساب گیسودراز سے مشکوک ہے۔ ان رسالوں کی زبان قدر مشکل صوفیانہ پر رمز افکار سے بھرے ہوئے خیالات کی وجہ سے پیچیدہ ہے، اسی طرز فکر کے حامل ایک صوفی سلسلے میں کئی علماء نے نظم و نثر کی متعدد کتابیں اپنی یادگار چھوڑی ہیں۔ ان میں پہلا نام میراں جی شمس العشاق کا ہے، نثر میں ان سے کئی رسائل منسوب ہیں، لیکن اہمیت شرح مرغوب القلوب کو حاصل ہے۔ ان کے صاحبزادے برہان الدین جانم نے باپ کے کام کو آگے بڑھایا، ان کی نثری تصانیف میں کلمۃ الحقائق، ذکر جلی، ہشت مسائل اہم ہیں۔ برہان الدین جانم کے بیٹے اور خلیفہ امین الدین اعلیٰ نے اس روایت کو وسیع کیا۔ عام بول چال کی زبان میں اظہار خیال کر کے صوفیانہ خیالات کی اشاعت بڑے پیمانے پر کی، ان کی مشہور تصانیف گنج مخفی اور وجودیہ ہیں جس میں کلمۃ الحقائق کے خیالات کی بازگشت ہے۔ ان تمام رسائل کا تعلق اخلاق و تصوف سے ہے۔

اردو نثر کو ادبیت کی راہ پر ڈالنے اور اسے نئی جہت سے روشناس کرانے والے ملا وجہی ہیں۔ ۱۶۳۵ء میں انھوں نے اپنی زندہ جاوید تصنیف سب رس مکمل کی۔ یہ کتاب وجہی کی طبع زاد تصنیف نہیں بلکہ محمد یحییٰ ابن سیبک فتاحی کی فارسی تصنیف قصہ حسن و دل کا چربہ ہے، لیکن وجہی نے پیچیدہ اور عمیق فلسفیانہ مسائل کو اس نوخیز زبان میں اس ادبی حسن کے ساتھ پیش کیا ہے کہ اس میں تخلیقی کیفیت پیدا ہوگئی ہے۔ اس کا اسلوب مقفیٰ ہونے کے باوجود سادہ اور پرکار ہے، اعلیٰ پائے کہ تمثیلی تصانیف کی طرح اس میں بھی حسن اور عشق، عقل اور دل قلب و نظر کو علامتی لباس پہنا کر بہت سے اخلاقی مسائل پر ایک داستان کی شکل میں روشنی ڈالی گئی ہے۔ بظاہر یہ ایک صوفیانہ تصنیف ہے، جس میں اس وقت کے عام مسائل اخلاق بیان کئے گئے ہیں، لیکن اس کا مطالعہ لسانی اور ادبی نقطۂ نظر سے بھی کیا جاسکتا ہے، اگرچہ وجہی کے بعد بھی اس وقت تک دکن میں نثری تصانیف کی جاتی رہی جب تک اورنگ زیب نے ۱۶۸۷ء میں جنوبی ہند کو اپنے حدود سلطنت میں نہیں ملالیا۔ اس درمیان بیشتر مذہبی تصانیف لکھی گئیں۔

شمالی ہند میں اردو زبان کی پہلی نثری تصنیف فضل علی

فضلی کی کربل کتھا قرار دی گئی ہے جو کہ ملا حسین واعظ کاشفی کی مشہور فارسی تصنیف روضۃ الشہداء کا اردو ترجمہ ہے۔ فضلی نے روضۃ الشہداء ۱۷۳۱ء میں مرتب کی اور پھر خود ہی ۱۷۴۷ء میں اس میں ترمیم کی۔ عیسوی خان بہادر کی طبع زاد داستان، قصہ مہرافروز ودلبر کا شمار بھی شمالی ہند کے ابتدائی نثری کارناموں میں ہوتا ہے۔ اس کا زمانہ تصنیف ۱۷۲۳ء ۱۷۵۹ء کے درمیان متعین کیا گیا ہے۔ اس داستان میں ہندوستانی فضا اور ماحول کی عکاسی ملتی ہے، زبان سادہ، سلیس اور واضح ہے۔ مرزا محمد رفیع سوداؔ نے جب اپنے مرثیوں کا مجموعہ مرتب کیا تو اس پر اردو میں ایک دیباچہ لکھا۔ فارسی نثر کے تتبع میں اس کی نثر مقفیٰ ہے، سوداؔ نے میر تقی میر کی مشہور مثنوی شعلہ عشق کو بھی نثر میں منتقل کیا۔ اٹھارہویں صدی کے خاتمے سے کچھ سال پہلے دلی میں قرآن شریف کے دو ترجمے ہوئے، شاہ رفیع الدین نے ۱۷۸۶ء میں اور شاہ عبدالقادر نے ۱۷۹۰ء میں یہ ترجمے کئے، اگر چہ ان ترجموں کے پس پشت مذہبی جذبہ کارفرما تھا، لیکن یہ تراجم اردو نثر کے سلسلے میں بھی مددگار ثابت ہوئے۔

مذہبی تخلیقات کے علاوہ ۱۷۷۵ء میں ایک فارسی داستان قصہ چہار درویش کا ترجمہ میر عطا حسین تحسین نے کیا جس کا نام نوطرز مرصع رکھا۔ اسے اردو کی بہترین کتابوں میں شمار کیا جاتا ہے۔ نوطرز مرصع کا اسلوب مقفیٰ رنگین اور مشکل ہے۔ فارسی عربی الفاظ سے پر ہونے کے علاوہ صنائع کا اتنا استعمال کیا ہے کہ عام بول چال کی زبان جاننے والا اسے سمجھ نہیں سکتا۔ اس کے علاوہ مہر چند کی نثری داستان نوآئین ہندی کا شمار بھی اردو کی بہترین تصانیف میں ہوتا ہے۔ حسن وعشق کے قصہ پر مشتمل یہ داستان زبان وبیان کے اعتبار سے کافی اہم ہے۔ اس کے علاوہ محمد باقر آگاہ کی کتاب ریاض السیر کا تعلق بھی اسی عہد سے ہے۔ اس کتاب کا اسلوب سادہ سلیس ہے۔

اس طرح ہم دیکھتے ہیں کہ سب رس اور چند دوسری داستانوں سے قطع نظر زیادہ تر تصانیف مذہبی اور اصلاحی نوعیت کی ہیں۔ بظاہر ان مذہبی تصانیف کا مقصد اصلاح اور تبلیغ دین تھا، لیکن اس سے اردو نثر کے ارتقاء میں خاطر خواہ مدد ملی اور اس زبان میں علمی موضوعات کا وسیلۂ اظہار بننے کی صلاحیت پیدا ہوئی، جس کا اندازہ ہمیں فورٹ ولیم کالج کے تحت ہونے والی تصانیف کے مطالعہ سے ہوتا ہے۔

☆☆☆

اردو نثر عہد غالب تک

فورٹ ولیم کالج:

انیسویں صدی آنے سے پہلے ہندوستان کے بڑے حصے پر انگریزی اقتدار کا سایہ منڈلانے لگا تھا۔ کائیو کی چال بازی سے مغل شہنشاہ شاہ عالم نے بنگال بہار کی مالگذاری وصول کرنے کا اختیار ایسٹ انڈیا کمپنی کو سونپ دیا تھا، اب ان کے لئے ضروری ہوگیا تھا کہ وہ یہاں کی زبانیں سیکھیں جس سے انھیں حکومت کرنے میں سہولت ہو، جو انگریز ایسٹ انڈیا کمپنی کے ملازم ہوکر آتے تھے ان کے لئے ہندوستانی زبان سیکھنے کا کوئی مناسب انتظام نہ تھا۔ چنانچہ گورنر جنرل لارڈ ویلزلی کے منصوبہ کے مطابق فورٹ ولیم کالج کے قیام کا منصوبہ ۱۰ر جولائی ۱۸۰۰ء کو منظور ہوا، کالج کے باضابطہ افتتاح کی تاریخ ۴ر مئی ۱۸۰۰ء تسلیم کی گئی، کیوں کہ یہ ٹیپو سلطان کی شکست کی پہلی سالگرہ تھی اور لارڈ ویلزلی اس تاریخ کو انگریزی ہندوستان کی تاریخ میں امر کردینا چاہتا تھا کیوں کہ اسی دن یہ فیصلہ ہوا تھا کہ آئندہ ملک کے حکمران انگریز ہوں گے، ڈیوڈ براون کالج کے پرنسپل مقرر ہوئے۔ اس کالج کا مقصد یہ تھا کہ نئے انگریز ملازموں کو ہندوستانی زبانوں کی تعلیم دی جائے، اس وقت تک انگریز زیادہ تر فارسی پڑھتے تھے کیوں کہ وہی سرکاری زبان تھی، لیکن جب انھوں نے دیکھا کہ سارے ملک میں ہندوستانی رائج ہے تو انھوں نے اردو کی طرف توجہ کی۔ اس کے نتیجے میں ایک ایسی تحریک وجود میں آگئی جس نے اردو ادب کو بہت زیادہ متاثر کیا۔

یوں تو اس کالج میں میں یونانی، لاطینی، یوروپ کی جدید زبانوں کی تعلیم کا انتظام کیا گیا تھا، لیکن مشرقی زبانوں بالخصوص اردو فارسی کی تعلیم پر زیادہ توجہ کی گئی، جان گل کرسٹ کو شعبۂ اردو کا صدر منتخب کیا گیا، جان گل کرسٹ اس وقت اردو زبان میں جو کچھ بھی تھا اس سے تھوڑا بہت واقف تھے، انھوں نے دیکھا کہ اس زبان میں شاعری زیادہ مقدار میں ہے اور نثر بہت کم ہے اور جو نثر ہے بھی وہ زیادہ تر مذہبی نوعیت کی ہے، غیر ملکی ملازمین کو ان کتابوں سے تعلیم نہیں دی جاسکتی تھی، اس لئے انھوں نے تعلیم کے ساتھ ساتھ تصنیف و تالیف کا بھی ایک شعبہ کھول لیا اور ڈھونڈ ڈھونڈ کر ایسے لوگوں کو اکٹھا کیا جو ان کی ہدایت کے مطابق نثر میں تصنیف کرسکیں۔ انھوں نے کالج میں لکھی جانے والی کتابوں کے لئے ایک دارالاشاعت بھی کھولا، غالبًا یہ ہندوستان کا پہلا دارالاشاعت ہے جو کلکتہ میں قائم ہوا۔ کالج میں اردو مصنفین کی تعداد جو بھی رہی ہو ان میں، میر امن، حیدر بخش حیدری، شیر علی افسوس، نہال چند لاہوری، مظہر علی خاں ولا، کاظم علی جواں وغیرہ خصوصیت سے قابل ذکر ہیں۔

میر امن:

ان کا نام میر امان تھا۔ تخلص امؔن اور لطفؔ دونوں استعمال کرتے تھے۔ ۱۷۴۳ء میں دلی میں پیدا ہوئے، جب دلی کی حالت بگڑی تو میر امن پٹنہ پہنچے، اس کے بعد کلکتہ گئے۔ ۱۸۰۱ء میں میر بہادر علی حسینی کی مدد سے جان گل کرسٹ سے ملاقات ہوئی اور وہ فورٹ ولیم کالج کے شعبہ تصنیف وتالیف میں ملازم رکھ لئے گئے، یہاں تین برس کے دوران انھوں نے دو کتابیں باغ و بہار اور گنج خوبی لکھیں، جس میں باغ و بہار بہت مقبول ہوئی۔

باغ و بہار:

باغ و بہار میر امن کی مایہ ناز تصنیف ہے، یہ کتاب انھوں نے گل کرسٹ کے حکم سے لکھی تھی، میر امن نے لکھا ہے کہ ''جان گل کرسٹ صاحب نے لطف سے فرمایا کہ اس قصے کو ٹھیٹھ ہندوستانی گفتگو میں جو اردو کے لوگ، ہندو مسلمان، عورت مرد، لڑکے بالے خاص وعام آپس میں بولتے چالتے ہیں، ترجمہ کرو۔ موافق حکم حضور کے میں نے بھی اسی محاورے سے لکھنا شروع کیا جیسے کوئی باتیں کرتا ہے، میر امن نے باغ و بہار کا ماخذ امیر خسرو کے قصہ چہار درویش کو قرار دیا ہے، لیکن مولوی عبدالحق نے مقدمہ باغ وبہار میں یہ ثابت کیا ہے کہ اس قصہ کو میر امن نے عطا حسین تحسین کی تصنیف نوطرز مرصع کو سامنے رکھ کر لکھا ہے، میر امن کے حقیقت میں ٹھیٹھ ہندوستانی زبان کا استعمال کیا ہے جس نے اس کو بہت خوبصورت اور ہر دل عزیز بنا دیا ہے، ترجمہ ہوتے ہوئے بھی یہ میر امن کی تصنیف معلوم ہوتی ہے

باغ و بہار ایک داستان ہے، اور اس میں داستان کی اچھائیاں اور خرابیاں موجود ہیں، وہی عام داستانوں جیسی پراسراریت اور مہم جوئی اس میں بھی پائی جاتی ہے، ہیرو جنگل جنگل بھٹکتا اور صحراؤں کی خاک چھانتا ہوا گوہر مقصود کو پالیتا ہے، مافوق الفطرت عناصر اور غیبی طاقتوں کی کارفرمائی ہیرو کی کمزوریوں پر پردہ ڈال دیتی ہے، کردار نگاری میں بھی وہی مثالیت پسندی ہے جو عام داستانوں کا خاصہ ہے۔ البتہ نسوانی کرداروں میں کسی قدر زندگی کی حرارت اور نشوونما کا ثبوت ملتا ہے، بظاہر باغ و بہار وقت گزاری اور دل بہلانے کے لئے لکھی گئی ایک داستان ہے، لیکن اس میں اس عہد کی روح سمٹ آئی ہے۔

باغ و بہار کی سب سے اہم خصوصیت یہ ہے کہ اس کے پڑھنے سے عہد وسطیٰ کے ہندوستان کی سماجی حالت خصوصاً مسلمانوں کی ثقافتی زندگی کے بارے میں بہت سی باتیں معلوم ہوتی ہیں اور جاگیردارانہ سماج کے طور طریقے، کھانا پینا، لباس وزیور، اخلاقی تصورات ہر مسئلے پر روشنی پڑتی ہے، ذکر دنیا کے کسی حصے کا ہو، دہلی کے گلی کوچوں اور جیتے جاگتے انسانون کی پرچھائیاں موجود رہتی ہیں، اس میں جتنے واقعات بیان کئے گئے ہیں، یا کرداروں سے جتنی

باتیں کہلائی گئی ہیں ان میں دہلوی تہذیب ومعاشرت کی گہری چھاپ ہے، اپنی اسی خصوصیت کی وجہ سے یہ کتاب اپنے عہد کی ایک معاشرتی دستاویز بن گئی ہے۔

باغ وبہار کی جو خصوصیت ہمیں سب سے پہلے اپنی طرف متوجہ کرتی ہے، وہ اس کا عوامی لب ولہجہ اور سادگی وسلاست ہے، اس کی اہمیت اس وجہ سے اور بڑھ جاتی ہے کہ اس زمانے کے عام مذاق میں فارسیت رچی بسی تھی، لوگ مسجع ومقفیٰ عبارت، تشبیہات واستعارات اور رنگینی بیان پر جان دیتے تھے، میر امن نے اپنے زمانے کی روایت سے بغاوت کرکے ایسے لب ولہجہ میں کتاب کی تصنیف کی جو کسی مخصوص طبقے کے بجائے سب کے لئے قابل فہم تھی، جس میں پائی جانے والی سلاست روانی اور جامعیت اردو نثر میں ایک صحت مند اضافے کی حیثیت رکھتی ہے، میر امن کی باغ وبہار ان تصنیفات میں سے ہے جو ایک بار پیدا ہو کر پھر نہیں مرتیں۔

حیدر بخش حیدری:

حیدری ۱۷۶۷ء میں دہلی میں پیدا ہوئے، انتقال ۱۸۲۳ء میں بنارس میں ہوا، حیدری فورٹ ولیم کالج میں سب سے زیادہ کتابوں کے مترجم ومصنف ہیں، نثر نگار ہونے کے ساتھ ساتھ وہ شاعر بھی ہیں، لیکن ان کی شہرت کا مدار نثری تصانیف پر ہی ہے، حیدری کی تصنیفات میں قصہ مہر وماہ، لیلیٰ مجنوں ہفت پیکر، تاریخ نادری، گلشن ہند، طوطا کہانی، آرائش محفل، گل مغفرت کے نام خصوصیت سے لئے جاسکتے ہیں۔ ان میں سب سے زیادہ مشہور آخری تین کتابیں ہیں، طوطا کہانی ۱۸۰۱ء میں لکھی جو کہ دکنی اردو میں لکھے ہوئے محمد قادری کے طوطی نامہ کا سہل اور بول چال کی زبان میں ترجمہ ہے، آرائش محفل میں عرب کے مشہور سخی حاتم طائی کے سات خیالی سفروں کی کہانی بڑے دلچسپ طریقے سے پیش کی گئی ہے جو گل کرسٹ کے کہنے پر ۱۸۰۲ء میں لکھی، گل مغفرت ملا حسین واعظ کاشفی کی تصنیف روضۃ الشہدا کا خلاصہ اور ترجمہ ہے جو ۱۸۱۲ء میں کلکتہ سے شائع ہوئی۔

میر شیر علی افسوس:

مدت حیات ۱۷۴۶ء سے ۱۸۰۹ء۔ دہلی کے رہنے والے تھے۔ کلکتہ پہنچنے سے پہلے ہی وہ شاعر اور مصنف کی حیثیت سے کافی شہرت حاصل کر چکے تھے، ۱۸۰۱ء میں کلکتہ پہنچ کر گل کرسٹ کی صلاح سے فارسی کی دو کتابوں کا ترجمہ اردو میں کیا، ۱۸۰۲ء میں شیخ سعدی کی شہرہ آفاق تصنیف گلستاں سعدی کو باغ اردو کے نام سے اردو میں منتقل کیا، اس کی زبان کہیں کہیں فارسی سے بوجھل ہے۔ ان کی دوسری کتاب آرائش محفل ہے جو منشی سجان رائے کی فارسی تاریخ خلاصۃ التواریخ کا اردو ترجمہ ہے۔

مرزا علی لطف: ولادت ۱۷۵۴ء میں دہلی میں ہوئی، انتقال ۱۸۲۲ء میں ہوا، گل کرسٹ نے مرزا علی لطف سے اردو

شاعروں کا تذکرہ لکھنے کی فرمائش کی، انھوں نے علی ابراہیم خاں کی فارسی تصنیف گلزار ابراہیم کو سامنے رکھ کر اردو میں گلشن ہند کے نام سے اردو شعراء کا تذکرہ لکھا، اس کتاب سے معاصر شعراء کے بارے میں بہت سی باتیں معلوم ہوتی ہیں، یہ کتاب کلکتہ سے شائع نہیں ہوسکی، اتفاقاً ۱۹۰۶ء میں اس کا ایک قلمی نسخہ حیدر آباد کی موسیٰ ندی میں باڑھ کے وقت بہتا ہوا ملا۔ اس پر علامہ شبلی نے جو اس وقت حیدر آباد میں تھے، تشریحی نوٹ لکھے، مولوی عبدالحق نے اس کا مقدمہ لکھا، یہ وہیں سے ۱۹۰۶ء میں شائع ہوئی۔ یہ اردو زبان میں اردو شعراء کا پہلا تذکرہ ہے۔

میر بہادر علی حسینی:

یہ دہلی کے رہنے والے تھے اور فورٹ ولیم کالج کے شعبہ تصنیف میں میر منشی تھے، غالباً کالج میں سب سے پہلے انھیں کا تقرر ہوا۔ انھوں نے میر حسن کی مشہور مثنوی سحرالبیان کو نثر میں لکھا اور اس کا نام نثر بے نظیر رکھا، بہادر علی حسینی نے گل کرسٹ کی فرمائش پر اخلاق ہندی لکھی، یہ سنسکرت کی اخلاقی کہانیوں کا اردو ترجمہ ہے۔ ان کی تیسری تصنیف تاریخ آسام ہے جو کہ شہاب الدین طالش کی فارسی تصنیف تاریخ آسام (جس میں سپہ سالار میر جملہ کی مہم آسام کا ذکر ہے) کا ترجمہ ہے۔ انھوں نے گل کرسٹ کی قواعد کو مختصر کر کے آسان زبان میں لکھا۔

مظہر علی خاں ولاؔ:

یہ بھی دلی کے رہنے والے تھے، ولا ۱۸۰۲ء میں کلکتہ پہنچے اور وہاں کالج کے لئے کئی کتابیں لکھیں۔ جن میں ''مادھونل اور کام کنڈلا، بیتال پچیسی، تاریخ شیر شاہی'' مشہور ہیں۔ مادھونل کام کنڈلا موتی رام کوی شیر کی لکھی ہوئی برج میں موجود تھی، ولا نے اسے اردو میں منتقل کیا۔ بیتال پچیسی ایک مشہور کتاب ہے۔ بادشاہ محمد شاہ کے زمانے میں کسی نے اسے برج میں لکھا تھا، اسی سے ولاؔ نے اسے اردو میں ترجمہ کیا۔ انھوں نے تاریخ شیر شاہی کا ترجمہ فارسی سے کیا۔

مرزا کاظم علی جواں:

دلی کے رہنے والے تھے، فورٹ ولیم کالج میں ملازم تھے۔ گل کرسٹ کے کہنے پر ۱۸۰۱ء میں کالی داس کی لازوال تخلیق ابھگیان شاکنتلم کا ترجمہ شکنتلا ناٹک کے نام سے کیا۔ ان کی ایک کتاب بارہ ماسہ یا دستور ہند ہے، اس میں جواں نے ہندوستان کی فصلوں اور تیوہاروں کا ذکر کیا ہے۔

نہال چند لاہوری:

نہال چند لاہوری دہلی کے رہنے والے تھے، لیکن پنجاب میں بس گئے تھے، اس لئے لاہوری کہلائے۔

۱۸۰۳ء میں گل کرسٹ کے کہنے پر گل بکاؤلی کی مشہور کہانی کا فارسی سے اردو میں ترجمہ کیا۔ یہ کہانی ہندوستانی لوک کتھاؤں میں بہت مشہور تھی جسے عزت اللہ بنگالی نے فارسی میں لکھ لیا تھا۔ نہال چند نے اسے آسان اور شیریں اردو میں لکھ کر اس کا نام مذہب عشق رکھا۔ یہی وہ کہانی ہے جسے پنڈت دیا شنکر نسیم نے اپنی شہر آفاق مثنوی گلزار نسیم میں پیش کیا۔

بینی نرائن جہاں:

لاہور کے ایک شاعر بینی نرائن جہاں فورٹ ولیم کالج میں اس وقت پہنچے جب گل کرسٹ وہاں سے جا چکے تھے۔ انھوں نے کالج کے لئے دو کتابیں تیار کیں۔ ایک عشقیہ داستان تھی، جس کا نام چار گلشن تھا، دوسری کتاب شعراء کا ایک تذکرہ تھا جس میں ۱۲۵ شعراء کا مختصر حال ہے۔ جہاں نے اپنے کلام کا بڑا حصہ بھی اس میں شامل کر دیا ہے، غالباً اسی لئے اس کا نام دیوان جہاں رکھا۔

للولال جی:

گجراتی برہمن تھے، انھیں جدید ہندی نثر کا بانی کہا جاتا ہے۔ یہ فورٹ ولیم کالج میں ہندی کتابیں لکھنے کے لئے مقرر کئے گئے تھے، انھوں نے پریم ساگر، راجنیتی لطائف ہندی، مہادیو بلاس وغیرہ ہندی میں لکھیں۔ کاظم علی جواں کی مدد سے اردو میں سنگھاسن بتیسی لکھی یہ کتاب اردو ہندی دونوں رسم الخط میں شائع ہوئی۔

اس زمانے میں فورٹ ولیم کالج سے باہر بھی اردو نثر میں قابل قدر اضافہ ہو رہا تھا۔ محمد حسین کلیم نے تصوف کی مستند کتاب فصوص الحکم کا ترجمہ اردو میں کیا۔ محمد بخش مہجور کی گلشن نوبہار اور نورتن جیسی مشہور داستانیں، حقیقت کی جذبہ عشق اور تشنہ کی تصنیف ہفت سیاح اسی عہد کی یادگار ہیں۔ انشاء اللہ خاں انشاء نے رانی کیتکی کی کہانی، دریائے لطافت، سلک گہر جیسی اہم کتابیں لکھ کر عربی و فارسی کے اثر سے خالی صاف ستھری نثر کا نمونہ پیش کیا۔ اس کے علاوہ وہابی تحریک کے رہنما مولوی اسماعیل کی تصنیف تقویت الایمان ایک قابل قدر مذہبی تصنیف ہے۔ فقیر محمد خاں گویا نے فارسی کی مشہور کتاب انوار سہیلی کا بستان حکمت کے نام سے ترجمہ کیا۔ منیم چند رکھتری نے ایک فارسی کہانی کا ترجمہ گل وصنوبر کے نام سے کیا۔

دلی کالج اور ورنا کلر ٹرانسلیشن سوسائٹی:

اردو نثر کی ترقی میں دلی کالج اور ورنا کلر ٹرانسلیشن سوسائٹی نے بھی قابل قدر خدمات انجام دیں۔ اگر فورٹ ولیم کالج میں قصص تاریخ اور مذہبی کتابوں کے ترجمے ہوئے تو ورنا کلر ٹرانسلیشن سوسائٹی نے ریاضی، سائنس، علم نجوم، منطق اور فلسفے کو بھی ترجمے کے منصوبے میں شامل کیا۔ دلی کالج کا قیام ۱۸۲۵ء میں ہوا، اس کالج میں ہر مضمون کی اعلیٰ تعلیم اردو زبان میں دی جاتی تھی، کالج کے قیام کے ساتھ

ہی اس ضرورت کا احساس عام ہوا کہ اعلیٰ درجے کی علمی کتابوں کا اردو میں منتقل کیا جانا ضروری ہے چنانچہ ۱۸۴۲ء میں ورنا کلر ٹرانسلیشن سوسائٹی کی تشکیل ہوئی جو ۱۸۵۷ء تک قائم رہی، اس سوسائٹی کے تحت رامائن، مہابھارت، لیلاوتی، دھرم شاستر، شکنتلا، رگھوونش وغیرہ کے ترجمے، سودا، میرؔ، درد جرأت وغیرہ کے دیوان، ہندوستان، ایران، یونان، انگلستان، روم کی تاریخیں، سائنس کے سبھی شعبوں پر کتابیں، جغرافیہ، کہانی، شعراء کے تذکرے، مذہبی رسائل وغیرہ اس سوسائٹی نے تیار کروائیں۔ کتابوں کی تیاری میں سب سے زیادہ دخل ماسٹر رام چندر کا تھا، ریاضی سے انھیں خاص لگاؤ تھا۔ جدید تعلیم اور سائنسی خیالات کی اشاعت ان کی زندگی کا اہم مقصد تھا، انھوں نے کئی علمی کتابیں لکھیں جن میں عجائب روزگار، تذکرۃ الکاملین بہت مشہور ہیں۔ سائنسی خیالات کو عام کرنے کے لئے فوائد الناظرین اور محبؔ ہند نام کے رسالے شائع کئے۔

مرزا رجب علی بیگ سرور:

ان کا نام رجب علی بیگ، تخلص سرورؔ تھا۔ ولادت ۱۷۸۶ء میں لکھنؤ میں ہوئی۔ انتقال ۱۸۶۹ء میں بنارس میں ہوا۔ سرور شہ سواری، تیراندازی، خوش نویسی، موسیقی میں دستگاہ رکھتے تھے۔ والی اودھ غازی الدین حیدر نے سرور کو جلاوطن کردیا۔ سرورؔ اور اردو نثر دونوں ہی کے حق میں یہ جلاوطنی مفید ثابت ہوئی۔ کیوں کہ سرور کانپور چلے گئے اور وہاں حکیم اسد علی کی فرمائش پر فسانۂ عجائب لکھی، جب نصیرالدین حیدر تخت نشیں ہوئے تو انھوں نے سرورؔ کا قصور معاف کرکے انھیں لکھنؤ آنے کی اجازت دے دی۔ واجد علی شاہ نے تخت نشینی کے بعد سرورؔ کو درباری شعراء میں داخل کرلیا۔ سرورؔ بہت سی کتابوں کے خالق ہیں۔ مثلاً فسانہ عجائب، سرور سلطانی، شرر عشق، شگوفہ محبت، گلزار سرور، شبستان سرور اور انشائے سرور، سرور سلطانی، شاہنامہ فردوسی کے ایک فارسی خلاصہ کا ترجمہ ہے جو واجد علی شاہ کی فرمائش پر لکھی گئی، شرر عشق چڑیوں کی دلچسپ داستان محبت ہے۔ شگوفۂ محبت ایک داستان محبت ہے۔ گلزار سرور کا موضوع اخلاق وتصوف ہے۔ شبستان سرور الف لیلا کی کچھ کہانیوں کا ترجمہ ہے۔ انشائے سرور مصنف کے خطوط کا مجموعہ ہے۔

فسانۂ عجائب:

سرور کی تمام تصانیف میں فسانۂ عجائب سب سے پہلی اور سب سے اہم تصنیف ہے۔ یہ کہانی سرور نے کانپور میں حکیم اسد علی کے کہنے پر ۱۸۲۴ء میں لکھی، جیسا کہ اس زمانے کی کہانیوں میں ہوتا تھا، یہ بھی داستانی رنگ میں غیر فطری باتوں سے پر ہے، اس پر پدماوت اور الف لیلا کا اثر صاف طور سے دکھائی پڑتا ہے۔ کچھ لوگوں نے اسے قدیم داستانوں اور جدید ناول کے بیچ کی کڑی کہا ہے، مگر درحقیقت پرانے افسانوں کی طرح اس میں بھی کچھ اخلاقی فضائل کی تبلیغ اور مختلف اقسام کے ناممکن واقعات کے خیالی

بیان سے تفریح پیدا کرنے کی کوشش کی گئی ہے۔ اس کا اسلوب بڑا رنگین اور پیچیدہ ہے، عبارت مقفیٰ ہے۔ اس میں میر امن کی سہل زبان کی ہنسی اڑائی گئی ہے، کیوں کہ مصنف کی نظر میں سیدھی سادی نثر نگاری کوئی ہنر نہیں، اسے صنائع سے پر ہونا چاہیے۔

فسانۂ عجائب سے لکھنؤ کی تہذیب کے متعلق بڑی واقفیت حاصل ہوتی ہے۔ ولادت، موت، شادی کے رسوم، رہن سہن، عقائد، توہمات اور مروجہ علوم کے بارے میں بہت سی باتیں بڑی خوبی سے اس کتاب میں بیان کی گئی ہیں۔ مگر افسانے کے حقیقی زندگی سے دور ہونے کے باعث آج کے قاری کو اس میں لطف نہیں ملتا۔ پھر بھی یہ تخلیق اردو ادب کی عظیم تخلیقات میں سے ایک ہے۔ یہ صحیح ہے کہ بے جا تکلف اور قوافی کی پابندی سے زبان کی روانی اور سلاست میں کمی آئی ہے۔ مصنوعیت اور مبالغہ آمیزی کے باوجود فسانۂ عجائب میں ایسی دلکشی اور شگفتہ انشاء پردازی کے نمونے موجود ہیں جو تخیل کی رنگینی، عبارت آرائی کی لطافت اور جملوں میں پائی جانے والی برجستگی اور ترنم کی وجہ سے اردو نثر کے شاہ کار قرار دیئے جاسکتے ہیں۔

فسانۂ عجائب اپنے عہد کے تہذیب وتمدن کا کامیاب مرقع ہے۔ اس میں زندگی کے مختلف پہلوؤں کی تصویریں مثلاً اس کی خوش حالی، اسباب تعیش کی فراوانی، عیش وطرب، رقص وسرور کی محفلیں، زندگی سے بھرپور قہقہے، چہل پہل اور سرمستیاں مختلف انداز میں جلوہ گر ہیں۔ اس داستان کے کرداروں کی بول چال، رسم ورواج اور اخلاقی اقدار سب میں زندگی کی سچائی کا گہرا رنگ موجود ہے جس سے سرورؔ کے معاشرتی شعور، زبردست قوت مشاہدہ اور بلند خیالی کا پتہ چلتا ہے۔

سرورؔ کا فطری انداز فسانۂ عجائب کے اس حصہ میں ابھر کر سامنے آتا ہے، جہاں انھوں نے عوام وخواص کی گفتگو اور ان کے مکالمے پیش کئے ہیں، ایسے مواقع پر شاعرانہ لب ولہجہ کے علاوہ روزمرہ، پھبتی اور حاضر جوابی بھی اپنا رنگ دکھاتی ہے، موقع محل کے اعتبار سے ان کا لب ولہجہ بدلتا رہتا ہے۔ کرداروں کی ذہنی سطح اور ان کی استعداد کے مطابق زبان استعمال کی ہے۔ عورتوں کے مکالمے جہاں کہیں آئے ہیں اسلوب کی دلکشی اور نکھار دیکھنے کے لائق ہے۔ سرور کے اسلوب نگارش کی یہی خوبیاں ایک بے جان خیالی داستان کو حیات جاوداں عطا کرتی ہیں۔

خطوط غالب:

غالب کے خطوط ہی ان کی اردو نثر نگاری کا سرمایہ ہیں اور ان خطوط کے ذریعہ انھوں نے اردو نثر کی غیر معمولی خدمات انجام دی ہیں، یوں تو غالب فارسی نثر کے ایک عظیم المرتبت ادیب تھے۔ مگر جب ان کو فارسی میں مراسلت کا موقع نہیں ملتا تھا تو اردو ہی میں لکھتے تھے، جب لوگوں نے ان کے اردو مکاتب کی تعریف کی تو وہ اردو ہی میں خط لکھنے لگے، آخر میں انھوں نے فارسی خط وکتابت بالکل چھوڑ دی،

ان کے خطوط کے مجموعے عودِ ہندی، اردوئے معلا، مکاتیب غالب کے نام سے شائع ہو چکے ہیں۔

۱۸۴۶ء کے قریب غالبؔ نے اردو میں خط لکھنا شروع کیا، اور یہی خط جو قلم برداشتہ یوں ہی لکھ دیا کرتے تھے، آج اردو ادب کے انمول رتن بن گئے ہیں۔ ان کے خطوط کی تعداد تقریباً ایک ہزار تک پہنچتی ہے۔ ان سے غالبؔ کے بارے میں سبھی باتیں معلوم ہو جاتی ہیں۔ معاصر تاریخ، سیاسی واقعات، ادبی مباحثے، سبھی ان میں جگہ پاتے ہیں، اپنی زندگی کی سبھی بات انھوں نے دل کھول کر ان خطوط میں بیان کر دی ہے۔ ان میں کسی کی مدح ہے تو کسی کی مذمت، کسی سے ہمدردی ظاہر کی گئی ہے تو کسی کی مخالفت کی گئی ہے، کہیں سنجیدہ مسائل پر خیالات ظاہر کئے گئے ہیں تو کہیں کسی بڑی بات کو چٹکیوں میں اڑا دیا گیا ہے، اس طرح یہ خط غالب کی سرگذشت حیات ہونے کے ساتھ ساتھ بہت سے مسائل کا احاطہ کئے ہوئے ہیں۔

غالب کے بارے میں مشہور قول ہے کہ مرزا نے مراسلے کو مکالمہ بنا دیا۔ وہ القاب و آداب کے فرسودہ طریقے کو نہیں اپناتے ہیں۔ وہ اپنے دل کی بات خط کی ابتداء سے ہی شروع کر دیتے ہیں اور ایسا معلوم ہوتا ہے کہ وہ جس کو خط لکھ رہے ہیں اس سے باتیں کر رہے ہیں۔ انھوں نے خود لکھا ہے کہ مجھ کو محمد شاہی روشیں پسند نہیں۔ خطوط میں میں تو دل کی بات لکھنا چاہتا ہوں۔ ایک اور جگہ لکھتے ہیں ''میں نے وہ انداز تحریر ایجاد کیا ہے کہ مراسلے کو مکالمہ بنا دیا'' ہزار کوس سے بہ زبان قلم باتیں کیا کرو، ہجر میں وصال کے مزے لیا کرو۔ اس طرح غالبؔ نے تکلف، تصنع، مقفیٰ، مسجع عبارت کے بجائے بات چیت کا انداز اختیار کر کے اردو نثر کی بنیادوں کو استوار کیا۔

وہ خصوصیت جس نے خطوط غالب کو دلچسپ اور مقبول عام بنا دیا ہے۔ وہ ان کی بذلہ سنجی ہے جو ایک رنگ کی طرح پوری تحریروں پر پھیلی ہوئی معلوم ہوتی ہے۔ یوں تو غالب کی خوش طبعی اور شوخی و ظرافت ان کی اردو اور فارسی شاعری میں بھی موجود ہے لیکن ان کی شخصیت کا یہ جوہر ان کے خطوط میں نسبتاً زیادہ وضاحت، سادگی اور بے ساختگی سے نمایاں ہوا ہے، انھوں نے اپنی شوخی و ظرافت سے اردو نثر کو خشکی سے بچا لیا۔ اردو میں اس سے پہلے اس قسم کی ظرافت ناپید تھی، ان کی ظرافت کے سرچشمے ان کے درد و غم سے پھوٹتے نظر آتے ہیں، ان کے خطوط میں پائی جانے والی شگفتگی کی تہہ میں زندگی کی تلخ حقیقتوں کا گہرا احساس ہے۔ غالب کی ظرافت میں اکثر طنز کا پہلو بھی ہوتا ہے جو ان کی ظرافت کو بامعنی اور اس کے اثر کو دیرپا بنا دیتا ہے لیکن ان کے طنز میں تلخی یا زہرناکی کا شائبہ تک نہیں ہوتا۔

غالب کے خطوط ان کی زندگی کے آئینہ دار ہیں۔ ان خطوط سے ان کی پوری زندگی ہماری آنکھوں کے سامنے پھر جاتی ہے۔ وہ ہمیں اٹھتے بیٹھتے، چلتے پھرتے، ہنستے ہنساتے، روٹھتے اور روٹھوں کو مناتے نظر آتے ہیں۔ اس طرح ان کی زندگی کا ایک بڑا حصہ ان خطوط میں بکھرا ہوا ہے

جس سے ان کی سوانح حیات لکھنے والوں کو بڑی مدد ملتی ہے۔

غالب اپنے خطوط میں اپنی ذات کے علاوہ اپنے ماحول اور زمانے کے سرد و گرم حالات کی طرف بھی اشارہ کرتے ہیں، غدر اور ان کے بعد حالات پر خطوط غالب سے بہت روشنی پڑتی ہے۔ ان خطوط میں غدر کے ہنگاموں تمام حادثات اور الم ناکی کے مناظر کی سچی ترجمانی ملتی ہے، اس طرح غالب کے خطوط میں ان کی شخصیت کے ساتھ ان کا عہد بھی اپنی جھلک دکھلاتا ہے۔ اس طرح غالب کے خطوط میں ایسی گوناگوں خوبیاں جمع ہوگئی ہیں، جن کی وجہ سے یہ خطوط اردو نثر کا شاہکار بن گئے ہیں۔

بوستان خیال:

بوستان خیال فارسی کی ایک ضخیم داستان ہے۔ اس کے مصنف میر محمد تقی خیال احمد آباد گجرات کے باشندہ تھے۔ جنھیں تلاش معاش میں دہلی آنا پڑا، یہاں بھی داستان گوئی کا شغل جاری رہا۔ دہلی میں انھوں نے نواب رشید خاں کے یہاں ملازمت کر لی اور بوستان خیال کا تاریخی نام فرمائش رشیدی رکھا۔ بوستان خیال میں کل ۱۵ جلدیں ہیں، یہ داستان، داستان امیر حمزہ کے جواب میں لکھی گئی۔

انیسویں صدی میں بوستان خیال کے کئی اردو ترجمے ہوئے، سب سے پہلے عالم علی نے ۱۸۴۴ء میں زبدۃ الخیال کے نام سے اس کا ترجمہ کیا۔ رام پور کے نواب کلب علی خاں نے اس کتاب کا ضخیم فارسی خلاصہ کیا، لکھنؤ میں مرزا محمد عسکری عرف چھوٹے آغا نے بوستان خیال کا اردو ترجمہ کیا، اس کا سب سے اہم ترجمہ بدرالدین خاں عرف خاجہ امان دہلوی نے کیا، یہ مرزا غالب کے بھتیجے تھے، ان کے ترجمے کی پہلی جلد پر غالب نے تقریظ لکھی۔

اس داستان کے مرکزی کردار معزالدین، خورشید تاج بخش اور بدر منیر ہیں۔ معزالدین حسن پرست اور بہادر انسان ہے، اور داستان کے پانچ بڑے طلسم میں سے تین طلسم کا فاتح ہے۔ ان پر داروغہ حکمت حکیم قسطاس کی نگاہ کرم ہے جس سے ہر مشکل آسان ہوجاتی ہے۔ بیگمات میں شمشہ تاجدار اور ملکہ نوبہار گلشن افروز ہیں۔ دشمنوں میں جمشید خود پرست ہے۔ دیگر داستانوں کی طرح اس میں بھی عیاروں کی ایک جماعت موجود ہے۔ جو بڑے بڑے کارنامے انجام دیتی ہے۔ داستان میں ہیرو معزالدین کے حالات بہت طویل ہوگئے ہیں۔ ایک وقت میں تین تین کہانیاں بیان کی گئی ہیں۔ بقول پروفیسر گیان چند جین "ہر داستان اتنی پیچیدہ ہے اس میں اتنے زیادہ افراد، اتنے ممالک، اتنے واقعات ہیں کہ اگر سرتاپا مسلسل لکھے جائیں تب بھی حافظہ میں محفوظ رہنا مشکل ہے۔ بیچ بیچ میں سو دو سو صفحے کی دوسری داستانیں آجاتی ہیں۔ خورشید کے ساتھ پانچ اور رفیق ہیں جو ملتے بچھڑتے ہیں، سب کا کردار یکساں ہے، صرف نام کا اختلاف ہے۔"

داستان میں طرح طرح کی جنگیں اور طرح طرح کے جادو سامنے آتے ہیں۔ اس داستان میں عیار منیر توفیق کو

داستان امیر حمزہ کے عمر وعیار کی نقل کہا جا سکتا ہے۔ داستان کا مصنف جادو کے بے تحاشا استعمال کا قائل نہیں ہے۔ اس کے جادوگروں کا درجہ داستان امیر حمزہ کے جادوگروں سے بلند نہیں ہے۔ چنانچہ یہ داستان، داستان امیر حمزہ کے رتبہ کو نہیں پہنچ سکی ہے۔ پھر بھی اس قصے میں واقعیت نگاری کا وہ احساس جس کے تحت محمد تقی خیال اپنی داستان کو حقیقت سے قریب لانے کی کوشش میں مصروف نظر آتے ہیں، اہمیت رکھتا ہے۔

بوستان خیال کا مصنف اپنے کرداروں کے تعارف میں کافی طوالت سے کام لیتا ہے۔ ہیرو معزالدین کے آباء واجداد پر کافی تفصیل سے روشنی ڈالی گئی ہے، اس سلسلے میں مشہور تاریخی کتابیں، تاریخ طبری، مرأۃ الخیال وغیرہ کے حوالے تفصیل سے دیئے گئے ہیں۔ بیان واقعہ میں داستان گو نے جگہ جگہ اپنے علم وفضل کا اظہار کیا ہے۔ بڑی فلسفیانہ گفتگو ملتی ہے، طب ونجوم پر تفصیل سے روشنی ڈالی گئی ہے۔ مصنف فحش نگاری میں بھی کسی تکلف سے کام نہیں لیتا، صاحب قرآنوں، عیاروں، جادوگروں کی آوارگی اور عیاشی کا ذکر تفصیل سے ملتا ہے۔ بقول کلیم الدین احمد: یہ سب ظرافت کے لئے کیا گیا ہے۔ داستان کی زبان سلجھی ہوئی ہے مگر طلسم ہوش ربا کی طرح دلکش نہیں ہے۔ بہرحال بوستان خیال ساری داستانوں کا سرچشمہ مانی جاتی ہے۔

☆☆☆

اردو نثر کا عہد زریں

سرسید احمد خاں:

سرسید احمد خاں کی ولادت ۱۷/اکتوبر ۱۸۱۷ء کو دہلی میں ہوئی۔ انتقال ۲۸/مارچ ۱۸۹۸ء کو علی گڑھ میں ہوا۔ سرسید کے دادا سید ہادی تھے۔ ان کو بادشاہ عالم گیر ثانی نے ۱۷۵۵ء میں جواد علی خاں کا خطاب دیا تھا۔ شاہ عالم نے اس خطاب میں جوادالدولہ کا اضافہ کیا۔ ان کے والد میر متقی تھے۔ آخری مغل بادشاہ ان کو بھائی متقی کہتے تھے، سرسید کی والدہ کا نام عزیز النساء بیگم تھا۔ ان کا ننہال خواجہ میر درد کے خاندان سے تھا، ان کے نانا دبیرالدولہ امین الملک خواجہ فرید الدین احمد خاں تھے۔

سرسید نے اکیس بائیس برس کی عمر میں ایسٹ انڈیا کمپنی کی ملازمت قبول کر لی اور سرشتہ داری سے شروعات کر کے صدر امین کے عہدے تک پہنچے۔ سرسید کے خالو مولوی خلیل اللہ خاں دہلی میں صدر امین تھے، انھوں نے اپنی کچہری میں سرسید کو سرشتہ دار مقرر کیا۔ پھر وہ ۱۸۳۹ء میں کمشنری آگرہ کے دفتر میں نائب منشی ہو گئے۔ وہیں سے منصفی کا امتحان پاس کیا۔ دسمبر ۱۸۴۱ء میں منصف مین پوری مقرر ہوئے۔ ۱۸۴۲ء میں فتح پور سیکری آ گئے، اسی زمانے

میں بہادر شاہ ظفر نے حکیم احسن اللہ خاں کی سفارش سے سرسید کو ان کا موروثی خطاب جواد الدولہ سید احمد خاں عارف جنگ عطا کیا۔ ۱۸۴۶ء میں فتح پور سیکری سے دہلی تبادلہ ہوا۔ یہاں سے صدر امین ہوکر روہتک گئے۔ ۱۸۵۵ء میں صدر امین ہوکر بجنور گئے۔ ۱۸۵۷ء کے غدر کے وقت سید احمد خان بجنور ہی میں تھے، غدر میں انگریزوں کی خدمت کے عوض میں ایک خلعت قیمتی اور دوسو روپے کی ماہ وار پنشن دونسلوں تک کے لئے سرسید کو ملی۔ ۱۸۵۸ء میں صدرالصدور ہوکر سید احمد مرادآباد آئے۔ ۱۸۶۲ء میں ان کا تبادلہ غازی پوری ہوگیا۔ ۱۸۶۴ء میں غازی پور سے علی گڑھ تبادلہ ہوا۔ ۱۸۶۷ء میں عہدہ جج خفیہ پر علی گڑھ سے بنارس گئے۔ اپریل ۱۸۶۹ء کو سرسید اپنے بیٹوں سید حامد اور سید محمود کے ساتھ انگلستان گئے، ولایت سے ایک سال پانچ ماہ بعد اکتوبر ۱۸۷۰ء کو ہندوستان واپس آئے اور بنارس میں اپنے عہدے کا چارج لیا۔

سرسید کو شاہی خطاب جوادالدولہ عارف جنگ عطا ہوا۔ گورنمنٹ نے ۱۸۷۰ء میں C.S.I. پھر ۱۸۸۸ء میں K.C.S.I کا خطاب دیا۔ سرسید کو سر کا خطاب ۱۸۷۸ء کو ملا۔ ۱۸۸۹ء میں اڈنبرا یونیورسٹی نے L.L.D. کی ڈگری دی۔ ۱۸۷۸ء میں وائس رائے کی لیجلیٹو کاونسل کے ممبر بنے چار برس تک اس عہدے پر رہے۔ ۱۸۸۲ء میں ایجوکیشن کمیشن کے ممبر بنے ۱۸۸۷ء میں پبلک سروس کمیشن کے ممبر بنے۔

سرسید نے ۱۸۵۹ء میں مرادآباد میں ایک فارسی مدرسہ قائم کیا۔ ۱۸۶۲ء میں غازی پور میں سائنٹی فک سوسائٹی کھولی جب وہ ۱۸۶۶ء میں علی گڑھ آئے تو سوسائٹی کا دفتر بھی وہیں منتقل ہوگیا۔ سرسید احمد خاں نے ۱۸۶۴ء میں غازیپور سے سائنٹفک گزٹ نکالا اور اسی سال غازی پور میں ایک انگریزی مدرسہ ہندو مسلمان دونوں کے لئے کھولا۔ سرسید نے انگلینڈ سے واپس آکر اسپکٹیٹر اور ٹیٹلر کی طرز پر ایک رسالہ تہذیب الاخلاق جاری کیا۔ ۲۴ مئی ۱۸۷۵ء کو سرسید نے علی گڑھ میں مدرسۃ العلوم کی بنیاد رکھی، ۸ جنوری ۱۸۷۷ء کو وائس رائے لارڈلٹن نے علی گڑھ میں محمڈن اینگلو اورینٹل کالج کی سنگ بنیاد رکھی۔ یہی کالج ۱۹۲۰ء میں علی گڑھ مسلم یونیورسٹی بنا۔

سرسید بحیثیت مقالہ نگار:

سرسید احمد خاں نے اردو ادب میں مضمون نگاری اور انشاپردازی کی بنیاد رکھی، بقول شبلی نعمانی اردو انشاپردازی کے مجدد وامام سرسید ہیں۔ سرسید نے صحافت کے ذریعہ قوم کے تن مردہ میں روح پھونکی، فکروشعور کی تشکیل اور تہذیبی اقدار کو فروغ دینے کے لئے گراں قدر مقالے لکھے، ادب کو تفریح طبع کا سامان بنانے کے بجائے ایک اعلیٰ مقصد کے آلہ کار کی حیثیت دی اور اسے ایک وزن اور وقار بخشا۔ مسائل حاضرہ، زندگی کی ٹھوس حقیقتوں اور علمی موضوعات سے روشناس کرایا، سرسید نے اردو ادب کو ایسا ذہن دیا جو

ذہنی وسعت، عقل کی گیرائی فکر کی پختگی اور جذبے کے خلوص سے مالا مال تھا۔

عہد سرسید میں کثرت سے اردو اخبار جاری ہوئے، انھوں نے بھی قوم کی اصلاح کے لئے تہذیب الاخلاق جاری کیا، اس رسالے کے ذریعہ سرسید نے اردو ادب کو قومی مفاد اور اجتماعی افکار کا ترجمان بنایا۔ مسلمانان ہند کے سوچنے سمجھنے کے انداز میں نمایاں تبدیلی پیدا کی۔ معاشرتی واخلاقی کمزوریوں کی نشاندہی کرتے ہوئے ان سے بچنے کی تلقین کی۔ جذباتی انداز فکر کی جگہ منطقی انداز فکر اپنانے پر زور دیا۔ اس رسالے سے سرسید وہی کام لینا چاہتے تھے جو انگریز اسپکٹر اور ٹیٹلر سے لے رہے تھے۔ اس رسالے میں طبع زاد مضامین کے ساتھ ساتھ مغربی خیالات اردو زبان میں ڈھال کر پیش کئے جاتے تھے۔ اس طرح اردو زبان کا دامن متنوع مضامین سے مالا مال ہوگیا۔ زبان غیر صحت مند جذبات وخیالات کے وسیلۂ اظہار بننے کی جگہ مقصدیت کا آلہ کار بن گئی۔ جس سے ادب اور زندگی کا رشتہ استوار ہوا۔ انھیں خصوصیات کی وجہ سے تہذیب الاخلاق کو نئے خیالات اور جدید رجحانات کا نقطۂ آغاز اور اردو نثر نگاری کا سنگ بنیاد قرار دیا گیا۔

سرسید نے اپنے مقالات میں جو زبان استعمال کی وہ سادہ شگفتہ اور بہت دل نشیں تھی۔ خود انہی کے الفاظ میں ''جہاں تک ہم سے ہوسکا ہم نے اردو زبان کے علم وادب کی ترقی میں اپنے ان ناچیز پرچوں کے ذریعہ سے کوشش کی، مضمون کی ادا کا ایک سیدھا اور صاف طریقہ اختیار کیا۔ رنگین عبارت سے جو تشبیہات واستعارات خیالی سے بھری ہوئی ہے اور جس کی شوکت صرف لفظوں ہی لفظوں میں رہتی ہے اور دل پر اس کا کچھ اثر نہیں ہوتا پرہیز کیا۔''

یہ سرسید کے قلم کا ہی جادو ہے کہ وہ مشکل سے مشکل مسائل کو اس طرح دلکش اور صاف پیرائے میں بیان کرتے ہیں کہ پڑھنے والے کو قصہ وکہانی کا مزہ آتا ہے، انھوں نے فلسفیانہ، اخلاقی اور مذہبی موضوعات کو اپنے مقالات میں دلکش بنا کر پیش کیا ہے۔ ان کے جملے چھوٹے چھوٹے ہوتے ہیں اور انداز نگارش میں ڈرامائی شان پائی جاتی ہے۔ مثلاً ایک جگہ لکھتے ہیں ''سوتوں کو جھنجھوڑتے ہیں کہ جاگ اٹھیں۔ اگر اٹھ کھڑے ہوئے تو مطلب پورا ہوگیا۔ اور اگر نیند میں اٹھانے سے کچھ جھنجھلائے ادھر ہاتھ جھٹک دیا اور ادھر پیر جھٹک دیا تو بھی توقع ہوئی کہ تھوڑی دیر بعد جاگ جائیں گے۔'' زندہ دلی سرسید کی فطرت میں داخل ہے، ان کے مزاج میں ظرافت کا پہلو نمایاں ہے، اس کی بدولت وہ اپنے مضامین میں نشاط، ولولہ اور تازگی پیدا کرتے ہیں، بقول مولوی عبدالحق: ''سادگی و پرکاری صناعی ہے۔ ان میں ادب بھی شامل ہے۔ سادہ زبان لکھنا آسان نہیں، ایسی تحریر سپاٹ اور بے مزہ ہوگی۔ سلاست کے ساتھ لطف بیان اور اثر بھی ہونا چاہئے۔ یہ صرف باکمال ادیب کا کام ہے...... سرسید کی تحریر اس لئے مقبول ہوئی کہ وہ سادہ پر اثر اور پرخلوص تھی۔ معمولی پڑھے لکھے کی سمجھ میں بھی آتی اور اس

کے دل میں گھر کرتی تھی۔"

اس طرح سرسید نے ادب میں جدید رجحانات اورافادی نقطۂ نظر اپنایا۔ ماورائی تصورات کے بجائے عقلیت، مادیت، اور زندگی کے اجتماعی تصورات کوموضوع سخن بنا کر اردو نثر کے امکانات کو وسعت دی۔

سرسید کا اسلوب اور اندازِ بیان:

سرسید کو جدید اردو نثر کا بانی کہا جاتا ہے۔ انھوں نے اردو نثر کو عبارت آرائی، لفاظی، تکلف وتصنع سے نجات دلائی، سیدھے سادے انداز میں بات کہنا سکھایا اور اردو زبان میں اتنی قوت اور ایسی صلاحیت پیدا کردی کہ ہر طرح کے مضامین ادا کئے جاسکیں اور علمی موضوعات پر بہ آسانی اظہار خیال کیا جاسکے۔ ان کے اسلوب کی سب سے بڑی خوبی موضوع اور ہیئت کی ہم آہنگی ہے۔ وہ ہر موضوع اور خیال کے لئے مناسب اسلوب اپناتے ہیں۔ ان کا اسلوب ہر رنگ میں ڈھل جانے کی صلاحیت رکھتا ہے۔

سرسید کی تحریروں میں عام طور پر سادہ اور عام فہم لب ولہجہ ملتا ہے لیکن ان کی سادگی سپاٹ اور کھردری نہیں معلوم ہوتی، سیدھے سادے الفاظ میں پیچیدہ خیالات کو بھی بڑی خوبی سے ادا کرنے کا ہنر انھیں معلوم ہے۔ ان کے سادہ اور عام فہم الفاظ میں وہ حسن اور لطف ملتا ہے جو قدما کی صنعت گری اور نازک خیالی میں نظر نہیں آتا۔ سرسید کا خیال تھا کہ نثر کی سب سے بڑی خوبی یہ ہے کہ وہ پراثر انداز میں اپنا مدعا بیان کرسکے۔ وہ ایک جگہ لکھتے ہیں: "جو کچھ لطف ہو وہ صرف مضمون کے ادا میں ہو جو اپنے دل میں ہو وہی دوسروں کے دل میں پڑے تاکہ دل سے نکلے اور دل میں بیٹھے۔"

استدلالی نثر کا رواج اردو میں سرسید کا رہین منت ہے۔ ان کا پیغام مسلمانوں کی ایک بڑی تعداد کے لئے ناقابل قبول تھا۔ مسلمانوں کو اپنا ہم خیال بنانے کے لئے سرسید نے ایسے مضامین لکھے جن میں ہر بات کو دلیلوں سے سمجھایا گیا ہے۔ سرسید نے اسے ضرورتاً اختیار کیا۔ اس اسلوب کی خوبی یہ ہے کہ بات دلنشیں ہوتی چلی جاتی ہے اور پڑھنے والا قائل ہوجاتا ہے۔

سرسید عام طور سے صنائع بدائع سے احتراز کرتے ہیں، محاکات کی مدد سے وہ اکثر اپنی تحریروں میں افسانوی رنگ اور درد کی کیفیت پیدا کردیتے ہیں اور قاری کی نگاہوں کے سامنے ایسی تصویر کھینچ دیتے ہیں جس میں وہ محو ہوجاتا ہے۔ سرسید نے اردو میں مضمون نگاری کا سنگ بنیاد رکھا اور انگریزی اہل قلم اسٹیل اور ایڈیشن کی طرز پر مضامین لکھے۔

سرسید کی تحریریں عام طور سے سنجیدگی، وزن، وقار اور علمیت لئے ہوئے ہوتی ہیں۔ ان کے سنجیدہ موضوعات میں کہیں کہیں شوخی اور طنز وظرافت حسن اور دلاویزی پیدا کردیتی ہے۔ یہ طنز اس وقت بھرپور نظر آتا ہے، جب وہ اپنے مخالف کو مخاطب کرتے ہیں یا معاشرے پر طنز کرتے ہیں۔ شوخی وطنز کی اہمیت اپنی جگہ مسلم ہے، مگر تضحیک اور

درشت لہجہ ادبی شان کے خلاف ہے۔ بعض مضامین میں سرسید کے طنز کا وار تیز اور لہجہ درشت ہوگیا ہے۔ مذہبی مباحث میں یہ بے احتیاطی زیادہ نظر آتی ہے۔ مخالفوں کی انتہا پسندی کی وجہ سے جوش وجذبہ میں نوک قلم تک ایسے الفاظ آگئے ہیں جو سنجیدہ تحریروں کے لئے نامناسب ہیں۔

سرسید کے یہاں ادبی کمالات کے ساتھ کچھ خامیاں بھی نظر آتی ہیں۔ ان کی تحریروں میں عقل کی جذبہ پر بالادستی نظر آتی ہے۔ دلائل وبراہین کی کثرت سے ادبی حسن بری طرح متاثر نظر آتا ہے۔ ادب کا افادی ومعنوی نقطہ نظر اپنی جگہ ہے، لیکن اگر وہ ادب پر حاوی ہوجائے تو ادبی حسن یقیناً مجروح ہوگا۔ جس کا احساس سرسید کی تحریروں میں اکثر مقامات پر ہوتا ہے۔ ادبیت مقصدیت کے بوجھ کے نیچے دبی رہتی ہے۔

روزہ مرہ اور محاورے بھی سرسید کی تحریروں میں جابجا ملتے ہیں، کہیں کہیں تشبیہات واستعارات بھی اپنا جلوہ دکھاتے ہیں، تمثیلی انداز نے کہیں کہیں رومانوی اور افسانوی انداز پیدا کردیا ہے۔ ''امید کی خوشی، آدم کی سرگزشت، نادان دیندار، دانا دنیا پرست'' وغیرہ سرسید کے تمثیلی شاہ کار ہیں۔

بناؤ سنگھار سے سرسید کی تحریریں خالی ہیں۔ اس میں شک نہیں کہ بناؤ سنگھار سے نثر میں دلکشی اور دلکشی کے سبب تاثیر پیدا ہوتی ہے مگر اس کے لئے فرصت درکار ہے اور سرسید کے پاس اتنا وقت نہیں تھا، انہیں ہمیشہ اس بات کا احساس تھا کہ وقت کم ہے اور کہنے کے لئے بہت کچھ ہے، اس لئے وہ قلم برداشتہ نثر لکھتے رہے۔ انھوں نے حسن کاری پر ضرورت کو ترجیح دی، یہ ضرورت ان کی اپنی نہیں بلکہ ہماری آپ کی یعنی ہندوستان کی تھی۔ بے شک نثر نگاروں کی صف میں انھوں نے اپنا رتبہ ذرا سا گھٹا لیا مگر ہمارے محسنوں میں سب سے اونچا مقام حاصل کیا۔

سرسید کی صحافتی خدمات:

۱۸۳۵ء میں اخبارات کو آزادی ملی، اس آزادی کے فوراً بعد سرسید کے بڑے بھائی سید محمد خاں نے دہلی سے سید الاخبار جاری کیا، سرسید کی اخبار نویسی کی ابتداء اسی اخبار سے ہوئی۔ سید محمد خاں کا انتقال عین عالم شباب میں ہوگیا۔ اور سرسید نے سید الاخبار اپنے ہاتھ میں لے لیا۔

سرسید نے ۱۸۶۴ء میں غازیپور سے سائنٹفک گزٹ نکالا پھر ۱۸۶۶ء میں سائنٹفک سوسائٹی کا میگزین علی گڑھ انسٹی ٹیوٹ جاری کیا۔ یہ رسالہ آج تک جاری ہے، اب اس کا نام علی گڑھ مسلم یونیورسٹی گزٹ ہے۔ کچھ عرصہ بعد ۱۸۶۹ء میں سرسید انگلستان گئے اس سفر کا مقصد وہاں کے حالات کا جائزہ لینا تھا، اور ہندوستانی مسلمانوں کے لئے اصلاحی تدابیر کا خاکہ تیار کرنا تھا، وہاں پر سرسید نے دیکھا کہ عوام کی اصلاح کے لئے اڈیسن اور اسٹیل دو اخبار اسپکٹیر اور ٹٹلر نکال رہے ہیں۔ ان میں چھوٹے چھوٹے مضامین آداب معاشرت اور قوم کی فلاح و بہبود کے لئے

شائع ہوتے ہیں۔ سرسید نے بھی یہ ارادہ کیا کہ ہندوستان پہنچ کر ایک ایسے اخبار کا اجرا کریں گے جو قوم کی اصلاح اور نمائندگی کرے گا۔ وہاں سے واپس آنے کے بعد ۲۴ دسمبر ۱۸۷۰ء کو سرسید نے رسالہ تہذیب الاخلاق جاری کر کے اپنے اصلاحی کاموں کا آغاز کیا۔ اس رسالے میں زیادہ تر مضامین خود سرسید کے ہوتے تھے۔ سرسید اس رسالہ سے وہی کام لینا چاہتے تھے جو انگلینڈ میں اسپکٹیٹر اور ٹیٹلر کر رہے تھے، اس کے مقالہ نگاروں میں سرسید کے تقریباً سبھی رفقاء شامل تھے، جیسے مولوی چراغ علی، نواب محسن الملک، نواب وقار الملک، مولانا حالی، مولوی نذیر احمد وغیرہ اس رسالے میں طبع زاد مضامین کے ساتھ ساتھ مغربی خیالات اردو زبان میں ڈھال کر پیش کئے جاتے تھے، اس طرح اردو زبان کا دامن متنوع مضامین سے مالا مال ہوگیا۔ زبان غیر صحت مند جذبات وخیالات کا آلہ کار بننے کی جگہ مقصدیت کا وسیلہ بن گئی، جس سے ادب اور زندگی کا رشتہ استوار ہوا۔

تہذیب الاخلاق کے مقالات عموماً مختصر ہوتے تھے، اس میں ایک خاص نقطۂ نظر ہوتا تھا، اس کے مضامین میں گہری مقصدیت کے غلاف میں لپٹے ہوتے تھے، جن میں عموماً شگفتگی اور رنگینی نہیں ہوتی تھی۔ اس کے ذریعہ ملک میں روایت پرستی کے خلاف ایک تحریک پیدا ہوئی اور جدید نقطۂ نظر اور نئے خیالات کے لئے فضا بھی ہموار ہوئی، تہذیب الاخلاق کا سب سے بڑا کارنامہ یہ تھا کہ اس نے شاہ ولی اللہ کے اس نظریہ کو عملی جامہ پہنانے کی کوشش کی کہ اجتہاد ہر دور میں فرض ہے۔ اس نے مسلمانوں کو مذہبی وسماجی رجعت پسندی سے باہر آنے کی دعوت دی۔

تہذیب الاخلاق کے جواب میں بہت سے اخبار ورسالے نکالے گئے، مثلاً مولوی امداد علی نے رسالہ امداد الآفاق نکالا۔ تہذیب الاخلاق کی تحریروں کی تردید میں مولوی علی بخش خاں بہادر نے دو رسالے شہاب ثاقب اور تائید الاسلام جاری کئے، تہذیب الاخلاق کے جواب میں ایک پرچہ نور الآفاق نکلنا شروع ہوا۔ رسالہ نور الانوار بھی اسی وقت نکلا۔ نور الآفاق اور نور الانوار کے نام تو سرسید نے خود ہی لئے ہیں جو کانپور سے نکلتے تھے، اس کے علاوہ اسٹیچی گزٹ (مرادآباد) نجم الاخبار (مرادآباد) لوح محفوظ (مرادآباد) تیرہویں صدی (آگرہ) وغیرہ کی نشاندہی حالی نے کی ہے۔ ان اخبارات ورسائل میں سرسید کے موافقین ومخالفین کی طرف سے ترکی بہ ترکی جواب دیا جاتا رہا۔ سرسید اپنے نقطہ نظر کی وضاحت کرتے پھر مخالفین اس کا جواب دیتے۔ اس طرح قلم برداشتہ اردو لکھنے کا رواج ہوا۔ زبان میں توانائی پیدا ہوتی گئی، استدلالی نثر کو خوب فروغ ہوا۔ سرسید نے اہل قلم میں انشاء پردازی کا صحیح مذاق پیدا کیا۔

اس طرح سرسید نے اردو صحافت کو بے جا مبالغہ آرائی کے میدان سے نکال کر حق پسندی اور حقیقت نگاری سے روشناس کرایا۔ صحافت کے لئے وہ زبان استعمال کی جو تکلف اور تصنع سے پاک تھی، اردو صحافت کو اس مقام پر لا کر کھڑا کر دیا کہ ہم دوسری زبانوں کی صحافت سے اس کا

مقابلہ کرسکتے ہیں۔ بحیثیت صحافی سرسید احمد خاں کی خدمات کوفراموش نہیں کیا جاسکتا۔

سرسید بحیثیت تاریخ نگار:

سرسید احمد خاں اعلیٰ درجہ کا تاریخی ذوق رکھتے تھے، اس میدان میں انھوں نے بہت اہم کارنامے انجام دیئے۔ ان کے اس ذوق کا اثر ان کے رفقاء پر بھی پڑا، جنھوں نے اردو میں تاریخ تصانیف کی بھرمار کردی۔ سرسید کی پہلی تاریخ تصنیف ''جام جم'' ہے جو ۱۸۴۰ء میں شائع ہوئی۔ اس میں انھوں نے فارسی زبان میں ایک فہرست بطور نقشہ کے مرتب کی، جس میں امیر تیمور سے لے کر بہادر شاہ ظفر تک ۴۳ مغل بادشاہوں کا مختصر احوال درج ہے۔

سرسید کی سب سے اہم تاریخی تصنیف ''آثار الصنادید'' ہے جو ۱۸۴۷ء میں پہلی بار منظر عام پر آئی۔ اس کی عبارت اس عہد کے ذوق کے مطابق اما بخش صہبائی سے رنگین اور پر تکلف طرز تحریر میں مرتب کروائی۔ بعد میں سرسید نے اسے سلیس درداں نثر میں دوبارہ لکھا۔ اس کا ترجمہ گارسان وتاسی نے فرانسیسی زبان میں کیا۔ جسے دیکھ کر لندن کی رائل ایشیاٹک سوسائٹی نے انھیں اپنا ممبر بنایا۔ اس تصنیف میں دہلی کی عمارتوں اور ۱۲۰ نامور لوگوں کے حالات درج ہیں۔ عمارات شہر دہلی ان کے نقشے، تصویریں، کتبے، دہلی کے پرانے شہروں قلعوں محلوں کا بیان ہے۔ پھر مشاہیر دہلی کا حال لکھا ہے، جس میں مشائخ، علماء، فقرا، مجاذیب، اطباء، قراء، شعراء، خوش نویس، مصور، موسیقی داں وغیرہ کا ذکر ہے۔ سرسید کی یہ تصنیف چار حصوں پر مشتمل ہے۔

اپنے تاریخی ذوق کے سبب سرسید نے ۱۸۵۲ء میں سلسلۃ الملوک کے عنوان سے ایک کتاب لکھی جس میں گزشتہ ۵ ہزار سال میں دہلی میں حکومت کرنے والے بادشاہوں کے احوال درج ہیں۔ اس تصنیف میں راجہ یدھشٹر سے لے کر ملکہ وکٹوریہ تک ۲۰۲ شاہان دہلی کا حال نقشہ وجدول کی صورت میں لکھا ہے۔

سرسید نے ۱۸۵۷ء کے غدر کے سلسلہ میں دو کتابیں لکھیں، پہلی اسباب بغاوت ہند اور دوسری تاریخ سرکشی ضلع بجنور ہے۔ غدر کے زمانے میں سرسید بجنور میں تھے اور انھوں نے اپنا آنکھوں دیکھا حال بیان کیا ہے۔ اسباب بغاوت ہند میں سرسید نے انگریزوں کے خلاف ہندوستانیوں کی بغاوت کے وجوہ پر روشنی ڈالی ہے۔ ان کے نزدیک حکمرانوں اور عوام کے درمیان کسی طرح کا ربط نہ ہونا، بغاوت کا سبب بنا۔ سرسید نے ایک کتاب ''لائل محمڈن آف انڈیا'' لکھی۔ غدر کے بعد چونکہ مسلمانان ہند انگریزوں کے غصہ کی ضد میں تھے، اس لئے سرسید نے مسلمانوں کے حالات کا ایک سلسلہ اردو اور انگریزی دونوں زبانوں میں شروع کیا جو ۱۸۶۰ء میں شروع ہوا اور ۱۸۶۱ء میں تین نمبروں کے بعد بند ہوگیا۔

سرسید نے بجنور میں دہلی کے ایک تاجر حاجی قطب الدین کی فرمائش پر ۱۸۵۶ء میں ابوالفضل کی مشہور تصنیف،

''آئین اکبری'' کی تصحیح کی، اس کی پہلی اور تیسری جلد ۱۸۵۶ء میں شائع ہوئی۔ دوسری جلد بعد میں مطبع میں بھیجی گئی، جو غدر میں ضائع ہوگئی۔ مولانا امام بخش صہبائی، مفتی صدرالدین آزردہ، مرزا غالب وغیرہ نے آئین اکبری کی منظوم تقریظ مثنوی کی شکل میں لکھی۔

مرادآباد میں سرسید نے مشہور مورخ ضیاء الدین برنی کی تصنیف تاریخ فیروزشاہی کی ایشیاٹک سوسائٹی آف بنگال کے لئے چار مختلف نسخوں میں تصحیح کی، یہ کتاب ۱۸۶۳ء میں شائع ہوئی۔ اس طرح ہم دیکھتے ہیں کہ سرسید احمد خاں نے اردو زبان میں کئی تاریخی تصانیف مرتب کیں جن کا اثر اس عہد کے اہل قلم پر پڑا اور اردو زبان تاریخی تصانیف سے مالا مال ہوگئی۔

اردو نثر کے ارتقاء میں سرسید کا حصہ:

سرسید احمد خاں سے پہلے اردو نثر نہایت غیر ترقی یافتہ شکل میں تھی، جب انھوں نے لکھنا شروع کیا، اس وقت اردو نثر میں عام طور سے پرانا اسلوب رائج تھا، اگرچہ کسی حد تک میر امن، مرزا غالب، ماسٹر دام چندر وغیرہ نے ایک نئے اسلوب کی داغ بیل ڈال دی تھی، سرسید کا ذہن ایک عمل پسند انسان کا ذہن تھا، جیسے ادبی حسن سے زیادہ ٹھوس حقائق، زورِ بیان اور غیر مبہم طرز اظہار زیادہ عزیز تھا، اس لئے ان کی نثر ایک الگ اسلوب رکھتی تھی۔ یہ اسلوب بڑھتے ہوئے سائنسی میلان اور عقلی رجحان سے ہم آہنگ تھا جو کسی نہ کسی شکل میں آج کا بنیادی اسلوب ہے۔ سرسید کی کوششوں سے ادب کے اندر ایک خاص انقلاب آیا، لوگ سماجی حقیقت نگاری کی طرف متوجہ ہوئے، ادب اور عوام کا رشتہ استوار ہوا، نثر میں محض قصے کہانیوں کے بجائے سائنسی اور طبعی علوم کے زیر اثر علمی اور سنجیدہ تخلیقات پیش کی گئیں۔ استدلالی انداز اختیار کیا گیا، سرسید کی کاوشوں سے اردو نثر کا دامن بہت کشادہ ہوگیا۔ سرسید کے رفقاء محسن الملک، وقار الملک، مولوی ذکاء اللہ، مولانا حالی، علامہ شبلی، مولوی نذیر احمد وغیرہ نے ہر طرح کی تصنیفات سے اردو کا دامن بھر دیا۔

سرسید نے تہذیب الاخلاق کے ذریعہ اردو نثر میں ایک ایسے اسلوب کی بنیاد رکھی جو بے حد معقول اور منطقی تھا۔ اس نے نئی تعلیم، سائنس، عقل پرستی، اور اصلاح رسوم کے لئے راہیں ہموار کیں اور وہ سوالات اٹھائے جن کے جواب پر آئندہ کی علمی اور ادبی ترقی کا انحصار تھا۔ سادگی، بے تکلفی، حقیقت پسندی اس کی نمایاں خصوصیات تھیں۔ لوگ اس بات کو محسوس کرنے لگے تھے کہ اس دور میں جذباتی اور رومانی انداز تحریر اختیار کرنے کے بجائے عقل اور استدلالی انداز اختیار کرنا ضروری ہے۔ اسی انداز سے یوروپ کے نظریات، افکار اور خیالات کا سامنا کیا جاسکتا ہے۔ سرسید اور ان کے رفقاء کا نثری کارنامہ زمانے کی فطری مانگ کا نتیجہ تھا۔

مذہب، معاشرت، ادب، سیاست زندگی کا کوئی

گوشہ ایسا نہیں جو سرسید کی توجہ سے محروم رہا ہو۔ لیکن وہ شے جیسے سرسید کی نظر التفات نے مٹی سے سونا بنا دیا، اردو نثر ہے۔ اردو شاعری کو انھوں نے عشق و عاشقی، خوشامد، مبالغہ آرائی سے لبریز پایا۔ نثر کی حالت اس سے بھی ابتر تھی، یہاں عبارت آرائی، لفاظی، تکلف و تصنع کے علاوہ کچھ دکھائی نہ دیتا تھا۔ سرسید خود شاعر نہیں تھے، اس لئے انھوں نے شاعری کی اصلاح کے لئے مشورے ہی دیئے، لیکن نثر نگار وہ خود تھے۔ انھوں نے اس میدان میں اپنا قدم رکھا اور دیکھتے ہی دیکھتے اردو نثر کو زمین سے آسمان پر پہنچا دیا۔ انھوں نے مضامین لکھے، کتابیں تصنیف کیں، رسالے واخبار جاری کئے، خود لکھا اور بہتوں سے لکھوایا اور وہ ادب جو محض وقت گزاری اور دل بہلانے کا ذریعہ تھا، قومی ترقی کا وسیلہ اظہار بن گیا۔

سرسید کا یہ بہت بڑا کارنامہ ہے کہ انھوں نے اردو نثر کو سائنسی اور علمی مزاج عطا کیا، اسی مزاج نے اردو نثر کا دروازہ تمام علوم وفنون کے لئے کھول دیا اور اردو نثر کے ڈانڈے انگریزی نثر سے مل گئے۔ انھوں نے اس نثر کے ذریعہ ایک ذہنی انقلاب برپا کرنے کی کوشش کی اور اس کے لئے تمام عقلی دلائل اور تاریخی تجربات سے استفادہ کیا، ان کا واسطہ ایک ایسی قوم سے تھا جو صرف جہالت میں نہیں بلکہ جہل مرکب میں مبتلا تھی۔ وہ مذہبی مسائل سے بچنا چاہتے تھے لیکن مجبوری یہ تھی کہ تمام بری رسمیں اور عادتیں جن کی وہ اصلاح کرنا چاہتے تھے، ان کا رشتہ مذہب سے جوڑ دیا گیا تھا۔ سرسید کا کارنامہ یہ ہے کہ انھوں نے قوم کو پستی سے نکالنے کی کوشش کی، اور اپنی اس کوشش کے لئے اردو نثر کو خاص طور سے وسیلہ بنایا، سرسید اور ان کے ساتھیوں نے سماج کے ہر طبقے کے لئے اپنا قلم اٹھایا، سرسید کے مقالات، محسن الملک اور چراغ علی کے مضامین، حالی اور شبلی کی سوانح عمریاں، نذیر احمد کے ناول سب کے مخاطب عوام تھے، تصادم اور ذہنی کشمکش کے اس دور میں ان ادیبوں نے قوم کے سامنے زندگی کا ایک نظریہ اور ایک واضح نصب العین رکھا، یہ لوگ روایت پرستی کے خلاف تھے، جذبات کے پیچھے نہیں چلنا چاہتے تھے۔ جو بات عقل کے ترازو پر پوری نہیں اترتی تھی وہ ان لوگوں کے لئے ہرگز قابل قبول نہیں تھی۔

سرسید کی تمام تحریروں میں عقل کو جذبہ پر برتری حاصل ہے۔ ذاتی مسائل پر اجتماعی معاملات کو ترجیح دی گئی ہے۔ ایسی زبان اختیار کی گئی ہے جو عوام کے دلوں تک پہنچنے کا ذریعہ بن سکے۔ عبارت آرائی، رعایت لفظی، تشبیہوں اور استعاروں کا لطف ان کے نزدیک اچھی نثر کے لئے ایک بوجھ تھا۔ اس سے عبارت میں کشش پیدا ہونے کے بجائے تصنع اور بناوٹ پیدا ہو جاتی ہے۔ انھوں نے اس کے برعکس سہل اور بے تکلف طرز ادا کو اختیار کیا۔

سرسید نے اردو ادب میں صحت مند فکری عناصر داخل کئے اور اسے تازہ ادبی رجحانات سے روشناس کرایا۔ ادب میں افادی نقطۂ نظر پیدا کر کے زندگی سے اس کا رشتہ استوار کیا۔ غزل، قصیدہ، مرثیہ وغیرہ کے صحت مند عناصر کی

نشاندہی کر کے تنقیدی ذہن پیدا کرنے کی کوشش کی۔ مضمون نگاری میں جو وزن، وقار اور شگفتگی نظر آتی ہے وہ سر سید ہی کی مرہون منت ہے۔

مولانا محمد حسین آزاد:

ان کی ولادت ۱۸۳۰ء میں دہلی میں ہوئی، انتقال ۲۲رجنوری ۱۹۱۰ء کو لاہور میں ہوا۔ محمد حسین آزاد کے والد مولوی محمد باقر تھے، جنھوں نے ۱۸۳۶ء میں دہلی اردو اخبار نکالا جو اگر اردو کا پہلا اخبار نہیں تو دہلی کا پہلا اخبار ضرور تھا۔ محمد حسین آزاد نے عربی و فارسی کی تعلیم اپنے والد سے حاصل کی۔ شاعری میں شیخ محمد ابراہیم ذوقؔ کے شاگرد ہوئے۔ جدید تعلیم کے لئے جو نئے افکار و خیالات پر مبنی تھی، انھوں نے دلی کالج میں داخلہ لیا۔ آزاد ۱۸۶۴ء میں لاہور گئے اور سررشتہ تعلیم میں ملازم ہوئے۔ اس وقت میجر فلر ڈائرکٹر تعلیمات تھے۔ فلر کے بعد کرنل ہالرائڈ ڈائرکٹر ہوئے۔ اس وقت لاہور سے ایک سرکاری اخبار اتالیق پنجاب نکلتا تھا۔ جس کے اڈیٹر پیارے لال آشوب تھے۔ ہالرئڈ نے آزاد کو اس کا اسسٹنٹ اڈیٹر بنا دیا۔ بعض انگریز اہل علم کے تعاون سے آزاد نے لاہور کی انجمن پنجاب کو فروغ دیا۔ اور کرنل ہالرائڈ کے مشورے سے ان مشاعروں کا آغاز کیا جن میں نئے طرز کی نظمیں پڑھی جاتی تھیں۔ آزاد ایک عرصہ تک گورنمنٹ کالج لاہور میں عربی فارسی کے پروفیسر رہے۔ انھیں شمس العلماء کا خطاب ملا۔ آزاد ۱۸۹۰ء میں بالکل مجنون ہو گئے، بیس برس کی دیوانگی کے بعد ان کا انتقال ہوا۔

محمد حسین آزاد نے اردو نثر میں بہت سی تصانیف لکھیں جن میں قصص ہند، آب حیات، نیرنگ خیال، دربار اکبری، سخندان فارس وغیرہ بہت اہم ہیں۔ قصص ہند میں بچوں کے لئے تاریخ ہند کی کہانیاں ہیں۔ آب حیات اردو شاعری کی پہلی باقاعدہ تاریخ ہے، جس میں سماجی پس منظر، معاشرتی ماحول، تاریخی ارتقاء اور ادبی شعور کا لحاظ رکھتے ہوئے شعراء کا تذکرہ کیا گیا ہے۔ تحقیقی نقطۂ نظر سے اس کتاب میں خامیاں ہیں، لیکن ادب کی نقطۂ نظر سے کتاب کا مرتبہ بہت بلند ہے۔ دربار اکبری اکبر کے عہد کی دلچسپ تاریخ ہے، جسے مختلف کتب سے لکھا ہے، جس میں ملا عبدالقادر بدایونی کی تصنیف منتخب التواریخ کا عنصر غالب ہے۔ سخندان فارس فارسی لسانیات سے متعلق ہے، اس کے دو حصے یکجا ہیں، پہلے حصے میں فارسی زبان کی اصلیت اور ساخت کو بیان کیا گیا ہے۔ دوسرے حصے میں ایک درجن سے زائد لکچر ہیں جو کالج کے طلباء کے سامنے پڑھنے کے لئے تیار کئے گئے تھے۔

نیرنگ خیال:

نیرنگ خیال رمزیہ و تمثیلی مضامین کا مجموعہ ہے، جو دو حصوں میں ہے۔ خیالی و تمثیلی مضامین لکھنے کی تحریک اگرچہ کرنل ہالرائڈ نے آزاد کے سامنے پیش کی تھی، لیکن مضامین اصل میں آزاد ہی کی اختراع ہیں۔ اردو میں اگرچہ

تمثیلی نثر موجود تھی، لیکن ان کا تعلق زیادہ تر فارسی کے صوفیانہ ادب سے تھا، آزاد نے پہلی بار انگریزی کے رمزیہ مضامین کے خاکے اردو ترجمے میں پیش کیے، اس سے اردو میں انشائیہ نگاری کا آغاز ہوا، نیرنگ خیال کے مضامین ہلکی پھلکی اور شگفتہ مضمون نگاری کا عمدہ نمونہ ہیں۔ ان میں آزاد نے انگریزی ادب سے بھرپور استفادہ کیا ہے، اگر آزاد نیرنگ خیال کے علاوہ کچھ نہ لکھتے تب بھی ان کا شمار اردو ادب کے غیر فانی انشاء پردازوں میں ہوتا۔

نیرنگ خیال میں آزاد نے رنگین اور دل نشیں اسلوب اختیار کیا ہے، واقعات اس طرح سامنے آتے ہیں جیسے سینما کے پردے پر چلتی پھرتی تصویریں، نیرنگ خیال میں آزاد کا اسلوب شاعرانہ ہے، تشبیہات و استعارات کا بھرپور استعمال ہوا ہے، آزاد کے یہاں سادگی اور شیرینی دونوں ہیں، وہ شعری وسائل سے خوب کام لیتے ہیں۔ تصویر کشی میں مہارت رکھتے ہیں۔ واقعہ کی ہو بہو تصویر کھینچ دیتے ہیں۔ آزاد تجسیم نگاری میں مہارت رکھتے ہیں۔ ان کے کردار ہندوستان اور ایران وغیرہ کی تاریخ سے منتخب ہیں۔ نیرنگ خیال کے تمام مضامین میں ''شہرت عام اور بقائے دوام'' سب سے زیادہ اہمیت رکھتا ہے۔ اس میں آزاد نے غالبؔ اور شیخ سعدی کا خاکہ پیش کیا ہے جس میں ان کی مرقع نگاری کے جوہر سامنے آتے ہیں۔ اس مضمون کی تمہید میں انھوں نے ایڈیسن ہی کے مضمون کا ترجمہ پیش کیا ہے، ایک اور مضمون ''سچ اور جھوٹ کا رزم نامہ'' ہے۔ یہ ایک رمزیہ مضمون ہے، جس میں سچ اور جھوٹ کی معرکہ آرائی پیش کی ہے اور تجسیم کاری سے کام لیا ہے۔ سچ کا نام ملکہ صداقت زمانی اور جھوٹ کا نام دروغ دیوزاد رکھا ہے۔ ان مضامین میں انگریزی ادب کی جھلکیاں نظر آتی ہیں۔

آزاد محاکات کے بادشاہ ہیں اور چیز کی تصویر کھینچنے میں مہارت رکھتے ہیں۔ یہی وجہ ہے کہ ان کی طرز تحریر کی کوئی نقل نہیں کر سکا۔ ڈاکٹر رام بابو سکسینہ لکھتے ہیں: ''آزاد کی عبارت میں بھاشا کی سادگی اور بے تکلفی، انگریزی کی صاف گوئی اور فارسی کی حسن کاری سب ایک جان ہوگئی ہے۔'' انشاء پردازی کا جو طرز آزاد نے شروع کیا وہ انھیں پر ختم ہوگیا۔ ان کے کلام میں ایسی شعریت ہے کہ معلوم ہوتا ہے انھوں نے شعر کو نثر میں لکھ دیا ہے۔ وہ اپنی تحریروں میں الفاظ کا استعمال بڑی چابکدستی سے کرتے ہیں اور شعری وسائل سے عبارت کو دل چسپ بناتے ہیں۔ ان کی تحریروں میں ایسا جادو ہے کہ قاری کے دلوں میں اترتا ہوا محسوس ہوتا ہے۔ ان کے بارے میں شبلی کا قول مشہور ہے کہ ''آزاد گپ بھی ہانک دے تو وحی معلوم ہوتی ہے۔''

آزاد کی تحریروں میں جو رنگینی، روانی، حسن، جوش اور اظہار خیال کی رعنائی ملتی ہے اس کی نظیر اردو ادب میں نہیں ملتی، کئی زبانوں سے واقفیت کے باعث وہ ہندی الفاظ کا استعمال بھی موزوں طریقے سے کرتے ہیں۔ ان کا اسلوب مصنوعی نہیں بلکہ ان کے طرز فکر اور شعور فن کے لئے فطری ہے، اپنے عہد کے دوسرے ادیبوں کے مقابلے میں

آزاد انگریزی الفاظ کا استعمال کم کرتے ہیں۔ الفاظ پر ان کی گرفت مضبوط ہوتی ہے۔ مختصر یہ کہ آزاد اردو کے عظیم مصنفوں میں سے ہیں، اور اس نشأۃ ثانیہ کی نمائندگی کرتے ہیں جو انیسویں صدی کے وسط میں وجود میں آیا تھا۔

الطاف حسین حالؔی: (۱۸۳۷ء تا ۱۹۱۴ء)

حالؔی کو اردو نظم ونثر دونوں میں اہمیت حاصل ہے۔ اردو نثر کے فروغ میں حالؔی کا بہت بڑا حصہ ہے، حالی کی نثر نگاری کا آغاز ۱۸۶۷ء میں ہوا۔ ان کی پہلی تصنیف مذہبی موضوع پر ''تریاق مسموم'' ہے جو ایک عیسائی کی تصنیف کے جواب میں لکھی۔ یہ کتاب اب ناپید ہے۔ حالؔی کی پہلی اہم نثری تصنیف ''مجالس النساء'' ہے۔ اس تصنیف میں ناول کے پیرائے میں تعلیم نسواں کے مسائل پیش کئے گئے ہیں۔ یہ کتاب بہت مقبول ہوئی۔ اس کے بعد انھوں نے سوانح نگاری اور تنقید کی طرف توجہ کی۔ ۱۸۸۲ء میں ''حیات سعدی'' لکھ کر حالؔی نے اردو زبان میں باقاعدہ سوانح نگاری کا آغاز کیا۔ یہ اردو زبان میں پہلی سیرت وسوانح عمری ہے، اس کتاب میں واقعات کے سلسلے میں انھوں نے چھان بین سے کام لیا اور سائنٹفک انداز میں ایک عظیم فارسی شاعر کے مستند حالات پیش کئے۔

حالؔی کی سب سے اہم نثری تصنیف ''مقدمہ شعر وشاعری'' ہے۔ یہ ان کے مجموعہ نظم کا مقدمہ ہے لیکن اب ایک مستقل کتاب کی حیثیت رکھتا ہے۔ اس میں شاعری کے اصول زیر بحث لائے گئے ہیں۔ اس کتاب سے واضح ہوتا ہے کہ حالؔی شاعری کی افادیت اور مقصدیت کے قائل تھے۔ انھوں نے کہا ہے کہ شاعری کو اعلیٰ مقاصد کو حاصل کرنے کے لئے استعمال کرنا چاہئے۔ تاریخی حوالوں سے ثابت کیا ہے کہ شاعری سے یہ کام لیا جاتا رہا ہے۔ یہ کتاب دو حصوں میں ہے۔ پہلے حصے میں یہ بتایا گیا ہے کہ شاعری کے لئے کون سی شرطیں ضروری ہیں، نیز یہ کہ شاعری میں کیا خوبیاں ہونی چاہئیں۔ کتاب کے دوسرے حصے میں اردو شاعری کے اہم اصناف، غزل، قصیدہ، مرثیہ، مثنوی کا تنقیدی جائزہ لیا گیا ہے۔ اس کتاب کو آل احمد سرور نے اردو شاعری کا پہلا منشور قرار دیا ہے۔

''یادگار غالب'' مرزا غالب پر لکھی گئی پہلی باقاعدہ تصنیف ہے۔ اس میں غالبؔ کی سرگزشت حیات کے ساتھ ساتھ غالب فہمی کے نکات بھی سامنے آجاتے ہیں گو کہ حالؔی نے غالبؔ کے حالات کے متعلق بہت زیادہ چھان بین سے کام نہیں لیا۔ غالبؔ کی کمزوریوں کو چھپایا، اول تو ان کا مزاج عیب جوئی کا نہ تھا۔ دوسرے غالبؔ کو وہ اپنا استاد مانتے تھے۔ لیکن اس کتاب میں انھوں نے غالب کو ایک زندہ انسان کی حیثیت سے ضرور پیش کردیا۔

''حیات جاوید'' سرسید کی ضخیم اور مبسوط سوانح عمری ہے۔ حالی نے اسے لکھنے میں کافی محنت کی، انداز یہاں بھی وہی ہے کہ صاحب سوانح کی خامیوں پر اکثر پردہ ڈال دیتے ہیں، اسی لئے شبلی کی تنقید کے باوجود یہ کتاب سرسید کو قومی

رہنما اور مفکر کی حیثیت سے پیش کرنے میں کامیاب ہے۔

حالی کی نثر سادہ اور رواں ہونے کے ساتھ ساتھ توانا اور پرتاثیر ہے، اگرچہ یہ درست ہے کہ ان کے یہاں نہ تو مولوی نذیر احمد کا زور بیان ہے اور نہ شبلی کی سی شگفتگی ورعنائی۔ باوجود اس کے اس میں ایک خاص طرح کی دلکشی ہے جو اپنی بات کو واضح انداز میں پیش کرنے سے پیدا ہوتی ہے۔ آگے چل کر اردو میں جس نثر نے رواج پایا اس کی بنیاد حالی کی نثر پر ہے۔ (حالی کے سوانحی حالات کے لئے دیکھیں حصہ نظم)

علامہ شبلی نعمانی:

اردو کے مشہور مصنف علامہ شبلی نعمانی کی ولادت ۱۸۵۷ء میں بندول ضلع اعظم گڑھ میں ہوئی، انتقال ۱۹۱۴ء میں ہوا۔ ۱۸۸۲ء میں شبلی اپنے چھوٹے بھائی سے ملنے علی گڑھ گئے جہاں ان کی ملاقات سرسید سے ہوئی۔ جس کے سبب شبلی کا فارسی کے پروفیسر کی حیثیت سے کالج میں تقرر ہوگیا۔ علی گڑھ کی علمی فضا شبلی کو بہت راس آئی۔ ان پر سرسید کے کتب خانوں کے دروازے کھل گئے، علی گڑھ میں شبلی کو سرسید کے علاوہ حالی، محسن الملک، پروفیسر آرنلڈ سے ملنے کا موقع ملا اور ان کی علم کی حدیں وسیع ہوئیں۔ آرنلڈ کے ساتھ شبلی مصر و شام اور دوسرے اسلامی ممالک کا دورہ کیا، وہاں سے اپنی نئی تصانیف کے لئے بہت سے مواد ساتھ لے کر لوٹے سرسید کی وفات کے بعد شبلی نے علی گڑھ کالج سے استعفاد ے دیا۔ ۱۸۹۸ء میں اعظم گڑھ آکر شبلی نیشنل اسکول کی بنیاد رکھی۔ سید علی بلگرامی کے اصرار پر وہ حیدرآباد گئے اور وہاں محکمہ تعلیم کے ناظم مقرر ہوئے۔ شبلی نے حیدرآباد میں رہ کر کئی کتابوں کی تصنیف کی۔

۱۸۹۴ء میں ندوۃ العلماء کے نام سے علماء کی ایک انجمن قائم ہوئی تھی۔ ۱۸۹۸ء میں شبلی کی رائے کے مطابق لکھنؤ میں ایک مدرسہ بھی کھولا گیا، اس کے ناظم اول مولانا سید محمد علی صاحب کانپوری تھے۔ مولوی صاحب کے انتقال کے بعد شبلی حیدرآباد سے آکر اس کے ناظم ہوئے۔ لیکن اپنی تجدد پسندی کے باعث انہیں ۱۹۱۳ء میں ندوہ سے دست کش ہونا پڑا۔ ترک ندوہ کے بعد شبلی نے اعظم گڑھ میں ۱۹۱۳ء میں دارالمصنفین کے نام سے ایک علمی ادارہ کھولا۔ شبلی کی خدمات کے اعتراف میں حکومت کی طرف سے ان کو شمس العلماء کا خطاب ملا۔ ترکی کے سلطان نے انھیں تحفہ مجیدی عنایت فرمایا۔

مولانا شبلی کی تصنیفات کی تعداد بہت زیادہ ہے۔ ان میں فلسفہ، ادب، تاریخ، سوانحی مضمون، مکاتیب وغیرہ سبھی موضوع پائے جاتے ہیں۔ مگر جن تصنیفات سے ان کا نام زندہ ہے، وہ ہیں المامون، الفاروق، سیرت النبیؐ، علم الکلام، شعرالعجم، موازنہ انیس ودبیر۔ المامون اور الفاروق سیرت وسوانح کا اچھا نمونہ ہے۔ سیرت النبی ان کی آخری تصنیف ہے جو ان کی وفات کے سبب نامکمل رہی، اسے ان کے شاگرد سید سلیمان ندوی نے مکمل کیا۔ شعرالعجم فارسی

شاعری سے متعلق ہے۔ اس کی چوتھی جلد میں اصول شعر سے بحث کی گئی ہے۔ تنقیدی تاریخ میں اس کا اہم مقام ہے۔ ''موازنہ انیس ودبیر'' شبلی کے شعری ذوق اور انیس شناسی کی عمدہ مثال ہے۔

مولانا شبلی قدیم وجدید کے مرکب تھے۔ شبلی کے تاریخی نقطۂ نظر اور مذہبی خیالات سے خود ان کے ہم مذہبوں نے اختلاف ظاہر کیا ہے۔ ان کے ادبی تجزیوں میں بھی کمیاں ہیں مگر ادبی تخلیق کے اعتبار سے ان کی بڑی اہمیت ہے۔ شبلی کی زبان بڑی پرکیف، رواں اور رنگین ہوتی ہے۔ وہ اردو کے بہت بڑے مصنفوں میں شمار کئے جاتے ہیں، کیوں کہ انھوں نے علم کے ہر شعبے میں اپنا نقش چھوڑا ہے۔ ان کے مضامین اور مکاتیب کے مجموعے بھی گہرے مطالعے کی چیز ہیں، ان سے شبلی کی زندگی اور کارناموں کے بارے میں معلومات حاصل ہوتی ہے۔

مقالات شبلی:

علامہ شبلی کی تصنیفات کی طرح ان کے مقالات بھی بڑی اہمیت کے حامل ہیں۔ انھوں نے علمی، ادبی، تنقیدی، تاریخی، تعلیمی، فلسفیانہ اور مذہبی ہر طرح کے مقالات لکھے جو اپنی قدر وقیمت کے لحاظ سے خود مستقل تصنیف کی حیثیت رکھتے ہیں۔ ان کے تمام مقالات کو مولانا سید سلیمان ندوی نے آٹھ جلدوں میں موضوع کے لحاظ سے ترتیب دے کر شائع کر دیا ہے، جن میں شبلی کے سو سے زائد مقالات شامل ہیں۔ ان مضامین سے نہ صرف شبلی کے ادبی ذوق اور تنقیدی شعور کا پتہ چلتا ہے بلکہ یہ اندازہ بھی ہوتا ہے کہ ادبیات عالیہ پر ان کی نظر کس قدر وسیع اور عمیق تھی۔

شبلی کے مقالات سے ان کی نثری خوبیوں کے سارے جوہر سامنے آتے ہیں، ان کی تحریروں میں سادگی وپرکاری نمایاں ہے۔ اگرچہ وہ ظرافت سے بھی کام لیتے ہیں لیکن ایجاز واختصار ان کے اسلوب تحریر کی خصوصیت ہے، اس کے لئے وہ مبالغوں سے کام لیتے ہیں، ضرورتاً محاوروں کا بھی استعمال کرتے ہیں مگر طول کلامی سے پرہیز کرتے ہیں۔

مقالات شبلی کی خصوصیت یہ ہے کہ مشکل موضوعات پر بھی بڑی صفائی اور برجستگی سے قلم اٹھاتے ہیں اور مضمون کے مفہوم کو واضح کر دیتے ہیں کیوں کہ ان کا طرز تحریر صاف، سادہ اور رواں ہے اور قاری کی سمجھ میں آجاتا ہے۔ شبلی تاریخ اور فلسفے جیسے موضوعات کو بھی دلچسپ انداز میں بیان کرتے ہیں۔ شبلی عربی مقالات سے متاثر نظر آتے ہیں، ان کے مقالات میں انشاء پردازی کے جوہر نظر آتے ہیں، ادبی متانت اور علم کا وقار پایا جاتا ہے۔

شبلی کی نثر ترنم سے لبریز ہے، اس میں سبک ولطیف فارسی ترکیبیں ملتی ہیں، وہ اعلیٰ درجہ کا شاعرانہ مذاق رکھتے تھے اور تشبیہات کے بالمقابل استعارات سے زیادہ کام لیتے تھے، اپنی بات کو اشاروں کنایوں میں کہہ کر عبادت کو مختصر کر دیتے ہیں، شبلی کے یہاں عالمانہ استدلال ہے، ان

کی نثر شاعری کی دنیا کی سیر کراتی ہے، گویا نثر میں تغزل ہے، جس میں وہ تخیل سے رنگ آمیزی کرتے ہیں۔ ان کے بیان کردہ واقعات قرین قیاس معلوم ہوتے ہیں اور صداقت کی وجہ سے قاری شبلی کا مداح ہو جاتا ہے۔ مہدی افادی نے شبلی کو تاریخ کا معلم اول قرار دیا ہے، اور دیگر نقادوں نے انھیں ایک نرالا انشاپرداز قرار دیا ہے۔ شبلی کے مقالات تحقیقی، تنقیدی، ادبی اور تاریخی ہیں، اور سب سے بڑھ کر اس ادیب ونقاد کے قلم سے نکلے ہیں جس کے قلم سے نکلا ہوا ہر جملہ شاہ کار ہوتا ہے۔

مولوی نذیر احمد:

ان کی ولادت ۶ر دسمبر ۱۸۳۶ء کو موضع ریہڑ تحصیل نگینہ ضلع بجنور میں ہوئی۔ انتقال ۳ر مئی ۱۹۱۲ء کو دہلی میں ہوا۔ نذیر احمد کی تعلیم مسجد کے مکتب سے لے کر دلی کالج تک میں ہوئی۔ ان کے افکار کی بنیاد مذہبی ہونے کے باوجود نئی تعلیم اور نئے خیالات سے متاثر تھی، کالج چھوڑتے ہی ملازمت کا سلسلہ شروع ہوا۔ ۱۸۵۴ء میں کنجاہ ضلع گجرات میں مدرس ہوئے۔ اس کے بعد ڈپٹی انسپکٹر مدارس ہو کر کانپور الٰہ آباد میں رہے، پھر کانپور میں تحصیل دار رہے۔ ۱۸۷۷ء میں حیدرآباد ریاست نے ان کی خدمات حاصل کیں، جہاں ترقی کر کے بورڈ آف ریونیو کے ممبر ہو گئے، وہاں سے پنشن لے کر دہلی آگئے اور ساری عمر تصنیف وتالیف میں صرف کی، ان کو اڈنبرا یونیورسٹی نے .L.L.D اور پنجاب یونیورسٹی نے .D.O.L.D کی ڈگری دی۔ حکومت سے شمس العلماء کا خطاب ملا۔

نذیر احمد نے بہت سی کتابیں تصنیف کیں، انھوں نے کلام پاک کا بامحاورہ ترجمہ کیا، اس کے علاوہ اخلاق ومذہب سے متعلق جو کتابیں لکھیں ان میں الحقوق والفرائض، امہات الامہ، موعظہ حسنہ اہم ہیں۔ انھوں نے قانون کی کئی کتابوں کا ترجمہ بھی کیا۔ انڈین پینل کوڈ کا ترجمہ تعزیرات ہند کے نام سے کیا، ان کا دوسرا اہم ترجمہ قانون شہادت ہے۔ یہ ترجمے نذیر احمد کی قوت ترجمہ کے شاہ کار کہے جا سکتے ہیں۔

جن کتابوں نے نذیر احمد کو اردو ادب میں زندہ جاوید بنا دیا وہ کچھ ناول ہیں جن میں زوال پزیر مسلمان متوسط طبقہ کی اصلاح کے مسائل پر دلچسپ کہانیاں تخلیق کی ہیں، اردو میں ناول نگاری کی بنیاد نذیر احمد کے ہاتھوں پڑی۔ ''مرأۃ العروس'' ان کا پہلا ناول ہے جو ۱۸۶۹ء لکھا گیا، یہ ناول انھوں نے اپنی بڑی بیٹی کے لئے ذاتی طور پر ایک نصابی کتاب کی شکل میں لکھا۔ جس کا موضوع تعلیم اخلاق اور امور خانہ داری ہے۔ ایک انگریز افسر کی فرمائش پر اسے چھپوایا گیا، حکومت کی طرف سے اس کتاب پر انعام بھی ملا۔

بنات النعش نذیر احمد کا دوسرا ناول ہے جو ۱۸۷۳ء میں شائع ہوا، یہ ناول دراصل مرأۃ العروس کا دوسرا حصہ ہے۔ اس میں لڑکیوں کو دستکاری اور عملی زندگی کی ترغیب دی

گئی ہے۔ توبۃ النصوح نذیر احمد کا تیسرا ناول ہے جو ۱۸۷۷ء میں شائع ہوا۔ ابن الوقت جو ۱۸۸۸ء میں شائع ہوا اس میں انگریزی معاشرت کی اندھادھند تقلید کی مزمت کی گئی ہے۔ ''رؤیائے صادقہ'' میں مذہبی عقائد کے سلسلے میں معلومات پیش کی گئی ہے۔ ''فسانۂ مبتلاء'' میں ایک سے زیادہ شادیوں کے نقصانات پر روشنی ڈالی گئی ہے۔ ''ایامیٰ'' میں بیوہ عورتوں کی شادی کو موضوع بنایا گیا ہے اور ان کے نکاح ثانی کے فوائد بیان کئے گئے ہیں۔

نذیر احمد اردو کے پہلے مصنف ہیں جنھوں نے طبقہ نسواں کے مسائل پر خیالات ہی نہیں ظاہر کئے بلکہ ان کے ساتھ ہمدردی بھی دکھائی۔ انھوں نے مذہب کے اصولوں کو بھی سائنسی انداز سے لکھنے کی سعی کی اور پیچیدہ سے پیچیدہ مسئلے کو آسان اور پسندیدہ طور پر پیش کیا۔ سب باتوں کو سامنے رکھ کر کہا جاسکتا ہے کہ وہ اردو کے پہلے ناول نگار ہی نہیں بلکہ ان مصنفوں میں سے ہیں جنھوں نے نئے ادب کی بنیاد مضبوط کی اور مستقبل کے لئے خضر راہ بن گئے۔

توبۃ النصوح:

توبۃ النصوح ۱۸۷۷ء میں شائع ہوا جو نذیر احمد کا تیسرا ناول ہے، جسے ان کا شاہ کار کہا جاتا ہے۔ نصوح ایک خواب دیکھنے کے بعد اپنے پورے خاندان کی اصلاح کی طرف متوجہ ہوتا ہے، مگر اپنے بیٹے کلیم کی اصلاح میں ناکام رہتا ہے۔ مصنف کا معرکہ آراء کردار 'مرزا ظاہر دار بیگ' اسی ناول کا کردار ہے۔ ناول کا مقصد بچوں کی اصلاح و تربیت کی اہمیت کو واضح کرنا ہے۔ نذیر احمد اس ناول میں یہ خیال ظاہر کرتے ہیں کہ صحیح تربیت کے بغیر زندگی کامیاب نہیں ہوسکتی۔ اس ناول سے دلی کے مٹتے ہوئے مسلمان گھرانوں کی تصویر سامنے آجاتی ہے۔

توبۃ النصوح اردو ناول کی تاریخ میں بنیادی اہمیت کا حامل ہے، بعض محققین اسے اس اعتبار سے پہلا ناول قرار دیتے ہیں کہ اس میں فنی طور پر ناول کے عناصر ملتے ہیں۔ پلاٹ، کردار نگاری، مکالمے اور زبان و بیان ہر لحاظ سے یہ ایک دلچسپ ناول ہے۔ اس ناول کا مرکزی خیال ایک انگریزی ناول نگار ڈینیل ڈیفو کے مشہور ناول ''دی فیملی انسٹرکر'' سے ماخوذ ہے۔ اس ناول کے ذریعہ نذیر احمد یہ واضح کرنا چاہتے ہیں کہ اولاد کی محض تعلیم ہی کافی نہیں ہے بلکہ ان کی تربیت پر پورا دھیان دینا چاہئے۔ دنیاوی تعلیم کے ساتھ دینوی تعلیم بہت ضروری ہے، اس کے لئے والدین کو اپنا کردار بھی مثالی بنانا ہوگا، تبھی اولاد پر تربیت کا اچھا اثر ہوگا۔

ناول کا پلاٹ اس طرح سے ہے کہ نصوح کا بیٹا کلیم ہے جس کی نصوح نے اچھی تربیت نہیں کی تھی، اس کا ایک دوست مرزا ظاہر دار بیگ ہے جو اسم بامسمیٰ ہے۔ دہلی میں ہیضے کی بیماری پھیلتی ہے اور نصوح اس بیماری میں گرفتار ہوجاتا ہے، اس دوران وہ خواب دیکھتا ہے کہ حشر کا میدان بپا ہے اور سب کا حساب کتاب چل رہا ہے لیکن نصوح کا

اعمال نامہ بالکل خالی ہے، آنکھ کھلتی ہے تو اپنی زندگی کا شکر ادا کرتا ہے اور اپنے خاندان کی اصلاح کا بیڑا اٹھاتا ہے لیکن اس کا بیٹا کلیم اس کا مخالف ہو جاتا ہے، کسی طرح راہ راست پر نہیں آتا، ناراض ہو کر اپنے دوست ظاہر دار بیگ کے گھر چلا جاتا ہے لیکن وہاں جا کر اسے رسوائی کے سوا کچھ نہیں ملتا اور ظاہر دار کا دکھاوا اور ظاہری بناوٹیں سامنے آجاتی ہیں۔ پھر کلیم فوج میں بھرتی ہو جاتا ہے، کچھ دنوں بعد زخمی ہو کر مر جاتا ہے۔

نذیر احمد نے اس ناول میں نصوح کو اپنا ہیرو بنایا ہے اور ناول کا عنوان بھی نصوح کے نام پر رکھا ہے، لیکن بعض ناقد کلیم کو اس کا اصل کردار مانتے ہیں، کیوں کہ اس کردار میں زیادہ جاذبیت اور واقعیت نظر آتی ہے، لیکن دیکھا جائے تو نصوح، کلیم، ظاہر دار بیگ تینوں اس ناول کے مرکزی کردار ہیں۔ ساتھ ہی پورے خاندان کے کرداروں کو جگہ دی ہے۔ نذیر احمد اپنے مرکزی کرداروں کی کامیابی کے لئے غیبی طاقت یا طلسم کا سہارا نہیں لیتے ہیں بلکہ وہ اصل حالت سے بہت قریب ہوتے ہیں۔ ان کے کرداروں میں دہلی کے متوسط مسلم گھرانوں کے جیتے جاگتے کردار ملتے ہیں۔ اس ناول میں نصوح ایک ذمہ دار کردار اور اپنے خاندان کا سربراہ ہے۔ عبرتناک خواب دیکھنے کے بعد اسے دنیا سے نفرت ہو جاتی ہے اور اپنی تمام زندگی اصلاحی مقاصد کے لئے وقف کر دیتا ہے، اس کے بیٹے کلیم کا کردار اپنے عہد کے بگڑے ہوئے اور لاڈ پیار میں پلے بڑھے نوجوان کا ہے، اس کے دوستوں میں ظاہر دار جیسے لوگ ہیں جو صرف ظاہر داری کے پیکر ہیں۔ ظاہر دار کی کردار نگاری میں نذیر احمد نے بڑی مہارت کا ثبوت دیا ہے اور اسے بنا سنوار کر مضحکہ خیز انداز میں پیش کیا ہے۔ اس ناول کے دوسرے کردار فہمیدہ، سلیم، حمیدہ وغیرہ سبھی اسم با مسمّیٰ ہیں جیسا کہ نذیر احمد کے ناولوں کی خصوصیت ہے۔ سب ملا کر نذیر احمد کا ناول توبۃ النصوح ان کا شاہ کار ناول ہے۔

خواجہ حسن نظامی:

حسن نظامی کی ولادت ۱۸۷۸ء میں بستی نظام الدین دہلی میں ہوئی۔ انتقال ۱۹۵۵ء میں ہوا۔ یہ دلی کے مشہور صوفی تھے اور بچپن سے ہی صوفیانہ، مذہبی اور ادبی مسائل پر لکھتے رہے تھے۔ ان کی تصانیف کی تعداد سو سے زائد ہیں، جن میں ہر طرح کے مضامین شامل ہیں۔ حسن نظام جدید اردو کی دنیا میں پہلے شخص ہیں جنھوں نے اپنی سوانح عمری خود لکھ کر اردو ادب میں ایک قسم کا اضافہ کیا۔ ان کی تصانیف میں محرم نامہ، کرشن بیتی، سی پارۂ دل، یزید نامہ، غدر دہلی کے افسانے وغیرہ بہت مشہور ہیں۔ انھوں نے ہندی میں قرآن مجید کا ترجمہ بھی کیا، جسے مہاتما گاندھی نے بھی بہت پسند کیا۔ انھوں نے بہت سے اخبار و رسائل نکالے جن میں رسالہ منادی کو بہت اہمیت حاصل ہے۔ ان رسالوں میں بیشتر مضامین انھیں کے ہوتے تھے۔ حسن

نظامی کی زبان بہت پرکیف آسان اور بول چال کی ہوتی ہے۔ چھوٹے چھوٹے جملوں میں بڑی باتیں کہنا انھیں خوب آتا ہے، ہندی لفظوں کا استعمال بڑے موزوں طریقے سے کرتے ہیں۔

سی پارۂ دل:

یہ خواجہ حسن نظامی کے انشائیوں کا مجموعہ ہے جس میں ۱۳۴ انشایئے شامل ہیں۔ ان کے موضوعات تصوف ومعرفت سے تعلق رکھتے ہیں۔ انشائیہ اردو نثر کی ایسی صنف ہے جسے ہم شاعری کے قریب ترین کہہ سکتے ہیں۔ اس میں تخیل کے پراسرار عمل اور شعور کی بے تاب لہر سے ہم لطف اندوز ہوتے ہیں۔ زبان کا تخلیقی استعمال اسے دلکش بناتا ہے، زبان کی شگفتگی اس کا مرکزی پہلو ہے۔ سی پارہ دل میں حسن نظامی اس اعتبار سے کھرے اترتے ہیں۔ خواجہ صاحب کے انشائیوں میں اول تا آخر تصوف وروحانیت کی چاندنی بکھری ہوئی نظر آتی ہے۔ انھوں نے خود اس کی صراحت ان الفاظ میں کی ہے:

''میں نے جتنی بھی خامہ فرسائی کی ہے وہ تو محض اس لئے کی ہے کہ نئی روشنی کے لوگ جو صوفیوں کی پرانی کتابیں نہیں پڑھتے وہ میرے نئے انداز تحریر سے ادھر راغب ہوں اور کیف روحانی سے فائدہ اٹھائیں۔''

حسن نظامی نے عظیم اور بھاری بھرکم موضوعات پر قلم نہیں اٹھایا بلکہ آنسو، لیمپ، مٹی کا تیل، دیا سلائی، ہچکی، مچھر، الو، مکھی، لالٹین، جھینگر اور سوئی جیسی معمولی اور بے وقعت چیزوں پر لکھا، ان کے اندر عارفانہ چمک پیدا کردی۔ مکھی کے بارے میں لکھتے ہیں:

''جس طرح صوفی لوگ انسان کی حفاظت کے لئے پیدا کئے جاتے ہیں مکھی بھی جسمانی محافظ ہے جو مل جائے کھالیتی ہے، دربدر ماری ماری نہیں پھرتی، شہادت پسند ہے، یعنی دانستہ مکڑی کے منھ میں چلی جاتی ہے تاکہ اس کا خالی پیٹ بھر سکے۔''

حسن نظامی زمانہ کی دھڑکنوں اور ماحول کے تقاضوں سے پوری طرح آشنا ہیں۔ جھینگر کے بارے میں لکھتے ہیں: ''انسان مثل ایک جھینگر کے ہے جو کتابیں چاٹ لیتے ہیں سمجھتے بوجھتے خاک نہیں۔ یہ جتنی یونیورسٹیاں ہیں سب میں یہی ہوتا ہے۔ ایک شخص بھی ایسا نہیں ملتا جس نے علم کو علم سمجھ کر پڑھا ہو۔ بقول شمس الرحمٰن فاروقی: وہ ہر شے کو ذی روح سمجھتے ہیں، یہی وجہ ہے کہ وہ جانوروں، کیڑوں مکوڑوں بلکہ دنیا کی ہر چیز سے گفتگو کرتے ہیں، اسے اپنا مخاطب قرار دیتے ہیں۔ صوفیانہ دماغ سے زیادہ صوفیانہ آنکھوں سے کام لیتے ہیں۔ یہ خیال درست ہے کہ خطوط غالب اور غبار خاطر کے بعد اردو نثر کی جادو بیانی ''سی پارۂ دل'' میں تلاش کی جاسکتی ہے۔ ان کی تحریروں میں غالب جیسی شوخی وظرافت موجود ہے، ساتھ ہی ایک خاص طرح کی سنجیدگی وسوز وگداز ہے۔ معمولی موضوعات ان کے قلم کی جنبش سے لازوال بن جاتے ہیں۔

خواجہ صاحب اردو کی ادبی نثر میں ایک خاص طرز کے بانی ہیں۔ ''سی پارۂ دل'' کی انفرادیت یہ ہے کہ ایسی نثر نہ اس سے پہلے لکھی گئی اور نہ اس کے بعد نظر آتی ہے، ان کے اسلوب میں سادگی وسلاست ہے وہ الفاظ کی بازیگری کے ماہر ہیں۔ لفظی صناعی سے انھوں نے عبارت میں کافی دلکشی پیدا کی ہے۔ فقروں کی تراش خراش کا وہ بڑا اہتمام کرتے ہیں۔ ہندی الفاظ پر ان کو کس قدر عبور حاصل ہے وہ ان کے مضمون ''گیان کتھا''، ''بھگت کے بس میں آ بھگوان'' سے ظاہر ہوتا ہے۔

خواجہ صاحب وحدۃ الوجود کے قائل ہیں اور ہر شے میں خدا کا جلوہ دیکھتے ہیں۔ ان کی تحریروں کے نگار خانہ میں لاتعداد تصویریں امیر، غریب۔ چھوٹے، بڑے۔ ہر طرح کے انسانوں کی نظر آتی ہیں۔ ان کے منفرد الفاظ چھوٹے چھوٹے فقروں میں دھیما دھیما ترنم ہے۔ یہ ترنم الفاظ کی موسیقیت، تکرار، تجنیس اور مقفیٰ الفاظ کے آہنگ سے پیدا ہوتا ہے۔ غرض سیپارۂ دل میں وہ ایک عظیم نثر نگار اور انشائیہ پرداز کی حیثیت سے سامنے آتے ہیں۔

☆☆☆

اردو میں ناول وافسانہ نگاری

پنڈت رتن ناتھ سرشار:

ان کی ولادت ۱۸۴۷ء میں لکھنؤ میں ایک کشمیری برہمن خاندا میں ہوئی۔ انتقال ۱۹۰۲ء میں لکھنؤ میں ہوا۔ انھوں نے عربی، فارسی، انگریزی تینوں زبانوں کی تعلیم حاصل کی۔ پہلے ایک اسکول میں مدرس ہوئے اور اپنے مضامین مختلف رسالوں میں بھیجنے لگے۔ کچھ دنوں بعد ''اودھ اخبار'' لکھنؤ کے مدیر مقرر ہوئے۔ اسی اخبار میں انھوں نے اپنا مشہور ناول ''فسانۂ آزاد'' قسط وار شائع کیا۔ ۱۸۹۵ء میں حیدرآباد گئے۔ یہاں دبدبہ آصفی نام کا ایک رسالہ نکالا۔ وہیں ۱۹۰۲ء میں وفات پائی۔

سرشار ایک زود رقم مصنف تھے۔ انھوں نے مضامین لکھے، ترجمے کئے اور متعدد ناول لکھے۔ ان ناولوں میں فسانۂ آزاد، جام سرشار، بچھڑی دلہن، پی کہاں، کڑم دھڑم، سیر کوہسار اہم ہیں۔ انھوں نے الف لیلا کا ترجمہ بھی کیا اور سروانٹس کے ناول ''وان کوئک زوٹ'' کا ترجمہ خدائی فوجدار کے نام سے کیا۔ لیکن جس تصنیف نے سرشار کو اردو ادب میں زندہ جاوید بنا دیا وہ ان کا ناول فسانۂ آزاد ہے۔

فسانۂ آزاد:

سرشار کا ناول فسانۂ آزاد تقریباً چار ہزار صفحات پر مشتمل ہے جو چار جلدوں میں ۱۸۸۰ء میں شائع ہوا۔ یہ ضخیم کتاب جس ذوق وشوق سے پڑھی گئی شاید کہ اردو ادب میں کوئی کتاب پڑھی گئی ہو۔ فسانۂ آزاد میں سرشار نے لکھنؤ کی صرف اس زندگی کی تصویر کشی کی ہے جو لکھنؤ کے نوابی عہد کے مٹنے کے بعد ایک روایت کی شکل میں زندہ تھی۔ وہ اس زندگی کو اول سے آخر تک جانتے تھے، چنانچہ انھوں نے بڑی حقیقت پسندی سے ایسی تصویریں کھینچ دی ہیں جو اس تہذیب کی قدر و قیمت آنکنے میں بہت مددگار ہیں، سرشار ایک بہت بڑے فنکار اور زندگی کے بہت بڑے رمز شناس تھے، مگر ان کا سحر یہ ہے کہ وہ جذبات کو کہانی میں ابھرنے نہیں دیتے۔ ناول پڑھنے کے بعد آپ یہ پتا نہیں لگا سکتے کہ اس تہذیب سے جس میں خوبیاں کم اور خامیاں زیادہ ہیں، وہ ہمدردی رکھتے ہیں یا نفرت، لیکن اتنا ضرور معلوم ہوتا ہے کہ وہ پرانے رنگ ڈھنگ کو مٹانا اور نئی زندگی کا استقبال کرنا چاہتے تھے۔

فسانۂ آزاد کا پلاٹ بہت ہی ڈھیلا ڈھالا اور نہایت لمبا ہے، اس میں بہت سارے الگ الگ قصے شامل ہیں، انھیں یاد رکھنا مشکل ہوتا ہے۔ پروفیسر گیان چند جین نے فسانۂ آزاد کو اس کے پھیلاؤ اور بکھراؤ کے پیش نظر داستان اور ناول کی درمیانی کڑی کہا ہے۔ لیکن یہ اعتراف کیا ہے کہ سرشار نے زندگی کی وسعت اور گہرائی کا احاطہ کرنے کی بنیاد ڈالی اور اردو ناول کو بالکل اس کے ابتدائی دور میں ایسی روایت سے آشنا کیا جسے فنی عظمت کا پیش خیمہ کہنا چاہئے۔ دراصل سرشار ناول کی مغربی روایت سے باخبر تھے، اور اسے اردو میں رواج دینے کی کوشش کی۔ فسانۂ آزاد میں قدیم داستانوں کی طرح غیر فطری عناصر کے بجائے روزمرہ کے واقعات ہی ملتے ہیں اور لکھنؤ کی رنگارنگ دنیا دیکھنے کو ملتی ہے۔ اس کا پلاٹ عشق و محبت کا ایک معمولی سا قصہ ہے۔ جس میں ربط و تسلسل کی بہت کمی ہے، پھر بھی یہ ناول طنز وظرافت اور لطیف مزاج کا بہترین نمونہ ہے۔

فسانۂ آزاد میں آزاد اور خوجی کا کردار بہت ہی جاندار اور دلچسپ ہے۔ اس کے علاوہ ہمایوں فر، شہر آراء اور ثریا بیگم وحسن آرا کے کردار بھی اہم ہیں، ناول کا کردار آزاد نئی روشنی کا مہم جو آدمی اور ایک مثالی ہیرو ہے جو عاشق قسم کا ہے اور حسن آراء کو دیکھتے ہی اس پر فریفتہ ہوجاتا ہے، حسن آرا کے اشاروں پر جنگ روس اور روم میں حصہ لیتا ہے اور کامیاب ہوکر لوٹنے پر دونوں کی شادی ہوجاتی ہے۔ آزاد کے ساتھ خوجی کا کردار ناقابل فراموش ہے، آزاد نئی تہذیب کا نمائندہ ہے تو خوجی پرانی تہذیب کی یادگار خوشامدی، فریبی، چغل خور، شیخی خور مگر ہے لاجواب جو آزاد کے ساتھ ہر وقت چپکا رہتا ہے۔

سرشار کا اسلوب بیان ظریفانہ ہے، یہی ان کے ناولوں کی جان ہے۔ عبارت مقفیٰ و مسجع ہے لیکن روانی برقرار

رہتی ہے۔ مکالمہ نگاری میں آزاد لاثانی ہیں، وہ مکالموں کے بادشاہ کہلاتے ہیں۔ محاورات، ضرب الامثال، ضلع جگت وغیرہ کا استعمال برمحل ہے۔ واقعہ نگاری، منظر نگاری میں سرشار کو کمال حاصل ہے۔

سرشار لاابالی قسم کے آدمی تھے، ناول کی سبھی قسطیں انھوں نے قلم برداشتہ لکھی ہیں، جہاں کوئی مزے دار تصویر دیکھی اپنا آئینہ اس کے سامنے کر دیا۔ امیر، غریب، جوان، بوڑھے، مٹھائی والے، نان بائی، قصاب سب کی تصویریں اس طرح اتارتے ہیں کہ حقیقی معلوم ہوتی ہیں۔ اودھ کی تہذیب و معاشرت کی جیسی مرقع نگاری سرشار نے کی ہے، اس کی کوئی دوسری مثال نہیں ملتی۔ یہ ناول سرشار کا وہ کارنامہ ہے جو اردو ادب کی تاریخ میں ان کا نام ہمیشہ زندہ رکھے گا۔

عبدالحلیم شرر:

ان کی ولادت ۱۸۶۰ء میں لکھنؤ میں ہوئی۔ انتقال ۱۹۲۶ء میں لکھنؤ میں ہوا۔ شرر نو سال کی عمر میں اپنے کنبے کے ساتھ کلکتہ گئے اور اپنے گھر والوں کے ساتھ مٹیا برج میں واجد علی شاہ کے یہاں رہے، بیس سال کی عمر میں لکھنؤ واپس آئے، شرر نے ۱۸۸۷ء میں اپنا رسالہ ''دلگداز'' جاری کیا، اور اپنے ناولوں کے ابواب مسلسل اس میں لکھنے لگے۔ ۱۸۹۱ء میں حیدرآباد گئے وہیں سے ایک رئیس کے ساتھ انگلستان کا سفر کیا، واپس آ کر کئی سال حیدرآباد میں رہے، پھر لکھنؤ چلے آئے۔ شرر نے سو سے زیادہ تصانیف چھوڑی ہیں۔ ان کے مضامین کی تعداد بھی بہت ہے۔ انھوں نے ہفت روزہ و ماہنامہ پرچے جاری کیے۔ شرر کا سب سے مشہور ناول ''فردوس بریں'' ہے، اس کے علاوہ ملک العزیز ورجنا، منصور موہنا، فلورا فلورنڈا، حسن کا ڈاکو، زوال بغداد، ایام عرب وغیرہ مشہور ہیں۔ انھوں نے بنکم چندر چٹر جی کے ناول ''درگیش نندنی'' کا اردو ترجمہ کیا۔

شرر نے اپنے ناولوں کے ذریعہ تاریخ اسلام کو زندہ کیا۔ اسلامی شان و شوکت کے قصے سنائے۔ مسلمانوں کو اپنے بزرگوں کے کارناموں پر فخر کرنے کا موقع دیا۔ لیکن ان کے زیادہ تر ناول فن کی کسوٹی پر پورے نہیں اترتے۔ ان کے ناولوں کا سب سے بڑا عیب یہ ہے کہ ان میں یکسوئی پائی جاتی ہے۔ سب میں عموماً ایک سے قصے، ایک سے واقعات، اور ایک سے کردار نظر آتے ہیں۔ کردار ڈھیلے پلاٹ سپاٹ مقصد معمولی ہوتا ہے۔ پھر بھی شرر نے اردو میں تاریخی ناول لکھنے کا آغاز کیا۔

فردوس بریں:

فردوس بریں عبدالحلیم شرر کا شاہ کار ناول ہے۔ شرر نے تاریخی ناول لکھے ہیں۔ ان کے ناولوں کے پیچھے کوئی نہ کوئی حقیقت چھپی ہوتی ہے۔ وہ اپنے ناولوں کے ذریعہ اسلامی تاریخ کو زندہ کرنا چاہتے تھے اور ناولوں میں اسلامی شان و شوکت کے قصے سناتے تھے تاکہ مسلمان اپنے

بزرگوں کے کارناموں پر فخر کرسکیں۔ اس ناول کا موضوع حسن بن صباح کی بنائی ہوئی جنت اور فرقہ باطنیہ کی فتنہ پردازیاں ہیں۔ شرر نے قاری کو ناول کے ہیرو حسن بن صباح کے ساتھ اس جنت کی سیر کرائی ہے اور اس کی اصل حقیقت دکھا کر اسے درہم برہم بھی کردیا ہے۔ حسن بن صباح کی جنت، فرقہ باطنیہ کی مجرمانہ سرگرمیاں اور ہلاکو کے ہاتھوں اس کی بربادی سب تاریخی حقیقت ہے۔ اس میں شرر نے حسین، زمرد کے کرداروں اور بلقان خاتون کے سفر کو اپنی طرف سے شامل کیا ہے۔ ان کے وسیلے سے تاریخی حقیقت کو از سرنو زندہ کیا ہے۔

فردوس بریں کی کہانی اس طرح ہے کہ فرقہ باطنیہ کے کچھ لوگوں نے شہر سے دور پہاڑوں کی اوٹ میں ایک ارضی جنت بنائی ہے جہاں عیش وعشرت کا سارا سامان مہیا کیا گیا ہے۔ اس فرقہ کے لوگ لوگوں کو بے ہوش کرکے اس جنت میں لے جاتے ہیں، کچھ دن انھیں جنت میں رکھ کر پھر سے بے ہوش کرکے اس جنت سے واپس لے آتے ہیں، پھر ان بھولے بھالے لوگوں کو اس جنت میں لے جانے کا لالچ دے کر ان سے غلط کام کرواتے ہیں۔

اس ناول کے کرداروں میں حسین، زمرد، شیخ وجودی، بلغان خاتون مرکزی اہمیت کے حامل ہیں۔ حسین اس ناول کا ہیرو ہے۔ اس کردار میں ارتقائی کیفیت پائی جاتی ہے۔ وہ زمرد کے عشق میں گرفتار ہے اور عشق کے ہاتھوں مجبور ہے۔ حسین کو دھوکے سے اس بات کا یقین دلایا جاتا ہے کہ زمرد اس دنیا میں نہیں ہے اور پھر اسے بے ہوش کرکے جنت ارضی میں زمرد سے ملوایا جاتا ہے۔ اسے حشیش پلاکر بے ہوشی کی حالت میں دوبارہ دنیا میں بھیج دیا جاتا ہے، دوبارہ جنت میں لے جانے کا لالچ دے کر قتل کرنے پر آمادہ کیا جاتا ہے۔ وہ اپنے چچا امام نجم الدین نیشاپوری اور امام نصر بن احمد کو قتل کردیتا ہے لیکن ایک دن اس پر حقیقت ظاہر ہوجاتی ہے اور وہ بلغان خاتون کی فوج کے ساتھ اس جنت پر حملہ کردیتا ہے، اس جھوٹی جنت کو تباہ کرکے حسین اپنے گناہوں کا کفارہ ادا کرتا ہے۔

ناول کا دوسرا کردار زمرد ہے جو دھن کی پکی ہے اور اپنے عشق کے امتحان میں پوری اترتی ہے۔ تیسرا کردار بلغان خاتون کا ہے جو بہت بہادر ہے اور مردانہ صفات کی حامل ہے، وہ باطل سے نہیں ڈرتی اور اپنے باپ کا بدلہ لینے کے لئے ارضی جنت پر حملہ کردیتی ہے۔ اس طرح اس ناول کے سبھی کردار زندہ جاوید ہیں۔ اور فردوس بریں عبدالحلیم شرر کا کامیاب ناول ہے۔

فردوس بریں کو ہر لحاظ سے ایک کامیاب ناول قرار دیا جاسکتا ہے۔ پلاٹ، کردار نگاری، مرقع کشی، مکالمہ نگاری کی خوبیاں اس ناول میں موجود ہی۔ مرقع کشی کے ہنر میں سرشار ماہر ہیں، اس ناول میں ان کی یہ خوبی منظر عام پر آتی ہے جو منظر انھیں درکار ہوتا ہے، اپنے قلم کے زور سے اسے قاری کے سامنے پیش کردیتے ہیں۔ مکالمے کرداروں کے مطابق ان کی زبان سے ادا ہوتے ہیں۔ کرداروں کے

باطن ان کے مکالموں سے عیاں ہوجاتے ہیں۔ اس طرح ہم کہہ سکتے ہیں کہ ناول فردوس بریں عبدالحلیم شرر کا کامیاب ترین ناول ہے۔

منشی سجاد حسین:

ان کی ولادت ۱۸۵۶ء میں کاکوری لکھنؤ میں ہوئی، انتقال 1915ء میں لکھنؤ میں ہوا۔ سجاد حسین ۱۸۷۷ء میں کانگریس میں شامل ہوئے، اور ہمیشہ اس کے نصب العین کی اشاعت اپنے مزاحیہ اخبار اودھ پنچ میں کرتے رہے، مضامین کے علاوہ انھوں نے کئی ناول بھی لکھے جن میں حاجی بغلول، کایا پلٹ اور احمق الذی مشہور ہیں۔ یہ سب ظرافت سے لبریز ہیں۔ اس میں حاجی بغلول سب سے اہم ہے جو سرشار کے فسانۂ آزاد سے ملتا جلتا ہے۔ انھوں نے بھی لکھنوی تہذیب کے مضحکہ خیز پہلوؤں کو بڑی مہارت سے پیش کیا ہے۔ ان کی زبان لکھنؤ کی بول چال کی زبان ہے۔ معمولی کہاوتیں، مقولے اور محاورے اپنے موزوں طریقے سے ان کے جملوں میں استعمال ہوتے ہیں کہ سیدھی سادی باتوں میں مزہ آجاتا ہے، جب اردو کے مزاحیہ نثری ادب کی تاریخ لکھی جائے گی تو ان کی ابتداء کرنے والوں میں سجاد حسین کو ایک اونچا مقام ملے گا۔

اودھ پنچ:

یہ اخبار منشی سجاد حسین نے ۱۸۷۷ء میں جاری کیا۔ یہ اردو کا مزاحیہ ہفتہ وار اخبار تھا، تھوڑے ہی عرصے میں اس اخبار میں بہت اچھے اچھے لکھنے والوں کا ایسا حلقہ بن گیا جو شاید ہی اردو کے کسی پرچہ کو ملا ہوا، سیاسی اعتبار سے اودھ پنچ بڑا ترقی پسند تھا، ہنسی ہنسی میں وہ انگریزی حکومت کے تشدد اور اقتصادی لوٹ مار کو اپنے طنز کا نشانہ بناتا تھا۔ کانگریس کے آدرشوں کو اپناتا اور قوم پرستی کی تحریکوں کا ساتھ دیتا تھا۔ ادب کے دائرے میں البتہ وہ کسی طرح کی تجدد پسندی کو مناسب نہیں سمجھتا تھا۔ چنانچہ جب مولانا حالی نے نئی شاعری کا صور پھونکا تو اودھ پنچ ان کے پیچھے پڑ گیا۔ قومی اور بین الاقوامی مسائل میں شاذ و نادر ہی کوئی ایسا مسئلہ ہوگا جس پر اس وقت قومی اتحاد کی نظر سے ظرافت میں ڈوبے ہوئے مضامین نہ لکھے گئے ہوں، اودھ پنچ کے سب مضمون نگار زبان کے استعمال میں کامل تھے۔ اس کا نتیجہ یہ ہوا کہ اودھ پنچ کے ذریعہ اردو میں ظریفانہ ادب کا ایک بڑا ذخیرہ جمع ہوگیا۔ اس اخبار کے مضمون نگاروں میں سجاد حسین، پنڈت تربھون ناتھ ہجر، مرزا مچھو بیگ ستم ظریف، نواب سید محمد آزاد، منشی جوالا پرشاد برق، منشی احمد علی، اکبر الہ آبادی، پنڈت رتن ناتھ سرشار، پنڈت برج نرائن چکبست وغیرہ کے نام بہت اہم ہیں۔ ان میں سے ہر ایک نے ادبی دنیا میں بلند مقام حاصل کیا۔

مرزا محمد ہادی رسوا:

مرزا محمد ہادی نام، مرزا تخلص تھا۔ ناول امراؤ جان

ادا فرضی نام رسوؔا سے شائع کیا۔ ان کی ولادت ۱۸۵۸ء میں لکھنؤ میں ہوئی، انتقال ۱۹۳۱ء میں حیدرآباد میں ہوا۔ مرزا رسوؔا کئی زبانیں جانتے تھے اور بہت سے علوم وفنون کے ماہر تھے۔ منطق وفلسفہ سے انھیں خاص رغبت تھی۔ علم ریاضی اور نجوم میں ماہر تھے۔ انھوں نے منطق، فلسفہ، مذہبیات وغیرہ پر بہت سی تصنیفات کیں مگر ادبی اعتبار سے ان کی کچھ نظمیں اور کچھ ناول ہی اہمیت رکھتے ہیں۔ منظومات میں ''مرقع لیلا مجنوں'' اور مثنوی ''امید وبیم'' بہت مشہور ہیں۔ ناولوں میں امراؤ جان ادا، شریف زادہ اور ذات شریف سب سے ممتاز ہیں۔ ناول شریف زادہ میں رسوؔا نے ایک ایسے شخص کی روداد حیات لکھی ہے جو انھیں کے مزاج سے مماثلت رکھتا ہے، اس لئے کچھ لوگوں کا خیال ہے کہ یہ رسوؔا کی آپ بیتی ہے۔ ناول ذات شریف رسوا نے اونچے طبقے کے لوگوں کی حالات زندگی اس طرح بیان کی ہے کہ غدر کے بعد اودھ کی بدحالی کا نقشہ سامنے آجاتا ہے۔

امراؤ جان ادا:

امراؤ جان ادا مرزا محمد ہادی رسوا کا شاہکار ناول ہے، رسوؔا کی فنی بصیرت اور تخلیقی صلاحیت کا اس سے بڑا ثبوت اور کیا ہوسکتا ہے کہ طوائف جیسی رسوائے زمانہ ہستی کو سامنے رکھ کر ایک شاہ کار کہانی کی تخلیق کردی۔ یہ ایک ایسی لڑکی کی داستان ہے جو ایک قصبے سے اغوا کر کے لکھنؤ کے ایک کوٹھے پر بیچ دی گئی، اس نے ساری زندگی ایک طوائف کی حیثیت سے گزاری مگر اس جال سے نکلنے کے لئے ہمیشہ ہاتھ پیر مارتی رہی۔ چونکہ مصنف نے ناول میں ایک طوائف کی زندگی پیش کی ہے، چنانچہ بعض نقادوں نے ناول کا موضوع طوائف کو قرار دیا ہے، علی عباس حسینی لکھتے ہیں کہ ''یہ ایک رنڈی کی کہانی اسی کی زبانی ہے''۔ دوسری طرف ڈاکٹر خورشید الاسلام ناول کا موضوع زوال آمادہ معاشرے کو قرار دیتے ہوئے لکھتے ہیں کہ ''امراؤ جان ادا موضوع زوال ہے، یہ زوال ایک معاشرے کا ہے جو اودھ کے چند شہروں میں محدود تھا۔''

ناول کا مطالعہ کرنے پر ہم اس نتیجہ پر پہنچتے ہیں کہ رسوؔا نہ تو صرف کسی طوائف کی زندگی کی تصویر پیش کرنا چاہتے تھے نہ ہی لکھنؤ کی تباہی کا مرثیہ لکھنا چاہتے تھے بلکہ وہ ایک پورے زوال آمادہ معاشرے کی تصویر پیش کرنا اور حیات انسانی کے مسائل کو اس ناول میں پیش کرنا چاہتے تھے۔ اس کے لئے وہ طوائف اور اس کے کوٹھے کو پس منظر کے طور پر استعمال کرتے ہیں کیوں کہ یہاں پوری لکھنوی زندگی کے نمائندے سمٹ آئے ہیں۔ بوڑھے نواب جن کے منھ میں دانت اور پیٹ میں آنت نہیں، فیضو جیسے ڈاکو، اپنے علاقے کے محافظ راجہ صاحب، خان صاحب جیسے شورہ پشت، گوہر مرزا جیسے شہدے، مولوی صاحب جنھیں بسم اللہ نیم کے درخت پر چڑھا دیتی ہے۔ مختلف طبقوں سے تعلق رکھنے والے یہ نمائندے اپنی شخصیت کے نقوش چھوڑ ہی جاتے ہیں۔ جو اس کوٹھے تک نہیں پہنچ سکتا، فنکار کا جادونگار

قلم کوٹھے کو اس تک پہنچا دیتا ہے۔ عرس، میلے ٹھیلے، بسم اللہ کی رسمیں بھلا کوٹھے پر کیسے چڑھتیں۔ طوائف سیرے کے لئے یا پھر مجرا کرنے کے لئے وہاں پہنچ جاتی ہے۔ پناہ لینے کے لئے مسجد میں جا پہنچتی ہے۔ بے روزگار فاقہ زدہ لوگوں کو دکھانا ہوتا ہے تو مصنف انہیں ڈاکوؤں کی ٹولی کی شکل میں شہر سے باہر مرزا سلطان کی حویلی میں ڈاکہ ڈالتے ہوئے دکھاتا ہے۔ مختصر یہ کہ مصنف نے طوائف کے کوٹھے کو مرکزی کردار بنا کر لکھنؤ اور اردگرد کی مکمل زندگی کی ہو بہو تصویر کھینچ دی ہے۔

ناول کا پلاٹ نہایت مربوط اور بہت گٹھا ہوا ہے۔ پلاٹ دوہرا ہے، ایک کہانی امیرن کی ہے، دوسری رام دئی کی۔ دونوں کی ابتدائی زندگی ایک ساتھ شروع ہوتی ہے، پھر دونوں بچھڑ جاتی ہیں۔ آخر میں زندگی کے ایک نازک موڑ پر پھر ملتی ہیں۔ فن کار نے دونوں کہانیوں میں غضب کا پیوند لگایا ہے۔ پلاٹ کو قابو میں رکھنے کے لئے مصنف نے رسؔوا نام کا کردار وضع کیا ہے جو امراؤ جان سے اس کے حالات سن کر ہمیں سناتا ہے۔ امراؤ جان ناول کا مرکزی کردار ہے۔ کہانی کا سارا تانا بانا اسی کے واقعات سے تیار ہوا ہے۔ دوسرے کردار اسی کے ضمن میں سامنے آتے ہیں۔ اس کردار نے تمام حالات اور واقعات میں ہم آہنگی پیدا کر رکھی ہے۔ پورے قصے میں ایسا توازن پیدا ہو گیا ہے کہ کوئی حصہ غیر فطری، غیر منطقی یا ناقابل یقین نظر نہیں آتا۔ پلاٹ کے اسی فطری پن کی وجہ سے افسانے پر حقیقت کا دھوکہ ہوتا ہے۔

کردار نگاری کے اعتبار سے بھی ناول امراؤ جان ادا لاجواب ہے۔ یہ اردو کا پہلا ناول ہے جس کے کردار مثالی نہیں بلکہ متحرک اور قوت عمل رکھنے والے ہیں۔ یہ کردار ایک رخ نہیں بلکہ اندرونی زندگی بھی رکھتے ہیں۔ اس میں کرداروں کے داخلی اور نفسیاتی کیفیت کے انکشاف پر زور دیا گیا ہے۔ اسی لئے اس ناول کو اردو کا پہلا نفسیاتی ناول قرار دیا جاتا ہے۔ بعض کردار بڑے ہیں جو پورے ناول میں پھیلے ہوئے ہیں۔ مثلاً امراؤ جان، خانم، گوہر مرزا، بسم اللہ جان، خورشید جان، مرزا سلطان وغیرہ۔ بعض سے ہماری ملاقات بس ذرا سی دیر کو ہوتی ہے جیسے خان صاحب، مولوی صاحب، فیضو وغیرہ۔ یہ ناول کردار نگاری کا عمدہ نمونہ ہے۔

علامہ راشد الخیری:

نام محمد عبدالراشد تھا۔ ولادت ۱۸۶۷ء میں دہلی میں ہوئی۔ انتقال ۱۹۳۶ء میں دہلی میں ہوا۔ مولوی نذیر احمد راشد الخیری کے پھوپھا تھے۔ انھوں نے نذیر احمد کی بتائی ہوئی راہ کی پیروی کو ہی اپنا مطمح نظر مانا اور نسوانی زندگی کی اصلاح کو اپنا مقصود بنا کر بہت دردانگیز کہانیاں لکھیں۔ ان کے یہاں رنج والم کا اتنا ذکر ہوتا تھا کہ ان کو مصور غم کا خطاب ملا، ان کی زبان دلی کی خالص بول چال کی زبان تھی اور مسلمانوں کے متوسط طبقے کے کرب اور گھریلو زندگی کی

آویزش کو بڑی واقفیت کے ساتھ پیش کر کے وہ ایک ہر دل عزیز اہل قلم بن گئے تھے۔

راشد الخیری نے نسوانی زندگی کی اصلاح کے لئے عصمت، تمدن، سہیلی نام کے پرچے جاری کئے۔ وہ قدامت پسند تھے۔ نئی تہذیب میں ان کو بہت خرابیاں نظر آتی تھیں۔ اپنی تحریروں کے ذریعہ وہ عورتوں کو ان خرابیوں سے خبر دار کرتے رہتے تھے، اسلاف کے نقش قدم پر چلنے کی تلقین کرتے تھے۔ راشد الخیری نے کہانیوں کے مجموعے کچھ تاریخی ناول اور بہت سے ناول لکھے، جن میں ''صبح زندگی، شام زندگی، شب زندگی، ماہ عجم، نوبت پنج روزہ، منازل السائرہ، عروس کربلا، سمرنا کا چاند، محبوبہ خداوند، دلی کی آخری بہار وغیرہ بہت اہم ہیں۔

مولانا کا روئے سخن عام طور پر طبقۂ نسواں کی طرف ہے، اس لئے وہ سادہ، سہل اور عام فہم زبان استعمال کرتے ہیں۔ ان کے جملے مختصر ہونے کے ساتھ دلکش اور پر اثر ہوتے ہیں۔ دہلی کی ٹکسالی زبان اور خاص طور پر متوسط گھرانوں کی عورتوں کی بول چال پر انھیں مکمل عبور حاصل ہے۔

منشی پریم چند:

ان کا اصل نام دھنپت رائے ہے۔ یہ نواب رائے کے نام سے پکارے جاتے تھے، پریم چند ان کا قلمی نام تھا۔ والد کا نام منشی عجائب لال تھا۔ پریم چند کی ولادت ۳۱ر جولائی ۱۸۸۰ء کو بنارس کے پاس لمہی پانڈے پور میں ہوئی۔ اور انتقال ۸ر اکتوبر ۱۹۳۶ء کو بنارس میں ہوا۔

پریم چند کی ناول نگاری:

پریم چند اردو کے عظیم ترین ناول نگار بھی ہیں اور جدید اردو ناول کے بنیاد گزار بھی۔ انھوں نے اپنی ادبی زندگی کا آغاز ناول نگاری سے کیا، ان کے خاص ناولوں میں اسرار معابد، ہم خرما و ہم ثواب، جلوہ ایثار، بازار حسن، گوشہ عافیت، غبن، چوگان ہستی، پردۂ مجاز، میدان عمل اور گئو دان ہیں۔ جلوہ ایثار، بیوہ وغیرہ دورِ اول کی یادگار ہیں جب ان کے فن میں پختگی نہیں آئی تھی۔ بازار حسن، گوشۂ عافیت اور غبن دوسرے دور کے ناول ہیں۔ بازار حسن میں شہری زندگی کے مسائل پیش ہوئے ہیں اور عصمت فروشی کو ملامت کا نشانہ بنایا گیا ہے۔ یہ ایک اصلاحی ناول ہے، اس میں طوائفوں کو آخر میں گناہ سے توبہ کرتے دکھایا گیا ہے۔ گوشۂ عافیت فنی نقطۂ نظر سے کامیاب ناول ہے اور محنت کشوں کے مسائل سے متعلق ہے، غبن ایک معاشرتی ناول ہے جس میں متوسط گھرانوں کے بناؤ سنگھار اور گہنوں کے شوق کو طنز کا نشانہ بنایا گیا ہے۔

چوگان ہستی کو پریم چند نے اپنا بہترین ناول کہا ہے۔ اس ناول میں انھوں نے اپنے عہد کے ملکی مسائل کو کامیابی سے پیش کیا ہے، اس ناول کا ہیرو سورداس گاندھی وادی ہے اور اہنسا سے ظلم کا مقابلہ کرتا ہے، اسے یقین ہے

کہ آخری جیت سچائی کی ہوگی۔ میدان عمل ایک کامیاب ناول ہے۔اس ناول کا مرکزی کردار امر کانت خدمت کے جذبے سے سرشار ہے وہ اچھوتوں کی بستی کو اپنے عمل کا میدان بناتا ہے۔

گئو دان:

پریم چند نے ۱۹۳۵ء میں اپنا شاہکار ناول گئودان لکھا جو ان کا آخری مکمل ناول ہے۔ یہ ناول ہندوستانی کسانوں کی زندگی کا مرقع ہے۔یہ ناول پریم چند کی فنی تکمیل کا بہترین نمونہ ہے۔ ناول گئودان ایک غریب کسان کی اس خواہش کے گرد گھومتا ہے کہ اس کے دروازے پر گائے بندھی ہو، اس کی یہ خواہش بس ذرا سی دیر کے لئے پوری ہوتی ہے پھر پوری زندگی اسے مایوسیوں اور ناکامیوں کا سامنا کرنا پڑتا ہے۔ اس ناول میں پریم چند نے شہر اور دیہات دونوں کی کامیاب تصویر کشی کی ہے لیکن دیہاتی زندگی پر زیادہ توجہ دی گئی ہے اور ایک محنت کش کسان کو ناول کا مرکزی کردار بنایا گیا ہے۔ اگر چہ اس کا پلاٹ ایک گاؤں سے متعلق ہے لیکن ہمیں اس میں اس وقت کے سارے ہندوستان کی جھلک نظر آتی ہے۔

گئودان اس دور کا ناول ہے جب لوگ گاؤں کی زندگی چھوڑ کر شہر کی طرف متوجہ ہو رہے تھے اور کارخانوں میں روزی کی تلاش کر رہے تھے، اور سرمایہ دار غریبوں کا خون چوسنے میں لگے ہوئے تھے۔ گئودان میں ان سب کے ساتھ ہی دیہی زندگی کی ساری اچھائی برائی منظر عام پر آئی ہے، اس وقت ہندوستان کے کسانوں کی حالت زبردستی لگان کی وصولی سے خستہ تھی، کسانوں کے اقتصادی و معاشی حالات اچھے نہیں تھے۔ غریب ظلم وستم کا شکار تھے۔

ناول کسان ہوری کے غم میں ڈوبی ہوئی داستان ہے۔ وہ محنت کر کے اپنی بیوی دھنیاں، لڑکا گوبر، لڑکیاں روپا اور سونا کا پیٹ پالتا ہے۔ ہوری کو ہندوستان کے مظلوم کسانوں کا نمائندہ کہا جا سکتا ہے۔ وہ دیانت اور شرافت کا پتلا ہے۔ پریم چند نے ناول کو موثر بنانے کے لئے رائے صاحب کا کردار پیش کیا ہے جو عیش پرست رئیسانہ زندگی گزارتا ہے، اپنے دوستوں کے ساتھ شراب اور مس مالتی کے شباب کے نشے میں کھویا رہتا ہے، دوسری طرف ہوری دانے دانے کا محتاج ہے۔

ہوری کا لڑکا گوبر نئے خیالات کا نمائندہ ہے اس کے جذبات باغیانہ ہیں۔ وہ ہوری کی پریشانی اور ایمانداری دیکھ کر کڑھتا ہے، وہ اپنے باپ کو سمجھاتا ہے کہ "جسے دو وقت کی روٹی میسر نہ ہو اس کے لئے آبرو و مریادا سب ڈھونگ ہے، اوروں کی طرح تم نے بھی دوسروں کا گلا دبایا ہوتا، ان کا روپیہ مارا ہوتا تو تم بھی بھلے مانس ہوتے۔" لیکن ہوری پر اس کی ان باتوں کا کوئی اثر نہیں ہوتا۔

پریم چند نے اس ناول میں ہر طبقہ کے نمائندہ کرداروں کو پیش کیا ہے، ہوری اس کی بیوی دھنیا کسانوں کے کردار ہیں۔ رائے اگر پال سنگھ زمینداروں کے کردار کے

نمائندہ ہیں۔ کھنہ سرمایہ داروں کے داتا دین، جھنگری سنگھ، منگروشاہ مذہبی پیشواؤں کے نمائندہ ہیں۔ مرزا خورشید اور اونکار ناتھ متوسط طبقے کے قومی رہنماؤں کے کردار ہیں۔ ناول کے کرداروں کے نام بھی ان کی زندگی وماحول سے مناسبت رکھتے ہیں۔

پریم چند اپنے کرداروں کو اس طرح پیش کرتے ہیں کہ وہ زندہ، حقیقی اور متحرک معلوم ہوتے ہیں، چونکہ انہیں دیہات اور شہر دونوں کی زندگی سے گہری واقفیت رہی ہے اس لئے اپنے اس ناول میں انھوں نے ہندوستانی زندگی کے سیاسی سماجی اور معاشی ہر گوشے کی بھرپور ترجمانی کی ہے۔ پریم چند وہ پہلے ناول نگار ہیں جنھوں نے ہندوستان کے ملک گیر مسائل بالخصوص ہندوستانی دیہات کے دبے کچلے انسانوں کی زندگی کے مختلف پہلوؤں کو اپنے ناولوں کا موضوع بنایا۔ اردو ناول نگاری کو تصوراتی موضوعات کی جگہ زندگی کے زندہ مسائل کا ترجمان بنایا۔

پریم چند بحیثیت افسانہ نگار:

جن اہل قلم کی کوششوں سے اردو میں مختصر افسانے کا رواج ہوا۔ جن کی نظر التفات نے دیکھتے ہی دیکھتے اس صنف کو فن کی بلندیوں پر پہنچا دیا، ان میں سب سے نمایاں نام پریم کا ہے۔ پریم چند کی ادبی زندگی کو ان کے ارتقاء کے لحاظ سے مختلف ادوار میں تقسیم کیا جاسکتا ہے۔ ابتدائی دور میں پریم چند وطنیت، قوم پرستی اور پریم بھگتی کو راہ نجات قرار دیتے ہیں۔ اس دور کے افسانوں میں حب الوطنی، انسانی ہمدردی کے چراغ جابجا روشن نظر آتے ہیں۔ ان کے ابتدائی افسانوں کا مجموعہ سوز وطن کے نام سے شائع ہوا جس کی تمام کاپیاں انگریزی حکومت نے ضبط کرلیں، جس مصنف کی ادبی زندگی کا آغاز اس طرح ہو کہ اس کا پہلا مجموعہ ہی آثار بغاوت کے الزام میں نذر آتش کردیا جائے اس کے بارے میں یہ سمجھنا مشکل نہیں رہ جاتا کہ وہ ان حالات کو بدلنے کا خواہشمند ہے جو نچلے طبقے کے مفاد کے خلاف تھے اور جو آزادی کے بغیر بدلے بھی نہیں جاسکتے تھے۔

سوز وطن کے بعد پریم چند کی ادبی زندگی کا دوسرا دور شروع ہوتا ہے۔ اس دور کے افسانوں میں تاریخی اور اصلاحی رنگ نمایاں ہے۔ ان اصلاحی افسانوں میں بازیافت، حج اکبر، سوتیلی ماں، نجات، مندر مستعار گھڑی قابل ذکر ہیں۔ ان تمام افسانوں میں مقصدی رنگ نمایاں ہے۔ ۱۹۲۰ء کے بعد سیاسی تحریکوں کے اثر سے ان کے افسانوں میں سیاسی رنگ جھلکنے لگا اور پریم چند کی اصلاحی تحریک سیاست آشنا ہوگئی۔ اس دور میں انھوں نے بہت سے ایسے افسانے لکھے جس میں زندگی کے واقعات کو سیاسی رنگ میں پیش کرنے کی کوشش کی ہے، جیل، بھاڑے کا ٹٹو، قاتل ستیہ گرہ وغیرہ میں سیاسی رنگ غالب ہے۔

اس کے بعد پریم چند کی ادبی زندگی کا آخری دور شروع ہوتا ہے، اس دور کے افسانوں میں فنی تکمیل کا احساس بدرجہ اتم موجود ہے۔ اس دور کے افسانوں میں کسی

نہ کسی نفسیاتی حقیقت کو کہانی کا مرکز بنایا گیا ہے اور باطنی حقیقت کا تجزیہ پیش کیا گیا ہے۔ اس دور کے افسانوں میں پریم چند ایک مصلح کا لبادہ اتار کر ایک انقلابی افسانہ نگار کی حیثیت سے ہمارے سامنے آتے ہیں۔ وہ آدرش واد سے نکل کر حقیقت کی دنیا میں آتے ہیں۔ پریم چند کا افسانہ کفن اس دور کی نمائندگی کرتا ہے۔

پریم چند نے اپنے افسانوں کا پلاٹ ہمارے معاشرے کے گوناگوں پہلوؤں سے اخذ کیا ہے، ان کے افسانوں میں دیہاتی زندگی ہنستی بولتی، سسکتی بلبلاتی نظر آتی ہے۔ گاؤں کے توہم پرست جاہل مرد عورت، مغرور چودھری، کنجوس بنئے، رشوت خور نمبروار، وغیرہ اپنی مخصوص ذہنی ونفسیاتی کیفیات وخصوصیات کے ساتھ ان افسانوں میں اپنی جھلک دکھاتے ہیں۔

پریم چند کے کردار تخیل کی دنیا کے نہ ہو کر حقیقی زندگی کے جیتے جاگتے کردار ہیں۔ یہ کردار جس طبقے سے تعلق رکھتے ہیں پریم چند کی زندگی کا بڑا حصہ اسی کے درمیان گزرا تھا۔ اور انھوں نے اس طبقے کے افراد کی نفسیات کا گہرا مشاہدہ کیا تھا، لہٰذا انھوں نے کرداروں کی جو تصویریں پیش کی ہیں وہ سچی اور حقیقت سے قریب تر ہیں۔ امیر، غریب، مہاجن، وکیل، کسان، پٹواری، اور زمیندار کی جو تصویریں جو پریم چند نے پیش کی ہیں وہ ان کے گہرے مشاہدے اور حقیقت پسندی کا نمونہ ہیں۔

پریم چند کے افسانوں کی ایک بڑی خوبی ان کی سادہ سلیس اور شفاف وبے تکلف زبان ہے۔ وہ فارسی اور ہندی دونوں زبانوں کے الفاظ استعمال کرتے ہیں۔ حسب ضرورت تشبیہات واستعارات سے بھی کام لیتے ہیں۔ مکالمہ نگاری میں پریم چند کا فن بہت نکھرا ہوا ہے۔ وہ ہر طبقے کی نفسیات، لب ولہجہ اور زبان وبیان سے واقف ہیں۔ انھوں نے اردو کے افسانوی ادب کو ایک جاندار اور شگفتہ اسلوب عطا کیا۔ پریم چند کے افسانوی مجموعے سوز وطن، پریم پچیسی، پریم بتیسی، واردات، زاد راہ، خواب وخیال، خاک پرواز، آخری تحفہ، دودھ کی قیمت وغیرہ کے نام سے شائع ہو چکے ہیں۔

سجاد حیدر یلدرم:

ان کی ولادت ۱۸۸۰ء میں نہوڑ ضلع بجنور میں ہوئی۔ وفات ۱۹۴۲ء میں لکھنؤ میں ہوئی۔ یلدرم کو ترکی زبان وادب سے خاص دلچسپی تھی۔ انھوں نے ترکی زبان سے کئی ناولوں، ڈراموں اور کہانیوں کا ترجمہ کر کے اردو کے پڑھنے والوں کو ایک نئے رنگ سے روشناس کیا۔ اس سلسلے میں انھوں نے ترکی معاشرت کا بھی گہری نظر سے مطالعہ کیا۔ اور اسے اس انداز سے پیش کیا کہ وہ ہمیں اپنی معاشرت کا ہی روپ نظر آتا ہے، ان کے ترجمے ایسی سلیس شگفتہ زبان میں ہیں کہ ترجمے کا گمان نہیں ہوتا بلکہ طبع زاد افسانے معلوم ہوتے ہیں۔ یلدرم کے افسانوں پر رومانیت کا غلبہ ہے۔ ان کے افسانوں کا مجموعہ ''خیالستان'' کے نام

سے شائع ہو چکا ہے۔ ان کی دوسری تصانیف میں ''زہرہ، ثالث، بالخیر، جلال الدین خوارزم شاہ حکایات واحساسات مشہور ہیں۔

یلدرم کی نثر بہت رنگین اور معنی خیز ہوتی ہے۔ وہ سماجی مسائل کے بدلے جذبات کو پیش کرنے پر زور دیتے ہیں، ان کی تصنیفات میں طنز ومزاح کی معمولی سی لہر ملتی ہے، اس لئے وہ قاری کو بہت متاثر کرتے ہیں۔ یلدرم کے مشہور افسانوں میں ''جہاں پھول کھلتے تھے، ایک مغنیہ سے التجا، میں چاہتا ہوں، قلوپطرہ، قاہرہ کو دیکھ کر، ویرانے صنم خانے، نشہ کی پہلی ترنگ وغیرہ ہیں۔

علی عباس حسینی:

ان کی ولادت ۱۸۹۷ء میں موضع بارہ ضلع غازیپور میں ہوئی۔ انتقال ۱۹۶۹ء میں لکھنؤ میں ہوا۔ علی عباس حسینی نے بہت سی کتابیں تصنیف کیں جن میں ناٹک، ناول اور تنقید کی کتابیں شامل ہیں، لیکن ان کا خاص میدان افسانہ نگاری ہی ہے۔ ان کی زبان سہل شیریں اور رواں ہے۔ ان کو قلبی اور جذباتی کرداروں کی مصوری میں خاص کمال حاصل ہے۔ ان کی مطبوعہ تصانیف میں ''رفیق تنہائی، باسی پھول، آئی سی ایس، کچھ ہنسی نہیں ہے، میلہ گھومنی، ہمارا گاؤں'' بہت مقبول ہیں۔ ان کے ناولوں میں ''شاید کہ بہار آئی، ندیا کنارے'' بہت اہم سمجھے جاتے ہیں۔ شاید کہ بہار آئی ہندی میں ''کومل نگری'' کے نام سے شائع ہو چکا ہے۔

انھوں نے اردو ناول کی ایک تنقیدی تاریخ بھی لکھی جس کا نام ''اردو ناول کی تاریخ وتنقید'' ہے۔

حسینی کے افسانوں کا مطالعہ کرنے کے بعد احساس ہوتا ہے کہ انھیں انسانی نفسیات پر عبور حاصل ہے۔ وہ ہر کردار کے ذہن کی تہوں کو اس طرح آہستہ آہستہ کھولتے ہیں کہ اس کی مکمل شخصیت بے نقاب ہو جاتی ہے۔ اس لئے ان کے کردار بہت دلکش اور جاندار ہوتے ہیں۔ افسانے کے پلاٹ کی طرف بھی ان کی خصوصی توجہ رہتی ہے، پلاٹ میں کہیں جھول نہیں نظر آتا۔ حسینی نے سہل نگاری کو اپنایا، نامانوس الفاظ سے گریز کیا اور آسان عام فہم زبان میں افسانے لکھے۔ بحیثیت مجموعی ان کے افسانوں کی زبان بہت دلکش اور جان دار ہے۔

اختر حسین رائے پوری:

ان کی ولادت ۱۹۱۲ء میں رائے پور میں ہوئی۔ انتقال ۱۹۹۲ء میں کراچی میں ہوا۔ انھوں نے اپنی تصنیفی زندگی کا آغاز ناخدا کے قلمی نام سے رسالہ اردو میں کیا۔ وہ سنسکرت، ہندی، بنگلا اور فرانسیسی بھی جانتے تھے، ان زبانوں سے انھوں نے کئی اہم تراجم بھی کئے ہیں۔ انھوں نے گورکی کی خودنوشت سوانح کا ترجمہ گورکی کی آپ بیتی کے نام سے لیا۔ پرل بک کے ناول گڈ ارتھ کا ترجمہ پیاری زمین کے نام سے کیا۔ افسانہ نگار ہونے کے علاوہ وہ ایک اچھے نقاد بھی ہیں، ترقی پسند تحریک کے شروع میں ان کی

تحریروں سے نوجوانوں کو بڑا فیضان ملا، لیکن کچھ مدت گزرنے کے بعد وہ اس تحریک سے دور ہوتے چلے گئے، ادب اور انقلاب، سنگ میل ان کی تنقیدی تصانیف ہیں۔ اختر حسین رائے پوری کے افسانوں کے دو مجموعے ''محبت اور نفرت، زندگی کا میلہ'' شائع ہو چکے ہیں۔

ان کے افسانوں میں رومانیت اور حقیقت نگاری کا امتزاج نظر آتا ہے، اس کا سبب یہ ہے کہ ان پر ترقی پسند تحریک کا اثر ضرور رہا لیکن طبیعت کا غالب رجحان رومانیت کی طرف تھا۔

کرشن چندر:

ان کی ولادت ۱۹۱۲ء میں پنجاب میں ہوئی۔ انتقال ۱۹۷۷ء میں ممبئی میں ہوا۔ کرشن چندر کا قلم بڑا زرخیز تھا۔ انھوں نے ۸۰ سے زیادہ کتابیں لکھیں۔ ان میں ناول اور افسانے وغیرہ شامل ہیں۔ ان کے ناولوں میں شکست، جب کھیت جاگے، آسمان روشن ہے، باون پتے، ایک عورت ہزار دیوانے، میری یادوں کے چنار، ایک وایلن سمندر کے کنارے، چاندی کے گھاؤ، کاغذ کی ناؤ، ایک گدھا نیفا میں وغیرہ قابل ذکر ہیں۔

کرشن چندر کی افسانہ نگاری:

کرشن چندر ہماری زبان کے نہایت مقبول اور ہردل عزیز افسانہ نگار ہیں، پریم چند کے بعد کسی اور افسانہ نگار نے اردو افسانہ نگاری میں اتنا نام نہیں پیدا کیا، کرشن چندر بنیادی طور پر رومان پسند ہیں اور شاعرانہ شخصیت کے مالک ہیں، کرشن چندر حسن کے شیدائی ہیں۔ وہ حسن فطرت اور حسن نسوانی دونوں کے رنگ ونور چرا کر اپنی کہانیوں کی بزم سجاتے ہیں۔ کشمیر کے پس منظر میں ابھرنے والی کہانیوں میں اس رومانی رنگ و آہنگ کا احساس زیادہ شدت سے ہوا ہے۔ کرشن چندر کی ابتدائی کہانیوں کا خمیر گرچہ حسن وعشق کے نازک جذبات اور رومانی سرشاری و سرمستی سے تیار ہوا ہے، پھر ان کہانیوں میں درد وغم کا احساس ملتا ہے۔ دردمندی کا یہ احساس آگے چل کر کرشن چندر کی کہانیوں کی نمایاں شناخت بن جاتا ہے۔

عوام کے ساتھ ان کی سچی محبت، انسان کے مستقبل پر اعتماد، ناانصافی کے خلاف اظہار نفرت کی خواہش کرشن چندر کی کہانیوں کے موضوع ہیں۔ موجودہ سماجی صورت حال میں طبقوں کی تفریق، عوام کی معاشی بدحالی، نظم ونسق کے ذمہ داروں کے مظالم اور سرمایہ داروں کی لوٹ مار دیکھ کر ان کا قلم زہر میں ڈوب کر چلتا ہے۔ کرشن چندا پنے افسانے کے پلاٹ کی تیاری میں ملک کے سیاسی وسماجی زندگی کے ہر موڑ پر وہ چراغ لئے کھڑے ہیں اور وہ راہ دکھانا چاہتے ہیں جو ترقی اور امن کی طرف جاتی ہے۔

رومان اور سیاست کے متوازن امتزاج سے کرشن چندر نے اردو افسانے کو ایک نئی سمت دی۔ کرشن چندر کے وہی افسانے زیادہ کامیاب ہیں جن میں فکر و جذبہ میں

توازن پایا جاتا ہے۔ بعض افسانوں میں تخیل کے ہاتھوں حقیقت مجروح ہوگئی ہے۔ اس طرح ان کا شاعرانہ ذوق اور تصوریت ان کی راہ کی سب سے بڑی رکاوٹ ہے جو ان کے فن کی عظمت کو کم کردیتی ہے، بعض افسانوں میں طول کلامی خطیبانہ انداز بیان اور نظریاتی تبلیغ بری طرح کھٹکتی ہے۔ غالباً بسیار نویسی اور اشتراکی نظریات کے دباؤ کی وجہ سے ان کے ہاتھوں سے فن کا سرا جاتا رہا۔ ان خامیوں کے باوجود کرشن چندر کی عظمت اپنی جگہ مسلم ہے۔ ان کے یہاں ایسی بہت سی شاہ کار تخلیق موجود ہے جو فن کی اعلیٰ روایات وخصوصیات کی حامل ہے۔ ان کی کہانیوں کے قابل ذکر مجموعے ''نظارے، زندگی کے موڑ پر، ٹوٹے ہوئے تارے، ان داتا، تین غنڈے، سمندر دور ہے، اجنتا سے آگے، ہم وحشی ہیں، میں انتظار کروں گا، دل کسی کا دوست نہیں، کتاب کا کفن، ایک روپیہ ایک پھول، وغیرہ ہیں، جو بھی کرشن چندر کی کہانیوں کا مطالعہ کرے گا اسے جلد ہی معلوم ہو جائے گا کہ وہ ایک اعلیٰ درجہ کے فنکار ہیں جو زندگی کے بلند و پست، اس کی ترنگوں اور تصویروں، امیدوں اور خوابوں، دکھوں اور دردوں سے بخوبی واقف ہیں۔

سعادت حسن منٹو:

ان کی ولادت ۱۹۱۲ء میں سرالہ ضلع لدھیانہ میں ہوئی۔ انتقال ۱۹۵۵ء میں لاہور میں ہوا۔ تعلیم امرتسر میں حاصل کی۔ ان کا تعلق کشمیر کی منٹو ذات سے ہے۔ منٹو اخبار مساوات امرتسر اور ہفت روزہ مصور جو بمبئی سے نکلتا تھا کے مدیر رہے۔ آل انڈیا ریڈیو میں بھی ملازمت کی۔ اس کے لئے متعدد ریڈیائی ڈرامے اور فیچر لکھے۔ کچھ عرصہ بمبئی میں رہ کر فلمی دنیا میں قدم جمانے کی کوشش کی۔ آخر کار تقسیم ملک کے وقت لاہور چلے گئے، وہیں انتقال ہوا۔

منٹو کی افسانہ نگاری:

پریم چند کے بعد افسانہ نگاروں کی جو نسل سامنے آتی ہے ان میں سعادت حسن منٹو ایک ممتاز مقام رکھتے ہیں۔ منٹو نے جب تصنیف و تالیف کی دنیا میں قدم رکھا تو پنجاب انقلابیوں کی آماجگاہ بنا ہوا تھا۔ یہ تحریک ان کی رگ و پے میں بھی سرایت کرگئی۔ انھوں نے مارکس کے نظریات اور گورکی کی تحریروں کا گہرائی سے مطالعہ کیا اور ان دونوں سے بہت متاثر ہوئے۔ انھوں نے کچھ روسی کہانیوں کا اردو میں ترجمہ کیا اور ترقی پسند تحریک سے وابستہ ہوگئے اور حقیقت نگاری کا فریضہ ادا کیا۔ لیکن اس راستے پر وہ زیادہ دنوں نہیں چلے اور اپنا راستہ الگ نکال لیا اور اس میں انھیں کامیابی ملی، انھوں نے اپنے خیالات کو محض کچھ مسئلوں میں محدود کرلیا تھا، اسی لئے کبھی کبھی یہ خیال ظاہر کیا جاتا ہے کہ وہ زندگی کے بہت سے اہم مسائل سے آنکھیں چراتے ہیں۔

منٹو کا اصل میدان جنس ہے اور جنس کا بھی صحت منداور فطری پہلو انھیں اپنی طرف متوجہ نہیں کرتا۔ جنسی کج روی انھیں اپنی طرف کھینچتی ہے اور وہ بے محابا اس پر لکھتے

ہیں۔ ان پر فحش نگاری کے جرم میں مقدمے چلے، انھیں عریاں نگار کہا گیا۔ ان کے پاس اس کا جواب یہ تھا کہ سماج میں جہاں جہاں گندگی اور غلاظت ہے میں اس پر خاک دھول ڈال کر اسے چھپاتا نہیں اسے کریدتا اور صاف کرتا ہوں۔ جب غلاظت کو صاف کیا جائے گا تو لازمی طور پر بدبو پھیلے گی۔ ٹھنڈھا گوشت، کالی شلوار، موذیل، میرا نام رادھا ہے، شاداں اسی قبیل کے افسانے ہیں۔

ان جنسی افسانوں کے علاوہ بھی منٹو نے بہت سے کامیاب افسانے لکھے ہیں۔ کچھ افسانوں میں نوعمری کے رومان کی جھلک ہے۔ ان کہانیوں میں مقصدیت کے بجائے شوخی، شرارت ایک طرح کی سرمستی ہے، بعض افسانوں میں سیاسی حالات کی طرف اشارہ ملتا ہے۔ ان افسانوں میں آزادی کا جذبہ، انقلاب کی حرارت اور تقسیم ملک کے نتیجے میں ظاہر ہونے والی وحشت اور بربریت سب کچھ ہے۔ افسانہ ''نیا قانون'' ایسا ہی انقلابی افسانہ ہے، جس میں منٹو نے افسانے کے کردار منگو کوچوان کی زبان سے سماج میں رائج قوانین پر طنز کیا ہے۔ اسی طرح افسانہ ٹوبہ ٹیک سنگھ میں تقسیم وطن اور تبادلہ آبادی کو طنز کا نشانہ بنایا ہے۔

منٹو نے اپنی کہانیوں میں جو مسائل پیش کئے ہیں ان سے اختلاف کیا جا سکتا ہے، لیکن ان کے فن اور کہانیوں کو پیش کرنے کے طریقے کو نظر انداز کرنا ممکن نہیں۔ ان کے افسانے اتنے گھٹے ہوئے اور چست ہوتے ہیں کہ ان میں ایک لفظ بھی گھٹایا بڑھایا نہیں جا سکتا۔ ان افسانوں میں فضا کی تشکیل کے لئے منٹو اختصار سے کام لیتے ہیں۔ افسانوں کا تانا بانا بکھرا ہونے کے بجائے مرکزی خیال سے جڑا رہتا ہے۔ منٹو طوالت میں جانے کے بجائے اشاروں اور کنایوں سے کام کے جزئیات نگاری کا حق ادا کر دیتے ہیں۔

منٹو کے افسانوں میں کردار نگاری بھی غضب کی ہے۔ انھوں نے اپنے کرداروں کا مطالعہ ومشاہدہ بہت قریب سے کیا ہے۔ یہ کردار حقیقت کی بھرپور عکاسی کرتے ہیں جو گھناونے ہونے کے باوجود فطری ہیں، ان کرداروں کے مطالعے سے اندازہ ہوتا ہے کہ منٹو کو انسانی نفسیات کا کتنا گہرا مطالعہ تھا۔ منٹو کے اسلوب میں بڑی سادگی اور فطری پن ہے۔ وہ اپنے افسانوں میں حسن کاری کے لئے لفظوں کی تراش خراش اور رنگین تشبیہات اور استعارات سے کم کام لیتے ہیں، اس طرح منٹو اردو ادب کے ایک عظیم افسانہ نگار ہیں۔ ان کے افسانوی مجموعے دھواں، لذت سنگ، منٹو کے افسانے، خالی بوتلیں خالی ڈبے، سیاہ حاشیے، نمرود کی خدائی، یزید، چغد، سڑک کے کنارے وغیرہ شائع ہو چکے ہیں۔

راجندر سنگھ بیدی:

ان کی ولادت ۱۹۱۵ء میں لاہور میں ہوئی۔ اور انتقال ۱۹۸۴ء میں بمبئی میں ہوا۔ راجندر سنگھ بیدی کا شمار اردو افسانہ نگاروں کی صف اول میں ہوتا ہے۔ ان کی اس ادبی عظمت کا راز ان کے فنی خلوص اور فنی بصیرت میں مضمر

ہے۔ زندگی کے گہرے مشاہدے اور انسانی فطرت ونفسیات کے مطالعے نے ان کی کہانیوں میں گہرائی اور پختگی پیدا کردی ہے۔ بیدی ترقی پسند تحریک سے بھی وابستہ رہے اور اپنے افسانوں سے انھوں نے غریب ومظلوم طبقے کی حمایت بھی کی لیکن اس تحریک کو انھوں نے کبھی اپنے پاؤں کی زنجیر نہیں بننے دیا، اس لئے ان کا فن کبھی پروپیگنڈہ نہیں بن سکا۔

بیدی نے ایک حقیقت پسند فنکار کی طرح زندگی کے حقائق سے آنکھیں چار کیں اور زندگی کے مختلف پہلوؤں کو اپنی کہانیوں کے ذریعہ قاری کے سامنے پیش کیا۔ انھوں نے اپنے عہد کے جیتے جاگتے سماج کی حقیقتوں کو اپنے افسانوں میں یوں پیش کیا کہ حقیقت وافسانہ نگاری کا بنیادی فرق ہی مٹ گیا۔ علم نفسیات سے آگہی اور انسانی ذہن کی تہ میں اتر جانا بیدی کا خاص وصف ہے۔ اس نکتے کو واضح کرنے کے لئے ''لاجونتی'' بہترین افسانہ ہے۔ اس کی بدنصیب ہیروئن اپنے شوہر کی ہمدردی تو حاصل کرلیتی ہے مگر اس محبت اور اس بے تکلف تعلق کے لئے تڑپتی رہتی ہے جو اس گھر میں کبھی اسے حاصل تھا۔

بیدی کے کردار حقیقی زندگی کے پس منظر میں چلتے پھرتے نظر آتے ہیں۔ کہانی میں ان کی موجودگی کا کوئی نہ کوئی جذباتی یا نفسیاتی جواز ضرور ہوتا ہے۔ ان کے زیادہ تر کردار متوسط طبقے سے تعلق رکھتے ہیں۔ بیدی انسانی نفسیات پر مکمل دسترس رکھتے ہیں اور کرداروں کی روح میں اترنے کا فن جانتے ہیں۔ اس لئے انھوں نے اپنی کہانیوں میں جو کردار پیش کئے ہیں وہ کہانی کی عام فضا سے پوری مناسبت رکھتے ہیں۔ ان کے نسوانی کردار خاص طور سے متاثر کرتے ہیں۔ بیدی عورتوں کی نفسیات سے واقف ہیں۔ یہ عورت، بیوی، بیٹی، ساس، بہو یا پھر طوائف یا بدکردار عورت کے روپ میں سامنے آتی ہے۔ بیدی اس کے دل کے نہاخانوں میں اتر کر اس کے جذبات واحساسات کی مکمل تصویر پیش کرتے ہیں۔ گرم کوٹ، لاجونتی، اپنے دکھ مجھے دے دو، جیسی کہانیاں اس لحاظ سے بہت نمایاں ہیں۔

تکنیک اور پلاٹ کے اعتبار سے بھی بیدی کی کہانیاں ہر طرح سے مکمل ہیں، ان کی کہانیاں ایسی جان دار، خوبصورت گٹھی ہوئی ہوتی ہیں کہ ان کا ایک ایک لفظ اور ایک ایک فقرہ نپا تلا معلوم ہوتا ہے۔ وہ اس بات کو کبھی نہیں بھولتے کہ ایک چھوٹی سی کہانی میں کوئی لفظ غیر ضروری نہیں ہونا چاہئے۔ بیدی اپنی کہانی کے لئے بہت غور وفکر اور بے حد توجہ کے ساتھ منصوبہ بندی کرتے ہیں۔ موضوع اور تکنیک کے اعتبار سے معیاری ہونے کے ساتھ بیدی کی کہانیاں اس لحاظ سے بھی اہم ہیں کہ ان میں جذبہ، خلوص اور آئیڈیل کی کامیاب ہم آمیزی نظر آتی ہے جو ان کے ہم عصروں کے یہاں نہیں ملتی۔ بیدی کی کہانیوں کے مجموعے ''دانہ ودام، گرہن، کوکھ جلی، لمبی لڑکی، اپنے دکھ مجھے دے دو'' کے نام سے شائع ہو چکے ہیں۔ انھوں نے ناٹک بھی

لکھے جس کا مجموعہ ''سات کھیل'' کے نام سے شائع ہوا۔ان کا ایک ناول ''ایک چادر میلی سی'' شائع ہوکر اعزاز پاچکا ہے۔

ایک چادر میلی سی:

راجندر سنگھ بیدی اصلاً افسانہ نگار ہیں۔لیکن انھوں نے ایک ناول بھی لکھا ہے اور وہ بھی بہت مختصر۔اس کا نام ''ایک چادر میلی سی'' ہے۔بیدی نے بہت کم لکھا لیکن جو کچھ لکھا وہ انتخاب ہے جو حد درجہ غور وفکر کا نتیجہ ہے۔وہ اپنی تحریر کے ایک ایک لفظ پر غور کرتے تھے۔ایک لفظ بھی غیر ضروری معلوم ہوا تو قلم زد کیا گیا۔

اس ناول میں بیدی کا انداز بے حد اشاراتی ہے۔رمزنگاری یوں بھی بیدی کی خصوصیت ہے لیکن اس ناول میں یہ خاصیت بہت نکھری ہوئی نظر آتی ہے۔''باواہری داس کا لنگوٹ بوسیدہ کپڑے کا نکل آیا تھا، جیسے چھوٹے چھوٹے مگر معنی خیز جملے کہہ کر وہ بڑی سے بڑی داستان کو اس میں سمودیتے ہیں۔ان کے اسی انداز میں اس ناول کا راز پوشیدہ ہے۔چھوٹے چھوٹے جملوں اور استعاروں کے ذریعہ پوری کہانی کہہ جانا بیدی کے اسلوب کی اصل شناخت ہے۔ان کی نظر کرداروں کے ذہن پر مرکوز رہتی ہے اور تخلیق کے دوران وہ ایک ایک کرکے اپنے کرداروں کے ذہنوں کی گرہیں کھولتے جاتے ہیں۔

اس ناول کی کہانی بہت چھوٹی سی اور سیدھی سادی ہے۔تلوکا جس کا کام یکہ چلانا اور کام چوہدری کے لئے بھولی بھٹکی عورتوں کو اٹھالانا ہے،ایک روز جاترن کے بھائی کے ہاتھوں مارا جاتا ہے۔تلوکا کی بیوی رانو کا سوائے ایک دیور منگل کے علاوہ کوئی نہیں رہتا جو اس کا کفیل ہے۔رانو اس سے اتنا متاثر ہوتی ہے کہ خود کو رشتہ ازدواج کے لئے پیش کردیتی ہے۔وہ رانو سے شادی کرنے سے انکار کرتا ہے لیکن سماج کے دباؤ میں اسے اپنی زوجیت میں لے لیتا ہے۔رانو کے پہلے شوہر تلوکا سے ایک لڑکی ہے جب وہ بڑی ہوتی ہے تو اس کی شادی گاؤں والے اس شخص سے تجویز کرتے ہیں جو اس کے باپ کا قاتل ہے اور جب یہ ظاہر ہوتا ہے تو قصہ ختم ہوجاتا ہے۔پنجاب میں چادر ڈالنا شادی کرنے کے مترادف ہے۔یہ دونوں شادیاں سماج اور پنچائت کے دباؤ سے ہوتی ہیں۔اس طرح راجندر سنگھ بیدی ایک مختصر سا ناول بغل میں دبائے اردو ناول کی دنیا میں داخل ہوئے اور ایک دائمی نقش چھوڑ گئے۔

عصمت چغتائی:

ان کا اصل وطن آگرہ ہے۔ولادت ۱۹۱۵ء میں جے پور رجستھان میں ہوئی۔انتقال ۱۹۹۱ء میں ممبئی میں ہوا۔

جن افسانہ نگاروں نے اردو افسانے پر ایک دائمی نقش چھوڑا ہے ان میں ایک نمایاں نام عصمت چغتائی کا ہے۔انھوں نے اپنے افسانوی ادب کے لئے ایک خاص

میدان کا انتخاب کیا۔ متوسط مسلمان گھرانوں کے لڑکے اور لڑکیوں کی زندگی ان کے افسانوں کا موضوع ہے۔ اس محدود دائرے میں انھوں نے انتہا درجے کی مہارت کا ثبوت دیا۔ عصمت متوسط طبقے کے مسلمان گھرانوں کی زندگی سے اتنی واقفیت رکھتی ہیں کہ ان کے افسانے پڑھ کر اس طبقے کے خاندانوں کی اخلاقی، معاشی اور ذہنی زندگی آنکھوں کے سامنے آجاتی ہے، اس طبقے کی جنسی زندگی سے بڑی واقفیت رکھتی ہے، اور اسے بڑی بے باکی سے اپنے افسانوں میں پیش کردیتی ہیں۔ لحاف ان کا ایسا افسانہ ہے جس پر فحاشی کا الزام لگا اور اس تخلیق کے لئے ان کو بہت مطعون کیا گیا۔ اس کے برعکس چوتھی کا جوڑا، میں جنسی پہلو بھی پیش کیا ہے، مگر اس میں جس کامیابی کے ساتھ متوسط مسلمان گھرانوں کی بیٹیوں کی شادی کے مسئلے کو پیش کیا گیا ہے اس کی داد دینی پڑتی ہے۔

جنس نگاری کو عصمت کی سب سے بڑی کمزوری اور سب سے بڑی طاقت دونوں ہی قرار دیا جاسکتا ہے۔ جہاں انھوں نے جنسی لذتیت سے دامن بچانے حقیقت کے مخفی رازوں کو بے نقاب کرنے کی غرض سے جنسی موضوعات کو اپنی کہانیوں میں پیش کیا ہے، وہاں وہ ایک کامیاب حقیقت نگار کے روپ میں ہمارے سامنے آتی ہیں۔ اور ڈائن، ساس، نیرا، جوانی، گیندا جیسی کہانیاں تخلیق کرنے میں کامیاب ہوئی ہیں۔

بظاہر عصمت کی کہانیوں کا کینوس زیادہ وسیع نہیں۔ متوسط مسلمان گھرانوں کی خاندانی زندگی اور اس کے ٹوٹتے بکھرتے رشتوں تک محدود ہے لیکن انھوں نے زندگی کے مختلف رنگوں سے اپنی کہانی کے در و بام کچھ اس طرح سجائے ہیں کہ انسانی فطرت کے ہزاروں نقوش اور رنگارنگ جذبات و کیفیات ان کہانیوں میں سمٹ آئی ہیں۔ اس طرح اپنی تمام کہانیوں میں عصمت نے کسی نہ کسی اہم معاشرتی مسئلے کو پیش کیا ہے۔ سماج کے ناسوروں اور روح کے زخموں پر نشتر چلایا ہے، روایت پسند سماج کا بخیہ ادھیڑنے کی کوشش کی ہے۔ عصمت کے ابتدائی افسانے نئی انوکھی اور جذباتی باتوں پر مشتمل ہوتے تھے، لیکن آگے چل کر تجربوں اور مشاہدوں نے انھیں حقیقت نگار بنا دیا۔ ان کی حقیقت نگاری فحش نگاری پر پردہ ڈال دیتی ہے۔

عصمت کی کہانیاں اپنے مواد تکنیک اور پلاٹ ہی کی وجہ سے چونکانے والی نہیں بلکہ اپنی زبان و بیان اور لب و لہجہ کے اعتبار سے بھی قابل قدر اہمیت کی حامل ہیں۔ ان کی زبان متوسط طبقے کی معیاری زبان ہے۔ عورتوں کے مخصوص محاورات اور لب و لہجہ کا استعمال عصمت کی کہانیوں سے بہتر کہیں اور نظر نہیں آتا۔ وہ اپنی تخلیقی صلاحیت سے لفظوں کو نئی معنویت عطا کرتی ہیں۔ ان کے مکالمے بہت پسند کئے جاتے ہیں۔ ان مکالموں میں حسب ضرورت طنز و ظرافت سے بھی کام لیتی ہیں۔ اپنے محدود کینوس کے باوجود عصمت چغتائی نے افسانہ نگاری میں ایسی فنکارانہ مہارت کا ثبوت دیا ہے کہ اردو ادب میں ان کا نام ہمیشہ

زندہ رہے گا۔ ان کے افسانوی مجموعے کلیاں، چوٹیں، چھوٹی موٹی، ایک بات، دو ہاتھ وغیرہ شائع ہو چکے ہیں۔

ٹیڑھی لکیر:

عصمت چغتائی نے افسانوں کے علاوہ کئی ناول بھی لکھے ہیں جو ضدی، ٹیڑھی لکیر، معصومہ، سودائی، ایک قطرہ خوں، دل کی دنیا، کے نام سے شائع ہو چکے ہیں۔ ان کا شاہکار ناول ٹیڑھی لکیر ۱۹۴۷ء میں شائع ہوا۔ جو ایک سوانحی ناول ہے۔ جس میں ایک کردار کا مطالعہ بچپن سے لے کر جوانی تک ہے جو عصمت کی آپ بیتی پر استوار ہے۔ اس ناول میں عصمت نے اپنے مرکزی کردار کی نفسیاتی و جنسی الجھنوں کو موضوع بنایا ہے، اس کا مرکزی کردار ایک لڑکی شمن ہے جو ناساز گار حالات کے تھپیڑے کھاتی اور طرح طرح سے قسمت آزمائی کرتی ہے لیکن ہر بار اسے نہایت خود غرض، بے وفا اور بے مروت مردوں سے سابقہ پڑتا ہے۔ چنانچہ گردش وقت کے تھپیڑے خود شمن کی فطرت اور مزاج میں ٹیڑھا پن پیدا کر دیتے ہیں۔

اس ناول میں اس سماج پر گہرا طنز ہے جو عورت کو عزت اور وقار دینے سے قاصر ہے۔ شمن اپنے والدین کی دسویں اولاد ہے ظاہر سی بات ہے کہ ایک عام ہندوستانی کے گھر میں دسویں بیٹی کا کس طرح استقبال ہوگا۔ سب رنجیدہ ہیں۔ پورا خاندان اسے ایک زائد اور بے ضرورت وجود سمجھتا ہے۔ بے توجہی کے اس ماحول میں وہ محرومی اور تنہائی کے کرب کا شکار ہوتی ہے۔ اس کی فطرت میں بغاوت اور تخریب کے جذبات کروٹیں لیتے ہیں۔ مزاج کی اس کجی کے سبب وہ ہر چیز کو توڑ ڈالنے اور سب سے ٹکرانے میں خوشی محسوس کرتی ہے۔ اس کے گھر میں حوادث کا سلسلہ جاری ہے۔ بڑی بہن بیوہ ہو کر گھر چلی آتی ہے تو اس کی بیٹی کو شمن سے الگ رکھا جاتا ہے جس سے اسے شدید جھٹکا لگتا ہے۔ پھر گھر کے علاوہ اسکول کا ماحول بھی اس کے لئے زہر ثابت ہوتا ہے، جہاں اس کی استانی مس چرن اس کو بگاڑنے میں اہم رول ادا کرتی ہے، یہاں اس کے سر پر جنس کا بھوت سوار ہوتا ہے اور بلقیس نام کی لڑکی اسے گمراہ کرتی ہے، چنانچہ شمن بلقیس کے بھائی رشید سے عشق کرنے لگتی ہے مگر وہ بے وفا ثابت ہوتا ہے، وہ پھر تنہائی اور نفرت کی آگ میں جلنے لگتی ہے۔ پھر وہ رائے صاحب سے ٹکراتی ہے اور اظہار محبت کرتی ہے، لیکن اپنی اس حماقت پر بہت شرمندہ ہوتی ہے اور کڑھتی ہے لیکن پھر اس گردش کا شکار رہتی ہے، وہ ایک طوائف کی طرح کئی لوگوں سے رشتہ جوڑ لیتی ہے، آخر میں اس کی زندگی میں ایک نیا موڑ آتا ہے، وہ ایک آئرش نوجوان رونی ٹیلر سے شادی کر لیتی ہے، اگر چہ اس سے بھی تعلق منقطع ہو جاتا ہے لیکن اس کی کوکھ آباد ہو جاتی ہے اور ایک بچے کی ماں بن جاتی ہے۔ ماں بننے کے احساس نے اس کے اطوار کو بدل دیا ہے اور وہ ایک ذمہ دارانہ رویہ اختیار کر لیتی ہے۔ ماں بننا عورت کی زندگی کا سب اہم موڑ ہوتا ہے۔ اس لئے عصمت نے بھی ناول کو یہاں لا کر ختم کر دیا

ہے۔

اس ناول میں بھی عصمت اپنے دیگر ناولوں کی طرح جنسی حقیقت نگار کی حیثیت سے سامنے آتی ہیں۔ انھوں نے جنسی مسائل پر بے باکی سے قلم اٹھایا۔ غیرت وحیا کے مقابلے میں وہ بے باکی اور صاف گوئی کو ترجیح دیتی ہیں۔ اخلاق کی بندشوں کو وہ جھوٹی مذہبیت کا کرشمہ قرار دیتی ہیں۔ ان کے خیال میں جنسی گرہوں کو کھولے بغیر انسانی شخصیت کا ارتقاء نہیں ہوسکتا۔ غرض ٹیڑھی لکیر میں ناول نگار عصمت اردو ناول نگاروں کی عام روش سے ہٹ کر ایک الگ راہ اختیار کی ہے۔ لڑکپن کے جذبات اور داخلی الجھنوں کی اتنی اچھی مصوری کسی اور ناول میں دیکھنے میں نہیں آتی۔ متوسط طبقے کے ایک مسلمان کنبے کی زندگی اس ناول میں بڑی خوبصورتی سے پیش کی گئی ہے۔

عصمت کو زبان پر غیر معمولی قدرت حاصل ہے، اور وہ کرداروں کے مکالمے اپنے فطری انداز میں لکھتی ہیں کہ حقیقت پسندی کا احساس بڑھ جاتا ہے، جیسا کہ عام طور پر تسلیم کیا گیا ہے کہ عصمت کو عورتوں کی زبان پر غیر معمولی قدرت حاصل ہے، ان کے لب ولہجہ محاورہ اور نفسیات کی وہ ماہر ہیں۔ ان کی زبان میں طنز کے نشتر اور ایک تیکھا انداز ملتا ہے۔ اپنے پلاٹ کے کھوکھلے پن یا تنگ دامانی کو وہ اپنی زبان کی دلکشی سے محسوس نہیں ہونے دیتیں۔ اس طرح اسلوب اور فن کے لحاظ سے ٹیڑھی لکیر عصمت کا شاہ کار ناول ہے۔

اختر اورینوی:

ان کا نام سید اختر احمد تھا۔ ولادت ۱۹۱۰ء میں اورین ضلع منگیر میں ہوئی۔ انتقال ۱۹۷۷ء میں پٹنہ میں ہوا۔ انھوں نے شاعری بھی کی ہے، تنقید، ناول اور ناٹک بھی لکھے ہیں لیکن ان کی شہرت کا دارومدار افسانہ نگاری پر ہے، اختر اورینوی نے بہار کے دیہات کی زندگی کو خاص طور سے اپنے افسانوں کا موضوع بنایا ہے، اس کے جیتے جاگتے مرقع پیش کئے ہیں لیکن شہری زندگی کو بھی فراموش نہیں کیا ہے اور اسے بھی اپنے افسانوں میں جگہ دی ہے، متوسط طبقہ کے گھرانوں سے انھیں اچھی واقفیت حاصل ہے اور افسانہ نگاری میں اس سے پورا فائدہ اٹھاتے ہیں۔

اختر اورینوی علم نفسایت میں بھی درک رکھتے ہیں۔ اور کرداروں کی ذہنی زندگی کو بڑی چابکدستی سے پیش کرتے ہیں۔ بقول پروفیسر احتشام حسین ان کی کہانیوں میں سماجی شعور قلبی احساسات کی راہ سے داخل ہوتا ہے۔ اس لئے وہ ان مصنفوں میں گنے جاتے ہیں جو زندگی کی مصوری میں نفسیات سے کام لیتے ہیں۔ ان کی کہانیوں کے مجموعے منظر وپس منظر، بھول بھلیاں اور انارکلی، کلیاں اور کانٹے، کیچلیاں اور بال جبریل، ایک معمولی سی لڑکی شائع ہو چکے ہیں۔

خواجہ احمد عباس:

ان کی ولادت ۱۹۱۴ء میں پانی پت میں ہوئی۔

انتقال ۱۹۸۷ء میں ہوا۔ یہ مشہور صحافی اور مصنف تھے، فلمی دنیا سے بھی وابستہ رہے ہے۔ افسانوی ادب کی دنیا میں خواجہ احمد عباس بلند مقام رکھتے ہیں۔ ان کی کہانیاں زندگی کے معمولی واقعات سے جنم لیتی ہیں۔ کہیں کہیں ان میں سیاسی اور سماجی شعور کا احساس ہوتا ہے، بڑے سیدھے سادے ڈھنگ سے ایک کہانی کہہ دی جاتی ہے۔ چونکہ خواجہ احمد عباس ایک ترقی پسند رہے ہیں اس لئے ان کی تخلیقات میں اس فکر کی جدت ہر جگہ نمایاں ہے۔ ان کا فن زندگی کو اس طرح پیش کرنے کا فن ہے کہ اس کی کھردری سچائیاں سامنے آجائیں، فنی بھید بھاؤ سے زیادہ ان کے یہاں مواد پرزور ملتا ہے۔ اشتراکیت کے پس منظر میں ان کی تخلیقات غریبوں، متوسط طبقے کے لوگوں، استحصال کرنے والوں، اور شرپسندوں کے خلاف ایک موثر آواز ہے۔ گویا وہ مقصد کے قائل ہیں اور ادب میں مقصدیت اس طرح حاوی ہے کہ وہ فنی رموز ونکات کو بہت زیادہ اہمیت دینے کے قائل نہیں ہیں۔ خواجہ احمد عباس کے افسانوی مجموعوں میں ''ایک لڑکی، زعفران کے پھول، میں کون ہوں، نیلی ساڑی، کہتے ہیں جس کو عشق'' بہت مقبول ہیں۔ ان کے ناولوں میں انقلاب، بوبی، چار دل چار راہیں، دو بوند پانی، سات ہندوستانی وغیرہ اہم سمجھے جاتے ہیں۔

سجاد ظہیر:

ترقی پسند تحریک کے بانی سجاد ظہیر کی ولادت ۵/نومبر ۱۹۰۵ء کو جونپور میں ہوئی۔ انتقال ۱۹۷۳ء میں الماآتا روس میں ہوا۔ تدفین جامعہ ملیہ دہلی میں ہوئی۔ سجاد ظہیر قانون کی اعلیٰ تعلیم حاصل کرنے لندن گئے۔ ان کے قیام لندن کی سب سے اہم بات یہ ہے کہ وہاں ملک راج آنند اور دوسرے روشن خیال نوجوانوں سے ان کی ملاقات ہوئی، ان نوجوانوں کی کوشش سے ۱۹۳۵ء میں لندن میں انجمن ترقی پسند مصنفین کی بنیاد پڑی، اس انجمن نے ہندوستانی ادب کی دنیا میں انقلاب پیدا کر دیا۔ لندن میں ہی ترقی پسند مصنفین کا پہلا مینی فیسٹو تیار ہوا۔ جس پر سجاد ظہیر کے علاوہ ملک راج آنند، ڈاکٹر جیوتی گھوش، کے ایس، بھٹ، محمد دین تاثیر، ایس سنہا کے دستخط ثبت ہیں۔ ہندوستان میں ترقی پسند مصنفین کی پہلی کل ہند کانفرنس پریم چند کی صدارت میں لکھنؤ میں ہوئی، جس میں ایک اعلان نامہ پیش کیا گیا، جس میں ترقی پسند لٹریچر شائع کرنے، ترقی پسند مضامین لکھنے اور ترجمہ کرنے، ترقی پسند مصنفین کی امداد باہمی اور آزادی خیال پر زور دیا گیا۔

سجاد ظہیر نے ۱۹۳۲ء میں انگارے کے نام سے افسانوں کا ایک مجموعہ شائع کیا، جس میں دس افسانے شامل تھے، یہ پہلی بار نظامی پریس وکٹوریہ اسٹریٹ لکھنؤ سے چھپا، سرکار نے اس پر پابندی عائد کر کے اس کے سارے نسخے جلا دیئے۔ انگارے میں پانچ کہانیاں سجاد ظہیر نے لکھی تھیں، باقی پانچ کہانیاں احمد علی، رشید جہاں اور محمود الظفر نے لکھی تھیں۔ سجاد ظہیر کی دوسری اہم تصنیف ''روشنائی''

ہے جسے انھوں نے ۱۹۵۴ء میں کچھ جیل بلوچستان میں مکمل کیا۔ یہ کتاب سجاد ظہیر کی سوانح عمری اور ترقی پسند تحریک وادب کی تاریخ ہے۔

لندن کی ایک رات:

یہ سجاد ظہیر کا ناولٹ ہے جو ایک رات کی کہانی ہے جو لکھنؤ سے ۱۹۳۹ء میں شائع ہوا، سجاد ظہیر نے کئی سال لندن اور پیرس میں گزارے تھے اور وہاں کے ادبی تجربات سے متاثر ہوئے تھے، اس ناول میں انھوں نے یوروپ کے کئی ادبی اسالیب کا تجربہ کیا ہے، اس میں پہلی بار ناول کی مغربی تکنیک شعور کی رو کا استعمال ہوا ہے۔ چنانچہ اس سے اردو میں جدید ناول نگاری کا آغاز ہوا، اس کا موضوع لندن میں مقیم ہندوستانی طالب علموں کی نفسیات ہے۔ یہ وہ پہلا ناول ہے جس میں ہندوستان کے نوجوان کے تصورات اور خواہشات کو یہاں کے سیاسی پس منظر میں دیکھا گیا ہے۔ ہندوستان کے کچھ طالب علم جو اعلیٰ تعلیم حاصل کرنے کی غرض سے لندن گئے ہیں اور متوسط طبقہ کے خوشحال گھرانوں سے تعلق رکھتے ہیں دنیا کی بدلتی ہوئی زندگی سے حوصلہ پاکر ہندوستان کی خود داری پر آنسو بہاتے ہیں۔ ناول کے زیادہ تر کردار خوابوں کی دنیا کے رہنے والے اور مثالیت پسند ہیں اور عالم شباب کی بدکرداری میں مبتلا ہیں مگر اپنی مادر وطن کی حالت سے فکرمند ہیں، جب ان کا خواب ٹوٹتا ہے تو ان کے اندر انگریزوں کے لئے نفرت کا جذبہ جاگ اٹھتا ہے۔

ناول لندن کی ایک رات میں پلاٹ بھی ہے اور کردار بھی۔ لیکن اس کا کینوس چھوٹا ہے، اس لئے زندگی کی ترجمانی پورے تسلسل کے ساتھ نہیں ہے، اس ناولٹ میں سجاد ظہیر نے اپنے اشتراکی نقطۂ نظر کو بڑے فنکارانہ انداز میں پیش کیا ہے۔ انھوں نے مشرق ومغرب، حاکم ومحکوم، اعلیٰ وادنیٰ کے تضاد سے متاثر ہوکر یہ ناول لکھا، سجاد ظہیر نے فکری انداز سے ان تمام نوجوانوں کی جو ہندوستان میں اور ہندوستان سے باہر ہیں۔ ذہنی الجھنوں کی مصوری کی ہے۔ اس ناول کے کردار الگ الگ ذہنی سطح رکھتے ہیں۔ اس میں نعیم جیسا بیفکر نوجوان ہے جس کی زندگی کا کوئی نصب العین نہیں۔ اعظم جو ہر حالت میں محبت کے نغمے گاتا ہے۔ عارف جو آئی۔ اے۔ ایس بننے کے لئے لندن گیا ہے اور انگریزی حکومت کو قابل قدر سمجھتا ہے، ان میں احسان جیسا نوجوان بھی ہے جو اشتراکیت کا حامی مارکس اور اینگلز کی تعلیمات سے متاثر ہے۔ ناول میں راؤ کا کردار جذباتی ہے جو ایسے نوجوانوں کی نمائندگی کرتا ہے جو تعلیم یافتہ تو تھے مگر بے عمل تھے۔ سجاد ظہیر نے کریمہ بیگم جیسا کردار بھی پیش کیا ہے جو ایک مشرقی عورت ہے اور لندن میں اعلیٰ تعلیم حاصل کر کے بھی اپنی مشرقی فطرت کو نہیں بدلتی۔

سجاد ظہیر کا یہ ناولٹ ایک مخصوص عہد کی ترجمانی کرتا ہے اور اپنے اندر اس عہد کی نفسیاتی زندگی کی پیچیدگیوں کو اپنے اندر سمیٹے ہوئے ہے۔ اس میں سیاست وزندگی،

تہذیب اور جنس سے متعلق بہت سے موضوعات کو علمی نقطۂ نظر سے پیش کیا گیا ہے۔ اس ناول میں سجاد ظہیر نے روایت سے بغاوت کی ہے اور یہ بتانا چاہا ہے کہ اشتراکی افسانوی ادب کیسا ہوگا اور اس معاشرے کی عکاسی کی ہے جس میں سرمایہ دار بھی ہیں۔ مل مزدور بھی، جابر حکمراں بھی، مجبور ومعذور افراد بھی، اور وقت کو بدلنے والے لوگ بھی۔ اگرچہ اس کا عنوان لندن کی ایک رات ہے لیکن اس میں نہ جانے کتنے دن اور کتنی راتیں شامل ہیں۔

صالحہ عابد حسین:

ان کا نام مصداق فاطمہ تھا۔ ولادت ۱۹۱۳ء میں پانی پت میں ہوئی۔ انتقال ۱۹۸۸ء میں ہوا۔ ان کی شادی اردو کے نامور ادیب ڈاکٹر عابد حسین سے ہوئی۔ صالحہ عابد حسین نے افسانے، ناولیں اور ڈرامے لکھے ہیں۔ ان کے افسانوی مجموعے نقش اول، ساز ہستی، نراس میں آس، لونگے، وغیرہ شائع ہو چکے ہیں۔ ناولوں میں ''عذرا، آتش خاموش، قطرے سے گہر ہونے تک، یادوں کے چراغ، اپنی اپنی صلیب، الجھی ڈور، گوری سوئے سیج پر'' اہم ہیں۔ ان کے کامیاب ڈراموں میں ''زندگی کے کھیل، وقت، امتحان، بڑے میاں، آنکھ کا ڈاکٹر'' وغیرہ کا شمار ہوتا ہے۔

صالحہ عابد حسین نے اپنے افسانوں اور ناولوں میں ہندوستانی کیف وکم کو عورتوں کے حوالے سے دیکھنے کی کوشش کی ہے۔ چنانچہ شادی بیاہ کا مسئلہ، طلاق کی صورتیں، بارات کی دھوم دھام اور ایسے مواقع پر بعض رسوم کی ادائیگی، جہیز کی لعنت، شوہروں کی بالادستی، بے جوڑ شادیوں کا مسئلہ وغیرہ سب کچھ ان کے ناولوں اور افسانوں کا قوام ہے۔ ان کا اسلوب صاف، سادہ، شیریں، سلیس اور رواں ہے۔ ان کے جملے بے ساختہ ہوتے ہیں اور مفہوم کو یک لخت ادا کر دیتے ہیں۔ صالحہ عابد حسین کی نثر اس بات کا احساس دلاتی ہے کہ وہ ماحول، کردار، واقعات اور حالات کے مطابق جملوں کی تخلیق کرتی ہیں۔ چنانچہ ان کی نثر نگاری کی اپنی خصوصیات ہیں۔

حیات اللہ انصاری:

ان کی ولادت ۱۹۱۲ء میں لکھنؤ میں ہوئی۔ حیات اللہ انصاری مشہور اخبار ''قومی آواز'' کے اڈیٹر بھی رہے۔ انھوں نے افسانہ نگاری سے اپنی ادبی زندگی کی ابتدا کی۔ بعد میں صحافت کی دنیا میں اپنا قدم رکھا۔ اس کے علاوہ بحیثیت ایک ممتاز ناول نگار اپنا ایک مقام بنایا۔ ان کے افسانوی مجموعوں میں ''انوکھی مصیبت، بھرے بازار میں، شکستہ کنگورے، بہت مشہور ہیں۔ انھوں نے پانچ جلدوں پر مشتمل ایک ناول ''لہو کے پھول'' بھی قلمبند کیا۔ اس ناول پر انھیں ساہتیہ اکیڈمی انعام سے نوازا گیا۔ یہ ناول جنگ آزادی کی کہانی پر مبنی ہے۔ انھوں نے ''مدار'' اور ''گھروندا'' اور جیسے ناولٹ بھی تخلیق کیئے۔

حیات اللہ انصاری گاندھی جی کے عقیدت مند تھے

اوران کے ساتھ آشرم میں بھی کچھ وقت گذارا تھا، اس کا اثر ان کی تحریروں پر بھی دیکھا جا سکتا ہے۔ وہ انسانی جذبات کا تجزیہ کرنے میں مہارت رکھتے ہیں اور زندگی کے مسائل سے اسے جوڑنے میں کامیاب ہیں۔ اسی لئے تقریباً ان کی ہر کہانی ایک مکمل فن پارہ ہوتی ہے۔ وہ اپنی ہر بات دلائل کے ساتھ پیش کرتے ہیں اور کہیں یہ احساس نہیں ہوتا کہ وہ کہانی میں معنویت پیدا کر رہے ہیں۔ حیات اللہ انصاری ایک واضح قومی، اصلاحی اور انقلابی نقطہ نظر سے کہانی لکھتے ہیں۔ تصنع اور تکلف سے ان کا کوئی تعلق نہیں ہے۔ ان کی کہانیاں زندگی کے تمام اہم اور غیر اہم مسائل کو اپنی گرفت میں لے لیتی ہیں۔ وہ جنسی آلائشوں سے اپنے افسانوں کو آلودہ نہیں کرتے بلکہ اپنے افسانوں کے ذریعہ سماج کی اخلاقی سطح کو اوپر لانا چاہتے ہیں۔ وہ مذہبی تعصب اور تنگ نظری کے خلاف ہیں۔ ان کے یہاں قومی اتحاد کی حرارت موجود ہے۔ حیات اللہ انصاری حقیقت نگاری کے قائل ہیں اور ماحول کی سچی تصویر کشی کرتے ہیں۔ زبان اتنی آسان اور سہل ہوتی ہے گویا باتیں کر رہے ہیں۔

حیات اللہ انصاری منشی پریم چند کی طرح بعض آدرش کرداروں کو بھی پیش کرتے ہیں۔ پریم چند کے افسانہ کفن کے دوررس نتائج سامنے آئے۔ ان کی پیروی کرنے والوں نے اس موضوع کو کسی نہ کسی طرح نئی جہت دے کر بعض افسانے لکھے۔ حیات اللہ انصاری کا افسانہ ''آخری کوشش'' بھی اسی قبیل کا ہے۔ وہ فطرت کے خلاف کسی شے کو اپنے کرداروں کا حصہ نہیں بناتے، وہ اسی دنیا، اسی سماج اور اسی ماحول کی باتیں کرتے ہیں، اسی لئے وہ ایک کامیاب افسانہ نگار ہیں۔ وہ اپنی تحریروں میں قوم پرستی اور سیکولرزم کی اچھی ترجمانی کرتے ہیں اور فرقہ پرستی کا زیادہ الزام اقلیت کے سر منڈھنے کی کوشش کرتے ہیں۔

حیات اللہ انصاری زندگی کی سفاک حقیقت غیر جانبداری سے اخذ کرتے ہیں اور اسے سادگی سے پیش کر کے تاثر کی ایک برومایہ شدت پیدا کر دیتے ہیں۔ پریم چند نے اپنی زندگی کے آخری دور میں کفن جیسا افسانہ لکھ کر حقیقت نگاری کے جس مکتب فکر کی بنیاد ڈالی حیات اللہ انصاری اس کے مخلص ترین نمائندہ ہیں۔

رام لعل:

ان کی ولادت ۱۹۲۳ء کو میاں نوائی پنجاب میں ہوئی۔ رام لال ایک زود نویس افسانہ نگار ہیں۔ ان کے افسانوی مجموعے ''آئینے، انقلاب آنے تک، نئی دھرتی، پرانے گیت، گلی گلی، آواز تو پہچانو، اکھڑے ہوئے لوگ'' وغیرہ شائع ہو چکے ہیں۔ انھوں نے ایک فرانسیسی ناول کا ترجمہ ''نیل دھارا'' کے نام سے کیا۔ رام لعل کے دو سفرنامے 'زرد پتوں کی بہار' اور 'خواب خواب سفر' کے نام سے شائع ہوئے ہیں۔ ان کا ایک ناول ''سورج جیسی رات'' کے نام سے چھپا ہے۔

رام لعل نے اپنے زیادہ تر افسانے ایسے ماحول سے

اخذ کیے جو پسماندہ اور پریشان حال افراد سے متعلق ہیں۔ انھوں نے رشتے ناتوں پر بھی بڑی فنکاری سے نگاہ ڈالی ہے۔ٹوٹتے بکھرتے رشتوں اور راہوں کے شکست و ریخت سے ان کا دل ہمیشہ متاثر رہا ہے۔ نتیجے میں ان کے افسانے متوسط طبقے کی نمائندگی کے نشان بن گئے ہیں۔ تقسیم ملک، ترک وطن اور ہجرت وغیرہ پر ان کی نگاہ رہی ہے، رام لعل جس طرح فساد اور جنگ سے نفرت کرتے ہیں اس کی وجہ وہ تجربے اور مشاہدے ہیں جن سے وہ گزرے اور جن کا عکس ان کی تخلیقات میں موجود ہے۔فن پر ان کی نظر گہری ہے، ان کے اکثر کردار حقیقی معلوم ہوتے ہیں۔ رام لعل اس دور سے بھی گزرے جب ترقی پسندی کے بعد جدیدیت کا بول بالا تھا لیکن انھوں نے تجرید اور ابہام سے خود کو بچائے رکھا اور اپنے فن کو اس راستے پر رکھا جو ان کی اپنی فکر کا نتیجہ تھی۔

اقبال متین:

ان کا نام سید مسیح الدین اقبال ہے۔ ولادت ۱۹۲۴ء میں حیدرآباد میں ہوئی۔ ان کا پہلا افسانہ ''چوڑیاں'' ہے جو ۱۹۴۵ء میں شائع ہوا، تب سے وہ مستقل افسانے لکھتے رہے ہیں۔ ان کے متعدد افسانوی مجموعے شائع ہو چکے ہیں۔ جیسے ''اجلی پرچھائیاں، نچا ہوا البم، خاکی پٹاریوں کا مداری، آگہی کے ویرانے، سوندھی مٹی کے بت'' وغیرہ۔ان کا ایک ناول ''چراغ تہ داماں'' شائع ہوا جو کہ ہم جنسی کے میلان پر لکھا گیا ہے۔

اقبال متین بنیادی طور پر ایک ترقی پسند افسانہ نگار رہے ہیں۔ یہ ترقی پسند مصنفین آندھرا پردیش کے صدر بھی رہ چکے ہیں۔ لہٰذا ان کے افسانوں کی تفہیم میں اس تحریک سے وابستہ نکات تو ہیں ہی اسی کے ساتھ ان کے یہاں ادب کو ایک خاص نہج پر ڈھالنے کا تیور ملتا ہے۔ ان کا ذہن رومانی بھی رہا ہے، لیکن رومانیت اور حقیقت پسندی ایک دوسرے کا ساتھ دیتے نظر آتے ہیں۔ جبر واستحصال ان کا خاص موضوع ہے، ان کے افسانوں میں انسانی ہمدردی کی عام فضا ملتی ہے لیکن وہ ایسے تمام امور کو ایک خاص فنی سطح پر برتنے کے لئے بے حد محتاط رہتے ہیں۔ سماج کی ناہمواریوں کی نشاندہی بھی وہ اپنے مخصوص فکری انداز سے کرتے ہیں۔ یہ فکر ان کی ترقی پسندی کی دین ہے۔ چنانچہ ان کے افسانوں میں نہ تو علامت نگاری ملتی ہے نہ ہی تجریدیت۔ ان کی راہ وہی ہے جو پریم چند سے ہوتی ہوئی کرشن چندر تک پہنچتی ہے۔ اقبال متین پر جدیدیت نے بھی اپنا اثر ڈالا ہے لیکن یہ اثر لایعنیت تک نہیں پہنچا ہے۔

جیلانی بانو:

ان کی ولادت ۱۹۳۶ء میں بدایوں میں ہوئی۔ بعد میں اپنے خاندان کے ساتھ حیدرآباد میں سکونت اختیار کی۔ ان کے والد علامہ حیرت بدایونی اردو اور فارسی کے شاعر تھے، جیلانی بانو کو ورثے میں شاعری ملی تھی، لہٰذا وہ پہلے شعر گوئی کی طرف متوجہ ہوئیں، بعد میں افسانہ نگاری ان کا

مرکزی فن بن گیا۔ جیلانی بانو ترقی پسند تحریک سے وابستہ تھیں۔ اس تحریک سے وابستگی نے انھیں طبقاتی استحصال، غریب، مجبور، پسماندہ اور حاشیئے کے لوگوں سے ایک طرح کی ازلی ہمدردی پیدا کردی تھی۔ اس تحریک سے وابستگی کے ساتھ انھوں نے دوسری ادبی تحریکوں سے بھی آگہی رکھی۔

جیلانی بانو کے افسانوی مجموعے ''روشنی کے مینار، نروان، کے نام سے شائع ہو چکے ہیں۔ جن میں شامل افسانے ''موم کی مریم، سویرا، افکار، لاہور، کراچی، اسکوٹر والا، ستی، ساوتری، آئینہ، چابی کھوگئی، مردہ گدھ، ظل سبحانی وغیرہ بہت اہم ہیں۔

جیلانی بانو کے یہاں عورتوں اور مردوں کی جنسی کج روی کا بھی گہرا مشاہدہ ملتا ہے۔ ایسے افسانوں میں تلذذ کی کیفیت نہیں ہے بلکہ واقعات وسانحات کی عملی تخلیقی جہت نمایاں ہے۔ بند روازہ، سنہرا ہرن، اے دل اے دل، اسی طرح کے افسانے ہیں۔ جیلانی بانو نے ناول نگاری کی طرف بھی توجہ کی ہے۔ ان کے دو ناول ''ایوان غزل، بارش سنگ'' شائع ہو چکے ہیں۔ اسی کے ساتھ ان کے دو ناولٹ ''جگنو اور ستارے، نغمے کا سفر'' بھی شائع ہو چکے ہیں۔ جیلانی بانو کے ناولوں میں ریاست حیدر آباد کا سیاسی، سماجی اور تہذیبی پس منظر پوری شدت کے ساتھ موجود ہے، آزادی کے بعد حیدر آباد کی تہذیبی ثقافت اور سیاسی سماجی صورتحال میں جو تغیرات رونما ہوئے وہ بھی ان کے ناولوں میں موجود ہیں، انھوں نے اپنے ناولوں کے ذریعہ حیدر آباد کی مختلف سماجی حقیقتوں کے جرأت مندی اور باریک بینی کے ساتھ پیش کیا ہے۔ جس سے ان کا سیاسی سماجی شعور اور حقیقت پسندانہ نظریہ ابھر کر سامنے آتا ہے۔

جوگندر پال:

ان کی ولادت ۱۹۲۵ء میں سیالکوٹ میں ہوئی۔ یہ اردو کے ایک معتبر فکشن نگار ہیں۔ ان کے متعدد افسانوی مجموعے ناول اور ناولٹ شائع ہو چکے ہیں۔ افسانوی مجموعوں میں ''دھرتی کا لال، رسائی، مٹی کا ادراک'' اہم ہیں۔ ناولوں میں ''ایک بوند لہو کی، نادید، خواب رو'' شائع ہو چکے ہیں۔ ناولٹ میں ''بیانات، آمد و رفت'' شامل ہیں۔

جوگندر پال ایک ایسے باخبر افسانہ نگار ہیں جن کا مطالعہ بھی وسیع ہے اور زندگی کے مختلف پہلوؤں پر اچھی پکڑ ہے، نتیجے میں ان کی کہانیاں کسی نہ کسی فکری جہت اور فنی لطافت کی وجہ سے قابل مطالعہ ہو جاتی ہیں۔ ان کے افسانوں میں زندگی کے مسائل تو ہیں ہی، لیکن ان کے کسی ایک افسانے میں زندگی کا کوئی ایک ہی مسئلہ نہیں ہوتا بلکہ متعدد مسائل ایک دوسرے سے دست و گریباں رہتے ہیں۔ فکر کے یہ بکھرے موتی ذہن اور حساس قاری کا ہر موڑ پر امتحان لیتے ہوئے معلوم ہوتے ہیں۔ جوگندر پال کے افسانوں کا یہ تیور انھیں ایک فکری ساخت دے دیتا ہے، جوگندر پال کی ساری فکری قوت ان کے افسانے میں مبدل ہو گئی ہے، ان کے کردار ثقافتی، تمدنی، معاشرتی، فلسفیانہ امور

پر اپنی واضح رائے رکھتے ہیں اور ان کے اظہار کا موقع تلاش کرتے رہتے ہیں۔ لہٰذا اظہار آرا کا انداز ہر جگہ پایا جاتا ہے۔ وہ اس کا التزام نہیں کرتے کہ کرداروں کی سطحیں متعین کریں اور پھر ان کے مطابق ان سے گفتگو کروائیں۔ دراصل ان کے تمام افسانوں میں ایک ہی کردار ہے اور وہ ہے آج کا ذی علم، ٹوٹا ہوا، شکی، تنہا آدمی جو اپنی نظر پوری کائنات پر بھی رکھنا چاہتا ہے اور اپنی ذات پر سے ہٹانا بھی نہیں چاہتا۔ لہٰذا گفتگو کا انداز ایک ہے جو شیریں اور نازک نہیں بلکہ تند و تیز اور طنز آمیز ہے، ان کے افسانے خالص فکری ہیں اور ان کا مطالعہ اسی بنیاد پر ممکن ہے، جوگندر پال ناول اور ناولٹ نگار کی حیثیت سے بھی قابل لحاظ ہیں۔ ایک افسانہ نگار اور ناول نگار کی حیثیت سے جوگندر پال کی اپنی شناخت ہے اور یہ شناخت امتیازی بھی ہے۔

عزیز احمد:

ان کی ولادت ۱۹۱۴ء میں حیدر آباد میں ہوئی۔ انتقال ۱۹۸۱ء میں پاکستان میں ہوا۔ عزیز احمد اردو ادب میں ناول نگار کی حیثیت سے مشہور ہیں۔ لیکن انھوں نے کچھ افسانے بھی لکھے ہیں، جن میں زیادہ تر خواہشات اور جنسیاتی زندگی کی تمنائیں فحاشی سے بچتے ہوئے ظاہر کی گئی ہیں۔ ان کی کہانیوں میں ایک طرح کا ذہنی نقطہ نظر بھی دکھائی پڑتا ہے۔ ان کے دو مجموعے ''بے کار دن بے کار راتیں، اور رقص ناتمام'' شائع ہو چکے ہیں۔

عزیز احمد کے ناول بہت مقبول ہوئے۔ ان کا مطالعہ وسیع ہے، کئی زبانوں پر عبور حاصل ہے اور عالمی ادب سے بھی اچھی واقفیت ہے، وہ یوروپ کے کئی ناول نگاروں سے متاثر ہیں۔ جنسی معاملات ان کے یہاں حاوی ہوجاتے ہیں جس کے سبب زندگی کے دوسرے مسائل نظروں سے اوجھل ہوجاتے ہیں۔ ان کے ناولوں میں 'گریز، ایسی بلندی ایسی پستی اور شبنم' نے کافی شہرت پائی۔

اوپندر ناتھ اشک:

ان کا نام مادھو رام تھا۔ ولادت ۱۹۱۰ء میں جالندھر پنجاب میں ہوئی۔ انتقال ۱۹۹۶ء میں ہوا۔ اوپندر ناتھ ہندی اردو دونوں زبانوں میں یکساں طور پر جانے جاتے ہیں۔ انھوں نے پریم چند سے فیضان لے کر افسانہ لکھنا شروع کیا۔ ان کی کہانیاں خاص طور سے متوسط طبقے کی سماجی زندگی پر مبنی ہوتی ہیں۔ نوع بشر کی معاشی حالت میں سدھار اور معاشرے کی اخلاقی حالت میں تبدیلی ان کے پسندیدہ موضوع ہیں۔ انھوں نے شاعری بھی کی ہے، ڈرامے اور ناولیں بھی لکھی ہیں۔

اپندر ناتھ کے افسانوی مجموعے ''نورتن، عورت کی فطرت، ڈاچی، کونپل، چٹان، قفس، ناسور، کالے صاحب'' قابل ذکر ہیں۔ ان کے ناولوں میں ''ستاروں کے کھیل، پتھر الپتھر، گرتی دیواریں'' اہمیت کی حامل ہیں۔ انھوں نے

''پاپی، ازلی راستے، چرواہے، قید حیات، پینترے، تولئے، گرداب، چھٹا بیٹا'' کے نام سے ڈراموں کی تخلیق کی ہے۔

اوپندر ناتھ کے افسانوں میں رومانیت کا عنصر بھی ملتا ہے۔لیکن یہ افسانے داخلی کیف وکم سے مبرا نہیں ہیں، اپنے افسانوں میں اوپندر ناتھ نے ان طبقوں کی خصوصی طور پر نشاندہی کی ہے جنھیں سوسائٹی مسلسل استحصال کا شکار بنائے ہوئے تھی۔ایک طرف ان کے یہاں معاشرتی زندگی کی عکاسی ہے تو دوسری طرف جنسی الجھنوں کو بھی مدنظر رکھا ہے۔ وہ واقعات اور سانحات کو فنی طور پر پیش کرتے ہیں۔عام طور سے خاتمہ بہت پر تاثیر ہوتا ہے۔

سہیل عظیم آبادی:

ان کا نام سید مجیب الرحمٰن ہے۔ ولادت ۱۹۱۱ء میں پٹنہ میں ہوئی۔ انتقال ۱۹۷۹ء میں ہوا۔ یہ اردو کے ایک نامور افسانہ نگار ہیں۔ انھوں نے بہار میں پریم چند کی روایت کو آگے بڑھایا۔مولوی عبدالحق کی سرپرستی میں انھوں نے بہار میں اردو کے فروغ کی تحریک چلائی۔اپنے مشہور اخبار ''ساتھی'' سے انھیں اس کام میں بہت مدد ملی۔اس کے علاوہ ان کے ماہ نامے ''تہذیب'' نے بھی اس مقصد کو پورا کرنے کی کوشش کی۔

سہیل عظیم آبادی نے بہت سے افسانے لکھے ان افسانوں میں حقیقی زندگی کے مرقع پیش کرنے کی کامیاب کوشش کی۔ان کے افسانوں کا دائرہ وسیع ہے۔ پریم چند کی پیروی میں وہ دیہات کی زندگی کو اپنا موضوع بناتے ہیں لیکن شہری زندگی کو بھی فراموش نہیں کرتے۔۔ سہلیل عظیم آبادی پر ترقی پسند تحریک کا اثر صاف دیکھا جا سکتا ہے۔ انھوں نے غریبوں اور مظلوموں کی حمایت میں آواز اٹھائی اور اپنے افسانوں میں ان کے مسائل کو کامیابی کے ساتھ پیش کیا۔

سہیل عظیم آبادی ایک کامیاب فن کار ہیں ان کے فن میں گہرائی ہے کیوں کہ وہ مسائل پر سنجیدگی سے غور کرتے ہیں، زبان پر انھیں دسترس حاصل ہے اس لئے ان کا انداز پیش کش بہت موثر ہے۔ سہیل عظیم آبادی کے افسانوی مجموعے ''الاؤ، چار چہرے، نئے پرانے'' کے نام سے شائع ہو چکے ہیں۔ان کا ایک بیانیہ ناولٹ ''بے جڑ کے پودے'' کے نام سے منظر عام پر آچکا ہے۔

قرۃ العین حیدر:

ان کا آبائی وطن نہوڑ ضلع بجنور ہے۔ان کی ولادت ۱۹۲۷ء میں علی گڑھ میں ہوئی۔انتقال ۲۰۰۷ء میں نوئیڈا میں ہوا۔ان کے والد سجاد حیدر یلدرم کا شمار اردو افسانہ کے بنیاد گزاروں میں کیا جاتا ہے۔ والدہ نذر سجاد نے بھی افسانے اور ناولیں لکھی ہیں۔

قرۃ العین حیدر دور جدید کی ایک نمائندہ اور منفرد افسانہ نگار ہیں، افسانوں کے علاوہ انھوں نے متعدد ناولیں اور ناولٹ بھی لکھے ہیں۔ان کے افسانے بے حد پرکشش

ہوتے ہیں، ان کا مشاہدہ گہرا ہے۔ انھیں مشرقی اور مغربی افسانوی ادب پر یکساں طور پر عبور حاصل ہے۔ انھوں نے یوروپ کا سفر بھی کیا جس سے ان کی نظر میں وسعت اور فن میں گہرائی پیدا ہوئی۔ مغربی ادب کے علاوہ ہندوستان کی تہذیب کا مطالعہ بھی انھوں نے نہایت سنجیدگی کے ساتھ کیا ہے۔ جیمس جوائس اور ورجینا ولف کا اثر ان کے یہاں بہت واضح طور پر نظر آتا ہے۔ چنانچہ ذہنی فضا کی پیش کش اور کردار وں کے نفسیاتی ردعمل کی تصویر کشی میں انھیں بڑی مہارت حاصل ہے۔ ان کے کردار شعور کی رو کے سہارے ماضی کی بے کراں وسعتوں میں سفر کرتے ہیں۔ مثلاً افسانہ کیکٹس لینڈ میں ماضی اور حال کی تفریق باقی نہیں رہتی۔ اور زمان ومکاں کی قید ٹوٹ جاتی ہے۔

قرۃ العین حیدر اجتماعی شعور کی بازیافت کرتی ہیں۔ ہزاروں سال پر پھیلی ہوئی زندگی ان کے چند صفحات میں سمٹ آتی ہے۔ قدیم ہندوستانی تہذیب وفلسفہ ان کے شعری اسلوب میں ڈھل کر کبھی ناول کا روپ اختیار کرتا ہے تو کبھی افسانے کا۔ ان کے یہاں کہانی پن، سماجی آگہی اور تاریخی بصیرت مل کر ایک وحدت بن جاتے ہیں۔ قرۃ العین حیدر کے ابتدائی افسانوں میں رومانیت کی جھلک ملتی ہے۔ انھوں نے رومانیت کو زندگی کے پس منظر میں تلاش کیا ہے۔ ستاروں سے آگے، دیوار کے درخت، یہ داغ داغ اجالا وغیرہ ان کے رومانی افسانے ہیں۔

قرۃ العین حیدر کا مشاہدہ گہرا ہے۔ مگر وہ عام طور پر اعلیٰ طبقے کو ہی اپنی توجہ کا مرکز بناتی ہیں۔ وہ خود جاگیردارانہ طبقے سے تعلق رکھتی ہیں اسی ماحول میں ان کی پرورش ہوئی تھی۔ اس طبقے کو انھیں قریب سے دیکھنے کا موقع ملا، چنانچہ ان کے افسانوں کے بیشتر کردار جاگیر دار اور اعلیٰ عہدیداروں کے نوجوان لڑکے لڑکیاں ہیں۔ وہ اسی طبقے کی اچھائیوں اور برائیوں کو اپنے افسانوں میں بے نقاب کرتی ہیں۔ جب وہ اس طبقے کی تہذیبی قدروں کو بکھرتے ہوئے دیکھتی ہیں تو ان کا دل تڑپ اٹھتا ہے۔ افسانے کے بعض ناقدوں کا خیال ہے کہ اس طرح ان کا دائرہ محدود ہوگیا ہے لیکن انجانی زمین پر قدم رکھنے کے بجائے وہ اپنی زمین پر قدم جمائے رکھنا چاہتی ہیں جسے انھوں نے بہت قریب سے دیکھا ہے جس کا وہ خود ایک حصہ ہیں۔

موضوع کے اعتبار سے قرۃ العین حیدر کا دامن بہت وسیع ہے مگر اس میں بھی ان کی انفرادیت نمایاں ہے اور زندگی کا ہر گوشہ ان کے یہاں نمایاں ہے، عورتوں کے مسائل کو بھی وہ اپنے افسانوں کا موضوع بناتی ہیں۔ عورتوں سے انہیں خاصی ہمدردی ہے، وہ اپنے افسانوں میں بار بار عورتوں پر ہونے والے مظالم کی نشاندہی کرتی ہیں۔

قرۃ العین حیدر ان افسانہ نگاروں میں سے ایک ہیں جن کے افسانے بہت جدید ہونے کے باوجود بے حد پر کشش ہیں۔ ان کی زبان اعلیٰ درجہ کی اور موضوع کے اعتبار سے ہے۔ افسانوں کی طرح زبان بھی خاص طبقہ کی زبان ہے۔ وہ کرداروں کی موافقت سے زبان استعمال کرتی

ہیں۔ انگریزی الفاظ کا استعمال خوب کرتی ہیں۔ اکثر زبان شاعرانہ بھی ہو جاتی ہے۔ ان کے یہاں جو غیر معمولی تخلیقی صلاحیت ملتی ہے اس کی مثال اردو افسانوی ادب میں کہیں اور نہیں ملتی۔ ان کی کہانیوں کے مجموعے ''ستاروں سے آگے، پت جھڑ کی آواز، روشنی کی رفتار، شیشے کے گھر، کے نام سے شائع ہو چکے ہیں۔

جدید اردو ناول کے بنیاد گزاروں میں بعض اعتبار سے سب سے اہم نام قرۃ العین حیدر کا ہے۔ اردو میں مغرب کے اثر سے جب داستان کی جگہ ناول نے لی تو اس کے موضوعات تھے، اصلاح معاشرت، تحریک آزادی، غربت، پسماندہ طبقوں کے ساتھ اظہار ہمدردی، عورت کی مظلومی پر احتجاج وغیرہ۔ اس کے فوراً مغربی تہذیب ناول نگاروں کی توجہ کا مرکز بنی خواہ اس سے وابستگی کا اظہار کیا گیا ہو یا بیزاری کا۔ بعد ازاں اردو ناول کی تاریخ میں ایک نیا موڑ آیا۔ تقسیم ہند نے ہجرت کا ایک نیا موضوع دیا اور اسی پس منظر میں انسانی رشتوں کی پیچیدگی ناول نگار کی توجہ کا مرکز بنی۔ کرداروں کے ذہنوں کی گرہوں کو کھولنا اس نے اپنا شعار سمجھا۔ تکنیک کے نئے تجربے ہوئے۔ شعور کی رو سے ناول میں بہت کام لیا گیا۔ اس ضمن میں قرۃ العین حیدر کا کارنامہ یقیناً ناقابل فراموش ہے۔

قرۃ العین حیدر نے اپنا پہلا ناول ''میرے بھی صنم خانے'' ۱۹۴۹ء میں تقسیم ہند کے موضوع پر لکھا۔ اس کے چار سال بعد ان کا دوسرا ناول ''سفینۂ غم دل'' شائع ہوا۔ اس کا موضوع بھی وہی ہے۔ دونوں ناولوں کی شاندار پذیرائی ہوئی۔ دوسرا ناول فنی اعتبار سے بہتر ہے۔ اس میں تاریخیت زیریں لہر کے طور پر موجود ہے۔ وقت کا تسلسل اس کی اہم خصوصیت ہے۔ ۱۹۵۹ء میں ان کا شاہکار ناول ''آگ کا دریا'' شائع ہوا۔ شعور کی رو اس ناول میں نمایاں طور پر موجود ہے۔ یہ ناول تاریخ ساز ثابت ہوا، اس نے اردو ناول کو ایک نئی سمت عطا کی۔ ان کے دوسرے ناولوں میں ''آخر شب کے ہم سفر، گردش رنگ چمن، چاندنی بیگم'' بہت اہم ہیں۔ ان کا ایک سوانحی ناول ''کار جہاں دراز ہے'' بھی بہت مقبول ہوا۔ ''سیتا ہرن، چائے کے باغ، دلربا، اگلے جنم موہے بٹیا نہ کیجو'' قرۃ العین حیدر کے مشہور ناولٹ ہیں۔ انھوں نے اردو ناول کو ایک نئی سمت عطا کی۔ اسے پڑھنے سے زیادہ محسوس کرنے کی چیز بنا دیا۔ ان کے ناولوں میں عموماً یہ بتایا گیا ہے کہ زندگی ٹھہرتی نہیں ہے اور یہ کہ وقت کے بہاؤ کے ساتھ سب کچھ بہ جاتا ہے۔ وقت ایک ایسی طاقت ہے جس کے آگے انسان بالکل بے بس ہے۔

آگ کا دریا:

اردو کے جن ناول نگاروں نے فن ناول نگاری کو فکر وفن کی نئی جہتوں سے روشناس کرایا ان میں قرۃ العین حیدر کا نام سرفہرست ہے، یوں تو ان کے تمام ناول اپنے فن اور تکنیک کے اعتبار سے چونکانے والے ہیں لیکن ۱۹۵۹ء میں شائع ناول ''آگ کا دریا'' اردو ناول نگاری کی تاریخ میں

ایک سنگ میل کی حیثیت رکھتا ہے۔ اس نے اردو ناول نگاری کو ایک نئی سمت عطا کی۔

ناول کا موضوع وقت ہے۔ ناول نگار نے متعدد مقامات پر وقت کا تذکرہ ایک مؤثر اور عظیم طاقت کے طور پر کیا ہے۔ وقت ناول کا موضوع ضرور ہے لیکن ناول نگار نے وقت کو اصطلاحی معنی کے بجائے وسیع معنوں میں استعمال کیا ہے۔ اس میں تاریخ کے وہ صفحات بھی شامل ہیں جن پر جگہ جگہ وقت کے نقوش ثبت ہیں۔ قرۃ العین نے اس موضوع کے لئے ہندوستان کی تہذیبی وشعوری تاریخ کو ایک وسیع کینوس کے طور پر استعمال کیا ہے۔ یہ ناول گوتم بدھ کے عہد سے شروع ہوکر تقسیم ہند کے واقعات کے تاریخی اور تہذیبی پس منظر میں ہندوستانی تہذیب کو پیش کرتا ہوا ختم ہوتا ہے۔ اس ضمن میں ہندو مسلم تہذیب کی ہم آہنگی اور تقسیم کے عوامل وعواقب پر بھی روشنی ڈالی گئی ہے۔ اس ناول میں شروستی، پاٹلی پتر کی تہذیب، ہندو مسلم مخلوط کلچر، انگریزوں کی چیرہ دستیاں، جدوجہد آزادی، تقسیم وطن اور جدید ہندوستانی وپاکستانی معاشرتوں کی مکمل تصویر موجود ہے۔ قرۃ العین حیدر نے فلسفہ وتاریخ کے عناصر کو ایک نفیس نمونہ فن میں ڈھال کر پیش کیا ہے۔ اس کے لئے انھوں نے اپنے بہترین رومانیت سے بھرپور بیانیہ انداز کے ساتھ ساتھ ایک نئی تکنیک شعور کی رو کا سہارا لیا ہے۔ یہ ناول اس تکنیک کی ایک کامیاب مثال ہے جس سے اردو ناول ایک نئی جہت سے آشنا ہوئی۔ اس تکنیک میں خارجی عمل سے زیادہ کرداروں کی نفسی زندگی پر زور دیا جاتا ہے۔

شعور کی رو والے ناولوں میں کردار نگاری کی طرف زیادہ توجہ نہیں دی جاتی۔ لیکن یہ ایک حقیقت ہے کہ اردو زبان کو سب سے پہلے قرۃ العین حیدر نے اعلیٰ درجے کی مہذب اور روشن دماغ کردار عطا کئے۔ ناول کے تمام کردار اتنے مکمل ہیں کہ وہ اپنے ماحول اور اپنی تہذیب کی علامت بن گئے ہیں۔ یہ تمام کردار مختلف روپ میں ہمارے سامنے آتے ہیں اور اپنے عہد کی ترجمانی کرتے ہوئے ناول کی فضا میں گم ہوجاتے ہیں۔ اس ناول کے بیشتر کردار خوشحال گھرانوں سے تعلق رکھتے ہیں، وہ اپنی مخصوص تہذیب وتمدن کے ساتھ اپنے عہد کے نوجوانوں کی ذہنی وفکری صلاحیتوں کی بھرپور نمائندگی کرتے ہیں۔ یہ کردار ہندوستان کے بیدار ذہن کا سمبل ہیں۔

گوتم ہندوستان کے باشعور ذہن کی نمائندگی کرتا ہے۔ قدیم عہد کا گوتم فلسفی ہے۔ دوسرے عہد کا گوتم نیلامبر انگریزوں کی آمد کے بعد پڑھے لکھے طبقے کا نمائندہ نظر آتا ہے۔ تیسرا گوتم وشو بھارتی سے ایم۔ اے کی ڈگری حاصل کرنے کے بعد ریلیف کے کاموں میں مشغول نظر آتا ہے۔ اس طرح گوتم ہر دور میں پڑھے لکھے طبقہ کا نمائندہ نظر آتا ہے۔

قدیم عہد کی چمپا جس کا نام چمپک ہے، ہندوستانی عورت کی علامت ہے جو گوتم جیسے فلسفی سے بحث کرنے کی صلاحیت رکھتی ہے۔ اس کے بعد چمپا ایودھیا کے ایک

پنڈت کی لڑکی چمپاوتی کی شکل میں ہمارے سامنے آتی ہے جو کمال ابوالمنصور سے محبت کرتی ہے۔ تیسری مرتبہ وہ لکھنؤ کی طوائف چمپابائی کی شکل میں ظاہر ہوتی ہے جو لکھنؤ کی مثالی طوائف کی نمائندگی کرتی ہے۔

گوتم اور چمپا کی طرح کمال بھی ہمارے سامنے مختلف شکلوں میں آتا ہے۔ سب سے پہلے وہ عربی النسل ابوالمنصور کمال الدین کی شکل میں سلطان شرقی کے مورخ کی حیثیت سے نظر آتا ہے۔ دوسری مرتبہ صوفیوں اور پنڈتوں کی منڈلی میں نظر آتا ہے۔ آخری بار ایک نواب خاندان کے فرد کی حیثیت سے سامنے آتا ہے۔ وہ ایک ذہین بااصول، ایمان دار مخلص اور تصور پرست انسان ہے۔ ان کے علاوہ سرل، طلعت، آمر رضا جیسے کچھ اور بھی کردار ہیں جو ناول کو آگے بڑھانے میں مدد کرتے ہیں۔

ناول آگ کا دریا رومانی طرز نگارش کا شاہکار ہے۔ ترشے ترشائے جملے اپنے اندر بڑی لطافت اور تشنگی رکھتے ہیں۔ ناول کے اسلوب نگارش سے ناول نگار کے تخلیقی شعور کی پختگی کا پتہ چلتا ہے۔ اس میں انگریزی، ہندی، سنسکرت کے ساتھ عربی اور فارسی الفاظ کا خوبصورت استعمال ملتا ہے۔ یہ الفاظ اپنے بولنے والے کرداروں کی شخصیت کے ساتھ اپنے عہد کی ترجمانی کرتے ہیں۔ مکالمے چھوٹے مگر فکر اور جذبے میں ڈوبے ہوئے ہیں۔ شعور کی رو کا ناول ہونے کی وجہ سے اس میں اشاریت اور ایمائیت بھی پائی جاتی ہے۔ اس طرح ناول آگ کا دریا قرۃ العین حیدر کا شاہکار ہے جو ایک سنگ میل کی حیثیت رکھتا ہے۔

ممتاز مفتی:

ان کا نام ممتاز حسین ہے، ولادت ۱۹۰۵ء میں گورداس پور پنجاب میں ہوئی۔ ممتاز مفتی نے اردو فکشن کو نفسیاتی کم وکیف سے بہرہ ور کیا۔ ان کے افسانوں میں جنسیات کا پہلو حاوی ہے۔ ممتاز مفتی فرائڈ سے بہت متاثر تھے۔ فرائڈ نے جنس کو جس طرح مرکزیت دے رکھی تھی، ممتاز مفتی اس سے بہت متاثر ہوئے۔ وہ زندگی کے طور طریقے کو جنسی پس منظر میں دیکھنے کی سعی کرتے ہیں۔ اس لئے ان کی کہانیوں میں حادثات، سماجی احوال وکوائف اور زندگی کی ناہمواریوں کی تلاش بے معنی ہے۔ ان کے افسانوی مجموعوں میں ''چپ، گہما گہمی، ان کہی، روغنی پتلے، سمے کا بندھن وغیرہ شائع ہو چکے ہیں۔ افسانوں کے علاوہ ممتاز مفتی نے ایک ناول ''علی پور کا ایلی'' لکھا جو بہت مشہور ہوا۔ یہ ناول بہت ضخیم ہے۔ اس کی ضخامت کے پیش نظر ابن انشا نے اسے اردو کا گرنتھ صاحب کہا ہے۔ یہ ناول عورتوں کے استحصال کا ایک رکارڈ ہے جس میں زوال آمادہ جاگیر دارانہ ماحول کی عکاسی ملتی ہے۔ ممتاز مفتی نے شخصیات کا ایک خاکہ ''کیسے کیسے لوگ'' اور ایک رپورتاژ ''لبیک'' بھی قلمبند کیا ہے۔

غلام عباس:

ان کی ولادت ۱۹۰۹ء میں امرتسر میں ہوئی اور انتقال ۱۹۸۲ء میں کراچی میں ہوا۔ غلام عباس کے افسانوں کے مطالعہ سے اندازہ ہوتا ہے کہ یہ اردو افسانہ نگاری کے آغاز کے افسانہ نگار ہیں۔ جس زمانے میں روسی، انگریزی اور فرانسیسی افسانے اردو میں ترجمہ ہو رہے تھے، اس وقت پریم چند کا طوطی بول رہا تھا اور سجاد حیدر یلدرم بھی اپنے رومانی افسانوں کے ساتھ اردو ادب میں اپنی جگہ بنا چکے تھے، لیکن غلام عباس نے رومانی افسانہ نگاروں کی راہ کو نہ اپنا کر حقیقت نگاری پر اپنے افسانوں کی بنیاد رکھی۔

غلام عباس نے زیادہ تر مسائلی افسانے لکھے۔ وہ مسائل کو ایک خاص صورت حال میں ڈھال کر دیکھتے ہیں، قدامت اور جدیدیت ان کے افسانوں کا قماش بناتے ہیں۔ غلام عباس کو زبان و بیان پر قدرت حاصل ہے، ان کے افسانوی مجموعے ''آنندی، جاڑے کی چاندنی، کم رس'' سے ان کی فنی پختگی کا پتہ چلتا ہے۔ انھوں نے افسانوں کے علاوہ ''گوندنی والا تکیہ اور جزیرہ سخن وراں'' جیسا ناول بھی لکھا ہے۔

انتظار حسین:

ولادت ۱۹۲۵ء میں بلند شہر میں ہوئی۔ انتظار حسین ایک نامور افسانہ نگار اور ناول نگار ہیں۔ ہجرت کا سب سے زیادہ احساس انتظار حسین کے افسانوں میں ملتا ہے۔ ان کا بنیادی تجربہ ہجرت کا ہے، وہ ہجرت کو ایک داخلی اور روحانی تجربے کے طور پر محسوس کرتے ہیں۔ دراصل ان کے تصور ہجرت کا سرا رسول کریم صلی اللہ علیہ وسلم کی ہجرت کے روحانی تصور سے ملتا ہے جس کی غایت بالکل الگ ہے۔

لہٰذا ان کے افسانے ہوں یا ناول، ان میں ہجرت کا المیہ تجربے کی ایک ایسی کیفیت سے عبارت ہے جو تخلیق کی سطح پر آ کر تطہیر کا کام انجام دیتی ہے۔ ان کے افسانوی مجموعے ''گلی کوچے، کنکری، آخری آدمی، شہر افسوس، خیمے سے دور، کچھوے'' وغیرہ شائع ہو چکے ہیں۔ ان کے ناولوں میں ''بستی، چاند گہن، تذکرہ، دن اور داستان، آگے سمندر ہے'' وغیرہ بہت مقبول ہیں۔

خدیجہ مستور:

ان کی ولادت ۱۹۲۷ء میں لکھنؤ میں ہوئی۔ انتقال ۱۹۸۲ء میں ہوا۔

خدیجہ مستور اپنے افسانوں میں زیادہ تر وہی مسائل زیر بحث لاتی ہیں جو عورتوں کے مسائل کہے جا سکتے ہیں۔ ان کے افسانے عورتوں کی کسمپرسی کے افسانے ہیں جس میں وہ ایک خاص انداز سے جوجھتی رہی ہیں۔ دراصل ہمارا نظام عورتوں کو ایک مخصوص طریقے سے زندگی بسر کرنے پر مجبور کرتا ہے جس کے خلاف آواز اٹھائی جاتی ہے۔ عورت بالادستی تو چاہتی ہے لیکن ایک طرح کی قید کی زندگی سے آزاد ہونا چاہتی ہے۔ خدیجہ نے بھی اپنے افسانوں میں اس باب کو ایک خاص طریقے پر برتنے کی کوشش کی ہے۔

خدیجہ کے افسانوی مجموعے ''بوچھار، چندروز اور، تھکے ہارے، ٹھنڈا میٹھا پانی، کے نام سے شائع ہوئے ہیں۔

خدیجہ مستور کی ایک حیثیت ناول نگار کی بھی ہے۔ ان کا ناول ''آنگن'' بہت مشہور ہو چکا ہے۔ ان کے انتقال کے بعد ان کا ایک اور ناول ''زمین'' بھی شائع ہو چکا ہے جو آنگن کی ہی توسیع ہے۔

ہاجرہ مسرور:

یہ خدیجہ مستور کی چھوٹی بہن ہیں۔ ان کی ولادت ۱۹۲۹ء میں لکھنؤ میں ہوئی۔ ہاجرہ مسرور ترقی پسندوں سے کافی متاثر نظر آتی ہیں۔ ان کے افسانوں میں جہاں عام لوگوں سے ہمدردی کی فضا ہے وہیں استحصال کے خلاف بغاوت کی لے بھی نمایاں ہے۔ ہاجرہ ایسے لوگوں کے مسائل کو خوب سمجھتی ہیں جو سوسائٹی کے بنائے ہوئے اصولوں کے تحت زندگی گزارتے ہیں اور جن کے حالات ناگفتہ بہ ہیں۔ لہٰذا ان کے افسانے عوام دوستی اور انسان دوستی کی مثالیں پیش کرتے ہیں۔ ان کے افسانوی مجموعے ''اندھیرے اجالے، کھیل اور ہائے اللہ، اس امر کے گواہ'' ہیں۔ یہ سارے افسانے ترقی پسند نظریے کے حامل ہیں۔ جس میں انسانی ہمدردی کی شیرینی ہر جگہ محسوس کی جاسکتی ہے۔ ان کے یہاں چیرہ دستیوں اور ماحول کے جبر کے خلاف احتجاج ملتا ہے جو کبھی چیخ بن جاتا ہے تو کبھی بغاوت۔

ابراہیم جلیس:

ان کا نام ابراہیم حسین تھا۔ ولادت ۱۹۲۴ء میں بنگلور میں ہوئی۔ ابراہیم جلیس ایک افسانہ نگار کی حیثیت سے مشہور ہوئے۔ انھوں نے ناول اور رپورتاژ بھی لکھے ہیں۔ ان کے افسانوی مجموعوں میں ''کچھ غم جاناں کچھ غم دوراں، ہنسے اور پھنسے، زرد چہرے، تکونہ دیس، بھوکا بنگال'' وغیرہ بہت اہم ہیں۔ ان کے ناول ''چالیس کروڑ بھکاری، چور بازار'' بہت مقبول ہوئے۔ ابراہیم جلیس کے رپورتاژ ''دو ملک ایک کہانی، جیل کے دن جیل کی راتیں، سپید اور سرخ ستارے کے درمیان'' کے نام سے شائع ہوئے۔

ابراہیم جلیس ایک ترقی پسند ادیب تسلیم کئے جاتے ہیں۔ وہ اس کے ایک سرگرم رکن رہے ہیں۔ یہ مسلسل اجتماع اور جلسے میں شریک ہوتے تھے۔ ۱۹۴۶ء کی حیدرآباد کی ترقی پسند مصنفین کی کانفرنس کو کامیاب بنانے والوں میں ان کا نام بہت اہم ہے۔ ابراہیم جلیس کے افسانوں میں طنز کا ایک خاص تیور ہے۔ وہ عام ہمدردی کے ایک ایسے فنکار ہیں جو ناہمواریوں کو ایک ہمدردانہ فضا میں دیکھنا چاہتے ہیں۔ لہٰذا ان کے طنز میں تشدد نہیں ہے۔ احتجاج کی لے دھیمی ہے۔ دراصل وہ سوسائٹی کو خوشگوار بنانا چاہتے ہیں۔ ان کا مسلک عوام سے ہمدردی کا ہے۔ چونکہ وہ ترقی پسند تحریک سے وابستہ رہے ہیں، اس لئے طبقات کی تقسیم کو ناگزیر نہیں سمجھتے اور مساوات کی تلقین کرتے ہیں۔

ان کی تحریروں میں انسان دوستی کی ساری علامتیں موجود ہیں۔ ابراہیم جلیس کے افسانے ہوں یا ناول سب اپنے اسلوب اور آہنگ کے لحاظ سے غیر پیچیدہ ہیں جن میں ترسیل کی فضا ہر جگہ موجود ہے۔

آمنہ ابوالحسن:

ان کا نام سید آمنہ بانو ہے۔ ان کی ولادت ۱۹۴۲ء میں حیدرآباد میں ہوئی۔ یہ اردو کی مشہور افسانہ نگار ہیں۔ ان کے کئی افسانوی مجموعے شائع ہو چکے ہیں مثلاً کہانی، بائی فوکل، سیاہ سرخ سفید، تم کون ہو۔ انھوں نے، آواز، پلس مائنس، یادش بخیر جیسے ناول بھی لکھے۔

آمنہ ابوالحسن کا فن ان چھوٹے چھوٹے مشاہدوں اور تجربوں سے عبارت ہے جو اطراف و جوانب پر نظر رکھنے کی وجہ سے نمایاں ہے۔ حیدرآباد کا ماحول وہاں کی زندگی، رشتے ناطے، طور طریقے وغیرہ ان کے افسانوں کے تار پود ہیں۔ ان کے کردار جس ماحول سے تعلق رکھتے ہیں واقعتاً وہیں کے معلوم ہوتے ہیں۔ ہمیں ان میں حقیقی زندگی کی جھلک دکھائی پڑتی ہے۔ آمنہ ابوالحسن واقعات کو غیر ضروری طریقے پر طول نہیں دیتیں اور جو تاثر قائم کرنا چاہتی ہیں وہ کہانی میں اس طرح پیوستہ ہوتا ہے کہ اس کی کوئی چول ڈھیلی نظر نہیں آتی۔

آمنہ فطری اعتبار سے ذہن کو بہت دور نہیں لے جاتیں، نہ زندگی کے بارے میں کوئی واضح فیصلہ رکھتی ہیں، لیکن زندگی کے نشیب و فراز کو برتنے کا ان کا ایک خاص انداز ہے۔ اپنے تجربے اور مشاہدے کو افسانوی رنگ دینے میں خصوصاً جنسی معاملات میں ان کا کمال یہ ہے کہ ایک حد سے آگے نہیں جاتیں۔ ان کی کہانیوں میں عضویاتی تکمیل کا احساس ہوتا ہے۔

☆☆☆

اردو ڈرامہ نگاری

آغا حسن امانت:

ان کی ولادت ۱۸۱۵ء میں لکھنؤ میں ہوئی۔ انتقال ۱۸۵۸ء میں لکھنؤ ہی میں ہوا۔ امانت کا شمار اردو کے اولین ڈرامہ نگاروں میں ہوتا ہے۔ انھوں نے ایک منظوم ڈرامہ ''اندر سبھا'' کی تخلیق کی۔ یہ درامہ ۱۸۵۳ء میں لکھا گیا اور ۱۸۵۴ء میں اسٹیج پر پیش کیا گیا۔ اسے بعض حیثیتوں سے اردو کا پہلا عوامی ڈرامہ قرار دیا جاتا ہے۔ یہ ڈرامہ امانت نے واجد علی شاہ کے عہد میں تخلیق کیا۔ واجد علی شاہ کے رہس کی شہرت کو سن کر اور اہل لکھنؤ کے شوق کو دیکھ کر آغا حسن امانت کے دل میں ایک تماشا ترتیب دینے کا خیال آیا۔ مثنوی سحر البیان اور مثنوی گلزار نسیم کے عشق سے لبریز قصے امانت کے سامنے تھے۔ شاہی رہس کے قصے سن سن کر انھوں نے یہ بھی جان لیا تھا کہ کسی قصے کو کس طرح اسٹیج پر پیش کیا جاسکتا ہے۔ چنانچہ انھوں نے ''اندر سبھا'' کے نام سے ایک قصے کو ترتیب دیا۔

اندر سبھا کی مقبولیت کی سب سے بڑی وجہ عوام کی پسند کے عشقیہ گانے ہیں۔ اس کا سب سے بڑا کمال یہ ہے کہ ڈرامہ ہندو اور مسلمانوں کے علمی و تمدنی مذاق کا باہمی میل پیش کرتا ہے۔ اس ڈرامے میں راجہ اندر دیومالا کی نمائندگی بھی کرتے ہیں اور مسلمان تاجداروں کی وضع میں بھی ہمارے سامنے آتے ہیں۔ اس ڈرامے کی تخلیق میں امانت نے بہت غور و فکر سے کام لیا اور ایک صنف کو جس سے وہ خود موجد ہیں اپنے پیروں پر لا کھڑا کیا۔

اندر سبھا کا قصہ مختصراً یہ ہے کہ راجا اندر اپنا دربار سجاتا ہے، جہاں بہت سی پریاں اپنے ناچ گانے سے راجا کا دل بہلاتی ہیں۔ جن میں سبز پری، نیلم پری، لال پری، پکھراج پری وغیرہ کا ناچ ہوتا ہے۔ سبز پری گلفام نام کے ایک شہزادے پر عاشق ہوجاتی ہے۔ راجا اندر خفا ہوکر گلفام کو ایک کنویں میں قید کروادیتا ہے اور سبز پری کے پر کٹوا کر دربار سے نکلوادیتا ہے۔ وہ جوگن بن کر ہر طرف درد بھرے گیت گاتے ہوئے پھرتی ہے۔ اس کی شہرت سن کر راجا اسے بلواتا ہے، اس کا گانا سن کر بہت خوش ہوتا ہے اور اسے منھ مانگا انعام دینے کا وعدہ کرتا ہے۔ سبز پری انعام میں گلفام کو مانگ لیتی ہے، اب معلوم ہوتا ہے کہ جوگن اصل میں سبز پری تھی۔ آخر کار اس کا قصور معاف ہوتا ہے۔ عاشق رہا کردیا جاتا ہے اور عاشق و معشوق کے ملاپ پر قصہ ختم ہوتا ہے۔

امانت نے کوئی ڈرامہ نہیں دیکھا تھا، شاہی رہس کے بارے میں انھوں نے صرف سنا تھا لیکن انھوں نے تخیل سے کام لے کر بہت سی دشواریوں کا حل ڈھونڈھ لیا۔ مثلاً شہزادہ گلفام کو کنویں میں کس طرح ڈالا جانا دکھایا جاتا؟

گلفام کو لے جا کر اسٹیج کے ایک کونے میں بٹھا دیا جاتا ہے اور ناظرین سمجھ لیتے ہیں کہ اسے کنویں میں ڈال دیا گیا۔ آخر میں ایک ایکٹر اس کے پاس جا کر اس کا ہاتھ پکڑ کر اٹھالیتا ہے۔ اس کا مطلب یہ ہوتا ہے کہ گلفام کو کنویں سے نکال لیا گیا۔

امانت نے ڈرامہ لکھتے وقت ہر معاملے میں عوام کی پسند کو ذہن میں رکھا، اس کا نتیجہ یہ نکلا کہ ڈرامہ ہر طرف مقبول ہوگیا۔ اندرسبھا کے جواب میں بہت سی اندرسبھائیں لکھی گئیں، آخرکار ہر ڈرامے کو اندرسبھا کہا جانے لگا۔ ڈراما لکھنؤ سے نکل کر دوسرے شہروں بلکہ دیہات تک میں پہنچ گیا اور بہت سی ناٹک کمپنیاں قائم ہوگئیں۔ ڈاکٹر مسیح الزماں لکھتے ہیں:

''اندرسبھا جب لکھنؤ میں کھیلی گئی تو لوگوں نے اس نئی چیز کو بہت پسند کیا۔ ہر طرف اس کا چرچا ہونے لگا۔ اس نے ہمارے ڈرامائی ادب کو اسٹیج کا راستہ دکھایا، اور وقت کی شاہراہ پر ایسی مشعل جلائی جس کی روشنی میں اردو ڈرامے اور تھیٹر کا کارواں چل پڑا۔''

یہ صحیح ہے کہ یہ ڈرامہ موجودہ ڈرامے کے معیار پر پورا نہیں اترتا۔ تصادم اور کشمکش جو ڈرامے کے بہت اہم عناصر ہیں، اس ڈرامے میں موجود نہیں۔ اس کے بیشتر کردار ارتقاء سے محروم اور بے جان ہیں۔ لیکن اس ڈرامے کا تنقیدی جائزہ لیتے ہوئے یہ بات پیش نظر رکھنی چاہئے کہ اس ڈرامے کی حیثیت نقش اول کی ہے، نقش اول میں اس طرح کی خامیوں کا راہ پا جانا عین ممکن ہے۔ اس ڈرامے کی اہمیت تاریخی ہے۔

مہدی حسن احسن لکھنوی:

ان کی ولادت ۱۸۵۹ء میں اور وفات ۱۹۳۰ء میں لکھنؤ میں ہوئی۔ ان کا تعلق ایک تعلیم یافتہ باذوق خاندان سے تھا۔ یہ مرزا شوق لکھنوی کے پوتے تھے، شعر و ادب کا اچھا ذوق رکھتے تھے۔ الفریڈ تھیٹریکل کمپنی کے ڈرامہ نگار کی حیثیت سے انھوں نے بہت سے ڈرامے لکھے۔ ان ڈراموں میں ''چندراوتی، چلتا پرزہ، فیروزہ اور گلنار بہت مشہور ہوئے۔ ان کا ایک کارنامہ یہ بھی ہے کہ انھوں نے شیکسپیر سے اردو ڈرامہ اور اسٹیج کو روشناس کرایا۔ انھوں نے شیکسپیر کے کئی ڈراموں کا ترجمہ اردو میں کیا۔ ہملٹ کو خون ناحق، اتھیلو کو شہید وفا، رومیو جولیٹ کو بزم فانی اور مرچنٹ آف وینس کو دل فروش کے نام سے اردو میں منتقل کیا۔

منشی ونایک پرشاد طالبؔ بنارسی:

مدت حیات ۱۸۵۲ء تا ۱۹۲۲ء۔ طالب بنارسی وکٹوریہ ناٹک کمپنی سے وابستہ تھے اور انھوں نے اس کمپنی کے لئے متعدد ڈرامے لکھے۔ ان کا رجحان مذہب کی طرف تھا، چنانچہ ان کے ڈراموں پر اخلاقی اور ناصحانہ رنگ غالب ہے۔ طالب سے پہلے ڈراموں میں منظوم مکالموں کا رواج تھا، اس کے بعد مقفیٰ نثر کا دور شروع ہوا۔ طالب نے اردو

ڈرامے کو نثر سے آشنا کیا۔ ''لیل ونہار، دلیر دل شیر، نازاں، نگاہ غفلت'' وغیرہ ان کے مشہور ڈرامے ہیں۔

پنڈت نرائن پرشاد بیتاب بریلوی:

پنڈت نرائن پرشاد الفریڈ تھیٹریکل کمپنی کے نامور ڈرامہ نگار تھے، یہ طالب بنارسی کے شاگرد تھے اور زبان وبیان پر قدرت رکھتے تھے۔ ان کا پہلا ڈرامہ ''قتل نظیر'' بہت مقبول ہوا۔ انھوں نے اپنے ڈراموں کا بیشتر مواد ہندوستانی تاریخ سے اخذ کیا۔ ''رامائن، کرشن سواما، فریب محبت، حسن فرنگ، مہابھارت، امرت، گورکھ دھندھا وغیرہ ان کے مشہور ڈرامے ہیں۔ ان کی زبان ہندی آمیز ہے۔ اپنی ہندی دانی سے انھوں نے اردو ڈرامے کو بہت فائدہ پہنچایا، ہندی گیت اور دوہے ان کے ڈراموں کی تاثیر میں اضافہ کرتے ہیں۔

آغا حشر کاشمیری:

آغا حشر کاشمیری اصلاً کشمیری تھے۔ بچپن بنارس میں گذرا۔ ان کی ولادت ۱۸۸۰ء میں امرتسر میں ہوئی اور انتقال ۱۹۳۵ء میں لاہور میں ہوا۔ اردو ڈرامے کی تاریخ میں سب سے ممتاز اور منفرد نام آغا حشر کاشمیری کا ہے۔ انھیں بجا طور پر اردو ڈرامے کا شیکسپیئر کہا جاتا ہے۔ آغا حشر نے ۱۹۰۱ء سے ڈرامے لکھنے شروع کئے اور ۳۲ سال ڈراموں کی دنیا میں گزار دیئے۔ بچپن ہی سے انھیں ڈراموں سے اتنی دلچسپی تھی کہ بنارس سے بھاگ کر بمبئی جا پہنچے اور الفریڈ تھیٹریکل کمپنی میں ملازم ہو گئے، بعد میں انھوں نے شیکسپیئر تھیٹریکل کمپنی کے نام سے اپنی ذاتی کمپنی قائم کی۔

آغا حشر کے ڈرامے اردو ڈرامہ نگاری میں سنگ میل کا درجہ رکھتے ہیں۔ انھوں نے ڈرامہ نگاری کے تقاضوں کو پورا کیا، اس صنف کے لئے راہیں ہموار کیں اور اردو ڈرامہ کو ادبی معیار بخشا۔ انھوں نے عوام کے ذوق کی تربیت کی، ڈرامے اور اسٹیج کو ایک بلند مقام عطا کیا۔ آغا حشر ڈراموں میں بہت سی تبدیلیاں کیں۔ گانوں کی تعداد کم کی، مکالموں کو روزمرہ کی بول چال کے قریب لانے کی کوشش کی۔ لیکن اس زمانے کے عام رواج کے مطابق چھوٹے چھوٹے فقرے لکھے اور قافیئے کی پابندی کو بھی برقرار رکھا۔ عوام کے مزاج اور مذاق کے مطابق ڈرامے کو ڈھال کر فنی اور ادبی شکل بخشی۔ ڈراموں میں نثر کا حصہ زیادہ رکھا، اس میں سیاسی اور سماجی افکار داخل کئے اور زبان کو بامعنی بنایا۔ آغا حشر لکھتے ہیں:

''میں وقت اور سوسائٹی کی حالت کو پیش نظر رکھتا ہوں اور اس کے پیش نظر اپنا اصلاحی پروگرام مرتب کرتا ہوں۔ میں نے مقفیٰ اور بے سروپا ڈراموں کو، جن کا آج سے بیس برس پہلے بہت رواج تھا، اسٹیج کو خیرآباد کہنے کے لئے مجبور کر دیا ہے، لیکن مجھے پبلک کو ادبی ڈرامہ کے لئے تیار کرنے پر کئی سالوں تک انتظار کرنا پڑا۔''

آغا حشر کی ایک خصوصیت یہ بھی ہے کہ ان کے ڈراموں کی بنیاد کشمکش پر ہوتی ہے۔ ڈرامائی عمل پلاٹ پر حاوی ہوتا ہے۔ پلاٹ عام طور پر سادہ ہوتے ہیں۔ وہ اپنے ڈراموں میں شدید کشمکش دکھانے کے بعد آخر میں حق کی فتح اور باطل کی شکست دکھاتے ہیں۔ آخری زمانے کے ڈراموں مثلاً ''یہودی لڑکی، آنکھ کا نشہ، دل کی پیاس'' وغیرہ میں اصلاحی مقصد بہت زیادہ ہے۔

آغا حشر عوام کی پسند کے پیش نظر اپنے ڈراموں میں ظریفانہ ماحول کو کسی نہ کسی طرح ضرور پیش کرتے تھے۔ اکثر ڈراموں میں اصل قصہ کے پہلو بہ پہلو کوئی نہ کوئی مزاحیہ پلاٹ بھی چلتا ہے جو مرکزی قصے سے غیر متعلق ہوتا ہے۔ زمانے کی طلب کے مطابق فقرہ بازی، نوک جھونک، شوخی و شرارت ان کے ڈراموں میں جگہ ضرور پاتی ہے۔ ان کے مشہور و مقبول ڈراموں میں ''صید ہوس، مار آستین، پاک دامن، اسیر حرس، میٹھی چھری، سفید خون، آنکھ کا نشہ، دل کی پیاس، یہودی لڑکی، خوبصورت بلا، رستم و سہراب'' وغیرہ کا شمار ہوتا ہے۔

آغا حشر نے شیکسپئر کے ڈراموں کا ترجمہ بھی کیا، ہندی میں بھی بہت سے ڈرامے تصنیف کئے اور ڈرامے میں بھی عوامی کردار کو جگہ دینے کا سلسلہ شروع کیا۔ ان کے عہد میں عوام کی پسند کے مطابق ڈرامے کے تسلسل کا خیال رکھے بغیر ڈراموں کے گانوں کو دوبارہ بھی سنایا جاتا تھا، یا کسی منظر کو بھی دہرایا جاتا تھا۔ ان کی کمپنی شیکسپئر تھیٹریکل کمپنی بہت کامیاب ہوئی۔ بہت سے شہروں میں جا کر اس کمپنی کے ذریعہ ڈراموں کو پیش کیا گیا۔ اس میں اصلاحی مقصد کا خاص خیال رکھا جاتا تھا۔ زبان عوام کی پسند کے مطابق دلچسپ ہوتی تھی۔ غرض آغا حشر نے ڈرامہ نگاری کے تمام تقاضوں کو پورا کیا۔

امتیاز علی تاج:

امتیاز علی تاج کی ولادت ۱۹۰۰ء میں لاہور میں ہوئی، اور انتقال ۱۹۷۰ء میں لاہور ہی میں ہوا۔ امتیاز علی تاج اردو کے معروف انشا پرداز ہیں۔ ان کے ڈرامے اردو میں بہت مقبول ہوئے۔ انھوں نے ''گونگی جورو، چچا چھکن، کمرہ نمبر ۵، پرتھوی راج، صید صیاد، قرطبہ کا قاضی جیسے ڈرامے لکھے لیکن ان کو مقبولیت اور شہرت ڈرامہ انارکلی کی وجہ سے ملی۔ اس ڈرامے میں جو واقعات پیش کئے گئے ہیں، ان کی کوئی خاص تاریخی حقیقت نہیں ہے، بلکہ اس کی بنیاد حسن و عشق کی ایک مشہور عام روایت ہے جیسے تاج نے اپنی تخلیقی قوت اور فنکارانہ صلاحیتوں سے اس خوبصورت ڈرامے کی شکل میں ڈھال دیا ہے۔

ڈرامے کا پلاٹ بہت چست اور گٹھا ہوا ہے۔ بات سے بات پیدا ہوتی ہے اور تمام واقعات پوری طرح ایک دوسرے سے مربوط ہو جاتے ہیں۔ اس ڈرامے میں اکبر کے محل کا منظر پیش کیا گیا ہے۔ انارکلی شہزادہ سلیم سے محبت کرتی ہے، محل کی ایک کنیز دلارام اس کی رقیب کی شکل میں

سامنے آتی ہے جو سلیم کو اپنا بنا کر ملکہ بننے کا خواب دیکھتی ہے لیکن جب انارکلی کی وجہ سے اس کا خواب شرمندہ تابیر نہیں ہو پاتا تو وہ جوش رقابت میں انارکلی کے خلاف سازش کر کے اسے راہ سے ہٹانے کی کوشش کرتی ہے۔ محل اور دربار میں ایسا جال بچھایا جاتا ہے کہ اکبر انارکلی کی جان کے درپے ہو جاتا ہے، آخرکار اسے دیوار میں چنوا دیتا ہے اس طرح یہ المیہ ڈرامہ اپنے اختتام کو پہنچتا ہے۔

اس ڈرامے کو نقادوں نے ایک رومانی المیہ کا نام دیا ہے۔ لیکن اس بات کا فیصلہ کرنا آسان نہیں کہ یہ کس کردار کا المیہ ہے۔ بہ ظاہر اس المیے کا تعلق سلیم، انارکلی اور اکبر تینوں سے نظر آتا ہے، لیکن پروفیسر احتشام حسین اسے اکبر کا المیہ قرار دیتے ہوئے لکھتے ہیں: ''اکبر کے یہاں ایک شہنشاہ اور ایک باپ کے مابین کشمکش ہے اور وہ ان کے درمیان توازن قائم کرنے یا کوئی تیسرا راستہ نکالنے میں ناکام رہتا ہے، یہ اس کی شکست ہے۔ اس کا شاہانہ جلال انارکلی کو دیوار میں چنوا دیتا ہے لیکن باپ کی حیثیت سے بیٹے کے دل میں جگہ نہیں بنا پاتا۔''

کردار نگاری کے اعتبار سے انارکلی ایک کامیاب ڈرامہ ہے، ہر کردار اپنی ایک انفرادی شان اور تاج کی باریک بینی اور فنکارانہ بصیرت کا مظہر ہے۔ اکبر، سلیم، انارکلی اور دلارام کے کردار اہم ہیں اور پوری کہانی انھیں کے اردگرد گھومتی ہے۔ مگر بختیار، ثریا وغیرہ کے کردار ذیلی ہونے کے باوجود کہانی کو آگے بڑھانے میں مدد دیتے ہیں اور بجائے خود اپنی ایک اہمیت رکھتے ہیں۔

اس ڈرامے کی مکالمہ نگاری بھی قابل تعریف ہے۔ ہر کردار کی زبان سے ادا ہونے والے مکالمے کردار کی شخصیت کو ہمارے سامنے روشن اور بے نقاب کر دیتے ہیں۔ ان مکالموں میں طنز و مزاح کو بھی آمیزش ہے۔ اکبر کے مکالموں سے شاہانہ جاہ و جلال، سلیم کے مکالموں سے جذباتیت اور رومانیت، دلارام کے مکالموں سے مکاری وعیاری، انارکلی کے مکالموں سے اس کی سادگی و معصومیت کا اظہار ہوتا ہے۔ یہ تمام مکالمے فطری اور تاج کے فن کی عظمت کے مظہر ہیں۔

اس ڈرامے کی سب سے بڑی خصوصیت شاہی محل اور شاہی دربار کی کامیاب اور مکمل تصویر کشی ہے۔ محل کے اندر کی رقابتیں اور دربار کی سازشیں، مغل شہنشاہ کا رعب اور اس کی شان و شوکت کو بڑی کامیابی کے ساتھ اس ڈرامے میں پیش کیا گیا ہے۔ انارکلی فنی عروج و دلکش ادبیت کے لحاظ سے بے مثل کارنامہ ہے۔ زبان کی خوبی، مکالموں کی چستی، محاوروں کا برمحل استعمال لاجواب ہے۔ اس کے مکالمے سادہ سلیس اور روزمرہ کے نمونے ہیں۔ اس کے اندر ادب لطیف کا حسن اور ڈرامائی عمل دونوں موجود ہے۔ اپنی انھیں خوبیوں کی وجہ سے یہ ڈرامہ ہمیشہ اہمیت کا حامل رہے گا۔

پروفیسر محمد مجیب:

پروفیسر محمد مجیب نے کم لکھا لیکن جو کچھ لکھا وہ انتخاب

ہے، اردو ادب میں وہ ایک ڈرامہ نگار کی حیثیت سے جانے جاتے ہیں۔ ان کا ڈرامہ ''کھیتی'' قومی اصلاح کے مقصد سے لکھا گیا ہے۔ یہ ایک دلچسپ ڈرامہ ہے، اس میں عبدالغفور کا کردار خاص طور سے اہم ہے۔ لیکن ان کے جس ڈرامے نے بے انتہا شہرت پائی وہ ''خانہ جنگی'' ہے، اس میں دکھایا گیا ہے کہ مغل شہنشاہ شاہ جہاں کی زندگی میں ہی دوشہزادوں داراشکوہ اور اورنگ زیب میں رسہ کشی شروع ہو جاتی ہے۔ دراصل یہ دو مختلف نظریات کی کشمکش ہے۔ ایک طرف وہ گروہ ہے جو مذہب کی ظاہری پابندیوں پر سختی سے عمل کرتا ہے۔ دوسری طرف وہ گروہ ہے جو تمام مذاہب کا یکساں احترام کرتا ہے۔ سرمد ایک بزرگ صوفی ہیں جو اپنے خیالات کی پاداش میں پھانسی پر چڑھا دیئے جاتے ہیں۔ خانہ جنگی پانچ مناظر کا ایک المیہ ڈامہ ہے۔ جس میں دواشخاص کے درمیان نہیں بلکہ دونظریات کے درمیان تصادم دکھایا گیا ہے۔ ڈرامے کا اختتام اس طرح ہوتا ہے کہ قاری حالات کی ٹریجڈی سے متاثر ہوئے بنا نہیں رہ سکتا۔ ان دوڈراموں کے علاوہ پروفیسر مجیب کے ڈرامے ''حبہ خاتون، آزمائش اور دوسری شام بھی بہت مقبول ہوئے۔

سید عابد حسین:

یہ اصلاً فرخ آباد کے تھے۔ ولادت ۱۸۹۲ء میں بھوپال میں ہوئی۔ انتقال ۱۹۷۸ء میں دہلی میں ہوا۔ سید عابد حسین اردو کے اہم مصنفین میں شمار ہوتے ہیں۔ انھوں نے اسلامی تہذیب کی تاریخ پر قابل قدر کام کیا ہے۔ کئی اہم کتابیں تصنیف کی ہیں۔ جرمن شاعر گوئٹے کے فاوسٹ کا بہت رواں زبان میں ترجمہ کیا ہے۔ ان کے ڈرامہ ''پردۂ غفلت'' کو بہت قدر کی نگاہ سے دیکھا جاتا ہے۔ پردۂ غفلت ۱۹۲۵ء میں پہلی بار برلن جرمنی سے شائع ہوا۔ اس میں اسلامی معاشرت کی بالکل حقیقی تصویر پیش کی گئی ہے۔ ڈرامے کی تصنیف کا اصل مقصد اس بحران کو پیش کرنا ہے جس سے زمیندار طبقے کو پہلی عالمی جنگ کے بعد گزرنا پڑا۔ الطاف حسین پرانی وضع کے زمین دار ہیں۔ اپنی شان کو قائم رکھنے کے چکر میں ان کی ساری جائداد مہاجن کے قبضے میں چلی جارہی ہے۔ ان کی بیوی ان سے زیادہ پرانے خیالات کی ہے۔ بیٹی سعیدہ نئے خیالات کی نمائندہ ہے جو پردے کی مخالفت کرتی ہے۔ پورے ڈرامے میں شیخ جی کا کردار ایسا ہے جو حالات کے ساتھ بدلنے کی صلاحیت رکھتا ہے۔ دراصل ڈرامے میں قدیم وجدید کی کشمکش دکھائی گئی ہے۔ اور یہ بتانا مقصود ہے کہ جو لوگ وقت کے تقاضوں کو نہیں سمجھتے اور حالات کے ساتھ بدلنا پسند نہیں کرتے آخر میں وہ برباد ہو جاتے ہیں۔ سید عابد حسین کا ایک اور ڈرامہ ''شریرلڑکا'' بھی بہت اہم سمجھا جاتا ہے۔

ڈاکٹر محمد حسن:

ان کی ولادت ۱۹۲۶ء میں ہوئی۔ یہ مرادآباد کے رہنے والے تھے۔ محمد حسن اردو ادب میں ایک ڈرامہ نگار اور

نقاد کی حیثیت سے مشہور ہیں۔ ان کو اردو تنقید میں سید احتشام حسین کا جانشیں کہا جاتا ہے۔ جہاں تک ڈرامے کا تعلق ہے، اردو ڈرامے کی ابتدا میں رومانیت غالب تھی۔ اس پر شاعری، فلسفہ، تاریخ، توہمات اور اساطیر کا غبار چھایا ہوا تھا۔ ترقی پسندوں نے ادب میں حقیقت نگاری کو فروغ دیا۔ زمین کے مسائل اور سماجی احوال پر ادب کو مرکوز کر دیا۔ انھوں نے افسانہ اور ڈرامہ کو اپنی توجہ کا مرکز بنایا۔ اس مقصد کے لئے ہندوستانی زبانوں میں اپٹا کہ بنیاد ڈالی گئی اور سیاسی پلیٹ فارم کو ادب کے رشتہ سے اشتراکی خیالات پھیلانے کے لئے ڈرامے کے اسٹیج میں بدل دیا گیا۔ ریڈیو اور اپٹا کے لئے ڈرامہ لکھنے والوں میں کرشن چندر، منٹو، خواجہ احمد عباس، مرزا ادیب، حبیب تنویر، اطہر پرویز اور ڈاکٹر محمد حسن وغیرہ قابل ذکر ہیں۔ محمد حسن نے بھی اپنے دوسرے رفقاء کی طرح اسٹیج کے وسیلہ سے معاشرہ کی خرابیوں کو اشتراکی آئینے میں دکھلایا اور عوام کے مسائل عوام کے سامنے پیش کیئے۔ انھوں نے سیاسی، معاشرتی، اور عام انسانی مسائل کو تمثیل کے رنگ میں طنزیہ انداز میں اور بیانیہ کے اسلوب میں پیش کیا۔ ان کے ڈراموں میں روح اور آئیڈیلزم کے بجائے مادہ اور ٹھوس مسائل پر زور دیا گیا ہے۔ محمد حسن کے ڈراموں میں ''پیسہ اور پرچھائیں، مور پنکھی، کہرے کا چاند، شکست، محل سرا، سرخ پردے، مولسری کے پھول وغیرہ بہت اہم ہیں۔

محمد حسن کا مشہور ڈرامہ ضحاک ایک سیاسی تمثیل ہے جن میں ۱۹۷۵ء کے ہنگامی حالات کو ایرانی دیومالا کے حوالے سے پیش کیا گیا ہے۔ ڈرامانگار کے الفاظ میں یہ ڈرامہ اشتراکی نظریہ میں ہر سیاسی وسماجی مسئلے کا حل پیش کرتا ہے اور ایک نئے عہد، نئے انسان اور نئے معاشرہ کا خواب دیکھتا ہے۔ ضحاک کہتا ہے ''ہمارا قاتل کسانوں کے قبیلے میں مفلسی میں پل کر جوان ہو رہا ہے اور ایک دن محنت کا خونی جھنڈا اٹھائے اس کا گروہ ہمارے تخت کو پلٹ دے گا۔'' خونی جھنڈے سے سرخ پھریرا مراد ہے اور یہ اشتراکی روس کی سربلندی کا اعلان ہے۔

اپنے محل سرا نام کے ڈرامے میں محمد حسن نے ایک جاگیردارانہ سماج کے مٹتے ہوئے خاندان کے مسائل کو بہت کامیابی کے ساتھ پیش کیا ہے، جو اپنی چھوٹی عزت اور عظمت کی حفاظت کے لئے سرتوڑ کوشش کرتا ہے۔ ڈرامانگار خاندان، نسل، رکھ رکھاؤ اور سماجی حیثیت کو برقرار رکھنے کے لئے اپنے کرداروں کی کشمکش کو نمایاں کرتا ہے۔ نواب صاحب کا بڑا لڑکا منظور جائداد کی حفاظت کے لئے اور اپنی جھوٹی برتری کو قائم رکھنے کے لئے جدوجہد کرتا ہے۔ اس کی بہن ریحانہ کی عمر بڑھتی جا رہی ہے مگر فقط اسی وجہ سے اس کی شادی نہیں ہونے دیتا کہ خاندان، نسب اور حیثیت کی رکاوٹیں کھڑی ہو جاتی ہیں۔ وہ اپنے دوست سلیم کے مشورے کو قبول نہیں کرتا اور یہی عذر کرتا ہے کہ ''تم چاہتے ہو کہ میں بھائی ہو کر ایسے ویسے جاگیردار کے ہاتھ سونپ دوں جس کی آمدنی کا کوئی بھروسہ نہیں اور جس کی ذات

پات میں کھوٹ ہو، ہماری سی عزت ووقار نہ رکھتا ہو۔''

غرض محمد حسن اردو میں مغربی ادب کے اثر سے انٹی ڈرامہ کے آغاز سے پہلے کی اس نسل سے تعلق رکھتے ہیں جو خالص نظریاتی بنیاد پر سادہ اور صاف طریقہ سے اپنے ڈراموں سے ایک فکر اور ایک پیغام دینا چاہتی ہے۔

حبیب تنویر:

حبیب تنویر آزادی کے بعد کے ڈرامہ نگاروں میں اس لحاظ سے کافی مشہور ہیں کہ ان کا ڈرامہ ''آگرہ بازار'' سب سے زیادہ اسٹیج پر پیش کیا گیا۔ ڈاکٹر عطیہ نشاط اس ڈرامے کے بارے میں لکھتی ہیں: ''اس ڈرامہ کو پڑھنے یا دیکھنے کے بعد یہ احساس ہوتا ہے کہ حبیب تنویر نے اسٹیج پر آنے والے کرداروں اور تماشائیوں کے فاصلہ کو بالکل کم کرنے کی کوشش کی ہے۔ اس میں مشہور ڈراما نگار بریخت کے تصورات کی آمیزش ہے۔''

ڈاکٹر ظہور الدین نے آگرہ بازار ڈرامے میں ایپک ٹھیٹر کے اثرات کی طرف اشارہ کیا ہے۔ اس ڈرامہ میں نہ کوئی پلاٹ ہے، نہ ہیرو، نہ کوئی مخصوص نقطۂ نظر اور نہ کوئی بڑی کشمکش۔ لیکن ایک ایسی فضا ضرور ہے جو ہمیں متاثر کرتی ہے۔ اگرچہ اور چیزوں کی کمی اسے ڈرامہ کی حیثیت سے کمزور بنا دیتی ہے۔ البتہ فضا کا تاثر کچھ دیر باقی رہتا ہے۔

حبیب تنویر کے ڈراموں میں موضوع تو اہم ہے اور زبان سادہ ہے لیکن اسٹیج کی وہ دلکشی نہیں ہے جو آغا حشر کے ڈراموں میں ملتی ہے۔ البتہ ان کے ڈرامہ 'آگرہ بازار' میں اسٹیج پر کامیاب ہونے کے لئے کافی خوبیاں موجود ہیں۔ اس کی مرکزی شخصیت نظیر اکبر آبادی ہیں۔ اس ڈرامے میں سنگیت اور غزلوں کی بھرمار ہے۔ اس کا پلاٹ مختصر ہے۔ نظیر اکبر آبادی کے گرد مختلف قصے اور روایتیں یکجا کردی گئی ہیں۔

حبیب تنویر نے اپٹا کے لئے کئی ڈرامے لکھے۔ مختلف مسائل کو اپنے ڈراموں کا موضوع بنایا۔ سادگی، اختصار اور دلچسپی ان کے سبھی ڈراموں میں پائی جاتی ہے۔ ان کے دوسرے ممتاز ڈراموں میں ''شطرنج کی بازی'' پریم چند کی کہانی پر مبنی ہے۔ ''جھاڑو'' کرشن چندر کی کہان پر مبنی ہے۔ ''مرزا شہرت'' مولیر کے ڈرامہ پر مبنی ہے۔ تلچھٹ گور کی کے ڈرامہ کا ترجمہ ہے۔ ''جالی دار پردہ'' روسی ڈرامہ کا ترجمہ ہے۔ حبیب تنویر نے صفدر ہاشمی کے ساتھ مل کر کام کیا۔ تھیٹر کے مسائل سے ان کو کافی دلچسپی تھی۔

ٹی۔ وی کے فروغ نے ڈرامہ اور تھیٹر کو پیچھے ڈھکیل دیا، لیکن ملک کی یونیورسٹیاں اس فن کو فروغ دینے کی کوشش کرتی رہیں۔ بیگم قدسیہ زیدی اور حبیب تنویر نے اس میدان میں قابل قدر کام کیا ہے۔ ان کی کوشش سے ہندوستانی تھیٹر کے نام سے ایک ادارہ قائم ہوا۔ جس نے سہراب اور رستم، مٹی کی گاڑی، شکنتلا، خالد کی خالہ، گڑیا گھر وغیرہ ڈرامے پیش کئے۔

☆☆☆

اردو میں طنز و مزاح نگاری

مرزا فرحت اللہ بیگ:

ان کی ولادت ۱۸۸۴ء میں دہلی میں ہوئی۔ انتقال ۱۹۴۷ء میں حیدرآباد میں ہوا۔ ہمارے مزاح نگاروں میں فرحت اللہ بیگ کو بہت مقبولیت حاصل ہے۔ وہ ایک خاکا نگار کی حیثیت سے بہت مشہور ہیں۔ ان کے خاکوں کو ہر دل عزیز بنانے میں مرزا کی فطری ظرافت کا بڑا دخل ہے۔ انھوں نے مختلف موضوعات پر قلم اٹھایا، تنقید، افسانہ، سوانح، سیرت، معاشرت اور اخلاق کی طرف انھوں نے توجہ کی، لیکن ان کی اصل شہرت کا مدار ظرافت نگاری پر ہے۔

مرزا فرحت اللہ بیگ کی تصنیف ''دلی کا آخری یادگار مشاعرہ'' مرقع نگاری کا عمدہ نمونہ ہے۔ مولوی نذیر احمد کو انھوں نے بہت قریب سے دیکھا تھا۔ اپنی تصنیف ''مولوی نذیر احمد کی کہانی کچھ ان کی کچھ میری زبانی'' میں ان کی ہو بہو تصویر اتاری ہے۔ یہ خاکا مولوی وحید الدین سلیم کو اتنا پسند آیا کہ انھوں نے اپنا خاکا لکھنے کی فرمائش کی۔ ان کی وفات کے بعد مرزا نے اس فرمائش کو پورا کر دیا اور اس خاکے کو ''ایک وصیت کی تعمیل میں'' نام دیا۔ انھوں نے بڑی تعداد میں مضامین لکھے جو مضامین فرحت کے نام سے سات جلدوں میں شائع ہو چکے ہیں۔ دہلی کی ٹکسالی زبان پر ان کو قدرت حاصل ہے اور شوخی ان کی تحریر کا خاصہ ہے۔

فرحت اللہ بیگ اصلاً مزاح نگار ہیں۔ ان کی تحریروں میں طنز کم ہے اور جہاں ہے وہاں شدت نہیں بس ہلکی ہلکی چوٹیں ہیں جن سے کہیں بھی زہرنا کی نہیں پیدا ہوتی۔ ان کی مقبولیت کا ایک سبب یہ بھی ہے کہ فلسفیانہ گہرائی اور سنجیدگی سے حتی الامکان اپنا دامن بچاتے ہیں۔ ان کی کوشش یہی ہوتی ہے کہ قاری زیادہ سے زیادہ محفوظ ہو۔ ان کے مضامین پڑھ کر ہم قہقہہ نہیں لگاتے بس ایک ذہنی فرحت حاصل کرتے ہیں۔ جب وہ کسی موضوع پر قلم اٹھاتے ہیں تو چھوٹی سے چھوٹی باتوں کو بھی نظر انداز نہیں کرتے۔ اس جزئیات نگاری سے قاری کو بہت لذت حاصل ہوتی ہے۔

رشید احمد صدیقی:

ان کی ولادت ۱۸۹۶ء میں مڑیاہوں جونپور میں ہوئی۔ انتقال ۱۹۷۷ء میں علی گڑھ میں ہوا۔ رشید احمد صدیقی علی گڑھ مسلم یونیورسٹی میں اردو کے صدر شعبہ تھے۔ انھوں نے خاکے، انشائیے، علمی اور تنقیدی مضامین سبھی کچھ لکھا ہے، مگر ان کی شہرت کا مدار طنز و ظرافت پر ہے۔ ان کے قلم سے جو تحریر بھی نکلی اس میں مزاح موج تہ نشیں کی طرح موجود ہیں۔ علمی مضامین میں اس کی گنجائش کم ہے، مگر ان کی شگفتہ مزاجی یہاں بھی اپنا کرشمہ دکھائے بغیر نہیں

رہتی۔ رشید احمد صدیقی کا مطالعہ وسیع ہے، یہ علمیت ان کے ظریفانہ مضامین سے بھی نمایاں ہوتی ہے، یہی وجہ ہے کہ ان کی تمام تحریروں میں تفکر کی کارفرمائی ہے۔

رشید احمد صدیقی علی گڑھ کے بہت دلدادہ ہیں۔ ان کی تصانیف میں علی گڑھ جابجا جلوہ گر ہوتا ہے۔ جو علی گڑھ سے واقف ہیں وہ ان کی تحریروں کے دیوانے ہیں، مگر جنھوں نے علی گڑھ نہیں دیکھا وہ ان سے پوری طرح لطف اندوز نہیں ہوسکتے۔ ان کی کئی اردو تصانیف شائع ہوچکی ہیں، جیسے مضامین رشید، خنداں، گنج ہائے گراں مایہ، طنزیات ومضحکات، آشفتہ بیانی میری، جدید غزل، شیخ نیازی، ہم نفسان رفتہ، ذاکر صاحب وغیرہ۔

رشید احمد صدیقی کے طنز اور گہرے اشارے ان کے فنکارانہ اسلوب کو گمبھیر اور فلسفیانہ بناتے ہیں۔ اس میں شک نہیں کہ وہ عصر حاضر کے سب سے بڑے مزاح نگار ہیں جو محض ہنسنے ہنسانے کے لئے نہیں لکھتے بلکہ تعلیم اور خودداری کے لئے لکھتے ہیں۔

مضامین رشید:

مضامین رشید، رشید صاحب کے ان مضامین کا مجموعہ ہے جس کی بنیاد طنز ومزاح پر ہے۔ ان کی طنز وظرافت کا معیار بہت بلند ہے۔ وہ سطحی اور پست قسم کے مذاق کے قائل نہیں۔ بقول آل احمد سرور ''رشید صاحب کی ظرافت میں جان طنز سے آتی ہے۔'' رشید احمد صدیقی نے اپنی ذہانت اور مخصوص علمی مزاج سے کام لے کر اپنی انفرادیت ہر جگہ برقرار رکھی ہے۔ وہ ادب برائے زندگی کے قائل تھے۔ لہٰذا اپنے فن کے ذریعہ محض افراد کی دل بستگی کا سامان فراہم کرنا نہیں چاہتے بلکہ معاشرے کی منفی قدروں کے خلاف نبرد آزما ہونے معاشرے کو صحت مند قدروں کی راہ پر گامزن کرنا چاہتے تھے۔

مضامین رشید کا مطالعہ کرنے پر یہ بات واضح طور پر سامنے آتی ہے کہ رشید احمد صدیقی نے اپنے مضامین میں معاشرے میں پائی جانے والی ناہمواریوں اور منفی قدروں کو اپنے طنز کا نشانہ بنایا ہے لیکن ان کے طنز میں جارحانہ انداز یا نشتریت نظر نہیں آتی۔ اکبر کی طرح انھوں نے بھی اپنے طنز کو مزاح کی نقاب پہنائی ہے۔ مضامین رشید سے رشید احمد کی تخلیقی صلاحیت، شعور کی پختگی، وسعت نظر، علمی عظمت کا اظہار ہوتا ہے۔ انھوں نے زندگی کے ہر پہلو کو اپنے طنز کا نشانہ بنایا ہے۔ وہ ہر شے کو معاشرتی ڈھانچے میں دیکھتے ہیں۔ انھوں نے اداروں اور جماعتوں پر نظر معاشرتی پس منظر میں ڈالی ہے۔ اس طرح ان کے یہاں تمدنی تنقید کے بہترین نمونے ملتے ہیں۔ مشرقی اقدار کو عزیز رکھنے کی وجہ سے انھوں نے مغربی تہذیب پر کڑی چوٹ کی ہے۔ رشید احمد کے طنز سے سماج کا کوئی بھی طبقہ محفوظ نہیں، ایڈیٹر، لیڈر، شاعر، وکیل، معلم، آفیسر ہر ایک پر انھوں نے طنز کے پتھر چلائے ہیں۔ شہری زندگی کے ساتھ ساتھ دیہاتی زندگی سے بھی انھوں نے اپنے فن کے لئے مواد اکٹھا کیا ہے اور

دیہاتی زندگی کے ایسے ایسے گوشوں تک ان کی نظر پہنچ جاتی ہے جس کے بارے میں عام آدمی سوچ بھی نہیں سکتا۔

رشید احمد صدیقی کے فن پر تنقیدی نظر ڈالنے سے پتہ چلتا ہے کہ وہ واقعاتی مزاح کے بجائے زیادہ تر بذلہ سنجی کو طنز ومزاح کے وسیلے کے طور پر استعمال کرتے ہیں۔ بذلہ سنجی میں رعایت لفظی اور دیگر شعبدہ بازیوں سے مزاحیہ نکتے پیدا کیئے جاتے ہیں۔ اور طویل بیان کے بجائے ایک آدھ فقرے میں اپنی بات کہدی جاتی ہے۔ رشید احمد صدیقی کے فقرے تراشنے کے فن میں ماہر ہیں اور ایک آدھ فقرے میں اپنی بات کہہ دی جاتی ہے۔ چوں کہ ان کے طنز ومزاح میں شعر وادب کے ساتھ ساتھ سیاست، تاریخ اور دیگر علوم وفنون کا امتزاج ہوتا ہے، اس لئے ان سے وہی شخص محظوظ ہوسکتا ہے جو نکھرے ہوئے مذاق کے ساتھ ساتھ ادبی پس منظر سے واقف اور باشعور ہو۔ بقول وحید اختر:

''مضامین رشید میں بیسویں صدی کے نصف اول کا ہندوستان اپنے تنوعات کے ساتھ ہنستا بولتا اور کہیں کہیں سنجیدہ وحزیں ملتا ہے۔ اس میں طنز بھی ہے، ظریفانہ نگاہ بھی، ہمدردی کا جذبہ بھی، اقدار کا احترام بھی۔''

پطرس بخاری:

ان کا اصل نام سید احمد شاہ بخاری اور قلمی نام پطرس تھا۔ ان کی ولادت ۱۸۹۸ء میں پیشاور میں ہوئی۔ انتقال ۱۹۵۸ء میں نیویارک میں ہوا۔ پطرس بخاری کو ۱۹۵۵ء میں اقوام متحدہ کے شعبہ اطلاعات کا جنزل سکریٹری منتخب کیا گیا۔ اسی زمانے میں کولمبیا یونیورسٹی نے انھیں انگریزی ادب کے پروفیسر کا عہدہ پیش کیا۔

مضامین پطرس:

پطرس بخاری نے افسانوی انداز میں ظرافت آمیز مضمون لکھے، وہ بھی صرف چند مگر ان مضامین میں کچھ ایسی جاذبیت اور دلکشی ہے کہ مصنف کو حیات ابدی حاصل ہوگئی۔ آج اردو کے ظریفانہ ادب کا سخت سے سخت انتخاب کیا جائے تو پطرس کی تخلیقات کو نظر انداز نہیں کیا جاسکتا۔ مضامین پطرس ان کے گیارہ افسانوں کا مجموعہ ہے۔ پطرس پہلے انگریزی ادب کے ہونہار طالب علم تھے، پھر اسی مضمون کے استاد رہے۔ جب وہ مضمون نگاری کی طرف متوجہ ہوئے تو یہ کیسے ممکن تھا کہ وہ انگریزی کے مزاحیہ ادب سے فائدہ نہ اٹھاتے۔ پطرس کے مضامین خالص مزاح کا نمونہ ہیں، جن میں طنز کی نہایت خفیف اور خوش گوار لہریں ملتی ہیں۔ اپنے ہر مضمون میں وہ مقامی رنگ اور مقامی فضا پیدا کرنے کی کوشش کرتے ہیں اور یہ محسوس نہیں ہونے دیتے کہ وہ مغرب سے متاثر ہیں۔

خالص مزاحیہ ادب پطرس سے پہلے بھی اردو میں موجود تھا مگر اس کی بنیاد پھکڑپن اور سستے چٹکلوں پر تھی۔ پطرس کے مضامین اس عیب سے پاک ہیں۔ بقول وزیر آغا انھوں نے مغربی ادب سے فیض اٹھاتے ہوئے خالص

مزاح کے حربوں یعنی واقعہ، کردار، موازنہ اور اسٹائل کی ظرافت کو بے اختیار اپنا لیا اور ان کی مدد سے اپنی مزاح نگاری کو پروان چڑھانے کی قابل قدر کوشش کی مگر انھوں نے سب سے بڑا کمال واقعے سے مزاح پیدا کرنے میں حاصل کیا۔ گویا واقعہ نگاری ان کے مزاح کی بنیادی خصوصیت ہے۔

پطرس کے مزاح کی ایک اہم خصوصیت یہ ہے کہ وہ اپنے مزاح کا نشانہ خود اپنی ذات کو بناتے ہیں۔ اگرچہ ظرافت نگار کے لئے یہ کام بڑا مشکل ہے لیکن اپنی ذات کو ہدف مزاح بنانا ان کا خاص طریقہ ہے جب کہ دوسرے مزاح نگار دوسروں کو مزاح کا نشانہ بناتے ہیں۔ یہ عالی ظرفی کی بات ہے۔ وہ واحد متکلم کے حربے کا کامیابی کے ساتھ استعمال کرتے ہیں۔ وہ ڈرامائی انداز سے قاری کو مسرور کرنے کا سلیقہ جانتے ہیں۔ انھوں نے مغربی طرز کے مزاح کو اردو میں رواج دیا، ان کے مشہور مضامین میں ''مرید پور کا پیر، میں ایک میاں ہوں، مرحوم کی یاد میں، سویرے جو کل آنکھ میری کھلی'' وغیرہ شامل ہیں۔ انھوں نے دو پیروڈیاں ''اردو کی آخری کتاب'' اور لاہور کا جغرافیہ، کے نام سے لکھی ہیں۔ پطرس مزاح کے میدان میں ممتاز حیثیت کے مالک اور ایک بلند پایہ فنکار ہیں۔ لفظوں کے انتخاب میں بھی وہ پیچھے نہیں رہتے۔ مضامین پطرس کے دیباچے میں لفظوں کی بازیگری اس طرح دکھاتے ہیں: ''اگر یہ کتاب آپ کو کسی نے مفت بھیجی ہے تو مجھ پر احسان کیا ہے، اگر آپ نے کہیں سے چرائی ہے تو میں آپ کے ذوق کی داد دیتا ہوں، آپ نے پیسوں سے خریدی ہے تو مجھے آپ سے ہمدردی ہے''۔ اس طرح پطرس بخاری نے مزاح میں مغربی طرز کے ساتھ ساتھ مشرقی طرز کو بھی برقرار رکھا اور اردو مزاح نگاری کو نئی راہ سے روشناس کرایا۔

عظیم بیگ چغتائی:

ان کی ولادت ۱۸۹۵ء میں جودھپور میں ہوئی اور انتقال ۱۹۴۱ء میں ہوا۔ ان کا شمار اردو کے مقبول مزاح نگاروں میں ہوتا ہے۔ ان کی کہانیاں بیشتر متوسط طبقہ کے مسلمان گھرانوں کی زندگی پیش کرتی ہیں۔ ان کے ہلکے پھلکے مزاح کی بنیاد لڑکپن کی شرارتوں پر ہے جن سے ہر انسان کا کبھی نہ کبھی سابقہ پڑا ہے، اس لئے عام لوگوں نے ان کی ظرافت کو بہت پسند کیا ہے۔ ان کے کردار ضرورت سے زیادہ اچھل کود کرنے والے دکھائی پڑتے ہیں۔ کہا جاتا ہے کہ وہ ہمیشہ بیمار رہے۔ انھوں نے بستر پر پڑے پڑے اپنی زندگی کے نکمے پن اور سستی کو اپنے کرداروں کو شوخ و سنگ بنا کر مٹانے کی سعی کی۔ لڑکپن کی جن شرارتوں کی تصویریں عظیم بیگ چغتائی نے اپنی تحریروں میں پیش کیا ہے وہ ان کی جسمانی کمزوری کا فطری ردعمل ہے۔

یہ بات بھی یاد رکھنے کی ہے کہ عظیم بیگ چغتائی معاشرے کی خرابیوں سے بیزار تھے اور اصلاح کی خواہش

رکھتے تھے۔ اس مقصد کو حاصل کرنے کے لئے بھی انھوں نے ظریفانہ اور طنزیہ مضامین لکھے۔ اس کے علاوہ ''قرآن اور پردہ'' جیسی سنجیدہ کتاب بھی لکھی۔ شریر بیوی، کولتار، خانم، چمکی، کمزوری، جنت کا بھوت، فل بوٹ وغیرہ ان کی مشہور تصانیف ہیں۔

شوکت تھانوی:

ان کا نام محمد عمر تھا۔ ولادت ۱۹۰۵ء میں بندرابن میں ہوئی۔ انتقال ۱۹۶۳ء میں لاہور میں ہوا۔ شوکت تھانوی اردو مزاحیہ ادب کے مقبول عام مصنف تھے۔ ۱۹۳۲ء کے آس پاس انھوں نے ایک کہانی ''سودیشی ریل'' لکھی۔ اتنی مقبولیت اردو میں بہت کم شہ پاروں کو نصیب ہوئی جتنی کی ''سودیشی ریل'' کو۔ مضحکہ خیز واقعات سنا کر ہنسانے کا فن انھیں خوب آتا ہے۔ ان کے یہاں گیرائی نہ سہی مگر عام لوگوں کو ہنسانے کا مواد خوب مل جاتا ہے۔ تقریباً چالیس کتابیں لکھ کر انھوں نے اردو کے مزاحیہ ادب میں بہت اضافہ کیا ہے۔ شوکت تھانوی الفاظ کے استعمال اور اپنے جملوں سے بھی ہنسی پیدا کرتے تھے اور ایسی مضحکہ خیز صورتحال کی تصویر کشی بھی کرتے تھے جو ہنسنے پر مجبور کرے۔ ان کی جودت ذہن معمولی باتوں کو بھی دلچسپ بنا دیتی ہے۔

شوکت تھانوی کے طنز و مزاح میں گہرائی نہیں بلکہ سطحیت ہے۔ اعلیٰ درجے کی تخلیق بہت غور و فکر اور محنت کے بعد ہی وجود میں آسکتی ہے۔ شوکت کے یہاں ان چیزوں کی کمی ہے۔ شوکت ہنسانے میں تو کامیاب ہیں مگر قاری کو غور وفکر کرنے پر مجبور نہیں کرتے۔ حالانکہ ان کی تحریروں میں مقصدیت موجود ہے۔ وہ سماجی خامیوں اور انسانی سیرت کی ناہمواریوں کو دور کرنا چاہتے ہیں، اس لئے ان پر ہنستے ہیں اور ان کا مذاق اڑاتے ہیں۔ ان کی کتابوں میں ''موج تبسم، بحر تبسم، سیلاب تبسم، طوفان تبسم، سوتیا چاہ، کارٹون، مابدولت، جوڑتوڑ، سسرال، وغیرہ بہت مقبول ہیں۔

کنہیا لال کپور:

ان کی ولادت ۱۹۱۰ء میں پاکستانی پنجاب کے لائل پور میں ہوئی۔ انتقال ۱۹۸۰ء میں فیروز پور میں ہوا۔ کنہیالال کپور ہمارے عہد کے بہت کامیاب طنز نگار اور مزاحیہ نگار ہیں۔ ان کی تصانیف کی تعداد بہت زیادہ ہیں، مگر بسیار نویسی کے باوجود ان کی تحریریں معیار سے گرنے نہیں پاتیں۔ وہ پختہ فنی شعور کے مالک ہیں اور جانتے ہیں کہ اعلیٰ درجہ کا ادب کس طرح وجود میں آتا ہے۔

کنہیالال کپور کی تحریروں میں سیاسی اور سماجی شعور کے عناصر وسیع پیمانے پر ملتے ہیں۔ پڑھنے میں ان کی تحریریں بڑی سیدھی سادھی دکھائی دیتی ہیں، مگر انھیں الفاظ کے نیچے مزاح اور طنز کے تیر چھپے ہوتے ہیں۔ روز بروز ان کا انداز ترقی پسندانہ اور انداز دلچسپ ہوتا جاتا ہے۔ کنہیالال کپور انگریزی ادب کے طنزیہ اور مزاحیہ ادب سے شناسائی رکھتے ہیں۔ اس لئے وہ ان تمام تدابیر سے بخوبی

واقف ہیں، جن سے طنز وظرافت میں حسن اور اثر پیدا ہوتا ہے۔ فطرت انسانی سے وہ بخوبی واقف ہیں۔ اس لئے انسان کی عالم گیر کمزوریوں کی بڑی کامیابی کے ساتھ گرفت کرتے ہیں اور ان کی تخلیقات زماں ومکاں سے اوپر اٹھ جاتی ہیں۔ ہر زمانے اور ہر مقام کے لوگ ان کی تصانیف سے لطف اندوز ہوسکتے ہیں۔ کنہیالال کپور کے مضامین میں ادبیت نظر آتی ہے۔ زبان پر انھیں قدرت حاصل ہے، اس لئے صاف ستھری زبان لکھتے ہیں۔ وہ محض لفظی الٹ پھیر یا ناہمواری زبان وبیان سے ظرافت نہیں پیدا کرتے بلکہ خیال وکردار کے وسیلے سے اسے ابھارتے ہیں۔ ''سنگ وخشت، شیشہ وتیشہ، چنگ ورباب، نوک ونشتر، بال وپر، نرم گرم، کامریڈ اور شیخ چلی'' ان کے مشہور مجموعے ہیں۔

☆☆☆

اردو مقالات وصحافت

مولانا محمد علی جوہر:

ان کی ولادت ۱۸۷۹ء میں رام پور میں ہوئی۔ انتقال ۱۹۳۱ء میں لندن میں ہوا۔ مولانا کی تدفین بیت المقدس میں ہوئی۔ مولانا ابتدائی تعلیم حاصل کرنے کے بعد اعلیٰ تعلیم حاصل کرنے کے لئے علی گڑھ اور پھر انگلینڈ گئے۔ ہندوستان آکر ریاست بڑودہ میں ایک اعلیٰ عہدے پر فائز ہوئے۔ چونکہ ان کے دل میں ملک وقوم کی خدمت کا جذبہ جوش مار رہا تھا، اس لئے ملازمت سے رخصت لے لی۔ انگریزی اخبار کے لئے مضامین لکھنا محمد علی جوہر کا پسندیدہ مشغلہ تھا۔ اسے جاری رکھنے کے لئے کلکتہ سے ایک انگریزی اخبار ''کامریڈ'' نکالا۔ اس اخبار کی زبان اتنی شگفتہ اور خیالات ایسے بلند ہوتے تھے کہ بڑے بڑے انگریز بھی اس اخبار کو پڑھتے اور سراہتے تھے۔ اس اخبار کا سب سے بڑا کارنامہ یہ ہے کہ اس نے اسلامی ممالک میں بیداری پھیلائی اور بین الاسلامی تحریک کو فروغ دیا۔ مولانا نے دہلی سے ایک اردو اخبار ''ہمدرد'' جاری کیا تاکہ ملک کے اندر بھی ان کے خیالات کی اشاعت ہوسکے۔

مولانا محمد علی اپنے عہد کے زبردست مقرر

اور صاحب قلم تھے۔ ان کی تقریریں اور تحریریں دونوں جوش سے لبریز ہوتی تھیں۔ وہ اپنی بات کو دلیلوں سے مستحکم بناتے تھے۔ اس لئے لوگ بہت جلد ان کے ہم خیال ہو جاتے تھے، ان کا شمار ہندوستان کے چوٹی کے لیڈروں میں ہوتا تھا۔ نہ صرف ہندوستانی مسلمان بلکہ ساری دنیا کے مسلمانوں کے مسائل ان کی توجہ کا مرکز تھے۔ خلافت تحریک کے دوران اپنی زبان اور اپنے قلم سے انھوں نے بیش بہا خدمات انجام دیں۔

مولانا محمد علی جوہر نے صحافت کا بہت اعلیٰ معیار قائم کیا۔ ذاتی مفاد، پست خیالات اور سستی جذباتیت سے انھوں نے صحافت کو دور رکھا۔ ان کی تحریروں میں شگفتگی اور جوش کے پہلو بہ پہلو شوخی و ظرافت بھی پائی جاتی ہے، اکثر طنز کی نشتریت بھی ہوتی ہے۔ مولانا بڑے نڈر، بے باک اور حوصلہ مند انسان تھے۔ حکومت وقت پر انھوں نے بڑی بے خوفی سے اور سخت الفاظ میں تنقید کی ہے، اس کے پاداش میں انھیں قید و بند کی صعوبتیں بھی اٹھانی پڑیں مگر اس سے ان کے ارادے کمزور نہیں ہوئے۔ قوم کی طرف سے انھیں رئیس الاحرار کا خطاب ملا۔ مولانا شاعر بھی تھے۔ ان کے شعری مجموعے ''جذبات جوہر، دیوان جوہر، سخن جوہر اور کلام جوہر'' کے نام سے شائع ہو چکے ہیں۔

میر بشارت علی جالبؔ:

ان کی ولادت ۱۸۷۴ء میں دہلی میں ہوئی۔ اور انتقال ۱۹۳۰ء میں ہوا۔ بشارت علی جالب کا مطالعہ وسیع تھا۔ رواں اور شستہ زبان لکھنے کی صلاحیت تھی، چنانچہ مضمون نگاری کی طرف متوجہ ہوئے اور جلد ہی اس میدان میں نمایاں مقام حاصل کر لیا۔ حکیم اجمل خاں نے اپنے ''اکمل الاخبار'' کے لئے ان کا انتخاب کیا۔ اس کے بعد منشی نولکشور نے اپنے اخبار ''اودھ'' کے لئے انھیں دہلی سے لکھنؤ بلوایا۔ میر بشارت علی جالب ''ہمدرد، ہمدم اور کئی دوسرے اخباروں سے بھی وابستہ رہے۔ آخر کار اپنا اخبار ''ہمت'' جاری کیا۔ آخر وقت تک یہی اخبار ان کی توجہ کا مرکز رہا۔

چونکہ جالبؔ کا مطالعہ وسیع تھا اور کتب بینی کا شوق تھا لٰہذا جس موضوع پر قلم اٹھاتے پہلے اس سلسلے میں خوب مطالعہ کر لیتے تھے اور اچھی طرح سوچ بچار کے بعد اپنے خیالات کو سپرد قلم کرتے، اس لئے ان کی باتوں میں وزن ہوتا تھا۔ جالبؔ دہلی کے رہنے والے تھے، شاہی خاندان میں ان کی پرورش ہوئی تھی، اس لئے زبان پر انھیں مکمل عبور حاسل تھا۔ سادہ، سہل اور دلکش زبان میں اپنے خیالات کا اظہار کرتے تھے، اس لئے ان کی تحریریں دل میں اتر جاتی تھیں۔

ظفر علی خان:

ظفر علی خاں کی ولادت ۱۸۷۰ء میں سیالکوٹ کے گاؤں کوٹ مہرتھ میں ہوئی۔ انتقال ۱۹۵۶ء میں ہوا۔ ان کا شمار اردو کے بلند پایہ اہل قلم میں ہوتا ہے۔ وہ ایک خوش گو

شاعر بھی ہیں اور ایک ایسے ناول نگار بھی جس نے ہندوستانی معاشرت کی جیتی جاگتی تصویریں دلکش انداز میں پیش کی ہیں، لیکن جس میدان میں انھیں سب سے زیادہ ناموری حاصل ہوئی وہ اردو صحافت ہے۔

ظفر علی خاں نے ہندوستانی سیاست میں بڑھ چڑھ کر حصہ لیا۔ شعلہ خو انسان تھے، لوگوں نے انھیں کوہ آتش فشاں سے تشبیہ دی ہے۔ ایسی طبیعت سیاست میں بہت راس آتی ہے۔ سیاست اور صحافت کا آپس میں گہرا رشتہ ہے، چنانچہ ظفر علی خاں نے صحافت کا راستہ اختیار کیا۔ وہ شعلہ بیان مقرر اور جادو نگار صاحب قلم تھے۔ سیاست وصحافت میں خاصہ نام پیدا کیا۔ حکومت وقت ان کی تقریروں اور تحریروں سے ہمیشہ پریشان رہی اور برابر سزائیں دیتی رہی۔ ان کی زندگی کے بارہ سال قید و بند میں گزرے۔

ظفر علی خاں کی شہرت کا اصل مدار ان کے اخبار ''زمیندار'' پر ہے۔ اس میں شائع ہونے والے مضامین صرف سیاست سے ہی متعلق نہیں ہوتے تھے بلکہ ادب، مذہب، معاشرت، سیاست، تاریخ، تہذیب وغیرہ سبھی اس کے دائرے میں شامل تھے۔ انداز بیان نہایت پرجوش ہونے کے ساتھ متین اور پروقار ہوتا تھا، اس لئے قارئین اس کے گرویدہ تھے۔ ظفر علی خاں کا طرز تحریر دلکش ہوتا تھا مگر مضامین میں عربی فارسی الفاظ کی کثرت نظر آتی ہے۔ اس سے تحریر کی دلکشی تو کم نہیں ہوتی۔ البتہ زور میں اضافہ ہو جاتا ہے۔ ان کی نثر بڑی جاندار ہوتی ہے۔ ذہانت، شوخی، ظرافت، بذلہ سنجی، وغیرہ ان کے یہاں سبھی کچھ موجود ہے۔ کبھی کبھی پھکڑ پن پر بھی اتر آتے ہیں۔ صحافت میں ایسے مقام بھی آتے ہیں جب پھکڑ پن ناگزیر ہو جاتا ہے۔

ظفر علی خاں کی شاعری بھی ان کے زمانے میں بہت مقبول تھی، ان کی شاعری کا موضوع ان کے زمانے کے حالات تھے۔ ان کی بیشتر نظموں کی حیثیت تاریخی ہے، مگر بہت سی نظمیں آج بھی بڑی دلچسپی سے پڑھی جاتی ہیں۔ ان کی نظموں کے مجموعے ''شور محشر، جلسات، بہارستان، نگارستان، ارمغان قادیان'' وغیرہ کے نام سے شائع ہو چکے ہیں۔

سید سلیمان ندوی:

ان کی ولادت ۱۸۸۴ء میں دیسنہ ضلع پٹنہ میں ہوئی۔ اور وفات ۱۹۵۳ء میں پاکستان میں ہوئی۔ سید سلیمان ندوی کو علامہ شبلی کے جانشین کی حیثیت سے جانا جاتا ہے۔ شبلی کے ادھورے کام کو انھوں نے پایہ تکمیل کو پہنچایا۔ ان کی کوششوں نے کئی علمی اداروں کو استحکام بخشا اور ان کے قلم نے اردو ادب کی گراں مایہ خدمات انجام دیں۔ جب وہ ندوہ میں تعلیم حاصل کر رہے تھے تو شبلی نے انھیں ''الندوہ'' کے نائب مدیر کی ذمہ داری سونپی، آگے چل کر وہ یہیں مدرس مقرر ہوئے۔ مگر جس ادارے نے ان کی سربراہی میں بہت نام پیدا کیا وہ دارالمصنّفین اعظم گڑھ

ہے۔

سید سلیمان ندوی کو تاریخ خصوصاً تاریخ اسلام سے خاص لگاؤ تھا۔ ان کی بیشتر تصانیف اسی موضوع سے متعلق ہیں۔ موضوع کی مناسبت سے زبان بھی علمی استعمال کرتے ہیں جس میں عربی فارسی الفاظ کی بہتات ہوتی ہے۔ مگر یہ الفاظ اس سلیقے سے استعمال ہوتے ہیں کہ طبیعت پر گراں نہیں گزرتے۔ غالباً یہ علامہ شبلی کی تربیت کا فیضان ہے کہ مضمون کے ساتھ حسن بیان بھی قاری کو گرویدہ بنالیتا ہے۔ اپنے ماہنامہ ''معارف'' کے ذریعہ انھوں نے علمی ذوق کو عام کیا۔ ان کی زبان شگفتہ ہوتی ہے اور موضوع اہم اسی لئے ان کی تصانیف کو قدر کی نگاہ سے دیکھا جاتا ہے۔ ان کی تصانیف میں نقوش سلیمانی، خیام، عرب اور ہند کے تعلقات، ارض القرآن، حیات شبلی، سیرت عائشہ وغیرہ بہت اہم ہیں۔

مولانا ابوالکلام آزاد:

ان کا اصلی نام محی الدین احمد تاریخی نام فیروز بخت، لقب ابوالکلام اور قلمی نام آزاد ہے۔ ان کا آبائی وطن دہلی تھا۔ مگر ولادت ۱۸۸۸ء میں مکہ معظمہ میں ہوئی۔ انتقال ۱۹۵۸ء میں دہلی میں ہوا۔ مولانا ابوالکلام آزاد نے ادب، مذہب اور سیاست میں قابل رشک مقام حاصل کیا۔ خطابت وصحافت میں ان کا رتبہ بہت بلند ہے۔ ان کے مضامین اور اداریے قارئین کے دلوں میں ہلچل پیدا کردیتے تھے۔ آزاد کی تحریریں اردو ادب کا بیش قیمت سرمایہ ہیں۔ مولانا نے کم عمری سے سیاست اور صحافت کی طرف توجہ کی۔ بیدار ذہن، شعلہ بار ذہن اور جوہر بار قلم رکھتے تھے، اس لئے ان کی شہرت بہت جلد چاروں طرف پھیل گئی۔ ملک کی آزادی سے وابستہ ہوگئے۔ زندگی کا نہایت بیش قیمت زمانہ جیل میں گزرا۔ غبار خاطر کے خطوط قلعہ احمد نگر کی جیل ہی میں لکھے گئے۔ ایک بار حکومت نے مولانا پر بغاوت کا الزام لگایا تو انھوں نے اپنے تحریری بیان میں بڑے فخر کے ساتھ اس جرم کا اعتراف کیا۔ یہ بیان ''قول فیصل'' کے نام سے کتابی شکل میں شائع ہوا۔

مولانا آزاد ایک طویل مدت تک آل انڈیا کانگریس کمیٹی کے صدر رہے، ملک کی آزادی کے بعد وزیر تعلیم مقرر ہوئے۔ جدید تعلیم، سائنس اور ٹکنالوجی کے علاوہ ملک کی تہذیب وثقافت کے فروغ کے لئے انھوں نے بہت کام کئے۔

تحریک آزادی کو تقویت دینے کے لئے مولانا نے یکے بعد دیگرے دو رسالے الہلال اور البلاغ جاری کئے۔ ان میں مولانا کے اداریے اور مضامین شائع ہوکر سارے ملک میں تہلکہ مچادیتے تھے اور انگریزوں کا ایوان حکومت لرز اٹھتا تھا۔ اس لئے بار بار رسالے کی ضمانت ضبط ہوجاتی تھی مگر مولانا کے پائے استقامت کو ذرا بھی جنبش نہیں ہوتی تھی۔ مولانا کی تحریر وتقریر دونوں جوش سے لبریز ہوتی تھی۔ جملے اکثر لمبے ہوجاتے تھے مگر نہ ربط تسلسل میں کمی آتی تھی نہ

کہیں عبارت میں جھول پیدا ہوتا تھا۔ مولانا کے مضامین میں عربی فارسی الفاظ کی کثرت پائی جاتی ہے، مگر اس سے زور بیان میں اضافہ ہوتا ہے۔ علمی اور فلسفیانہ اصطلاحات بھی جگہ جگہ نظر آتی ہیں۔ دراصل علمیت مولانا کی شخصیت کا لازمی حصہ ہے اور ان کی تحریروں میں جلوہ گر ہوئے بغیر نہیں رہتی۔ قرآن وحدیث کے حوالے بھی پائے جاتے ہیں جس سے ان کی نثر بہت باوقار ہو جاتی ہے۔ مولانا ایک زبردست انشاء پرداز ہیں۔ مختلف اسالیب پر انھیں قدرت حاصل ہے۔ ان کے انداز بیان میں بہت تاثیر ہے۔

غبار خاطر:

غبار خاطر ۱۹۴۲ء میں قلعہ احمد نگر کی جیل میں لکھے گئے ان خطوط کا مجموعہ ہے جو مولانا آزاد نے حبیب الرحمٰن خاں شیروانی کے نام لکھے تھے مگر بھیجے نہیں جا سکے۔ کہیں شعری، کہیں افسانوی، کہیں علمی اور کہیں سادہ و سلیس انداز میں لکھے گئے یہ خطوط اپنی مثال آپ ہیں اور ان کی تازگی آج بھی برقرار ہے۔ خطوط نج کے عکاس اور اسرار حیات کے دستاویز ہوتے ہیں ان میں انسان کی شخصیت بالکل بے نقاب ہو جاتی ہے اور انسانی نفسیات کے بہت سے ایسے پہلو سامنے آجاتے ہیں جو عام حالات میں سامنے نہیں آپاتے۔ ''غبار خاطر'' میں ہمیں مولانا آزاد کی شخصیت اپنی تمام تر نفاست، بلند خیالی اور انانیت وانفرادیت کے ساتھ جلوہ گر نظر آتی ہے۔ یہ ایک آئینہ ہے جس میں مولانا کی انفرادیت وانانیت، فلسفۂ نشاط وغم، مطالعہ فطرت، طنز ومزاح، زندگی گزارنے کا بے پناہ حوصلہ وغیرہ سب کچھ نظر آتا ہے۔ اس میں آزاد ایک ایسے آرٹسٹ، مفکر اور ادیب کی شکل میں ہمارے سامنے آئے ہیں جو اپنے قلم کی سحرکاری سے معمولی اور خشک موضوعات کو بھی شعر رنگ وآہنگ عطا کرنے کا ہنر جانتا ہے۔

غبار خاطر میں مولانا آزاد نے دل کا غبار نکالنے کے لئے خطوط لکھے۔ ان خطوط میں مولانا کے قید کے شب وروز اور ذہن ودماغ کی حالت کا بخوبی اندازہ ہوتا ہے اور ان کی مضمون نگاری کے جوہر دکھائی پڑتے ہیں۔ یہ خطوط آپ بیتی اور جگ بیتی دونوں ہیں۔ جن میں فلسفہ بھی ملتا ہے۔ غبار خاطر میں مکتوب الیہ برائے نام کا ہے۔ وہ اپنے خطوط میں ایک خطیب اور انشاء پرداز کی حیثیت سے نظر آتے ہیں اور حیات وکائنات کے بارے میں فلسفیانہ باتیں کرتے ہیں۔ بعض خطوط پر فلسفہ پوری طرح حاوی ہے۔ ان خطوط سے ہمیں یوروپ کے فلسفیوں اور ایشیاء کے پرانے مفکروں کے خیالات سے قدم قدم پر آگاہی ہوتی ہے۔

غبار خاطر کا اسلوب اس کی سب سے بڑی خوبی ہے۔ خطوط کے موضوع کے مطابق اس کا اسلوب ہے۔ اس کے مطالعہ سے معلوم ہوتا ہے کہ کہیں شعریت کا غلبہ ہے، مولانا کو عربی فارسی کے بے شمار اشعار یاد ہیں۔ ان کی زبان کہیں فارسی آمیز ہے تو کہیں عام فہم۔ غبار خاطر میں قدم

قدم پر ایسے جملے ملتے ہیں جنھیں شعر کہنا درست ہوگا۔ وہ شعری وسائل کا بھی خوب استعمال کرتے ہیں۔ تشبیہ، استعارہ، مجاز وکنایہ، لفظی اور معنوی صنائع کا استعمال مولانا نے بھرپور طریقے سے کیا ہے۔ وہ زندگی کی تلخیوں سے اوپر اٹھ کر روحانی مسرت کی دنیا میں زندگی گزارنا چاہتے ہیں۔ وہ اپنے مزاح کی قلندری کے ساتھ دلکش خیالات کو بہترین الفاظ میں پیش کرنے کا ہنر جانتے ہیں۔

مولانا آزاد قید خانے کی زندگی کو سزا کے طور پر نہیں تصور کرتے بلکہ اس کو انعام سمجھتے ہیں۔ ان کے خطوں میں خدا کی ہستی پر بھی بحث ملتی ہے۔ چمن اور اس کے حسن کا ذکر بھی ہے۔ حکایت زاغ وبلبل اور چڑیا چڑے کی کہانی بھی ہے۔ ان خطوط میں وہ ساری خصوصیات موجود ہیں جو ایک اچھے انشائیے میں ہوتی ہیں۔ اسی لئے یہ خطوط بہترین انشائیے ہیں۔ جن میں علمی، ادبی، تحقیقی، سیاسی، سماجی، مذہبی ہر طرح کے مضامین پائے جاتے۔ غبار خاطر مولانا کی شخصیت کا آئینہ ہے۔

عبدالماجد دریابادی:

ان کی ولادت ۱۸۹۲ء میں دریاباد ضلع بارہ بنکی میں ہوئی۔ انتقال ۱۹۷۷ء میں لکھنؤ میں ہوا۔ مولانا عبدالماجد ہمارے عہد کے نامور ادیب اور صحافی تھے۔ فلسفہ ان کا پسندیدہ موضوع ہے۔ انھوں نے فلسفہ سے متعلق کتابوں کے ترجمے بھی کیئے اور خود بھی کتابیں لکھیں۔ مولانا ماجد طالب علمی کے زمانے سے ہی مضمون لکھتے تھے جو اس زمانے کے اچھے رسالوں میں چھپ کر داد پاتے تھے۔ تلاش معاش کے سلسلہ میں عبدالماجد حیدرآباد گئے۔ وہیں پر اپنی مشہور کتاب ''فلسفہ جذبات'' لکھی اور علمی حلقے میں شہرت وناموری حاصل کی۔ اس وقت میں اردو میں فلسفے کے موضوع پر بہت کم لکھا گیا تھا۔ انھوں نے ''فلسفۂ اجتماع'' اور مکالمات برکلے'' جیسی تصانیف بھی لکھیں۔

عبدالماجد دریابادی کا خاص میدان صحافت ہے۔ انھوں نے متعدد اردو اخبارات کی ادارت کی۔ ان میں ہمدم، ہمدرد، حقیقت قابل ذکر ہیں۔ انھوں نے ''صدق'' نام سے ایک اپنا اخبار بھی جاری کیا۔ مولانا کی تصانیف وتراجم کا مطالعہ کیجیے تو یہ حقیقت واضح ہو جاتی ہے کہ زبان پر انھیں پوری دسترس حاصل ہے۔ ترجمہ کرتے ہیں تو اس طرح کہ اس پر طبع زاد تصنیف کا گمان ہوتا ہے، یہی ان کے ترجمے کی خوبی ہے۔ ان کی زبان سادہ، سلیس اور رواں ہوتی ہے۔ اس کے باوجود وہ پوری کوشش کرتے ہیں کہ زبان کا حسن برقرار رہے۔ کہیں بولی ٹھولی کی زبان استعمال کرتے ہیں، کہیں درمیان عبارت میں خود ہی سوال کرتے ہیں اور خود ہی جواب دیتے جاتے ہیں۔ موضوع کی مناسبت سے ذخیرۂ الفاظ ردوبدل ہوتا جاتا ہے۔ فلسفے سے خاص شغف کے باعث زبان مربوط اور مدلل ہوتی ہے۔ عبدالماجد کے مضامین کا مجموعہ ''انشائے ماجد، مقالات ماجد، مضامین عبدالماجد'' کے نام سے شائع ہو چکے ہیں۔

قاضی عبدالغفار:

قاضی عبدالغفار اصلاً مرادآباد کے رہنے والے تھے۔ان کی ولادت ۱۸۸۹ء میں ہوئی۔انتقال ۱۹۵۶ء میں علی گڑھ میں ہوا۔ 'لیلیٰ کے خطوط' اور 'مجنوں کی ڈائری' کے مصنف قاضی عبدالغفار اصلاً صحافی تھے۔ان کے زور قلم نے کئی اخباروں کو وقار عطا کیا۔انھوں نے اپنی عملی زندگی کا آغاز صحافت سے کیا ہے۔پہلے مولانا محمد علی کے مددگار کی حیثیت سے ''ہمدرد'' اخبار دہلی سے وابستہ ہوئے۔کچھ دنوں بعد دہلی سے کلکتہ گئے اور وہاں سے روزنامہ ''جمہور'' جاری کیا۔پھر حیدرآباد جاکر ''پیغام'' نکالا۔صحافت کے علاوہ سوانح اور تاریخ سے بھی انھیں گہرا شغف تھا۔''آثار جمال الدین، حیات اجمل، یادگار ابوالکلام آزاد'' ان کے قلم سے نکلی ہوئی مشہور سوانح عمریاں ہیں۔عمر کے آخری ایام انجمن ترقی اردو (ہند) کی خدمت میں گزارے۔کافی عرصہ تک انجمن کے سکریٹری کی خدمت انجام دی۔اس دوران وہ انجمن کے ترجمان ''ہماری زبان'' کے مدیر بھی رہے۔

قاضی صاحب کی ذاتی زندگی اور ان کے تصنیفی کاموں میں بہت نفاست پائی جاتی ہے۔لباس، خوراک، رہن سہن، ہر معاملے میں وہ بہت خوش سلیقہ تھے۔اسی طرح وہ اپنی تحریروں میں بھی اپنی نفاست کا ثبوت دیتے ہیں اور بہت سوچ سمجھ کر ایک ایک لفظ کا انتخاب کرتے ہیں۔ان کی عبارت بہت صاف ستھری اور پاکیزہ ہوتی ہے۔قاضی صاحب کی نثر نگاری کی اہم خصوصیت منتخب اشعار کا استعمال ہے جو ان کے یہاں کثرت سے ملتا ہے۔اکثر مضامین کی ابتداء وہ کسی شعر سے کرتے ہیں اور بالعموم خاتمہ بھی شعر ہی پر ہوتا ہے۔

☆☆☆

تنقید: اصول اور نظریات

اصول تنقید:

جب کوئی فن پارہ وجود میں آتا ہے تو وہ قارئین تک پہنچتا ہے، یہ لوگ اسے سراہتے ہیں یا ناپسند کرتے ہیں۔ جو علم اس پسند اور ناپسند کے اسباب تلاش کرتا ہے اسے تنقید کہتے ہیں۔ اس طرح ہم کہہ سکتے ہیں کہ تنقید نام ہے کسی فن پارے کو پرکھنے اور اس کے محاسن و معائب کا پتہ لگانے کا۔ نیز یہ طے کرنے کا کہ ادب میں اس کا مقام کیا ہے۔ تنقید فن پارے اور اس کے پڑھنے والے کے بیچ رابطے کا کام کرتی ہے۔ اس لئے وہ کبھی فن پارے کی صراحت کرتی ہے تو کبھی تشریح و ترجمانی اور کبھی تجزیئے سے کام لیتی ہے۔ تنقید نگار ادب پارے کے محاسن و معائب یعنی خوبیوں اور خرابیوں کا پتہ لگانے اور اس کی گہرائی میں پہنچنے کے لئے ہر ممکن کوشش کرتا ہے۔ وہ ہزار زاویے سے فن پارے کو دیکھتا ہے، ہر ممکن طریقے سے کھنگالتا ہے۔ اس کی تمام باریکیوں سے آگاہی حاصل کرتا ہے۔ پھر اس سے آگے بڑھ کر وہ فن کار کو سمجھنے اور اس کے زہن میں اترنے کی کوشش کرتا ہے۔ اس کے بعد وہ اس کے عہد اور ماحول کا جائزہ لیتا ہے۔ جتنے علوم مددگار ہو سکتے ہیں وہ ان سب کی مدد سے چھان بین اور تلاش و جستجو کا عمل اس وقت تک جاری رکھتا ہے جب تک اسے اپنے مقصد میں کامیابی حاصل نہیں ہو جاتی، گویا وہ ادب اور فن کی دنیا کا کولمبس ہے۔

نقاد کے لئے ضروری ہے کہ وہ تعصب جانبداری اور کسی کی طرف داری سے کام نہ لے اور اگر وہ ایسا نہیں کر سکتا تو وہ نقاد نہیں ہے اور اس کی تنقیدی کاوشیں تعصب و طرفداری اور پاس ولحاظ کا مجموعہ ہوں گی۔ نقاد اسے کہا جائے گا جس کا مطالعہ وسیع اور نظر گہری ہے۔ وہ مختلف علوم وفنون کے اہم خیالات اور مباحث سے واقفیت رکھتا ہو۔ بے تعصب اور غیر جانبدار ہو۔ ادب کی ماہیت کے ساتھ اس کی اہمیت وافادیت اور مصرف سے بھی واقف ہو۔ اور اس کے پاس یہ صلاحیت بھی ہو کہ فن پارے کی ہمہ گیری اور آفاقیت اور زمان ومکان کی حدود سے واقف ہو۔ اس لئے کہ وہی ادب قابل قدر ہوتا ہے جو بقول نورالحسن نقوی: زمان ومکان کی حدود سے بلند ہو کر ابدی اور آفاقی ہو جائے۔

بہت سے لوگ ہیں جنھوں نے تنقید کو ادب کے لئے مضر بتایا ہے اور کہا ہے کہ تنقید ادب کی ترقی کو روکتی ہے۔ یہ خواہ مخواہ فن کار اور قاری کے درمیان حائل ہو جاتی ہے۔ فلابیر تنقید کو ادب کے جسم کا کوڑھ کہتا ہے۔ ٹینیسن اسے ادب کے گیسوؤں کی جوں بتاتے ہیں۔ چیخوف تنقید کو اس مکھی سے تشبیہ دیتے ہیں جو گھوڑے کو حل چلانے سے روکتی ہے۔ لیکن یہ ساری باتیں اس تنقید کے بارے میں ہیں جو

فنکاروں پر کیچڑ اچھالتی ہے اور ان سے ذاتی پرخاش رکھتی ہے۔ ورنہ اصلیت یہ ہے کہ تنقید ادب کے لئے بے حد ضروری ہے۔ رچرڈشن کا ارشاد بجا ہے کہ تنقید ادب کے ساتھ وہ سلوک کرتی ہے جو ڈاکٹر جسم کے ساتھ کرتا ہے۔ یعنی اس کی صحت کا خیال رکھتا ہے۔ تنقید ادب کی اس طرح خدمت کرتی ہے جس طرح مالی چمن کی کرتا ہے۔ وہ چمن سے گھاس پھوس نکال پھینکتا ہے اور پھولوں پودوں کی دیکھ بھال کرتا ہے۔

تنقیدی دبستان:

ادب کو جانچنے پرکھنے کی خدمت انجام دینے کا نام تنقید ہے اور تنقید کرنے والا نقاد کہلاتا ہے۔ ہر نقاد اپنے علم اور اپنی مہارت کی بنا پر ادب پارے کی پرکھ کرتا ہے اور اس کی قدر و قیمت کا اندازہ لگاتا ہے۔ ہر انسان کے اندر کسی چیز کو دیکھ کر اس کے اچھے برے ہونے، اس کی خوبی یا کمی کا خیال آتا ہے اور سب کے دیکھنے یا سمجھنے کا ڈھنگ وزاویہ مختلف ہوتا ہے۔ جو تنقید نگار ہم خیال ہوں اور ادب کو پرکھنے کے لئے جن کے اصول یکساں ہوں، ان کی جماعت کو ہم تنقید کا دبستان کہتے ہیں۔ اس طرح تنقید کی دنیا میں مختلف دبستان موجود ہیں۔ جو درج ذیل ہیں:

تاثراتی تنقید:

نقادوں کا ایک گروہ یہ دیکھتا ہے کہ کسی ادب پارے سے ہمارے دل پر کیا تاثرات ہوتے ہیں۔ اس تاثر کو تنقید کی بنیاد بنایا جاتا ہے جو ادبی تخلیق قاری کے ذہن پر پیدا کرتی ہے۔ یہ تنقید خالص داخلی رنگ اختیار کر لیتی ہے۔ اس میں خارجی عناصر سے بحث نہیں کی جاتی۔ خیال اور معنی کی پیچیدگیوں میں پڑنے سے بچا جاتا ہے۔ یہ محض ذوقی وجدانی انداز کی تنقید ہے۔ اس میں خامیوں کو نظر انداز کر کے صرف محاسن کو شد و مد کے ساتھ اختیار کیا جاتا ہے۔ شبلی نعمانی، مہدی افادی، عبدالرحمٰن بجنوری، نیاز فتح پوری، فراق، رشید احمد صدیقی، محمد حسین آزاد، محمد حسن عسکری وغیرہ کی تنقیدیں تاثراتی دبستان سے متعلق ہیں۔

مارکسی تنقید:

انیسویں صدی کے جرمن مفکر کارل مارکس نے اپنی تصنیف ''سرمایہ'' کے ذریعہ یہ نظریہ پیش کیا کہ انسان دو طبقوں میں بٹا ہوا ہے: ایک سرمایہ دار، دوسرا مزدور۔ اس کا خیال تھا کہ سرمایہ دار ظالم اور مزدور مظلوم ہیں۔ چنانچہ ۱۸۶۷ء میں اس نے ایک اعلان نامہ شائع کیا جس میں ساری دنیا کے مزدوروں کو متحد ہو کر غلامی کی زنجیر کو توڑ ڈالنے اور اپنا حق چھین لینے کی دعوت دی گئی۔ اس کا سب سے زیادہ اثر روس میں ہوا، جہاں کارل مارکس کے نظریہ کے مطابق ۱۹۱۷ء میں سرخ انقلاب برپا ہوا۔

چونکہ ادب اپنے عہد اور ماحول کا آئینہ دار ہوتا ہے اس لئے ادب پر بھی مارکسیت کے اثرات مرتب ہوئے۔

چونکہ اشتراکیت پسند حقائق پر زیادہ زور دیتے ہیں، اس لئے مارکسی ادیب اور نقاد کے یہاں حقیقت پسندی کا جذبہ خاص طور سے نمایاں ہوا۔ ان کی دوسری خوبی یہ ہے کہ وہ اپنی انفرادی زندگی کو ادب کا موضوع بنانے کے بجائے اجتماعی زندگی کے مسائل کو پیش کرتا ہے۔ مارکسی نظریہ رکھنے والے ادیب اور نقاد کی بنیادی توجہ عوام پر رہتی ہے اس لئے وہ ادب سے یہ توقع رکھتا ہے کہ وہ عوامی ہو۔ ان کے نزدیک وہی ادب ہے جو عوام کے جذبات اور احساسات کی ترجمانی کرے، انھیں کے مسائل پر گفتگو کرے۔

ادب کے مقصدی اور افادی پہلو پر ہمیشہ زور دیا جاتا رہا ہے لیکن مارکسی ادیبوں نے اس پر سختی سے توجہ دی، بلاشبہ اس شدت کا کسی اور تنقیدی دبستان میں وجود نہیں۔ اس شدت سے جہاں فائدہ ہوا وہاں کچھ نقصان بھی ہوئے۔ اس کے ذریعہ سطحی جذبات اور احساسات کو بھی ایک اہم عمل بنا کر پیش کیا گیا۔ مارکسی نقاد حقیقت نگاری پر بہت زور دیتا ہے مگر دوسری طرف جانبداری سے بھی کام لیتا ہے۔ مثلاً سرمایہ دار کے مسائل ومشکلات سے اس کا کوئی سروکار نہیں، اس کے نزدیک جو ہے وہ مزدور ہے، اسی وجہ سے وہ غیر جانبدار نہیں رہ سکتا۔ یہ مفروضہ کہ صرف مزدور ہی مظلوم ہے اور سرمایہ دار ظالم ہوتے ہیں، مارکسی نقاد کو تنقید میں بھی زیادتی اور جانبداری کے لئے مجبور کر دیتا ہے۔

اردو کے چند اہم مارکسی نقادوں مثلاً احتشام حسین، اختر حسین رائے پوری، ممتاز حسین، بعض دوسرے نقادوں نے مارکسی تنقید کو آگے بڑھایا۔ ان نقادوں کے یہاں مارکسی نقطہ نظر اگرچہ عروج پر ہے تاہم وہ بعض دوسرے تنقیدی دبستان کی خوبیوں سے بھی ہم آہنگ تھے۔ اس لئے ان لوگوں نے حقیقت پسندی، سماجی حقیقت نگاری، اجتماعیت اور افادیت کے تمام پہلوؤں پر روشنی ڈالی اور اردو تنقید کو ایک نیا مزاج اور ماحول عطا کیا۔

نفسیاتی تنقید:

ادب میں ادیب یا فنکار کی شخصیت کا مطالعہ نفسیاتی مطالعہ ہے۔ اس نقطہ نظر کی بنیاد پر جو تنقید کی جاتی ہے اسے نفسیاتی تنقید کہتے ہیں۔ اس میں کوئی شبہ نہیں کہ فن میں فنکار کی تمام خوبیوں اور خامیوں کا پورا عکس ہوتا ہے۔ اس کا مطالعہ ناگزیر ہے کیوں کہ فن پارے کو اس کے بغیر پرکھا اور سمجھا نہیں جا سکتا۔ انسان کیا سوچتا اور کیا غور وفکر کرتا ہے کس طرح سوچتا اور کیا محسوس کرتا ہے، اس کے جذبات کیا ہوتے ہیں اور چونکہ واقعات کے لحاظ سے غور وفکر اور جذبات واحساسات میں تبدیلی رونما ہوتی رہتی ہے، اس لئے کس موقع پر کیا احساس ہوتا ہے اور کیا سوچا جاتا ہے، یہی وہ بنیادی عناصر ہیں جن کا مطالعہ نفسیات کا مطالعہ قرار دیا جاتا ہے۔ اس نقطہ نظر کے حامل نقاد اس کو حقیقی اور اصلی تنقید قرار دیتے ہیں۔

نفسیاتی نقاد کو مختلف مراحل سے گزرنا پڑتا ہے، اس لئے یہ ایک دشوار گزار امر ہے تاہم تحلیل نفسی کے سہارے

شعور وادراک اور لاشعور کی منزلوں اور پیچیدگیوں کو سلجھانے کی کوشش کرنا فرائڈ کے نزدیک تنقید کے لئے ضروری ہے۔ اُن کا یہ بھی خیال ہے کہ لاشعوری طور پر بعض اہم اور بنیادی کمالات انسان میں پوشیدہ رہتے ہیں جو صورت وشکل تبدیل کر کے سامنے آتے ہیں۔ کیوں کہ فنکار وہی چیز پیش کرتا ہے جو اس کے شعور ولاشعور میں جاگزیں ہوتی ہے۔ فرائڈ نے نفسیاتی مطالعہ اور تنقید کے سلسلہ میں جو گفتگو کی ہے وہ اگرچہ بعض لحاظ سے درست معلوم ہوتی ہے لیکن اس میں بعض خامیاں بھی ہیں مثلاً تحلیل نفس سے بعض پوشیدہ انسانی شعور کی گتھی سلجھائی جاسکتی ہے مگر صرف اسی کی بنیاد پر مکمل شخصیت اور ذہن کو پرکھنا ممکن نہیں۔ فرائڈ کے بعد اس کے دوشاگرد ایڈلر اور یونگ نے اسے وسعت بخشی۔

اردو زبان میں نفسیاتی تنقید کی ابتداء بیسویں صدی میں ہوئی مگر جس وسعت اور گہرائی کے ساتھ نفسی مطالعہ کی ضرورت تھی وہ آج بھی نامکمل ہے، اردو میں مرزا ہادی رسوا، میراجی، ریاض احمد، شبیہ الحسن، وزیر آغا، سلیم احمد وغیرہ کو نفسیاتی نقاد قرار دیا جاتا ہے۔ ان نقادوں نے داخلیت اور خارجیت میں انسانوں کو تقسیم کیا اور انھیں دونوں طبقوں سے مطالعہ نفس کے ذیلی عنوان کا تعین کر کے اسے ایک تنقیدی دبستان کی حیثیت سے ترقی دینے کی کوشش کی، اردو میں نفسیاتی تنقید کا سرمایہ بہت مختصر ہے تاہم اس کی افادیت سے انکار ممکن نہیں ہے۔ اس کے مطالعہ کے بغیر کوئی نقاد تنقید کا حق نہیں ادا کرسکتا۔

ہیئتی تنقید:

ادب میں ہیئت کا مطالعہ دراصل ہیئتی تنقید ہے، فن پارے میں داخلی اور خارجی دونوں ہیئتیں ہوتی ہیں مثلاً خارجی ہیئت میں دیکھا جاتا ہے کہ فن پارہ کیا ہے۔ غزل یا نظم۔ اگر غزل ہے تو مردف ہے یا آزاد۔ اسی طرح نظم ہے تو آزاد یا پابند۔ خارجی ہیئت سے فن پارے کا پہلی نظر میں تعین ہوجاتا ہے لیکن اس سے فن کی اندرونی کیفیات کا پتہ نہیں لگتا۔ اس لئے داخلی ہیئت کا مطالعہ لازمی ہے۔ داخلی ہیئت سے اصل معنی ومقصود کی طرف رہنمائی ہوتی ہے اور فن پارے کی وہ اصل روح اجاگر ہوتی ہے جو الفاظ ومعنی کے ذریعہ متشکل ہوتی ہے۔ انھیں دونوں ہیئتوں کے مطالعہ ومشاہدہ کے ذریعہ ہیئتی تنقید وجود میں آتی ہے۔ بہت کم نقاد ایسے ہیں جنھوں نے ہیئت کے مطالعہ پر پورا عبور حاصل کیا ہو۔ اگر کسی نے داخلی ہیئت کی طرف توجہ دی ہے تو خارجی ہیئت کو امکان بھر کام میں نہ لاسکا۔ اسی طرح جس نے خارجی ہیئت کی طرف توجہ کی ہے تو وہ داخلی قوتوں اور فن پارے کی اصل روح تک رسائی حاصل نہیں کرسکا ہے۔ یہی وجہ ہے اردو زبان میں ہیئتی نقاد بہت کم ہیں۔ ان میں گوپی چند نارنگ، شمس الرحمٰن فاروقی، مغنی تبسم اور مرزا خلیل بیگ کے نام لئے جاسکتے ہیں۔ لیکن ان کے یہاں بھی ہیئت کا مطالعہ ضمنی ہے۔ بہرحال ہیئتوں کے مطالعہ سے حقائق تک رسائی حاصل کرنا آسان ہے مگر اسے نبھانا بڑا مشکل ہے۔

کیوں کہ بنیادی طور پر ہیئتی نقاد الفاظ و معنی، اصطلاح اور داخلی سوز و گداز کے ساتھ خارجی ہیئت میں ربط و ہم آہنگی پر بڑا زور صرف کرتا ہے، تب جاکر کہیں وہ حقائق تک رسائی حاصل کرسکتا ہے۔ پھر بھی یقین سے نہیں کہا جاسکتا کہ اس نے جو نتیجہ اخذ کیا ہے فن پارے میں فنکار نے اصلاً وہی پیش کیا ہے۔

اسلوبیاتی تنقید:

ادب میں اسلوب کے مطالعہ اور نقد و جرح کو اسلوبیاتی تنقید کہا جاتا ہے۔ یہ جدید لسانیات کی ایک شاخ ہے۔ اسلوب کا جو عام فہم مفہوم ادب میں رائج ہے۔ اس اسلوب کا مفہوم اس سے یکسر جدا ہے بقول نورالحسن نقوی

''یہاں اسلوب ادبی اظہار کے وجود کا لازمی اور ناگزیر حصہ ہے۔ اسلوبیات اس ادبی اظہار کا تجزیہ کر کے یہ بتاتی ہے کہ اس کی نوعیت کیا ہے اور اس کی خصوصیت کیا ہیں۔ تجزیہ کا یہ کام سائنٹفک بنیادوں پر کیا جاتا ہے اور اس میں بڑی حد تک قطعیت پائی جاتی ہے۔''

فن کار اپنا فن مختلف انداز سے پیش کرسکتا ہے کیوں کہ کسی تخیل، احساسات اور جذبات کی عکاسی کا کوئی معین طریقہ کار نہیں۔ اس لئے اس کا مطالعہ ضروری ہے کہ فنکار نے کون سا طرز عمل اختیار کیا ہے۔ یقیناً اس انتخاب اور طرز عمل میں ذوق و فکر کی کارفرمائی ہوگی۔ یہی مطالعہ دراصل اسلوبیاتی مطالعہ ہے۔ اس سے جو نتائج برآمد ہوتے ہیں وہ اسلوبیاتی تنقید کا نمونہ ہیں۔

صوتی، لفظی، نحوی اور معنوی ان چار سطحوں کو اسلوبیاتی مطالعہ میں اہم مقام حاصل ہے۔ ان میں سے کسی ایک کا انفرادی مطالعہ غیر اسلوبیاتی مطالعہ ہوگا۔ اس لئے مکمل اور جزو کے بجائے کل کا مطالعہ اسلوبیاتی مطالعہ ہے۔ بعض لوگوں کا خیال ہے کہ اسلوبیاتی تنقید ایک سائنٹی فک تنقید ہے اور اسے حساب و کتاب یا کمپیوٹر کے ذریعہ بھی انجام دیا جاسکتا ہے۔ مگر اس سے اختلاف کیا جاسکتا ہے اور کوئی بھی تخلیق انسانی اس صفت سے علاحدہ نہیں۔ اس پر بھی اعتراضات ہوئے ہیں مثلاً بعض لوگوں کا خیال ہے کہ یہ کسی فن و ادب کے لسانی امتیازات یا خصائص کی وضاحت کردے گی مگر اس کی ادبی عظمت و بلندی کی حد مقرر نہیں کرسکتی۔ مگر گوپی چند نارنگ کا خیال ہے کہ اسلوبیات کے پاس خبر ہے نظر نہیں۔ ان کا یہ بھی خیال ہے کہ جمالیاتی اقدار کی نشاندہی اسلوبیات کا کام نہیں۔

اسلوبیات کی سب سے بڑی کمزوری یہ ہے کہ اس سے مختصر فن پارہ پرکھا جاسکتا ہے مگر طول طویل ادبی کاوشیں نہیں پرکھی جاسکتیں۔ اردو میں ایک بھی ایسا نقاد نہیں ہے جو کلی طور پر اسلوبیاتی نقاد ہو، کچھ چیزیں پروفیسر گوپی چند نارنگ کے یہاں ملتی ہیں۔

جمالیاتی تنقید

جمالیاتی نقاد کا کام فن پارہ میں موجود حسن و مسرت

کے اجزاء تلاش کرنا ہے۔ جمالیات انگریزی الفاظ (Aesthaties) استھیٹکس کا ترجمہ ہے، یعنی جمالیات نام ہے فلسفہ حسن وفن کا۔ بام گارٹن نے اسے حسن کی ایک اصطلاح کی شکل میں استعمال کیا ہے۔ جمالیاتی تنقید کا دائرہ بہت وسیع ہے۔ اس دبستان تنقید نے تنقید نگاری کو روز اول سے ہی متاثر کیا ہے اور فن پارہ کی جمالیاتی قدروں کو نظر انداز نہیں کیا جاسکتا۔ ہر فن پارہ میں کوئی نہ کوئی حسن موجود ہوتا ہے جس کے ذریعہ فن پارہ قابل قدر بن جاتا ہے۔ اس میں زبان، انداز بیان، سلاست اور روانی پر بھی نظر رکھی جاتی ہے کیوں کہ یہ سب چیزیں فن پارے کو حسن بخشتی ہیں۔

اردو میں جمالیاتی تنقید نے روز اول سے ہی اپنا قدم جمالیا تھا۔ مشاعروں کی واہ واہ جمالیاتی تنقید کا ہی ایک حصہ ہے۔ اسی طرح تذکروں میں شاعروں کے کلام پر نکتہ چینی یا پھر تعریف بھی جمالیاتی تنقید کی مثالیں ہیں۔ جمالیاتی نقادوں میں آل احمد سرور، کلیم الدین احمد، فراق گورکھپوری، حسن عسکری، مہدی افادی، محمد حسین آزاد، علامہ شبلی وغیرہ کا نام احترام سے لیا جاتا ہے۔ شبلی اور محمد حسین آزاد ادب پارے میں حسن کے قائل تھے، جب کہ ان کے زمانے میں سرسید اور حالی ادب میں سادگی اور اصلیت پر زور دیتے تھے۔ جدید علوم کے آنے کے ساتھ ساتھ جمالیاتی تنقید کے اصول بھی وضع کئے گئے۔ تقریباً ہر نقاد اس بات کو تسلیم کرتا ہے کہ حسن اور جمالیات کی پرکھ کے بنا کسی فن پارے کی قدر و قیمت کا صحیح اندازہ نہیں لگایا جاسکتا۔ جمالیاتی تنقید کو تاثراتی تنقید کے ساتھ جوڑ کر نہیں دیکھا جاسکتا کیوں کہ دونوں کے طریقہ کار الگ الگ ہیں۔

سائنٹفک تنقید:

سائنٹی فک تنقید کے علم بردار ٹین (Tein) ہیں جو کہ نقاد کو پرکھنے کا کچھ اصول بتاتے ہیں۔ یعنی یہ کہ نقاد فنکار کے خاندان ونسل کی خوبیوں کو دھیان میں رکھے۔ فنکار کے ماحول تعلیم وتربیت اور اس کے سماجی ومعاشی حالات کو نظر میں رکھے۔ تبھی اس کا تجربہ صحیح اور کارآمد ہوگا۔ سائنٹفک تنقید ادب پارے میں سائنس جیسی صحت اور غیر جانبداری کی قائل ہے۔ یعنی یہ کہ فن پارے کی پرکھ کے وقت نقاد سائنسی اصولوں کا خیال رکھے۔ ادب پارے کے ہر حصے اور ہر گوشے پر دھیان دے اور یہ دیکھے کہ ادب پارے میں کسی مقصد کو پیش نظر رکھا گیا ہے اور اس کا مواد کیا ہے۔ اس تنقید میں زبان پر بھی غور کیا جاتا ہے کہ زبان واضح ہو، علمی ہو اور کلام میں فنی خوبیاں بھی موجود ہوں۔ تنقید نگاری ہمارے یہاں مغرب سے آئی ہے اور ادب میں سب سے پہلے سرسید کے یہاں سائنٹفک تنقیدی خیالات پائے جاتے ہیں۔ انھوں نے ادب کو سائنس کی روشنی میں پرکھا۔ احتشام حسین، کلیم الدین احمد، آل احمد سرور، اسلوب احمد انصاری وغیرہ نے ادب کو سائنٹفک انداز میں پرکھا ہے۔ بقول شارب رودولی:

''بہتر مارکسی تنقید سماجی مادی، تاریخی اور جدلیاتی

حقیقتوں کے ساتھ ایک اچھے فن پارے میں احساسات کی رفعت، نفس وروح کی پاکیزگی، جمالیات وتاثرات اور فنی اقدار کے شعور کو بھی دیکھتی ہے۔ ہم ان تمام پہلوؤں کو پیش نظر رکھ کر ادبی تخلیق کی پرکھ کرتے ہیں تو وہ صحیح معنوں میں سائنٹفک تنقید بن جاتی ہے۔''

مغربی تنقید:

انسان نے جس وقت سے ادب پیدا کرنا شروع کیا اسی وقت سے تنقیدی خیالات ونظریات کی بھی ابتدا ہوتی ہے۔ اگرچہ تنقیدی نظریات کو پیش کرنے والی سب سے پہلی کتاب ارسطو کی ''فن شاعری'' ہے لیکن اس سے قبل بھی یونانی ادب میں جگہ جگہ بکھرے ہوئے تنقیدی اشارے مل جاتے ہیں۔ اسی طرح کا قدیم ترین تنقیدی اشارہ ہومر کی الیڈ میں ملتا ہے، ہومر کے علاوہ یونانی ڈرامہ نگاروں کی تخلیقات میں جگہ جگہ تنقیدی اشارے ملتے ہیں۔ اس کے علاوہ یونان کے مشہور فلسفی افلاطون نے سقراط کی زبانی یہ رائے ظاہر کی ہے کہ پہلے اشعار شعر کی دیوی کے ذریعہ شاعروں میں القا ہوتا ہے، پھر اس القا سے وہ بہت سے لوگوں کو متاثر کرتے ہیں۔ دلکش نظمیں انسانی کوشش کا نتیجہ یا ان کی پیداوار نہیں ہوتیں بلکہ قدوسی اور خدا کی تخلیق کی ہوئی ہوتی ہیں۔ شعراء تو صرف دیوتاؤں کے ارشاد کا ذریعہ ہوتے ہیں۔

پہلا شخص جس نے تنقید کی طرف مستقل توجہ کی وہ ارسطو ہے۔ اس نے ''فن خطابت اور فن شاعری'' دو مستقل کتابیں لکھیں ہیں۔ ان کتابوں میں ساری یونانی تنقید کا نچوڑ موجود ہے۔ فن شاعری میں اس نے شاعری اور اس کی مختلف اصناف پر روشنی ڈالی ہے، اس کے بعد ٹریجڈی اور کامیڈی وغیرہ پر تفصیلی سے بحث کی ہے۔ شاعری کے متعلق وہ ان خیالات کا اظہار کرتا ہے کہ وہ نقل کا وجدان ہے جس سے حظ حاصل کیا جاتا ہے، ارسطو افلاطون سے متاثر ہوا ہے، اس کا نقل کا تصور افلاطون ہی کے نظریے پر قائم ہے۔ جس طرح افلاطون یہ کہتا ہے کہ یہ دنیا عالم مثال کی تنقید ہے، اسی طرح ارسطو کا کہنا ہے کہ شاعری الفاظ کے ذریعہ اس دنیا کے انسانوں کے اعمال وافعال کی نقل کرتی ہیں۔ افلاطون نے اپنی ریاست میں شاعری کو ناپسند کیا ہے کہ وہ نقل کی نقل ہے، اسی باعث اصل سے بہت دور ہے۔ ارسطو نقل کا قائل ضرور ہے لیکن نقل کی نقل کا قائل نہیں ہے۔ یہ نقل اگرچہ زندگی کی بالکل نقل نہیں ہوتی لیکن زندگی سے پوری طرح مطابقت رکھتی ہے اور لوگ اس میں اصل سے زیادہ دلچسپی لیتے ہیں۔ اس کے خیال کے مطابق شاعری کا تعلق جذبات سے ہے، اس کے علاوہ اس نے زبان وبیان کی خوبیوں پر بھی زور دیا ہے۔

ارسطو کے نظریہ شاعری سے ساری دنیا نے اثرات قبول کئے۔ روم کے فلسفیوں نے تنقید کو قواعد وبیان تک محدود کر دیا تھا لیکن ہوریس نے اس خیال میں تبدیلیاں کیں اور اس بات کی طرف توجہ دلائی کہ تنقید میں ارسطو کے

خیالات سے استفادہ کرنا مناسب ہے، اس کے خیالات ''فن شاعری'' میں محفوظ ہیں۔ شاعری کا مقصود اس کے نزدیک بھی لطف ہی دینا ہے لیکن وہ اس میں اصلاحی پہلو بھی ضروری سمجھتا ہے۔ ہوریس کے بعد روم میں کوئٹلین کو بڑی اہمیت حاصل ہے۔ اس نے شاعری کے علاوہ نثر کو بھی ایک فن مانا ہے۔ تنقید کی مستقل اصطلاحیں بنائی ہیں اور یونانی ولاطینی تنقید کا مقابلہ کیا ہے اس طرح اس کے ہاتھوں تقابلی تنقید کی بنیاد بھی پڑتی ہے۔

ان رومی ولاطینی نقادوں کے بعد تنقید ایک بار پھر یونان کی طرح رخ کرتی ہے۔ وہاں لان جائی نس پیدا ہوتا ہے۔ وہ اپنے نظریات اپنی تصنیف ''عظمت کے بارے میں'' میں پیش کرتا ہے، اس کا خیال ہے کہ عظیم خیال کو عمدہ الفاظ میں پیش کرنے سے اعلیٰ درجے کا ادب وجود میں آتا ہے۔ اس کے نزدیک ادب کا سب سے بڑا کام یہ ہے کہ وہ پڑھنے والے کو مسرت عطا کرے۔ یہ خیالات جدید ذہن کے بہت نزدیک ہے اور اسے رومانیت کا بانی قرار دیا جاسکتا ہے۔

عہد وسطیٰ میں اطالوی نقاد دانتے نے اپنے خیالات اپنی تصنیف ''طربیہ خداوندی'' میں پیش کیا۔ اس نے شاعری کے لئے ایسی زبان کو ضروری قرار دیا جس کو عام طبقہ سمجھ سکے۔ اس کا یہ مطلب بھی نہیں ہے کہ وہ عوام کی بولی بن کر رہ جائے۔ وہ شاعری کے معنوی پہلو کو ضروری سمجھتا ہے۔ اس کے مطابق شاعر کے خیال میں بلندی اور خلوص ہونا چاہئے۔ اخلاقی اعتبار سے بھی اس کو بلند ہونا چاہئے۔ نشاۃ الثانیہ کے زمانے میں کلاسیکی تنقید نے پھر اپنا اثر قائم کرلیا۔ بن جانسن، سرفلپ سڈنی فرانسیسی مصنف بوئیلو وغیرہ کلاسکیت کے علمبردار ہیں۔

انگلستان میں ڈرائیڈن نے سب سے پہلے کلاسکیت کے خلاف آواز اٹھائی، اس نے ارسطو کے تنقیدی نظریات کے متعلق ان خیالات کا اظہار کیا کہ اس نے جو اصول ادب اور شاعری کے متعلق بنائے ہیں وہ یونانی ادب کو سامنے رکھ کر بنائے ہیں۔ اس لئے ہر ملک کے لئے ان کی تقلید مناسب نہیں۔۔ اس کے خیال میں ادب کی خصوصیات کا قومی وملکی امتیاز پیش نظر ہونا چاہئے۔ اس نے آرٹ کو نقل ہی سے تعبیر کیا ہے لیکن وہ اسے اصل سے زیادہ خوبصورت سمجھتا ہے۔

انقلاب فرانس کے بعد ادب بھی کلاسکیت کی قید سے آزاد ہوگیا۔ آزادی کی یہ تحریک رومانی تحریک کہلائی۔ اس تحریک نے عقل کی حکمرانی کو ختم کر کے جذبات واحساسات کو اہمیت دی۔ کلاسکیت میں شہری زندگی ہی سب کچھ تھی، اب عوام اور دیہاتی زندگی ادب کا مرکز ٹھہرے، عوام کی سادہ زبان اظہار کا ذریعہ بنی۔ نیچر کی طرف واپسی کا نعرہ عام ہوا۔ فرضی چیزوں کے بجائے گردوپیش کی ٹھوس چیزوں کو ادب میں پیش کیا گیا۔ فرد کی عظمت کو تسلیم کیا گیا۔ اس تحریک نے پہلی بار اظہار ذات کی اہمیت کا احساس دلایا، ہارٹلے نے تلازمہ خیال کا نظریہ پیش

کیا۔ ہوم نے حسّی تجربے کو وسعت دی اور عقل کی حقیقت کو تسلیم کرنے ہی سے انکار کردیا۔ یہ خیال عام ہوا کہ کنایہ وضاحت سے بہتر ہے کیوں کہ یہ ذہن کو حرکت میں لاتا ہے۔ فرانس میں اس خیال نے علامتیت اور ابہام کی صورت اختیار کرلی۔

رومانی تنقید کے علمبردار جرمنی میں لیسنگ اور ہرڈر تھے۔ فرانس میں اسے ٹین، سینٹ بیو اور مادام ڈی اسٹیل نے رواج دیا۔ انگلستان میں کولرج اور ورڈس ورتھ اس کی اشاعت میں سب سے زیادہ پیش پیش نظر آئے۔ ورڈس ورتھ شاعری کے لئے دیہاتیوں اور کسانوں کی زبان کو مناسب سمجھتا ہے۔ کولرج شاعری کے لئے معیاری زبان کو مناسب بتاتا ہے۔

یہ رومانی تنقید ہی تھی جس نے نئی تنقید کو جنم دینے میں بہت مدد کی۔ اس زمانے میں فرانس میں سینٹ بیو اور انگلستان میں میتھو ارنلڈ نے اپنے خیالات کی اشاعت کی۔ سینٹ بیو نے اچھے نقاد کے لئے ضروری قرار دیا ہے کہ وہ شاعر کی زندگی کے حالات اور انسانی نفسیات سے واقفیت حاصل کرے، ورنہ فن پارہ نقاد کی سمجھ میں پوری طریقے سے نہیں آسکتا۔ میتھو ارنلڈ شاعری کو زندگی کی تنقید سے تعبیر کرتا ہے۔ ہومر، دانتے، شیکسپئر اور مِلٹن کی شاعری کی خصوصیات کو پیش کرنے کے بعد وہ اس نتیجے پر پہنچتا ہے کہ ان سب کی شاعری اپنی اپنی جگہ زندگی کی تنقید ہے۔ وہ کہتا ہے کہ شاعر کے لئے دنیا اور زندگی سے واقفیت ضروری ہے، بغیر اس کے وہ ان کو اپنی تخلیقات کا موضوع نہیں بنا سکتا۔ غرض یہ کہ وہ شاعری اور زندگی کو ہم آہنگ کرنا چاہتا ہے۔

اسی زمانے میں تنقید کے دو نظریوں نے بڑی اہمیت اختیار کی۔ یہ ادب برائے اخلاق اور ادب برائے ادب کے نظریے تھے۔ رسکن نے آرٹ کے اخلاقی پہلو پر زور دیا، وہ شاعر کو معلم اخلاق سمجھتا ہے۔ والٹر پیٹر کا نظریہ رسکن کے نظریے کی ضد ہے۔ اس کے نزدیک ادب کسی منزل کا راستہ نہیں خود منزل ہے۔ وہ فن پارے کے ظاہری حسن پر زور دیتا ہے۔ اس کا مزاج رومانی ہے۔ وہ ذاتی تاثرات کو بہت اہم مانتا ہے۔ وہ فن برائے فن اور ادب برائے ادب کا قائل ہے۔ والٹر پیٹر کا کہنا ہے کہ ادب کا مقصد زندگی کی چلتی ہوئی مشین سے چند لمحوں کے لئے انسانوں کے خیالات کو ہٹا دینا ہے۔ انسان کو ایک قسم کا ذہنی سکون پہنچانا ادب کا مقصد ہے۔ آسکر وائلڈ نے ادب برائے ادب کے نظریہ کو اپنایا اور اپنی تخلیقات کے ذریعہ اس کا پرچار کیا۔ اس طرح کیٹس کو ایسی شاعری سے نفرت تھی جو کوئی مخصوص مقصد اپنے پیش نظر رکھتی ہو۔ اس کے لئے حسین چیز بذات خود ابدی مسرت ہے۔

یہ خیالات بہت دنوں تک نہیں چل سکتے تھے، ان کا ردعمل ہونا ضروری تھا۔ اس کے خلاف سب سے پہلے کارل مارکس نے آواز اٹھائی اور اس حقیقت سے آگاہ کیا کہ تہذیب وتمدن کا اجارہ اب تک اعلیٰ طبقہ یا سرمایہ داروں کے ہاتھ میں تھا۔ اس لئے ہمارے ادیب اور شاعر اب تک

جس تہذیب کی نمائندگی کر رہے تھے وہ ایک اقلیت کی تہذیب تھی، ایک فراغت نصیب جماعت کی پیدا کی ہوئی چیز تھی، جس کا جمہور کی زندگی سے کوئی تعلق نہیں تھا۔ اب چونکہ تمدن کی دنیا میں شدید انقلاب کی ضرورت ہے اور سرمایہ داری کی سر بہ فلک عمارت منہدم ہو رہی ہے اس کی جگہ جمہوریت اور مزدور شاہی لے رہی ہے، اس لئے ادب کے رسوم وروایات میں بھی انقلاب کی ضرورت ہے۔ اب تک ادیب سرمایہ داری کی عشرت گاہ کا مزدور تھا۔ مگر اب ادیب کو اجتماعی شعور اور جمہوری ذہنیت کا آئینہ دار ہونا چاہئے۔ اس کے لئے ضروری ہے کہ واقع کو تخیل پر ترجیح دیں اور مادی دنیا پر اپنی نظر جمائے رہیں۔ غرض مارکس اور اینگلز کے ہاتھوں وہ تحریک چلی جس نے آرٹ اور ادب کے ہاتھوں میں عملیت اور افادیت کا پرچم دے دیا۔ جس نے عینیت پسندوں کے تخیلی تصورات اور نظریات کی بنیاد ہلا دی۔ لیکن ان مباحث کا سلسلہ آج بھی پوری شدت کے ساتھ جاری ہے، جس کے نتیجے میں تنقیدی دنیا میں بہت سی نئی تحریکیں چل رہی ہیں۔ نقادوں نے مختلف اسکول بنائے ہیں اور ان میں سے ہر ایک اس کوشش میں ہے کہ اپنے نظریے کے مطابق سائنٹی فک طریقے سے اس کو عام کرے۔ اس مباحث نے آج اس وجہ سے اور بھی زیادہ شدت اختیار کر لی ہے کیوں کہ خود سماجی زندگی میں ایک مستقل کش مکش ہے۔ آج کی دنیا میں جب تغیر وتبدل کی کیفیت زندگی کے ہر شعبے میں اپنے پورے شباب پر ہے، تنقید میں بھی بہت سی نئی نئی شاخیں پھوٹ رہی ہیں۔

خواجہ الطاف حسین حالی کی تنقید نگاری:

اردو تنقید حالی کے احسان سے گراں بار ہے۔ انھوں نے ۱۸۹۳ء میں اپنے مجموعہ نظم کا پیش لفظ ''مقدمہ شعر وشاعری'' لکھ کر اردو میں باضابطہ تنقید کی بنیاد ڈالی۔ آل احمد سرور نے اسے اردو شاعری کا پہلا منشور کہا ہے۔ مقدمے میں حالی نے یہ رائے دی ہے کہ شاعری محض لطف اندوزی اور وقت گذاری کا ذریعہ نہیں، اس سے زندگی کو سنوارنے اور بہتر بنانے کا کام لیا جانا چاہئے اور دلیلوں سے یہ ثابت کیا ہے کہ شاعری سے یہ کام لیا جاتا رہا ہے۔ ان کا خیال ہے کہ مذہب اور اخلاق سے شاعری کا گہرا تعلق ہے۔ نیز یہ کہ شاعری اور سوسائٹی ایک دوسرے پر اثر انداز ہوتے ہیں۔

حالی شاعری کے لئے تین شرطوں کو لازمی قرار دیتے ہیں۔ یہ ہیں تخیل، مطالعہ کائنات اور تفحص الفاظ۔ تخیل نام ہے خیال کی پرواز کا۔ مطلب یہ کہ شاعر ایک چیز کو دیکھتا ہے اور اس کا خیال بہت سی چیزوں کی طرف جاتا ہے۔ مثلاً پھول میں کبھی اسے خدا کا جلوہ نظر آتا ہے، کبھی مجازی محبوب کا۔ پھول کی بکھری ہوئی پتیاں اسے عاشق کے چاک گریباں کی یاد دلاتی ہیں۔ کبھی پھول کی مختصر زندگی سے اسے انسانی زندگی کی بے ثباتی یاد آتی ہے۔ بقول حالی: تخیل کی قوت خداداد ہوتی ہے۔ شاعر اسے اپنے ساتھ لے کر

پیدا ہوتا ہے۔ جو شاعری کے لئے اتنی ضروری ہے کہ اس کے بغیر شاعری ناممکن ہے۔ وہ مشورہ دیتے ہیں کہ شاعر کا تخیل حد سے زیادہ بلند نہیں ہونا چاہئے، ورنہ قارئین کو سمجھنے میں دقت ہوگی۔ شاعر جو کچھ کہتا ہے اس کا مواد اسی کائنات سے حاصل ہوتا ہے۔ لہٰذا ضروری ہے کہ انسان اس کائنات کو غور سے دیکھے اور انسانی زندگی کی کتاب یعنی علم نفسیات سے اچھی طرح واقف ہو۔ تیسری بات یہ کہ شعر کہنے کے دوران تفحص الفاظ یعنی الفاظ کی تلاش پر خاص توجہ دے۔ اس کے لئے اس کے پاس ذخیرہ الفاظ کا ہونا لازمی ہے۔

حالؔی سادگی، جوش اور اصلیت کو شعر کی خوبی ٹھہراتے ہیں جو کہ ملٹن کے نظریے سے ماخوذ ہے۔ شعر کے لئے وزن اور قافیئے کو وہ ضروری تو نہیں سمجھتے لیکن ان دونوں چیزوں کو شاعری کا زیور بتاتے ہیں، جس سے شعر کے حسن میں اضافہ ہوجاتا ہے۔ وہ شاعر کو مشورہ دیتے ہیں کہ وہ خلاف فطرت مضامین سے دور رہے۔

مقدمہ شعر وشاعری میں حالؔی نے اردو کی چار اہم اصناف غزل، قصیدہ، مرثیہ اور مثنوی کے بارے میں اظہار خیال کیا ہے۔ غزل سے انھیں شکایت ہے کہ وہ عشق وعاشقی کے دائرے میں قید ہے۔ قصیدہ انھیں خوشامد اور جھوٹ سے لبریز نظر آتا ہے۔ مرثیہ انھیں پسند ہے کہ یہ اخلاقی تعلیم کا بہترین ذریعہ ہے، مثنوی کا تسلسل اس کا موقع دیتا ہے کہ یہاں کسی موضوع پر تفصیل سے اظہار خیال کیا جاسکتا ہے۔

مقدمہ شعر وشاعری کے علاوہ حالی کے تنقیدی نظریات ''حیات سعدی اور یادگار غالب'' میں بھی موجود ہیں۔ حالؔی سے پہلے سرسید نے اپنے تنقیدی خیالات مختلف تقریروں اور مضمونوں میں پیش کر چکے تھے، مگر فرصت نہ ہونے کے سبب اس موضوع پر کوئی مستقل کتاب نہ لکھ سکے۔

حالؔی نے اپنے پیش رووں کے مشرقی تنقیدی خیالات اور مغربی تنقیدی رجحانات سے استفادہ کرتے ہوئے باقاعدہ تنقیدی اصول مرتب کئے۔ جس سے تنقیدی نظریات وتصورات ایک واضح شکل میں سامنے آئے۔ ایک طرف وہ عربی شعر وادب اور آزاد وسرسید کے تنقیدی خیالات سے متاثر نظر آتے ہیں دوسری طرف مغربی شاعروں اور نقادوں کا بھی اثر قبول کرتے ہیں۔

شعر وادب میں اخلاقی وافادی نقطہ نظر کی اہمیت سے انکار ممکن نہیں۔ لیکن حالؔی ادبی مباحث میں جس طرح اخلاق کا پیوند لگاتے ہیں اور مقصدیت پر زور دیتے ہیں اس سے ادبیت مجروح ہوگئی ہے اور واردات قلب اور سوز وگداز کی کیفیت مفقود ہوگئی ہے۔ اسی طرح اصلیت اور واقعیت پر ضرورت سے زیادہ زور دینے اور شاعرانہ مبالغہ اور جھوٹ کو شاعری کے قلمرو سے خارج کردینے سے شاعری جمالیاتی عنصر سے محروم سادہ وسپاٹ ہوکر رہ جاتی ہے۔

ان خامیوں کے باوجود حالؔی کی اولیت اور مقدمہ کی اہمیت سے انکار نہیں کیا جاسکتا۔ آج شعر وادب میں جو نئے نئے تجربے کئے جارہے ہیں، قافیہ اور ردیف سے آزاد معریٰ نظمیں لکھی جارہی ہیں، اس کی راہ کھولنے کا سہرا حالؔی

اور آزاد کے سر ہے۔ اسی طرح زندگی اور ادب کے درمیان جو گہرا رشتہ نظر آرہا ہے وہ حالؔی کے خیالات کی توسیع ہے۔ اسی طرح غزل کو روایتی حصار سے نکال کر اس کے امکانات کو وسیع تر کرنے اور اپنے عہد کے ارتعاشات و احساسات کا ترجمان بنانے میں حالؔی کے تنقیدی نظریات کا بڑا ہاتھ رہا ہے۔

علامہ شبلی کے تنقیدی نظریات:

حالؔی کے بعد شبلی دوسرے بڑے نقاد ہیں جن کے تنقیدی نظریات نے اپنے زمانے کے ادبی ذوق کو متاثر کیا، ان کے خیالات حالؔی کے خیالات کی ضد ہیں۔ حالی شعر و ادب سے افادیت کا مطالبہ کرتے ہیں۔ ان کے نزدیک شاعری کا اصل کام اخلاق کو درست کرنا اور زندگی کو سنوارنا ہے۔ شبلی کے نزدیک شاعری کا مقصد پڑھنے یا سننے والے کو مسرت عطا کرنا ہے۔ ان کی نظر اس حقیقت پر رہتی ہے کہ فنکار نے فن کے تقاضوں کو کس حد تک پورا کیا۔ اسی طرح حالؔی شعر میں معنی کو اہمیت دیتے ہیں تو شبلی لفظ کو۔ حالی سادگی کے قائل ہیں تو شبلی مینا کاری کے۔ ڈاکٹر عبادت بریلوی شبلی کی تنقید نگاری کا تجزیہ کرتے ہوئے لکھتے ہیں کہ ''شبلی کے یہاں جگہ جگہ رومانوی تنقید کی جھلکیاں ملتی ہیں۔ وہ اردو کے پہلے رومانی نقاد ہیں اور اردو تنقید کو رومانی رنگ و آہنگ سے آشنا کرنے کا سہرا انھیں کے سر ہے۔

علامہ شبلی کا تنقیدی نظریہ ان کی تصنیف ''شعر العجم'' موازنہ انیس و دبیر'' اور بعض تنقیدی مضامین میں ملتا ہے۔ اس سے پتہ چلتا ہے کہ شبلی بھی حالؔی کی طرح ادب کی مقصدیت اور افادیت کے قائل ہیں وہ تسلیم کرتے ہیں کہ شاعری قوموں کو زیروزبر کرنے کی صلاحیت رکھتی ہے۔ مگر ان کے نزدیک شعر کا اصل مقصد ہے مسرت عطا کرنا۔ شعر پڑھنے والا یا شعر سننے والا شعر سے لطف اندوز ہو، یہی کافی ہے۔ غالباً اسی لئے شبلی کو جمالیاتی نقاد کہا جاتا ہے۔ شبلی نے لفظ و معنی پر بھی بحث کی ہے۔ وہ معنی کے مقابلے میں لفظ کو زیادہ اہمیت دیتے ہیں۔ اور مواد سے زیادہ اسلوب کو اہم مانتے ہیں۔ ان کا کہنا ہے کہ ''مضمون تو سب پیدا کر سکتے ہیں، شاعر کا کمال اس میں ہے کہ مضمون کن لفظوں میں ادا کیا گیا ہے اور بندش کیسی ہے۔ شبلی کسی خیال کو زیادہ دلکش و موثر بنا کر پیش کرنے کے لئے تشبیہات اور استعارات کے استعمال پر زور دیتے ہیں، ان کا ماننا ہے کہ تشبیہ اور استعارے سے کلام میں جو وسعت اور زور پیدا ہوتا ہے وہ کسی دوسرے طریقے سے نہیں پیدا ہوسکتا۔

علامہ شبلی نے تخیل اور محاکات کے بارے میں جن خیالات کا اظہار کیا ہے وہ بھی بہت اہم ہیں۔ ان کے نزدیک تخیل اختراع کا نام ہے۔ قوت تخیل ایک چیز کو سو دفعہ دیکھتی ہے اور ہر دفعہ اس میں ایک نیا کرشمہ نظر آتا ہے۔ محاکات کو بھی شبلی شاعری کے لئے ضروری قرار دیتے ہیں۔ اس سے مراد کسی چیز یا حالت کا اس طرح ادا کرنا ہے کہ اس کی تصویر آنکھوں کے سامنے پھر جائے۔ گویا محاکات تصویر

کشی یا پیکر تراشی سے ملتی جلتی چیز ہے۔ لیکن محاکات تصویر کشی پر فوقیت رکھتی ہے۔ لفظوں سے بنائی ہوئی تصویر رنگوں سے بنائی گئی تصویر سے بڑھ کر ہوتی ہے۔ مصور کسی ٹھہری ہوئی چیز کی تصویر کشی کرتا ہے جب کہ شاعر متحرک چیزوں کی تصویر بھی کھینچ سکتا ہے۔ اسی طرح مصور غیر موجود چیزوں کی تصویر نہیں کھینچ سکتا جب کہ شاعر رنج وغم اور خوشی وغیرہ جیسے غیر مرئی جذبات واحساسات کی تصویر کشی کر سکتا ہے۔ اسی طرح شبلی نے فصاحت وبلاغت کے متعلق جن خیالات کا اظہار کیا ہے وہ بھی ان کی تنقیدی بصیرت کا پتہ دیتے ہیں۔

شبلی کے یہ تمام خیالات ان کی تصنیف شعر العجم اور موازنہ انیس ودبیر میں موجود ہیں۔ شعر العجم کی چوتھی جلد نظریاتی اور اصولی تنقید سے متعلق ہے۔ اس میں شاعری کے مختلف پہلوؤں اور اصناف سخن کا تنقیدی جائزہ لیا گیا ہے۔ باقی جلدوں میں فارسی شاعری اور شعراء کا تنقیدی جائزہ ہے۔ ان کی تصنیف موازنہ انیس ودبیر نظریاتی اور عملی تنقید کا بہترین نمونہ ہیں۔ پہلے شبلی اس میں شاعری اور لوازمات شاعری، تشبیہ واستعارہ، ردیف، قافیہ، محاکات وتخیل، لفظ ومعنی کے باہمی ربط اور فصاحت وبلاغت پر تفصیل سے روشنی ڈالتے ہیں۔ ساتھ ہی انسانی جذبات واحساسات، منظر نگاری، واقعہ نگاری، رزمیہ وبزمیہ شاعری میں انیس ودبیر کی شاعری کا جائزہ لیتے ہیں۔ اس طرح شبلی مغرب کی پیروی کرنے کے بجائے عربی، فارسی تنقیدی نظریات کو اپنا رہنما بناتے ہیں، شبلی کی ان شاہکار تصانیف سے نظریاتی اور عملی تنقید کے میدان میں نئی نئی شاہراہیں کھل گئیں اور ان کی وجہ سے تنقید شخصیت پرستی یا تذکرہ نگاری کے حدود سے نکل کر باقاعدہ فن کی شکل میں ظاہر ہوئی۔

محمد حسین آزاد کا تنقیدی نظریہ:

اردو کے اولین تنقید نگاروں میں مولانا محمد حسین آزاد کا نام بھی بہت اہم ہے۔ حالی کے مقدمہ شعر وشاعری سے بہت پہلے ۱۸۶۷ء میں آزاد نے شاعری پر ایک لکچر دیا اور کئی اہم مسئلوں پر روشنی ڈالی، اس لئے اردو تنقید میں اولیت کا سہرا انھیں کے سر ہونا چاہئے۔ اس خطبہ میں انھوں نے کہا کہ ''شاعری کو انسانی زندگی اور فطرت کے سبھی اجزاء پر روشنی ڈالنے کا فریضہ اٹھانا چاہئے جو بدنصیبی سے نہیں ہوتا ہے۔ اگرچہ ہماری شاعری کے کچھ موضوعات میں ہی محدود ہو کر ہمارے اسلاف نے عظیم تخلیقات کی ہیں، مگر اب تک ہم انھیں کی لکیر پیٹ رہے ہیں اور انھیں کے چبائے ہوئے نوالے کھا رہے ہیں۔'' اس خطبہ کے ساتھ مقدمہ نظم آزاد، آب حیات، سخندان فارس کے مطالعہ سے آزاد کے تنقیدی نظریات واضح ہو جاتے ہیں۔ ابتداء میں ان کے خیالات پر مشرقیت کا غلبہ تھا، لیکن ملک کے بدلے ہوئے حالات نے انھیں متاثر کیا۔ آخر انھیں اردو شاعری کی تنگ دامانی کا گلہ ہوا اور انھوں نے یہاں تک کہا کہ ''نئے انداز کے خلعت وزیور جو آج کے مناسب حال ہیں وہ انگریزی صندوقوں میں بند ہیں اور ہمارے پہلو میں دھرے ہیں، مگر ہمیں خبر

نہیں۔ ہاں ان صندوقوں کی کنجی ہمارے ہم وطن انگریزی دانوں کے پاس ہے۔''

آزاد کو یہ بھی گلہ ہے کہ ہمارا شاعر اپنے ملک کی چیزوں کو نظر انداز کر کے ملک کے باہر نظر دوڑاتا ہے۔ اسے دجلہ فرات تو نظر آتے ہیں، گنگا، جمنا دکھائی نہیں دیتیں۔ نسترین ونسترن، شمشاد وصنوبر اسے بھاتے ہیں، مگر گلاب چمپا، چنبیلی کی اسے خبر نہیں۔ آزاد نے بھاشا کی طرف متوجہ ہونے کا مشورہ دیا۔ غزل سے وہ اس حد تک بیزار ہو گئے کہ انھوں نے لاہور میں مجلس مشاعرہ کی بنیاد ڈالی جس میں نظم کے لئے موضوع دیا جاتا تھا۔

آزاد کی تنقید کا ایک بہت بڑا عیب جانبداری ہے۔ تنقید میں وہ انصاف سے کام نہیں لیتے، اپنی ذاتی پسند وناپسند کو اہمیت دیتے ہیں۔ اگر ایسا نہ ہوتا تو وہ بہت بڑے نقاد ہوتے۔ آزاد کا کمال یہ ہے کہ ان کی تحریر میں غضب کی دلکشی ہوتی ہے۔ اسی انداز بیان کو دیکھ کر علامہ شبلی نے فرمایا تھا کہ ''وہ گپ بھی ہانک دے تو وحی معلوم ہوتی ہے۔''

سید احتشام حسین کی تنقید نگاری:

سید احتشام حسین اردو ادب میں اشتراکی تنقیدی نگاری کے امام اور جدید اردو تنقید کے اہم ستونوں میں سے ہیں، بقول محمد حسن پچھلے پینتیس چالیس سال سے اردو تنقید پر صرف ایک نقاد کی حکمرانی رہی ہے، سید احتشام حسین کی۔ یہ حکمرانی جابرانہ اور آمرانہ نہیں تھی، بلکہ ایک ایسے ہمدردوست کی تھی جو دھیرے دھیرے دل ودماغ پر چھاجاتا ہے۔

احتشام حسین کا مطالعہ وسیع ہے، ان کی رائے جامع اور فلسفیانہ ہوتی ہے، اردو تنقید میں عملی تنقید کا اضافہ ان کا اہم کارنامہ ہے۔ احتشام حسین ادب میں افادیت کے قائل تھے۔ ان کے نزدیک شعر وادب کا مقصد زندگی کو سنوارنا اور اس کو بہتر بنانا ہے۔ احتشام حسین ادب اور فن کو خالص جمالیاتی یا تاثراتی نقطۂ نظر سے دیکھنے کے قائل نہیں۔ ادب برائے ادب یا ادب برائے فن کا نظریہ ان کے نزدیک فن کی انتہا اور وسعتوں کا احاطہ کرنے سے قاصر ہے۔ ان کے نزدیک ادب انسانی زندگی اور انسانی اقدار سے ناگزیر تعلق رکھتا ہے۔

ترقی پسند اور مارکسی نقاد ہونے کے باوجود ادبی نزاکتوں کے احساس اور احتشام حسین کی سنجیدہ شخصیت فکری بصیرت اور انفرادی شعور نے ان کو ایک واضح تنقیدی بصیرت عطا کی۔ ان کے تنقیدی مضامین کی ایک بڑی خوبی ان کا سلجھا ہوا واضح سنجیدہ اور مدلل انداز بیان ہے۔ انھوں نے اپنی تنقید کے لئے سادہ نثر کو اپنایا۔ ان کی زبان صاف ستھری اور غیر مبہم ہے۔

احتشام حسین اردو کے واحد نقاد تھے، جنھوں نے تنقید کے مباحث اور مسائل پر زور دیا۔ وہ ادب وشاعری اور تنقید کے اصول وضوابط مرتب کرنا چاہتے تھے۔ وہ اس بات پر زور دینا چاہتے ہیں کہ ادب کیا ہونا چاہئے۔ وہ نئے

میدان اور نئے ادب کی تعمیر کی کوشش کرتے ہیں۔ وہ ایک فلسفی نقاد ہیں۔ اصول ونظریات پر بحث کرتے وقت ان کی خوبیاں سامنے آتی ہیں۔ ان کی تنقیدوں سے ان کے وسعت مطالعہ کا اندازہ ہوتا ہے۔ انھیں فلسفہ، نفسیات، تاریخ اور علوم شعری پر قدرت حاصل ہے۔

احتشام حسین کا خیال ہے کہ جب تک اقتصادی رشتوں کی روشنی میں تخلیقات کو پرکھا نہ جائے تب تک شعر وادب کی قدر وقیمت کا اندازہ نہیں لگایا جاسکتا۔ وہ مارکس کے نظریہ کو پسند کرتے ہیں اور انھیں مارکسی نقاد سمجھا جاتا رہا ہے۔ مگر وہ کسی نظریہ تک کئی مراحل سے گزر کر پہنچتے ہیں۔ وہ خود لکھتے ہیں ''مغربی نقادوں میں میں نے کسی کو اپنا ماڈل بنانے کی کوشش نہیں کی۔ متاثر کئی ایک سے ہوا ہوں۔ بلکہ یوں کہو کہ بعض اوقات متضاد قسم کے لوگوں سے۔ مجھے بہت سی باتیں میتھو ارنلڈ کی پسند آئیں۔ بعض ایلیٹ اور رچرڈس کی اور بعض ہربرٹ ریڈ کی۔ پھر مارکسزم سے متاثر ہونے کی وجہ سے مارکسی نقادوں سے زیادہ فائدہ اٹھاتا رہا، کسی کی پیروی نہیں کی۔''

احتشام حسین کی اہم تصانیف میں ''تنقیدی جائزے، روایت اور بغاوت، ادب اور سماج، عملی تنقید، ذوق ادب اور شعور، عکس اور آئینے، افکار ومسائل، اعتبار نظر'' وغیرہ کا شمار ہوتا ہے۔ وہ تنقید کرتے وقت کبھی سطحی بات نہیں کرتے۔ احتشام حسین مشرق ومغرب کے علمی ذخیرے سے واقف ہیں، اس لئے بہت موثر اور اہم اشارے اپنی تنقیدوں میں پیش کرتے ہیں۔

احتشام حسین ترقی پسندی کے قائل تھے۔ انھوں نے اس کی اشاعت میں حصہ لیا۔ اس نظریے کے ساتھ اپنے تنقیدی سفر کی ابتدا کی اور اپنے فکر وفلسفہ اور علم کے ذریعہ تنقید کے نئے نظریات کی بنیاد رکھی جو سائنٹفک تنقید کہلاتی ہے۔ وہ لکھتے ہیں:

''میں مارکسیت کو سب سے افضل فلسفہ سمجھتا ہوں اور اس کی رو سے زندگی اور ادب کو سمجھنے کی سعی کرتا ہوں۔ میرا خیال ہے کہ تنقید کی راہ پر چل کر ہم اس کی سچائی کی تلاش میں کامیاب ہوسکتے ہیں جس سے زندگی کے بھید سمجھ میں آسکیں۔ میرا عقیدہ ہے کہ ادب کو سمجھنے میں ترقی پسندانہ سماجی نظریہ سب سے زیادہ کارآمد ثابت ہوسکتا ہے۔''

کلیم الدین احمد کی تنقید نگاری:

کلیم الدین احمد کی حیثیت اردو تنقید کے میدان میں ایک بت شکن کی ہے۔ انھوں نے تنقید کے میدان میں قدم رکھا تو اردو دنیا میں زلزلہ سا آگیا۔ ایک تنقید نگار کے الفاظ میں وہ ایوان ادب میں اس طرح داخل ہوئے جیسے کوئی مست ہاتھی شیشہ گر کی دوکان میں گھس جائے۔ ان کی تنقید دراصل مغربی ادب اور خاص طور پر انگریزی ادب کے زیر اثر وجود میں آئی۔ وہ مغرب کے پرستار ہیں، وہ ہمیشہ اردو ادب کا مغربی ادب سے مقابلہ کرتے رہے۔ ان کی تنقید یک رخی ہے۔ وہ ہمارے ادب کو انگریزی ادب کے ہم پلہ

دیکھنے کے خواہش مند ہیں۔ انھوں نے مغربی اصولوں کو اردو شعر وادب میں داخل کرنے کی کوشش کی۔ اردو شعر وادب کے سرمائے کو مغربی کسوٹی پر پرکھا اور اسے بے وزن بتایا۔ یہی وجہ ہے کہ اردو غزل انھیں نیم وحشی صنف سخن نظر آتی ہے۔ اردو تنقید کے وجود کو وہ محض فرضی، اقلیدس کا خیالی نقطہ اور معشوق کی موہوم کمر سے تعبیر کرتے ہیں۔ ان کے نزدیک مثنویاں بے لطف قصے ہیں۔ مرثیے غیر حقیقی ماحول کے ترجمان ہیں اور قصیدہ لفاظی ہے۔ ان کے یہ تاثرات مغربی ادب کے مطالعے سے ماخوذ ہیں۔ لیکن ان کی اس سخت گیری کی وجہ سے اردو تنقید کو بہت فائدہ ہوا۔ ان کی رہنمائی سے ہمارے تنقیدی سرمائے میں بیش قیمت اضافہ ہوا۔

ترقی پسند ادب سے کلیم الدین احمد ناخوش نظر آتے ہیں کیوں کہ ترقی پسند ادیبوں کے یہاں حسن کاری بالکل نہیں پائی جاتی۔ اشتراکیت اور اس کا پرچار ان کا نصب العین بن گیا ہے۔ وہ ادب میں ادبیت اور حسن کاری کے قائل تو ہیں لیکن حسن کاری کی اہمیت کو تخلیق میں نظر انداز کردیتے ہیں۔ انھوں نے ادب کی بنیادی قدروں پر زور دیا کہ ادب ادب ہونا چاہئے نہ کہ اصلاح کا ذریعہ۔ کلیم الدین احمد نے ادب میں بت شکنی سے کام لیا ہے اور اس کی اردو تنقید کو ضرورت تھی۔ آل احمد سرور نے لکھا ہے ''انھیں محض مغرب کا اندھا مقلد اور مارکسی تنقید کا کٹر مخالف کہہ کر ٹالا نہیں جاسکتا۔ ان کی انتہا پسندی سے چڑھنے کے بجائے ان کا سنجیدگی سے مطالعہ کرنا چاہئے۔''

کلیم الدین احمد ہر میدان میں کھل کر اپنی رائے کا اظہار کرتے ہیں۔ ان کی رائے انتہا پسندانہ تھی اور زبان سے آگ برستی تھی۔ اپنی تصنیف ''اردو تنقید پر ایک نظر'' میں اردو ادب کے عالم حالؔی کے بارے میں لکھتے ہیں:

''خیالات ماخوذ، واقفیت محدود، نظر سطحی، فہم وادراک معمولی، غور وفکر ناکافی، تمیز ادنیٰ، دماغ وشخصیت اوسط۔ یہ ہے حالؔی کی کل کائنات۔''

کلیم الدین احمد ادب میں افادیت اور ابدیت کے قائل ہیں۔ ان کے خیال میں ادب آفاق گیر ہے اور انسان کے جذبات واحساسات سے جڑا ہوا ہے۔ ان کی تنقید منفی انداز کی ہے اس لئے ان کی مخالفت کی گئی۔ لیکن اردو کے ناقدین میں سب سے زیادہ شہرت کے حامل ہیں۔ انھوں نے اعلیٰ ادب کو اپنے معیار پر پرکھا اور عملی تنقید پر زور دیا۔ وہ تاثراتی تنقید کی مخالفت کرتے ہیں۔ ان کی نثر سادہ اور صاف ہوتی ہے۔ اردو شاعری پر ایک نظر، اردو تنقید پر ایک نظر، سخن ہائے گفتنی، فن داستان گوئی، ادبی تنقید کے اصول جیسی اہم کتابیں کلیم الدین احمد کی تصانیف ہیں۔ جس سے ان کی علمیت اور بلندی کا اندازہ ہوتا ہے۔ بقول آل احمد سرور ''کلیم الدین احمد ہمارے چوٹی کے نقادوں میں سے ہیں۔ میں انھیں ایک اہم نقاد ہی نہیں تنقید کا ایک بہت اچھا معلم بھی سمجھتا ہوں۔ نقاد کا کام صرف بت گری ہی نہیں بت شکنی بھی ہے اور کلیم الدین احمد نے بہت سے بت توڑے

ہیں۔''

آل احمد سرور کا تنقیدی نظریہ:

پروفیسر آل احمد سرور بلند پایہ ادیب اور نقاد ہیں۔ انھوں نے فن تنقید کا گہرائی و گیرائی سے مطالعہ کیا۔ چونکہ وہ اردو کے ساتھ انگریزی ادب پر بھی عبور رکھتے تھے، اس لئے ان کی نظر انگریزی تنقید پر بھی ہے۔ اس طرح وہ مشرق ومغرب دونوں کے تصورات تنقید اور اصول تنقید سے واقفیت رکھتے ہیں جس سے انھوں نے اپنی تنقید نگاری میں بھر پور فائدہ اٹھایا۔

آل احمد سرور نے تنقید کے مختلف دبستانوں کے اثرات قبول کئے ہیں، لیکن وہ کسی خاص نظریہ کے پیروکار یا مقلد نہیں ہیں۔ ان کا اپنا خاص تنقیدی انداز ہے۔ وہ ترقی پسند نقاد بھی ہیں اور جدیدیت پسند بھی۔ ان کے یہاں تاثراتی، جمالیاتی، سائنٹی فک اور اسلوبیاتی تنقید کے عناصر بھی پائے جاتے ہیں۔ مگر واقعہ یہ ہے کہ یہ ان کی تنقید نگاری کی ارتقائی منزلیں ہیں ان پر کوئی لیبل چسپاں نہیں کیا جاسکتا۔ وہ ادب میں انفردیت، خارجیت اور عصریت تینوں کے قائل ہیں اور ان کو ایک دوسرے کی ضد تسلیم نہیں کرتے۔

آل احمد سرور کی تنقید نگاری کو اگر ایک لفظ میں بیان کرنا ہو تو اسے اعتدال وتوازن سے تعبیر کیا جاسکتا ہے، یہی وجہ ہے کہ ہمدردی کے باوجود وہ ترقی پسندی کے پوری طرح قائل نہ ہوسکے۔ وہ اخلاق اور جمالیات کے ساتھ ہی سیاسی بصیرت کو بھی نقاد کے لئے ضروری سمجھتے ہیں۔ ان کا خیال ہے کہ نقاد کسی کو پسند کرے یا نہ کرے لیکن خوبیوں اور کمیوں کا ذکر ضرور کرے، وہ تنقید کے بارے میں لکھتے ہیں:

''تنقید دودھ کا دودھ پانی کا پانی الگ کردیتی ہے۔ تنقید وضاحت ہے، تجزیہ ہے، تنقید قدریں متعین کرتی ہیں۔ ادب اور زندگی کو ایک پیمانہ دیتی ہے۔ تنقید انصاف کرتی ہے۔ ادنیٰ اور اعلیٰ، جھوٹ اور سچ، پست اور بلند معیار قائم کرتی ہے۔ تنقید ہر دور کی ابدیت اور ابدیت کی عصریت کی طرف اشارہ کرتی ہے۔ تنقید ادب میں ایجاد کرنے اور محفوظ رکھنے کا کام انجام دیتی ہے۔ وہ بت شکنی بھی کرتی ہے اور بت گری بھی۔ تنقید کے بغیر ادب ایک ایسا جنگل ہے جس میں پیداوار کی کثرت ہے لازونیت اور قرینے کا پتہ نہیں ہے۔''

ان باتوں سے اندازہ لگایا جاسکتا ہے کہ وہ کس تنقید کے قائل ہیں۔ وہ نفسیاتی تنقید کی افادیت پر بھی یقین نہیں رکھتے ہیں۔ ان کی عملی تنقیدوں میں کہیں کہیں نفسیاتی عنصر سے استفادے کا پتہ چلتا ہے، مگر وہ اس پر بھی پوری طرح یقین نہیں رکھتے، بلکہ اسے ایسا خواب کہتے ہیں جو بلبلے کی طرح فنا ہوجاتا ہے۔ وہ سائنٹی فک تنقید کے بھی قائل ہیں۔ یہی وجہ ہے کہ ان کا تنقیدی لب ولہجہ واضح اور دوٹوک ہے مگر اسے بھی وہ پوری طرح برت نہیں سکے۔ آل احمد سرور یوروپ سے متاثر ہیں اور مغربی نقادوں کے بہت سے

اصولوں سے کام بھی لیا ہے مگراس کے باوجود وہ مغرب سے مرعوب نہیں ہوتے اور نقادوں کو مشورہ دیتے ہیں کہ وہ غیر جانبداری سے کام لیں۔ ادب کو خانوں میں تقسیم نہ کریں، وحدت کے ساتھ ترجمانی اور انصاف کریں۔ تحریک کے بجائے تعمیری پہلوؤں کی طرح مائل ہوں۔

آل احمد سرور اپنی تنقیدوں میں اشارے کنائے سے کام لیتے ہیں جسے ان کی خوبی بھی کہا جاسکتا ہے اور خامی بھی۔ خوبی اس لئے ہے کہ وہ حد سے تجاوز نہیں کرتے اور خامی اس لئے کہ تنقید کو مکمل اور واضح ہونا چاہئے۔ یہاں بھی سرور صاحب کا اعتدال کارفرما نظر آتا ہے۔ ان کی تنقید میں خلوص، سنجیدگی، متانت، لہجے کی نرمی اور حلاوت کے عناصر پائے جاتے ہیں۔ وہ قدیم اور جدید تنقید کے درمیان ایک نئی تعمیر کرتے ہیں جو خوبصورت بھی ہے اور دونوں کا پیوند بھی۔

آل احمد سرور نے مختلف موضوعات پر تنقیدی مضامین لکھے ہیں۔ ان سے جو بات سب سے زیادہ واضح طور پر سامنے آتی ہے وہ یہ ہے کہ آل احمد سرور ادب کو ایک خاص زاویہ سے دیکھتے اور پرکھتے ہیں اور حسن وقبح کی وضاحت کرتے ہیں۔ وہ شعراء کے تجربات زندگی اور باطنی احساسات تک پہنچنے کی کوشش کرتے ہیں۔ اس لئے وہ شخصیت کے عناصر کا جائزہ بھی ضروری قرار دیتے ہیں۔ جس کی وجہ سے وہ تاثراتی ونفسیاتی تنقید کے ہم نوا ہو جاتے ہیں۔ وہ عملی تنقید میں موازنہ ومقابلہ کے بھی قائل ہیں، خود انھوں نے متعدد موازنے کئے ہیں، آل احمد سرور کے تنقیدی مضامین کے مجموعے ''ادب اور نظریے، تنقید کیا ہے، مسرت سے بصیرت تک، نئے پرانے چراغ، تنقیدی اشارے اور نظر اور نظریے کے نام سے منظر عام پر آچکے ہیں۔

ڈاکٹر محمد حسن کی تنقید نگاری:

ڈاکٹر محمد حسن کا شمار ترقی پسند تحریک کے صف اول کے نقادوں میں ہوتا ہے۔ وہ زندگی اور سماج سے ادب کے گہرے تعلق کے قائل ہیں۔ آرٹ کو سماج کا معمار، اخلاق کا معلم اور سیاست کا رہبر مانتے ہیں، مگر اسے کسی تنگ دائرے میں قید کرنے کے روادار نہیں۔ کسی بھی حالت میں ان قدروں کو نظر انداز کرنے پر راضی نہیں ہیں جو فن کو ابدیت اور آفاقیت عطا کرتی ہیں۔ انھوں نے واضح الفاظ میں کہا ہے کہ آرٹ کا پہلا کام جمالیاتی احساس کی تسکین ہے۔ عبارت آرائی سے انھوں نے ہمیشہ پرہیز کیا اور اپنی بات کو واضح مدلل انداز میں پیش کرنے کی کوشش کی۔ اس کے باوجود ان کی نثر دلکشی کے وصف سے محروم نہیں۔ ''ادبی تنقید، شعر نو، اردو شاعری کا فکری وتہذیبی پس منظر، عرض ہنر، جدید اردو ادب، شناسا چہرے، معاصر ادب کے پیش رو اور ادبی سماجیات ان کی تصانیف ہیں۔

ڈاکٹر محمد حسن ادب وتنقید کے اصول ونظریات کے سلسلے میں مارکس کے نظریات سے متاثر ہیں۔ مارکسی نقادوں کی طرح وہ بھی ادب کو مادی حالات کے تابع رکھنا

چاہتے ہیں۔ اپنی کتاب ''اردو شاعری کا فکری وتہذیبی پس منظر'' میں وہ اپنے تنقیدی تصورات کی وضاحت کرتے ہیں ان کا خیال ہے کہ ہندوستان میں اردو ادب کا ارتقاء مخصوص معاشی اور اس سے پیدا ہونے والے تہذیبی عوامل ومحرکات کے نتیجے کے طور پر ہوا اور یہاں جو تہذیب وسط ایشیا سے آنے والوں اور مقامی باشندوں کے ملنے سے وجود میں آئی، وہ مادی احوال کا نتیجہ تھی۔ وہ اس بات پر زور دیتے ہیں کہ ہر دور کا ادب عصری تقاضوں کا عکاس ہوتا ہے، اس لئے اس کے آئینہ میں کسی قوم کے درد وداغ اور جستجو وآرزو کا مطالعہ کیا جاسکتا ہے۔ ادب سماج کا پروردہ بھی ہوتا ہے اور اس کا خالق بھی۔

ڈاکٹر محمد حسن ہماری اقدار وروایات سے پوری طرح آگاہ ہیں۔ یہ الگ بات ہے کہ وہ شعور کو مادہ کی پیداوار قرار دیتے ہیں اور طین (Tain) کے اس نقطہ نظر کے قائل ہیں کہ فن کوئی ایسی چیز نہیں جو اپنے ماحول سے بے نیاز ہو۔ تمام فنکار جزوی طور پر اپنے زمانے کی پیداوار ہوتے ہیں۔

محمد حسن مارکسی اور سماجی تنقید کے ساتھ ساتھ سائنٹی فک تنقید سے بھی حامی ہیں۔ وہ تاثراتی اور جمالیاتی تنقید کو ناپسند کرتے ہیں۔ ان کے نزدیک پسند وناپسند کے کچھ معروضی اصول ہونے چاہئیں جہاں دلیل وثبوت کے ساتھ گفتگو ہونی چاہئے۔ ان کا خیال ہے کہ تنقید بھی ایک سائنس ہے جو ادب کوئی نئی بصیرت ادا کرتی ہے۔ انھوں نے اردو زبان کے فروغ اس کی مشیت اور ٹھوس بنیادوں سے عہد حاضر کو روشناس کرانے میں اہم کردار ادا کیا۔ فن برائے فن اور فن برائے زندگی سے ہٹ کر فن برائے خودی کی اصطلاح محمد حسن کی اختراع ہے۔ اگرچہ یہ محض اصطلاح ہے لیکن اس سے شعریات خصوصاً شعریات اقبال پر غور کرنے کا ایک نیا باب وا ہوتا ہے۔ اپنے تنقیدی نظریے کو وہ اس طرح پیش کرتے ہیں:

''ہمارے تنقید نگاروں کو یاد رکھنا چاہئے کہ ادب پہلے آرٹ ہے بعد میں کچھ اور۔ اس پر فن کے اصولوں کا اطلاق ہوگا۔ شاعری کا کوئی موضوع اور مقصد کیوں نہ ہو، اسے سب سے پہلے اعلیٰ ادب پارہ ہونا چاہئے۔ آرٹ کا پہلا کام جمالیاتی احساس کی تسکین ہے۔''

محمد حسن کے یہاں عملی تنقید کے اچھے نمونے ملتے ہیں۔ ان کی تنقید مدلل ہے، ان کی زبان تنقید کی زبان ہے۔

شمس الرحمٰن فاروقی کی تنقید نگاری:

شمس الرحمٰن فاروقی اردو زبان میں عصر حاضر کے ایک ممتاز نقاد ہیں۔ انھوں نے اردو ادب میں جدیدیت کی تحریک کو فروغ دینے میں نمایاں کردار ادا کیا۔ ترقی پسند تحریک کے زوال کے بعد انھوں نے اردو ادب کو ایک نیا رخ عطا کرنے کی کوشش کی۔ وہ ادب میں نظریے، فلسفے، نصب العین وغیرہ کو اتنی اہمیت نہیں دیتے جتنی کہ فن، طرز اظہار اور زبان کے امکانات کو دیتے ہیں، شمس الرحمٰن

فاروقی نے ادب کو پروپیگنڈا بنانے کی سخت مخالفت کی ہے اور سماجی مسائل کے حل کی ذمہ داری ادیب پر ڈالنے کے سخت مخالف رہے ہیں۔ ان کی تنقید جمالیاتی، تاثراتی، سائنٹی فک، اسلوبیاتی، ہیئتی پہلوؤں کا مجموعہ ہے۔

شمس الرحمٰن فاروقی نے غالب کے اشعار کی تفہیم کا سلسلہ اپنے ماہانہ رسالہ شب خوں میں شروع کیا اور ایک شرح اشعار غالب کی ''تفہیم غالب'' کے نام سے مرتب کی جن میں ممتاز شارحین غالب سے ہٹ کر منفرد انداز سے اشعار کی تشریح کی ہے۔ اسی طرح انھوں نے میر تقی میرؔ کا مفصل مطالعہ کیا اور ''شعر شعور انگیز'' کے نام سے میر کے اشعار کی شرح مرتب کی۔ انھوں نے اردو کی مشہور داستانوں خاص طور سے ''داستان امیر حمزہ'' کا مطالعہ کیا اور ان کی تصنیف ''ساحری شاہی صاحب قرآنی'' منظر عام پر آئی۔ اس طرح انھوں نے ہمارے ادب کے کلاسیکی سرمایہ کی اہمیت اور قدر و قیمت سے دنیا کو روشناس کرایا۔ وہ خود لکھتے ہیں کہ مشرقی شعریات ان کی نظر میں محترم اور قابل قدر ہیں۔ وہ اس نظریے کے قائل ہیں کہ کسی شاعری کی فہم اس وقت مکمل ہوسکتی ہے جب ہم اس کی شعریات سے واقف ہوں جس کی روشنی میں وہ شاعری کی گئی ہے۔

فاروقی صاحب مغربی ادب پر گہری نظر رکھتے ہیں اور اس سے استفادہ ضروری سمجھتے ہیں۔ لیکن وہ مغربی علوم ونظریات کے غیر ضروری حوالوں اور ان سے مرعوبیت کو پسند نہیں کرتے۔ انھوں نے یہ ثابت کرنے کی بھرپور کوشش کی ہے کہ ہمارا ادبی و عملی سرمایہ کتنا باوقار اور بلند ہے۔

فاروقی صاحب ادب کو غیر ادبی معیار اور پیمانے پر جانچنے کے قائل نہیں ہیں۔ وہ راست گوئی اور وضاحت پر ابہام اور رمزیت کو ترجیح دیتے ہیں۔ وہ سماج کے مقابلے میں فرد کی اہمیت کے قائل ہیں۔

شمس الرحمٰن فاروقی عملی لسانیاتی اور اسلوبیاتی تنقید کے مرد میدان ہیں۔ ان کی تحریروں سے ادبی تنقید کا سلیقہ حاصل ہوتا ہے۔ وہ ارسطو کی بوطیقا سے اب تک تمام ممتاز ناقدین کے کارناموں سے پوری طرح واقفیت رکھتے ہیں۔ ان سب کی بصیرت ان کے یہاں جلوہ گر ہے۔ وہ موازنہ کا آرٹ بھی خوب جانتے ہیں، اور ایک فنکار کا دوسرے فنکار کی کاوشوں سے بڑی گہرائی سے تقابل پیش کرتے ہیں۔ فاروقی صاحب کی تنقید میں کلیم الدین احمد کی طرح انتہا پسندی نہیں بلکہ بڑی حد تک توازن ہے۔ یعنی وہ تخلیق کے ہر پہلو سے قدر شناسی کا فریضہ انجام دیتے ہیں۔

شمس الرحمٰن فاروقی نے ترقی پسندوں کے سلسلہ میں جارحانہ رویہ اختیار کیا۔ انھوں نے اردو ادب سے روایت پرستی کو ختم کیا۔ اردو کے نقاد ابہام وعلامت کی اہمیت، وزن اور آہنگ وغیرہ پر دھیان کم دیتے تھے۔ فاروقی صاحب نے نقادوں کا ذہن اس طرف موڑا۔ ''شعر غیر شعر اور نثر'' ان کا اہم تنقیدی کارنامہ ہے، اس میں شعر کی پہچان کے متعلق بحث کی گئی ہے۔ وہ لکھتے ہیں ''جس تحریر میں موزونیت اور اجمال کے ساتھ جمالیاتی حسن اور

ابہام ہوگا وہی شاعری ہوگی۔'' وہ اپنے مضامین میں مغربی طرز پر چلتے ہیں۔ وہ شاعری میں ابہام وعلامت نگاری کو ضروری سمجھتے ہیں۔ فاروقی صاحب کی تنقید کی خوبی یہ ہے کہ وہ منطقی طرز استدلال اختیار کرتے ہیں۔ ان کے دلائل کی بنیادیں ٹھوس ہیں۔ علم وادب سے ان کا تعلق گہرا ہے۔ اردو تنقید کو انھوں نے نیا شعور دیا۔

شمس الرحمٰن فاروقی کی تصانیف ''تفہیم غالب، شعر غیر شعر اور نثر، تنقیدی افکار، عروض آہنگ اور بیان، لفظ ومعنی، شعر شور انگیز، انداز گفتگو کیا ہے، افسانے کی حمایت میں اور اردو غزل کے اہم موڑ'' وغیرہ کے نام سے منظر عام پر آچکی ہیں۔ فاروقی صاحب جدید تنقید کے اہم ناقد ہیں۔ مشرقی مزاج ہے لیکن مغربی ادب پر ان کی گہری پکڑ ہے۔ ان کے مطابق تنقید کا کام قاری کو ایسا علم عطا کرنا ہے جس کی بنیاد منطق اور استدلال پر ہو۔ ان کے بزرگ دوست محمد حسن عسکری فاروقی صاحب کو اس طرح لکھتے ہیں ''لوگ آپ کا نام حالی کے ساتھ لینے لگے ہیں۔ یعنی جس طرح حالی نے اپنے عہد میں رسوم وقیود سے بے نیاز ہوکر تنقید کو ایک نئی آگہی بخشی تھی، اسی طرح برسوں بعد ہمیں فاروقی میں ایسا نقاد نظر آتا ہے جس نے محض اپنے تاثرات وخیالات کو جمع کر کے تنقیدی مجموعوں کا نام نہیں دیا، بلکہ نہایت ہی سنجیدگی کے ساتھ تنقید کی ایک نئی بوطیقا ترتیب دینے کی کوشش کی۔

☆☆☆

اردو میں تحقیق اور اہم محقق

محقق:

فن پارہ وجود میں آنے کے بعد تنقید اس کی قدر وقیمت کا تعین کرتی ہے، یعنی یہ بتاتی ہے کہ اس میں اچھا کیا ہے اور برا کیا ہے۔ لیکن ان دونوں کے درمیان ایک اور شے بھی ہے جو اس پر غور کرتی ہے کہ فن کار کون ہے؟ کہاں کا رہنے والا ہے؟ کب پیدا ہوا؟ فن پارہ کب اور کن حالات میں کن اسباب کی بنا پر وجود میں آیا؟ اسی کا نام تحقیق ہے۔ تحقیق کے معنی ہیں سچ کی تلاش۔ فن پارے کے بارے میں چھان بین ضروری ہے۔ مثلاً اگر فن پارہ شعر ہے تو یہ کھوج کرنی پڑتی ہے کہ اس کی پہلی شکل کیا تھی، بعد میں شاعر نے اس میں کیا ردوبدل کیا۔ تحقیق کرنے والا ان سب باتوں کا پتہ لگاتا ہے اور ہر طرح اطمینان کر لینے کے بعد اسے ترتیب دے کر پیش کرتا ہے، یہ کام تدوین کہلاتا ہے۔ متن کی ٹھیک سے تحقیق نہ ہو تو تنقید کی بنیاد کھوکھلی رہتی ہے۔ مثلاً میر تقی میر پر ایک مضمون ایسا لکھا گیا جس میں ایک شعر کو بنیاد بنایا گیا، بعد میں تحقیق نے یہ ثابت کر دیا کہ یہ شعر میر کا ہے ہی نہیں۔ یہ معلوم ہوتے ہی وہ مضمون بے کار ہو گیا اور تنقید کی عمارت مسمار ہو گئی۔

اردو میں تدوین کا کام اسی وقت شروع ہو گیا تھا جب پہلے دور کے شاعر شاہ حاتم نے اپنے دیوان کا انتخاب کیا اور اس کا نام ''دیوان زادہ'' رکھا۔ سرسید نے آئینہ اکبری اور تزک جہانگیری کو ترتیب دیا۔ مولوی عبدالحق نے کئی تذکرے اور شاعروں کے دیوان مرتب کئے۔ پروفیسر محمود شیرانی، قاضی عبدالودود، امتیاز علی عرشی، مسعود حسن رضوی، نورالحسن ہاشمی، مسعود حسن خاں، تنویر احمد علوی، رشید حسن خاں، مسیح الزماں، جمیل جالبی، مشفق خواجہ، خلیق انجم وغیرہ نے تحقیق کے سلسلے میں اہم کام کئے ہیں۔

تحقیق وتنقید کا باہمی رشتہ:

تحقیق وتنقید کا چولی دامن کا ساتھ ہے۔ ادبیات میں جب تحقیق کی جاتی ہے تو تنقید کا سہارا لینا پڑتا ہے۔ بات یہ ہے کہ کسی ادبی کارنامے پر تحقیق کرنے سے پہلے یہ جان لینا ضروری ہے کہ ادب میں اس کی اہمیت کیا ہے؟ اس پر تحقیق اور چھان بین کی ضرورت ہے بھی یا نہیں۔ وہ ادب میں کسی اضافے کا باعث بن سکتی ہے یا نہیں؟ محقق جب تک ان باتوں کو جان نہیں لیتا وہ تحقیق کی طرف راغب نہیں ہوتا۔ اس کا مطلب یہ ہے کہ محقق کے لئے ایک تنقیدی شعور ضروری ہے۔

ان باتوں سے پتہ چلتا ہے کہ تحقیق کی ابتداء ہی تنقید سے ہوتی ہے۔ تحقیق کا پہلو تنقید میں اسی وقت پیدا ہوتا ہے جب محقق اپنے کلام کی اہمیت دوسروں کے ذہن نشیں کرانے کے لئے تنقید کا سہارا لیتا ہے۔ جو کچھ وہ اپنی تحقیق کے متعلق دوسروں کے لئے لکھتا ہے وہ تنقید ہوتی ہے کیوں کہ اس سلسلے میں وہ اس کے تمام محاسن ومعائب پر روشنی ڈالتا ہے۔ مصنف کی ذہنی صلاحیتوں کا جائزہ لیتا ہے، ادبی کارنامے پر پڑے ہوئے گردوپیش کے اثرات کا تذکرہ کرتا ہے۔ اس کے مرتبے کو متعین کرتا ہے۔ غرض وہ کسی پہلو کو نظر انداز نہیں کرتا۔

تحقیق وتنقید دماغ انسانی کی دو مختلف تحریکیں ہیں، لیکن انھیں ایک دوسرے سے جدا نہیں کیا جا سکتا۔ نہ تو تنقید کے بغیر تحقیق ممکن ہے اور نہ ہی تحقیق کے بغیر تنقید۔ اگر تحقیق کو تنقید سے الگ کر دیا جائے تو اس کی حالت اس گم کردہ راہ کی ہوتی ہے جو کسی صحرا میں بھٹکتا پھرے اور جسے اس کی خبر نہ ہو کہ وہ بھٹک رہا ہے۔

ابتداء میں اردو ادب میں تحقیق کی طرف توجہ کم ہوئی۔ شروع میں اردو میں تحقیق کا کوئی مستقل رجحان نظر نہیں آتا، البتہ تحقیق کی ایک روایت ضرور ملتی ہے۔ اس قسم کے تحقیقی اشارے تذکروں میں ملتے ہیں۔ تذکروں کے علاوہ دوسری تحریروں میں بھی ادبی تحقیق کی روایت موجود ہے۔ سوداؔ کے بعض اعتراضات وغیرہ میں اس کی جھلک ملتی ہے، آگے چل کر غالب کے خطوط میں بھی ایسے مسائل پر بحث کا سلسلہ ملتا ہے، جس کو ادبی تحقیق کی ایک شکل کہا جا سکتا ہے۔ بہر حال سرسید کے زمانے سے قبل کسی نے تحقیق کی طرف پوری توجہ نہیں کی، جس کی وجہ سے نہ اس کا کوئی

سلسلہ شروع ہوسکا اور نہ وہ کوئی مستقل حیثیت اختیار کرسکی۔

جب سرسید کا زمانہ آیا تو بڑھتے ہوئے قومی اور ملی شعور نے اپنی زبان اور ادب سے گہری دلچسپی لینے کے لئے ان لوگوں کو مجبور کیا جو اجتماعی زندگی میں کچھ کرنا چاہ رہے تھے۔ سرسید کو خود اپنی زبان و ادب کا بڑا خیال تھا، ان کے ساتھی بھی اس سلسلے میں پیش پیش تھے۔ ان میں سے حالیؔ، نذیر احمد، شبلی اور آزاد کے یہاں تحقیق کی خصوصیت نظر آتی ہے، لیکن ان میں سے سوائے آزاد کے کوئی بھی ادبی ولسانی تحقیق کی طرف پوری طرح متوجہ نہ ہوسکا۔ آزاد کی تصنیف ''آب حیات'' میں اگرچہ بہت سی کمیاں ملتی ہیں لیکن اردو میں ادبی تحقیق کی طرف پہلا قدم ہے۔

بیسویں صدی کے ابتدائی زمانے میں ادیبوں نے دوسرے ادبی کاموں کے ساتھ ساتھ تحقیق کی طرف بھی توجہ دی، بعضوں نے اپنی زندگیاں تحقیق کے لئے وقف کیں۔ اور اپنی محنت وجاں فشانی سے ادب میں تحقیق و تفتیش کا وہ کام جس سے بہت سی نئی نئی باتیں معلوم ہوئیں۔ بہت سی ایسی کتابیں منظر عام پر آئیں جس کا ابھی تک کس کو علم نہیں تھا۔ اس زمانے کے سب سے بڑے محقق مولوی عبدالحق ہیں۔ جنھوں نے اردو ادب کی تحقیق کو اپنا میدان بنایا۔ ان کے ذریعہ تحقیق کی ایک نئی فضا پیدا ہوئی، چنانچہ ان کے ساتھ دوسرے لوگ بھی اس طرف متوجہ ہوئے۔ ان کے ساتھ کام کرنے والوں میں پنڈت برج موہن وتاتریہ کیفی، نواب صفدر یار جنگ، مولانا حبیب الرحمٰن خاں شیروانی، پروفیسر حامد حسن قادری، ڈاکٹر عبداللہ، ڈاکٹر محی الدین قادری زور، مولانا حبیب الرحمٰن خان شیروانی، پروفیسر مسعود حسن ادیب وغیرہ اس میدان میں پیش پیش نظر آتے ہیں۔

مولوی عبدالحق:

بابائے اردو مولوی عبدالحق نے اردو کی ترقی کے لئے اپنی زندگی کو وقف کردیا تھا، ان کی زندگی کا کوئی لمحہ ایسا نہ تھا جو اردو کی فکر سے خالی ہو، یہ ان کی خدمات کا اعتراف ہی ہے کہ وہ بابائے اردو کے نام سے جانے جاتے ہیں۔ ان کا یہ کارنامہ قابل قدر ہے کہ قدیم اردو ادب کا جو سرمایہ مخطوطات کی شکل میں صندوقچوں اور الماریوں میں بند تھا اور جس کے ضائع ہوجانے کا اندیشہ تھا، مولوی صاحب نے اسے ترتیب دے کر شائع کیا اور برباد ہونے سے بچالیا۔ ان کتابوں پر عبدالحق صاحب نے مقدمے لکھے، ان کی اہمیت پر روشنی ڈالی، مصنّفین کے حالات زندگی دریافت کر کے ہم تک پہنچائے۔ ان تصانیف کے عہد کی خصوصیت واضح کیں اور اردو تنقید کے لئے ایک مضبوط بنیاد فراہم کردی۔ چھان بین کے بعد مولوی صاحب نے بہت سی غلط فہمیوں کو دور کیا مثلاً اس خیال کی تردید کی کہ میر امن کی باغ وبہار فارسی کے قصہ چہار درویش کا ترجمہ ہے۔ انھوں نے دلیلوں سے ثابت کردیا کہ اس کا ماخذ عطا حسین تحسین کی تصنیف نوطرز مرصع ہے۔ مولوی صاحب کی زبان سادہ

اور سلیس ہوتی ہے جیسی تحقیق کے لئے ضروری ہے۔

مقدمات عبدالحق ،خطبات عبدالحق، تنقیدات عبدالحق، ان کی یادگار ہیں۔ فرہنگ، لغت اور اصطلاحات پر بھی انھوں نے کام کیا ہے، چند ہم عصر ان کی مقبول تصنیف ہے، جس میں مختلف شخصیتوں کے خاکے پیش کئے ہیں۔

پروفیسر محمود شیرانی:

پروفیسر محمود شیرانی اردو ادب کے بہت بڑے محقق ہیں۔ تحقیق و تدوین ان کی گٹھی میں پڑی ہے۔ اسی وجہ سے ان کی تحریروں میں تحقیق کی طرف زیادہ توجہ ملتی ہے، اس کا نتیجہ یہ ہے کہ ان کی تنقید پس منظر میں جاپڑی ہے۔ ان کی تحقیقی تحریروں میں کہیں کہیں تنقیدی اشارے ضرور مل جاتے ہیں۔ لیکن وہ تنقید کی طرف کوئی خاص توجہ نہیں کرتے۔ ایک زمانے تک وہ اورینٹل کالج میگزین میں مختلف موضوعات پر تحقیقی مضامین لکھتے رہے۔ ان میں سے بعض کو انھوں نے کتابی شکل میں شائع بھی کیا ہے۔ ان کی تحقیقی تصانیف میں شعرالعجم، پنجاب میں اردو، فردوسی پر چار مقالے، خالق باری، پرتھوی راج راسا، تنقید آب حیات خاص طور پر قابل ذکر ہیں۔ لیکن ان کی ان تصانیف میں تنقیدی پہلو بہت کم ہیں۔ تلاش کے بعد کہیں کہیں ایسے اشارے ملتے ہیں جن سے ان کے تنقیدی خیالات کا اندازہ ہوتا ہے۔

محمود شیرانی شعر و ادب کے متعلق وہی خیالات رکھتے ہیں جو دوسرے محققوں کے ہیں۔ عہد تغیر کے تنقیدی خیالات کا بھی ان پر خاصا اثر ہے۔ وہ مغرب سے واقفیت ضرور رکھتے ہیں، ان کو اس کی اہمیت کا بھی احساس ہے لیکن جہاں کہیں تھوڑی بہت تنقید کرتے ہیں اس میں ان کا انداز مشرقی ہو جاتا ہے۔ وہ مشرقی اصطلاحات تنقید کو استعمال کرتے ہیں۔ ویسے ادیب کی شخصیت، ماحول کے اثرات، ذہنی رجحان اور افتادِ طبع کے اثرات کا خیال ان کے پیش نظر ضرور رہتا ہے۔ مثلاً وجہی کی ''سب رس'' پر ایک مضمون لکھتے ہوئے وجہی کے ماحول اور سماجی حالات کا ذکر وہ خاصی تفصیل سے کرتے ہیں۔ شعر و ادب ان کے نزدیک بے کار مشغلہ نہیں۔ وہ اس میں شعور اور ادراک سے کام لینے کے قائل ہیں۔ ان کا خیال ہے کہ ان میں حکیمانہ خیالات کا اظہار ہونا چاہئے۔ اس کے ساتھ ہی ساتھ وہ شعر و ادب کے فنی اور جمالیاتی پہلو کی طرف بھی توجہ کرتے ہیں۔ یہ خیالات ان کی تحریروں میں منظّم اور مربوط شکل میں نہیں ملتے۔ یہ مختلف مضامین سے اخذ کئے گئے ہیں۔ ان مضامین میں بھی انھوں نے کھل کر ان موضوعات پر بحث نہیں کی ہے۔ ان کو پڑھ کر مذکورہ بالا نتائج نکالے جاسکتے ہیں۔

پروفیسر شیرانی کی تحریروں میں عملی تنقید کے نمونے بھی نہیں ملتے۔ اس کی وجہ یہی ہے کہ وہ اپنا میدان صرف تحقیق کو سمجھتے ہیں۔ چنانچہ ان کی تنقید میں تشنگی باقی رہتی ہے اور گہرائی کی کمی کا احساس ہوتا ہے۔ بیانیہ پہلو پر وہ خاص طور پر زور دیتے ہیں۔ صلائی کے متعلق ایک مضمون میں لکھتے ہیں:

''صلائی نے غزلیں بہت کم لکھی ہیں۔ ان میں عشقیہ مضامین ندرت کے ساتھ ملتے ہیں۔ حسن وعشق کے لطیف جذبات سے اس کا کارخانہ بالکل خالی معلوم ہوتا ہے۔ البتہ حکمت وپند اور جوش بے خودی اورانانیت، دشمنوں سے چھیڑ چھاڑ، ان پر طعن وطنز، ان کی دعائے مرگ، اپنا افلاس، وفاداری، دنیا کی ناقدری اور حالات کی شکایت پر اس کا قلم رواں ہے۔ شاندار الفاظ اور بندشوں نے اس کی غزل کو قصیدہ کی چاشنی دے دی ہے۔''

اس بیان سے صلائی کے کلام کی خصوصیات کا اندازہ ضرور ہوجاتا ہے، لیکن اس کو پوری طرح تنقید نہیں کہا جاسکتا ۔ کیوں کہ اس میں تجزیئے کا پہلو نہیں ہے۔ پروفیسر شیرانی کی تنقید کا عام انداز یہی ہے لیکن کہیں کہیں وہ درج ذیل انداز کی بھی تنقید کرتے ہیں:

''انوری کا اعجاز اس کے قصائد مانے گئے ہیں۔ معتقدین کے نزدیک محاسن قصیدہ گوئی زیادہ تر پرشکوہ الفاظ، نادر تشبیہات اور صنائع بدائع پر ختم تھیں۔ لیکن انوری کی جدت پسند طبیعت نے اس میں مضمون داخل کیا۔ خیال بندی کا شوخ رنگ چڑھایا اور صنائع بندی کا زور توڑ کر اس کی علمیت کے رنگ میں رنگ دیا۔ فارسی زبان اس کے یہاں ایک نئی کروٹ لیتی ہے، جدید خیالات اور نئے اسلوب وافر مقدار میں پائے جاتے ہیں، وہ سیکڑوں بندشوں کا مبتدع ہے۔'' ان بیانات سے انوری کی خصوصیات کا اندازہ ہوجاتا ہے۔ لیکن ان میں تنقید کا مشرقی انداز موجود ہے۔

مجموعی طور پر یہ کہا جاسکتا ہے کہ پروفیسر محمود شیرانی کو تحقیق سے غیر معمولی انہماک تھا، اس لئے وہ تنقید کی طرف پوری طرح توجہ نہیں کرسکے، لیکن ان کی تحریروں میں کچھ نہ کچھ تنقیدی خیالات ضرور ملتے ہیں۔ جن کو مجموعی اعتبار سے دیکھنے کے بعد پتہ چلتا ہے کہ ان پر عہد تغیر کی تنقید کا اثر ہے۔

قاضی عبدالودود:

قاضی عبدالودود کا شمار اردو کے ممتاز اور منفرد محققوں میں ہوتا ہے، لیکن وہ صرف اردو ہی کے اہم اور صاحب شعور نقاد نہ تھے، بلکہ فارسی زبان وادب پر بھی ان کی گہری نظر تھی، انھوں نے اردو ہی کی طرح فارسی کی بھی خدمت انجام دیں۔ ان کی تحقیق کا دائرہ کار لسانیات، لغات وقواعد، ادب، نثر، شعر، تذکرہ، سوانح اور اردو تاریخ تک پھیلا ہوا ہے۔ اس لئے ان کی تحقیقی کاوشوں میں بڑی تہہ داری پائی جاتی ہے، ان کے کاموں کی قدر وقیمت کا اہل نظر نے برملا اعتراف کیا ہے، اور ان کے کبھی فرسودہ نہ ہونے جیسے خیالات کا اظہار کیا ہے۔

قاضی صاحب کے تحقیقی کارناموں کی تفصیل بہت طویل ہے۔ انھوں نے بہت سی کتابوں کی تحقیق وتدوین کی اور نہ جانے کتنے مضامین، مقالے، تبصرے، اشارات لکھے، غالبیات کے موضوع پر بھی معتبر اور قابل ذکر تحقیقی کام کیا،

ان کی ایک اہم کاوش ''عبدالحق بحیثیت محقق'' ہے۔ یہ کوئی تصنیف نہیں بلکہ ایک طویل تبصرہ ہے، جس سے مولوی عبدالحق کی تمام تحقیقی کاوشوں اور صلاحیتوں کا اندازہ ہوجاتا ہے۔ بحیثیت محقق قاضی صاحب نے مولوی عبدالحق کی خوبیوں کے ساتھ ان کی کمیوں کے ذکر میں کوتاہی نہیں کی ہے۔ حالاں کہ پیش رو اور ایک اہم محقق ہونے کے باوجود ان کے ساتھ جانبداری سے ذرہ برابر بھی کام نہیں لیا۔

قاضی عبدالودود کی اصول تحقیق پر بڑی گہری نظر تھی، جس کا اندازہ ان کے مضمون ''اصول محققین سے بھی ہوتا ہے۔ انھوں نے اپنی اس صلاحیت سے بہت کام لیا۔ تحقیق میں قاضی صاحب وضاحت وصراحت، منطق ربط و تسلسل اور سادگی کے قائل تھے۔ ان کے نزدیک نثر کی خوبصورتی سادگی اور اثر آفرینی ہے۔ شاعرانہ زیبائش ان کو پسند نہ تھی۔

قاضی صاحب حق گوئی اور راست بازی کو تحقیق کا اہم جزو تسلیم کرتے ہیں۔ اور یہ حقیقت بھی ہے کہ اس کے بغیر تحقیق کا حق ادا نہیں ہوسکتا۔ صداقت کے ساتھ عدالت بھی ان کے نزدیک تحقیق کا لازمی حصہ ہے۔ وہ معلومات کی فراہمی اور دستیابی پر زور دیتے ہیں۔ ان کے خیال میں تحقیق میں یہ سب سے زیادہ ضروری نکتہ ہے، قاضی صاحب کی ایک اور خوبی یہ ہے کہ وہ فکر کے بنیادی جوہر پر اصرار کرتے ہیں۔ مقدمات اور نتائج تحقیق میں ایک تسلسل اور منطقی ربط تلاش کرتے ہیں۔ اس کے برعکس جب کوئی پہلو سامنے آتا ہے تو وہ نہایت جرأت کے ساتھ اس کی تردید کرتے ہیں۔

قاضی عبدالودود کی تحقیقی کاوشوں کی فہرست بہت طویل ہے، چند کے نام یہ ہیں: ''عیارستان، اشتر وسوزن، تذکرہ شعراء از امین اللہ طوفان، آثارِ غالب، شہر آشوب، دیوان جوشش عظیم آبادی وغیرہ۔ ان کے علاوہ سیکڑوں تحقیقی مقالات سے ان کی محققانہ اہمیت کا اندازہ لگایا جاسکتا ہے۔ انھیں کی بنیاد پر انھیں تحقیق کا سب سے بڑا شناور بھی قرار دیا جاتا ہے۔

امتیاز علی عرشی:

اردو تحقیق کے چند اہم ستونوں میں امتیاز علی خاں عرشی بھی شامل ہیں، ان کی ساری زندگی تحقیق، تصنیف وتالیف میں بسر ہوئی۔ اس میدان میں ان کے کارنامے بہت اہم ہیں۔ انھیں ماہر غالبیات کی حیثیت سے جانا جاتا ہے۔ عرشی صاحب نے دوسروں کی تحریروں اور تصنیفات کو مرتب ومدون کرنے میں بڑی محنت کی۔ ان کے مرتبہ، حواشی اور مقدمات کا زیادہ تر حصہ اردو، فارسی اور عربی ادب ولغت سے ہے۔ انھوں نے عربی زبان میں بھی تحریریں یادگار چھوڑی ہیں۔ عرشی صاحب کے تحقیقی کام دوسرے محققین کے مقابلہ میں معیار ومقدار دونوں حیثیتوں سے ممتاز ومنفرد ہیں۔

غالب امتیاز علی عرشی کا خاص موضوع ہے۔ ان کی ایک اہم تحقیقی کاوش مکاتیب غالب کی تصحیح وتدوین ہے۔

انھوں نے انتخاب غالب کا تنقیدی اڈیشن بھی تیار کیا۔ نادرات شاہی بھی ان کے قابل قدر کاموں میں سے ایک ہے۔ متنی تحقیق میں عرشی صاحب کو بڑی مہارت حاصل ہے۔ چنانچہ انھوں نے متعدد متنی تحقیقی کاوشیں پیش کیں جو ہمارے ادب کا گراں مایہ حصہ ہیں۔ اس کی سب سے عمدہ مثال دیوان غالب کی زمانی ترتیب و تحقیق، تدوین اور اشاعت ہے۔ اس سے یہ معلوم ہو جاتا ہے غالب کا کون سا کلام کس زمانے کا ہے۔ اس سے غالب کے ذہنی ارتقاء کو سمجھنے میں مدد ملتی ہے۔ عرشی صاحب کی اس کوشش سے غالبیات کے باب میں ان کا نام ہمیشہ روشن رہے گا۔

تحقیق کے میدان میں امتیاز علی عرشی نے کارہائے نمایاں انجام دیئے ہیں۔ تحقیق میں سب سے اہم کام دریافت ہوتا ہے، یہ کام بھی ان سے اچھوتا نہ رہا۔ مکاتیب غالب میں شائع شدہ خطوط اور امام سفیان ثوریؒ کی تفسیر قرآن ان کی وقیع دریافتیں ہیں۔ تدوین کے وہ مرد میدان کہے جاتے تھے۔ تحشیہ نگاری نے ان کی تدوین میں چار چاند لگا دیئے ہیں۔ حاشیہ نگاری میں ان کی قابلیت اور مہارت کا یہ عالم تھا کہ زیر تدوین کتابوں کے مضامین اور مقالات بھی حاشیوں سے خال خال ہی خالی رہتے تھے۔ وہ اپنے پیچھے تحقیقی مضامین و مقالات کا ایک دفتر چھوڑ گئے ہیں جس نے اہل علم سے ان کی خداداد صلاحیت کا لوہا منوایا۔

عرشی صاحب کے دوسرے تحقیقی کاموں میں فرہنگ غالب، رانی کیتکی کی کہانی، فہرست مخطوطات عربی اردو رضا لائبریری رام پور قابل ذکر ہیں۔ عرشی صاحب اپنی علمی و تحقیقی کاوشوں کی وجہ سے تحقیق کی دنیا میں ہمیشہ زندہ رہیں گے۔

محی الدین قادری زور:

محی الدین قادری زور کا شمار اردو کے اہم محققین میں ہوتا ہے۔ وہ بیک وقت ادیب و نقاد، محقق، ماہر دکنیات، ماہر لسانیات نیز مورخ، مدون، شاعر اور افسانہ نگار تھے۔ تاریخ ادب اردو میں ان کی ہمہ جہت اور متنوع شخصیت ایک مینارہ نور کی طرح ہمیشہ روشن رہے گی۔ ان کا سب سے بڑا تحقیقی کارنامہ مخطوطات شناسی اور قلمی کتابوں کی توضیحی فہرست کی ترتیب و تدوین ہے۔ انھوں نے ایک صاحب نظر محقق کی طرح نادر و نایاب مخطوطات کو مدون کر کے اہل علم کے سامنے پیش کیا۔ بقول ڈاکٹر محمد علی تاریخ ادب اردو میں ڈھائی سے تین صدیوں کا اضافہ کیا۔

زور صاحب نے جن مخطوطات پر تحقیقی کام کیا، اس کی تمام تفصیلات قلمبند کر دیں، مثلاً تقطیع، نہج، مسطر، سنہ تصنیف، سنہ کتابت، کاتب کا نام، کاغذ روشنائی وغیرہ۔ اس سے اندازہ لگایا جا سکتا ہے کہ اس تحقیقی کام میں انھوں نے کس قدر محنت مشقت برداشت کی ہوگی۔ یہ فہرست پانچ جلدوں میں ہے۔

زور صاحب کو دکنیات سے خاص لگاؤ تھا۔ چنانچہ انھوں نے اردو شہ پارے، تاریخ ادب اردو، دکنی ادب کی

تاریخ، داستان ادب حیدرآباد وغیرہ کتابیں دکنی ادب سے متعلق تصنیف کیں۔ ان کتابوں کا بھی تحقیقی پایہ بہت بلند ہے۔ زورؔ صاحب اپنے تحقیقی نتائج کو سلجھے ہوئے انداز میں پیش کرتے ہیں۔ عبارت بھی سنجیدہ اور متین ہوتی ہے۔ معروضیت غالب رہتی ہے۔ نتائج فکر کو پیچیدہ بنا کر نہیں پیش کرتے اور نہ عربی فارسی کے ثقیل الفاظ سے انھیں بھدا ہونے دیتے ہیں۔ وہ تحقیق میں بغیر کسی نقطہ نظر سے مرعوب ہوتے ہوئے اپنے نقطہ نظر کی تلاش میں رہتے ہیں۔ اس سے معروضیت کے ساتھ مغربیت کے اثرات سے بھی محفوظ رہتے ہیں۔ اسی لئے انھیں دور جدید کے مشرقی نقادوں میں اہم مقام حاصل ہے۔

زور صاحب تحقیق کے ساتھ تنقیدی شعور بھی رکھتے تھے۔ ''روح تنقید'' ان کی معرکتہ الآراء کتاب ہے۔ تحقیق وتنقید کے باہمی رشتوں کو وہ بخوبی نبھانا جانتے تھے، اسی لئے بعض لوگ انھیں نقاد اور بعض محقق کہتے ہیں۔ بہرحال ان کی تنقیدی کاوشیں ان کے تحقیقی کاموں کے مقابلے میں زیادہ اہمیت رکھتی ہیں۔

☆☆☆

بلاغت

فصاحت وبلاغت:

فصاحت وبلاغت شاعری کے لئے انتہا درجہ ضروری ہیں۔ انھیں ملحوظ رکھے بغیر شاعری حسن تاثیر سے خالی اور فنی عظمت سے محروم رہتی ہے۔ ادیبوں اور نقادوں نے اپنے طور پر فصاحت، وبلاغت کی وضاحت کی ہے۔ کسی ایک مخصوص تعریف پر علماء کا اتفاق نہیں ہے۔

جہاں تک بلاغت کا سوال ہے تو اس کے لغوی معنی تیز زبانی کے ہیں۔ مجازی معنی ہے کلام کو دوسروں تک پہنچانے میں مرتبہ کمال تک پہنچنا۔ بلاغت بامعنی زبان کا تصور ہے۔ اس کے معنی ہے کلام سے کچھ مراد لینا اور اس میں مرتبہ کمال کو پہنچنا۔ یعنی زبان کا بالارادہ استعمال بلاغت کی شرط ہے۔ جس کلام میں دوسروں تک پہنچنے کی جتنی صلاحیت ہوگی وہ اتنا ہی بلیغ ہوگا۔ بلیغ کلام کی ایک شرط یہ بھی ہے کہ اظہار مطلب کے لئے کم از کم الفاظ کا استعمال ہو۔

فصاحت سے مراد ہے کہ لفظ یا محاورے یا فقرے کو اس طرح بولا یا لکھا جائے جس طرح مستند اہل زبان بولتے یا لکھتے ہیں۔ لہٰذا فصاحت کا تصور زیادہ تر سماعی ہے۔ اس کی

بنیادروزمرہ اہل زبان پر ہے جو بدلتا بھی رہتا ہے۔اس لئے فصاحت کے بارے میں کوئی اصول قائم کرنا ناممکن ہے۔ چنانچہ فصاحت کا تصور زمانے کے ساتھ بدلتا رہتا ہے۔ الفاظ بھی زمانے کے ساتھ فصیح اور غیر فصیح بنتے رہتے ہیں۔

کلام میں بلاغت پیدا کرنے والے علم کو علوم بلاغت کہا جاتا ہے۔ ان علوم میں علم بیان، علم بدیع، علم عروض، علم قافیہ وغیرہ کا شمار ہوتا ہے۔

علم بیان:

وہ علم جس کے تحت کسی معنی کو ادا کرنے کے لئے نت نئے انداز نکالے جائیں۔علم بیان ہمیں یہ سکھاتا ہے کہ کسی بات کو کس طرح مختلف طریقوں سے بیان کیا جائے کہ ایک کے معنی دوسرے سے زیادہ واضح اور دلکش ہوں۔ علم بیان کے اجزائے ترکیبی تشبیہ، استعارہ، مجاز مرسل، کنایہ ہیں۔

تشبیہ:

اس کے معنی باہمی مشابہت کے ہیں۔ جب کسی مشابہت کے باعث ایک چیز کو دوسری چیز سے مشابہ قرار دیا جاتا ہے تو اسے تشبیہ کہتے ہیں۔تشبیہ کے لئے دو چیزوں کا ہونا ضروری ہے۔ اور اس کے درمیان وصفی مشابہت ہونا بھی ضروری ہے۔تشبیہ میں جس چیز کو تشبیہ دی جاتی ہے اسے مشبہ کہتے ہیں جس چیز سے تشبیہ دی جائے اسے مشبہ بہ کہتے ہیں۔ وہ مشترک وصف جس کی وجہ سے تشبیہ دی جائے وجہ شبہ کہلاتی ہے۔تشبیہ کی مثال درج ذیل ہے:

وقت پیری شباب کی باتیں
ایسی ہیں جیسے شباب کی باتیں

استعارہ:

استعارے کے لغوی معنی ہیں مستعار لینا۔ استعارہ دراصل مجاز ہی کی ایک قسم ہے۔جس میں لفظ اپنے لغوی معنی کو ترک کر کے لسانی سیاق وسباق کے اعتبار سے نئے معنی مستعار لیتا ہے یا انھیں آگے بڑھاتا ہے۔ استعارہ میں لفظ کے حقیقی ومجازی معنی کے درمیان تشبیہ کا رشتہ ہوتا ہے۔ اس کی مثال درج ذیل ہے:

ہیں یاد وہ بے مثال آنکھیں
کیا ہیں تری او غزال آنکھیں

مجاز مرسل:

اس میں بھی لفظ کا استعمال اس کے حقیقی معنی کے بجائے کسی اور معنی میں ہوتا ہے۔اس کے حقیقی اور مجازی معنی میں تشبیہ کے علاوہ کوئی دوسرا علاقہ یعنی کوئی دوسرا رشتہ ہوتا ہے۔اس کی مثال درج ذیل ہے:

جب ہاتھ اس کی نبض پہ رکھا طبیب نے
محسوس یہ کیا کہ بدن میں لگی ہے آگ

کنایہ:

اس کے معنی ہیں مخفی اشارہ یا پوشیدہ بات۔ یہ صراحت کے بجائے ایجاز کا حامل ہوتا ہے۔ کنائے کے طور پر برتے جانے والے الفاظ اپنے مروجہ لغوی معنی سے علاحدہ مفہوم میں استعمال ہوتے ہیں مگر اس التزام کے ساتھ کہ ان کے لغوی معنی بھی مراد لئے جاسکیں:

ساقی وہ دے ہمیں کہ ہوں جس کے سبب بہم
محفل میں آب و آتش و خورشید ایک جائے

علم بدیع:

علم بدیع میں الفاظ کے معنوی، صوری حسن اور ان طریقہ ہائے استعمال کا مطالعہ کیا جاتا ہے جن کے ذریعہ کلام کے معنوی یا ظاہری خوبصورتی میں اضافہ ہوجاتا ہے۔ اس کے دو اہم حصے ہیں صنائع معنوی اور صنائع لفظی۔

کلام میں استعمال ہونے والی زائد خوبیاں اگر ہمارے ذہن کو کلام کے معنوی حسن کی طرف لے جائیں تو انھیں صنائع معنوی کہتے ہیں۔ اگر ان سے ہمارا ذہن الفاظ کی ظاہری خوبیوں کی طرف مائل ہوجائے تو انھیں صنائع معنوی کہتے ہیں۔ بدیع کے تحت کلام میں لائے گئے تمام خواص کو عام زبان میں صنائع بدائع کہتے ہیں۔ لیکن واحد میں دونوں کے لئے صنعت بولا جاتا ہے۔ اردو شاعری میں مروج کچھ خاص صنفیں درج ذیل ہیں:

ادماج:

شعر میں ایسے الفاظ وتراکیب کا استعمال کرنا جن سے مجموعی طور پر دو معنی یا دو مفہوم پیدا ہوتے ہوں۔ دونوں ہی اپنی جگہ درست، صاف اور واضح ہوں۔ قاری کو اختیار ہے کہ وہ کسی ایک معنی و مفہوم کو قبول کرے اور دوسرے کو رد کردے۔ اس فیصلے کی صحت قاری کے فہم وادراک پر ہے۔ اسے ادماج کہتے ہیں:

ترے سرو قامت سے اک قد آدم
قیامت کے فتنے کو کم دیکھتے ہیں

ایہام یا توریہ:

ایہام کے لفظی معنی ہیں وہم میں ڈالنا۔ توریہ کے معنی ہیں چھپانا۔ کلام میں ایسا لفظ لایا جائے جس سے سامع تھوڑی دیر کے لئے وہم میں پڑ جائے، ایہام ہے۔ ایسے لفظ عموماً دو معنی ہوتے ہیں۔ ایک معنی قریب دوسرا معنی بعید۔ ایہام میں شاعر کی مراد معنی قریب سے نہ ہو کر معنی بعید سے ہوتی ہے:

مے کش کو ہوس ایاغ کی
پروانے کو لو چراغ کی

تجاہل عارفانہ:

اس کے لغوی معنی ہیں جان بوجھ کر انجان بنا۔ یعنی کسی چیز کی نسبت باوجود علم کے اپنی ناواقفیت ظاہر کرنا تاکہ اس کی تعریف میں مبالغہ کیا جاسکے:

موت کا ایک دن معین ہے

نیند کیوں رات بھر نہیں آتی

تلمیح:

شعر میں کسی مشہور مذہبی یا تاریخی واقعے قصے یا مسئلے کی طرف اشارہ کرنا صنعت تلمیح ہے:

ایک ہی صف میں کھڑے ہو گئے محمود و ایاض

نہ کوئی بندہ رہا اور نہ کوئی بندہ نواز

حسن تعلیل:

تعلیل کے معنی ہیں وجہ متعین کرنا یا وجہ بیان کرنا۔ اگر کسی چیز کے لئے ایسی وجہ بیان کی جائے جو چاہے واقعی میں نہ ہو مگر اس میں کوئی شاعرانہ جدت ونزاکت ہو اور بات واقعہ اور فطرت سے مناسبت بھی رکھتی ہو، اسے حسن تعلیل کہتے ہیں۔

آتی ہیں اس کو دیکھنے موجیں کشاں کشاں

ساحل پہ بال کھولے نہاتی ہے چاندنی

تضاد یا طباق:

شعر میں ایسے الفاظ کا استعمال ایک ساتھ کیا جائے جس میں بہ اعتبار معنی تضاد پایا جائے جیسے آگ اور پانی، عرش اور فرش وغیرہ:

آتا نہیں خیال عذاب وثواب کا

کیا حال پوچھنے چلے عہد شباب کا

لف ونشر:

اس کے معنی ہیں لپیٹنے اور پھیلانے کے۔ اصطلاح میں اس کا مطلب یہ ہے کہ پہلے چند چیزیں ترتیب سے بیان کی جاتی ہیں، اسے لف کہتے ہیں۔ اس کے بعد وہی چیزیں اسی ترتیب یا دوسری ترتیب سے پھر بیان کی جاتی ہیں جسے نشر کہتے ہیں:

ابرو نے مژہ نے نگہ یار نے یارو

بے رتبہ کیا تیغ کو خنجر کو سناں کو

مکر شاعرانہ:

کوئی ایسی بات کہی جائے جس کا اصل مقصد کچھ ہو اور ظاہر کچھ ہوتا ہو:

محفل میں تم اغیار کو دزدیدہ نظر سے

منظور ہے پنہاں نہ رہے راز تو دیکھو

مراۃ النظیر:

اس کے معنی ہیں ملتی جلتی چیزوں کی رعایت کرنا۔ جب کسی شعر میں معنی کے لحاظ سے کئی لفظ آپس میں ملتے جلتے ہوں تو اسے مراۃ النظیر کا اصطلاحی نام دیا جاتا ہے:

خط بڑھا زلفیں بڑھیں گیسو بڑھے کا کل بڑھے

حسن کی سرکار میں جتنے بڑھے ہندو بڑھے

مبالغہ:

کسی چیز یا شخص کی تعریف یا مذمت اس حد تک کرنا کہ سننے والے کو یہ گمان ہو کہ اس وصف یا ذم کا کوئی اور مرتبہ باقی نہیں رہتا۔ اس کے درج ذیل تین اقسام ہیں: تبلیغ، اغراق ، غلو

تبلیغ: جب کوئی بات عقل و عادت دونوں کے نزدیک ممکن ہو مثلاً

پہنچے ہم آرزوئے وصل میں نزدیک بہ مرگ
سوجھی ہے شکل ملاقات بہت دور ہمیں

اغراق: جب شعر میں بیان کی ہوئی بات کا ہونا عقل میں تو آتا ہو مگر بات امر واقعہ نہ ہو:

گرگ نے دورعدل میں اسکے
سیکھ لی راہ و رسم چوپائی

غلو: شعر میں جس بات کا دعویٰ کیا گیا ہو وہ عادت اور عقل دونوں لحاظ سے قرین قیاس نہ ہو:

جوش روئیدگی خاک سے کچھ دور نہیں
شاخ سے گاؤزمیں کی بھی جو پھوٹے کونپل

اشتقاق:

جب کلام میں ایک اصل کے چند لفظ لائے جائیں اور ان لفظوں میں اصل لفظ کے حروف کی ترتیب بھی قائم رہے اور اصل میں جو معنی ہیں اس سے بھی موافقت ہو تو اسے صنعت اشتقاق کہتے ہیں:

تو مرے حال سے غافل ہے پرائے غفلت کیش
ترے انداز تغافل نہیں غفلت والے

صنعت عاطلہ:

ایسا کلام خواہ نظم ہو یا نثر جس میں کوئی حرف نقطہ دار نہ ہو صنعت عاطلہ کہلاتا ہے۔

اور کسی کا آسرا ہو سر گروہ اس راہ کا
آسرا اللہ اور آلِ رسول اللہ کا

ردالعجز:

دوسرے مصرعے کے دوسرے ٹکڑے کے تکرار کو ردالعجز کہتے ہیں:

پیر و مرشد خلق کا پیدا ہوا
خوش ہر اک طفل و جوان و پیر ہے

تنسیق الصفات:

کسی شخص یا چیز کا ذکر اس کی صفات کے ساتھ ترتیب وار کرنا خواہ یہ صفات خوبی کی ہوں یا برائی کی:

بوسہ لیتا ہے جو منھ چڑھ کے برابر گیسو
کتنا گستاخ ہے بے ہودہ ہے خودسر گیسو

☆☆☆

مختلف دبستان اور تحریکیں

دبستانِ دہلی

ہندوستان میں مغلیہ دور میں فارسی شاعری کا رواج تھا، مغل سلطنت کے زوال اور اورنگ زیب کے زمانے (۱۶۵۷ء-۱۷۰۷ء) کے بعد اردو شاعری کی طرف شعراء کا رجحان بڑھا، یہ وہ زمانہ تھا جب ۱۷۰۷ء میں اورنگ زیب کے انتقال کے بعد ملک میں افراتفری پھیل گئی، انگریزوں کی ایسٹ انڈیا کمپنی جو تجارت کی غرض سے ہندوستان میں آئی تھی، وہ اقتدار کے لئے اپنا اثر دکھانے لگی۔ دہلی میں بڑی خوں ریزی ہوئی۔ اس دور میں دہلی تباہ و برباد ہوگئی۔ ایسے پر آشوب دور کا اثر اس دور کی شاعر پر بھی پڑا۔ شاعری کے موضوعات میں انسانی ہمدردی، غم والم، الفت ومحبت اور سوز وگداز شامل رہے اور یہی دبستان دہلی کے شعراء کی خصوصیات رہی۔ اس کی ابتدا اس طرح ہوئی کہ ۱۷۰۰ء میں ولی دکنی دہلی آئے، وہ اردو میں شاعری کرتے تھے۔ ولی دکنی کے اردو کلام کو دیکھ کر دہلی کے شعرا فارسی سے بڑے متاثر ہوئے۔ انھیں ولی کا یہ انداز شاعری پسند آیا۔ لہٰذا انھوں نے بھی اردو میں شاعری کرنا شروع کردی۔ ان شاعروں میں آبرو، حاتم، شاکر، ناجی، مضمون بیان اور امید خاص طور پر قابل ذکر ہیں۔ یہ وہ زمانہ تھا جب شاعری میں ایہام گوئی کا بڑا رواج تھا۔ ایہام گوئی ایسی شاعری تھی جس میں ذومعنی الفاظ کا کثرت سے استعمال ہوتا تھا یعنی ایک ایسا لفظ استعمال کرتے تھے جس لفظ کے دو معنی نکلتے ہوں۔ شاعر کے خیال کے مطابق اصل معنی تک پہنچنا بڑا مشکل تھا۔ مثلاً آبرو کا یہ شعر دیکھئے:

کچھ ٹھہرتی نہیں کہ کیا ہوگی

اس دل بے قرار کی صورت

دھیرے دھیرے ایہام گوئی کا چلن کم ہوتا گیا۔ ہندوستان کے سیاسی اور سماجی حالات نے شاعری کو متاثر کیا، تصوف کی طرف زیادہ رجحان بڑھا۔ اخلاقی شاعری تخیل کی وسعت ہوئی۔ اس دوسرے دور کے شعرا میں میر، سودا، درد اور میر حسن قابل ذکر ہیں۔ ان کے کلام میں دل کشی کے ساتھ صوفیانہ ذوق ملتا ہے۔ میر اور سودا نے اردو غزل کو بام عروج پر پہنچایا۔ ان کے کلام میں سوز وگداز اور تصوف کے موضوعات ملتے ہیں۔ غرض میر نے غزل اور سودا نے صنف قصیدہ کو فروغ دیا۔

میر اور سودا کے بعد شاہ نصیر، شیخ ابراہیم ذوق، بہادر شاہ ظفر نے شاعری میں زبان وبیان کی ادائیگی میں اہم رول ادا کیا۔ غالب نے اردو شاعری میں زندگی کے اسرار ورموز کو موضوع بنایا، انھوں نے نئے اور اچھوتے موضوعات کو غزل میں شامل کرکے اردو شاعری کو معراج عطا کیا۔ پھر داغ دہلوی نے زبان وبیان کو فروغ دیتے ہوئے اردو شاعری کو پروان چڑھایا۔

دبستان دہلی کے شعراء نے مجموعی طور پر زبان وبیان کی سلاست کو قائم رکھتے ہوئے دلی جذبات، سوزوگداز، احساس درداور پاکیزہ خیالی کوشاعری کے ذریعہ حسن وخوبی پیش کیا۔نئ نئ تشبیہات اور استعاروں کا برجستہ استعمال کیا، تصوف اور عشق حقیقی کو اہمیت دی۔ یہی وہ خصوصیات ہے جو دبستان دہلی کے شعراء کے کلام میں موجود ہیں۔یہاں مختصراًان خصوصیات پر روشنی ڈالی جارہی ہے۔

دبستان دہلی کی شاعرانہ خصوصیات حسب ذیل ہیں:

سلیس اندازِ بیان

دبستانِ دہلی کے شعراء کے کلام میں طرز بیان میں سادگی اور سلاست ملتی ہے۔ مصنوعی اور مشکل الفاظ کے استعمال سے پرہیز کیا گیا ہے، اس کے بجائے حقیقی زندگی اور حقیقی خیالات کوشاعری میں پیش کیا جاتا ہے۔میر درد کا یہ شعراِس خیال کی ترجمانی کرتا ہے:

زندگی ہے یا کوئی طوفان ہے
ہم تو اس جینے کے ہاتھوں مر چلے

میرؔ کہتے ہیں:

میر جنگل پڑے ہیں آج یہاں
لوگ کیا کیا یہیں تھے کل بستے

ہستی اپنی حباب کی سی ہے
یہ نمائش سراب کی سی ہے

دلی جذبات اور پاکیزہ خیالی

شاعری میں دل کی کیفیت کو بڑی اہمیت حاصل ہے، دل سے جو بات نکلتی ہے اثر رکھتی ہے۔ اس لئے کہ شاعر کے دل پر اثر ہونے کے بعد جو بات نکلتی ہے اس میں زندگی کی صداقت ہوتی ہے جو دل پہ گزرتی ہے اُس کو شاعری کے ذریعہ رقم کردیتا ہے اور وہی اُس کی زندگی کے حقیقی خیالات ہوتے ہیں۔ وہی اس کی پاکیزہ خیالی ہوتی ہے، مثال:

سرہانے میرؔ کے آہستہ بولو
ابھی ٹک روتے روتے سوگیا
(میرؔ)

حباب لب جو ہیں اے باغباں ہم
چمن کو تیرے کوئی دم دیکھتے ہیں
(سودا)

سوز وگداز اور احساس درد:

انسان کی فطرت ہے کہ جب وہ مصیبتوں سے گھر جاتا ہے تو اُس کے اندر ایک احساس، ایک درد پیدا ہوتا ہے۔ ایک آہ پیدا ہوتی ہے۔ غرض تمام انسانی غموں اور مشکلوں کا نچوڑ یہ ہوتا ہے کہ شاعر اتنا حساس ہوجاتا ہے کہ وہ معاشرہ اور سماج کی افراتفری، ناکامی، محرومی اور درد وغم کو برداشت نہیں کرپاتا، اس کی زبان پر زندگی کی

تڑپ کا اظہار ہو ہی جاتا ہے۔ یہی حال دبستان دہلی کے شعرا کا ہوا کہ وہ سوز و گداز کے حامل ہو گئے۔ یہی احساس، یہی جذبہ ان کی شاعری میں شامل ہو گیا۔ مثال:

شام سے کچھ بجھا سا رہتا ہے
دل ہوا ہے چراغ مفلس کا
(میرؔ)

جگ میں کوئی نہ ٹک ہنسا ہوگا
کہ نہ ہنسنے میں رو دیا ہوگا
(درد)

دل ہی تو ہے نہ سنگ و خشت درد سے بھر نہ آئے کیوں
روئیں گے ہم ہزار بار کوئی ہمیں ہٹائے کیوں
(غالبؔ)

تشبیہات اور استعارات کا استعمال:

کلام میں خوب صورت اور دل کش تشبیہات واستعارات کا استعمال دبستان دہلی کے شعرا کی اہم خصوصیت ہے اس کے استعمال سے شاعری میں لطف اور شگفتگی پیدا ہو جاتی ہے، مثال:

اور بازار سے لے آئیں گے گر ٹوٹ گیا
جامِ جم سے یہ مرا جامِ سفال اچھا ہے
(غالب)

نازکی اس کے لب کی کیا کہئے
پنکھڑی ایک گلاب کی سی ہے
(میر)

عشق حقیقی اور عشق مجازی کا اظہار:

دبستان دہلی کے شعرا نے اپنے پاکیزہ خیال اور اظہار کو بڑی سادگی کے ساتھ اپنی شاعری میں پیش کیا۔ حقیقت پسندی اور پاکیزگی ان کی پہچان بن گئی۔ مثال:

ابتدائے عشق ہے روتا ہے کیا
آگے آگے دیکھئے ہوتا ہے کیا
(میرؔ)

جدید ترکیبیں اور معنی آفرینی:

دبستانِ دہلی کے شعرا نے کلام میں الفاظ کا نئے معنی کے استعمال کیا مثال:

غمِ ہستی کا اسدکس سے ہو جز مرگ علاج
شمع ہر رنگ میں جلتی ہے سحر ہونے تک
(غالب)

تصوف و معرفت کی ترجمانی:

زندگی اور کائنات کے حقیقت کو پہنچاننے کے لئے شعرا نے اپنی فکر اور تصوف کے موضوعات کو شاعری میں پیش کیا۔ مثال:

ہستی اپنی حباب کی سی ہے
یہ نمائش سراب کی سی ہے

(میر)

ارض وسماں کہاں تیری وسعت کو پا سکے
میرا ہی دل ہے وہ کہ جہاں تو سما سکے

(میر درد)

غزل کا فن اور معیار:

دبستان دہلی کے شعرا نے غزل میں فنی لوازمات کا خیال رکھا ہے اور معیار سے نیچے نہیں اترے ہیں۔ شاعری برائے شاعری نہ ہوکر شاعری برائے فن ہوگئی۔ اس میں ہلکے اور بھرتی کے اشعار شامل نہیں کیے ہیں۔

کلام میں سنجیدگی اور متانت کا استعمال:

پاکیزگی، صبر وتحمل، ایثار وقربانی کا جذبہ رکھتے ہوئے زندگی کی حقیقت کو بڑی سنجیدگی سے پیش کیا ہے، مہمل خیالات کو ترک کرتے ہوئے پاکیزہ خیال کا اظہار کیا ہے۔ کلام میں انسانی ہمدردی اور انسانی مساوات کا پیغام دیا ہے۔

☆☆☆

دبستان لکھنؤ

مغلیہ سلطنت کے زوال کے بعد دلی اجڑ رہی تھی لیکن اس وقت لکھنؤ میں عیش وعشرت کی فراوانی تھی۔ لکھنؤ میں صوبہ اودھ میں ۱۷۲۲ء میں سعادت علی خاں کی صوبہ داری قائم تھی۔ یہاں دہلی کی طرح رنج وغم اور بربادی کا ماحول نہیں تھا۔ زندگی عیش وعشرت سے گزر رہی تھی۔ دلی کے تباہ حال شاعروں کو یہاں کے حکمرانوں نے پناہ دی، ان کی عزت افزائی کی، ان کی سرپرستی کی، یہاں آکر شعرا کو خوش حالی اور فراوانی حاصل ہوئی۔ لکھنؤ میں عیش پرستی کا اثر ان کی شاعری پر بھی پڑا۔ یہاں کے مخصوص شعرا میں میرؔ، ضاحکؔ، سوزؔ، سوداؔ، میر حسنؔ، جرأتؔ، انشاؔء اور مصحفیؔ قابل ذکر ہیں۔

لکھنؤ میں عیش وعشرت اور بے فکری کے ماحول نے شاعری میں تصنع وبناوٹ پیدا کردی۔ دلی میں اگر آہ تھی تو لکھنؤ میں واہ بن گئی۔ غم والم کی جگہ شوخ ومزاح نے لے لی۔ شاعری میں تکلف وبناوٹ آگئی۔ موضوعات میں بھی مضمون آفرینی اور بے لطفی آگئی۔ خیالات میں گہرائی اور گیرائی کی جگہ تصنع اور بناوٹ آگئی۔ مضمون آفرینی کی بھرمار ہوگئی۔ مثال کے طور پر ناسخ کا یہ شعر دیکھئے:

جو میٹھی میٹھی نظروں سے وہ دیکھے
کہوں آنکھوں میں بادام شیریں

دبستان لکھنؤ کی خصوصیات حسب ذیل ہیں:

سوقیانہ معاملات کا اظہار:

لکھنؤ کے شعرا کے کلام میں سوقیانہ جذبات بازاری اور ناشائستہ جذبات کی بھرمار ہوگئی۔ معاملات زندگی کا اظہار کیا جانے لگا۔ حسن وعشق کی باتیں عام ہوگئیں۔ مثال:

الجھی الجھی زلفیں ہیں اور کان میں ٹیڑھا بالا ہے
جرأت ہم پہچان گئے کچھ دال میں کالا کالا ہے

لگے منھ بھی چڑھانے، دیتے دیتے گالیاں صاحب
زباں بگڑی تو بگڑی تھی، خبر لیجیے دہن بگڑا
(آتش)

وصل کی شب پلنگ کے اوپر
مثل چیتے کے وہ مچلتے ہیں

مبتذل خیالات کا اظہار:

حقیقت سے دور کم معیار کی باتیں شعر میں آنے لگیں مثال:

ہے شب ہجر وادی وحشت
دیدۂ غول ہے چراغ اپنا

لباس اور اعضا کا ذکر:

عاشقانہ مضامین اور عشق مجازی کے تحت عشق ومحبت کی باتیں کلام میں وسعت پانے لگیں۔ نقش ونگار، عورت کی زیبائش اور اس کے لباس، زیور اور اس کے حسن کی خوب تعریف ہونے لگی۔ مثال:

دے دوپٹہ تو اپنا ململ کا
ناتواں ہوں کفن بھی ہو ہلکا
(ناسخ)

کہتے ہیں ترے عارض وقامت دیکھ کر
بالائے سروِ پھول کھلا ہے گلاب کا

دم نکلتا ہے میرا ہر عاشق ومعشوق پر
گل میں تیرا رنگ بلبل میں تیری آرزو ہے

عورتوں کی زبان اور محاورات کا استعمال:

عورتوں کی مخصوص زبان اور ان کی اداؤں کی ترجمانی شعروں کے ذریعہ کی جانے لگی۔ خاص طور پر لکھنؤ کی شاہی خاندانوں کی بیگمات کی زبان کا استعمال کیا جانے لگا۔ مثال:

یہ ہی کہہ کہہ کے رند روتا ہے
پھوٹیں آنکھیں جگادیا کس نے

ریختی کی شاعری:

لکھنؤ میں ایسی شاعری کی شروعات ہوئی جو عورتوں

کی زبان میں ہوتی تھی، جس میں تہذیب وتمیز کے بجائے غیر مہذب باتوں کو شاعری میں پیش کئے جانے لگا۔ عورتوں کی زبان سے فحش باتیں شعر میں کی جانے لگیں۔ شاعری میں زنانہ انداز اور صنف نازک کی زبان اور انداز وادا کا خوب استعمال کیا جانے لگا۔ مثال:

میں تیرے صدقے نہ رکھ اے مری پیاری روزہ
بندگی رکھ لے گی ترے بدلے ہزاری روزہ

(انشاء)

اور مستانیاں وہ ہوتی ہیں
مردوں پر جوجان کھوتی ہیں

(مرزاشوق)

اس فن کے استادوں میں ناسخ، رنگین اور امانت خاص طور پر قابل ذکر ہیں۔

معاملہ بندی اور ہزل گوئی کا رواج:

معاملہ بندی کے تحت عورتوں کی خوبیاں اور ان کی فطرت کی ترجمانی شاعری میں کی جانے لگی۔ عریانیت اور فحش باتیں ہونے لگیں، عیش وعشرت کے ماحول کے ساتھ عورتوں کا ذکر کثرت سے کیا جانے لگا۔ عورت کے حسن کی تعریف ہونے لگی۔ عورتوں کی نونک جھونک معاملہ بندی کی خصوصیت بن گئی۔ ہزل گوئی کے ذریعے عیش وعشرت کی باتیں ہونے لگیں۔ فحش مضامین کے ساتھ ساتھ ابتذال اور عریانیت نے خوب اثر دکھایا۔ مثال:

جذبہ عشق سلامت رہے انشاء اللہ
کچے دھاگے میں چلے آئیں گے سرکار بندھے

بے لطف مضمون آفرینی:

دبستان لکھنؤ کی یہ خصوصیات عام ہوگئی کہ ہر شاعر ایسی شاعری کرنے لگا جس میں گہرائی وگیرائی نہ ہوکر تصنع وبناوٹ نے لے لی، شاعری میں بے لطفی اور بے کیفی کی حالت ہوگئی۔ مثال:

میٹھی میٹھی نظروں سے وہ دیکھے
کہوں آنکھوں کو میں بادام شریں

(ناسخ)

میرا سینہ ہے مشرق آفتاب داغ ہجراں کا
طلوعِ صبح محشر چاک ہے میرے گریباں کا

مبالغہ آمیزی:

لکھنؤ کی شاعری میں مبالغہ آمیزی سے خوب کام لیا جاتا ہے۔ عیش وعشرت کی وجہ سے زندگی کی خوبصورت تشبیہات اور استعارات کا استعمال ہونے لگا۔ مثال:

بیٹھے ہیں عشاق ہوکر تیرِ آنکھوں پر فقیر
ورنہ کیوں بستر ہے تکیوں میں ہرن کی کھال کا

طویل اور لمبی بحروں کا استعمال:

دبستان لکھنؤ کے شعرا کی ایک خصوصیت یہ بھی تھی

کہ وہ طویل اور لمبی بحروں میں طویل غزل کہتے تھے، جن میں بھرتی کے اشعار شامل ہو جاتے تھے اور خیالات کی بلندی مفقود ہوتی۔ مبتذل اور بھونڈے خیالات خوب استعمال کرتے تھے۔

اردو زبان کی اصلاح:

دبستان دہلی کے شعرا نے زبان کی ترقی میں اہم رول ادا کیا۔ اردو زبان کو یہ فائدہ ہوا کہ زبان میں شیرینی اور لطافت آگئی۔ زبان میں اصلاح کا کام بھی ہوا۔ میر و سودا اور آتش و ناسخ نے زبان کی اصلاح کی، بعد میں ان کے شاگردوں نے بھی زبان کو کمال تک پہنچایا۔ ناسخ نے زبان کی اصلاح کی، عروض صرف ونحو پر زیادہ توجہ دی۔ متروک اور نامانوس الفاظ کا استعمال نہیں کیا، شیریں اور صاف وشستہ زبان کو فروغ دیا۔ مثال:

ہو کے عاشق وہ پری رو اور نازک بن گیا
رنگ کھلتا جائے ہے جتنا کہ اڑتا جائے ہے

آگے چل کر انیس اور دبیر نے اردو مرثیہ کے ذریعہ اعلیٰ زبان کا استعمال کیا ہے، جس کا دبستان لکھنؤ میں ایک اہم مقام ہے، بحیثیت مجموعی دبستانِ لکھنؤ کے شعرا نے لکھنؤ کی تہذیب کی عکاسی کی، زبان وبیان کا لحاظ رکھتے ہوئے محاروں کا خوب استعمال ہوا۔ داخلی کیفیت کے بجائے خارجی معاملات، حسن وعشق کی کیفیات، عیش ونشاط اور زندگی کی رونق شاعری میں نظر آنے لگی۔ نئی نئی تشبیہات واستعارات کا استعمال ہوا۔ غزل کے علاوہ مرثیہ مثنوی کے فن کو عروج حاصل ہوا۔ اردو شاعری کے فن کو کمال کا درجہ عطا کیا۔

رومانی تحریک

اردو ادب میں رومانی تحریک کا آغاز ایک طرح سے علی گڑھ تحریک کے ردعمل کے طور پر ہوا۔ علی گڑھ تحریک کے دور میں ادب میں عقلیت پسندی اور استدلالی طرز فکر پر زور دیا جاتا تھا جس کی وجہ سے ادب میں مقصدیت غالب آگئی تھی۔ اس کے برعکس ادیبوں کا ایک طبقہ ایسا تھا جو تخیل کی کارفرمائی اور جذبہ اور خیال کی آزادی چاہتا تھا۔ اسی رجحان ادب سے تعلق رکھنے والے ادیب رومانی ادیب کہلائے اوران کی تخلیقات کا شمار رومانی ادب میں ہونے لگا۔ اردو ادب میں رومانیت کا تصور انگریزی سے آیا۔ ڈاکٹر محمد حسن اپنی کتاب ''اردو میں رومانی تحریک'' میں اس تعلق سے وضاحت کرتے ہوئے لکھتے ہیں:

''رومانس سے رومان کا لفظ نکلا اور رومانس کا زبانوں میں اس قسم کی کہانیوں پر اطلاق ہوتا تھا جو انتہائی آراستہ اور پرشکوہ پس منظر کے ساتھ عشق ومحبت کی ایسی داسانیں سناتی تھیں جو عام طور پر دورِ وسطی کے جنگجو اور خطر پسند نوجوانوں کی مہمات سے متعلق ہوتی تھیں اور اس طرح اس لفظ سے تین خاص مفہوم وابستہ ہو گئے۔

(۱) عشق ومحبت سے متعلق ادبی خدمات

(۲) غیر معمولی آراستگی، شان وشکوہ، آرائش، فراوانی اور محاکاتی تفصیل پسندی۔

(۳) عہد وسطیٰ سے وابستہ تمام چیزوں سے لگاؤ قدامت پسندی اور ماضی پسندی۔

پروفیسر احتشام حسین کے نزدیک رومان سے مراد حسن وعشق کا افلاطونی اور تخیلی بیان نہیں بلکہ روایت سے بغاوت، نئی دنیا کی تلاش، خوابوں اور خیالوں سے محبت، ان دیکھے حسن کی جستجو، وفورِ تخیل اور وفور جذبات انانیت میں ڈوبی ہوئی انفرادیت، آزادی خیال، حسن سے لطف اٹھانے میں ناآسودگی کا احساس اور اس کا کرب۔ ان سب کو میں رومانیت کہتا ہوں، رومان اسے بھی کہتا ہوں جو حقائق کی جستجو مادی اسباب سے زیادہ خیالات وتصورات کی رنگین دنیا میں کرتا ہوں''۔

مغرب میں رومانی تحریک افلاطون اور ارسطو کے کلاسیکی نظریات اور کلاسیکی تحریک کے دل عمل کے طور پر ہوئی رومانی تحریک کے پانچ اہم پہلو ہیں:

(۱) جذباتیت میں انتہاپسندی، عقلیت پسندی کے مقابلے میں جذبات پرزور

(۲) فطرت پسندی

(۳) عقل سے بے زاری۔

(۴) مسرت کی تلاش

(۵) ماورائیت

اردو ادب میں رومانی تحریک کے ابتدائی نقوش قدیم ادبی سرمائے میں غیر شعوری طور پر معرض وجود میں آئے، البتہ باقاعدہ طور پر اس کا آغاز سرسید اور حالی کی اصلاحی تحریک کے بعد ہوا۔ رومانی تحریک کے اولین ارتسامات آزاد وشرر کی تخلیقات میں نظر آئے۔ بیسویں صدی کے اوائل میں برصغیر میں ایسی فضا مرتب ہو چکی تھی جس میں رومانیت کے نشوونما پانے کے بیش از بیش امکانات موجود تھے، ان حالات میں شیخ عبدالقادر کے رسالے مخزن نے رومانی قلم کاروں کے لئے ایک مضبوط پلیٹ فارم عطا کیا۔ اس دور میں جو ادیب اور شاعر مخزن کے ذریعہ نمایاں ہوئے ان میں اقبالؔ، مولانا ابوالکلام آزاد، سجاد حیدر یلدرم، مہدی افادی اور ل۔ احمد کے نام اہم اور قابل ذکر ہیں۔

اسی زمانے میں ٹیگور کے تراجم بھی شائع ہونے لگے، ان تحریروں کی ماورائیت نے نئے لکھنے والوں کی پوری ایک نسل کو متاثر کیا، اردو میں رومانی تحریک کسی نہ کسی درجے میں علی گڑھ تحریک کی ٹھوس عقلیت اور اجتماعیت کے خلاف ردعمل کا اظہار تھا۔ مشرقی کا مزاج شروع سے یہی رومانی، غیر مادہ پرست اور تصوراتی رہا ہے، اس میں مادہ پرستی کا بار پانا مشکل تھا۔

ان اسباب کے علاوہ انیسویں صدی کے آخر میں اجتماعیت پر زور دینے والی تحریکوں کو عروج مل رہا تھا۔ اس کے ردعمل کے طور پر رومانی تحریک وجود میں آئی جس میں فرد کو مرکزیت دی گئی تھی۔ بیسویں صدی کے اوائل میں ہندوستانی ادیبوں کو مغرب کے رومانی شعرا کے کلام کا براہ

راست مطالعے کا موقع ملا جس کے نتیجے میں اردو میں رومانیت کی تحریک کو بڑھاوا ملا۔ بیسویں صدی کا اہم پہلو سائنس کی ترقی ہے جس نے کائنات میں انسان کی مرکزیت کو پارہ پارہ کر دیا جس کے نتیجہ میں انسان کی جہتوں (مثلاً انا کا مجروح ہونا اور خدا کی نیابت سے منصب سے گر جانے کا تصور وغیرہ) سے بے بسی کا شکار ہو گیا، اسی بے بسی کی کیفیت میں حقائق کی بے الم دنیا سے فرار کے لئے اس نے رومانیت کا سہارا لیا۔

اردو زبان رومانی تحریک نے تقریباً چار دہائیوں تک نوجوان ادیبوں اور شاعروں کو اپنے طلسم میں مسحور رکھا۔ رومان تحریک نے لفظ وخیال کی نئی جہتوں کو منکشف کیا۔ جذبے کو بے رفعت پروازدی، فن کار کو خارج سے اپنے باطن میں جھانکنے اور دونوں نے امتزاج سے اپنے فن کو نکھارنے کا سلیقہ بخشا۔

رومانی تحریک نے اردو ادب کی متعدد اصناف کو متاثر کیا، مولانا ابوالکلام آزاد، مہدی افادی، سجاد انصاری کے مضامین، نیاز فتحپوری، ل۔احمد، حجاب امتیاز علی اور مجنون گورکھ پوری کے افسانے، سجاد حیدر یلدرم، عنایت اللہ دہلوی، جلیل قدوائی، خواجہ منظور حسین، ظفر قریشی اور صادق الخیری وغیرہ کے تراجم ایک خاص رومانی طرز احساس کے حامل ہیں۔

اردو کے رومانی شعراء میں اقبالؔ کے علاوہ عظمت اللہ خاں، جوشؔ ملیح آبادی، اخترؔ شیرانی، اور حفیظ جالندھری وغیرہ شامل ہیں۔

رومانی تحریک نے اردو تنقید کو بھی متاثر کیا۔ اردو کے رومانی نقادوں میں مہدی افادی، عبدالرحمن بجنوری، اور فراق گورکھپوری کے نام اہم اور قابل ذکر ہیں۔

ترقی پسند تحریک

علی گڑھ تحریک کے بعد بڑی اور شعوری تحریک نے جس نے ہمارے ادب کو انقلابی تبدیلیوں سے دوچار کیا، ترقی پسند تحریک تھی۔ ترقی پسند تحریک کا سرچشمہ انقلاب روس تھا۔ لندن میں مقیم چند نوجوانوں کے اس گروہ نے ۱۹۳۵ء میں ایک ادبی حلقے کی شکل اختیار کر لی۔ اس میں سجاد ظہیر، ملک راج آنند، ڈاکٹر جیوتی گھوش، ڈاکٹر پرمود سین گپتا اور ڈاکٹر محمد دین تاثیر شامل تھے۔ انھوں نے ہندوستانی ادیبوں کی ایک انجمن قائم کرنے کا منصوبہ بنایا۔ اور اس انجمن کا ایک مینی فیسٹو بھی مدون کیا۔ اس کا پہلا جلسہ لندن کے نان کنگ ریستوران میں منعقد ہوا اور اس انجمن کا نام ''ہندوستانی ترقی پسند ادیبوں کی انجمن (Indian progressive Writer's Association) رکھا گیا۔ اسی دوران یوروپ کے ادیبوں اور دانشوروں نے بھی فاشزم کے مقابلے کے لئے دنیا کے ادیبوں کی کانگریس طلب کی۔ اس کانفرنس میں ساری دنیا کے ادیبوں

اور فن کاروں سے اپیل کی گئی کہ وہ فسطائی اور سامراجی طاقتوں کے ظلم سے انسانیت کو بچانے کے لئے اپنے قلم اور فن کی قوت سے کام لیں اس میں برطانوی سامراج پر بھی شدید مذمت کی کہ وہ ہندوستان کو غلام بنائے ہوئے ہے۔

لندن میں ہندوستانی ادیبوں نے جو پہلا منشور مرتب کیا تھا اس کے خدوخال یہ تھے:

''ہندوستانی سماج بڑی بڑی تبدیلیوں سے دوچار ہوگیا ہے، پرانے خیالات اور معتقدات کی جڑیں ملتی جارہی ہیں اور ایک نیا سماج جنم لے رہا ہے، ہندوستانی ادیبوں کا یہ فرض ہے کہ وہ ہندوستانی زندگی میں ہونے والی تبدیلیوں اور تغیرات کو الفاظ اور ہیئت کا لباس دیں ملک کو تعمیر و ترقی کے راستے پر لگانے میں ممد و معاون ہوں۔''

اس مینی فیسٹو میں یہ بھی کہا گیا کہ پچھلی دو صدیوں میں بیشتر اسی طرح کے ادب کی تخلیق عمل میں آئی جو ہماری تاریخ کا انحطاطی دور ہے، اس انجمن کا مقصد یہ ہے کہ اپنے ادب اور دوسرے فنون کو پجاریوں اور پنڈتوں اور دوسرے قدامت پرستوں کے اجارے سے نکال کر عوام سے قریب تر لایا جائے، انھیں زندگی اور واقعیت کا آئینہ دار بنایا جائے جس سے ہم اپنا مستقبل روشن کر سکیں۔

اس مینی فیسٹو کی نقول ہندوستان کے اہل قلم کو بھی بھیجی گئیں اور اُن کی رائے لی گئی اس مینی فیسٹو کو پریم چند نے اپنے رسالے ''ہنس'' اکتوبر ۱۹۵۵ء میں بھی شائع کیا۔

بہ ظاہر ترقی پسند تحریک کے مقاصد ایسے تھے جس سے کسی ادیب یا شاعر کو اختلاف نہ تھا۔ چنانچہ ۱۹۳۵ء کی ہندوستانی اکیڈمی کانفرنس الہ آباد میں مولوی عبدالحق، منشی پریم چند اور جوش ملیح آبادی نے اس مینی فیسٹو پر دستخط کئے۔ الہ آباد میں انجمن ترقی پسند مصنّفین کی تشکیل کے ساتھ ہی ہندوستان کے دوسرے شہروں میں بھی اس کی شاخیں قائم ہوگئیں۔ اپریل ۱۹۳۶ء میں انجمن ترقی پسند مصنّفین کی پہلی کانفرنس لکھنؤ میں منعقد ہوئی جس کی صدارت منشی پریم چند نے کی اور صدارتی خطبہ پڑھا۔

اس کانفرنس میں ایک اعلان نامہ (مینی فیسٹو) جاری کیا گیا جس میں ہندوستان میں رجعت پسندی کے پس منظر میں ہندوستانی مصنفوں کو ترقی پذیر رجحانات کی ترجمانی کا مشورہ دیا گیا۔ پریم چند کے خطبے سے ترقی پسند تحریک کو ایک نئی روشنی اور توانائی حاصل ہوئی، اس حصے میں پریم چند نے پرانے ادب پر تنقید کی اور نئے ادب کا مقصد واضح کیا۔ ادب اور افادیت کے مسئلے پر اظہار خیال کرتے ہوئے فن کو افادی نقطۂ نظر سے جانچنے کی ضرورت پر زور دیا اور کہا:

''ہم ادب کو محض تفریح اور تعیش کی چیز نہیں سمجھتے، ہماری کسوٹی پر وہ ادب کھرا اترے گا جس میں تفکر ہو، آزادی کا جذبہ ہو، حسن کا جوہر ہو، تعمیر کی روح ہو، زندگی کی حقیقتوں کی روشنی ہو، جو ہم میں حرکت، ہنگامہ اور بے چینی پیدا کرے، سلائے نہیں کیوں کہ اب اور زیادہ سونا موت کی علامت ہے۔''

اس کانفرنس کے آخری اجلاس میں مولانا حسرت موہانی نے تقریر کی، اور انجمن ترقی پسند مصنّفین کے اعلان نامے کی توثیق کی۔ ۱۹۳۷ء میں الہ آباد میں ترقی پسند ادیبوں کی ایک اور کانفرنس منعقد ہوئی اور مولوی عبدالحق نے خطبہ دیا جس میں انھوں نے قدامت پرستی کی قباحت پر روشنی ڈالتے ہوئے نوجوانوں کو خالص تخریبی عناصر سے گریز کرنے کا مشورہ دیا۔ ۱۹۳۸ء میں ایک مرتبہ پھر الہ آباد میں ترقی پسندوں کی کانفرنس منعقد ہوئی۔

جس میں فیض احمد فیض، ڈاکٹر عبدالعلیم، حیات اللہ انصاری، مجاز، سردار جعفری، آنند نارائن ملا، فراق گورکھپوری، اعجاز حسین، احتشام حسین اور وقار عظیم کے علاوہ پنڈت جواہر لال نہرو نے شرکت کی تقریر بھی کی۔ اس کانفرنس میں ٹیگور نے ادیبوں کے نام پیغام روانہ کیا۔ دسمبر ۱۹۵۸ء کے آخری ہفتے میں ترقی پسند مصنّفین کی دوسری کل ہند کانفرنس کلکتہ میں منعقد ہوئی جس کا افتتاح ٹیگور کرنے والے تھے، لیکن خرابی صحت کے باعث انھوں نے اپنا خطبہ لکھ کر بھیجا جو کانفرنس میں پڑھا گیا۔ دو ڈھائی برس کے قلیل عرصے میں ترقی پسند مصنفین کا ترجمان رسالہ ''نیا ادب'' کے نام سے لکھنؤ سے شائع ہونے لگا۔

۱۹۴۲ء میں ترقی پسند ادیبوں کی تیسری کل ہند کانفرنس دہلی میں منعقد ہوئی اس وقت جنگ کے بادل چھائے ہوئے تھے۔ ترقی پسند مصنفوں نے اتحادیوں کی تائید کی اور ہندوستان میں برطانوی سامراج کی خدمت کی۔

اکتوبر ۱۹۴۵ء میں انجمن ترقی پسند مصنّفین کی کانفرنس حیدرآباد میں منعقد ہوئی۔ جس میں فحاشی کے خلاف قرارداد پیش کی گئی۔ مولانا حسرت موہانی نے قرارداد کی شدید مخالفت کی ان کے علاوہ قاضی عبدالغفار نے بھی اسے منظور نہیں کیا۔ ۱۹۴۷ء میں انجمن کی کانفرنس لکھنؤ میں منعقد ہوئی جس میں صرف اودھ کے مصنفوں نے شرکت کی۔

ترقی پسند ادب کا بنیادی اصول یہ تھا کہ ادب کو سماج کے حقیقی اور ضروری مسائل سے بحث کرنا چاہئے، اس کو عام زندگی، تہذیب، معاشرت، سیاست بلکہ تمام شعبوں کی خاطر خواہ ترجمانی کرنی چاہیے۔ اس کے موضوع کو افادی بنانا چاہیئے نہ کہ روایت پرست اور تصوراتی۔ ادب کا سب سے بڑا مقصد یہ ہونا چاہیئے کہ وہ زندگی اور اس کے مسائل سے زیادہ قریب ہو، ادب کو زندگی کے مسائل سے علاحدہ نہیں کیا جاسکتا۔ زندگی، اس کے مطالبات اور اُس کی حقیقتوں سے آنکھ بند کر کے بہترین ادب کی تخلیق ممکن نہیں۔

ترقی پسند تحریک کے منشور کے اہم نکات ذیل میں درج کئے جاتے ہیں:

(۱) ادیبوں کا فرض ہے کہ وہ زندگی میں رونما ہونے والی تبدیلیوں کا بھرپور اظہار کریں۔

(۲) ادب اور آرٹ کو رجعت پسند طبقوں کے چنگل سے نجات دلائیں۔

(۳) ادب میں سائنسی عقلیت پسندی کو فروغ دیں اور

ترقی پسند تحریکوں کی رعایت کریں۔

(۴) ادب کو عوام کے قریب لایا جائے اور مستقبل کی تعمیر کا ذریعہ بنایا جائے۔

(۵) زندگی کے بنیادی مسائل بھوک، افلاس، سماجی پستی اور غلامی کو ادب کا موضوع بنایا جائے۔

اردو میں ترقی پسند تحریک پہلی منظّم تحریک تھی جس کا ایک باضابطہ منشور تھا۔ اس تحریک کی کوششیں شعوری اور مقصد واضح۔

بقول ڈاکٹر محمد حسن ''رومانی ادیبوں کے نغموں میں رنگ ونور تھا، ان کی کہانیوں میں صنوبر کے سائے اور نیرارضی حسن کی پرچھائیاں تھیں، ان کی تنقید الفاظ اور ہیئت کے طلسم میں غوطہ لگاتی اور جمالیات کے موتی نکالتی تھی.........ترقی پسند تحریک نے پہلی بر لفظوں میں ادب کو آسمانی صحیفہ قرار دینے کے بجائے اسے سماجی مسائل کے ادراک اور ان کو حل کرنے کا ذریعہ بنایا۔ اس کھلم کھلا اعلان نے رومان نگاروں کی تاثراتی خیال آفرینیوں سے نقاب اٹھایا۔ ہیئت اور آرائش کے بجائے توجہ، خیال اور مضمون کی طرف مبذول ہوئی اور ادب کو سماجی بہتری کا ذریعہ سمجھا جانے لگا۔''

مختصر یہ ہے کہ ترقی پسند تحریک اردو کی اہم ترین تحریکوں میں سے ایک تھی جس نے اردو کو چوٹی کے ادیب، شاعر اور نقاد دیئے، اس نے ایک طرف معاشی اور سماجی نابرابری کے خلاف ضمیر کو جھنجھوڑا ہے تو دوسری طرف قدم کی آزادی کی تحریک میں بھی بھرپور حصہ لیا۔

ترقی پسند ادیبوں نے مجموعی اعتبار سے ادب کے تمام شعبوں کو متاثر کیا۔ افسانہ نگاری میں حیات اللہ انصاری، کرشن چندر، راجندر سنگھ بیدی، سعادت حسین منٹو، عصمت چغتائی، اختر اور ینوی، احمد ندیم قاسمی اور اختر انصاری وغیرہ ممتاز ترقی پسند افسانہ نگار ہیں۔

ناول کے فن میں سجاد ظہیر، کرشن چندر، عزیز احمد، عصمت چغتائی وغیرہ اہمیت کے قابل ہیں۔

طنز و مزاح میں ابراہیم جلیس، کنھیا لعل کپور اور کرشن چندر کے نام نمایاں ہیں۔ شاعری میں مجاز، جذبی، فراق، جوش، مخدوم، سردار جعفری، جاں نثار اختر، مجروح سلطانپوری وغیرہ کے نام سرفہرست ہیں۔ اس طرح تنقید کے شعبے میں اختر حسین رائے پوری، مجنوں گورکھپوری، آل احمد سرور، احتشام حسین، ڈاکٹر عبدالعلیم اور ممتاز حسین نے شہرت حاصل کی۔

☆☆☆

حلقہ ارباب ذوق

ترقی پسند تحریک کے شانہ بشانہ اردو ادب میں ایک اور تحریک فروغ پارہی جس کا نام ''حلقہ ارباب ذوق'' تھا۔ جو اپنی طوفانی لہر میں گردوپیش کی اشیاء کو خاشاک کی طرح بہا کر لے جارہی تھیں۔ اس تحریک نے نہ صرف ترقی پسند تحریک کی لپیٹ میں آنے سے خود کو محفوظ رکھا بلکہ اُس کے بالمقابل اپنی انفرادیت اور علاحدہ شناخت بھی برقرار رکھی، ایک جیسے ساجی اور معاشی عوامل کے تحت پیدا ہونے والے اور پروان چڑھنے کے باوجود ترقی پسند تحریک اور حلقہ ارباب ذوق کے رویوں اور نقطہ ہائے نظر میں اساسی فرق پایا جاتا ہے۔

تاریخی اعتبار سے حلقہ ارباب ذوق کو تاسیس ۱۹۳۹ء میں عمل میں آئی اس کے بانی سید احمد جامعی اور ان کے احباب نسیم حجازی، تابش صدیقی، محمد فاضل اور اقبال احمد وغیرہ تھے۔ نصیرالدین احمد مشاعرے کے انداز میں ایک ایسی مجلس قائم کرنا چاہتے تھے جس میں افسانہ نگار اپنی کہانیاں سنا کر ان پر احباب کی رائے حاصل کریں، اس طرح کی پہلی ادبی محفل میں نسیم حجازی نے ایک طبع زاد افسانہ پڑھا۔ دوستوں نے اس افسانے پر گفتگو کی۔ ادبی خدمت کے اس سلسلے کو جاری رکھنے کے لئے ایک مجلس قائم کرنے کا منصوبہ بنایا گیا اور اس مجلس کا نام ''مجلس داستان گویاں'' رکھا گیا۔ مگر جب اس مجلس میں شعرا نے اپنا کلام سنانا شروع کیا تو مجلسوں کے بعد اس کا نام بدل کر ''حلقہ ارباب ذوق'' کردیا گیا۔ یہ نام ڈاکٹر محمد باقر نے تجویز کیا تھا، حلقہ ارباب ذوق کے قواعد وضوابط کہیں لکھے نہیں گئے تھے، اس لئے ان کا تعین نہیں کیا جاسکتا۔ ابتدائی دور میں حلقہ ارباب ذوق کی تحریکی قوت کمزور تھی لیکن جب اسے میراؔجی جیسی شخصیت میسر آئی تو اس کی سمت ورفتار میں استحکام پیدا ہوگیا۔ اس کے علاوہ حلقہ ارباب ذوق کی تحریک کو فروغ دینے میں مولانا صلاح الدین احمد کے رسالے ''ادبی دنیا'' کی تحریک نے بھی اہم رول ادا کیا۔ ایک طرح سے حلقہ ارباب ذوق کی تحریک دراصل رسالہ ''ادبی دنیا'' کی تحریک تھی، میراؔجی اس حلقے کی محرک قدرت فکری محور تھے۔ میراؔجی کے علاوہ ابتدائی دور میں قیوم نظر اور یوسف ظفر نے بھی قابل قدر خدمت انجام دیں۔

ابتدا میں ترقی پسند تحریک اور حلقہ ارباب ذوق میں اختلاف نہیں تھا، بلکہ اس حلقے سے متعدد ایسے اہل قلم وابستہ تھے جن کا شمار ترقی پسندوں میں ہوتا تھا لیکن رفتہ رفتہ حلقۂ ارباب ذوق نے ترقی پسند تحریک کی مقصدیت کے خلاف ردعمل ظاہر کیا اور اس کی یکسانیت کے مقابلے میں تنوع پر زور دیا۔

''حلقہ ارباب ذوق'' ادب کی نہایت فعال اور توانا

تحریک تھی، اس میں مد و جزر اور عمل اور رد عمل اور بحث و نظر کی گہما گہمی پیدا ہوئی۔ اس تحریک نے اولین مرحلے میں زندگی سے اثرات قبول کیئے اور انھیں ادب کی تخلیق کا جز و بنایا اور دوسرے مرحلے میں زندگی کو بالواسطہ طور پر متاثر کرنے کی کوشش بھی کی۔ اس کے نظریات کا خلاصہ یہ تھا کہ ادب قائم بالذات اور اپنی منتہا آپ ہے یہ زندگی سے تاثر ضرور قبول کرتا ہے لیکن کسی مخصوص نصب العین کی تبلیغ نہیں کرتا، ادب کی خاص جمالیاتی اقدار ہوتی ہیں۔ ادیب ان پابندیوں کی حدود میں زندگی کے حسن کو واضح کرتا ہے۔

''حلقہ ارباب ذوق'' نے یہ جذبہ خیال اور احساس کی عکاسی کو بنیادی اہمیت دی اور خیال کے اظہار کے لئے فنی لوازمات کے استعمال کے جواز کو تسلیم کیا، حلقہ ارباب ذوق اور ترقی پسند تحریک کی آویزش نے نئے مباحث کا دروازہ وا کیا یعنی ادب برائے ادب اور ادب برائے زندگی، ان بڑے مسائل کے ضمن میں بہت سے دوسرے موضوعات بھی زیر بحث آتے رہے۔ جیسے ادب اور جمالیات اظہار وابلاغ، جذبہ اور خیال کی اہمیت، ادب اور صحافت، ادب اور پروپیگنڈہ شاعری میں ابہام کا مسئلہ اور جدید شاعری اور نفسیات وغیرہ۔

''حلقہ ارباب ذوق'' کے نظریات اور اس کے زیر اثر تخلیق کردہ ادب کی تشہیر کا اہم وسیلہ اس کی ہفتہ وار مجلسیں تھیں جن میں نئی تخلیقات پیش کی جاتی تھیں اور ان پر تنقید کی جاتی۔ سامعین ادب پارے کے ہر پہلو کو اپنے نظریات کی روشنی میں پرکھتے اور غیر جانب داری سے اس پر تبصرہ کرتے، حلقے کے ان جلسوں کی وجہ سے نئی اردو نظم کو نہایت فروغ حاصل ہوا۔ حلقہ ارباب ذوق نے اردو ادب کو مختلف جہتوں سے متاثر خصوصاً شاعری، افسانہ اور تنقید کے شعبوں میں اس کی اثر آفرینی نہایت دیرپا اور اس دور رس رہی اس حلقے سے تعلق رکھنے والے اہم شعرا میں میرا جی، قیوم نظر اور یوسف ظفر کے علاوہ مجید امجد، اختر الایمان، نظیر صدیقی، شکیب جلالی وغیرہ قابل ذکر ہیں۔

حلقہ ارباب ذوق کے ابتدائی افسانہ نگاروں میں شیر محمد اختر، کرشن چندر اوپندر ناتھ اشک اور راجندر سنگھ بیدی کا شمار ہوتا ہے۔ لیکن اس میں آخر الذکر تینوں ترقی پسند تحریک سے منسلک ہو گئے ان کے علاوہ ممتاز مفتی، محمد حسن عسکری، آغا بابر، منٹو، انتظار حسین، انور سجاد، رشید احمد، محمد منشا یاد، مشتاق قمر وغیرہ اور تنقید نگاروں میں میرا جی صلاح الدین احمد، وحید قریشی، ریاض احمد، محمد حسن عسکری وزیر آغا وغیرہ خاص طور سے قابل ذکر ہیں۔

☆☆☆

جدیدیت

زندگی کا کارواں ہردم آگے بڑھتا رہنا ہے اوراس کی نظر کے سامنے نئے نئے افق نمودار ہوتے ہیں، جن کی آب وتاب اسے اپنی طرف متوجہ کرتی ہے۔ پیچھے چھوٹی ہوئی منزلیں چاہے کیسی ہی کیوں نہ ہوں انسان کو بہت عزیز ہوتی ہے۔ اب لامحالہ ایک ہی صورت رہ جاتی ہے ماضی کی تھوڑی بہت دل پسند طبیعت متاع کو سینے سے لگا کر اور نئے افق سے تھوڑا سا اجالا مانگ کر اس کی روشنی میں نئ منزل کی طرف قدم بڑھایا جائے، اسی کا نام ''جدیدیت'' ہے گویا ادب میں جدیدیت کا مفہوم یہ ہوا کہ شاعر وادیب روایت سے کچھ پسندیدہ عناصر چن لیں اور انھیں حال کے تقاضوں سے ہم آہنگ کرنے کی کوشش کرے۔ روایت کا جو حصہ وقت کے سانچے میں ڈھل نہ سکے اسے موڑنے یا پھر توڑنے کی صلاحیت جس فنکار میں ہو وہی سچا فنکار کہلانے کا مستحق ہے۔

ہمارے شعروادب نے انقلاب روس اور اس کے بعد کی عالمگیر ادبی فضا کو فرسودہ و پامال مضامین کو خیر باد کہا، نئے موضوعات کو اپنایا اور اسے ترقی پسندی کا نام دیا تو درحقیقت جدیدیت یہ بھی تھی اور جب ترقی پسندی کے محدود دائرے سے نکل کر اس نے کھلی فضا میں سانس لینا چاہا تو یہ رجحان بھی جدیدیت کہلایا۔ دراصل سچا شاعر وادیب لکیر کا فقیر نہیں ہوتا۔ وہ ایک آزاد پنچھی کی طرح ہر لحظہ نئے جہانوں کی سیر کا آرزومند ہوتا ہے۔ وہ مناسب بندشوں کو برداشت نہیں کرسکتا۔

مجنوں گورکھپوری کے الفاظ میں ہے کہ جب اشتراکیت پسندوں نے ادیبوں کو لال وردی پہنادی تو انھوں نے ترقی پسندی کے جوئے کو ہی اپنے کاندھوں سے اتار پھینکا اور اس طرح ہمارے ادب میں جدیدیت کی تحریک نے جنم لیا۔

اس میں شک نہیں کہ جدیدیت نے ہمارے ادب میں ایک تحریک کی شکل بیسویں صدی کی ایک چوتھائی گزرنے کے بعد اختیار کی تھی لیکن اس کی داغ بیل بہت پہلے اس وقت پڑ چکی تھی جب سرسید نے مغربی ادب کو مشعل راہ بنانے کا مشورہ دیا تھا۔ سرسید کے افکار کو مولانا حالؔی اور دیگر ادیبوں نے اپنایا اور اپنی تحریروں کے ذریعہ اسے عام کرنے کی کوشش کی۔

۱۹۳۳ء میں انگارے کی اشاعت نے اس رجحان کو تقویت دی، اس میں شامل افسانے ہندوستانی سماج کے اذیت ناک پہلوؤں پر وار کرتے ضرور نظر آئے۔ مگر یہ کوئی ایسا قدم نہ تھا کہ جس سے ملک میں انقلاب برپا ہوجاتا۔ پھر بھی حکومت ہند نے اسے ضبط کرلیا اور اس کی اشاعت پر پابندی لگادی۔ یہ وہ زمانہ تھا جب ترقی پسند تحریک اپنے عروج پر تھی۔ اس تحریک کے زیر اثر جو شاعر اور ادیب تھے

ان کا مزاج بے لچک اور ذہن شدت پسند ہو گیا تھا۔ اشتراکیت کا پرچار ان کے نزدیک سب کچھ نہیں تھا، سرخ سویرے پر ان کی نظر مرکوز تھی۔ اس میں کوئی حرج نہیں لیکن قابل اعتراض بات صرف یہ تھی کہ ادب نعرہ بازی بن گیا تھا اور شعر و ادب کی جمالیاتی قدریں نظر انداز ہو گئی تھیں۔ اس صورت حال کے خلاف شاعروں اور ادیبوں کا ردعمل فطری تھا۔ چنانچہ جدیدیت کی تحریک جس کی داغ بیل بیسویں صدی کے تیسری دہائی میں ہی پڑ چکی تھی اب نئے سرے سے منظّم ہوئی۔ ترقی پسند تحریک نے اپنی توجہ سیاسی منظرنامے پر مرکوز کردی جب کہ جدیدیت نے اسے نظر انداز کیا اور فرد اپنی ذات کے کھول میں سمت کر رہ گیا۔

انفرادیت پر جدیدیت نے بہت زور دیا، فرد کی آزادی اس کے نزدیک بیحد اہم تھی۔ یہ ایک طرح کا ردعمل تھا کیوں کہ آزادی کے جدوجہد مغربی سامراج کے مظالم، اور اس سے نجات کی کوشش، سرمایہ داری کی لعنتیں، سوشلزم کی برکتیں اور دوسرے عالمی مسائل پر ترقی پسند تحریک نے اپنی نظریں جمائے رکھیں۔ اس کے برعکس جدیدیت نے ان کو اہمیت نہیں دی۔ فنکار نے باہر کی دنیا سے اپنا رشتہ توڑ لیا اور اپنے دل کی دنیا میں کھو کر رہ گیا۔

غرض یہ کہ جدیدیت نے فرد کو اس کی ذہنی کیفیتوں کو اس کے شعور اور لاشعور کو اہمیت دی۔

یہ تحریک پنجاب کی سرزمین سے اٹھی اور پورے ملک میں چھا گئی، اس تحریک نے مقصدیت کے فروغ کا نعرہ بلند کیا اور ۱۸۹۰ء میں محمد حسین آزاد اور خواجہ الطاف حسین حالؔی کے ذریعہ نیچرل شاعری کی بنیاد ڈالی۔ حالی کے ''مقدمہ شعر و شاعری'' نے غزل کی فرسودہ روایات سے انحراف کرنا سکھایا اور نظم گوئی کی ابتدا کی گئی۔ پہلی بات اردو ادب میں یہ بہت بڑی تبدیلی تھی جو آگے چل کر اجتماعی رجحان کی شکل میں رائج ہو گئی۔ اور نئے نئے رجحانات پیدا ہوئے، نئے نئے موضوعات اختیار کئے گئے۔ نئے نئے اسلوب ڈھالے گئے۔ ہیئت اور تکنیک کے نئے نئے تجربے کئے گئے۔ نظم معریٰ، جدید نظم، سانیٹ ہائیکو اور نثری نظم کے تجربے سامنے آئے اور پھر علی گڑھ تحریک نے علمی اور نئے تہذیب کی حمایت میں اہم رول ادا کیا۔ اس دور میں تاریخ نگاری ناول نگاری، افسانہ نگاری، وانشائیہ کا فن بھی سامنے آیا۔ سرسید اور غالب کی نثر نگاری سے ایک نئی جہت کا آغاز ہوا۔

جدیدیت سے متاثر شعرا میں میراجی راشد، اختر الایمان، مجید امجد، خلیل الرحمٰن اعظمی، ابن انشاء، عمیق حنفی، باقر مہدی، بلراج کومل، کمار پاشی، افتخار جالب، محمد علوی، شہریار اور عادل منصوری کے نام اہم ہیں۔ ان کلام میں ایک تازگی کا احساس ہوتا ہے، ان کے یہاں نہ تو کلاسکی انداز کی قافیہ پیمائی ہے نہ محض عشقیہ واردات، نہ اشتراکیت کا پرچار، بلکہ ان کی شاعری ان کے دل سے نکلی ہوئی آواز ہے، لہجہ بھی منفرد ہے۔ اس لئے ان کے کلام میں جذب وکشش زیادہ ہے۔

اردو افسانے کا رنگ تو اسی وقت بدلنے لگا تھا جب پریم چند نے ''کفن'' نام کا افسانہ تخلیق کیا تھا۔ اس سمت میں دوسرا قدم منٹو کا افسانہ ''پھندنے'' ہے۔ اس کے بعد قرۃ العین حیدر، انتظار حسین، احمد ہمیش، اقبال مجید، سریندر پاکاش، خالدہ اصغر جیسے اعلیٰ درجے کے افسانہ نگاروں کی تخلیقات وجود میں آئیں۔

نئی تنقید نے جدیدیت کی تحریک کو پروان چڑھانے میں بہت اہم رول ادا کیا۔ جدیدیت کی تحریک کے زیر اثر وجود میں آنے والا ادب کسی نہ کسی حد تک ضرور ناقابل فہم اور تشریح طلب تھا۔ اس لئے تنقید کے ایک ایسے نظام کی ضرورت تھی جو ہمدردی کے ساتھ نئی تخلیقات پر غور کرے۔ ان کی تہہ تک پہنچنے کی کوشش کرے، ان کے حسن وقبح پر روشنی ڈالے اور قاری کے ذہنی رفیق کا فریضہ ادا کرے۔

پروفیسر آل احمد سرور نے یہ فرض ادا کیا ان کے علاوہ گوپی چند نارنگ، پروفیسر شمیم حنفی، وہاب اشرفی، باقر مہدی، وارث علوی، ابوالکلام قاسمی نے جدید ادب کی طرف بطور خاص توجہ کی۔

جدیدیت کے تعلق سے مختلف اور متضاد باتیں کہی جاتی رہی ہیں جیسے کہا گیا کہ جدیدیت ایک رجحان ہے۔ ایک فیشن ہے، ایک فارمولا ہے، فراڈ ہے، ترقی پسند کی توسیع ہے، ترقی پسندی کی ضد ہے، مغرب سے مستعار ہے، روایت اور بغاوت کا استحکام ہے، ایک مستحسن اور خوشگوار اقدام ہے، ایک تاریخی تقاضہ ہے، جس سے مفر اور جس کا انکار ممکن نہیں، وغیرہ وغیرہ۔ اس قبیل کی باتوں کا قطعیت کے ساتھ اثبات یا انکار مشکل ہے۔ جدیدیت کی شناخت اس کے رویہ سے ہوتی ہے جو کسی تخلیق کو قدیم یا روایتی رنگ سے جدا کرکے اس میں ایک نئے اور تازہ احساس کی موجودگی کا پتہ دیتی ہے۔ جدیدیت کا تقاضہ یہ ہے کہ ہم ادبی اظہار کو وقتی حوالوں کا پابند نہ بنائیں، جدید دور کا انسان نظریے کی جکڑ بندی سے نکل کر زندگی کے حقائق کو اپنی نظر اور اپنے تجربے کے وسیلے سے دریافت کرنا چاہتا ہے۔ چنانچہ جدیدیت کو ترقی پسندی کی توسیع یا تسلسل قرار دیان صحیح نہیں۔ بقول منظر اعظمی:

''اس طرح جدیدیت.......... کی تحریک مشور یا لائحہ عمل کی تاریخ نہیں، اس کو بنیاد انفرادی احساسات، تجربات اور عصری حقائق کو براہِ راست تخلیقی سطح پر برتنے کی کوششوں پر ہے۔ غور سے دیکھا جائے تو اس میں مختلف سمتوں کے فکری دھاگے آکر جدیدیت یا نیاپن کے ایک بڑے دھارے میں شامل ہوگئے۔

☆☆☆

شعری اور نثری اصناف

شعری اصناف

غزل:

غزل اردو شاعری کی سب سے مقبول صنف سخن ہے۔ اور پروفیسر رشید احمد صدیقی نے اسے بجا طور پر اردو شاعری کی آبرو کہا ہے۔ اردو میں جب سے تنقید کا باقاعدہ آغاز ہوا اس وقت سے لے کر اب تک غزل طرح طرح کے اعتراضات کا نشانہ بنتی رہی، لیکن اس کی مقبولیت کم ہونے کے بجائے برابر بڑھتی ہی گئی اور یہ ثابت ہو گیا کہ غزل میں زمانے کے ساتھ بدلنے اور ہر ضرورت کو پورا کرنے اور ہر طرح کے مضمون کو ادا کرنے کی صلاحیت موجود ہے اور اب تو یہ بات روز روشن کی طرح عیاں ہے کہ اس صنفِ سخن کو کبھی زوال نہ ہوگا۔

غزل عربی زبان کا لفظ ہے اور اس کے معنی ہیں عورتوں سے باتیں کرنا یا عورتوں کی باتیں کرنا۔ اس صنف کو غزل کا نام اسی لئے دیا گیا تھا کہ حسن وعشق ہی اس کا موضوع ہوتا تھا لیکن وقت گزرنے کے ساتھ ساتھ اس کے موضوعات میں وسعت پیدا ہوتی گئی اور آج غزل میں ہر طرح کے مضمون کو پیش کرنے کی گنجائش ہے، غزل کی ابتدا عربی میں ہوئی، وہاں سے یہ ایران پہنچی اور فارسی میں اس نے بہت ترقی کی۔ فارسی ادب کے راستے یہ اردو میں داخل ہوئی اور خاص وعام میں مقبول ہوئی۔

غزل کی خصوصیات:

غزل کے تمام مصرعے ایک ہی وزن اور ایک ہی بحر میں ہوتے ہیں۔ غزل کا پہلا شعر مطلع کہلاتا ہے اور اس کے دونوں مصرعے ہم قافیہ یا ہم قافیہ اور ہم ردیف ہوتے ہیں۔ ردیف وہ لفظ یا الفاظ کا وہ مجموعہ ہے جسے ہر شعر کے آخر میں دہرایا جائے۔ اس سے پہلے قافیہ ہوتا ہے جس کا آخری حرف یا آخر کے چند حروف یکساں ہوتے ہیں۔ جیسے دوا، ذرا یا میر، پیر۔ بعض غزلوں میں قافیے کے ساتھ ردیف بھی ہوتی ہے بعض میں صرف قافیہ ہوتا ہے۔ غزل کا آخری شعر جس میں شاعر اپنا تخلص استعمال کرتا ہے مقطع کہلاتا ہے، اس کی مثالیں یہاں پیش کی جاتی ہیں:

دل ناداں تجھے ہوا کیا ہے
آخر اس درد کی دوا کیا ہے
ہم ہیں مشتاق اور وہ بیزار
یاالٰہی یہ ماجرا کیا ہے
ہم نے مانا کہ کچھ نہیں غالبؔ
مفت ہاتھ آئے تو برا کیا ہے

پہلا شعر مطلع ہے اور تیسرا شعر مقطع ہے۔ ''کیا ہے'' ردیف ہے جو مطلع کے دونوں مصرعوں اور باقی اشعار کے

دوسرے مصرعوں کے آخر میں دہرائی گئی ہے۔ ہوا، دوا، ماجرا، براقوانی ہیں۔

غزل کی دوسری اہم خصوصیات یہ ہے کہ غزل کا ہر شعر اپنے معنی الگ دیتا ہے، کبھی ایسا ہوتا ہے کہ دو یا دو سے زیادہ شعر مل کر معنی دیتے ہیں تو انھیں قطعہ بند کہا جاتا ہے مثلاً میر کے یہ دو شعر:

کل پاؤں ایک کاسۂ سر پر جو آگیا
یکسر وہ استخوانِ شکستہ سے چور تھا
کہنے لگا کہ دیکھ کے چل راہ بے خبر
میں بھی کبھی کسی کا سر پر غرور تھا

عام طور پر غزل کے شاعر کو دو مصرعوں میں مکمل مضمون ادا کرنا پڑتا ہے، اس لئے وہ اختصار اور رمز و کنایے سے کام لینے پر مجبور ہے۔

دوسری خاص بات یہ ہے کہ قصیدے اور مثنوی کی طرح غزل خارجی نہیں بلکہ داخلی صنفِ سخن ہے اور اس میں شاعر وہی بیان کرتا ہے جو اس کے دل پر گذرتی ہے، اس لئے غزل کے خاص موضوعات حسن و عشق ہیں۔

ایک اور بات یہ ہے کہ غزل کا شاعر عام طور پر نرم، سبک اور شیریں الفاظ کا استعمال کرتا ہے، حالانکہ اصل بات یہ ہے کہ شاعر ہر طرح کا لفظ استعمال کرسکتا ہے بشرطے کہ اسے لفظوں کے استعمال کا سلیقہ ہو۔ بہرحال غزل ایک غنائی صنفِ شاعری ہے اور ترنم و موسیقی سے اس کا گہرا تعلق ہے، یہی وجہ ہے کہ مشاعرے بہت مقبول رہے ہیں اور ان میں غزلوں کی فرمائش کی جاتی رہی ہے۔

قصیدہ:

قصیدہ اس نظم کو کہتے ہیں جس میں کسی کی مدح یعنی تعریف یا کسی کی ہجو یعنی برائی بیان کی جائے۔ بعض محققین کا خیال ہے کہ لفظ قصیدہ قصد سے نکلا ہے اور اس کا سبب یہ ہے کہ شاعر قصد کر کے کسی کی مدح یا ہجو کرتا ہے، بعض نے اس کے معنی مغز غلیظ کے بیان کئے ہیں۔

غزل کی طرح قصیدہ کا پہلا شعر مطلع کہلاتا ہے اور اس کے دونوں مصرعوں میں قافیہ و ردیف ہوتا ہے بعض قصیدے بغیر ردیف کے ہوتے ہیں۔ باقی اشعار کے دوسرے مصرعوں میں قافیہ و ردیف یا صرف قافیہ ہوتا ہے۔ غزل کی طرح قصیدے میں بھی مقطع ہوتا ہے لیکن قصیدے میں کچھ چیزیں غزل سے الگ ہوتی ہیں مثلاً درمیان میں کئی مطلع ہوسکتے ہیں۔ اور مقطع ضروری نہیں کہ آخری شعر ہو۔

قصیدے کے اقسام:

قصیدے کی دو قسمیں ہوتی ہیں، (۱) خطابیہ (۲) تمہیدیہ

خطابیہ وہ قصیدہ ہے جس میں شاعر بغیر تمہید باندھے مدعا بیان کردے۔ مطلب یہ ہے کہ اگر قصیدہ مدحیہ ہے تو شاعر ممدوح کو خطاب کرے اور اس کے اوصاف کو بیان کرنا شروع کرے۔ ہجویہ ہے تو براہ راست اس کی برائی بیان

کرنے لگے۔ اصل مدعا وعظ و نصیحت ہے تو بلا تمہید کے اس کا آغاز ہو جائے۔

تمہید یہ قصیدہ وہ ہے کہ جس میں اصل مدعا سے پہلے تمہید باندھی جائے، پھر مدعا بیان کیا جائے، یہ تمہید تشبیب یا نسیب کہلاتی ہے اور بہار و خزاں حسن و عشق اور پند و نصیحت کے مضامین پر مشتمل ہو سکتی ہے، اسی کی رعایت سے قصیدہ کو بہاریہ، عشقیہ، وعظیہ کہا جا سکتا ہے۔

قصیدے کے اجزائے ترکیبی:

تشبیب: قصیدے کی تمہید کو تشبیب یا نسیب کہتے ہیں۔ تشبیب کے موضوعات مختلف ہو سکتے ہیں، اس میں شباب و شراب کا ذکر کیا جا سکتا ہے۔ بہار کی منظر کشی کی جا سکتی ہے، تشبیب میں خود ستائی یعنی اپنے اوصاف بیان کرنے کی گنجائش بھی ہے۔ یہ بھی ممکن ہے کہ تشبیب پند و نصائح پر مشتمل ہو یا اس میں بے ثباتی دنیا کا ذکر ہو۔ غرض یہ کہ تشبیب کے موضوعات لامحدود ہیں۔

تشبیب کو قصیدے کا سب سے اہم حصہ خیال کیا جاتا ہے۔ اس لئے شاعروں نے اس پر بہت محنت صرف کی ہے۔ غالبؔ کو اپنی تشبیب پر بڑا ناز تھا۔ انھوں نے بہادر شاہ ظفر کی مدح میں ایک قصیدہ لکھا ہے جس کی تشبیب بہت دل کش ہے، پہلی تاریخ کا چاند انھیں ایسا لگتا ہے کہ جیسے کوئی شخص تسلیم بجالانے کو جھکا ہوا ہے۔ شاعر سوال کرتا ہے کہ اے مۂ نو! یہ بتا تو کس کو جھک کر سلام کر رہا ہے۔

ہاں مۂ نو سنیں ہم اس کا نام
جس کو تو جھک کے کر رہا ہے سلام

گریز: تشبیب کے بعد شاعر مدح کی طرف قدم بڑھاتا ہے۔ وہ براہ راست مدح شروع نہیں کرتا بلکہ بات سے بات پیدا کر کے مدح کی طرف بڑھتا ہے، اس بات سے بات پیدا کرنے کو گریز کہتے ہیں۔ غالب کے قصیدے سے تشبیب کی جو مثال اوپر پیش کی جا چکی اس میں شاعر پوچھتا ہے کہ اے مۂ نو آخر تو کس کو جھک کر سلام کر رہا ہے جواب نہیں ملتا ہے تو کہتا ہے کہ تو اس کا نام نہیں جانتا تو لے میں بتاتا ہوں، وہ تاجدار بہادر شاہ ہے:

تو نہیں جانتا تو مجھ سے سن
نامِ شاہ ہنشۂ بلند مقام
قبلۂ جان و دل بہادر شاہ
مظہرِ ذوالجلال والاکرام

مدح: اس کے بعد شاعر اپنے ممدوح کی تعریف کرتا ہے اور اس میں خوب مبالغے سے کام لیتا ہے، یہی قصیدے کی خوبی ہے، قصیدے میں اور خاص طور پر مدح کے حصے میں شاعر پر شکوہ الفاظ استعمال کرتا ہے، اس سے مدح میں زور پیدا ہوتا ہے۔ مدح کی مثال ملاحظہ ہو:

شہسوارِ طریقۂ انصاف
نو بہارِ حدیقۂ اسلام
جس کا ہر فعل صورتِ اعجاز

جس کا ہر قول معنیِ الہام

مدعا: قصیدے کا چوتھا جزو مدعا یا عرضِ مطلب ہے یعنی مدح گوئی کے بعد قصیدہ نگار اپنا مدعا بیان کرتا ہے جیسے غالب نے ایک قطع میں اپنی مالی مشکلات بیان کرنے کے بعد کہا ہے:

میری تنخواہ کیجئے ماہ بہ ماہ
تا نہ ہو مجھ کو زندگی دشوار

لیکن یہ قصیدے کا لازمی جزو نہیں ہے، یعنی یہ ضروری نہیں کہ شاعر ہر قصیدے میں اپنا مدعا بیان کرے۔

دعا: قصیدے کا آخری جز دعا ہے، یعنی شاعر ممدوح کو درازیِ عمر یا بلندیٔ اقبال کی دعا دے کر قصیدہ ختم کرتا ہے جیسے غالبؔ نے اپنے قصیدے میں بہادر شاہ کو دعا دی کہ تمہاری سلطنت قیامت تک باقی رہے:

ہے ازل سے روانیِ آغاز
ہو ابد تک رسائیِ انجام

مثنوی:

مثنوی اس طویل نظم کو کہتے ہیں کہ جس میں کوئی قصہ یا کوئی واقعہ تسلسل کے ساتھ بیان کیا گیا ہو، چونکہ مثنوی لمبی سے لمبی بات کو تفصیل سے بیان کرنے اور ہر طرح کا مضمون ادا کرنے کی گنجائش ہے، اس لئے حالی نے اس صنف کو سب سے زیادہ کارآمد بتایا ہے، اور اس پر اظہار افسوس کیا ہے کہ اردو شاعری میں مثنوی کی طرف اتنی توجہ نہیں کی گئی جتنی توجہ کی یہ مستحق تھی۔

مثنوی ایک بیانیہ صنف ہے، اس میں خیال مربوط رہتا ہے بات سے بات نکلتی ہے اور قصہ بتدریج آگے بڑھتا ہے۔ گویا مثنوی ایک ایسی صنفِ شاعری ہے جس میں ایک طویل، مربوط اور مکمل شعری کارنامہ وجود میں آنے کے امکانات موجود ہیں۔ یہاں ایک بات یہ واضح کردینا ضروری ہے، غزل کا شعر کم فرصتی میں بھی کہا جاسکتا ہے لیکن مثنوی کا معاملہ مختلف ہے اس کے لئے کئی چیزوں کی ضرورت ہوتی ہے۔

پہلی تو یہ کہ قلم اٹھانے سے پہلے مکمل مثنوی کا خاکہ ذہن میں تیار کرلیا جائے، اس کے بعد مستقل مزاجی کے ساتھ اسے تکمیل کو پہنچایا جائے۔ واقعات کی ترتیب و تعمیر ایسی ہو کہ قصہ مربوط رہے، زبان ایسی ہو کہ پڑھنے والا اس میں اُلجھ کر نہ رہ جائے بلکہ اس کی توجہ واقعات پر مرکوز رہے۔ اگر مثنوی میں کچھ ایسے اشعار موجود ہوں جو قاری کو اپنی طرف متوجہ کرلیں تو اسے مثنوی کا عیب سمجھنا چاہئے۔

واقعہ نگاری مثنوی کی سب سے اہم خصوصیت ہے، یہ واقعات فطری بھی ہوسکتے ہیں اور فوق فطری بھی۔ مثنوی میں رزم و بزم، اخلاق و فلسفہ ہر موضوع کی گنجائش ہے، عشقیہ قصے بھی مثنوی کا خاص موضوع رہے ہیں، اس سے یہ بات واضح ہوجاتی ہے کہ مثنوی کا دائرہ بہت وسیع ہے۔

مثنوی کا فن توضیحی فن ہے، یہاں غزل کی طرح رمز وکنائے میں بات نہیں کی جاسکتی، یہاں واقعات کا بیان ہوتا

ہے۔ اس لئے بات کو صراحت کے ساتھ کہا جاتا ہے تا کہ واقعات بآسانی ذہن نشیں ہوتے چلے جائیں۔

مثنوی میں چونکہ واقعات کا بیان ہوتا ہے اس لئے کردار نگاری اس کا لازمی جزو ہوتا ہے اور کردار نگاری کے لئے ضروری ہے کہ فنکار انسانی نفسیات اور اس کی پیچیدگیوں سے پوری طرح واقف ہو۔ مختلف کرداروں کی زبان بھی الگ الگ ہوتی ہے، اس لئے یہ جاننا بھی ضروری ہے کہ کس موقع پر کس کردار کی زبان سے کس طرح کے الفاظ ادا ہونے چاہئیں۔ گویا لازمی ہے کہ مثنوی نگار ایک اچھا مکالمہ نویس بھی ہو۔ مثنوی میں عموماً ایسے موقع بھی آتے ہیں جہاں ڈرامائی عنصر ناگزیر ہوتا ہے۔ غرض یہ کہ مثنوی کا فن کافی پیچیدہ فن ہے، اس لئے صرف محنت اور منصوبہ بندی ہی کافی نہیں بلکہ وسیع مطالعہ اور گہرا مشاہدہ بھی ضروری ہے۔

مثنوی میں ردیف اور قافیے کی پابندی اس طرح نہیں ہوتی جس طرح غزلوں اور قصیدے میں ہوتی ہے۔ بلکہ مثنوی کے ہر شعر کے دونوں مصرع ہم قافیہ ہوتے ہیں اور کبھی کبھی ردیف کا بھی اہتمام کیا جاتا ہے۔

ابتداء میں رزمیہ اور بزمیہ مثنوی کے لئے الگ الگ بحریں مقرر تھیں لیکن آگے چل کر یہ پابندی باقی نہ رہی اور مثنوی نگار واقعات کے بیان کے لئے زیادہ آزادی حاصل ہوگئی اور یہ ضروری بھی تھا کیوں کہ مثنوی میں واقعات ہی کو زیادہ اہمیت حاصل ہے۔

مرثیہ:

مرثیہ اس نظم کو کہتے ہیں جس میں کسی کی موت پر اظہارِ غم کیا گیا ہو اور اس کی خوبیاں بیان کی گئی ہوں۔ مرثیہ عربی لفظ رثا سے نکلا ہے جس کے معنی آہ و بکا کے ہیں۔ مختلف افراد کی موت پر جو مرثیے لکھے گئے وہ شخصی مرثیے کہلاتے ہیں جیسے حالی کا مرثیہ غالب اور اقبال کا مرثیہ داغ، جب کسی کی موت واقع ہوتی ہے تو اس سے تعلق رکھنے والے بہت سے لوگوں کو دلی صدمہ پہنچتا ہے اگر ان سوگواروں میں کوئی شاعر ہے تو اس کے دلی جذبات شعر کا پیرایہ اختیار کر سکتے ہیں یہی وجہ ہے کہ دنیا کی تمام زبانوں میں مراثی کا ذخیرہ موجود ہے۔

لیکن جب اردو شاعری کے حوالے سے مراثی کا ذکر کیا جاتا ہے تو اس سے ایک خاص صنفِ شاعری مراد لی جاتی ہے، جو شخصی مرثیے سے زیادہ وسیع ہے۔ اس میں واقعات کربلا حضرت امام حسین اور ان کے اقرباء و رفقاء کے مصائب ان کی شہادت کا بیان بلکہ سفرِ کربلا سے پہلے کے حالات اور شہادت کے بعد کے واقعات بھی شامل ہیں۔ جب دشتِ کربلا میں یہ دردناک واقعہ پیش آیا تو اس کے کچھ ہی دنوں کے بعد عربی نظموں میں اس کا ذکر ہونے لگا تھا۔

کربلائی مرثیے فارسی میں بھی موجود ہیں۔ اردو میں بھی شاعری کے آغاز کے ساتھ ہی مرثیہ نگاری کی ابتداء

ہوئی لیکن مرثیہ کی شکل میں عہد بہ عہد تبدیلی ہوتی رہی ہے۔

مرثیہ نگاری سے اردو شاعری کو بے حد فائدہ پہنچا، اس کے وسیلے سے اردو شاعری میں لاتعداد مضامین داخل ہوگئے۔ مثلاً جناب امام کا احباب واعزہ سے رخصت ہونا۔ سفر کے حالات، منزل پر پہنچنا، مخالفین سے مختلف انداز کی گفتگو، گمراہوں کو راہِ راست پر لانے کی کوشش، شادی کی رسم، میدانِ جنگ کا نقشہ، اسلحہ جنگ کا بیان، دشمن کے روبرو رجزیہ اشعار، جنگ، شہادت، بین اور جنگ کے بعد آل رسولؐ کے ساتھ ظلم وزیادتی۔

صدہا واقعات کے علاوہ ہمارے مرثیہ نگاروں نے بے شمار کردار بھی پیش کئے ہیں، ان میں نیک اور حق پرست بھی ہیں اور گمراہ و بے دین بھی، علاوہ ازیں ان میں مرد وعورت، جوان، بوڑھے، بچے، حلیم، اور صابر غیور اور غصہ ور جنگجو اور امن پسند ہر طرح کے کردار ہیں اور جابجا ان کی سیرت پر روشنی ڈالنے کی ضرورت پیش آتی ہے۔ اس لئے مرثیہ نگاری سے اردو کا دامن وسیع ہوا ہے اور اس کے سرمائے میں الفاظ کے ایک بہت بڑے ذخیرے کا اضافہ ہوا ہے۔ الفاظ شماری کی جائے تو اس خیال کی تصدیق ہوگی کہ جتنے زیادہ الفاظ مرثیے میں استعمال ہوئے ہیں اتنے کسی اور صنفِ شاعری میں استعمال نہیں ہوئے ہیں۔

مرثیے کے اجزائے ترکیبی:

ابتداء میں تو مرثیے کی نہ تو کوئی شکل معین تھی اور نہ اس کے اجزاء مقرر تھے، میر ضمیر نے اس کی شکل طے کردی اور اسے آٹھ حصوں میں تقسیم کردیا:

(۱) چہرہ (۲) سراپا (۳) رخصت (۴) آمد (۵) رجز (۶) جنگ (۷) شہادت (۸) بین۔

بعض مرثیے دعا سے ہوتے ہیں، تمہید کے بعد سراپا بیان کیا جاتا ہے، اس کے بعد واقعات جنگ۔ واقعاتِ جنگ کی تفصیل یہ ہے کہ مجاہد اپنے عزیز واقارب یا احباب سے رخصت لے کر میدان جنگ کا رخ کرتا ہے وہاں پہنچ کر رجزیہ اشعار پڑھتا ہے جس میں اس کے بزرگوں کی اور خود اپنی بہادری کا ذکر کرتا ہے۔ پھر للکار کر دشمن کو مقابلے کی دعوت دیتا ہے۔ آخر کار جنگ ہوتی ہے جس میں شجاعت کا مظاہرہ کرنے کے بعد اسے شہادت نصیب ہوتی ہے، اس کی شہادت پر بین وبکا ہوتا ہے اور مرثیہ ختم ہوتا ہے۔

شہدائے کربلا کے مراثی پہلے تمام ہیئتوں میں لکھے جاتے تھے، سوداؔ نے مسدس کی شکل میں مرثیہ کہا اور ضمیرؔ نے مرثیے کے لئے مسدس کو مخصوص کردیا، اس وقت سے مرثیے عموماً مسدس کی شکل میں لکھے جاتے ہیں۔

مرثیے کو مکمل رزمیہ تو نہیں کہا جاسکتا لیکن ہمارے مرثیہ میں رزمیہ عناصر کی فراوانی ہے۔ رزمیہ کی طرح مرثیہ بھی ایک عظیم الشان جنگ کی کہانی ہے جو ایک برگزیدہ شخصیت کی طرف سے ایک اعلیٰ مقصد کے لئے لڑی جاتی ہے، فرق اتنا ہے کہ اس میں فوق فطرت عناصر کی کمی ہے اس کے علاوہ مرثیہ میں المیہ کے اوصاف بھی موجود ہیں۔

مرثیہ درسِ اخلاق بھی ہے، جناب امام اوران کے اعزاء ورفقاء اپنے دشمنوں کے ساتھ بھی انسانیت کا سلوک کرتے ہیں۔ ان کی سخاوت کا یہ عالم ہے کہ سفر کے دوران جناب حر کے پیاسے لشکر کو سیراب کرنے کے لئے پانی کا ذخیرہ خالی کردیتے ہیں، جنگ میں پہل نہیں کرتے اور گمراہوں کو راہِ راست پر لانے کی ہر ممکن کوشش کرتے ہیں، لیکن جب حق کے لئے تلوار اٹھانے کی ضرورت پیش آتی ہے تو ایک مجاہد ہزاروں لاکھوں کا مقابلہ کرتا ہے اور جان دے دیتا ہے، حق کے لئے سینہ سپر ہوجانے، مصیبتوں کو خندہ پیشانی سے برداشت کرنے، ہرحال میں خدا کا شکر بجالانے اور صبر کرنے کی تعلیم کربلائی مرثیہ سے بہتر اور کہاں مل سکتی ہے۔ منظر نگاری کے جتنے نمونے مرثیے میں ملتے ہیں وہ اردو شاعری کی کسی اور صنف میں موجود نہیں۔ کہیں صبح کا سہانا منظر دکھائی دیتا ہے تو کہیں تپتی ہوئی دوپہر کی تصویر کشی ہوتی ہے، کہیں شام کا سماں نظر آتا ہے، کہیں گھوڑے اور تلوار کی باریک سے باریک تفصیلات بیان کی جاتی ہے، کہیں جنگ کی ایسی تصویر کھینچی جاتی ہے کہ صاف تلوار چلتی ہوئی نظر آتی ہے اور خون برستا دکھائی دیتا ہے۔

جذبات نگاری کے جیسے اچھے نمونے ان مراثی میں نظر آتے ہیں وہ بھی کہیں اور نہیں ملتے ہیں۔ ہمارے مرثیہ نگار نفسیات کے باقاعدہ علم سے خواہ نہ واقف ہوں لیکن انسانی فطرت کے وہ ایسے نبض شناس تھے کہ اس کی مثالیں کم ملیں گی۔ مرثیے میں طرح طرح کے کردار ہیں اور بے شمار لیکن فنکار کو ان کے مزاج سے مکمل آگہی حاصل ہے۔

رباعی:

رباعی کا نام دوبیتی بھی ہے، بیت کے معنی شعر ہیں، اس لئے دوبیتی کے معنی ہوئے دوشعروں والی نظم، عربی میں ربع کے معنی چار کے ہیں رباعی میں چار مصرعے ہوتے ہیں اس لئے اس نظم کا نام رباعی ہوگیا۔

رباعی قطعہ سے مختلف ہوتی ہے۔ قطعہ میں شعروں کی تعداد اردو سے زیادہ ہوسکتی ہے، لیکن رباعی میں دوشعر یا چار مصرعے ہی ہوتے ہیں۔ دوسری بات یہ ہے کہ رباعی کے پہلے دوسرے اور چوتھے مصرعے ہم قافیہ باہم قافیہ وہم ردیف ہوتے ہیں۔ رباعی کی خاص شناخت یہ ہے کہ اس کے لئے ایک خاص بحر مقرر ہے جب کہ قطعہ کے لئے ایسی کوئی پابندی نہیں۔

رباعی کے سلسلے میں چند اور باتیں بھی اہم ہیں اس میں جو مضمون بیان کیا جائے وہ اچھوتا ہو جو خیال پیش کیا جائے وہ بلند ہو اور اندازِ بیان میں دل کشی پائی جائے۔ ضروری ہے کہ رباعی کا چوتھا مصرعہ یعنی آخری مصرع زیادہ پرزور ہو اور محسوس ہو کہ رباعی کا پورا مضمون اس میں سمٹ آیا ہے۔

اردو شاعری کی دوسری اصناف کی طرح رباعی بھی شروع سے کہی جانے لگی تھی، ۱۷۰۰ء میں ایک دکنی شاعر میر عبدالقادر نے اردو کی پہلی رباعی کہی، شعرائے دہلی نے بھی

اس کی طرف توجہ کی، چنانچہ میرؔ، دردؔ، سوداؔ، میر حسنؔ، مصحفیؔ، جرأتؔ، انشاءؔ، مومنؔ، غالبؔ وغیرہ تقریباً تمام شعراء نے رباعیاں کہیں۔ انیسؔ و دبیرؔ نے اس کی طرف خاص توجہ دی۔ یہ دونوں مرثیہ نگار مجلس میں مرثیہ پیش کرنے سے قبل سامعین کو متوجہ کرنے کے لئے پہلے چند رباعیاں پیش کرتے تھے، اس سے رباعی کی مقبولیت میں بہت اضافہ ہوا۔ ابھی تک رباعی میں عموماً حسن و عشق کا مضمون ہوتا تھا، اب اخلاق اور پند و نصیحت نے رباعی میں جگہ پائی، ان بزرگوں نے خصوصیت کے ساتھ اہل بیت کی مدح میں رباعیاں کہیں۔ سانحہ کربلا پر اظہار غم کیا یا پھر اخلاق و نصیحت کے مضامین پیش کیے۔

رباعی کے فروغ میں خاص طور پر میر انیس کی کوشش کو بڑا دخل ہے، ان کے مرثیوں کی طرح ان کی رباعیات بھی بہت بلند پایہ ہیں۔ انیسؔ کے بعد ان کی پیروی میں متعدد شعراء نے رباعیاں کہیں، پیارے صاحب رشید نے رباعی کی طرف خاص دھیان دیا۔

مغرب کے اثر سے شاعری میں مقصدیت پر زور دیا جانے لگا تو حالیؔ، اکبر نے رباعی کو اپنے پیغام کا ذریعہ بنایا اور اس سے درسِ اخلاق کا کام لیا۔

حالی کی اخلاقی رباعیاں بہت مقبول ہوئیں، اکبر طنز نگار تھے اور اسی سے سماج کی اصلاح کرنا چاہتے تھے، انھوں نے اصلاح کے نقطۂ نظر سے طنزیہ رباعیاں کہہ کر اس صنف کو مزید وسعت دی۔ اسی دور جگت موہن لال رواں انادی کی رباعیوں نے قدر شناسوں سے خراجِ تحسین وصول کیا، اقبال نے بھی رباعی کے ذریعہ اپنے مخصوص پیغام کو قارئین تک پہنچایا۔ دورِ حاضر کے شعراء اس حقیقت سے پوری طرح باخبر ہیں کہ رباعی ایک مفید اور دل کش صنف سخن ہے، اور اختصار اس کی سب سے بڑی خوبی ہے، چنانچہ ہمارے عہد کے شعراء نے اس صنف کو بھی وسیلۂ اظہار بنایا، ان میں یگانہ چنگیزی، جوشؔ ملیح آبادی، امجدؔ حیدر آبادی، آسیؔ سکندر پوری، شفیق جونپوری اور فراق گورکھپوری قابل ذکر ہیں۔

رباعی کی ایک مثال ملاحظہ ہو:

ہم صبح غموں میں شام کی ہے میں نے
خوں نابہ کشی مدام کی ہے میں نے
یہ مہلتِ کم کہ جس کو کہتے ہیں عمر
مر مر کے غرض تمام کی ہے میں نے

قطعہ:

قطعہ ایسے کچھ اشعار کا مجموعہ جن میں کوئی خیال تسلسل کے ساتھ پیش کیا جائے قطعہ کہلاتا ہے۔ ضروری نہیں کہ غزل اور قصیدے کی طرح قطعے کا پہلا شعر مطلع ہو۔ قطعہ میں دو یا دو سے زائد اشعار ہو سکتے ہیں لیکن اس کے اشعار کی تعداد مقرر نہیں۔ قطعہ اور غزل مسلسل کو ایک ہی سمجھنا غلط ہے، غزل مسلسل میں مطلع ہونا ضروری ہے۔ دوسرے یہ کہ غزل مسلسل کے اشعار میں تسلسل کے باوجود

ہر شعر کا مضمون کسی نہ کسی درجے میں مکمل ہو جاتا ہے جب کہ قطع میں مضمون ایک شعر سے دوسرے شعر پیوست ہوتا چلا جاتا ہے جیسے غالب کا قطعہ ع: اے تازہ واردانِ بساطِ ہوائے دل

ہماری شاعری میں قطعہ کافی مقبول رہا ہے اور بہت سے شعراء نے قطعہ کافی مقبول رہا ہے اور بہت سے شعرا نے کامیاب قطعات کہے ہیں۔ ان میں حالی، اقبال، اکبر، شبلی، ظفر علی خاں اور عہد حاضر میں اختر انصاری بہت اہم ہیں۔

اقبال کا مشہور قطعہ ہے:

دلوں کو مرکزِ مہر و وفا کر
حریم کبریا سے آشنا کر
جسے نانِ جویں بخشی ہے تو نے
اسے بازوئے حیدر بھی عطا کر

مثلث:

ایک ایسی نظم جس کا بند تین مسرعوں پر مشتمل ہو، مثلث کہلاتی ہے، اس کے پہلے بند کے تینوں مصرعے ہم قافیہ یا ہم قافیہ وہم ردیف ہوتے ہیں، اس کے بعد ہر بند کے پہلے دو مصرعے کسی اور قافیے میں ہوتے ہیں لیکن ہر بند کا تیسرا مصرع پہلے بند کے قافیہ یا قافیہ وردیف کا پابند ہوتا ہے، ایک مثلث کے دو بند یہاں مثال کے طور پر پیش کئے جاتے ہیں۔

شفق کی چھاؤں میں چرواہاں جب بنسی بجاتا ہے
تصور میں مرے ماضی کے نقشے کھینچ لاتا ہے
نظر میں ایک بھولا بسرا عالم لہلہاتا ہے

مرے افکارِ طفلی کو ہے نسبت اس کے نغموں سے
میں بچپن میں کہا کرتا تھا الفت اس کے نغموں سے
جھبی بنسی کی لئے میں عہد طفلی جھلملاتا ہے

مثمن:

مثمن اس نظم کو کہتے ہیں جس کے ہر بند میں آٹھ مصرعے ہوتے ہیں، پہلے بند کے تمام مصرعوں کا ہم قافیہ یا ہم قافیہ وہم ردیف ہونا ضروری ہے، پہلے بند کے بعد کے ہر بند کے پہلے سات مصرعوں اور بعض صورتوں میں چھ مصرعے قافیے میں ہوتے ہیں اور آخر کے ایک یا دو مصرعے پہلے بند کے قافیہ وردیف کے پابند ہوتے ہیں، مثال کے طور پر اس طرح:

اے چارہ گر آچک کہ دم چارہ گری ہے
میں جان سے جاتا ہوں تجھے بے خبری ہے
کیوں پہلے ہی درماں سے یقیں بے اثری ہے
اپنی سی تو کر دیکھ عبث نسخہ دری ہے
ہو جاؤں میں جاں بر تو تری نام وری ہے
یوں دعویٰ بے صرفہ تو بیہودہ سری ہے
گر ہم سے مریضوں کی دوا ہووے تو

جانیں

بیمارِ محبت کو شفا ہووے تو جانیں

مخمس:

مخمس پانچ پانچ مصرعوں کے بند والی نظم کو کہتے ہیں، پہلے بند کے پانچوں مصرعے ہم قافیہ ہوتے ہیں۔اس کے بعد بند کے پہلے چار مصرعے الگ سے ہم قافیہ ہوتے ہیں، پانچواں مصرعہ قافیے کے معاملے میں پہلے بند کی پیروی کرتا ہے، کبھی ایک ہی مصرع ہر بند کے آخری یعنی پانچویں مصرع کے طور پر دہرایا جاتا ہے۔مثال دیکھیئے یہ ایک مخمس کا آخری بند ہے:

حالت تو یہ ہے مجھ کو غموں سے نہیں فراغ
دل سوزش درونی سے جلتا ہے جوں چراغ
سینہ تمام چاک ہے سارا جگر ہے داغ
ہے نام مجلسوں میں مرا میر بے دماغ
ازبس کہ کم دماغی نے پایا ہے اشتہار

مربع:

مربع ایسی نظم جس کے ہر بند کے چار مصرعے ہوں مربع کہلاتی ہے۔عموماً پہلے بند کے چاروں مصرع ہم قافیہ ہوتے ہیں اس کے بعد ہر بند کے پہلے تین مصرعوں میں جداگانہ قافیہ ہوتا ہے، چوتھے مصرع میں پہلے بند کے قافیے کی پابندی کی جاتی ہے کبھی ایسا بھی ہوتا ہے کہ پہلے بند کا آخری مصرع بالکل اسی طرح ہر بند کے آخری میں دہرایا جاتا ہے لیکن قافیے کے معاملے میں مربع لکھنے والے شاعروں نے کسی اصول کی سختی کے ساتھ پابندی نہیں کی۔ مربع میں بھی چار مصرع ہوتے ہیں اور رباعی میں بھی لیکن دونوں میں نمایاں فرق ہے، مثلاً پہلا فرق یہ ہے کہ رباعی میں تیسرے اور مربع میں چوتھے مصرع کا قافیہ الگ ہوتا ہے، مربع کے پہلے بند کے چاروں مصرع بالعموم ہم قافیہ ہوتے ہیں۔ دوسرا فرق یہ ہے کہ رباعی کے برخلاف اس کے لئے کوئی بحر مخصوص نہیں ہے۔مثال:

مرثیہ ایسا ہے تو نے یہ کہا
جس سے حاصل ہو دو جگ کا مرتبا
ہے یقیں دل پر مرے روزِ جزا
تجھ کو بخشا دیں گے شاہِ تاجدار

مستزاد:

مستزاد کا مطلب ہے کہ زیادہ کرنا یا اضافہ کرنا، مستزاد وہ نظم ہوتی ہے جس کے ہر مصرع کے بعد ایک خاص وزن کا ٹکڑا مزید ہو، اس کی دو قسمیں ہیں۔[۱] مستزاد عارض اور[۲] مستزاد لازم۔

مستزاد عارض وہ ہے کہ جو ٹکڑا زیادہ کیا جائے اس کا مضمون شعر کا جزو نہ ہو۔

مستزاد لازم وہ ہے کہ ج وٹکڑا زیادہ کیا جائے اس کا مضمون شعر کے مضمون سے پیوست ہو، مستزاد کی مثال

ملاحظہ ہو:

میں ہوں عاشق مجھے غم کھانے سے انکار نہیں
کہ ہے غم میری غذا
تو ہے معشوق تجھے غم سے سروکار نہیں
کھائے غم تیری بلا

مسدس:

مسدس اس نظم کو کہتے ہیں جس میں چھ، چھ مصرعوں کے بند ہو، ان چھ مصرعوں میں سے چار ہم قافیہ یا ہم قافیہ وہم ردیف ہو۔ باقی دو مصرعے یعنی پانچواں اور چھٹا مصرع اپنا الگ قافیہ یا قافیہ ردیف رکھتے ہوں۔

مسدس کو ہماری شاعری میں بہت مقبولیت رہی ہے، اور بہت سے شاعروں نے اس میں طبع آزمائی کی ہے۔ سودؔا نے اسے پہلی بار مرثیہ کے طور پر استعمال کیا اور میر ضمیرؔ کی کوشش سے ایسا رواج ہوا کہ مرثیے مسدس کی شکل میں ہی لکھے جانے لگے، مولانا حالیؔ کی مسدس مدوجزر اسلام بھی بے حد مقبول ہوئی، اقبال کی مشہور نظمیں شکوہ اور جواب شکوہ مسدس کی ہی شکل میں کہی گئی ہیں، ایک مثال پیش کی جاتی ہے:

صفحۂ دہر سے باطل کو مٹایا کس نے؟
نوعِ انساں کو غلامی سے چھڑایا کس نے؟
میرے کعبے کو جبینوں سے بسایا کس نے؟
میرے قرآن کو سینوں سے لگایا کس نے؟
تھے تو آباء وہ تمہارے ہی مگر تم کیا ہو؟
ہاتھ پر ہاتھ دھرے منتظر فردا ہو؟

مسمط:

نظم کی وہ شکل ہے جس میں متعدد بند موجود ہوں، ان کی شکل مربع، مخمس، مسدس، مثمن، کوئی بھی ہوسکتی ہے لیکن شرط یہ ہے کہ اس میں ہر بند کے مصرعے سوائے مصرع آخر کے ہم قافیہ یا ہم قافیہ وہم ردیف ہو اور ہر بند کا آخری ایک یا آخری دو مصرع قافیے میں پہلے بند کے مصرع آخر کے تابع ہوں۔

کلام نظیر سے مسمط کی ایک مثال پیش کی جاتی ہے:

ہوناچ رنگیلی پریوں کا بیٹھے ہوگل رو رنگ بھرے
کچھ بھیگی تانیں ہولی کی کچھ نازوادا کے ڈھنگ بھرے
دل پھولے دیکھ بہاروں کو اور کانوں میں آہنگ بھرے
کچھ طبلے کھڑکیں رنگ بھرے کچھ عیش کے دم منھ چنگ بھرے
کچھ گھنگرو تال جھنکتے ہوں تب دیکھ بہاریں ہولی کی

تضمین:

تضمین سے مراد ہے اپنے یا کسی دوسرے شاعر کے مصرع یا شعر پر مصرع یا مصرع لگانا، تضمین کی کئی صورتیں ہیں۔ ایک مصرع پر ایک مصرع لگانا ایک شعر پر ایک مصرع لگا کر مثلث کرنا، مطلع پر مطلع لگانا شعر پر تین مصرعے لگا کر مخمس کرنا، شعر پر چار مصرعے لگا کر مسدس کرنا، یا کئی شعر

لگا کر قطعہ بند کرنا۔ حالی کا شعر ہے:

ان کو حالی بھی بلاتے ہیں گھر اپنے مہماں
دیکھنا آپ کی اور آپ کے گھر کی صورت

داؤد عباسی نے اس پر تین مصرع لگا کر مخمس کی شکل دی ہے:

گر کرے قصد کسی کام کا دل میں انساں
پہلے یہ دیکھے وہ اس کام کا ہے بھی شایاں
سن کے لوگوں سے کہ وہ آئے تھے داؤد کے ہاں
ان کو حالی بھی بلاتے ہیں گھر اپنے مہماں
دیکھنا آپ کی اور آپ کے گھر کی صورت

ریختی:

ریختی وہ صنف سخن ہے جس میں عورتوں کے جذبات کا اظہار خود عورتوں کی زبان میں ہوتا ہے، انشاء اور رنگین اس کے موجد ہیں آگے چل کر جان صاحب نے بھی اس کے ذخیرے میں اضافہ کیا ہے، ریختی کو پسندیدگی کی نظر سے نہیں دیکھا جاتا، لیکن اس سے اردو شاعری میں یہ اضافہ ہوا کہ صنفِ نازک کے جذبات کی ترجمانی انھیں کی زبان میں کی جا سکی، ایک مثال دیکھئے!

مجھے کہتی ہیں باجی تو نے تاکا اپنے دیور کو
نہیں دینے کی میں بھی گر نہیں تاکا تو اب تاکا

واسوخت:

واسوخت وہ صنفِ سخن ہے جس میں جلی کٹی سنائی جاتی ہے، یہ دراصل معاملہ بندی ہی کی ایک شاخ ہے اس کی شروعات ایران سے ہوئی، اور یہ فارسی سے ہماری زبان میں آئی۔ کلام سوداؔ سے واسوخت کی مثال پیش کی جاتی ہے:

شیشۂ دل کو مرے سنگِ ستم سے پھوڑا
دل نے مرے بھی منھ اب تیری طرف سے موڑا
تم نے جو ساتھ کیا میرے نہیں ہو تھوڑا
مجھ کو بھاتا نہیں ہردم کا ترا نکتوڑا
خوب رویوں کا جہاں بیچ نہیں کچھ تھوڑا
می دہم جائے دگر دل بدل آرائے دگر
چشم خود فرش کنم زیر کفِ پائے دگر

خمریات:

خمریات شراب نوشی، رندی و سرمستی سے متعلق اشعار خمریات میں شمار کئے جاتے ہیں، فارسی میں حافظ و خیام نے اس مضمون کے شعر بکثرت کہے، اردو میں مے نوشی سے متعلق اشعار تقریباً تمام شعراء کے یہاں ملتے ہیں لیکن نواب مرزا داغؔ اور ریاض خیر آبادی نے اس میں بطور خاص نام پیدا کیا "ساقی نامہ" کا شمار خمریات ہی کے ذیل میں ہوتا ہے، مثال:

اٹھا جو مینا بدست ساقی رہی نہ کچھ تاب ضبط باقی
تمام مے کش پکار اٹھے ادھر سے پہلے ادھر سے پہلے

شہر آشوب:

شہر آشوب اس نظم کو کہتے ہیں جس میں کسی دور کے مصائب یا کسی شہر پر نازل ہونے والے آفات کا ذکر ہو، اس میں عموماً زمانے کی نیرنگی، حالات کی ابتری، اہل کمال کی ناقدری اور امراء کی بے زری کا ذکر ہوتا ہے، اردو شاعری میں اس صنف کا خاصا رواج رہا ہے، جعفر زٹلی، شاکر ناجیؔ، میرؔ اور سوداؔ نے بہت عمدہ شہر آشوب کہے ہیں جن سے ان کے عہد کے حالات آنکھوں کے آگے آجاتے ہیں۔ سودا سپاہیوں کی بزدلی کا ذکر کرتے ہوئے لکھتے ہیں:

پڑے جو کام انھیں تب نکل کے کھائی سے
رکھیں وہ فوج جو موتی پھرے لڑائی سے
پیادے ہیں سوڈریں سر منڈاتے نائی سے
سوار گر پڑیں سوتے میں چار پائی سے
کرے جو خواب میں گھوڑا کسی کے نیچے الول

حمد:

حمد وہ اشعار یا وہ نظم ہے جس میں خدا تعالیٰ کی حمد و ثنا کی جائے اور اس کی نعمتوں کا شکر ادا کیا جائے۔ مثنویوں کا آغاز حمد سے ہی ہوا کرتا تھا لیکن ہماری زبان میں مستقل حمدیہ نظمیں موجود ہیں۔ حمد کا ایک شعر مثال کے طور پر پیش کیا جاتا ہے۔

کروں پہلے توحید یزداں رقم
جھکا جس کے سجدے کو اول قلم

مناجات:

مناجات وہ نظم ہے جس میں رب العالمین کی بارگاہ میں دعا کی جاتی ہے۔ حالیؔ کی نظم ''مناجات بیوہ'' کے یہ اشعار ملاحظہ فرمائیں:

اے عزت اور عظمت والے
رحمت اور عدالت والے
دکھڑا تجھ سے کہنا دل کا
اک بشریت کا ہے یہ تقاضا
دل پہ ہے جب کوئی برچھی چلتی
آہ کلیجہ سے ہے نکلتی

نعت:

نعت وہ نظم ہے جو رسول مقبول صلی اللہ علیہ وسلم کی شان میں کہی جائے۔ مثنویات کا آغاز عموماً حمد سے ہوا کرتا تھا۔ اور حمد کے بعد مناجات کہی جاتی تھی، لیکن آگے چل کر اس نے مستقل صنف سخن کی حیثیت اختیار کر لی اور ہماری شاعری میں اس نے خوب رواج پایا۔ میر حسنؔ مثنوی سحر البیان میں فرماتے ہیں:

نبیؐ کون؟ یعنی رسول کریمؐ
نبوت کے دریا کا درّ یتیم
کیا حق نے نبیوں کا سردار اسے

بنایا نبوت کا حقدار اسے
بنایا سمجھ بوجھ کر خوب اسے
خدا نے کیا اپنا محبوب اسے
کروں اس کے رتبے میں کیا میں بیاں
کھڑے ہوں جہاں باندھ صفِ مرسلاں
محمدؐ کے مانند جگ میں نہیں
ہوا ہے نہ ایسا نہ ہوگا کہیں

منقبت:

حضرت علی کرم اللہ وجہہ اور دیگر ائمہ کی مدح میں کہی جانے والی نظم منقبت کہلاتی ہے، لیکن خلفائے راشدین اور دیگر بزرگانِ دین کی مدح میں بھی منقبتیں کہی گئی ہیں۔ ناسخ کے کلام سے ایک مثال پیش کی جاتی ہے۔

علی دین و دینا کا سردار ہے
کہ مختار کے گھر کا مختار ہے
دیارِ امامت کے گلشن کا گل
بہارِ ولایت کا باغِ سبل

☆☆☆

نثری اصناف

ناول:

قصہ سننا اور سنانا انسان کی فطرت میں داخل ہے، جب اسے فرصت تھی تو ایسے قصے پسند کرتا تھا جو جلدی ختم نہ ہوں اور جن میں خیالی دنیا کی باتیں ہوں، جن میں جنوں، پریوں، دیووں یا پھر بادشاہوں اور شہزادوں اور شہزادیوں کا ذکر ہوتا کہ اس کے تخیل کو خوب سیر کرنے کا موقع ملے، ایسے قصے داستان کہلاتے ہیں اور شاید دنیا کے ہر خطے میں پائے جاتے ہیں، داستان کی ایک پہچان تو یہ ہے کہ وہ بہت طویل ہوتی ہے، آسانی سے ختم ہونے کا نام نہیں لیتی، بات میں بات نکلتی چلی آتی ہے۔ دوسرے اس میں ہماری اصلی دنیا کی نہیں بلکہ خیالی دنیا کی ناقابل یقین باتیں ہوتی ہیں، مثلاً ایسے دیو جو شہزادے کو مع پلنگ اٹھالے جائیں، ایسا سرمہ جو آنکھ میں لگا تو زمین میں گڑے خزانے نظر آنے لگیں، ایسی جادوئی ٹوپی کہ اوڑھ لے کسی کو دکھائی نہ دے، یہ باتیں وہ ہیں جو خلاف فطرت ہے اور عقل میں نہیں آتی، اسی لئے انھیں فوق فطری عناصر کہا جاتا ہے۔

اسی داستان کی کوکھ سے ناول نے جنم لیا۔ ہوا یوں کہ جب زمانے کا ورق پلٹا اور انسان سمجھ دار ہوگیا تو اسے

خیال آیا کہ ان ہوائی اور فرضی باتوں سے کیا فائدہ؟ اپنی اصلی اور حقیقی دنیا کی باتیں کریں، ایسے قصے سنیں اور سنائیں جو ہماری زندگی سے جڑے ہوئے ہوں تاکہ اصلی دنیا کو سمجھنے میں مدد ملے اور فرصت کم ہے اس لئے غیر ضروری طوالت کو بھی اب طاق میں رکھو۔ فوق فطری عناصر قصے سے خارج ہوتے اور قصے کی لمبائی کم ہوگئی تو ناول وجود میں آیا۔

ناول کیا ہے؟

ناول ایک ایسا نثری قصہ ہے جس میں ہماری حقیقی زندگی کا عکس نظر آتا ہے، یہ ایسا آئینہ ہے جس میں ہماری امنگیں اور آرزوئیں جھلکتی ہیں، جس میں یہ بتایا جاتا ہے کہ ہمارے سامنے کیا مشکلیں آتی ہیں اور ہم ان پر کس طرح قابو پاتے ہیں گویا ناول زندگی کی تصویر کشی کا فن ہے۔

ناول اطالوی زبان کے لفظ ناویلا سے نکلا ہے جس کے معنی ہیں نیا۔ یہ نام اس لئے رکھا گیا تھا کہ ناول ایک نئی چیز تھی، اردو میں ناول انگریزی کے ادب کے راستے آیا۔ ہمارے اہل قلم نے انگریزی ناول دیکھے اور پسند کئے تو داستان کو تج دیا اور ان کی جگہ ناول کو اپنا لیا۔

ناول کے اجزائے ترکیبی:

اگلا سوال یہ ہے کہ ناول کے اجزائے ترکیبی کیا ہیں؟ یعنی وہ چیزیں کیا ہیں جن کا ناول میں پایا جانا ضروری ہے، فنی اعتبار سے ناول کے لئے چھ چیزیں درکار ہوتی ہیں:

(۱) قصہ (۲) پلاٹ (۳) کردار نگاری (۴) مکالمہ نگاری (۵) منظر کشی (۶) نقطۂ نظر۔

قصہ: ناول کی بنیاد کسی نہ کسی واقعے، کسی نہ کسی قصے پر ہوتی ہے، جدید دور میں قصے سے بغاوت کی گئی اور کہا گیا کہ ناول کے لئے قصے کا ہونا ضروری نہیں۔ یہ خیال درست نہیں۔ ناول میں قصہ نہ ہو تو اس میں دلچسپی ہی نہ رہے۔ ناول وجود میں ہی اسی طرح آتا ہے کہ کوئی قصہ، کوئی واقعہ وجود میں آیا اور اسے لکھ دیا گیا جو ناول پڑھتا ہے اس کی ساری توجہ اسی پر رہتی ہے، کیا ہوا اور آگے کیا ہونے والا ہے؟

پلاٹ: ناول میں ایک کے بعد ایک واقعات پیش آتے رہتے ہیں جنھیں ناول نگار سلیقے سے ایک لڑی میں پرو دیتا ہے، واقعات کی اسی لڑی کا نام پلاٹ ہے۔ واقعات کی ترتیب بہت بے عیب ہونی چاہئے، یعنی ایک کے بعد جب دوسرا واقعہ پیش آئے تو عقل تسلیم کرے کہ ہاں ایسا ہی ہونا چاہئے۔ اسی کا نام منطقی ترتیب ہے اور ایسے ہی پلاٹ کو مربوط پلاٹ کہتے ہیں، ایسا نہ ہو تو پلاٹ غیر مربوط یا ڈھیلا ڈھالا کہلائے گا۔ امراؤ جان ادا ناول کا پلاٹ گٹھا ہوا اور مربوط ہے۔ پلاٹ یا تو سادہ ہوتا ہے یعنی اس میں ایک قصہ ہوتا ہے یا مرکب ہوتا ہے، یعنی اس میں دو قصے یا دو سے زیادہ قصے ایک ساتھ چلتے ہیں، مرکب پلاٹ کو نبھا لینا کسی اچھے فن کار کے ہی بس کا ہے، امراؤ جان میں دو قصے ساتھ چلتے ہیں، ایک امیرن کا، دوسرا رام دئی کا۔

کردار نگاری: ناول میں مسلسل عمل ہوتا ہے، یعنی واقعات

پیش آتے ہیں۔ یہ واقعات افراد کے ذریعے ہی پیش آتے ہیں، ان افراد کو کردار کہتے ہیں۔ کرداروں کی پیش کش ہی کردار نگاری کہلاتی ہے جو ناول کا تیسرا اہم جزو ہے۔ ناول پڑھتے ہوئے یہ محسوس ہونا چاہئے کہ کردار اصلی زندگی سے لئے گئے ہیں۔ ان میں حقیقت کا رنگ جتنا زیادہ ہوگا ناول اتنا ہی کامیاب ہوگا، کردار دو طرح کے ہوتے ہیں، ایک پیچیدہ (راؤنڈ) کہلاتے ہیں، دوسرے سپاٹ (فلیٹ) جو کردار جیتے جاگتے ہوتے ہیں اور زندگی کے مختلف پہلوؤں کو پیش کرتے ہیں، وہ راؤنڈ کہلاتے ہیں اور جو زندگی کا صرف ایک رخ پیش کرتے ہیں مثلاً اچھے ہیں تو اچھے، برے ہیں تو برے وہ سپاٹ کہلاتے ہیں کیوں کہ اصل زندگی میں انسان حالات کے مطابق تبدیل ہوتے رہتے ہیں۔

مولوی نذیر احمد کے کردار مبتلا اور کلیم، مرزا ہادی رسوا کے کردار امراؤ جان ادا اور گوہر مرزا، پریم چند کے امر کانت اور ہوری جیتے جاگتے کردار ہیں۔

مکالمہ نگاری: کردار کو جاننے اور سمجھنے کا سب سے اچھا ذریعہ وہ بات چیت ہے جو کردار آپس میں کرتے ہیں، یہ گفتگو مکالمہ کہلاتی ہے اور ناول کا چوتھا اہم جزو ہے جس کردار کو جس موقع پر جو بات کہنی چاہئے فن کار کے لئے ضروری ہے کہ اس کے منھ سے وہی بات ادا کرائے۔ مطلب یہ ہے کہ مکالمے فطری، مناسب، موزوں، واضح اور مختصر ہوں، ناول کے مکالمے ہی تو ہیں جو کرداروں کے ذہن سے پردہ ہٹاتے ہیں، مصنوعی بے مزہ مکالمے ناول کے فنی حسن کو برباد کردیتے ہیں۔ نذیر احمد، سرشار، رسوا، اور پریم چند مکالمہ نگاری میں مہارت رکھتے ہیں۔

منظر کشی: کامیاب منظر کشی ناول کو پرتاثیر بنا دیتی ہے۔ مطلب یہ ہے کہ کسی مقام کا ذکر کیا جارہا ہے یا کوئی واقعہ بیان کیا جارہا ہے تو فنکار اس کی تصویر کشی کردے اور پڑھنے والے کو معلوم ہو کہ وہ خود اس جگہ موجود ہے اور سب کچھ اپنی آنکھوں سے دیکھ رہا ہے، گویا منظر نگاری پس منظر کا ہی ایک حصہ ہے، منظر کشی کے نقطۂ نظر سے امراؤ جان ادا ایک کامیاب ناول ہے۔

نقطۂ نظر: ہر فنکار کا اپنا نقطۂ نظر ہوتا ہے اور اس کی تخلیق میں کارفرما رہتا ہے لیکن کسی ناول میں نقطۂ نظر بہت واضح اور نمایاں ہوجائے تو ناول کے حسن میں کمی آجاتی ہے۔

☆☆☆

مختصر افسانہ

داستان، ناول اور افسانہ دراصل ایک نثری صنف کے مختلف روپ ہیں، ان تینوں کو ملا کر "افسانوی ادب" یا "فکشن" کا نام بھی دیا جاسکتا ہے، ان تینوں کی بنیادی خصوصیت ایک ہے اور وہ ہے قصہ پن۔ یعنی ہر قدم پر یہ جاننے کی کوشش کہ آگے کیا ہوگا اور اس کے بعد کیا ہونے والا ہے، یہ کہانی پن یا قصہ پن ہی فکشن کی جان ہے۔

جب انسان کو بہت فرصت تھی تو وہ ایسے قصے سناتا

تھا جو بہت طویل ہوتے تھے، اس زمانے میں وہ ایسی باتوں اور ایسی چیزوں پر یقین کر لیتا تھا جو عقل کو دنگ کر دیتا تھا، ان کو فوق فطری عناصر کہا جاتا ہے۔ داستانوں میں اس کی بہتات ہوتی تھی، مگر زمانے کا ورق پلٹا انسان کی مصروفیت بڑھی اور غیر فطری باتوں پر سے اس کا یقین اٹھ گیا۔ زندگی کے حقیقی واقعات کو اس نے اپنے قصوں کا موضوع بنایا اور غیر ضروری طوالت سے دامن بچایا تو ناول وجود میں آیا، مصروفیت اور بڑھی تو افسانہ وجود میں آیا، افسانہ چھوٹا سا ہوتا ہے، اس لئے اس میں پوری زندگی کو نہیں پیش کیا جا سکتا ہے۔ اس میں زندگی کے کسی ایک رخ سے اور کردار کے کسی ایک پہلو سے سروکار رہتا ہے۔ افسانے کے اجزائے ترکیبی بھی وہی ہیں جو ناول کے ہیں، مگر افسانے کا پیمانہ چھوٹا ہوتا ہے، اس لئے ان کے اجزائے ترکیبی کے برتنے کا انداز بھی بدل جاتا ہے۔

اجزائے ترکیبی:

افسانے کی دنیا میں بہت انقلاب آتا رہا ہے، پلاٹ، کردار، نقطۂ نظر اور وحدتِ تاثر کے بغیر کچھ دن پہلے تک افسانے کا تصور ممکن ہی نہ تھا، مگر ایسا زمانہ آیا کہ بغیر پلاٹ کی کہانیاں لکھی جانے لگیں، بغیر کسی مرکزی کردار کے کہانیاں لکھی گئیں، نقطۂ نظر کو تو افسانہ ہی کیا سارے ادب کے لئے مضر اور مہلک ٹھہرایا گیا، وحدتِ تاثر کے بارے میں کہا گیا کہ اس کا وجود تو سرے سے ہی نہیں ہے۔ جدید افسانے نے پڑھنے کے ذہن میں مختلف بلکہ متضاد تاثرات پیدا ہوتے ہیں، آخر علامتی اور تجریدی افسانے نے جنم لیا، جس کے لئے روایتی اجزائے ترکیبی فضول اور بے معنی ہو کر رہ گئے، لیکن ہم ادب کے طالب علموں کو بہر حال ان سے بخوبی واقف ہونا چاہئے۔

پلاٹ:

مختصر افسانے میں جو کچھ پیش کیا جاتا ہے اس میں ترتیب کا خاص خیال رکھنا چاہئے، اسی سے افسانہ آگے بڑھتا ہے اور اسی کا نام پلاٹ ہے، واقعات میں پہلے سے ترتیب قائم کر لی جائے تو افسانہ نگار ادھر ادھر بھٹکنے سے بچا رہتا ہے، مرکزی خیال پر اس کی نظر جمی رہتی ہے، غیر ضروری تفصیلات افسانے کے ارتقاء میں رکاوٹ نہیں بنتیں اور افسانہ منطقی ترتیب سے آگے بڑھتے بڑھتے نقطۂ عروج تک پہنچ جاتا ہے۔ پلاٹ سادہ اور غیر پیچیدہ ہو تو قاری کا ذہن الجھنے سے بچا رہتا ہے، اور آسانی سے فن کار کا ہم سفر بنا رہتا ہے۔

کچھ عرصہ پہلے جدید افسانہ نگاروں کا ایک گروہ پلاٹ سے بیزار ہو گیا تھا، اس کا کہنا تھا کہ جب زندگی میں کوئی نظم و ترتیب نہیں تو افسانے میں لازمی طور پر پلاٹ کا ہونا ایک غیر فطری بات ہے۔ اس لئے بغیر پلاٹ کے جو کہانیاں لکھی گئیں وہ قاری کی گرفت سے باہر ہی رہیں۔ اور اب یہ خیال عام ہے کہ افسانے میں کہانی پن کا ہونا ضروری

ہے، کہانی پن واقعات سے پیدا ہوتا ہے اور واقعات میں ظاہر طور پر نہ سہی تو پوشیدہ طور پر ربط ضرور ہوتا ہے، یہی ربط پلاٹ ہے۔ اور افسانے میں اس کی اہمیت مسلم ہے۔

کردار: افسانے میں کردار پلاٹ سے کم اہم نہیں ہے، افسانے میں جو واقعات پیش آتے ہیں وہ کسی نہ کسی کردار کے سہارے پیش آتے ہیں۔ اس لئے افسانے میں کردار نگاری کو اہم مقام حاصل ہے۔ ناول نگار کو یہ سہولت ہوتی ہے کہ کردار پر مختلف زاویوں سے روشنی ڈالی جاسکے۔ اور اسے ہر روپ میں دیکھا جاسکے۔ لیکن افسانے کا پیمانہ محدود ہوتا ہے، اس لئے افسانہ نگار کردار کا ہر رخ پیش نہیں کرسکتا۔ کردار دو طرح کے ہوتے ہیں۔ جامد یعنی ٹھہرے ہوئے کردار جو شروع سے آخر تک یکساں رہتے ہیں اور یہ بات فطرتِ انسانی کے خلاف ہے۔ اچھا اور سچا کردار وہی ہے جو حالات کے ساتھ تبدیل ہوتا رہے۔ اس کا ارتقاء جاری رہے، اسی طرح یہ بھی نہ رہے کہ کردار صرف خوبیوں اور خرابیوں کا مجموعہ ہو۔ اسی کردار کو کامیاب کہا جاسکتا ہے جو دنیا کے حقیقی اور اصلی انسانوں جیسا ہو۔

یہ بھی کہا گیا ہے کہ افسانے کے لئے کردار کا ہونا ضروری نہیں۔ بے شک ہیرو کے بغیر اچھا افسانہ لکھا جاسکتا ہے کیوں کہ حقیقی زندگی میں کتنے ہیرو نظر آتے ہیں۔ غلام عباس کی کہانی ''آنندی'' کو لیجئے، اس میں کوئی مرکزی کردار نظر نہیں آتا ہے، لیکن کہانی کسی کے سہارے تو آگے بڑھے گی، خواہ وہ انسان نہ ہو کر چرند پرند ہی کیوں نہ ہو۔

غرض کردار نگاری افسانے کی جان ہے، افسانہ نگار جتنا کامیاب کردار نگار ہوگا نفسیاتِ انسانی کا جتنا ماہر ہوگا اتنا ہی اچھا افسانہ پیش کرے گا۔

نقطۂ نظر:

ہر فن کار کوئی خاص نقطۂ نظر رکھتا ہے اور اس نقطۂ نظر کی پیش کش کے لئے ہی فن کار اپنی تخلیق کو جنم دیتا ہے، مثلاً پچھڑے ہوئے طبقے کی خراب وخستہ مالی حالت نے پریم چند کو رنج پہنچایا، ان کی خستہ حالی کو ملک سے روشناس کرانے کے لئے انھوں نے ایک لازوال افسانہ ''کفن'' پیش کردیا۔ مولوی نذیر احمد نے محسوس کیا کہ ہندوستانیوں کو انگریزوں کی نقل کرنی چاہیے، اپنا یہ نقطۂ نظر پیش کرنے کیلئے انھوں نے ایک ناول ابن الوقت پیش کیا۔

ہر انسان ہر معاملے میں اپنا نقطۂ نظر رکھتا ہے۔ مصنف حساس ہونے کے ساتھ ساتھ بالعموم مطالعے اور مشاہدے کی دولت سے بھی مالا مال ہوتا ہے، اس لئے ممکن نہیں کہ کسی معاملے میں اس کا اپنا کوئی نقطۂ نظر نہ ہو۔ لیکن فن کار کا کمال اس میں ہے کہ وہ اپنے نقطۂ نظر کو زیادہ نمایاں نہ ہونے دے۔

چنانچہ افسانہ ''کفن'' میں پریم چند اپنے نقطۂ نظر کو بہت واضح نہیں ہونے دیتے اور یہ فیصلہ کرنا مشکل ہوجاتا ہے کہ ان کی ہمدردی اس غریب طبقے کے ساتھ ہے جو بے حد غریب ہونے کے ساتھ کاہل اور کام چور بھی ہے اور اتنا

بے حس بھی ہے کہ ایک مظلوم عورت کے کفن کا چندہ شراب اور پوری کچوری میں اڑا دیتا ہے یا اس امیر طبقے کے ساتھ جو ضرورت کے وقت غریبوں کی مدد کے لئے آمادہ رہتا ہے، اس کے برعکس مولوی نذیر احمد اپنے نقطۂ نظر کو چھپا نہیں پاتے، یہی ان کی کمزوری ہے۔

ماحول اور فضا:

مختصر افسانے میں میں ماحول اور فضا کی بھی بہت اہمیت ہے، دراصل کہانی میں ماحول کی تصویر اس طرح کھینچی جاتی ہے کہ اس سے وہ فضا ابھر آئے جو فنکار پیش کرنا چاہتا ہے، ضرورت کے مطابق وہ غم خوشی خوف وحیرت اداسی کا ماحول پیدا کرتا ہے، سناٹا نیز رات کی تاریکی سے خوف کی فضا پیدا ہوتی ہے۔ چمن سبزہ زار اور چاندنی رات، پرمسرت ماحول کو جنم دیتے ہیں، ضروری نہیں کہ پوری کہانی میں یکساں ماحول رہے۔ ضرورت کے مطابق اس میں تبدیلی ہوتی رہتی ہے۔ کہانی کی تعمیر میں فضا آفرینی کا بڑا ہاتھ ہوتا ہے۔

اسلوب:

کہانی کا اسلوب یا طرزِ نگارش کہانی کی مقبولیت یا عدم مقبولیت کا بڑی حد تک ذمہ دار ہے، افسانے کا کینوس بہت چھوٹا ہوتا ہے، اس لئے ضروری ہوا کہ کم سے کم لفظوں میں زیادہ سے زیادہ بات کہہ دی جائے، یہ اس وقت ممکن ہے جب کہانی کا ایک ایک لفظ اسے آگے بڑھانے میں مدد گار ہو۔ گویا کہا جا سکتا ہے کہ کہانی کا فن غزل کے فن سے بہت ملتا جلتا ہے۔ کہا گیا ہے کہ افسانے کی زبان بہت شگفتہ و دل نشیں ہونی چاہئے تا کہ قاری شروع سے آخر تک پوری طرح گرفت میں رہے لیکن اس رائے سے ہمیں پوری طرح اتفاق نہیں۔ قاری کو جو چیز گرفت میں رکھتی ہے وہ دلکش اندازِ بیان نہیں بلکہ یہ تجسس ہے کہ اب کیا ہونے والا ہے۔ اب کیا واقعہ پیش آنے والا ہے۔ رنگین اور دل آویز بیان اس راستے میں رکاوٹ بنتا ہے، اس لئے افسانے کی زبان میں سادگی کے ساتھ ساتھ دلکشی ہو تو وہ افسانے کے لئے نہایت موزوں رہتی ہے۔

بیانیہ کے علاوہ افسانے میں مکالمے بھی ہوتے ہیں، اس سے کرداروں کے ذہن کو سمجھنے میں مدد ملتی ہے، مکالموں کا مختصر، دلچسپ اور برمحل ہونا ضروری ہے، اس سے بھی زیادہ ضروری بات یہ ہے کہ مکالمہ جس کردار کی زبان سے ادا ہو بالکل اسی کے حسب حال ہو۔

آغاز و اختتام

کہانی کا آغاز ایسا ہونا چاہئے کہ پڑھنے والا فوراً متوجہ ہو جائے اور اس کے دل میں یہ خواہش پیدا ہو جائے کہ آگے کیا ہونے والا ہے، یہ خواہش آخر تک باقی رہے اور جب افسانہ ختم ہو تو پڑھنے والے کا دل پر ایک گہرا نقش چھوڑ جائے۔ بعض روسی افسانہ نگاروں نے تو ایسی کہانیاں لکھیں جو کاغذ پر ختم ہونے کے ساتھ قاری کے ذہن میں

شروع ہوجاتی ہے، مطلب یہ ہے کہ قاری کے دماغ میں ایک ایسا سوالیہ نشان ابھرتا ہے جس کا جواب وہ آئندہ زندگی میں ڈھونڈتا رہتا ہے۔ یہی فن کا کمال ہے۔

وحدت تاثر

کہانی میں وحدتِ تاثر کا پایا جانا ضروری ہے، مراد یہ ہے کہ کہانی پڑھنے والے کے دل پر جو کیفیت گذرے اس میں بکھراؤ نہ ہو، مثلاً ایسا نہ ہو کہ کہانی کے ایک حصہ سے دل پر حیرت کی کیفیت گزرے، دوسرے سے خوف پیدا ہو، تیسرے سے خوشی بلکہ پوری کہانی سے دل پر کوئی ایک کیفیت پیدا ہو۔ اس کے خلاف بھی بہت کچھ کہا جاتا ہے، مثلاً کہا جاتا ہے کہ آج کی زندگی میں بکھراؤ ہے ہمارے دل پر ہر لحظہ کوئی نئی کیفیت گزرتی ہے اور ہم ہر پل کسی نہ کسی جذبے سے دوچار ہوتے رہتے ہیں۔

اب سے کچھ عرصہ پہلے افسانہ نگاروں کی ایک نئی نسل پیدا ہوئی جس نے افسانے کے روایتی اجزائے ترکیبی سے انکار کردیا، یہ بات صرف اردو افسانے تک محدود نہ تھی۔ بلکہ افسانے کی دنیا میں انقلاب کی یہ لہر عالم گیر تھی، اس نے پلاٹ، کردار، وحدت تاثر، آغاز، اختتام، نقطۂ عروج سب کو مدّ فضول ٹھہرایا، اس طرح کہانی کی جگہ اَ کہانی وجود میں آئی۔ اس نے افسانے کو چیستاں بنادیا، سب افسانے ایک سے لگنے لگے اور افسانے میں کشش باقی نہ رہی۔

ڈراما

ڈراما شاید شاعری کی سب سے قدیم صنف ہے، ہندوستان اور یونان دنیا کے وہ دو ملک ہیں جہاں ڈرامے نے پہلے پہل آنکھیں کھولیں، چنانچہ ڈرامے کے اصول بھی سب سے پہلے یہیں زیرغور آئے۔ بھرت منی نے ہندوستان میں اور ارسطو نے یونان میں ڈرامے کے مسائل پر غور کیا اور اس کے اصول وضع کئے۔ بھرت منی لباس، آواز، جسمانی اعضاء کی حرکت، رقص اور موسیقی کو ڈرامے کے لازمی اجزا بتاتے ہیں اور کہتے ہیں کہ ڈرامے سے ناظرین کے دلوں میں ایک خاص کیفیت پیدا ہوتی ہے اور اس کیفیت کو وہ اس کا نام دیتے ہیں اور اس کی آٹھ قسمیں گناتے ہیں جو یہ ہیں: (۱) محبت (۲) نفرت (۳) بہادری (۴) غصہ (۵) ظرافت (۶) خوف (۷) حیرت (۸) غم۔ ارسطو ڈرامے کے لئے قصہ، کردار، مرکزی خیال، مکالمہ، موسیقی، اور اسٹیج کی آرائش کو ضروری قرار دیتے ہیں۔

ڈراما اب کی ایک صنف ہے لیکن ایک معاملے میں ادب سے بالکل الگ بھی ہے، ادب لفظوں کے بغیر وجود میں نہیں آسکتا ہے لیکن ڈراما ایسا ہوسکتا ہے جس میں ایک لفظ بھی استعمال نہ کیا گیا ہو بلکہ اشاروں سے کام چلایا گیا ہو، ڈراما الفاظ سے نہیں بلکہ عمل سے بنتا ہے، اس لئے ارسطو

نے ڈرامے کو عمل کی نقل کہا ہے، وضاحت ضروری ہو تو ہم عرض کر سکتے ہیں، کہ ڈراما زندگی کی ایسی نقل ہے جو اداکاروں کے ذریعہ دیکھنے والوں کے سامنے اس طرح پیش کی جاتی ہے کہ بالکل سچی اور اصلی معلوم ہو!

اردو کے اولین ڈرامے:

اردو کے اولین ڈرامے لکھنؤ میں لکھے اور اسٹیج پر پیش کئے گئے، لکھنؤ کی رنگ رلیاں اہل لکھنؤ کی عیش پسندی اور واجد علی شاہ کی جدّت پسند طبیعت ان ڈراموں کے وجود میں آنے کا سبب بنیں۔ بیشک یہ ڈرامے فن کی کسوٹی پر کھرے نہیں اترتے، اس لئے بعض اہل نظر نے اسے ڈراما تسلیم کرنے سے انکار کیا ہے۔ لیکن حقیقت یہ ہے کہ جب کوئی چیز پہلی بار وجود میں آتی ہے تو وہ ہر لحاظ سے مکمل نہیں ہوتی، بلکہ اس میں طرح طرح کی خامیاں ہوتی ہیں، یہی حال ان ڈراموں کا ہے۔

واجد علی شاہ کے رہس:

واجد علی شاہ کے لکھنؤ کے میں ہر طرف ناچ گانے کے چرچے تھے۔ اہل لکھنؤ کی عیش پسندی دل بہلانے کے نت نئے سازوسامان ڈھونڈتی رہتی ہے، خود اودھ کے تاجدار واجد علی شاہ کو فنونِ لطیفہ سے بہت دل چسپی تھی۔ انھیں طرح طرح کے تفریحی مشاغل ایجاد کرنے کا شوق تھا۔ ہمارے کلچر میں کرشن لیلا، سوانگ، بہروپ، نقالوں اور بھانڈوں کے تماشے کی روایت پہلے سے موجود تھی۔ راس لیلاؤں کے نمونے پر واجد علی شاہ نے خود متعدد رہس ترتیب دئے ہیں۔ رادھا اور کرشن کے قصے پہلے ہی مشہور تھے، ان کی بنیاد پر واجد علی شاہ نے دو مختصر ڈرامے لکھے جنھیں رادھا اور کنھیا کا قصہ نام دیا گیا۔ واجد علی شاہ نے اپنی کئی مثنویوں کو بھی ڈرامے کی شکل دی اور ہر مثنوی کو کئی مناظر میں تقسیم کیا، ہر رات ایک منظر اسٹیج پر پیش کیا جاتا تھا۔

واجد علی شاہ نے ایک رہس خانہ بنوایا، اس میں مختلف پارٹ ادا کرنے کے لئے حسین لڑکیاں رکھی گئیں، سازندے، گویا، ایکٹروں کو ہدایت دینے والی اچھی اچھی تنخواہوں پر رہس خانے میں نوکر رکھے گئے۔ طرح طرح کے لباس اور زیورات تیار کرائے گئے۔ شاہی رہس خانے کے ڈرامے عام رعایا کے لئے نہیں تھے صرف خواص ہی ان سے لطف اندوز ہو سکتے تھے، لیکن یہ ڈرامے اتنے پسند کئے گئے کہ ان کی شہرت محلات کے باہر پہنچی اور رعایا بھی اپنا شوق پورا کرنے کے لئے بیتاب ہوگئی۔

امانت کی اندر سبھا:

شاہی رہس کی شہرت سن کر اور اہل لکھنؤ کے شوق کو دیکھ کر آغا حسن امانت کے دل میں ایک تماشا ترتیب دینے کا خیال آیا، مثنوی سحرالبیان اور مثنوی گلزارنسیم اس زمانے میں بہت مقبول تھیں، اور جلسوں میں سنائی جاتی تھیں، ان مثنویوں کے عشق سے لبریز قصے امانت کے سامنے تھے،

شاہی رہس کے قصے سن سن کر انھوں نے یہ بھی جان لیا تھا کہ کسی قصے کو کس طرح اسٹیج پر پیش کیا جاسکتا ہے۔ چنانچہ انھوں نے ''اندر سبھا'' کے نام سے ایک قصہ ترتیب دیا۔ ناقدین نے اسے اردو کا پہلا باضابطہ ڈراما تسلیم کیا۔ اندر سبھا کا مختصر اً قصہ یہ ہے کہ راجا اندر اپنا دربار سجاتا ہے جہاں بہت سی پریاں اپنے رقص سے راجا کا دل بہلاتی ہیں، سبز پری گلفام نام کے ایک شہزادے پر عاشق ہوجاتی ہے، راجا اندر خفا ہوکر گلفام کو کنویں میں قید کرادیتا ہے اور پری کے پر کٹوا کر اسے دربار سے نکلوادیتا ہے، وہ جوگن بن کر ہر طرف درد بھرے گیت گاتی ہے، راجا شہرت سن کر اسے بلواتا ہے، گانا سن کر خوش ہوتا ہے اور کہتا ہے کہ مانگ کیا انعام مانگتی ہے۔ وہ انعام میں گلفام کو مانگ لیتی ہے، اب معلوم ہوتا ہے کہ جوگن دراصل سبز پری تھی۔ آخر کار اس کا قصور معاف ہوتا ہے، گلفام رہا کردیا جاتا ہے، آخر کار عاشق و معشوق کے ملاپ پر قصہ ختم ہوتا ہے۔

اندر سبھا ۱۸۵۲ء میں لکھی گئی اور ۱۸۵۴ء میں کھیلی گئی اور اسٹیج پر پیش کی گئی، امانت نے کوئی ڈراما دیکھا نہیں تھا۔ شاہی رہس کے بارے میں صرف انھوں نے سنا تھا لیکن داد دینی پڑتی ہے کہ انھوں نے غور وفکر سے کام لیا، ایک صنف کو جس کے باقاعدہ موجد وہ ہیں اپنے قدموں پر کھڑا کردیا، انھوں نے تخیل سے کام لے کر بہت سی دشواریوں کا حل ڈھونڈ لیا، مثلاً شہزادہ گلفام کو کنویں میں ڈالا جانا کس طرح دکھایا جاتا۔ گلفام کو لے جاکر اسٹیج کے ایک کونے میں بٹھادیا اور ناظرین سمجھ لیتے ہیں کہ اسے کنویں میں ڈال دیا گیا، آخر میں ایک ایکٹر اس کے نزدیک جاتا ہے اور ہاتھ پکڑ کر اٹھالیتا ہے، اس کا مطلب ہوا کہ گلفام کو کنویں سے نکال دیا گیا.......... اندر سبھا میں گانے بہت زیادہ ہیں اور عوام کے پسند کے عشقیہ گانے ہیں۔ دراصل امانت نے ہر معاملے میں عوام کی پسند کو ذہن میں رکھا ہے۔ اس کا نتیجہ یہ نکلا کہ ڈراما عوام میں ہر جگہ مقبول ہوگیا۔ ڈراما لکھنؤ سے نکل کر دوسرے شہروں اور دیہاتوں تک پہنچ گیا۔

ڈاکٹر مسیح الزماں لکھتے ہیں: اندر سبھا جب لکھنؤ میں کھیلی گئی تو لوگوں نے اس نئی چیز کو بہت پسند کیا، ہر طرف اس کا چرچا ہونے لگا۔ اس نے ہمارے ڈرامائی ادب کو اسٹیج تک پہنچایا۔

☆☆☆

خاکا

خاکا نثری ادب کی ایک دلکش صنف ہے، اس کا آرٹ غزل اور افسانے کے آرٹ سے بہت مشابہت رکھتا ہے۔ مراد یہ ہے کہ افسانہ وغزل کی طرح یہاں بھی اشارے کنائے سے کام لیا جاتا ہے کیوں کہ اختصار اس کی بنیادی شرط ہے۔ خاکے میں کسی شخصیت کے نقوش اس طرح ابھارے جاتے ہیں کہ اس کی خوبیاں اور خامیاں اجاگر ہوجائیں اور ایک جیتی جاگتی تصویر قاری کے پیش نظر آجائے۔ ایک چیز ایسی ہے جو خاکے کے حسن میں اضافہ

کرتی ہے، وہ یہ کہ جس کا خاکا پیش کیا جارہا ہے، اس کی کمزوریاں قاری کے دل میں نفرت نہیں بلکہ ہمدردی پیدا کرے اور خاکا پڑھ کر وہ بے ساختہ کہے کاش اس شخص میں یہ کمزوریاں بھی نہ ہوتیں۔

مولوی عبدالحق نے ''نام دیو مالی'' اور رشید احمد صدیقی نے ''کندن'' کا خاکہ لکھ کر یہ واضح کردیا ہے کہ خاکہ عظیم شخصیتیں ہی نہیں معمولی انسان بھی ہوسکتے ہیں۔ اچھا برا، چھوٹا بڑا، امیر وغریب، ہر طرح کے انسان کا خاکہ لکھا جاسکتا ہے بشرطے کہ خاکہ نگار نے اسے قریب سے ہر رنگ اور ہر روپ میں دیکھا ہو، اس سے بھی بڑھ کر یہ کہ خاکہ نگار کا قلم مردہ جسم میں جان ڈال دینے کے ہنر سے واقف ہو۔

خاکہ نہ سیرت نگاری ہے اور نہ سوانح عمری، یہ کسی دل آویز شخصیت کی دھندلی سی تصویر ہے، اس میں نہ اس کی زندگی کے اہم واقعات کی گنجائش ہے اور نہ خاص خاص تاریخوں کی اور نہ زیادہ تفصیل کی۔ مصنف نے کسی شخص میں کچھ قابل ذکر خصوصیات دیکھی ہوں اور وہ انھیں دل چسپ انداز سے بیان کردے، مصنف نے یہ خصوصیات بچشم خود دیکھی ہوں تو کیا کہنا ورنہ منٹو صاحب نے ''میرا صاحب'' لکھ کر یہ ثابت کردیا کہ سنی سنائی باتوں پر بھی ایک کامیاب خاکہ لکھا جاسکتا ہے۔

☆☆☆

انشائیہ

انشائیہ وہ تحریر ہے جس میں کسی اہم یا غیر اہم واقعے کسی خیال کسی جذبے یا محض کسی لمحاتی کیفیت کو پر لطف انداز مین پیش کردیا ہو۔ ترتیب، تنظیم، سنجیدگی، غور وفکر، وہ چیزیں ہیں جن کی یہ صنف متحمل نہیں ہوسکتی۔ ہلکا پھلکا خیال اور شگفتہ وظرافت آمیز ہی اسے زیب دیتا ہے۔ انشائیہ کی بنیادی شرط یہ ہے کہ اس کی کوئی شرط نہیں ہے۔ جو کچھ کہو اس طرح کہو کہ پڑھ کر جی خوش ہوجائے اور پڑھنے والے کے ذہن میں گدگدی سی ہونے لگے۔

وزیر آغا انشائیہ کے بارے میں فرماتے ہیں کہ ''انشائیہ کا خالق اس شخص کی طرح ہے جو دفتر کی چھٹی کے بعد اپنے گھر پہنچتا ہے، چست وتنگ کپڑے اتار کر ڈھیلے ڈھالے کپڑے پہن لیتا ہے اور ایک آرام دہ مونڈھے پر نیم دراز ہوکر حقے کی نے ہاتھ میں لئے انتہائی بشاشت اور مسرت سے اپنے احباب سے محو گفتگو ہوجاتا ہے۔

انشائیہ میں حکمت وحماقت اور مقصدیت اور بے مقصدیت اس طرح آپس میں گھ جاتے ہیں کہ ان کا الگ کرنا ناممکن ہوجاتا ہے، ہاں ایک شے ایسی ہے جو انشائیہ کے آئینے میں صاف نظر آتی ہے اور وہ ہے انشائیہ نگار کا اپنا

عکس۔ یہ ایک ایسی شخصی تحریر ہے جس میں مصنف کی شخصیت پوری طرح جلوہ گر ہوتی ہے۔ سید محمد حسین نے درست فرمایا ہے کہ انشائیہ نگار کے لئے قوت انشاء سے خاطر خواہ مصرف لیناضروری ہے۔ یعنی انشائیہ کی اس امتیازی خصوصیت کو قائم رکھنا اس کی ہوشیاری ہے۔ ذہن میں آنے والے خیالات کو اسے آوارہ گردی اور وحشت سے بچانا چاہئے۔ اس کا فرض ہے کہ وہ انھیں آزاد اور خود مختار نہ چھوڑ دے، انھیں قابو میں رکھے۔ اس میں تسلسل اور ربط قائم رکھے، لیکن اس بات کا شعور بھی ضروری ہے کہ خیالات میں وہ سالمیت اور تنظیم واتحاد پیدا نہ ہونے دے جو مقالوں کی امتیازی خصوصیت ہے۔

☆☆☆

مقالہ

مقالہ: عالمانہ افکار کے مدلل اظہار کے لئے جو نثری صنف وجود میں آئی وہ مضمون یا مقالہ کہلائی۔ عالمی ادب میں اس کی عمر بہت زیادہ لمبی نہیں ہے، اردو میں اس کا آغاز سرسید کے رہین منت ہے، سرسید نے مختلف موضوعات ومسائل پر غور کیا اور اپنے خیالات وافکار کو ربط و تسلسل کے ساتھ عالمانہ زبان میں پیش کر دیا۔ سرسید اور ان کے رفقاء حالی، محسن الملک، وقار الملک، وغیرہ کے مضامین تہذیب الاخلاق میں شائع ہوتے رہے۔ یہ مضامین شعروادب، مذہب وسیاست اور اصلاح معاشرہ سے متعلق ہوتے تھے، بعض مضمون نگار خاص طور پر تعلیم وتربیت کی اہمیت سے قارئین کو واقف کرانا چاہتے تھے۔

تہذیب الاخلاق کے بعد جو رسالہ ملک میں عام بیداری پیدا کرنے کا خواہش مند نظر آتا ہے، اس کا نام ''مخزن'' ہے سر عبدالقادر اس کے مدیر تھے، وہ اپنے ملک کو ترقی کی راہ پر گامزن اور مسلمان قوم کو سر بلند دیکھنے کے خواہش مند تھے، تاریخ اسلام اور اسلام کی دیرینہ روایات پر انھیں فخر تھا، شاندار ماضی کو وہ از سر نو دیکھنا چاہتے تھے۔

صحافت

چھاپہ کھانے کی ایجاد سے صحافت کو بہت فروغ ہوا اردو کے اخبارات کی تاریخ بہت وسیع اور پرانی ہے۔ اردو اخبار کے بعد اودھ اخبار ۱۸۵۸ء، آگرہ اخبار ۱۸۶۳ء، دبدبہ سکندری رامپور ۱۸۶۶ء، اودھ پنچ لکھنؤ ۱۸۷۷ء، پیسہ اخبار ۱۸۸۶ء کے نام قابل ذکر ہیں۔ حالانکہ زبان وبیان کے اعتبار سے اردو صحافت کے معیار کے نقطۂ نظر سے ان کا بہت اونچا درجہ نہیں لیکن بہر حال یہ اردو صحافت کا ابتدائی دور ہے، اس لئے ان اخبارات کی خدمت قابل ذکر ہے۔ آگے چل کر الہلال، البلاغ (مدیر مولانا ابوالکلام آزاد) ہمدرد، (مدیر مولانا محمد علی جوہر) زمیندار (مولانا ظفر علی خاں) انقلاب (مدیر عبدالمجید سالک) ہمدم (مدیر جابر دہلوی) بہت اہم ہیں۔

رپورتاژ

رپورتاژ ہمارے ادب کی ایک جدید صنف ہے، جس نے ترقی پسند تحریک کے ساتھ ترقی کی، یہ وہی صنف ہے جسے انگریزی میں رپورٹ ایج کہتے ہیں، رپورتاژ اسی کا فرانسیسی تلفظ ہے۔

کسی واقعے کی خبر یا رپورٹ اس طرح تیار کی جائے کہ اس میں افسانے کا انداز پیدا ہو جائے یا اس میں مصنف کی شخصیت جھلک اٹھے تو یہی رپورتاژ ہے، اسی لئے سردار جعفری نے اسے صحافت اور افسانے کی درمیانی کڑی کہا ہے بقول پروفیسر احتشام حسین: رپورتاژ کو ہم واقعات کی ادبی اور محاکاتی رپورٹ کہہ سکتے ہیں۔ رپورٹ عام طور پر ایک روکھی پھیکی شے ہے جسے پڑھنا یا سننا ایک صبر آزما مرحلہ ہوتا ہے، اسے دلچسپ اور خوشگوار بنانے کے لئے اہل قلم نے اس میں افسانے کا رنگ بھرا، انجمن ترقی پسند مصنفین کی روئیداد حمید اختر نے ادبی زبان اور محاکاتی انداز میں پیش کر کے اردو داں حلقے کو اس صنف سے روشناس کرایا، اس لئے ہماری زبان میں وہی اس کے موجد کہے جاتے ہیں۔

☆☆☆

طنز ومزاح

طنز ومزاح:

اردو نثر میں طنز ومزاح کا سرمایہ مختصر ہونے کے باوجود نہایت قابل قدر ہے، طنز وظرافت کے جتنے روپ ممکن ہیں وہ سب خواہ وہ کتنے ہی کم کیوں نہ ہوں ہماری نثر میں ضرور مل جاتے ہیں، اسی طرح پست اور بلند ہر سطح کے نمونے ہمارے ادب میں موجود ہیں، چنانچہ عوام اور خواص دونوں کے دل بستگی کے سامان کی یہاں کمی نہیں۔ مزاح کا مقصد محض لطف اندوزی ہے، تو طنز میں اصلاح کا جذبہ ہوتا ہے، پست درجے کا طنز کسی کو نیچا دکھانے کی غرض سے بھی وجود میں آسکتا۔ ایک اور اہم بات ذہن میں رکھنے کی ہے، خالص مزاح اعلیٰ درجے کی چیز ہے اور قاری اس سے لطف واندوز حاصل کرتا ہے لیکن خاص طنز یعنی وہ طنز جس مین مزاح کی آمیزش نہ ہو محض دشنام بن کر رہ جاتا ہے۔

آغاز:

پیروڈی

پیروڈی کو ہماری زبان میں تحریف کہتے ہیں۔ تحریف کے نمونے ہمارے قدیم ادب میں بھی ملتے ہیں لیکن اسے فروغ مغربی ادب کا ذوق عام ہونے کے بعد ہوا، تحریک کے معنی الٹنے کے ہیں۔ تحریف سے مراد یہ ہے کہ کسی تصنیف کی اس طرح نقل کی جائے کہ اس کی مشکل تو برقرار رہے لیکن الفاظ میں اس طرح ردوبدل ہو کہ اس سے ہنسی آئے۔ پیروڈی نظم میں ہو سکتی ہے اور نثر میں بھی۔

اردو نثر میں پیروڈی کی بہت سی مثالیں موجود ہیں ''چراغ حسن حسرت'' کی ''پنجاب کا جغرافیہ'' پطرس کی ''اردو کی آخری کتاب''، شفیق الرحمٰن کی ''تزک نادری'' احمد جمال پاشا کی ''کپور کا فن''، کنھیا لال کپور کی ''غالب جدید شعراء کی محفل میں'' اور ''حالی ترقی پسند ادیبوں کی محفل میں'' ان کے علاوہ بھی ہمارے ادب میں پیروڈی کے بہت سے کامیاب نمونے موجود ہیں۔

☆☆☆

مختلف اصناف سے متعلق نمائندہ

کردار

داستان------کردار

سب رس : حسن، عشق، دل، عقل، غیر

باغ وبہار: آزاد بخت، خواجہ سگ پرست، بختیار، ملک شہبال

فسانۂ عجائب: جان عالم، انجمن آراء، مہر نگار، ماطلعت

رانی کیتکی کی کہانی: رانی کیتکی، کنوراودے بھان، مدن بان

داستان امیر حمزہ: عمروعیار

ناول ------- کردار

مرآۃ العروس: اصغری، اکبری جن بی

توبۃ النصوح: کلیم، مرزا ظاہر دار بیگ، نعیمہ

ابن الوقت: نوبل صاحب، شارپ صاحب

گئودان: ہوری، دھنیا، گوبر، روپا، سونا، بھولا، جھنیا، پروفیسر مہتارائے صاحب

فسانۂ آزاد: آزاد، خوجی، ثریا بیگم ہمایوں فر شہر آرا حسن آرا

فردوس بریں: حسین، شیخ وجودی، بلغانِ خاتون

امراؤ جان ادا: مرزا گوہر، خانم فیضو، بسم اللہ جان بوا حسینی

شریف زادہ: شیخ وجودی

شکست : شیام ونتی چندرا، چھایا، موہن سنگھ، سروپ کشن

ایک چادر میلی سی: رانو، تلوکا، منگل، جاترن

ٹیڑھی کھیر: شمن، نجمہ، فاطمہ رسول، اعجاز، سعادت

گردشِ رنگِ چمن: المنصور جن بی

آگ کا دریا: گوتم نیلمبر، کمال، چمپا، نرملا، ابو منصور کمال رضا

لندن کی ایک رات: نعیم، اعظم، عارف، احسان، راؤ

افسانہ ------ کردار

کفن : گھیسو، مادھو، بدھیا

بڑھے گھر کی بیٹی: آنندی، لال بہادر، سر کنٹھ سنگھ

نمک کا داروغہ: پنڈت، الوپی دین، بنسی دھر

لاجونتی : سندر لال، لاجونتی

اپنے دکھ مجھے دیدو: اندد، مدن

گرم کوٹ: شمی، پشپا منی

ٹھنڈا گوشت: ایشر سنگھ کلونت کور

ہتک : سوگندھی، مادھو، میٹھ

بو : رندھیر، گھاٹن لڑکی

کالی شلوار: سلطانہ، خدا بخش

چوتھی کا جوڑا: حمیدہ، کبریٰ، راحت، بی اماں

لحاف : بیگم جان

جلاوطن : آفتاب رائے، کنول کماری

آئی سی ایس: وحید، جہاں آرا

ڈرامہ ------ کردار

انارکلی : اکبر، سلیم، انارکلی، ثریا، دلارام

ضحاک : ضحاک، نوشابہ، فریدو راہب

اندرسبھا: راجہ اندر، نیلم پری، پکھراج پری، لعل پری، گلفام، کالادیو

سلور کنگ: پروین اسد، افضل، منیر، تحسین

پردہ غفلت: میر الطاف حسین، میر شجاعت حسین، منظور حسین

آگرہ بازار: اصغر حسن، عبدالستار صدیقی، حمد اقبال

دروازے کھول دو: کم کانت، کریم اللہ، رام دیال

کسی کی جیت: ساجد، عذرا، اعجاز احمد، ماجد

بھیگی بستی: قاسم، شاہد، زرینہ، نرگس

مسیحا : بربنس، افضل، سنت رام، سیتا

مثنوی-------- کردار

گلشن عشق: کنور، منوہر، مالتی

قطب مشتری: محمد قطب شاہ، مشتری، بھامتی، عطارد

سحرالبیان: بے نظیر، بدر منیر، نجم النساء، ماہ رخ

گلزار نسیم: تاج الملوک، بکاؤلی، روح افزا، زین الملوک

دریائے عشق: شہزادی، غزالہ، ماہرو، لال پری

زہر عشق: مہ جبیں

خطاب والقاب

طوطی ہند : امیر خسرو کو کہا جاتا ہے۔

شمس العلماء: مولوی نذیر احمد کو کہا جاتا ہے۔

شمس العلماء: مولانا الطاف حسین حالیؔ کا خطاب تھا۔

شمس العلماء: مولانا محمد حسین آزاد کا خطاب تھا۔

ملک الشعراء: ذوق کا لقب تھا۔

ملک الشعراء: مرزا غالب کا لقب تھا۔

ملک الشعراء: نصرتی کا لقب تھا۔

ملک الشعراء: وجہی کا لقب تھا۔

ملک الشعراء: غواصی کا لقب تھا۔

جوادالدولہ عارف جنگ: سرسید کا خطاب تھا۔

خاقانی ہند: ذوق کا خطاب تھا۔

پہلوانِ سخن: سوداؔ کو کہا جاتا ہے۔

بابائے اردو: مولوی عبدالحق کا لقب ہے۔

لسان العصر: اکبرالہ آبادی کو کہا جاتا ہے۔

حکیم الشعراء: امجد حیدرآبادی کا لقب ہے۔

آقائے اردو: محمد حسین آزاد کو کہا جاتا ہے۔

خان بہادر: اکبرالہ آبادی کو انگریزوں نے خطاب دیا تھا۔

مصور غم : راشدالخیری کو کہا جاتا ہے۔

باوا آدم : ولی دکنی کو آزاد نے کہا ہے۔

شاعرِ انقلاب: جوش ملیح آبادی کو کہا جاتا ہے۔

شاعرِ شباب: جوش کو کہا جاتا ہے۔

شاعرِ مزدور: احسان دانش کو کہا جاتا ہے۔

مرزا نوشہ: غالب کا لقب ہے۔

نجم الدولہ: مرزا اسد اللہ خاں غالبؔ کا خطاب ہے۔

دبیر الملک: مرزا اسد اللہ خاں غالبؔ کا خطاب ہے۔

نظام جنگ: مرزا اسد اللہ خاں غالبؔ کا خطاب ہے۔

بلبل ہزار داستان: داغ دہلوی کو کہا جاتا ہے۔

مصور فطرت: خواجہ حسن نظامی کا لقب ہے۔

پہلوان شاعر؛ شیخ امام بخش ناسخؔ کو کہا جاتا ہے۔

اردو کا برناڈ شاہ: الطاف حسین حالی کو کہا جاتا ہے۔

اردو شاعر کا ہومر: میر انیس کو کہا جاتا ہے۔

ہندوستان کا شیکسپیر: آغا حشر کاشمیری کو کہا جاتا ہے۔

شاعرِ اعظم: جوش کو دیا نرائن نگم نے لقب دیا تھا۔

غیور جنگ: مولوی نذیر احمد کا لقب ہے۔

اردو شاعری کا خیام: ریاض خیر آبادی کو کہا جاتا ہے۔

شاعرِ مشرق: علامہ اقبال کا لقب ہے۔

اردو کا چاسر: ولی کو کہا جاتا ہے۔

باغی شاعر: کیفی اعظمی کا لقب ہے۔

شاعر رومان: اختر شیرانی کو کہا جاتا ہے۔

عوامی شاعر: نظیر اکبر آبادی کو کہا جاتا ہے۔

قومی شاعر: چکبست کا لقب ہے۔

عشقیہ شاعر: مومن کو کہا جاتا ہے۔

طنز و مزاح کا شاعر: اکبر الہ آبادی کو کہا جاتا ہے۔

یاسیات کا امام: فانی کو کہا جاتا ہے۔

قنوطیت کا شاعر: میر تقی میر کو کہا جاتا ہے۔

شاعر بے دماغ: میر تقی میر کو کہا جاتا ہے

سرتاج شعرائے اردو: میر تقی میر کو کہا جاتا ہے

اردو کا صوفی شاعر: دردؔ کو کہا جاتا ہے۔

اردو کا والٹر اسکاٹ: عبدالحلیم شرر کو کہا جاتا ہے۔

مکر شاعرانہ: مومن کو کہا جاتا ہے۔

شہنشاہ افسانہ: کرشن چند کو احمد ندیم نے کہا ہے۔

اخلاقی شاعری کا بادشاہ: خواجہ حیدر علی آتش کو فراق نے کہا ہے۔

نواب مرزا: داغ کو کہا جاتا ہے۔

حیوانِ ظریف: غالب کو حالی نے کہا ہے۔

اشتراکیت کا امام: مخدوم محی الدین کو کہا جاتا ہے۔

خمریات کا امام: ریاض خیر آبادی کو کہا جاتا ہے۔

تاریخ کا معلم: شبلی کو کہا جاتا ہے۔

امام المتغزل: حسرت کو کہا جاتا ہے۔

رئیس المتغزل: جگر کو کہا جاتا ہے۔

خدائے سخن: میر کو کہا جاتا ہے۔

☆☆☆

انعامات

گیان پیٹھ ایوارڈ یافتہ

فراق گورکھپوری (گل نغمہ ۱۹۴۹ء)

علی سردار جعفری ۱۹۷۰ء نئی دنیا کو سلام

قرۃالعین حیدر ۱۹۹۰ء آگ کا دریا

شہریار ۲۰۰۸ء

رحمٰن راہی (کشمیری)

پرم بھوشن انعام یافتہ

آل احمد سرور

کرشن چند

فراق گورکھ پوری

جوش ملیح آبادی

بھارت رتن ایوارڈ یافتہ

ابوالکلام آزاد۔ڈاکٹر ذاکر حسین

اقبال سمان انعام یافتہ

قرۃالعین حیدر

عصمت چغتائی

اختر الایمان

مجروح سلطان پوری

حیات اللہ انصاری

علی سردار جعفری

معین احسن جذبی

ساہتیہ اکادمی ایوارڈ یافتہ

قرۃالعین حیدر

فراق گورکھپوری

آل احمد سرور

ابوالکلام قاسمی

بشیر بدر

رال لعل

مظہر امام

اختر الایمان

کیفی اعظمی

پدم شری انعام یافتہ

رشید احمد صدیقی

خواجہ احمد عباس

راجندر سنگھ بیدی

عصمت چغتائی

لینن انعام یافتہ

فیض احمد فیض

ساحر لدھیانوی

سرسوتی انعام یافتہ

شمس الرحمٰن فاروقی

نیر مسعود

☆☆☆

اقوال

(۱) جب زخم میں مواد بھر جائے تو اس پر پٹیاں باندھنے سے بہتر ہے کہ نشتر لو اور جراحی شروع کردو۔ (عصمت چغتائی)

(۲) لکھنے کے لئے میں نے دنیا کی بہترین کتاب ''زندگی'' کو پڑھا اور اسے بے انتہا موثر پایا۔ (عصمت چغتائی)

(۳) میرے خیال میں یہ جو لڑکیاں بنتی سنوارتی اور بار ہا سنگھار کرتی ہیں اپنے عیبوں کو چھپاتی ہیں۔ (عصمت چغتائی)

(۴) میں عشق کے بارے میں سوچتا ہوں تو صرف شہوانیت ہی نظر آتی ہے، عورت کو شہوانیت سے الگ کر کے دیکھتا ہوں تو وہ پتھر کی مورت رہ جاتی ہے۔
(سعادت حسن منٹو)

(۵) دنیا کی جتنی لعنتیں ہیں بھوک ان کی ماں ہے، یہ بھوک گداگری سکھاتی ہے، جرائم کی ترغیب دیتی ہے۔
(سعادت حسن منٹو)

(۶) اتنی بات ہر شخص جانتا ہے کہ ہماری اردو برج بھاشا سے نکلی ہے۔ (محمد حسین آزاد)

(۷) ولی اردو شاعری کا باوا آدم ہے۔ (محمد حسین آزاد)

(۸) فلسفہ ہمارے دائیں ہاتھ میں ہوگا، نیچرل سائنس ہمارے بائیں ہاتھ میں اور کلمہ لا الٰہ الا اللہ کا تاج ہمارے سر پر۔ (سرسید احمد خاں)

(۹) میر امن کو اردو نثر میں وہی مرتبہ حاصل ہے جو میر تقی میر کو شاعری میں۔ (سرسید احمد خاں)

(۱۰) احمد حسین آزاد نثر میں شاعری کرتے ہیں اور شاعری کرتے ہوئے نثر لکھتے ہیں۔ (رام بابو سکسینہ)

(۱۱) مسدس حالؔی ایک تارہ ہے جو اردو کے افقِ شاعری پر طلوع ہوا۔ (رام بابو سکسینہ)

(۱۲) مسدس حالی، ایک الہامی کتاب ہے۔ (رام بابو سکسینہ)

(۱۳) نظیر اکبرآبادی اردو شاعری کے اسمان پر ایک درخشندہ ستارہ ہے۔ (کلیم الدین)

(۱۴) غزل نیم وحشی صنف شاعری ہے۔ (کلیم الدین)

(۱۵) حالی کی اہمیت تاریخی ہے، شاعر کی حیثیت سے بھی اور نقاد کی حیثیت سے بھی یہ اہمیت ہمیشہ باقی رہے گی۔ (کلیم الدین)

(۱۶) حالی نے پرانی تنقید سے الگ ہوکر نئی تنقید کی ابتداء کی۔ شبلی نئی اور پرانی تنقید کے بیچ میں معلق نظر آتے ہیں۔ (کلیم الدین)

(۱۷) میں فراق کو اردو غزل کا ایک اہم ستون

مانتا ہوں۔ (کلیم الدین)

(۱۸) اردو میں تنقید کا وجود فرضی ہے۔ (کلیم الدین)

(۱۹) تنقید معشوق کی موہوم ہے۔ (کلیم الدین)

(۲۰) غزل بڑی کافر صنف ہے۔ (آل احمد سرور)

(۲۱) راجندر سنگھ بیدی اینٹ پر اینٹ رکھ کر افسانہ تعمیر کرتے ہیں۔ (آل احمد سرور)

(۲۲) راجندر سنگھ بیدی کا افسانہ، تراشا ہوا ہیرا ہے۔ (آل احمد سرور)

(۲۳) غالب جدید اردو نثر کے موجد اور خطوط نویسی کے رہنما ہیں۔ (آل احمد سرور)

(۲۴) غزل، نقاب پوش آرٹ اور چاول پر قل ھواللہ لکھنے کا آرٹ ہے۔ (آل احمد سرور)

(۲۵) مقدمہ شعر و شاعری اردو شاعری کا پہلا مینوفیسٹو ہے۔ (آل احمد سرور)

(۲۶) شوخی تحریر نے غالب کے خطوط کو افسانے اور ناول کے قریب لایا۔ (حالی)

(۲۷) ذکاء اللہ کا دماغ ایک بنیے کی دکان ہے جس میں ہر قسم کی جنس موجود ہے۔ (حالی)

(۲۸) غزل بے وقت کی راگنی ہے۔ (حالی)

(۲۹) کس نے قصیدہ اور غزل کو شاعری کا ناپاک دفتر کہا اور عفونت میں اسے سنڈاس سے بدتر کہا۔ (حالی)

(۳۰) پنجاب کے مسلمان سرسید کے منادی پر اس طرح دوڑے جیسے پیاسا پانی پر۔ (حالی)

(۳۱) مغلیہ حکومت نے ہمیں تین چیزیں دی: تاج محل، اردو اور مرزا غالب۔ (رشید احمد صدیقی)

(۳۲) اکبر روایتی ہوتے ہوئے باغی اور باغی ہوتے ہوئے اصلاحی ہیں۔ (رشید احمد صدیقی)

(۳۳) میرے نزدیک مارواڑی عورتوں میں تین چیزیں ہیں: گھونگھٹ، گندگی اور گہنا۔ (رشید احمد صدیقی)

(۳۴) غزل اردو شاعری کی آبرو ہے۔ (رشید احمد صدیقی)

(۳۵) شبلی پہلے یونانی ہیں جو مسلمانوں میں پیدا ہوئے، وہ انشاء پرداز تھے، اگر انشاء پرداز نہ ہوتے تو مصور ہوتے۔ (رشید احمد صدیقی)

(۳۶) اکبر کی نظر قوم کی میراث پر بھی تھی، اور قوم کی تقدیر پر بھی۔ (رشید احمد صدیقی)

(۳۷) حالی ماضی کے اکبر حال کے اور اقبال مستقبل کے شاعر قرار دیئے جاسکتے ہیں۔ (رشید احمد صدیقی)

(۳۸) غزل انتہاؤں کا ایک سلسلہ ہے۔ (فراق گورکھپوری)

(۳۹) غزل مختلف پھولوں کی مالا ہے۔ (فراق گورکھ پوری)

(۴۰) غزل شاعری نہیں عطر شاعری ہے۔ (فراق گورکھپوری)

(۴۱) میر کے غم میں زخم ہی مرہم بن جاتا ہے۔ (فراق گورکھپوری)

(۴۲) سعدی ہمارے لئے تھا اور حالی ہم سب سے ہے۔
(فراق گورکھپوری)

(۴۳) کلام حالی میں کلام سعدی کی جیسی عکاسی پائی جاتی ہے۔ (فراق گورکھپوری)

(۴۴) ہندوستان میں میرؔ اپنے وقت کے سب سے بڑے ہندوستانی سب سے بڑے انسان اور سب سے بڑے شاعر تھے۔ (فراق گورکھپوری)

(۴۵) فراقؔ اردو ادب کا جانسن ہے۔ (محمد حسن)

(۴۶) فراقؔ اردو شاعر کا آسکر وائلڈ ہے۔ (محمد حسن)

(۴۷) مجاز انقلاب کا ڈھنڈورچی نہیں انقلاب کا مطرب ہے۔ (فیض احمد فیض)

(۴۸) غزل کی گردن بے تکلف اڑا دینی چاہئے۔ (عظمت اللہ خاں)

(۴۹) اقبال کے ادب میں غالب نے دوبارہ جنم لیا۔
(شیخ عبدالقادر)

(۵۰) راجندر سنگھ بیدی تھیم کا بادشاہ ہے۔ (کنہیالال کپور)

(۵۱) یہ (علامہ اقبال) مجھ کو ٹیگور اور شیکسپیر سے کئی فٹ اونچا نظر آتا ہے۔ (خواجہ حسن نظامی)

(۵۲) ہندوستان کی دو الہامی کتابیں: وید مقدس، دیوان غالب (عبدالرحمٰن بجنوری)

(۵۳) جنس نے سعادت حسن منٹو کے یہاں مذہب کی جگہ لے لی ہے۔ (عزیز احمد)

(۵۴) جب ہم لوگوں کو بھول جائیں گے اس وقت بھی فراق کی یاد تازہ رہے گی۔ (جگر مرادآبادی)

(۵۵) فراق جیسی چند جامع شخصیتیں روز روز نہیں پیدا ہوتیں۔ (مجنوں گورکھپوری)

(۵۶) فراق حسن و جمال کی بولتی ہوئی روح کے شاعر ہیں۔ (گوپی چند نارنگ)

(۵۷) اگر قرآن اردو زبان میں اترتا تو ابوالکلام کی نثر میں اترتا۔ (سجاد انصاری)

(۵۸) علامہ اقبال کی نظم ''شمع و شاعر'' بانگ درا کا دل ہے۔ (عبدالقادر)

(۵۹) اردو کے پانچ ادیب: سرسید، حالی، شبلی، نذیر احمد، آزاد عناصر خمسہ ہیں۔ (مہدی افادی)

(۶۰) دنیا سے جاتے ہوئے غزل کو فراق کے ذمہ کئے جا رہا ہوں۔ (یگانہ چنگیزی)

(۶۱) ہمیں حسن کا معیار بدلنا ہوگا۔ (پریم چند)

(۶۲) پریم چند کو چلتا پھرتا گاؤں کس نے کہا۔
(رشید احمد صدیقی)

(۶۳) پریم چند نے محنت کش کو افسانے کا ہیرو بنایا۔
(سید احتشام حسین)

(۶۴) انشائیہ، دماغ کی ایک ترنگ ہے۔ (لان جانسن)

(۶۵) اقبال اور جوش میں وہی فرق ہے جو ایک مفکر اور ڈھنڈورچی میں ہوتا ہے۔ (خلیل الرحمٰن اعظمی)

(٦٦) ہر ہفتہ شعر نہ کہوں تو میرے پیٹ میں درد ہونے لگتا ہے۔ (جوش ملیح آبادی)

(٦٧) جو احسان اردو شاعری پر ولی نے کیا وہی احسان گلکرسٹ نے اردو نثر پر کیا۔ (مولوی عبدالحق)

(٦٨) منٹو خدا تیرے قلم میں اور زہر بھر دے۔ (کرشن چندر)

(٦٩) غزل اگر اردو شاعری کی آبرو ہے تو غالب اردو غزل کی آبرو ہے۔ (رشید احمد صدیقی)

(٧٠) شاعری دنیا کی مادری زبان ہے۔ (رشید احمد صدیقی)

(٧١) موافق حکم حضور کے میں نے بھی اسی محاورے میں لکھنا شروع کیا جیسے کوئی باتیں کرتا ہے۔

(میر امن)

☆☆☆

اردو کے چند اہم رسائل و جرائد

رسائل	مقام اشاعت	ایڈیٹر
روح ادب	کلکتہ	ڈاکٹر شہناز نبی
زبان وادب	پٹنہ	باری اعظمی
ساقی	دہلی	شاہد احمد دہلوی
ساحل	بھساول	قمر بھساولی
سب رس	حیدرآباد	محی الدین قادری زور
سب رنگ	الہ آباد	ڈاکٹر عقیل رضوی
سائنس اردو	دہلی	ڈاکٹر اسلم پرویز
شاہراہ	دہلی	پرکاش پنڈت
شاہ کار	الہ آباد	محمود احمد ہنر
شاعر	ممبئی	افتخار امام صدیقی
شب خون	الہ آباد	شمس الرحمٰن صدیقی
شعر وحکمت	حیدرآباد	شہریار
عصری ادب	دہلی	پروفیسر محمد حسن
عصری آگہی	دہلی	پروفیسر قمر رئیس
شناخت	بھوپال	ظفر صہبائی
امکان	لکھنؤ	ڈاکٹر ملک زادہ
اردو ادب	نئی دہلی	اسلم پرویز

اشارہ	پٹنہ	قیوم خضر	الہلال	کلکتہ	ابوالکلام آزاد
امنگ	دہلی	مرغوب حیدر عابدی	معیار	پٹنہ	قاضی عبدالودود
اردودنیا	دہلی	پروفیسر سید علی کریم	آمد	دہلی	عظیمہ فردوسی
فکروتحقیق	دہلی	(ارتضیٰ کریم)	چارسُو	راول پنڈی	سید ضمیر جعفری
آج کل	دہلی	ابراررحمانی	قومی زبان	پاکستان	
استعارہ	دہلی	صلاح الدین پرویز	قرطاس	ناگپور	محمد امین الدین
اظہار	ممبئی	باقر مہدی	گفتگو	ممبئی	علی سردار جعفری
بین الاقوامی صدا	کشمیر	نسرین نقاش	گل بوٹے	ممبئی	فارق سید
تحریک	دہلی	گوپال متل	کسوٹی	سمستی پور	انور شمیم
تحریر	دہلی	مالک رام	کتاب نما	دہلی	صدیق الرحمٰن قدوائی
تہذیب تعمیر	پٹنہ	سہیل عظیم آبادی	کردار	بھوپال	مفتی صدیقی
تیزگام	دہلی	شاہد پرویز	کتاب	لکھنؤ	عابد سہیل
تعمیر حیات	لکھنؤ	شمس الحق ندوی	فروغ اردو	دہلی	نورالحسن ہاشمی
ذہن جدید	دہلی	جمشید جہاں	فکرونظر	علی گڑھ	آزرمی وخت صفوی
دیوان	پٹنہ	ڈاکٹر سید حسین احمد	نقوش	لاہور	محمد طفیل
حنا	دہلی	جلال الدین	نئی شناخت	دہلی	شبانہ صبا
جہانِ اردو	دربھنگہ	ڈاکٹر مشتاق احمد	نگار	لکھنؤ	نیاز فتح پوری
جامعہ	دہلی	ڈاکٹر عابد حسین	مزاج	بھوپال	عیسیٰ صدیقی
تناظر	ممبئی	بلراج ورما	معارف	اعظم گڑھ	اشتیاق احمد ظلی
تہذیب الاخلاق	علی گڑھ	سرسید	مخدوم	بہار	شفیع الرحمٰن
ترسیل	ممبئی	ڈاکٹر یونس	مباحثہ	پٹنہ	وہاب اشرف
تمثیلِ نو	دربھنگہ	ڈاکٹر امام اعظم	نیاسفر	الٰہ آباد	سید عاشور کاظمی
تکمیل	بھیونڈی	اصغر حسین قریشی	نوائے ادب	ممبئی	ڈاکٹر آدم شیخ

نگارش	امرتسر	مہندر باوا
نئی نسلیں	لکھنؤ	نسیم صدیقی
نکہت	الٰہ آباد	عباس حسینی
لگن	ممبئی	شمس کنول
فکر صحت	رام پور	محمد عاصم راجہ
فیصل ہند	دہلی	نوید صدیقی
سطور	دہلی	کمار پاشی
سوغات	بنگلور	محمود ایاد
خاتون دکن	حیدرآباد	صلاح الدین نیر
خوشبو کا سفر	حیدرآباد	صلاح الدین نیر
اثبات	ممبئی	اشعر نجمی
الفاظ	علی گڑھ	اطہر پرویز
اندازے	الٰہ آباد	پروفیسر عقیل رضوی
اسلام اور عصر ادب	دہلی	ڈاکٹر عابد حسین

☆☆☆

سوالات برائے مشق

مشق نمبر (۱)

س(۱) ''کئی چاند تھے سر آسماں'' ناول کس نے لکھا؟

(A) عبدالمجید (B) شمس الرحمٰن فاروقی

(C) قدسیہ بانو (D) ممتاز مفتی

س(۲) ایوانِ غزل کس کا ناول ہے؟

(A) جیلانی بانو (B) جمیلہ ہاشمی

(C) خدیجہ مستور (D) بشریٰ رحمٰن

س(۳) اداس نسلیں کس کا ناول ہے؟

(A) شوکت صدیق (B) ممتاز مفتی

(C) عبداللہ حسین (D) ممتاز مفتی

س(۴) آنگن کس کا ناول ہے؟

(A) جمیلہ ہاشمی (B) جیلانی بانو

(C) خدیجہ مستور (D) بشریٰ رحمٰن

س(۵) بغیر عنوان کے کس کا ناولٹ ہے؟

(A) راجندر سنگھ بیدی (B) سعادت حسن منٹو

(C) کرشن چندر (D) خواجہ احمد عباس

س(۶) برگ نے کس کا شعری مجموعہ ہے؟

(A) ن، م، راشد (B) خلیل الرحمٰن اعظمی

(C) ناصر کاظمی (D) کرشن موہن

س (۷) لا = انسان اور سباویراں کس کی نظمیں ہیں؟

(A) ساقی فاروقی (B) ن، م، راشد

(C) ناصر کاظمی (D) کرشن موہن

س (۸) عصمت چغتائی نے ''دوزخی'' نام سے کس کا خاکہ لکھا ہے؟

(A) منٹو (B) اپنے بھائی عظیم چغتائی

(C) سجاد حیدر یلدرم (D) کرشن چندر

س (۹) ہما خانم کے نام سے فارسی ناول کو کس نے اردو میں لکھا؟

(A) عظیم بیگ چغتائی (B) خواجہ احمد عباس

(C) سجاد حیدر یلدرم (D) عصمت چغتائی

س (۱۰) ایک بھاشا دو لکھاوٹ دو ادب کس کی تصنیف ہے؟

(A) گیان چند جین (B) گوپی چند نارنگ

(C) مسعود حسن (D) خلیل بیگ

س (۱۱) روشنائی کس کی تصنیف ہے؟

(A) سجاد حیدر یلدرم (B) سجاد ظہیر

(C) رضیہ سجاد ظہیر (D) آنند نرائن ملا

س (۱۲) زیرِ لب کے نام سے کس نے اپنی آپ بیتی لکھا ہے؟

(A) جمیلہ ہاشمی (B) عصمت چغتائی

(C) صفیہ اختر (D) جیلانی بانو

س (۱۳) آگ کا دریا اور میرے بھی صنم خانے کس کا ناول ہے؟

(A) سجاد حیدر (B) کرشن چندر

(C) منٹو (D) قرۃ العین حیدر

س (۱۴) خم خانۂ جاوید کس نے لکھا؟

(A) منشی سدا سکھ لال (B) لالہ سری رام

(C) امداد امام اثر (D) محمد حسین آزاد

س (۱۵) شعر الہند کس کی تصنیف ہے؟

(A) شبلی نعمانی (B) عبدالسلام ندوی

(C) امداد امام اثر (D) اثر لکھنوی

س (۱۶) خیام کس کی تصنیف ہے؟

(A) سید سلیمان ندوی (B) عبدالسلام ندوی

(C) شبلی (D) مہدی افادی

س (۱۷) حضرت جان اور دارا شکوہ ناول کس نے لکھا؟

(A) عصمت چغتائی (B) شمس الرحمٰن فاروقی

(C) عبدالغفار (D) قاضی عبدالستار

س (۱۸) 'لیلیٰ کے خطوط' کس نے لکھا؟

(A) قاضی عبدالستار (B) قاضی عبدالغفار

(C) سجاد حیدر (D) عظیم بیگ

س (۱۹) لہو کے پھول ناول پانچ جلدوں میں کس نے لکھا؟

(A) عصمت (B) منٹو

(C) کرشن چندر (D) حیات اللہ انصاری

س(۲۰) موزوں کا کارخانہ اور آخری کوشش کس کا افسانہ ہے؟

(A) حیات اللہ انصاری (B) منٹو

(C) بیدی (D) کرشن چندر

س(۲۱) خورشید کا سامانِ سفر کس کی تصنیف ہے؟

(A) منٹو (B) کرشن چندر

(C) شمس الرحمٰن فاروقی (D) عصمت

س(۲۲) ''دوگز زمین'' ناول کس نے لکھا؟

(A) عبدالستار (B) عبدالصمد

(C) عبدالغفار (D) منٹو

س(۲۳) ''شاہدِ رعنا'' ناول کس کی لکھی ہے؟

(A) عصمت (B) بیدی

(C) کرشن چندر (D) قاری سرفراز حسین

س(۲۴) 'اسم اعظم اور خواب کا دربند ہے' کس کا شعری مجموعہ ہے؟

(A) ناصر کاظمی (B) شہریار

(C) ن، م راشد (D) ساقی فاروقی

س(۲۵) خواب باقی ہیں کس کی خودنوشت ہے؟

(A) آل احمد سرور (B) محمد حسن

(C) شہریار (D) خلیل الرحمٰن اعظمی

س(۲۶) تنقیدی جائزے اور اعتبار نظر کس کی تصنیف ہے؟

(A) آل احمد سرور (B) محمد حسن

(C) ممتاز حسین (D) احتشام حسین

س(۲۷) گلکرسٹ اور اس کا عہد کس کی تصنیف ہے؟

(A) سیدہ جعفر (B) گیان چندر

(C) عتیق احمد صدیقی (D) پرکاش مونس

س(۲۸) ہماری شاعری کس کی تصنیف ہے؟

(A) مسعود حسن رضوی (B) مسعود حسین خاں

(C) شبلی (D) حالی

س(۲۹) اردو تنقید پر ایک نظر اور سخن ہائے گفتنی کس کی تصنیف ہے

(A) احتشام حسین (B) محمد حسن

(C) کلیم الدین احمد (D) آل احمد سرور

س(۳۰) کس کا انتقال نیویارک میں ہوا؟

(A) منٹو (B) فیض

(C) ن، م راشد (D) پطرس بخاری

س(۳۱) اقبال کے علاوہ اور کون سا شاعر سیالکوٹ میں پیدا ہوا؟

(A) ناصر کاظمی (B) شہریار

(C) فیض (D) مخدوم

س(۳۲) کس شاعر نے مرنیکے بعد لاش کو جلانے کی وصیت کی تھی؟

(A) ن، م، راشد (B) ناصر کاظمی

(C) فیض (D) مخدوم

س(۳۳) کس ادیب نے اپنی لاش کو دفن کے بجائے

جلانے کی وصیت کی تھی؟

(A) منٹو (B) خواجہ احمد عباس

(C) قرۃ العین حیدر (D) عصمت چغتائی

س(۳۴) ستارہ یا بادباں اور قیامت ہم رکاب آئے نہ آئے کس کی تصنیف ہے؟

(A) محمد عسکری (B) محمد حسن عسکری

(C) ہنس راج رہبر (D) عصمت

س(۳۵) وہ کون شاعر ہے جس نے کبھی تخلص استعمال نہیں کیا؟

(A) جوش (B) ناصر کاظمی

(C) مخدوم (D) برج نرائن چکبست

س(۳۶) تنہائی کس شاعر کی نظم ہے؟

(A) مخدوم (B) ناصر

(C) جوش (D) فیض

س(۳۷) شاد عظیم آبادی کا پورا نام کیا ہے؟

(A) علی محمد (B) احمد علی

(C) علی رضا (D) علی حسن

س(۳۸) رومانی شاعر کسے کہا جاتا ہے؟

(A) اختر انصاری (B) اختر حسین رائے پوری

(C) اختر شیرانی (D) مخدوم

س(۳۹) جوش کون سا رسالہ نکالتے تھے؟

(A) آواز (B) کلیم

(C) آج کل (D) زمانہ

س(۴۰) رسالہ 'زمانہ' کانپور سے کون نکالتا تھا؟

(A) منشی نول کشور (B) چکبست

(C) منشی سدا سکھ لال (D) منشی دیا نرائن نگم

س(۴۱) 'الہلال' اور 'البلاغ' کلکتہ سے کون نکالتا تھا؟

(A) محمد حسین آزاد (B) ابوالکلام آزاد

(C) شبلی (D) حالی

س(۴۲) معارف رسالہ کہاں سے نکلتا ہے؟

(A) لکھنؤ (B) الہ آباد

(C) اعظم گڑھ (D) بنارس

س(۴۳) ماہنامہ اظہار بمبئی سے کون نکالتا تھا؟

(A) علی سردار جعفری (B) جوش

(C) مجاز (D) باقر مہدی

س(۴۴) میرا جی کا پورا نام کیا ہے؟

(A) اختر حسین (B) علی عباس

(C) امام حسن (D) ثناء اللہ ڈار

س(۴۵) کبیر بانی کس نے اردو میں لکھا؟

(A) جوش (B) فراق

(C) علی سردار جعفری (D) ناصر کاظمی

س(۴۶) گاندھی جی کی آپ بیتی اردو میں کس نام سے تھی؟

(A) تلاشِ حق (B) میری کہانی

(C) یادیں (D) خواب باقی ہیں

س(۴۷) جواہر لال نہرو کی آپ بیتی اردو میں کس نام سے تھی؟

(A) یادیں (B) آپ بیتی
(C) میری دنیا (D) میری کہانی

س(۴۸) ٹیڑھی لکیر کس کا ناول ہے؟

(A) عصمت (B) کرشن چندر
(C) منٹو (D) بیدی

س(۴۹) پریم چندر کا پہلا افسانہ کون سا ہے؟

(A) دنیا کا سب سے انمول رتن (B) کفن
(C) نجات (D) آخری تحفہ

س(۵۰) خوجی کس ناول کا کردار ہے؟

(A) فسانۂ عجائب (B) باغ و بہار
(C) فسانۂ آزاد (D) سیر کہسار

☆☆☆

جوابات

(۱) (B)	(۲)(A)	(۳) (C)
(۴)(C)	(۵)(B)	(۶) (C)
(۷) (B)	(۸)(B)	(۹) (C)
(۱۰) (A)	(۱۱) (B)	(۱۲)(C)
(۱۳) (D)	(۱۴) (B)	(۱۵)(B)
(۱۶)(A)	(۱۷) (D)	(۱۸) (B)
(۱۹) (D)	(۲۰)(A)	(۲۱) (C)
(۲۲) (B)	(۲۳) (D)	(۲۴)(B)
(۲۵) (A)	(۲۶) (D)	(۲۷) (C)
(۲۸)(A)	(۲۹) (C)	(۳۰) (D)
(۳۱) (C)	(۳۲)(A)	(۳۳)(D)
(۳۴)(B)	(۳۵)(D)	(۳۶)(D)
(۳۷)(A)	(۳۸)(C)	(۳۹)(B)
(۴۰)(D)	(۴۱)(B)	(۴۲)(C)
(۴۳)(D)	(۴۴)(D)	(۴۵)(C)
(۴۶)(A)	(۴۷)(D)	(۴۸)(A)
(۴۹)(A)	(۵۰) (C)	

☆☆☆☆

مشق نمبر (۲)

س(۱) اللہ رکھی اور حسن آراء کس ناول کا کردار ہے؟

(A) امراء جان ادا (B) شاہد رعنا

(C) شریف زادہ (D) فسانۂ آزاد

س(۲) چار ناولٹ کس کی تصنیف ہے؟

(A) کرشن چندر (B) منٹو

(C) بیدی (D) قرۃ العین حیدر

س(۳) کون ناول نگار مشہور افسانہ نگار سجاد حیدر یلدرم کی بیٹی ہیں؟

(A) عصمت (B) جمیلہ ہاشمی

(C) قرۃ العین حیدر (D) جیلانی بانو

س(۴) افسانہ آنندی کس کی تخلیق ہے؟

(A) غلام عباس (B) احمد علی

(C) اوپندر ناتھ اشک (D) کرشن چندر

س(۵) پریم چندر کے کس افسانے میں چوبیس گھنٹے کی کہانی ہے؟

(A) عیدگاہ (B) گلی ڈنڈا

(C) عبرت (D) کفن

س(۶) آہنگ اور شب تاب کس کا مجموعۂ کلام ہے؟

(A) مخدوم (B) مجاز

(C) ن،م راشد (D) خلیل الرحمٰن اعظمی

س(۷) ایران میں اجنبی کس شعری مجموعہ ہے؟

(A) شہریار (B) مخدوم

(C) ن،م راشد (D) مجاز

س(۸) غزل کس کا شعری مجموعہ ہے؟

(A) مجاز (B) فیض

(C) جوش (D) مجروح سلطان پوری

س(۹) فروزاں اور سخنِ مختصر کس کا شعری مجموعہ ہے؟

(A) وامق (B) مجاز

(C) جذبی (D) جوش

س(۱۰) یادوں کی بارات کس شاعر کی آپ بیتی ہے؟

(A) فراق (B) جوش

(C) مجاز (D) جذبی

س(۱۱) دریچہ کس کی نظم ہے؟

(A) جوش (B) فراق

(C) مجاز (D) فیض

س(۱۲) ہنڈولہ کس کی نظم ہے؟

(A) فیض (B) فراق

(C) مخدوم (D) جوش

س(۱۳) نظم جدید کی کروٹیں کس کی تصنیف ہے؟

(A) وزیر آغا (B) سلیم احمد

(C) وارث علوی (D) فراق

س(۱۴) اندازے کس کی تصنیف ہے؟

(A)جوش (B)مجاز

(C)فراق (D) جذبی

س(۱۵) غالب نامہ کس کی تخلیق ہے؟

(A)شیخ چاند (B)شیخ محمد اکرام

(C)مالک رام (D)گیان چندر

س(۱۶) اودھ پنچ اخبار ۱۸۷۷ء میں کس نے نکالا؟

(A)سجاد حسین (B) نول کشور

(C)دیا نرائن نگم (D)سدا سکھ لال

س(۱۷) غالب کو حیوانِ ظریف کس نے کہا؟

(A)شبلی (B)مالک رام

(C)حالی (D)شیخ اکرام

س(۱۸)ذکر غالب کس کی تصنیف ہے؟

(A) گیان چند (B)حالی

(C)مالک رام (D)جوش ملیانی

س(۱۹) کاشف الحقائق کس کی تصنیف ہے؟

(A)مسعود حسن رضوی (B) محمد حسن

(C)امداد امام اثر (D) اثر لکھنوی

س(۲۰) میلہ گھومنی اور نورو نار کس کا افسانہ ہے؟

(A)عصمت (B) منٹو

(C)علی عباس حسینی (D) پریم چندر

س(۲۱) محسن الملک کا پورا نام کیا ہے؟

(A)سید مہدی علی (B) مہدی حسن

(C)حسن مہدی (D) محمد حسن

س(۲۲) بالِ جبریل کا سن اشاعت کیا ہے؟

(A)۱۹۳۲ء (B)۱۹۳۵ء

(C)۱۹۳۰ء (D)۱۹۳۶ء

س(۲۳) اقبال کا پہلا مجموعۂ کلام کون ہے؟

(A)بالِ جبریل (B) ضرب کلیم

(C)بانگ درا (D) ارمغانِ حجاز

س(۲۴) ماورا اور گمان کا ممکن کس شاعر کا مجموعہ ہے؟

(A)ساقی فاروقی (B) مخدوم

(C)جوش (D) ن،م راشد

س(۲۵) یادیں اور بنت لمحات کس کا شعری مجموعہ ہے؟

(A)مخدوم (B) جوش

(C)اختر الایمان (D)اختر شیرانی

س(۲۶) ایک لڑکا کس کی مشہور نظم ہے؟

(A)فیض (B)جوش

(C)فراق (D)اختر الایمان

س(۲۷) ہندوستانی کی الہامی کتابیں دو ہیں: ایک مقدس وید دوسرے دیوان غالب۔ کس کا قول ہے؟

(A)عبدالرحمٰن بجنوری (B)یوسف حسین خاں

(C)مالک رام (D)شیخ اکرام

س(۲۸) تنقید کا وجود محض فرضی ہے، یہ اقلیدس کا ایک خیالی نقطہ یا معشوق کی موہوم کمر'' کس کا قول ہے؟

(A)امداد امام اثر (B) اثر لکھنوی

(C)حکیم الدین احمد (D) وزیر آغا

س(۲۹) محمد حسین آزاد نے ہندوستان کا چاسر کسے کہا ہے؟

(A)حالی (B) ولی دکنی

(C)غالب (D)ذوق

س(۳۰) خاقانی ہند کس کا لقب ہے؟

(A)غالب (B) مومن

(C)ذوق (D) مہر

س(۳۱) نجم الدولہ اور دبیر الملک کس کے خطاب ہیں؟

(A)صفی لکھنوی (B) ذوق

(C)حالی (D) جوش

س(۳۲) ذکر میر کس نے لکھا؟

(A)ناسخ (B)غالب

(C)میر (D)مومن

س(۳۳) اردو شاعری میں واسوخت کا موجد کون ہے؟

(A)مومن (B)غالب

(C)میر (D)موہن

س(۳۴) مکر شاعرانہ کس شاعر کی خصوصیت ہے؟

(A)میر (B)غالب

(C)مومن (D). غالب

س(۳۵) یاسیات کا امام کس کو کہا جاتا ہے؟

(A)میر (B)ناصر کاظمی

(C)فانی (D)غالب

س(۳۶) کون شاعر علمِ نجوم، شطرنج، اور موسیقی کا بھی ماہر تھا؟ اور طبیب بھی تھا؟

(A)غالب (B) مومن

(C)میر (D)آتش

س(۳۷) کس شاعر کی موت کوٹھے سے گر کر ہوئی؟

(A)میر (B)آتش

(C)ناسخ (D) مومن

س(۳۸) عود ہندی اور اردوئے معلیٰ کس کے خطوط کا مجموعہ ہے؟

(A)حالی (B) مومن

(C)غالب (D) سرسید

س(۳۹) پچھلا گیان پیٹھ ایوارڈ کس شاعر کو ملا؟

(A)فراق (B) فیض

(C)شہریار (D) علی سردار جعفری

س(۴۰) سب سے پہلے کس شاعر کو اردو میں گیان پیٹھ ایوارڈ ملا

(A)علی سردار جعفری (B) جوش

(C)فیض (D) فراق

س(۴۱) تاریخ ادب اردو انگریزی میں کس نے لکھا؟

(A)رام بابو سکسینہ (B) اعجاز حسین

(C)احتشام حسین (D) فراق

س(۴۲) تاریخ ادب اردو مصنف رام بابو سکسینہ کا اردو ترجمہ کس نے کیا؟

(A) مرزا محمد عسکری (B) محمد حسن عسکری

(C) سیدہ جعفر (D) وہاب اشرفی

س(۴۳) مختصر تاریخ ادب اردو کس نے لکھا؟

(A) احتشام حسین (B) محمد حسن

(C) اعجاز حسین (D) مسیح الزماں

س(۴۴) اردو ادب کی تنقیدی تاریخ کس کی تصنیف ہے؟

(A) امداد امام اثر (B) سیدہ جعفر

(C) وہاب اشرفی (D) احتشام حسین

س(۴۵) ہندی ادب کی تاریخ کس کی تصنیف ہے؟

(A) احتشام حسین (B) علی سردار جعفری

(C) فراق (D) محمد حسن

س(۴۶) لکھنؤ کا دبستاں شاعری کس کی تصنیف ہے؟

(A) نورالحسن ہاشمی (B) ابواللیث صدیقی

(C) سید عبداللہ (D) عبارت بریلوی

س(۴۷) دہلی کا دبستان شاعری کس کی تخلیق ہے؟

(A) ابواللیث صدیقی (B) مسعود حسین خاں

(C) نورالحسن ہاشمی (D) مسعود حسن رضوی

س(۴۸) ن،م راشد کا انتقال کہاں ہوا؟

(A) نیویارک (B) لندن

(C) فرانس (D) جرمنی

س(۴۹) جام جہاں نما، اردو کا پہلا ہفت روزہ اخبار ہے اس کو کس نے نکالا؟

(A) مولوی محمد باقر (B) منشی سدا سکھ لال

(C) دیا نرائن نگم (D) نول کشور

س(۵۰) لفظ و معنی اور افسانے کی حمایت میں کس کی تصنیف ہے؟

(A) احتشام حسین (B) محمد حسن

(C) ممتاز حسین (D) شمس الرحمٰن فاروقی

☆☆☆

جوابات

(۱)(D)	(۲)(D)	(۳)(C)
(۴)(A)	(۵) (D)	(۶)(B)
(۷) (C)	(۸)(D)	(۹)(C)
(۱۰) (B)	(۱۱) (D)	(۱۲)(B)
(۱۳)(A)	(۱۴)(C)	(۱۵)(B)
(۱۶)(A)	(۱۷)(C)	(۱۸)(C)
(۱۹)(C)	(۲۰)(C)	(۲۱)(A)
(۲۲)(B)	(۲۳)(C)	(۲۴)(D)
(۲۵)(C)	(۲۶)(D)	(۲۷)(A)
(۲۸)(C)	(۲۹)(B)	(۳۰)(C)
(۳۱)(C)	(۳۲)(C)	(۳۳)(C)
(۳۴)(C)	(۳۵)(C)	(۳۶)(B)
(۳۷)(D)	(۳۸)(C)	(۳۹)(C)
(۴۰)(D)	(۴۱)(A)	(۴۲)(B)
(۴۳)(C)	(۴۴)(D)	(۴۵)(D)
(۴۶)(B)	(۴۷)(C)	(۴۸)(B)
(۴۹)(B)	(۵۰) (D)	

☆☆☆

مشق نمبر (۳)

س(۱) ماہ رخ کس مثنوی کا کردار ہے؟

(A)سحرالبیان (B) زہر عشق

(C)شعلۂ عشق (D) گلزارنسیم

س(۲) پریم چندرکون سا رسالہ نکالتے تھے؟

(A)ہنس (B) کلیم

(C)ادبی محاذ (D) امکان

س(۳) نگاررسالہ کون نکالتا تھا؟

(A)مجنوں گورکھپوری (B) سردار جعفری

(C)نیاز فتحپوری (D) باقر مہدی

س(۴) عمروعیار کس داستان کا کردار ہے؟

(A)طوطا مینا (B) رانی کیتکی کی کہانی

(C)فسانۂ عجائب (D) داستان امیر حمزہ

س(۵) نجم النساء کس مثنوی کا کردار ہے؟

(A)گلزارنسیم (B) سحرالبیان

(C)زہر عشق (D) شعلۂ عشق

س(۶) گنج خوبی کس کی تخلیق ہے؟

(A)میرتقی میرؔ (B) میر ضمیر

(C)میرحسن (D) میرامن

س(۷) گذشتہ لکھنؤ کس کی تخلیق ہے؟

(A) میرامن (B) واجد علی شاہ

(C) عبدالحلیم شرر (D) چکبست

س(۸) موازنہ انیس و دبیر کس کی تصنیف ہے؟

(A) حالی (B) شبلی

(C) مسیح الزماں (D) احتشام حسین

س(۹) نیا دور کے ایڈیٹر کون ہیں؟

(A) امیر احمد صدیقی (B) امجد حسین

(C) شبیہ الحسن (D) وضاحت حسین رضوی

س(۱۰) مرأۃ العروس (اردو کا پہلا ناول) نذیر احمد نے کب لکھا؟

(A) ۱۸۶۲ء (B) ۱۸۶۳ء

(C) ۱۸۶۴ (D) ۱۸۶۹ء

س(۱۱) معراج العاشقین کس کے نام سے منسوب ہے؟

(A) میر بہادر علی حسینی (B) خواجہ بندہ نواز گیسودراز

(C) امیر خسرو (D) نصرتی

س(۱۲) پھول بن کس کی تخلیق ہے؟

(A) نصرتی (B) ابن نشاطی

(C) قلی قطب شاہ (D) خواجہ بندہ نواز گیسودراز

س(۱۳) مثنوی زہر عشق کس کی تخلیق ہے؟

(A) شوق لکھنوی (B) میر حسن

(C) میر تقی میر (D) سودا

س(۱۴) فیروز شاہ کس مثنوی کا کردار ہے؟

(A) گلزار نسیم (B) شعلۂ عشق

(C) زہر عشق (D) سحر البیان

س(۱۵) نذیر احمد کی کہانی کچھ ان کی کچھ میری زبانی کس نے لکھا؟

(A) عظیم بیگ (B) عصمت چغتائی

(C) فرحت اللہ بیگ (D) قرۃ العین حیدر

س(۱۶) گنج ہائے گراں مایہ اور آشفتہ بیانی میری کس کے خاکوں کا مجموعہ ہے؟

(A) حالی (B) شبلی

(C) رشید احمد صدیقی (D) آل احمد سرور

س(۱۷) گنجے فرشتے کس کے خاکوں کا مجموعہ ہے؟

(A) عصمت (B) منٹو

(C) کرشن چندر (D) بیدی

س(۱۸) ملک ادب کے شہزادے کس کے خاکوں کا مجموعہ ہے؟

(A) احتشام حسین (B) محمد حسن

(C) اعجاز حسین (D) محمد حسین

س(۱۹) حاکم بدھن اور زرگزشت، چراغ تلے کس کی کتابیں ہیں؟

(A) مشتاق احمد یوسفی (B) مجتبیٰ حسین

(C) یوسف ناظم (D) فکر تونسوی

س(۲۰) قطب مشتری کس کی تصنیف ہے؟

(A) ملا وجہی (B) ابن نشاطی

(C) غواصی (D) قلی قطب شاہ

س (۲۱) نوسرِ ہار کس کی تصنیف ہے؟

(A) سید اشرف بیابانی (B) غواضی

(C) میر انیس (D) حالی

س (۲۲) سیف الملوک وبدیع الجمال کس شاعر کی تصنیف ہے؟

(A) نصرتی (B) وجہی

(C) غواضی (D) ابن نشاطی

س (۲۳) ہاتھ ہمارے قلم ہوئے، گرہن اور اپنے دکھ مجھے دیدو کس کے افسانوں کے مجموعے ہیں؟

(A) کرشن چندر (B) عصمت

(C) منٹو (D) بیدی

س (۲۴) لذت سنگ اور یزید کس کے افسانوی مجموعے ہیں؟

(A) بیدی (B) عصمت

(C) منٹو (D) غلام عباس

س (۲۵) ریچھ کا بچہ کس شاعر کی نظم ہے؟

(A) فراق (B) نظیر اکبر آبادی

(C) حالی (D) جوش

س (۲۶) ''غزل نقاب پوش آرٹ اور چاول پر قل ہو اللہ لکھنے کا آرٹ ہے'' کس نے کہا؟

(A) احتشام حسین (B) محمد حسن

(C) آل احمد سرور (D) فراق

س (۲۷) اردو کے پانچ ادیبوں ''سرسید، حالی، شبلی، نذیر احمد، اور محمد حسین آزاد'' کو عناصر خمسہ کس نے کہا؟

(A) حالی (B) محمد حسن

(C) آل احمد سرور (D) مہدی افادی

س (۲۸) مقدمہ شعر وشاعری اردو شاعری کا پہلا زمینی فیسٹو ہے کس نے کہا؟

(A) آل احمد سرور (B) محمد حسن

(C) شبلی (D) احتشام حسین

س (۲۹) ۱۹۳۶ء کی پہلی ترقی پسند کانفرنس لکھنؤ میں کس نے کہا تھا؟ ''ہمیں حسن کا معیار بدلنا ہوگا''

(A) کرشن چندر (B) بیدی

(C) منٹو (D) پریم چندر

س (۳۰) اردو کا برنارڈ شاہ کس کو کہا جاتا ہے؟

(A) سرسید (B) حالی

(C) غالب (D) میر

س (۳۱) اردو شاعری کا ہومر کس کو کہا جاتا ہے؟

(A) دبیر (B) ضمیر

(C) حالی (D) انیس

س (۳۲) لسان العصر کسے کہا جاتا ہے؟

(A) جگر (B) اقبال

(C) اکبر (D) حالی

س (۳۳) ہوری، دھنیا، اور گوبر کس ناول کے کردار ہیں؟

(A) نرملا (B) غبن

(C) گئودان (D) بازارِ حسن

س (۳۴) سریلے بول کس کا شعری مجموعہ ہے؟

(A) کلیم الدین احمد (B) عظمت اللہ خاں

(C) حالی (D) محمد حسین آزاد

س (۳۵) گریز کس کا ناول ہے؟

(A) عصمت (B) کرشن چندر

(C) عزیز احمد (D) بیدی

س (۳۶) جام جہاں نما منشی سدا سکھ لال نے کب نکالا؟

(A) ۲۷ / مارچ ۱۸۲۲ء (B) ۴ / اپریل ۱۸۴۲

(C) ۲۷ / مارچ ۱۸۳۲ء (D) ۲ / مارچ ۱۸۲۰ء

س (۳۷) دل گداز رسالہ کون نکالتا تھا؟

(A) چکبست (B) عبد الحلیم شرر

(C) مولوی عبد الحق (D) منشی دیا نرائن نگم

س (۳۸) قاضی عبد الغفار پیارم اخبار کہاں سے نکالتے تھے؟

(A) لکھنؤ (B) کلکتہ

(C) بمبئی (D) حیدر آباد

س (۳۹) پیسہ اخبار اور منصف اخبار کہاں سے نکلتا تھا؟

(A) لکھنؤ (B) حیدر آباد

(C) بمبئی (D) حیدر آباد

س (۴۰) شعر شور انگیز کس کی تصنیف ہے؟

(A) شمس الرحمٰن فاروقی (B) محمد حسن

(C) احتشام حسین (D) حالی

س (۴۱) سریلی بانسری کس کا شعری مجموعہ ہے؟

(A) آبرو (B) آرزو لکھنوی

(C) اثر لکھنوی (D) ثاقب لکھنوی

س (۴۲) گوتم نیل عنبر اور چمپا کس ناول کے کردار ہیں؟

(A) گئودان (B) ضدی

(C) گریز (D) آگ کا دریا

س (۴۳) طوطا رام کس ناول کا کردار ہے؟

(A) بیوہ (B) ضدی

(C) امراؤ جان (D) نرملا

س (۴۴) نعیم کس ناول کا کردار ہے؟

(A) گریز (B) لندن کی ایک رات

(C) بیوہ (D) شکست

س (۴۵) اور انسان مر گیا کس کا ناول ہے؟

(A) کرشن چندر (B) عصمت

(C) منٹو (D) رامانند ساگر

س (۴۶) کس ناول میں صرف ایک رات کی کہانی پیش کی گئی ہے

(A) گریز (B) ضدی

(C) لندن کی ایک رات (D) آخری شب کے ہم سفر

س (۴۷) قاضی عبد الستار نے کس ناول کو صرف ۹ دن میں

لکھا؟

(A)حضرت جان (B) غالب

(C)داراشکوہ (D) شب گزیدہ

س(۴۸) اردو میں تاریخی ناولوں کا آغاز کس نے کیا؟

(A)عبدالحلیم شرر (B) عزیز احمد

(C)مرزا رسوا (D) نذیر احمد

س(۴۹) کس ادیبہ کو گیان پیٹھ ایوارڈ ملا؟

(A)عصمت (B) جیلانی بانو

(C) آمنہ ابوالحسن (D) قرۃ العین حیدر

س(۵۰) کس کتاب کو کتاب المناقب اور مدلل مداحی کہا گیا ہے؟

(A)حیات سعدی (B) حیات جاوید

(C)سیرۃ النعمان (D) یادگارِ غالب

☆☆☆

جوابات

(A)(۱) (A)(۲) (C)(۳)

(D)(۴) (B)(۵) (D)(۶)

(C)(۷) (B)(۸) (D)(۹)

(D)(۱۰) (B)(۱۱) (B)(۱۲)

(A)(۱۳) (D)(۱۴) (C)(۱۵)

(C)(۱۶) (B)(۱۷) (C)(۱۸)

(A)(۱۹) (A)(۲۰) (A)(۲۱)

(C)(۲۲) (D)(۲۳) (C)(۲۴)

(B)(۲۵) (C)(۲۶) (D)(۲۷)

(A)(۲۸) (D)(۲۹) (B)(۳۰)

(D)(۳۱) (C)(۳۲) (C)(۳۳)

(B)(۳۴) (C)(۳۵) (A)(۳۶)

(B)(۳۷) (D)(۳۸) (D)(۳۹)

(A)(۴۰) (B)(۴۱) (D)(۴۲)

(D)(۴۳) (B)(۴۴) (D)(۴۵)

(C)(۴۶) (D)(۴۷) (A)(۴۸)

(D)(۴۹) (B) (۵۰)

☆☆☆

مشق نمبر (۴)

س(۱) مرثیہ عارف کس نے لکھا؟

(A) انیس (B) دبیر

(C) غالب (D) حالی

س(۲) کس افسانہ نگار کے یہاں پنجاب کی تصویر ملتی ہے؟

(A) عصمت (B) منٹو

(C) بیدی (D) کرشن چندر

س(۳) اردو تنقید کا بانی کسے کہا جاتا ہے؟

(A) سرسید (B) حالی

(C) محمد حسین آزاد (D) نذیر احمد

س(۴) کس افسانہ نگار نے طوائفوں سے متعلق زیادہ تر افسانے لکھے؟

(A) بیدی (B) عصمت

(C) کرشن چندر (D) منٹو

س(۵) پریم چندر کا پہلا افسانوی مجموعہ کون سا ہے؟

(A) زادِراہ (B) واردات

(C) سوزوطن (D) صبح وطن

س(۶) ایسی بلندی ایسی پستی کس کا ناول ہے؟

(A) عزیز احمد (B) پریم چند

(C) عصمت (D) بیدی

س(۷) کلیم کس ناول کا کردار ہے؟

(A) ایامی (B) ضدی

(C) گریز (D) توبۃ النصوح

س(۸) بساطِ رقص کس کا شعری مجموعہ ہے؟

(A) فراق (B) جوش

(C) مخدوم (D) مجاز

س(۹) ''ہم ایسے اہل نظر کو ثبوت حق کے لئے ☆ اگر رسول نہ ہوتی تو صبح کافی تھی'' کس کا شعر ہے؟

(A) مجاز (B) فیض

(C) مخدوم (D) جوش

س(۱۰) شام شہر یاراں کس کا شعری مجموعہ ہے؟

(A) جوش (B) فیض

(C) مخدوم (D) فراق

س(۱۱) سخن شعراء کس کا تذکرہ ہے؟

(A) شیفتہ (B) مصحفی

(C) میر (D) عبدالغفور نساخ

س(۱۲) شعرالعجم کس کی تصنیف ہے؟

(A) حالی (B) نذیر احمد

(C) شبلی (D) سلیمان ندوی

س(۱۳) امتیاز علی تاج کون سا رسالہ نکالتے تھے؟

(A) رومی (B) شمع

(C) کہکشاں (D) ادیب

س(۱۴) محمد حسن دہلی سے کون سا رسالہ نکالتے تھے؟

(A) عصری ادب (B) عصری آگہی

(C) ادیب (D) پیام مشرق

س(۱۵) رسالہ اردوئے معلّیٰ کس نے جاری کیا؟

(A) حسرت موہانی (B) حالی

(C) شبلی (D) محمد حسین آزاد

س(۱۶) زمیندار اخبار کس نے جاری کیا؟

(A) ظفر علی خاں (B) شبلی

(C) محمد حسین آزاد (D) محمد علی جوہر

س(۱۷) کامریڈ (انگریزی) اور ہمدرد اردو میں کس نے جاری کیا

(A) محمد حسن (B) محمد علی جوہر

(C) ظفر علی (D) امتیاز علی تاج

س(۱۸) ماہنامہ نکہت الٰہ آباد سے کس نے جاری کیا؟

(A) ابن صفی (B) ابن سعید

(C) علی عباس حسینی (D) شکیل جمالی

س(۱۹) آوارہ سجدے اور جھنکار کس کا شعری مجموعہ ہے؟

(A) مجاز (B) جوش

(C) ندا فاضلی (D) شمیم حنفی

س(۲۰) سورج کو چونچ میں لئے مرغا کھڑا رہا، کھڑکی کے پردے کھینچ دے رات ہوگئی، کس کا شعر ہے؟

(A) مجاز (B) جوش

(C) ندا فاضلی (D) شمیم حنفی

س(۲۱) کاغذی پیرہن اور نیا عہد نامہ کس کا شعری مجموعہ ہے؟

(A) جوش (B) مخدوم

(C) مجاز (D) خلیل الرحمٰن اعظمی

س(۲۲) میرے حصے کی زمین کس کا شعری مجموعہ ہے؟

(A) فیض (B) شہر یار

(C) مخدوم (D) مجاز

س(۲۳) لفظوں کا پل اور مور ناچ کس کا شعری مجموعہ ہے؟

(A) مجاز (B) ندا فاضلی

(C) شہر یار (D) مجاز

س(۲۴) کاغذی ہے پیرہن کسی کی تخلیق ہے؟

(A) عصمت (B) مجاز

(C) جوش (D) فراق

س(۲۵) نئے اور پرانے چراغ، کس کی تصنیف ہے؟

(A) محمد حسن (B) آل احمد سرور

(C) احتشام حسین (D) ممتاز حسین

س(۲۶) فکر اقبال کس کی تصنیف ہے؟

(A) عبدالمغنی (B) جگناتھ آزاد

(C) خلیفہ عبدالحکیم (D) کلیم اللہ

س(۲۷) اقبال کامل کس کی تصنیف ہے؟

(A) عبدالسلام ندوی (B) عزیز احمد

(C) عبدالمغنی (D) سلام سندیلوی

س(۲۸) محاسن کلامِ غالب کس کی تصنیف ہے؟

(A)عبدالسلام ندوی (B) حالی

(C)عبدالرحمٰن بجنوری (D) سلام سندیلوی

س(۳۰) روحِ اقبال کس کی تصنیف ہے؟

(A)یوسف حسین خاں (B) عزیز احمد

(C)رفیع الدین ہاشمی (D) ساحل احمد

س(۳۱) اقبال ایک مطالعہ کا مصنف کون ہے؟

(A)عزیز احمد (B) ساحل احمد

(C)کلیم الدین احمد (D) اسلوب احمد انصاری

س(۳۲) دلارام اور ثریا کس ڈرامے کے کردار ہیں؟

(A)انارکلی (B) روبینہ

(C)ضحاک (D) خانہ جنگی

س(۳۳) دروازہ کھول دو کس کا ڈرامہ ہے؟

(A)بیدی (B) منٹو

(C)عصمت (D) کرشن چندر

س(۳۴) سات کھیل کس کے ڈراموں کا مجموعہ ہے؟

(A)عصمت (B) منٹو

(C)بیدی (D) کرشن چندر

س(۳۵) ضحاک ڈرامہ کس ترقی پسند نقاد نے لکھا؟

(A)محمد حسن (B) بیدی

(C)کرشن چندر (D) آغا حشر

س(۳۶) مولانا محمد حسین آزاد کی نیرنگ خیال کس نوعیت کی کتاب ہے؟

(A)تاریخی (B) مزاحیہ

(C)تمثیلی (D) طنزیہ

س(۳۷) تذکرہ گلشن بے خار کس کی تصنیف ہے؟

(A)میر (B) مصحفی

(C)ناسخ (D) شیفتہ

س(۳۸) ٹیڑھی لکیر کا کردار کون سے ہے؟

(A)دھنیا (B) شمن

(C)عالیہ (D) نغمہ

س(۳۹) شعور کی رو تکنیک کس ناول میں استعمال کی گئی ہے؟

(A)گئودان (B) امراؤ جان ادا

(C)آگ کا دریا (D) فردوس بریں

س(۴۰) شیخ علی وجودی کس تاریخی ناول کا کردار ہے؟

(A)افریقہ کی دلہن (B) فردوس بریں

(C)شوقین ملکہ (D) خاک اور خون

س(۴۱) کس کے دیوان کی آمد سے دہلی میں اردو شاعری کا باقاعدہ آغاز ہوا؟

(A)قلی قطب شاہ (B) سراج اورنگ آبادی

(C)ولی (D) ابن نشاطی

س(۴۲) اصلاحِ زبان کے لئے کون شاعر مشہور ہے؟

(A)ناسخ (B) آتش

(C)غالب (D) ذوق

س(۴۳) نغمہ الہام کس کی غزلوں کا دیوان ہے؟

(A)فانی (B)شاد

(C)حسرت (D) عزیز لکھنوی

س(۴۴) خط بڑھا، زلفیں بڑھی، کاکل بڑھے گیسو بڑھے

حسن کی سرکار میں جتنے بڑھے ہندو بڑھے

اس میں کون سی صفت ہے؟

(A)حسن تعلیل (B) تجاہل عارفانہ

(C)تضاد (D) مراعات النظیر

س(۴۵) ضدی کس کا ناول ہے؟

(A)عصمت (B) بیدی

(C)پریم چندر (D) کرشن چندر

س(۴۶) سرسید کے خیالات کو کس ناول میں نشانہ بنایا گیا ہے؟

(A)آگ کا دریا (B) گئودان

(C)فسانۂ آزاد (D) ابن الوقت

س(۴۷) ''اردو برج بھاشا سے نکلی ہے'' کس کا قول ہے؟

(A)میر امن (B) سرسید

(C)محمود شیرانی (D) محمد حسین آزاد

س(۴۸) درخت راہ دکھائیں ہلا ہلا کے ہاتھ

کہ راستے میں مسافر بچھڑ گیا ہے کوئی

کون سی صفت ہے؟

(A)تضاد (B) لف ونشر

(C)مبالغہ (D) حسن تعلیل

س(۴۹) مرزا ظاہر دار بیگ کس ناول کا کردار ہے؟

(A)توبۃ النصوح (B) فسانۂ آزاد

(C)امراؤ جان ادا (D) ایامیٰ

س(۵۰) انگارے کس کا مجموعہ ہے؟

(A)غزلوں کا (B) نظموں کا

(C)افسانوں کا (D) انشائیہ کا

☆☆☆

جوابات

(۱)(C) (۲)(C) (۳)(B)

(۴)(D) (۵)(C) (۶)(A)

(۷)(D) (۸)(C) (۹)(D)

(۱۰)(B) (۱۱)(D) (۱۲)(C)

(۱۳)(C) (۱۴)(A) (۱۵)(A)

(۱۶)(A) (۱۷)(B) (۱۸)(C)

(۱۹)(B) (۲۰)(C) (۲۱)(D)

(۲۲)(B) (۲۳)(B) (۲۴)(A)

(۲۵)(B) (۲۶)(C) (۲۷)(B)

(۲۸)(C) (۲۹)(B) (۳۰)(A)

(۳۱)(C) (۳۲)(A) (۳۳)(D)

(۳۴)(C) (۳۵)(A) (۳۶)(C)

(۳۷)(D) (۳۸)(B) (۳۹)(C)

(۴۰)(B) (۴۱)(C) (۴۲)(A)

(۴۳)(B) (۴۴)(D) (۴۵)(A)

(۴۶)(D) (۴۷)(D) (۴۸)(D)

(۴۹)(A) (۵۰) (C)

☆☆☆

مشق نمبر (۵)

س(۱) عید یک روز جہاں میں رمضاں ہے اِک ماہ
بعد ہے کثرتِ تکلیف کے یاں عیش قلیل
کون سی صنف ہے؟

(A) مرثیہ (B) غزل

(C) قطعہ (D) قصیدہ

س(۲) نظم کی کون سی صنف داستان سے قریب ہے؟

(A) مثنوی (B) قصیدہ

(C) مرثیہ (D) ہائیکو

س(۳) خانم کس ناول کا کردار ہے؟

(A) باغ و بہار (B) فسانۂ آزاد

(C) امراؤجان (D) ابن الوقت

س(۴) آیاتِ وجدانی کس کا شعری مجموعہ ہے؟

(A) اثر لکھنوی (B) یاس یگانہ

(C) امجد (D) جگر

س(۵) غالب شکن کسے کہتے ہیں؟

(A) کلیم الدین احمد (B) یاس یگانہ

(C) امجد (D) جگر

س(۶) فیضو کس ناول کا نام ہے؟

(A) آگ کا دریا (B) امراؤجان ادا

(C) ٹیڑھی لکیر (D) غبن

س (۷) فراق کی رباعیوں کے مجمعے کا نام کیا ہے؟

(A) آتشیں گل (B) روپ

(C) آہنگ (D) گل نغمہ

س (۸) فراق کو کس کتاب پر گیان پیٹھ ایوارڈ ملا؟

(A) روپ (B) گل نغمہ

(C) اندازے (D) آہنگ

س (۹) غزل انتہاؤں کا سلسلہ ہے کس کا قول ہے؟

(A) کلیم الدین احمد (B) عظمت اللہ خاں

(C) حالی (D) فراق

س (۱۰) نقشِ فریادی ہے کس کی شوخیِ تحریر کا

کاغذی ہے پیرہن ہر پیکر تصویر کا

کس کے دیوان کا پہلا شعر ہے؟

(A) میر (B) آتش

(C) غالب (D) مومن

س (۱۱) اب کے جنوں میں فاصلہ شاید نہ کچھ رہے

دامن کے خاک اور گریباں کے خاک میں

کس کا شعر ہے؟

(A) مومن (B) داغ

(C) غالب (D) میر

س (۱۲) دریائے لطافت کس کی تصنیف ہے؟

(A) جرأت (B) انشاء

(C) مصحفی (D) مومن

س (۱۳) آثار الصنادید کس کی تصنیف ہے؟

(A) حالی (B) شبلی

(C) سرسید (D) وقار الملک

س (۱۴) منٹو کے کس افسانے پر مقدمہ چلا؟

(A) کالی شلوار (B) چغد

(C) ٹھنڈا گوشت (D) نیا قانون

س (۱۵) ایک چادر میلی سی کس کا ناول ہے؟

(A) عصمت (B) منٹو

(C) بیدی (D) کرشن

س (۱۶) سرسید نے سائنٹفک سوسائٹی ۱۸۶۲ء میں کہاں قائم کیا؟

(A) دہلی (B) علی گڑھ

(C) غازی پور (D) مرادآباد

س (۱۷) تقابلی تنقید کی بنیاد اردو میں کس نے ڈالی؟

(A) حالی (B) شبلی

(C) احتشام حسین (D) محمد حسن

س (۱۸) پریم چندر کا پہلا ناول کون سا ہے؟

(A) چوگانِ ہستی (B) اسرار معابد

(C) بازارِ حسن (D) غبن

س (۱۹) اردو کا پہلا صاحب دیوان شاعر کون ہے؟

(A) محمد قلی قطب شاہ (B) نظامی

(C) عبداللہ قطب شاہ (D) ولی دکنی

س (۲۰) فورٹ ولیم کالج کلکتہ میں کب قائم ہوا؟

(A)۱۸۰۰ء (B)۱۸۰۱ء

(C)۱۸۰۲ء (D)۱۸۰۳ء

س(۲۱) غالب کا ہم عصر کون ہے؟

(A)میر (B)مومن

(C)شاہ حاتم (D) دردؔ

س(۲۲) دستنبو کس کا رسالہ ہے؟

(A)غالب (B)میر

(C)فراق (D)جوش

س(۲۳) قنوطی شاعر کسے کہا جاتا ہے؟

(A)فانی (B) غالب

(C)میر (D)سودا

س(۲۴) مصورِ غم کے نام سے کون مشہور ہے؟

(A)نذیر احمد (B)سجاد ظہیر

(C)عبدالحلیم شرر (D)راشد الخیری

س(۲۵) پگھلا نیلم کس کا شعری مجموعہ ہے؟

(A)مخدوم (B)مجاز

(C)سجاد ظہیر (D)فیض

س(۲۶) جدیدیت کا نمائندہ نقاد کون ہے؟

(A)حالی (B)شبلی

(C)کلیم الدین احمد (D)شمس الرحمٰن فاروقی

س(۲۷) دکنی اردو پر پہلی کتاب کس نے لکھی؟

(A)نصیر الدین ہاشمی (B)عبدالحق

(C)شوکت سبزواری (D)محی الدین قادری

س(۲۸) رادھا کنھا کس کا ڈرامہ ہے؟

(A) آغا حشر (B)واجد علی شاہ

(C)احمد شجاع (D) محمد حسن

س(۲۹) نوطرز مرصع کس کی تصنیف ہے؟

(A)عطا حسین تحسین (B) امیر خسرو

(C)رجب علی بیگ (D) میر امّن

س(۳۰) مذہب عشق کس کی تخلیق ہے؟

(A)میر امن (B)نہال چند لاہوری

(C)میر شیر علی افسوس (D) منولال

س(۳۱) رانو، تلوکا اور منگل کس ناول کے کردار ہیں؟

(A)ایک چادر میلی سی (B) غبن

(C)انقلاب (D) اور انسان مر گیا

س(۳۲) نکات الشعراء کس کا تذکرہ ہے؟

(A) مصحفی (B) میر

(C)عبدالغفور نساخ (D)شبلی

س(۳۳)ارسطو سے ایلیٹ تک کس کی تصنیف ہے؟

(A)شمس الرحمٰن فاروقی (B) محمد حسن

(C)جمیل جالبی (D) جمیل مظہری

س(۳۴) دربارِ اکبری، سخندان فارس کس کی تصنیف ہے؟

(A)حالی (B) شبلی

(C)غالب (D) محمد حسین آزاد

س(۳۵) سر سید اور ان کے نامور رفقاء؟

(A) آل احمد سرور (B) حالی

(C)شبلی (D) سید عبداللہ

س(۳۶) سیپارۂ دل کس کی تصنیف ہے؟

(A)خواجہ احمد فاروقی (B) خواجہ احمد عباس

(C)عصمت (D) خواجہ حسن نظامی

س(۳۷) جھینگر کا جنازہ، بیگمات کے آنسو، گلاب تمہارا کیکر ہمارا کس کا انشائیہ ہے؟

(A) حالی (B)شبلی

(C) خواجہ حسن نظامی (D) عبدالحلیم شرر

س(۳۸) شریر بیوی، کولستار، کھریا بہادر کس کے انشائیے ہیں؟

(A)عظیم بیگ چغتائی (B) عصمت

(C) خواجہ حسن نظامی (D) پطرس بخاری

س(۳۹) ترقی پسند ادب کس کی تخلیق ہے؟

(A)علی سردار جعفری (B)خلیل الرحمٰن اعظمی

(C)محمد حسن (D)احتشام حسین

س(۴۰) یادگار غالب کس کی تصنیف ہے؟

(A)شبلی (B) حالی

(C) مالک رام (D) شیخ اکرام

س(۴۱) شبلی نامہ کس کی تصنیف ہے؟

(A)حالی (B)شبلی

(C)سید سلیمان ندوی (D) شیخ محمد اکرام

س(۴۲) اردو دنیا رسالہ کہاں سے نکلتا ہے؟

(A)دہلی (B)لکھنؤ

(C) کانپور (D)علی گڑھ

س(۴۳) غالب انسٹی ٹیوٹ کون سا رسالہ نکالتا ہے؟

(A)غالب (B)غالب نامہ

(C)نامۂ غالب (D)نقوش غالب

س(۴۴) عالمی وکیل اردو کا خطاب کسے دیا گیا ہے؟

(A) کپل سبّل (B)ہیرالال سبل

(C)منموہن سنگھ (D) فیض

س(۴۵) یومِ اردو کس شاعر کی پیدائش پر منایا جاتا ہے؟

(A)غالب (B)مومن

(C)حالی (D)اقبال

س(۴۶) کس سنہ میں منٹو صدی پورے ملک میں منائی گئی؟

(A)۲۰۱۰ء (B)۲۰۱۱ء

(C)۲۰۱۳ء (D)۲۰۱۲ء

س(۴۷) میر کا انتقال کہاں ہوا؟

(A) آگرہ (B) دہلی

(C)لکھنؤ (D) رام پور

س(۴۸) شاعرِ انقلاب کسے کہا جاتا ہے؟

(A)اقبال (B)فیض

(C)جوش (D)فراق

س(۴۹) ماہنامہ شب خون کہاں سے نکلتا ہے؟

(A)لکھنؤ (B)بھدوہی

(C)الٰہ آباد (D) کانپور

س(۵۰) قصیدہ تضحیک روزنگار کس شاعر نے لکھا؟

(A)غالب (B) سودا

(C)ذوق (D)مومن

جوابات

(۱) (D)	(۲) (A)	(۳) (C)
(۴)(B)	(۵)(B)	(۶) (B)
(۷) (B)	(۸)(B)	(۹)(D)
(۱۰)(C)	(۱۱)(D)	(۱۲)(B)
(۱۳)(C)	(۱۴)(C)	(۱۵)(C)
(۱۶)(C)	(۱۷)(B)	(۱۸)(B)
(۱۹)(A)	(۲۰)(A)	(۲۱)(B)
(۲۲) (A)	(۲۳) (A)	(۲۴)(D)
(۲۵)(C)	(۲۶) (D)	(۲۷) (A)
(۲۸)(B)	(۲۹)(A)	(۳۰)(B)
(۳۱)(A)	(۳۲)(B)	(۳۳)(C)
(۳۴)(D)	(۳۵)(D)	(۳۶)(D)
(۳۷)(C)	(۳۸)(A)	(۳۹)(A)
(۴۰)(B)	(۴۱)(C)	(۴۲)(A)
(۴۳)(B)	(۴۴)(B)	(۴۵)(D)
(۴۶)(D)	(۴۷)(C)	(۴۸)(C)
(۴۹)(C)	(۵۰) (B)	

☆☆☆

مشق نمبر(۶)

س(۱) دست تہہ سنگ اور نقش فریادی کس کا شعری مجموعہ ہے؟

(A)فیض (B)فراق

(C)جوش (D) داغ

س(۲) چاندتاروں کا بن کس کی نظم ہے؟

(A)مجاز (B) مخدوم

(C)جذبی (D)جوش

س(۳) چہرہ اور سراپا کس صنف کا جز ہے؟

(A)غزل (B)مرثیہ

(C)قصیدہ (D)رباعی

س(۴) تشبیب اور گریز کس صنف کا جز ہے؟

(A)قصیدہ (B)غزل

(C)مثنوی (D)رباعی

س(۵) رجز کس صنف کا جز ہے؟

(A)قصیدہ (B)مرثیہ

(C)غزل (D)رباعی

س(۶) آج کل مرثیہ کس شکل میں لکھا جاتا ہے؟

(A)مخمس (B) مثلث

(C)مسدس (D) مربع

س(۷)غزل اردو شاعری کی آبرو ہے، کس نے کہا؟

(A)حالی (B)شبلی

(C)غالب (D)رشید احمد صدیقی

س(۸) دل کسی کا دوست نہیں، مہالکشمی کا پل، کتاب کا کفن، کس کا افسانوی مجموعہ ہے؟

(A)بیدی (B)عصمت

(C)کرشن چندر (D) پریم چندر

س(۹) گھیسو اور مادھو پریم چند کے کس افسانے کے کردار ہیں؟

(A)گلی ڈنڈا (B)نجات

(C)کفن (D)عبرت

س(۱۰)انڈین پینل کوڈ کا ترجمہ تعزیرات ہند کے نام سے کس نے کیا؟

(A)حالی (B)شبلی

(C)محمد حسین آزاد (D)نذیر احمد

س(۱۱) دبیر شکن کس کو کہا جاتا ہے؟

(A)حالی (B)شبلی

(C)محمد حسین آزاد (D)مجاز

س(۱۲) نظم آوارہ کا شاعر کون ہے؟

(A)جذبی (B)حالی

(C)شہریار (D)مجاز

س(۱۳) علی گڑھ یونیورسٹی کا ترانہ کس نے لکھا؟

(A)شہریار (B)جذبی

(C)علی سردار جعفری (D)مجاز

س(۱۴) سروادی سینا کس کا مجموعہ کلام ہے؟

(A)جوش (B)فیض

(C)مجاز (D)شہریار

س(۱۵) مقدمہ کلام آتش کس کی تصنیف ہے؟

(A)خلیل الرحمٰن اعظمی (B)شہریار

(C)جوش (D)مخدوم

س(۱۶) نیا عہد نامہ کس کا شعری مجموعہ ہے؟

(A)شہریار (B)جوش

(C)خلیل الرحمٰن اعظمی (D)مخدوم

س(۱۷) سرخ سویرا کس کا شعری مجموعہ ہے؟

(A)جوش (B)مخدوم

(C)جذبی (D)حسرت

س(۱۸) ہندوستانی قصوں سے ماخوذ مثنویاں کس کی تصنیف ہے؟

(A) گیان چندر (B)نیر مسعود

(C) گوپی چند نارنگ (D)وزیر آغا

س(۱۹) شکست ناول کس نے لکھا؟

(A)بیدی (B) کرشن چندر

(C)عصمت (D)منٹو

س(۲۰)انقلاب کس کا ناول ہے؟

(A)بیدی (B)عصمت

(C)منٹو (D)خواجہ احمد عباس

س(۲۱) ساحری شاعری صاحبِ قرآنی کس کی تصنیف ہے؟

(A) گوپی چند نارنگ (B) محمد حسن

(C) شمس الرحمٰن فاروقی (D) اعجاز حسین

س(۲۲) اردو کے ابتدائی ادبی معرکے کس کی تصنیف ہے؟

(A) ذوق (B) محمد یعقوب عامر

(C) سودا (D) میر

س(۲۳) آج کی کہانیاں کس نے ترتیب دیا ہے؟

(A) شمس الرحمٰن فاروقی (B) گوپی چند نارنگ

(C) علی احمد فاطمی (D) عنوان چشتی

س(۲۴) شہر میں گاؤں کس شاعر کی کلیات ہے؟

(A) ندافاضلی (B) مظفر حنفی

(C) شمیم حنفی (D) حنیف نقوی

س(۲۵) کس شاعر پر ۲۰۱۳ء میں ڈاکٹ ٹکٹ جاری ہوا؟

(A) شہریار (B) ندافاضلی

(C) احمد محفوظ (D) ساحرلدھیانوی

س(۲۶) اردو زبان کے نئے تکنیکی وسائل اور امکانات کس کی تصنیف ہے؟

(A) وسیم بریلوی (B) خواجہ اکرام

(C) شمس الرحمٰن فاروقی (D) گوپی چند نارنگ

س(۲۷) صحت الفاظ کس کی تخلیق ہے؟

(A) سید بدر الحسن (B) خواجہ اکرام

(C) احمد محفوظ (D) مطیع اللہ

س(۲۸) پھول والوں کی سیر کس کا مضمون ہے؟

(A) عصمت (B) عظیم بیگ

(C) فرحت اللہ بیگ (D) سجاد حیدر یلدرم

س(۲۹) قومی اردو کونسل کا پرانا نام کیا ہے؟

(A) اردو محاظ (B) اردو گھر

(C) ترقی اردو بیور (D) قومی کونسل

س(۳۰) ۱۹۷۳ء میں ترقی اردو بیورو کہاں قائم ہوئی؟

(A) آگرہ (B) لکھنؤ

(C) بمبئی (D) دہلی

س(۳۱) ترقی اردو بیورو کے قیام سے پہلے ۱۹۶۹ء میں مرکزی حکومت نے کون سا ادارہ قائم کیا؟

(A) ترقی اردو بورڈ (B) اردو مورچہ

(C) انجمن ترقی اردو (D) اردو تعلیم گھر

س(۳۲) مثنوی میں سمجھاون کس کی تصنیف ہے؟

(A) شاہ تراب چشتی (B) خوب محمد چشتی

(C) نصرتی (D) ابن نشاطی

س(۳۳) فن کی جانچ کس کی تصنیف ہے؟

(A) وہاب اشرفی (B) گیان چندر

(C) سیدہ جعفر (D) محمد حسن

س(۳۴) فوائد الناظرین اور محبِّ ہند نام کا رسالہ کس نے نکالا تھا؟